# 재량과 행정쟁송

최 선 웅

박영사

# 머 리 말

한 나라의 정치는 그 나라 국민의 정치의식 수준에 달려 있는 것과 마찬가지로, 한 나라의 법치는 그 나라의 준법정신의 수준에 달려 있다고 할 수 있습니다. 제가 행정법에 관심을 갖게 된 동기는 국가의 정치와 법치가 동시에 가장 잘 반영된 영역이라는 생각에서 비롯된 것입니다.

저의 일관된 지론과 이 책의 주요주장을 요약하면 다음과 같습니다.

행정법의 존재이유는 국민의 합의인 헌법정신을 실질적으로 구현하고, 헌법상의 국민의 권리인 헌법권을 실질적으로 보장하는 데에 있습니다. 이러한 행정법의 핵심적인 내용은 재량과 그에 대한 통제입니다. 재량에 대한 통제절차로는 행정절차, 행정심판 및 행정소송 등 3절차가 있습니다. 재량이론과 이 3통제절차에 관한 이론을 구축함에 있어서는 재량이라는 실체와 통제절차 상호간 밀접한 상관관계를 고려하여야 합니다. 그럼에도 우리나라에서는 종래부터 재량과 그에 대한 통제절차가 다소 분리되어 온 문제가 있습니다.

재량과 행정소송에 관한 이론구성에 있어서는 철저하게 적법절차, 재판청구권, 사법재판권에 관한 우리나라 헌법규정과, 권익구제와 행정통제를 행정소송의 목적으로 하는 행정소송법 제1조(제3장 제1절 행정소송의 목적 참조), 행정소송에서 심리원칙으로 변론주의와 직권탐지주의의 절충을 규정한 우리나라 행정소송법 제26조(제3장 제4절 행정소송법 제26조의 해석 참조), 재량의 일탈·남용에 대한 사법심사를 규정한 행정소송법 제27조(제1장 제3절 재량행위에 대한 사법심사사유 참조)를 적극적으로 반영하여야 합니다.

한편 우리나라 행정절차와 행정심판은 모두 다 헌법적 근거가 있다는 점에서 단지 행정내부적 통제절차제도로서의 지위에만 그치는 것이 아니라, 사법권의 일환인 행정소송과 마찬가지로 국민의 권익구제에 공동으로 이바지하는 헌법절차적 성격을 갖는다고 할 수 있습니다(제2장 제2절 행정심판의 헌법상 근거 참조).

이런 점에서 행정절차, 행정심판 및 행정소송 3절차는 상호 단절·분리될 수 없는 일련의 누적적인 절차관계를 이루고 있습니다. 따라서 우리나라에서 재량통제사유는, 행정절차와 행정심판을 거쳐 최종적으로는 법원의 사법심사사유로 누적되는 이른바 행정절차, 행정심판 그리고 행정소송 3절차 간에 누적적 관계가 성립되는 재량통제사유가 됩니다(제1장 제3절 재량행위에 대한 사법심사사유 참조).

행정소송의 목적으로 권익구제와 행정통제를 들 수 있습니다만, 우리나라 행정소송법 제1조의 해석상 권익구제와 행정통제 양 자를 동시에 목적으로 한다는 것이 일반적입니다. 이러한 행정소송의 목적이 실체적 공·사익을 적절히 조정하는 절차에 의하여 달성된다는 점에서, 행정소송의 목적은 당연히 행정소송절차에도 영향을 미치게 됩니다(제2장 제1절 행정심판의 기능 및 제3장 제1절 행정소송의 목적 참조).

실체적인 공·사익의 조정은 그에 합당한 절차를 통하여 이루어지는 것이 바람직합니다. 즉 대립되는 실체적 공·사익의 적절한 조정은, 공·사익을 실현하는 절차원칙인 변론주의와 직권탐지주의가 적절히 절충되는 절차에서 이루어지는 것이 가장 현실적이자 이상적인 것입니다. 바로 이 점에서 변론주의와 직권탐지주의를 절충을 인정하는 근거규정인 우리나라 행정소송법 제26조의 존재의의가 있는 것입니다. 입법정책적인 면에서, 우리나라 행정소송법 제26조는 현실적으로 다양한 스펙트럼 하에서 공존할 수밖에 없는 공익과 사익을 적절하게 조정할 수 있을 뿐만 아니라, 그 수위를 현실의 발전 추이에 탄력적으로 연동시켜서 조절가능한 절차원칙을 규정하고 있다는 점에서, 다양하고 복잡한 현대 사회에 탄력적으로 대응하는 좋은 입법정책적인 규정입니다.

"실체적인 공·사익을 변론주의와 직권탐지주의가 절충된 절차에서 적절하게 형량하여 조정하는 방식, 요컨대 실체에 값가는 절차 이것이야말로 우리나라 행정소송법의 독자적 성격이자 우수성"이라는 생각입니다. 이는 입법역사상 그 유래를 찾기가 어려운 한국적 법치주의의 금자탑입니다(제3장 제4절 행정소송법 제26조의 해석 참조).

재량이론으로 논의되고 있는 효과재량설은, 독일 행정소송법(VwGO) 제86조
에 규정된 사실탐지에 관한 직권탐지주의와 독일 헌법(GG) 제19조 제4항의 포괄
적 권리구제조항과 연결되는 이론적 귀결이라는 성격이 강합니다. 독일의 직권탐
지주의 하에서는 요건상의 불확정개념조차도 이른바 불확정"법(률)"개념이라고 하
여 원칙적으로 법원의 직권탐지주의에 의하여 확정되어야 합니다. 따라서 독일에
서는 직권탐지주의라는 심리원칙상 구조적으로 요건에 재량을 인정하기가 어려울
뿐만 아니라, 직권탐지주의에 의한 사법심사는 법원의 부담가중과 법원의 재판불
가능을 야기할 뿐입니다. 특히 재판불능을 이유로 한 재판거부는 헌법상 재판청구
권의 침해가 되므로 이 문제를 회피하기 위하여 안출된 도구개념이 불확정법개념
과 판단여지인 것입니다(제1장 제1절 불확정법개념과 판단여지 참조).

그러나 변론주의에 의하는 우리나라에서는 위와 같은 독일에서의 특수한 사
정이라는 전제가 성립하지 아니하므로, 효과재량설 및 판단여지를 인정할 필연적
인 이유가 없습니다. 특히 변론주의에 의하여 증명책임이 분배되는 한, 우리나라
원고 국민은 자신의 권익구제를 위해서 자신에게 불리한 판단여지를 주장·증명할
아무런 이유가 없습니다. 따라서 독일에서의 판단여지에 해당하는 사안이라고 하
더라도, 변론주의가 인정되는 우리나라 행정소송에서는, 언제든지 원고 국민에게
재량의 일탈·남용 여부를 다툴 소송법적 권리가 부여됩니다. 오히려 이러한 소송
법적 권리를 행사하지 못하게 금지하거나 방해하려는 이론적 시도 자체마저도 우
리나라 헌법상 재판청구권의 침해가 됩니다(제1장 제1절 불확정법개념과 판단여지,
제3절 재량행위에 대한 사법심사사유 및 제4절 재량과 판단여지에 대한 사법심사 참조).

종래부터 우리나라 행정소송법 제27조의 규정에 따르면, 재량일탈과 재량남
용은 그 법적효과가 취소로 동일하다는 점에서 그 구별의 실익이 없는 것으로 이
해되어 왔고, 판례도 이 양 자를 구별하지 아니하고 "재량권의 일탈·남용"이라는
단일한 개념을 사용하여 판단하여 왔습니다. 나아가 판례는 사실의 착오와 같은
사실문제와, 법령위반과 같은 법률문제를 구별하지 아니하는 등 재량행위에 대한
사법심사사유들 그 각각의 고유한 특성을 고려하지 아니하고, 오로지 "재량권의
일탈·남용"이라는 직인을 사용하여 일괄처리하여 왔습니다. 이러한 판례의 태도
는 법원의 편의주의에만 근거한 나머지 판결문의 설명기능 등 국민의 재판청구권
의 실질적 보장의무를 다하지 아니하는 문제가 있습니다.

행정절차, 행정심판을 거쳐 최종적으로 행정소송으로 누적된 재량행위에 대한 사법심사사유들은, 행정처분절차 및 쟁송절차 전 과정에 걸쳐 예컨대 처분이유 제시의무, 처분사유의 추가·변경의 기준인 기본적 사실관계 동일성, 취소판결의 기속력의 객관적 범위, 상고이유의 제한 등등에서 다툼의 쟁점이 된다는 점 때문에 가능한 한 명확하게 세분화하여 유형화하는 것이 바람직합니다. 특히 재량수권 규정의 범위를 벗어났다는 의미의 재량일탈과, 재량수권규정의 범위 내의 재량행사임에도 수권규정의 목적 위반 또는 행정의 의사형성과정에서 오인, 태만, 부주의 등 행정의 주관적 요소가 문제되는 재량남용 사이에는, 변론주의에 의하는 한 증명책임분배의 문제가 있을 뿐만 아니라, 원고 국민의 증명의 용이성이나 강도 또는 피고 행정의 책임과 비난가능성 면 등에서 분명한 차이가 있습니다.

따라서 재량일탈과 재량남용은 구별되는 것이 바람직합니다. 다만 실제 구체적인 사례에 있어서는 재량일탈과 재량남용이 상대화되어 있기 때문에 구별하기 어렵다는 점에서 결국 재량의 일탈적 요소와 남용적 요소를 상호 비교형량하여 구별할 수밖에 없을 것입니다(제1장 제3절 재량행위에 대한 사법심사사유 참조).

우리나라 판례에서의 기속재량이라는 관념을, 변론주의와 직권탐지주의가 절충되어 있는 우리나라 행정소송의 심리원칙을 감안하면, 무조건적으로 부정만할 것이 아닙니다. 기속재량이라는 관념을, 일종의 우리나라 행정법의 일반원칙 내지 판례법이라고 자리매김할 수 있는 직권탐지주의적인 요소인 "중대한 공익상의 필요"라는 근거 하에서, 인정할 여지가 충분히 있습니다(제1장 제2절 기속재량 참조).

처분권주의의 소송법에서의 표현이 변론주의입니다. 처분권주의도 우리나라 행정소송법 제8조 제2항의 준용규정에 의하여 행정소송에서 인정됩니다. 변론주의나 처분권주의는 각각 그 대상을 소송자료와 소송물로 달리하나 여하튼 소송에서 주도권이 법원이 아닌 당사자에게 있다는 점에서는 공통입니다. 우리나라는 처분권주의에 의하여 원고 국민이 소를 제기하여야만 행정소송이 개시되어 이를 계기로 행정의 위법 여부를 심사하게 된다는 점에서, 당연히 우리나라에서는 권익구제와 분리된 행정통제의 독립적인 존재는 불가능합니다. 이는 행정소송의 원고적격에 관한 4가지 학설에 있어서 적법성보장설은 독립적인 존재가치가 없고 나머지 3학설 즉 권리구제설, 법률상보호이익구제설 및 보호가치이익구제설과 각각 결합하는 결과가 됩니다.

독일의 행정소송에서는 처분권주의와 직권탐지주의의 결합이 인위적이고 강제적인 합금(Legierung)일지는 모르겠지만, 변론주의가 인정되는 우리나라에서는, 처분권주의가 변론주의와 아주 자연스럽게 잘 어울리는 조화의 관계에 있습니다. 이 점에서도 우리나라 행정소송법이 바람직한 입법이라고 할 수 있습니다(제3장 제2절 행정소송에서의 처분권주의 및 제6절 행정소송에서의 원고적격 학설 참조).

행정소송에서의 원고적격론에 관한 학설로 종래부터 권리구제설, 법률상 보호이익구제설, 보호가치이익구제설 및 적법성보장설 등 4가지의 학설들이 잘 알려져 있습니다. 그러나 우리나라 행정소송법 제12조에 엄연히 "법률상 이익"이라고 규정하여 원고적격에 관하여는 입법적인 해결을 보았다고 해야 합니다. 이 입법적 해결설의 입장에 서게 되면 위 4가지 학설의 대립 자체는 별다른 큰 의미가 없고, 실제로는 오히려 변론주의와 직권탐지주의의 절충에 의하는 법원에 의한 원고적격 조사방법이 중요하다고 할 수 있습니다. 법원에 의한 원고적격의 조사는 행정소송에서의 변론주의와 직권탐지주의가 적절히 절충되는 절차에 의하여야 합니다(제3장 제6절 행정소송에서의 원고적격 학설 및 제7절 행정소송에서의 원고적격 조사방법 참조).

환경행정소송에서의 원고적격의 경우에는 헌법상 환경권의 실효성의 제고와 행정소송에서의 소송자료에 대한 심리원칙인 변론주의와 직권탐지주의의 절충 내지는 조화 속에서 달성되어야 하며, 환경상의 이익과 관련된 지역의 유형화와 그에 따른 법원의 원고적격 조사방법이 중요하다고 할 수 있습니다(제3장 제8절 환경상 이익과 원고적격 및 제9절 환경행정소송에서의 원고적격 참조).

협의의 소익과 관련된 우리나라 행정소송법 제12조 제2문은, 원고적격과 권리보호필요성 양자 모두를 하나의 규정에 포함할 수 있는 매우 포괄적인 규정의 성격을 가진다고 할 수 있습니다. 즉 이 규정은, 원고의 권익구제의 확대라는 차원에서 취소소송을 제기하기 전에 소멸된 처분에 대해서까지도 취소소송을 제기할 수 있는 원고적격을 인정할 수 있다는 점, 소멸된 처분에 대하여 취소소송을 제기하는 경우 회복할 법률상 이익이라는 특수적 권리보호필요성이 인정된다는 점에서, 취소소송의 대상이 되는 처분의 개념을 취소소송을 제기하기 이전에 이미 소멸된 처분등에까지 확장할 수 있다는 것을 규정하고 있다고 해석하여야 합니다(제

3장 제10절 행정소송에서의 협의의 소의 이익 참조).

우리나라는 행정재판국가가 아니고 민사소송, 행정소송은 물론이고 형사소송 모두 다 대법원을 정점으로 하는 동일한 법원의 재판권에 귀속되는 사법재판국가입니다. 따라서 행정소송과 민사소송, 그리고 행정소송과 형사소송 간의 상호 비교도 중요합니다.

먼저 행정소송과 민사소송의 관계설정의 문제로는 예컨대 석명의무를 들 수 있습니다. 본래 민사소송상의 석명의무는 변론주의의 폐해를 시정하거나 보충하는 제도인데, 이 석명의무가 행정소송법 제8조 제2항의 준용규정에 의하여 행정소송에도 준용되어 인정되고 있습니다. 다만 우리나라 행정소송에서는 변론주의 이외에도 직권탐지주의가 인정되는 한도 내에서는 석명의무와 직권탐지주의의 관계설정이 문제가 된다고 할 수 있습니다(제3장 제3절 행정소송에서의 준용규정 및 제11절 행정소송에서의 석명의무 참조).

행정소송과 형사소송의 가장 큰 차이점은 소송주체면에서, 국민인 원고(검사)와 피고 행정청(형사 피고인)이 서로 반대의 입장에 서 있다는 점입니다. 즉 공격권자와 방어권자가 상반된 입장에 있습니다. 따라서 예컨대 현재 행정판례에서는, 처분사유의 추가·변경과 관련하여 "기본적 사실관계 동일성"이라는 기준을 사용하고 있으나, 이 기준은 원래 형사소송에서의 공소장변경 한계와 관계되는 기준입니다. 따라서 가능한 한 형사소송의 논리에서 벗어나, 행정소송의 논리로 이 기준을 판단할 필요가 있고, 나아가 새로운 판단 기준으로 대체하는 것이 바람직합니다(제3장 제12절 행정소송에서의 기본적 사실관계 동일성 참조).

이상의 저의 지론과 이 책의 주요내용과 관련된 말씀을 추가적으로 좀 더 상세하게 드리자면 아래와 같습니다.

독일에서의 재량이론의 주류인 효과재량설은, 독일 행정소송법(VwGO) 제86조에 규정된 사실탐지에 관한 직권탐지주의와 독일 헌법(GG) 제19조 제4항의 포괄적 권리구제조항과 연결되는 이론적 귀결이라는 성격이 강합니다. 독일의 직권탐지주의 하에서는 사실관계를 당사자가 아닌 법원이 탐지하는 것이 원칙이기 때문에, 심지어 요건상의 확정개념은 물론 불확정개념조차도 이른바 불확정"법(률)"

개념이라고 하여 원칙적으로 법원의 직권탐지주의에 의한 사법심사의 대상이 되어 확정되어야 하는 것입니다.

이와 같은 독일 행정소송법상의 직권탐지주의 하에는 요건에 재량을 인정하기가 어려운 심리구조로 되어 있습니다. 그뿐만 아니라 직권탐지주의라는 심리원칙은 태생적으로 법원의 부담가중은 물론이고 법원의 재판불가능을 야기할 뿐입니다. 독일 직권탐지주의 하의 행정소송에 있어서 실무적인 주제는 늘 법원의 부담경감 내지 부담완화입니다. 즉 어떻게 하면 당사자에게 협력책임을 부담시켜 사실탐지하는 법원에게 협조하게 하여 법원의 사실탐지의 부담을 감경시킬 것인가가 문제가 됩니다. 그러나 사실탐지하는 법원에게 당사자가 협력하라는 식의 당사자에게 협력책임을 부담시킨다는 것은 독일의 특유한 공동체사상에 근거한 것이기는 하지만, 기본적으로 자기에게 불리한 사실탐지에 당사자가 협력하라는 것은 일종의 강요입니다.

특히 불확정법개념에 대한 법원의 사법심사는 경우에 따라서 현실적으로 불가능한 것이고 그렇다고 사법심사를 하지 않는다는 것은 재판거부가 되고 이는 곧 국민의 헌법상의 재판청구권을 침해하는 결과가 된다고 합니다. 이런 위헌적인 사태를 해결하고자 고안된 일종의 구제이론이라고 할 수 있는 불확정법개념과 판단여지는, 우리나라가 아닌 독일 행정법원의 부담가중의 완화라는 목적달성을 위하여 고안된 철저히 독일식의 도구개념에 불과한 것입니다.

그러나 변론주의에 의하는 우리나라에서는 위와 같은 독일에서의 특수한 사정이라는 전제가 성립하지 아니하므로, 효과재량설 및 판단여지를 인정할 필연적인 이유가 없습니다(제1장 제1절 불확정법개념과 판단여지 참조).

흔히 오해하듯이, 실제 일부 하급심 판결에서는 주장과 증명책임원칙에 반하여 재량의 일탈·남용과 판단여지를 혼동하여 재판하는 문제가 있었으나(제1장 제4절 재량과 판단여지에 대한 사법심사 참조), 불확정법개념과 판단여지는 원래부터가 결코 독일 국민의 권리구제를 위한 이론이 아닙니다. 변론주의에 의한 증명책임의 분배에 의하는 한 우리나라 원고 국민은 자신의 권익구제를 위해서 자신에게 불리한 불확정법개념과 판단여지를 주장·증명할 아무런 이유도 동기도 없습니다.

다시 한번 강조하지만, 독일의 불확정법개념과 판단여지는, 실정법규정의 해석이나 법논리에 근거한 이론적인 산물이 아니라, 오로지 독일국가 발전전략 또는 정책상 필요에 의하여 민주적 정당성을 근거로 행정에게 주도권을 인정하기 위하여 행정에 의한 행정재판권에 근거를 두고 형성된, 독일의 판례를 정리한 것에 불과하다는 사실을 잊지 말아야 합니다. 따라서 불확정법개념과 판단여지를 강조하면 할수록 행정의 주도권만을 전면에 내세우는 결과만 될 뿐이고, 그 반사로 독일 국민의 권리구제와 우리나라 국민의 권익구제에는 장애가 될 따름입니다.

독일의 행정계획에서 계획재량과 관련된 형량명령도 이와 같은 차원에서 이해되어야 합니다. 우선 계획재량론이라고 하는 것은 일반적인 요건-효과 형식에서의 재량의 영역보다 목적-수단 형식의 계획재량의 영역에서 행정에게 더 폭넓은 형성의 자유를 인정하는 행정을 위한 논리인 것입니다. 독일에서의 계획재량에 대한 사법심사 시에는 특히 행정이 행정계획 수립과정에서 일정 형량명령을 준수하였는지 여부에 대한 심사가 중요하다는 것입니다. 그런데 이 형량명령의 준수 여부는 행정계획 규범의 요건부분에서의 인식의 문제로 이해한다는 점에서, 이는 결국 의지라는 재량이 아닌 인식의 문제로 이해하는 불확정법개념과 판단여지와 유사한 결과가 되는 것입니다.

그러니까 독일의 행정소송에서는 행정이 형량명령을 준수했다고 인식되는 순간, 불확정법개념과 판단여지인 경우와 마찬가지로, 바로 그 지점에서 사실상 독일 국민의 권리구제는 종료되는 것입니다.

그러나 독일과 달리 매우 다행스럽게도, 우리나라에서는 판단여지와 형량명령의 준수가 인식된다는 이유만으로 곧바로 행정에게 재량의 일탈·남용이 아니라는 면책이 주어지지 아니 합니다. 우리나라 행정소송에서의 원고 국민에게는, 판단여지와 형량명령에 해당하는 사안이라고 하더라도, 우리나라 헌법상 재판청구권과 행정소송법상 변론주의 원칙상, 언제든지 재량행위에 대한 다양한 사법심사 사유들을 제시하면서 재량의 일탈·남용 여부를 다툴 소송법적 권리가 부여됩니다. 우리나라의 행정소송에서는 판단여지와 형량명령의 준수 여부는 재량행위에 대한 정원개념(Numerus clausus)이 아닌 수많은 다양한 사법심사사유들 중 한 유형에 불과할 뿐입니다. 재량의 일탈·남용이 사법심사의 대상이 된다는 행정소송법 제27조의 규정에 따르면, 우리나라 법원에서 재량의 일탈·남용 여부의 심사를 완전히 배제하는 것은 불가능합니다. 오히려 국민으로 하여금 이러한 소송법적 권리를 행사하지 못하게 금지하거나 방해하기 위한 이론을 제시하는 것 자체도 우리나라 헌법상 재판청구권의 침해의 문제가 있습니다.

요컨대 직권탐지주의와 효과재량설에 의하는 독일 법원에서는 판단여지와 형량명령이 인식의 문제로 취급되는지 몰라도, 우리나라 법원에서는 변론주의가 적용되는 한도 내에서는 여전히 당사자 간의 주장·증명활동에 의하여 재판이 진행되어야 하기 때문에, 행정은 재량의 일탈·남용 여부라는 사법심사의 최종 관문을 통과하여야만 합니다. 이 점에서, 우리나라의 사법심사방식이, 국민의 권익구제는 물론 행정통제에 있어서도, 독일에 비하여 훨씬 더 우수하고 바람직합니다 (제1장 제3절 재량행위에 대한 사법심사사유 및 제4절 재량과 판단여지에 대한 사법심사 참조).

역사적으로 독일의 불확정법개념과 판단여지는 법원의 행정재판권을 제한하고 행정에게 주도권을 인정한다는 점에서, 이는 과거 비스마르크시대의 관헌국가적 전통까지 그 연원이 소급되는 행정에 의한 행정재판권의 유물 내지 잔재라고 할 수 있습니다. 2차대전 후 참혹한 전쟁책임에 대한 반성으로 독일의 재판제도도 개혁의 대상이 되어, 종래의 행정권한의 한 내용으로서의 행정재판제도가 부정되고 그 대신에 행정재판권은 사법재판권의 일환으로서 전적으로 법원에게 맡겨지게 되었습니다. 이 불확정법개념과 판단여지는 독일의 국가재건이라는 국가주도형 행정수요를 충족하는 데 일정 부분 기여를 하였고, 라인강의 기적이라는 비약적인 경제발전을 이룩하여 유럽과 세계에서 경제대국으로 군림할 수가 있었습니다. 그러니까 불확정법개념과 판단여지는 라인강의 기적이라는 경제적 발전을 이룩한 독일 국가전략 내지 국가발전에 기여한 견인차로 평가될 수 있습니다.

우리의 행정법학이 독일 행정법학에 열광하게 된 한 원인이기도 합니다.

이 모든 것이 독일에서 가능했던 원인은, 2차대전 후 행정재판권이 행정권이 아닌 사법권에 종속하게 되는 독일의 행정재판제도의 개혁이 독일국민의 자발적인 의사가 아니라 패전국 독일에 진주한 4대국 점령국들의 강압에 이루어졌다고 하는 사실에 대한 독일국민의 자존심 내지 반발감이 있었을 뿐만 아니라, 다른 한편으로는 2차대전 후 패전국 독일에서 국가재건을 위하여 특히 국가정책적·전문기술적인 분야에 있어서 이른바 시원적 행정입법권론과도 연결되는 규범구체화행정규칙을 포함하여 판단여지를 인정함으로써 행정에게 강력한 주도권을 인정하는 것이 필요하다는, 독일공동체의 국민적 공감대 내지 열망이 형성되어 있었기 때문이라고 할 수 있습니다.

그런데 최근 독일공법은 심각한 위기의 상황에 처하여 있습니다.

국민의 재판청구권의 실질적 보장을 저해할 정도의 사법재판권을 제한하는 불확정법개념과 판단여지, 결국 EU 내의 독일 자국민 기업보호를 위하여 과도하게 동원되는 위법성 상위에 군림하는 신뢰보호원칙, 독일 헌법에는 적법절차 규정이 없는 것이 원인이기도 한 실체에 봉사하는 절차사상, 절차적 하자는 그 위법성이 크지 않아 기껏해야 취소사유가 될 수 있다고 하거나, 그 절차하자 치유시기도 처분사유의 추가·변경과 마찬가지로 행정의 우월적 지위의 인정도 모자라서 분쟁의 1회적 해결이라는 소송경제까지 동원한 결과, 원고 국민의 방어권을 극도로 축소시키고, 따라서 행정절차와 행정심판은 독립절차로서의 존재감을 가지지 못하고 행정소송으로 갈아타기 위한 단지 간이역에 불과할 뿐이므로, 행정소송에서는 이 행정절차와 행정심판의 결과를, 행정에게 유리하게 즉 국민에게는 불리하게 언제나 다시 번복하는 것이 가능할 뿐만 아니라, 심지어는 이 행정절차와 행정심판절차는 생략해도 상관없다는 식의 절차경시사상, 그리고 이 모든 것의 전제가 되는 우월적 지위에 있는 공권력의 일방적인 행사를 속성으로 하는 행정행위론 및 공정력론, 그 행정행위자인 행정에 언제나 국민이 대항한다는 형식의 항고소송중심주의사상, 행정과 국민 간의 대등당사자로서의 계약을 예외적이고 이질적으로 것으로만 보려고 하는 습성 내지 관행, 행정소송에서의 사실관계를 확정함에 있어서 태생적으로 경직된 직권탐지주의의 채택과 그 연장선상에 있는 효과재량설, 그로 인하여 요건에 재량을 부정함으로써 불가피하게 발생하는 행정법원의 재판불가능으로 인한 재판거부의 회피 내지 부담가중의 완화문제 등등을 안고 있는 독일의 공법이론 내지 행정소송이론은, 이제는 EU 구성국가를 비롯한 영미법계 국가로부터 적법절차라는 도전에 직면하여 수정하지 않으면 안될 심각한 상황에 처해 있는 것입니다.

이제 독일 및 독일국민은 선택의 기로에 아니 선택을 강요받고 있습니다. 향후 귀추가 주목됩니다.

우리는 바로 이 시점에 서 있습니다.

우리나라도 과거 60년대부터 국가주도적인 경제개발은 독일에 못지않게 대성공을 거두었습니다. 그러나 독일과 달리 매우 다행스러운 점은, 우리나라 행정소송법 제26조는, 경직된 독일 행정소송법 제86조상의 직권탐지주의를 원칙으로 채택하지 아니하고, 변론주의와 직권탐지주의를 절충하는 내용으로 규정하고 있다는 점입니다. 이 점에서 우리나라는 향후 국가 및 국제상황에 따라서 유연하고 탄력적으로 우리나라식의 행정재판의 운용이 가능하게 되었습니다.

따라서 현재로서도 그러하고 우리나라의 장래를 위해서도, 독일 행정소송법상 직권탐지주의에 근거를 둔 독일식의 효과재량설과 그와 연결되는 불확정법개념 및 판단여지 등을, 우리나라에 수입하여 재판에서 반드시 사용하여야 한다거나 입법화하지 않으면 안 될 무슨 논리필연성이나 현실적인 필요성은 없다고 단언할 수 있습니다.

주지하다시피, 우리나라 행정소송에서는, 독일식의 경직된 직권탐지주의가 원칙이 아니라, 변론주의와 직권탐지주의가 적절하게 절충되는 것이 원칙입니다. 즉 우리나라 행정소송법 제26조 규정의 해석과 판례에 따르면, 우리나라 행정소송에서의 심리원칙은 변론주의와 직권탐지주의를 적절하게 절충이 가능한 유연하고 탄력적인 입장을 시종일관 견지하고 있습니다. 물론 까닭없이 무조건적으로 독일 공법학에 경도된 나머지 우리나라 행정소송법 제26조의 규정을 독일 행정소송법 (VwGO) 제86조의 직권탐지주의로의 개정을 주장하자는 목소리가 있었으나 이는 극소수에 그칠 뿐이고, 지난 20년에 걸친 행정소송법 개정논의에서 보듯이, 현재까지도 우리나라 행정소송법 제26조에 대해서는 별다른 큰 개정의 움직임을 찾아보기가 어렵습니다.

특히 우리나라 판례에서는 요건재량과 효과재량을 뚜렷하게 구별하고 있지도 않고 있다는 사실입니다. 판례는 일반·보통·추상명사에 불과한 불확정개념과, 유독 독일 행정법에서만 특별한 의미를 갖는다고 하는, 불확정"법(률)"개념을 단지 용어상의 차이 정도에 불과할 정도로 인식하는 것으로 보입니다. 요컨대 독일식의 불확정법개념 및 판단여지의 존재의의는, 전 세계적으로 행정 관련 사건에 대한 사법심사의 곤란성이 강조되는 영역에 있어서 독일식의 문제해결방식을 보여주는 것에 지나지 않습니다(제3장 제4절 행정소송법 제26조의 해석 참조).

사실 그간 우리나라 공법학에서는 실로 장구한 세월동안 지금까지도 여전히, 독일 재량이론인 효과재량설과 그 연장선상에 있는 불확정법개념 및 판단여지라고 하는 독일식 이론을 우리나라에 직수입하여 이식시키려는 눈물겨운 노력을 해 왔습니다. 이러한 노력은, 8·15 해방에 이어 대한민국이 건국이 된 이래로 여전히 청산되지 아니하고 온존했었던, 2차대전 전의 독일과 일본의 관헌적 행정재판권의 잔재라고 할 수 있는 행정심판전치주의에 의하여 법원의 1심이 행정심판으로 대체되었고, 그 행정심판은 주로 행정의 편을 들게 되어 국민에게는 별다른 심급의 이익을 주지 못하고 단지 행정소송으로 갈아타기 위한 간이역에 불과했다는 역사적 사실에 대한 반성과, 종착역인 행정소송으로 옮겨간다고 하더라도 법원이 소극적인 자세를 견지한 결과 국민의 권익구제는 물론이고 행정통제가 제대로 이루어지지 않았던 것을 오로지 독일 행정법원에서처럼 법원의 적극적인 직권탐지가 제대로 이루어지지 않은 탓으로 생각하는 안타까움 등에 기인한 것일 수 있습니다. 또한 해방 후 일종의 국민적 반일감정까지 적극 가세하여 일본공법학이 모방한 원조국가의 원전을 직수입한다는 미명 하에 독일공법학을 직수입 한다는 차원으로 이해 못할 바는 아닙니다. 특히 법치행정이라는 관점에서 보면, 위와 같은 노력은 과거 우리나라에서 권위주의적 군부독재시절 행정에게 과하다고 할 정도로 많은 재량을 부여하였음에도 그에 대한 사법심사가 제대로 이루어지지 못한 것에 대한 민주화운동의 차원에서의 반발일 수도 있습니다.

요컨대 독일 공법학의 직수입이나 민주화운동은 일견 우리나라의 법치행정의 실현을 위한 노력이라는 점에서는 긍정적으로 평가를 받을 수 있습니다.

그러나 초기에 직수입하여 어쩔 수 없는 모방하는 단계를 감안하더라도 1945년 8·15 해방 후 70년을 훌쩍 넘어 무려 1세기가 다 되어가는 실로 장구한 세월이 지나가고 있음에도 불구하고 지금도 여전히 오로지 독일식 공법이론에만 의존하려는 것은 집착이라고 하지 않을 수 없습니다. 과거 치욕스런 일제 36년도 모자라서 이제는 그 배 이상의 기간에 걸쳐 독일공법학에 의존한다는 것은, 결국 국적불명이라는 부끄러운 오명을 쓴 공법학을 우리의 후손에게 유물로 물려줄 뿐입니다.

우리나라의 역사는 일본과 마찬가지로 2차대전의 패전국 독일의 역사를 공유하지 않습니다.

이미 지나간 과거 한 때의 일이었지만 2000년대 초 행정소송법 개정논의에 즈음하여, 독일 행정소송의 경우 독일 헌법 제19조 제4항의 규정이 포괄적인 권리 침해를 구제한다는 점을 전제로 하여 행정소송의 목적이 권리침해의 구제 즉 주 관소송이 된 결과, 본안에서 위법성을 판단함에 있어서 권리침해의 견련성을 요구 하는 문제점이 있다는 것을 지적하고, 그에 대한 대안으로 프랑스식 행정재판제도 를 참조하여야 하면서 우리나라 헌법 제107조 제2항에서 "명령·규칙 또는 처분이 헌법이나 법률에 위반되는 여부"라는 규정을 근거로 하여, 이른바 객관소송설 및 이와 연결하여 취소소송의 확인소송설을 주장하는 경우가 있었습니다.

이에 대한 반론으로 객관소송설과 확인소송설의 법논리를 진지하게 탐구할 가치조차 전혀 없는 것인지는 모르겠지만 객관소송설의 법논리를 완전히 외면한 채, 객관소송설에의 기저에는 독일식의 행정의 행위형식론을 중심으로 발전하여 온 행정실체법의 도그마틱을 위태롭게 할 뿐만 아니라 법규명령등 행정입법도 행 정소송의 대상으로 삼아 사법부의 권한확대만을 노린다는, 이른바 만물소송을 바 탕으로 하는 사법국가건설을 노린다고 하는 일종의 정치적인 숨은 의도가 있다는 맹비난을 퍼부었던 일이 있었습니다.

그러나 우리나라 헌법 제27의 규정은 독일 헌법 제19조 제4항과 다르게 규정 되어 있습니다. 우리나라 재판청구권을 규정한 헌법 제27조는 주관적 권리구제를 주목적으로 규정되었다고 하는 독일 헌법 제19조 제4항과 달리 객관적 적법성을 통제마저도 포괄하는 포괄적인 규정입니다. 우리나라 헌법상 재판청구권을 규정 한 우리나라 헌법 제27조는 주관소송만 또는 객관소송만을 택일적으로 규정하고 있지도 않습니다. 그러니 우리나라가 객관소송국가도 아니고 주관소송국가도 아 닙니다. 게다가 독일 행정소송법에는 그 규정이 없는, 우리나라 행정소송법 제1조 의 목적규정의 해석상 우리나라는 권익구제와 행정통제를 동시에 목적으로 규정 하고 있습니다(제3장 제1절 행정소송의 목적 참조). 따라서 독일에서 스스로 하는 자 아비판처럼 우리나라가 주관적 권리구제국가라고 자아비판이나 공격을 받을 하등 의 이유가 전혀 없습니다.

그럼에도 불구하고 뜬금없이 과거 2차대전 전범국가의 반성의 일환으로 전체 주의에 희생된 독일국민 개인의 권리구제를 독일헌법 제19조 제4항에 명시하여 발생한, 독일 행정소송이 주관적 권리구제에 치우친 문제를 비판하는 독일 일부에서의 자아비판을 그대로 우리나라에 직수입하여 막무가내로 객관소송설을 주장합니다. 사실 그 자아비판이란 것은 독일국민의 자의가 아니라 승전국인 점령국에 의한 즉 타의에 의한 법개정이라는 개혁에 대한 반발심에서 비롯된 것이기는 합니다. 반대편에서는 마치 2차대전 직후 독일점령군에 대한 독일국민의 반발이라는 국민적 감정에 이입되어 독일국민을 대변하듯이 격하게 반격을 가합니다.

괴이한 일이지 않습니까?

우리나라를 프랑스, 독일과 혼동하지 않고서야, 아무런 맥락 없이 우리나라 행정소송에서 독일 행정소송과 프랑스 행정소송을 대변하는 다툼이라니 참으로 기괴한 일이 아닐 수 없습니다.

문제의 독일 행정소송법 제86조에 규정된 직권탐지주의 규정은 아무리 견강부회하더라도 우리나라 행정소송법 제26조와는 다른 규정입니다. 우리나라는 행정소송법 제26조의 규정은 분명히 변론주의와 직권탐지주의의 절충을 규정한 규정입니다(제3장 제4절 행정소송법 제26조의 해석 참조). 현재 이에 대한 이견은 거의 없습니다. 한편 우리나라 행정소송의 기능 내지 목적이 독일식의 주관적 권리구제입니까? 독일 행정소송법에는 행정소송의 목적규정조차 아예 없습니다.

그러나 우리나라 행정소송법 제1조의 규정에는 분명히 주관적 권익구제와 객관적 적법통제가 동시에 규정된 것으로 해석될 수 있는 근거규정이 있습니다. 현재 이에 대하여도 별다른 이견이 없습니다. 이러한 권익구제와 행정통제가 결합된 형태의 절차목적은, 행정심판이나 행정절차에도 마찬가지로 적용된다고 보아야 합니다(제2장 제1절 행정심판의 기능 및 제3장 제1절 행정소송의 목적 참조).

요컨대 독일 헌법 제19조 제4항과 독일 행정소송법 제86조는 우리나라에는 존재하지 아니하는 독일국가의 법규정입니다. 우리나라 헌법 제27조는 독일헌법 제19조 제4항보다 포괄적인 규정이고, 우리나라 행정소송법 제26조는 변론주의와 직권탐지주의를 절충하는 규정이고, 그리고 독일 행정소송법에 그 규정이 없는 우리나라 행정소송법 제1조의 목적규정 해석상, 우리나라 행정소송의 목적은 주관적 권익구제와 객관적 적법통제입니다. 그러니까 독일 헌법 제19조 제4항, 독일 행정소송법 제86조에 근거한 독일의 효과재량설과 불확정법개념 및 판단여지의 수입은 반쪽짜리 수입에 불과합니다.

이들 이론 뒤에 숨어 있는 독일 헌법과 행정소송법 규정이 더 큰 기능을 하는 것임에도 이에 관해서는 아무런 의심없이 오로지 독일식 해석에만 완전히 매몰되어 버리고, 우리나라의 헌법규정과 행정소송법 규정을 완전히 곡해해 버리는 현실 또한 괴이하다 하지 않을 수 없습니다.

독일에서는 독일 헌법 제19조 제4항의 포괄적 권리구제조항과 이와 상응하는 독일 행정소송법 제86조의 직권탐지주의에 근거하여, 요건은 재량의 의지의 영역이 아니라 인식의 영역이므로 요건에는 더 이상 재량이 존재해서는 안된다는 이유로 요건재량설이 부정되고, 요건에 대하여는 법원의 철저한 사법심사를 전제로 하는 효과재량설이 재량이론의 대세로 등극했습니다. 문제는 이런 독일 행정소송에서의 사고방식 즉 행정의 활동영역인 요건에는 법원의 철저한 사법심사를 전제로 하므로 더 이상 재량이 존재하지 아니한다는 효과재량설이, 국민의 권익구제에 이바지하고 행정에 대한 적법통제를 강화하는 것으로 믿게 해주는 착시현상을 우리에게 불러일으킨 것이라고 할 수 있습니다. 그럼에도 사실 이런 요건에는 여전히 Bachof의 표현인 "다수의 법적으로 가능한 조치들 간의 선택(Wahl zwischen mehreren rechtlich möglichen Verhaltenweisen)"이라는 불확정법개념과 판단여지라는 영역이 있다는 것입니다.

바로 이 영역을 사법심사의 제한영역이라고 치부하지만 실질적으로는 행정에게 주도권을 인정하여 법원의 사법심사를 포기하게 하는 것이고, 문제는 이 사법심사의 포기의 불이익을 행정이 아니라 국민의 불이익으로 하고 있다는 점을 잊지 말아야 할 것입니다.

그러나 아무리 이러한 노력을 줄기차게 해왔고 앞으로 계속한다고 하더라도 위와 같은 독일의 재량이론이나 행정소송이론에 근거한 독일식의 문제의식은, 결과적으로 본래 변론주의와 직권탐지주의를 절충하는 우리나라 행정소송법 제26의 규정에 근거한 우리나라 행정소송에서의 재판실무에 지금까지 아무런 장애요소로 기능하지 못했음은 물론이고 이렇다 할 영향조차도 미치지 못하였습니다. 우리나라 법원이 판단여지와 형량명령이 없이도 지금까지 별다른 아무 문제 없이 잘 재판하여 온 것 또한 사실입니다. 따라서 이제는 독일식의 재량이론과 행정소송이론이 갖는 문제의식은 우리나라식의 변론주의와 직권탐지주의의 절충적 절차 하에서 실무적으로 자연스럽게 해소되어 왔다고 평가할 수밖에 없습니다. 이는 실로 매우 다행스러운 일이 아닐 수 없습니다. 이런 상황은 앞으로도 별다르지 않을 것으로 전망됩니다.

그러나 이론과 실무는 상호영향을 미치면서 병행하는 것이 바람직합니다. 게다가 외국에서 수입에 근거한 이론과 우리나라의 실무 간의 괴리가, 그것도 로마에 가면 로마법에 따르라는 법언이 무색하게도, 공·사익이 대충돌하는 가장 실천적인 장인 한 나라의 재판제도에서 벌어지는 현상은 기괴하기까지 합니다. 어쨌든 앞으로 시대와 상황이 변화하더라도 변함없이 여전히 변론주의와 직권탐지주의의 절충이라는 우리나라식의 자족적으로 완벽한 탄력적인 방어기제가 훌륭하게 작동할 것입니다.

행정소송이라는 대립의 장에서는 공익 대 공익, 사익 대 사익도 문제가 되지만, 주로 공익과 사익의 대립이 주류를 이루고 있는데, 이 실체적인 공·사익의 조정은 당연히 절차상으로도 실체적인 공·사익의 조정에 합당한 절차를 통해 형량하여 심사하는 것이 가장 현실적이자 이상적인 것입니다. 따라서 실체적 공·사익의 조정은 절차원칙인 변론주의와 직권탐지주의가 절충되는 절차에서 심리하는 것이 바람직합니다. 바로 이 점이 변론주의와 직권탐지주의를 절충을 인정하는 근거규정인 우리나라 행정소송법 제26조의 존재의의입니다.

"실체적인 공·사익을 변론주의와 직권탐지주의가 절충된 절차에서 적절하게 형량하여 심사하는 방식, 요컨대 실체에 값가는 절차 이것이야말로 우리나라 행정소송법의 독자적 성격이자 우수성"이라는 생각입니다. 이는 입법역사상 그 유래를 찾기가 어려운 한국적 법치주의의 금자탑입니다.

오래전부터이지만 지금도 저의 이런 생각에는 아무런 변함이 없습니다. 입법정책적인 면에서 보더라도, 현실적으로 다양한 스펙트럼 하에서 공존할 수밖에 없는 사익과 공익을 적절하게 조정할 수 있을 뿐만 아니라, 그 수위를 현실의 발전 추이에 탄력적으로 연동시켜서 조절가능하다는 점에서 다양하고 복잡한 현대 사회에 탄력적으로 대응하는 좋은 입법정책적인 규정입니다(제3장 제4절 행정소송법 제26조의 해석 참조).

여기서 우리나라 행정소송법 전 규정을 일별하자면, 개인의 권익구제와 행정
에 대한 적법성통제를 동시에 추구하는 우리나라 행정소송법 제1조의 목적규정,
개인의 권익구제를 위한 사법상의 심리원칙인 변론주의를 행정소송에서 준용하여
인정하는 행정소송법 제8조 제2항의 준용규정, 그리고 사익 이외에도 공익을 고려
하기 위하여 변론주의와 직권탐지주의가 적절한 조화를 이룰 수 있는 근거를 제
공하는 행정소송법 제26조의 직권심리 규정 등, 바로 이 행정소송법 제1조, 제8조
제2항 및 제26조 3개 조문이 우리나라 행정소송을 실질적으로 성질결정하고 지탱
하는 3 정립규정(三鼎立規定)이라고 할 수 있습니다(제3장 제1절 행정소송의 목적, 제3
절 행정소송에서의 준용규정 및 제4절 행정소송법 제26조의 해석 참조).

저는 이상의 점 등에서 오히려 독일공법학과 독일측에게, "재량행위인지 여
부는 요건이든 효과든 불문하고 법규의 체재·형식과 문언, 당해 행위가 속하는 행
정 분야의 주된 목적과 특성, 당해 행위 자체의 개별적 성질과 유형 등을 모두 고
려하여 판단하여야 하고, 변론주의와 직권탐지주의가 절충되는 절차 하에서 재량
행위의 경우에는 행정청의 재량에 기한 공익판단의 여지를 감안하여 법원은 독자
의 결론을 도출함이 없이 당해 행위에 재량권의 일탈·남용이 있는지 여부만을 심
사하게 되고, 이러한 재량권의 일탈·남용 여부에 대한 심사는 사실오인, 비례·평
등의 원칙 위배, 당해 행위의 목적 위반이나 동기의 부정 유무 등을 판단 대상으
로 한다"라고 하는, 우리나라 판례식의 재량이론과 그에 따라서 모든 재량행위의
사법심사사유들을 포괄하는 재량권일 일탈·남용 여부 심사방식과 이 모든 것을
가능하게 하는 소송원칙인 변론주의와 직권탐지주의의 절충을 규정한 행정소송법
의 입법방식 등 문제해결방식을 적극 추천하는 바입니다.

판단여지등 형량명령에 관하여 공익을 고려하여 법원의 직권탐지를 강화하
려는 독일의 이론을 수입하는 것은, 국민의 권익구제 및 행정에 대한 적법통제에
기여할 수는 있고 우리나라의 변론주의와 직권탐지주의의 절충적인 심리원칙상
직권탐지주의적인 요소로 인정할 여지가 있다는 점에서 일응 타당합니다. 그러나
법원의 직권탐지 등 직권주의에 의한 권익구제가 불완전하거나 불가능한 경우를
대비해서라도 최후의 수단으로, 국민에게 행정의 재량권의 일탈·남용의 문제를
법원에 언제든지 제기할 수 있는 소송상의 권리를 부여하는 것은, 우리나라 헌법
상 국민주권, 재판청구권 국민의 헌법상의 권리인 헌법권이나 우리나라 헌법상 적

법절차등 헌법원리에 비추어 오히려 타당합니다. 우리나라 법원은 우리나라 헌법 정신에 근거하여 이미 장구한 세월 이러한 국민의 소송상 권리를 인정하여 왔고, 독일 판례상의 판단여지와 형량명령의 경우에 못지않게, 이제는 우리나라 법원의 판례법적 지위를 가지고 있습니다.

그럼에도 불구하고 여전히 단지 독일의 법리를 수입해야 한다는 이유만으로 이와 같은 우리나라 헌법에 근거를 둔 국민의 소송상 권리를 포기시키려고 하는 것은 괴이하다고 하지 않을 수 없습니다.

요컨대 독일의 판단여지와 형량명령과 같은 문제들을, 우리나라에서의 재량 행위에 대한 개별 사법심사사유의 특성과 유형화의 문제로 흡수하여 해결하면 되는 것일 뿐이고, 이들을 포함한 모든 재량행위에 대한 사법심사사유들 전부에 대하여, 우리나라 행정소송에서 변론주의의 원칙이 인정되는 한도 내에서는, 원고 국민이 최종적으로 행정의 재량권의 일탈·남용 여부를 다투는 것은 헌법상 보장된 국민의 재판청구권의 일환이므로, 이를 단지 외국의 법리의 수입이나 해석으로서 금지시키려는 것은 헌법위반으로 불가능한 일입니다(제1장 제3절 재량행위에 대한 사법심사사유 참조).

우리나라 행정소송 실무에서는 재량행위에 대한 모든 사법심사사유들을 일괄취급할 뿐만 아니라, 재량과 기속재량은 물론이고 행정계획과 관련된 계획재량 내지 형량명령이나 심지어 판단여지에 해당하는 사안 등을 모두 다 포괄하여 예외없이 "재량권의 일탈·남용"이라는 단일한 개념을 사용하여 처리하고 있습니다. 이런 의미에서 우리나라 판례에서 취하는 재량권의 일탈·남용으로 인한 재량처분의 취소는 이른바 "쟁송법적 의미에서의 재량처분의 취소"를 뜻합니다. 이는 이른바 쟁송법적 처분개념설과 마찬가지로 이미 우리나라 판례법으로 확립된 것입니다. 이와 같은 우리나라 판례의 태도는, 재량과 관련된 다양한 사법심사사유들을 최종적으로는 쟁송법적 재량처분의 취소를 의미하는 재량권의 일탈·남용으로 포괄할 여지가 있는 개방적이고 탄력적인 개념이라는 점에서는 매우 바람직한 것이기는 합니다.

다만, 우리나라 판례에서는 재량행위에 대한 개별 사법심사사유의 고유한 성질을 고려하지 아니한 채 모든 재량행위에 대한 사법심사사유들을 일괄하여 재량권의 일탈·남용이라는 부동문자가 각인된 일종의 직인을 만들어 사용하는 방식으로 처리하고 있습니다. 이러한 처리방식에는, 법원의 편의주의에 근거한 나머지 국민에 대한 재판과 판결문의 설명기능을 생략한 채, 재량행위에 대한 개별 사법심사사유들의 고유한 특성을 무시하고 투망식으로 일괄처리하는 문제가 있습니다.

기본적으로 우리나라 행정소송에서 변론주의가 인정되는 한도 내에서는 재판 실제에 있어서 판결의 기초가 되는 사실은 당사자의 주장과 증명활동에 의하여 확정되므로, 재량행위에 대한 각각의 사법심사사유들의 법적 성질에 따라서 주장·증명책임의 분배는 물론이고 실제 증명활동의 강도는 달라질 수밖에 없다는 점을 고려하여야 합니다. 그럼에도 우리나라 판례는 예컨대 사실의 착오와 같은 사실문제와 법령위반 등 법률문제조차 구별하지 아니하고 일괄처리하고 심지어는 여러 개의 사법심사사유들을 동시에 나열하기도 합니다. 그런데 우리나라 판례가 재량행위에 대한 모든 사법심사사유에 대하여 재량권의 일탈·남용이라고 일률적으로 판시한다고 해서 재량행위에 대한 개별 사법심사사유들의 법적성질을 규명하여 이를 유형화하거나, 증거법칙과 관련하여 새로운 판례를 형성하는 것 자체가 금지되는 것은 아닙니다. 특히 전문·기술적인 영역에서 신속하고 탄력적인 대응을 중시하는 현대 행정에 대한 사법적 통제라는 난제의 해결 모색은 전세계적인 공통관심사입니다.

따라서 예컨대 재량과 구별된다고 하는 독일의 계획재량과 관련된 형량명령과 판단여지의 특성이나, 사실문제와 법률문제의 구별을 전제로 한 행정과 법원의 기능분담에 기초한 미국행정법의 실질적 증거법칙을, 우리나라의 행정소송에서 고려할 여지는 충분히 있습니다.

그간 종래부터 행정소송법 제27조의 규정에 따르면, 재량일탈과 재량남용은 그 법적효과가 취소로 동일하다는 점에서, 그 구별의 실익이 없는 것으로 이해되어 왔습니다. 그러나 재량권 일탈·남용을 실제로 증명해야 하는 원고의 입장에서 보면, 재량수권규정의 범위를 벗어났다는 의미의 재량일탈과, 재량수권규정의 범위 내의 재량행사임에도 수권규정의 목적 위반 또는 행정의 의사형성과정에서 오인, 태만, 부주의 등 행정의 주관적 요소가 문제되는 재량남용 사이에는 분명히 증명의 용이성이나 강도면에서 차이가 있습니다. 행정의 책임과 비난가능성이라는 측면에서 보면, 재량일탈의 경우가 재량수권규정을 정면으로 위반하였다는 점에서 일단 재량수권규정을 준수한 재량남용의 경우에 비하여 중대합니다. 대립당사자인 행정과 원고 모두의 입장에서 보더라도, 처분이유의 제시의무, 처분사유의 추가·변경의 기준인 기본적 사실관계 동일성, 취소판결의 기속력의 객관적 범위, 상고이유의 제한 등등, 행정처분절차 및 쟁송절차의 전 과정에 걸쳐 다툼의 쟁점이 되는 재량처분에 대한 사법심사사유는 가능한 한 명확하게 세분화되어 특정되는 것이 바람직합니다. 이런 차원에서 재량일탈과 재량남용을 구별할 필요성이 있게 되고 이에 대한 검토가 요청됩니다.

따라서 "재량의 일탈과 재량의 남용은, 행정의 책임과 행정에 대한 비난가능성의 차이, 소송자료에 관한 소송원칙과 그와 관련된 사실문제와 법률문제의 구별, 주장·증명책임의 분배와 증명의 강도, 그리고 특히 행정이나 법원이 아닌 원고 국민의 입장에서 증명의 용이성 내지 성공가능성을 기준으로 구별하여 재판에 적절하게 대처하게 할 필요성이 있다는 점에서, 즉 한마디로 국민의 재판청구권의 실질적 보장이라는 차원에서 재량일탈과 재량남용을 구별할 필요성이 있다"라는 생각입니다.

다만 실제 구체적인 사례에 있어서는 재량일탈과 재량남용은 엄격히 구별되기가 어렵고 상대화되어 있다는 점에서 결국 "재량의 일탈적 요소와 남용적 요소를 상호 비교형량하여 구별"할 수밖에 없을 것입니다.

요컨대 우리나라 행정소송에서는 소송자료에 관한 심리원칙으로 민사소송상의 변론주의와 공익을 이유로 한 직권탐지주의가 절충되어 있으므로, 이들 독일이나 미국식의 제도들을 포용할 여지가 있다는 점에서 매우 개방적이고 탄력적이라는 점에서 바람직한 심리구조로 되어 있습니다. 다만 이러한 외국의 법제도들은 현행 행정소송법제 하에서 불가피하게 재량권의 일탈·남용으로 처리할 수밖에 없는 우리나라에서는, 결국은 일탈적 요소와 남용적 요소 간의 상대적 비교형량의 문제로 귀착되어 해소될 수밖에 없는 소송법제도적인 한계가 있음을 인정하여야 합니다. 비록 독일이나 미국 현지에서와 같은 정도로 우리나라에서 법적 제도화되어 정착될 수 없다고 하더라도, 이들 제도들의 장점이 우리나라 행정소송에서의 심리과정에 반영될 수 있는 노력을 할 필요는 분명히 있습니다(제1장 제3절 재량행위에 대한 사법심사사유 참조).

주지하다시피, 우리나라의 판례에서는 "기속재량"이라는 관념을 고수하고 있습니다. 종래의 재량이론이나 행정소송이론에 부합하지 않는다는 이유만으로 기속재량의 존재를 부정하는 것만이 능사는 아닙니다. 기속재량이라는 관념은, 우리나라 행정법의 일반원칙 내지 판례법이라고 자리매김할 수 있는 일종의 직권탐지주의적인 요소인 "중대한 공익상의 필요"라는 근거 하에서 인정될 여지가 충분히 있습니다(제1장 제2절 기속재량 참조).

우리나라 행정절차와 행정심판은 헌법적 근거가 있다는 점에서 단지 행정내부적 통제절차제도로서의 지위에 그치는 것은 아니고, 사법권의 일환인 행정소송과 마찬가지로, 국민의 권익구제에 이바지하는 헌법절차적 성격을 갖습니다. 이러한 차원에서 행정절차와 행정심판에서의 재량통제사유들은 행정소송에서의 사법심사사유와 연속되고 누적되는 개념으로 이해하여야 합니다. 따라서 우리나라에서 재량행위에 대한 통제사유는, 행정절차와 행정심판을 거쳐서 최종적으로는 법원의 사법심사사유로 누적되는 이른바 행정절차, 행정심판 그리고 행정소송 3절차간의 재량통제사유의 누적적 관계가 성립합니다(제2장 제2절 행정심판의 헌법상 근거 및 제1장 제3절 재량행위에 대한 사법심사사유 참조).

처분권주의의 소송법에서의 표현이 변론주의입니다. 처분권주의도 우리나라 행정소송법 제8조 제2항의 준용규정에 의하여 행정소송에서 인정됩니다. 변론주의나 처분권주의는 각각 그 대상을 소송자료와 소송물로 달리하나 여하튼 소송에서 주도권이 법원이 아닌 당사자에게 있다는 점에서는 공통입니다. 다만 우리나라 행정소송에서는 행정소송법 제26조의 규정과 관련된 판례는, "법원은 필요하다고 인정할 때에는 … 당사자가 주장하지 아니한 사항에 대하여도 판단할 수 있다"라고 판시하고 있습니다. 불고불리원칙 및 그 예외는 소송물과 관련된 처분권주의의 문제인데, 이를 소송자료에 수집·제출의 책임분배와 관련된 우리나라 행정소송법 제26조의 규정과 혼동하여 해석하는 견해도 없지 않습니다.

그러나 행정소송법 제26조의 해석에 관하여, 그 어떠한 학설을 취하는가에 관계없이, 소송자료의 수집·제출책임의 분배에 관한 제26조는 소송물에 관련된 처분권주의와는 직접적인 관계가 없습니다. 다만 판례상의 "원고의 청구범위 내"라는 부분은, 행정소송에서도 처분권주의가 인정된다는 당연한 사실을 다시 한번 확인적 의미로 설시에 불과한 것입니다. 그러나 원래 투망식으로 뭉뚱거려 서술하는 법원편의주의적인 판결문의 특성을 고려하면, 처분권주의와 행정소송법 제26조에 관한 내용을 함께 설명하지 못할 바가 아닙니다.

여하튼 독일의 행정소송에서는 처분권주의와 직권탐지주의의 결합을 인위적이고 강제적인 합금(Legierung)이란 단어를 동원하여 설명하기도 하지만, 우리나라 행정소송에서는 처분권주의가 변론주의와 아주 자연스럽게 잘 어울리는 조화의 관계에 있습니다. 즉 처분권주의와 밀접한 관련성을 갖는 변론주의가 기본적으로 채택되어 있고 그리고 공익을 이유로 하는 직권탐지주의가 절충될 수 있는 우리나라 행정소송법 구조가, 행정구제와 행정통제라고 하는 행정소송의 목적이나, 공익과 사익의 조정절차라고 하는 행정소송의 본질과도 잘 어울립니다. 이 점에서도 우리나라 행정소송법이 바람직한 입법이라고 할 수 있습니다(제3장 행정소송 제2절 행정소송에서의 처분권주의 참조).

행정소송에서의 원고적격론에 관한 학설로는 종래부터 권리구제설, 법률상보호이익구제설, 보호가치이익구제설 및 적법성보장설 등 4가지의 학설들이 잘 알려져 왔습니다. 그러나 이 기존 4가지 학설들이 양립불가능하고 서로 대립되는 것인지부터가 의심스럽습니다. 우리나라 행정소송법 제12조에는 엄연히 "법률상 이익"이라고 규정하여 원고적격에 관하여는 입법적인 해결을 보았다고 해야 하기 때문입니다. 이 입법적 해결설의 입장에 서게 되면 위 4가지 학설의 대립 자체는 별다른 큰 의미가 없습니다.

권리구제설이라는 것은 결국 독일 헌법 제19조 제4항을 비롯하여 독일 행정소송법 제42조 제2항, 제113조 제1항 제1문, 제5항 제1문 등 독일 실정법상 규정에서 "권리"라고 규정하고 이에 근거하여 독일에서 일반화된 권리구제(Rechtsschutz)라는 표현을 의식한 것에 불과합니다. 그러나 우리나라 행정소송법 제1조에서 "국민의 권리 또는 이익의 침해를 구제하고"라는 명문의 규정을 가지고 있을 뿐만 아니라, 행정소송법 제12조상에서도 "권리"가 아닌 "법률상 이익"으로 규정되어 있으므로 우리나라에서 굳이 독일식의 "권리구제"라는 용어를 고집할 필요는 없습니다. 당연히 독일에서는 우리나라 행정소송법 제12조로 입법적 해결을 본 법률상 보호이익구제설이 주장될 리가 없습니다.

특히 "권리 또는 이익"의 준말이 되는 "권익"이라는 용어에 근거한 "권익구제"라는 용어는, 독일과 우리나라의 법규정의 차이에서 오는 "권리와 법률상 이익의 이동"에 관한 논의라든가 법률상 보호이익구제설과 보호가치이익구제설의 대립을 상당부분 완화 내지는 상쇄시킬 수 있다는 점에서 그 효용성이 있다고 할 수 있습니다.

법률상 보호이익구제설과 보호가치이익구제설의 결정적인 차이라는 것은 실체법적 구제와 소송법적 구제의 차이라는 것인데, 이는 실질적으로 "법률상"의 수식어가 붙는지 여부라고 할 것입니다. 그런데 우리나라 법원조직법 제2조 제1항에서 법원의 권한을 "법률상 쟁송"에 한정하였다는 점에서, "법률상"이란 제한수식어가 없는 보호가치이익구제설이라고 하더라도 당연히 법원조직법상의 법률상 쟁송이라는 제한을 받아야 합니다. 이 점에서 이 양 설 즉 법률상 보호이익구제설과 보호가치이익구제설의 차이는 거의 없다고 보아야 합니다.

그리고 원래 국민의 권익구제와 행정통제인 적법성보장은 차원을 달리하는 원리이므로 상호결합이 가능합니다. 그뿐만 아니라, 특히 우리나라 행정소송법 제1조의 목적규정의 해석상, 행정소송의 목적이 권익구제와 행정통제를 동시에 목적으로 한다는 점에서 오히려 권익구제와 적법성보장은 상호결합하는 것이 바람직합니다. 설령 적법성보장설을 제외한 나머지 3개 학설이 독자적으로 성립가능하다고 하더라도, 우리나라는 처분권주의에 의하여 원고 국민이 소를 제기하여야만 항고소송이 개시되어 그 계기로 행정의 위법 여부를 심사한다는 점에서 당연히 적법성보장설과 결합하여야 하므로, 적어도 우리나라에서 적법성보장설은 원고적격에 관한 독립적인 학설로서는 가치가 없습니다.

이와 같은 점 등에서 본다면, 이제 기존의 이 4가지 학설들 모두는 행정소송에 있어서 원고적격의 인정 범위를 확정하기 위하여 필요한 제 요소들로서 예컨대 권리, 이익 또는 이를 포괄하는 개념으로서 권익, 그리고 권익구제와 행정통제라고 하는 행정소송의 기능 등을 각각 강조하는 것에 지나지 아니하는 것입니다.

이는 당부의 문제가 아니라 정도의 문제인 것입니다. 이러한 정도의 문제는, 전술한 바와 같이, 우리나라 국민의 헌법권인 재판청구권, 우리나라 행정소송의 본질, 목적 내지는 기능 및 구조, 심리원칙에 비추어 얼마든지 허용됩니다. 비록 이 4가지 학설이 오늘날 그 독립적인 의미가 퇴색하기는 하지만 종래부터 우리나라 행정소송의 원고적격에 있어서 법률상, 권리, 이익, 행정구제 내지는 행정통제 등의 개념을 최소한 정서 내지는 설명하는 기능을 담당하는 정도의 의미는 있다고 할 수 있습니다(제3장 제2절 행정소송에서의 처분권주의 및 제6절 행정소송에서의 원고적격 학설 참조).

행정소송에서의 원고적격은 실익이 없는 "법률상 이익"의 개념상의 논쟁보다는 실제 법원에 의하여 어느 정도 원고적격이 인정되는가가 중요합니다. 이는 특히 행정소송에서 원고적격이 가지는 위상이 단지 하나의 소송요건으로서의 지위만이 아니라 이를 넘어서 실질적으로 소송의 성패를 좌우한다는 점에서 더욱 그러하다고 할 수 있습니다. 원고적격의 축소는 적절한 공·사익의 조정절차인 행정소송의 개시 자체가 불가능하고, 따라서 국민의 권익구제는 물론 행정에 대한 적법성통제도 이루어지지 않게 되는 문제가 있습니다. 그뿐만 아니라, 원고적격의 축소는 궁극적으로는 국민의 헌법권인 재판청구권을 침해하는 문제가 발생하기 때문에 원고적격의 확대는 바람직합니다.

원고적격의 인정 여부는 결국 법원의 조사방법에 의하여 결정됩니다. 그런데 행정소송에서의 원고적격의 확대는 단지 민사소송상의 변론주의에 근거한 당사자인 원고의 증명책임에만 의존해서는 한계가 있습니다. 경우에 따라서는 행정소송에서의 원고적격의 확대는, 공익을 고려하여 필요하면 원고적격에 관한 소송자료의 수집에 법원의 직권탐지까지도 동원하여야 가능합니다. 이러한 법원의 직권탐지의 동원은 공·사익의 조정절차인 행정소송의 본질, 그리고 개인의 권익구제와 행정에 대한 적법통제라고 하는 행정소송의 목적에 상응하는 것입니다. 그리고 이 법원의 직권탐지는 무엇보다도 우리나라 행정소송에서의 소송자료에 관한 심리원칙이 변론주의와 직권탐지주의의 절충적인 구조 내지는 체계로 되어 있다는 점에서 보다 용이하게 달성될 수 있습니다.

다만 법원의 원고적격 조사방법에 있어서 법원의 직권탐지는 공익이라는 이유로 오로지 행정의 편에 서서 일방적으로 원고 국민의 원고적격을 부인하는 데에만 발동할 것이 아니라, 가능한 한 원고 국민의 원고적격을 인정하는 방향으로도 행사되어야 할 것입니다. 물론 향후 법원이 실제로 어느 정도까지 행정소송에서 원고적격을 확대하여 인정할 것인지 여부에 관하여는 국민적인 합의가 필요한 영역이기는 합니다(제3장 제7절 행정소송에서의 원고적격 조사방법).

환경행정소송에서의 원고적격의 문제는, 우리나라 헌법상의 환경권과 재판청구권 등 헌법권이 고려된다는 점에서 실질적 법치주의 하에서의 헌법정신의 명실상부한 구현이 필수적으로 요청되는 영역입니다. 바로 이 환경행정소송의 영역이야말로 문자 그대로 "헌법의 구체화법으로서의 행정법"의 성격이 가일층 부각되는 영역입니다. 따라서 환경권은 헌법과 각 개별법률들의 조화로운 해석이 요청되는 영역이라고 할 수 있습니다.

문제는 우리나라 헌법 제35조 제1항에는 환경권이 규정되어 있다는 점입니다. 환경오염을 일으키는 주범인 공업화에 책임있는 독일은 국가정책상 환경권을 독일헌법에 직접 규정하지 못하고 단지 국가노력규정으로 규정하였습니다. 이에 근거한 독일에서의 논의를 그대로 수입한 나머지, 우리나라 헌법상 환경권의 권리성이 전혀 없다고 주장하거나, 심지어 보장하지도 못할 환경권을 우리나라 헌법에 규정했다는 등의 이유로, 우리 헌법을 무시하거나 우리 스스로를 자책할 필요는 없습니다. 나아가 우리 스스로 환경권이 과거 군부독재가 정권홍보를 위한 가식적인 선전의 산물이라는 식의 내부적인 자아비판을 할 이유도 전혀 없습니다. 우리나라 헌법상의 환경권 규정은 독일의 헌법규정과 차별되는 우리나라의 소중하고 자랑스런 헌법자산입니다.

그러나 아무리 환경권이 헌법에 규정된 헌법권이라는 이유만으로 무제한적으로 행사할 수 있는 권리는 아니므로, 행정소송법 제12조상의 "법률상의 이익"의 해석과 관련하여 무제한적인 원고적격의 확대 또한 바람직하지 아니합니다. 환경권에 근거한 원고적격의 확대는, 헌법상 환경권의 실효성의 제고와 행정소송에서의 소송자료에 대한 심리원칙인 변론주의와 직권탐지주의의 절충 내지는 조화 속에서 달성되어야 합니다. 또한 환경상 이익이 관련된 지역을, 법률에 의한 특정지역, 법률해석상 인정지역, 환경영향평가법등이 적용되는 지역 등으로 유형화하여 체계적으로 검토하고 그에 따른 법원의 원고적격 조사방법에 관한 문제를 검토하는 것이 바람직합니다.

환경과 관련된 행정소송에 있어서 어디까지 원고적격을 확장하여 인정할 것인가라고 하는 것은, 결국 국민적인 합의가 필요한 영역입니다(제3장 제8절 환경상 이익과 원고적격 및 제9절 환경행정소송에서의 원고적격 참조).

　　행정소송에서의 협의의 소의 이익과 관련하여서는, 우리나라 행정소송법 제12조 제2문 자체는, "법률상 이익"이라는 불확정법개념을 포함한 매우 포괄적이고 다의적인 의미를 내포하고 있는 규정입니다. 따라서 원고적격과 권리보호필요성 중에서 그 어느 하나를 양자택일하여야만 하는, 기존의 지배적인 학설들의 해석방법에서 벗어날 필요가 있습니다. 사실 원고적격과 권리보호필요성은 개념상 구별이 일단 가능한 것이기는 하나, 그렇다고 해서 적어도 입법론적으로 볼 때 양 자를 한 조문에 함께 규정하는 것이 불가능하다거나 더군다나 최소한 금지되는 것은 아닙니다. 그렇다고 한다면 행정소송법 제12조 제2문이 원고적격과 권리보호필요성 중 어느 하나를 배타적으로 규정한 것만으로 해석할 것이 아니라, 이 양자를 모두 포함하고 있는 규정으로 해석할 여지도 충분히 있다고 할 수 있습니다.

　　우리나라 행정소송법 제12조 제2문에서는 "소멸된" 처분등을 규정하고 있다는 점에서 보면, 같은 조 제2문의 해석문제가 단지 원고적격과 권리보호필요성 차원에서의 해석문제에서만 머무는 것이 아닙니다. 이러한 문제는, 궁극적으로는 행정소송법 제2조 제1항 제1호에 규정된, "처분등"의 개념이 일정한 경우 "소멸된" 처분등을 포함한다는 점에서, 처분개념의 확장이라고 하는 대상적격 차원에서의 해석문제로 불가피하게 전화하게 됩니다. 우리나라 판례가 행정소송법 제12조 제2문에 의하여 허용되는 소송의 경우에 처분등의 "소멸시기"가 취소소송의 제기 "전, 후"를 모두 포함하고 있는 것을 합리적으로 해석할 필요성도 있습니다.

　　한편 독일 계속확인소송(Fortsetzungsfeststellungsklage)은 독일 행정소송법규정상 행정행위의 소멸이 "소제기 후 판결 전"이 원칙이나, 이와 달리 우리나라 행정소송법 제12조 제2문은 그러한 제한이 없다는 점에서 일정한 경우 "소제기 전에 처분등이 소멸된 경우"까지를 포함하는 것이 가능하고 예정한 것이므로 결국 소멸된 처분등으로까지 대상적격의 확대가 불가피합니다. 또한 우리나라에서는 취소소송의 위법판단기준시가 이른바 판결시설이 아닌 처분시설을 취하고 있기 때문에, 취소소송 제기 전에 소멸된 처분에 대해서 당해 소멸된 처분이 처분시에 위법했었다는 판단이 전혀 불가능한 것이 아니라 일정한 경우 오히려 자연스러운 측면도 있습니다.

　　요컨대 우리나라 행정소송법 제12조 제2문은 원고적격과 권리보호필요성 양자 모두를 하나의 규정에 포함할 수 있는 매우 포괄적인 규정의 성격을 가진다고 할 수 있습니다. 원고의 권익구제의 확대라는 측면에서 보면, 이 규정은, 취소소송을 제기하기 전에 소멸된 처분에 대해서까지도 취소소송을 제기할 수 있는 원고적격을 인정할 수 있다는 점, 소멸된 처분에 대하여 취소소송을 제기하는 경우 회복할 법률상 이익이라는 특수적 권리보호필요성이 인정된다는 점, 특히 취소소송의 대상이 되는 처분의 개념을 취소소송을 제기하기 이전에 이미 소멸된 처분등에까지 확장할 수 있다는 점 등을 규정하고 있다고 해석하여야 합니다(제3장 제10절 행정소송에서의 협의의 소의 이익 참조).

우리나라는 행정재판국가가 아니고 민사소송, 행정소송은 물론이고 형사소송 모두 다 대법원을 정점으로 하는 동일한 법원의 재판권에 귀속되는 사법재판국가입니다. 따라서 행정소송과 민사소송 간의 비교 외에도 행정소송과 형사소송 간의 상호 비교도 중요합니다.

우리나라의 행정소송에서의 석명의무의 인정근거와 관련하여서는, 통상적으로 민사소송에서는 석명의무를 변론주의의 폐해를 시정하거나 보충하는 제도로 인식하고 있습니다. 이는 독일, 일본, 한국 모두 같습니다. 문제는 행정소송에서 석명의무 인정문제입니다. 왜냐하면 독일 행정소송에서는 직권탐지주의가 지배하고 이는 소송에서 당사자가 아닌 법원에게 주도권을 인정한다는 것이므로 이와 별도로 법원에게 석명의무를 인정한다 것은 별다른 실익이 없거나 오히려 직권탐지주의 원칙과 모순관계에 있는 것이 아닌가 하는 논의가 있습니다.

그러나 적어도 변론주의가 인정되는 우리나라와 일본의 행정소송에서 석명의무가 인정되는 것에는 별다른 의문은 있을 수 없고 오히려 자연스러운 현상일 뿐입니다. 다만 독일의 행정소송과 달리, 변론주의가 인정되는 일본과 우리나라의 행정소송의 경우에는 변론주의의 폐해를 시정하여 당사자의 실질적 평등을 기하는 제도로서의 민사소송상 석명의무가 행정소송에서는 어떠한 모습으로 인정되어야 하는가라는 문제는 있습니다.

이는 석명의무와 심리원칙인 변론주의와 직권탐지주의의 관계설정의 문제이기는 하지만, 보다 근본적으로는 행정소송을 민사소송으로부터 어느 정도 독립성을 인정할 것인가의 문제라는 점에서 행정소송과 민사소송의 관계설정의 문제가 됩니다. 따라서 이는 행정소송의 독자성 인정의 문제라고 할 수 있습니다(제3장 제

11절 행정소송에서의 석명의무 참조).

행정소송과 형사소송에 관계에 있어서는, 소송주체면에서 보면, 형사소송은 검찰권을 행사하는 국가기관인 검사가 국민인 형사 피고인을 상대로 하여 검찰권을 행사하는 절차이고, 그 반대로 행정소송은 국민인 원고가 국가에 소속된 행정청을 상대로 하여 원고 자신의 권리 또는 이익의 구제를 받기 위한 절차입니다. 양 소송절차를 비교하여 볼 때, 국민인 원고(검사)와 피고 행정청(형사 피고인)이 서로 반대의 입장에 서 있다는 점이 가장 큰 특징입니다. 이와 같이 형사소송과 행정소송에서의 주체 간의 이해관계가 기본적으로 상반되는 구조임에도, 형사소송에서의 공소장변경과 행정소송에서의 처분사유의 추가·변경의 한계에 관한 판단 기준으로, 학설·판례가 "기본적 사실관계 동일성"이라는 동일한 기준을 사용하고 있음을 알 수 있습니다.

분쟁의 1회적 해결 내지 소송경제는, 어느 소송에서나 바람직한 가치나 원리로 인정된다는 점에서, 반드시 행정소송에서의 처분사유의 추가·변경과 관련된 방어권과 형량하여 달성될 성질의 것은 아닙니다. 소송경제 등 분쟁의 1회적 해결이라는 것은, 직권탐지주의를 원칙으로 하는 독일 행정법원의 부담가중 완화라는 목적에는 부합하는 것입니다. 그러나 주지하다시피 우리나라 행정소송법 제26조 하에서 직권탐지주의는 단지 변론주의와 형량되어야 하는 한 요소에 불과한 것입니다.

처분사유의 추가·변경은 절차법과 소송법의 양 측면이 접하고 있는 문제이기는 합니다. 그런데 우리나라 헌법구조 하에서는 절차와 소송은 대립물이 아니고 모두 다 헌법상 적법절차의 적용을 받는 헌법적 절차이므로, 행정과 법원보다는 먼저 국민인 원고의 입장에서 보아야 합니다. 즉 국민에게는 절차법과 소송법의 중첩적·누적적 적법절차 보장을 받을 헌법상의 권리와 지위(절차와 소송 내지는 쟁송의 중첩적·누적적 적법절차보장을 받을 국민의 헌법상 지위와 권리!)가 인정됩니다. 당연히 같은 국가기관인 행정과 법원은 이러한 국민의 헌법상 권리를 보장할 의무가 있습니다. 따라서 처분이유와 처분사유, 그와 관련되는 행정과 법원 나아가 행정절차와 행정소송 등의 개념들을, 상호 대립·갈등의 개념으로 전제하는 기능적인 분석에만 의존할 것이 아닙니다. 이들 개념들을 상호 보완 내지는 상생과 통

합의 개념(처분이유와 처분사유의 누적적·중첩적 개념설의 제창!)으로 이해하고 헌법
상 적법절차원리를 구현하여야만, 진정한 "국민의 권익구제(우리나라 행정절차법 제
1조, 행정심판법 제1조 및 행정소송법 제1조 등은 헌법상 적법절차 구현의 3정립 목적규
정!)"에 이바지하게 됩니다.

종래부터 우리나라 실무가 형사소송과 행정소송의 판례에서 "기본적 사실관
계 동일성"이라는 도구개념을 함께 사용하는 것은 문제입니다. 비록 현재 형사판
례와 마찬가지로 행정판례상 처분사유의 추가·변경과 관련하여 "기본적 사실관계
동일성"이라는 개념을 사용하고 있으나, 가능한 한 형사소송의 논리에서 벗어나,
행정소송의 논리로 이를 판단하고 해석하여 적용하여야 합니다(행정소송의 독립!).
물론 장기적으로는 행정소송에서의 기존 처분사유의 추가·변경과 관련된 "기본적
사실관계 동일성"이라는 판단 기준은, 새로운 판단 기준으로 대체되는 것이 바람
직합니다(제3장 행정소송에서의 기본적 사실관계동일성 참조).

기존의 주류 행정법은 행정에 의한 침해된 권익구제 및 그 기회를 이용한 행
정에 대한 적법통제를 주요한 목적으로 합니다. 그 실질은 재량과 그에 대한 사법
심사라고 할 수 있습니다. 이상에서 저의 지론과 이 책의 주요내용을 소개해 드린
바와 같이, 저 또한 이러한 주류적인 행정법에 근거한 연구생활을 해왔다고 할 수
있고, 바로 이 책도 그 결과물입니다.

그런데 최근 행정법은 엄청난 변화과정에 직면해 있습니다. 이제 행정법은
사후에 침해된 권익구제 및 행정통제나 재량에 대한 사법심사에만 매몰되는 것이
아니라, 사전에 입법과 정책, 규제에 결정적인 영향을 미칠 수 있는 영역, 인터넷
에 의한 커뮤니케이션 발달과 재생 에너지의 발달에 의해 수평적 권력구조로 재
편되고, 초연결성(Hyper-Connected), 초지능화(Hyper-Intelligent)를 특징으로 하는 사
물인터넷(IoT), 클라우드 등 정보통신기술(ICT)을 통해, 인간과 인간, 사물과 사물,
인간과 사물이 상호 연결되고 빅데이터와 AI인공지능 등으로 보다 지능화된 사회
로 급속하게 전개될 것으로 예상되는 영역, 예컨대 AR·VR, 3D프린팅, 바이오프린
팅, 원격의료 등 장기이식, 무인운송수단, 우주여행, 자율주행자동차, 드론, 첨단
로봇공학, 신소재, 블록체인, 공유경제, 유전공학, 합성생물학, 클라우드 컴퓨팅,
스마트단말, 딥러닝 등등 열거하기도 어려운 무궁무진한 미지의 세계에 대한 탐구

라고 하는 새로운 패러다임으로의 전환에 직면하고 있습니다.

후학들의 천착을 기대합니다.

이 자리를 빌어서 감사드릴 분들이 많아서 저는 너무나도 행복합니다.

대한민국학술원 회원이신 존경하는 김남진 선생님께서는, 오래전 정년하신 후에도 최신의 연구자료를 점검하시려 대법원 법원도서관에 자주 들르셨는데, 당시는 제가 그곳 대법원 판례심사위원회 조사위원으로 근무하던 시절이었습니다. 그 시절부터 지금까지 선생님께서는 가르침으로 저와의 오랜 세월의 인연을 이어 오셨습니다. 그러던 중 2019년 12월경부터 선생님께서 저에게 이 책의 출판의 필요성을 말씀해 주셨으나, 능력부족으로 망설이는 저에게 거듭 출판독려까지 해주신 끝에 용기를 내게 되어 드디어 이 책이 햇볕을 보게 되었습니다.

존경하는 김철용 선생님께서는, 평소 "법학의 기초로서 실정법에 바탕을 둔 법이론(Dogma)"을 강조하시어 이를 저의 좌우명으로 삼을 수 있도록 해 주셨으며, 오래전부터 부족한 저의 글들을 선생님 교과서에 여러 군데 소개해 주시면서 저에게 늘 학문적인 격려를 아끼지 않으셨습니다. 최근에는 선생님께서 새로운 형식의 교과서 집필을 구상하시면서 저에게 뜻밖의 제안과 배려를 해주셔서, 여러 가지로 부족한 제가 다른 저명하신 교수님들과 함께 특별행정법론(박영사 근간, 8인공저, 공무원법 집필) 공저자로 참여하게 되는 영광을 누리게 되었습니다.

이 자리를 빌어 김남진 선생님, 김철용 선생님 두 분 행정법학계 원로 선생님들께 깊은 감사의 말씀을 드리고 늘 강건하시기를 기원드립니다.

모교 은사님으로 이미 고인이 되신 고 서원우 선생님, 고 최송화 선생님을 비롯하여, 특히 재량이론과 행정소송이론은 분리되지 않고 결합되어야 한다는 행정법적 영감을 불어 넣어주시고 지금까지도 여러 가지로 부족한 저의 연구동력으로 삼게 해주신, 저의 지도교수님이신 존경하는 김동희 선생님께 깊은 감사의 말씀을 드립니다. 학부시절부터 소송법을 일깨워 주셨고 석사·박사학위논문 초고를 한 자 한 자 일일이 오탈자까지도 지도·교정해 주시는 수고를 마다하지 않으신, 존경하는 호문혁 선생님의 인자하심과 학은을 지금도 잊을 수가 없습니다. 1987년 3월 첫만남 이후 무려 30여 년을 훌쩍 넘는 장구한 기간동안 세월의 부침에도 아랑곳 없이 늘 한결같이 편하게 대해주신, 존경하는 안경환 선생님께도 이 자리를 빌려 감사의 말씀을 드립니다.

아울러 일일이 존함을 거명하기 어려울 정도로 수많은 학계·직장에서의 선·후배 동료교수님들께 깊은 감사의 말씀을 드립니다. 이 책을 출판함에 도움을 준 임재무 이사, 심성보 편집위원 등 박영사 관계자분들에게도 고마운 마음을 전합니다.

대학이라는 공간을 통하여 저와 학문적인 나눔뿐만 아니라 지금까지는 물론 앞으로도 변함없는 인간적인 정을 이어갈 수많은 학·석·박사과정생들에게 고마운 마음을 전합니다. 오랫동안 이들을 중심으로 한 작은 모임이 씨앗이 되어, 이제는 "소통과 통합의 Platform"이라는 기치를 내걸고, 통일, 4차산업, 정치, 경제, 사회, 문화, 국제 등등과 관련된 입법, 정책, 프로젝트, 컨설팅을 모색하면서, 국·내외 각계각층의 전문가들이 가세하여 이미 전국적으로 저변을 확대했음은 물론이고, 국제적으로 무대를 넓혀서 외국인 회원들까지 보유하여 세계로의 진출도 모색 중인 모임으로 확대·발전하게 된, CLCSW모임과 그 대외학술기구인 KGLPA학회 회원들에게 고마운 마음을 전합니다.

저 또한 여느 사람처럼 한 가정의 구성원입니다. 자손들을 위해 오늘도 늘 기도하시는 8순 노모 한정엽 권사님, 잘 커준 딸 희선, 아들 동훈, 그리고 결혼시부터 시부모님을 모셨고 지금은 홀로되신 시모님과 한집에 살면서, 늘 힘들고 여유 없는 인고의 생활 속에도 늘 웃어넘기는, 아내 허숙희 고잔초교 선생님에게 이 자리를 빌어 고마운 마음을 전합니다.

2021. 2.

CLCSW·KGLPA와 함께하는
大遠 崔善雄

(daumcsw@hanmail.net)

# 차 례

## 제1장 재 량

### 제1절 불확정법개념과 판단여지

## 제2절 기속재량

## 제3절 재량행위에 대한 사법심사사유

## 제4절 재량과 판단여지에 대한 사법심사

[판례평석] 대상판결: 서울고등법원 2013. 6. 20. 선고 2012누16291 판결

## 제5절 경찰공무원 징계처분의 법적 성질

## 제6절  경찰공무원 징계재량에 대한 사법심사의 판단 기준

## 제 2 장  행정심판

## 제1절  행정심판의 기능

## 제2절  행정심판의 헌법상 근거

## 제 3 장　행정소송

## 제1절　행정소송의 목적

## 제2절  행정소송에서의 처분권주의

## 제5절 행정소송법상 직권심리의 범위

[판례평석] 대상판결: 대법원 1985. 2. 13. 선고 84누467 판결

## 제6절 행정소송에서의 원고적격 학설

## 제7절　행정소송에서의 원고적격 조사방법

## 제8절 환경상 이익과 원고적격

## 제9절 환경행정소송에서의 원고적격

# 제11절   행정소송에서의 석명의무

# 제12절　행정소송에서의 기본적 사실관계 동일성

제1장

# 재 량

# 제1절 불확정법개념과 판단여지[*]

## Ⅰ. 서설

이 논문은 독일 행정법학에서의 불확정법개념과 판단여지가 우리나라 행정법학에서 어떠한 의미를 갖는가를 탐구하는 것을 목적으로 한다.

주지하다시피, "불확정법개념[1](unbestimmter Rechtsbegriff)"과 그와 관련되어 전개된 "판단여지(Beurteilungsspielraum)"에 관한 논의는, 독일에서 1955년 Bachof[2]로부터 비롯된 것이다. 이러한 선구적인 Bachof와 동시대에 Ule의 대체가능성설(Vertretbarkeitslehre)[3]과 그 후 Wolff의 행정청의 평가특권(Einschätzungsprärogative) 내지는 규범수권설(normative Ermächtigungslehre)[4] 등이 등장하였다. 이러한 독일

---

[*] 이 글은 『행정법연구』 제28호(2010. 12)에 게재된 논문 "불확정법개념과 판단여지"를 수정·보완한 것입니다.

1) "unbestimmter Rechtsbegriff"를 "불확정법개념" 또는 "불확정개념"으로 번역하는 문제에 관하여는 후술하기로 한다.

2) Bachof, Beurteilungsspielraum, Ermessen und unbestimmter Rechtsbegriff im Verwaltungsrecht, JZ 1955, 97-102가 최초의 출간본이고, 이 Bachof의 동일한 논문은 자신의 65세 기념논문집(Wege zum Rechtsstaat, Ausgewahlte Studien zum Offentlichen Recht, Athenäum, 1979, 154-171)에 저자의 서문(Vorbemerkung 1979)이 추가되어 게재되어 있다.

3) Ule, Zur Anwendung unbestimmter Rechtsbegriff im Verwaltungsrecht, Gedächtschrift für Walter Jellinek, 1955, S. 309-330.

4) Wolff/Bachof, Verwaltungsrecht, 9. Aufl., C. H. Beck München, 1974, §31 Ⅰ c 4(S. 191 ff.).

의 Bachof의 판단여지를 비롯한 제 이론들은 우리나라에서는 1970년대 말의 문헌[5]에서 소개된 이후부터 현재까지 예외 없이 우리나라의 거의 모든 행정법 교과서[6]에 빠짐없이 소개되고 있다.

독일 행정법학에서의 불확정법개념과 판단여지는, Bachof가 각 란트(Land)의 행정법원에 반대하는 연방행정법원(BVerwG)의 판결을 검토하면서 전개한 이론이라는 점에서 알 수 있듯이,[7] 행정에 대한 법원의 사법심사의 한계라고 하는 매우 실제적인 소송상의 문제와 직접적인 관련성을 갖는다고 할 수 있다. 이는 행정과 사법이 분리된 모든 국가에서의 공통적이고 현실적인 과제라고 할 수 있다.[8] 따라서 재량이론을 포함한 불확정법개념과 판단여지에 관한 논의에 있어서는 행정의 법적 규율이라는 실체법적 내용뿐만 아니라 국민의 헌법권인 재판청구권, 헌법상의 법원의 재판권을 비롯한 헌법 규정 및 헌법상의 내용을 구현

---

5) 이에 관한 초기 문헌으로는, "김남진, 기속행위·재량행위·자유로운 행위", 『법정』 1977. 9; 김남진, "요건재량과 판단여지", 『고시연구』, 1978. 8; 김남진, "판단여지와 행정예측", 『고시계』 1982. 9, 79-87면; 서원우, "불확정개념의 해석적용", 『고시계』, 1982. 8.(상), 9.(하); 서원우, "판단여지와 재량개념", 『고시계』 1982. 10, 12-24면; 서원우, "재량과 판단여지 및 기타 영역의 구분 외", 『고시연구』 1983. 3, 157-166면; 김남진, "행정의 형성적 자유와 판단여지", 『법학논집』(고려대학교) 제23집(1985) 등이 있다. 판단여지에 관한 최근의 문헌으로는, 박정훈, "불확정개념과 판단여지", 『행정작용법』(중범 김동희교수 정년퇴임기념논문집), 박영사, 2005; 백승주, "유럽 연합법체제하의 재량행위와 판단여지에 대한 독일에서의 논의 고찰", 『공법연구』, 제34집 제2호(2005); 정하중, "행정법에 있어서 재량과 판단여지 그리고 사법심사의 한계", 『공법연구』 제23집 제3호(1995). 특히 이 논문은 판단여지를 포함한 독일의 재량이론을 역사적으로 정리하고 있다; 홍준형, "불확정법개념과 판단여지의 한계", 『현대공법과 개인의 권익보호』(균제 양승두교수 화갑기념논문집 1), 홍문사, 1994; 홍준형, "행정법상 불확정법개념과 판단여지의 한계", 『행정논총』, 제33권 제1호, 1995 등이 있다.

6) 이에 관련된 교과서로는 다음과 같다. 김동희, 『행정법Ⅰ』(제16판), 박영사, 2010, 266면 이하; 김남진/김연태 공저, 『행정법Ⅰ』(제14판), 법문사, 2010, 200면 이하; 김철용, 『행정법Ⅰ』(제13판), 박영사, 2010, 218면 이하; 류지태/박종수 공저, 『행정법신론』(제14판), 박영사, 2010, 85면 이하; 박균성, 『행정법론(상)』(제9판), 박영사, 2010, 295면 이하; 장태주, 『행정법총론』(제8판), 법문사, 2010, 87면 이하; 정하중, 『행정법총론』(제3판), 법문사, 2005, 193면 이하; 최정일, 『행정법의 정석(행정1)』, 박영사, 2009, 71면 이하; 한견우/최진수, 『현대행정법』, 세창출판사, 2009, 204면 이하; 홍정선, 『행정법원론(상)』(제18판), 박영사, 2010, 304면 이하; 홍준형, 『행정법총론』 제4판, 도서출판 한울, 2001, 196면 이하 참조.

7) Bachof, S. 97; Bachof, Neue Tendenzen in der Rechtsprechung zum Ermessen und zum Beurteilungsspielraum, JZ 1972, 641 ff.

8) 이에 관한 각국의 비교법적 고찰로서는, 박정훈, 252면 이하; 류지태, "재량행위론의 이해", 『공법연구』 제34집 제4호 제2권(2006), 360면 이하 참조.

하는 실제 행정소송법적 내용9)도 매우 중요하다고 아니할 수 없다. 이와 같이 불확정법개념과 판단여지는 기존의 재량이론과 함께 행정에 대한 법원의 사법심사의 한계를 해결하려는 실제적인 요청에 근거한 실천적인 의미를 갖는다.

그런데 이와 같은 현실적이고 실제적인 문제를 해결하기 위해서는 어떠한 개념이나 관념 자체가 절대적으로 중요한 것이 아니라, 정작 중요한 것은 실제로 행정에 대한 법원의 사법심사의 한계영역을 어떻게 해결하고 있는가, 나아가 장차 어떻게 해결하여야 하는 것이 바람직한가라는 문제의식이라고 할 수 있다.10) 그런데 이러한 문제의식은 국민의 재판청구권과 사법의 행정재판권에 관한 헌법 규정, 이러한 헌법 규정들을 법률차원에서 구현하는 행정소송법 규정 등 실정법 규정은 물론이고 실제 소송제도 등에도 비추어 철저히 검토하는 선행 작업이 필수적으로 요구된다.11)

그럼에도 우리나라의 행정법학계에서는, 종래부터 지금까지 시종일관 독일과 같은 동시대라는 연장선상에 서서 독일에서의 재량이론을 포함한 불확정법개념 내지는 판단여지에 관한 이론을 직수입하여, 단지 불확정법개념이나 판단여지에 관한 Bachof, Ule, Wolff 등의 이론과, 이와 더불어 기타 재량과 판단여지의 구별, 적용영역 및 인정가능한 판례 등을 논의하고 있는 수준에 그치고 있다고 할 수 있다.12) 즉 우리나라는 아무런 별다른 충분한 검토 없이 독일의

---

9) 재량행위이론은 행정의 재량권의 행사와 그에 대한 법원의 사법심사를 그 내용으로 한다는 점에서 실체법적 내용과 소송법적 내용을 모두 포함한다고 하는 것에는, 류지태, "재량행위론의 이해", 『행정법의 이해』, 법문사, 2006, 25면, 류지태, "재량행위론의 이해", 『공법연구』 제34집 제4호 제2권, 2006, 359면 참조.

10) 판단여지의 문제는 학설상 검토되고 있고, 논리적 필연성의 소산이라기보다는 실질적 고려의 소산이라고 하는 것에는, 김동희, 268면 참조.

11) "법학의 가장 기초적인 것이지만, 법이론(Dogma)은 실정법에 바탕을 두고 있다. 따라서 실정법이 달라지면 법이론도 달라지는 법이다. 그리고 끊임없는 실정법의 변화는 새로운 법이론을 생성해 내는 것이며, 새로 생성된 법이론은 기존의 법이론과 충돌하게 된다. 새로 생성된 법이론과 맞지 않는 기존의 법이론은 소멸하게 되며, 살아남게 된 법이론들은 새로운 행정법론의 체계를 위하여 정합(整合)하게 되는 것이다. 우리는 이 점을 항상 되새겨 보아야 한다." 우리나라 행정법의 현재의 시점에서 진정으로 매우 경청할 만한 내용이다. 김철용, 286-287면.

12) "외국에서 형성된 재량행위 이론의 개별 내용에 대한 외국에서의 학설 대립을 그대로 국내에 재현하는 수준을 넘지 못하였다고 평가된다. 우리의 문제를 해결하기 위한 행정법 이론을, 우리의 현실적 여건을 반영하지 못한 상태에서 이론을 검토한 결과, 행정법 이론과 행정현실은 그 궤도를 맞추기가 용이하지 않았다고 보인다"라고 하는 것도 이와 같은 맥락이라고 할 수 있다. 류지태, "재량행위론의 이해", 『행정법의 이해』, 법문사,

것을 그대로 답습하고 있다. 이와 같은 까닭없는 독일과 우리나라의 동일시는, 독일과 우리나라의 헌법과 행정소송법 등 제 규정들이 동일하고, 특히 독일과 우리나라의 행정소송에서의 소송원칙을 비롯한 소송제도, 소송현실 등도 동일하다는 전제하에서나 가능한 것이라는 점에서 문제가 아닐 수 없다.

요컨대 독일의 불확정법개념과 판단여지에 관한 이론이, 우리나라의 헌법과 행정소송법 등 실정법 규정과 행정소송에서의 소송원칙과 제도 및 실무에도 적합한지 여부에 대한 평가가 제대로 이루어졌다고 할 수 없다. 이러한 관점에서 독일에서의 불확정법개념과 판단여지가 우리나라에서 어떠한 의미를 갖는가에 관한 고찰을 하고자 한다.

이하에서는 먼저 Ⅱ.에서 불확정법개념과 판단여지에 관련된 독일에서의 논의를 Bachof의 이론을 중심으로 고찰하고, 이어서 Ⅲ.에서 이러한 독일에서의 불확정법개념과 판단여지에 대한 우리나라에서의 논의 및 그 검토를 고찰하고자 한다. 이러한 고찰을 기초로 하여 Ⅳ.에서 결론적인 고찰 및 Ⅴ.에서의 결론을 통하여 독일에서의 불확정법개념과 판단여지가 우리나라에서 갖는 의미를 규명해 보고자 한다.

## Ⅱ. 독일에서의 논의

### 1. 서술 내용

불확정법개념과 판단여지에 관한 독일에서의 논의는, 주로 Bachof의 판단여지(Beurteilungsspielraum)를 중심으로 하기로 한다. 그 외에 Ule의 대체가능성설(Vertretbarkeitslehre), Wolff의 평가특권(Einschätzungsprärogative) 내지는 규범수권론(normative Ermächtigungslehre)을 소개하고 이어서 판단여지의 적용영역, 한계 및 비판 등을 고찰하기로 한다.

---

2006, 59면, 류지태, "재량행위론의 이해",『공법연구』제34집 제4호 제2권, 2006, 387면; "지금까지 우리나라에서의 재량행위와 판단여지의 구별논의의 기조는 독일의 학계 및 판례에 의해서 형성된 논의를 통해서 이루어지고 있다"고 하는 것에는, 백승주, "유럽연합법체제하의 재량행위와 판단여지에 대한 독일에서의 논의 고찰",『공법연구』제34집 제2호(2005. 12), 310면 참조.

## 2. 불확정법개념

불확정법개념은 판단여지에 관한 이론이 성립하게 된 소재라고 할 수 있다. 불확정법개념이라고 함은, Bachof에 따르면, 예컨대 공익(öffentliches Interesse), 필요(Bedürfnis), 위험(Gefahr), 필연성(Notwendigkeit), 중대한 사유(wichtiger Grund), 건실한 건축신념(anständige Bausinnung)[13] 등과 같은 불확정성[14]을 그 특징으로 하는 개념들을 의미한다.[15] 따라서 실제 개별법률에 규정된 불확정법개념의 내용적인 확정성은 매우 다양하다고 할 수 있다.[16]

행정이 이러한 불확정법개념을 해석하고 구체적인 사례에 적용하는 것 자체는, 어려운 작업일 뿐만 아니라 당사자들 간에 다툼이 있게 마련이다. 불확정법개념은 의지의 영역의 문제가 아니라 인식의 영역의 문제로서 이러한 불확정법개념을 구체적 개별사례에 적용하는 것은 일정한 가치평가를 요구하고 장래예측도 필요로 한다. 따라서 다양한 관점과 형량들이 개입하게 되고 그 결과 행정은 언제나 확실한 단 하나의 유일한 합법적인 결정을 취할 수 없다고 한다.[17]

그런데 현실에서 행정은 이와 같은 불확정개념의 난점에도 불구하고 개별사안에 적합한 행정결정을 하여야만 하는데 이는 불가피한 것이다.[18] 본래 불확정법개념의 해석과 적용 특히 법률상의 요건을 불확정법개념에 충족하는지 여부에 관한 판단은 행정의 의무이기도 하기 때문이다.[19] 따라서 행정은 불확정법개념이 아무리 불확실하다고 하더라도 "오직 단 하나의 옳은(nur eine richtige)" 결정만을 하여야 한다고 한다. 다시 말해서 이러한 불확정개념은 법개념

---

13) 불확정법개념의 다양한 종류에 관하여는, Wolff/Bachof, §31 Ⅰc, S. 188 참조.
14) 이러한 개념의 불확정성은 언어의 다의성과는 다르다고 하는 것에는, Wolff/Bachof, §31 Ⅰc, S. 188 참조.
15) Bachof, S. 97.
16) 이러한 불확정법개념은 예컨대 시간, 날짜, 장소의 개념과는 다르다. Maurer, Allgemeines Verwaltungsrecht, 17. aufl., C. H. Beck München, 2009, §7, Rn. 27; Steffen Detterbeck, Allgemeines Verwaltungsrecht, 8. aufl., C. H. München, 2010, §8, Rn. 348; 그러나 구체적인 사건에서 확정가능한 개념도 있다고 한다. Maurer, §7, Rn. 27; 개념의 확정성은 시민보다는 법률전문가가 보다 잘 확정할 수 있다고 하는 것에는, Steffen Detterbeck, §8, Rn. 348 참조.
17) Maurer, §7, Rn. 29.
18) Maurer, §7, Rn. 30.
19) Steffen Detterbeck, §8, Rn. 351.

으로서 불확정개념을 해석하여 그 의미내용을 밝히는 것은 법적인 문제이고 이러한 문제는 사실의 확정과 마찬가지로 법원의 전면적인 사법심사를 받는다고 한다.[20] 즉 불확정법개념의 해석은 행정이 법을 집행하는 문제이고 이러한 행정의 집행행위는 독일 헌법 제19조 제4항(Art.19 Abs.4 GG)의 권리구제보장조항으로 인하여 법원의 전면적인 사법심사의 대상이 되어야 하는 것이 원칙이라고 한다.[21]

그런데 문제는 불확정법개념과 관련된 판단여지가 인정되는 행정의 결정에 대하여 법원의 사법심사가 가능한지 여부, 만일 심사할 수 있다면 심사는 어느 정도 하여야 하는지 여부 및 이러한 심사결과 행정의 결정을 법원의 판결형식의 결정으로 대체할 수 있는지 여부이다.[22] 이와 같은 문제를 해결하고자, 후술하는 바와 같이, Bachof의 판단여지(Beurteilungsspielraum) 및 그와 유사한 Ule의 대체가능성설(신빙성설, Vertretbarkeitslehre), Wolff의 평가특권(Einschätzungspräorgative) 내지는 규범수권론(normative Ermächigungslehre) 등이 등장하게 되었다.

독일에서 1955년 이러한 불확정법개념과 관련하여 처음으로 판단여지설을 주장한 Bachof가 이미 당시에, 판단여지는 결국 법원의 사법심사 권한을 제한한다는 것을 의미하므로 이는 독일 헌법(GG)상의 법치국가원리와 공권력에 대한 포괄적 권리구제의 보장을 규정한 독일 헌법 제19조 제4항(Art.19 Abs.4 GG)에 위반하게 되는 문제가 발생한다고 주장하였다.[23]

이로부터 불확정법개념에 관한 판단여지의 이론의 전개되게 된다.

### 3. 판단여지에 관한 학설

#### (1) Bachof의 판단여지(Beurteilungsspielraum)

Bachof에 따르면, 불확정법개념과 판단여지는 행정이 확정된 사실을 어떠한 불확정법개념을 포함하고 있는 법률상의 구성요건에 포섭하는 것과는 다르

---

20) Bachof, S. 97-98; 이 경우 불확정법개념의 해석은 판단여지가 인정되지 아니하는 해석을 말하고 이는 전면적인 사법심사의 대상이 되나, 판단여지가 인정되는 불확정법개념의 해석은 사법심사가 제한된다고 할 수 있다고 한다. Steffen Detterbeck, §8, Rn. 354-355.
21) Rolf Schmidt, Verewaltungsprozessrecht, 12. aufl., Grasberg bei Bremen, 2008, Rn. 694.
22) Henneke(Gesamtredaktion), Verwaltungsverfahrensgesetz Kommentar, 8. aufl., Carl Heymanna Verlag, 2004, §40, Rn. 18; Maurer, §7, Rn. 30; Rolf Schmidt, Rn. 694.
23) Bachof, S. 99-100.

다고 한다.[24] 즉 이러한 행정에 의한 사실의 구성요건에 포섭에 대한 법원의 사
법심사를 제한하는 것은 독일 헌법 제19조 제4항과 독일 헌법 제20조 제3항을
위반하는 문제가 된다고 한다. 이러한 문제를 해결하고자 Bachof는 불확정법개
념을 가치개념(Wertbegriff)과 경험개념(Erfahrungsbegriff)으로 구분하여, 어떠한 사
실을 가치개념이 규정된 구성요건에 포섭하는 경우에는 "단 하나의 유일한 옳
은 해결책(nur eine einzige "richtige" Lösung)"만이 아니라 "다양하게 가능한 견해들
(verschiedene möglichen Ansichten)"이 있을 수 있다고 하고,[25] 그 반대로 어떠한
사실을 경험개념이 규정된 구성요건에 포섭하는 경우에는 단 하나의 유일한 해
결책이 정당하다고 한다.[26] 그러니까 Bachof에 따르면, 판단여지는 불확정법개
념이 가치개념으로 규정된 요건에 어떤 사실을 포섭하는 경우의 문제라고 할
수 있다.

　　문제는 이러한 판단여지가 종래의 재량과의 관계이다. 이 문제에 관하여
Bachof는 우선, 재량(Ermessen)이라는 단어를 사용함에 있어서, 행정의 행위의
자유를 의미하는 행위재량(Handlungsermessen) 또는 의지적인 재량(volitives Ermes-
sen)과, 어떠한 사실을 법률상의 구성요건에 포섭하는 포섭재량(Subsumtionser-
messen), 인식재량(kognitives Ermessen) 또는 판단재량(Urteilsermessen, Beurteilungs-
ermessen)을 무비판적으로 혼동하여 사용하는 문제점이 있다고 지적한다.[27] 즉
재량의 관용적인 정의는 "다수의 법적으로 가능한 조치들 간의 선택(Wahl zwi-
schen mehreren rechtlich möglichen Verhaltenweisen)"을 의미하는 데에 반하여, 판단

---

24) 이와 같은 Bachof와 달리 해석과 포섭을 구별하기가 어렵다는 이유로 판단여지에 불확정
　　법개념의 해석을 포함시키는 견해로는, Jesch, Unbestimmter Rechtsbegriff und Ermessen
　　in rechtstheoretischer und verfassgungsrechtlicher Sicht, Archiv des öffentlichen Rechts,
　　Bd. 82, 1957. S. 178 ff, 221 ff. 참조.
25) Bachof, S. 99.
26) Bachof에 따르면, 이와 반대로 어떠한 사실을 경험개념(Erfahrungsbegriffe)에 포섭하는
　　경우에는 유일한 해결책이 옳은 것으로 간주될 수 있으나, 경험개념에 관한 전문감정인
　　의 의견도 모순될 여지가 있다는 점을 감안하면, 법원은 경험개념에 관한 행정청의 판단
　　을 유지하여야 한다고 한다. 따라서 Bachof는 경험개념인 경우 실제 모두 유일한 해결
　　책이 인정되는 것은 아니라고 한다. 예컨대 주유소가 교통위험을 일으키는지는 경험사
　　실에 입각하여 객관적으로 결정될 수 있는 것이기는 하나 위험상황에 대하여 책임을 지
　　는 행정청의 판단이 유지되어야 한다고 한다. 이와 같은 사례에서와 같이 경험개념인 경
　　우에도 행정의 판단여지가 인정될 수 있다고 한다. Bachof, S. 100.
27) 이는 허용되는 언어사용(Sprachgebruach)이 아니라 언어남용(Sprachmißbrauch)이라고
　　한다. Bachof, S. 98.

여지는 이와 같은 행정의 선택이 아니라 "다양한 판단가능성(verschiedene Beur-teilungsmöglichkeiten)"을 의미한다고 한다.[28] 이 점에서 Bachof는 재량과 판단여지는 구별되어야 한다고 한다.[29]

또한 Bachof에 따르면, 모든 불확정개념에 있어서는—그것이 경험개념이든, 가치개념이든 또는 양자의 혼합이든 간에—행정에게 판단여지가 인정되는 것이 아니라, 법치국가원칙상 행정에게 판단여지가 인정되는 것은 예외적인 것이고, 특히 판단여지를 재량으로 오해하는 것을 피하기 위해서라도 행정에게 판단여지를 인정할 의도를 법률규정 자체에 명시하여야 한다고 하다.[30]

Bachof에 따르면, 이러한 판단여지도 그 한계를 일탈하였는지 여부는 법원의 사법심사의 대상이 되는 것은 자명한 것이라고 한다. 만일 법원이 사법심사를 하는 경우에는 행정이 자신의 판단여지라는 것만을 원용하여 주장하는 것으로는 충분하지 아니하고 행정 자신의 결론 즉 행정결정이 도출되는 근거가 되는 사실을 주장하여야 한다고 한다. 이 경우 법원은 종래 상투적으로(stereotyp) "재량하자(Ermessensfehler)(보다 정확하게는 하자 있는 판단(eine fehlerhafte Beurteilung)) 가 있다고 할 수 없다"라고만 판결하지 말고 행정결정을 정당화할 수 있는 이유를 설시하여야 한다고 한다.[31]

요컨대 Bachof에 따르면 판단여지는 원칙적으로, 불확정개념 중 특히 다양한 견해가 가능한 가치개념이 법률상의 구성요건에 규정된 경우, 어떠한 사실을 이러한 구성요건에 포섭함에 있어서 행정에게 판단의 여지가 주어진다는 것이다. 이러한 판단여지는 다양한 판단가능성을 의미하므로 이 점에서 복수의 선택가능한 조치들 간의 선택의 문제인 재량과 구별되는 것이고, 법원은 이러한 판단여지가 그 한계를 일탈하였는지 여부는 심사가능하다고 한다.

### (2) Ule의 대체가능성설(신빙성설, Vertretbarkeitslehre)

위 Bachof의 판단여지와 유사한 이론으로서 Bachof와 동시대의 Ule가 정립한 대체가능성설(Vertretbarkeitslehre)이 있다. Ule는, Bachof의 여객운송사업법

---

28) Bachof, S. 98.
29) Bachof, S. 102.
30) Bachof, S. 100-101.
31) Bachof, S. 100-101.

(§9 I PersBefG)상의 "공공교통의 이익(Interessen des öffentlichen Verkehrs)"32)에 관한 사례에 있어서, 대도시에 있어서의 교통수요에 적당한 택시의 면허대수가 140대인지 아니면 141대인지를 정확하게 결정할 수 없는 것이고, 이러한 한계영역에 있어서는 동등한 상이한 판단이 가능하다는 점에서, 법원은 법원 자신의 판단만이 유일하게 옳다고 주장할 수는 없으므로 전문지식과 책임을 가지고 있는 행정의 판단을 존중해야 한다고 한다.33) 요컨대 Ule는, 위 Bachof의 여객운송사업법상의 공공교통의 이익에 관한 사례에서와 같은 경우에, "한계사례(in Grenzfällen)에서 다양한 판단이 가능하다"34)고 한다.

Ule에 따르면, 어떤 사실관계를 평가함에 있어서는, 다양하지만 동등한 가치를 가지는 전문감정인들의 감정평가가 서로 상이한 결론에 이르게 된다고 하더라도, 이 구구한 평가들 각각은 불확정법개념의 범위 내에 있으므로 적법하다고 한다. 따라서 법원은 이와 같은 한계사례들에 있어서(in Grenzfällen) 행정청의 판단 대신에 법원 자기 자신의 가치판단(Werturteil)을 대체하는 것은 금지된다고 한다.35)

Ule는 대체가능성은 행정의 법적 구속과 재량은 엄격하게 구별되는 것이 아니라는 것을 의미한다고 한다. 그렇다고 해서 불확정법개념을 적용하는 경우에는 행정에 대한 법원의 사법심사가 허용되지 않는다는 것은 아니고, 그에 대하여 일반적으로 합법성통제는 가능하다고 한다. 그러나 한계사례에서는 법원의 사법심사로부터 제외되는 가치평가의 영역을 인정하여 이를 행정의 책임으로 한다는 것이다. 그러나 사실확정의 문제는 전면적인 법원의 사법심사의 대상이 된다고 한다.36)

요컨대 Ule의 이론에 따르면, 한계사례에서 다수의 해결책이 타당성 혹은 신빙성이 있는 경우 행정청의 판단 대신에 법원은 자신의 판단으로 대체해서는 안 된다는 것이다.

32) Bachof, S. 97.
33) Ule, Verwaltungsprozessrecht, 9. aufl., C. H. München, 1987, S. 324f; Ule는 Bachof의 가치개념과 경험개념과 유사한 개념으로, 규범적 개념(normativer Begriff)과 사실적 개념(faktischer(deskriptiver) Begriff)으로 나누어 사용하고 있다. Ule, S. 324.
34) Ule, S. 325.
35) Ule, S. 326.
36) Ule, Verwaltungsprozessrecht, Ein Studienbuch, 9. aufl., Carl Hermann, 1987, S. 16.

### (3) Wolff의 평가특권(Einschätzungsprärogative) 내지는 규범수권론 (normative Ermächigungslehre)

Wolff에 따르면, 불확정법개념은 행정을 구속하는 법명제의 구성요건과 법효과 부분에 "불확정 법률개념"이 포함되어 있을 수 있다고 한다. 불확정법률개념의 해석은 법을 집행하는 행정뿐만 아니라 행정의 합법성을 심사하는 행정법원에 의하여 심사되어야 하는 법문제라고 한다. 사실확정의 문제는 법원에 의하여 제한 없이 심사할 수 있다고 한다. 이 경우 판단여지의 문제로 되는 것은, 확정된 사실을 불확정 개념이 포함된 법률상의 구성요건하에 행정청에 의하여 포섭하는 것을 심사하는 것이라고 한다.[37)]

Wolff에 따르면, 법원이 자신의 전문적인 정보수집능력, 전문감정인 또는 다른 증거방법을 동원함에도 불구하고 행정의 조치의 근거를 스스로 실감나게 체험(nachvollziehen)하는 것이 불가능하므로 행정의 조치를 논박할 수 없고 그 한도 내에서는 법원은 사법심사를 할 수 없다고 한다. 즉 사실이 행정청의 평가에 의하여 불확정법률개념(unbestimmter Gesetzesbegriff)하에 포섭되는 경우, 또는 법률규정이 불확실한 법외적인 기준, 특히 장래적인 추이를 행정이 평가하도록 지시하는 경우 즉 평가개념(Einschätzungensbegriffe)인 경우에 법원은 심사할 수 없다고 한다. 이 경우 법원은 해석에 의하여 인정된 허용한계(Toleranzgrenze) 내에 있는 논박할 수 없는 행정청의 평가를 수용하여야만 하므로 법원 자신의 평가를 가지고 행정청이 평가를 대체하여서는 아니 된다고 한다. 이와 같은 경우에 행정의 평가특권(Einschätzungsprärogative der Verwaltungsbehörde)을 인정할 수 있다고 한다.[38)]

Maurer에 따르면, 현재 독일에서는 압도적으로 판단여지에 관한 이론에 찬동하고 있으나, 최근에는 단지 불확정법개념만으로는 충분하지 아니하고, 오히려 법원이 완전히 심사할 수 없는 판단여지가 행정이 개별 법률에 의하여 판단을 할 수 있도록 권한을 부여받은 한도 내에서만 인정된다고 하는 소위 규범수

---

37) Wolff/Bachof, §31 I c, S. 188.

38) Wolff/Bachof, §31 I c, S. 191-192; 장래예측에 관한 평가특권이 인정되는 기준으로 Ossenbühl은, 행정이 내린 결정에 대한 행정의 결과책임, 법률에 의하여 인정된 행정의 형성임무, 행정의 전문지식을 들 수 있다. Ossenbühl, Die richterliche Kontrolle von Prognosseentscheidungen der Verwaltung, System des verwaltungsgerichtlichen Rechtsschutzes, Festschrift für Menger, 1985, S. 736.

권이론(normative Ermächigungslehre)이 강조된다고 한다.[39] 이러한 규범수권론에 따르면, 판단여지는 일반적인 법이론적, 규범논리적 및 실질적인 형량이 아니라 입법자가 법률을 제정하여 정한다는 것이다.[40]

그런데 Maurer에 따르면, 이 규범수권설은 명시적으로 수권을 규정한 법률이 흔하지 않을 뿐 아니라, 판단여지가 법률에 의하여 인정되는 것은 독일 헌법 제19조 제4항에 위반되는 문제도 있다고 한다.[41] 그러나 반드시 법률에 의한 수권은 명시적으로 이루어질 필요는 없고, 실제 법률규정이 행정에게 판단여지를 인정하였는지 여부가 불확실한 경우에는 개별 규정의 해석의 방법에 의하여서도 인정될 수 있다고 한다. 그럼에도 법률에 부여된 판단여지가 독일 헌법 제19조 제4항에 합치되는지 여부 그리고 합치된다면 어느 정도 합치되는지의 문제는 여전히 남는다고 한다.[42]

또한 Maurer는 독일 헌법 제19조 제4항은 법률유보하에 있지 아니하기 때문에 법률에 의하여 행정에게만 최종적인 판단권을 부여하는 수권은 인정되지 아니하므로, 규범수권설하의 행정의 판단수권은 단지 개별사례로서의 포섭의 경우에만 인정되고, 따라서 판단여지를 추상적인 해석으로 확장하는 것은 거부되어야 한다고 한다.[43]

## (4) 평가

Maurer에 따르면, 전술한 바와 같이, 독일에서는 이 Bachof의 판단여지설(Beurteilungsspielraum)이라고 하는 개념 외에 이와 유사한 기능을 하는 개념으로서 Ule의 대체가능성설(Vertretbarkeitslehre), Wolff의 행정의 평가특권(Einschätzungsprärogative) 내지 규범수권설(normtive Ermächtigungslehre)도 등장하였으나, 이 개념들을 보통은 "판단여지"라고 하는 단일한 개념으로 파악할 수 있는 것으로 평가하고 있다. 즉 이 세 가지 이론들은 모두가, 입법자가 불확정법개념을 사용하는 입법으로 행정 자신이 책임지고 결정하도록 수권을 하였고 그러한 행정의 결정에 대한 법원의 사법심사를 제한하는 동일한 사고를 전제로 하기 때문이라

---

39) Maurer, §7, Rn. 32; Steffen, Detterbeck, §8, Rn. 357.
40) Maurer, §7, Rn. 33.
41) Maurer, §7, Rn. 34; Steffen, Detterbeck, §8, Rn. 357.
42) Maurer, §7, Rn. 34.
43) Maurer, §7, Rn. 62.

고 한다.[44] 결국 입법자가 행정에게 수권규정의 요건을 최종적으로 구체화하거
나 개별화하는 권한을 부여한 것이라고 할 수 있다.[45]

이러한 판단여지가 인정되는 실질적인 이유는, 불확정법개념이라는 것은
원래 다양한 평가가 가능하고, 규범논리적인 이유로부터도 이미 유일한 단 하
나의 "옳은" 해결책(eine richtige Lösung)이 불가능하고, 행정이 법원보다 더 전문
적인 지식과 경험을 바탕으로 행정문제를 다룰 수 있으며, 일정한 행정결정은
대체가능성(unvertretbar)과 반복가능성(unwiederholbar)이 있다고 할 수 없으므로,
독자적인 국가권력으로서의 행정에게 고유한 책임영역을 인정하여야만 하기
때문이라고 할 수 있다.[46]

## 4. 적용영역

독일에서는 판단여지를 인정하는 법률의 명문의 규정이 없는 경우에도 판
단여지를 인정하는 판례[47]가 있으나, 법치국가원리에 따라서 행정행위는 전면
적인 사법심사를 받아야 하는 것에 대한 예외이므로 다음과 같은 경우에 한정
하여 매우 예외적으로 인정되고 있다고 할 수 있다.[48] 즉 판단여지는 실체법 규
정에 의해서만 인정될 수 있고, 행정과 입법은 판단여지의 인정에 자유를 갖는
것은 아니므로,[49] 법률이 행정에게 판단여지를 부여하였는지 여부가 확실하지
아니한 경우에 제한적으로만 행정에게 판단여지를 인정한다고 한다. 이러한 점
에서 보면 원칙적으로 행정에게는 판단여지가 없다고 한다.[50] 즉 판단여지는
"예외적으로", "매우 특별한 요건"이 충족된 경우만 인정되는 것이고 이를 원칙

---

44) Maurer, §7, Rn. 32.
45) Erichsen/Ehlers(Hrsg.), Allgemeines Verwaltungsrecht, 14. aufl., De Gruyter, 2010, §11, Rn. 44.
46) Maurer, §7, Rn. 32.
47) 이에 관하여는, Bachof, Neue Tendenzen in der Rechtsprechung zum Ermessen und zum Beurteilungsspielraum, JZ, 1972. 3, 홍준형, "불확정법개념과 판단여지의 한계", 『현대공법과 개인의 권익보호』(균제 양승두교수 화갑기념논문집 I ), 홍문사, 1994, 511 면 이하 참조; 홍준형, "행정법상 불확정법개념과 판단여지의 한계", 『행정논총』, 제33권 제1호, 1995; 유럽연합법 체제하에서는 판단여지의 축소는 필연적이라고 하는 것에는, 백승주, 312면.
48) Erichsen/Ehlers(Hrsg.), §11, Rn. 46; Rolf Schmidt, Rn. 695; Steffen Detterbeck, §8, Rn. 360.
49) Dreier, Grundgesetz Kommentar, 2. aufl., Mohr Siebeck, 2004, §19 Ⅳ, Rn. 127.
50) Steffen Detterbeck, §8, Rn. 358.

과 예외의 관념으로 이해하고 있는 것이다.[51]

독일에서 판단여지가 인정되는 영역의 유형화와 그러한 유형별로 실제 인정되고 있는 판례들은 다음과 같다. 즉 고등학교 졸업자격시험(Arbitur), 국가고시(Staatsexamen) 등과 같은 시험결정(Prüfungsentscheidungen),[52] 이와 유사한 것으로서 예컨대 학교에서의 시험유사결정 등 시험 관련 영역,[53] 공무원법상의 평가(beamtenrechtliche Beurteilungen),[54] 전문가와 위원회에 의한 독자적 결정,[55] 환경법과 경제법상의 예측결정(Prognosentscheidung)과 리스크평가(Risikobewertung-en),[56] 행정정책적 결정[57] 등을 들고 있는 경우가 일반적이다.[58]

위와 같이 판례상 판단여지가 인정된 유형화에 대해서는 아직 판단여지가 인정되는 일반적으로 승인된 유형은 없다고 하는 경우[59]도 있다. 위와 같은 판단여지가 인정되는 판례에 반하여 판단여지가 부정되는 판례도 다수 있고 이는 주로 법원의 전면적인 사법심사권에 반한다고 평가를 받는 경우라고 할 수 있다고 한다.[60]

## 5. 판단여지의 한계

불확정법개념과 관련된 판단여지가 인정되는 경우라고 하더라도 완전히 사법심사로부터 자유로운 것은 아니므로 사법심사의 가능성이 있다. Bachof도 판단여지도 그 법적 한계를 일탈하였는지 여부에 관하여 법원이 사법심사를 하

---

51) Stober/Kluth, Verwaltungsrecht Ⅰ, 12. aufl., C. H. Beck München, 2007, §30, Rn. 20.

52) BVerfGE 84, 34; 99, 74; 104, 203.

53) BVerfGE 8, 272; 75, 275.

54) BVerfGE 21, 127; 60, 245; 97, 128, 129.

55) BVerfGE 12, 20; 59, 213.

56) BVerfGE 79, 208, 213 ff; 82, 295, 299 ff.

57) BVerfGE 26, 65, 77; 39, 291, 299.

58) Kopp/Schenke, VwGO Kommentar, 15. aufl., C. H. Beck München, 2007, §114, Rn. 25-26; Maurer, §7, Rn. 35-42; Detterbeck, §8, Rn. 362-376; Erichsen/Ehlers(Hrsg.), §11 v 2 Rn. 46-50; Posser/Wolff, VwGO Kommentar, C. H. Beck München, 2008, §114, Rn. 36; 계획결정을 추가하고 있는 경우도 있다. Erichsen/Ehlers(Hrsg.), §11, Rn. 46; 이러한 독일 행정법상의 적용영역은 독일 행정소송 관련 문헌의 경우에도 대체적으로 마찬가지이다. Hufen, Verwaltungsprozessrecht, 7. aufl., C. H. Beck München, 2008, §25, Rn. 36-39; Kopp/Schenke, §114, Rn. 25; Rolf Schmidt, Rn. 695-703.

59) Posser/Wolff, §114, Rn. 35.

60) Kopp/Schenke, §114, Rn. 27.

는 것은 자명하다고 하였다.[61] 문제는 불확정법개념과 관련된 판단여지는 법원
의 사법심사의 대상은 되나 어느 정도 심사하여야 하는지 즉 사법심사의 정도
가 문제되는 것이라고 할 수 있고, 이에 대해서는 종래부터 다투어져 왔다고 한
다.[62]

　　판단여지의 하자는 일단 재량하자의 내용을 참고할 수는 있다고 한다.[63]
판단여지에 대한 사법심사의 구체적인 사유로는 절차하자, 사실조사의 한계, 적
절하지 못한 형량, 평등원칙위반 기타 평가원칙위반을 들 수 있다.[64] 예컨대 시
험에 관한 경우에 잘못된 사실인정, 일반적으로 타당한 평가원칙의 위반, 적절
하지 아니한 형량, 기회균등원칙을 위반한 경우 등을 들 수 있다.[65]

　　행정청이 이러한 한계를 일탈하게 되는 경우에는―그로 인하여 독일에서
는 원고 자신의 권리가 침해된 경우에는―행정의 결정은 위법하여 취소되어야
한다고 한다.[66] 이 경우 행정은 새로운 결정을 하여 통지할 의무가 있게 되는데
이 경우 행정에게는 평가에 대한 여지는 없게 된다.[67] 다만 행정의 판단이 이러
한 한계를 위반하지 아니한 경우에는, 전술한 Bachof에 따르면, 소극적으로 하
자 있는 판단이 없다고 하지 말고 적극적으로 행정의 결정을 정당화할 수 있는
이유를 설시하여야 한다고 한다.[68]

## 6. 판단여지에 대한 비판

　　판단여지에 관하여는 종래의 요건재량설(Theorie zum Tatbestandsermessen) 측
으로부터 결국 행정청에게 불확정법개념의 적용을 통하여 행정에게 재량이 부
여된 것이라는 비판을 받는다고 하고 있다.[69]

　　효과재량설 측으로부터도 재량은 법효과측면에 관한 것이고 판단여지는

61) Bachof, S. 100.
62) Erichsen/Ehlers(Hrsg.), §11, 54; Posser/Wolff, §114, Rn. 32.
63) 이러한 견해는 불확정법개념의 요건을 충족을 심사하는 경우에도 재량와 유사한 문제가
　　있다고 하고 있다. Steffen Detterbeck, §8, Rn. 379.
64) Hufen, §25, Rn. 40; Maurer, §7, Rn. 34.
65) Erichsen/Ehlers(Hrsg.), §11, 54; Kuhla/Hüttenbrink, Der Verwaltungsprozess, 3. aufl., C.
　　H. München, 2002, K 356a, 365; Rolf Schmidt, Rn. 700.
66) Hufen, §25, Rn. 40; Rolf Schmidt, Rn. 698.
67) Stober/Kluth, §30, Rn. 34.
68) Bachof, S. 100-101.
69) Maurer, §7, Rn. 34.

행위요건에 관한 것이기는 하나 결국 본질적으로는 동일한 것이라는 평가[70]를 받고 있다고 한다. 그러나 무엇보다도 행정에 대한 전면적인 사법심사를 요구하는 독일 헌법(GG) 제19조 제4항에 의거하여 보면 법원에 의한 사법심사의 제한을 의미하는 판단여지는 인정되지 않는다는 비판이 있다.[71] 예컨대 대체가능성에 대한 심사를 제한하는 것은 법원에 의한 권리구제를 불가능하게 하는 것이므로 이는 곧 독일 헌법(GG) 제19조 제4항에 근거한 효과적인 권리구제조항을 위반하는 문제가 있다고 비판을 하는 경우가 있다.[72]

## Ⅲ. 우리나라에서의 논의와 그 검토

### 1. 불확정법개념과 판단여지의 기본적인 내용 — 독일의 논의의 수용

기본적으로 불확정법개념과 판단여지에 관한 논의에 있어서는, 우리나라에서는 Bachof의 불확정법개념과 판단여지에 관한 이론이나, Ule의 대체가능성설(신빙성설), Wolff의 평가특권 내지는 규범적 수권이론과 같은 내용을 수입하여 소개하면서 불확정법개념과 판단여지를 논의하고 있는 것으로 보인다. 따라서 우리나라에서의 불확정법개념과 판단여지에 관한 기본적인 내용, 예컨대 불확정법개념의 의의, 종류, 판단여지는 이러한 불확정법개념이 규정된 법률상의 요건에 어떠한 사실을 포섭하는 문제 등은, 전술한 "Ⅱ. 독일에서의 논의의 소개"에서와 같은 내용을 수용하여 독일과 유사하게 설명하고 있는 것이 일반적이라고 할 수 있다.[73]

이하 우리나라에서 불확정법개념과 판단여지에 관한 논의 중 문제가 되어 논의할 만한 부분만 고찰하기로 한다.

---

70) Kopp/Schenke, §114, Rn. 3.
71) Maurer, §7, Rn. 34; 홍준형, "불확정법개념과 판단여지의 한계",『현대공법과 개인의 권익보호』(균제 양승두교수 화갑기념논문집 Ⅰ), 홍문사, 1994, 510면 이하; 정하중, 198면 이하; 류지태, "재량행위론의 재고",『고시연구』, 1990. 12, 104면 이하.
72) Kopp/Schenke, §114, 24a; Steffen Detterbeck, §8 Rn. 159.
73) 김동희, 266면 이하; 김남진/김연태, 200면 이하; 김철용, 218면 이하; 류지태/박종수, 85면 이하; 박균성, 295면 이하; 장태주, 87면 이하; 정하중, 193면 이하; 최정일, 71면 이하; 한견우/최진수, 204면 이하; 홍정선, 304면 이하; 홍준형, 196면 이하 참조.

## 2. 판단여지의 인정범위 — 불확정개념의 해석·적용과 포섭

### (1) 견해의 대립

우리나라에서는 불확정개념이 법개념인데 이 불확정개념을 해석·적용함에 있어서 판단여지가 인정될 수 있다고 기술하는 경우[74]가 있다. 특히 이와 같이 불확정개념을 해석·적용하는 경우에 판단여지가 인정된다고 하는 견해에 따르면, 고도의 기술적인 사실관계의 확인에 있어서도 극히 예외적으로 판단여지가 인정될 수 있거나 불확정개념이 경험개념이 아니라 가치개념인 경우에는 그 해석에 있어서도 판단여지가 인정될 수 있다고 한다.[75] 이러한 견해는 불확정개념의 해석·적용에 있어서 이론상 하나의 판단만이 가능하지만 둘 이상의 판단이 모두 적법한 판단으로 인정될 가능성이 있는 경우에 판단여지를 인정할 수 있다는 것이다.[76]

이에 반하여 불확정법개념의 포섭이 판단여지이고 불확정법개념의 해석은 제외된다는 견해는 그 근거로서, 법해석의 단계에서 법관에 의하여 교정될 수 없는 판단여지를 인정함은 다원적인 행정조직을 고려할 때 극심한 법적 불안정성을 초래할 뿐 아니라 헌법에서 보장하고 있는 포괄적인 권리구제에 위배된다는 점을 제시하거나,[77] 불확정개념의 해석에 있어서 견해가 나뉠 수 있으므로, 이는 불확정개념의 해석에 있어 재량과 비슷한 일정한 범위의 자유가 허용된다고 생각할 수도 있으나 이는 법치국가원리와 민주주의원칙에 어긋나므로 오직 하나의 해석만이 적법할 수 있다는 점을 제시한다.[78]

### (2) 검토

일견 불확정법개념의 해석에 판단여지가 인정된다고 하는 견해는, 전술한 Bachof의 경우에서와 같이, 판단여지는 단지 불확정개념이 규정된 요건에 어떤 사실을 포섭하는 경우에만 인정된다고 하므로 불확정법개념의 해석은 판단여지에 포함되지 아니하는 것만은 분명하다.[79] 해석은 일반적으로 그 의미탐구만

---

74) 김동희, 266면; 박균성, 295, 313면; 장태주, 99면; 홍정선, 307면.
75) 박균성, 313면.
76) 박균성, 312면.
77) 정하중, 196면.
78) 최정일, 72면.

을 의미한다는 점에서 특정한 사실을 불확정개념이 규정된 요건에 포섭하는 것
과는 엄연히 구별되는 것이라고 할 수는 있다.[80]

그런데 불확정법개념의 해석에 판단여지가 인정된다고 하는 견해는 불확
정개념이 법개념이라는 것을 인정하고 일의적인 해석이어야 하고 단지 예외적
으로 둘 이상의 판단이 가능한 경우를 판단여지라고 하면서, "행정기관이 판단
의 여지 내에서 내린 결정을 수용하여야 한다"[81]고 하거나 "경험개념이 아니라
가치개념의 해석과 관련하여서 판단여지를 인정할 수 있다"[82]고 한다. 따라서
이 견해는 실제로는 단지 불확정개념의 해석 자체만을 판단여지로 인정한다는
것이 아니라 가치개념과 관련된 판단여지 내에서 내린 행정의 결정을 수용하여
야 한다고 하므로 결론적으로 Bachof가 경험개념과 가치개념을 비교하면서 판
단여지를 인정하는 것과 유사한 결과를 가져온다. 이는 또한 불확정법개념의
해석은 행정이 법을 집행하는 문제라는 점에서도 그러하다.[83] 이 점에서 이 견
해는 실제로는 판단여지를 불확정개념의 포섭에 한정한다는 견해와 구별의 실
익이 크다고 할 수 없다.

또한 Bachof가, 불확정개념을 구체적인 사례에 적용(Anwendung)하는 것,
즉 확정된 사실을 어떠한 불확정 개념을 포함하고 있는 법률상의 구성요건에
포섭하는 것[84]이라고 하는 것에서 보는 바와 같이 불확정법개념의 "적용"이라
는 용어는 판단여지와 관련하여서는 사용하지 못할 바는 아니다. 다만 판단여
지설은 이러한 적용을 포섭이라고 설명하고 있을 뿐이다. 이런 점에서 본다면
불확정법개념의 해석과 적용, 불확정법개념의 해석과 포섭이라는 용어를 혼용
하여 사용하고 있는 예를 이해할 수 있다.[85]

---

79) 전술한 바와 같이, 독일에서도 Bachof와 달리 해석과 포섭이 구별이 확실하지 아니하다
는 이유로 불확정법개념의 해석도 판단여지에 포함하려고 하는 견해도 있다. Jesch, S.
178 ff, 221 ff.
80) 이런 의미에서 해석은 법개념의 의미내용의 조사를 말하는 것이고 포섭은 법규와 그 안
에 포함된 법개념을 특정 사실관계에 적용하는 것을 말한다고 하는 것에는, 최정일, 72
면 참조.
81) 박균성, 312면.
82) 박균성, 313면.
83) Rolf Schmidt, Rn. 694.
84) Bachof, S. 99.
85) 전자는 "Auslegung und Anwendung unbetsimmter Rechtsbegriff"이라는 표현 속에서, 후
자는 "Auslegung unbestimmter Rechtsbegriff u der Subsumtion eines Lebenssachverhalts

한편 Maurer도 불확정법개념의 해석(Auslegnung)과 적용(Anwendung)에 관하여 언급하고 있다.[86] 그러나 이러한 Maurer의 언급은 판단여지와 관련하여 설명하는 것이 아니고, 불확정법개념을 추상적으로 해석하는 것이나 불확정법개념을 구체적인 사건에 적용하는 것이 난제라는 것을 설명하기 위한 것 즉 불확정법개념의 특성을 서술하는 것에 불과한 것이지, 이러한 불확정법개념의 해석·적용을 바로 판단여지와 직결시켜 설명하는 것은 아니다.[87]

또한 전술한 바와 같이, 불확정개념은 법개념이고 따라서 원칙적으로 전면적인 사법심사가 미치고 단 하나의 유일한 결정에 귀결되는 것이다. 그러나 사실상 모든 개념을 초정밀하게 미세하게 파악하려고 하면 모든 요건상의 개념들은 확실한 어느 단 하나의 정의는 불가능하므로, 정도의 차이는 있지만, 어느 정도 불확실성, 추상성, 다의성 내지 복수개념성을 피할 수는 없다.[88] 따라서 예컨대 불확정개념의 해석에 관한 모든 것을 판단여지에 넣게 되면 판단여지의 개념성은 특히 요건재량설과의 관련하여서는 특별히 차별화되는 의미가 없게 된다. 판단여지가 문제가 되는 것은, 단지 불확정개념의 해석이나 적용 모두가 아니라, 전술한 Bachof의 예에서 보듯이, 불확정개념이 예컨대 경험개념이 아니라 특히 가치개념[89]과 같은 추상성을 가지고 있는 경우 그러한 불확정개념이 규정된 요건에 확정된 사실을 행정이 포섭시키는 과정에서 행정에게 판단의 여지를 인정하는가 여부이다. 따라서 판단여지가 없는 불확정개념은 전면적인 사법심사를 받게 되고, 판단여지가 인정되는 불확정법개념은 제한된 사법심사를 받게 된다고 할 수 있다.[90]

요컨대 판단여지는 불확정개념 자체의 해석의 문제가 아니라 불확정법개념이 법률상의 요건으로 규정된 경우 이 요건에 어떤 사실을 포섭하는 경우를

---

unter diese"이라는 표현 속에서 찾을 수 있다. Kopp/Schenke, §114, 23.

86) Maurer, §7, Rn. 29.

87) Maurer에 의하면, 판단여지를 추상적인 해석으로 확장하는 것은 거부되어야 한다고 한다. Maurer, §7, Rn. 62.

88) 숫자로 된 요건 이외에는 거의 대부분의 요건상의 개념이 어느 정도의 추상성 내지 불명확성을 가지고 있으므로 정도의 차이가 있지만 모두 불확정개념이라고 하는 것에는, 박정훈, 250면 참조.

89) 전술한 Bachof의 가치개념과 경험개념, Ule의 규범적 개념과 사실적 개념과 달리 국내 문헌에서는 경험적 개념과 규범적 개념으로 사용하는 경우(예컨대 한견우/최진수, 205면)가 있다.

90) Posser/Wolff, §114, Rn. 34; Steffen Detterbeck, §8, Rn. 351, 354, 355.

말한다고 할 수 있다.

## 3. 재량과 판단여지의 구별

### (1) 학설의 소개

#### 1) 구별긍정설

재량과 판단여지의 구별에 관하여는 먼저 구별긍정설에 따르면, 불확정개념의 해석·적용은 법의 인식문제임에 대하여 재량은 의지의 문제라는 점, 판단여지는 법원의 인정에 의해 부여되는 데 대하여 재량은 입법자에 의하여 부여된다는 점, 구성요건의 문제인 판단여지와 그 구성요건이 충족된 후 법적 효과와 관련하여서 문제되는 재량은 구별된다는 점, 불확정법개념은 법률요건에의 포섭이라는 법률문제로서 본래 법원에 의한 전면적인 심사의 대상이 되는 영역에 있어서 예외적으로 인정된다는 점 등을 들어서 재량과 판단여지는 구별된다고 한다.[91]

#### 2) 구별부정설

이에 반하여 구별부정설에 따르면, 요건부분의 불확정개념에 관한 판단여지와 효과부분의 재량은 구별할 필요가 없고, 양자 모두 재량이라는 동일한 범주에 속한다는 점, 불확정개념은 원칙적으로 법개념이므로 원칙적으로 법원에 의한 전면적인 사법심사를 받아야 한다는 점,[92] 인간의 판단작용에는 인식적 요소와 의지적 요소가 혼재되어 있는 것은 현대 인식론 및 법학방법론의 일반적인 이해라고 하는 점[93] 등을 들 수 있다.

그 외에도 재량과 판단여지의 구별실익이 없다는 설도 있다.[94]

### (2) 검토

우리나라에서는 재량과 판단여지의 구별에 관하여는 대체적으로 구별긍정

---

91) 김남진/김연태, 200면; 김동희, 266몀; 석종현, 227면; 박균성, 298면; 장태주, 101면; 홍정선, 304면 이하; 홍정선, "불확정법개념과 판단여지", 『고시연구』, 1991. 9, 29면 이하;
92) 김철용, 214면; 류지태, 87면.
93) 박정훈, 266면; 판단여지 이론을 별도로 구분하여 인정해야 할 이론적인 독자성이나 현실적인 필요는 존재하지 아니한다고 하는데 이는 재량행위를 통일적으로 파악하는 입장이라고 한다. 류지태, 87면.
94) 김동희, 268면.

설이 우세하다고 할 수 있다. 전술한 바와 같이, 독일의 판례를 기초로 한 Bachof의 불확정법개념과 판단여지 이론에 따르면 재량과 판단여지는 엄격히 구별된다고 하고 있고, 이러한 독일에서의 판례와 학설에 의한 재량과 판단여지를 구별론의 기조가 우리나라에 그대로 수입되었다고 할 수 있다.[95]

본래 판단여지는 사실확정과 밀접한 관련성을 갖는 문제이므로 이는 결국, 후술하는 바와 같이, 우리나라 행정소송에서 사실확정에 관한 소송원칙 즉 변론주의와 직권탐지주의의 절충과 밀접한 관련성을 갖는다는 점에서 재검토하여야 한다. 이 점에서 사실확정에 관한 직권탐지주의에 근거한 독일의 재량과 판단여지의 구별이론은 우리나라에서는 제한적인 의미만을 갖는다고 할 수 있다.

## 4. 판단여지와 대상적격

불확정법개념의 해석·적용은 특정한 사실관계가 요건에 해당하는가의 여부에 대한 인식의 문제로서의 법적 문제이므로 원칙적으로 사법심사의 대상이 된다.[96] 따라서 어떤 불확정법개념에 관련하여서 행해진 행정결정이 판단여지에 해당하는 경우에도 당해 행정결정이 사법심사[97]의 대상에서 탈락하여 행정에 대한 법원의 사법심사가 완전히 배제되는 것을 의미하는 것은 아니다.[98] 즉 법원의 사법심사의 완전한 배제가 아니라 사법심사의 제한이다.

전술한 Bahof의 주장에서 보듯이, 판단여지에 대하여 법원의 사법심사가 제한되더라도 적어도 판단여지가 그 한계를 준수하였는지 여부는 심사되어야 한다는 점에서, 판단여지는 사법심사의 대상이 되고 다만 그 심사가 일정 정도 제한된다는 점에서 심사의 정도, 밀도, 강도의 문제가 될 뿐이다.[99]

---

95) 백승주, 310면.
96) 홍정선, 307면.
97) 판단여지는 사법심사에서의 문제이지 행정심판에서의 문제는 아니라고 하는 것에는, 홍정선, 310면.
98) 판단여지설은 "기속행위와 재량행위의 구별이 법원의 심사대상 적격의 문제가 아니라 심사강도(Kontrolldichte)의 문제가 되면서 효과재량설을 시정하기 위하여 주장된 견해"라고 하는 것에는, 김철용, 218면 참조.
99) 이런 점에서 보면, 예컨대 "행정기관에게 판단여지가 인정되는 경우에는 판단의 여지 내에서 이루어진 행정기관의 판단은 법원에 의한 통제의 대상이 되지 않는다고 본다(박균성, 295면)"라고 하는 설명은 마치 대상적격이 아니라는 의미를 전달할 수도 있으므로 보다 분명하게 기술할 필요가 있다.

## 5. 판단여지의 한계

판단여지가 사법심사의 대상이 된다고 하더라도 일정 정도로 법원의 사법심사가 제한된다. 즉 판단여지의 경우에는 법원의 심사강도의 측면에서 행정의 판단에 대하여 법원의 위법판단이 제한된다는 것을 의미한다.[100]

다시 말해서 판단여지가 인정되는 경우라고 하더라도 명확히 법을 위반하거나 사실의 인정을 잘못했거나 객관적인 기준을 위반하거나 명백히 판단을 잘못한 경우 그리고 정당한 관련성이 없는 관점에서 포섭을 행하였는지 여부는 심사할 수 있다고 한다.[101] 한편 이러한 심사사유 이외에도 포괄적으로 판단기관의 적법한 구성, 절차규정의 준수, 정당한 사실관계, 평가척도와의 관련성, 시험관의 형량문제 등을 들고 있는 경우[102]도 있다.[103]

## 6. 적용 영역

판단여지가 인정가능한 영역으로는 비대체적 결정, 구속적 가치평가, 예측결정,[104] 형성적 결정 등과 같이 범주적으로 구분하는 경우[105]가 있다. 이에 반하여 그 적용 영역을 구체적으로 국가시험 등 시험결정, 상급반진학 등 학교분야에 있어서 시험유사결정, 고도의 전문적이고 기술적인 판단을 요하는 경우, 공무원법상의 제 평가, 전문가·이익대표로 구성된 독립위원회의 평가종류의 결정, 행정정책적 종류에 관련된 결정 등을 들고 있는 경우[106]가 있다.

위와 같은 2가지 분류방법은, 전술한 독일에서의 경우와 같이, 동일한 대상을 분류하는 방법의 차이에 불과하다고 할 수 있다. 그런데 독일에서도 판단여지가 인정되는 경우는 극히 예외적인 경우로서 가치관련적이고 전문적이고

---

100) 박정훈, 254, 특히 267면 이하 참조.
101) 박균성, 315.
102) 정하중, 198면, 최정일, 73면; 한견우/최진수, 206면; 홍정선, 311면.
103) 하자의 유형은 판단여지 개념을 부정하는 경우에는 재량의 일탈·남용 및 재량의 불행사인데 반하여, 판단여지 개념을 긍정하는 경우에는 판단의 일탈·남용 및 판단의 불행사가 된다고 한다. 류지태, 89면.
104) 이와 관련된 문헌으로, 김남진, 판단여지와 행정예측, 1982. 9, 79-87; 김해룡, "행정상의 미래예측(Prognose)의 법리 — 독일의 경우를 중심으로 —", 『공법연구』 제21집(1993), 335-361면 등이 있다.
105) 김남진/김연태, 212면 이하; 박균성, 314면; 정하중, 197면 이하.
106) 김철용, 213면; 박균성, 315면; 최정일, 74면 이하; 홍정선, 311면 참조.

기술적인 경우에만 인정되는 것이 원칙이다.[107) 이런 점에서 판단여지가 아무런 제한 없이 확대되어 인정된다면 이는 결국 적어도 요건부분에서 행정에게 재량을 인정한 경우와 차별화가 곤란하게 되는 문제가 발생하게 된다. 이런 점에서 판단여지의 적용 영역은 결국 재량과 판단여지의 구별의 문제로 된다고도 할 수 있다.

### 7. 관련 판례

전술한 독일의 사례에 준하여 우리나라에서 판단여지가 인정가능한 판례의 예로는, 교과서검정의 위법성에 대한 판단기준에 관한 판례,[108) 감정평가사시험의 합격기준의 선택과 판단여지,[109) 사법시험불합격처분취소청구소송,[110) 긴급재정명령 등 위헌확인,[111) 건설공사를 계속하기 위한 고분발굴허가,[112) 건축물용도변경신청거부처분취소,[113) 대학인사위원회의 임명동의안이 부결되었음을 이유로 한 대학교수의 임용제청 거부[114) 등을 들고 있는 경우[115)가 있다.

이와 같이 판단여지가 인정될 여지가 있는 우리나라 판례들에 대하여는, 판례가 재량과 판단여지를 구별하지 않고 판단여지가 인정될 수 있는 경우도 재량으로 보고 있다고 평가하는 경우가 있다.[116)

## Ⅳ. 결론적 고찰

### 1. 문제점

이상에서 불확정법개념과 판단여지에 관한 독일 및 이러한 독일의 이론을 직수입한 우리나라에서의 논의를 고찰하였다.

---

107) 판단여지의 문제는 학설상 검토되고 있고, 논리적 필연성의 소산이라기보다는 실질적 고려의 소산이므로 제한적으로만 인정되어야 한다는 것에는, 김동희, 268면.
108) 대법원 1988. 11. 8. 선고 86누618 판결, 1992. 4. 24. 선고 91누6634 판결.
109) 대법원 1992. 4. 24. 선고 91누6634 판결, 1996. 9. 20. 선고 96누6882 판결.
110) 서울고법 1998. 5. 14. 선고 97구31290 판결. 서울행정법원 1996. 2. 23. 선고 95누2683 판결.
111) 헌법재판소 1996. 2. 29. 선고 93헌마186 전원재판부 결정.
112) 대법원 2000. 10. 27. 선고 99두264 판결.
113) 대법원 2001. 2. 9. 선고 98두17593 판결.
114) 대법원 2006. 9. 28. 선고 2004두7818 판결.
115) 김성수, 195면 이하; 박균성, 315면; 정하중, 199면 이하.
116) 박균성, 314면; 홍정선, 309면 이하.

우리나라에서는 독일에서의 불확정법개념과 판단여지에 관한 이론으로서 Bachof의 판단여지뿐만 아니라 Ule의 대체가능성설(신빙성설), Wolff의 평가특권 내지는 평가수권이론 등을 거의 그대로 답습할 뿐만 아니라 이와 같은 판단여지의 적용영역, 인정가능한 판례 등에 있어서도 독일의 경우와 매우 유사하다고 할 수 있다.

독일에서의 불확정법개념과 판단여지에 관한 이론은 불확정법개념과 관련된 판단여지에 대하여는 법원의 사법심사 즉 재판권이 제한될 수밖에 없다는 것이 그 핵심적인 내용이다. 그런데 법원의 사법심사의 제한은 헌법상 법원의 재판권과 직결되는 문제이다. 또한 불확정법개념과 판단여지는 사실확정과 밀접한 관련성을 갖는다는 점에서 특히 행정법원에서의 사실확정과 관련된 소송자료의 수집·제출에 관한 소송원칙이 매우 중요하다고 할 수 있다. 마지막으로 행정에 대한 법원의 사법심사의 제한은 곧 국민의 재판청구권의 침해를 야기할 수 있으므로 국민의 재판청구권의 실질적 보장이 가장 큰 문제가 된다고 할 수 있다.

이하 먼저 불확정개념과 판단여지와 관련된 용어상의 문제점을 검토를 한 후에 위와 같은 내용을 고찰하기로 한다.

## 2. 용어상의 문제

### (1) 문제점

종래부터 우리나라에서 불확정법개념과 판단여지에 관련된 용어들의 사용 내지 번역의 문제가 있다. 이는 단지 동일한 의미를 뜻하는 유사한 용어들 간의 선택의 문제에 그치는 사소한 것이 아니다. 즉 우리나라에 있어서는 용어들 간의 단지 무차별한 선택의 문제가 아니고, 선택 그 이상의 의미가 있다. 왜냐하면 여기에는 기본적으로 재량과 판단여지가 동일한 것인지와 관련된 논의 즉 재량과 판단여지의 구별에 관한 이론에 관한 논의에 있어서 그 전제로 독일의 행정법과 우리나라의 행정법을 동일시할 수 있는가의 문제가 있기 때문이다. 그뿐만 아니라 나아가 독일의 행정소송과 우리나라의 행정소송을 동일시할 수 있는가라는 보다 중요한 근본적인 문제가 될 수도 있다는 점에서 고찰해볼 필요성도 충분히 있다.

이하 불확정개념(unbestimmter Begriff), 불확정법개념(unbestimmter Rechtsbegriff), 불확정법률개념(unbestimmter Gesetzesbegriff) 간의 구별문제, Bachof의 "Beur-teilungspielraum"의 번역문제(판단여지 또는 판단여지 "설"), Ule의 "Vertretbarkeits-theorie"의 번역문제("대체가능성설", "신빙성설"), Wolff의 "Einschätzungspräroga-tive"의 번역문제("평가특권", "평가수권") 등을 고찰하기로 한다.

## (2) 불확정개념(unbestimmter Begriff), 불확정법개념(unbestimmter Rechtsbegriff), 불확정법률개념(unbestimmter Gesetzesbegriff) 간의 구별문제

우리나라에서는 현실적으로 "불확정법개념"이라는 용어와 "불확정개념"이라는 용어가 혼용되어서 사용되어 왔다.[117]

원래 Bachof에 따르면, 불확정개념(unbestimmter Begriff), 불확정법개념(unbestimmter Rechtsbegriff), 불확정법률개념(unbestimmter Gesetzesbegriff)이라고 하는 용어가 있는데, 그중에서 불확정개념은 법개념(Rechtsbegriff)이고 따라서 불확정"법"개념이라는 용어는 소위 선결문제 요구의 오류(petitio principii)를 범하는 문제가 있으므로 불확정"법률"개념(unbestimmter Gesetzesbegriff)이 오해의 소지가 없는 명확한 개념이라고 하면서, 다만 이미 "불확정법개념(unbestimmter Rechtsbegriff)"이라는 용어는 정착되었다고 한다.[118] 이런 점에서는 Bachof의 시대부터 위 3가지 용어의 결정적인 차이는 없다고 할 수 있다. 즉 불확정개념이든 불확정법개념이든 개개의 행정 관련 법률에 실제로 규정된 불확정개념을 의미한다면 불확정"법률"개념이 보다 정확하다고 할 수는 있으나 관용상 위 3가지 용어는 혼용가능하다고 할 수 있다.

본래 "불확정개념"이라는 일반·추상명사 자체는 단지 "확정되지 아니한

---

117) 불확정개념을 용어를 사용하는 예로서는, 김동희, 266면; 박균성, 295면; 박정훈, 250면; 최정일, 71면; 홍정선, 304 등을 들 수 있고, 불확정법개념이라는 용어를 사용하는 예로서는, 김남진/김연태 214면; 정하중, 194면 등을 들 수 있고, 양자를 혼용하는 경우도 있다. 예컨대 박균성, 295, 312면; 홍준형, 206, 207면 참조.

118) Bachof, S. 98f; Maurer도 "불확정법률개념(unbestimmte Gesetzesbegriffe)"이 보다 정확한 개념이나 "불확정법개념(unbestimmter Rechtsbegriff)"이 정착되었다고 한다. Maurer, §7 Rn. 27; "불확정법률개념"이 종종 "불확정법개념"으로 불리워지는 것은 타당하지 아니하다고 하는 것에는, Wolff/Bachof, §31 Ic, S. 188 참조; 이러한 설명과 마찬가지로, 우리나라에서도 "불확정개념"을 엄밀히 말하면 "불확정법률개념"이라고 하는 것에는, 홍준형, 206면 참조.

개념"을 의미하는 것에 불과하므로, 이 불확정개념은, 반드시 요건재량설과 효과재량설을 전제하지 않더라도, 반드시 법률규정의 요건부분에 한정되지 아니하고 효과부분에서도 규정될 수 있다.[119] 따라서 "불확정개념"은, "판단여지에서 논해지는 법률규정상의 요건에 규정된 불확정개념"이라고 하는 한정된 의미의 개념에 비하면 너무 포괄적인 개념이 될 수는 있다. 한편 주로 효과재량설의 입장에 서서 요건부분의 재량을 부정하고 따라서 특히 효과가 아닌 요건에 규정된 불확정개념을 법개념[120]이라고 한다면 판단여지가 인정되는 불확정개념은 요건에서의 문제이므로 따라서 "불확정개념"과 "불확정법개념"은 같은 것을 의미하는 것에 불과한 것이다. 이 점에서는, 위에서 고찰한 바와 같이, 법률의 규정 특히 요건부분에 규정된 불확정개념이라는 뜻에서 불확정"법률"개념이 보다 정확한 용어라고 할 수 있다. 다만 "법률"과 "법" 간에 엄격한 구별을 하지 아니하고 혼용하는 언어관행을 인정하고, 여기에다가 종래부터 "불확정개념"이라는 단어만 단독으로 사용하지 아니하고 특히 "불확정개념과 판단여지"라는 관용구 속에서의 "불확정개념"을 "판단여지가 인정되는 법률요건상의 불확정개념"으로 한정된 의미로 사용한다는 전제를 인정한다고 하면, 결국 위 3가지 용어 즉 "불확정개념(unbestimmter Begriff)", "불확정법개념(unbestimmter Rechtsbegriff)", "불확정법률개념(unbestimmter Gesetzesbegriff)" 간의 구별의 실익은 그다지 크지 않다고 할 수 있다.

다만 "불확정개념"보다는 이 불확정개념이 "법"적인 문제로서 취급되는 법개념으로서 판단여지와의 관련성이 중요하다는 점과, 최근 우리나라의 판례에서 법률규정에 명문화되지 아니한 요건으로서 불확정개념인 "중대한 공익"을 이유로 판단하는 예[121] 등을 고려하면 불확정개념이 특히 우리나라에서 반드시

---

119) 요건부분에 불확정법개념이 규정되고 효과부분에는 재량수권이 규정된 것을 융합규정 또는 혼합구성요건(Koppelungsvorschriften, Mischtatbeständen)이라고 하고, 이러한 규정들이 현실적으로 흔하다고 한다. Maurer, §7, Rn. 48.

120) 위 Bachof에서와 같이 우리나라에서도 불확정개념을 원칙적으로 "법개념"이라고 하는 예로는, 김철용, 214면, 박균성, 295면 등 참조.

121) 예컨대 대법원 2009. 9. 24. 선고 2009두8946 판결에 따르면, "건축허가권자는 건축허가 신청이 건축법 등 관계 법규에서 정하는 어떠한 제한에 배치되지 않는 이상 당연히 같은 법조에서 정하는 건축허가를 하여야 하고, 중대한 공익상의 필요가 없는데도 관계 법령에서 정하는 제한사유 이외의 사유를 들어 요건을 갖춘 자에 대한 허가를 거부할 수는 없다"고 한다. 이와 동일 취지의 판례로는 다음을 들 수 있다. 대법원 2003. 4. 25. 선고 2002두3201 판결, 2006. 11. 9. 선고 2006두1227 판결.

법률에 명문으로 규정되어 있을 필요는 없다는 점에서는 불확정"법률"개념보다
는 불확정"법"개념이라는 용어가 가장 적합하다고 판단된다.[122]

### (3) Bachof의 "Beurteilungspielraum"의 번역문제(판단여지 또는 판단여지"설")

과거 우리나라에서는 독일에서의 "Beurteilungspielraum"을 "판단여지"라고
번역하여야 하는가 아니면 하나의 재량이론으로서 보아서 "판단여지'설'"로 번
역하여야 하는가에 관한 논의가 있었다.[123]

독일 행정법에서의 "Beurteilungsspielraum"을 종래의 재량이론인 요건재량
설과 효과재량설과는 다른 차원이라고 하는, 즉 재량이 아니라고 하는 입장에
서게 되면 "Beurteilungsspielraum"은 또 하나의 재량이론이라기보다는 단지 효
과재량설하에서의 사실상 법원의 재판불능과 국민의 재판청구권을 부정하는
재판거부를 구제하기 위한 이론으로 이해할 수 있다.[124] 요컨대 효과재량설하
에서는 즉 "Beurteilungsspielraum"은 기존의 요건재량설과 효과재량설과 동등
한 제3의 재량이론이라고 할 수는 없다는 점에서 본다면, 독일의 "Beurteilungs-
spielraum"을 우리나라에서 판단여지"설"이라고 하여 재량행위와 기속행위의
구별을 위한 학설의 하나로 서술하는 것에 대한 비판[125]을 이해할 수 있다.

---

122) 다만 재량과 판단여지의 이동의 문제가 이러한 용어들의 사용에도 일정한 영향을 미
친다고 할 수 있다. 예컨대 구성요건에 규정된 불확정법개념이 실제로는 재량에 흡수
되는 경우 단일한 재량(einheitliche Ermessensentscheidung)이 될 수도 있기 때문이다.
Maurer, §7, Rn. 50.
123) 우리나라에서 이에 관하여 판단여지"설"이라고 하여 재량행위와 기속행위의 구별을 위
한 학설의 하나로 서술하는 경우(예컨대 이상규, 『신행정법론(상)』, 법문사, 1991, 282면
이하, 김도창, 『일반행정법(상)』, 청운사, 1993, 386면 이하 참조)가 있다. 이에 대하여
판단여지는 기속행위와 재량행위를 구별하기 위한 학설이 아니라고 하는 것에는, 김남
진, "행정법에 있어서 불확정개념의 해석과 적용", 『경희법학』 제17권 제1호(미원 조영
식박사 화갑기념), 21면 이하 참조. 김중권, "행정자동기계결정의 법적 성질 및 그의 능
부", 『공법연구』 제22집 제3호(1994), 389면 주 51) 참조; 현재에도 "판단여지"라고 하는
예로는, 김남진, 200면; 박균성, 295면 등을 들 수 있다. 이에 반하여 판단여지"설"이라
고 하는 예로는, 김동희, 266면; 김성수, 194면; 정하중, 194면; 홍준형, 209면 등을 들 수
있다. 한편 독일의 일반적인 예에 따라 판단여지설의 용어를 사용한다고 하는 것에는,
홍정선, 307면 주 3)을 들 수 있다.
124) 판단여지설은 효과재량설을 시정하기 위하여 주장된 견해라고 하는 것에는, 김철용, 218
면 참조.
125) 예컨대 김남진, "행정법에 있어서 불확정개념의 해석과 적용", 『경희법학』(미원 조영식

그러나 전술한 바와 같이, 독일 행정법의 "Beurteilungsspielraum"을 기존의 재량행위과 기속행위를 구별하기 위한 이론으로서의 요건재량설이나 효과재량설과는 구별하면서 이들 이론들과 동급의 제3의 재량이론은 아니라는 점을 이해하는 것이 전제가 된다면, 독일의 "Beurteilungsspielraum"을 "판단여지"로 번역하든 아니면 "판단여지'설'"로 번역하든 그다지 큰 차이는 없다고 할 수 있다. 그런데 현재 우리나라에서는, 물론 재량과 판단여지의 이동에 관해서는 독일에서와 마찬가지로 대립하고 있기는 하지만, 판단여지가 재량행위와 기속행위를 구별하기 위한 이론이 아니라는 전제를 완전히 부정하는 견해는 없다.[126] 또한 특히 불확정법개념이라는 용어를 사용하면서 판단여지와 재량의 구별의 실익이 없다고 평가하는 경우[127] 또는 요건재량설의 입장에 서서 판단여지가 요건재량은 아니지만 실질적으로 요건재량과 구별의 실익이 없는 새로운 논의라는 의미라고 하는 경우에는 판단여지 대신에 판단여지"설"이라는 용어를 사용해도 무방하다고 할 수 있다.

요컨대 특히 독일에서 재량이론에 관하여는 효과재량설을 취하는 이론적 귀결로 요건부분에는 재량이 존재하지 않게 된다. 그럼에도 불구하고 새로이 불확정법개념이 규정된 요건부분에 사실을 포섭하는 것과 관련하여 법원의 사법심사가 제한된다고 하는 판단여지는, 단지 요건에 불확정개념이 있는 경우에 재량이 인정된다고 하는 기존의 요건재량설과 구별되는 법률의 요건부분과 관련된 또 하나의 새로운 이론임에는 틀림없다. 이런 점에서 특히 원칙적으로 재량이론에 관하여 효과재량설을 취하는 독일에서조차도 "판단여지에 관한 이론 (Die Lehre vom Beurteilungsspielraum)"[128]이라고 쓴 용례를 이해할 수 있을 것이다.

---

박사 화갑기념), 제17권 제1호, 23면; 김남진, "기속행위·재량행위·자유로운 행위", 『법정』, 1977. 9; 김남진, 요건재량과 판단여지, 고시연구, 1978. 8, 64-84면; 김남진, 행정법의 기본문제, 1980, 162-169면.

126) 이 점에서 재량과 판단여지의 구별의 실익이 없다고 하는 견해(김동희, 268면)가 재량의 본질에 관하여 효과재량설을 타당하다고 한다(김동희, 264면)는 점에서 보면 완전히 재량과 판단여지를 구별을 부정하는 것은 아니라고 본다.

127) 예컨대 김동희, 268면.

128) Maurer, §7, Rn. 31.

## (4) Ule의 "Vertretbarkeitstheorie"의 번역문제("대체가능성설", "신빙성설", "타당성이론")

Ule의 "Vertretbarkeitstheorie"를 "대체가능성설"이라고 번역하여 사용하는 문제가 있다고 지적하여, Ule의 위 "Vertretbarkeitstheorie"은 행정청의 판단과 법원의 판단 상호간의 관계에서 존재한다는 점에서 "상대적 타당성의 이론", "신빙성이론" 정도로 번역하는 것이 타당하다고 하는 경우[129]가 있다.

이는 Ule가, "행정법원은 의심스러울 경우 행정의 견해가 확정된 사실에 입각하여 'vertretbar'하다면 이 행정의 견해를 따라야 한다"[130]고 한 것에서도 확인된다. 또한 단어의 의미상 "대체가능성"이라고 하는 의미는 행정의 견해가 "신빙성" 내지는 "타당성"이 있으므로 그 결과 법원의 판단에 대체가능하다는 것이므로 가급적 결과보다는 적극적으로 설명력을 갖는 그 원인에 초점을 맞추어 "신빙성설" 내지는 "타당성설"이라고 표현하는 것이 일응 타당하다고 할 수는 있다.[131]

그런데 기본적으로 이러한 Ule의 "Vertretbarkeitstheorie" 이론을 그대로 우리에게 도입하여 인정한다는 것은 기본적으로 독일 행정소송과 우리의 행정소송을 동일시하는 문제가 있다. 우리나라 행정소송에 있어서는 증명의 정도에 관하여 원칙적으로 "신빙성설" 내지는 "타당성설"이라는 것은 인정되지 아니한

---

129) 홍준형, 210면 이하; 우리 학계에서는 일반적으로 Ule의 Vertretbarkeitstheorie를 대체가능성설이라고 번역하고 있으나 이는 오히려 "타당성이론"이라고 번역하는 것이 오히려 Ule의 이론에 취지에 상응한다고 하는 것에는, 정하중, 195면 주19); "대체가능성설"이라는 용어를 사용하는 예로서는, 김동희, 167면, 김성수, 『일반행정법』, 홍문사, 2010, 194면 참조, "타당성이론"과 "대체가능성설"이라는 용어를 병기하고 있는 예로는, 정하중, 195면 참조.

130) ", sollte aber das Verwaltungsgericht im Zweifel der Auffassung der Verwaltungsbehörde folgen, wenn diese Auffassung auf Grund des festgestellten Sachverhaltes vertretbar ist." Ule, S. 326.

131) 그러나 "vertretbar"가 반드시 "대체가능"이라는 번역이 전혀 불가능한 것은 아니다. 예컨대 Maurer, §7, Rn. 32에서는, "daß gewisse Entscheidungen unvertretbar oder unwiederholbar seien"라고 기술하고 있는데, 여기서의 "unvertretbar"는 문맥상 "신빙성이 없음"이라는 의미보다는 "대체불가능성"이라는 의미와 관련성을 가지고 사용될 수도 있음을 알 수 있고, 따라서 이 경우에는 "일정한 행정결정은 "대체불가능"하거나 또는 반복불가능할 수 있다"라는 정도로 번역될 수 있다. 이는 또한 Kopp/Schenke, §114 Rn. 25에서 "die "Unvetretbarkeit" und Unwiederholbarkeit der entscheidungserheblichen Situation, zB einer Prüfungssituation"이라고 기술한 것을 보면, 시험은 "대체불가능"하고 "반복불가능"이라는 것이므로 여기서의 "Unvetretbarkeit"은 대체불가능을 의미한다.

다. 이런 점에서는 "vertretbar"라고 하는 단어와 관련하여 "대체가능성설", "신빙성설" 및 "타당성설"이라고 하는 번역 차제의 구별이 중요하다기보다는, 그보다는 먼저 우리나라 행정소송에서의 심증형성에 있어서 법관의 확신에서 신빙성 내지 타당성으로 그 정도를 낮추는 것이 가능한 것인지 여부부터가 선해결되어야 할 문제이다. 그럼에도 이에 관하여 아무런 고찰이나 언급조차 하지 아니한 채, 위와 같은 용어들의 사용에 관한 논쟁 자체는 별다른 실익이 없는 공허한 논의에 불과하다.

### (5) Wolff의 "평가특권(Einschätzungsprärogative)"의 사용문제

Wolff의 "Einschätzungsprärogative"를 특히 "prärogative"에 착안하여 "평가특권"[132]이라고 번역하여 사용하는 경우가 있다. 그런데 이러한 "Einschätzungs-prärogative"이라는 용어가 "특권 내지는 우선권(prärogative)"에 초점을 맞추어 법원에 의한 사법심사의 원천적인 배제를 의미하는 것으로 사용되는 것은 적어도 행정에 대한 사법심사의 예외성 즉 사법심사의 대상적격으로부터의 전면적인 배제를 인정하기 어려운 우리나라에서는 사용하기 곤란한 용어라고 할 수 있다.

따라서 이 Wolff 등의 이론을 굳이 소개하자면 단지 법원의 사법심사의 실질적 제한가능성이라는 의미 정도로 완화하는 용어를 사용하는 것이 바람직하다. 즉 특권이라는 용어는 사법심사의 원천적인 배제 즉 대상적격의 배제의 의미가 강하다는 점에서, 비록 이러한 특권을 행정에게 수권하였다는 점에서는 특권과 수권이 동일한 내용을 의미한다고 하더라도, 수권이라는 용어는 사법심사의 가능성을 열어둘 수 있다는 점에서 특권보다는 수권이라는 용어가 바람직하다고 할 수 있다. 다시 말해서 행정에 대한 사법심사의 제한은 행정에 대하여 규범에 의한 수권에서 비롯되는 것이고 이에 대한 정도의 차이는 있으나 사법심사의 가능성을 완전히 부정하지 아니한다는 정도에서 이해하는 것이 바람직하다면, 즉 사법심사로부터의 완전배제 즉 대상적격의 배제가 아니라 대상적격

---

132) 홍준형, 210면; 또한 사실 평가 또는 판정에 있어 문제되는 것은 그 "여지(spielraum)"라기보다는 전문적으로 타당성 있는 평가를 내릴 수 있는 권한이므로 판단여지라는 표현보다는 "평가 또는 판정수권(Beurteilungsermächtigung)", "평가특권(Einschätzungspräro-gative)"이라는 표현이 더 적확한 것이라고 하는 것에는, 홍준형, 209-210면 주) 95 참조; "판단우위권론"이라고 번역하는 것에는, 김해룡, 352면 참조.

은 충족되나 다만 심사강도 내지 완화의 문제라고 한다면, "평가특권"이라는 용어 대신에 "규범적 평가수권(normative Ermächigung)"이라는 용어를 사용하는 것이 그나마 바람직하다.

### 3. 판단여지와 행정소송에서의 소송자료에 관한 소송원칙

#### (1) 논의의 방향

판단여지는 법률상의 요건의 문제이므로 사실확정과 밀접한 관련성을 갖는다고 할 수 있다. 그런데 독일 행정소송에 있어서 사실의 확정문제는 법원이 직권으로 탐지하여야 하고 그 점에서는 변론주의가 배제된다고 하는 직권탐지주의가 전제되어 있다. 이 점에서 독일 행정법에서의 판단여지는 사실확정에 관한 독일 행정소송에서의 심리원칙인 직권탐지주의를 전제로 한다.

그런데 우리나라 행정소송의 심리원칙은, 비록 정도의 차이는 있으나, 변론주의를 원칙으로 한다는 점에서 직권탐지주의를 원칙으로 하는 독일과 다르다. 바로 이러한 점을 독일 행정법의 판단여지설을 우리나라 행정법에 적용함에 있어서 반드시 고려하여야 한다.

#### (2) 판단여지와 사실확정

Bachof에 따르면, 불확정법개념의 해석과 사실확정은 법원이 하여야 하는 것으로 본다.[133] 불확정개념은 법개념이므로 그에 대한 최종구속적인 해석권한은 법관에게 있기 때문이다.[134] 그런데 법문제에 관한 결정을 하려면 언제나 사실문제의 해명을 요구하고,[135] 불확정개념도 법개념이어서 불확정법개념에 관한 결정을 하려면 사실해명이 필요하고 이러한 사실문제에 관한 한 전문지식을 보유한 행정이 사법에 우선한다고 할 수 있다.[136] 따라서 사실을 불확정개념이 규정된 요건에 포함시킨다는 것은 결국 법문제와 사실문제 모두가 전면적인 사법심사에 놓이게 되는 것을 의미하게 된다.[137] 그러니까 불확정법개념의 최종적인 해석권능과 어떤 사실을 이러한 불확정법개념에 포섭시키는 것은 법원의

---

133) Bachof, S. 99.
134) Kopp/Schenke, §114, Rn. 24a.
135) Maurer, §7, Rn. 61.
136) Maurer, §7, Rn. 61.
137) Bachof, S. 97.

전형적인 임무가 된다.[138]

이와 같이 불확정법개념도 본래 사실문제의 확정을 전제로 하는 것이므로 불확정법개념과 사실확정 양자는 분리될 수 없는 밀접한 관련성을 갖는다. 요컨대 불확정법개념의 해석, 사실확정과 그 사실을 불확정법개념을 포함하는 구성요건에 포섭하는 문제는 결국 사실의 확정 문제를 전제로 한다는 점에서는 공통적이라고 할 수 있다.

요컨대 이러한 사실확정은 전면적인 사법심사의 대상이 되는 것은 의문의 여지가 없고 이는 최종적으로 법원이 담당하게 된다.[139] 따라서 행정소송에서의 사실확정의 문제는 행정소송에서의 소송자료의 수집·제출에 대한 소송원칙과 밀접한 관련성을 갖는다고 할 수 있다.

### (3) 행정소송에서의 소송자료에 관한 소송원칙

### 1) 독일 행정소송

독일 행정소송에서의 사실관계의 수집에 대한 책임은 당사자가 아닌 법원이 부담한다는 직권탐지주의에 의한다. 독일의 행정소송법(VwGO) 제86조 제1항에서 "법원은 사실관계를 직권으로 탐지하고, 당사자는 이 경우 참여하여야 한다. 법원은 당사자의 주장과 증거신청에 구속되지 아니한다"[140]라는 규정에 의하여 독일 행정소송에서의 사실자료의 수집에 관한 한 직권탐지주의 (Untersuchungsgrundsatz)의 원칙이 적용되는 것은 의문의 여지가 없다.

이러한 독일 행정소송에서의 직권탐지주의의 독일 헌법(GG)적 근거가 포괄적 권리구제조항인 독일 헌법(GG) 제19조 제4항이라고 할 수 있다. 즉 독일 행정소송에서는 독일 헌법(GG) 제19조 제4항에 따라서 공권력에 대한 포괄적이고 흠결 없고 효과적인 권리구제를 보장하기 위해서는 법원이 당사자의 활동에 구속되지 아니하고 사실에 대한 판단을 하여야 하는 직권탐지주의가 필요하다고 한다. 독일 행정소송에서 사실관계에 대하여 당사자에게 처분권한을 인정하는 것은 법치국가원리에도 반한다고도 한다.[141]

---

138) Kopp/Schenke, §114, 24a.

139) Ule, S. 326; Posser/Wolff, VwGO Kommentar, §114, Rn. 33.

140) 이 규정의 원문은 다음과 같다. §86 [Untersuchungsgrundsatz] I VwGO, Das Gericht erforscht den Sachverhalt von Amts wegen; die Beteiligten sind dabei heranzuziehen. Es ist an das Vorbringen und an die Beweisanträge nicht gebunden.

이와 같이 독일 행정소송에서의 직권탐지주의는 사실의 수집책임을 당사자가 아닌 법원에게 부담시킨다. 그런데 사실탐지에 있어서 법원의 부담을 가중시키는 문제가 있다는 점에서 직권탐지주의를 법규정 그대로 관철하기가 어려운 원리이다. 따라서 독일 행정소송에서는 이러한 법원의 부담을 경감시키고자 현실적으로 당사자의 협력의무(Mitwirkungspflicht)를 인정하고 있는 것이 일반적이라고 할 수 있다.[141]

그럼에도 불구하고 이러한 독일 행정소송에서의 직권탐지주의에 대한 비판이 지속되고 있다. 이러한 비판적 견행의 근거로는, 예컨대 헌법적인 관점에서 보면 처분권주의와 사실탐지 간의 긴장관계를 해결하기 어렵다는 점, 기본적으로 무제한적인 법원의 사실탐지를 인정한다는 전제가 유지될 수 없다는 점, 당사자의 협력의무를 법적으로 근거부여하기 어렵다는 점 등을 들고 있다.[143] 독일 행정소송에서는 이와 같은 직권탐지주의의 문제점을 해결하기 위하여 현실적으로, 행정소송에서의 법원의 부담을 경감하기 위하여 전술한, 협력책임을 인정하는 것 이외에도, 행정소송을 민사소송의 관점에서 이해하려고 하는 시도로서 예컨대 민사소송에 있어서의 소송자료의 수집·제출책임인 변론주의를 행정소송에서도 인정할 수 있는지 여부를 검토하는 등등의 이론적인 노력[144]이 행해지고 있다.

요컨대 독일 행정소송에서의 직권탐지주의는 애시당초부터가 무제한적으

---

141) Kopp/Schenke, §86 Rn. 1; Posser/Wolff, §86, Rn. 8, §114, Rn. 29, 33; Bader/Funke-Kaiser/Kuntze/von Abedyll, Verwaltungsgerichtsordnung Kommentar, 4. aufl., C. F. Müller, 2007, §86 Rn. 3; Fehling/Kastner/Wahrendorf, Verwaltungsrecht VwVfG-VwGO, Nomos Kommentar, 2006, §86 Rn. 7; Sodan/Zikow(Hrsg.), Kommentar zur Verwaltungsgerichtsordnung, Nomos, 2003, §86, Rn. 12.

142) Bader/Funke-Kaiser/Kuntze/von Abedyll, §86 Rn. 20; Eyermann/Fröhler, VwGO Kommentar, 10. aufl., C. H. Beck München, 1998, §86 Ⅲ; Hufen, §35 Rn. 22; Kopp/Schenke, §86 Rn. 11; Kuhla/Hüttenbrink, E 160, 166.

143) Marcel Kaufmann, Untersuchungsgrundsatz und Verwaltungsgerichtsbarkeit, Tübingen: Mohr Siebeck, 2002, S. 367-375, 375-388, 388-413; 또한 경제적인 측면에서의 비판도 있다. 예컨대 독일 행정소송에서 직권탐주주의가 법원의 부담가중을 가져와 독일의 행정소송이 지연되는 결과 독일의 국제경쟁력이 저하하게 되어 수많은 기업이 외국으로 이전하는 사태에 직면하고 있다고 하는 것에는, Renate Köhler-Rott, Der Untersuchungsgrundsatz im Verwaltungsprozess und die Mitwirkungslast der Beteiligten, Müchen, 1997, S. 1 참조.

144) Marcel Kaufmann, S. 414; Renate Köhler-Rott, S. 1.

로 관철하기가 곤란한 소송원리라고 할 수 있다.

### 2) 우리나라 행정소송

이상과 같은 독일의 행정소송에서와 달리, 우리나라 행정소송에서는 사실 자료와 증거자료 즉 소송자료의 수집·제출책임에 관한 소송원칙으로 — 비록 학설의 대립이 있으나 적어도 변론주의가 완전히 배제된다는 설은 찾기가 어렵 고 — 변론주의가 원칙이고 예외적으로 직권탐지주의가 절충된다고 하는 것이 다수설이라고 할 수 있다.145)

우리나라 행정소송에 있어서 변론주의가 원칙적으로 인정되는 한도 내에 서는 사실확정을 위한 사실은 법원이 수집하는 것이 아니라 당사자가 수집하여 법원에 제출해야 한다. 법원은 당사자의 사실자료 및 증거자료 즉 소송자료에 의하여 심리를 하는 것이 원칙이고, 따라서 이러한 소송자료에 의하여 심리한 결과 사실의 존부가 불분명하게 되는 경우에는 당연히 증명책임분배원칙에 따 라서 재판하면 족하게 된다.


### (4) 판단여지와 소송원칙

불확정법개념도 전면적인 사법심사의 대상이 되는 한 원칙적으로 전면적 인 사법심사의 적용의 대상이 된다는 점에서 법원의 부담이 가중된다.146) 전술 한 바와 같이, 판단여지는 불확정법개념이 요건에 규정된 경우에 확정된 사실 을 이 요건에 포섭하는 것을 의미한다면 결국 판단여지는 사실해명을 전제로 한다는 점에서 소송자료의 수집·제출책임과 밀접한 관련성을 갖는다고 할 수 있다. 즉 판단여지는 실제 소송에서는 소송자료에 관한 소송원칙에 의하여 사 실확정을 전제로 한다.147) 따라서 예외적으로 행정의 판단여지가 인정되면 법

---

145) 다만 변론주의와 직권탐지주의 간의 절충을 인정하는 입장에서는 변론주의 이외에도 법 원의 직권탐지도 일정 부분 허용된다. 우리나라 행정소송은, 변론주의를 배제하고 직권 탐지주의를 원칙으로 하는 독일의 행정소송과 달리 — 논자에 따라서 직권탐지주의가 어 느 정도 가미되는지 여부가 다투어지고 있지만 — 일단 변론주의를 원칙으로 한다. 이에 관한 상세한 고찰은, 최선웅, "행정소송법 제26조의 해석에 관한 일 고찰 — 우리나라 행 정소송의 독자성을 모색하며 — ", 『행정법연구』 제10호(2003. 10), 207-250면.
146) 불확정법개념의 적용은 전면적인 사법심사의 대상이 되므로 사실관계를 확정함에 있어 서 막대한 곤란을 초래함으로써 법원에게 과중한 부담을 지우는 결과가 된다고 하는 것 에는, 홍준형, 211면 참조.
147) 물론 행정소송에서는 사실확정뿐만 아니라 법적관점도 전면적인 사법심사를 받게 되는 것은 당연한 것이다. Kopp/Schenke, §114, Rn. 33.

원의 직권탐주의가 제한되는 것이지만, 그럼에도 불구하고 행정의 엄격 법률구
속성은 원칙적으로 인정된다고 한다.[148]

그런데, 전술한 바와 같이, 독일 행정소송에서의 소송원칙은 사실관계에
관한 한 법원의 직권탐지를 요구한다는 점에서 법원의 부담이 가중되는 것이
다. 그러나 이와 같은 사실확정에 관한 직권탐지주의라고 하는 독일에서의 기
본적인 전제는 우리나라의 행정소송의 경우에는 그대로 인정될 수 없다.

우리나라 행정소송에서는 소송자료의 수집·제출책임에 관한 소송원칙으로
변론주의가 원칙이고 예외적으로 직권탐지주의가 절충된다고 하는 것이 다수
설이므로, 우리나라 행정소송에서는 판단여지가 인정되는 경우에도 여전히 원
칙적으로 변론주의가 인정되는 한도 내에서는 당사자의 사실자료 및 증거자료
즉 소송자료에 의하여 심리를 하는 것이 원칙이고 그러한 소송자료에 의하여
심리한 결과 사실의 존부가 불분명하게 되면 당연히 증명책임분배원칙에 따라
서 재판하면 족하다.

이와 같이 판단여지와 관련된 소송원칙에 근거하는 우리나라의 행정소송
은, 당사자의 주장과 증거신청에 구속되지 아니한다고 하여 변론주의를 배제하
고 직권탐지주의를 원칙으로 하여 소송자료에 관한 한 법원의 직권탐지에 의하
는 독일 행정소송법(VwGO) 제86조의 규정에 의하는 독일의 행정소송과 결정적
으로 달라지는 부분이다.

## (5) 평가

위에서 본 바와 같이 독일은 행정소송에서 직권탐지주의가 인정되므로 원
칙적으로 법원이 사실의 확정을 전담한다. 그런데 판단여지가 인정되는 사례들
이라는 것은 실제 법원의 사실심사가 곤란한 영역이고 실제로 법원의 판단이
사실상 불가능하다. 이런 점에서 독일 행정소송에서는 법원의 사법심사의 제한
이라고 하는 판단여지의 이론구성이 실제로 필요했던 것이다.

그러나 우리나라 행정소송에 있어서는 원칙적으로 변론주의가 인정되므로
소송자료의 수집·제출책임은 당사자가 부담하는 것이 원칙이다. 따라서 우리나
라에서는 독일의 판단여지가 인정되는 사례들은 변론주의의 원칙상 당사자의

---

148) Sodan/Ziekow(Hrsg.), §86, Rn. 42.

주장·증명에 의하는 변론주의에 의하여 심리되는 것이 원칙이라고 할 수 있다.[149]

## 4. 판단여지와 재판청구권, 행정재판권

### (1) 판단여지와 재판청구권

독일에서는 공권력에 대한 효과적이고 가능한 한 흠결 없는 법원에 의한 권리구제는 독일 헌법(GG) 제19조 제4항에 의하여 보장된다고 한다.[150] 그리하여 이 독일 헌법(GG) 제19조 제4항에 의하면 행정에 대한 사법심사는 법적 및 사실적인 관점에서 전면적인 사법심사일 것이 요구되고 따라서 법원에 의한 사법심사의 제한은 철저하게 부정된다고 한다.[151] 특히 국민의 헌법상의 권리 즉 헌법권을 침해하는 경우에는 불확정법개념이라고 하더라도 법원의 사법심사가 절실하기 때문이다.[152] 그리하여 Bachof도 법원의 의한 사법심사가능성은 불확정 개념의 해석과 사실판정의 기초가 되는 사실의 존재에 관한 법원의 사법심사권을 제한하기 위한 시도는 독일 헌법(GG) 제19조 제4항에 위반될 뿐만 아니라,[153] 판단여지도 법원의 사법심사의 제한을 의미하는 것이므로 헌법 제19조 제4항에 반하는 문제가 발생하게 된다고 한다.[154]

---

149) 이런 점에서 행정의 정책적 사항 또는 전문기술적 사항인 경우에도 행정의 판단을 법원의 판단에 갈음하여 맹목적으로 우선시해서는 안되고 행정으로 하여금 그 사실에 대한 주장·입증을 하게 함으로써 종국적으로 법원이 판단한다고 하는 것(한견우/최진수, 206면 참조)은 매우 타당한 지적이다. 그런데 문제는 이러한 주장을 하면서도 다른 곳에서는 "행정소송상 입증책임에 관하여는 실정법상 명문의 규정이 존재하지 않고 학설·판례도 아직 확립되지 못하고 있다(한견우/최진수, 1047면)"라고 하여 다소 앞뒤가 상호 조화가 안되는 문제점은 있다.

150) Maurer, §7, Rn. 34.

151) Maurer, §7, Rn. 34. 물론 이러한 것은 독일 헌법(GG) 제19조 제4항 이외에도 법치국가원리에 의하여서도 인정된다고 할 수 있다. Bader/Funke-Kaiser/Kuntze/von Abedyll, §86 Rn. 3; Posser/Wolff, §86, Rn. 8; Rolf Schmidt, Rn. 695.

152) Maurer, §7 Rn. 59-60.

153) Bachof도 바로 이러한 문제점을 해결하기 위하여, 전술한 바와 같이, 불확정법개념을 가치개념(Wertbegriff)과 경험개념(Erfahrungsbegriff)으로 나누어 설명하고 하고 있다. Bachof, S. 102; 나아가 Bachof에 따르면, 법관의 자유심증주의를 제한하는 것도 공권력에 대한 포괄적인 권리구제를 규정한 독일 헌법(GG) 제19조 제4항에 반한다고 한다. Bachof, S. 99.

154) Bachof, S. 99-101; Ule, S. 15; 이런 점에서 독일 헌법(GG) 제19조 제4항은 법원의 심사로부터 자유로운 판단여지와 평가특권의 확장을 제약하게 된다고 한다. Hufen, §1, Rn. 17.

이와 같이 불확정법개념의 해석, 사실확정, 판단여지는 원칙적으로 법원의 전면적인 사법심사가 미치는 것이 원칙인데, 이는 특히 독일 헌법(GG) 제19조 제4항이 공권력의 침해에 대한 국민의 주관적인 권리구제를 위한 포괄적 권리구제를 위한 규정의 성격을 지니기 때문이라고 할 수 있다.[155] 물론 이에 대하여, 행정을 위하여 또 재량결정에 있어서 판단여지에 근거하여 행정법원의 사법심사를 제한하는 것은 독일 헌법 제19조 제4항에 합치한다는 견해[156]도 있는데, 이 견해는 독일 연방행정법원(BVerfG)에 따르면 행정법원의 사법심사를 제한하는 것은 독일 헌법 제19조 제4항을 침해하는 것이 아니라고 하고, 독일 헌법 제19조 제4항이 다수의 선택가능한 적법한 결정 중에서 법원이 최종책임을 지고 선택할 것을 요구하는 것은 아니라고 판시하고 있는 판례를 그 근거로 한다.[157] 그러나 이러한 판례가 있다고 하더라도 여전히 판단여지에 의한 법원의 사법심사의 제한이 독일 헌법 제19조 제4항에 합치하지 않는 결정적인 문제가 해결되는 것은 아니라고 하는 견해도 있다.[158]

그런데 위와 같이 대립되는 견해들은 기본적으로 주관적 권리구제를 전제로 하고 있는 독일 헌법 제19조 제4항을 전제로 하는 논의들에 불과하다고 할 수 있다. 주지하다시피 우리나라 헌법 제27조는 이와 같은 주관적 권리구제에 한정하지 아니하고 객관적 적법성통제까지도 포괄하는 포괄적인 규정이다. 즉 우리나라 헌법 제27조는 본래 독일 헌법(GG) 제19조 제4항에 근거한 독일식의 "포괄적인 권리구제"마저도 포괄하는, 즉 "권리침해를 요건으로 하지 아니하는" "포괄적인 재판"을 보장하고 있는 국민의 헌법상의 권리인 헌법권으로서의 헌법 제27조의 재판청구권에 입각해 있다. 따라서 우리나라 헌법상의 권리인 재판청구권 규정인 헌법 제27조를 독일 헌법 제19조 제4항과 같이 권리침해로 좁혀서 해석하지 않으면 안 될 무슨 논리필연적 내지 선험적인 이유는 없다고 할 수 있다.[159]

게다가 우리나라 행정소송법 규정상 독일식의 직권탐지주의를 명문으로

---

155) Posser/Wolff, §114, Rn. 33; 이러한 독일 헌법 제19조 제4항의 절대화도 문제이지만 상대화나 완화하려는 시도는 명문의 규정에 반한다고 한다. Maurer, §7, Rn. 56.

156) Ule, S. 15-16; Kuhla/Hüttenbrink, A Rn. 21.

157) Ule, S. 15-16; Kuhla/Hüttenbrink, A Rn. 21.

158) Maurer, §7, Rn. 34.

159) 최선웅, 『행정소송의 원리』, 진원사, 2007, 70면.

인정하는 규정도 없다. 또한 우리나라에서는 독일의 행정소송에서의 직권탐지
주의에 관한 헌법상의 근거에 관한 논의도 없다. 따라서 판단여지에 관한 법원
의 사법심사의 제한이 독일에서와 같은 헌법 내지 행정소송법 규정과 직접적으
로 충돌하는 문제는 우리나라에서는 독일처럼 심각하게 제기되지 아니한다고
할 수 있다.

### (2) 판단여지와 행정재판권

판단여지는 행정에 대한 법원의 사법심사권 즉 행정재판권의 제한의 문제
이다. 즉 재량을 포함한 판단여지의 문제에서는 행정과 행정재판의 권한획정이
문제되고 이러한 권한획정의 문제는 원칙적으로 헌법을 통하여 명확하게 규정
되어 있어야 한다.[160] 행정의 포섭에 대한 법원의 사법심사를 제한하는 이론구
성은 헌법상의 행정재판권의 침해문제를 발생시키기 때문이다. 이러 점에서 판
단여지가 불가피하게 논해진다고 하더라도, 판단여지의 귀결은 결국 법원의 행
정재판권을 제한하는 문제로부터 자유로울 수 없다는 점에서 판단여지는 한계
사례 등 극히 예외적으로만 인정된다고 할 수 있다.[161]

이러한 독일에서의 행정재판권의 침해 여부의 문제는 우리나라에서는 헌
법 제101조 내지는 제107조 제2항의 위반문제로 된다. 다만 환경, 경제, 계획
등 전문기술적이고 가치관련적 문제에 있어서의 행정재판권의 제한 문제는 비
단 독일의 경우뿐만 아니라 행정과 사법이 분리된 모든 나라에서는 공통적으로
직면하는 동일한 과제의 성격[162]을 갖는다고 할 수 있다.

### (3) 국민의 재판청구권의 실질적 보장

이상에서 본 바와 같이 독일에서의 판단여지는 행정과 사법 간의 권한획정

---

160) Maurer, §7, Rn. 56.
161) 법률에 의하여 행정에게만 최종적인 판단권을 부여하는 수권은 독일 헌법(GG) 제19조
제4항은 법률유보하에 있지 아니하기 때문에 인정되지 아니하고, 따라서 이러한 수권
은 구체적이고 예외적인 사례인 포섭을 규율하는 경우에 한하여 인정된다고 한다. 즉
규범수권설하의 행정의 판단수권은 단지 개별사례의 경우에만 인정된다. 따라서 불확
정법개념을 추상적인 해석으로 확장하는 것을 거부하여야 한다고 한다. Maurer, §7 Rn.
62 참조.
162) 이에 관한 각국의 비교법적 고찰로서는, 류지태, "재량행위론의 이해", 『공법연구』 제34
집 제4호 제2권, 2006, 360면 이하; 박정훈, 252면 이하 참조.

의 문제이고 이는 결국 행정에 대한 법원의 사법심사를 제한한다는 것이다. 그런데 이는 행정과 사법 간의 권한 문제에 그치는 것이 아니라 국민의 재판청구권의 실질적 보장이라는 측면에서는 문제가 있다고 할 수 있다.

행정, 사법 나아가 입법이라는 권력분립은 궁극적으로는 국민의 권익을 보장하기 위한 수단시되는 원리에 불과하기 때문이다. 판단여지에 관련된 사례 중에서 실제로 행정의 판단의 여지를 인정하여 법원의 사법심사를 제한한다는 것은 결국 행정의 결정을 존중한다는 것으로 귀결되는 것이다.163) 이러한 행정의 결정을 존중한다는 것은 그 대가로 국민의 권익의 침해를 야기할 수 있다는 점에서 이는 국민의 재판청구권의 실질적 보장이라는 측면에서는 문제가 있다고 할 수 있다. 즉 법원의 행정재판권의 불감훼손이나 행정의 일차적 판단권의 적극존중164)보다는 국민의 재판청구권의 실질적인 보장이 중요한 문제라고 할 수 있다. 즉 국민의 입장에서는 행정과 사법의 갈등에 대한 관심보다는 국민 자신의 권익구제가 최우선적인 관심사라고 할 수 있다.165)

이 점에서 재량을 포함한 판단여지는 행정과 행정법원 간의 권한획정의 문제166)라고 하거나, 판단여지는 행정의 집행권과 사법의 재판권 간의 긴장 내지는 갈등문제에 그치는 것이 아니라 그보다는 궁극적으로는 국민의 헌법권인 재판청구권의 실질적 보장이 우선되어야 한다. 재판청구권은 국민의 권리이지 재판하는 법원의 권리가 아니다. 법원은 언제나 국민의 헌법권인 재판청구권을 보장하여야 할 지위에 있으므로 국민의 재판청구권은 언제나 법원의 재판권에 우선한다.

## V. 결론 — 우리나라 행정법에서의 의의

전술한 바와 같이, 종래의 우리나라의 재량을 포함한 불확정법개념과 판단

---

163) 재량이나 예외적으로 인정되는 판단여지의 경우에는 객관적으로 행정을 실체법에 구속시키는 것이 제한되고 주관적인 권리의 구제도 제한된다고 하는 것에는, Sachs, Grundgesetz Kommentar, C. H. Beck München, 2007, §19, Rn. 146.

164) 행정 전체에 행정법원의 심사라는 그물로 덮어서 행정을 제약해서는 안 된다고 하는 것에는, Maurer, §7, Rn. 61.

165) 이러한 것을 행정과 사법에 대한 무차별성이라고 할 수 있을 것이다. 최선웅, 『행정소송의 원리』, 진원사, 2007, 56면 이하.

166) Maurer, §7, Rn. 56 참조.

여지에 관한 이론은 주로 독일에서의 이론의 수입에 의존하고 있는바, 이는 기본적으로 독일과 우리나라를 동일시한다는 점에서 문제가 아닐 수 없다.

불확정법개념과 판단여지는 기존의 재량과 함께 행정에 대한 법원의 사법심사의 어려움을 해결하기 위하여 시도된 이론이다. 이러한 해결의 필요성은 독일이나 우리나라는 물론이고, 적어도 행정권과 사법권이라고 하는 권력이 분립된 세계 모든 국가의 공통적인 과제임에는 틀림없다. 특히 독일의 재량이론에 있어서 법적효과면에서의 결정재량 내지는 선택재량이라고 하는 즉 이른바 효과재량설을 취하는 경우, 그 이론적 귀결로 요건부분에는 재량을 부정하게 되고 따라서 불가피하게 요건부분에 관하여 전면적인 사법심사를 하여야 하는 법원의 사법심사를 제한할 필요성과 관련하여 판단여지에 관한 이론이 전개될 필요성이 큰 것이라고 할 수 있다. 이와 같은 불확정법개념과 판단여지 나아가 재량과의 관련성에 관한 독일 행정법에서의 이론을, 행정에 대한 법원의 사법심사의 곤란성이라고 하는 실제적인 문제해결의 측면에서는, 우리나라의 행정법이론에서도 독일과 마찬가지로 논의할 필요성은 물론 충분히 있다.

그렇다고 하더라도 우리나라에서 위와 같은 재량과의 관련성에서의 판단여지라고 하는 독일에서의 문제의식을 그대로 받아들여야 하는가라는 점에 있어서는 의문이 없을 수 없다. 다시 말해서 우리나라와 독일 간에 헌법을 비롯한 행정소송법 등 관련 법규정의 차이, 행정에 대한 사법부의 재판권 즉 행정재판권의 헌법상의 근거, 행정에 대한 법원의 사법심사를 실제로 구현하는 행정소송 절차를 지배하는 소송원칙, 헌법상의 국민의 권리인 헌법권인 재판청구권의 실질적 보장이라고 하는 측면에서 고려하여야 하는 행정소송을 포함한 소송제도나 현실의 차이 및 나아가 궁극적으로는 이것들을 포함한 총제적인 법문화의 차이 등을 무시하기가 현실적으로 어렵다고 할 것이기 때문이다.

그런데 재량이든 판단여지든 간에 이들 양자는 결국은 사실의 확정 자체 문제와 직·간접적인 관련성이 있다는 점에서는 공통적이라고 할 수 있다. 따라서 행정소송에 있어서 사실확정에 관하여 독일의 행정소송과 우리나라 행정소송 간의 사실의 확정과 관련된 소송자료의 수집·제출책임에 관한 소송원칙의 차이는 충분히 고려하면서 논의되어야 한다. 다시 말해서 불확정법개념과 판단여지는 결국 법원에서의 사법심사의 한계에 관한 문제이고 실제로는 사실확정과 밀접한 관련성을 갖고 있기 때문에 궁극적으로는 사실확정을 전면적으로 심

사하는 법원에서 벌어지는 행정소송에서의 소송자료에 관한 심리원칙이 중요
하다.

　그럼에도 불구하고 우리나라의 기존의 학계에서는 행정소송에서의 소송자
료에 관한 심리원칙에 관하여 독일과 우리나라의 차이가 있다는 점을, 의식적
이든 무의식적이든, 전혀 고려하지 않은 상태에서 독일식[167]의 재량과 판단여
지 간의 이동의 문제에 집착하고 있는 것이 아닌가 한다. 특히 재량을 포함한
불확정법개념과 판단여지의 문제 자체를 헌법상의 권력분립과 행정소송의 실
제 등 현실적인 문제와 관계없이 단지 이론상의 문제라는 인식을 전제하고서
해결하고자 접근하게 되면 이는 도저히 해결이 불가능한 것이라는 점에서 더욱
그러하다고 할 수 있다. 그 결과 필요 이상으로 독일 이론의 난맥상이 아무런
여과 없이 그대로 우리나라에 과장되어 나타나게 되는 것이 아닌가 한다.

　이러한 태도는 특히 우리나라의 현실과 상응하지 못하다는 점에서는 결코
바람직하지 못하다고 할 수 있다. 실제 우리나라에서는 불확정법개념과 판단여
지에 관한 이론이 도입되지 않았던 시절은 물론이고 현재까지도 실무상 그다지
큰 문제가 없었다는 점이 그 반증이라고 할 수 있다. 그렇다고 해서 행정에 대
한 법원의 사법심사의 곤란성을 완화해 보고자 하는 독일에서의 불확정법개념
과 판단여지에 관련된 이론 자체를 독일에서만의 문제이고 따라서 우리나라에
서는 전혀 무익한 것이라고만 치부할 수만은 없을 것이다. 다시 말해서 이러한
이론이 갖는 문제의식 즉 행정에 대한 사법심사의 곤란성의 해소라는 문제의식
이 행정과 사법이 분리된 우리나라에서도 역시 충분히 일정 시사점을 준다는
점까지도 부정하는 것은 물론 아니다.

　독일의 불확정법개념과 판단여지에 관한 이론은, 독일 헌법(GG) 제19조 제
4항의 포괄적 권리구제조항과 독일 행정소송법(VwGO) 제86조상의 직권탐지주
의를 배경으로 하는 독일 행정소송 위에서 구축된 이론이라고 할 수 있다. 특히
독일 행정소송에서의 소송자료에 관한 심리원칙이 직권탐지주의라고 하는 것
은 독일 행정소송법(VwGO) 제86조에서 명문으로 규정되어 있고, 나아가 독일
헌법(GG)에 그 헌법적 근거가 있는가 여부도 논해지고 있을 정도이다. 따라서

---

167) 독일 행정법에서는 지배적이라 할 수 있는 재량과 판단여지의 구별은 유럽공동체에서
　　일반적으로 받아들여지지 않는다고 하는 것에는, 홍준형, "유럽통합과 독일행정법의 변
　　화", 『행정법연구』, 제12호, 2004, 232면 참조.

적어도 독일 행정소송에서는 직권탐지주의가 원칙이라는 점에 관한 한 이설이 있을 수 없다. 이런 점에서 본다면, 독일에서 행정소송과 직·간접적으로 관련된 이론 전부는 예외 없이 모두 다 독일 행정소송에서의 직권탐지주의를 당연히 전제하고 전개된 것이다. 독일에서의 재량과 판단여지 또한, 행정에 대한 사법심사의 한계의 문제의식에서 출발하고 있다는 점에서, 당연히 독일 행정소송에서의 직권탐지주의를 전제로 하고 있는 것이다. 그러나 우리나라 행정소송은 적어도 직권탐지주의가 원칙이 아니다. 이 점이 독일에서의 이론이 우리나라에 그대로 적용될 수 없는 이유이다.

우리나라 헌법 제27조는, 주관적 권리구제를 목적으로 규정되어 있는 독일 헌법 제19조 제4항과 달리, 객관적 적법성통제도 포함하는 포괄적인 규정의 성격을 갖는다. 또한 우리나라 행정소송법 제26조 규정은, 변론주의를 배제하고 단지 직권탐지주의만을 인정하고 있는 독일 행정소송법(VwGO) 제86조의 규정과 달리, 물론 정도의 차이는 있지만, 변론주의와 직권탐지주의를 절충적으로 인정하고 있는 규정이다.

독일 행정소송은 직권탐지주의를 원칙으로 하는 한 원칙적으로 법원이 사실의 확정을 전담하므로, 실제로 특히 법률규정의 요건면에서 법원의 판단이 사실상 불가능한 경우에는 판단여지라는 이론구성이 실제로 필요하다. 이는 특히 독일의 다수설과 같이 재량에 관하여 실체법적으로 효과재량설을 취하는 경우에는 그 이론적인 귀결로 인한 요건의 빈자리에 사법심사의 한계를 구제하기 위한 소송법적인 필요에 의하여 판단여지를 인정하는 이론에 불과한 것이라고도 할 수는 있을 것이다.

그런데 이러한 논의의 전제는 독일 행정소송에서의 직권탐지주의에 의한 법원의 사실확정인데, 이러한 독일의 직권탐지주의는 전 세계의 공통적인 현상인 행정에 대한 법원의 사법심사의 곤란성을 특히 독일에서 가일층 가중시킨 것뿐이다. 그러나 이러한 독일에서의 논의의 전제는 행정소송에서 적어도 직권탐지주의를 원칙으로 하지 아니하는 우리나라에서는 그대로 통용될 수 없다.

이런 점에서 본다면, 우리나라에 있어서 무작정 무분별하게 독일식의 판단여지를 인정하여야 한다고 주장하는 견해들은 직권탐지주의에 의하는 독일의 행정소송에서의 사실확정과, 정도의 차이는 있지만 원칙적으로, 변론주의에 의하는 우리나라 행정소송에서의 사실확정을 혼동하고 동일시하는 데에서 비롯된 것이라고 할 수 있다. 따라서 재량을 포함한 판단여지와 같은 이론은 국민의 헌법권인 재판청구권 및 행정재판권을 규정한 헌법과, 사실확정에 관한 행정소송에서의 심리원칙 등에 관한 행정소송법 규정 등에 관한 검토가 필수적으로 선행되어야 한다.

결론적으로, 독일 행정법학에서의 불확정법개념과 판단여지에 관한 이론은, 모든 국가의 과제인 행정에 대한 법원의 사법심사의 어려움을 해결하고자 모색하는 이론이라는 점에서는 우리나라에서 참고할 만한 이론이기는 하나, 기본적으로 위 이론은 우리나라와 다른 독일에서의 헌법(GG)과 행정소송법(VwGO) 등 법규정과 행정소송제도를 전제로 한 이론이라는 점에서 우리나라에 그대로 적용될 수는 없는 제한적인 의미만을 갖는 이론이라고 할 수 있다.

# ☐ 참고문헌

[국내문헌]

[단행본]
김남진/김연태, 『행정법Ⅰ』 14판, 법문사, 2010.

김도창, 『일반행정법(상)』, 청운사, 1993.

김동희, 『행정법Ⅰ』 제16판, 박영사, 2010.

김철용, 『행정법Ⅰ』 제13판, 박영사, 2010.

김철용/최광진 편집대표, 『주석 행정소송법』 박영사, 2004.

류지태/박종수, 『행정법신론』 제14판, 박영사, 2010.

박균성, 『행정법론(상)』 제9판, 박영사, 2010.

이상규, 『신행정법론(상)』, 법문사, 1991.

장태주, 『행정법총론』 제8판, 법문사, 2010.

정하중, 『행정법총론』 제3판, 법문사, 2005.

최선웅, 『행정소송의 원리』(행정법연구1), 진원사, 2007.

최정일, 『행정법의 정석』(행정법1), 박영사, 2009.

한견우/최진수, 『현대행정법』, 세창출판사, 2009.

홍정선, 『행정법원론(상)』 제18판(2010년판), 박영사, 2010.

홍준형, 『행정법총론』 제4판, 도서출판 한울, 2001.


[논문]
김남진, "기속행위·재량행위·자유로운 행위", 『법정』 1977. 9.

김남진, "요건재량과 판단여지", 『고시연구』 1978. 8.

김남진, "판단여지와 행정예측", 『고시계』 1982. 9.

김남진, "행정법에 있어서 불확정개념의 해석과 적용", 『경희법학』 제17권 제1호(미원조영식박사화갑기념).

김남진, "행정의 형성적 자유와 판단여지", 고려대학교 『법학논집』 제23집, 1985.

김중권, "행정자동기계결정의 법적 성질 및 그의 능부", 『공법연구』 제22집 제3호, 1994.

김해룡, "행정상의 미래예측(Prognose)의 법리 — 독일의 경우를 중심으로 —", 『공법연구』 제21집, 1993.

류지태, "재량행위론의 이해", 『공법연구』 제34집 제4호 제2권, 2006,

류지태, "재량행위론의 이해", 『행정법의 이해』, 법문사, 2006.

류지태, "재량행위론의 재고", 『고시연구』, 1990. 12.

박정훈, "불확정개념과 판단여지", 『행정작용법』(중범김동희교수정년퇴임기념논문집), 박영사, 2005.

백승주, "유럽 연합법체제 하의 재량행위와 판단여지에 대한 독일에서의 논의 고찰", 『공법연구』, 제34집 제2호, 2005.

서원우, "불확정개념의 해석적용", 『고시계』, 1982. 8.(상), 9.(하).

서원우, "재량과 판단여지 및 기타 영역의 구분 외", 『고시연구』 1983. 3.

서원우, "판단여지와 재량개념", 『고시계』 1982. 10.

정하중, "행정법에 있어서 재량과 판단여지 그리고 사법심사의 한계", 『공법연구』 제23집 제3호, 1995.

최선웅, "행정소송법 제26조의 해석에 관한 일 고찰 — 우리나라 행정소송의 독자성을 모색하며 — ", 『행정법연구』, 제10호(2003. 10).

홍준형, "불확정법개념과 판단여지의 한계", 『현대공법과 개인의 권익보호』(규제양승두교수화갑기념논문집 1), 홍문사, 1994.

홍준형, "행정법상 불확정법개념과 판단여지의 한계", 『행정논총』, 제33권 제1호, 1995.

홍준형, "유럽통합과 독일행정법의 변화", 『행정법연구』, 제12호, 2004.


[외국문헌]


[단행본]

Bader/Funke-Kaiser/Kuntze/von Abedyll, Verwaltungsgerichtsordnung Kommentar, 4. aufl., C. F. Müller, 2007.

Dreier, Grundgesetz Kommentar, 2. aufl., Mohr Siebeck, 2004.

Erichsen/Ehlers(Hrsg.), Allgemeines Verwaltungsrecht, 14. aufl., De Gruyter, 2010.

Eyermann/Fröhler, VwGO Kommentar, 10. aufl., C. H. Beck München.

Fehling/Kastner/Wahrendorf, Verwaltungsrecht VwVfG-VwGO, Nomos Kommentar, 2006.

Henneke(Gesamtredaktion), Verwaltungsverfahrensgesetz Kommentar, 8. aufl., Carl Heymanna Verlag, 2004.

Hufen, Verwaltungsprozessrecht, 7. aufl., C. H. Beck München, 2008.

Jesch, Unbestimmter Rechtsbegriff und Ermessen in rechtstheoritischer und verfassungsrechtlicher Sicht, Vör, Bd. 82, 1957.

Kopp/Schenke, VwGO Kommentar, 15. aufl., C. H. Beck München, 2007.

Marcel Kaufmann, Untersuchungsgrundsatz und Verwaltungsgerichtsbarkeit, Tübingen: Mohr Siebeck, 2002.

Maurer, Allgemeines Verwaltungsrecht, 17. aufl., C. H. Beck München, 2009.

Posser/Wolff, VwGO Kommentar, C. H. Beck München, 2008.

Renate Köhler-Rott, Der Untersuchungsgrundsatz im Verwaltungsprozess und die Mitwirkungslast der Beteiligten, Müchen, 1997.

Rolf, Verewaltungsprozessrecht, 12. aufl., Grasberg bei Bremen, 2008.

Sachs, Grundgesetz Kommentar, C. H. Beck München, 2007.

Sodan/Zikow(Hrsg.), Kommentar zur Verwaltungsgerichtsordnung, Nomos, 2003.

Steffen Detterbeck, Allgemeines Verwaltungsrecht, 8. aufl., C. H. München, 2010.

Stober/Kluth, Verwaltungsrecht Ⅰ, 12. aufl., C. H. Beck München, 2007.

Ule,

Wolff/Bachof, Verwaltungsrecht, 9. Aufl., C. H. Beck München, 1974.


[논문]

Bachof, Beurteilungsspielraum, Ermessen und unbestimmter Rechtsbegriff im Verwaltungsrecht, JZ 1955.

Bachof, Beurteilungsspielraum, Ermessen und unbestimmter Rechtsbegriff im Verwaltungsrecht, Wege zum Rechtsstaat, Ausgewahlte Studien zum Offentlichen Recht, Athenäum, 1979.

Bachof, Neue Tendenzen in der Rechtsprechung zum Ermessen und zum Beurteilungsspielraum, JZ 1972.

Ossenbühl, Die richterliche Kontrolle von Prognosseentscheidungen der Verwaltung, System des verwaltungsgerichtlichen Rechtsschutzes, Festschrift für Menger, 1985.

Ule, Zur Anwendung unbestimmter Rechtsbegriff im Verwaltungsrecht, Gedächtschrift für Walter Jellinek, 1955.

# 제2절  기속재량[*]

## Ⅰ. 서설

본래 행정법에 있어서 기속행위와 재량행위의 영역이 가장 중요한 핵심영역임에도 불구하고, 종래부터 이에 대하여 이론과 실무 간에 커다란 괴리현상을 보여왔다. 이러한 괴리가 또다시 이론과 실무의 발전에 있어서 커다란 장애가 되는 등 악순환의 연쇄라는 기본적인 문제점이 있다.[1] 이론적인 측면에서보면, 기본적으로 재량행위와 기속행위의 구별에 관하여 종래부터 요건재량설과 효과재량설로 대표되는 재량이론의 대립에다가, 태생적으로 재량과의 이동의 문제를 안고 있는 독일의 불확정법개념과 판단여지[2]에 관한 이론이 오래전부터 수입은 되었으나, 실무 특히 판례에서는 이를 여전히 인정하지 않고 있다는 사실은 주지의 사실이다.

이와 같은 혼란상황을 전혀 아랑곳하지 않는다는 듯이, 종래부터 우리나라

---

[*] 이 글은 『행정법연구』 제52호(2018. 2)에 게재된 논문 "행정소송에서의 기속재량"을 수정·보완한 것입니다.

1) 김유환, "재량행위와 기속행위에 대한 판례이론의 검토 — 개념과 사법심사방식을 중심으로 —", 『행정절차와 행정소송』(김철용 편, 피앤씨미디어, 2017), 698면.

2) "독일에서의 불확정법개념과 판단여지"가 우리나라에 수입되어 논의됨으로 인하여 발생하게 되는 문제점과 그 의미 등에 관하여는, 최선웅, "불확정법개념과 판단여지", 『행정법연구』 제28호(2010. 12) 참조.

판례에서는, 독특하게 "기속재량"3)이라는 개념을 굳건히 사용하여 왔다. 이 판례상의 기속재량과 종래의 기속행위, 재량행위, 자유재량행위와의 관계를 설정하는 문제가, 이론과 실무 간의 괴리 내지 혼란현상을 한층 더 가중시켰다고 할 수 있다.4)

그런데도 여전히 기속재량에 대하여는 기본적으로 대부분 부정적인 의견을 견지함이 일반적이다. 그럼에도 불구하고 판례상의 기속재량의 필요성을 인정할 수밖에 없는 실정에 있으며 그에 따라 기속재량의 인정실익으로 제시되고 있는 것은, "중대한 공익상의 필요"가 있어야 한다는 것과, 기속재량의 경우에는 원칙적으로 기속성으로 인하여 법원이 일정한 결론을 먼저 도출한 후 행정청의 판단을 판정한다는 이른바 "판단대치방식"이라는 사법심사방식이 사용된다는 것이다.5)

현실적으로 해결되지 않는 문제는, 기속재량의 개념, 중대한 공익상의 필요, 그리고 사법심사방식이라는 것들이 단지 기존의 이론만으로는 명확하게 설명될 수 없다는 점이다.6) 그렇다고 해서, 재량과 판단여지를 구별하기는커녕 재량에다가 판단여지는 물론이고 심지어 기속재량까지를 모두 포함시켜 전부 재량의 일탈·남용으로 일괄 취급하는 법원의 재판실무에 대하여 거듭되는 비난만을 반복하는 것이 능사는 아닐 것이다. 이러한 법원의 재판실무는 종래부터 오랫동안 변함없이 시종일관하여 고수하여 왔으며 앞으로도 여전히 고수할 것이 확실시되기 때문이다. 특히 기속재량을 법리적으로 부정하면서도 기속재량의 필요성 내지 인정실익을 논하는 단계에 이르게 되어서는 이제는 이 판례

---

3) "기속재량"이라는 용어가 나온 초기의 판례로는, 대법원 1955. 12. 20. 선고 4288행상75 판결, 1961. 12. 21. 선고 4293행상16,17,18 판결, 1963. 8. 31. 선고 63누111 판결 등을 들 수 있으며, 최근에도 여전히 예컨대 대법원 2001. 2. 9. 선고 98두17593 판결, 2002. 10. 11. 선고 2001두151 판결, 2008. 5. 29. 선고 2007두18321 판결 등이 있으며, 가장 최근의 판례로는 대법원 2018. 10. 4. 선고 2014두37702 판결을 들 수가 있다.

4) 판례상 기속재량행위로 인정된 사례는 극히 적음에도 대법원이 기속재량의 개념을 고수함으로써 기속행위와 재량행위 사이에 지나치게 외연이 넓은 기속재량의 영역을 설정하면서도 그 근거를 제대로 제시하지 못하고 있어서 개념상 혼란이 초래된다고 진단하는 견해가 있다. 홍준형, 『행정법』, 법문사, 2017, 143면.

5) 예컨대 박균성, 『행정법론 (상)』 제16판, 박영사, 2017, 315-317면; 박윤흔/정형근, 『최신 행정법강의(상)』, 박영사, 2009, 297면 참조.

6) 기속재량의 대상, 성질, 헌법적 근거 등 명확하게 제시되지 않고 있는 점이 문제라는 지적이 있다. 선정원, "행정재량의 법적 통제에 관한 몇 가지 쟁점의 검토", 『행정소송 1』, 한국사법행정학회, 2008, 565면.

상의 기속재량의 존재 자체를 시종일관하여 애써 부정하고 치부만 할 이유는 없다.

사정이 이러하다면, 이제부터는 기속재량에 관한 학설과 판례, 이론과 실무 간의 갈등해소를 위해서 노력할 필요가 있다. 즉 기속재량과 관련되는 기존의 학설과 판례의 재검토는 물론이고, 나아가 행정법의 법원 내지는 일반원칙 특히 행정소송법 규정 내지 소송원칙이라는 매개체 등을 총망라하여 원점에서부터 다시 재검토하여 기속재량의 자리매김을 제대로 하기 위한 새로운 이론적 시도도 나람대로 의미가 있다고 할 수 있다.

이러한 전제하에서, 우선 먼저 법적 근거가 불확실한 기속재량 개념 자체 및 기속재량에 있어서 중요한 요소인 중대한 공익상의 필요 등을 판례법 내지는 행정법의 일반원칙으로 격상시키는 검토를 할 필요성이 충분히 있다. 또한 기속재량행위는, 사법심사의 대상이 되는지 여부와 관련하여서는 처분등의 개념을 규정하고 있는 행정소송법 제2조 제1항 제1호, 기속재량행위가 재량처분으로 재량권의 일탈·남용이 되어서 취소될 수 있다는 것과 관련하여서는 재량처분의 취소를 규정하고 있는 행정소송법 제27조, 그리고 중대한 공익상의 필요를 법원이 고려하는 문제는 직권심리를 규정한 행정소송법 제26조에 의하여 재검토될 필요성도 있다.

요컨대 기속재량과 관련된 모든 문제는 결국 행정소송의 심리과정에서 벌어지는 것이므로, 최우선적으로 행정소송법 관련 규정 내지 행정소송의 소송원칙과의 관련하에서 검토해야 함은 지극히 타당하다.

이하 행정소송에서의 기속재량에 대하여는, 기속재량에 대한 종래의 판례와 학설의 태도(Ⅱ.), 기존 학설의 혼란과 판례와의 부조화 등을 해소하기 위한 새로운 이론적 시도의 필요와 그 방향성의 제시(Ⅲ.), 기속재량의 핵심적인 내용이 되는 중대한 공익상의 필요와 사법심사방식(Ⅳ.) 그리고 기속재량의 소송법적 근거와 관련된 행정소송법 규정의 해석(Ⅴ.) 등을 고찰하기로 한다.

## Ⅱ. 판례와 학설

### 1. 판례에서의 기속재량

#### (1) 연혁 및 종류

판례는 일찍이 1950년대부터 "기속재량"을 인정하여 오고 있을 뿐만 아니라, 최근에도 여전히 이를 인정하고 있다.[7] 판례는 기속재량의 개념을 별도로 적극적으로 정의하기보다는, 당해 사안에서의 처분이 기속재량에 해당한다고 판단[8]하거나 또는 기속재량(기속행위)과 자유재량(재량행위)의 구별기준을 언급하면서 당해 사안에서의 구체적 처분이 기속재량 또는 재량행위 내지 자유재량행위에 해당한다고 판단[9]하는 구체적·개별적 판단 방식을 취한다.

판례가 기속재량으로 인정한 사례들을 구체적으로 분류하여 보면, 먼저 일정한 요건을 갖추어 신청한 수익적 처분을 중대한 공익상 필요를 이유로 거부할 수 있는 경우와 그 반대로 거부할 수 없는 경우로 나누어 볼 수 있다.

예컨대 전자의 예, 즉 중대한 공익상의 필요를 이유로 거부할 수 있는 예로는, "광업권의 행사를 보장하면서 광산개발에 따른 자연경관의 훼손, 상수원의 수질오염 등 공익침해를 방지하기 위한 목적에서 광물채굴에 앞서 채광계획인가를 받도록 한 제도의 취지와 공익을 실현하여야 하는 행정의 합목적성에 비추어 볼 때, 채광계획이 중대한 공익에 배치된다고 할 때에는 인가를 거부할 수 있다"[10]고 하는 판결을 들 수 있다. 후자, 즉 중대한 공익상의 필요를 이유로 거부할 수 없는 예로는, "종교단체의 사설납골당 설치신고에 대하여 파주시장이 신고수리불가 처분을 한 사안에서, 파주시가 장사시설 중장기계획을 수립하여 놓았다는 사정만으로 납골당 설치신고의 수리를 거부할 중대한 공익상 필요가 있다고 보기 어렵다"[11]고 하는 판결을 들 수 있다.

---

7) 앞의 주 3) 참조.

8) 예컨대 대법원 2002. 10. 11. 선고 2001두151 판결 참조.

9) 예컨대 대법원 2001. 2. 9. 선고 98두17593 판결, 2008. 5. 29. 선고 2007두18321 판결 등 참조.

10) 대법원 1993. 5. 27. 선고 92누19477 판결. 이와 동일 취지의 판결로는, 대법원 2002. 10. 11. 선고 2001두151 판결 등을 들 수 있다.

11) 대법원 2010. 9. 9. 선고 2008두22631 판결. 이와 동일 취지의 판결로는, 재단법인이 아닌 자연인이 불특정다수인을 상대로 사설납골당을 설치하는 것을 허용해야 할 것인가

한편 위와 두 가지의 경우, 즉 인용 또는 거부를 일반화하는 내용의 판례
도 있다. 즉 판례에 따르면, "관계 법령에서 정하는 제한사유 이외의 사유를 들
어 등록을 거부할 수는 없는 것이나, 심사결과 관계 법령상의 제한 이외의 중대
한 공익상 필요가 있는 경우에는 그 수리를 거부할 수 있다"12)고 하여, "관계
법령에서 정하는 제한사유 이외의 사유" 중에서 유일하게 "중대한 공익상의 필
요"가 있는 경우에만 당해 처분의 신청을 거부할 수 있고, "관계 법령에서 정하
는 제한사유 이외의 사유 중 중대한 공익상의 필요라는 사유를 제외한 사유"로
는 거부할 수 없다고 판시하고 있다.

### (2) 구별기준

판례는 기속재량을 구별하는 기준과 관련하여서는, 예컨대 "어느 행정행위
가 기속행위인지 재량행위인지 나아가 재량행위라고 할지라도 기속재량행위인
지 또는 자유재량에 속하는 것인지의 여부"13)라고 하여 기속행위와 재량행위를
먼저 구별하고 난 후에 재량행위를 기속재량과 자유재량으로 구별하는 방식과,
"기속행위 내지 기속재량행위와 재량행위 내지 자유재량행위로 구분된다고 할
때"14)라고 하여 기속행위 내지 기속재량행위와, 재량행위 내지 자유재량행위로
구별하는 방식으로 나누어진다.

그러나 위 방식의 차이에도 불구하고 판례는 기속재량의 구체적인 구별기
준에 관하여는, "그 구분은 당해 행위의 근거가 된 법규의 체재·형식과 그 문
언, 당해 행위가 속하는 행정 분야의 주된 목적과 특성, 당해 행위 자체의 개별
적 성질과 유형 등을 모두 고려하여 판단하여야 한다"15)고 판시하여 별 차이가
없음을 알 수 있다.

---

여부는 사설납골당설치허가를 기속재량행위에 속하는 사항이라고 보는 한 이를 금지하
는 법령의 규정이 없는 이상 자연인의 사설납골당 설치를 재단법인이 아니라는 이유로
불허할 수는 없다는 판결(대법원 1994. 9. 13. 선고 94누3544 판결)을 들 수 있다.

12) 대법원 1998. 9. 25. 선고 98두7503 판결.
13) 예컨대 대법원 1995. 12. 12. 선고 94누12302 판결.
14) 예컨대 대법원 2001. 2. 9. 선고 98두17593 판결.
15) 대법원 2001. 2. 9. 선고 98두17593 판결. 이와 같은 취지의 판결로는, 대법원 1995. 12.
12. 선고 94누12302 판결, 2008. 5. 29. 선고 2007두18321 판결 등을 들 수 있다.

### (3) 주요내용

판례에서 기속재량에 대한 주된 내용으로, 먼저 위에서 기속재량을 인정한 판례들에서 보는 바와 같이, "중대한 공익상의 필요"를 이유로 수익처분의 신청에 대하여 거부처분을 할 수 있다는 것을 들 수 있다.[16]

다음으로 판례에서는 기속행위와 기속재량행위, 재량행위와 자유재량행위 상호간을 명백히 구별하지 아니할 뿐만 아니라, "기속재량의 경우는 물론 자유재량의 경우라도 스스로 지켜야 할 한계가 있고 그 한계는 법의 규정뿐만 아니라 관습법 또는 일반 조리에 의하여 정하여져야 할 것이므로 이와 같은 여러 기준에 비추어 심히 부당하다고 인정되는 경우에는 그 재량권행사는 부당하다기보다는 사법심사의 대상이 되는 위법한 행위가 된다"[17]고 하여 기속재량은 물론 자유재량조차도 사법심사의 대상이 되는 위법한 행위가 된다고 하고 있다.[18]

한편 판례는 기속재량행위에 있어서 거부처분의 적법요건으로 "허가 등을 거부할 중대한 공익상 필요가 있을 것"을 들고 있다. 예컨대 "채광계획이 중대한 공익에 배치된다고 할 때에는 인가를 거부할 수 있고, 채광계획을 불인가하는 경우에는 정당한 사유가 제시되어야 하며 자의적으로 불인가를 하여서는 아니 될 것이므로 채광계획인가는 기속재량행위에 속하는 것으로 보아야 할 것"[19]이라고 판시하고 있다.

그런데 판례에서는 반드시 "중대한 공익상의 필요"라는 용어만을 고집하여 사용하고 있는 것은 아니다. 판례는 "상수원 오염의 우려가 크다는 사유만으로도 산림의 형질변경을 불허하여야 할 충분한 이유가 된다 할 것"[20]이라고 하여, 여기서의 "상수원 오염의 우려가 크다는 사유"가 중대한 공익상의 필요를 의미

---

16) 대법원 1993. 5. 27. 선고 92누19477 판결, 2010. 9. 9. 선고 2008두22631 판결 등을 들 수 있다. 이 판결에서와같이, 원칙적으로 기속행위이나 예외적으로 즉 중대한 공익상 필요를 이유로 행정청에게 거부할 수 있는 재량을 부여한다는 의미에서 기속재량이라는 용어 대신에 "거부재량"이라는 용어를 사용할 것을 주장하는 계기가 된다. 김유환, 앞의 글, 703면.
17) 대법원 1985. 2. 26. 선고 84누588 판결.
18) 예컨대 대법원 2001. 2. 9. 선고 98두17593 판결.
19) 대법원 2002. 10. 11. 선고 2001두151 판결. 이와 동일 취지의 판결로는, 대법원 2001. 2. 9. 선고98두17593 판결을 들 수 있다.
20) 대법원 1998. 9. 25. 선고 97누19564 판결.

한다고 할 수 있다. "중대한 공익상의 필요"를 인정하는 기준에 대하여는, 판례
는 "수질오염의 정도 등에 관하여 반드시 수치에 근거한 일정한 기준을 정하여
놓고 형질변경의 허가·불허가를 결정하여야 하는 것은 아니다"[21]라고 하여 엄
격한 기준을 사전에 마련해 놓을 것을 요구하지 아니한다. 이 점은 행정절차법
제20조 제1항에서 "행정청은 필요한 처분기준을 해당 처분의 성질에 비추어 되
도록 구체적으로 정하여 공표하여야 한다"라고 규정하여 행정청에게 처분기준
의 설정·공표의무를 지우는 행정절차법의 취지에 반하게 되는 문제가 있게 된
다.[22]

　　판례는 사법심사의 방식과 관련하여 기속재량의 경우에는 자유재량과는
다른 사법심사방식에 의한다고 한다. 예컨대 판례는, 기속행위 내지 기속재량행
위와 재량행위 내지 자유재량행위를 구분하고 난 후에는 "전자의 경우 그 법규
에 대한 원칙적인 기속성으로 인하여 법원이 사실인정과 관련 법규의 해석·적
용을 통하여 일정한 결론을 도출한 후 그 결론에 비추어 행정청이 한 판단의
적법 여부를 독자의 입장에서 판정하는 방식에 의하게 되나, 후자의 경우 행정
청의 재량에 기한 공익판단의 여지를 감안하여 법원은 독자의 결론을 도출함이
없이 당해 행위에 재량권의 일탈·남용이 있는지 여부만을 심사하게 되고, 이러
한 재량권의 일탈·남용 여부에 대한 심사는 사실오인, 비례·평등의 원칙 위배,
당해 행위의 목적 위반이나 동기의 부정 유무 등을 그 판단 대상으로 한다"[23]
라고 한다.

## 2. 학설에서의 기속재량

### (1) 의의

　　판례에서 인정되어 온 기속재량의 인정 여부에 관한 논의에 있어서는 당연
히 종래부터 논의되어 온 기속행위와 재량행위의 구별에 관한 재량이론이 전제
가 됨은 물론이다. 이와 더불어 기속재량의 징표인 "중대한 공익"은 전형적인
불확정법개념이라는 점에서 이 기속재량 역시 재량과 판단여지의 관계설정 문

---

21) 대법원 1998. 9. 25. 선고 97누19564 판결.
22) 처분기준의 설정·공표의무에 관하여는, 김철용, 앞의 책, 315-317면 참조.
23) 대법원 2001. 2. 9. 선고 98두17593 판결. 이와 동일 취지로는 대법원 1998. 4. 28. 선고
　　97누21086 판결, 1998. 9. 8. 선고 98두8759 판결, 2005. 7. 14. 선고 2004두6181 판결
　　등이 있다.

제와도 일정 관련성을 갖게 되는 계기가 된다.

먼저 종래의 재량이론 및 불확정법개념과 판단여지를 개략적으로 고찰하고, 이어서 기속재량의 인정 여부에 관한 제 학설의 입장과 기속재량의 인정실익을 고찰하기로 한다.

## (2) 재량이론과 판단여지

### 1) 재량이론

주지하다시피, 기속행위와 재량행위의 구별기준에 관한 재량이론으로는 종래부터 우리나라에서는 요건재량설과 효과재량설이 논의되고 있다. 요건재량설은 처분의 요건에 관한 규정에 일의적·구체적인 내용으로 되어 있는 경우에는 기속행위라고 하고, 그렇지 아니하거나 단지 공익내용만 규정되어 있는 경우를 재량행위라고 한다. 이에 반하여 효과재량설은 행위의 성질이 국민의 권리·의무에 수익적인가 아니면 침익적으로 작용하는가에 따라서 전자는 재량행위라고 하고, 후자는 기속행위라는 것이다. 여하튼 최근까지도 효과재량설이 압도적인 다수설을 점하고 있는 것은 주지의 사실이다.

한편 이와 같이 요건재량 아니면 효과재량이라는 일도양단식으로 이론구성하는 종래의 재량이론과 달리, 관련 법규정의 취지·목적 및 규정방식과 함께 당해 행위의 성질 등을 종합적으로 고려하여 구체적·개별적으로 판단한다는 주장이 오히려 일반화되고 있다고 할 수 있다.[24]

### 2) 불확정법개념과 판단여지

이와 같은 재량이론과는 별도로, 독일에서 특유하게 전개된 불확정법개념과 관련된 이른바 판단여지가 국내에 직수입된 결과로 불가피하게 종래의 재량과의 이동이 논의되게 되었다. 양자의 구별긍정설의 입장에서는, 불확정법개념의 해석·적용은 인식의 문제이고 그 반면에 재량은 의지의 문제이고, 판단여지는 법원에 의하여 부여되는 반면에 재량은 입법자에 의하여 부여되고, 판단여지는 구성요건의 문제이고 재량은 그 구성요건이 충족된 후 법적 효과와 관련되는 문제라는 등의 이유로 재량과 판단여지는 구별된다고 한다. 구별부정설에

---

24) 김남진/김연태,『행정법Ⅰ』제21판, 법문사, 2017, 219-223면; 김동희,『행정법Ⅰ』제23판, 박영사, 2017, 272-277면; 김철용, 앞의 책, 161-163면; 홍정선,『행정법원론(상)』, 박영사, 2017, 356-357면.

서는 요건 부분의 불확정개념과 효과 부분의 재량은 구별할 필요가 없고, 인간
의 판단작용에는 인식적 요소와 의지적 요소가 혼재되어 있는 것이 일반적이라
는 이유 등으로 재량과 판단여지의 구별이 부정된다고 하거나 한걸음 더 나아
가 아예 양자의 구별 실익이 없다고 한다.[25]

　대체로 재량이론 중 다수설인 효과재량설의 입장에 서서 재량과 판단여지
는 구별된다는 주장을 하는 것이 일반적이라고 할 수 있다.

### (3) 인정 여부

　종래 판례에서 인정되어 온 기속재량을 인정하는가의 문제에 있어서 학설
의 대부분은 부정적이다.

　우선 먼저 기속재량은 과거에 재량을 자유재량과 기속재량으로 나누어 기
속재량을 사법심사의 대상으로 하려는 시도의 산물에 불과하다는 것이다. 즉
광의의 재량행위 중에서 자유재량행위는 재판통제에서 제외하고 기속재량행위
는 기속행위와 마찬가지로 재판통제의 대상으로 하려는 목적으로 주장된 것이
다. 이런 점에서 기속재량은 이른바 기속재량·공익재량 구별 또는 이분론이라
는 명칭으로 기속행위와 재량행위의 구별기준에 관한 재량이론 이전에 다루어
지고 있는 것이 일반적이다.[26]

　기속재량에 대한 부정적인 견해를 들어보면 다음과 같다. 현재의 재량이론
에 귀결에 따라 모든 재량이 사법심사의 대상[27]이 되고, 자유롭지 않은 재량이
없고 기속받지 않는 재량은 존재하지 아니하고,[28] 기속행위와 재량행위를 상대
화하여 일원적으로 파악한다[29]는 등의 이유로 현재에는 기속재량의 의미가 부
정된다는 견해[30]가 있다. 그 외에도 기속재량행위 의미 자체가 불명확하다고

---

25) 이에 관하여는, 최선웅, "불확정법개념과 판단여지", 『행정법연구』 제28호(2010.12), 98-
　　107면, 110-111면 참조.
26) 김남진, 앞의 책, 217면; 김동희, 앞의 책, 265-269면; 김철용, 앞의 책, 159-161면; 류지태/
　　박종수, 『행정법신론』 제16판, 박영사, 2016, 84-85면; 정하중, 『행정법개론』 제11판, 법
　　문사, 2017, 165-166면; 홍정선, 앞의 책, 351면.
27) 김동희, 위의 책, 266면.
28) 김남진/김연태, 앞의 책, 217면.
29) 김철용, 앞의 책, 178면; 박윤흔/정형근, 『최신 행정법강의(상)』, 박영사, 2009, 296-298면.
30) 이러한 기속재량을 부정하는 견해에 따르게 되면, 당연히 기속재량의 인정실익의 문제
　　를 별도로 다루지 아니하고 곧바로 재량행위와 기속행위의 구별실익의 문제로 이해하게
　　된다. 김남진/김연태, 앞의 책, 217-219면; 김동희, 앞의 책, 269-270면; 김철용, 위의 책,

하거나,[31] 기속재량행위가 인정되는 사례도 부족하고 그 범위도 애매하고 그 인정필요성이 절대적으로 요구되는 것이 아닌 점에서 별도로 인정할 필요가 없다는 견해,[32] 판례가 기속재량행위의 개념에 대한 명확한 입장표명을 하고 있다고 보기는 어렵다고 하는 견해[33] 등도 이와 같은 기속재량에 대하여 부정적인 취지라고 할 수 있다. 나아가 본질적으로 기속과 재량은 반대개념으로서 기속재량 개념 자체가 모순이라고 하여 기속재량 개념 자체를 아예 부정하는 견해,[34] 기속재량의 법적 근거와 지속성에 의문을 품는 견해[35] 등 기속재량에 대한 부정설이 압도적인 다수설을 이룬다고 할 수 있다.

위와 같은 판례의 기속재량의 인부에 대하여 주로 부정설임이 주류를 이룸에도 불구하고, 법치행정의 원칙 및 예측가능성을 보장하기 위하여 기속재량은 지극히 예외적으로만 인정하여야 하고 가능한 한 명문으로 인정하여야 한다는 주장[36]도 있다. 이러한 견해에서는 당연히 기속재량의 필요성 내지 인정실익을 주장하게 된다.

### (4) 인정실익

판례에서 인정되는 기속재량의 인정실익은, 신청된 당해 처분을 거부할 경

---

178-179면; 홍정선, 앞의 책, 352-353면.

31) 기속재량행위가 무엇을 의미하는지가 명확하게 규명되지 아니하고, 수익적 행정행위에 반대개념으로서 개인의 권리·이익을 제한하는 행정행위 또는 무엇이 법인지를 판단하는 재량으로서 법규재량을 의미한다고 한다. 김남진, "기속행위·기속재량행위에 붙인 부관의 효력 — 대판 1988.4.27., 87누1106 —",『판례연구』제5집(1988. 4), 고려대학교 법학연구소, 16-17면.

32) 백윤기, "미국 행정소송상 엄격심사원리에 관한 연구 — 한국판례와의 비교분석을 중심으로 —", 서울대학교 법학박사학위논문, 1995. 2, 284면.

33) 박균성, "최근 대법원 행정판례의 분석",『정의로운 사법 : 이용훈대법원장재임기념』, 사법발전재단, 2011, 203-204면.

34) 고영훈, "재량과 판단여지",『과학기술법연구』제9집 제2호(2003. 12), 한남대학교 과학기술법연구원, 200면.

35) 선정원, 앞의 글, 562면.

36) 한편 예측불가능 등에 기인하여 정형화할 수 없는 상황이 예상되는 경우 안전, 환경 등 공익을 위해 예외적으로 허가 등을 거부할 수 있는 것으로 입법할 필요가 있다고 한다. 박균성, 앞의 책, 315, 317면; 박균성, "행정판례 30주년의 회고와 전망 : 행정법총론", 한국행정판례의 회고와 전망, 한국행정판례연구회 창립 30주년 기념학술회의 자료집, 2014, 20면. 이에 대하여는 입법자에게 그러한 분별의 부담을 지우는 것은 현실적으로 어렵다는 주장(김유환, 앞의 글, 703면 주 25) 참조)도 있다.

우를 정당화하기 위해서는 중대한 공익상의 필요가 있어야 한다는 것과, 기속
재량의 경우에는 원칙적으로 기속성으로 인하여 법원이 결론을 먼저 도출한 후
행정청의 판단을 판정하는 이른바 판단대치방식이라는 사법심사방식이 사용된
다는 것이다.37)

특히 판례에서 인정하는 기속재량에 부정적이면서도 그 필요성 내지 인정
실익을 인정하는 견해가 있다. 예컨대 기속행위로 인정하게 되면 공익의 실현
에 중대한 문제가 생기거나 사익이 부당하게 침해된다고 여겨지는 경우 법원이
공익과 사익을 비교·형량하여 당해 처분의 적법 여부를 판단할 수 있게 하려는
데에 있는 것으로 이해하거나, 기속재량행위와 재량행위에 대한 법원의 심사방
식의 차이의 실익을 인정하는 견해38)와 기속재량과 자유재량을 구별할 필요성
은 상대화 내지 무의미하게 되었다고 하면서도 특히 법원의 사법심사방식에서
의 차이가 있으므로 양자를 구별할 실익이 있다는 견해39) 등이 이에 속한다.

여기에서 학설이 기속재량의 인정을 부정하면서 단지 그 필요성 내지 인정
실익만을 인정하고 있는 불합리한 상태를 해소할 새로운 이론적인 시도 역시
필요하게 된다.

## Ⅲ. 새로운 이론적 시도와 방향성의 제시

### 1. 기존 학설과 판례의 혼란

#### (1) 혼란의 원인

이론적으로 발전해 온 기속행위와 재량행위의 구별에 관한 종래의 재량이
론 및 이와 결부되어 독일에서 수입된 불확정법개념과 판단여지에 관한 이론
과, 이러한 이론을 아랑곳하지 아니하고 별개로 우리나라 판례에서 종래부터
인정되어 온 기속재량의 관계설정을 제대로 하지 못하여 발생하는 혼란이라고

---

37) 그 외의 기속재량의 인정실익으로, 기속재량의 경우에는 중대한 공익상 필요는 행정청
    이 재량행위의 경우에는 원고가 재량권의 일탈·남용을 증명해야 한다는 것, 부관을 붙
    일 수 있다는 것, 기속재량의 경우에는 부당의 문제가 발생하지 않는다는 것 등을 인정
    하는 경우(박균성, 앞의 책, 315-317면)도 있다.
38) 백윤기, 앞의 글, 252면. 이와 동일 취지로는 다음을 들 수 있다. 김철용, 앞의 책, 180면;
    박균성, 위의 책, 315-317면; 박윤흔/정형근, 앞의 책, 297면.
39) 박윤흔/정형근, 위의 책, 297면.

할 수 있다.

### (2) 학설과 판례의 부조화

기속재량이 재량행위인지 아니면 기속행위인지 여부에 관하여 학설과 판례가 그 입장을 달리한다고 하는 것이 일반적이다. 즉 학설은 기속재량을 재량행위에 대한 통제를 넓히기 위하여 기속행위와 가까운 개념으로 보는 반면에 판례에서는 기속재량을 재량권의 일탈·남용심사를 가능하게 하기 위하여 재량행위로 보아서 혼란이 발생한다는 견해가 보통이다.[40]

그런데 사실은 위와 같은 주장들은 서로 상반되는 것은 전혀 아니라, 학설은 재량행위(기속재량행위)가 사법심사의 대상이 된다는 점을 강조한 것이고, 판례는 사법심사의 대상이 된 재량행위(기속재량행위)는 재량권의 일탈·남용인 경우 취소가 가능하다는 점을 밝히고 있다는 점에서, 즉 전자는 기속재량의 사법심사의 대상적격을 의미하는 것이고 후자는 기속재량의 심사의 강도·정도·밀도를 의미하는 것에 불과한 것이라고 할 수 있다.

### (3) 제3의 독자적 개념

한편, 기속재량을 기속행위와 재량행위의 중간에 위치하는 독자적인 개념으로 이해하는 견해[41]도 있으나, 이에 대하여는 이론상 재량은 선택의 자유를 의미하고, 재량이 조금이라도 있으면 그 한도 내에서 재량행위이고, 재량이 전혀 없는 경우가 기속행위이므로 재량행위와 기속행위의 중간을 생각하기는 이론상 불가능하다는 견해[42]도 있다.

---

40) 김동희, 앞의 책, 266면; 백윤기, 앞의 글, 284면; 정하중,『행정법개론』제11판, 법문사, 2017, 169면; 홍준형, 앞의 책, 143면.
41) 이 견해는 독일의 판례에서 도출된 "의도된 재량(intendierte Verwaltungsermessen)을 일종의 기속재량의 범주에 넣을 수 있다고 한다. 김용섭, "행정재량론의 재검토 : 기속재량의 새로운 방향모색을 중심으로",『경희법학』제36권 제1호(2001.8), 68면. 이와 연장선상에서 독일 판례상의 의도된 재량개념을 응용하여 기속행위와 재량행위의 구별의 새로운 기준을 제시하는 견해로는, 홍강훈, "기속행위와 재량행위 구별의 새로운 기준"『공법연구』제40집 제4호(2012.6); 홍강훈, "원칙(Prinzip)과 규율(Regel)의 엄격한 구분에 근거한 기속행위와 재량행위의 새로운 구별기준",『공법학연구』제17권 제3호(2016.8) 참조.
42) 박균성, "최근 대법원 행정판례의 분석",『정의로운 사법: 이용훈대법원장재임기념』, 사법발전재단, 2011, 205면.

그런데 위와 같이 우리나라 판례의 기속재량을 제3의 독자적 개념 내지는 새로운 방향과 기준을 정립하려는 시도는, 변론주의와 직권탐지주의의 절충적인 우리나라 행정소송법 제26조의 심리원칙[43]과 달리, 직권탐지주의(Untersuchungs-grundsatz, §86 Ⅰ VwGO)를 원칙으로 하는 독일의 행정소송을 전제로 한다는 점에서 기본적인 문제가 있다.

## 2. 새로운 이론적 시도

### (1) 필요성의 원인

전술한 바와 같이, 기속재량이 재량행위인지 기속행위인지 여부가 다투어지고 있고, 이와 관련하여 제3의 독자적인 개념이 제시되고는 있으나 근본적인 해결책은 아니라고 할 것이므로, 근본적으로 기속재량의 문제를 해결하기 위해서 새로운 이론적 시도가 필요하다.

또한 기속재량의 인정에 대해서는 부정적이면서도 그 인정의 필요성 내지 인정실익을 논하는 것 자체가 모순적일 수 있는 견해들[44]의 문제점을 해결할 필요성도 있다. 사실 기속재량의 필요성 내지 인정실익에 대한 논의보다는 우선 먼저 기속재량 자체의 근거부여에 관한 이론구성이 선행될 필요성이 있기 때문이다. 특히 결정적으로 명문의 근거규정 없이도 중대한 공익상의 필요가 있는 경우에는 수익적 처분을 거부할 수 있다는 판례[45]를 이론적으로 정당화하는 것은 불가피하다고 할 수 있다.

요컨대 종래의 학설로는 해결불가능하고, 기속재량의 실익론의 모순을 해소할 필요성도 있고, 특히 무엇보다도 실정법규정에 명문으로 중대한 공익상의 필요라는 것이 규정되어 있지도 아니함에도 불구하고 이를 기준으로 행정처분을 내리고 행정재판을 한다는 것 자체를 정당화하기 위하여는 단지 기존의 이론을 뛰어넘는 한 차원 높은 근거부여가 필요하다.

---

43) 최선웅, "행정소송법 제26조의 해석에 관한 일 고찰 ― 우리나라 행정소송의 독자성을 모색하며 ―", 『행정법연구』 제10호(2003.10).
44) 예컨대 박균성, 앞의 책, 315-317면; 박윤흔/정형근, 앞의 책, 297면 참조.
45) 예컨대 대법원 1998. 9. 25. 선고 97누19564 판결, 2000. 7. 7. 선고 99두66 판결 등을 들 수 있다.

## (2) 종래의 자유재량·기속재량의 구별론과의 관계

현재 자유재량이든 기속재량이든 그 어떠한 재량이든 사법심사의 대상이 된다는 점을 그 누구도 부정하지 않는다. 이 점에서 자유재량과 기속재량의 구별문제는 더 이상 없다고 할 수 있다. 따라서 과거 일본[46]에서부터 연원하는 자유재량·기속재량의 구별론은 그 역사적 사명을 다하고 종언을 고했다고 할 수 있다.

그런데, 전술한 바와 같이, 기속재량을 부정하는 일반적인 견해에 따르면, 그 이론적인 결과로 당연히 기속재량의 필요성 내지는 인정실익의 문제를 별도로 독립해서 다룰 수 있는 대상이 없게 된다. 따라서 기속재량의 인정실익 문제는 불가피하게 곧바로 재량행위와 기속행위의 구별실익의 문제로 이해할 수밖에 없다.[47] 그 결과 우리나라 판례에서 고유하게 인정하고 있다고 평가되고 있는 기속재량의 필요성 내지는 인정실익이라고 할 수 있는 중대한 공익상의 필요 또는 이와 일정한 관련성을 갖고 있는 이른바 판단대치방식이라는 사법심사방식이라는 것을 독립적으로 파악하여 자리매김하는 데에 어려움을 겪게 되는 문제점이 있게 된다.

요컨대 현재 즉 모든 재량이 사법심사의 대상이 된다는 전제하에서 기속재량은 중대한 공익상의 필요와 판단대치방식이라는 사법심사방식이 문제된다. 이러한 기속재량론은 연혁적으로 재량에 대한 사법통제를 위하여 고안된 자유재량·기속재량의 구별론과는 그 차원을 달리한다.

## (3) 새로운 방향성의 제시

여기에서 다음과 같이 새로운 방향성을 제시할 수 있다. 먼저 판례에서 오랫동안 기속재량을 인정하여 왔음에도 불구하고 학설이 줄기차게 부정적이어서 기속재량의 존재근거 자체를 이론구성하는 것이 애당초 불가능하다면, 이제는 차라리 기속재량을 판례법이라는 법원으로 격상시켜서 논의할 여지도 충분히 있다.

---

46) 이러한 이론적인 시도는 과거 일본에서부터 유래된 것이다. 이에 관한 일본 문헌 등은 김동희, 앞의 책, 266면 주석 1) 참조.
47) 김남진/김연태, 앞의 책, 217-219면; 김동희, 앞의 책, 269-270면; 김철용, 앞의 책, 178-179면.

그보다는 법치행정이라는 큰 틀에서 볼 때, 현재 실무상, 비록 현재로서는 일부의 사례이기는 하지만, 중대한 공익상의 필요라고 하는 원칙이 실정법규정과 관계없다는 점에서 일종의 전가의 보도와 같은 원칙으로 사용하여 행정처분과 행정재판을 해왔다는 사실을 주목할 필요가 있다. 따라서 이 중대한 공익상의 필요라는 것을 행정법의 일반원칙으로 자리매김할 동기는 역시 충분히 있다.

요컨대 판례법으로서의 기속재량 및 행정법의 일반원칙으로서의 중대한 공익상의 필요가 논의될 여지가 있다.

## 3. 판례법으로서의 기속재량

우리나라와 같은 대륙법계국가에서는 선례구속성이 제도적으로 확립된 것은 아니나, 법원조직법상 대법원판례의 변경에 경직성[48]을 부여하고 있고,[49] 행정법에서의 판례법의 법원성[50]은 실질적인 측면에서 판례법의 실정법적 효력을 부인할 수 없으므로,[51] 판례에서 인정하여 오고 있는 기속재량의 법리에 대해서 판례법의 지위를 인정하는 것이 가능하다.[52]

이와 같이 판례에서 인정되어 온 기속재량을 판례법의 법원성으로 근거지을 수만 있게 된다면, 기속재량을 부정하면서도 현실적으로 불가피하게 인정할 수밖에 없다는 점에서 일견 모순적일 수도 있는, 기속재량의 인정실익인 중대한 공익상의 필요와 이른바 판단대치방식이라는 사법심사방식에 관한 논의에 집중할 수가 있게 된다.

---

48) 법원조직법 제7조 제1항 참조.
49) 김철용, 앞의 책, 39면.
50) 판례법의 법원성에 관하여는, 박정훈, 『행정법의 체계와 방법론』, 박영사, 2005, 126-130면 참조.
51) 김동희, 앞의 책, 51-52면.
52) 이와 관련하여서, 종래 우리나라 판례가 국가배상 및 손실보상을 민사소송을 다루어 오고 있는 것도 판례법의 법원문제로 검토할 필요가 있다. 그 외에 항고소송에서의 소의 이익의 경우에 판례법의 법원성에 관하여는, 조해현, "항고소송에서의 소의 이익", 『특별법연구』제8권(특별소송실무연구회 편), 박영사, 2006, 48면 주 4)에 게재된 문헌들 및 비교법실무연구회편, 『판례실무연구』(Ⅴ), 박영사, 2001, 제5편 행정소송에 있어서 소의 이익 참조.

## 4. 중대한 공익상의 필요 — 행정법의 일반원칙과 행정소송의 심리원칙

### (1) 실체면과 절차면 — 기속재량의 이중적인 지위

기속재량과 관련된 판례에서 보는 바와 같이, 명문의 근거가 없음에도 불구하고 중대한 공익상의 필요가 행정의 판단작용과 그 적법성을 심사하는 법원의 사법심사작용의 양쪽의 연결고리가 된다. 따라서 굳이 말하자면, 중대한 공익상의 필요는, 행정청이 실체적인 처분을 함에 있어서 정당화사유가 된다는 점에서 기속재량의 실체면이라고 할 수 있고, 본안에서 법원의 사법심사방식은 기속재량의 절차면이라고 할 수 있는 이중적인 지위를 가지고 기능한다고 할 수 있다.

### (2) 행정법의 일반원칙과 행정소송의 심리원칙

기속재량의 실체면에서 보면, 과연 심지어 명문의 근거규정이 없이도 행정청의 판단의 정당화사유로 인정된다고 하는 "중대한 공익상의 필요"의 법적성질이 무엇인지 근거지을 필요가 있다. 그런데 이런 논의는 결국 중대한 공익상의 필요라는 것이 실정법적 근거를 제시하기 어렵게 된다면 결국 행정법의 일반원칙에 해당되는지 여부를 검토하는 단계로 나아갈 수밖에 없을 것이다.

기속재량의 절차면에서 보면, 이러한 행정청의 거부처분의 적법성 여부를 사법심사하는 법원이, 행정청의 판단사유로 삼은 중대한 공익상의 필요가 실제로 인정되는지 여부를 검토하게 되는 계기가 된다. 법원이 이러한 중대한 공익상의 필요를 본안에서 심리한다는 점에서 당연히 행정소송에서의 심리원칙과도 일정 관련성을 맺는다고 할 수 있다.

요컨대 기속재량에 있어서의 중대한 공익상의 필요는 행정법의 일반원칙과 행정소송의 심리원칙의 공통요소이다.

## Ⅳ. 중대한 공익상의 필요와 사법심사방식

### 1. 중대한 공익상의 필요

#### (1) 행정법의 일반원칙

#### 1) 입법적 해결의 모색

전술한 판례에서 보는 바와 같이, 관련 법규정상 중대한 공익상의 필요가 규정되어 있지 않음에도 불구하고 중대한 공익상의 필요라는 이유로 거부처분을 정당화한다는 것은 실정법적 근거 없는 처분이다. 이러한 경우는 예측불가능의 문제가 있으므로 원칙적으로 입법으로 해결하여야 하며 나아가 기속재량행위를 입법자가 인정하여야 한다고 한다는 주장[53]이 법치행정이라는 관점에서는 일면 타당하다.

그렇다고 해서 이를 입법자에게 맡기고 기다린다든지 또는 실정법상의 근거가 없는 중대한 공익상의 필요를 근거로 하는 현재의 행정작용과 행정재판을 방관만 하는 것이 능사는 아닐 것이다. 특히 명문의 근거규정 없이도 중대한 공익상의 필요가 있는 경우에는 수익적 처분을 거부할 수 있다는 판례[54]를 이론적으로 정당화하는 새로운 시도가 필요하다.

#### 2) 대안으로서의 사정판결제도

예컨대 산림형질변경과 관련하여 "법령이 규정하는 산림훼손 금지 또는 제한 지역에 해당하는 경우는 물론 금지 또는 제한 지역에 해당하지 않더라도 허가관청은 산림훼손허가신청 대상토지의 현상과 위치 및 주위의 상황 등을 고려하여 국토 및 자연의 유지와 환경의 보전 등 중대한 공익상 필요가 있다고 인정될 때에는 허가를 거부할 수 있고, 그 경우 법규에 명문의 근거가 없더라도 거부처분을 할 수 있다"[55]라는 판결에 대하여, "중대한 공익상의 필요"가 있는 경우에는 법률의 근거 없이도 국민의 자유나 권리를 제한할 수 있게 된다는 점에서, "국민의 모든 자유와 권리는 법률로써 제한"하도록 하고 있는 헌법규정(제37

---

53) 박균성, 앞의 책, 317면.
54) 예컨대 대법원 1998. 9. 25. 선고 97누19564 판결, 2000. 7. 7. 선고 99두66 판결 등을 들 수 있다.
55) 대법원 2003. 3. 28. 선고 2002두12113 판결(밑줄 필자).

조 제2항) 내지는 법치행정의 원리(특히 법률유보의 원칙)에 위반되는 문제가 있으므로, 그 해결책으로 행정소송법 제28조에 규정된 사정판결제도를 제시하는 주장[56]이 있다.

그러나 사정판결제도를 규정한 행정소송법 제28조에서 "처분을 취소하는 것이 현저히 공공복리에 적합하지 아니하다고 인정하는 때에는"에서의 "현저한 공공복리"라는 의미 자체가 "중대한 공익상 필요"와 유사한 의미라고 할 것이고, 이에 관한 법원의 심리가 직권탐지인지 여부가 문제[57]된다는 점에서 결국 사정판결제도에서의 "현저한 공공복리"는 기본적으로 또다시 "중대한 공익상의 필요"의 문제로 환원할 수밖에 없는 구조라고 할 수 있으므로, 사정판결제도가 근본적인 해결책이 될 수 없다.

### 3) 특정 영역에서의 공익

판례에서 보는 바와 같이, 중대한 공익상의 필요라는 것이 주로 환경이라는 공익[58] 등과 관련된 것이라는 점에서 별도로 국가의 환경보호의무 등 헌법상의 근거를 내세울 수 여지는 충분히 있다고 할 수 있다.

그러나 예컨대 판례에 따르면, "개인택시 운송사업면허자의 면허를 박탈함으로써 개인택시 운송사업의 질서를 확립하여야 할 공익상의 필요가 위 개인택시 운송사업자가 입게 될 불이익에 비하여 결코 가볍다고 보이지 아니하므로 당해 운송사업면허취소처분이 재량권의 범위를 일탈한 것으로는 볼 수 없다"[59]에서 보듯이, 중대한 공익상의 필요라는 것이 반드시 환경이라는 공익에 한정되지는 않는다. 따라서 중대한 공익상의 필요라는 것이 특정 영역에서의 공익

---

56) 김남진, "'중대한 공익상 필요'와 법치행정의 실종 대법원 2003년 3월 28일 선고 2002두12113 판결", 『법률신문』 제2192호(2003.8), 2003. 3. 28.자.

57) 이에 관한 내용으로는, 김철용/최광률 편, 앞의 책, 제28조 [박영하 집필] 부분, 2004, 912-913면 참조.

58) 오늘날 환경문제에 적절히 대응하기 위해서는 주관적 권리로서의 '환경권' 보호도 중요하지만, 그것보다는 공동체의 생존기반으로서의 '환경'을 중심으로 그 보호에 관한 논의가 더욱 중요하게 다루어져야 한다는 등과 관련하여서는, 한상운, "현행 헌법상 환경국가원리에 관한 연구", 『공법연구』 제34집 제4호 제1권(2006. 6), 296면 이하 참조.
　환경상 이익에 관하여는, 최선웅, "환경행정소송에서의 원고적격", 『행정법연구』 제30호(2011. 8); 최선웅, "환경상 이익이 관련된 지역과 원고적격", 『행정법연구』 제33호(2012. 8) 등 참조.

59) 대법원 1997. 11. 14. 선고 97누11461 판결. 동일 취지의 판례로는, 대법원 1990. 6. 26. 선고 89누5713 판결, 1991. 6. 11. 선고 91누537 판결, 1997. 8. 22. 선고 97누218 판결 등을 들 수 있다.

의 종류와 관계없이 일반화될 여지가 있다.

### 4) 처분의 종류

중대한 공익상의 필요가 수익처분의 전유물이라고 할 수는 없다. 예컨대 "이 면허의 취소는 행정청의 기속재량에 속할 뿐 아니라 가사 행정청이 그 유보된 취소권을 행사하는 경우에도 이를 정당화할 만한 중대한 공익상의 필요 또는 제3자의 이익을 보호할 필요가 있는 때에 국한하여 그 취소가 가능하다"[60]라고 하여 침익처분인 경우에도 중대한 공익상의 필요라는 것이 인정된다.

여기서 한걸음 더 나아가서, 판례가 중대한 공익상의 필요를 이유로 침익처분을 취소할 수 있는 경우에는 명시적으로 기속재량이라고 특정하지 아니한다. 예컨대 판례는, "비록 취소 등의 사유가 있다고 하더라도 그 취소권 등의 행사는 기득권의 침해를 정당화할 만한 중대한 공익상의 필요 또는 제3자의 이익을 보호할 필요가 있고, 이를 상대방이 받는 불이익과 비교·교량하여 볼 때 공익상의 필요 등이 상대방이 입을 불이익을 정당화할 만큼 강한 경우에 한하여 허용될 수 있다"[61]라고 하거나, "행정처분을 함에 있어 행정청의 취소권이 유보된 경우에 행정청은 그 유보된 취소권을 행사할 수 있으나 그 취소는 무제한으로 허용될 것이 아니라 공익상 기타 정당한 사유가 없을 때에는 그 취소가 적법한 것이라 할 수 없을 것"[62]이라고 하여, 취소권의 행사의 경우에까지 정당화요소로서의 중대한 공익상의 필요가 일반화되어 적용되고 있음을 알 수 있다.

### 5) 기속재량의 특정

"개인택시 운송사업면허자의 면허를 박탈함으로써 개인택시 운송사업의 질서를 확립하여야 할 공익상의 필요가 위 개인택시 운송사업자가 입게 될 불이익에 비하여 결코 가볍다고 보이지 아니하므로 당해 운송사업면허취소처분이 재량권의 범위를 일탈한 것으로는 볼 수 없다"[63]라는 판례에 있어서 법원은

---

60) 대법원 1975. 3. 11. 선고 74누138 판결. 이와 동일 취지의 판결로는, 대법원 1963. 8. 31. 선고 63누111 판결이 있다.
61) 대법원 2017. 3. 15. 선고 2014두41190 판결. 이와 동일 취지의 판결로는, 대법원 1997. 9. 12. 선고 97누1228 판결, 2009. 5. 28. 선고 2007두17427 판결, 2010. 9. 9. 선고 2008두22631 판결, 2016. 7. 22. 선고 2014두36297 판결 등을 들 수 있다.
62) 대법원 1964. 6. 9. 선고 63누40 판결.
63) 대법원 1997. 11. 14. 선고 97누11461 판결.

기속재량을 직접적으로 언급하고 있지 않으면서도 공익상의 필요를 인정하고 있다.

이와 같이 최근의 판례에서는 기속재량을 특정하지 아니하고서 중대한 공익상의 필요라는 것을 인정하는 추세[64]라는 점에서 중대한 공익상의 필요라는 것을 반드시 기속재량에 한정하지 아니하고 행정법 전반에 걸쳐서 일반화할 여지가 충분히 있다.

### 6) 종합적 평가

전술한 바와 같은 종래의 학설로는 해결불가능하고, 기속재량의 인정실익론의 모순을 해소할 필요성도 있고, 중대한 공익상의 필요가 입법화되지 않는 경우에 법적 근거를 부여할 수 있는 방법이 필요하고, 특히 무엇보다도 실정법규정에 명문으로 중대한 공익상의 필요라는 것이 규정되어 있지도 아니함에도 불구하고 이를 기준으로 행정처분을 내리고 행정재판을 한다는 것 자체를 정당화하기 위해서는 단지 기존의 이론을 뛰어넘는 한 차원 높은 근거부여가 필요하다. 따라서 중대한 공익상의 필요라는 것이 단지 기속재량의 인정실익으로서의 지위에서 벗어나서 이제는 어느 정도 행정판례에서 일반화되고 있다는 점에서, 행정소송에서의 중대한 공익상의 필요라는 것을 행정법의 일반원칙으로 격상시켜서 검토할 만한 가치는 충분히 있다.

### (2) 불확정법개념과 판단여지

판례에서 기속재량과 관련하여 인정하고 있는 "중대한 공익상의 필요"는 불확정법개념인 "공익"과 관련되게 된다. 물론 단순한 불확정법개념으로서의 공익보다는 기속재량에서의 "중대한 공익"은 한층 더 고양된 공익이라고 할 수 있다는 점에서 당연히 불확정법개념 및 판단여지와 연결되는 문제가 있다.[65]

그러나 불확정법개념과 관련된 판단여지는 주관적 권리구제를 주목적으로 규정하고 있는 독일 헌법 제19조 제4항(Art. 19 Abs. 4 GG) 및 직권탐지주의를 규

---

64) 대법원 1997. 9. 12. 선고 97누1228 판결, 2009. 5. 28. 선고 2007두17427 판결, 2010. 9. 9. 선고 2008두22631 판결, 2016. 7. 22. 선고 2014두36297 판결, 2017. 3. 15. 선고 2014두41190 판결 등을 들 수 있다.

65) 특히 법원과 관련하여 "중대한 공익상의 필요"라는 용어는, "중대한 공익"이 행정소송법 제26조 제1항의 전단 "법원이 필요하다고 인정할 때에는"을 의식한 표현이라고 보면 될 것이다.

정한 독일 행정소송법 제86조 제1항(§86 Ⅰ VwGO)에 근거한 독일의 판례와 학
설을 직수입한 것에 불과한 것이므로, 이에 근거한 종래의 재량과 판단여지의
구별론은 기본적인 문제가 있다. 즉 우리나라 헌법 제27조는 주관적 권리구제
및 객관적 적법성 통제를 포괄하는 규정이고 이에 따라 규정된 우리나라 행정
소송법 제1조66)는 명백히 행정구제 및 행정통제를 명문화한 것이고, 특히 우리
나라 행정소송법 제26조는, 직권탐지주의만을 규정한 독일의 행정소송법과는
달리, 변론주의와 직권탐지주의를 절충적으로 인정하고 있다. 이러한 점에서 독
일의 이론이나 판례에 근거한 판단여지는, 물론 전 세계의 공통적인 현상인 재
량통제의 어려움을 참고할 수 있는 자료로서의 의미는 있을지라도, 곧바로 우
리나라에 그대로 적용하기에는 기본적으로 한계가 있다.67)

　　우리나라 판례에서는 판단여지에 해당한다고 볼 여지가 있는 사안에서조
차도, "공무원 임용을 위한 면접전형에서 임용신청자의 능력이나 적격성 등에
관한 판단은 면접위원의 고도의 교양과 학식, 경험에 기초한 자율적 판단에 의
존하는 것으로서 오로지 면접위원의 자유재량에 속하고, 그와 같은 판단이 현
저하게 재량권을 일탈·남용하지 않은 한 이를 위법하다고 할 수 없다"68)라고
하여, 재량과 판단여지를 명백히 구별하고 있지도 아니하고 일괄하여 재량권의
일탈·남용의 문제로 처리하고 있다.69)

　　이와 같이 재량과 판단여지 구별 자체가 의심스러운 상황하에서는 기속재
량과 판단여지의 이동의 문제는 적어도 우리나라에서는 중대한 문제라고 보기
가 어렵다.

---

66) 행정소송법 제1조와 관련된 행정소송의 목적에 관하여는, 최선웅, "행정소송의 목적에
　　관한 일 고찰",『행정법연구』제13호(2005. 5) 참조.
67) 최선웅, "행정소송법 제26조의 해석에 관한 일 고찰 — 우리나라 행정소송의 독자성을 모
　　색하며 —",『행정법연구』제10호(2003. 10); 최선웅, "불확정법개념과 판단여지",『행정
　　법연구』제28호(2010. 12); 최선웅, "행정소송법상 직권심리의 범위",『행정판례평선』,
　　한국행정판례연구회, 박영사, 2011; 최선웅, "재량과 판단여지에 대한 사법심사",『행정
　　판례연구』XⅧ(2013. 12) 등 참조.
68) 대법원 2008. 12. 24. 선고 2008두8970 판결.
69) 재량과 판단여지에 대한 사법심사에 관하여는, 최선웅, "재량과 판단여지에 대한 사법심
　　사",『행정판례연구』XⅧ(2013. 12) 참조.

## (3) 행정소송에서의 직권심리와의 관계

기속재량의 인정실익이라고 할 수 있는 중대한 공익상의 필요를 명문의 근거규정이 없이도 고려할 수 있다는 것이 과연 실제 행정소송의 심리에서 어떻게 인정되는 것인지 여부를 검토할 필요가 있다. 즉 중대한 공익상의 필요와, 사실자료와 증거자료 즉 소송자료의 수집·제출의 책임에 관한 소송원칙을 규정한 행정소송법 제26조의 직권심리와의 관련성을 검토할 필요가 있다.

## 2. 사법심사방식

### (1) 판례의 내용

판례에 따르면, 기속행위 내지 기속재량행위와 재량행위 내지 자유재량행위에 대한 사법심사방식에 차이가 있다고 한다.

즉 판례는, "양자에 대한 사법심사는, 전자의 경우 그 법규에 대한 원칙적인 기속성으로 인하여 법원이 사실인정과 관련 법규의 해석·적용을 통하여 일정한 결론을 도출한 후 그 결론에 비추어 행정청이 한 판단의 적법 여부를 독자의 입장에서 판정하는 방식에 의하게 되나, 후자의 경우 행정청의 재량에 기한 공익판단의 여지를 감안하여 법원은 독자의 결론을 도출함이 없이 당해 행위에 재량권의 일탈·남용이 있는지 여부만을 심사하게 되고"[70]라고 설시하고 있다.

전자, 즉 기속행위 내지 기속재량행위의 경우에는 기속성으로 인하여 법원의 먼저 일정한 결론을 도출 후 행정청의 판단의 위법 여부를 독자적으로 판정하는 이른바 판단대치방식을 취한다는 것이고, 후자의 경우에는 법원은 독자의 결론을 도출함이 없이 당해 행위에 재량권의 일탈·남용이 있는지 여부만을 심사하게 된다고 한다.[71]

위 기속재량과 직접 관련하여 위와 같은 심사방식의 차이를 설시한 판례 이외에, 최근에는 기속재량을 직접 언급을 하지는 않으면서 단지 기속행위와 재량행위에 대한 사법심사방식의 차이를 언급한 판례[72]도 있으나, 그 설시내용

---

70) 대법원 2001. 2. 9. 선고 98두17593 판결.
71) 김동희, 앞의 책, 269-270면; 김철용, 앞의 책; 박윤흔/정형근, 앞의 책, 297면. 그런데 기속행위의 경우에는 법원이 판단으로 행정청의 판단을 대체한다는 의미에서 판단"대체"방식 내지는 완전심리라는 용어를 사용하고, 재량행위의 경우에는 제한심사방식이라는 용어를 사용하는 경우(박균성, 앞의 책, 320면)도 있다.

은 동일하다.

### (2) 판례에 대한 평가

기속행위와 재량행위의 구별실익으로 사법심사방식의 차이를 인정하는 경우에는 대부분 기속재량의 경우에도 기속행위에 준하여 사법심사방식의 차이를 동일하고 언급하고 있다.[73] 즉 기속재량행위와 기속행위의 실익을 동일하게 판단대치방식이라고 한다는 것은 적어도 사법심사방식에 있어서는 기속재량을 사실상 기속행위에 가까운 것으로 이해하는 것이라고 할 수는 있다. 이러한 점 때문에, 학설에서는 기속재량행위를 기속행위에 가까운 것으로 이해하는 반면에 판례에서는 기속재량행위를 재량행위에 가까운 것으로 이해하는 것이라고 할 수 있다고 한다.[74]

그런데 이러한 견해는 기속재량에 대한 사법심사방식이 판단대치방식이라는 주된 이유는 당해 처분에 해당하는 행위가 원래는 기속행위이었다는 것이 주된 이유로 보인다. 즉 기속재량의 경우에는 당초의 기속행위가 예외적으로 중대한 공익상 필요를 이유로 거부할 수 있게 된다는 점을 중시[75]한 반면에, 판례에서는 기속재량의 경우에도 여전히 재량권의 일탈·남용인 경우에 취소를 선언할 수 있는 재량행위와 동일하게 취급한다는 점을 고려한 것으로 보인다.

### (3) 절차적 심사방식

단순히 법을 사실에 기계적으로 적용하는 단순행정사건에는 판단대치방식이 타당하나, 의견청취를 거쳐야 하는 재량처분의 경우에는 법원이 처분을 하는 결과가 되는 판단대치방식이 타당하지 아니하다고 한다.[76]

그런데 현대행정에 있어서는 위와 같은 단순행정행위는 감소하고 그 대신에 고도의 정책적 판단이나 과학기술적 판단을 필요로 하는 행정작용이 증가하고 있는 추세에 있다. 이러한 영역에서는 법원에 의한 재량에 대한 실체적 통제

---

72) 대법원 2010. 9. 9. 선고 2010다39413 판결.
73) 김동희, 앞의 책, 269-270면; 김철용, 앞의 책, 169-170면; 박균성, 앞의 책, 320면; 박윤흔/정형근, 앞의 책, 297면.
74) 김동희, 위의 책, 266면.
75) 이런 점에서 거부재량이라고 하는 것이 이해가 된다. 김유환, 앞의 글, 703면.
76) 김철용, 앞의 책, 169면.

의 한계가 있으므로,[77] 실체적 판단을 행정에게 맡기고, 법원은 절차법적 관점에서 심사하는 절차적 심사방식이 등장한다고 한다.[78] 따라서 이러한 상황이 점점 가중되게 되면, 원칙적으로 법원이 일정한 결론을 먼저 도출한 후 행정청의 판단을 판정한다는 이른바 판단대치방식이라는 사법심사방식이 사실상 불가능하거나 타당성을 잃게 된다고 한다.[79]

그렇다고 하더라도 변론주의와 직권탐지주의의 절충적 심리원칙을 규정하고 있는 우리나라 행정소송에서는, 직권탐지주의적 요소로서의 중대한 공익상의 필요를 고려할 여지가 있는 경우에는 법원이 언제나 여전히 충분히 이를 고려할 수 있는 가능성 자체가 전면적으로 부정되는 것은 아니다.

## V. 기속재량과 행정소송법 규정

### 1. 개요

이상에서 검토한 바와 같이, 기속재량에 관한 내용을 기존의 학설과 판례의 내용만으로는 명확히 파악하기가 어렵다고 할 수 있다. 먼저 기속재량행위가 처분으로서 사법심사의 대상이 되는지, 그에 대한 사법심사가 재량권의 일탈·남용과 어떠한 관계에 있는지를 면밀히 검토할 필요가 있다. 또한 중대한 공익상의 필요에 대한 법원의 심리가 우리나라 행정소송의 직권심리에서 어떠한 관계에 있는지도 검토해야 한다. 이에 기속재량의 문제를 판례와 학설에만 맡기지 아니하고 가능한 한 실정 행정소송법 규정을 가지고 검토해 보기로 한다.

이하 재량처분과 기속재량, 기속재량과 재량권의 일탈·남용 및 취소가능성, 중대한 공익상의 필요와 행정소송에서의 직권심리를 차례대로 고찰하기로 한다.

---

77) 김철용, 위의 책, 169면.
78) 김철용, 위의 책, 169-170면. 이와 같은 취지에서 전문기술적, 정책적 고려가 강한 영역에서는 사법적 판단이 실체적으로 이루어지기 곤란한 점이 있으므로 엄격심사원리와 같은 형식적, 절차적 통제의 기법이 요구된다고 한다. 백윤기, 앞의 글, 578면.
　　한편 일본에서는 재량행위에 대한 사법심사에 있어서 "재량불심리원칙"에서 점차 판단대치방식을 통한 "재량완전심리원칙"으로 변화하였다고 하는 것에는, 노기현, "행정법상 재량행위에 대한 사법심사기준의 변천에 관한 연구 — 일본의 학설과 판례의 논의를 중심으로 —", 『공법학연구』 제14권 제3호(2013. 8), 312면 참조.
79) 김철용, 위의 책, 169면.

## 2. 재량처분과 기속재량

### (1) "재량처분"이라는 용어

행정소송법 제2조 제1항 제1호에 규정된 처분등의 개념과 관련하여서는, 과거 한때 실체법적 행정행위개념설과 쟁송법적 처분개념설의 다툼이 있었으나 지금은 쟁송법적 처분개념설로 수렴하고 있다.[80] 따라서 행정소송의 대상은 행정행위라는 용어 대신에 판례상의 "행정처분(처분)"이라는 용어가 타당하고 바람직하다.[81] 행정소송법 제27조의 표제를 "재량행위"가 아니라 "재량처분"이라고 규정한 것은, 행정소송의 대상이 "행정행위"가 아니라 "처분등"의 개념을 규정한 행정소송법 제2조 제1항 제1호의 규정에 상응하는 것으로 극히 타당한 입법이다.

요컨대 쟁송법적 처분개념설에 의하면, 행정소송법 제2조 제1항 제1호에 규정된 "처분등"의 개념에는 행정행위도 당연히 포함된다는 점에서 행정소송법 제27조의 표제인 "재량처분"은 일단 "재량행위"를 의미한다.[82]

한편 행정소송법 제27조의 표제인 [재량처분의 취소]에서의 "재량처분"이란, 같은 법 제27조 본문의 규정에서의 "행정청의 재량에 속하는 처분"을 의미한다.

### (2) 기속재량

종래의 행정행위는 당연히 처분등의 개념에 포섭되므로, 행정소송법 제27조 본문에서의 "행정청의 재량에 속하는 처분"이 행정청의 처분 즉 재량권을 행사하는 재량행위를 의미한다고 하면 여기에는 기속재량행위가 포함되지 못할 바가 없다.

한편 "천연기념물로 지정된 천호동굴에 인접한 토지에 대한 산림형질변경 허가기간 연장신청에 대하여 그 주변 지역의 자연경관 보호 등을 고려하여 이를 거부한 행정처분이 재량권 남용에 해당하지 않는다"[83]라고 하는 판례에 있

---

80) 예컨대 김동희, 앞의 책, 758-759면; 김철용, 위의 책, 490-493면 참조.
81) "행정처분"이라는 용어를 쓴 예로는, 대법원 2017. 8. 29. 선고 2016두44186 판결, 2017. 9. 21. 선고 2017도7321 판결 등을 들 수 있다.
82) "재량처분과 재량행위는 같은 의미를 갖는다고 보아도 무방하다"라고 하는 것에는, 김철용/최광률 편, 앞의 책, 제27조(재량처분의 취소) [홍정선 집필] 부분, 832면 참조.

어서는, 명시적으로 당해 처분이 기속재량행위임을 밝힌 바가 없으나 결론에서 재량권의 일탈·남용으로 판단하였다는 점에서 기속재량임이 추정은 가능하다.

요컨대 기속재량행위도 재량행위의 속성을 가지고 있으며 동시에 행정소송의 대상이 되는 처분임에는 틀림없다.

## 3. 기속재량에 대한 통제

전술한 바와 같이, 판례상 기속재량은 재량행위의 일종으로서 성질상 자유재량행위와는 엄밀하게 구별되지는 않는다고 하는 것이 일반적이다.[84] 기속재량은 기속행위에 가까운 특정 분야의 행위에 대한 재량권의 일탈·남용을 심사하기 위한 도구개념이라고 할 수 있다.[85] 이와 같이 기본적으로 기속재량행위도 재량행위의 속성을 가진다는 점에서, "재량처분의 취소"즉 재량권의 일탈·남용인 경우에 법원이 재량처분을 취소하는 것과 마찬가지로, 기속재량행위도 법원의 사법심사의 대상이 된다는 점에서 재량행위와 구별되지 않는다고 이해 못할 바는 아니다.

한편 판례에서는 기속재량을 재량행위의 일종으로 보는 것과 달리, 학설에서는 기속재량을 기속행위의 일종으로 간주한다.[86] 그렇다고 하더라도 적어도 학설이나 판례는 기속재량을 사법심사의 대상으로 하려는 의도에서는 공통적이다.

위와 같이 기속재량이 행정소송법 제27조의 대상에 포함된다고 하면, 기속재량의 사법심사의 내용은 재량권의 일탈·남용의 경우와 유사한 것으로 볼 수 있다. 실제로 판례[87]에 따르면, 채광계획인가처분의 법적 성질이 기속재량행위라고 규정지으면서. 채광계획이 자연경관을 훼손하고 수질을 오염시킬 우려가 있는 경우 불인가처분을 한 것이 재량권남용이 아니라고 판단한 바 있다.

---

83) 대법원 2000. 7. 7. 선고 99두66 판결.
84) 김동희, 앞의 책, 266면; 김철용, 앞의 책, 160면; 박윤흔/정형근, 앞의 책, 297면.
85) 홍준형, 앞의 책, 145면 참조.
86) 김동희, 앞의 책, 266면; 판례에서 인정된 기속재량행위는 "제한된 재량행위"라는 의미라고 한다. 홍준형, 위의 책, 145면.
87) 대법원 1993. 5. 27. 선고 92누19477 판결.

## 4. 취소가능성

행정소송법 제27조에서는 재량권의 일탈·남용의 경우에 "법원은 이를 취소할 수 있다"라고 규정하고 있다. 이와 같이 제27조의 법문언상 분명히 취소가능성을 규정하고 있음에도 불구하고 취소의 기속성을 의미한다는 견해가 있다. 즉 취소소송은 원고의 권익구제를 위한 것이므로 사정판결 등과 같은 특별한 사정이 없는 한 법원은 당해 처분을 기속적으로 취소하여야 한다고 한다.[88]

그러나 행정소송법 제27조는 재량처분이라고 하더라도 재량권의 한계를 일탈·남용한 경우에는 사법심사의 대상, 즉 취소의 대상이 된다는 점을 명백히 한 것이고, 실제 법원이 취소할지 여부는 본안에 대한 심리를 거쳐서 구체적·개별적으로 결정하면 될 것이다.[89] 따라서 만일 법원이 반드시 취소하여야 할 사안임에도 불구하고 법원이 취소판결을 하지 아니하는 경우에는 상소로 다투면 족하다.

요컨대 행정소송법 제27조는 재량권의 일탈·남용이 있는 재량처분은 취소의 대상이 된다는 점에서 결국 재량행위가 법원의 사법심사의 대상이 된다는 점을 분명히 한 것이고, 또한 기속행위와 재량행위 간의 법원의 사법심사의 강도·정도·밀도의 차이를 의미한다.

따라서 위에서 고찰한 바와 같이 기속재량도 재량의 속성을 가진다고 본다면, 기속재량의 경우에도 재량권의 일탈·남용과 유사한 경우에는 사법심사의 대상, 즉 취소의 대상이 되고 법원은 구체적·개별적으로 심리한 결과 취소 여부를 결정하여야 한다. 법원의 취소 여부에 관한 판단 기준으로 당연히 일률적인 선험적 기준을 제시하기는 어려울 것이고, 결국 법원의 판결의 집적을 기다려야 한다.

## 5. 중대한 공익상의 필요와 행정소송에서의 직권심리

### (1) 행정소송에서의 직권심리

우리나라 행정소송법 제26조의 해석에 있어서는, 소송자료의 수집·제출책

---

88) 김철용/최광률 편, 앞의 책, 제27조(재량처분의 취소) [홍정선 집필] 부분, 839면.
89) 재량권 일탈·남용이 언제나 취소원인에 한정된 의미가 아니라 무효원인도 될 수 있다고 하는 것에는, 김철용, 앞의 책, 167면 참조.

임에 관한 소송원칙으로 — 비록 학설의 대립이 있으나 — 변론주의가 원칙이고 예외적으로 직권탐지주의가 절충된다고 하는 것이 다수설이다.[90]

우리나라 행정소송법 제26조의 표제인 [직권심리]는 행정소송에서의 공익을 고려하여 법원이 직권으로 심리할 수 있는 경우가 있을 수 있다는 것을 의미한다고 보아야 한다. 행정소송법 제26조 전단 중 "법원이 필요하다고 인정할 때에는"의 의미는 행정소송에서 공익을 고려하여야 하는 경우를 의미한다.[91] 이와 같이 행정소송에 있어서 공익을 고려하는 이유는 우리나라 행정소송의 본질이 공·사익의 조정적 절차라는 점에서 당연한 것이다.

또한 행정소송법 제26조 후단에서 "당사자가 주장하지 아니한 사실에 대하여도 판단할 수 있다"는 부분은 당사자가 주장하지 아니한 사실에 관하여 법원이 직권으로 탐지하여 법원이 당사자가 주장 또는 원용한 것으로 인정할 수 있다는 의미이고, "직권으로 증거조사를 할 수 있다"는 부분은 민사소송법 제292조상의 보충적 직권증거조사를 넘어서서 법원이 직권으로 증거조사를 할 수 있다는 의미라고 보아야 한다.[92] 즉 우리나라 행정소송에 있어서는 법원이 공익을 고려하여야 하는 경우에는 당사자가 주장하지 아니한 사실은 물론 증거조사 신청조차 하지 아니한 증거를 직권으로 탐지할 수 있다.

요컨대 특히 원칙적인 직권탐지주의(§86 Ⅰ VwGO)에 의하는 독일의 행정소송과는 달리, 변론주의를 인정하는 기본바탕에서 직권탐지주의[93]를 고려하는 직권심리를 규정한 우리나라 행정소송법 제26조의 해석상, 공익을 이유로 법원이 필요하다고 인정할 때에는 사실자료와 증거자료 즉 소송자료에 관하여 직권

---

90) 이에 관한 상세한 고찰은, 최선웅, 행정소송법 제26조의 해석에 관한 일 고찰 — 우리나라 행정소송의 독자성을 모색하며 —, 행정법연구, 제10호(2003. 10), 207-250면; 최선웅, "행정소송법상 직권심리의 범위", 『행정판례평선』, 한국행정판례연구회, 박영사, 2011. 참조.

91) 이 제26조 전단의 "법원이 필요하다고 인정할 때에는"이라는 부분은, 같은 조 전단의 "직권으로 증거를 조사할 수 있고"의 부분뿐만 아니라, 같은 조 후단의 "당사자가 주장하지 아니한 사실에 대하여도 판단할 수 있다"라는 부분에도 공통적으로 연결된다고 하여야 한다. 최선웅, 『행정소송의 원리』, 진원사, 2007, 444-445면.

92) 이 점에서 민사소송법 제292조의 "그 밖에 필요하다고 인정할 때에는"은 "법원은 당사자가 신청한 증거에 의하여 심증을 얻을 수 없"는 경우에 준하는 경우에 한정한다. 즉 행정소송법 제26조의 직권심리는 민사소송법 제292조에서 보충적으로 직권증거조사만을 규정한 것과 구별된다.

93) 행정소송에서의 변론주의와 직권탐지주의에 관하여는, 최선웅, 앞의 책, 205면 이하 참조.

으로 탐지할 수 있다고 보아야 한다.[94]

### (2) 중대한 공익상의 필요와 직권심리

우리나라 행정소송에 있어서 소송자료에 수집·제출의 책임에 관한 소송원칙인 행정소송법 제26조의 규정은, 그 대상이 재량행위, 기속행위는 물론이고 기속재량행위이든 자유재량행위이든 가리지 아니하고 모두 다 적용되어야 함은 물론이다.

이런 점에서 보면 전술한 바와 같이, 기속재량의 경우 판례가 설시하는 심사방식을 이른바 판단대치방식이라고 해석하는 것은, 중대한 공익상의 필요에 근거한 행정청의 판단을 법원이 중대한 공익상의 필요가 인정되는지 여부를 심리하여 재판하는 모습을 반영하여 설명한 것에 불과한 것이라고 할 수 있다.[95]

그런데 특히 기속재량에서 고려되는 중대한 공익상의 필요라는 것 자체는, 예컨대 행정소송법 제28조상의 사정판결에서의 "현저한 공공복리"와 마찬가지로, 기본적으로 법원이 필요하다고 인정할 때에 직권으로 증거조사를 하거나 당사자가 주장하지 아니하여도 판단할 수 있다는 점에서 직권탐지주의 요소로서 행정소송법 제26조에 포섭될 여지가 충분히 있다. 따라서 법원은 중대한 공익상의 필요하다고 인정할 때에는 행정소송법 제26조의 "직권으로 증거조사를 할 수 있고, 당사자가 주장하지 아니한 사실에 대하여도 판단할 수 있다"라는 부분에 의하여 당사자가 주장하지 아니한 사실이나 증거신청하지 아니한 증거에 대하여도 직권으로 탐지가 가능하다고 보아야 한다.

만일 중대한 공익상의 필요가 행정법의 일반원칙으로 격상될 수 있다면 이 중대한 공익상의 필요는, 평등원칙이나 비례원칙과 마찬가지로, 행정청의 행위규범뿐만 아니라 법원의 재판규범으로 기능할 여지가 있음은 물론이다.

## VI. 결어

이상에서 고찰한 바와 같이, 판례에서 인정하는 기속재량의 필요성 내지는

---

94) 최선웅, 위의 책, 447면.
95) 이러한 점에서 보면, 판단대치든 완전심리든 제한심리든 모두 다 공히 행정소송법 제26조의 적용을 받아야 함은 지극히 당연한 것이다.

인정실익을 현실적으로 인정하지 아니할 수 없다. 특히 재판실무에서는 재량과 판단여지를 구별하지 아니할 뿐만 아니라 재량에다가 판단여지는 물론이고 심지어 기속재량까지를 모두 다 포함시켜 재량의 일탈·남용으로 일괄 취급하는 현실을 고려하여야 한다.

따라서 종래와 같이 이론과 실무의 괴리라는 현실을 그대로 방치하기보다는, 비록 이론과 실무 간에 완전한 합의도출은 어렵다고 하더라도, 양자 간의 최소한의 공감대라도 형성하기 위한 노력은 필요하다. 이제부터 기속재량에 관한 학설과 판례, 즉 이론과 실무 간의 갈등을 해소하기 위해서는, 행정법의 법원, 일반원칙은 물론이고 특히 행정소송법 규정 내지 소송원칙이라는 이론과 실무의 공통매개체 등을 통하여 기속재량을 재검토할 필요성이 있으며 당연히 바람직하다.

이와 같은 검토를 한 결과 다음과 같은 결론으로 요약될 수 있다.

판례에서 인정되는 기속재량은 판례법으로서의 법원성을 가질 여지가 있다. 기속재량행위는 사법심사의 대상이 되는 행정소송법 제2조 제1항 제1호상의 처분에 해당한다. 기속재량행위는 행정소송법 제27조상의 재량처분으로서 재량권의 일탈·남용에 상응하는 경우에는 그 취소가능성이 있다. 기속재량의 인정실익인 중대한 공익상의 필요는 단지 기속재량에만 한정되는 것이 아니라는 점에서 행정법의 일반원칙으로서의 지위로 격상시킬 수 있다. 직권심리를 규정한 행정소송법 제26조를 변론주의와 직권탐지주의를 절충한 규정으로 이해하는 전제하에서, 기속재량과 관련되어서 논의되고 있는 중대한 공익상의 필요는 일종의 직권탐지주의적인 요소로 받아들일 수 있다.

요컨대 우리나라 판례에서 인정되고 있는 기속재량이 행정소송법 관련 규정에 의하여 충분히 포섭가능하다는 점에서 우리나라 행정소송법은 탄력적이고 독자적 성격을 가진 바람직하고 우수한 입법이다.

## 🔲 참고문헌

### 1. 단행본
김남진/김연태, 『행정법 I』 제21판, 법문사, 2017.
김동희, 『행정법 I』 제23판, 박영사, 2017.
김철용, 『행정법』 전면개정 제7판, 고시계사, 2018.
김철용 편, 『행정절차와 행정소송』, 피앤씨미디어, 2017.
김철용/최광률 편, 『주석 행정소송법』, 박영사, 2004.
류지태/박종수, 『행정법신론』 제16판, 박영사, 2016.
박균성, 『행정법론 (상)』 제16판, 박영사, 2017.
박윤흔/정형근, 『최신 행정법강의(상)』, 박영사, 2009.
박정훈, 『행정법의 체계와 방법론』, 박영사, 2005.
비교법실무연구회 편, 『판례실무연구』(V), 박영사, 2001.
정하중, 『행정법개론』 제11판, 법문사, 2017.
최선웅, 『행정소송의 원리』, 진원사, 2007.
특별소송실무연구회 편, 『특별법연구』 제8권, 박영사, 2006.
행정판례연구회, 『행정판례평선』, 박영사, 2011.
홍정선, 『행정법원론(상)』 제25판, 박영사, 2017.
홍준형, 『행정법』 제2판, 법문사, 2017.

### 2. 논문
고영훈, "재량과 판단여지", 『과학기술법연구』 제9집 제2호(2003. 12), 한남대학교 과학기술법연구원.
김남진, "기속행위·기속재량행위에 붙인 부관의 효력 ― 대판 1988.4.27, 87누1106 ―", 『판례연구』 제5집(1988. 4), 고려대학교 법학연구소.
김남진, "'중대한 공익상 필요'와 법치행정의 실종 대법원 2003년 3월 28일 선고 2002두12113 판결", 『법률신문』 제2192호(2003. 8), 2003. 3. 28.자.
김동희, "판례상의 기속재량에 관한 일고", 『행정판례연구』 제8집, 박영사, 2003.
김용섭, "행정재량론의 재검토 : 기속재량의 새로운 방향모색을 중심으로", 『경희법학』 제36권 제1호(2001. 8).
김유환, "재량행위와 기속행위에 대한 판례이론의 검토 ― 개념과 사법심사방식을 중심으로 ―", 『행정절차와 행정소송』, 김철용편, 피앤씨미디어, 2017.

노기현, "행정법상 재량행위에 대한 사법심사기준의 변천에 관한 연구 — 일본의 학설과 판례의 논의를 중심으로 —", 『공법학연구』 제14권 제3호(2013. 8).

박균성, "최근 대법원 행정판례의 분석", 『정의로운 사법 : 이용훈대법원장재임기념』, 사법발전재단, 2011.

백윤기, "미국 행정소송상 엄격심사원리에 관한 연구 — 한국판례와의 비교분석을 중심으로 —", 서울대학교 법학박사학위논문, 1995. 2.

선정원, "행정재량의 법적 통제에 관한 몇 가지 쟁점의 검토", 『행정소송 1』, 한국사법행정학회, 2008.

조해현, "항고소송에서의 소의 이익", 『특별법연구』 제8권(특별소송실무연구회 편), 박영사, 2006.

최선웅, "행정소송법 제26조의 해석에 관한 일 고찰 — 우리나라 행정소송의 독자성을 모색하며 —", 『행정법연구』 제10호(2003. 10).

최선웅, "행정소송의 목적에 관한 일 고찰", 『행정법연구』 제13호(2005. 5).

최선웅, "불확정법개념과 판단여지", 『행정법연구』 제28호(2010. 12).

최선웅, "행정소송법상 직권심리의 범위", 『행정판례평선』, 한국행정판례연구회, 박영사, 2011.

최선웅, "환경행정소송에서의 원고적격", 『행정법연구』 제30호(2011. 8).

최선웅, "환경상 이익이 관련된 지역과 원고적격", 『행정법연구』 제33호(2012. 8).

최선웅, "재량과 판단여지에 대한 사법심사", 『행정판례연구』 XVIII(2013. 12).

한상운, "현행 헌법상 환경국가원리에 관한 연구", 『공법연구』 제34집 제4호 제1권(2006. 6).

홍강훈, "기속행위와 재량행위 구별의 새로운 기준" 『공법연구』 제40집 제4호(2012. 6).

홍강훈, "원칙(Prinzip)과 규율(Regel)의 엄격한 구분에 근거한 기속행위와 재량행위의 새로운 구별기준", 『공법학연구』 제17권 제3호(2016. 8).

# 제3절  재량행위에 대한 사법심사사유[*]

## Ⅰ. 서설

한 나라의 소송은 우선 그 나라의 소송법규정과 소송제도에 근거한 법원의 심리가 결정적이다. 그런데 과연 우리나라 행정소송이론의 전개에 있어서 우리나라의 소송법규정과 실제 소송에서의 심리가 제대로 반영되고 있는가는 의문이다. 행정법이론은 행정소송이론과 불가분의 관계에 있다. 따라서 재량행위 및 재량행위에 대한 사법심사사유[1])에 관한 개념이나 이론상의 논의도 중요하겠지만 그에 못지않게 실제 우리나라 행정소송에서의 취급문제도 중요하다.

---

[*] 이 글은 『행정법연구』 제59호(2019. 11)에 게재된 논문 "행정소송에서의 재량행위에 대한 사법심사사유"를 수정·보완한 것입니다.

1) "'재량행위'에 대한 사법심사사유"라는 용어보다는 우리나라 행정소송법 제27조의 표제인 [재량처분의 취소]에서의 "재량처분", 같은 법 제2조 제1항 제1호에서 정한 "처분등"이라는 법정용어와 이른바 쟁송법적 처분개념설 그리고 실제 판례에서도 "재량처분"(예컨대 대법원 2017. 10. 31. 선고 2017두46783 판결 등)이란 용어를 사용하는 것 등을 고려하면 "'재량처분'에 대한 사법심사사유"라는 용어가 합당하다고 생각된다. 다만 재량행위와 연결성과 논의의 편의를 위해서 관례대로 "'재량행위'에 대한 사법심사사유"를 병행 사용하기로 한다.

주지하는 바와 같이, 기속행위와 재량행위는 관련 법규정이 행정처분의 요건 또는 효과를 일의적으로 규정하였는지 여부에 따라 구별된다. 양자의 구별 실익[2]은 비교적 뚜렷하게 제시되어 왔다. 재량이론에 관한 논의에 있어서는 이른바 요건재량설과 효과재량설, 이와 아울러 재량과 그 동일성 여부가 논의되는 불확정법개념과 판단여지[3]가 주류를 형성하여 왔다.

재량행위에 대한 사법심사사유들은 논자에 따라서 다양하게 분류될 수 있으나 대체로 재량일탈과 재량남용을 중심으로 분류되어 왔다. 종래부터 재량일탈과 재량남용은, 행정소송법 제27조의 규정에 따르면 그 법적효과가 취소로 동일하다는 점에서, 그 구별의 실익이 없는 것으로 이해되어 왔다.[4] 판례는 재량처분에 대하여 사법심사를 하는 경우에는, 개별 사법심사사유들의 종류와 관계없이 언제나 "재량권 일탈·남용"[5]이라는 부동문자가 각인된 일종의 직인을 만들어 사용하여 왔다. 따라서 판례상의 재량권 일탈·남용이라는 개념은, 사실확정의 흠결[6]이나 사실인정[7]과 같은 사실문제와, 법령위반, 평등원칙이나 비례원칙 등 행정법의 일반원칙,[8] 헌법상의 기본권 등 법률문제뿐만 아니라, 형량명령[9]과 판단여지[10]마저 아우르면서, 심지어 행정절차와 행정심판상의 사유에

---

2) 재량행위와 기속행위의 구별실익으로는, 행정쟁송, 공권의 성립, 부관과의 관계를 드는 것이 일반적이다. 예컨대 김철용, 『행정법』 전면개정 제8판, 고시계사, 2019, 160-161면; 정하중, 『행정법개론』 제13판, 법문사, 2019, 167-169면 등 참조.

3) 최선웅, "불확정법개념과 판단여지", 『행정법연구』 제28호(2010. 12), 95-134면; 최선웅, "재량과 판단여지에 대한 사법심사", 『행정판례연구』 ⅩⅧ(2013. 12), 3-38면.

4) 예컨대 김동희, 『행정법Ⅰ』 제25판, 박영사, 2019, 286면; 김철용, 앞의 책, 165면; 홍준형, 『행정법』 제2판, 법문사, 2017, 147면.

5) 판례에서는 행정의 재량권한 행사 또는 행정에게 법령으로 재량권이 부여된 점을 의식해서인지 예외없이 "'재량권' 일탈·남용"이라는 용어를 사용한다(예 대법원 2019. 7. 11. 선고 2017두38874 판결). 그런데 행정소송법 제27조의 "행정청의 '재량'에 속하는 처분이라도 '재량권'의 한계를 넘거나 그 남용"에서와 같이, 편의상 "재량"과 "재량권"을 병행 사용하기로 한다.

6) 대법원 1985. 4. 9. 선고 84누654 판결.

7) "재량권 행사의 기초가 되는 사실인정에 잘못이 있는 경우"를 들고 있는 판례(대법원 2019. 1. 17. 선고 2016두56721, 56738 판결; 같은 취지 대법원 2018. 10. 12. 선고 2016두46670 판결)가 있다.

8) 대법원 2019. 1. 31. 선고 2017두67605 판결.

9) 예컨대 대법원 2005. 3. 10. 선고 2002두5474 판결.

10) 판단여지가 인정될 여지가 있다고 제시되는 사례들도 재량권 일탈·남용으로 다룬다. 예컨대 대법원 2006. 9. 28. 선고 2004두7818 판결, 2009. 10. 15. 선고 2007두22061 판결.

이르기까지 온갖 이질적인 것들을 총망라하는 거대한 집합개념이 되었다. 실제 판례가 재량처분에 대하여는 여러 개의 개별 사법심사사유들을 일거에 연속하여 제시[11]하면서 최종결론으로 재량권 일탈·남용 여부로 판단하는 방법을 취하고 있다.

여기서 유독 우리나라 판례가 이와 같은 포괄적인 의미에서의 재량권 일탈·남용이라는 집합개념을 사용하는 이유와 그 의미를 검토할 필요가 있다. 그리고 이와 같은 판례상의 단일한 집합개념하에서는 새삼스럽게 재량일탈과 재량남용을 구별할 필요성을 발견하기가 어렵고, 개별 사법심사사유들의 법적성질을 파악할 동기를 부여하기도 어렵다. 실제로 이에 관한 논의도 거의 행해진 바가 없다.[12] 그러나 우리나라 행정소송법 규정과 소송실무를 고려하면 충분히 검토할 여지가 있다.

직권심리에 관한 규정인 행정소송법 제26조의 해석상, 우리나라 행정소송의 심리원칙은 소송자료의 수집·제출책임을 당사자에게 맡기는 민사소송상의 변론주의와 공익을 이유로 하는 법원의 직권탐지주의가 절충된 형태라는 것이 일반적인 견해이다.[13] 변론주의가 인정되는 한도 내에서 사실문제는 당사자의 주장과 증명책임에 의하여 확정되는 반면에, 법률문제는 법원의 직권판단에 의한다(jura novit curia). 최소한 이 점에서 사실문제와 법률문제는 그 구별의 실익

---

11) 심지어 "사실오인", "합리성의 결여", "비례원칙", "평등원칙"등 무려 4가지의 사유를 들고 있는 판결(대법원 2019. 1. 31. 선고 2017두67605 판결)도 있다.

12) 아마 이는 직권탐지주의를 원칙으로 채택한 독일식의 행정소송 및 재량 관련 논의만을 기준으로 한 결과이다. 직권탐지주의를 채택한 독일의 행정소송과 달리, 우리나라 행정소송에서는 행정소송법 제26조의 규정에 의하여 변론주의와 직권탐지주의가 절충적으로 인정되고, 변론주의가 인정되는 한 주장·증명책임분배나 실제 소송에서의 증명의 용이성이나 증명활동의 강도 등이 매우 중요함에도 이에 대한 별다른 논의를 하지 못해 온 것으로 추정된다.

13) 예컨대 김동희, 앞의 책, 808-809면; 김남진/김연태, 『행정법Ⅰ』 제23판, 법문사, 2019, 886-887면, 김철용, 앞의 책, 541-542면. 행정소송에서의 변론주의와 직권탐지주의에 관한 상세한 것은, 최선웅, "행정소송법 제26조의 해석에 관한 일 고찰 — 우리나라 행정소송의 독자성을 모색하며 —", 『행정법연구』 제10호(2003. 10); 최선웅, 『행정소송의 원리』, 진원사, 2007, 207면 이하; 최선웅, "행정소송법상 직권심리의 범위", 『행정판례평선』, 한국행정판례연구회, 박영사, 2011 참조. 이에 관한 독일의 단행본 문헌으로는, Marcel Kaufmann, Untersuchungsgrundsatz und Verwaltungsgerichtbarkeit, Mohr Siebeck, 2002, Renate Köhler-Rott, Der Untersuchungsgrundsatz im Verwaltungsprozess und die Mitwirkungslast der Beteilgten, München, 1997 등 참조.

이 있다. 따라서 재량행위에 대한 각각의 사법심사사유들이 사실문제인지 아니
면 법률문제인지를 먼저 구별할 필요가 있다.

　판례가 기속행위와 달리 재량행위를 심사하는 경우에는 전면적인 사법심
사를 포기하고 이른바 제한심사방식[14]을 채택하여 오로지 행정의 재량권 일탈·
남용 여부만을 심사한다. 재량권 일탈·남용 여부에 관한 법원의 판단의 기초가
되는 소송자료에 관한 증명책임은, 변론주의에 의하는 한, 당연히 공평하게 당
사자들에게 분배되어야 한다. 그런데 판례에 따르면, 재량권 일탈·남용에 대한
증명책임의 부담자를 "행정행위의 효력을 다투는 사람"[15]이라고 확정한 결과,
언제나 원고가 예외없이 일방적으로 증명책임을 부담하는 결과가 된다. 증명책
임을 부담하는 원고가 행정의 재량권 일탈·남용을 증명하려고 해도, 당해 재량
처분에 관련된 자료는 행정이 독점적으로 보유하고 있는 상황이어서, 자료입수
조차 용이하지 않은 실정이다. 더욱이 당해 재량처분이 전문기술적인 영역인
경우에는 원고의 증명의 어려움은 더욱 가중된다. 이런 상황임에도 불구하고
판례는 관련 자료를 보관하고 있는 행정인 "처분청이 그 재량권의 행사가 정당
한 것이었다는 점까지 주장·입증할 필요는 없다"[16]라고까지 한다. 이러한 판례
의 태도는 일방적으로 원고에게 불리한 것임은 말할 것도 없고, 사실상 재량권
일탈·남용 여부에 대한 법원의 심리가 형해화된다. 행정소송의 심리활성화라는
차원에서도 이에 대한 적절한 대책이 필요한 것은 사실이다.

　재량권 일탈·남용을 실제로 증명해야 하는 원고의 입장에서 보면, 재량수
권규정의 범위를 벗어났다는 의미의 재량일탈과, 재량수권규정의 범위 내의 재
량행사임에도 수권규정의 목적 위반 또는 행정의 의사형성과정에서 오인, 태만,
부주의 등 행정의 주관적 요소가 문제되는 재량남용 사이에는 분명히 증명의
용이성이나 강도면에서 차이가 있다. 행정의 책임과 비난가능성이라는 측면에
서 보면, 재량일탈의 경우가 재량수권규정을 정면으로 위반하였다는 점에서 일
단 재량수권규정을 준수한 재량남용의 경우에 비하여 중대하다. 대립당사자인
행정과 원고 모두의 입장에서 보더라도, 처분이유의 제시의무, 처분사유의 추
가·변경의 기준인 기본적 사실관계 동일성, 취소판결의 기속력의 객관적 범위,

14) 예컨대 대법원 2001. 2. 9. 선고 98두17593 판결, 2018. 10. 4. 선고 2014두37702 판결.
15) 예컨대 대법원 2018. 6. 15. 선고 2016두57564 판결, 2019. 1. 10. 선고 2017두43319 판결.
16) 대법원 1987. 12. 8. 선고 87누861 판결.

상고이유의 제한 등등 행정처분절차 및 쟁송절차의 전 과정에 걸쳐 다툼의 쟁점이 되는 재량처분에 대한 사법심사사유는 가능한 한 명확하게 세분화되어 특정되는 것이 바람직하다. 이런 차원에서 재량일탈과 재량남용을 구별할 필요성이 있게 되고 이에 대한 검토가 요청된다.

행정절차와 행정심판은 행정통제라는 이유로 사법통제인 행정소송과 단절시킨 결과, 행정절차와 행정심판에서의 통제사유를 법원의 사법심사사유와 분리하여 취급하는 문제점이 있다. 그러나 특히 우리나라의 헌법하에서는 행정절차는 헌법 제12조 제1항의 적법절차에, 행정심판은 헌법 제107조 제3항의 준사법절차에, 행정소송은 헌법 제101조의 사법권에 그 근거를 두었다는 점에서, 3절차는 모두 헌법절차로서의 대등한 지위를 가진다. 이 점에서 특히 우리나라에서는 행정절차, 행정심판 그리고 행정소송 3자가 상호유기적인 관련성을 갖는다는 전제하에서 재량행위에 대한 심사사유들이 고찰되어야 할 필요성이 있다.

요컨대 본래 이질적인 것들임에도 일종의 집합개념식으로 파악해 오던 재량행위에 대한 각종의 사법심사사유들을, 그 각각의 고유한 법적성질과 법원에서의 심리방법등 소송상의 취급을 고려하여, 새롭게 법적성질을 결정하여 유형화하고 그에 따른 새로운 증거법칙 등 적절한 심리방법을 재정비하는 것이, 우리나라에 적정하고 신속한 행정소송을 정착시키는 데 기여하게 된다.

이하에서는 먼저 기존 학설과 판례상의 재량행위에 대한 사법심사사유들을 분류·정리하여 소개하고(Ⅱ.), 그 기초가 되는 행정소송에서의 소송자료의 수집·제출에 관한 책임분배와 관련된 소송원칙(Ⅲ.), 이와 밀접한 관련이 있는 사실문제와 법률문제(Ⅳ.)를 고찰한 후에, 재량행위에 대한 개별 사법심사사유들을 재량일탈과 재량남용을 중심으로 고찰하고(Ⅴ.), 이어서 판례상의 용어인 재량권 일탈·남용의 의의(Ⅵ.)와 행정절차와 행정심판에서의 재량통제사유(Ⅶ.)를 고찰하기로 한다.

## Ⅱ. 기존 학설과 판례

### 1. 학설

#### (1) 제 학설의 소개[17]

##### 1) 1설(김남진/김연태)

기속행위와 달리 재량행위는 그 재량의 한계를 넘어서는 경우에만 위법이 된다는 전제하에서, 행정소송법 제27조의 재량권의 한계는 단지 재량권의 외적 한계라는 좁은 의미가 아니라 위법이 되는 모든 경우를 말한다고 하면서, 재량의 유월, 재량의 남용, 재량의 흠결 또는 해태, 재량권의 0으로서의 수축과 행정개입청구권, 부당한 재량권의 행사 등을 제시하고 있다.[18]

##### 2) 2설(김동희)

재량처분이 일정한 법적 한계를 넘어서는 경우에는 부당을 넘어서서 위법한 처분이 되므로 재판통제의 대상이 된다고 한다. 다만 외적 한계의 일탈과 내적 한계의 남용의 구별은 어렵고 실익도 없다는 전제하에서, 재량권의 일탈, 목적위반, 사실의 정확성, 재량권의 불행사, 비례원칙, 평등원칙, 부당결부금지원칙, 정당한 형량의 원칙, 재량권의 영으로의 수축 등을 제시하고 있다.[19]

##### 3) 3설(김철용)

재량권의 재판통제사유로는, 크게 행정법규에 의한 한계, 재량권의 외적 한계와 내적 한계 또는 재량권의 일탈·남용, 재량권수축론 및 재량기준의 설정·공표를 들고 있다. 특히 재량권의 일탈과 남용은 이론상 구별되지만 구체적으로 반드시 명백하게 구별되는 것은 아니라는 전제하에서, 자의(恣意)·독단, 사실오인, 법률의 착오, 입법정신 위반, 평등원칙 위반, 비례원칙 위반, 기득권침해, 공익원칙 위반, 신의칙 위반 및 신뢰보호원칙 위반, 정상참작 위반, 이유불명시, 동기의 부정, 목적 위반, 부당결부금지원칙 위반, 적정형량원칙 위반, 법적 안정성 박탈, 사회통념상 현저한 타당성 상실, 처분기준 위반, 그 밖에 기본권 및 행정법 일반원칙 위반 등을 예시하고 있다. 이외에도 행정절차법

---

17) 기존에 간행된 대표적인 교과서상의 내용을 편의상 저자명 순으로 소개하기로 한다.
18) 김남진/김연태, 앞의 책, 227-230면.
19) 김동희, 앞의 책, 286-291면.

이 정하고 있는 절차적 기준으로서 재량기준설정의무 위반, 의견청취 절차 위반 등도 포함되어야 한다고 한다.[20]

### 4) 4설(박균성)

재량권의 일탈에 속하는지 남용에 속하는지 판단할 실익이 없다는 전제하에서, 재량행위에 대한 재판통제사유로, 법규정의 위반, 사실오인, 평등원칙 또는 자기구속의 원칙 위반, 비례원칙 위반, 절차 위반, 재량권의 불행사 또는 해태, 목적 위반, 명백히 불합리한 재량권 행사 등이 있다고 한다.[21]

### 5) 5설(정하중)

행정청에게 재량이 주어지는 경우에도 일정한 한계 내에서 행사되어야 하며 이러한 한계를 의도적이거나 또는 착오에 의하여 넘는 경우에는 위법한 재량행사가 되어 행정소송의 대상이 된다고 하면서, 재량의 유월, 재량의 남용, 재량의 해태(불행사), 재량의 0으로 수축을 들고 있으며, 그중 재량의 남용을 주관적 남용과 객관적 남용으로 나누고, 전자는 행정청이 재량행사에 있어서 개인적 동기나 특정한 정파의 이익만을 고려하여 결정하는 경우[22]라고 하고, 후자는 기본권을 침해한다든지 비례의 원칙, 평등의 원칙 등 행정법의 일반원칙을 침해하는 경우라고 한다.[23]

### 6) 6설(홍정선)

재량하자의 유형으로 재량권의 일탈, 재량권의 불행사, 재량권의 남용 등 3가지를 들고, 재량권의 남용을 다시 평등원칙 위반, 비례원칙 위반. 비이성적 형량에 따른 재량행사, 사신의 오인, 영으로 재량수축, 무하자재량행사청구권 등으로 나누고 있다.[24]

### 7) 7설(홍준형)

행정소송법은 재량의 일탈과 남용을 명시했으나 일반적으로 재량권의 일탈 또는 유월, 재량권의 남용, 재량권의 불행사, 재량행위에 의한 기본권 및 행정법의 일반원리에 대한 침해 등이 재량행위의 위법성을 구성하는 사유로 열거

---

20) 김철용, 앞의 책, 165-166면.
21) 박균성,『행정법론(상)』제18판, 박영사, 2019, 333-339면.
22) 예로서 직무수행에 있어서 자신의 친척에게 경제적 이익을 준다든지 특정한 정파의 집회를 금지하는 행위를 들고 있다. 정하중, 앞의 책, 169면.
23) 정하중, 위의 책, 176-177면.
24) 홍정선,『행정법원론(상)』제27판, 박영사, 2019, 371-375면.

된다고 하고, 우리 판례와 이론이 재량권의 일탈과 남용을 혼동하는 경우가 있으므로 예시적 의미 이외에 재량하자의 유형을 엄밀히 구별하는 것이 실익을 갖는지 의문시되므로 단지 재량행위의 위법사유 또는 재량의 한계 위반 정도로 이해하는 것으로 족하다고 한다.[25]

## (2) 정리

이상에서 고찰한 바와 같이, 재량행위에 대한 사법심사사유 또는 재량권의 한계[26]를 벗어난 사유들은 논자마다 매우 다양하게 분류되어 있다는 점에서 체계적으로 단일화되어 분류되어 있지 아니하나 사실상 큰 차이를 보이는 것은 아니다.[27]

대체적으로 보아서, 재량행위에 대한 사법심사사유를 별다른 범주적 구별 없이 열거식으로 분류하는 방법,[28] 재량일탈, 재량불행사, 재량남용으로 3가지 범주로 나누어 분류하는 방법,[29] 그리고 이 3가지 범주 이외에 재량의 흠결, 해

---

25) 홍준형, 앞의 책, 147면.
26) 예컨대 김남진/김연태, 앞의 책, 227면; 김철용, 앞의 책, 164면; 박균성, 앞의 책, 333면; 정하중, 앞의 책, 168면; 홍준형, 앞의 책, 146면. "재량행위의 재판통제"와 "재량권의 한계"를 병기하는 것으로는, 김동희, 앞의 책, 286면. "재량하자의 유형"이라고 하는 것으로는, 홍정선, 앞의 책, 372면. 다만 행정소송법 제27조상의 "재량권의 한계"는 재량권의 외적 한계라는 좁은 의미로 사용된 것이고 일반적으로는 재량의 행사가 위법이 되는 모든 경우가 재량의 한계를 넘어선 경우에 해당한다고 하는 것에는, 김남진/김연태, 앞의 책, 228면 참조.
27) 독일에서도 재량하자의 분류는 학설과 판례가 다양하게 분류하고 그 명칭도 다양하게 제시하고 있으나 대체적으로 대동소이한 것이라고 한다. Maurer/Waldhoff, Allgemeines Verwaltungsrecht, 19.Aufl., C.H.Beck, 2017, §7 Rn. 19. 그러나 이는 독일 행정소송법 (§86 VwGO)상 법원의 역할이 절대적인 직권탐지주의가 채택된 독일 행정소송이라는 제약하에서의 언급일 뿐이다. 변론주의가 인정되는 소송에서는 당사자 간의 주장·증명책임의 분배와 증명의 난이도 또는 당사자의 증명활동의 강도 등이 소송의 성패를 좌우한다는 점에서, 변론주의가 인정되는 우리나라 행정소송은 직권탐지주의에 의하는 독일의 행정소송과는 비할 바가 아니고 실제 소송의 양상도 전혀 달리한다.
28) 예컨대 위 2설(김동희), 3설(김철용), 4설(박균성)의 분류방법이 이에 해당한다. 이는 대체적으로 일본에서의 분류방법과 유사하다. 재량일탈과 재량남용을 전제하고, 중대한 사실오인, 목적위반 내지 동기 위반, 평등원칙 위반, 비례원칙 위반, 사회관념(통념) 타당성결여 등을 들고 있다. 塩野宏, 行政法Ⅰ, 有斐閣, 2018, 145頁以下; 南博方 原編著, 弘文堂, 2014, 條解 行政事件訴訟法, 615頁以下; 이외에도 신의칙위반, 기본적 인권의 존종을 드는 것으로는, 橋本博之, 現代行政法, 岩波書店, 2017, 82頁以下.
29) 예컨대 위 6설(홍정선)의 분류방법이 이에 해당한다. 독일에서는 일반적으로 재량일탈 (Eermessenüberschreitung), 재량남용(Ermessensfehlgebrauch, -missbrauch, -willkür), 재

태, 축소 등을 추가하여 병렬적으로 분류하는 방법30) 등으로 나누어 볼 수 있다. 이런 분류방법들의 차이는 재량행위에 대한 사법심사사유들을 재량일탈과 재량남용으로 크게 2분하고 그 외의 사법심사사유들을 예컨대 평등원칙이나 비례원칙 등을 재량남용이라는 범주에 속하는 사유로 취급할 것인가 여부에 관한 차이에 불과하다.

재량행위에 대한 사법심사사유들 중에서 특히 재량일탈과 재량남용의 구별이 의미가 없다는 점에는 이설 없이 일치된 견해를 보이고 있다. 그 근거로는 행정소송법 제27조가 재량권의 일탈과 남용의 법적효과를 동일하게 취소라고 규정하고 있다는 점, 재량일탈과 재량남용이 이론상으로는 구별되지만 중첩적이어서 예컨대 평등원칙 위반이 재량일탈인지 재량남용인지 여부의 구별이 반드시 명백하지 아니하고 이는 판례에서도 마찬가지이기 때문이라고 한다.31)

## 2. 판례

판례에서는 재량행위에 대한 사법심사사유들을 사실문제와 법률문제는 물론이고, 재량권한 행사 자체의 문제, 행정법의 일반원칙 등 매우 다양하게 제시하여 왔다.32) 판례는 재량일탈과 재량남용을 구별하지 아니하고 언제나 "재량

---

량불행사(Ermessensnichtgebrauch, -unterschreitung, -mangel)로 구분한다. Hufen, Verwaltungsprozessrecht, 9.Aufl., C.H.Beck, 2013, §25 Rn. 25; Schenke, Verwaltungsprozessrecht, 16.Aufl., C.H.Müller, 2019, §20 Rn. 738ff. 이를 독일에서는 재량하자의 전통적인 3분법(Trias)라고 한다. Erichsen/Ehlers(Hrsg.), Allgemeines Verwaltungsrecht, 14.Aufl., De Gruyter, 2010, §11 Rn. 61. 따라서 예컨대 재량일탈, 재량남용 및 재량불행사 이외에 기본권과 행정법의 일반원칙 위반을 별도로 재량하자의 종류로 드는 경우에도 재량일탈과 재량남용을 보충하는 요소로 파악한다(Maurer/Waldhoff, §7 Rn. 23)는 점에서 독일의 재량하자의 전통적인 3분법에서 벗어난 것은 아니라고 보인다. 그 밖에 유럽공동체법이나 헌법 관련 문제, 그 밖에 절차하자가 논의된다고 한다. Erichsen/Ehlers(Hrsg.), §11 Rn. 62.

30) 예컨대 위 1설(김남진/김연태), 5설(정하중)과 7설(홍준형)의 분류방법이 이에 해당한다. 이와 유사한 독일의 예로는 기본권(Grundrechte)과 행정법의 일반원칙(allgemeine Verwaltungsgrundsätze) 위반, 재량축소(Ermessensreduzierung) 등을 추가하는 경우가 있다. Maurer/Waldhoff, §7 Rn. 19ff.

31) 김동희, 앞의 책, 286면; 김철용, 앞의 책, 165면; 홍준형, 앞의 책, 147면.

32) 구체적인 판례의 예를 들면 다음과 같다. 사실확정(대법원 1985. 4. 9. 선고 84누654 판결), 사실오인(대법원 2001. 7. 27. 선고 99두2970 판결, 2018. 12. 27. 선고 2018두49796 판결), 법규정 위반(대법원 1997. 11. 28. 선고 97누11089 판결, 2012. 10. 11. 선고 2012두13245 판결), 행정목적 위반(대법원 1996. 4. 26. 선고 95누18727 판결), 재량의 수축

권 일탈·남용"이라는 자동문구를 사용한다. 판례는 재량처분에 대한 개별적인 사법심사사유들을 여러 개를 혼합하는 경우도 있다. 예컨대 "사실오인"이라는 사실문제와 "비례·평등원칙 위반" 등 법률문제의 혼합,[33] "비례원칙", "평등원칙"의 위반과 "사회통념상 현저하게 타당성의 결여"의 혼합,[34] "신뢰보호원칙"과 "비례원칙"의 혼합,[35] 심지어 "사실오인", "합리성의 결여", "비례원칙", "평등원칙" 등 무려 4가지 사유들을 혼합하는 판결[36]도 있다.

## Ⅲ. 소송자료에 관한 소송원칙

### 1. 변론주의와 직권탐지주의

법원이 판결을 하기 위해서는 판결의 기초가 되는 사실자료와 증거자료 즉 소송자료의 수집·제출이 있어야 한다. 이 소송자료를 수집·제출하는 책임을 법원과 당사자 간에 분배하는 원칙에 따라서, 그 책임을 당사자에게 맡기는 원칙을 변론주의라고 하고 그 반대로 이를 법원에 맡기는 원칙을 직권탐지주의라고 한다. 즉 소송자료의 수집·제출의 책임을 당사자에게 맡기는 변론주의에 의하는 소송제도하에서 사실확정은 당사자의 주장 및 증명책임에 의하여 확정되는 것이 원칙이고, 그 반대로 직권탐지주의하에서는 법원이 책임을 지게 된다. 따라서 당해 소송에 있어서 사실확정과 관련된 사실 및 증거자료의 수집·제출의 책임이 당사자인지 아니면 법원인지 여부 즉 소송자료의 수집·제출책임에 관한 소송원칙이 변론주의인지 직권탐지주의인지가 먼저 확정되어야 한다.[37]

---

또는 불행사(대법원 2010. 7. 15. 선고 2010두7031 판결, 2015. 11. 19. 선고 2015두295 전원합의체 판결, 2016. 8. 29. 선고 2014두45956 판결), 평등원칙 위반(대법원 2019. 7. 11. 선고 2017두38874 판결), 비례원칙 위반(대법원 2018. 11. 29. 선고 2018두49390 판결), 신뢰보호원칙 위반(대법원 1998. 5. 8. 선고 98두4061 판결), 현저한 타당성 결여 내지 사회통념 위반(대법원 2016. 7. 14. 선고 2015두48846 판결, 2017. 3. 15. 선고 2013두16333 판결), 합리성의 결여(대법원 2019. 1. 31. 선고 2017두67605 판결), 이익형량 내지는 형량명령(대법원 2019. 1. 31. 선고 2017두67605 판결, 2019. 2. 28. 선고 2017두71031 판결, 2019. 7. 11. 선고 2017두38874 판결).

33) 대법원 2017. 6. 19. 선고 2016두30866 판결, 2018. 12. 27. 선고 2018두49796 판결, 2018. 4. 12. 선고 2017두71789 판결.

34) 대법원 2016. 7. 14. 선고 2015두48846 판결, 2017. 3. 15. 선고 2013두16333 판결.

35) 대법원 1998. 5. 8. 선고 98두4061 판결.

36) 대법원 2019. 1. 31. 선고 2017두67605 판결.

37) 다만 어느 소송에서든 순수한 형태의 변론주의와 직권탐지주의를 취하는 경우는 없고

이는 행정소송법 제26조에 규정된 직권심리의 해석의 문제이다.

## 2. 행정소송에서의 상황

### (1) 행정소송법 제26조의 해석

우리나라 행정소송법 제26조의 해석에 관해서는 변론주의와 직권탐지주의의 절충적이라는 것이 일반적인 견해이다.[38] 즉 소송자료의 수집·제출의 책임에 관하여는 변론주의와 직권탐지주의가 절충되어 있는 구조이다. 변론주의와 직권탐지주의가 절충된 우리나라 행정소송은, 비교법적으로 소송법규정[39]상 직권탐지주의를 원칙으로 채택한 독일의 행정소송[40]과, 사실상 민사소송상의 변론주의에 의하는 일본의 행정소송[41]의 중간적인 형태라고 할 수 있다. 따라서 우리나라 행정소송에 있어서 소송자료들의 수집·제출의 책임을 당사자와 법원 그 어느 쪽에 부담시킬 것인가의 문제는, 독일이나 일본에 비하여 중요한 문제가 된다.

행정소송에서도 우선 변론주의가 적용되는 한도 내에서는 민사소송에서와 마찬가지로 사실의 존부는 당사자의 주장·증명책임에 의하여 확정되어야 한다. "사실확정" 또는 "사실문제"가 "주장·증명책임"와 직접 관련되어 언급되고 있는 판례[42]들은 우리나라 행정소송에서 변론주의가 인정된다는 전제한 것이라고 할 수 있다. "불확정개념" 또는 "행정청의 전문적인 정성적 평가 결과"를 "주장·증명"과 결부시키는 판례[43]도 이와 마찬가지라고 할 수 있다. 한편 행정소송법 제26조의 해석상 직권탐지주의의 인정되는 한도 내에서는 법원이 직권으

---

어느 정도 절충적인 형태가 일반적이라고 할 수 있다. 호문혁, 『민사소송법』제13판, 법문사, 2016, 388면 참조.

38) 논자에 따라서 강조하는 점이 달라 약간의 표현상의 차이는 있으나 절충설이 일반적이다. 김동희, 앞의 책, 808-809면; 김남진/김연태, 앞의 책, 886-887면, 김철용, 앞의 책, 541-542면; 홍정선, 앞의 책, 1147-1149면.

39) 독일 행정소송법 제86조 제1항(§86 I VwGO) 법원은 직권으로 사실관계를 탐지하여야 한다. 법원은 당사자의 사실제출과 증거신청에 구속되지 아니한다.

40) Hufen, §35 Rn. 21; Schenke, §1 Rn. 20ff.

41) 일본의 행정소송의 경우 민사소송상의 직권증거조사와 큰 특색이 없으므로 사실상 변론주의에 의한다고 할 수 있다. 塩野宏, 行政法Ⅱ, 有斐閣, 2019, 158頁以下.

42) 대법원 1966. 10. 31. 선고 66누25 판결, 1985. 10. 22. 선고 85누250 판결, 1987. 9. 8. 선고 87누395 판결, 1987. 10. 26. 선고 87누216 판결, 1992. 10. 27. 선고 92누9418 판결.

43) 대법원 2017. 10. 12. 선고 2017두48956 판결, 2018. 4. 12. 선고 2017두71789 판결, 2018. 5. 15.선고 2017두63986 판결, 2018. 6. 15. 선고 2016두57564 판결 등 참조.

로 사실을 탐지하여 확정하는 것이 허용된다. 행정소송에서 이러한 "직권탐지"
또는 "직권증거조사"를 언급한 판례[44]들이 있고, 한편 기속재량을 인정하는 판
례[45]에서의 "중대한 공익상의 필요"도 직권탐지주의적인 요소로 인정할 여지가
있다.[46]

### (2) 재량일탈, 재량남용과 증명책임분배

우리나라 행정소송에서의 주장·증명책임은 민사소송에서의 법률요건분류
설에 따라서 분배되므로, 예컨대 재량행위의 근거규정이 원칙규정이고 당해 재
량처분이 예컨대 사실오인, 비례원칙, 평등원칙 위반이어서 재량의 일탈·남용
이라는 사유는 일종의 권리장애사유이므로 원고에게 주장·증명책임이 있다는
것이 일반적이다.[47] 판례는, 행정처분이 그 재량권의 한계를 벗어난 것이어서 위
법하다는 점은 그 행정처분의 효력을 다투는 자가 이를 주장·입증하여야 하고 처
분청이 그 재량권의 행사가 정당한 것이었다는 점까지 주장·입증할 필요는 없다
고 한다.[48]

위와 같은 법률요건분류설에 대하여는, 재량권 일탈·남용의 경우에는 재
량판단의 기초자료는 행정에게 편재되어 있고 원고의 접근이 용이하지 않아 재
판이 사실상 형해화될 수 있고, 법치행정의 원리상 적정한 재량권행사가 전제
되어야 한다는 점에서 특히 재량처분기준의 합리성에 대한 주장·증명책임은
행정청에 있다는 주장과,[49] 행정이 법의 목적, 평등원칙·비례원칙등을 위반하
였다는 원고의 주장은 권한행사근거규정의 요건사실의 부존재를 주장한 것이
므로 피고 행정청이 그 요건사실의 존재에 대한 증명책임을 부담하되 입증의

---

44) 대법원 2011. 1. 13. 선고 2010두21310 판결, 2015. 1. 29. 선고 2012두28247 판결, 2016.
   7. 14. 선고 2015두4167 판결, 2017. 5. 17. 선고 2016두53050 판결.
45) 예컨대 대법원 2011. 1. 27. 선고 2010두23033, 2012. 10. 11. 선고 2011두8277 판결.
46) 최선웅, "행정소송에서의 기속재량", 『행정법연구』 제52호(2018. 2), 154-155면.
47) 대법원 2017. 10. 12. 선고 2017두48956 판결, 대법원 2018. 6. 15. 선고 2016두57564
   판결, 2019. 1. 10. 선고 2017두43319 판결; 권오봉, "행정소송에 있어서의 주장·입증책
   임", 『재판자료』 제67집(1995) 313면 이하; 구욱서, "행정소송에서의 입증책임", 『저스티
   스』 제34권 제3호(2001), 7면 이하; 구욱서, "항고소송에 있어서 입증책임 ─ 대법원
   1983. 9. 13. 선고 83누288 판결 ─", 『행정판례평선』, 박영사, 2011, 874면 이하; 김철용/
   최광진(편), 『주석 행정소송법』, 박영사, 2004, 745면 이하.
48) 대법원 1987. 12. 8. 선고 87누861 판결.
49) 김철용, 앞의 책, 546-547면.

난이도나 증거와의 거리를 고려하여 법률요건분류설의 예외가 인정되어 행정청이 증명책임을 부담할 수 있다는 주장도 있다.[50]

사실 법률문외한인 국민이 전문기술 영역에서의 행정청의 재량처분기준이나 당해 재량처분이 법의 목적이나 취지, 평등원칙, 비례원칙 등을 위반하였다는 것을 증명하는 것은 사실상 불가능한 경우가 많다고 할 수 있다. 게다가 행정청이 처분이유제시의무를 제대로 이행하지 아니하는 등 전반적인 절차경시사상, 행정정보공개제도의 활성화 정도, 변호사강제주의 미실시 등을 고려하면 행정청에게 증명책임을 부담시키는 방안도 타당한 측면이 있다.

## Ⅳ. 사실문제와 법률문제

### 1. 사실문제와 법률문제

법원의 사법심사 즉 재판이라 함은 소송사건에 대한 법원의 판단 내지는 의사표시로서 소송법상의 법률효과를 발생하는 소송행위이다. 법원의 판단은 사실을 소전제로 하여 이에 적용법률을 대전제로 하여 소송물에 대한 법적 판단을 하는 과정으로서 구체적으로는 사실을 확정하고 그 확정된 사실에 관련 법률을 해석·적용하는 것이다. 사실문제라 함은 법원의 판단의 전제가 되는 사실확정과 관련되는 문제를 말하고, 이러한 확정된 사실관계에 법률의 적용과 법적 평가는 법률문제라고 할 수 있다.

변론주의가 적용되는 민사소송에서는 사실문제에는 변론주의가 적용되어 당사자가 주장·증명책임을 부담하게 되고, 이에 관한 자백[51]은 당사자와 법원을 구속하고 상고이유[52]가 되지 못한다. 이에 반하여 법률문제는 당사자의 주

---

50) 일본에서 원자로설치허가와 관련하여 원자료 안전심사자료는 행정청이 보유하고 있으므로 우선 행정청이 전문기술적인 영역에서 판단에 불합리한 점이 없다는 주장·증명을 다하지 아니하면 행정청의 판단에 불합리한 점이 있다는 것이 사실상 추정되므로 피고 행정청에게 증명책임이 인정된다는 것이다. 김철용/최광진(편), 앞의 책, 767면 주석에 소개된 문헌 참조.

51) 민사소송과 달리 행정소송에서는 자백의 구속력을 인정함에 있어서는 공익상 문제가 있다. 그런데 행정소송에서 판례가 실제로 자백의 구속력을 인정한 사례들은 그 내용이 공익과 별 관계가 없는 경우라고 할 수 있다. 호문혁, 앞의 책, 488-489면.

52) 사실확정은 상고이유가 되지 아니한다고 하여 "사실확정"과 "상고이유"를 언급한 판례로는, 대법원 1984. 5. 29. 선고 84누51 판결, 1995. 2. 24. 선고 94누1784 판결, 1995. 11. 10. 선고 95누290 판결 등을 들 수 있다.

장 및 증명과 관계없이 법원이 직권으로 판단하여 확정하여야 하고 이에 관한
자백은 권리자백으로서 당사자와 법원을 구속하지 못하고 상고이유가 된다.[53]

　　구체적으로 사실문제와 법률문제의 구별은 명확하지는 않으나, 원판결의
법령위반이라는 법률문제만이 민사소송법 제423조[54]에 의하여 상고이유가 된
다는 점에서 사실문제와 법률문제의 구별의 실익이 있다. 법률심인 상고심은
오로지 법률적인 관점에서 법령해석의 통일을 통하여 법을 형성해 나가는 데에
집중하여 법률문제에 한하여 심리하고 사실문제는 하급심에 기속된다.[55] 법령
위반의 법령에는 헌법, 법률, 명령, 규칙에 한하지 아니하고 널리 지방자치단체
의 조례, 국제조약, 외국법 등 널리 인정된다.[56] 구체적인 사실의 존부는 사실
문제이나 사실에 대한 평가문제는 법률문제이고, 사실인정의 과오는 사실문제
이고 법령적용의 과오는 법률문제이고, 증거가치의 평가는 사실문제이나 사실
추정의 법리, 논리칙, 경험칙은 법률문제라고 한다.[57]

　　요컨대 변론주의하에서는 사실관계등 사실문제는 당사자가 주장·증명에
의하여 확정되지만, 이와 같이 확정된 사실관계에 대한 법적 평가와 법규정의
적용이라는 법률문제는 당사자가 처분할 사항이 아니고 변론주의가 적용되지
아니하는 법원의 직권판단사항이다.[58]

---

53) 곽윤직(편집대표), 『민법주해Ⅱ』, 박영사, 1992, [송덕수 집필부분] 211-212면; 김상용,
　　『민법총칙』 제4판, 화산미디어, 2018, 471면; 이영준, 『민법총칙』, 박영사, 2007, 356면;
　　이은영, 『민법총칙』, 박영사, 2009, 437-438면.

54) 민사소송법 제423조(상고이유) 상고는 판결에 영향을 미친 헌법·법률·명령 또는 규칙의
　　위반이 있다는 것을 이유로 드는 때에만 할 수 있다.

55) 이시윤, 『신민사소송법』 제13판, 박영사, 2019, 895면; 호문혁, 앞의 책, 478면, 650-651
　　면. 우리나라와 마찬가지로 독일 민사소송에서도 상고심은 오로지 법적 관점에서 법형
　　성(Rechtsfortbildung)과 법적통일(Rechtsvereinheitlichung)을 하기 위한 법률문제에 한하
　　여 심리하고 하급심의 사실확정에 기속된다. Jauernig/Hess, Zivilprozessrecht, 30.Aufl.,
　　C.H.Beck, 2011, §74 Ⅶ 1; Lüke, Zivilprozessrecht, 10.Aufl., C.H.Beck, 2011, §37 Rn.
　　405.

56) 이시윤, 앞의 책, 894-895면.

57) 이시윤, 위의 책, 895면.

58) 직권조사사항은 공익에 관계되는 사항으로서 항변사항을 제외한 대부분의 소송요건이
　　여기에 해당하는데 그 기초가 되는 사실과 증거까지 직권으로 탐지해야 하는 것은 아니
　　라는 점에서 변론주의가 적용된다. 호문혁, 앞의 책, 400-401면.

## 2. 행정소송에서의 상황

법원의 사법심사와 유사하게 행정청이 행정행위를 함에 있어서도 일정사
실을 행정법규에 포섭하여 일정한 법적효과등을 선택하는 일련의 과정[59]을 거
친다.[60] 행정청의 행정행위는 법에 엄격히 구속되는 정도에 따라서 기속행위와
재량행위로 나누어진다. 오늘날 순수한 의미의 자유재량은 존재하지 아니하고
법적으로 구속을 받는 재량만이 있을 뿐이므로,[61] 재량이라 하더라도 행정은
재량수권의 목적에 적합하고 법률상의 한계를 준수하여야 할 의무가 있고, 법
원은 바로 이러한 행정의 의무이행을 심사하는 것이다.[62] 여기서 수권의 목적
은 재량근거규정의 해석으로부터 도출된다. 또한 평등원칙, 자기구속, 비례원칙
등으로부터도 행정이 재량행위를 함에 있어서 준수해야 하는 재량의 한계가 인
정된다.[63] 만일 행정이 이러한 재량수권의 목적이나 재량한계를 위반하게 되면
재량하자로서 위법하게 된다.[64]

판례에서도 재량행위에 대한 사법심사사유로서 사실문제와 법률문제가 다

---

59) 행정행위의 법률적용에 있어서의 판단의 단계로, 사실의 존부, 행정법규의 해석, 포섭,
   절차의 선택, 결정의 선택, 내용의 선택, 시기의 선택, 형식의 선택을 언급하고 있는 것
   으로는, 김철용, 앞의 책, 155-156면 참조. 이와 유사하게 장소. 시기, 상대방, 수단, 기타
   조건등을 들고 있는 것으로는, Erichsen/Ehlers(Hrsg.), §11 Rn. 57 참조
60) 다만 전술한 바와 같이, 변론주의에 의하는 소송절차에서는 사실관계는 당사자의 주장
   과 증명에 의한 절차에 의하여 법원이 확정한다는 점에서, 행정청이 재량행위를 함에 있
   어서 사실을 확정하는 것과는 다르다.
61) 오늘날 통제받지 않는 순수한 의미에서의 자유재량(freies Ermessen)은 없으며, 의무에
   적합한 재량(pflichtmäßiges Ermessen), 법적인 구속을 받는 재량(rechtlich gebundenes
   Ermessen)만이 있을 뿐이다(Maurer/Waldhoff, §10 Rn. 17). 그럼에도 특정영역 예컨대 행
   정의 조직재량에는 광범위한 재량이 인정된다(Stelkens/Bonk/Sachs, VwVfG Kommentar,
   8.Aufl., C.H.Beck, 2014, §40 Rn. 53). 여하튼 행정은 법적 구속의 한계 내에서만 재량
   "권한"을 행사하여야 한다. 이런 의미에서 이글에서는 편의상 "재량"을 "재량권"과 같은
   의미로 사용하고 특히 판례와 관련하여 서술하는 경우에는 "재량권"이라는 용어를 병행
   하여 사용하기로 한다.
62) Maurer/Waldhoff, §7 Rn. 17; Redeker/von Oertzen, VwGO Kommentar, 16.Aufl.,
   Kohlmammer, 2014, §114 Rn. 14.
63) Redeker/von Oertzen, §114 Rn. 14.
64) 하자(fehlerhaft)는 위법(rechtswidrig)과 동의어이다(Maurer/Waldhoff, §10 Rn. 3). 따라서
   위법이 아닌 합목적성은 법원의 심사의 대상이 아니다(Maurer/Waldhoff, §7 Rn. 17); 재
   량하자를 법적하자(Rechtsfehler)라고 하는 것에는, Erichsen/Ehlers(Hrsg.), §11 Rn. 60
   참조.

양하게 인정된다. 사실문제와 관련된 판례의 예를 들어보면, "사실확정" 또는 "사실오인" 등 사실문제를 "재량권의 한계 내지는 재량권의 일탈·남용"과 연결하여 언급한 판례65)를 들 수 있다. "행정처분의 위법성 확인 내지 불분명한 법률문제에 대한 해명이 필요한 경우"66)라고 하는 판례에서는 법률문제를 직접적으로 언급하고 있다.

재량행위에 대한 사법심사사유로서의 사실문제는 행정소송법 제26조의 해석에 따라서 변론주의가 인정되는 한도 내에서는 당사자의 주장·증명책임에 의하여 사실이 확정되는 것이 원칙이다. 사실문제와 달리 법률문제는, 민사소송에서와 마찬가지로, 법원의 직권판단에 의하여 확정되는 것이 원칙이다.67) 또한 행정소송에서도 민사소송과 마찬가지로 상고이유를 법률문제에 한하고 하급심의 사실확정에 기속된다.68) 민사소송상의 자백은 행정소송법 제8조 제2항의 준용규정에 의하여 행정소송에서도 인정될 여지가 있으나, 사실문제에 관한 자백69)이라 하더라도 행정소송에서는 공익을 고려하여 일정한 제한이 인정된다.

## 3. 행정소송에서의 법률문제

행정청의 행정행위에 대한 다툼이 발생하여 법원이 사법심사를 하는 경우에는 법관은 당해 행정행위의 내용을 해석하고 관련 행정법령, 행정법의 일반원칙 등 법리를 적용하여 법적인 판단을 하게 된다.70) 그런데 이 법적 판단의 근거가 되는 법률이 국회제정법률만인지 아니면 법규명령이나 재량준칙 등 행정입법의 문제71)까지 포함하는 것인지 나아가 행정법의 일반원칙, 헌법까지도

---

65) 대법원 1985. 4. 9. 선고 84누654 판결, 1989. 3. 14. 선고 85누701 판결, 2018. 10. 4. 선고 2014두37702 판결, 2018. 12. 27. 선고 2018두49796 판결.

66) 대법원 2018. 4. 12. 선고 2017두67834 판결, 2019. 5. 10. 선고 2015두46987 판결, 2019. 6. 27. 선고 2018두49130 판결.

67) 대법원 2007. 7. 19. 선고 2006두19297 전원합의체 판결, 2011. 4. 21.자 2010무111 전원합의체 결정, 2019. 6. 27. 선고 2018두49130 판결.

68) 독일의 행정소송에서도 마찬가지이다. Eyermann, VwGO Kommentar, 14.Aufl., C.H.Beck, 2014, §132 Rn. 16; Hufen, §41 Rn. 10; Schenke, §28 Rn. 1148.

69) 강수경, "행정소성에서의 자백", 『법학연구』 제41집(2011. 2), 1-18면; 구욱서, "행정소송과 자백법칙", 『저스티스』 제29권 제1호(1996. 6), 22-50면.

70) 법원의 재판은 법률효과를 발생한다는 점에서 광의의 법률행위이고, 따라서 변론의 취지, 증거조사 등 재판기관이 하는 사실행위와 구별된다고 하는 것에는, 호문혁, 앞의 책, 557면 참조.

71) 즉 이른바 법규명령형식의 행정규칙, 행정규칙으로 정한 재량준칙, 법령보충적 행정규칙

포함하는지 여부가 명확하지 아니하는 문제가 있다.

헌법상의 기본권과 필요성이나 비례원칙 등 행정법의 일반원칙이 재량일탈과 재량남용의 문제를 보충한다고 이해된다.[72] 그런데 행정법의 일반원칙인 예컨대 평등원칙과 자기구속 그리고 비례원칙은 헌법적 효력을 갖는다는 전제하에서 이에 반하는 법령이나 행정권행사는 위헌·위법이라고 하는 것이 일반적이다.[73] 이는 궁극적으로 행정소송과 헌법소송 간의 관할의 문제를 야기시킨다.[74]

## 4. 미국 행정법에서의 사실문제와 법률문제

미국 행정법에서의 사법심사는, 행정청의 행위를 사실문제와 법률문제로 나누어 전자에는 행정청에 후자에는 법원의 기능적 우월성을 인정하여 심사강도를 달리한다. 실질적 증거심사(substantial evidence test)는 사실문제와 관련하여서만 인정되고 있고, 법률문제에 관한 한 법원이 기능적 우월성을 가지므로 법률문제의 심사기준은 전면적 재심사(de novo)를 한다.[75]

요컨대 미국 행정법에서의 사법심사는 사실문제와 법률문제를 구별하여 출발하고 있음을 알 수가 있다. 이러한 미국식의 행정에 대한 사법심사방식은 행정절차를 중시하고 법원에서는 본안판단 심사부담을 경감시킨다는 점에서 우리나라 행정소송에서도 일응 참고할 만한 내용임에는 틀림없다.[76]

---

등의 문제가 논의되고 있다.

72) Maurer/Waldhoff, §7 Rn. 23.

73) 대체적으로 행정법의 일반원칙의 헌법적 효력을 인정하고 있다. 김남진/김연태, 앞의 책, 41-58면; 김동희, 앞의 책, 58-61면; 박균성, 앞의 책, 49-54면; 정하중, 앞의 책, 36-46; 홍정선, 앞의 책, 79-89면.

74) 행정소송과 헌법소송에 관하여는, 김철용, 앞의 책, 447면 이하; 독일에서는 독일 행정소송법(§40 I 1 § VwGO) 제40조 제1항 제1문의 규정에 따라서 헌법재판과 행정재판을 구별하여 비헌법인 공법상 분쟁을 행정소송의 대상으로 한다. Hufen, §11 Rn. 4ff; Schenke, §3 Rn. 124ff.

75) 결과적으로는 실질적 증거법칙은 법률문제 판단에까지 확대되었다고 하는 것에는, 추효진, "미국 행정법상 '실질적 증거 심사'(substantial evidence test)에 관한 연구 — 행정에 대한 '존중'(deference)을 중심으로 —", 서울대 법학석사학위논문, 2013, 37면 이하 참조.

76) 미국 행정법의 중요한 원칙으로는, 엄격심사(Hard Look), Chevron 존중(Chevron Deference), Auer 존중(Auer Deference), 논리적 결과물(Logical Outgrowth) 등의 법리가 있다. 김유환, "미국행정법과 한국행정법학의 발전", 『행정법학』 제17호(2019. 9), 9면; Chevron 존중(Chevron Deference)에 관해서는, 금태환, "미국 행정입법의 사법심사에

## V. 재량행위에 대한 사법심사사유의 종류

### 1. 재량일탈과 재량남용

#### (1) 의의

재량행위에 대한 사법심사사유들을 여러 가지로 분류해 볼 수는 있으나, 이는 우리나라에서는 행정소송법 제27조의 규정의 해석문제로서 대체적으로 재량일탈과 재량남용을 중심으로 분류하여 왔다고 할 수 있다.[77] 즉 우리나라 행정소송법 제27조[78]의 "재량권의 한계를 넘거나 그 남용이 있는 때"의 앞부분을 재량권의 외적 한계 또는 일탈[79]로, 뒷부분을 재량권의 내적 한계 또는 남용으로 나누는 것이 일반적이다.[80] 재량일탈 즉 외적 한계는 법령에 의하여 주어진 수권범위를 벗어났다는 의미에서 비교적 그 의미가 명확하다.[81] 그러나 재량의 내적 한계를 벗어난 경우 즉 재량남용의 의미는 다소 불명확한 추상적 개념이다. 예컨대 재량남용에 관해서는 "형식적으로는 수권의 범위 내에서 행사된 것이지만 그 재량이 법의 취지나 법이 요구하는 요청에 적합하지 않게 행사된 경우"[82]라고 한다.[83]

---

관한 연구 ― 요건·심사범위·한국법과의 비교를 중심으로 ―", 서울대학교 법학박사학위논문, 2003, 260면; 김은주, "미국 행정법에 있어서 Chevron 판결의 현대적 의의", 『공법연구』 제37집 제3호(2009. 2), 322면 이하 참조.

77) 우리나라 행정소송법 제27조와 마찬가지로 독일의 경우에도 독일 행정소송법 제114조 (§114 VwGO)와 독일 행정절차법 제40조(§40 VwVfG)에서 규정된 재량일탈과 재량남용이 전통적인 2가지 재량하자라고 한다. Eyermann, §10 Rn. 10.

78) 독일의 경우에는 법률상의 재량의 한계를 넘거나, 수권의 목적에 적합하지 아니하게 재량을 행사하는 경우(§11 Rn. 61.)에는 당해 행정행위가 위법하다는 독일 행정소송법 제114조(§114 VwGO)와, 수권의 목적에 적합하고 재량의 법률상 한계를 준수할 것을 요구하는 행정절차법 제40조(§40 VwVfG)가 관련된다. 따라서 재량하자는 수권의 목적과 재량의 한계를 심사하는 것으로 이해한다. Redeker/von Oertzen, §114 Rn. 14.

79) 행정소송법 제27조상의 "재량권의 한계"를 협의와 광의로 나누어, 광의로는 위법하게 되는 모든 경우를 의미한다는 견해는, 김남진/김연태, 앞의 책, 228면 참조.

80) 김동희, 앞의 책, 286면; 김철용, 앞의 책, 165면; 박균성, 앞의 책, 333면; 정하중, 앞의 책, 169면; 홍정선, 앞의 책, 372-373면.

81) 재량일탈에는 일정 구간이 정해진 액수와 기간인 경우도 있으나 법률에 예정되지 않는 법률효과를 선택하는 경우나, 행정처분을 해야 하는 요건충족을 잘못 인정하는 것도 포함한다. Erichsen/Ehlers(Hrsg.), §11 Rn. 61.

82) 김철용, 앞의 책, 165면.

이와 같이 재량일탈과 재량남용은, 실제 한계사례에서는 그 구별이 어렵다고 하더라도, 적어도 개념상 일응 상호 구별되는 개념이다. 그럼에도 불구하고, 전술한 바와 같이, 종래부터 우리나라 행정소송에서는 재량일탈과 재량남용의 구별실익이 없다는 이유로 양자를 별달리 구별하지 아니하고 있는 것이 일반적이다. 그러나 행정의 책임과 비난가능성, 소송자료에 관한 소송원칙의 의한 증명책임과 증명의 난이도 또는 증명의 강도, 사실문제와 법률문제의 측면에서 재량일탈과 재량남용 양자의 구별의 실익이 있는지 여부를 면밀히 다시 검토할 필요는 있다.

### (2) 재량일탈과 재량남용의 구별실익
### 1) 소송원칙과, 사실문제 및 법률문제

우리나라 행정소송에서의 재량일탈과 재량남용의 구별실익을 논함에 있어서는 소송자료에 관한 소송원칙과, 사실문제와 법률문제의 구별문제를 기본적으로 논의할 필요가 있다.

재량 일탈·남용의 증명책임은 주장하는 원고에 부담하는 것이 원칙이다. 그런데 재량일탈과 재량남용 자체는 상호 구별이 어려운 것이고 재량남용에 비하여 상대적이기는 하지만, 재량일탈의 경우에는 재량수권규정의 범위를 벗어났다는 사실을 주장·증명하면 족하므로 원고에게 그 증명이 용이하다. 반면에 재량남용의 경우에는 일단 재량수권규정의 범위 내의 재량행사라는 점에서 일단 재량일탈의 경우와 차원을 달리한다. 즉 재량남용은 기본적으로 행정의 의사형성과정상 오해, 태만, 부주의 등 행정의 주관적 요소의 문제로서 당해 재량처분이 재량수권규정의 목적이나 취지, 행정법의 일반원칙 등의 위반이 문제된다. 바로 이것이 법률문제로서 원고의 증명이 용이하지 않다. 요컨대 소송자료에 관한 소송원칙 및 그와 관련된 사실문제와 법률문제의 구별실익의 측면에서, 재량일탈과 재량남용은 그 구별실익이 있다.[84]

---

83) 독일에서도 이와 유사하게 재량의 남용은 재량수권 법률의 목적 내지는 취지(Zielvorstellung)를 준수하지 아니하거나 재량행사의 기준이 되는 관점들을 충분히 고려하지 아니한 경우라고 하여, 예컨대 법률에 근거 없는 사적 또는 정치적인 고려를 한 경우를 재량의 남용의 예로 제시하고 있다. Maurer/Waldhoff, §7 Rn. 22.

84) 아울러 일반적인 사실문제와 법률문제의 구별실익인 자백이나 상고이유 등의 문제도 재량일탈과 재량남용의 경우에도 적용된다.

게다가 우리나라 판례에서는 행정청의 재량기준인 재량준칙이나 행정에
정책 판단에 맡겨진 폭넓은 재량에 속하는 사항에 관한 행정청의 재량적 판단
에 대하여 행정청의 의사를 존중한다는 판례[85]가 형성되어 있다. 그 결과 당사
자인 원고가 행정청의 재량준칙과 그 해석이나 재량적 판단에 있어서 재량남용
의 특징적인 표현으로 보이는 "객관적 합리성을 결여하였다"[86]라고 하는 특별
한 사정을 증명하는 것은 사실상 불가능하다. 결국 재량남용과 관련되는 사례
에서는 당사자인 원고의 증명이 매우 어렵게 되는 불이익함이 있다. 보다 근본
적으로 전문기술적인 영역에서 소송자료가 행정에 편중되어 있는 경우 재량일
탈·남용의 경우에는 증명책임을 행정에게 부담시킬 여지가 있는데, 이 경우는
재량일탈보다는 주로 재량남용 영역이라고 할 수 있다.

이런 점에서 보면, 재량일탈과 남용구별의 실익이 없다는 기존의 일치된
내용은, 일탈과 남용은 단지 행정소송법 제27조 법문상의 "취소"라는 동일한 법
적효과를 받는다는 의미에서 결과적으로 양자를 구별할 실익이 없다는 것에 불
과한 것이다. 그러나 당해 재량처분의 취소라는 판결에 이르는 소송수행과정
특히 증거영역에서는 원고가 증명의 용이성 내지 성공가능성에 차이가 있다는
점에서 분명히 재량일탈과 재량남용 양자의 구별실익이 엄연히 존재한다.

아울러 재량행위의 경우에는 당해 행위에 재량권의 일탈·남용이 있는지
여부만을 심사하는 이른바 제한심사방식[87]을 취하고 있다는 점, 취소판결의 기
속력의 객관적 범위는 판결의 주문과 이유에 나타난 개개의 위법사유[88]에 한정
된다는 점, 처분사유의 추가·변경은 기본적 사실관계 동일성[89]을 기준으로 한

85) 재량준칙에 관하여는, 대법원 2013. 11. 14. 선고 2011두28783 판결, 2017. 1. 12. 선고
2016두35199 판결, 2017. 10. 12. 선고 2017두48956 판결, 2018. 8. 30. 선고 2016두
60591 판결, 2019. 1. 10. 선고 2017두43319 판결을 들 수 있다. 정책 관련 재량적 판단
에 관하여는, 대법원 2017. 3. 15. 선고 2016두55490 판결, 2018. 4. 12. 선고 2017두
71789 판결.
86) 대법원 2019. 1. 10. 선고 2017두43319 판결. 예컨대 농지전용허가·협의는 금지요건·허
가기준 등이 불확정개념으로 규정된 부분이 많아 그 요건·기준에 부합하는지의 판단에
관하여 행정청에 재량권이 부여된 경우(대법원 2017. 10. 12. 선고 2017두48956 판결)에
도 마찬가지로 증명이 사실상 어렵다고 할 수 있다.
87) 예컨대 대법원 2001. 2. 9. 선고 98두17593 판결, 2018. 10. 4. 선고 2014두37702 판결.
88) 예컨대 대법원 2001. 3. 23. 선고 99두5238 판결, 2013. 7. 25. 선고 2012두12297 판결,
2016. 3. 24. 선고 2015두48235 판결
89) 대법원 2018. 11. 15. 선고 2015두37389 판결, 2019. 1. 31. 선고 2016두65718 판결, 2019.
1. 31. 선고 2016두64975 판결. 최선웅, "행정소송에서의 기본적 사실관계 동일성의 의

다는 점, 상고심은 법률문제에 제한된다는 점을 비롯하여, 처분 당시부터 행정
이 처분기준설정의무와 처분이유제시의무를 이행하여야 하는 등 행정처분과 행
정소송의 전과정을 고려하면, 행정은 물론이고 특히 당사자인 원고의 입장에서
는 재량일탈과 재량남용, 사실문제와 법률문제는 구별되어야 함은 물론 개별 사
법심사사유들이 보다 명확히 개별적·구체적으로 특정되어야 할 필요성도 있다.

### 2) 행정의 책임과 비난가능성의 경중

재량일탈은 재량수권규정의 객관적 범위를 벗어났다는 점만을 증명하면
당해처분은 법령위반이다.[90] 그에 비하여 재량남용은 일단 재량수권규정의 범
위 내에서 처분을 하였다는 점에서 재량일탈에 비하여 상대적으로 행정의 책임
내지는 비난가능성이 경하다고 할 수 있다. 특히 행정에 대한 재량통제를 강화
하는 입장에서는, 재량남용에 비하여 재량일탈의 경우가 행정에 대한 책임 및
비난가능성[91]이 높다는 점을 고려하면 재량행위에 대한 사법심사사유들 중 예
컨대 평등원칙, 비례원칙 등 행정법의 일반원칙 위반을 법령위반에 준하여 재
량일탈로 분류하여 논의하는 경우[92]가 이해가 된다.

### (3) 재량일탈

#### 1) 양적초과

#### ① 구간초과 ― 상한과 하한

법령에서 제재처분이 예컨대 상한-하한 구간식으로 금액이나 기간이 규정
되어 있는 경우 즉 재량수권규정의 범위[93]를 벗어난 경우가 전형적인 재량일탈

---

의 ― 형사소송과의 비교를 중심으로 ― ", 『행정법연구』 제46호(2016. 8), 131-164면.

90) 예컨대 수수료가 20-50Euro인 경우에 60Euro를 요구하는 경우(Maurer/Waldhoff, §7 Rn. 20).

91) 미국 행정법에서도 행정재량문제는 거의 재량권의 남용에 관한 것이라고 할 수 있다. 재
량권 일탈은 제정법이 허용한 범위를 벗어난 것으로 이는 법규를 직접 위반한 것으로
재량권의 남용보다 보다 더 비난받게 되고, 재량권 일탈과 남용의 구별은 법원이 직무집
행명장을 발급하여 강제할 수 있느냐의 차이라고 한다. 이동수, "미국 행정법상 재량문
제", 『공법연구』 제24집 제4호(1996), 302-303면.

92) 예컨대 비례원칙 위반을 재량일탈로 분류하는 예(Hufen, §25 Rn. 25; Ziekow, Verwal-
tungsverfahrensgesetz Kommentare, 3.Aufl., Kohlhammer, 2013, §40 Rn. 44).

93) 구간에 해당하는 용어로는, 부분영역(Teilbereich, Mana/Sennekamp/Uechtritz(Hrsg.),
VwVfG Kommentar, Nomos, 2014, §40 Rn. 211), 범위(Rahmen, Maurer/Waldhoff, §7
Rn. 20)를 들 수 있다.

에 해당한다. 그런데 대부분 재량수권의 범위에 관한 규정방식은 예컨대 과징금 10억원 이하,[94] 영업정지 6개월 이하[95]에 처한다는 식으로 상한만이 규정되어 있는 것이 일반적이다. 상한과 하한이 모두 규정되어 있더라도 실제로는 주로 상한을 초과하는 경우[96]만이 문제가 된다.

이와 같이 법령에서 정한 재량수권 범위가 양적, 객관적인 수치로 상한과 하한, 또는 상한만이 규정된 경우 상한을 벗어나는 재량처분인 경우에는 당해 재량처분이 상한을 초과했다는 사실만을 주장·증명하는 것으로 용이하게 재량일탈로 위법판정을 받는 것이 가능하다.[97] 즉 법령에 실제 상한과 하한이 규정되어 있는지 여부는 법률문제로서 법령의 조사는 법원의 직권판단이므로 당사자가 증명할 필요까지는 없다.[98] 다만 재량수권의 범위가 상한과 하한이 모두 규정되어 있는 경우[99]에 하한을 밑도는 선택을 하는 경우[100]를 재량일탈이라고 할 수 있는 문제가 있으나, 특별한 사정이 없는 한, 최고한도의 문제로 수렴한다.

② 정액과 최고한도액 — 잠재적 행정입법권

법령에 제재처분기준이 상한 또는 하한이 아니라 정액으로 정해진 경우[101]에 법원이 정액이 아니라 최고한도액이라고 인정하는 문제와 당해 처분기준의

---

94) 예컨대 식품위생법 제82조 제1항에서 영업정지 등의 처분에 갈음하여 부과하는 과징금 처분으로 10억원 이하로 규정하고 있다.
95) 예컨대 식품위생법 제75조 제1항에서 6개월 이내의 기간을 정하여 그 영업의 전부 또는 일부를 정지하는 경우를 들 수 있다.
96) 독일에서도 강제부과금(Zwangsgeld)이 10Euro에서 250Euro로 규정되어 있음에도 500Euro를 부과한 경우(Schenke, §20 Rn. 738f), 행정업무의 대가인 수수료가 20-50Euro인 경우에 60Euro를 요구하는 경우(Maurer/Waldhoff, §7 Rn. 20)의 사례도 모두 다 상한을 초과하는 예이다.
97) 도로교통법 제65조 제2호 내지 제6호 및 이에 따른 운전면허접수제 행정처분사무처리요강 별표 15(1981. 5. 6 내무부령 제347호)가 정하는 운전면허행정처분의 기준을 재량행위라는 전제 아래 피고의 이 사건 운전면허취소처분은 재량권의 범위를 심히 일탈한 부당한 처분이라고 판시한 원심조치는 정당하다고 할 것이며 이를 기속행위라는 소론 논지는 독자적 견해에 지나지 않아 채용할 수가 없다(대법원 1984. 1. 31. 선고 83누451 판결).
98) 물론 외국법, 행정관습법, 조례나 규칙 등과 같이 법원(法源)이 불명한 경우에는 법원이 잘못 적용할 우려가 있으므로 당사자가 증명하여 불이익을 면할 수 있다. 호문혁, 앞의 책, 476면.
99) 이와 같은 구간별 규정형식은 형사처벌의 경우에 볼 수 있다. 예컨대 형법 제288조 제2항에서 "2년 이상 15년 이하의 징역"에 처한다.
100) 실제로는 행정청의 제재처분이 하한에 미달하는 경우에는 처분상대방이 다투지 않을 것이 예상되거나 협의의 소의 이익이 없는 문제가 된다.
101) 대법원 2001. 3. 9. 선고 99두5207 판결.

법형식이 문제가 된다. 법령에서 정한 정액의 초과는 위의 상한초과와 마찬가
지로 법령을 정면으로 위반하는 것이므로 법령위반의 문제가 된다. 그런데 만
일 법원이 법령에서 정한 정액을 최고한도액으로 보고 그 이하 처분이 가능하
다고 해석하는 것은 소위 법원의 입법행위로서 행정의 기속행위를 재량행위로
변경하는 하는 문제가 따른다.

우리나라 판례에서는 제재적 처분기준이 대통령령인 경우에는 법규명
령[102]으로 보고, 과징금의 수액은 정액이 아니라 최고한도액으로 파악하고 있
다. 이러한 판례는 모법의 위임에 근거를 둔 제재적 처분기준이 법규명령의 성
질을 가지는 경우에는 재량행사의 경직성을 회피하려는 취지[103]라고 이해한다.
만일 행정청이 최고한도액이 아니라 정액을 유지하려면 정액이어야 한다는 특
별한 사정에 관한 주장·증명책임은 행정청이 부담하여야 한다

그런데 판례에서는 제재처분기준이 대통령이 아닌 부령의 형식으로 정해
진 경우에는 법규적 효력을 부인하고 있으나,[104] 그럼에도 판례에서 당해 제재
처분기준을 무시하지는 않고 일단 존중하는 태도를 유지하고 있다.[105] 시원적
인 행정입법권을 언급하더라도 최고한도를 초과하는 중한 제재처분은 국회입
법권을 침해 이전에 재량일탈로 법령위반이므로 원고가 이를 증명하는 것이 용
이하다.

다만 현대 행정의 특성상 어느 정도의 행정입법이 불가피하고 오히려 바람
직한 경우가 있다. 최소한 상위법률에 위임근거규정이 있고 그에 따라서 법규
명령으로 예컨대 과징금을 정액으로 정한 경우, 특별한 사정이 없는 한, 헌법

---

102) 대법원 1997. 12. 26. 선고 97누15418 판결; 판례의 변경 없이 부령(구 여객자동차운수사
    업법시행규칙)으로 정한 인가기준을 대외적인 구속력이 있는 법규명령이라고 판시하고
    있다. 김철용, 앞의 책, 127면.
103) 홍준형, 앞의 책, 317면.
104) 대법원 1993. 6. 29. 선고 93누5635, 2001. 3. 9. 선고 99두5207 판결, 2006. 2. 9. 선고
    2005두11982 판결. 이와 관련하여 평등원칙을 매개로 하여 법규적 효력을 인정하자는
    이른바 법규적형식의 행정규칙과 관련된 준법규설(간접적 대외적 효력설)이 있다. 최정
    일, "행정규칙의 법규성에 관한 연구—현행법령과 관련하여—", 『법제』 통권447호
    (1995), 58-70면; 최정일, "행정규칙의 법규성문제를 또 생각하며", 통권447호(1998),
    53-73면 등 참조.
105) "그 처분사유가 된 위반행위의 내용 및 관계법령의 규정내용과 취지에 비추어 현저히 부
    당하다고 인정할 만한 합리적인 이유가 없는 한 섣불리 그 처분이 재량권의 범위를 일
    탈하였거나 재량권을 남용한 것이라고 판단해서는 안된다"(대법원 1993. 6. 29. 선고 93
    누5635 판결).

제75조, 제95조의 입법취지상 정액을 최고한도액으로 할 수 있었던 행정입법권을 행정에게 인정한 것으로 간주하는 이른바 잠재적 행정입법권을 인정하고 그 한도 내에서 재량권을 행정에게 부여하는 것으로 해석하는 것은 불가피한 선택으로 보인다.

### 2) 법정외 조치의 선택

법령에서 정한 단일한 종류의 제재처분의 상한-하한 구간식 또는 상한만이 규정된 것이 아니라, 법령에 법적효과로서 규정된 선택가능한 조치가 아닌 즉 법령에 규정되지 아니한 법정외 조치[106]를 선택하여 처분한 경우를 상정할 수 있다. 이 경우에는 일단 재량일탈이고 법령위반이다.[107] 그런데 실제 소송이 제기되려면 법정외 조치의 원고에게 유불리가 관건이 된다. 예컨대 당해 법령에 영업정지에 갈음하는 과징금부과 규정이 없음에도 행정이 과징금부과처분하는 경우 일단 처분상대방은 다툴 여지가 있고 그에 따른 주장·증명책임을 부담하겠지만, 원고에게, 특별한 사정이 없는 한, 영업정지에 갈음하는 과징금부과가 유리한 조치라는 점에서, 원고가 이를 다툴 실익과 협의의 소익이 없다. 다만 법령에 영업취소와 6월 이하의 영업정지가 규정된 경우에 사안의 중대성을 고려하여 영업취소 대신에 1년의 영업정지에 처한 경우에 위법[108]하다는 견해가 있으나, 6월의 영업정지를 초과하였다는 부분은 위 양적초과 중 상한초과의 문제이다.

### 3) 질적초과

위와 같은 양적초과, 법정외 조치를 선택한 경우 이외에 질적인 초과를 한 경우를 상정할 수 있다. 특히 독일에서는 구성요건 충족을 잘못 인정하여 재량처분을 한 경우,[109] 또는 심지어 재량의 0으로 수축을 비롯하여, 평등원칙 위반, 자기구속이나 과잉금지 위반, 비례원칙 위반[110] 등 행정법의 일반원칙 위반을 재량일탈로 분류하여 법령위반으로 이해하는 경우가 있다. 이는 재량일탈은

---

106) Mana/Sennekamp/Uechtritz(Hrsg.), §40 Rn. 212.
107) 법령에서 허용한 수단이 아닌 수단 예컨대 법령에서 과태부과만을 예정하고 있음에도 행정청이 영업허가를 취소한 경우의 예를 들고 있는 것으로는, 홍정선, 앞의 책, 372면 참조.
108) 박균성, 앞의 책, 334면.
109) Erichsen/Ehlers(Hrsg.), §11 Rn. 61; Hufen, §25 Rn. 25.
110) Eyermann, §114 Rn. 27; Hufen, §25 Rn. 25; Schenke, §20 Rn. 738f.

재량남용보다 비난의 정도가 높다는 점에서 재량통제를 강화하려는 입장으로 이해된다.

이에 비하여 우리나라의 경우에는 평등원칙, 비례원칙 등 행정법의 일반원칙 위반을 재량남용으로 분류하는 경우가 다수의 입장이다.[111)

### (4) 재량남용

재량일탈과 달리 재량남용은 일단 법령에서 정한 구간범위 내에서의 재량행사임을 전제로 한다. 이 점에서 재량남용은 재량일탈에 비하여 행정에 대한 비난의 정도는 경하다고 할 수 있다. 재량남용의 경우에는 법령의 범위 내에서의 재량행사라는 점에서, 법령의 범위를 벗어난 재량일탈에서와 같은 증명의 문제는 없다.

재량남용은 행정의 의사형성과정에 있어서 고려하여야 할 중요한 관점이나 요소를 법적하자가 있는 방법으로 또는 법적으로 요청되지 아니한 방법으로 재량을 행사한 경우[112)로서 행정의 오해, 태만, 부주의 등 주관적 요소가 불가피하게 가미될 수밖에 없다.[113) 이와 같은 행정의 주관적 요소들을 원고가 증명하는 것은 사실상 어렵다.[114) 재량남용에 해당하는 개별 사법심사사유로는, 법률의 목적, 사실오인, 행정청의 고려와 동기, 적절하고 완전한 사실관계의 조사,

---

111) Ⅱ. 1. 학설 부분 참조.
112) Schenke, §20 Rn. 744 ff; Ziekow, §40 Rn 40 ff. 구체적인 사례로는, 직무수행에 있어서 자신의 친척에게 경제적 이익을 준다든지 특정한 정파의 집회를 금지하는 행위(정하중, 앞의 책, 169면), 1회의 경미한 공무원법위반행위를 이유로 한 파면처분과 특허신청인이 특허기관의 장과 적대관계에 있음을 이유로 한 특허거부처분(홍정선, 앞의 책, 373면), Schikane 또는 인적인 이유로 예컨대 신청자가 외국인이라는 이유로 한 건축허가 거부처분(Stelkens/Bonk/Sachs, §40 Rn. 68), 경찰이 위험의 정도를 제대로 조사하지 아니한 경우(Erichsen/Ehlers(Hrsg.), §25 Rn. 744), 경찰이 지역 호텔영업을 육성할 목적으로 한 경찰권발동(Schenke, §20 Rn. 747), 세수확보를 고려하여 숙식업에 부담을 부가하는 경우(Hufen, §25 Rn. 25)를 드는 경우가 있다. 그러나 재정적인 고려(fiskalische Erwägungen)가 언제나 모두 사안과 관계없는 고려는 아니라고 하는 것에는, Stelkens/Bonk/Sachs, §40 Rn. 66 참조.
113) 심지어는 정당정책이나 세계관을 고려하거나 개인감정에 이끌리는 예를 드는 경우도 있다. Ziekow, §40 Rn. 43.
114) 예컨대 재정적인 고려에 의한 재량처분의 경우 언제나 당해 사안과 관계관점을 고려한 것이라고 할 수 없는 경우도 있기 때문에 증명이 어렵다. 이와 같이 재량의 남용의 경우 증명의 어려움을 고려하면 재량의 남용의 경우에는 남용이 아니라는 사실에 대한 증명책임을 행정에게 부담시키는 것도 고려할 여지가 있다.

평등원칙, 자기구속, 자유권적 기본권, 비례원칙, 재량의 0으로 수축 등[115]이 제시된다.

### (5) 재량일탈과 재량남용의 관계
#### 1) 경합 또는 중복 — 일탈과 남용의 상대화

행정소송법 제27조의 규정에 근거하여 학설과 판례에서는 재량일탈과 재량남용의 구별이 실익이 없다고 하므로 재량일탈과 재량남용의 경합이나 중복문제는 표면적으로는 없다.

그러나 재량일탈 중에도 법정외 조치의 선택이나 질적초과의 경우에는 어느 정도 행정의 주관적 요소로 가미되어 있다는 점에서 재량남용과 구별이 어렵다.[116] 그런가 하면 재량남용의 개별 사법심사사유인 사실오인, 적절하고 완전한 사실관계의 조사, 사실오인 등은 원래 사실문제와 관련성이 있어서 재량일탈[117]일 가능성이 있다. 그런데 행정법의 일반원칙 위반은 재량남용으로 분류하는 것이 일반적[118]이나, 예컨대 평등원칙, 자기구속, 과잉금지, 비례원칙 위반을 재량일탈에 분류하는 경우[119]에는 재량일탈과 재량남용의 중복문제가 있다. 또한 후술하는 재량불행사와 재량수축을 재량남용으로 분류하는 경우[120]가 있으나, 재량불행사를 재량일탈과 함께 분류하고, 재량의 0으로 수축을 재량남용으로 분류하는 경우도 있다.[121]

우리나라의 판례에서는 법령에서 정한 양적구간 범위를 정면으로 위반한 사례는 거의 찾아볼 수가 없고 있다고 하더라도 이는 곧 법령위반의 문제가 되므로 재량일탈과 재량남용의 중복문제는 없다고 할 수 있다. 다만 판례에서는

---

115) 정하중, 앞의 책, 169면; 홍정선, 앞의 책, 373면 이하; Eyermann, §114 Rn. 20 ff; Ziekow, §40 Rn. 44.

116) 재량일탈과 재량남용 자체를 사법심사사유의 하나로 인정하지 아니하고 이질적인 각 사법심사사유들을 나열하는 식의 방법을 취하는 경우(박균성, 앞의 책, 334면 이하)에는 각 사법심사사유가 재량일탈인지 재량남용인지가 더욱 불분명해진다.

117) 부정확·불완전한 사실관계(Schenke, §20 Rn. 740)를 재량일탈이라고 한다.

118) 부당결부금지원칙(Hufen, §25 Rn. 25), 행정법의 일반원칙(정하중, 앞의 책, 169면).

119) 평등원칙, 자기구속, 과잉금지원칙 위반(Schenke, §20 Rn. 740), 평등원칙, 자기구속, 과잉금지 위반(Schenke, §20 Rn. 740), 비례원칙 위반(Hufen, §25 Rn. 25; Ziekow, §40 Rn. 44)을 재량일탈로 분류한다.

120) 정하중, 앞의 책, 176-177면; 홍정선, 앞의 책, 371-375면.

121) Eyermann, §114 Rn. Rn. 16 ff, 32.

사실확인이나 사실오인등 사실문제에다가 평등원칙·비례원칙등 법률문제에 해당하는 사법심사사유 등 여러 개를 혼합[122]하여 재량권의 일탈·남용을 심사하는 방법을 취하고 있다. 따라서 판례에서 "재량권 일탈·남용"이 위법이라고 판단한 사례들은 대개 재량권의 남용이라고 볼 수 있다.

### 2) 일탈과 남용의 상대화 — 일탈적 요소와 남용적 요소

현재 우리나라에서도 이른바 기속재량[123]이라는 것이 보여주듯이, 현대 행정에 있어서는 기속과 재량 간의 엄격구별에서 벗어나서 기속과 재량 간에 경계가 허물어져 가고 있고, 이는 일종의 허가와 특허, 무효와 취소의 상대화처럼 "기속과 재량의 상대화"가 되어 가고 있다.[124] 결국 행정처분이 기속행위인가 재량행위인가는 "기속적 요소"와 "재량적 요소" 간의 비교형량의 문제로 귀착한다.

이와 마찬가지로, 재량일탈과 재량남용은 엄격히 구별될 성질의 것은 아니고 경합이나 중복여지가 있다는 점에서 상대화관계에 있다. 실체면에서 기속과 재량이 상대화되어 간다면 그를 사법심사하는 절차면에서도 재량일탈과 재량남용도 역시 상대화되는 것이 적절하다. 결국 재량일탈인가 재량남용인가는 재량수권범위 자체를 벗어났다는 양적개념인 일탈적 요소와 수권범위 내이지만 수권의 목적 내지 취지에 벗어났다는 질적인 개념인 남용적 요소를 추출하여 상호 비교형량하여 결정하여야 한다. 비록 학설과 판례가 재량일탈과 재량남용을 별달리 구별하지 아니하고 있고, 특히 판례는 "재량권 일탈·남용"이라는 자동화된 문구를 사용하여 설시하고는 있으나, 변론주의가 적용되는 한 실제 증거법에서 재량일탈과 재량남용은 증명의 용이성 내지 강도라는 측면에서 소송상 구별하고 있는 것으로 보아야 한다.

## 2. 재량불행사와 재량수축

### (1) 의의

재량행위에 대한 사법심사사유로서 재량일탈과 재량남용 이외에 흔히 재

---

122) 예컨대 "사실오인", "합리성의 결여", "비례원칙", "평등원칙"등 무려 4가지 사유를 들고 있는 판결(대법원 2019. 1. 31. 선고 2017두67605 판결)도 있다.
123) 기속재량에 관하여는, 최선웅, "행정소송에서의 기속재량", 『행정법연구』제48호(2017. 2), 132-159면 참조.
124) "재량과 기속을 척도로 하여 연속적인 행정결정의 스펙트럼"이라고 하는 것에는, 홍준형, 『한국행정법의 쟁점』, 서울대학교출판문화원, 2018, 139면 참조.

량불행사와 재량의 (0으로의) 수축을 분류하는 경우가 있다.[125) 재량불행사라 함
은 행정이 자신에게 부여된 재량을 태만이나 착오 등으로 "재량의 전부 또는
일부를 불행사"[126)한 경우를 말한다. 예컨대 행정청이 재량행위를 기속행위로
판단한 경우와 구체적인 사정을 고려하지 않고 재량준칙에 따라 처분하는 경
우,[127) 재량행위의 이유제시[128)를 하지 아니한 경우를 들 수 있다. "재량의 (0으
로의) 수축"[129)은 행정에게 선택가능성이 있음에도 불구하고 오직 하나의 특정
한 결정만이 의무에 합당한 재량행사로 인정되는 경우를 말한다.[130)

## (2) 소송상 취급

재량불행사와 재량수축은 재량하자의 종류 또는 재량행위에 대한 사법심
사사유이기는 하나 재량일탈과 재량남용과 독립적으로 다루기도 한다.[131)

---

125) 예컨대 김동희, 앞의 책, 288면; 정하중, 앞의 책, 169면; 홍준형, 『행정법』 제2판, 법문
사, 2017, 147면. 독일에서 재량하자의 3분법식의 재량일탈, 재량남용, 재량불행사 이외
에 재량의 0으로 수축을 별도로 설명하는 경우로는 Maurer/Waldhoff, §7 Rn. 24f,
Schenke, §20 Rn. 742f. 참조.
126) Erichsen/Ehlers(Hrsg.), §11 Rn. 61; Maurer/Waldhoff, §7 Rn. 21; 재량의 불행(Ermes-
sensnichtgebrauch)사 개념과 관련하여 "Ermessensunterschreitung, -verkennung, -ausfall,
-defizit"(Eyermann, §114 Rn. 16; Schenke, §20 Rn. 744; Ziekow, §40 Rn. 40) 등을 "재량
의 과소, 부족, 탈락, 해태, 결핍"등으로 언급되는 경우(예 박균성, 앞의 책, 337면; 홍정
선, 앞의 책, 337면; 등 참조)가 있다. 이들 개념들을 재량의 전부불행사와 상호 연속개
념으로 이해하면 재량의 "일부불행사"로 포괄할 여지가 있으나 재량의 남용과 구별이
어렵다(예컨대 Ermessensdefizit를 재량남용으로 분류하는 경우로는 Schenke, §20 Rn.
744 참조).
127) 김동희, 앞의 책, 288면.
128) 이 경우 소위 의도된 재량(intendierte Ermessen)의 경우는 제외한다고 한다. Redeker/
von Oertzen, §114 Rn. 15.
129) "Ermessensreduzierung auf Null"와 "Ermessensschrumpfung"를 병행해서 쓴다(Maurer/
Waldhoff, §7 Rn. 24.). 그런데 재량의 전부 또는 일부 불행사와 마찬가지로 재량의 0으
로의 수축 이외에도 재량의 일부 수축개념도 상정해 볼 수는 있겠다. 재량의 불행사는
재량권을 가진 행정청의 의지문제이나, 재량의 수축은 행정청의 의지와 관계없이 외적
요인에 의하여 재량이 수축된다는 점에서 재량의 일부 불행사와 일부 수축은 구별의 여
지는 있다.
130) 재량의 0으로의 수축은 헌법상 기본권이나 헌법규정으로부터 도출될 수 있다고 한다.
Maurer/Waldhoff, §7 Rn. 24; Ziekow, §40 Rn. 36.
131) 전술한 바와 같이 독일에서는 재량하자의 전통적인 3분법은 재량일탈과 재량남용 이외
에 재량의 불행사를 독립적으로 파악한다. 예컨대 Maurer/Waldhoff, §7 Rn. 24; 재량의
불행사를 재량일탈과 함께 설명하고, 재량의 0으로 수축을 재량남용으로 분류하는 경우
도 있다. Eyermann, §114 Rn. 16ff, 32.

우리나라 행정소송법 제27조에서의 "행정청의 재량에 속하는 처분이라도 … 법원은 이를 취소할 수 있다"의 규정부분은 법원의 취소의 대상이 전제되어 있다는 점에서 행정청의 "재량행사"가 전제되어 있는 것임을 알 수 있다. 따라서 판례는 행정소송법 제27조의 "행정청의 재량에 속하는 처분"을 일단 행정청에게 부여된 재량의 행사·불행사를 모두 포괄하는 의미로 사용하는 것으로 보인다.

재량의 0으로의 수축은 기속행위로 전화[132]되었다고 하더라도 일단 재량이 부여된 후에 결과적으로 기속행위로의 전화한 것에 불과하므로 재량행사의 영역이라 해도 무방하다. 재량의 0으로 수축의 경우에는 법령해석상 기속이 되어 행정권을 발동하여야 함에도 하지 않았다는 점에서, 재량의 불행사의 경우에는 법령에서 재량이 주어졌음에도 재량을 행사하지 아니하였다는 점에서 두 경우 모두 재량일탈과 마찬가지로 법령을 정면으로 위반한 법령위반으로 볼 수도 있다.

우리나라 판례는 재량의 불행사를 재량권 일탈·남용과 별달리 구별하지 아니하고,[133] 재량수축은 주로 행정의 부작위와 관련된 국가배상책임문제로 다루어진다.[134]

### 3. 형량명령과 판단여지

#### (1) 형량명령

전통적인 조건규범과 다른 목적규범 그리고 재량보다 광범위한 형성의 자유가 인정되는 계획재량의 영역에서는, 목적달성을 지향하기 위하여 공익과 사익을 형량이라는 방법으로 조정할 것이 요구되고, 이 형량하자가 사법심사의 대상이 된다고 한다.[135] 우리나라에서는 이와 같은 형량명령 위반을 재량의 일

---

132) 김동희, 앞의 책, 291면.
133) 예컨대 대법원 2006. 4. 28. 선고 2003두11056 판결, 2015. 12. 10. 선고 2011두32515 판결, 2018. 6. 28. 선고 2018두35490,35506 판결, 2019. 7. 11. 선고 2017두38874 판결 등을 들 수 있다.
134) 대법원 2005. 6. 10. 선고 2002다53995 판결, 1998. 10. 13. 선고 98다18520 판결, 2008. 10. 9. 선고 2007다40031 판결 등이 있다. 이와 관련하여서는 김동희, 앞의 책, 290-291면, 김현준, "경찰부작위로 인한 국가배상청구소송에 있어서 작위의무의 성립요건", 『토지공법연구』 제56집(2012. 10), 349-370면 참조.
135) Maurer/Waldhoff, §7 Rn 63.

탈·남용의 한 유형이 아니라 독자적인 위법성으로 인정할 것인지 여부가 논의 되고 있다.[136]

우리나라 판례에서는 행정계획과 관련된 사건에서도 이익형량이라는 용어를 사용한 사례[137]가 있고, 행정계획과 관련된 형량명령과 행정계획 이외의 영역에서의 이익형량을 별달리 차별하여 취급하고 있지 아니하고,[138] 심지어 행정계획과 관련하여 이익형량과 형량명령의 혼용을 의심케 하는 판례[139]도 있다. 이들 판례 대부분은 최종적으로 비례원칙과 관련하여 판결하고 있다. 이러한 판례에 대하여, 본래 형량명령은 단순히 이익형량이 아니라 목적-수단의 관계로 구성된 독일 연방건설법전($1 Ⅳ BauGB) 등 계획법 규범과 관련된 행위형식하에서는[140], 형량의 실시와 제반이익의 고려라는 형량과정과 비례원칙에 합당한 형량결과[141]가 모두 대상으로 하는 것임에 비하여, 우리나라의 판례는 단지 협의의 비례원칙인 상당성만을 심사하고 있다는 비판이 가해지고 있다.[142]

그러나 비례원칙은 역시 형량명령과 마찬가지로 목적-수단의 관계[143]를 그

---

136) 우리 대법원이 형량명령을 3단계에 걸쳐서 즉 처분성, 재량의 일탈·남용의 한 유형, 계획적 결정에 대한 고유한 통제장치로서의 형량명령으로 계수하였다고 하는 견해로는, 강현호, "계획적 형성의 자유의 통제수단으로서 형량명령", 『토지공법연구』 제66집 (2014. 8), 216-222면 참조; 이에 동조하는 취지로는 최승필, "행정계획에서의 형량 — 형량명령에 대한 논의를 중심으로", 『토지공법연구』 제73집 제1호(2016. 2), 240-243면 참조; 형량명령에 관하여는, 김해룡, "법치국가의 원리로서의 형량명령", 『외법논집』 제34권 제1호(2010. 2), 219-234면 참조.

137) "행정주체가 행정계획을 입안·결정함에 있어서 이익형량을 전혀 하지 아니하거나 이익형량의 고려 대상에 마땅히 포함시켜야 할 사항을 누락한 경우 또는 이익형량을 하였으나 정당성과 객관성이 결여된 경우에는 그 행정계획결정은 형량에 하자가 있어 위법하게 된다"(대법원 2012. 1. 12. 선고 2010두5806 판결, 동일 취지 대법원 2011. 2. 24. 선고 2010두21464 판결).

138) 대법원 2019. 1. 31. 선고 2017두67605 판결, 2019. 2. 28. 선고 2017두71031 판결, 2019. 7. 11. 선고 2017두38874 판결.

139) "행정주체가 행정계획을 입안·결정함에 있어서 이익형량을 전혀 행하지 아니하거나 이익형량의 고려 대상에 마땅히 포함시켜야 할 사항을 누락한 경우 또는 이익형량을 하였으나 정당성과 객관성이 결여된 경우에는 그 행정계획결정은 형량에 하자가 있어 위법하게 된다"(대법원 2012. 1. 12. 선고 2010두5806 판결, 동일 취지 대법원 2011. 2. 24. 선고 2010두21464 판결).

140) 강현호, 앞의 글, 207면 이하.

141) Schenke, §20 Rn. 777a; 김해룡, 앞의 글, 229-230면; 최승필, 앞의 글, 226-229면.

142) 김해룡, 앞의 글, 229-230면; 최승필, 앞의 글, 233면.

143) Maurer/Waldhoff, §10 Rn. 51.

내용으로 할 뿐만 아니라, 행정법의 일반원칙의 하나로서 재량의 한계이고 재량행사시 반드시 고려되어야 하는 원칙이다.[144) 비례원칙은 재량일탈과 남용을 보완하는 것이므로 재량처분이 비례원칙을 위반하는 경우는 재량하자로서 위법하다.[145) 형량명령을 구조상으로는 단순 재량처분에 대한 사법심사와 구별되지 아니하고,[146) 독일에서의 형량하자의 종류[147)로 제시되는 개념들은 기존의 재량하자의 종류의 개념들과 별다른 큰 차이가 없을 뿐만 아니라, 여기에 비례원칙까지 가세하게 되면 그 차이는 거의 무시할 정도라는 점 등을 고려하면 형량하자와 재량하자는 유사한 측면이 있다.

또한 형량하자론과 재량권의 일탈·남용론을 상호배타적인 것으로 대립시키는 것은 검토의 여지가 있다는 견해[148)도 분명히 있다. 게다가 우리나라에 형량명령을 도입했다고 주장하면서 제시하는 판례들을 자세히 보면 형량명령이 재량의 일탈·남용과 전혀 무관한 것이 아님을 알 수 있다.[149) 오히려 판례에서는, 최근 형량명령을 언급하는 추세가 있는 것은 사실임에도 불구하고, 형량명

---

144) Maurer/Waldhoff, §7 Rn. 23; Eyermann, §114, Rn. 50.

145) Maurer/Waldhoff, §7 Rn. 23.

146) Redeker/von Oertzen, Rn. 17.

147) 독일에서 형량하자의 종류와 관련된 개념들(Abwägungsausfall, -defizit, -fehleinschätzung, -dispropotionalität Maurer/Waldhoff, §7 Rn. 63; Redeker/von Oertzen, §114 Rn. 17; Schenke, §20 Rn. 777a)은 기존의 재량하자의 종류와 관련된 개념들(Ermessensübers- chreitung, -fehlgebrauch, -missbrauch, -willkür, -nichtgebrauch, -unterschreitung, -mangel, 앞의 주 29)참조)과 별다른 큰 차이를 보이지 않는다.

148) 김현준, "계획법에서의 형량명령", 『공법연구』 제30집 제2호(2001. 12), 371면.

149) 형량명령을 인정하였다고 제시된 판례들(강현호, 앞의 글, 220-221면, 최승필, 앞의 글, 240-242면)을 검토하여 보면, 대법원 1996. 11. 29. 선고 96누8567 판결, 1997. 6. 24. 선고 96누1313 판결, 1997. 9. 26. 선고 96누10096 판결, 2000. 3. 23. 선고 98두2768 판결, 2013. 11. 14. 선고 2010추73 판결들은 형량명령이라는 법리는 인정하지만 재량의 일탈· 남용과 직접 관련지어 설시하고 있고, 나머지 판결들은, 예컨대 "상고이유 주장과 같은 행정계획에서의 재량권 일탈·남용에 관한 법리오해 및 논리와 경험칙에 위배되고 자유 심증주의의 한계를 벗어나 사실을 인정한 위법 등이 없다"(대법원 2012. 1. 12. 선고 2010두5806 판결. 동일 취지로는 2012. 5. 10. 선고 2011두31093 판결)는 식으로 결론을 도출하므로 결국 형량명령은 재량의 일탈·남용을 전제로 파악한 것이라고 볼 수밖에 없다. 위와 같이 재량의 일탈·남용을 직접 관련 짓지도 않고 상고이유와의 관련성도 전혀 없는 판례(대법원 2014. 7. 10. 선고 2012두2467 판결)도 있으나, 그러나 그 설시내용이 기존의 재량의 일탈남용의 사유인 비례원칙 위반과 별다른 차이를 보이지 아니할 뿐만 아니라 결론적으로 이익형량을 하지 않아서 위법하다는 취지이므로 이는 재량의 불행사 또는 법령위반에 가까운 것으로 이해되므로 이른바 독일식의 형량명령을 인정하였다고 단정하기는 어렵다고 보인다.

령을 재량권의 일탈·남용의 문제로 이해하는 경향은 여전하다.[150] 현재 우리나라 판례는 행정계획을 재량행위에 포함시켜서 재량통제를 한다.[151]

이와 같이 형량하자와 재량하자의 개념조차도 구별이 불문명한 상태에서, 특히 형량명령을 뒷받침하는 독일식의 판례가 형성되지도 않고 관련 법규정도 전혀 없는 우리나라에서, 판례로 하여금 형량하자의 종류를 특정하여 재판하라는 것은 법관에게 입법기능을 강요하는 것이 된다. 따라서 우리나라 판례가 형량명령을 이익형량과 대등하게 혼용하거나 비례원칙으로 재량처분에 대한 사법심사사유로 삼아서 최종적으로 재량권 일탈·남용으로 판단하는 것 자체를 비난만 할 일은 아니다.

형량명령과 후술하는 판단여지가 국내에 소개된 지도 이미 오래되었음에도 불구하고 우리나라 판례가 이들을 정면을 인정하는 판례법을 형성할 의도는 현재까지는 없는 것으로 추정된다. 그렇다고 한다면 형량명령 관련 법규정이 도입이 선행되어 행정이 법규정상의 형량명령을 준수하여 행정처분을 하는 상황이 조성된 후에 법원에서 이를 재판으로 확인하는 것이 정도이다. 다만 현재 변론주의를 기본으로 하는 우리나라 행정소송법제하에서는, 독일의 형량명령의 법리를 실제 심리과정상의 증거법칙에 반영하는 판례를 형성할 여지는 있다.


## (2) 판단여지

불확정법개념과 관련된 이른바 판단여지가 재량과 관련하여 그 구별이 논의되어 왔으며 우리나라 판례가 판단여지를 인정했다는 주장도 있다.[152]

원래 불확정법개념과 관련된 판단여지에 관한 주장은 독일의 학설과 판례를 직수입한 것이다. 이 판단여지는 주관적 권리구제를 규정한 독일 헌법 제19조 제4항(§19 Ⅳ GG)과 직권탐지주의를 규정한 독일 행정소송법 제86조(§86 VwGO)하에서, 재량이론으로 이른바 효과재량설을 취한 나머지 요건부분에 있는 불확정법개념에 관한 재량을 인정하기 어려움을 회피하기 위한 이론에 불과한 것이다. 따라서 우리나라 주관적 권리구제와 객관적 적법성통제를 모두 포

---

150) 대법원 2013. 11. 14. 선고 2010추73 판결, 2015. 12. 10. 선고 2011두32515 판결, 2018. 6. 28. 선고 2018두35490, 35506 판결 등.

151) 김동희, 앞의 책, 290면 참조.

152) 재량과 판단여지 등 판단여지에 관한 우리나라에서의 논의에 관하여는, 최선웅, "불확정법개념과 판단여지", 『행정법연구』 제28호(2010. 12), 107면 이하 참조.

괄하는 우리나라 헌법 제27조의 규정과 변론주의와 직권탐지주의를 절충하는
우리나라 행정소송법 제86조의 규정하에서는 독일식의 판단여지가 그대로 적
용하기에는 한계가 있다.[153]

　　우리나라 판례[154]는 판단여지를 여전히 재량의 일탈·남용으로 판단하는
경향이 여전하다. 다만 우리나라 행정소송법하에서는 재량과 판단여지는 최소
한 주장·증명상의 차이가 있다고 할 수 있다.[155] 가령 우리나라에서 판단여지
가 인정된다고 가정한다면 당해 처분에 있어서 불확정법개념과 관련된 판단여
지라는 사실은 행정청에게 유리한 사실이므로 행정청이 주장·증명해야 하는
것임에 반하여, 재량권 일탈·남용의 경우에는 원고가 부담해야 한다는 점에서
차이가 있다,

### (3) 평가

　　독일에서의 재량과 형량명령,[156] 불확정법개념과 판단여지[157]는 개념구조
상 유사하다는 점에서 사법심사도 유사하다.[158] 형량명령과 판단여지에 해당하
는 사례들에 관하여 우리나라 판례[159]는 여전히 재량의 일탈·남용으로 처리하
는 경향을 고수한다고 평가하고 있는 것도 사실이다.[160]

---

153) 최선웅, 위의 글, 119면 이하 참조.
154) 예컨대 대법원 2000. 10. 27. 선고 99두264 판결, 2001. 2. 9. 선고 98두17593 판결, 2006.
　　 9. 28. 선고 2004두7818 판결.
155) 최선웅, "재량과 판단여지에 대한 사법심사", 『행정판례연구』 ⅩⅧ(2013. 12), 13면 이하
　　 참조.
156) 독일의 재량하자의 종류와 형량하자의 종류는 개념상 유사하다. 앞의 주 147) 참조.
157) 독일에서도 판단여지는 재량과 구조적인 혈족관계(strukuelle Verwandtschaft)로 인하여
　　 그에 대한 사법심사도 재량과 유사하다고 한다. 판단여지에 대한 사법심사의 경우에도
　　 판단일탈, 판단남용, 판단불행사(Beurteilungsüberschreitung, -fehlgebrauch, -ausfall,
　　 Schenke, §20 Rn. 754, 772ff 참조) 등의 개념이 제시되는 기존의 재량하자의 경우와 별
　　 다른 차이점을 발견하기가 어렵다.
158) 재량과 판단여지에 대한 사법심사시 적용되는 원칙들이 계획재량에도 인정된다고 하고,
　　 계획재량과 관련하여서도 불확정법개념이나 판단여지를 언급하고 있다(Schenke, §20,
　　 Rn. 777a; Hufen, §25 Rn. 30)는 점에서 결국 재량, 계획재량, 판단여지 이들 3자는 유사
　　 한 측면이 있다.
159) 예컨대 대법원 2000. 10. 27. 선고 99두264 판결, 2001. 2. 9. 선고 98두17593 판결, 2006.
　　 9. 28. 선고 2004두781 판결.
160) 재량과 형량명령에 관하여는, 김동희, 앞의 책, 290면, 재량과 판단여지에 관하여는, 홍
　　 준형, 『한국행정법의 쟁점』, 서울대학교출판문화원, 2018, 157면 참조.

그렇다고 한다면, 관련 법규정의 신설 또는 판례법의 형성이 되지 않는 현 상태하에서는, 독일과 구별되는 우리나라의 소송법제하에서는 형량명령과 판단 여지는 재량처분에 대한 사법심사사유 중의 하나에 불과할 뿐이고 결론적으로 는 재량의 일탈·남용이라는 소송법적 의미에서의 재량처분의 취소의 문제에 불과할 뿐이다. 다만 독일식의 형량명령, 불확정법개념과 관련된 판단여지는 미국의 실질적 증거법칙과 마찬가지로 현대행정에 대한 재판통제의 어려움이라는 차원에서 우리나라의 실제 심리과정상 증거법칙에 반영할 여지는 있다.

## 4. 법령위반

재량행위에 대한 사법심사유로서 법령위반을 제시하는 경우가 있다.[161] 여기서의 법령위반은 재량수권규범 자체를 위반한 것으로서 재량행위라고 하더라도 사실상 기속행위로서 법령을 위반한 정도를 의미한다. 예컨대 재량일탈 중에서 양적초과와 법정외 조치의 선택의 경우가 이에 해당한다. 이 경우 행정이 재량을 행사한 결과가 양적초과라는 사실과 법정외 조치를 선택했다는 사실 자체가 기속규정을 위반한 것과 같은 정도의 법령위반이 된다. 이러한 사례들은 명백히 재량수권규범의 범위 밖의 재량행사로서 수권규범의 범위 내의 재량행사인 재량남용보다 행정의 책임과 비난가능성이 크다고 할 수 있다. 이러한 차원에서, 전술한 바와 같이, 평등원칙, 비례원칙 등 행정법의 일반원칙 위반을 재량남용보다 행정의 책임과 비난가능성이 가중되는 재량일탈로 분류하여 법령위반으로 이해하려는 경우[162]가 이해된다.

## 5. 기타의 사법심사사유

재량행위에 대한 사법심사사유는 정원개념(Numerus clausus)이 아니다. 따라서 위에서 검토한 재량일탈, 재량남용을 비롯하여 개별 사법심사사유들인 예컨대 법률의 목적, 사실오인, 행정청의 고려와 동기, 적절하고 완전한 사실관계의 조사 위반, 평등원칙, 비례원칙 등 행정법의 일반원칙 위반, 기본권 위반 등 이

---

161) 예컨대 제재처분기준으로 영업허가취소 또는 6월 이하의 영업정지처분을 규정한 경우, 법규위반이 매우 중대한 경우 취소를 선택하지 않고 1년의 영업정지처분을 내린 것을 위법하다고 한다. 박균성, 앞의 책, 334면 참조.

162) V. 1. (3) 3) 질적초과 부분 참조.

외에도 얼마든지 다양하게 제시될 수 있다. 다만 우리나라 판례상 부득이 모든 사법심사사유가 재량권 일탈·남용으로 처리된다는 점에서, 새로운 사법심사사유의 경우에는 재량의 일탈적 요소와 남용적 요소를 비교형량하여 개별적으로 성질결정하여 그에 합당한 소송상 취급을 하여야 한다.

## VI. 판례상 재량권 일탈·남용의 의의

### 1. 판례에 대한 비난

우리나라 판례에서는 재량 관련 사례를 일괄하여 재량권 일탈·남용으로 처리한다는 점에서 비난을 받는 영역으로는 독일행정법상의 계획재량과 관련된 형량명령과 불확정법개념과 판단여지이다.163) 이 독일행정법상의 형량명령과 판단여지는 물론이고 미국행정법상의 실질적 증거법칙은 행정에 대한 사법적 통제의 어려움에 대한 전세계적인 공감대가 형성되어 있음을 웅변적으로 증명한다. 우리나라에서도 분명히 이러한 독일이나 미국의 상황을 충분히 참조할 만한 가치가 충분히 있다.

그런데 독일의 형량명령164)이나 판단여지는 독일의 판례상의 성과물의 성격이 강하고 실제로 형량명령이 가능한 독일의 법률165)도 있다. 또한 독일은 기본적으로 독일 행정소송법 규정상 직권탐지주의를 채택하고 있으므로 소송자료에 관한 책임을 법원이 부담하게 되므로 법원의 부담가중의 해소책이 늘 관심의 대상이 되고 있다. 따라서 독일의 형량명령이나 판단여지는 법원의 부담경감이라는 독일식 문제해결이라는 측면을 부정할 수는 없다.166)

우리나라 행정소송법 제26조의 해석상 변론주의와 직권탐지주의가 절충된다는 점에서 이설이 없다. 따라서 우리나라 행정소송법 제26조의 해석상 특히

---

163) 계획재량은 불확정법개념 및 판단여지와 밀접한 관련성이 있는 것은 사실이다. 김해룡, "행정재량론고 — 행정재량 인식 관련 판례에 대한 비판적 교찰—", 『공법연구』 제40집 제3호(2012. 2), 215-218면 참조.
164) 형량명령을 "20세기 독일 행정판례법 잘전사의 금자탑(Pryamide)"라고 한다. 강현호, 앞의 글, 207면.
165) 예컨대 독일 연방건설법 제1조 제4항(§1Ⅳ BBauG).
166) 마찬가지로 미국의 실질적 증거법칙의 장점을 우리나라 증거법칙에 어느 정도 고려는 할 수는 있어도 그렇다고 우리나라에 바로 직수입하여 이식하기에는 우리나라 소송법제도라는 한계가 있다.

변론주의가 인정되는 한도 내에서는 주장·증명책임분배, 증명의 용이성, 사실문제와 법률문제의 구별 등과 관련하여 재량일탈과 재량남용의 구별실익이 있다. 우리나라에서는 독일에서와 같은 판례의 형성이나 관련 법규정이 없다는 점에서 독일과는 상황이 다르다.[167]

특히 재판실무라는 것은 이론형성이 주목적인 것이 아니라 기존의 주어진 법질서 내에서 당해 사건을 구체적 타당성을 기하여 해결하는 것을 목표로 한다. 따라서 판례가 실제 재판과정에서 당사자의 증명활동의 강도에 있어서는 재량일탈과 재량남용을 어느 정도 구별하여 고려할 수밖에는 없으나 이론적으로 재량일탈과 재량남용을 명백히 구별할 동기나 실익도 없다는 점도 고려하여야 한다.

요컨대 우리나라 판례가 형량명령과 판단여지를 재량권 일탈·남용에 포섭하여 처리하는 것은 우리나라 행정소송법제도하에서 불가피한 현상인 측면이 있다. 이 점에서 우리나라 판례의 태도를 이해 못할 바가 아니므로 이를 비난만할 일은 아니다.

## 2. 재량일탈의 재발견

행정의 책임이나 비난가능성이라는 측면에서 보면, 재량일탈은 법령을 정면으로 위반하였다는 점에서 재량남용에 비하여 심각하게 법치주의를 위반한 상태이다. 변론주의가 인정되는 소송제도하에서 당사자의 증명활동의 용이성 내지 강도라는 측면에서 볼 때, 재량일탈은 법령에서 정한 양적 객관적 수권범위를 벗어난 사실을 증명하는 것만으로 충분하다는 점에서, 양적인 재량수권의 범위를 준수는 하였으나 행정의 의사형성과정상의 오해, 태만, 부주의 등 질적인 행정의 주관적 요소를 증명하여야 하는 재량남용보다는 유리하다.

그런데 실제로 재량일탈과 재량남용을 명백히 구별하기 어려운 것은 사실이고 실제로도 사실오인이나 행정법의 일반원칙을 논자에 따라서는 재량일탈 또는 재량남용에 분류하는 경우도 있다. 이 점 때문에 판례가 실무상의 편의를 위하여 재량일탈과 재량남용을 명백히 구별하지 아니하고 재량권의 "일탈·남용"이라는 포괄적인 용어를 사용하는 것으로 이해가 된다. 따라서 재량처분의 개

---

167) 최승필, 앞의 글, 234-236면, 241면.

개의 사법심사사유들을 개념상 재량일탈과 재량남용으로 절대적으로 구분하는 것은 불가능하고 결국 재량일탈적 요소와 재량남용적 요소의 비교형량에 의하여 상대적으로 구별하여야 한다.

우리나라 행정소송에서 변론주의가 인정되는 한도 내에서 주장·증명책임의 분배와 증명의 난이도 또는 당사자의 증명활동의 강도가 소송의 성패를 좌우한다는 점에서, 재량수권규정을 정면으로 위반했다는 객관적 법령위반이라는 재량일탈적 요소만을 증명하고 추가적으로 행정의 의사형성과정상의 주관적 요소라는 재량남용적 요소의 증명을 요구하지 않는 것이 바람직하다. 따라서 예컨대 기존의 전형적인 재량일탈 이외에도, 재량의 불행사, 재량의 0으로 수축이라는 사실, 또는 평등원칙, 비례원칙 위반 등 행정법의 일반원칙 위반, 재량기준 설정공표의무 위반,168) 이유제시의무 위반, 재량준칙위반,169) 절차위반170)의 경우에도 객관적 법령위반이라는 재량일탈적 요소만을 증명하면, 추가적으로 행정의 주관적 요소를 증명할 필요 없이, 곧바로 당해 재량처분의 위법판단을 받을 수 있도록 하는 것이 바람직하다. 요컨대 법정책적으로 재량남용사유를 점차로 재량일탈사유로 편입시키는 것이 바람직하다.

종래 재량권 일탈·남용에 관한 판례의 태도 중 원고에게 매우 불리한 점은, "처분청이 재량권의 행사가 정당한 것이었다는 점까지 주장·입증할 필요가 없다"171)라고 하는 것이다. 이러한 판례의 태도는 일방적으로 행정에게 유리하고 원고에게는 패소를 강요하는 결과가 된다. 이런 판례의 불합리성을 완화시키기 위해서 위 판례의 직접적인 적용 대상을 축소시킬 필요가 있다. 즉 재량일탈의 경우에는 객관적인 재량일탈요소를 증명하는 것만으로 위법판단이 가능하고 추가적으로 행정의 주관적인 재량남용요소를 증명할 필요가 없으므로, 판례의 재량권 일탈·남용을 재량일탈과 재량남용을 분리시키고 가급적 재량일탈로 이론구성할 필요가 있다. 그리고 종래의 판례의 적용은 재량남용의 경우로 한정하고, 재량일탈의 경우에는 판례와 반대로 행정으로 하여금 당해 처분의 정당성을 주장·증명하도록 하는 것이다.

---

168) 이와 더불어 고지의무 위반, 의견청취절차 위반 등도 포함가능하다. 김철용, 앞의 책, 166면.
169) 김동희, 앞의 책, 288면.
170) 박균성, 앞의 책, 337면.
171) 대법원 1987. 12. 8. 선고 87누861 판결.

요컨대 기존의 재량남용을 가급적 재량일탈로 이동시켜 원고는 객관적 재량일탈사실만을 증명하는 것만으로 위법성을 증명하는 것으로 하고, 행정이 이를 저지하기 위해서는 행정으로 하여금 당해 재량처분의 정당성을 주장·증명하도록 하면 된다.

## 3. 현대행정에 대한 사법심사

현재 우리나라 판례에서는 실무적인 편의상 재량과 직접 또는 간접적으로 관련된 소송에 있어서는 언제나 재량권 일탈·남용으로 심사하고 있다. 그러다 보니, 현대 행정의 총아인 행정계획이나 전문기술적 영역에서의 사법심사의 효율성을 제고하여야 하는 과제가 있다.[172]

그런데 우리나라 판례가 재량권 일탈·남용으로의 일괄처리하는 것이 오로지 재판실무적 편의를 위해서라고 하더라도, 재량에 대한 각 개별 사법심사사유의 독자성 내지 그 특성을 규명하는 것 자체가 금지되는 것은 전혀 아니다. 오히려 단일하고 포괄적인 기준인 재량권 일탈·남용을 내실화하기 위해서 각 개별 사법심사사유들의 고유한 특성을 개발하여 그에 맞는 심사방법을 개발하여 궁극적으로는 이를 판례에 정착시켜야 할 과제가 있다.

현재 전 세계적으로 현대 행정의 전문·기술화 영역에서 행정에 대한 사법통제의 어려움은 실제 소송에서의 심리과정 특히 소송자료에 관한 증거영역에 있다. 이런 문제를 해소하기 위하여 독일의 행정소송에서는 직권탐지주의를 원칙으로 채택하여 언제나 법원의 부담경감의 해소하려는 독일식의 문제해결방식인 계획재량 또는 형량명령과 판단여지가 정착되어 있다. 미국에서는 행정에 대한 법원의 사법심사의 효율성을 기하기 위하여 사실문제와 법률문제의 분리를 기초로 행정과 법원의 기능적 역할분담에 초점을 맞춘 미국식의 문제해결의 방식인 실질적 증거법칙이 정착되어 있다. 이들 독일식이나 미국식의 문제해결방식이 우리나라에 도입하려는 논의는 있어 왔다.[173]

---

172) 판례의 태도에 대한 비판으로는, 김해룡, "행정재량론고 — 행정재량 인식 관련 판례에 대한 비판적 고찰 —", 『공법연구』 제40집 제3호(2012. 2), 215-218면; 최승필, 앞의 글, 233면.

173) 독일이론인 효과재량설과 관련된 판단여지의 도입문제는 이미 오래전부터 그 도입논의가 있어왔다. 미국행정법과 관련하여, 법체계가 다른 우리나라의 행정법제도의 상호 보완이 되고 이해와 비교에 도움이 될 수 있고 법현실이 동일하므로 궁극적으로 합일될

비록 예컨대 독일의 형량명령이나 판단여지, 미국의 실질적 증거법칙 등과 같은 제도들이 독일이나 미국 현지에서와 같은 정도로 우리나라에서 법적 제도화되지 못하고 또 우리 법원에서의 심리과정에 뚜렷하게 현출되지 못하고 법원의 판결의 이유에 명시적으로 표시되지도 못한다고 하더라도, 행정에 대한 적정하고 바람직한 사법적 통제라는 차원에서 이들 제도의 내용상 장점이 우리나라 행정소송에서의 심리과정에 실질적으로 반영될 수 있는 최대한의 노력을 할 필요는 분명히 있다.

## 4. 판례의 의의 — 소송법적 재량처분의 취소

이상에서 본 바와 같이, 우리나라 판례에서는 재량과 직접 관련된 일체의 모든 사실문제와 법률문제, 그리고 재량보다 폭넓은 형성의 자유가 인정되는 행정계획에서의 계획재량과 그 통제방법인 형량명령 그리고 불확정법개념과 관련된 판단여지와 같은 특수문제들까지 모두 다 망라하여 일괄 "재량권 일탈·남용" 여부로 심사한다. 이는 이미 우리나라 판례로 확립되었다고 할 수 있다.

따라서 판례에서의 "재량권 일탈·남용"의 진정한 의미는 재량과 직·간접적인 관련 또는 재량이 계기가 된 모든 사유를 모아서 그 위법 여부를 심사한다는 점에서는 판례에서의 "재량권 일탈·남용"은 "재량하자"보다도 더 포괄적인 의미를 가지고 있는 이른바 "소송법적 재량처분의 취소"의 의미를 가진다고 하겠다.

이러한 판례의 의의의 도출은, 변론주의와 직권탐지주의의 절충인 우리나라 행정소송법 제26조, 소송법적 재량처분의 취소의 의미인 제27조의 규정하에서는 불가피할뿐만 아니라 오히려 당연한 결론이다. 나아가 재량과 직·간접적으로 관련되거나 또는 재량이 계기가 된 다양한 일체의 사법심사사유들을, 비록 이것들을 직접적으로 규율하는 명확한 관련 법규정이 없다고 한다면, 현행 우리나라 행정소송법제도하에서, 적어도 소송실무적으로는 배제하지 아니하고

---

수 있다고 하는 견해(금태환, 앞의 글, 6면)와, 미국의 Chevron판결과 관련된 사법심사가 우리나라의 행정소송에 그대로 적용하기에는 한계가 있으나 명령에 대한 취소소송을 도입하려는 대법원의 행정소송의 개정안 등을 고려하여 우리의 이론에 하나의 기준을 제공할 수 있다고 하는 견해(김은주, 앞의 글, 330면)도 있다.

모두 다 소송법적으로 포괄적 재량처분의 취소의 의미를 갖는, 재량권 일탈·남용에 포괄하여 처리할 여지가 있다는 점에서 오히려 바람직하다.

## 5. 우리나라 행정소송의 장점

우리나라 행정소송에서는 소송자료에 관한 심리원칙으로 민사소송상의 변론주의와 공익을 이유로 한 직권탐지주의가 절충되어 있다. 우리나라 행정소송은 독일이나 미국식의 제도들을 포용할 여지가 있다는 점에서 매우 개방적이고 탄력적이고 바람직한 심리구조로 되어 있다.[174]

게다가 재량행위에 대한 사법심사사유는 정원개념이 아니다. 특히 우리나라의 재량행위에 대한 사법심사사유는 독일에서의 전통적인 재량하자의 3유형인 재량일탈, 남용, 불행사의 경우로 한정하지 아니하고 형량명령, 판단여지는 물론이고 이유제시의무, 처분기준의무의 위반 등 절차하자 그리고 중대한 공익상의 필요라고 하는 기속재량에 이르기까지 매우 다양한 사법심사사유를 포함하고 있으며 향후에도 얼마든지 추가가 가능하다. 이런 의미에서 판례에서의 "재량권 일탈·남용"은 "재량하자"보다도 더 포괄적인 의미를 가지고 있는 이른바 "소송법적 재량처분의 취소"의 의미를 가진다고 하겠다.

그리고 우리나라 행정소송은 변론주의를 기초로 사실문제와 법률문제를 구별한다. 따라서 사실문제와 법률문제의 구별을 전제로 한 행정과 법원의 기능분담에 기초한 미국식의 실질적 증거법칙도 얼마든지 수용이 가능하다.

다만 위와 같은 독일이나 미국 등 외국의 법제도들은 현재 우리나라의 행정소송법제하에서는 불가피하게 최종적으로는 일탈적 요소와 남용적 요소 간의 상대적 비교형량의 문제로 귀착되어 해소될 수밖에 없다는 현실적이고 소송법제도적인 한계가 있음을 명확히 인정할 필요는 있다.

---

174) 변론주의와 직권탐지주의 절충의 의의에 관하여는, 최선웅, "행정소송법 제26조의 해석에 관한 일 고찰 — 우리나라 행정소송의 독자성을 모색하며 —", 『행정법연구』 제10호 (2003. 10) 외에 앞의 주 12)에 소개된 문헌 참조. 또한 예컨대 우리나라 판례상 인정되는 기속재량의 경우 "중대한 공익상의 필요"라는 것을 이유로 한 직권판단은 현대행정의 전문기술적인 영역이나 행정계획 영역으로의 확대가 가능하다는 점에서 주목할 만하다고 할 수 있다.

## Ⅶ. 행정절차와 행정심판

### 1. 사법심사사유와의 관계

재량행위에 대한 통제사유를 크게 입법적 통제, 행정적 통제 및 사법적 통제로 3분류하고, 다시 재량하자에 관련된 행정절차와 행정심판상의 통제사유를 주로 행정적 통제의 범위에서 언급하는 것이 일반적이다.[175] 이에 따라서 기존의 대부분의 견해들은 재량행위에 대한 이질적인 사법심사사유들을 집합개념으로 망라하여 나열하였음에도 불구하고 행정절차와 행정심판에서의 통제사유들을 재량행위에 대한 사법심사사유와 분리하여 취급하고 있다.[176]

그런데 우리나라 행정절차, 행정심판은 행정소송과 마찬가지로 헌법상의 근거를 가진 헌법절차로서의 지위를 가진다는 점에서 행정절차와 행정심판을 행정통제라고 하여 사법통제인 행정소송과 분리·단절하는 것이 바람직한가의 문제는 있다.

### 2. 행정통제절차의 의의

우리나라 행정절차는 헌법 제12조 제1항 적법절차조항에, 행정심판은 헌법 제103조 제3항에, 행정소송은 헌법 제101조에 그 근거가 있다는 점에서 3절차 모두 다 헌법절차라는 점에서는 대등한 지위를 가지고 있다. 따라서 적어도 우리나라에 있어서는 행정작용에 대한 통제절차에 관한 한, 헌법은 위 헌법 3조문에 근거를 둔 헌법절차로서의 행정절차, 행정심판, 행정소송을 헌법제도화하였다. 그리고 이 3절차가 일련의 시계열적으로 연속성을 가지고, 심사사유가 누적적으로 절차이전되어 축척되어, 심사강도가 점증하는 절차로서 행정에 대한 통제를 완결하려는 헌법적인 의지의 표현이라고 할 수 있다. 요컨대 행정통제

---

175) 예컨대 김남진/김연태, 앞의 책, 231-232면; 김동희, 앞의 책, 283면; 정하중, 앞의 책, 170면; 홍정선, 앞의 책, 375-376면; 홍준형, 『행정법』 제2판, 법문사, 2017, 149면. 이에 반하여 재량행위에 대한 사법심사사유로서 재량기준설정의무 위반, 고지의무 위반, 의견청취절차 위반 등 행정절차법이 정하고 있는 절차적 기준을 포함하여야 한다는 견해로는, 김철용, 앞의 책, 166면 참조; 이해관계인의 의견진술 등 절차위반을 들고 있는 견해로는, 박균성, 앞의 책, 337면 참조.

176) Ⅱ. 1. 학설 부분 참조.

는 행정절차로부터 시작하여 행정심판을 거쳐서 그리고 행정소송에 의하여 완성되는 것이다.

따라서 우리나라 헌법하에서의 행정절차와 행정심판이라는 행정통제절차[177]는, 헌법에 그 근거규정이 있는 헌법절차로서 최종적으로는 법원에 의한 사법절차인 행정소송에 의하여 확정된다는 점에서, 단순한 행정내부적 통제절차로 한정해서 파악해서 안 된다. 요컨대 적어도 우리나라 헌법하에서는 재량에 대한 행정통제를 사법통제와 단절하여 이해하는 것은 바람직하지 아니하다.

## 3. 행정절차에서의 재량통제사유

절차법의 실체법에의 봉사적 기능[178]이 강조되고 절차하자 있는 행정행위의 취소가능성을 매우 제한하는 독일 행정절차법 제46조[179]의 영향을 받아, 절차하자와 실체하자를 구별하고, 절차하자는 실체법적으로 적법가능하다는 이유로 독자적인 위법사유로 인정되기가 어렵고 설령 인정된다고 하더라도 무효보다 경한 취소가 적당하고, 절차하자의 치유를 가능한 한 행정에게 유리하게 하려고 하고, 결정적으로는 절차하자를 시정하여 원처분을 다시 반복가능하다는 주장이 있다.[180]

그러나 헌법 제12조 제1항의 적법절차조항이 행정법의 일반원칙인지 여부가 논의[181]되고는 있지만, 적어도 헌법상의 적법절차는 단지 형사절차만이 아

---

177) 행정통제절차라는 차원에서 보면, 행정절차를 최협의의 행정통제절차, 여기에 행정심판을 더하여 광의의 행정통제절차, 여기에 행정소송을 합하여 최광의의 행정통제절차라고 할 수 있다.

178) Knack/Henneke, VwVfG Kommentar, 10.Aufl., Carl Heymans Verlag, 2014, §46 Rn. 11; Stelkens/Bonk/Sachs, §45 Rn. 10; 행정절차는 실체법의 실현방식(Verwirklichungsmodus des materiellen Rechts)이라고 하는 것에는, Mann/Sennekamp/Uechtritz(Hrsg.), VwVfG Kommentar, Nomos, 2014, VwVfG §1 Rn. 21. 참조.

179) 독일 개정된 행정절차법 제46조(§46 VwVfG)의 내용을 이를테면, "절차하자가 처분에 아무런 영향이 없음이 명백한 경우"에는 그 절차하자만을 이유로 당해 처분을 취소할 수 없다는 내용의 규정이다. 개정 전에는 "절차하자로 인하여 다른 행정처분을 할 수 없었던 경우"라고 규정하고 있었다. Ziekow, §46 Rn. 1.

180) 예컨대 김남진, "행정절차상의 하자의 효과 : 절차적 하자의 절대화 여부의 문제를 중심으로", 『고시연구』 제275호(1997. 2), 27-55면; 정하중, 앞의 책, 391면; 절차하자를 기속행위와 재량행위로 구별하여 설명하는 것으로는, 김동희, 앞의 책, 417-418면 참조. 독일에서도 절차하자에 대한 관한 논의가 100년이나 되었는데도 여전히 용어나 유형화가 되지 아니하고 있다고 한다. Mana/Sennekamp/Uechtritz(Hrsg.), §40 Rn. 194.

니라 행정절차에도 인정된다는 것이 일반적이다.[182] 행정절차의 헌법적 근거가 인정된다는 전제하에서는 행정권한행사의 절차가 적법절차를 위반한 경우에는, 심지어 행정절차법 규정의 유무와 관계없이, 위헌·위법이 원칙이다.[183]

이런 점에서 보면, 헌법상의 적법절차를 구체화한 행정절차법[184]상 명시된 행정통제사유인 재량기준설정의무 위반, 이유제시의무를 비롯하여 고지의무 위반, 의견청취절차 위반 등에 대하여는 점차로 실체하자에 버금가는 효력을 부여할 헌법적인 정당성이 있다.[185] 따라서 행정절차에서의 재량행위에 대한 통제사유들도 행정심판뿐만 아니라 법원에서의 사법심사사유로 인정하여야 한다.

## 4. 행정심판[186]에서의 재량통제사유

행정심판의 경우에도 당연히 재량행위가 심판대상이 되는 것은 물론이다. 기본적으로 행정심판은 행정내부적 통제의 기능[187]을 하고 행정절차의 성격[188]

---

181) 정영철, "행정법의 일반원칙으로서의 적법절차원칙", 『공법연구』 제42집 제1호(2013. 10), 579-613면; 홍준형, "적법절차와 행정절차법", 『공법연구』 제47집 제1호(2018. 10), 72-81면.
182) 김남진/김연태, 앞의 책, 444-447면; 김동희, 앞의 책, 387-388면; 김철용, 앞의 책, 305-306면.
183) 박균성, 앞의 책, 64면.
184) 행정절차법은 행정실체법과 마찬가지로 구체화된 헌법의 중요한 부분이라고 하는 것에는 홍정선, 앞의 책, 588면 참조.
185) 이와 같은 행정절차법상의 절차적 기준 중에서, 행정청이 스스로 재량기준의 설정·공표한 이상 행정의 자기구속원칙에 의하여 구속되어야 한다는 견해에 대해서는, 김철용, 앞의 책, 166-167면 참조.
186) 행정심판의 기능과 헌법상 근거에 관한 상세한 내용은, 최선웅, "행정심판의 기능", 『행정법연구』 제38호(2014. 2), 113-136면; 최선웅, "행정심판의 헌법상 근거 ― 헌법 제107조 제3항의 해석을 중심으로 ―", 『행정법연구』 제44호(2016. 2), 43-69면 참조.
187) 홍준형, 『행정법』 제2판, 법문사, 2017, 823면; 독일에서도 거의 모두 행정심판의 기능을 권리구제, 행정의 자기통제, 법원의 부담경감 등 3가지를 들고 있는 것이 일반적이다. Eyermann, §68 Rn. 2; Hufen, §5 Rn. 2; Redeker/von Oertzen, §68 Rn. 2a; Schenke, §18 Rn. 645f.
188) 독일에서는 행정심판은 행정절차나 행정소송(취소소송과 의무이행소송)의 전심절차로서 본안판단요건이라는 점에서는 이중적 성격(Doppelnatur)을 갖는다고 한다(Redeker/von Oertzen,§68 Rn 1; Schenke, §18 Rn. 642). 이 본안판단요건을 소송요건이라고 하는 경우(Redeker/von Oertzen,§68 Rn 3)도 있다. 독일에서는 행정심판을 행정소송의 전심절차로서 본안판단요건으로 하는 것은 독일 헌법과 부합한다고 하나, 행정행위에 대한 행정내부에서의 심사행위는 헌법에는 그 근거가 없으며, 독일 헌법 제19조 제4항은 행정에 대한 사법심사를 통한 효과적인 권리구제를 의미하는 것이지 행정에 의한 권리구

을 가지고 있다. 행정심판은 행정통제의 성격을 가지는 행정절차라는 점에서
행정심판에서의 재량행위에 대한 통제사유로는, 행정절차에서의 재량행위에 대
한 통제사유인 재량기준설정의무, 이유제시의무, 고지의무, 의견청취절차 위반
등의 사유를 당연히 참조하여야 한다.

　한편 우리나라 행정심판은 헌법 제107조 제3항에 의하여 사법권의 일환으
로 행해지는 행정소송에 준하는 절차이기는 하지만 헌법절차라는 점에서 어느
정도 제도적인 독립성이 보장되어야 한다.[189) 이 점에서 행정심판에서의 재량
행위에 대한 통제사유는 행정소송상의 사법심사사유와 일정부분 독립하여 취
급할 여지가 있다. 그 대표적인 것이 재량행위에 대한 합목적성 심사 즉 부당심
사라고 할 수 있다.

## 5. 3절차의 관계 — 재량통제사유의 누적적 관계

　우리나라 행정절차와 행정심판 두 절차 모두 헌법적 근거가 있다는 점에서
단지 행정내부의 통제절차제도로서의 지위에 그치는 것은 아니고, 사법권의 일
환인 행정소송과 마찬가지로 국민의 권익구제에 이바지하는 헌법절차적 성격
을 갖는다. 헌법절차라는 점에서는, 행정절차, 행정심판 그리고 행정소송은 대
등하다고 할 수 있다.[190)

　행정심판은 위법을 심사한다는 점에서 행정소송의 기능을 하고, 부당 즉
합목적성도 심사한다는 점에서 행정절차의 기능을 한다. 이 점에서 행정심판은
2중적 절차기능을 한다고 할 수 있다. 한편 행정심판은 행정절차와 행정소송의
가교역할[191)을 하는 절차라고 할 수도 있다. 따라서 행정절차와 행정심판에서
의 행정통제사유를 사법통제인 행정소송에서의 사법심사사유와 분리하여 고찰

---

제를 의미하는 것이 아니라는 것이다. Eyermann, §68 Rn. 9 f. 그러나 이는 우리나라 헌
법 제12조 제1항의 적법절차와 제107조 제3항의 준사법절차 규정이 없는 독일 헌법의
한계이다.

189) 최선웅, "행정심판의 헌법상 근거 — 헌법 제107조 제3항의 해석을 중심으로 —", 『행정
법연구』 제44호(2016. 2), 43-69면 참조.

190) 이런 점에서 헌법정신을 구현하기 위하여 행정절차법, 행정심판법, 행정소송법이 각각
제정된 것이라고 할 수 있다.

191) 우리나라 행정심판이 임의주의로 전환되었다고 해서 행정심판의 행정통제의 기능이 사
라지는 것이 아니다. 이 경우 행정심판은 발현이 안되었을 뿐 일종의 잠재적 행정통제기
능으로서 엄연히 존재하는 것이다.

할 수 없다.

한편 절차순서상 행정절차의 통제사유는 동종의 행정통제절차인 행정심판의 통제사유로 단절되지 아니하고 누적적으로 이전되고, 행정심판은 준사법절차라는 점에서 행정소송과 단절되지 아니하므로 행정심판에서의 통제사유는 행정소송에서의 사법심사사유로 역시 누적적으로 이전된다. 결국 행정절차에서의 통제사유는 동종의 행정통제절차인 행정심판에 절차이전되고, 행정심판은 준사법절차라는 점에서 행정심판에서의 통제사유는 최종적으로는 사법절차인 행정소송에 단절되지 아니하고 누적적으로 절차이전된다. 따라서 행정소송에서의 사법심사사유는 행정절차와 행정심판상의 심리사유를 참조하여야 한다.

요컨대 우리나라에서 재량행위에 대한 통제사유는, 행정절차와 행정심판을 거쳐서 최종적으로는 법원의 사법심사사유에로 누적되는 이른바 행정절차, 행정심판 그리고 행정소송 3절차 간의 재량통제사유의 누적적 관계가 성립한다.

## Ⅷ. 결어

우리나라 행정소송이론은 우선 우리나라의 소송법규정과 실제 우리나라 소송에서의 심리를 반영하여야 하는 것은 극히 당연한 일이다. 현재 우리나라의 판례에서는 재량행위에 대한 모든 사법심사사유들을 일괄하여 "재량권 일탈·남용"이라는 단일한 개념을 만들어 재량과 직·간접적으로 관련된 모든 사례에 예외없이 적용하는 경향은 여전하다. 심지어 행정계획과 관련된 계획재량 내지 형량명령이나 판단여지 등도 예외없이 재량권 일탈·남용의 문제로 처리한다. 이런 포괄적인 의미에서 판례에서의 재량권의 일탈·남용은 이른바 "소송법적 의미에서의 재량처분의 취소"를 뜻한다. 이는 이미 우리나라 판례법으로 확립된 것이다. 이와 같은 우리나라의 판례의 태도는 새롭고 다양한 사법심사사유들을 포용할 여지가 있는 개방적이고 탄력적인 개념이라는 점에서 바람직하다.

직권탐지주의를 원칙으로 하는 독일과 달리, 우리나라 행정소송의 심리원칙은 직권탐지주의가 절충되는 형태로서 기본적으로는 변론주의가 적용된다는 점에서 적어도 특히 사실인정과 관련된 사실문제에 관한 한 당사자의 주장·증명책임에 의한 재판을 할 수밖에 없는 상황이다. 변론주의에 의하는 한 재판 실제에 있어서 판결의 기초가 되는 사실은 당사자의 증명활동에 의하여 확정되므로 재량행위에 대한 사법심사사유들의 법적 성질에 따라서 주장·증명책임분배와 증명의 강도는 달라질 수밖에 없다.

재량일탈과 재량남용은 행정의 책임과 행정에 대한 비난가능성, 소송자료에 관한 소송원칙과 그와 관련된 사실문제와 법률문제의 구별, 그리고 증명의 용이성 내지 성공가능성을 기준으로 구별된다. 개념상 재량일탈은 재량수권규정의 범위를 벗어난 것이고, 재량남용은 수권범위 내이기는 하지만 행정의 의사형성과정에서 행정에게 주관적인 결함이 있다는 점에서 일단 구별은 된다. 그러나 실제에 있어서 재량일탈과 재량남용은 엄격히 구별되기가 어렵고 상대화되어 있다는 점에서 결국 재량의 일탈적 요소와 남용적 요소를 상호 비교형량하여 구별할 수밖에 없다.

판례가 재량행위에 대한 모든 사법심사사유를 재량권의 일탈·남용이라고 일률적으로 판시한다고 해서 재량행위에 대한 개별 사법심사사유들의 법적성질을 규명하여 이를 유형화하거나, 증거법칙과 관련하여 새로운 판례를 형성하는 것 자체가 금지되는 것은 아니다. 특히 전문·기술적인 영역에서 신속하고 탄력적인 대응을 중시하는 현대 행정에 대한 사법적 통제라는 난제의 해결 모색은 전 세계적인 공통관심사이다. 따라서 예컨대 재량과 구별된다고 하는 독일의 계획재량과 관련된 형량명령과 판단여지의 특성이나, 사실문제와 법률문제의 구별을 전제로 한 행정과 법원의 기능분담에 기초한 미국행정법의 실질적 증거법칙을 고려할 여지도 충분히 있다.

우리나라 행정소송에서는 소송자료에 관한 심리원칙으로 민사소송상의 변론주의와 공익을 이유로 한 직권탐지주의가 절충되어 있다는 점에서 이들 독일이나 미국식의 제도들을 포용할 여지가 있다는 점에서 매우 개방적이고 탄력적이라는 점에서 바람직한 심리구조로 되어 있다. 다만 이러한 외국의 법제도들은 현행 행정소송법제하에서는 불가피하게 재량권의 일탈·남용으로 처리할 수밖에 없는 우리나라에서는, 결국은 일탈적 요소와 남용적 요소 간의 상대적 비교형량의 문제로 귀착되어 해소될 수밖에 없는 소송법제도적인 한계가 있음을 인정하여야 한다. 비록 독일이나 미국 현지에서와 같은 정도로 우리나라에서 법적 제도화등 정착되지 못한다고 하더라도, 이들 제도들의 장점이 우리나라 행정소송에서의 심리과정에 반영될 수 있는 노력을 할 필요는 분명히 있다.

우리나라 행정절차와 행정심판은 헌법적 근거가 있다는 점에서 단지 행정내부적 통제절차제도로서의 지위에 그치는 것은 아니고 사법권의 일환인 행정소송과 마찬가지로 국민의 권익구제에 이바지하는 헌법절차적 성격을 갖는다. 이러한 차원에서 행정절차와 행정심판에서의 재량통제사유들은 행정소송에서의 사법심사사유와 연속되고 누적되는 개념으로 이해하여야 한다. 따라서 우리나라에서 재량행위에 대한 통제사유는, 행정절차와 행정심판을 거쳐서 최종적으로는 법원의 사법심사사유에로 누적되는 이른바 행정절차, 행정심판 그리고 행정소송 3절차간의 재량통제사유의 누적적 관계가 성립한다.

현재 우리나라에서는 행정소송의 사건수가 점증하고 있는 추세에 있다. 그런데 우리나라 행정소송법제도하에서는 변론주의가 인정되는 한도 내에서는 주장·증명책임의 분배와 증명의 난이도 또는 당사자의 증명활동의 강도가 현실적으로 소송의 성패의 관건이 된다. 따라서 우리나라의 재량행위에 대한 사법심사사유들의 법적성질을 재규명하여 이를 유형화하고 그에 따른 적절한 새로운 증거법칙 등 심리방법을 재정비하는 것이 적정하고 신속한 우리나라의 행정소송을 정착시키기 위해서 바람직하다.

# 🔲 참고문헌

## 1. 단행본
김남진/김연태, 『행정법 I』 제23판, 법문사, 2019.
김동희, 『행정법 I』 제25판, 박영사, 2019.
김철용, 『행정법』 전면개정 제8판, 고시계사, 2019.
김철용/최광진 편, 『주석 행정소송법』, 박영사, 2004.
박균성, 『행정법론(상)』 제18판, 박영사, 2019.
정하중, 『행정법개론』 제13판, 법문사, 2019.
최선웅, 『행정소송의 원리』, 진원사, 2007.
홍정선, 『행정법원론(상)』 제27판, 박영사, 2019.
홍준형, 『행정법』 제2판, 법문사, 2017.
홍준형, 『한국행정법의 쟁점』, 서울대학교출판문화원, 2018.

곽윤직(편집대표), 『민법주해 II』, 박영사, 1992.
김상용/전경운, 『민법총칙』 제4판, 화산미디어, 2018.
이시윤, 『신민사소송법』 제13판, 박영사, 2019.
이영준, 『민법총칙』 개정증보판, 박영사, 2007.
이은영, 『민법총칙』 제5판, 박영사, 2009.
호문혁, 『민사소송법』 제13판, 법문사, 2016.

## 2. 논문
강수경, "행정소성에서의 자백", 『법학연구』 제41집(2011. 2).
강현호, "계획적 형성의 자유의 통제수단으로서 형량명령", 『토지공법연구』 제66집
    (2014. 8).
권오봉, "행정소송에 있어서의 주장·입증책임", 『재판자료』 제67집(1995).
김유환, "미국행정법과 한국행정법학의 발전", 『행정법학』 제17호(2019. 9).
김현준, "계획법에서의 형량명령", 『공법연구』 제30집 제2호(2001. 12).
김현준, "경찰부작위로 인한 국가배상청구소송에 있어서 작위의무의 성립요건", 『토
    지공법연구』 제56집(2008. 10).
구욱서, "항고소송에 있어서 입증책임 — 대법원 1983. 9. 13. 선고 83누288 판결 —",
    『행정판례평선』, 박영사, 2011.

구욱서, "행정소송과 자백법칙", 『저스티스』 제29권 제1호(1996. 6).

구욱서, "행정소송에서의 입증책임", 『저스티스』 제34권 제3호(2001).

금태환, "미국 행정입법의 사법심사에 관한 연구 — 요건·심사범위·한국법과의 비교를 중심으로 —", 서울대학교 법학박사학위논문, 2003.

김남진, "법률상 이익의 개념적 혼란과 대책 — 서원우교수의 견해에 대한 반론을 겸하여 —", 『고시연구』 제14권 제10호(1990. 10).

김남진, "준법률행위적 행정행위의 문제점 — 그의 해체를 주장하며 —", 『고시연구』 (1992.5).

김남진, "행정법상의 의사표시", 『월간고시』 (1992. 6).

김남진, "행정절차상의 하자의 효과 : 절차적 하자의 절대화 여부의 문제를 중심으로", 『고시연구』 제275호(1997. 2).

김은주, "미국 행정법에 있어서 Chevron 판결의 현대적 의의", 『공법연구』 제37집 제3호(2009. 2).

김철용, "행정심판법 제9조의 입법상 과오론 — 김남진 교수의 논문을 중심으로 —", 『고시연구』 제23권 제8호(1999. 7).

김해룡, "법치국가의 원리로서의 형량명령", 『외법논집』 제34권 제1호(2010. 2).

김해룡, "행정재량론고 — 행정재량 인식 관련 판례에 대한 비판적 교찰 —", 『공법연구』 제40집 제3호(2012. 2).

박정훈, "행정부작위와 국가배상책임의 구조적 해석", 『토지공법연구』 제63집(2013. 11).

백윤기, "미국 행정소송상의 엄격심사원리(the hard look doctrine)에 관한 연구 — 한국판례와의 비교분석을 중심으로 —", 서울대학교 법학박사학위논문, 1995.

정영철, "행정법의 일반원칙으로서의 적법절차원칙", 『공법연구』 제42집 제1호 (2013. 10).

최선웅, "행정소송법 제26조의 해석에 관한 일 고찰 — 우리나라 행정소송의 독자성을 모색하며 —", 『행정법연구』 제10호(2003. 10).

최선웅, "행정소송에서의 준용규정에 관한 일 고찰", 『행정법연구』 제12호(2004. 10).

최선웅, "불확정법개념과 판단여지", 『행정법연구』 제28호(2010. 12).

최선웅, "행정소송법상 직권심리의 범위", 『행정판례평선』, 한국행정판례연구회, 박영사, 2011.

최선웅, "재량과 판단여지에 대한 사법심사", 『행정판례연구』 XVIII (2013. 12).

최선웅, "행정심판의 기능", 『행정법연구』 제38호(2014. 2).

최선웅, "행정심판의 헌법상 근거 ― 헌법 제107조 제3항의 해석을 중심으로 ―", 『행정법연구』 제44호(2016. 2).

최선웅, "행정소송에서의 기본적 사실관계 동일성의 의의 ― 형사소송과의 비교를 중심으로", 『행정법연구』 제46호(2016. 8).

최선웅, "행정소송에서의 기속재량", 『행정법연구』 제48호(2017. 2).

최승필, "행정계획에서의 형량 ― 형량명령에 대한 논의를 중심으로", 『토지공법연구』 제73집 제1호(2016. 2).

최정일, "행정규칙의 법규성에 관한 연구 ― 현행법령과 관련하여 ―", 『법제』 통권 447호(1995).

최정일, "행정규칙의 법규성문제를 또 생각하며", 통권447호(1998).

추효진, "미국 행정법상 '실질적 증거 심사'(substantial evidence test)에 관한 연구 ― 행정에 대한 '존중'(deference)을 중심으로 ―", 서울대 법학석사학위논문, 2013.

홍준형, "적법절차와 행정절차법", 『공법연구』 제47집 제1호(2018. 10).

## 3. 외국문헌

Eyermann, VwGO Kommentar, 14.Aufl., C.H.Beck, 2014.

Erichsen/Ehlers(H), Allgemeines Verwaltungsrehct, 14.Aufl., De Gruyter, 2010.

Hufen, Verwaltungsprozessrecht, 9.Aufl., C.H.Beck, 2013.

Jauernig/Hess, Zivilprozessrecht, 30.Aufl., C.H.Beck, 2011.

Knack/Henneke, VwVfG Kommentar, 10.Aufl., Carl Heymannns Verlag, 2014.

Lüke, Zivilprozessrecht, 10.Aufl., C.H.Beck, 2011.

Mana/Sennekamp/Uechtritz(Hrsg.), VwVfG Kommentar, Nomos, 2014.

Marcel Kaufmann, Untersuchungsgrundsatz und Verwaltungsgerichtbarkeit, Mohr Siebeck, 2002.

Maurer/Waldhoff, Allgemeines Verwaltungsrehct, 19.Aufl., C.H.Beck, 2017.

Redeker/von Oertzen, VwGO Kommentar, 16.Aufl., Kohlmammer, 2014.

Renate Köhler-Rott, Der Untersuchungsgrundsatz im Verwaltungsprozess und die Mitwirkungslast der Beteilgten, München, 1997.

Schenke, Verwaltungsprozessrecht, 16.Aufl., C.H.Müller, 2019.

Stelkens/Bonk/Sachs, VwVfG Kommentar, 8.Aufl., C.H.Beck, 2014.

Ziekow, Verwaltungsverfahrensgesetz Kommentare, 3.Aufl., Kohlhammer, 2013.

橋本博之, 現代行政法, 岩波書店, 2017.

南博方 原編著, 條解 行政事件訴訟法, 弘文堂, 2014.

塩野宏, 行政法 I, 有斐閣, 2018.

塩野宏, 行政法 II, 有斐閣, 2019.

# 제4절  재량과 판단여지에 대한 사법심사[*]

[판례평석] 대상판결: 서울고등법원 2013. 6. 20. 선고 2012누16291 판결

---

| I. 판례개요 | Ⅱ. 평석 |
|---|---|
| 1. 사실관계 | 1. 쟁점정리 |
| 2. 소송경과 | 2. 관련 판례 |
| 3. 판결요지 | 3. 판결의 검토 |
| | 4. 판결의 의미와 전망 |

---

## I. 판례개요

### 1. 사실관계

원고는 1992. 8. 당시 3학년에 재학 중인 대학생으로서, 소외 1, 2 등과 함께 "전대협 사수 및 태재준 의장 구출과 범청학련 건설 다짐을 위한 1만 2천 청년학도 진군대회"와 관련된 일련의 시위(이하 '이 사건 시위'라 한다)에 참여한 범죄사실로 유죄판결[1]을 선고받고 1993. 3. 출소하였다.

그 후 2000. 1. 12. 법률 제6123호로 "민주화운동관련자 명예회복 및 보상 등에 관한 법률"(이하 '민주화운동법'이라 한다)이 제정되자, 원고는 2000. 10. 16. 피고 민주화운동관련자명예회복및보상심의위원회(이하 '보상심의위원회'라 한다)에게 원고 자신이 민주화운동법 제2조 제2호 (라)목에서 정한 민주화운동을 이

---

[*] 이 글은 『행정판례연구』 ⅩⅧ (2013. 12)에 게재된 판례평석 "재량과 판단여지에 대한 사법심사"를 수정·보완한 것입니다.

[1] 원고는 화염병사용 등에 관한 법률, 집회 및 시위에 관한 법률, 일반교통방해죄로 기소되어 1심(제주지방법원 1992. 12. 24. 선고 92고합194 판결)에서 징역 10월을 선고받고 (공동피고인으로 기소된 소외 1은 징역 1년 6월, 소외 2는 징역 10월을 각 선고받았다), 2심(광주고등법원 1993. 3. 19. 선고 93노70 판결)에서는 징역 8월에 집행유예 1년의 판결을 선고받아(위 소외 1은 징역 1년 6월에 집행유예 2년을 선고받았다) 출소하였다.

유로 유죄판결을 받은 자(이하 '민주화운동관련자'라 한다)에 해당한다고 주장하면서 명예회복신청을 하였다.

이에 피고 보상심의위원회는 2010. 6. 7. "원고의 행위는 국가의 안위와 직결된 정부의 통일정책에 반대하고 반국가단체인 북한의 통일전선전술에 동조하는 것으로서 그 실질에 있어서 대한민국 헌법의 근본이념인 자유민주주의적 기본질서를 부정하는 것으로서 민주헌정질서 확립에 기여하였다고 볼 수 없어 이를 민주화운동으로 인정할 수 없다"는 이유로 원고의 신청을 기각하였다(이하 '이 사건 처분'이라 한다). 원고는 2010. 7. 27. 이 사건 처분에 대하여 재심의 신청을 하였는데, 피고 보상심의위원회는 2011. 8. 29. 같은 이유로 기각결정을 하였다.

한편 원고와 함께 이 사건 시위에 참여하였다가 유죄판결을 선고 받은 소외 1은 2000. 10. 18.경, 소외 2는 2001. 12. 21.경 피고 보상심의위원회에게 자신들이 민주화운동관련자에 해당한다고 주장하면서 명예회복신청을 하였는데, 피고 보상심의위원회는 이 사건 처분과는 달리 2005. 5. 30. 소외 2에 대하여, 2007. 2. 5. 소외 1에 대하여 민주화운동관련자로 인정하는 결정을 하였다.

그리하여 원고는 이 사건 시위는 국민의 기본권을 침해한 정부의 권위주의적 통치에 항거한 민주화운동이므로 이를 이유로 유죄판결을 받은 원고는 민주화운동관련자에 해당하고, 더욱이 원고와 함께 이 사건 시위에 참여하였다가 같은 범죄사실로 유죄판결을 받은 소외 1, 2에 대하여는 이미 피고 보상심의위원회가 민주화운동관련자로 결정하였음에도 불구하고, 원고의 명예회복신청을 기각한 이 사건 처분은 평등원칙에도 위반되므로, 이 사건 처분은 위법하다는 이유로 그 취소를 구하는 취소소송을 서울행정법원에 제기하기에 이르렀다.

## 2. 소송경과

### (1) 1심 법원 — 서울행정법원

1심 법원인 서울행정법원은 서울행법 2012. 3. 29. 선고 2011구합39127 판결에서, 이 사건 시위는 민주화운동이고 이를 이유로 유죄판결을 받은 원고는 민주화운동관련자이고, 더욱이 피고 보상심의위원회가 원고와 함께 이 사건 시위에 참여하였다가 같은 범죄사실로 유죄판결을 받은 소외 1, 2에 대하여는 민주화운동관련자로 결정하였음에도 원고의 명예회복신청만을 기각한 이 사건 처분은 형평에도 반하여 이 사건 처분은 위법하다는 이유로, 피고 보상심의위원회가 원고에 대하여 한 민주화운동 관련자 명예회복신청 기각결정을 취소한다는 판결을 하였다.

### (2) 서울고등법원 — 확정

피고 보상심의위원회는 1심 판결인 서울행정법원 2012. 3. 29. 선고 2011구합39127 판결에 대하여, 원고와 동일한 시위 현장에서 같은 구호를 외쳤고 원고보다 무겁게 처벌받은 소외 1, 2에 대하여는 민주화운동관련자로 인정하였음에도 원고를 민주화운동관련자로 인정하지 않은 것은, 유사한 사안에서 이미 민주화운동관련자로 인정하는 선행결정이 있더라도 피고 보상심의위원회는 이에 구속될 필요 없이 위원들 각자 사회적·역사적·정치적 소신에 따라 심의·결정한 것으로서 재량권을 일탈하거나 남용하지 아니하였다는 점 등을 이유로 항소하였으나, 서울고등법원은 서울고법 2013. 6. 20. 선고 2012누16291 판결에서 피고 보상심의위원회의 항소를 기각한다는 판결을 하였다.

이 서울고등법원의 판결은 상고기간의 도과로 확정되었다.

### 3. 판결요지

### (1) 1심 법원 — 서울행정법원

이 사건 시위는 민주화운동의 성격도 포함되어 있다는 점, 소외 1, 2에 대하여 민주화운동관련자로 결정한 선행결정이 위법·부당하지 아니하다는 점, 보상심의위원회의 위원에게 주어진 판단 여지와 같은 재량권에 일정한 한계가 있다는 점, 소외 2가 원고보다 더 적극적으로 이 사건 시위에 가담한 점 등을 종합하면, 명백하게 민주화운동에 해당하지 않는다고 단정할 수 없는 이 사건 시위와 관련하여 특별한 사정변경이 없음에도 피고 보상심의위원회가, 소외 1, 2에 대하여는 민주화운동관련자로 인정한 선행결정에 반하여, 이들과 함께 이 사건 시위에 참여한 원고의 명예회복신청만을 기각한 것은 피고 보상심의위원회에게 부여된 재량권 행사의 한계를 일탈·남용한 것에 해당할 뿐만 아니라, 합리적인 이유 없이 원고를 차별하는 것으로서 평등원칙에도 위배된다는 이유로, 이 사건 처분은 위법하다.

## (2) 서울고등법원

1992년 당시 권위주의적 정부에 대항하여 집회·결사의 자유 등을 보장할 것을 요구하거나 행사하였고 이로 인하여 형사처벌을 받은 원고의 행위는 '민주화운동을 이유로 유죄판결을 받은 자'에 해당하고, 불확정개념의 해석·적용과 관련하여서 전문성과 대체불가능성 때문에 법률요건에서의 전제사실을 인정하거나 또는 인정 사실을 포섭하는 법적 평가에 관하여 판단여지가 인정되는 경우가 있고, 이러한 판단에 대하여 법원은 행정기관이 판단의 여지 내에서 내린 결정이라면 수용하여야 한다는 판단여지설에 따라서 행정기관에게 '판단의 여지'가 인정되는 경우에도, 합리적인 이유 없이 본질적으로 동일한 것을 다르게 판단하였다면 평등의 원칙에 위배되고, 원고와 동일한 시위 현장에서 같은 구호를 외쳤고 원고보다 무겁게 처벌받은 소외 1, 2에 대하여는 민주화운동관련자로 인정하면서 원고를 민주화운동관련자로 인정하지 않은 것은, 피고 보상심의위원회가 동일한 행위들에 대하여 차별대우를 한 것으로서, 그러한 처분의 정당성에 대하여 위원들의 사회적·역사적·정치적 소신에 따른 것이라는 주장은 평등원칙에서 요구하는 합리적인 이유라고 할 수 없으므로, 이 사건 처분은 피고 보상심의위원회에게 부여된 "판단의 여지"를 벗어났고 평등원칙을 위반한 점에서 위법하다.

## Ⅱ. 평석

### 1. 쟁점정리

이 사건에서 민주화운동법상의 민주화운동관련자로 인정되기 위한 요건과 관련된 "민주화운동관련자", "자유민주적 기본질서", "민주헌정질서" 그리고 "국민의 자유와 권리를 회복·신장시키는 활동" 등의 의미를 직접적으로 밝히는 부분과 관련된 쟁점2)을 제외하고, 재량과 판단여지에 대한 법원의 사

---

2) 이에 관한 판결로는, 헌법재판소 2002. 10. 31. 선고 2002헌마213 전원재판부 결정; 대법원 2007. 5. 11. 선고 2006두20228 판결, 2008. 4. 17. 선고 2005두16185 전원합의체 판결 등을 들 수 있다. 이와 관련된 판례평석으로는, 임영호, "민주화운동관련자 명예회복 및 보상 등에 관한 법률 소정의 명예회복신청기각처분의 적부,"『대법원판례해설』, 제69호 (2008 상반기), 법원도서관, 2008; 임영호, "민주화운동관련자 명예회복 및 보상 등에 관

법심사에 관련된 쟁점만을 정리하면 다음과 같다.

먼저 원·피고의 주장을 정리하면, 피고 보상심의위원회가 같은 사건에서 민주화운동관련자로 인정한다는 선행결정이 있음에도 원고에 대하여는 민주화운동관련자로 인정하지 아니한 것은 평등원칙에도 위반된다는 원고의 주장에 대하여, 피고 보상심의위원회는 민주화운동관련자로 인정하는 선행결정에 구속될 필요 없이 위원들 각자 사회적·역사적·정치적 소신에 따라 원고가 민주화운동관련자에 해당하지 않는다고 한 심의·결정은 재량권을 일탈하거나 남용하지 아니하였다고 주장하였다.

이러한 원·피고의 주장에 대하여, 대상판결 법원은 불확정개념을 해석·적용함에 있어서 전문성과 대체불가능성 때문에 법률요건에서의 전제사실을 인정하거나 또는 인정 사실을 포섭하는 법적 평가에 관하여 행정기관의 판단여지가 인정되는 경우가 있으나, 이러한 판단의 여지가 인정되는 경우에도 사실의 인정의 과오 및 평등원칙 등 법의 일반원칙의 위반은 법원의 심사대상이 된다는 전제하에, 이 사건 처분은 피고 보상심의위원회에게 부여된 '판단의 여지'를 벗어났고 평등원칙을 위반한 점에서 위법하다고 판단하였다.

요컨대 대상판결에 관하여는, 전문가로 구성된 준사법적기관의 성격을 가진 위원회인 보상심의위원회가 민주화관련법상의 요건인 불확정개념에 해당하는 민주화운동관련자에 해당하는지 여부에 대한 결정이 재량인 것인지 아니면 판단여지에 해당하는지 여부와 그에 따른 법원의 사법심사의 방식이 쟁점이 된다고 할 수 있다.

## 2. 관련 판례

재량과 판단여지의 구별과 관련하여 논의[3]되고 있는 판결들을 들면 다음과 같다. 교과서검정사건과 관련된 것으로서, 대법원 1988. 11. 8. 선고 86

---

한 법률에 따른 보상금 소송의 형태 ― 대법원 2008. 4. 17. 선고 2005두16185 전원합의체 판결 ―",『정의로운 사법: 이용훈대법원장재임기념』, 사법발전재단, 2011; 민주화운동관련자 명예회복 및 보상 등에 관한 법률에 따른 보상금 소송의 형태 ― 대법원 2008. 4. 17. 선고 2005두16185 전원합의체 판결 ―,『특별법연구』제10권, 전수안대법관 퇴임기념, 제10권, 2012 등이 있다.

3) 예컨대 김남진/김연태,『행정법 I』, 법문사, 2013, 224면 이하; 박균성,『행정법론(상)』, 박영사, 2013, 307면; 홍정선,『행정법원론(상)』, 박영사, 2013, 325면 이하 참조.

누618 판결, 1992. 4. 24. 선고 91누6634 판결, 1992. 5. 12. 선고 91누1813 판결 등을 들 수 있다. 각종 시험에 관한 판결들로서, 국가시험의 채점기준에 관한 대법원 1964. 6. 30. 선고 63누194 판결, 감정평가사시험에 관한 대법원 1996. 9. 20. 선고 95누68003 판결, 사법시험에 관한 대법원 2001. 4. 10. 선고 99다33960 판결, 공인중개사시험에 관한 대법원 2006. 12. 22. 선고 2006두12883 판결 등이 있다. 임용이나 학위수여 등에 관하여는, 공무원 임용을 위한 면접전형에 관한 대법원 1997. 11. 28. 선고 97누11911 판결, 2008. 12. 24. 선고 2008두8970 판결, 대학교수의 임용에 관한 대법원 2006. 9. 28. 선고 2004두7818 판결, 학위수여에 관한 대법원 1976. 6. 8. 선고 76누63 판결 등이 있다. 그 외에도 건설 내지는 건축에 관련된 판결로서, 건설공사를 계속하기 위한 고분발굴허가에 관한 대법원 2000. 10. 27. 선고 99두264 판결, 건축물용도변경에 관한 대법원 2001. 2. 9. 선고 98두17593 판결, 토지의 형질변경행위를 수반하는 건축허가에 관한 대법원 2005. 7. 14. 선고 2004두6181 판결 등이 있다.

## 3. 판결의 검토

### (1) 재량과 판단여지의 구별문제

#### 1) 독일에서의 논의

독일에서 1955년 이래로 Bachof에 의하여 불확정법개념(unbestimmter Rechtsbegriff)과 관련된 판단여지(Beurteilungsspielraum)[4]가 전개된 바 있다. Bachof에 따르면, 재량은 "다수의 법적으로 가능한 조치들 간의 선택(Wahl zwischen mehreren rechtlich möglichen Verhaltenweisen)"을 의미하는 데에 반하여, 판단여지는 이와 같은 행정의 선택이 아니라 "다양한 판단가능성(verschiedene Beurteilungsmöglichkeiten)"을 의미하므로,[5] 재량과 판단여지는 구별되어야 한다고 한다.[6] 이러한 Bachof의 선구적인 이론에 이어서 Bachof와 동시대의 Ule의 대체가능성설(Vertretbarkeitslehre)[7]과 Wolff의 행정청의 평가특권(Einschätzungs-

---

4) Bachof, Beurteilungsspielraum, Ermessen und unbestimmter Rechtsbegriff im Verwaltungsrecht, JZ 1955, 97-102.
5) Bachof, S. 98.
6) Bachof, S. 102.
7) Ule, Zur Anwendung unbestimmter Rechtsbegriff im Verwaltungsrecht, Gedächtschrift

prärogative) 내지는 규범수권설(normative Ermächtigungslehre)[8]이 등장하였다.[9]

이와 같이 일찍이 재량과 판단여지가 구별되는 것으로 논해진 이후에도 독일에서는 여전히 불확정법개념은 구성요건(Tatbestand)에 규정되고 재량이라고 하는 것은 법효과 측면(Rechtsfolgenseite)에 규정되는 것이라는 인식[10]하에서, 재량과 판단여지를 일응 구별되어야 하는 것으로 이해하고 있다.[11] 이러한 판단여지가 인정되는 영역으로는, 시험결정, 공무원법상의 평가, 전문가와 위원회의 독자적 결정, 환경법과 경제법상의 예측결정과 리스크 평가, 행정정책적 결정 등이 학설·판례상 인정되고 있다.[12]

이 Bachof, Ule, Wolff 등의 이론은 판단여지라고 하는 단일한 개념으로 파악할 수 있다고 하고, 이 세 가지 이론의 의미는, 입법자가 법률을 제정함에 있어서 법률요건에 규정한 불확정법개념을 구체화하고 개별화하는 것을 행정이 스스로 책임지고 결정하도록 입법으로 수권한 것을 의미한다는 것이고, 이는 결과적으로 행정에 대한 법원의 사법심사를 제한하는 것을 의미한다고 한다.[13]

요컨대 독일에서는 재량에 관하여는 법적효과에서의 결정재량 내지는 선택재량이라고 하는, 즉 이른바 효과재량설을 취하고 그 결과 요건부분에는 재량을 부정하면서도 불가피하게 요건부분에 관하여 법원의 사법심사를 제한하기 위하여 불확정법개념과 판단여지를 전개한 것이라고 할 수 있다.[14]

2) 우리나라에서의 논의

위와 같은 이른바 독일식의 판단여지 내지는 판단여지설[15]이 수입된 이래

für Walter Jellinek, 1955, S. 309-330.
8) Wolff/Bachof, Verwaltungsrecht, 9. Aufl., C. H. Beck München, 1974, §31 I c 4, S. 191ff.
9) 이 Bachof, Ule, Wolff 등의 이론에 관하여는, 최선웅, "불확정법개념과 판단여지", 행정법연구 제28호, 2010. 12, 95-134면 참조.
10) Maurer, Allgemeines Verwaltungsrecht, 17. Aufl., C. H. Beck München, 2009, §7 Rn. 51, S. 51.
11) Maurer, §7 Rn. 55, S. 157.
12) Maurer, §7 Rn. 35-42, S. 148-151; Kopp/Scenke, VwGO Kommentar, 15. Aufl., C. H. Beck München, 2007, §30, Rn. 20; Hufen, Verwaltungsprozessrecht, 7. Aufl, C. H. Beck München, 2008, §25, Rn. 36-39.
13) Maurer, §7 Rn. 32, S. 146; Erichen/Ehlers(Hrsg.), Allgemeines Verwaltungsrecht, 14. Aufl., De Gruyter, 2010, §11, Rn. 44.
14) 불확정법개념과 판단여지에 관한 상세한 내용에 관하여는, 최선웅, "불확정법개념과 판단여지",『행정법연구』제28호, 2010, 95면 이하 참조.

로 우리나라에서 종래부터 대체적으로 재량과 판단여지를 구별하는 견해[16]가
우세하다.[17]

그런데 우리나라 판례는 현재까지는 이른바 독일식 판단여지설을 수용한
다는 점을 명시적으로 표명하지는 아니하고, 대체적으로 재량 이외에 추가적으
로 판단여지를 특별히 인정하지 아니하고, 예컨대 교과서 검정행위와 관련된
사건에서와 같이, 교과서 검정행위를 행정청에게 자율적인 판단권한이 주어진
재량행위라고 판시[18]하여 왔다. 즉 판례는 재량과 판단여지를 구분하지 않고
이른바 독일식의 판단여지가 인정될 수 있는 경우에도 시종일관 재량으로 인정
하여 왔다.[19]

한편 예컨대 판단여지와 근접한 교과서 검정행위와 관련된 사건[20] 등과
관련된 판례의 태도에 관해서는, 재량과 판단여지를 적극적으로 구별하고자 하

---

15) "판단여지", "판단여지'설'" 등의 용어에 관하여는, 최선웅, "불확정법개념과 판단여지",
『행정법연구』 제28호, 2010, 116면 참조.

16) 우리나라에서 재량과 판단여지의 구별에 적극적인 견해로는, 예컨대, 김남진/김연태,
223면; 박균성, 305면; 홍정선, 325면; 홍준형, 『행정법』, 법문사, 2011, 130면 등을 들 수
있다. 이에 반하여 재량과 판단여지의 구별에 소극적인 견해의 예로는 "불확정개념을 사
용한 경우에 있어서의 행정청의 판단여지와 재량행위에 있어서의 재량권은 구별할 실익
이 없는 것이다. 이것은 판례의 입장이기도 하다"(김동희, 『행정법 Ⅰ』, 2013, 272면)를
들 수 있고, 그 외에도 재량과 판단여지의 구별에 부정적인 견해로는 김철용, 『행정법』,
고시계사, 2013, 177면; 박윤흔/정형근, 『최신행정법강의(상)』, 박영사, 2009, 301면 등을
들 수 있다.

17) 한편 우리나라와 독일의 상황에 관해서는, "재량과 불확정법개념이 서로 구별되는 것임
은 우리나라에서도 대체로 인정되고 있으며, 그것이 또한 독일의 확고한 판례와 통설이
다"(홍준형, 129면)라고 하는 경우도 있고, "현재 독일의 통설이며 우리나라의 다수설이
다"(고영훈, "재량과 판단여지", 『과학기술법연구』 제9집 제2호, 2003, 215면) 하는 경우
도 있다.

18) "피고가 교과용 도서 및 지도서를 검정함에 있어서는 법령과 심사기준에 따라야 하는 것
은 물론이지만 그 판단이 사실적 기초가 없다거나 또는 사회통념상 현저히 부당하다는
등 현저히 재량권의 범위를 일탈한 것으로 보이지 않는 한 그 처분을 위법시 할 수 없다
고 할 것이고, 법원이 그 검정에 관한 처분의 위법 여부를 심사함에 있어서는 피고와 동
일한 입장에 서서 어떠한 처분을 하여야 할 것인가를 판단하고 그것과 피고의 처분과를
비교하여 그 당부를 논하는 것은 불가하고, 피고가 관계법령과 심사기준에 따라 처분을
한 것이면 그 처분은 유효한 것이고 그 처분이 현저히 부당하다거나 또는 <u>재량권의 남
용에 해당한다</u>고 볼 수밖에 없는 특별한 사정이 있는 때가 아니면 피고의 처분을 취소
할 수 없다"(대법원 1988. 11. 8. 선고 86누618 판결, 밑줄은 필자).

19) 이와 같이 판단여지가 인정될 수 있는 경우에도 재량권을 인정하고 있다고 평가받는 판
례들로는 앞 2. 관련판례 부분에 예시한 판례들 참조.

20) 대법원 1988. 11. 8. 선고 86누618 판결.

는 견해들도, 물론 판례의 태도가 판단여지를 인정하고 있다고 단정하여 평가
하는 듯한 예외적인 경우21)도 있지만, 대체로는 일단 우리나라 판례가 재량과
판단여지를 구별하지 아니하고 있는 것으로 평가하고 있는 것이 일반적이다.22)

　요컨대 우리나라에 있어서 재량과 판단여지의 구별에 관해서는 학설은 그
구별을 인정하는 것에 우세하고 판례는 그 구별을 부정하고 있다.23)

## (2) 이론상의 구별문제와 실제 법원에서의 심리문제

　전술한 바와 같이, 독일의 학설 및 판례와 달리, 우리나라에 있어서 학설은
대체적으로 재량과 판단여지의 이론상의 구별을 긍정함에 반하여, 실제 이를
심리하는 법원은 재량과 판단여지 양자의 구별을 부정한다는 전제하에서 심리
한다는 것이 일반적이다.

　재량과 판단여지는 일차적으로는 행정의 행위 내지는 판단과 직접적인 관
련성을 갖고 있다고 할 수는 있다. 그러나 무릇 법적 분쟁은 우선 먼저 법원에
서의 사실 확정의 문제와 직결된다.24) 재량과 판단여지를 둘러싼 법적 분쟁의
문제 역시 사실확정의 문제와 필수 불가분의 관계에 있다. 그런데 소송에서 사
실의 존부는 최종적으로는 소송자료의 수집·제출책임의 분배에 관한 소송원칙
에 의하여 확정된다. 재량과 판단여지 역시 사실확정과 밀접한 관련성을 갖는
다는 점에서 소송자료에 관한 소송원칙과 밀접한 관련성을 가질 수밖에 없
다.25)

---

21) 김남진/김연태, 224면.
22) 예컨대 "판례는 재량권과 판단여지를 구분하지 않고 판단여지가 인정될 수 있는 경우도
　　재량권이 있는 것으로 보고 있는데"라고 하는 것에는, 박균성, 307면 참조; "판례는 판단
　　여지 인정설이 판단여지의 적용영역으로 보는 시험평가유사결정, 독립위원회의 결정 등
　　을 재량의 문제로 보고 있다"라고 하는 것에는, 홍정선, 325면 참조.
23) 재량과 판단여지의 구별에 관하여 회의적인 입장을 개진하고 있는 것으로, 예컨대 "불확
　　정개념을 사용한 경우에 있어서의 행정청의 판단여지와 재량행위에 있어서의 재량권은
　　구별할 실익이 없는 것이다. 이것은 판례의 입장이기도 하다"라고 하는 것에는, 김동희,
　　『행정법 Ⅰ』, 2013, 272면 참조.
24) 이는 재량과 판단여지를 구별하는 독일에서도 마찬가지이다. 예컨대 Maurer에 따르면,
　　"법적문제에 대한 판결은 언제나 사실해명을 요구한다"라고 하는 것에서도 알 수 있다.
　　Maurer, §7 Rn. 61, S. 160.
25) 불확정개념의 문제는 판단여지와 재량을 구별할 것인가라는 개념적 차원에만 국한되는
　　것이 아니라, 실제적으로 법규의 요건부분에 대한 법원의 심사방식과 직결되는 문제라
　　고 하는 견해로는 박정훈, "불확정개념과 판단여지", 『행정작용법(중범김동희교수정년기

이런 점에서 보면, 우리나라에 있어서 재량과 판단여지의 구별에 관하여 학설과 판례가 혼선을 빚는 등 명확하게 규명되지 아니하는 이론과 실제의 괴리 현상은, 이론상으로 독일뿐만 아니라 우리나라에서도 논하여 온 재량과 판단여지의 이동에 관한 끊임없는 논의의 당부라기보다는, 실제로 특히 이를 심리하는 법원에서의 재량과 판단여지에 대한 실제 심리과정 내지 심리방법상의 차이, 즉 우리나라와 독일의 행정소송에 있어서의 소송자료에 관한 소송원칙 간에 차이가 있다는 점에 관한 인식의 부족이라고 하는 측면에서 오는 것이라고 할 수 있다.[26]

요컨대 재량과 판단여지의 이론상의 구별문제는 실제 이를 심리하는 법원의 심리에서 행하여지는 사실확정 내지는 사실해명에 관한 심리원칙 즉 소송자료의 수집·제출 책임에 관한 소송원칙, 즉 변론주의와 직권탐지주의와 관련하여서 검토하여야 한다.

### (3) 행정소송에서의 변론주의와 직권탐지주의의 문제[27]

행정소송에서 소송자료의 수집·제출의 책임을 누구의 부담으로 하는가는 행정소송법 제26조의 해석의 문제[28]이다. 이러한 해석의 문제가 발생하게 되는 계기는 행정소송법 제8조 제2항[29]에 의하여 준용되는 민사소송법 제292조[30]와 행정소송법 제26조가 의미하는 바가 분명하지 않다는 점이다. 즉 행정소송법 제26조를 최소한으로는 민사소송법 제292조에 규정된 보충적 직권증거조사로, 최대한으로는 독일 행정소송법 제86조 제1항(§86 Ⅰ VwGO)[31]에 규정된 바와 같

---

념논문집)』, 박영사, 2005, 268면 이하 참조.

26) 판단여지와 행정소송에서의 소송자료에 관한 소송원칙에 관하여는, 최선웅, "불확정법개념과 판단여지",『행정법연구』제28호, 2010, 119면 이하 참조.

27) 행정소송에서의 변론주의와 직권탐지주의에 관한 상세한 고찰로는, 최선웅,『행정소송의 원리』, 진원사, 2007, 205면 이하 참조.

28) 행정소송법 제26조의 해석에 관한 상세한 고찰로는, 최선웅, "행정소송법 제26조의 해석에 관한 일 고찰 — 우리나라 행정소송의 독자성을 모색하며 —",『행정법연구』제10호, 2003 참조.

29) 행정소송법 제8조 제2항 행정소송에 관하여 이 법에 특별한 규정이 없는 사항에 대하여는 법원조직법과 민사소송법 및 민사집행법의 규정을 준용한다.

30) 민사소송법 제292조 (직권에 의한 증거조사) "법원은 당사자가 신청한 증거에 의하여 심증을 얻을 수 없거나, 그 밖에 필요하다고 인정한 때에는 직권으로 증거조사를 할 수 있다."

31) §86 Ⅰ VwGO [직권탐지주의]: "법원은 사실관계를 직권으로 조사하여야 한다; 이 경우

은 원칙적인 직권탐지주의로 해석할 수 있기 때문이다.

이에 관하여는 행정소송에 있어서 소송자료의 수집·제출 책임의 분배에 관한 심리원칙으로는 사실상 민사소송과 같다는 변론보충설[32], 독일 행정소송법 제86조의 규정과 같은 원칙적 직권탐지주의설[33]도 있다. 그러나 다소 표현상의 차이와 정도의 차이는 있으나 변론주의와 직권탐지주의 양자를 모두 인정하는 절충설[34]이 주류적인 것이라고 할 수 있다. 즉 절충설은 행정소송에 있어서 변론주의가 인정된다는 전제하에서 변론주의를 보충하는 보충적 직권증거조사가 인정된다고 하는 점은 보충적 직권증거조사주의설과 같이 하면서도, 그러나 여기에서 그치는 것이 아니라 한 걸음 더 나아가서 행정소송법 제26조 후단에 규정된 '당사자가 주장하지 아니한 사실에 대하여도 판단할 수 있다'는 의미에서의 '직권탐지주의'가 절충적으로 인정된다는 것을 의미한다.

판례도 마찬가지로 행정소송법 제26조에 관하여 변론주의와 직권탐지주의 간의 절충적인 기본적인 입장을 밝히고 나서 그 구체적인 기준으로 즉 행정소송법 제26조의 직권심리의 범위에 관하여는 '일건 기록에 현출된 사항'[35]이라

---

관계인을 참여시켜야 한다. 법원은 관계인의 주장과 증거신청에 구속되지 아니한다." 이 규정의 원문은 다음과 같다.

§86 Ⅰ VwGO [Untersuchungsgrundsatz]: Das Gericht erforscht den Sachverhalt von Amts wegen; die Beteiligten sind dabei heranziehen. Es ist an das Vorbringen und an die Beweisanträge der Beteiligten nicht gebunden.

32) 이상규, 『신행정법론(상)』, 법문사, 1993, 867면; 이혁우, "행정소송에서의 직권심리범위 — 행정소송법 제26조의 해석과 관련하여 —", 『특별법연구』 제5권, 법문사, 1997, 43면; 변론주의 보충설이 다수설이라고 하는 문헌으로는, 박윤흔/정형근, 844면; "직권탐지주의 가미설"이 학계의 일각에서 주장되기도 하였으나, 대세는 "변론주의보충설"인 것으로 보인다고 하는 것에는, 김남진/김연태, 『행정법Ⅰ』, 법문사, 2013, 831면 참조.

33) 강영호, "행정소송법 제26조 [직권심리]에 대한 검토", 『행정재판실무편람 Ⅲ』, 서울행정법원, 2003, 125면을 들 수 있다.

34) 이와 같이 변론주의와 직권탐지주의의 절충적인 입장을 취하는 견해로는, 김철용, 611면; 류지태/박종수, 『행정법신론』, 박영사, 2010, 686면; 박균성, 1175면; 정하중, 『행정법총론』, 법문사, 2005, 757면; 홍정선, 1138-1139면; 홍준형, 921-922면 등을 들 수 있다.

35) 예컨대 행정소송법 제26조에 관하여 판례는, "법원이 아무런 제한 없이 당사자가 주장하지 아니한 사실을 판단할 수 있는 것은 아니고, 일건 기록에 현출되어 있는 사항에 관하여서만 직권으로 증거조사를 하고 이를 기초로 하여 판단할 수 있을 따름이고, 그것도 법원이 필요하다고 인정할 때에 한하여 청구의 범위 내에서 증거조사를 하고 판단할 수 있을 뿐"(대법원 1994. 10. 11. 선고 94누4820 판결)이라고 판단한다는 점에서 그러하다. 이와 같은 취지의 판결로는, 대법원 1985. 2. 13. 선고 84누467 판결, 1997. 10. 28. 선고 96누14425 판결, 1999. 5. 25. 선고 99두1052 판결 등이 있다.

고 하는 기준을 제시하고 있다.[36]

### (4) 우리나라에 있어서 이른바 독일식 판단여지의 의의

재량과 판단여지의 구별의 문제는 재량행위이론, 즉 요건재량설과 효과재량설에 따라서 갈라지는 문제이기는 하다.[37] 그러나 재량이론을 비롯한 이른바 독일식 판단여지이론은 이와 같은 단순한 이론상의 문제라기보다는 행정청의 판단 내지는 재량에 대한 법원에서의 사법심사의 강도, 정도, 밀도에 관한 문제이다. 따라서 이러한 사법심사의 문제는 실제로 사법심사가 행해지는 법원에서의 심리절차가 중요한 것이다. 이는 결국 우리나라와 독일의 행정소송에서의 심리절차를 좌우하는 소송자료에 관한 심리원칙 간의 차이 즉 변론주의, 직권탐지주의, 그리고 양자가 절충된 심리원칙 간의 차이에서 오는 문제라고 할 수 있다.

기본적으로 독일에서 논의되어 온 이른바 독일식 판단여지는, 독일 행정소송에서 원칙으로 채택하고 있는, 직권탐지주의하에서 관철되어야만 하는 법률요건에 대한 법원의 완벽한 사법심사[38]를 제한하는 것이 가능한가에 관한 문제의식이다.[39] 이에 반하여 직권탐지주의가 아니라 변론주의를 원칙으로 하는 우리나라 행정소송에 있어서는, 직권탐지주의를 전제로 한 완벽한 사법심사를 제

---

36) 판례의 표현인 '일건 기록에 현출된 사항'에 관한 판례 및 그 의미에 관하여는, 최선웅, "행정소송에서의 처분권주의에 관한 고찰", 『행정법연구』 제15호, 행정법이론실무학회, 2006, 27면 이하 및 30면 이하; 최선웅, "행정소송법상 직권심리의 범위", 『행정판례평선』, 행정판례연구회, 박영사, 853면 참조.

37) 재량과 판단여지의 구별은, 직권탐지주의를 원칙으로 하는 독일 행정소송 이외에도, 독일의 재량이론에 있어서 압도적인 효과재량설을 전제한 것이라고 할 수 있다. 이런 독일의 영향을 받아 우리나라에서 효과재량설을 취하는 견해들은 대개 이른바 독일식의 판단여지를 수용한다(앞의 주 16)에 제시된 재량과 판단여지의 구별에 관한 문헌 참조). 그러나 우리나라의 재량이론은 독일과 같은 정도로 효과재량설이 압도적이지 아니하다는 점에서 이른바 독일식의 판단여지의 있는 그대로의 수용은 의문의 여지가 충분히 있다.

38) 독일 행정소송에서의 완벽한 사법심사는 재량에 관한 이론인 효과재량설에 의하여 보다 더 가중된다.

39) 우리나라 헌법 제27조의 의미와 다르게 규정되어 있는 독일에서는, 행정에 대한 전면적인 사법심사를 요구하는 독일 헌법(GG) 제19조 제4항의 취지에 비추어 보면 법원에 의한 사법심사의 제한을 의미하는 판단여지는 인정될 수 없다는 지적이 행하여지고 있다. 예컨대 Maurer, §7, Rn. 34 참조. 이와 관련된 우리나라 헌법 제27조의 의미에 관하여는 아래 주 42) 및 제시된 문헌 참조.

한하여야 하는 위와 같은 독일식의 문제의식은 있을 수 없다. 즉 우리나라 행정소송에서는 이른바 독일식 판단여지 역시 변론주의에 의하여 사실주장과 증명책임에 의하여 심리한다[40]는 점에서는 결국 이른바 독일식 판단여지와 기존의 재량[41]은 별다른 차이가 없게 되는 결과만이 남는다고 할 수 있다.

전술한 바와 같이, 우리나라 행정소송에서의 소송자료의 수집·제출책임에 관한 소송원칙과 관련하여서는 변론주의와 직권탐지주의의 절충적인 입장을 취하는 것이 일반적이다. 이러한 절충적 입장을 견지하면서 행정소송에서의 직권탐지주의를 원칙으로 하는 독일의 학설·판례에 의하여 전개된 이른바 독일식 판단여지를 있는 그대로 인정하는 것에는 의문의 여지가 있다. 이런 점에서 기존의 우리나라 학계에서는 우리나라와 독일의 행정소송에서의 심리원칙의 차이를 인식하지 못하고, 이론상으로는 도저히 해결이 불가능할 수 있는 단지 재량이론과 판단여지 간의 이동의 문제에만 집착하고 있는 것이 아닌가 한다.[42]

따라서 우리나라에 있어서 이른바 독일식 판단여지는 재량과 엄격히 구별되는 이질적인 것이라기보다는, 특히 우리나라 법원에서는 이른바 독일식 판단여지가 재량과 마찬가지로 변론주의에 의하여 사실주장과 증명책임에 의하여 심리될 수밖에 없다는 점을 고려한다면, 이른바 독일식 판단여지는 우리나라 행정소송에 있어서는 단지 행정에 대한 사법심사의 곤란성을 의미하는 정도의 제한적인 의미만을 갖는다고 할 수 있다.[43]

---

40) 물론 정도의 차이는 있으나 직권탐지주의가 절충되어 있으나 현재 실무상 일단 우리나라 행정소송은 변론주의에 의한 사실확정을 주로 하고 직권탐지는 필요한 경우 예외적으로 행하고 있다고 할 수 있다.

41) 우리나라 재량이론은 독일에서와 같이 효과재량설이 압도적이라고 할 수도 없다. 앞의 주 16)에 소개된 재량과 판단여지의 구별에 소극적 내지는 부정적인 견해들 참조.

42) "재량과 판단여지의 구별은 독일에서의 논의, 특히 독일의 다수의견과 판례를 직수입한 것이다. 그러나 이 구별은 우리나라와 다른 독일 헌법(우리헌법 제27조는, 주관적 권리구제를 주목적으로 규정되어 있는 독일 헌법 제19조 제4항과 달리, 객관적 적법성 통제도 포함하는 포괄적인 규정의 성격을 갖는다)과 행정소송법(우리 행정소송법 제26조는, 변론주의를 배제하고 단지 직권탐지주의만을 인정하고 있는 독일 행정소송법 제86조의 규정과 달리, 변론주의와 직권탐지주의를 절충적으로 인정하고 있는 규정이다) 등 법규정과 행정소송제도를 전제로 하여 구성된 이론이므로 우리나라에 그대로 적용할 수 없다."(최선웅, "불확정법개념과 판단여지", 『행정법연구』 제28권, 행정법이론실무학회, 2010, 95면 이하). 이 부분을 인용하고 있는 문헌(김철용, 176면)이 있다.

43) 판단여지의 우리나라 행정법에서의 의의에 관하여는 최선웅, "불확정법개념과 판단여

요컨대 이른바 독일식 판단여지론은 독일의 헌법이나 행정소송법규정, 독일의 재량이론을 전제로 한다는 점에서 우리나라에 있는 그대로 적용할 수 없는 태생적인 한계가 있는 이론에 불과한 것이다.

### (5) 대상판결의 검토

1) 민주화운동법 제1조 제1호에서 정한 "자유민주적 기본질서", "민주헌정질서", "민주화운동"이라는 개념과 관련하여, 같은 법 제2조 제2호에서 정한 "민주화운동관련자"에 해당 여부에 관한 보상심의위원회의 결정에 관해서는, 이를 종래 우리나라 판례의 태도[44]와 마찬가지로 행정에게 재량권이 부여된 것으로 보아 그 일탈·남용 여부를 심사하는 재량행위의 문제로 보거나, 아니면 "민주화운동관련자"라고 하는 불확정법개념[45]과 관련하여 고도의 전문적인 판단을 하는 전문가위원들로 구성된 보상심의위원회가 결정한다는 점에서는 이른바 독일식 판단여지의 문제라고 볼 수도 있을 것이다.

2) 이 점에 관하여 대상판결 법원은, 행정기관이 법률요건상 불확정개념을 해석·적용함에 있어서 전문성과 대체불가능성 때문에 법률요건에서의 전제사실을 인정하거나 또는 인정 사실을 포섭하는 법적 평가에 관하여 판단여지가 인정되는 경우에 법원은 행정기관이 판단의 여지 내에서 내린 결정을 수용하여야 하는 판단여지설을 인정한다고 한다. 즉 대상판결은 종래의 대법원 판례가 채택해 온 재량과 구별되는 이른바 독일식 판단여지를 적극적으로 인정한 것이다. 요컨대 대상판결은 전문가로 구성된 독립위원회인 피고 보상심의위원회가 민주화운동관련자로 인정하는 결정을 재량이 아닌 이른바 독일식 판단여지의 문제로 일단 인식하고 있다고 할 수 있다.

3) 그런데 대상판결 법원이 피고 보상심의위원회가 민주화운동관련자로 인정하는 결정을 재량이 아닌 이른바 독일식 판단여지라고 성질결정을 명확히 했

---

지", 『행정법연구』 제28권, 행정법이론실무학회, 2010, 127면 이하 참조.

44) 예컨대 교과서 검정과 관련된 사건에서, "교과서검정이 고도의 학술상, 교육상의 전문적인 판단을 요한다는 특성에 비추어 보면, 피고가 교과용 도서를 검정함에 있어서 법령과 심사기준에 따라서 심사위원회의 심사를 거치고"(대법원 1992. 4. 24. 선고 91누6634 판결)와 유사한 사례라고 할 수 있다.

45) "불확정개념", "불확정법률개념" 및 "불확정법개념"이라는 용어에 관해서는, 최선웅, "불확정법개념과 판단여지", 『행정법연구』 제28권, 행정법이론실무학회, 2010, 114면 이하 참조.

음에도 불구하고 실제 그 심리과정을 보면 여전히 재량과 판단여지를 명확하게 구별하고 있다고 할 수 없는 것으로 보인다. 다시 말해서 대상판결 법원이, 하급심으로서 사실심을 담당하는 법원이어서 당연한 것이기도 하겠지만, 당해 결정과 관련된 사실확정에 관한 실체심리를 포함하여 당해 결정의 위법 여부를 판단하는 과정을 자세히 검토해 보면, 대상판결에서는 종래부터 이러한 결정을 재량으로 인식해 온 종래의 판례들과 별다른 차이점을 발견하기 어렵다고 할 수 있다.

즉 첫째로 대상판결은, 민주화운동에 해당하는지 여부에 관한 결정과 관련하여, "과거 권위주의적 정부하에서 행하여진 시민들의 통일운동은 그 내용과 방법, 지향하는 이념, 국가의 존립과 자유민주적 기본질서를 위태롭게 한 정도, 정부의 통일운동 억압경위 등을 종합적으로 고려하여 민주화운동 해당 여부를 판단하여야 한다"라고 설시한 것은, 당해 결정은 결국 법에 명확한 기준이 설정되고 이에 엄격히 기속되는 기속행위가 아니라 어느 정도 판단권이 부여되는 전형적인 재량행위라고 성질결정한 것과 유사하다고 볼 수 있다. 둘째로, 피고 보상심의위원회가 민주화운동관련자에 해당하는지 여부를 결정함에 있어서도 그 이유와 논거를 충분히 제시하고 사후에 결정의 적법성을 심사하는 데 충분한 자료를 제시하여야 한다는 전제하에서, 대상판결 법원은 피고 보상심의위원회가 민주화운동관련자 인정과 관련된 내부 심사자료를 원고에게 제시하지 않았다는 사실과 체계적인 논증과정도 거치지 않았다는 사실을 확정하였다. 이것은 대상판결 법원이 사실확정에 있어서, 직권탐지주의하에서는 개념논리상 그 인정이 불가능하고 단지 변론주의에서만 인정될 수밖에 없는, 당사자의 주장책임은 물론이고 증거제출책임까지를 전제하고 사실심리를 실시했다는 것을 알 수 있다. 셋째로 대상판결 법원이, 피고 보상심의위원회의 민주화운동관련자 결정의 신뢰성을 훼손시키는 것 자체만으로는 독자적인 위법사유가 아니고, 평등원칙위반이라는 위법사유를 추가적으로 제시하는 것은, 종래 우리나라 판례에서 행해져 온 바와 같이, 재량행위에 대하여는 부당을 넘어서서 재량권의 일탈·남용만을 위법하다고 판단하는 전형적인 재량통제의 방식으로 볼 수 있다. 넷째로 대상판결 법원이, "불확정개념에 관하여 대법원이 채택한 재량설이나 이 법원이 채택한 판단여지설이나 그 논거를 달리할 뿐, 법원이 민주화운동관련자 결정의 위법성을 심사하는 데 일정 한도로 사법심사가 제한된다는 결론은 같다"라고 한다는 것은, 결국 대상판결 법원이 재량과 이른바 독일식 판단여지의 구별의 실익이 없다는 점을 스스로 인정한 것이라고 할 수 있다.

4) 그뿐만 아니라 대상판결 법원이 이른바 독일식 판단여지가 인정되는 영역들 중 하나인 전문가로 구성된 준사법적 위원회의 특성을 고려하여 설시한 부분을 보면, 피고 보상심의위원회의 위원 임명이나 선출방식이 헌법재판관의 선출방식과 유사하고 위원들은 민주화운동에 대한 경험이나 학식이 풍부한 자 중에서 임명되는 점 등에 비추어 민주적 정당성과 전문성이 보장되고 준사법적 기관의 성격을 갖고 있는 피고 보상심의위원회의 민주화운동관련자 결정은 원칙적으로 정당성이 수긍되고 존중되어야 한다고 한다. 그런데 대상판결 법원은 이에 그치지 아니하고 한 걸음 더 나아가 피고 보상심의위원회가 "재량권을 자유롭게 행사할 수 있다고 말할 수는 없다"라고 하면서 "재량권"을 언급한다든지, 또한 "피고는 민주화운동관련자 여부를 결정함에 있어서도 그 이유와 논거를 충분히 제시함으로써, 결정의 정당성을 다시 한번 점검하고 사후에 결정의 적법성을 심사하는 데 충분한 자료를 제시하여야 한다"고 하여 이유와 논거의 충분한 제시 및 자료제출을 명하고 이에 대한 수소법원의 심사를 설시하고 있다.[46]

물론 대상판결 법원이 피고 보상심의위원회가 전문가로 구성된 준사법적

---

[46] 대상판결의 이 부분의 원문은 다음과 같다. "민주화운동법상 위원의 임명은 대통령이 하되 9인의 위원 중 3인은 국회의장이 추천한 자를, 3인은 대법원장이 추천한 자를 임명하도록 하여, 위원의 선출방식이 <u>헌법에서 규정하는 헌법재판관의 선출방식과 유사한 방식</u>을 취하고 있다. 또한 민주화운동법 시행령상 위원은 <u>민주화운동에 대한 경험이나 학식이 풍부한 자 중에서 임명하도록 하고 있다. 이와 같이 민주적 정당성과 전문성이 보장되고 준사법적기관의 성격을 갖고 있는 피고의 민주화운동관련자 결정은 <u>원칙적으로 정당성이 수긍되고 존중되어야</u> 한다. 피고 위원들 각자 정치적·사회적·역사적 소신을 갖고 있을 뿐만 아니라 민주화운동이라는 개념 자체가 법적으로 명확하지 아니하며 일정한 가치판단이 들어갈 수밖에 없으므로, 그 의견이 쉽게 모여지거나 정립할 수 없다는 점은 충분히 이해된다. 그렇다고 하여 <u>피고가 주장하는 바대로, 재량권을 자유롭게 행사할 수 있다고 말할 수는 없다.</u> 왜냐하면 민주화운동관련자 여부를 결정함에 있어서 피고는 앞에서 본 민주화운동법의 입법 취지와 목적을 충분히 반영하고, 침해되었던 항거자의 기본권을 보장하여야 하며, 위원들도 자신의 개인적인 가치관이나 사사로운 선입견을 배제하고 <u>준사법적기관으로서 본질과 기능에 부합하는 객관적 공정성을 유지하여야</u> 한다. 또한 피고는 민주화운동관련자 여부를 결정함에 있어서도 그 <u>이유와 논거를 충분히 제시함으로써, 결정의 정당성을 다시 한번 점검하고 사후에 결정의 적법성을 심사하는 데 충분한 자료를 제시하여야 한다.</u>"(밑줄은 필자).

기관의 성격을 갖는다는 점에서는 피고 보상심의위원회의 민주화운동관련자에 관한 결정이 이른바 독일식 판단여지가 인정되는 영역이라고 설시한 점은 충분히 이해는 간다. 그럼에도 대상판결 법원은 이른바 독일식 판단여지를 끝까지 관철시키지는 못하고 있다. 즉 대상판결 법원은 스스로 판단여지라고 성질결정한 피고 보상심의위원회의 결정을 또다시 "재량권을 자유롭게 행사할 수 있다고 말할 수는 없다"라는 식으로 판단여지를 "재량권"과 결부시켜 설명할 뿐만 아니라, 또한 피고 보상심의위원회가 자신의 결정의 이유와 논거를 비롯한 "자료를 제시하여야 한다"라고 하는 것은 결국 피고 보상심의위원회가 관련자료를 제시하면 법원이 이에 관해서 사실심리하겠다고 밝히고 있는 점 등은, 도저히 대상판결 법원이 재량과 판단여지를 구별하고 있는 것으로 보기 어렵다.

　5) 대상판결 법원은 표면적으로는 이 사건 처분인 보상심의위원회의 결정에 대하여 종래 판례상의 용어인 "재량행위" 내지는 "재량권의 일탈·남용"이라는 용어를 의식적으로 사용하지 아니하고 "판단여지" 내지는 "판단여지설"이라는 용어를 주로 사용하는 등 이른바 독일식 판단여지설을 적극 수용하는 입장을 취하려고 노력하기는 하였다.

　그러나 위와 같은 대상판결 법원의 실제 심리과정을 전체적으로 조망하면, 대상판결 법원은 실제로는 이 사건 처분인 보상심의위원회의 결정이, 종래 판례와 마찬가지로, 재량행위임을 전제로 하여 그에 대한 사실관계의 확정은 물론이고 주장책임 증명책임 등 사실심리의 과정뿐만 아니라 위법판단에 있어서도 부당을 넘어서 평등원칙 위반이라는 위법사유로 재량권의 일탈·남용이라고 판단한 사례[47])라고 볼 수 있을 것이다.

## 4. 판례의 의미와 전망

　1) 전술한 바와 같이, 대상판결 법원은 이 사건 처분인 보상심의위원회의 결정에 대한 심리에 있어서 의도적으로, 또는 부분적으로 일부 혼용[48])하면서,

---

　47) 이와 유사한 사례는 주로 교과서검정 등과 관련된 사건인, 대법원 1988. 11. 8. 선고 86누618 판결, 1992. 4. 24. 선고 91누6634 판결, 1992. 5. 12. 선고 91누1813 판결 등이 있고, 그 외에는 앞 Ⅱ. 평석 2. 관련 판례에 소개된 판례들 참조.
　48) 이와 같이 "판단여지"가 "재량행위", "재량권"과 혼합되어 쓰여지고 있는 판례가 드물게 있기는 하다. 예컨대 "행정청에 판단여지가 있는 재량행위라고 하더라도 그 재량권의 한계를 넘거나 남용한 때에는 위법성의 문제로서 행정소송의 대상이 되는바(행정소송법

"재량행위", "재량권의 일탈·남용" 대신에, "판단여지" 내지는 "판단여지설"이라는 용어를 주로 사용하기는 하였다. 그러나 대상판결 법원은 실제로는 이 사건 처분인 보상심의위원회의 결정을 재량행위임을 전제로 한 사실심리에 있어서의 변론주의에 근거를 둔 논증과정을 거치고 이 사건 처분이 평등원칙 위반[49]이라고 한 점에서, 대상판결 법원의 심사는 종래 우리나라 법원이 행하여 온 재량권의 일탈·남용 여부를 심사한 것과 그 궤를 같이하는 것으로 볼 수 있다.

　요컨대 대상판결 법원은 이른바 독일식 판단여지설을 적극적으로 수용하였으나 실제 심리에 있어서는 재량과 판단여지의 구별의 실익을 부정하는 등으로 양자의 차이를 스스로 부정하였다고 할 수 있다.

　2) 물론 대상판결 법원이 스스로 이 사건 처분을 이른바 독일식 판단여지라고 인정했음에도 불구하고 부득이하게 실질적인 심리를 하여 이 사건 처분이

---

제27조), 법원은 행정청의 재량에 기한 공익판단의 여지를 감안하여 독자의 결론을 도출함이 없이 그 재량권 행사의 기초가 되는 사실 인정의 오류, 법령 적용의 잘못 및 비례·평등의 원칙 위배 등을 심사하여 재량권의 일탈·남용 여부가 있는지를 판단 대상으로 하는 것"(서울고등법원 2005. 12. 21. 선고 2005누4412 판결, 밑줄은 필자). 그러나 이 판결의 상고심[대법원 2006. 3. 16. 선고 2006두330 전원합의체 판결(공2006상, 634)]에서는 위 1심 판결과 같이 "판단여지"를 "재량행위", "재량권"와 혼합하여 설시하고 있지는 아니하다.

49) 앞의 주 1)에서 보는 바와 같이, 동일한 시위에 함께 참여하여 동일한 범죄사실로 유죄 판결을 받은 원고, 소외 1, 2에 대한 형량을 단순 비교만 해 보더라도 원고만을 특별히 "민주화운동관련자"로 인정하지 못할 이유는 없는 것으로 보인다. 또한 이 사건에서 원고에 대한 보상심의위원회의 결정이 소외 1, 2에 비하여 늦었다는 점도 들 수 있다. 즉 이 사건에서 원고는 2000. 10. 피고 보상심의위원회에 명예회복신청을 하였는데, 근 10년이 지난 2010. 6.에 비로소 피고 보상심의위원회가 민주화운동관련자로 인정하지 아니하는 이 사건 처분을 하였다. 이는 민주화운동법 제11조에 규정한 결정기한 90일을 훨씬 경과한 것일 뿐만 아니라, 동일한 행위로 비슷한 시기에 신청하여 민주화운동관련자로 인정받은 소외 1, 2와 비교하더라도 현저히 늦은 것이라고 할 수 있다. 참고로 각각의 신청과 결정시기를 보면, 소외 1은 2000. 10.에 신청하였고 2007. 2. 결정이 있었고, 소외 2는 2001. 12.에 신청하였고, 2005. 5.에 결정된 바가 있는데, 원고의 신청이 2000. 10. 신청하였으므로 신청시기 자체는 소외 1, 2와 비슷하였음에도 결정이 무려 10년 가까이 늦은 2010. 6.에 이루어졌다는 것은 매우 이례적으로 것이라고 할 수 있다. 물론 그동안 원고를 심사한 피고 보상심의위원회와 소외 1, 2를 심사한 보상심의위원회의 위원들의 인적 구성이 달라졌을 것이고, 그 사이에 정치적인 지형의 변화도 반영되었을 것이라는 추측도 가능하다.

위법하다는 판단을 한 것은, 원고와 소외 1, 2 간의 형평상의 문제가 있다는 점을 인식하고 이를 해결하기 위하여, 즉 구체적 타당성 있는 결론을 도출하기 위하여 부득이했던 점 자체는 선해 못할 바는 아니다.

그런데 본래 이른바 독일식 판단여지는 법원 스스로 행정에 대한 사법심사를 제한하는 것을 의미한다. 문제는 대상판결 법원이 이 사건 처분에 대하여 이른바 독일식 판단여지를 정면으로 수용한다고 했음에도 불구하고 결과적으로 이 사건 처분이 평등원칙 위반이라는 위법판단을 적극적으로 하였다는 점이다.[50] 다시 말해서 대상판결 법원은 이 사건 처분이 판단여지라고 인정하여 스스로 심리를 제한한 것이 아니라, 오히려 대상판결 법원은 이 사건 처분에 대하여 변론주의에 기초한 사실확정을 하였을 뿐만 아니라 나아가 평등원칙 위반이라고 위법판단을 한 것은 결과적으로 종래 법원에서 행하여 온 바와 같이 재량권의 일탈·남용 여부를 심사한 것과 동일하다는 평가를 받을 수밖에 없다고 할 수 있다.

또한 대상판결 법원이 이 사건에서 이른바 독일식 판단여지를 인정하지 않으면 안 될 무슨 특별한 이유나 특단의 사정이 엿보이지도 않는다. 즉 대상판결 법원이 이 사건 처분을 이른바 독일식 판단여지라고 인정하면서도 판단여지의 한계를 인정하거나 위법판단을 한 것이, 과거 판례에서 이 사건 처분과 같은 동종의 처분을 이른바 독일식 판단여지라고 확정하여 법원 스스로 사법심사를 제한한 판단을 뒤집기 위하여 판단여지의 한계이론을 동원하는 것도 아니고, 원고로서는 판단여지의 주장이 자신에게 불리하므로 그러한 주장을 할 리가 전혀 없겠지만, 특히 피고 보상심의위원회조차도 자신의 결정을 판단여지로 인정하여 달라고 주장한 바가 전혀 없고 단지 피고 자신의 결정이 재량이라는 전제하에서 재량의 일탈·남용이 아니라고 주장하고 있다는 점에서도 더욱 그러하다.

요컨대 이른바 독일식 판단여지를 인정한다는 것은 법원 스스로가 사법심사를 제한하는 경우에 의미가 있고 자연스러운 것이다.

그러므로 대상판결 법원의 판단과정은 종래 재량행위를 인정하고 그 일

---

50) 물론 이 사건 처분에 관하여 대상판결이 "행정기관에게 판단의 여지가 인정되는 경우에도, 합리적인 이유 없이 본질적으로 동일한 것을 다르게 판단하였다면 평등의 원칙에 위배된다"라고 하는 것을 판단여지의 한계문제로 볼 수도 있다. 그러나 본래 판단여지의 한계는 재량의 한계를 참고한다는 점에서 재량과 유사하다고 할 수 있다. Steffen Detterbeck, Allgemeines Verwaltungsrecht, 8 Aufl., C. H. Beck München, 2010, §8 Rn. 379.

탈·남용으로 위법판단을 한 것과 그 구별실익이 없을 뿐만 아니라 이 점에서 대상판결 법원은 종래 재량권의 일탈·남용에 대한 법원의 사법심사방식에서 크게 벗어난 것이라고 할 수 없고 오히려 그 궤를 같이한다고 할 수 있다.

3) 특히 행정사건에 대한 사실심리에서 변론주의가 지배하고 사실문제 및 법률문제를 모두 심사하는 우리나라 법원의 심리방식[51]하에서는, 설령 수소법원이 재량을 인정하는 대신에 이른바 독일식 판단여지를 적극적으로 인정한다고 하더라도 판단여지에 대한 심리방식이 종래 우리나라 법원에서의 재량권의 일탈·남용 여부라고 하는 심리방식을 크게 벗어날 수는 없을 것으로 예견된다.

4) 이런 점에서 대상판결이 이른바 독일식 판단여지를 수용하기 위하여 형식적으로는 "재량"이라는 용어를 회피하고 "판단여지"라는 용어를 의도적으로 사용한 것은, 단지 "판단", "여지"라는 일반·추상·보통명사들을 동원하여 행정 관련 법규정의 요건에 규정된 불확정법개념에 대한 사법심사의 어려움을 표현한 것에 불과한 것이 아닌가 한다.[52]

요컨대 설령 법원이 판단여지라는 용어를 사용할 수 있을 뿐만 아니라 군이 사용한다고 하더라도 이는 이른바 독일식 판단여지를 지칭하는 것이 아니라 단지 통상적으로 법률요건상 특히 불확정법개념에 대한 완벽한 사법심사의 어려움을 의미하는 정도에 그치는 것으로 보아야 한다.

---

51) 허상수, "항고소송의 심리", 『행정소송에 관한 제문제(상)(재판자료 제67집)』, 법원행정처, 1995, 352면. 이런 점에서는 우리나라 행정소송에서의 법원의 심리에 있어서는 법률문제뿐만 아니라 변론주의에 근거한 사실에 관한 심리도 혼합되어 있다는 점에서는 오히려 법률심을 원칙으로 하는 대법원 판결보다는 사실심리를 하는 대상판결과 같은 하급심 판결에 대한 분석이 보다 의미가 있다고도 할 수 있다.

52) 이러한 점에서 보면, 판단여지를 수용한다면서 "판단여지"와 "재량권"을 혼용하는 대상판결 법원과 달리, 1심 판결 법원은 판단여지를 정면으로 인정하지 아니하면서도 "판단여지"와 "재량권"을 혼용하여 쓰고 있으나 결국 별다른 구별의 실익이 없는 표현상의 차이라고 할 수 있다. "비록 민주화운동의 개념이 매우 추상적·포괄적이고 피고가 위원장 1인을 포함한 9인의 위원으로 구성된 합의제기관이어서 민주화운동 관련자를 심의·결정함에 있어서도 개개 위원들 각자의 사회적·정치적·역사적 신념에 따라 <u>매우 광범위한 판단 여지가 남겨져 있다고 하더라도 피고의 그와 같은 재량권도 무한정 행사할 수 있는 것이 아니라 일정한 한계가 있는 점</u>"(서울행정법원 2012. 5. 3. 선고 2011구합39127 판결, 밑줄은 필자).

5) 그런데 본래 법률규정상의 전문·기술적인 요건심사의 어려움은 모든 나라에서 나타나는 공통적인 현상이다.53) 예컨대 대상판결에서와 같이 전문가로 구성된 독립위원회의 결정에 대한 판단의 어려움은 비록 독일뿐만 아니라 모든 나라에서 공통된 현상일 것이다.

그렇다고 해서 이 문제를 반드시 독일에서 전개된 이른바 독일식 판단여지 이론을 통해서만 해결하여야 할 논리·필연성은 없다고 할 수 있다.54) 설령 이 문제를 타개하기 위하여 독일이 특별하게 고안해 낸 이른바 독일식 판단여지라고 하는 해결책을 우리나라가 참고한다고 하더라도 그것은 어디까지나 우리나라의 현행 법규정과 제도 내에서만 참고해야만 한다고 하는 단지 제한적인 의미만을 가지는 것은 극히 당연한 것이다.

요컨대 이른바 독일식의 판단여지론은, 모든 국가의 과제인 행정에 대한 사법심사의 어려움을 해결하고자 고안되었다는 점에서는 우리가 참고할 만하나, 그러나 이른바 독일식 판단여지론은 태생적으로 독일 법규정과 행정소송제도를 전제로 전개된 이론이라는 점에서는 우리나라에 그대로 적용될 수 없는 제한적인 의미만을 갖는 이론이라고 할 수 있다.55)

특히 직권탐지주의에 의하는 독일의 행정소송과 달리 우리나라 행정소송은 변론주의와 직권탐지주의가 일정 부분 절충되어 있다는 점을 간과해서는 안 될 것이다. 결국 우리나라 행정소송의 심리원칙하에서는 이른바 독일식의 판단여지는 재량과 다른 취급을 받기가 어려울 것이라는 점에서 재량과 판단여지의 구별이 특히 우리나라에서는 두드러지게 나타난다고 할 수 없다.

6) 독일 학설의 영향을 받은 우리나라 학설이 이 사건과 유사한 사안을 다룬 판례들을 종래의 재량 대신에 이른바 독일식 판단여지에 입각한 것으로 이해하려는 이론적인 노력에 편승하여, 특히 대상판결과 같이 사실심리를 하는

---

53) 이에 관하여는, 최선웅, "불확정법개념과 판단여지", 『행정법연구』제28호, 행정법이론실무학회, 2010, 127면 이하 참조.
54) "독일 행정법에서는 지배적이라 할 수 있는 재량과 판단여지의 구별은 유럽공동체에서 일반적으로 받아들여지지는 않고 있는 것으로 보인다"라고 하는 것에는, 홍준형, "유럽통합과 독일행정법의 변화", 『행정법연구』제12호, 2004, 232면 참조.
55) 최선웅, "불확정법개념과 판단여지", 『행정법연구』제28호, 행정법이론실무학회, 2010, 129면.

하급심을 비롯한, 일부 법원에서 이른바 독일식의 판단여지를 정면으로 인정하려는 시도들은 추가적으로 있을 것으로 예상된다. 물론 이러한 시도들은 직권탐지주의를 원칙으로 하는 행정소송을 전제로 재량과 구별되는 불확정법개념과 판단여지의 이론을 전개해 온 독일과 같은 나라에서라면 충분히 가능하다.

그러나 소송자료의 수집·제출책임에 관한 한 변론주의56)를 기본적인 원칙으로 계쟁처분에 관한 사실문제를 포함하여 법률문제를 모두 심사하는 우리나라 행정소송에 있어서는 이른바 독일식 판단여지를 그대로 관철하려는 시도는 애시당초 근본적으로 성공하기가 매우 어려울 뿐만 아니라 전 세계적인 동향57)에 비추어 보아서도 시의적절하지 않다.


7) 우리나라의 행정소송법 제26조상 직권심리에 관하여 변론주의와 직권탐지주의 간의 절충적인 법리와 그 구체적 판단 기준으로서 '일건 기록에 현출된 사항'이라고 하는 기준을 제시하는 판례의 기본적인 태도는, 우리나라 행정소송법이 1951. 8. 24. 법률 제213호로 제정되고 1984. 12. 15. 법률 제3754호로 전문 개정된 이후 현재까지 일관되게 유지되어 왔음은 물론이고 앞으로도 별다른 큰 변화가 없이 유지될 것으로 전망된다.58)

최근 우리나라 행정소송에서의 심리원칙에 관한 규정인 행정소송법 제26조의 개정논의59)를 비롯한 특별한 상황변화가 예상되지 아니할 뿐만 아니라,

---

56) 전술한 바와 같이, 우리나라 행정소송에서의 소송원칙이 변론주의의 관철이 아니라 변론주의에, 물론 정도의 차이는 있으나, 일정 부분 직권탐지주의가 절충되어 있다는 것이 일반적이다. 앞 Ⅱ. 3. (3) 행정소송에서의 변론주의와 직권탐지주의의 문제 부분 참조.
57) 앞의 주 54) 참조.
58) 물론 직권심리의 범위를 확정하는 구체적 판단 기준으로서 제시하여 오고 있는 '일건 기록에 현출된 사항'이라고 하는 기준 자체의 당부 여부는 물론이고 그 구체적인 내용을 보다 명확히 하기 위해서 많은 판례의 축적이 기대된다. 최선웅, "행정소송법상 직권심리의 범위", 한국행정판례연구회, 박영사, 2011, 854면.
59) 실무가 일부에서 우리나라 행정소송법 제26조가 독일 행정소송법 제86조 제1항의 규정과 유사한 규정으로서 우리나라 행정소송에 있어서 원칙적인 직권탐지주의를 정면으로 선언하여 인정한 규정이라고 하고, 이와 같이 해석하는 것이 행정소송의 특질과 시대의 조류에 부합하는 것이고, 우리나라 행정소송법을 개정할 경우 독일 행정소송법 제86조 제1항과 같은 규정으로 개정할 것도 제안하기도 한다(강영호, "행정소송법 제26조 [직권심리]에 대한 검토", 『행정재판실무편람 Ⅲ』, 서울행정법원, 2003, 125면). 그러나 최근 몇 차례 있었던 행정소송법 개정논의에서 보듯이, 행정소송법 제26조에 관하여는 특별한 개정논의는 없었고 따라서 현 조문 그대로 유지하는 것에 별다른 이견이 없다고 할

나아가 실무상 종래부터 변론주의를 기초로 하여 행정재량에 대하여는 그 일탈·남용 여부를 심사하는 사법심사 방식에 별다른 큰 문제가 전혀 발견되지 않는다고 한다면, 굳이 이 시점에서 새삼스럽게 행정소송에서의 직권탐지주의를 전제로 하는 이른바 독일식의 판단여지를 받아들이지 않으면 안 될 무슨 필연적인 이유나 특단의 사정은 전혀 없다.[60]

8) 그렇다고 한다면, 즉 대상판결 법원이 이 사건 처분의 불합리성에 대한 사법심사의 불가피성을 인식한 점에 대해서는 전적으로 수긍하지 못할 바가 아니나, 그러나 대상판결 법원이 그에 대한 사법심사의 방식으로 이 사건 처분을 일단 먼저 판단여지라고 성질결정하고 난 후에 그 한계에 대한 사법심사를 함에 있어서는, 종래의 재량에 대한 사법심사와는 특별히 차별화되는 별다른 대안을 제시함이 전혀 없이, 종래의 재량에 대한 사법심사의 방식을 채택한 것은 일종의 우회라고 할 것이어서 이는 소송경제에도 반한다고 한다면, 대상판결 법원은 이와 같은 우회를 할 필요가 애당초 전혀 없이 곧바로 이 사건 처분에 대하여 재량의 일탈·남용 여부를 심사하였어야 한다.

---

수 있다.

[60] 재량과 구별되는 판단여지라는 법개념을 도입할 것인가에 관한 신중한 논의가 이루어져야 한다고 하는 견해(조원경, "재량과 판단여지의 구분", 『행정판례평선』, 한국행정판례연구회, 박영사, 2011, 215면)도 있다.

# 🔲 참고문헌

## 1. 국내문헌

김남진/김연태, 『행정법 I』, 법문사, 2013.

김동희, 『행정법 I』, 박영사, 2013.

김철용, 『행정법』, 고시계사, 2013.

류지태/박종수, 『행정법신론』, 박영사, 2010.

박균성, 『행정법론(상)』, 박영사, 2013.

박윤흔/정형근, 『최신행정법강의(강)』, 박영사, 2009.

이상규, 『신행정법론(상)』, 법문사, 1993.

정하중, 『행정법총론』, 법문사, 2005.

최선웅, 『행정소송의 원리[행정법연구 1]』, 진원사, 2007.

홍정선, 『행정법원론(상)』, 박영사, 2013.

홍준형, 『행정법』, 법문사, 2011.

강영호, "행정소송법 제26조[직권심리]에 대한 검토", 『행정재판실무편람(Ⅲ)』, 서울
행정법원, 2003.

고영훈, "재량과 판단여지", 『과학기술연구』 제9집 제2호, 한남대학교 과학기술법연
구원, 2003. 12.

권오봉, "행정소송에 있어서의 주장·입증책임", 『행정소송에 관한 제문제(상)』(재판
자료 제67집), 법원행정처, 1995.

류지태, "행정심판에서의 직권심리주의", 『법제』(제499호), 1999.

박정훈, "불확정개념과 판단여지", 『행정작용법』(김동희교수정년기념논문집), 박영
사, 2005.

배영길, "재량이론의 현대적 정리", 『공법연구』 제26집 제1호, 한국공법학회,
1998.5.

이혁우, "행정소송에서의 직권심리범위 — 행정소송법 제26조의 해석과 관련하여 —",
『특별법연구』(제5권), 법문사, 1997.

임영호, "민주화운동관련자 명예회복 및 보상 등에 관한 법률 소정의 명예회복신청
기각처분의 적부", 『대법원판례해설』, 제69호(2008 상반기), 법원도서관,
2008

임영호, "민주화운동관련자 명예회복 및 보상 등에 관한 법률에 따른 보상금 소송의
형태 — 대법원 2008. 4. 17. 선고 2005두16185 전원합의체판결 —", 『정의

로운 사법 : 이용훈대법원장재임기념』, 사법발전재단, 2011.

임영호, "민주화운동관련자 명예회복 및 보상 등에 관한 법률에 따른 보상금 소송의
　　　형태 — 대법원 2008. 4. 17. 선고 2005두16185 전원합의체 판결 — , 『특별
　　　법연구』 제10권, 전수안대법관 퇴임기념, 제10권, 2012.

조원경, "재량과 판단여지의 구분" — 대법원 1988. 11. 8. 선고 86누618 판결 — , 『행
　　　정판례평선』, 한국행정판례연구회, 박영사, 2011.

최선웅, "행정소송법상 직권심리의 범위", 『행정판례평선』, 한국행정판례연구회, 박
　　　영사, 2011.

최선웅, "불확정법개념과 판단여지", 『행정법연구』 제28호, 행정법이론실무학회,
　　　2010.

최선웅, "행정소송에서의 처분권주의에 관한 고찰", 『행정법연구』 제15호, 행정법이
　　　론실무학회, 2006.

최선웅, "행정소송법 제26조의 해석에 관한 일 고찰 — 우리나라 행정소송의 독자성
　　　을 모색하며 — ", 『행정법연구』 제10호, 행정법이론실무학회, 2003.

허상수, "항고소송의 심리", 『행정소송에 관한 제문제(상)』(재판자료 제67집), 법원
　　　행정처, 1995.

홍정선, "중학교2종교과서검정처분취소청구사건", 『사법행정』 제35권 제7호, 한국사
　　　법행정학회, 1994. 7.

홍준형, "유럽통합과 독일행정법의 변화", 『행정법연구』 제12호, 2004.


2. 외국문헌

Bachof, Beurteilungsspielraum, Ermessen und unbestimmter Rechtsbegriff im
　　　Verwaltungsrecht, JZ 1955.

Erichen/Ehlers(Hrsg.), Allgemeines Verwaltungsrecht, 14. Aufl., De Gruyter, 2010.

Hufen, Verwaltungsprozessrecht, 7. Aufl., C. H. Beck München, 2008.

Kopp/Scenke, VwGO Kommentar, 15. Aufl., C. H. Beck München, 2007.

Maurer, Allgemeines Verwaltungsrecht, 17. Aufl., C. H. Beck München, 2009.

Steffen Detterbeck, Allgemeines Verwaltungsrecht, 8 Aufl., C. H. Beck München,
　　　2010.

Ule, Zur Anwendung unbestimmter Rechtsbegriff im Verwaltungsrecht, Gedächt-
　　　schrift für Walter Jellinek, 1955.

Wolff/Bachof, Verwaltungsrecht, 9. Aufl., C. H. Beck München, 1974.

# 제5절  경찰공무원 징계처분의 법적 성질*

I . 서설
II . 경찰공무원 징계의 의의
III . 징계사유, 징계절차 및 징계의 종류
IV . 징계처분의 법적 성질
V . 결어 — 앞으로의 과제

## I . 서설

2007년 신년 벽두부터 교통법규 위반 운전자로부터 1만 원을 받은 경찰공무원을 해임한 처분이 정당하다고 하는 보도가 있었다.[1)]

특히 이 판례는 경찰공무원이 "단돈 1만 원"의 금품수수행위라고 하는 징계사유 때문에 중징계에 해당하는 "해임"을 당했다고 점에서 세인의 주목을 끌었다. 그뿐만 아니라, 이례적으로 판결문 속에서 단속 경찰공무원과 신호위반한 운전자 간의 대화 내용이 드라마의 대본과 같이 직접화법으로 된 인용문의 형식으로서 매우 상세하게 소개되어 경찰공무원이 희화화될 수 있는 계기도 되었다.[2)] 이러한 점들이 대다수의 성실한 근무를 하고 있는 경찰공무원들의 사기에

---

* 이 글은 『행정법연구』 제18호(2007. 8)에 게재된 논문 "경찰공무원 징계처분의 법적 성질"을 수정·보완한 것입니다.

1) 예를 들면, http://news.chosun.com/site/data/html_dir/2007/01/02/2007010200717. html, http://article.joins.com/article/article.asp?total_id=2554231, http://search.ytn.co.kr/ytn/view.php?s_mcd=0103&key=200701021826190352 등이 있다. 이 보도의 계기가 된 판결은 전해인 2006년 12. 21. 선고된 판례인 대법원 2006. 12. 21. 선고 2006두16274 판결(공 2007상, 221)이다.

2) 교통경찰관이, "신호위반을 하여 운전하는 소외 1(여, 22세) 운전의 승용차량을 발견하고 단속을 위해 정지시키고는 위 소외 1에게 "오늘 여성운전자만 세 번째"라고 하면서, "신호위반은 벌금 6만 원이고 벌점은 15점"이라고 하였으나, 위 소외 1이 "출근하는 길인데 봐 주세요"라고 하자, "그냥은 안 되지요"라며 면허증을 제시받아 확인한 다음 돌

도 일정한 영향을 미쳤을 것으로 보인다.

최근 우리나라 사회 전반에 걸쳐서 법의 엄정한 집행 내지는 공직자들의 청렴을 강조하는 분위기 및 이에 대한 국민적인 공감대가 어느 정도 조성되어 있다.3) 이러한 추세를 반영하듯 공직자에 대한 징계도 과거에 비하여 더욱 엄격하게 행하여지고 있다. 이 점에서 위 판례가 우리나라 공직자사회를 재점검하는 계기가 되었다는 점에서 어느 정도 긍정적인 역할을 하였고, 향후 이와 유사한 사건에 일정 영향을 미칠 것으로 보인다.

경찰공무원은 공무원으로서 국민전체의 봉사자이고 국민에 대하여 책임을 진다. 경찰공무원은 그 임무 및 신분의 특성상 국민의 신뢰를 얻어야만 공정한 직무집행을 수행할 수 있기 때문에 경찰공무원으로서의 의무를 위반하는 경우 징계책임을 부담하는 것은 지극히 당연하다.

그러나, 위 사례에서 보듯이, 당해 교통경찰관 금품수수의 경위가 어떻게 되었든간에 "단돈 1만 원" 때문에 "경찰공무원으로서의 신분을 박탈하는 해임"이라고 하는 중징계처분이 너무 과중한 것이 아닌가 하는 논란의 여지는 충분히 있을 수 있다고 하는 것도 부정할 수 없는 현실이다.4) 즉 사소한 것으로 평가되어 경징계처분을 받을 여지도 있는 징계사유에 대하여 중징계처분을 내리

---

려주면서, "담뱃값으로 만 원짜리 하나 신분증 밑에 넣어주면 된다"라고 말한 사실, 그 말을 들은 위 소외 1이 1만 원짜리 지폐 1장을 접어 신분증과 함께 건네주자 원고는 돈을 받으며, "이렇게 주면 안 되고 몇 번 접어 보이지 않게 주어야 한다"라고 말하며 돈을 받은 사실, 이때 위 차량의 동승한 소외 2가 원고의 이름표를 보고 이름과 원고가 타고 있던 오토바이 번호를 휴대폰에 입력시키자, 원고는 "신고해 보았자 나는 가볍게 처리되고 신고자는 경찰서에 불려가서 조사를 받고 범칙금까지 내야 하는데 그런 일은 없어야겠다. 오늘 점심 잘 먹겠다"(대법원 2006. 12. 21. 선고 2006두16274 판결(공2007상, 221))라고 하였다는 것이다.

3) 법의 엄정한 집행의 예로는, 최근 음주운전으로 인한 면허취소, 예컨대 대법원 2006. 3. 24. 선고 2005두16932 판결, 2005. 4. 29. 선고 2005두111 판결 등, 계열회사 회장의 불법 선거운동으로 인한 국회의원선거를 무효화시킨 사건, 예컨대 대법원 2001. 7. 13. 선고 2000수216 판결(공2001하, 1873) 등을 들 수 있다.

4) 대법원에서 파기의 대상이 된 원심판결인 부산고법 2006. 9. 29. 선고 2006누1760 판결에서는, 이 사건에서의 경찰공무원에 대한 해임처분이 과중하다고 판단하여 해임처분을 취소하였다는 점에서 논란의 여지는 충분히 있다는 점을 반증하고 있다. 참고로 위 부산고법 판결이 대법원에서 파기환송된 후 환송심인 부산고등법원에서는 대법원의 판결의 취지에 따라서 해임처분이 정당하다고 확인하였고(부산고법 2007. 5. 4. 선고 2007누16 판결), 당해 경찰공무원이 대법원에 상고를 포기함으로써 사건이 2007. 6. 5일 확정되어 일단락되었다.

는 경우, 이에 불복하는 당해 경찰공무원은 물론이고 이를 포함한 일선 경찰공
무원들의 불만이 전혀 없다고 할 수는 없다.

그런데 한편 경찰공무원에 대한 징계처분의 법적 효과가 경찰공무원의 신
분 내지는 이익에 중대한 영향을 미치는 것이 현실이다. 그럼에도 불구하고, 그
징계처분이라고 하는 행정처분의 태양이 법에 엄격히 구속되는 기속행위가 아
니라 징계권자의 판단에 의하는 재량행위라고 한다면 징계받는 당사자인 경
찰공무원의 불복이 따르는 것은 오히려 자연스러운 현상일지도 모른다. 요컨대
징계라고 하는 것이 재량행위에 의한 중대한 불이익을 그 효과로 가져온다는
점에서 경찰공무원들이 순순히 받아들이기가 어려운 측면이 있다.

이 점에서 경찰공무원에 대한 징계처분의 법적 성질이 중요하다. 그럼에도
이러한 경찰공무원의 징계처분의 법적 성질 나아가 징계처분에 대한 사법심사
등 경찰공무원의 징계에 관한 기존의 연구가 충분히 많지가 않은 실정이다.5)

이 글에서는 경찰공무원의 징계처분에 대한 불복절차인 사법심사를 본격
적으로 논의하기 위한 전단계 작업으로서 그 사법심사의 대상이 되는 경찰공무
원 징계처분의 법적 성질을 고찰하고자 한다. 즉 경찰공무원 징계처분의 법적
성질이 재량행위인가 만일 재량행위라고 한다면 경찰공무원 징계처분에 있어
서 결정재량과 선택재량은 어떠한 의미를 갖는가에 관한 고찰이다. 이러한 징

---

5) 경찰공무원 징계의 경우만을 따로 고찰한 경우는 거의 없다. 공무원 일반에 대한 징계에
관한 문헌을 70년대까지 소급하여 확장한다고 하더라도 그다지 많지 않은 실정이다. 공
무원의 징계에 관하여는 다음과 같은 문헌이 있다. 김성환, 공무원의 징계처분 특히 징
계권의 남용에 대하여, 『고시계』 제15권 제2호(156호), 1970, 국가고시학회; 김성환, 공
무원의 결격사유와 징계와의 관계, 법률신문, 제1049호, 법률신문사; 김성환, 공무원의
징계처분과 재량권의 한계(상), 법률신문 제1076호, 1974, 법률신문사; 김성환, 공무원의
징계처분과 재량권의 한계(하), 법률신문 제1077호, 1974, 법률신문사; 김성환, 공무원의
결격사유와 징계와의 관계, 판례연구 제3집, 1978, 서울변호사회; 김경재, 공무원자격 결
격사유와 징계와의 관계, 판례회고 제2호(1973년도), 1974, 서울대학교; 김향기, 공무원
에 대한 불이익처분과 그 불복방법, 『토지공법연구』 제19집, 2003, 한국토지공법학회;
김향기, 공무원법상의 징계처분와 그 불복방법, 천봉석종현박사 화갑기념논문집, 2003;
박국수, 징계파면처분의 효력발생시기와 그 효력발생 전에 공무원 신분을 박탈한 위법
이 처분의 효력에 미치는 영향, 『대법원판례해설』 11호(1989년 상반기), 1990, 대법원
법원행정처; 이세중, "공무원 신분 소송에 관하여: 징계처분에 따른 하급심판례동향을
중심으로," 『송무자료집』 제9집(2005. 12), 대검찰청 고등검찰청, 2005; 최정수, 1. 공무
원 임용전의 비위행위(내지는 임용에 관련 비위행위)와 징계사유 여부, 2. 징계시효의
기산점, 『대법원판례해설』 제13호(1990년 상반기), 대법원 법원행정처, 1991; 최재건, 공
무원의 징계와 변상책임의 법률지식, 청림출판, 2001.

계처분의 법적 성질이 제대로 규명되어야만 그 다음 단계인 경찰공무원 징계처분에 대한 사법심사를 제대로 이해할 수 있기 때문이다.[6]

다른 경우도 마찬가지이지만, 우리나라 경찰공무원의 징계처분에 관한 논의를 함에 있어서는, 물론 외국의 이론의 소개 및 이에 근거한 이론적 접근도 중요하지만 그에 못지않게 아니 더 중요하게, 우리나라의 현행 실정법규정을 비롯하여 실제 우리나라 법원에서 심사가 되었던 사례를 검토하는 것이 우리나라 경찰공무원의 현실을 이해함에 있어서 매우 중요하다. 우리나라 경찰공무원의 징계처분도, 모름지기 이론적 및 실제적 측면을 명실공히 함께 검토하여야만 체계적이고 실질적으로 이해할 수 있음은 두말할 나위가 없다.

이러한 기본적인 관점하에서, 이하에서는 먼저 예비적 고찰로서 경찰공무원 징계의 의의를 고찰한다. 이어서 경찰공무원 징계처분의 법적 성질을 유기적으로 고찰하기 위하여 그 징계처분의 중요한 요소가 되는 경찰공무원의 의무를 비롯한 징계사유, 징계의 종류 및 징계절차를 중심으로 고찰하기로 한다. 이어서 경찰공무원 징계처분의 법적 성질에 관하여 기존의 학설의 내용과 문제점을 고찰하고 그 대안으로서 경찰공무원 징계처분의 법적 성질을 새로운 시각에서 재조명하고자 한다. 또한 이와 같은 논의를 전개함에 있어서도 항상 실무와의 괴리를 없애기 위하여 가능한 한 경찰공무원의 징계처분에 관련된 우리나라 대법원 판례를 가능한 한 많이 소개하도록 노력하였다.

## Ⅱ. 경찰공무원 징계의 의의

### 1. 경찰공무원과 법치주의

#### (1) 경찰공무원

경찰공무원이란 경찰공무원법에 의하여 임용되어 국가와 공법상 근무관계를 맺고 있는 특정직 국가공무원이다.[7] 경찰공무원은 국민의 생명·신체 및 재산의 보호와 범죄의 예방·진압 및 수사, 치안정보의 수집, 교통의 단속, 기타

---

6) 경찰공무원 징계재량권을 포함한 징계처분에 대한 사범심사 내지는 경찰공무원 징계양정 등에 관한 고찰은 다음 기회로 미루기로 한다.
7) 경찰공무원과 국가공무원의 관계를 규정하고 있는 것으로는 경찰공무원법 제30조가 있다.

공공의 안녕과 질서유지를 임무[8]로 한다. 이러한 임무의 특수성으로 말미암아 임용·교육훈련·신분보장·직무 등에 있어서 일반 공무원과 차이가 있으며, 이 때문에 일반직이 아닌 특정직 국가공무원[9]으로 규율되고 있다.

경찰공무원도 국가공무원이라는 점에서 국가공무원법상의 징계책임을 지게 된다.[10] 다만 경찰공무원은 책임 및 직무의 중요성과 신분 및 근무조건의 특수성에 비추어 국가공무원법에 대한 특례를 규정한 경찰공무원법의 적용을 받게 된다.

### (2) 경찰공무원과 법치주의

과거 공무원관계는 이른바 특별권력관계이고 이 특별권력관계에는 법이 침투할 수 없었다. 따라서 공무원의 징계처분에 있어서는 아무런 법적 근거가 없어도 가능하였고, 이러한 공무원에 대한 징계처분에 대해서는 사법심사 자체를 부정하였다.[11] 그러나 이와 같이 과거 특별권력관계라고 하는 신분적인 예속하에 있었던 공무원이 오늘날에는 행정법관계라고 하는 법관계에 들어오게 되었다.[12]

이에 따라 공무원에 대한 징계처분도 헌법 제7조 제2항 및 제37조 제2항에 따라서 법적 근거가 있는 경우에 한하여 이루어지게 되었다. 그리하여 공무원에 대한 징계에 있어서는 징계사유, 징계의 종류, 징계권자, 징계시효 등은 국가공무원법이라고 하는 법률의 규정에 의하게 되는 것이 원칙으로 되었다. 그뿐만 아니라 당해 공무원은 징계처분에 대한 행정소송을 제기하여 불복할 수 있게 되었다. 이와 같이 공무원징계에 법치주의가 적용됨에 이론의 여지가 없

---

8) 경찰관직무집행법 제2조.
9) 국가공무원법 제2조 제2항 제2호.
10) 경찰공무원법 제1조.
11) 우리나라의 과거 오래전에 징계에 대하여 특별권력관계를 언급하면서 행정소송이 허용되지 아니한다는 내용의 판례가 있었다. "감찰위원회에서 본건 한 징계 의결에 대하여 행정소송을 제기할 수 있느냐에 관하여는 징계처분은 특별권력 관계에서 임명된 공무원이 국가에 대하여 부담한 특별의무 위반을 이유로 국가가 사용주로서의 특별한 권력에 의하여 관기의 유지를 목적으로 특별권력관계의 해소 또는 장래를 계고하는 행정벌이며 일반 통치관계에 있어서 사회 공공히 가지고 있는 권리침해가 아니므로 징계처분에 대하여는 행정소송을 제기할 수 없을 것이다"(대법원 1952. 9. 23. 선고 4285행상3 판결).
12) 경찰공무원과 관련하여서 특별권력관계 자체를 부정하는 견해에 관해서는, 최영규, 『경찰행정법』, 법영사, 2005, 12-13, 61-62, 154-155 참조.

다.13)

　　물론 공무원의 징계처분에 법치주의가 적용된다고 하더라도 공무원사회의 기능의 특수성·전문성을 어느 정도 감안할 수는 있다.14) 그 대표적인 예가 경찰공무원이다. 경찰공무원은 책임 및 직무의 중요성과 신분 및 근무조건의 특수성에 비추어 경찰공무원의 임용·교육훈련·복무·신분보장 등에 관하여 국가공무원법에 대한 특례를 규정한 경찰공무원법의 적용을 받게 된다.15)

## 2. 경찰공무원 징계의 필요성

　　후술하는 바와 같이, 경찰공무원의 의무와 그 위반에 대한 징계는 국가공무원법, 경찰공무원법 및 경찰공무원징계령 등 실정법령에 규정되어 있다. 그런데 이러한 법령규정과는 별도로 실제로 경찰공무원의 의무위반으로 경찰공무원을 징계할 실질적인 필요성이 무엇인가를 고찰할 필요가 있다. 이는 징계를 정당화하는 실질적 근거가 되기 때문이다. 이에 관한 판례의 태도를 보면 다음과 같다.

　　먼저 판례에 의하면, 먼저 경찰공무원에 대한 징계는 경찰공무원에 대한 불신을 예방하기 위한 공익상의 이유에서 행해질 필요가 있다고 한다.16) 경찰공무원의 부도덕한 행위는 국민의 신뢰를 상실하게 되는 원인이 되고,17) 경찰공무원의 법적용의 공평성과 청렴의무에 대한 불신을 배양하게 되고,18) 이는 결과적으로 경찰 전체의 품위를 손상시키게 되기 때문19)이라고 한다.

　　또한 판례는 경찰공무원의 징계는 경찰공무원의 국민의 생명·신체 및 재산의 보호와 범죄의 예방·진압 및 수사, 치안정보의 수집, 교통의 단속, 기타 공공의 안녕과 질서유지 등과 같은 특수한 임무수행과 관련한 특히 금품수수행위를 금지하여야 할 필요성을 강조한다. 즉 경찰공무원이 형사사건의 처리와 관련하여 피의자로부터 금품을 수수한다든지,20) 교통법규 위반자로부터 금품을

---

13) 김남진, 『경찰행정법』, 경세원, 2002, 113; 최영규, 『경찰행정법』, 155; 홍정선, 『경찰행정법』, 박영사, 2007, 202.
14) 김남진, 『경찰행정법』, 113-114.
15) 경찰공무원법 제1조.
16) 대법원 2006. 8. 24. 선고 2006두3865 판결.
17) 대법원 2002. 12. 27. 선고 2002두8893 판결.
18) 대법원 2006. 12. 21. 선고 2006두16274 판결(공2007상, 221).
19) 대법원 2002. 9. 24. 선고 2002두6620 판결(공2002하, 2587).

수수하는 경우,21) 당해 경찰공무원을 징계를 하지 않으면 경찰공무원의 공평하
고 엄정한 직무수행을 기대하기 어렵기 때문이라고 한다.

## 3. 경찰공무원 징계책임의 의의

공무원이 공무원으로서의 직무 또는 신분과 관련하여 지는 책임을 공무원
책임이라고 하고, 이러한 공무원책임은 공무원법상의 의무를 위반한 경우에 받
게 되는 징계책임과 국가 또는 지방자치단체에 손해를 끼친 경우에 부담하는
국가배상법 등에 의한 변상책임으로 나누어진다. 이 징계책임과 변상책임을 합
하여 협의의 공무원책임이라고 하고 여기에다 사회법익을 침해하는 형사상의
책임 및 그 행위가 위법하게 타인의 권리를 침해하여 손해를 발생함으로써 지
게 되는 민사상의 책임을 포함하여 광의의 공무원책임이라고 한다.22)

경찰공무원도 공무원인 이상 당연히 공무원책임을 부담한다. 경찰공무원이
공무원책임 중 경찰공무원의 의무를 위반한 경우에 법적인 제재로서의 불이익
을 받을 지위를 징계책임이라고 하고 그에 따라 받게 되는 제재로서의 벌을 징
계벌이라고 한다. 이 징계벌을 형벌과 비교하면, 권력의 기초, 공무원관계의 질
서유지와 일반사회질서의 유지라고 하는 대상·목적, 공무원의 신분적 이익의
전부 또는 일부의 박탈과 생명·자유·재산·명예의 박탈이라고 하는 제재의 내
용, 고의·과실의 구별이라고 하는 주관적 요건 등에서 차이가 있다.23)

징계벌은 형벌은 위와 같은 차이가 있으므로 징계벌과 형벌은 병과될 수
있고, 일사부재리원칙에도 저촉되지 아니한다.24) 수사기관의 수사중인 사건에

---

20) 대법원 2006. 8. 24. 선고 2006두3865 판결.
21) 대법원 2006. 12. 21. 선고 2006두16274 판결(공2007상, 221).
22) 김남진,『경찰행정법』, 111; 김동희,『행정법 Ⅱ』, 박영사, 2007: 172-173; 형사책임과 민
사책임은 공무원의 직무나 신분과 관계없이 국민의 한 사람으로서 지는 책임이라는 점
에서 공무원의 책임이라고 할 수 없다고 하는 입장도 있다. 최영규,『경찰행정법』, 153.
23) 김남진,『경찰행정법』, 111-113; 김형중,『경찰행정법』, 수사연구사, 2005, 387-388; 최영
규,『경찰행정법』, 153-154; 홍정선,『경찰행정법』, 202-203.
24) 우리나라는 형사소추선행의 원칙을 채택하지 않으므로 형사절차와 동시에 징계절차를
진행할 수 있다고 하는 것에는, 최영규,『경찰행정법』, 155 참조; 형사절차에서 유죄의
확정판결을 받기 전이라도 징계혐의 사실은 인정될 수 있는 것이고 그와 같은 징계혐의
사실인정은 무죄추정에 관한 헌법 제27조 제4항이나 형사소송법 제275조의2의 규정에
저촉된다고 볼 수 없다고 한다. 대법원 1980. 3. 25. 선고 79누375 판결(공1980, 12788),
1986. 11. 11. 선고 86누59 판결(공1987, 34), 2004. 5. 27. 선고 2004두2752 판결 등 참조.

대하여는 징계권자의 재량으로 징계절차를 중지할 수 있다(국가공무원법 제83조 제2항).

## Ⅲ. 징계사유, 징계절차 및 징계의 종류

### 1. 개관

경찰공무원의 징계의무와 관련된 징계사유는 경찰공무원의 징계절차의 개시이고, 징계의 종류의 선택은 그러한 징계의 법적 효과라는 점에서 의미가 있다. 이러한 징계사유의 인정 및 징계의 종류의 선택과 관련하여 그 재량행위성이 논의되고 있으며, 이는 징계처분에 대한 사법심사의 범위 내지는 그 성질이 좌우된다는 점에서 중요하다.

또한 경찰공무원에 대하여 징계처분은, 후술하는 징계처분의 절차에서 보듯이, 징계사유 인정, 징계의결의 요구, 징계위원회의 의결, 징계의 집행 등 일련의 여러 가지 절차들의 연쇄과정의 산물이다. 따라서 그 각각의 단계에서의 징계절차가 그 성질을 달리할 수 있는 문제이기도 하다.

이하에서는 징계사유, 징계종류의 선택 및 징계절차에 관하여 고찰하기로 한다.25)

### 2. 경찰공무원의 징계사유

### (1) 개요

경찰공무원은 다양한 법정의무를 부담하고 있으며, 경찰공무원의 행위가 법정의무를 위반하게 되는 경우 징계요구권자인 경찰기관의 장은 징계의결을 요구하여야 하는 징계사유(국가공무원법 제78조, 경찰공무원징계령 제9조 제1항)가 된다. 그 법적 효과로서 징계권자는 특정한 징계의 종류(동법 제79조)를 선택하여 징계처분을 하게 된다.

이하 경찰공무원의 의무와 그 의무위반으로서의 징계의결을 요구하여야 하는 징계사유, 그리고 이에 대한 사법심사의 실제를 고찰하기로 한다.

---

25) 징계처분에 있어서는 이 외에도 징계하자와 불복방법이 있으나, 이것들은 이 글의 내용과 밀접한 관련성이 없으므로 여기에서는 일단 제외하기로 한다.

## (2) 경찰공무원의 의무

경찰공무원은 공무원과 마찬가지로 국민전체의 봉사자(헌법 제7조 제2항)로
서 자신의 임무수행과 관련하여 각종의 의무를 부담한다.26) 이러한 경찰공무원
의 의무는, 국가공무원법상의 의무, 경찰 관련법상의 의무, 공직자윤리법상의
의무 등으로 나누어 볼 수 있다.

국가공무원법상의 의무로는, 선서의무(제55조),27) 법령준수의무(제56조),28)
성실의무(제56조),29) 복종의무(제57조),30) 직장이탈금지의무(제58조),31) 친절공정
의무(제59조), 비밀엄수의무(제60조),32) 청렴의무(제61조),33) 영예의 제한(제62조),
품위유지의무(제63조),34) 영리업무금지의무 및 겸직금지의무(제64조),35) 정치운

---

26) 경찰공무원의 의무에 관해서는 위와 같이 경찰 관련 법령, 국가공무원법 등 법령별로 의
  무를 파악하는 방법(홍정선, 『경찰행정법』, 188-202), 선서의무와 성실의무, 직무상의 의
  무 및 신분상의 의무로 분류하는 방법(김남진, 『경찰행정법』, 97-110; 최영규, 『경찰행정
  법』, 138-152) 등이 있다.
27) 헌법재판소에 따르면, 헌법 제69조는 대통령의 취임선서의무를 규정하면서, 대통령으로
  서 '직책을 성실히 수행할 의무'를 규정하고 있는데, 비록 대통령의 '성실한 직책수행의
  무'는 헌법적 의무에 해당하나, '헌법을 수호해야 할 의무'와는 달리, 규범적으로 그 이
  행이 관철될 수 있는 성격의 의무가 아니므로, 원칙적으로 사법적 판단의 대상이 될 수
  없다고 한다. 헌법재판소 2004. 5. 14. 선고 2004헌나1 전원재판부 결정(헌공 제93호).
28) 헌법 제7조 제1항에 기초하여 국가공무원법은 공무원의 각종 의무를 규정하고 있으며
  특히 공무원에게는 누구보다 강력한 법령준수의무가 요구된다고 한다. 대법원 1990. 10.
  30. 선고 90누2659 판결(공1990, 2444), 2006. 9. 22. 선고 2005두15298 판결 등 참조.
29) 대법원 1994. 6. 10. 선고 94누4622 판결(공1994상, 1969), 2004. 11. 12. 선고 2002두
  11813 판결, 2006. 2. 24. 선고 2005두6447 판결 등 참조.
30) 검찰총장이 검사에 대한 비리혐의를 내사하는 과정에서 해당 검사에게 참고인과 대질신
  문을 받도록 담당부서에 출석할 것을 지시한 경우, 검찰총장의 그 출석명령이 그 검사에
  게 복종의무를 발생시키는 직무상의 명령에 해당하지 않는다고 한다. 대법원 2001. 8.
  24. 선고 2000두7704 판결(공2001하, 2088).
31) 대법원 1984. 6. 26. 선고 83누75 판결(공1984, 1305), 1986. 7. 22. 선고 85누908 판결(공
  1986, 1121), 1991. 11. 12 선고 91누3666 판결(공1992, 139) 등 참조.
32) 대법원 1995. 6. 30. 선고 93추83 판결(공1995하, 2613); 공무원 등이 직무상 비밀에 속한
  다는 이유로 지방의회의 증언 또는 서류제출 요구 등을 예외 없이 거부할 수 없도록 규
  정한 조례안은 공무원의 비밀유지의무를 규정한 국가공무원법 제60조 등 상위 법령에
  위반된다고 한 사례가 있다. 대법원 1995. 6. 30. 선고 93추83 판결(공1995하, 2613).
33) 대법원 2002. 9. 24. 선고 2002두6620 판결(공2002하, 2587), 2006. 2. 24. 선고 2005두
  6447 판결, 2006. 12. 21. 선고 2006두16274 판결(공2007상, 221) 등 참조.
34) 전국공무원 직장협의회총연합은 위법한 단체이며 수석부위원장이었던 공무원의 일련의
  행위가 여러 가지 공무원의 중에서 품위유지의무에도 해당한다고 한 사례가 있다. 대법
  원 2006. 9. 22. 선고 2005두15298 판결.
35) 공무원이 여관을 매수하여 임대한 행위가 공무원으로서 겸직이 금지되는 영리업무에 해

동금지의무(제65조, 헌법 제7조 제2항),36) 집단행위의 금지의무(제66조, 헌법 제33조
제2항)37) 등이 있다.

경찰 관련법상 의무를 보면, 경찰법에 의하여 상관의 지휘·감독을 받아 직
무를 수행하고, 그 직무수행에 관하여 서로 협력할 의무를 부담한다(제24조). 경
찰공무원법상 의무로는, 허위보고·직무태만의무(제18조),38) 지휘권남용 등의 금
지의무(제19조),39) 제복착용·무기휴대의무(제20조)가 있다. 또한 경찰공무원복무
규정에 의하여, 근무시간중 음주금지의무(제9조),40) 민사분쟁에 부당개입금지의
무(제10조),41) 상관에 대한 신고의무(제11조), 지정장소 외에서의 직무수행금지의
무(제8조), 여행제한의무(제13조), 비상대기의무(제14조) 등이 있다.

공직자윤리법상 의무로는, 공직자 재산등록의무(제10조),42) 선물신고의무
(제15조, 제16조), 취업금지의무(제17조) 등이 있다.43)

---

당하지 않는다고 한 사례가 있다. 대법원 1982. 9. 14. 선고 82누46 판결(공1982, 1022).
36) 대법원 1968. 12. 11. 선고 67수5 제1부 판결; 한편 헌법재판소의 판례에 따르면, 선거에
서의 공무원의 정치적 중립의무는 '국민 전체에 대한 봉사자'로서의 공무원의 지위를 규
정하는 헌법 제7조 제1항, 자유선거원칙을 규정하는 헌법 제41조 제1항 및 제67조 제1항
및 정당의 기회균등을 보장하는 헌법 제116조 제1항으로부터 나오는 헌법적 요청이고,
공직선거 및 선거부정방지법 제9조는 이러한 헌법적 요청을 구체화하고 실현하는 법규정
이라고 한다. 헌법재판소 2004. 5. 14. 선고 2004헌나1 전원재판부 결정(헌공제93호).
37) 경찰기동대원들의 집단적 행위를 선동 내지 주도한 자에 대한 징계파면처분이 적절하다
고 판단한 사례가 있다. 대법원 1985. 7. 9. 선고 84누787 판결(공1985, 1131).
38) 면허계장이 출장시험장에서의 면허시험감독과 컴퓨터채점실의 열쇠 등의 관리를 소홀히
함으로써 부하 직원들에 의한 운전면허시험에 있어서의 부정행위가 계속적, 조직적으로
이루어진 경우가 이에 해당한다. 대법원 1991. 12. 27. 선고 91누7644 판결(공1992상,
799).
39) 총기난동 사건(90명 사상)에 대처하여 미온적인 작전지휘를 한 관할 경찰서 경무과장(서
장 직무대행)에 대한 징계파면이 재량권의 일탈이 아니라고 한 사례가 있다. 대법원
1983. 11. 22. 선고 83누522 판결(공1984, 126).
40) 휴계근무시간 중 혈중 알콜농도 0.10%의 상태에서 음주운전을 하다가 교통사고를 야기
한 경찰관에 대한 해임처분이 재량권을 일탈·남용이 아니라고 한 사례가 있다. 대법원
1997. 11. 25. 선고 97누14637 판결(공1998상, 123).
41) 진정사건을 조사하는 경찰관이 민사분쟁에 개입, 진정인에게 유리하게 사건을 해결하여
민원을 야기하고 경찰의 위신을 손상시킨 비위에 대한 파면처분이 재량권의 일탈·남용
이 아니라고 한 사례가 있다. 대법원 1984. 10. 10 선고 84누193 판결(공1984, 1804).
42) 공직선거 후보자 재산신고시 차명계좌로 관리하던 예금을 누락한 경우 당선 목적으로
후보자의 재산에 관하여 허위사실을 공표한 것에 해당한다고 한 하급심 판례가 있다. 대
구고법 2007. 3. 29. 선고 2007노81 판결(각공2007상, 1121). 이 사건은 현재 상고심인
대법원에 계류중에 있다.
43) 이 외에도 모든 경찰공무원은 부패방지법 제7조상의 공직자의 청렴의무와, 총경(자치총

### (3) 경찰공무원의 징계사유

경찰공무원은 국가공무원법 및 동법에 의한 명령에 반하였을 때, 직무상 의무(다른 법령에서 공무원의 신분으로 인하여 부과된 의무를 포함한다)에 위반하거나 직무를 태만한 때, 직무의 내외를 불문하고 그 체면 또는 위신을 손상하는 행위를 한 때에 징계사유가 된다(국가공무원법 제78조 제1항, 경찰공무원징계령 제9조 제1항). 즉 경찰공무원의 징계사유는 전술한 경찰공무원의 의무위반 등의 행위로 인한 것이다.

그런데 경찰공무원의 의무위반행위는 고의에 의한 것인지 과실에 의한 것인지를 불문한다고 한다.[44] 그렇다고 해서 완전한 무과실책임을 의미하는 것은 아니고 불가항력에 의한 경우에는 면책된다.[45] 또한 징계는 부하의 비위에 대하여 상관이 감독상의 책임을 지는 경우도 있으므로 반드시 자신의 행위만을 원인으로 하는 것은 아니다. 그러나 이 경우도 상관 자신의 감독의무의 해태라고 하는 상관 자신의 행위의 성격도 있다고 할 수 있다.[46] 경찰공무원의 징계사유는 중복될 수 있다.[47] 이러한 징계사유는 원칙적으로 재직중에 발생한 것이어야 한다.[48] 다만 재직 전의 행위라고 하더라도 이로 인하여 재직중인 공무원의 체면 또는 위신에 손상된 경우에는 징계사유가 된다고 하는 것이 판례의 입장이다.[49]

경찰공무원의 징계사유와 관련하여서는, "어떠한 사실이 징계사유에 해당

---

경을 포함한다) 이상의 경찰공무원은 공직자 등의 병역사항 신고 및 공개에 관한 법률 제2조에 의하여 병역사항 신고의무 등을 부담한다.

44) 최영규, 『경찰행정법』, 155; 그러나 과실의 정도는 징계양정에 있어서 참작사유가 된다. 공무원 징계양정에 관한 규칙 제2조.

45) 홍정선, 『경찰행정법』, 204.

46) 최영규, 『경찰행정법』, 154; 지휘감독 책임 태만에 관한 판례로는, 대법원 1982. 3. 9. 선고 81누331 판결(공1982상, 440).

47) 다만 실제 소송에 있어서 수 개의 징계사유 중 일부가 인정되지 않더라도 다른 징계사유만으로도 당해 징계처분의 타당성을 인정하기에 충분하면 그 징계처분을 유지하여도 위법하지 않다고 한다. 대법원 2002. 9. 24. 선고 2002두6620 판결(공2002하, 2587).

48) 단, 국가공무원법 제78조 제2항, 제3항의 예외가 있다. 사면된 후 유죄판결을 받은 사실 자체를 징계사유로 할 수 없다고 한다. 대법원 1983. 6. 14. 선고 83누3 판결(공1983, 1099).

49) 공립학교 교사로 임용되기 전의 뇌물공여행위가 교사로서의 위신 또는 체면을 손상시켰다는 것을 사유로 한 징계처분이 적법하다고 한 판례가 있다. 대법원 1990. 5. 22. 선고 89누7368 판결(공1990, 1378).

하는가 여부에 관한 판단"이 재량적인 성질을 가지는지 여부가 문제되고, 또한 우리나라 판례상의 표현인 "징계의 원인이 된 비위사실의 내용과 성질"[50])이 의미하는 바가 무엇인지가 문제된다.

### (4) 사법심사의 실제

법원은 경찰공무원의 징계원인행위에 대해서는 어느 특정한 한 가지의 의무를 위반한 것이라고 평가하기보다는, 여러 가지 의무들을 중첩적으로 위반한 것으로 평가한다.

예컨대 경찰공무원이 교통신호 위반자에게 금품을 수수하고 적정한 조치를 취하지 않는 등의 행위는, 성실의무(국가공무원법 제56조), 복종의무(동법 제57조), 청렴의무(동법 제61조) 등을 위반한 것이라고 한다.[51]) 또한 전국공무원 직장협의회총연합의 수석부위원장인 공무원이 행한 일련의 행위는 국가공무원법 제66조 제1항에서 금지한 '노동운동 또는 공무 이외의 일을 위한 집단적 행위'에 해당하거나 국가공무원법상의 법령준수의무(제56조), 복종의무(제57조), 품위유지의무(제63조) 및 직장이탈금지의무(제58조)에 각각 위반하는 행위에 해당하다고 한다.[52])

사실 경찰공무원의 징계원인행위는 경찰공무원의 각종의 의무를 위반한 것으로 평가된다는 점에서 경찰공무원의 제 의무는 상호 중첩가능한 성격을 갖기는 한다. 그러나 판례가 경찰공무원의 징계원인행위에 대하여 가능한 한 여러 가지 법정의 의무위반 여부를 검토한다는 것 자체는 경찰공무원의 징계재량권의 한계를 심사하기 위한 전제로서 징계사유를 가능한 한 법적으로 정당화하는 근거를 검토하고 있다는 것을 의미한다.

## 3. 경찰공무원의 징계절차

### (1) 의의

경찰공무원의 징계는 일련의 절차과정의 산물이다. 이러한 경찰공무원의 징계절차의 과정을 구성하는 각 단계로서 징계사유의 인정, 징계의결의 요구,

---

50) 예컨대 대법원 2006. 12. 21. 선고 2006두16274 판결(공2007상, 221).
51) 대법원 2006. 12. 21. 선고 2006두16274 판결(공2007상, 221).
52) 대법원 2006. 9. 22. 선고 2005두15298 판결.

징계위원회의 심의와 징계의결, 징계의 집행 등을 개략적으로 고찰하기로 한다.
특히 이와 같은 경찰공무원의 징계처분절차가 다단계의 절차의 연쇄라는
사실은, 경찰공무원 징계처분절차의 각 단계에 따라서 경찰공무원 징계처분의
법적 성질을 달리 파악할 수 있는 계기가 된다는 점에서 의미가 있다.

### (2) 징계사유의 인정

경찰공무원의 징계원인사실은 각종의 경찰공무원에게 부과된 의무를 위반
한 행위 등으로서 징계의결요구권자인 경찰기관의 장이 징계의결을 요구하여
야 하는 징계사유에 해당하는 사실이다. 이런 경찰공무원의 징계원인사실은 매
우 다양하다. 예컨대, 교통사고를 일으키고 도주한 행위,[53] 부도덕한 축첩행
위,[54] 도박행위,[55] 직무와 관련된 금품수수행위[56] 등을 들 수 있다. 이러한 다
종다양한 징계원인사실이 확정되면 이는 징계의결을 요구하여야 하는 징계사
유로 된다. 이러한 징계사유는 법정화되어 있다(국가공무원법 제78조 제1항, 경찰공
무원징계령 제9조 제1항).

이러한 징계원인사실의 확정 여부 및 징계사유의 인정 여부가 재량행위인
지 여부가 문제되고, 이와 아울러 이에 해당하는 판례상의 표현인 "징계의 원인
이 된 비위사실"[57]의 의미가 문제된다.

### (3) 징계의결의 요구

경찰공무원에게 국가공무원법 제78조 제1항 각 호의 1에 해당하는 사유가
있다고 인정한 때[58]에는 징계요구권자인 경찰기관의 장은 지체 없이 관할 징계
위원회를 구성하여 징계의결을 요구하여야 한다(국가공무원법 제78조 제1항, 경찰

---

53) 대법원 1999. 10. 8. 선고 99두6101 판결(공1999하, 2339).
54) 대법원 2002. 12. 27. 선고 2002두8893 판결.
55) 대법원 1983. 6. 28. 선고 82누544 판결(공1983, 1280).
56) 대법원 1999. 11. 26. 선고 98두6951 판결(공2000상, 73).
57) 대법원 1983. 6. 28. 선고 83누130 판결(공1983, 1207), 1991. 7. 23. 선고 90누8954 판결
(공1991, 2257), 1992. 7. 14. 선고 92누5157 판결(공1992, 2430), 2006. 12. 21. 선고 2006
두16274 판결(공2007상, 221) 등 참조.
58) 국가공무원법 제78조 제1항에서 "공무원이 다음 각 호의 1에 해당하는 때", 경찰공무원
징계령 제9조 제1항에서 "경찰기관의 장은 소속 경찰공무원 중 국가공무원법 제78조 제
1항 각 호의 1에 해당하는 사유가 있다고 인정한 때"를 비교하여 보면, '사유인정'과 '해
당'의 의미차이가 있을 수 있다. 이에 관하여는 후술한다.

공무원징계령 제9조 제1항). 징계의결의 요구는 징계사유가 발생한 날로부터 2년
(금품 및 향응수수, 공금의 횡령·유용의 경우는 3년)을 경과한 때에는 이를 행하지 못
한다(국가공무원법 제83조의2). 이러한 징계의결의 요구는 기속행위로 보는 것이
일반적이다.

### (4) 징계위원회의 심의와 징계의결
#### 1) 징계위원회의 심의
징계위원회가 징계사건을 심의할 때에는 징계심의대상자에 의하여 출석하
도록 통지하여야 한다(경찰공무원징계령 제12조 제1항).[59] 진술의 기회를 부여하지
아니하는 징계는 국가공무원법 제81조 제3항, 제13조 제2항에 의하여 무효가
된다.[60] 징계는 공무원의 신분에 관한 중대한 불이익처분이므로 반드시 당해
공무원에게 변명과 방어의 기회를 보장하기 위한 것이라고 할 수 있다.[61] 판례
에 따르면, 경찰공무원의 징계의결과정에 징계심의위원회에 출석하라는 통보를
하지 아니한 위법이 있다 하더라도 그와 같은 사유는 행정처분의 취소사유에
불과하다[62]고 한다.

#### 2) 징계위원회의 징계의결
징계의결 요구를 받은 징계위원회는 그 요구서를 받은 날로부터 30일 이내
에 징계에 관한 의결을 하고(경찰공무원징계령 제11조 제1항), 징계위원회의 의결
을 행한 결과로서의 징계의결서를 작성하고(동령 제14조), 이를 징계의결을 요구
한 자에게 통보한다(동령 제17조).

---

59) 징계대상자에게 서면에 의한 출석통지를 하지 않았더라도 징계위원회가 심의에 앞서 구
두로 출석의 통지를 하고, 이에 따라 징계대상자등 이 징계위원회에 출석하여 진술과 증
거제출의 기회를 부여받았다면 이로써 변명과 방어의 기회를 박탈당하였다고 보기는 어
려우니 서면의 출석통지의 흠결을 가지고 동 징계처분이 위법하다고 할 수는 없다고 한
사례가 있다. 대법원 1985. 1. 29. 선고 84누516 판결(공1985, 384); 출석통지는 소정의
서면에 의하지 아니하더라도 구두, 전화 또는 전언 등 방법에 의하여 징계심의 대상자에
게 전달되었으면 출석통지로서 족하다고 한다. 대법원 1985. 10. 8. 선고 84누251 판결
(공1985, 1482).
60) 대법원 1999. 2. 23. 선고 98두12192 판결.
61) 소속기관의 장에게 통보함이 없이 경찰공무원을 징계한 것이 위 공무원에게 보장된 진
술의 기회를 침해한 것이라고 볼 수 없다고 한 판례가 있다. 대법원 1985. 3. 26. 선고
84누725 판결(공1985, 643).
62) 대법원 1985. 9. 10. 선고 85누386 판결(공1985, 1355).

이 징계위원회의 징계의결이 일견 법문상과 같은 기속행위인지 아니면 재량행위인지 여부가 문제가 된다.

## (5) 징계의 집행

징계의결을 요구한 자는 감봉·견책의 징계의결을 통고받은 날로부터 10일 이내에 이를 집행하여야 한다(경찰공무원징계령 제18조 제1항). 파면·해임·정직의 경우에는 징계의결요구권자는 당해 경찰공무원의 임용권자에게 파면·해임·정직처분을 제청하되, 총경·경정의 파면처분의 제청과 정직처분의 집행은 내무부장관이 이를 행한다(동령 제19조 제1항). 파면 또는 해임처분의 제청을 받은 임용권자는 10일 이내에 징계처분사유설명서를 징계의결이 된 자에게 교부한다(동령 제19조 제2항).

## 4. 징계의 종류

공무원의 징계의 종류로는 파면, 해임, 정직, 감봉, 견책이 있다(국가공무원법 제79조).

파면과 해임은 공무원 신분을 배제한다는 점에서 배제징계라고 하고, 정직, 감봉, 견책은 신분을 유지하면서 잘못을 바로 잡는다는 점에서 교정징계라고 한다.[63] 파면·해임·정직은 중징계이고 감봉과 견책은 경징계에 해당한다(경찰공무원징계령 제2조). 파면과 해임은 공무원의 신분을 박탈하는 처분이라는 점에서는 동일하나 파면의 경우에는 5년간, 해임의 경우는 3년간 공무원이 될 수 없다(국가공무원법 제33조 제1항 제7호, 제8호). 또한 파면의 경우에는 퇴직수당이 감액되나, 해임의 경우에는 감액이 없다(공무원연금법 제64조 제1항).

정직은 신분은 유지하나 일정기간 직무에 종사하지 못하게 하는 처분이다(국가공무원법 제80조 제1항). 감봉이란 1 내지 3개월간 보수의 3분의 1을 감하는 처분이다(동법 제80조 제2항). 견책이란 전과에 대하여 훈계하고 회개하는 처분이다(동법 제80조 제4항).[64]

경찰공무원의 징계책임에 있어서 징계권자가 위와 같은 여러 가지의 징계

---

63) 김철용, 『행정법 Ⅱ』, 박영사, 2007, 226; 최영규, 『경찰행정법』, 159.
64) 전투경찰대의 대원 중 경사·경장 또는 순경(전투경찰순경을 포함한다)에 대한 징계의 경우에는 영창 및 근신이 추가된다(전투경찰대설치법 제5조).

중에서 하나를 선택하여 징계처분을 하는 것은 이른바 선택재량으로서 전형적인 재량행위의 한 내용이라고 할 수 있다.

## Ⅳ. 징계처분의 법적 성질

### 1. 의의

전술한 경찰공무원 징계절차에서 고찰한 바와 같이, 경찰공무원의 징계처분은 징계원인사실의 확정 내지는 징계사유의 인정, 징계의결의 요구, 징계위원회의 심의와 징계의결, 징계양정 및 징계의 집행 등 연속적인 절차과정의 산물이다.

그런데, 후술하는 바와 같이, 종래의 학설은 이와 같은 연속적인 징계절차들 중 어느 한 절차에 초점을 맞추어서 징계처분의 법적 성질을 고찰하고 있는 것으로 보인다. 따라서 이와 같은 단편적인 시각만으로는 일련의 여러 단계의 복합적인 절차로 구성된 경찰공무원의 징계절차를 전반적으로 제대로 파악하기가 어렵다. 또한 기존의 학설은 경찰공무원의 징계처분의 법적 성질에 관하여 재량을 설명하면서 결정재량과 선택재량을 명확하게 설명하고 있지 못하는 문제점도 있다.

이하에서는 경찰공무원 징계처분에 관한 기존의 학설 및 그에 대한 문제점을 지적하고, 경찰공무원의 징계처분의 법적 성질을 각 단계별로 나누어 고찰하고, 이어서 징계처분과 관련된 결정재량과 선택재량의 문제를 고찰하고자 한다.

### 2. 학설 및 문제점

#### (1) 학설의 내용 소개

공무원[65]의 징계처분의 법적 성질이 무엇인가에 관하여 징계절차의 전과정을 포괄적으로 설명하는 경우는 드물고 대개 다음과 같은 2가지 종류의 내용

---

65) 경찰공무원과 공무원을 엄격히 구별하지 아니하고, 반드시 구별할 필요가 있는 경우를 제외하고는, 함께 고찰하기로 한다. 이는 양자를 통틀어서도 문헌이 많지 않을 뿐만 아니라 실제 구별의 실익이 공무원징계령과 경찰공무원징계령의 적용으로 달라지는 정도에 불과하기 때문이기도 하다.

이 단편적으로 기술되어 있는 것만을 볼 수 있다.

첫째로, 공무원의 징계처분의 법적 성질에 관해서 결정재량과 선택재량이라는 측면에서 설명하는 것이 일반적이다. 예컨대 "징계원인이 있는 경우에 어떤 종류의 징계를 할 것인가는 원칙적으로 징계권자의 재량적 판단에 속한다"66)라고 하거나, "징계사유가 발생하는 한, 징계권자는 반드시 징계를 요구해야 하는 점에서 징계를 요구할 수도 안할 수도 있는 의미의 결정재량은 부인되고 있다. 그러나 위의 징계종류 중에서 어느 것을 선택하는가에 관해서는 재량(선택재량)이 인정된다"67)라고 하는 것이 공무원의 징계처분의 법적 성질에 관한 일반적인 기술이다. 이러한 공무원의 징계처분의 법적 성질에 관한 내용은 경찰공무원의 징계처분의 경우에서도 유사하다.68)

두 번째로, 징계원인사실과 관련하여서, "징계사실의 인정과 관련하여서는 판단여지가 인정될 수 있다"69)고 하면서, "재량과 어떤 사실이 요건에 해당하는가와 관련하여 인정될 수 있는 판단여지와의 차이에 관하여 유의할 것이다"70)라고 하는 견해가 있다. 이에 반하여, "징계원인사실 인정 여부의 판단은 소위 요건재량 내지 판단여지라는 부분이라고 할 수 있고 징계재량은 효과재량이라는 부분이 있다고 하면서 징계의결 요구권자는 소속장과 또는 소속기관의 장이나 소속상급기관의 장으로서 평소 당해 공무원의 지휘·감독의 지위에 있고 공무원 내의 사정에 통달해 있으므로 징계사유에 판단에 광범한 재량권이 인정될 수 있다"71)라고 하는 견해가 대립하고 있다.

### (2) 학설의 정리와 문제점

위 첫 번째의 학설의 내용은, 결정재량과 선택재량의 측면에서, 공무원의

---

66) 김동희, 『행정법 Ⅱ』, 175.

67) 김남진, 『행정법 Ⅱ』, 법문사, 2001, 239; 김남진/김연태, 『행정법 Ⅱ』, 법문사, 2005, 243-244.

68) 김남진, 『경찰행정법』, 118; 김형중, 『경찰행정법』, 389-390; 최영규, 『경찰행정법』, 159-160; 홍정선, 『경찰행정법』, 206.

69) 김남진, 『행정법 Ⅱ』, 240; 김남진/김연태, 『행정법 Ⅱ』, 법문사, 2005, 244.

70) 김남진, 『경찰행정법』, 118.

71) 그리고 징계사유 해당 여부뿐만 아니라 징계사유의 인정의 범위, 대상 및 방법 등의 결정도 그 재량권의 범위 내에 있다고 할 수 있다고 한다. 김향기, 공무원법상의 징계처분와 그 불복방법, 천봉석종현박사 화갑기념논문집, 757.

징계처분에 있어서 징계사유가 있는 한 반드시 징계를 하여야 한다는 점에서 이른바 결정재량은 부인되고, 다만 징계의 종류 중에서 어느 징계를 선택할 것인가의 선택재량만이 인정된다고 하는 것이다. 이점에 대하여는 이론의 여지가 없는 것으로 보인다. 두 번째의 학설의 내용은, 징계원인사실과 관련하여서는 기존의 재량이론인 요건재량설과 효과재량설과 관련하여 재량과 판단여지의 이동의 문제가 투영된 것이다.

그런데 위와 같은 학설의 내용의 문제점으로 지적할 수 있는 것은 징계처분에 있어서 재량에 관한 설명이 분명하지가 않아서 징계처분의 법적 성질을 정확하게 이해하기 어려운 문제점이 있다. 왜냐하면 징계의결의 요구가 기속행위라고 한다면 이에 더하여 결정재량이 없다고 덧붙여 설명할 이유가 없다. 그리고 징계의결요구로 징계처분이 내려지는 것도 아니고 징계의결요구와 징계처분 사이에 있는 징계위원회의 징계의결의 단계를 거쳐야 하고, 징계의결요구권자와 징계의결위원회도 분리되어 있다. 게다가 이 징계위원회의 징계의결이 재량인지 여부의 문제도 있다.

요컨대 기존의 학설과 같이, 근본적으로 여러 단계로 구성되어 있는 경찰공무원 징계처분을 그중 어느 한 단계에만 초점을 맞추어서 경찰공무원의 징계처분의 법적 성질을 설명하는 방식으로는, 복합적인 절차로 구성된 경찰공무원의 징계처분의 법적 성질을 제대로 파악할 수가 없게 되는 문제점이 있다.

이하에서는 먼저 경찰공무원 징계처분의 법적 성질을 단계별로 고찰하고, 이어서 경찰공무원 징계처분의 법적 성질인 재량행위와 관련된 문제로서 결정재량과 선택재량의 문제를 고찰하기로 한다.

## 3. 징계처분의 법적 성질의 단계별 고찰

### (1) 단계별 고찰의 필요성

경찰공무원 징계처분은 징계원인사실의 확정 내지는 징계사유의 인정, 징계의결의 요구, 징계위원회의 심의와 징계의결, 징계양정, 징계의 집행 등 일련의 복합적인 절차의 산물이므로 그 어느 한 단계에 초점을 맞추어서 징계처분의 법적 성질을 고찰하는 것만으로는 징계처분 전반에 걸쳐서 그 법적 성질을 제대로 파악하기가 어렵다고 할 수 있다. 요컨대 일련의 복합적인 절차과정의 산물인 경찰공무원의 징계처분은 그 법적 성질도 각 단계별로 구체적 개별적으로 고찰하여야 할 필요성이 있다.

이하에서는, 먼저 징계처분의 단계적 고찰로서 징계원인사실과 징계사유, 징계의결의 요구, 징계위원회의 의결, 징계양정, 징계의 집행 등을 고찰한다.

## (2) 징계원인사실과 징계사유

### 1) 개요

경찰공무원의 징계원인사실과 징계사유와 관련하여서는, 징계원인사실의 확정이 재량행위인가의 문제, 징계원인사실과 징계사유의 관계문제, 징계사유의 "인정"과 징계사유에 "해당"의 이동 문제, 판례상의 용어인 "징계의 원인이 된 비위사실의 내용과 성질"72)의 의미 등이 문제가 된다. 이하 이들을 차례대로 보기로 한다.

### 2) 징계원인사실의 확정

경찰공무원의 어떠한 의무위반사실이 징계원인사실에 해당하여 징계사유로 되는지 여부가 징계의결요구권자가 징계의결을 요구하기 전에 당연히 확정되어야 한다.

여기서 어떠한 사실이 징계원인사실로 인정될 수 있는가 여부에 관한 판단이 재량행위인가가 문제가 된다. 전술한 바와 같이, 학설은 기존의 재량이론인 요건재량설과 효과재량설에 근거한 재량과 판단여지의 이동과 관련하여서 징계원인사실의 확정에 대하여 견해가 대립하고 있다.

요건부분에는 불확정개념이 있으나 재량은 있을 수 없다는 효과재량설의 이론적인 귀결에 의한다고 하면, 다시 말해서 요건재량설을 취하지 아니하는 한, 어떠한 사실이 징계원인사실인가 여부의 판단은 판단여지와 관련될 수는 있어도 재량의 영역이라고 할 수는 없을 것이다. 그러나 요건부분의 불확정개념과 관련된 판단여지가 인정되는 경우 그 한도에서 법원의 재판통제가 미치지 않으므로 실질적으로 재량행위와 같고 구별할 실익이 없다고 하는 입장73)을 취

---

72) 대법원 1983. 6. 28. 선고 83누130 판결(공1983, 1207), 1991. 7. 23. 선고 90누8954 판결(공1991, 2257), 1992. 7. 14. 선고 92누5157 판결(공1992, 2430), 2006. 12. 21. 선고 2006두16274 판결(공2007상, 221) 등 참조.

73) 김동희, 『행정법 I』, 박영사, 2007, 270; 판단여지 이론을 재량행위와 별도로 구분하여 인정해야 할 이론적인 독자성이나 현실적인 필요는 존재하지 않는다고 하는 것에는, 류지태, 『행정법신론』, 신영사, 2007, 76 참조; 판단여지가 인정되는 경우에는 사실상

하게 되면 징계원인사실의 확정이 재량이라고 하는 견해는 어느 정도 그 의미가 있다고 할 수 있다. 어쨌든 양자의 구별실익을 명백히 드러내서 논증하는 견해는 현재로서는 없는 것 같다.

### 3) 징계원인사실과 징계사유의 관계

징계원인사실과 징계사유 간의 관계 설정의 문제로서, 징계원인사실이 국가공무원법 제78조 제1항 3개의 호 중 어느 호의 징계사유에 해당하는가 여부에 관한 판단이 문제가 될 수 있다. 국가공무원법 제78조 제1항 "각 호의 1에 해당하는 사유"가 징계사유인데, 이 "각 호의 1"은 제1호 국가공무원법 및 같은 법에 의한 명령위반, 제2호 직무상의 의무위반 내지는 태만, 제3호 체면 또는 위신을 손상하는 행위 등이다.

여기서 경찰공무원의 징계원인사실이 구체적으로 제 몇 호의 징계사유 위반인가 여부는 논하여질 수는 있으나, 결국 각 호는 경찰공무원의 징계사유라는 점에서 동일하므로 원칙적으로 구별의 실익이 없다고 할 수 있다.[74]

### 4) 징계사유의 "인정"과 징계사유에 "해당"

국가공무원법 제78조 제1항의 "공무원이 다음 각 호의 1에 해당하는 때"라고 하는 규정부분과, 경찰공무원징계령 제9조 제1항의 "경찰기관의 장은 소속 경찰공무원 중 국가공무원법 제78조 제1항 각 호의 1에 해당하는 사유가 있다고 인정한 때"라고 하는 규정부분을 비교하여 보면, '사유인정'과 '해당'에 어느 정도 의미 차이를 둘 수도 있다. 그리하여 예컨대 문리상 전자의 '사유인정'에 재량적인 요소가 많을 것으로 해석의 여지가 있다.

그러나 양자 즉 '사유인정'과 '해당'은 징계의결을 요구하여야 하는 주체인 징계의결요구권자가 동일하다는 점에서 큰 차이는 없는 것으로 보인다. 참고로 국가공무원법 제78조 제1항에서의 '해당'이라고 하는 규정방식과 달리, 이러한 국가공무원법을 시행하는 하위법령에 해당하는 공무원징계령 제7조 제2항에서, "행정기관의 장이 … 징계사유가 있다고 '인정'한 때에는 …"라고 하여 '사유인정'을 규정하고 있다는 점에서 '해당'과 '사유인정'을 입법자가 의식적으로 구별

---

행정청이 재량권을 가진 것과 마찬가지 결과가 된다고 하는 것에는, 최영규,『경찰행정법』, 179 참조.

74) 특히 징계의 목적상, 형사소송에 있어서 검사가 소추하기 위한 공소장을 작성함에 있어서 공소사실의 특정과 같은 정도로 엄격한 구별을 할 필요는 없을 것으로 보인다.

하여 규정한 것은 아닌 것으로 보인다.

  5) 판례상의 용어인 "징계의 원인이 된 비위사실의 내용과 성질"의 의미

  우리나라 판례는 특히 징계재량권의 한계를 심사하는 경우에 있어서 "징계의 원인이 된 비위사실의 내용과 성질"75)이라는 표현을 흔히 쓴다. 이 "징계의 원인이 된 비위사실의 내용과 성질"이 "어떠한 사실이 징계사유에 해당하는가의 여부에 관한 판단문제"와 어떠한 관련성이 있는가가 문제된다.

  판례상 표현인 "징계의 원인이 된 비위사실의 내용과 성질"이라는 것은 "이미" 징계원인사실로 판정 받은 비위사실의 "내용과 성질"을 의미한다는 점에서 "어떠한 사실 자체가 징계원인사실을 충족하였음"을 전제로 한다. 즉 "비위사실의 내용과 성질"은 "어떠한 사실이 비위사실임을 충족함"을 전제를 한다는 점에서 전자는 후자를 전제요건으로 하는 것이다.

  다시 말해서 "징계의 원인이 된 비위사실의 내용과 성질"이 "어떠한 사실이 비위사실임을 충족함"을 전제로 하고 있다는 것은, 즉 징계원인사실이 이미 확정되어 있다는 것을 의미한다. 이 점에서 징계처분을 할 것인가 말 것인가 여부에 관한 재량 즉 결정재량은 없다. 다만 "징계의 원인이 된 비위사실의 내용과 성질"이 실제의 징계처분 즉 파면, 해임, 정직, 감봉, 견책 등 징계종류의 선택재량을 행사함에 있어서 한 요소로서 고려할 수 있다는 점에서는 재량적인 요소로서 파악할 수 있다. 즉 여러 가지의 징계의 종류 중에서 어느 한 종류의 징계를 선택한다는 것은 효과면에서의 선택재량이다.

  이와 같은 결정재량과 선택재량의 문제에 관하여는 후술한다.


  (3) 징계의결의 요구

  징계의결요구권자인 경찰기관의 장은 경찰공무원에게 국가공무원법 제78조 제1항 각 호의 1에 해당하는 사유 즉 징계사유가 있다고 인정한 때에는 지체 없이 관할 징계위원회를 구성하여 징계의결을 요구하여야 한다.76) 이와 같은 조문의 규정형식상 징계의결의 요구는 기속행위라고 할 수 있다. 학설도 이

---

75) 대법원 2006. 12. 21. 선고 2006두16274 판결(공2007상, 221). 동일 취지의 판결, 대법원 1983. 6. 28. 선고 83누130 판결(공1983, 1207), 1991. 7. 23. 선고 90누8954 판결(공1991, 2257), 1992. 7. 14. 선고 92누5157 판결(공1992, 2430) 등 참조.
76) 국가공무원법 제78조 제1항, 경찰공무원징계령 제9조 제1항.

와 마찬가지이다.77)

이와 같이 징계의결요구권자의 징계의결의 요구가 기속행위로 파악되는 것이 일반적이다. 따라서 징계의결요구가 재량행위가 아니고 기속행위인 한, 징계처분에 결정재량이 없다고 하는 것이 실질적으로 징계의결의 요구에 있어서 결정재량이 없다고 하는 것을 의미한다고 하면 이는 특별한 의미가 없는 기술에 지나지 아니한다.

다만 어디까지나 징계의결의 요구만이 기속행위라는 것이므로 이러한 징계의결과 관련된 모든 처분이 기속행위가 되는 것은 아니다. 예컨대 판례에 따르면, 징계의결요구권자가 징계사유가 있는 공무원에 대하여 징계의결을 요구하지 아니한 채 당해 공무원을 승진임용한 처분의 경우, 징계의결의 요구 부분만이 기속이고, 이와 관계없이 별도로 승진임용처분은 재량권의 한계 문제로 심사될 수 있다고 한다.78)

### (4) 징계위원회의 의결

경찰공무원징계령 제11조에 따르면, 징계의결요구권자인 경찰기관의 장의 징계의결 요구를 받은 징계위원회는 그 요구서를 받은 날로부터 30일 이내에 징계에 관한 의결을 하여야 한다고 규정하고 있다. 따라서 징계위원회의 의결은 규정형식상 기속적인 것으로 보인다.

그러나 징계위원회는, 위 규정형식에서 보이는 바와 같이, 반드시 징계의결을 하여야만 하는 것은 아니고 징계의결을 하지 않을 수도 있다. 즉 징계사유가 있어 징계위원회에 징계의결이 요구되어 열린 징계위원회는, "비위의 도가 경하고 과실에 의한 비위로서 성실하고 능동적인 업무처리 과정에서 발생되었거나 행위 당시의 여건 기타 사회통념상 적법하게 처리할 것을 기대하기가 극히 곤란하다고 인정되는 때"79)에는 징계의결을 하지 아니할 수 있다.

---

77) 최영규, 『경찰행정법』, 160; 홍정선, 『경찰행정법』, 206.
78) 이 사건은 하급 지방자치단체장이 전국공무원노동조합의 불법 총파업에 참가한 소속 지방공무원들에 대하여 징계의결을 요구하지 않은 채 승진임용하는 처분을 한 것은 재량권의 범위를 현저히 일탈한 것으로 위법하다고 한 사건이다. 대법원 2007. 3. 22. 선고 2005추62 전원합의체 판결(공2007상, 543). 동지의 판결 대법원 1998. 7. 10. 선고 97추67 판결(공1998하, 2133) 참조.
79) 교육공무원 징계양정 등에 관한 규칙 제2조 제3항 참조.

따라서 징계위원회가 이와 같은 사정을 인정하여 그 결과 징계의결을 하지 않을지 여부에 관한 판단은 기속의 영역이 아니라 역시 전형적인 재량의 영역이다.

### (5) 징계양정

공무원이 징계의결을 거쳐 징계처분을 받는 경우, 공무원 징계양정 등에 관한 규칙 제2조에서 정한 바와 같이, 징계혐의자의 비위의 유형, 비위의 정도 및 과실의 경중과 평소의 소행, 근무성적, 공적, 개전의 정 기타 정상 등을 참작하여 징계사건을 의결하여야 한다는 규정에 따라서 구체적인 징계사건이 의결된다.

이러한 징계양정은 그 조문의 규정형식상 재량의 영역임에 의문의 여지가 없다. 이는 각종 경찰공무원의 비위사실에 대응한 구체적인 징계처분을 일일이 규정하는 구속적인 규정이 처음부터 불가능하다는 것을 의미한다는 점에서 그 실질적인 근거도 있다.

이와 같은 재량영역에 있어서 최대의 문제점은 징계위원회의 의결에 객관성을 보장하기는 어렵다는 것이다. 그리하여 징계위원회가 구체적으로 징계양정을 하는 경우 객관성을 담보하기 위하여 그 기준이 되는 "징계양정기준"(공무원 징계양정 등에 관한 규칙 제2조 [별표 1]80))을 만들어 놓고 이에 따라 징계양정을 하도록 하고 있다. 이 "징계양정기준"은 재량행사의 기준으로 기능하는 전형적인 재량준칙이다.

### (6) 징계의 집행

전술한 바와 같이, 징계의결을 요구한 자는 감봉·견책을 집행하여야 하고, 파면·해임·정직의 경우에는 당해 경찰공무원의 임용권자에게 파면·해임·정직처분을 제청한다.81)

이와 같은 징계의 집행은 법문상 기속행위이다.

---

80) 교육공무원 징계양정 등에 관한 규칙 제2조 [별표 1]도 이와 유사한 규정을 두고 있다.
81) 경찰공무원징계령 제18조, 제19조.

## 4. 징계처분과 결정재량 및 선택재량

### (1) 징계처분과 결정재량

전술한 바와 같이, 경찰공무원 징계처분과 관련하여서 기존의 학설은, 경찰공무원에게 징계사유가 발생하는 한 징계권자는 반드시 징계를 요구하여야 한다는 점에서는 기속행위라고 한다. 따라서 징계를 요구할 수도 있고 안 할 수도 있다는 의미에서의 재량 즉 소위 결정재량은 원칙적으로 부인된다고 한다. 다만 파면, 해임, 정직, 감봉, 견책이라고 하는 징계의 종류 가운데 어떠한 징계의 종류를 선택하여 징계처분을 하는가에 재량 즉 선택재량만이 인정되게 된다고 한다.[82]

그런데 위와 같은 설명방법은 좀 부정확한 점이 있다. 징계의결요구권자인 경찰기관의 장은 징계사유가 있는 경우에는 징계의결을 요구하여야 한다는 점에서 징계의결의 요구는 법문상으로도 기속행위임이 분명하다.[83] 따라서 징계처분에 결정재량이 없다는 말은 징계의결의 요구에 관한 한 무의미한 진술에 불과한 것이다. 더군다나 징계의결요구로 징계처분이 내려지는 것이 아니고 징계의결요구와 징계처분 사이에 있는 징계위원회의 징계의결의 단계를 거쳐야 한다. 또한 원칙적 징계권자인 임용권자와 징계요구권자인 경찰기관의 장은 분리될 수 있다.[84]

아마도 기존의 학설이 징계처분에 관하여 결정재량이 부인되고 선택재량만이 인정된다고 하는 것은, 바로 이 징계위원회의 징계의결로 징계처분을 하기로 이미 결정된 상태에서 수종의 징계 즉 파면, 해임, 정직, 감봉 및 견책 중에서 어느 징계를 선택하는가라고 하는 선택재량을 의미하는 것으로 선해할 수도 있다.

따라서 징계처분과 관련하여 결정재량을 굳이 언급하고자 한다면, 징계의결요구권자의 징계의결요구에 의하여 열린 징계위원회에서 징계가 의결되고 그에 따라 징계권자가 징계처분을 하는 단계에 이르러서는 징계를 할 것인가

---

82) 김남진, 『경찰행정법』, 118; 김형중, 『경찰행정법』, 389-390; 최영규, 『경찰행정법』, 159-160; 홍정선, 『경찰행정법』, 206.
83) 국가공무원법 제78조 제1항.
84) 경찰공무원징계령 제20조 참조.

말 것인가의 결정재량은 없어지게 되고 다만 징계의 종류의 선택에 관한 선택 재량만이 있다고 해야 한다.

그러나 이러한 것도 반드시 정확하다고만은 할 수 없다. 전술한 바와 같이, 징계위원회는 비위의 도가 경하고 과실에 의한 비위로서 성실하고 능동적인 업무처리 과정에서 발생되었거나 행위 당시의 여건 기타 사회통념상 적법하게 처리할 것을 기대하기가 극히 곤란하다고 인정되는 때에는, 현실적으로 징계의결을 하지 아니할 수 있다(공무원 징계양정 등에 관한 규칙 제2조 제3항). 이 점에서 징계의결에 있어서는 재량의 영역 즉 결정재량의 영역이 전적으로 부정되는 것만은 아니라고 할 수 있다.

### (2) 징계종류와 선택재량

국가공무원법 제78조 제1항에 따라, 공무원이 징계사유에 해당하는 경우에는 징계의결요구권자는 징계의결을 요구하여야 하고 동 징계의결의 결과에 따라서 징계처분을 하여야 한다. 그런데 이러한 징계처분은 국가공무원법 제79조에서 정한 징계의 종류인 파면·해임·정직·감봉·견책 중에서 어느 하나를 선택하여야 한다. 이 점에서 징계처분, 더 정확히 징계위원회의 징계의결에 따라서 하는 징계처분은 선택재량이라고 할 수 있다. 앞에서 소개한 기존의 학설이 징계처분이 재량행위라고 하는 것도 바로 이러한 내용이다.

공무원의 징계처분에 있어서, 모든 징계원인행위와 그에 대한 징계처분을 1:1로 도식화하여 규정하기가 불가능할 뿐만 아니라 반드시 바람직하지도 않을 것이다. 이 점에서 징계처분을 기속행위로 할 수는 없다. 그 대신에 각각의 징계원인행위에 대하여 그 사안의 경·중에 따라서 제반 사정을 고려하여 구체적·개별적으로 적합한 징계처분을 내리는 것이 합리적이라는 의미에서 재량행위로 하는 것이 타당하고 바람직하다고 할 수 있다. 특히 실정법적으로 공무원 징계양정 등에 관한 규칙 제2조[85]에서 징계혐의자의 비위의 유형, 비위의 정도 및 과실의 경중과 평소의 소행, 근무성적, 공적, 개전의 정 기타 정상 등을 참작하여 징계사건을 의결하여야 한다고 규정하고 있다는 사실도 징계처분의 재량행위성을 뒷받침하고 있다.

---

85) 교육공무원 징계양정 등에 관한 규칙 제2조도 이와 유사한 규정을 두고 있다.

이와 같이 징계처분에 재량 즉 선택재량이 인정된다고 하는 것은 5가지 징계유형 중의 선택, 즉 파면·해임·정직·감봉·견책 중에서의 선택을 의미한다.[86] 그런데 이러한 징계의 종류 중 정직은 1월 이상 3월 이하,[87] 감봉은 1월 이상 3월 이하[88]에서 선택하여야 한다는 점에서 또 다른 재량의 행사의 문제가 남아 있게 된다.

## 5. 판례

학설과 마찬가지로 판례도 경찰공무원의 징계처분에 관한 사건에 있어서, "공무원인 피징계자에게 징계사유가 있어서 징계처분을 하는 경우 어떠한 처분을 할 것인가는 징계권자의 재량에 맡겨진 것"[89]이라고 하여 경찰공무원의 징계처분을 재량행위로 보고 있음을 알 수 있다.

판례에서 말하는 "어떠한 처분"은 실제 구체적 사건의 특성상 당해 경찰공무원은 특정 징계처분이 자신에 대하여 과중하다는 이유로 소를 제기하는 것이 일반적이므로 주로 징계의 종류 중에서 선택문제인 선택재량을 의미한다. 특히 이 경우 판례가 "징계사유가 있어서 징계처분을 하는 경우"라는 전제를 달고 있다는 점에서 이미 결정재량은 특별한 문제가 되지 않는 단계를 전제하고 있다.

## V. 결어 — 앞으로의 과제

이상에서 경찰공무원의 징계의 의의, 징계사유, 징계절차, 징계의 종류를 고찰하고, 이를 기초로 하여 경찰공무원 징계처분의 법적 성질을 특히 경찰공무원 징계절차의 복합절차성을 고려하여 단계별로 고찰하였다.

본래 경찰공무원의 징계처분은 그 법적 성질이 징계권자의 재량행위라는 점에서 피징계자가 징계권자의 징계재량처분에 선뜻 동의하기가 어려운 부분

---

86) 국가공무원법 제79조.
87) 국가공무원법 제80조 제1항.
88) 국가공무원법 제80조 제2항.
89) 대법원 2006. 12. 21. 선고 2006두16274 판결(공2007상, 221). 동일 취지의 판결, 대법원 1983. 6. 28. 선고 83누130 판결(공1983, 1207), 1991. 7. 23. 선고 90누8954 판결(공1991, 2257), 1992. 7. 14. 선고 92누5157 판결(공1992, 2430) 등 참조.

이 있을 수 있다. 그뿐 아니라 경찰공무원의 징계처분은, 민사상의 손해배상액의 산정이나 형사상의 양형과 같이 제3의 기관으로서의 법원이 아니라, 행정 스스로 피징계자인 경찰공무원에 대하여 감독권의 발동의 차원에서 직접 징계처분을 내린다는 점에서도 그러하다. 어쨌든 오늘날 경찰공무원의 징계처분은 더 이상 자의에 의한 처분일 수는 없고, 전면적인 사법심사의 대상이 되는 엄연한 법치주의의 영역임에는 이론의 여지가 있을 수 없다.

경찰공무원의 징계처분은 경찰공무원의 신분 및 기타의 이익에 직결되는 중요한 문제이다. 결국 징계처분이 과중한가 여부가 문제의 핵심이고 이는 징계양정에 관한 문제로 된다. 따라서 실제로 경찰공무원에 대한 징계처분의 정도에 관한 예측가능성을 확립하는 것이 징계권자의 정당성 확보하는 길이고 동시에 징계를 당하는 경찰공무원의 승복률 제고를 담보하는 것이므로 중요하다.[90]

이를 위해서는 먼저 실제 우리나라 경찰공무원의 징계처분에 있어서 재량권의 일탈·남용 여부 내지는 재량권의 한계를 벗어났는지 여부에 관한 판단 기준을 구체적인 사례와 더불어 그 유형별로 분석·정리하여 체계화하는 작업이 이루어져야 한다. 그리고 이를 토대로 경찰공무원의 징계처분에 있어서 징계양정에 관한 형평과 평등을 기할 수 있는 방안을 모색하여야 한다.

바로 이러한 작업들이 만족할 만한 성과를 거두고 그에 따라 경찰공무원에게 징계권자가 합리적인 징계처분을 내리고 이에 피징계자인 당해 경찰공무원이 수긍할 때, 비로소 경찰공무원의 징계처분에 있어서 합법성뿐만 아니라 그와 동등한 지위를 갖는 법치주의의 한 내용으로서의 법적 안정성을 확보하는 길이 될 것이다.

---

90) 이 점에서 경찰공무원의 징계처분은 일정 부분 민사소송에 있어서 손해배상액 산정이나 형사소송에 있어서 양형의 의미와 일맥상통하는 부분이 있게 된다. 그럼에도 경찰공무원을 비롯한 공무원의 징계양정에 관한 연구가, 민사나 형사에 비하여, 거의 행해지지 않아 왔다. 앞으로 이에 관한 연구가 많이 필요하다고 하겠다.

# 제6절  경찰공무원 징계재량에 대한
# 사법심사의 판단 기준[*]

## Ⅰ. 서설

2007년도에는 경찰공무원의 징계에 관하여 주목할 만한 2가지 사건이 있었다. 먼저 재벌 회장 보복폭행 사건을 둘러싼 경찰의 은폐·로비의혹에 대해 검찰에 수사를 의뢰하자 지난 5월 23일 경찰청 게시판에 "경찰청장은 스스로 물러남으로써 조직의 마지막 자존심을 지켜내야 한다"는 글을 올렸던 한 총경에 대한 경찰청장에 중징계요구가 이슈화되고 있었다.[1] 이 사건은 경찰내부의 최고위층에서 일어난 다소 정치적인 역학관계의 성격을 띠고 있는 극히 이례적인 징계사건이라고 할 수 있다. 이에 반하여 금년 초 교통법규 위반 운전자로부터 1만 원을 받은 경찰공무원을 해임처분한 것이 정당하다고 하는 보도[2]된 사

---

[*] 이 글은 『한국경찰연구』 제6권 제3호(2007)에 게재된 논문 "경찰공무원 징계재량에 대한 사법심사의 판단 기준"을 수정·보완한 것입니다.

1) "'황총경 징계' 경찰 내부반발 확산", http://kr.news.yahoo.com/service/news/shellview. htm?linkid=12&articleid=2007082800520715834&newssetid=470; "경찰청장 비판한 총경 중징계를", http:// kr.blog.yahoo.com/donttellcokr/830755; "이경찰청장, 뭐가 구려 부하입 억지로 틀어막나", http://blog.chosun.com/blog.log.view.screen?blogId=40160&logId= 2374742; "'사분오열' 경찰조직 통제로 흔들", http://kr.news.yahoo.com/shellview.htm? linkid=33&articleid=2007082814003358616 "황운하 총경 징계수위 낮춘 까닭은", http:// news.media.daum.net/society/others/200708/29/yonhap/v17953242.html

2) http://news.chosun.com/site/data/html_dir/2007/01/02/2007010200717.html, http://article.

건이 있었는데, 이 사건은 일선 경찰공무원에 대한 일반적인 징계사건의 성격을 갖는다.

어쨌든 최고위층 경찰공무원이든 일선 경찰공무원이든 간에 모든 경찰공무원은 국가공무원으로서 국민전체의 봉사자이고 국민에 대하여 책임을 지는 것은 헌법과 법률에 따라 당연한 일이다. 그뿐만 아니라, 경찰공무원의 임무 및 신분의 특성상 경찰공무원은 국민의 신뢰를 얻어야만 공정한 직무집행을 수행할 수 있기 때문에 따라서 자신의 의무를 위반한 경찰공무원은 그 직위고하를 막론하고 엄정한 징계책임을 부담하는 것 또한 지극히 당연한 원칙임에 분명하다. 이런 최근의 경찰공무원에 대한 징계책임의 기조는 최근 우리나라 사회의 전반적인 분위기에 따라 공직자에 대한 징계는 과거에 비하여 엄격하게 행해져야 한다는 공감대가 이미 형성되었다는 점에서도 시의적절하다.

그런데 위에서 소개한 두 가지 사건은 당사자인 경찰공무원이 당해 징계처분에 흔쾌히 승복하지 않고 있다는 점에서 공통적이다. 전자 즉 총경에 대한 중징계 회부사건에 있어서는 경찰조직 내부에서조차 조직적인 반발 움직임이 있었다. 후자의 사건에서 즉 경찰공무원이 겨우 단돈 1만 원의 금품수수행위는 경징계를 받을 여지도 있음에도 불구하고 해임이라는 중징계를 받게 되었다는 점에서 이에 불복하여 법원에 제소한 당사자인 당해 경찰공무원을 포함한 일선 경찰공무원들의 불만이 전혀 없다고 할 수는 없다.

경찰공무원에 대한 징계처분은 법에 엄격히 구속되는 기속행위가 아니라 징계권자에게 재량권이 부여된 재량행위임이 원칙이다.[3] 그런데 그러한 재량행위로 인한 법적 효과가 중징계 중에서 특히 파면, 해임의 경우에는 경찰공무원의 신분을 원천적으로 박탈하게 된다는 점에서 이는 경찰공무원에게는 사형에 해당하는 극형의 의미를 갖는다. 즉 이 경우 재량행위인 징계처분으로 인한 그 법적 효과가 극히 중대한 것이다. 따라서 경찰공무원에 대한 징계처분에 있어서 징계권자가 행사하는 재량권의 한계 및 그에 대한 사법심사의 판단 기준이 이론적 및 실무적으로 매우 중요하다. 그럼에도 불구하고 이에 대한 기존의 연

---

joins.com/article/article.asp?total_id=2554231, http://search.ytn.co.kr/ytn/view.php?s_mcd= 0103&key=200701021826190352 등이 있다. 이 보도의 계기가 된 판결은 전해인 2006년 12. 21. 선고된 판례인 대법원 2006. 12. 21. 선고 2006두16274 판결(공2007상, 221)이다.

3) 경찰공무원 징계처분의 법적 성질에 관한 상세한 것은, "경찰공무원 징계처분의 법적 성질"(최선웅, 2007: 486-495) 참조.

구가 충분히 많지가 않은 실정이다.[4]

본래 재량행위에 대한 사법심사는 단지 법규정의 해석에만 그치는 것이 아니라, 참작가능한 제반 사정을 종합적으로 고려하여 심사한다는 점에서 매우 실질적인 심사이다. 예컨대 재량행위인 경찰공무원의 징계처분에 관하여는, 법원은 경찰공무원의 직무의 특성, 비위사실의 내용과 성질, 징계에 의하여 달성하려고 하는 행정목적 등등 경찰공무원과 관련된 사회 전반적인 사정을 포함하여 실질적인 심사를 하여야 한다고 한다.[5] 이런 점에서 보면 재량행위에 대한 사법심사의 질적인 수준이 한 나라의 사법제도를 비롯한 법문화의 수준을 평가하는 척도가 된다.

따라서 우리나라 경찰공무원의 징계처분에 있어서 징계권자의 재량권에 대한 사법심사를 논함에 있어서는, 외국의 이론의 소개 및 이에 근거한 이론적 접근도 물론 중요하지만, 그보다는 실제 우리나라에서 있었던 사례를 중심으로 검토하는 것이 우리나라 경찰공무원의 현실을 이해함에 있어서 매우 중요하다. 이와 같이 이론적인 측면에 못지않게 실제적 측면을 검토함으로써만이 우리나라 경찰공무원의 징계처분에 대한 법원의 사법심사를 보다 체계적이고 실질적으로 이해할 수가 있다.

이러한 기본적인 관점하에서, 이하에서는 경찰공무원의 징계처분에 있어서 징계권자에게 부여된 재량권에 대하여 사법심사를 하는 우리나라 대법원의 판단 기준을 체계적으로 고찰하도록 한다. 이러한 논의를 전개함에 있어서 이론과 실무의 괴리를 없애기 위하여 가능한 한 경찰공무원의 징계처분에 관련된 우리나라 대법원 판례들을 많이 소개하도록 노력하였다.

---

4) 경찰공무원 징계의 경우만을 따로 고찰한 경우는 거의 없고, 공무원 일반에 관하여 70년 대까지 확장한다고 하더라도 그다지 많지가 않은 실정이고, 참고문헌에 소개하는 문헌 정도이다(김경재, 1974; 김성환, 1970; 김성환, 1974a; 김성환, 1974b; 김성환, 1974c; 김성환, 1978; 김향기, 2003a; 김향기, 2003b; 박국수, 1990; 이세중. 2005; 최재건, 2001; 최정수, 1991).

5) 대법원 2006. 2. 24. 선고 2005두6447 판결. 동일 취지의 판결, 대법원 2001. 8. 24. 선고 2000두7704 판결.

## Ⅱ. 경찰공무원 징계재량 및 사법심사

### 1. 경찰공무원 징계재량[6)]

경찰공무원의 징계재량은 경찰공무원을 징계처분함에 있어서 징계권자에게 재량권이 부여된 것을 의미한다. 따라서 경찰공무원 징계재량의 문제는 경찰공무원의 징계처분의 법적 성질이 재량행위라는 전제하에서 성립하는 문제이다.

경찰공무원을 포함한 공무원 일반[7)]에 대한 징계처분의 법적 성질 즉 당해 공무원에게 징계원인이 있는 경우에 징계를 할 것인가 여부에 관한 법적 성질을 재량행위라고 파악하는 것이 일반적이다(김남진, 2001: 239; 김동희, 2007b: 175). 이러한 징계처분을 효과재량설하에서 재량행위의 관념인 결정재량과 선택재량의 측면에서 보면, 공무원의 징계처분에 있어서 징계사유가 있는 한 반드시 징계를 하여야 한다는 점에서 이른바 결정재량은 부인되고, 다만 징계의 종류 중에서 어느 징계를 선택할 것인가의 선택재량만이 인정된다고 한다(김남진, 2001: 239; 김남진/김연태, 2005: 243-244.).

이러한 공무원 일반에 대한 징계처분의 법적 성질을 재량행위로 파악하는 내용은, 경찰공무원도 국가공무원법상의 공무원임에 분명하고 공무원 일반과 다를 바가 없다는 점에서, 경찰공무원 징계처분의 법적 성질에서도 거의 그대로 반복되어 설명되고 있다(김남진, 2002: 118; 김형중, 2005: 389-390; 최영규, 2005: 159-160; 홍정선, 2007: 206.).

학설과 마찬가지로 판례도 경찰공무원의 징계처분에 관한 사건에 있어서, "공무원인 피징계자에게 징계사유가 있어서 징계처분을 하는 경우 어떠한 처분을 할 것인가는 징계권자의 재량에 맡겨진 것"[8)]이라고 하여 경찰공무원의 징계

---

6) 경찰공무원 징계처분의 법적 성질에 관한 상세한 것은, "경찰공무원 징계처분의 법적 성질"(최선웅, 2007: 486-495)을 참조하고 여기서는 그 개략적인 언급만 하기로 한다.

7) 이 글에서는 경찰공무원과 공무원은 같은 공무원이라는 점에서는 엄격히 구별하지 아니하고, 반드시 양자를 구별할 필요가 있는 경우를 제외하고는, 함께 고찰하기로 한다. 이는 양자를 통틀어서도 문헌이 그다지 많지 않을 뿐만 아니라 실제 구별의 실익이 공무원징계령과 경찰공무원징계령의 적용으로 달라지는 정도에 불과하기 때문이기도 하다.

8) 대법원 2006. 12. 21. 선고 2006두16274 판결(공2007상, 221). 동일 취지의 판결, 대법원 1983. 6. 28. 선고 83누130 판결(공1983, 1207), 1991. 7. 23. 선고 90누8954 판결(공1991,

처분을 재량행위로 보고 있다.

생각건대 경찰공무원의 징계처분에 있어서, 모든 징계원인행위와 그에 대한 징계처분을 도식화하여 규정하기가 불가능할 뿐만 아니라 반드시 바람직하지도 않다는 점에서 징계처분을 기속행위로 할 수는 없다. 그 대신에 각각의 징계원인행위에 대하여 그 사안의 경·중에 따라서 제반 사정을 고려하여 구체적·개별적으로 적합한 징계처분을 내리는 것이 합리적이라는 의미에서 재량행위로 하는 것이 실질적이고 타당하다.9)

그런데 경찰공무원의 징계처분은 징계원인사실의 확정 내지는 징계사유의 인정, 징계의결의 요구, 징계위원회의 심의와 징계의결, 징계양정 및 징계의 집행 등 일련의 연속적인 절차의 산물이므로 그 어느 한 단계에 초점을 맞추어서 징계처분의 법적 성질을 고찰하는 것만으로는 징계처분 전반에 걸쳐서 그 법적 성질을 제대로 파악하기가 어렵다. 따라서 종래의 학설과 같이, 근본적으로 여러 단계로 구성되어 있는 경찰공무원 징계처분을 그중 어느 한 단계에만 초점을 맞추어서 경찰공무원의 징계처분의 법적 성질을 설명하는 방식으로는, 복합적인 절차로 구성된 경찰공무원의 징계처분의 법적 성질을 제대로 파악할 수가 없게 되는 문제점이 있다.

요컨대 경찰공무원의 징계처분의 법적 성질은 재량행위라고 하는 것이 일반적이다. 그러나 경찰공무원의 징계처분은 일련의 복합적인 절차과정의 산물이므로 경찰공무원의 징계처분의 법적 성질은 그 징계처분을 구성하는 각 절차를 단계별로 구체적 개별적으로 고찰하여야 할 필요성이 있다. 따라서 경찰공무원 징계처분의 법적 성질은 그 징계처분절차를 구성하는 각 절차의 단계인 징계원인사실과 징계사유, 징계의결의 요구, 징계위원회의 의결, 징계양정, 징계의 집행 등으로 나누어 그 각각의 법적 성질을 고찰하여야 한다.10)

---

2257), 1992. 7. 14. 선고 92누5157 판결(공1992하, 2430) 등 참조.

9) 공무원 징계양정 등에 관한 규칙 제2조에서 징계혐의자의 비위의 유형, 비위의 정도 및 과실의 경중과 평소의 소행, 근무성적, 공적, 개전의 정 기타 정상 등을 참작하여 징계사건을 의결하여야 한다고 규정하고 있다는 사실은 징계처분의 재량행위성을 뒷받침하고 있다고 할 수 있다.

10) 이와 같이 경찰공무원 징계처분의 법적 성질을 각 절차의 단계별로 구분하여 상세히 고찰한 것에 관하여는, "경찰공무원 징계처분의 법적 성질"(최선웅, 2007 : 488-493) 참조.

## 2. 경찰공무원 징계재량에 대한 사법심사

오늘날 실질적 법치주의하에서는 일반적으로 재량행위는 법률로부터는 자유로울 수 있을지 몰라도 법으로부터 자유로울 수 없다는 것을 의미한다. 따라서 재량행위도 사법심사의 대상이 될 뿐만 아니라 이에 대하여 사법부의 실질적인 심사가 이루어지게 된다는 점에 대하여는 이론의 여지가 없다. 이러한 재량행위에 대한 사법통제의 내용은, 행정청의 재량권이 일정 법적 한계 내에서 행사할 의무가 있음에도 불구하고 이러한 법적 한계를 벗어났는가 여부 즉 재량권의 범위를 일탈·남용하였는가 여부에 관한 것이다. 이와 같이 오늘날 재량행위는 재량권의 일탈·남용 여부 내지는 재량권의 한계를 벗어났는가에 대하여는 법원의 사법심사가 전면적으로 행해지게 된다.

종래의 특별권력관계에서 벗어난 오늘날의 경찰공무원은 자신에 대한 징계처분에 대한 불복수단으로서 소청 및 행정소송을 제기할 수 있다. 그런데 이러한 불복의 대상이 되는 경찰공무원 징계처분의 법적 성질은, 전술한 바와 같이, 재량행위이다.11) 따라서 경찰공무원의 징계처분에 대한 불복으로 벌어진 행정소송에서의 법원의 심사는 결국 징계권자가 징계재량행위의 범위를 일탈·남용하였는지 여부 또는 재량권의 한계를 벗어났는지 여부에 관한 사법심사의 성격을 갖게 된다.

경찰공무원 징계처분과 관련된 재량이 재량권의 한계를 벗어났는지 여부를 판단하는 대상이 되는 "징계처분"은, 실질적으로는 "징계권자가 징계처분을 함에 있어서 선택재량권을 행사한 결과 파면, 해임, 정직, 감봉, 견책 등 징계의 여러 가지 종류 중에서 선택한 징계처분"을 의미한다. 당해 경찰공무원은 바로 이 자신이 받은 징계처분이 재량권의 범위를 일탈·남용 즉 재량권의 한계를 벗어나서 자신에게 상대적으로 과중하다고 주장하여 취소를 청구하게 되면 법원은 바로 이 징계처분이 재량권의 한계를 벗어났는지 여부를 심사하게 된다.

그런데 경찰공무원의 징계재량에 관한 판례에서, 공무원인 "피징계자에게

---

11) 경찰공무원 징계처분의 법적 성질이 일반적으로 재량행위라고 하는 것이 경찰공무원 징계처분의 법적 성질을 징계처분을 각 절차의 단계별로 구분하여 그 법적 성질을 고찰하는 것과는 반드시 모순되는 것만은 아니라고 할 수 있다. 후자는 전자를 보다 정확하고 명확하게 이해하는 과정이다.

징계사유가 있어서 징계처분을 하는 경우 어떠한 처분을 할 것인가는 징계권자의 재량에 맡겨진 것"[12]이라고 하는 것은 결국 징계권자가 피징계자에게 징계처분을 하는 경우 징계종류의 선택에 관한 것을 의미한다. 다시 말해서 여기에서의 "어떠한 처분"은 결국 징계사유가 있을 때 징계를 할 것인가 말 것인가에 관한 재량 즉 결정재량을 의미하는 것이 아니라, 파면, 해임, 정직, 감봉, 견책 등 여러 가지의 징계종류 중의 어느 한 종류의 징계의 선택이라고 하는 선택재량을 의미하는 것은 물론이다.

이와 관련하여 기존의 학설에 따르면, 경찰공무원에게 징계사유가 발생하는 한 징계권자는 반드시 징계를 요구하여야 한다는 점에서는 기속행위이므로 징계를 요구할 수도 있고 안 할 수도 있다는 의미에서의 재량 즉 소위 결정재량은 원칙적으로 부인된다고 한다. 다만 파면, 해임, 정직, 감봉, 견책이라고 하는 징계의 종류 가운데 어떠한 징계의 종류를 선택하여 징계처분을 하는가에 재량 즉 선택재량만이 인정되게 된다고 한다(김남진, 118; 김형중, 389-390; 최영규, 159-160; 홍정선, 206).

그러나 경찰공무원 징계처분과 관련하여 결정재량을 굳이 언급하고자 한다면, 징계의결요구권자의 징계의결요구에 의하여 열린 징계위원회에서 징계가 의결되고 그에 따라 징계권자가 징계처분을 하는 단계에 이르러서는 징계를 할 것인가 말 것인가의 결정재량은 없어지게 되고 다만 징계의 종류의 선택에 관한 선택재량만이 있다고 해야 한다.[13]

요컨대 실제 경찰공무원의 징계처분에 관한 재량행위에 대한 사법심사는 주로 징계처분에 있어서 징계종류의 선택과 관련된 징계권자의 재량권 행사가 재량권의 범위를 일탈·남용하였는지 여부 즉 경찰공무원 징계재량권의 한계에 관한 사법심사의 문제로 된다.

---

12) 예컨대 대법원 2006. 12. 21. 선고 2006두16274 판결(공2007상, 221), 2006. 2. 24. 선고 2005두6447 판결, 2006. 8. 24. 선고 2006두3865 판결 등을 들 수 있다.

13) 이와 같은 기존의 학설의 문제점에 관한 상세한 것은, "경찰공무원 징계처분의 법적 성질"(최선웅, 493-494) 참조.

## Ⅲ. 일반적 판단 기준

### 1. 재량행위에 대한 사법심사의 일반적 판단 기준

오늘날 재량행위에 대해서는 재량권의 일탈·남용 여부 내지는 재량권의 한계를 벗어났는지 여부에 대하여는 사법심사가 전면적으로 행하여진다. 경찰공무원에 대한 징계처분도 그 법적 성질이 재량행위인 한 그에 대한 사법심사는 당연히 행하여지는 것은 물론이다.

다만 일반적으로 재량행위가 재량권의 한계를 벗어났는지 여부를 법원이 심사함에 있어서 그 척도가 되는 판단 기준에 관해서는 통일되어 있지는 아니하다. 그 예를 보면, 재량권의 일탈, 목적위반, 사실의 정확성, 재량권의 불행사, 비례·평등·부당결부금지 등 제 원칙 위반, 타사고려금지 및 적정형량의 원칙, 재량권의 영으로의 수축 등을 드는 경우(김동희, 2007a: 273-278), 재량의 유월, 남용, 흠결 또는 해태 등으로 나누어 파악하는 경우(김남진, 2000: 232-234), 이 외에도 자의·독단, 사실오인, 법률의 착오, 입법정신 위반, 평등·비례·공익·신의칙·신뢰보호·부당결부금지·적정형량 등 제 원칙의 위반, 법적 안정성, 사회통념, 기타 기본권 및 행정법 일반원칙 위반 등등 포괄적으로 들고 있는 경우(김철용, 2007: 218-219)도 있다.

### 2. 경찰공무원 징계재량에 대한 사법심사의 일반적 판단 기준

#### (1) 개설

재량행위에 대한 사법심사에 있어서의 일반적 판단 기준이 실제 경찰공무원을 징계처분함에 있어서 재량권의 일탈·남용 여부 내지는 재량권의 한계를 벗어났는지 여부에 관한 판단에서 어떻게 고려되고 있는지 여부를 고찰하기로 한다.

이하에서는 경찰공무원[14] 징계처분에 있어서 우리나라 판례가 들고 있는

---

14) 이하에서 소개되는 판례는 주로 경찰공무원에 대한 징계처분과 관련된 대법원 판례들을 주로 선정하여 소개하였는데, 경우에 따라서 당해 항목에 경찰공무원에 해당하는 적절한 판례가 없거나 또는 경찰공무원도 공무원의 일종임에 분명하다는 점에서 경찰공무원을 일반 공무원과 엄격히 구별할 필요가 없는 경우에는 양자에 관한 판례를 엄격히 구별하지 아니하고 함께 고찰하기로 한다.

판단 기준들을, 위에서 고찰한, 재량행위에 대한 사법심사의 일반적인 판단 기준인 동기설에 근거한 사실의 정확성, 목적위반, 평등원칙 및 비례원칙 등으로 나누어 고찰하기로 한다.

### (2) 사실의 정확성

이는 실제 존재하지 아니한 사실에 근거하여 재량처분을 한 경우에는 당해 처분에 동기결여의 위법사유가 있다고 할 수 있다(동기설)(김동희, 2007a: 275).

경찰공무원의 경우에 있어서도 처분사유가 실제 사실과 부합하지 아니한 징계처분을 상정할 수 있고 이러한 경우에는 위법하게 된다. 예컨대 경찰공무원을 징계처분함에 있어서 징계의결요구권자에 의하여 징계의결이 요구된 징계사유 아닌 사유를 들어 징계의결하여 징계처분을 한 경우에는 위법하게 된다.15)

### (3) 목적위반

경찰공무원의 징계처분에 있어서 징계권자의 재량권 행사의 목적이 공익 목적에 위반되는 경우에는 당해 재량처분은 위법한 처분이 된다.

이와 같은 공익목적을 이유로 재량권의 행사가 위법하다고 한 사례로서는, 유흥업소 단속에 관한 청탁행위로 징계위원회에 회부된 경찰공무원에 대하여 해임처분이 징계권의 행사가 임용권자의 재량에 맡겨진 것이라고 하여도 공익적 목적을 위하여 징계권을 행사하여야 할 공익의 원칙에 반하는 경우에는 징계처분이 위법하다고 한 사례16)를 들 수 있다.

---

15) 이에 해당할 수 있는 사례로서는, 예컨대 세무공무원을 징계처분함에 있어서 징계의결 요구권자가 요구한 것보다 많은 무단결근 일수를 징계사유로 한 징계의결의 경우, 무단 결근이라는 기초사실의 동일성에 변함이 없고 또 원고들의 방어권행사에 무슨 지장을 주는 것이 아니므로 징계요구 없는 사항에 대한 것이라고 할 수는 없다고 한 판례(대법 원 1984. 9. 25. 선고 84누299 판결(공1984, 1747))를 들 수 있다.

16) 대법원 1999. 11. 26. 선고 98두6951 판결(공2000상, 73). 한편 징계처분이 공익목적을 위 반하지 아니하였다고 한 사례로서 경찰공무원이 아닌 교육공무원의 예로서, 학교장 등 으로부터 수차에 걸쳐 전국교직원노동조합의 불법성과 그 조합결성에 참여할 경우 의법 처리된다는 지도를 받고도 고의적으로 전교조 분회의 결성에 참가한 교육공무원에 대한 징계처분이 징계권의 행사가 임용권자의 재량에 맡겨진 것이라고 하여도 공익적 목적을 위하여 징계권을 행사하여야 할 공익의 원칙에 반하지 아니한다고 한 사례(대법원 1992. 6. 26. 선고 91누11308 판결(공1992상, 2298)(밑줄은 필자)를 들 수 있다.

### (4) 평등원칙

재량행위에 대한 평등원칙에 근거한 통제로서는 동일한 내용의 행정상 위반행위를 한 자가 다수인 경우 특별한 사유가 없음에도 특정인에 대하여 보다 불리한 처분을 한 경우를 들 수 있다.

이에 해당하는 예로는, 같은 정도의 비위를 저지른 자들 사이에 있어서도 징계의 종류의 선택과 양정에서 차이는 있을 수 있고 사안의 성질에 따른 합리적 차별로서 이를 자의적 취급이라고 할 수 없는 것이어서 평등의 원칙 내지 형평에 반하지 아니한다고 한 사례[17]를 들 수 있다. 이 경우 구체적으로는 직무의 특성, 뇌물 수수의 경위 및 횟수, 현금 수수 여부와 그 액수, 의도적·적극적 행위인지 여부, 개전의 정이 있는지 여부 등에 따라 징계의 종류의 선택과 양정에 있어서 차별적으로 취급을 할 수는 있다고 한다.[18]

또한 행정청이 종래부터 일정한 관행에 따라서 재량처분을 하여 온 경우 특별한 사정이 없이 이러한 관행과 다른 처분을 한 경우 헌법상의 평등원칙에 반하게 된다.[19]

예컨대 경찰공무원의 징계처분에 있어서 이에 관한 판례를 보면, 유흥업소 단속에 관한 청탁행위로 징계위원회에 회부된 경찰공무원에 대하여 해임처분이 합리적인 사유 없이 같은 정도의 비행에 대하여 일반적으로 적용하여 온 기준과 어긋나게 공평을 잃은 징계처분을 선택함으로써 그 징계처분이 평등의 원칙에 위반하여 재량권의 한계를 벗어난 것으로 본 사례[20]를 들 수 있다.

### (5) 비례원칙

비례원칙이란 헌법 제37조 제2항에 근거한 원칙으로서 목적과 수단 간에 적절한 비례의 관계가 형성되어야 한다는 원칙을 말한다.

예컨대 교통위반차량 운전사로부터 돈 2,000원을 받고 가볍게 처리한 교통

---

17) 대법원 2006. 2. 24. 선고 2005두6447 판결. 동일 취지의 판결, 대법원 2000. 10. 13. 선고 2000두5609 판결.
18) 앞의 주 참조.
19) 이와 같이 행정청이 헌법상의 평등원칙에 의하여 자신의 관행에 구속되는 것을 행정의 자기구속의 법리라고 한다.
20) 대법원 1999. 11. 26. 선고 98두6951 판결(공2000상, 73). 이와 동일 취지의 판례로는, 대법원 1992. 6. 26. 선고 91누11308 판결(공1992상, 2298), 2006. 2. 24. 선고 2005두6447 판결들을 들 수 있다.

경찰관에 대한 파면처분,[21] 수일간의 무단근무이탈사유로 16회의 모범공무원표창을 받은 바 있는 13년 근속경찰관에 대하여 한 파면처분[22]은 비례원칙을 위반한 징계처분으로서 위법하다고 한다.

한편, 경찰공무원의 징계처분에 있어 재량권의 행사가 비례의 원칙을 위반하였는지 여부에 관한 판단 기준에 관하여 우리나라 판례는, 징계사유로 인정된 비행의 내용과 정도, 그 경위 내지 동기, 그 비행이 당해 행정조직 및 국민에게 끼치는 영향의 정도, 행위자의 직위 및 수행직무의 내용, 평소의 소행과 직무성적, 징계처분으로 인한 불이익의 정도 등을 종합적으로 판단하여야 한다고 한다.[23]

## Ⅳ. 경찰공무원 징계재량에 특유한 판단 기준

### 1. 개요

경찰공무원의 징계재량의 한계에 관한 사법심사에 있어서 경찰공무원 징계재량에 특유한 판단 기준으로는, 경찰공무원으로서의 품위상실, 국민의 신뢰상실 및 경찰공무원의 직무와 관련된 경찰공무원 금품수수에 관련된 판단 기준을 들 수 있고, 마지막으로 경찰공무원 징계재량에 관한 종합적 판단 기준으로서 사회통념상 현저하게 타당성을 잃었는지 여부라고 하는 판단 기준을 들 수 있다.

이하 차례대로 고찰하기로 한다.

### 2. 경찰공무원으로서의 품위상실, 국민의 신뢰상실에 관한 판단 기준

경찰공무원의 징계원인행위가 경찰공무원의 신분 자체와 밀접한 관련성을 갖는 경우로서, 경찰공무원의 징계원인행위가 경찰공무원으로서의 품위를 상실하거나 국민의 신뢰를 상실하는 경우를 들 수 있다.

공무원으로서의 품위상실과 국민의 신뢰상실에 관한 판례를 보면, "국민으

---

21) 대법원 1984. 3. 27. 선고 84누86 판결(공1984, 746).
22) 대법원 1984. 6. 26. 선고 83누75 판결(공1984, 1305).
23) 대법원 2006. 2. 24. 선고 2005두6447 판결. 동일 취지의 판결, 대법원 2001. 8. 24. 선고 2000두7704 판결 등 참조.

로부터 널리 공무를 수탁하여 국민 전체를 위해 근무하는 공무원의 지위를 고
려할 때 공무원의 품위손상행위는 본인은 물론 공직사회에 대한 국민의 신뢰를
실추시킬 우려가 있으므로 지방공무원법 제55조는 국가공무원법 제63조와 함
께 공무원에게 직무와 관련된 부분은 물론 사적인 부분에 있어서도 건실한 생
활을 할 것을 요구하는 '품위유지의무'를 규정하고 있고, 여기에서 품위라 함은
주권자인 국민의 수임자로서의 직책을 맡아 수행해 나가기에 손색이 없는 인품
을 말한다"24)고 하고 있다.

즉 판례에 따르면, 공무원은 건실한 생활을 하여 주권자인 국민의 수임자
로서의 직책을 성실히 수행할 수 있는 신뢰를 획득하고 있는지 여부를 공무원
에 대한 징계재량에 대한 판단 기준으로 제시하고 있다. 물론 경찰공무원도 공
무원으로서의 품위를 상실하거나 또는 국민의 신뢰를 상실한 것으로 인정되는
행위를 하는 경우에는 당해 경찰공무원에 대한 징계처분에 있어서 재량권의 행
사가 정당하게 된다.

우리나라 판례에서 경찰공무원의 품위상실 및 국민의 신뢰상실에 해당 여
부가 문제가 된 사례를 들면, 교통사고를 일으키고 도주한 경우,25) 부도덕한 축
첩행위,26) 사통하던 여자와 싸우다가 상해를 가하여 고소를 당한 경우,27) 아무
런 변제 대책도 없이 과다채무를 부담한 경우,28) 불법과외교습,29) 도박행위,30)
음주운전31) 및 음주상태에서의 교통사고발생,32) 진정사건을 조사하는 경찰관
이 민사분쟁에 개입, 진정인에게 유리하게 사건을 해결하여 민원을 야기하고

24) 대법원 1998. 2. 27. 선고 97누18172 판결(공1998상, 926). 이 판례는, 출장근무 중 근무
    장소를 벗어나 인근 유원지에 가서 동료 여직원의 의사에 반하여 성관계를 요구하다가
    그 직원에게 상해를 입히고 강간치상죄로 형사소추까지 당하게 된 경우, 당해 공무원의
    이러한 행위는 사회통념상 비난받을 만한 행위로서 공직의 신용을 손상시키는 품위손상
    행위에 해당한다고 본 사례이다.
25) 대법원 1999. 10. 8. 선고 99두6101 판결(공1999하, 2339).
26) 대법원 2002. 12. 27. 선고 2002두8893 판결. 동일 취지의 판결, 대법원 2006. 8. 24. 선고
    2006두3865 판결.
27) 대법원 1990. 3. 13 선고 89누8040 판결(공1990, 899).
28) 대법원 1999. 4. 27. 선고 99두1458 판결(공1999상, 1072).
29) 대법원 1989. 3. 14. 선고 85누701 판결(공1989, 611).
30) 대법원 1983. 6. 28. 선고 82누544 판결(공1983, 1280), 1984. 8. 21. 선고 84누399 판결
    (공1984, 1567).
31) 대법원 1997. 11. 25. 선고 97누14637 판결(공1998상, 123).
32) 대법원 1997. 11. 14. 선고 97누7325 판결.

경찰의 위신을 손상시킨 행위,[33] 경찰공무원으로서 뇌물임을 알면서도 금품을 공여·수수하는 데 중개역할을 하여 그 금품의 일부를 취득하고 그 처도 같은 명목으로 거액의 금원을 수령한 경우,[34] 고소인을 술집으로 불러 화해를 종용하고 금원을 차용하고 술값까지 부담시킨 경우[35] 등을 들 수 있다.

## 3. 경찰공무원 금품수수등에 관한 판단 기준

경찰공무원의 직무 자체가 금품수수, 뇌물, 청탁 등의 유혹에 노출되어 있는 것이 현실이다. 따라서 경찰공무원의 직무행위가 금품수수 등과 관련된 경우 그에 대한 징계재량권의 한계에 관한 판단 기준은 경찰공무원이 금품수수등으로부터 직무를 지키는 척도가 되는 중요한 문제라고 할 수 있다.

경찰공무원의 직무가 금품수수, 뇌물, 청탁한 행위 등에 해당하는지 여부가 문제가 된 사례로는, 유흥업소 단속에 관한 청탁행위,[36] 설날 며칠 뒤 부하 경찰관을 통하여 관내 업소 경영자로부터 금 80만 원을 교부받은 파출소장의 행위,[37] 교통사고 잘 처리하여 달라는 부탁을 받고 10만 원권 자기앞수표 2장을 받은 행위,[38] 경찰공무원으로서 뇌물임을 알면서도 금품을 공여·수수하는 데 중개역할을 하여 그 금품의 일부를 취득하고 그 처도 같은 명목으로 거액의 금원을 수령한 행위,[39] 공정한 업무처리에 대한 사의로 두고 간 돈 30만 원을 피동적으로 수수하였다가 돌려 준 행위,[40] 소매치기 혐의로 수사 중이던 피의자들을 선처하여 준다는 명목으로 금품을 수수한 행위,[41] 범죄조직관계자로부터 금품을 받고 사건을 부당처리한 수사경찰관의 행위,[42] 수사경찰관이 고소인에게 수사방향을 미리 알려 추가고소를 하도록 종용한 행위,[43] 훈방조치와 관

---

33) 대법원 1984. 10. 10. 선고 84누193 판결(공1984, 1804).
34) 대법원 1994. 6. 10. 선고 94누4622 판결(공1994하, 1969).
35) 대법원 1984. 7. 24. 선고 84누140 판결(공1984, 1496).
36) 대법원 1999. 11. 26. 선고 98두6951 판결(공2000상, 73).
37) 대법원 1999. 3. 9. 선고 98두18145 판결(공1999상, 676). 동일 취지의 대법원 1999. 2. 23. 선고 98두12192 판결.
38) 대법원 1998. 10. 23. 선고 98두13218 판결.
39) 대법원 1994. 6. 10. 선고 94누4622 판결(공1994하, 1969).
40) 대법원 1991. 7. 23. 선고 90누8954 판결(공1991, 2257).
41) 대법원 1990. 11. 13. 선고 90누1625 판결(공1991, 107).
42) 대법원 1987. 10. 26. 선고 87누493 판결(공1987, 1810).
43) 대법원 1985. 10. 22. 선고 85누250 판결(공1985, 1566).

련하여 금 50,000원을 수수한 행위,[44] 교통위반차량 운전사로부터 돈 2,000원을 받고 가볍게 처리한 행위[45] 등을 들 수 있다. 실제 판례에 있어서 이와 같은 금품수수등 사례의 빈도수가 가장 높다고 할 수 있다.

이와 같은 경찰공무원의 금품수수등의 행위에 대한 징계처분이 재량권의 한계를 일탈하였는지 여부를 판단함에 있어서는, 판례에 따르면, 장기간의 성실한 근무 내지는 각종 표창 등의 정상참작사유, 행위에 이르게 된 동기와 경위, 청탁 상대방과의 관계, 청탁의 결과, 징계절차가 개시된 경위, 기타 기록에 나타난 모든 정황 등을 고려하거나, 구체적으로 수수액수, 수수경위, 수수시기, 수수 이후 직무에 영향을 미쳤는지 여부 등을 그 판단 기준으로 고려해야 한다고 한다.[46]

## 4. 종합적 판단 기준

경찰공무원 징계처분에 있어서 재량권의 한계를 벗어났는지 여부에 관한 우리나라 판례의 실제에 있어서 특징적인 점은, "사회통념상 현저하게 타당성을 잃었는지 여부"[47]라고 하는 종합적 판단 기준을 사용하고 있다는 점이다.

예컨대 "공무원에 대한 징계처분은 당해 공무원의 직무상의 위반행위 기타 비행이 있는 경우 공무원관계의 질서를 유지하고, 기강을 숙정하여 공무원으로서의 의무를 다하도록 하기 위하여 과하는 제재이므로 공무원인 피징계자에게 징계사유가 있어 징계처분을 하는 경우 어떠한 처분을 할 것인가 하는 것은 징계권자의 재량에 맡겨진 것이기는 하나, 징계권자가 징계권의 행사로서 한 징계처분이 사회통념상 현저하게 타당성을 잃은 경우에는 징계권자에게 맡겨진 재량권을 남용한 것으로 위법하다"[48]라고 한다.

---

44) 대법원 1984. 12. 11. 선고 84누461 판결(공1985, 214).
45) 대법원 1984. 3. 27. 선고 84누86 판결(공1984, 746).
46) 대법원 1999. 11. 26. 선고 98두6951 판결(공2000상, 73), 2006. 8. 24. 선고 2006두3865 판결, 2006. 2. 24. 선고 2005두6447 판결 등 참조.
47) 대법원 2006. 12. 21. 선고 2006두16274 판결(공2007상, 221). 동일 취지의 판결, 대법원 1983. 6. 28. 선고 83누130 판결(공1983, 1207), 1991. 7. 23. 선고 90누8954 판결(공1991, 2257), 1992. 7. 14. 선고 92누5157 판결(공1992, 2430), 1997. 11. 25. 선고 97누14637 판결(공1998상, 123), 2006. 2. 24. 선고 2005두6447 판결, 2006. 8. 24. 선고 2006두3865 판결 등 참조.
48) 대법원 1991. 7. 23. 선고 90누8954 판결(공1991, 2257).

이와 같이 경찰공무원에 대한 징계처분이 사회통념상 현저하게 타당성을 잃었는지 여부에 관한 구체적인 판단 기준으로 판례가 들고 있는 요소로서, 직무의 특성, 징계의 원인이 된 비위사실의 내용과 성질, 징계에 의하여 달성하려고 하는 행정목적, 징계 양정의 기준 등 여러 요소를 종합하여 판단하여야 한다고 한다.[49]

## V. 판단 기준의 특징 및 평가

### 1. 일반적 판단 기준

위에서 예시한 경찰공무원의 징계처분에 있어서 징계재량에 관한 사법심사의 판단 기준은 재량행위에 대한 사법심사의 일반적인 판단 기준과 동일하다고 할 수 있다. 이러한 일반적 판단 기준들 중에서 특히 평등원칙이나 비례원칙 등은, 재량행위의 한계에 관한 사법심사의 경우는 물론일 뿐만 아니라, 각각 헌법 제11조와 제37조 제2항에 근거를 둔 행정법 전반에 적용되는 원리로서 이는 행정법원의 일반원리라고 하는 행정법의 법원으로서의 지위를 가지고 있다(김동희, 2007a: 42-65; 김남진, 2000: 47-57, 69-70).

이러한 일반적 판단 기준은 정원개념(numerus clausus)은 아니므로 지속적으로 추가될 가능성은 언제나 열려 있다. 따라서 경찰공무원의 징계권자가 행사하는 징계재량에 관한 사법심사의 판단 기준의 종류를 사전에 일의적으로 확정할 수는 없다. 이는 사법심사의 대상이 재량행위의 속성을 갖는 한 당연한 것이기도 하다. 실제로 경찰공무원의 징계재량권의 행사가 재량권의 범위를 일탈·남용하였는지 여부 즉 징계재량권의 한계를 벗어났는지 여부는 구체적인 사례에 따라 판단될 수밖에 없다. 이 경우 이른바 법관법이라고 하는 판례들의 축적에 의하여 일정 기준들이 형성될 수 있고 개별·구체적인 사례에 일반적인 척도로 사용할 수 있는 공통적인 일반적 판단 기준들을 추출해 볼 수는 있다. 물론 그렇다고 하더라도 실제 소송에 있어서는 이와 같은 기준만이 절대적으로 작용한다는 것은 아니고 어디까지나 구체적·개별적 사례의 특성이 반영될 가능성은 언제나 있다.

---

49) 대법원 2006. 8. 24. 선고 2006두3865 판결, 2006. 2. 24. 선고 2005두6447 판결, 대법원 2001. 8. 24. 선고 2000두7704 판결.

경찰공무원 징계재량에 대한 사법심사에 있어서 우리나라 판례의 특징은, 징계재량에 대한 사법심사의 일반적 판단 기준들을 적용함에 있어서는 어느 하나의 판단 기준에만 의거하여 판결하지 아니하고 제 판단 기준을 망라하여 포괄적으로 심사하는 방법을 채택하고 있다는 점이다.

예컨대, 유흥업소 단속에 관한 청탁행위로 징계위원회에 회부된 경찰공무원에 대하여 해임처분을 한 사안에서, "징계권의 행사가 임용권자의 재량에 맡겨진 것이라고 하여도 공익적 목적을 위하여 징계권을 행사하여야 할 공익의 원칙에 반하거나 일반적으로 징계사유로 삼은 비행의 정도에 비하여 균형을 잃은 과중한 징계처분을 선택함으로써 비례의 원칙에 위반하거나 또는 합리적인 사유 없이 같은 정도의 비행에 대하여 일반적으로 적용하여 온 기준과 어긋나게 공평을 잃은 징계처분을 선택함으로써 평등의 원칙에 위반한 경우에 이러한 징계처분은 재량권의 한계를 벗어난 처분으로서 위법하다 할 것인바"[50]라고 판시하고 있는 사례에서 보듯이, 경찰공무원 징계재량에 대한 사법심사에 있어서 공익목적 위반, 비례원칙 위반, 평등원칙 위반 등 제 판단 기준들을 포괄하여 심사하고 있음을 알 수 있다.

이와 같이 실제 사법심사에 있어서 제 판단 기준들이 거의 자동문구와 같이 인용되어 포괄적으로 설시되고 있다는 점에서, 물론 본래 재량에 대한 사법심사가 포괄적인 성격을 갖고 있다는 점을 감안하더라도, 각 판단 기준들이 각자 독립성을 갖고 그 내용적 의미를 판례로서 축적하기가 어려운 문제점이 있다.

## 2. 경찰공무원 징계재량에 특유한 판단 기준

전술한 바와 같은 경찰공무원의 금품수수등 행위 자체는 경찰공무원으로서의 품위상실이나 국민의 신뢰상실과 연결되는 개념이기는 하다. 실제 판례에 있어서도 경찰공무원으로서의 품위상실, 국민의 신뢰상실이나 경찰공무원 금품수수등의 경우에 관한 판단 기준은 실제 사례에 있어서는 상호 구별되지 아니하고 서로 혼합되어 설시되어 나타나고 있다.

예컨대 이에 해당하는 예로서, "교통법규 위반행위를 단속할 권한과 의무

---

50) 대법원 1999. 11. 26. 선고 98두6951 판결(공2000상, 73).

를 지고 있는 경찰관으로서 그 단속의 대상이 되는 위반자에게 먼저 적극적으로 돈을 요구하여 받았고, 다른 사람이 볼 수 없도록 돈을 접어 건네주도록 돈을 건네주는 방법까지 지시하였으며, 원고의 비위행위를 목격하고 원고의 이름과 오토바이 번호를 기록하는 동승자에게 신고하면 오히려 불이익을 입게 될 것이라는 취지로까지 말하였다는 것이다. 사정이 위와 같다면, 비록 원고가 받은 돈이 1만 원에 불과하여 큰 금액이 아니라고 하더라도, 위와 같은 경찰공무원의 금품수수행위에 대하여 엄격한 징계를 가하지 아니할 경우 경찰공무원들이 교통법규 위반행위에 대하여 공평하고 엄정한 단속을 할 것을 기대하기 어렵게 되고, 일반 국민 및 함께 근무하는 경찰관들에게 법적용의 공평성과 경찰공무원의 청렴의무에 대한 불신을 배양하게 될 것이다"라는 판례[51]를 들 수 있다.

이 사건에서 판례는 단 돈 "1만 원"이라고 하는 액수가 비록 사소한 것일 수 있으나, 그러나 단속의무가 있는 경찰공무원이 돈을 접어 달라든가, 비위신고를 막기 위한 말까지 하였다는 사실을 중시한다. 이와 같은 사정을 고려하여 판례는, 경찰공무원의 금품수수행위가 경찰공무원의 품위상실 및 국민의 신뢰상실로 인한 엄정한 직무집행에 장애를 초래하였다는 점을 하나의 중대한 판단 기준으로서 파악하였다고 할 수 있다.

또한 전술한 바와 같이, 경찰공무원 징계재량에 대한 사법심사에 있어서 우리나라 법원은 종합적 판단 기준으로서 사회통념상 현저하게 타당성을 잃었는지 여부라고 하는 판단 기준을 사용하고 있다. 즉 경찰공무원의 징계처분에 있어 재량권의 행사는, 평등원칙이나 비례원칙 등의 일반적 판단 기준 또는 경찰공무원으로서의 품위상실, 국민의 신뢰상실 및 경찰공무원의 금품수수의 경우에 관한 판단 기준에 의하여 1차적으로 평가된 경우에도, 최종적으로 다시 한번 건전한 사회통념에 따라 종합적으로 판단받게 된다. 이는 사회통념상 현저하게 타당성을 잃었는지 여부라고 하는 판단 기준이, 평등원칙이나 비례원칙 등을 비롯한 제 판단 기준과 함께 누적적인 판단 기준으로 기능하고 있다는 것을 의미한다. 우리나라 판례가 이와 같은 중첩적인 판단 기준을 사용하는 것은, 본래 경찰공무원의 징계처분이 재량행위이므로 그 행위의 형식상 정형성이 없

---

51) 대법원 2006. 12. 21. 선고 2006두16274 판결(공2007상, 221).

다는 점에서 오는 부득이한 것이다.

한편 위와 같은 판단 기준에 나오는 제반 사유, 경찰공무원으로서의 품위 상실, 국민의 신뢰상실 및 경찰공무원의 금품수수의 경우의 판단 기준, 그리고 종합적인 판단 기준인 사회통념상 현저하게 타당성을 잃었는지 여부에 관한 증명의 정도에 관해서 판례에 따르면, 경찰공무원에 대한 징계 내용이 객관적으로 명백히 부당하다고 인정할 수 있는 경우이어야 한다고 한다.[52] 다시 말해서 징계재량권의 행사가 한계를 벗어나 위법한 평가를 받으려면 객관적으로 명백히 부당하다고 인정되어야 한다. 이러한 정도의 증명이 이루어지게 되면 그 결과로 징계재량권의 한계를 벗어난 것으로서 평가되어 위법하게 되어 당해 징계처분의 취소가 이루어지게 된다.

## VI. 결어

이상에서 경찰공무원을 징계처분함에 있어서 징계권자가 행사하는 징계재량에 대한 사법심사에 관한 판단 기준으로서, 일반적 판단 기준, 경찰공무원 징계재량에 특유한 판단 기준 내지는 사회통념상 현저하게 타당성을 잃었는지 여부라고 하는 종합적 판단 기준 등을 관련 판례와 함께 소개하였고 이어서 이러한 사법심사의 제 판단 기준들의 특징 및 평가 등을 고찰하였다.

경찰공무원에 징계처분을 하는 주체를 보면, 민사상의 손해배상액의 산정이나 형사상의 양형과 같이 제3의 기관으로서의 법원이 아니라, 행정 스스로 피징계자인 경찰공무원에 대하여 감독권의 발동의 차원에서 직접 징계처분을 행하게 된다. 게다가 이러한 경찰공무원에 대한 징계처분의 법적 성질은 재량행위이다. 이러한 점에서 피징계자는 징계권자의 징계처분에 불복할 가능성이 있다. 어쨌든 경찰공무원 징계처분의 법적 성질이 행정의 감독권 발동으로서의 재량행위라고 하더라도 이는 징계권자의 자의에 의한 처분일 수는 없고, 따라서 전면적인 사법심사의 대상이 되는 엄연한 법치주의의 영역임에는 이론의 여지가 있을 수 없다.

그런데 전술한 바와 같이, 우리나라 경찰공무원의 징계처분에 있어서 징계

---

52) 대법원 2006. 2. 24. 선고 2005두6447 판결. 동일 취지의 판례, 대법원 2002. 12. 27. 선고 2002두8893 판결 참조.

권자의 재량권 한계에 관하여 법원이 사법심사를 함에 있어서는, 공익목적, 평등원칙, 비례원칙 등의 일반적 판단 기준을 망라적으로 포괄하여 설시하고, 최종적으로는 징계처분이 사회통념상 현저하게 타당성을 잃었는지 여부라고 하는 종합적 판단 기준에 의존하고 있는 것이 가장 두드러진 특징이라고 할 수 있다. 이는 경찰공무원에 대한 징계처분이 당해 경찰공무원의 직무의 특성, 징계의 원인이 된 비위사실의 내용과 성질, 징계에 의하여 달성하려고 하는 행정목적, 징계 양정의 기준 등 여러 요소를 종합하여 판단하여야 한다는 점에서는 당연한 것이다.

그러나 위와 같은 제 판단 기준들은 실제 판례에서는 거의 자동문구로 총동원되어 인용되어 설시되고 있는 점은 문제이다. 이 점에서 과연 판례가 실제 개별 경찰공무원의 징계처분을 심사함에 있어서 징계권자의 징계재량에 대하여 제대로 실질적으로 심리하고 있는지에는 적어도 당사자인 피징계자는 어느 정도 의문을 제기하지 않을 수 없다. 따라서 제 판단 기준을 망라하는 단순한 자동문구의 반복보다는 보다 실질적인 내용을 갖는 개별 판단 기준들이 확립될 필요성이 있고, 이는 결국 징계재량에 관하여 사법심사를 하는 법원의 몫이다. 여기서 판례의 보다 정치한 판단 기준의 정립이 기대되는 부분이다.

이와 같이 확립된 개별 판단 기준에 의하여만 징계권자가 실제 징계처분에서의 징계재량권을 행사함에 있어서 예견되는 혼란을 피하고, 피징계자인 경찰공무원의 승복률을 제고시킬 수 있고, 궁극적으로는 징계처분이 소송으로 확대되는 사태를 일정 부분 방지할 수 있을 것이라고 생각된다.

한편 경찰공무원의 징계처분은 경찰공무원의 신분 및 기타의 이익에 직결되는 중요한 문제이다. 따라서 경찰공무원에 대한 징계처분이 당해 경찰공무원에게 과중한가 여부가 문제의 핵심이 되는 것이고 이는 결국 징계양정에 관한 문제로 된다. 따라서 실제로 경찰공무원에 대한 징계처분의 경중에 관한 예측 가능성을 확립하는 것이 징계권자의 정당성 확보하는 길이고 동시에 징계를 당하는 경찰공무원의 승복률 제고를 담보하는 것이므로 중요하다. 이 점에서 경찰공무원의 징계처분의 문제는 일정 부분 민사소송에 있어서 손해배상액 산정이나 형사소송에 있어서 양형의 의미와 일맥상통하는 부분이 있게 된다. 그럼에도 경찰공무원을 비롯한 공무원의 징계양정에 관한 연구가, 민사나 형사에 비하여, 거의 행해지지 않고 있다. 앞으로 이에 관한 연구가 많이 필요하다.

바로 이와 같은 작업들이 만족할 만한 성과를 거두고 그에 따라 경찰공무
원에게 징계권자가 징계재량권을 적절하게 행사하여 합리적인 징계처분을 내
리고 이에 피징계자인 당해 경찰공무원이 수긍할 때, 비로소 경찰공무원의 징
계처분에 있어서 합법성뿐만 아니라 그와 동등한 지위를 갖는 법치주의의 한
내용으로서의 법적 안정성을 확보하는 길이 된다.

# 🔲 참고문헌

## 1. 국내문헌

〈단행본〉

김남진, 『행정법 Ⅰ』, 법문사, 2000.

김남진, 『행정법 Ⅱ』, 법문사, 2001.

김남진, 『경찰행정법』, 경세원, 2002.

김남진/김연태, 『행정법 Ⅱ』, 박영사, 2005.

김동희, 『행정법 Ⅰ』, 박영사, 2007a.

김동희, 『행정법 Ⅱ』, 박영사, 2007b.

김철용, 『행정법 Ⅰ』, 박영사, 2007.

김형중, 『경찰행정법』, 수사연구사, 2005.

최영규, 『경찰행정법』, 법영사, 2005.

최재건, 『공무원의 징계와 변상책임의 법률지식』, 청림출판, 2001.

홍정선, 『경찰행정법』, 박영사, 2007.

〈논문〉

김경재, "공무원자격 결격사유와 징계와의 관계", 『판례회고』 제2호(1973년도), 1974, 서울대학교.

김성환, "공무원의 징계처분 특히 징계권의 남용에 대하여", 『고시계』 제15권 제2호 (156호), 1970, 국가고시학회.

김성환, "공무원의 결격사유와 징계와의 관계", 『법률신문』 제1049호, 1974a, 법률 신문사.

김성환, "공무원의 징계처분과 재량권의 한계 상", 『법률신문』 제1076호, 1974b, 법 률신문사.

김성환, "공무원의 징계처분과 재량권의 한계 하", 『법률신문』 제1077호, 1974c, 법 률신문사.

김성환, 공무원의 결격사유와 징계와의 관계, 『판례연구』 제3집, 1978, 서울변호사 회.

김향기, "공무원에 대한 불이익처분과 그 불복방법", 『토지공법연구』 제19집(2003. 9), 2003a, 한국토지공법학회.

김향기, "공무원법상의 징계처분과 그 불복방법", 『천봉석종현박사 화갑기념논문집』,

2003b.

박국수, "징계파면처분의 효력발생시기와 그 효력발생 전에 공무원신분을 박탈한 위법이 처분의 효력에 미치는 영향", 『대법원판례해설』 11호(1989년 상반기), 1990, 대법원 법원행정처.

이세중, "공무원 신분소송에 관하여 : 징계처분에 따른 하급심판례동향을 중심으로", 『송무자료집』 제9집(2005. 12), 2005, 대검찰청 고등검찰청.

최선웅, "경찰공무원 징계처분의 법적 성질", 『행정법연구』 제18호(2007. 8), 2007, 행정법이론실무학회.

최정수, "1. 공무원 임용 전의 비위행위(내지는 임용에 관련 비위행위)와 징계사유 여부, 2. 징계시효의 기산점", 『대법원판례해설』 제13호(1990년 상반기), 1991, 대법원 법원행정처.

## 2. 기타 자료

### 〈인터넷자료〉

http://kr.news.yahoo.com/service/news/shellview.htm?linkid=12&articleid=2007082800520715834&newssetid=470

http://kr.blog.yahoo.com/donttellcokr/830755

http://blog.chosun.com/blog.log.view.screen?blogId=40160&logId=2374742

http://kr.news.yahoo.com/shellview.htm?linkid=33&articleid=2007082814003358616.

http://news.media.daum.net/society/others/200708/29/yonhap/v17953242.html

http://news.chosun.com/site/data/html_dir/2007/01/02/2007010200717.html

http://article.joins.com/article/article.asp?total_id=2554231

http://search.ytn.co.kr/ytn/view.php?s_mcd=0103&key=200701021826190352

# 행정심판

# 제1절  행정심판의 기능[*]

## Ⅰ. 서설

우리나라에서는 종래부터 일반적으로 행정심판의 기능 내지는 존재이유[1] 로는 주로 행정의 자기통제, 개인의 권익구제 및 법원의 부담경감 등과 관련하여 논의하여 왔다.

그런데 우리나라에서 행정심판의 기능에 관한 논의를 함에 있어서는 행정소송의 기능[2]과 상대적으로 비교하는 방법을 취하여 왔다. 즉 행정심판과 행정소송을 포괄하는 개념으로 행정쟁송이라는 상위개념을 사용하고 행정심판은 행정통제기능이 우세하고 행정소송은 권익구제기능이 우세하다고 하는 식으로

---

[*] 이 글은 『행정법연구』 제38호(2014. 2)에 게재된 논문 "행정심판의 기능"을 수정·보완한 것입니다.

[1] 독일에서는 행정심판의 "기능(Funktion)"(예컨대 Schoch/Schmidt-Aßmann/Pietzner, VwGO Kommentar, 1999, Vorb §68 Rn. 1), 또는 "목적(Zweck)"(예컨대 Eyermann, VwGO Kommentar, 13 Aufl., 2010, §68 Rn. 2)"이라는 용어를 주로 사용하는 반면에, 우리나라에서는 주로 행정심판의 "존재이유"라는 용어를 사용하고 있는 것이 특징적이다(예컨대 김남진/김연태, 『행정법 I』, 법문사, 2013, 688면; 김동희, 『행정법 I』, 박영사, 2013, 646면 이하; 김철용, 『행정법』, 고시계사, 2013, 472면 이하). 여기에서는 일단 "기능", "목적", "존재이유" 간의 차이를 두지 않고 사용하도록 한다.

[2] 행정소송의 기능 내지는 목적에 관한 상세한 내용으로는, 최선웅, "행정소송의 목적에 관한 일 고찰", 『행정법연구』, 제13호(2005. 5), 19면-51면 참조. 특히 행정소송의 기능 내지는 목적과 관련된 문헌에 관하여는, 최선웅, 같은 글, 32면 주 84)에 소개된 문헌 참조.

설명하고 있는 것이 일반적이다.3) 이와 같은 행정심판 기능론은 행정심판과 행
정소송을 상호 비교하는 것이 가능하다는 전제하에서 파악한 것이다. 이러한
방법론은 일반적으로 여러 절차들 중에 당해 절차가 가지는 속성을 파악하기
위한 일반적인 것으로서 일견 타당한 측면이 있고, 이와 같은 행정심판의 논의
의 방향은, 후술하는 바와 같이, 기본적으로 독일의 행정심판제도4)하에서의 행
정심판의 기능5)에 관한 논의와도 그 궤를 같이한다.

　　그러나 문제는 행정심판의 기능을 행정소송의 기능과 단순히 비교하는 것
만으로는 행정심판의 기능을 제대로 이해하는 데에 충분하지 않다는 데에 있
다. 근본적으로 행정심판에 관여하는 처분청, 재결청 및 행정심판위원회6) 모두
그 자신들이 행정부에 소속되는 공권력이라는 점에서, 이러한 공권력이 스스로
판정기관7)이 되는 행정심판은 사법부에 의하여 심사되는 행정재판과는 근본적
으로 구별된다. 따라서 행정심판의 기능을 행정소송의 기능과 비교·설명하는
것 그 자체는 위와 같은 판정기관이 행정부 또는 사법부에 소속됨으로부터 인

---

3) 김남진/김연태, 앞의 책, 679면-680면, 688면; 김동희, 앞의 책, 640면-641면, 646면-647
　　면; 박균성,『행정법론(상)』, 박영사, 2013, 921면-922면; 정하중,『행정법총론』, 법문사,
　　2005, 608면-610면, 615면-616면; 홍준형,『행정법』, 법문사, 2011, 731면-734면, 738면-
　　739면; .

4) 독일의 행정심판제도에 관하여 개괄적으로 소개하고 있는 문헌으로는, 김향기, "서독의
　　행정심판제도",『판례월보』, 제215호(1988. 8), 24면-33면; 석종현, "독일의 행정심판제
　　도",『공법연구』, 제10집(1982. 8), 9면-37면; 이종영, "독일의 행정심판제도",『중앙법학』,
　　제4집 제3호(2003), 29면-48면; 황해봉, "독일의 행정심판제도",『(순간)법제』, 제553호
　　(2004. 1), 58면-83면; 황해봉, "독일의 행정심판제도",『(순간)법제』, 제554호(2004. 2),
　　61면-81면 등이 있다.

5) Bader/Funke-Kaiser/Kuntze/von Albedyll, VwGO Kommentar, 4. Aufl., 2007, Vor §§68ff
　　Rn. 2; Eyermann, §68 Rn. 2; Gärdiz, VwGO Kommentar, 2013, §68 Rn. 4 ff.; Hufen,
　　Verwaltungsprozessrecht, 3. Aufl, 1998, Rn. 15 ff.; Hufen, Verwaltungsprozessrecht, 8.
　　Aufl., 2011, §5 Rn. 2; Redeker/von Oertzen, VwGO Kommentar, 13. Aufl., 2000, §68
　　Rn. 2a; Rolf Schmidt, Verwaltungsprozessrecht, 12. Aufl., 2008, Rn. 210 ff. ;
　　Schoch/Schmidt-Aßmann/Pietzner, Vorb §68 Rn. 1; Sodan/Ziekow, VwGO, 3 Aufl.,
　　2007, §68 Rn. 1 ff.

6) 우리나라는 최근 행정심판법의 개정으로 재결청이 폐지되고 행정심판위원회에 의한 재
　　결이 행해진다. 이에 반하여 독일은 처분청, 재결청 등이 행정심판을 담당한다.

7) Hufen, Verwaltungsprozessrecht, 8. Aufl., 2011, §5 Rn. 6; 행정심판은 심판받아야 할 자
　　가 심판자의 지위에 서는 것을 뜻하는 것이라고 하는 것에는, 김동희, 앞의 책, 646면;
　　행정심판은 어느 누구도 자기의 행위의 심판관이 될 수 없다는 자연적 정의의 원칙에
　　반하는 제도라고 하는 것에는, 홍정선,『행정법원론(상)』, 박영사, 2013, 839면.

정될 수밖에 없는 근본적인 차이를 단지 부연설명하는 것에 그칠 수밖에 없다. 다시 말해서 같은 사법부의 소속이라는 공통점을 가지고 있는 민사재판, 형사재판 또는 행정재판 상호간에 비교하는 것은 어느 정도 의미가 있을지는 몰라도, 본질적으로 판정기관의 차이가 있는 행정심판과 행정소송의 이동에 관한 설명 자체는 판정기관의 차이에서 오는 차이 외에는 별다른 큰 실질적인 구별의 의미가 없다.

또한 설령 판정기관의 차이를 차치하고 행정심판과 행정소송을 비교할 수 있다고 하더라도 비교되는 대상이 소속된 국가가 다르게 되면 그 비교의 내용도 달리 파악할 수밖에 없는 것은 극히 자연스러운 일이다. 따라서 독일과 우리나라에 있어서 행정심판과 행정소송의 기능을 상호 비교함에 있어서는 독일과 우리나라 각각의 행정심판과 행정소송의 제도 및 현실까지를 포괄적으로 고려하지 않을 수 없다.

가령 독일 행정소송법(VwGO) 제68조에서 인정되는 행정심판은 취소소송과 의무이행소송의 본안판결요건으로서 이들 소송을 제기하기 전에 반드시 거쳐야 하는 전심절차[8]이다. 독일과 달리, 우리나라 행정심판은 본안판결요건이 아니고 행정심판제기 여부를 국민에게 맡기는 이른바 행정심판임의주의(행정소송법 제18조 제1항)를 취하고 있고,[9] 행정소송으로서의 의무이행소송이 부정되고 그 대신 행정심판에서는 의무이행심판이 인정되고 있다(행정심판법 제5조 제3호). 따라서 당연히 우리나라의 행정심판의 기능을 파악함에 있어서 이와 같은, 독일과는 다른, 우리나라만의 특수한 사정들을 고려하여야 한다.

또한 행정심판의 법적 근거에 관하여는, 독일 헌법(GG)에 별다른 그 근거규정[10]은 없고 단지 독일 행정소송법(VwGO) 제68조~제73조와 독일 행정절차법(VwVfG) 제79조의 근거규정에 의하는 독일 행정심판과는 달리, 우리나라 행정심판은 대한민국헌법 제107조 제3항에 행정심판의 명시적인 근거규정이 있을

---

8) 이와 같은 독일의 행정심판전치주의에는 독일 행정소송법(VwGO) 제68조 제1항 제2문에 따라서 연방법률이나 주법률에 의한 예외가 인정된다.
9) 물론 우리나라의 행정심판임의주의에는 일정한 예외가 인정된다. 예컨대 국가공무원법 제16조, 국세기본법 제56조, 관세법 제120조, 도로교통법 제142조 등의 예외가 있다.
10) 일반적으로 독일에서는 행정심판과 독일 헌법 제19조 제4항 간의 관계에 관하여 직접적인 관련성이 없다고 논해지고 있다. 예컨대 Eyermann, VwGO Kommentar, 13 Aufl., 2010, §68 Rn. 7 ff.; Sodin/Ziekow, VwGO, 3 Aufl., 2007, §68 Rn. 13 ff.; Schoch/Schmidt-Aßmann/Pietzner, VwGO Kommentar, 1999, Vorb §68 Rn. 12 ff.

뿐만 아니라 법률차원에서도 자체완결된 행정심판법[11]이라는 단행법률을 가지고 있다. 따라서 이와 같은 법규정의 체계라는 점에서 행정심판의 독자적 성격을 부각시키기가 어려워 행정심판을 단지 행정절차의 일부로서밖에 파악할 수 없는 독일과는 달리, 우리나라의 행정심판은 단지 행정절차의 일부라고만 할 수 없는 문제가 있다.[12] 특히 우리나라 행정심판법은 제1조에 목적규정을 가지고 있다. 따라서 우리나라에서의 행정심판의 기능은 일차적으로는 우리나라 행정심판법 제1조에 규정된 목적규정의 해석문제이다.

그러므로 우리나라 행정심판의 기능에 관한 논의를 함에 있어서는 위와 같이 제시한 여러 사정들을 포함하여야 할 뿐만 아니라, 나아가 행정심판에 관여하는 지방자치단체의 정치적 성향을 비롯한 실제 행정심판의 운영실태 등 여러 가지 상황 내지는 사정들을 포괄적으로 검토하여야 한다. 만일 그러하지 아니한 채, 우리나라 행정심판의 기능에 관한 논의를 함에 있어서, 단지 행정심판과 행정소송을 단순히 일차원적으로 비교한다거나, 우리나라의 행정심판과 행정소송과는 제도적으로 차이가 있는, 독일의 행정심판의 기능에 관한 논의를 도입하는 것만으로는, 우리나라 행정심판의 기능은 물론이고, 궁극적으로는 우리나라 행정심판의 독자적인 성격을 제대로 규명하기 어렵다.

이하에서는 먼저 우리나라에서 행정심판의 기능에 관한 논의에 일정 영향을 미치고 있는 독일에서의 행정심판의 기능(Ⅱ. 독일에서의 논의)에 관하여 고찰하고, 이어서 기존의 우리나라에서의 행정심판의 기능(Ⅲ. 우리나라에서의 논의)에 관한 논의를 고찰하고, 이러한 고찰을 기초로 하여 우리나라 행정심판의 기능론의 문제점을 지적하고 행정심판의 기능에 관한 새로운 방향을 설정(Ⅳ. 기존 기능론의 문제점과 새로운 방향설정)하고자 한다.

---

11) 우리나라 행정심판법은 61개의 조문으로 되어 있고, 그 하위법령으로서 43개 조문으로 된 행정심판법 시행령 및 7개의 조문으로 된 행정심판법 시행규칙을 가지고 있다.

12) 독일에서는 행정심판을 행정절차라고 하는 것이 일반적이다. 예컨대 Hufen, Verwaltungsprozessrecht, 8. Aufl., 2011, §5 Rn. 11; Hasso Hofmann, Das Widerspruchsverfahren als Sachentscheidungsvoraussetzung und als Verwaltungsverfahren, in FS Menger, 1985, S. 605 ff; Sodin/Ziekow, VwGO, 3 Aufl., 2007, §68 Rn. 22; Schoch/Schmidt-Aßmann/Pietzner, VwGO Kommentar, 1999, Vorb §68 Rn. 2 ff.

## Ⅱ. 독일에서의 논의

### 1. 개관

독일 행정소송법(VwGO) 제68조~제73조에 따르면, 행정심판절차(Widers-purchsverfahren)는 취소소송과 의무이행소송의 본안판결요건(Sachentscheidungsvor-aussetzung)으로서 이 소송들을 제기하기 전에 반드시 거쳐야 하는 사전절차(Vorverfahren)로 규정하고 있다. 독일의 행정심판의 기능에 관하여는 일반적으로 개인의 권리구제(Rechtsschutz des Bürgers), 행정의 자기통제(Selbstkontrolle der Verwaltung) 및 법원의 부담경감(Entlastung der Gerichte) 등을 들고 있는 것이 일반적이다.[13] 독일행정심판에서 이 3가지 기능이 가능한 것은, 독일 행정소송법(VwGO) 제114조의 규정에 의하여 재량행위의 경우 합법성만을 심사하는 행정소송의 기능에 비교하면, 독일행정심판의 경우에는 법원의 개입하지 아니하고 처분청이 합법성 외에 합목적성을 제한 없이 심사한다는 점에 있다고 한다.[14] 이하 각 기능을 간략히 고찰한다.

### 2. 개인의 권리구제기능

독일에서는 행정심판의 후속절차인 행정소송에 초점을 맞추어서 행정심판의 첫 번째의 기능으로 권리구제기능을 들고 있는 것이 일반적이다.[15] 행정심판은 행정행위에 대하여 합법성과 합목적성을 심사한다는 점에서 후속절차로

---

13) Bader/Funke-Kaiser/Kuntze/von Albedyll, VwGO Kommentar, 4. Aufl., 2007, Vor §§68ff Rn. 2; Eyermann, VwGO Kommentar, 13 Aufl., 2010, §68 Rn. 2; Gärdiz, VwGO Kommentar, 2013, §68 Rn. 4 ff.; Hufen, Verwaltungsprozessrecht, 3. Aufl, 1998, Rn. 15 ff.; Hufen, Verwaltungsprozessrecht, 8. Aufl., 2011, §5 Rn. 2; Redeker/von Oertzen, VwGO Kommentar, 13. Aufl., 2000, §68 Rn. 2a; Rolf Schmidt, Verwaltungsprozessrecht, 12. Aufl., 2008, Rn. 210 ff. ; Schoch/Schmidt-Aßmann/Pietzner, VwGO Kommentar, 1999, Vorb §68 Rn. 1; Sodan/Ziekow, VwGO, 3 Aufl., 2007, §68 Rn. 1 ff.; 참고로 이 3가지 기능 이외에 예컨대 행정심판이 법적평화 확보(Sicherung des Rechtsfriedens)에 기여한다는 견해도 있다. Rüssel, Zukunft des Widerspruchsvefahrens, NVwZ, 2006, 523(524).

14) Bader/Funke-Kaiser/Kuntze/von Albedyll, VwGO, 4. Aufl., Vor §§68ff Rn. 2; Rolf Schmidt, Verwaltungsprozessrecht, 12. Aufl., 2008, Rn. 211; Schoch/Schmidt-Aßmann/Pietzner, VwGO Kommentar, 1999, Vorb §68 Rn. 1.

15) 이에 관하여는, 앞의 주 13)에 제시된 문헌 참조.

서 합법성만을 심사하는 행정소송에 앞서서 추가적인 구제의 가능성을 제공한 다는 점에서[16] 또는 합법성만을 심사하는 행정소송을 보충하는 절차[17]라는 점 에서 결국 국민의 권익구제에 기여한다는 것이다. 또한 행정심판은 행정행위에 대하여 심사척도가 제한되지 아니하고[18], 따라서 재량행위에 대하여 합법성뿐 만 아니라 합목적성을 심사한다는 점에서 행정소송에서는 재량의 하자만을 심 사하는 것에 비하여 재량행위에 대한 권리구제의 가능성이 넓다고 할 수 있다 고 한다.[19] 그 외에도 행정심판은 권리구제를 받음에 있어서 행정소송의 경우 보다는 비용이 적게 들고 신속하게 처리된다는 점을 들고 있다.[20]

이러한 행정심판의 권리구제기능에 대하여는, 독일 역사를 고려하여 보면 재결청 자신은 공권력(öffentliche Gewalt)이므로 행정심판은 공권력에 대한 권리 구제와 아무런 관련이 없다는 비판이 있다.[21]

## 3. 행정의 자기통제기능

행정심판의 2번째 기능으로는 자기통제기능이라고 할 수 있다. 행정심판 은, 법원이 행정결정에 대하여 합법성만을 심사하는 것과 달리, 행정결정에 대 하여 사실적 법적 기초에 대한 심사 이외에도 합법성과 합목적성을 다시 한번 전면적으로 심사함으로써 행정 스스로 시정할 기회를 갖는다는 점에서 행정의 자기통제를 가능하게 한다고 한다.[22]

이에 대하여 현대 대량행정의 특성상 행정결정의 사실적 측면은 표준화되 고 데이터화되는 등으로 행정심판에서는 별다른 통제를 할 필요가 없을 것이 고, 권리구제는 최종적으로 법원이 심사하는 행정소송에서 이루어지기 때문에 실무에서는 행정의 자기통제기능이 활성화될 가능성이 적고, 국민도 행정의 자

---

16) Hufen, Verwaltungsprozessrecht, 3. Aufl., 1998, §5 Rn. 16.
17) Eyermann, VwGO Kommentar, 13. Aufl., 2010, §68 Rn. 2.
18) 물론 행정심판의 경우에도 자치행정과 판단여지의 경우는 제외된다. Hufen, Verwal-tungsprozessrecht, 3. Aufl, 1998, §5 Rn. 16.
19) 독일 행정소송법 제114조 제1문(§114 S. 1 VwGO)에 의하면 재량행위는 재량하자의 경 우에만 법원의 심사를 받는다. Gärdiz, VwGO Kommentar, 2013, §68 Rn. 4.
20) Gärdiz, VwGO Kommentar, 2013, §68 Rn. 4.
21) Hufen, Verwaltungsprozessrecht, 8. Aufl., 2011, §5 Rn. 6.
22) Eyermann, VwGO Kommentar, 13 Aufl., 2010, §68 Rn. 2; Quaas/Zucko, Prozesse in Verwaltungssachen, 2. Aufl., 2011, S. 196; Eyermann, VwGO Kommentar, 13 Aufl., 2010, §68 Rn. 2.

기통제의 기능에 별다른 기대를 하지 않는다는 비판이 있다.[23]

## 4. 법원의 부담경감기능

행정심판의 마지막 기능은 법원의 부담경감이다. 행정심판은 분쟁을 가능한 한 법원의 재판에 의하지 아니하고 해결하도록 하는 입법취지에 부합한다는 점,[24] 행정이 내린 결정을 다시 한번 행정 내부의 심사를 거치게 되면 사실관계에 대하여 보다 자세히 조사를 할 수 있고, 법적인 고려를 보완하여 심사할 수 있다는 점,[25] 그리고 행정심판에서 처분청이나 재결청이 심판청구를 인용하게 되면 추가적인 행정소송이 불필요하게 되고 설사 행정심판에서 인용되지 않는다고 하더라도 행정심판의 경과과정에서 행정소송에서도 승소가능성이 없다고 판단되면 행정소송을 포기한다는 점[26] 등에서, 행정심판은 법원의 부담을 경감하는 기능을 한다고 한다. 요컨대 제대로 실시한 행정심판은 사후에 법적인 분쟁에 대한 소제기를 불필요하게 한다는 점에서 일종의 여과기능(Filterfunktion)을 한다고 한다.[27]

이에 대해서 독일은 역사적으로 행정내부의 통제 대신에 법원에 의한 사법심사 즉 행정소송을 쟁취한 점을 고려하여야 하고, 행정심판이 행정법원의 부담을 경감시킨다는 점에 대해서는 믿을 만한 자료가 없다는 점, 특히 독일 행정소송법(VwGO)상의 직권탐지주의로 인하여 행정절차에서의 사실해명의 흠결에 대하여도 법원에게 직권탐지하여 보충할 의무가 인정된다는 점 등에서 오히려 법원의 부담이 가중된다고 하는 비판적인 입장도 있다.[28]

---

23) Hufen, Verwaltungsprozessrecht, 3. Aufl., 1998, §5 Rn. 18.
24) Sodan/Ziekow, §68 Rn. 19.
25) Posser/Wolff, VwGO Kommentar, 2008, §68 Rn. 1.
26) Gärditz, §68 Rn. 8.
27) Sodan/Ziekow, §68 Rn. 19.
28) 이와 같은 입장에 서서, 독일은 역사적으로 행정내부의 통제 대신에 법원에 의한 사법심사 즉 행정소송을 쟁취하였기 때문에 행정의 자기통제에 의하여 권리구제를 대체하려는 모든 개혁논의는 문제가 있다고 한다. Hufen, Verwaltungsprozessrecht, 3. Aufl., 1998, 1998, Rn. 19; 독일의 행정심판의 개혁에 관하여는, Schönenbroicher, Leitziele und Kernpunkte der Reform des Widerspruchsverfahrens, NVwZ, 2009, S. 1144 ff. 참조.

## 5. 평가

독일에서는, 일부 예외[29]가 없지는 않으나, 독일의 행정심판의 기능들 간의 관계에 있어서는 거의 예외 없이 일반적으로 권리구제기능, 자기통제기능, 부담경감기능의 순으로 이해하고 있는 것으로 보인다.

전술한 바와 같이, 독일에서는 행정심판의 3가지 기능 자체에 대한 비판이 없지는 않으나, 일반적으로는 행정심판의 3가지 기능을 인정한다. 다만 행정심판의 3가지의 기능은 역사적으로 변화되어 왔으며,[30] 그 각 기능에 대한 비중은 매우 다양하게 평가될 수 있는 문제이고,[31] 이 행정심판의 3가지 기능 상호간에는 긴장관계가 없는 것은 아니나 그럼에도 불구하고 각 기능들 간에는 대등한 관계를 유지[32]하고 있으므로 어느 한 기능을 강조하고 다른 기능을 경시하는 것은 잘못이라는 평가를 하기도 한다.[33]

독일에서는 행정심판은 헌법적 근거가 불명확할 뿐만 아니라 단지 사법절차로 이행하기 전에 거쳐야 하는 전심절차로서의 행정절차라는 전제하에서 접근하고 있다는 점이 특징이다. 이러한 독일과 달리, 우리나라에서는 행정심판이 헌법 제107조 제3항에 의하여 준사법적 절차라고 한다는 점에서 독일과는 다르다.

## Ⅲ. 우리나라에서의 논의

### 1. 종래 논의의 개관

전술한 바와 같이, 독일의 행정심판의 3가지의 기능 즉 권리구제기능, 자기통제기능 및 부담경감기능에 관한 논의가 우리나라의 행정심판의 기능에 관

---

29) 예컨대 행정심판의 기능으로 행정의 합목적성과 합법성 원칙의 유지(Wahrung der Grundsätze der Gesetzmäßigkeit), 국민의 권리구제, 법원의 부담경감의 순서로 고찰하는 예로서는, Kopp/Schenke, VwGO, 15 Aufl., 2007, Vorb §68 Rn. 1 참조.

30) Hufen, Verwaltungsprozessrecht, 8. Aufl., 2011, §5 Rn. 2.

31) Schoch/Schmidt-Aßmann/Pietzner, VwGO Kommentar, 1999, Vorb §68 Rn. 1.

32) Steinbeiß-Winkelmann/Ott, Das Widerspruchsverfahren als Voraussetzung des Gerichtszugangs in VwGO, FGO und SGG, NVwZ, 2011, 914(916).

33) 예컨대 권리구제기능이 법원에 의한 권리구제를 강화하는 것이라고 하면 행정심판의 부담경감기능이 문제가 된다. Sodan/Ziekow, §68 Rn. 2.

한 논의에 있어서도 유사하게 전개되고 있다. 다만 우리나라에 있어서는 행정심판의 "기능"[34]이라고 하는 경우보다는 행정심판의 "존재이유"라고 설명하는 것이 일반적이고, 그 존재이유의 구체적인 내용은 독일의 경우보다는 다소 다양하게 전개되고 있다.[35]

이하에서는 행정심판의 각 기능에 관하여 고찰한다.

## 2. 자기통제기능

행정심판은 행정상 분쟁에 대하여 행정이 스스로 심리·판단하여 행정 자신의 과오를 시정하는 데에 기여하는 절차라는 것이다. 다시 말해서 행정심판은 행정기관 스스로 판정기관이 되고, 심판대상이 자신의 행정작용이고, 사법절차보다 신속·간이한 절차로 자신의 과오를 시정할 수 있으며,[36] 행정의 적법성 이외에도 타당성까지도 스스로 심사한다는 점에서 행정의 자기통제기능뿐만 아니라 나아가 행정감독적인 기능으로서의 의미를 갖는다고 한다.[37] 연혁적으로 행정권의 독립성을 확보하려는 프랑스의 행정심판과는 달리, 오늘날에는 행정심판전치주의를 취하는 경우에도 종국적으로는 행정소송에 의하도록 되어 있다는 점에서 사법권에 대한 행정권의 독립성보다는 행정권에 의한 자율적 통제의 의미가 있다고 한다.[38]

---

34) 행정심판의 "기능"이라는 용어를 사용하는 예로는, 류지태/박종수, 『행정법신론』, 박영사, 2010, 574면; 박정훈, "행정심판의 기능 — 권리구제기능과 자기통제기능의 조화 —", 『행정법연구』, 제15호(2006), 1면 이하 참조.
35) 행정심판의 기능 내지는 존재이유로, 권력분립·자율적 행정통제, 사법기능의 보완, 부담 등의 경감, 행정능률의 보장 등을 드는 견해, 김남진/김연태, 앞의 책, 688면; 자율적 행정통제, 사법기능의 보완, 법원의 부담경감을 드는 견해, 김동희, 앞의 책, 646면 이하; 간이신속한 구제, 구제대상의 확대, 행정기관의 전문지식의 활용, 법원의 부담경감을 드는 견해, 김철용, 앞의 책, 472면 이하; 행정의 자기통제기능, 권리구제수단으로서의 기능을 드는 견해, 류지태/박종수, 앞의 책, 574면; 자율적 행정통제, 사법의 보완(행정청의 전문지식의 활용과 소송경제의 확보), 국민의 권익구제를 드는 견해, 박균성, 앞의 책, 931면; 자율적 행정통제와 국민의 권리구제(사법기능 보충)를 드는 견해, 박윤흔/정형근, 『최신 행정법강의(상)』, 박영사, 2009, 695면; 자율적 행정통제, 행정능률의 보장, 행정의 전문지식의 활용과 사법기능의 보완, 소송경제의 확보를 드는 견해, 정하중, 『행정법총론』, 법문사, 2005, 615면-616면; 자율적 행정통제, 사법기능의 보충, 법원의 부담경감, 행정능률의 고려, 시간과 비용의 절감(쟁송경제)을 드는 견해, 홍준형, 앞의 책, 738면 참조.
36) 류지태/박종수, 앞의 책, 574면.
37) 홍준형, 앞의 책, 738면.

### 3. 권익구제기능

행정심판이 국민의 권익구제에 이바지하는 기능을 말한다. 일견 우리나라
에서는 행정심판의 제2의 기능으로 권익구제기능이 빈도수에 있어서는 자기통
제기능보다는 적게 나타난다.[39] 이러한 점은, 전술한 바와 같이, 독일에서 권리
구제기능을 행정심판의 제1의 기능으로 보는 경향과는 다소 차이가 있다.

그런데 우리나라에서는 권익구제기능을 정면으로 내세우지는 아니하면서
도 이와 유사한 다른 기능을 내세우는 경우가 일반적이다.[40] 예컨대 행정소송
에 비하여 시간과 비용면에서 간이신속한 구제를 드는 경우,[41] 행정심판위원회
가 당·부당의 문제까지도 판단한다는 점에서 구제대상의 확대를 드는 경우[42]
등을 비롯하여 주로 소송경제적인 측면에서 사법기능을 보완 내지는 보충[43]하
는 경우, 행정소송에 대한 대안적 분쟁해결의 절차(ADR)의 기능[44]을 하는 경우
등이 이에 속한다.

### 4. 부담경감기능

행정심판의 부담경감기능이라는 것은 행정심판제도의 이용이 법원의 부담
을 경감시킨다는 것이다. 이에는 행정에 대한 법원의 전문적 지식부족과 행정
심판의 여과기능을 들 수 있다.

먼저 법원의 전문적 지식부족에 관하여는, 법원의 판단능력이 의문시되
고,[45] 일반법원은 전문적·기술적인 문제의 처리 특히 사실인정의 단계에 적합
하지 아니하고,[46] 행정의 전문적 지식이 없는 일반법원이 신속·타당한 판정을

---

38) 김동희, 앞의 책, 646면-647면.
39) 앞의 주 35) 참조.
40) 권리구제기능을 전면에 내세우는 것에는, 박균성, 앞의 책, 921면; 홍정선, 앞의 책, 842
   면 참조.
41) 예컨대 김철용, 앞의 책, 473면; 홍준형, 앞의 책, 738면.
42) 김철용, 위의 책, 473면.
43) 행정심판에 의하는 경우 절차가 간편하고, 시간도 오래 걸리지 않으며, 비용은 거의 들
   지 않는다고 하는 것에는, 김철용, 위의 책, 473면.
44) 최영규, "공법·처분·법률상 이익 — 행정심판을 통한 권리구제의 확대를 위한 시론 —",
   『현대공법학의 과제(최송화교수화갑기념논문집)』, 박영사, 2002, 454면 이하 참조.
45) 홍준형, 앞의 책, 738면.
46) 김남진/김연태, 앞의 책, 688면.

기대하기 어려워 사법소극주의로 경도될 위험성[47]이 있는 경우에 행정심판은 행정의 전문지식을 활용할 수 있다는 점에서 법원의 부담을 경감시킬 수 있다고 한다.

또한 행정사건이 행정심판을 거쳐 행정소송으로 제기되는 경우 행정심판이라고 하는 여과기능 내지는 여과장치를 거치면서 쟁점이 정리되는 경우,[48] 특히 조세법관계에 있어서와 같이 대량처분인 경우 행정심판의 단계에서 분쟁이 해결되는 경우[49]에는 행정심판은 법원의 부담경감기능을 한다고 한다.

한편 법원의 부담경감기능과 관련하여서는, 행정소송에서의 사실확정에 있어서는 직권탐지주의에 의하는 결과 법원의 부담을 가중시키는 독일 행정소송과는 달리, 우리나라 행정소송에서는 변론주의와 직권탐지주의의 절충이 인정된다는 점[50]에서, 법원의 부담경감문제가 우리나라에서는 독일과 다르게 나타날 수밖에 없다. 따라서 비교대상인 행정심판, 행정소송이 상호 동일하지 않다는 점에서 독일에서의 행정심판과 행정소송의 관계가 우리나라에서는 그대로 나타날 수 없다고 하는 것은 지극히 당연한 일이다.

## 5. 평가

우리나라에서 행정심판의 기능 내지 존재이유에 관하여는, 독일과 마찬가지로, 대체적으로 행정의 자기통제기능, 국민의 권익구제기능, 법원의 부담경감기능이라는 측면에서 검토하고 있으며, 그 각각의 기능에 관한 내용은 기본적으로 독일에서의 행정심판의 기능과 별다른 큰 차이가 없다. 특히 우리나라에서는, 전술한 독일의 행정심판의 기능과 마찬가지로, 행정심판의 기능을 주로 행정소송에서의 권익구제기능과 행정통제기능과 상호 비교하면서 설명하여 왔다.

그러나 이와 같은 행정심판의 기능과 행정소송의 기능을 단순히 비교하는

---

47) 김동희, 앞의 책, 647면.
48) 김동희, 위의 책, 647면; 김철용, 앞의 책, 473면.
49) 김철용, 위의 책, 473면.
50) 행정소송에서의 변론주의와 직권탐지주의에 관한 상세한 것은, 최선웅, "행정소송법 제26조의 해석에 관한 일 고찰 — 우리나라 행정소송의 독자성을 모색하며 —", 『행정법연구』, 제10호(2003. 10), 207면-250면; 최선웅, 『행정소송의 원리』, 진원사, 2007, 205면 이하 참조.

상대적 비교방법론은, 행정소송과 행정심판의 제도적인 비대칭성을 비롯하여, 행정심판의 근거 규정인 우리나라 헌법규정과 이와 관련된 행정심판의 헌법적 지위, 행정심판절차의 성질, 행정심판의 목적을 규정을 규정한 행정심판법 제1조의 규정, 우리나라 행정소송 및 행정심판의 독자적 성격, 행정심판기관을 관장하는 지방자치단체의 정치적 성향, 실제 행정심판의 운영현실 등등의 문제를 제대로 파악하지 못한다는 점에서 문제이다.

## Ⅳ. 기존 기능론의 문제점과 새로운 방향설정

### 1. 행정소송과의 상대적 비교의 한계

우리나라에서 행정심판의 기능에 관한 고찰을 함에 있어서는, 일반적으로 행정심판과 행정소송을 포괄하는 개념으로서 행정쟁송이라는 상위개념을 사용하고, 이러한 행정쟁송의 기능과 관련하여서는 권익구제기능과 행정통제기능을 제시하여, 행정심판의 기능을 행정소송의 기능과 상대적으로 비교하면서, 행정심판은 행정통제기능이 우세하고 행정소송은 권익구제기능이 우세하다는 식으로 설명하는 것이 주류적인 입장[51]이다.[52]

그러나 이와 같이 행정쟁송이라는 개념을 사용하여 행정심판과 행정소송의 기능을 상대적으로 비교·설명하여 고찰하는 것은 문제가 있다. 행정심판과 행정소송의 기능상의 상대적인 차이는 예컨대 심판기관이 동일한 사법부 소속인 법원을 전제로 하여 민사소송, 행정소송, 형사소송의 기능상의 상대적인 차이를 비교하는 것과는 그 차원을 달리한다고 하지 않을 수 없다. 왜냐하면 행정심판은 심판받아야 할 자가 심판자의 지위에 선다[53]는 점에서 행정소송과 본질

---

51) 김남진/김연태, 앞의 책, 679면-680면, 688면; 김동희, 앞의 책, 640면-641면, 646면-647면; 박균성, 앞의 책, 921면-922면; 정하중, 앞의 책, 608면-610면, 615면-616면; 홍준형, 앞의 책, 731면-734면, 738면-739면.

52) 행정심판과 행정소송을 포괄하는 개념으로 행정쟁송이라는 개념을 사용하지 아니하고 처분청 자신이 심판기관이 되는 이의신청 등을 포괄하여 행정기관이 심판기관이 되는 쟁송을 "행정상쟁송"이라는 용어를 사용하고 있는 것에는, 박윤흔/정형근, 앞의 책, 694면 이하 참조.

53) Hufen, Verwaltungsprozessrecht, 8. Aufl., 2011, §5 Rn. 6; 심판받아야 할 자가 심판자의 지위에 서는 것을 뜻하는 것이라고 하는 것에는, 김동희, 앞의 책, 646면; 행정심판은 어느 누구도 자기의 행위의 심판관이 될 수 없다는 자연적 정의의 원칙에 반하는 제도라고 하는 것에는, 홍정선, 앞의 책, 839면.

적으로 구별되기 때문에, 기존의 행정심판과 행정소송의 상대적인 기능상의 차이를 비교·설명하는 것은 주로 행정심판과 행정소송의 판정기관의 소속이 각각 행정부와 사법부로 갈라진다는 점에서 오는 극히 당연하고도 자연스러운 성질에 단순히 부연설명하는 것에 불과한 것이기 때문이다. 전술한 바와 같이, 우리나라의 행정심판의 기능에 관한 구체적인 내용들은 단지 심판기관의 차이에 대부분 포섭되는 내용에 불과하다.

　　나아가 특히 우리나라 행정심판과 행정소송에는 상대적으로 상호 비교할수 없는 제도들이 있다. 즉 제도적인 측면에서 행정심판과 행정소송의 비대칭성의 문제가 있다. 예컨대 행정심판에서 인정되는 의무이행심판(행정심판법 제5조 제3호),[54] 임시처분(행정심판법 제31조) 등은, 행정소송에는 그 대응하는 형태가없는, 행정심판의 독자적인 제도로서의 의의를 갖고 있는 것이다. 이런 경우에는 심판기관이 서로 다른 절차를 놓고 그 절차의 기능을 상대적으로 비교하는것만으로는 당해 절차의 실체를 파악하는 데에 별다른 큰 기여를 할 수 없게되는 문제가 있다.

　　또한, 전술한 바와 같이, 행정심판의 기능과 행정소송의 기능상의 상대적인 비교는 당연히 국가를 달리하는 경우에도 그 적실성이 현저히 떨어진다. 예컨대 우리나라의 행정심판은 소송요건이 아니라 임의주의(행정소송법 제18조)로되어 있을 뿐만 아니라 종래 처분청 또는 처분청의 직근 상급행정기관이 재결청이 되던 제도를 폐지하고 행정심판위원회가 직접 심리·재결한다(행정심판법 제6조). 이에 반하여 독일에서는 행정심판이 취소소송 특히 의무이행소송의 본안판결을 받을 요건(Sachentscheidungsvoraussetzung)으로서의 전심절차(Vorverfahren)로규정(§68 VwGO)되어 있을 뿐만 아니라,[55] 행정심판을 원칙적으로 처분청에 제기하고(§70 I VwGO) 처분청이 인용하지 아니하면 직근상급행정청이 재결권을갖는다(§73 VwGO).[56] 이 점에서 독일의 행정심판은 우리나라의 행정심판과는

---

54) 최근 대법원, 법무부 등에서 행정소송법 개정을 주도한 바가 있고, 그 결과물인 개정안에는 의무이행소송을 인정하고 있다. 그런데 그동안 행정소송법개정에만 지나친 관심을가지게 되면서 해석 또는 판례에 의하여 과감히 의무이행소송을 인정하는 등에 대한 최소한의 시도조차도 전혀 하지 않게 되는 문제가 있다고 할 수 있다. 그러나 이는 전형적으로 법개정시까지 무조건 참이라고 하는 대표적인 예라는 점에서 문제이다.

55) 따라서 독일에서는 취소소송 또는 의무이행소송의 경우 행정심판을 거쳤는지 여부는 직권으로 조사하여야 하는 사항으로서 행정심판을 거치지 아니하면 소가 부적법하게 된다. Gärdiz, §68 Rn. 3.

분명히 다르다.

## 2. 행정심판절차의 성질

독일에서 행정심판은 행정소송법에 규정된 사전절차이고 후속절차인 행정소송에 연결되는 절차라는 이유로, 행정심판은 절차법뿐만 아니라 소송법적인 성질을 가진다는 즉 2중적 성질(Doppelnatur)을 가진다고 한다.[57] 그런데 독일에서는 행정심판절차를 소송요건과 행정절차 그 어느 쪽을 우선시하는가에 따라서 행정심판의 존재가치가 달라진다고는 하나,[58] 행정심판은 행정소송절차의 일부가 아니고,[59] 행정심판은 행정의 위법성 및 합목적성을 심사한다는 점에서 행정소송과는 별개의 구제절차이며,[60] 행정심판은 행정절차에서와 같은 사실해명, 청문, 심의를 하고, 합법성뿐만 아니라 합목적성까지를 통제하고, 그리고 판결이 아니라 행정행위에 의하여 종료된다는[61] 등의 이유로, 독일에서는 행정심판이 행정절차라고 하는 것이 일반적이다.[62]

우리나라의 경우에는 행정심판이 소송절차인가 행정절차인가에 관하여, 행정심판이 행정절차라고 하는 견해[63]와, 행정심판은 분쟁에 대한 심판작용으로서의 성격을 갖는 동시에 행정작용으로서의 성격을 가진다는 견해,[64] 행정심

---

56) 물론 독일 행정심판에서는 처분청(Ausgangsbehörde), 재결청(Widerspruchsbehörde) 이외에도 예컨대 일종의 위원회(Ausschüsse, Beiräte)를 둘 수 있다(§72 Ⅱ VwGO). 이 위원회는 당해 행정행위를 행한 행정청에도 설치할 수 있으나 행정청의 지시를 받지 아니하고 독립적으로 활동하고 일반적으로는 구술변론에 의하여 심리·판단한다고 한다. Gärditz, §73 Rn.19.

57) Sodan/Ziekow, §68 Rn. 22; Gärdiz, §68 Rn. 1.

58) Hufen, Verwaltungsprozessrecht, 3. Aufl., 1998, Rn. 15.

59) Schoch/Schmidt-Aßmann/Pietzner, VwGO Kommentar, 1999, Vorb §68 Rn. 2.

60) Hufen, Verwaltungsprozessrecht, 3. Aufl., 1998, Rn. 16.

61) Hufen, Verwaltungsprozessrecht, 8. Aufl., 2011, §5 Rn. 11; Sodan/Ziekow, §68 Rn. 23.

62) 독일에서는 행정심판을 행정절차로 파악하는 일반적이다. 예컨대 Sodin/Ziekow, VwGO, 3 Aufl., 2007, §68 Rn. 22; Schoch/Schmidt-Aßmann/Pietzner, VwGO Kommentar, 1999, Vorb §68 Rn. 2 ff.; Hufen, Verwaltungsprozessrecht, 8. Aufl., 2011, §5 Rn. 11; Hasso Hofmann, Das Widerspruchsverfahren als Sachentscheidungsvoraussetzung und als Verwaltungsverfahren, in FS Menger, 1985, S. 605 ff. 등 참조.

63) "행정심판은 분쟁해결의 성질을 갖는 하나의 광의의 재판의 일종이기는 하나, 그럼에도 그것은 행정절차이며 사법절차는 아니다. 행정심판의 재결은 또한 그 자체가 행정작용의 하나로서 행정행위적인 성질을 갖는다." 홍정선, 앞의 책, 839면.

64) 정하중, 앞의 책, 614면.

판과 행정소송의 관계는 입법정책의 문제라는 전제하에서 우리나라 법제에서는 사전절차인 행정절차와 사후권리구제절차인 행정심판절차는 별개의 절차라고 하는 견해[65] 등이 있다.

그러나 행정심판이 행정절차의 일부이냐의 문제에 관하여는 보다 포괄적인 접근이 필요하다. 행정심판에 관하여는 헌법에 별다른 그 근거규정이 없이 단지 독일 행정소송법(VwGO) 제68조~제73조, 독일 행정절차법(VwVfG) 제79조에 의하는 독일 행정심판과는 달리, 우리나라 행정심판은 대한민국헌법 제107조 제3항에 행정심판의 명시적인 근거규정이 있을 뿐만 아니라 법률차원에서도 자체완결된 행정심판법[66]이라는 단행법률을 가지고 있다.

요컨대 행정심판에 관한 법률뿐만 아니라 헌법규정의 체계라는 관점에서 보면, 행정심판의 독자적 성격을 인정하기가 곤란하여 행정심판을 단지 행정절차의 일부로서밖에 파악할 수 없는 독일과는 달리, 우리나라에서는 행정심판의 법적 근거로서 특히 헌법에 그 근거규정이 있다는 점에서 행정심판을 단지 행정절차의 일부라고만 할 수 없는 근본적인 문제가 있다.

## 3. 행정심판의 헌법상의 지위

일반적으로 독일의 행정심판은 법률차원인 독일 행정소송법 제68조(§68 VwGO)에 의하여 취소소송과 의무이행소송의 제기 전의 사전절차로서 단지 본안판결의 요건으로서의 지위를 가지고 있을 뿐이고, 공권력에 의한 권리침해에 대하여 종국적으로 법원에의 제소가 보장되는 한 그 전심절차로서 반드시 행정심판을 둘 필요는 없다는 점에서 행정심판과 독일 헌법 제19조 제4항 간의 관계에 관하여 직접적인 관련성이 없다고 논해지고 있다.[67]

그러나 우리나라 행정심판은 대한민국헌법 제107조 제3항에 직접 명문으로 그 법적 근거를 가지는 헌법절차라는 점에서 오히려 민사소송, 형사소송, 행정소송보다 더 헌법에 직접적인 근거가 있다. 따라서 우리나라에서 행정심판의

---

65) 김철용, 앞의 책, 471면-472면.
66) 우리나라 행정심판법은 61개의 조문으로 되어 있고, 그 하위법령으로서 43개 조문으로 된 행정심판법 시행령 및 7개의 조문으로 된 행정심판법 시행규칙을 가지고 있다.
67) 예컨대 Eyermann, VwGO Kommentar, 13 Aufl., 2010, §68 Rn. 7 ff.; Sodin/Ziekow, VwGO, 3 Aufl., 2007, §68 Rn. 13 ff.; Schoch/Schmidt-Aßmann/Pietzner, VwGO Kommentar, 1999, Vorb §68 Rn. 12 ff.

성질 내지 법적 지위문제는 단지 행정심판이 소송절차인가 아니면 행정절차인
가의 문제를 압도하는 헌법적인 문제가 된다. 여기에서 우리나라 행정심판의
기능에 관한 논의는 단순히 법률차원이 아닌 헌법차원에서 검토할 필요성이 있
다. 이 점에서 우리나라의 행정심판이 독일 헌법(§19 Ⅳ GG)에 행정심판의 법적
근거가 없는 독일의 행정심판과 결정적으로 구별된다

　　요컨대 우리나라의 행정심판의 기능을 논함에 있어서는, 우리나라 행정심
판은 헌법 제107조의 명문에 의하여 헌법적인 지위가 인정된다는 점에서 독일
의 행정심판과 그 차별성을 인정하여야 하고, 바로 이 점에서 우리나라 행정심
판의 독자적 성격이 강조되지 않을 수 없다.

　　따라서 우리나라 헌법 제107조 제3항에서 "재판의 전심절차로서 행정심판
을 할 수 있다"라는 부분에 관하여 행정심판의 존재의 임의성을 강조하는 해석
이나 행정심판을 임의절차화하는 입법 자체는 헌법위반의 문제가 있다. 특히
종래 행정이 적극 행정심판을 인용하지 아니하는 등 행정심판의 효용성의 문제
가 있다는 등의 이유로 입법으로 행정심판을 임의절차화하는 것은 행정심판의
헌법적 지위를 몰각하는 처사라고 하지 않을 수 없다. 이런 점에서 보면, 행정
심판을 법률로 임의절차화한 것은 우선적으로 특히 행정이 행정심판을 활성화
시킬 헌법상의 의무를 위반하는 것이고, 국민이 행정절차를 이용할 헌법상의
권리 즉 헌법권을 침해하는 위헌의 소지가 있다.

## 4. 행정심판법 제1조의 존재의의

　　행정심판에 관해서는, 목적규정이 없는 독일과 달리, 우리나라 행정심판법
은 제1조에서 목적규정을 두고 있음에도 불구하고 이 조문에 대한 언급을 거의
하지 않고 있다는 점은 문제라고 지적하지 않을 수 없다.[68] 행정심판법 제1조
는 목적규정으로서 행정심판법 전 조문을 아우르는 지도이념 규정이므로 이를
무시하고 행정심판의 기능이나 존재이유[69]를 검토한다는 것은 의문이 아닐 수

---

[68] 이러한 것은 행정심판뿐만 아니라 행정소송의 경우에 있어서도 마찬가지이다. 다시 말
　　해서 행정소송의 목적 내지는 기능을 행정소송법 제1조와 관련시켜 이해하지 아니하고
　　있다. 이에 관한 상세한 것은, 최선웅, "행정소송의 목적에 관한 일 고찰", 『행정법연구』
　　제13호, 2005, 32면 이하, 44면 이하 참조.
[69] 전술한 바와 같이, 행정심판의 "기능", "존재이유"라고 하기보다는 실정 행정심판법 제1
　　조의 목적규정에 따라서 행정심판의 "목적"이라고 하는 것이 타당하다.

없다.

행정심판법 제1조의 목적규정은 실제 절차의 운영이나 개별 절차법규정을 해석함에 있어서 하나의 유력한 근거 내지 지침의 기능을 하는 지도이념으로 기능한다. 따라서 행정심판의 기능, 목적 내지는 존재이유는 행정심판법 제1조에 근거를 두고 논해져야 하는 것이 타당하다. 즉 행정심판법 제1조70)에 따르면, "국민의 권리 또는 이익을 구제하고, 아울러 행정의 적정한 운영을 꾀함"에서 "국민의 권리 또는 이익을 구제하고"에서 국민의 권익구제와 아울러 "행정의 적정한 운영을 꾀함"에서 행정의 적정한 운영은 행정의 자율적인 통제에 의하는 것을 의미한다고 할 수 있다. 즉 같은 법 제1조 전단에는 국민의 권익구제를, 후단에는 행정의 자율적인 통제의 기능 내지 목적이 명시된 것으로 해석하여야 한다.

## 5. 우리나라 행정심판의 독자적 성격

전술한 바와 같이, 우리나라 행정심판의 기능은 독일의 행정심판의 기능과 유사하게 파악하고 있는 것으로 보인다. 만일 의식적으로 독일의 행정심판의 기능론을 도입하는 것이라고 한다면 이는 우리나라의 행정심판과 독일의 행정심판을 뚜렷한 근거 없이 동일시하는 것으로서 문제가 아닐 수 없다. 따라서 우리나라 행정심판의 기능을 고찰함에 있어서는 당연히 우리나라 행정심판의 독자적 성격을 감안하여야 한다.

먼저 행정의 자기통제기능에 관하여 보면, 처분청이 일차적으로 심사를 하고 난 후에 재결청이 심사하는 독일의 행정심판71)과는 달리, 우리나라 행정심판의 경우에는 최근에는 법개정을 통하여 처분청도 아니고 재결청도 아닌 일종의 독립위원회의 성격을 갖는 행정심판위원회가 독자적으로 심리·판단하는 기능을 담당하도록 하였다는 점에서 기존의 행정심판의 자기통제기능은 새롭게 조명되어야 한다.

권익구제기능과 관련하여서 보면, 독일의 경우와 달리 우리나라 행정심판

---

70) 제1조(목적) 이 법은 행정심판 절차를 통하여 행정청의 위법 또는 부당한 처분(處分)이나 부작위(不作爲)로 침해된 국민의 권리 또는 이익을 구제하고, 아울러 행정의 적정한 운영을 꾀함을 목적으로 한다.

71) 물론 독일 행정심판에서는 처분청, 재결청 이외에도 예컨대 일종의 위원회를 둘 수 있다(§72 Ⅱ VwGO). 앞의 주 56) 참조.

은 헌법 제107조 제3항에 그 근거규정을 두고 있다는 점에서 행정심판에 의한
국민의 권익구제의 당위성도 한층 더 인정된다고 할 수 있다. 이런 점에서 보면
예컨대 행정심판을 전치주의에서 임의절차화로 전환시키는 법개정은 위헌의
소지가 있다.

　　법원의 부담경감기능과 관련하여서 보면, 직권탐지주의를 원칙으로 하는
독일의 행정소송(§§86 VwGO)과 달리 우리나라는 행정소송법 제26조의 해석[72]
상 변론주의와 직권탐지주의의 절충형태를 취하므로 법원의 부담경감 필요성
이라는 측면에서 우리나라는 독일과 그 정도를 달리한다.

## 6. 행정심판의 정치적 기능의 문제

　　우리나라에서는 현실적으로 중앙행정심판위원회를 제외한 행정심판위원회
가 지방자치단체에 구성된다는 점에서 지방자치의 정치적 성향과 관련된 행정
심판의 정치적 기능의 문제가 있다. 즉 현재 시장·도지사가 지방선거에 의한
선출직이라는 점에서 시·도에서 구성된 행정심판위원회가 지방선거를 의식하
여 지역주민의 정치적 성향을 반영하지 않을 수 없는 정치적인 문제가 있다. 역
으로 심판청구인인 지역주민도 지방선거에서의 지지를 대가로 지방자치단체장
에게 부당하고 나아가 위법한 요구까지 관철하려는 실력행사를 감행하면서 정
치적 해결을 모색하기도 한다. 이러한 정치적인 문제해결은 법치행정을 정치적
거래화한다는 점에서 법치국가의 근간을 뒤흔들 위험성이 있다.[73]

---

72) 최선웅, "행정소송법 제26조의 해석에 관한 일 고찰 — 우리나라 행정소송의 독자성을
　　모색하며 —", 『행정법연구』, 제10호(2003. 10), 207면-250면 참조.
73) 예컨대 아무런 법적인 하자가 없이 허가요건을 충족한 사업에 대하여 단지 지역주민의
　　반대가 심하다는 이유만으로 허가권자인 기초 지방자치단체의 장이 허가를 하지 않고
　　방치하는 경우가 있고, 이에 대하여 행정심판이 제기되면 광역 지방자치단체에 설치된
　　행정심판위원회도 이에 대하여 적극적인 조치를 취하는 책임 있는 결정을 하지 아니하
　　고 행정소송으로 그 책임을 전가하는 경우(이런 경우에는 대개 지역주민이 행정심판이
　　개최되는 날에 단체로 시위를 하는 등 실력행사를 한다)가 있는데 이는 사실상 행정심
　　판위원회의 직무유기라고 할 수 있다. 이와 반대로 행정심판에서 인용하지 아니하고 기
　　각하면 행정소송에서 패소할 것이 확실하다는 이유로 오히려 행정소송에 가기 전에 행
　　정심판에서 구제를 해 주는 경우(이런 경우는 대개 지방선거를 앞두고 있는 시점에서
　　지역주민의 탄원서 등을 첨부하여 제출하는 등의 전략을 구사하여 소기의 목적을 달성
　　하는 경우도 있다)도 생각할 수 있는데 이는 자신의 잘못을 반성하면서 행정제재를 감
　　수하는 국민과의 형평성의 문제가 있으며, 특히 행정이 위법행위를 묵인하고 조장한다
　　는 점에서 그 문제의 심각성이 크다고 하지 않을 수 없다.

한편 시·군·구의 장의 처분 또는 부작위가 기관위임사무가 아니라 자치사무인 경우에 특별시장·광역시장·도지사 소속의 행정심판위원회가 당·부당까지 심의·재결을 한다는 것은 시·군·구의 자치권을 침해하는 문제도 있다고 할 수 있고,[74] 나아가 지방자치단체 간의 정치적 성향이 다름에서 오는 대립이라고 하는 부작용도 예상할 수 있고 이는 결국 지방자치의 활성화를 저해하는 요소가 될 수도 있다.

## 7. 행정심판의 기능들 간의 우열문제

행정심판의 기능들의 우열에 관하여는 주로 행정의 자기통제기능과 국민의 권익구제기능 간의 우열문제가 있다.[75] 이에 대하여는 종래의 통설은 행정심판은 권익구제기능보다는 행정통제기능이 강하였으나 현행 우리나라 행정심판의 기능은 국민의 권익구제의 기능에 더 중점을 두고 있다고 한다.[76] 이에 반하여 행정심판과 행정소송 간의 차이점을 소개하면서 행정심판은 행정통제적 성격이 강하다고 하는 견해[77]도 있고, 행정심판의 권리구제기능과 자기통제기능 간의 조화를 모색하기 위하여 여러 가지 측면에서 검토하는 견해[78]도 있다.

이와 같은 행정심판의 권익구제기능과 자기통제기능 간의 우열문제를 논한다는 것 자체는 역시 행정소송의 기능의 우열[79]의 경우와 유사한 측면이 있

---

74) 홍정선, 앞의 책, 860면.

75) 참고로 과거 역사적으로 독일에서는 행정의 자기통제기능은 프로이센에서, 시민의 권리구제기능은 남독일지방에서 강조되었다고 한다. Rüssel, Zukunft des Widerspruchsverfarhen, NVwZ, 2006, 523(524).

76) 그 근거로는 헌법 제107조 제3항에서 행정심판은 사법절차가 준용되어야 한다는 헌법적 의지에 따라서 행정심판법 제1조의 목적 규정, 심판기관의 객관화·전문화, 대심구조의 채택, 심리절차의 준사법화 등 전체적 구조가 권익구제기능에 중점을 두고 형성되어 왔다고 한다. 따라서 행정심판은 행정소송과 마찬가지로 권익구제의 기능에 중점을 두고 형성되어 왔으며, 행정심판과 행정소송의 행정통제적 측면의 차이는 상대적인 것에 불과하다고 한다. 김철용, 앞의 책, 474면-475면.

77) 홍정선, 앞의 책, 840면.

78) 법제처의 위상강화, 대상적격의 확대, 청구인적격의 확대, (협의의) 심판청구의 이익의 확대 및 심판청구취하의 제한, 판단기준시의 조정, 처분사유의 추가·변경 허용범위의 확대, 심사강도의 강화, 기각재결의 처분청에 대한 기속력, 인용재결에 대한 처분청·재결청의 불복가능성, 당사자심판 및 조정제도의 도입 등을 분석하면서 행정심판의 기능의 조화를 검토하는 것으로는, 박정훈, "행정심판의 기능 — 권리구제기능과 자기통제기능의 조화 —", 『행정법연구』, 제15호(2006. 5), 1면-14면 참조.

79) 최선웅, "행정소송의 목적에 관한 일 고찰", 『행정법연구』 제13호(2005. 5), 41면 이하 참

으나, 그러나 기능들 간의 우열의 문제에 있어서 어느 한 기능을 완전히 배제할
수 없다는 점에 한계가 있으므로, 결국 기능들 간의 조화만이 그 해결책이 될
수 있다.

## 8. 행정심판 기능의 활성화를 위한 전제조건

전술한 바와 같이, 우리나라에서 행정심판은 헌법적 근거규정을 가지고 있
다는 점에서 헌법절차이고 준사법적 절차에 의하여 운영되어야 한다. 따라서
행정심판의 기능이 제대로 발휘되려면 먼저 행정심판의 심판기관인 행정심판
위원회가 중립적인 제3자기관성을 확보하여야 하고, 심리구조에 있어서도 대심
구조가 확립되어야 할 뿐만 아니라, 특히 심리에 있어서는 구술변론이 활성화
되어야 한다.

그럼에도 현재의 행정심판의 운영실태를 보면 아직도 심판기관의 중립성
이 문제시되고 있으며, 특히 구술변론이 제대로 행해지지 않고 있다. 특히 구술
변론을 신청하지 아니한 사건들이 아직은 많은 편이고, 그나마 구술변론신청
사건에 있어서도 청구인이 변호인의 조력을 받지 못하여 법리적인 변론보다는
인정이나 지역감정에 호소하는 경우도 많고, 심판정에서도 청구인과 피청구인
이 함께 출석하여 서로 상대방에 대한 질문을 하는 등의 실질적인 구술변론이
이루어지지 아니하고, 심판위원이 순차적으로 출석하는 청구인과, 청구인이 퇴
장한 다음에 출석하는 피청구인에 대한 질문만을 하고 있는 경우가 많다.[80]

## V. 결어

이상에서 고찰한 바와 같이, 우리나라 행정심판의 기능에 관한 논의를 함
에 있어서는 종래부터 행하여져 온 단순히 행정심판과 행정소송을 비교하는 방
법이나, 독일에서의 행정심판과 행정소송에 관한 이론을 우리나라에 그대로 수
용하는 것만으로는 충분하지 않다.

---

조.
80) 이와 관련하여 국선변호인제도와 유사하게 행정심판에서 변호사를 적극 활용하는 방안
    을 강구하는 것도 향후 로스쿨 출신 변호사가 격증하는 현실을 고려하는 한 방법이라고
    할 수 있다.

우리나라 행정심판의 기능에 관한 고찰에 있어서는, 행정심판의 헌법상의 지위, 행정심판과 밀접한 상호관계를 가지는 행정소송의 특수성은 물론이고, 행정심판법 규정의 구체적 내용과 관련된 해석, 행정심판의 기능 내지는 목적과 직접적인 관련을 갖는 행정심판법 제1조의 목적규정의 해석, 행정적인 분쟁에 관련된 여러 제도들의 역할이나 효율성, 행정심판을 주관하는 지방자치단체의 정치적 성향 등 포괄적인 측면에서 검토하여야 한다.

최근 행정심판법 개정논의에 있어서 특히 행정심판의 사법절차를 강화하는 방안과 관련하여서, 행정심판의 기능론이 단지 권익구제기능과 자기통제기능 간의 우열을 가리는 것을 넘어서서 행정심판이 "행정절차적 성격을 거의 대부분 탈색하고, 준사법적 성격을 갖는 쟁송절차"[81]인가 아니면 "행정절차"[82]인가라고 하는 본질적인 문제까지로 확산되고 있다. 그런데 사실 행정심판이 "행정절차적 성격을 거의 대부분 탈색하고, 준사법적 성격을 갖는 쟁송절차"라는 의미는, 단지 대한민국헌법 제107조 제3항의 준용규정에 관하여 허용되는 스펙트럼 내의 의미인 것에 불과한 것이지, 이 용어를 사용하였다고 해서 행정심판

---

81) "우리나라의 행정심판제도는 '사법절차의 준용'이라는 헌법적 요청에 따라, 감독적 통제 내지 자기통제를 위한 행정절차적 성격을 거의 대부분 탈색하고, 준사법적 성격을 갖는 쟁송절차로 나아가는, 이미 돌아갈 수 없는 다리를 건넜다고 할 수 있다"(박정훈, "행정심판제도의 발전방향 — '사법절차의 준용'의 강화 —", 『행정법학』, 제2호(2013. 3), 8면), 또는 독립행정위원회인 국민권익위원회 소속의 중앙행정심판위원회의 탄생과 재결청의 폐지 및 행정심판위원회에 의한 재결을 통하여, "우리나라 행정심판은 더 이상 되돌아갈 수 없는 다리를 건너, 본격적인 쟁송절차적 내지 준사법적 제도로 변화하였다"(박정훈, "행정심판의 심리", 『행정법연구』 제3호(2012. 9), 142면)고 하고, 행정심판에 있어서 사법절차를 강화하는 방안으로, 법제처의 위상강화, 대상적격의 확대, 청구인적격의 확대, (협의의) 심판청구의 이익의 확대 및 심판청구취하의 제한, 판단기준시의 조정, 처분사유의 추가·변경 허용범위의 확대, 심사강도의 강화, 기각재결의 처분청에 대한 기속력, 인용재결에 대한 처분청·재결청의 불복가능성, 당사자심판 및 조정제도의 도입 등을 제시하고 있다(박정훈, "행정심판제도의 발전방향 — '사법절차의 준용'의 강화 —", 『행정법학』, 제2호(2013. 3), 1면-14면).

82) "(준)사법절차의 강화는 행정심판의 「수단」이지, 「목적」이라고 볼 수는 없다. 특정 수단의 강화를 통하여 행정심판이 본질적으로 가지고 있(어야 하)는 존재의의에 있어서 중점의 차이를 가져올 순 있지만, 돌아올 수 없는 다리를 건너는 정도의 목적 그 자체를 바꾸는 것은 아니라고 생각된다. 판단주체가 행정부에 소속되는 한 그 본질은 (광의의) 행정절차일 수밖에 없고, 오히려 판단주체가 법원인 사법절차와 사이에야말로 넘을 수 없는 벽이 존재한다고 보아야 할 것이다"(김현준, "행정심판의 대상 및 심판기관·당사자 — 행정소송법 개정안과의 조화를 고려한 행정심판법 입법론 —", 『행정법학』, 제3호(2013. 3), 238면).

이 곧바로 "사법절차"로 "완전히" 전향한다거나, "행정절차적 성격을 "완전히" 탈색"하는 것을 의미하는 것은 아니라는 점에서, 이 용어와 "(광의의) 행정절차"의 사이에 "돌아갈 수 없는 다리", 또는 "넘을 수 없는 벽"은 존재하지 않는다.

이 문제는 단지 행정심판의 기능론 차원에서는 그 해결은 불가능한 것이고, 행정심판의 헌법적 근거 및 이와 관련된 준사법절차의 의미에 관한 충분한 논의가 있어야 한다. 즉 우리나라에서 행정심판의 기능이 구체적으로 무엇인가를 논하기에 앞서서, 행정심판은 헌법상의 법적 근거를 가지고 있는 절차라는 점에서 행정심판의 "존재의의"는 헌법정신의 구현이자 실천이라는 점을 다시 한번 되새겨 보아야 한다. 그렇다고 한다면 행정심판이 "(광의의) 행정절차"나 "행정절차적 성격을 거의 대부분 탈색하고, 준사법적 성격을 갖는 쟁송절차"라 기보다는 우선 먼저 "헌법절차"라는 점을 깊이 인식하여 한다.

비록 현재 우리나라의 행정심판이 임의절차로 전환되어 과거에 비하여 행정심판의 활용도가 삭감되었고 그 존재감이 적어지게 되었다고는 하나, 그러나 우리나라 헌법규정상 행정심판을 이용할 권리가 국민에게 있고 국가는 이를 보장할 의무가 있으므로 헌법절차로서의 행정심판의 실질적 보장에 관한 논의가 충분히 이루어져야 한다.

# 🔠 참고문헌

## 1. 국내문헌

김남진/김연태, 『행정법 I』, 법문사, 2013.

김동희, 『행정법 I』, 박영사, 2013.

김철용, 『행정법』, 고시계사, 2013.

류지태/박종수, 『행정법신론』, 박영사, 2010.

박균성, 『행정법론(상)』, 박영사, 2013.

박윤흔/정형근, 『최신 행정법강의(상)』, 박영사, 2009.

정하중, 『행정법총론』, 법문사, 2005.

최선웅, 『행정소송의 원리』, 진원사, 2007.

홍준형, 『행정법』, 법문사, 2011, 738면.


김향기, "서독의 행정심판제도", 『판례월보』 제215호(1988. 8).

김현준, "행정심판의 대상 및 심판기관·당사자 ― 행정소송법 개정안과의 조화를 고려한 행정심판법 입법론", 『행정법학』 제2호(2013. 3).

석종현, "독일의 행정심판제도", 『공법연구』 제10집(1982. 8).

박정훈, "행정심판의 기능 ― 권리구제기능과 자기통제기능의 조화 ―", 『행정법연구』 제15호(2006. 5).

박정훈, "행정심판의 심리", 『행정법연구』 제3호(2012. 9).

박정훈, "행정심판제도의 발전방향 ― '사법절차의 준용'의 강화 ―", 『행정법학』 제2호(2013. 3).

이종영, "독일의 행정심판제도", 『중앙법학』 제4집 제3호(2003).

최선웅, "행정소송의 목적에 관한 일 고찰", 『행정법연구』 제13호(2005. 5).

최선웅, "행정소송법 제26조의 해석에 관한 일 고찰 ― 우리나라 행정소송의 독자성을 모색하며 ―", 『행정법연구』 제10호(2003. 10).

최영규, "공법·처분·법률상 이익 ― 행정심판을 통한 권리구제의 확대를 위한 시론 ―", 『현대공법학의 과제(최송화교수화갑기념논문집)』, 박영사, 2002.

황해봉, "독일의 행정심판제도", 『(순간)법제』 제553호(2004. 1).

황해봉, "독일의 행정심판제도", 『(순간)법제』 제554호(2004. 2).

## 2. 외국문헌

Bader/Funke-Kaiser/Kuntze/von Albedyll, VwGO Kommentar, 4. Aufl., 2007.

Eyermann, VwGO Kommentar, 13 Aufl., 2010.

Gärdiz, VwGO Kommentar, 2013.

Redeker/von Oertzen, VwGO Kommentar, 13. Aufl., 2000.

Rolf Schmidt, Verwaltungsprozessrecht, 12. Aufl., 2008.

Schoch/Schmidt-Aßmann/Pietzner, VwGO Kommentar, 1999.

Sodan/Ziekow, VwGO, 3 Aufl., 2007.

Hufen, Verwaltungsprozessrecht, 3. Aufl, 1998.

Hufen, Verwaltungsprozessrecht, 8. Aufl., 2011.


Steinbeiß-Winkelmann/Ott, Das Widerspruchsverfahren als Voraussetzung des Gerichtszugangs in VwGO, FGO und SGG, NVwZ, 2011.

Hasso Hofmann, Das Widerspruchsverfahren als Sachentscheidungsvoraussetzung und als Verwaltungsverfahren, in FS Menger, 1985.

Klaus Schönenboider, Leitziel und Kernpunkte der Reformen des Widerspruchsverfahren, NVwZ, 2009.

Rüssel, Zukunft des Widerspruchsvefahrens, NVwZ, 2006.

# 제2절  행정심판의 헌법상 근거[*]

## Ⅰ. 서설

우리나라 행정심판의 법적 근거는 1951년 소원법이라는 법률에 먼저 규정되었다. 헌법에는 1980년 개정헌법 제108조 제3항에 행정심판의 근거규정이 신설되었는데, 이 규정은 내용을 그대로 유지한 채 1987년 개정헌법 제107조 제3항으로 옮겨졌다. 따라서 현행 헌법상 우리나라 행정심판의 직접적인 근거 규정은 헌법 제107조 제3항이다.

주지하다시피 최근 행정소송법 및 행정심판법 개정논의의 일환으로, 행정심판의 헌법상 근거규정인 제107조 제3항에서의 "사법절차가 준용되어야 한다"는 규정 부분과 관련하여, 준사법절차의 의미와 관련된 논의[1]가 비교적 활발하

---

[*] 이 글은 『행정법연구』 제44호(2016. 2)에 게재된 논문 "행정심판의 헌법상 근거 ― 헌법 제107조 제3항의 해석을 중심으로 ― "를 수정·보완한 것입니다.

[1] 이와 관련된 최근의 문헌으로는, 김대인, "우리나라 행정심판법의 고유한 특징과 발전방안", 『행정법학』 제8호(2015. 3); 김광수, "행정심판제도의 현황과 발전방향", 『행정법연구』 제43호(2015. 11); 김현준, "행정심판의 대상 및 심판기관·당사자 ― 행정소송법 개정안과의 조화를 고려한 행정심판법 입법론", 『행정법학』 제2호(2013. 3); 박정훈, "행정심판법의 구조와 기능", 『행정법연구』 제12호(2004. 10); 박정훈, "행정심판의 기능 ― 권리구제기능과 자기통제기능의 조화 ― ", 『행정법연구』 제15호(2006. 5); 박정훈, "행정심판제도의 발전방향 ― '사법절차의 준용'의 강화 ― ", 『행정법학』 제2호(2013. 3); 유진

게 행해지고 있다. 이러한 논의에 있어서 우리나라 행정심판을 바라보는 일련의 뚜렷이 대비되는 경향 내지는 근본적인 시각 차이를 보이고 있다. 즉 행정심판이 "준사법적 성격을 갖는 쟁송절차"[2]인가 아니면 "(광의의) 행정절차"[3]인가 라는 견해의 대립이 그것이다.[4]

그런데 이와 같은 견해의 대립은 행정심판의 헌법상 직접적인 근거규정인 헌법 제107조 제3항의 해석에 관해서 결과적으로는 다소 극단적인 선택을 하고 있는 것이 아닌가 하는 의문이 있다. 다시 말해서 헌법 제107조 제3항의 해석으로 행정심판이 반드시 행정절차냐 아니면 쟁송절차냐 즉 오로지 양자택일의 극단적인 선택만을 강요하는 성질의 해석만을 취하여야만 하는 것인가에 관하여는 다소 의문의 여지가 전혀 없는 것은 아니기 때문이다.

위와 같은 극단적인 견해의 대립을 해결하기 위해서는, 행정심판의 헌법상 직접적인 근거규정인 헌법 제107조 제3항만을 독립시켜 고찰하기보다는, 이 규정을 헌법상의 다른 제 규정들과 유기적인 관계 하에서 검토해 볼 필요성이 충분히 있다. 본래 행정심판절차는 하나의 "절차"라는 점에서는 헌법 제12조상의 적법절차의 원리와, "재판의 전심절차"라는 점에서는 헌법 제27조상 재판청구권과 밀접한 관련성이 있다. 따라서 이 두 조문도 헌법 제107조 제3항과 함께 행정심판의 성질을 결정짓는 데에는 일정한 함의를 갖는다.

요컨대 헌법상 행정심판에 관한 논의를 함에 있어서는, 행정심판제도의 헌

---

식, "헌법개정과 독립위원회의 법적 지위", 『공법연구』 제38권 제2호(2009. 12); 유진식, "헌법 제107조 제3항이 규정하고 있는 '준사법절차'의 의미 ― 헌법 2000. 6. 1, 98헌바8, 헌재 2001. 6. 28. 2000헌바30 결정을 소재로 하여 ―", 『공법학연구』 제14권 제4호(2013. 11); 최선웅, "행정심판의 기능", 『행정법연구』 제38호(2014. 2); 최영규, "행정심판법의 최근 개정 ― 입법과정·개정내용 및 문제점 ―", 『경남법학』 제23집(2008. 2); 최영규, "행정심판의 기능과 심판기관의 구성 ― '행정심판'의 사법화에 대한 이의 ―", 『행정법연구』 제42호(2015. 7); 최진수, "행정심판 제도의 구조에 관한 고찰", 『공법연구』 제43집(2014. 12) 등을 들 수 있다.

2) 예컨대 박정훈, "행정심판제도의 발전방향 ― '사법절차의 준용'의 강화 ―", 『행정법학』 제2호(2013. 3), 8면 참조.

3) 행정심판이 행정절차라고 하는 견해로는 다음을 들 수 있다. 김현준, 앞의 글, 238면; 김병기, "행정개혁법제의 쟁점과 전망 ― 행정쟁송제도의 개혁을 중심으로 ―", 『법제연구』 제34호(2008. 6), 172면; "행정심판절차는 형식적으로나 실질적으로나 분명히 행정절차이다." 김중권, "최근의 법률개정에 따른 행정심판제도의 문제점에 관한 소고", 『공법연구』 제36집 제4호(2008. 6), 509면.

4) 이에 관련하여서는, 최선웅, 앞의 글, 131면-132면 참조.

법상 직접적 근거규정인 헌법 제107조 제3항을 비롯하여 헌법 제12조 적법절차의 원리 그리고 헌법 제27조의 재판청구권 상호간 관계설정의 통일성 내지는 규범조화적 해석이 필요하다.

이와 같은 헌법해석의 필요성은 헌법 제107조 제3항의 구체적 의미내용, 예컨대 재판의 전심절차로서의 행정심판, 행정심판의 임의절차와 관련된 법률유보의 범위 내지는 입법형성의 한계, 사법절차의 준용 등의 의미를 제대로 해석하는 데에 필수불가결하게 요구되기 때문이다. 이는 특히 우리나라 행정심판과 관련된 법적 해석을 함에 있어서는 반드시 행정심판과 관련된 헌법상 제 조문들을 모두 동원하여, 따라서 단지 행정심판과 관련된 개별 법률차원에만 머무르는 해석이 아니라, 헌법차원으로 격상시켜서 체계적이고 합리적으로 해석하여야 할 필요성도 충분히 있기 때문이다.

이 글은 행정심판의 헌법상 직접적 근거규정인 헌법 제107조 제3항의 의미를 새롭게 재해석함으로써 우리나라 행정심판의 헌법상 지위를 새롭게 정립하고 그리하여 우리나라 행정심판의 정체성과 미래지향적인 발전방향에 이바지하는 기초를 놓는 것을 목적으로 한다.

## Ⅱ. 예비적 고찰

### 1. 개관

우리나라 행정심판의 근거규정은 법률차원에서 먼저 규정된 후에 헌법에 그 근거규정이 도입된 것이 특징이다. 특히 1980년 헌법에 행정심판의 근거규정의 도입 자체가 행정심판에 대한 위헌론을 해소하기 위한 정치적인 결단에 의하여 이루어졌다는 점에서 비판적인 시각이 있어 온 것이 사실이다. 또한 헌법 제107조 제3항이 도입된 이후에는 이 규정과 헌법상 다른 규정 즉 헌법 제12조, 제27조 등과의 관계설정과 관련하여 헌법의 통일적 해석이나 합헌적 법률의 해석의 문제도 발생한다.

이하 행정심판 근거규정으로서 법률의 변천과정과 기간구분, 행정심판의 헌법상 직접적 근거규정의 도입의 의의 및 이와 관련된 기간구분의 문제, 행정심판의 기능, 헌법의 통일성과 합헌적 법률의 해석 문제를 차례대로 간략히 검토하기로 한다.

## 2. 행정심판의 근거규정

### (1) 근거 법률 및 변천과정

행정심판의 직접적인 근거 법률은 1951년 제정된 소원법[5] 및 1984년 제정된 행정심판법을 들 수 있다.

흔히 행정심판의 근거에 관한 법률인 소원법 및 행정심판법의 변천과정에 관하여는 역사적으로 4기간으로 나누어서 보는 것이 일반적이다. 각 기간은 행정심판과 관련된 법률의 중요한 개정 내용을 반영하여 구별한 것이다. 즉 제1기는 처음으로 행정심판에 관한 법률 차원에서 최초로 1951년 소원법이 제정되어 규율된 시기이고, 제2기는 1984년 소원법이 폐지되었고 새로이 행정심판법이 제정된 시기이고, 제3기는 1995년 행정심판전치주의를 폐지하는 내용의 행정소송법 개정이 반영된 시기이고, 제4기는 2008년 행정심판법의 개정에 의하여 재결청제도가 폐지하고 행정심판위원회를 설치하게 된 시기이다.[6]

### (2) 헌법상 직접적 근거규정의 도입

1980. 10. 27. 헌법이 개정되어 행정심판의 직접적 근거규정이 헌법에 규정되게 되었다. 즉 1980년 개정 헌법 제108조 제3항에 "재판의 전심절차로서 행정심판을 할 수 있다. 행정심판의 절차는 법률로 정하되, 사법절차가 준용되어야 한다"는 규정을 신설하였고, 이 규정은 1987. 10. 29. 개정된 헌법 제107조 제3항에 그대로 옮겨 규정되어 1988. 2. 25.부터 시행되었다.

---

5) 이 소원법은 1984년에 제정된 행정심판법 부칙 제2조에 의하여 폐지되었고, 같은 부칙 제4조에 의하여 "소원법"을 "행정심판법"으로 개정한다는 점에서 명백히 행정심판법은 소원법을 계승하는 것이고, 1984년 이전에는 소원법이 행정심판법의 역할을 담당하였다.

6) 1951-1984, 1984-1995, 1995-2008, 2008-현재 등 4기간으로 나누는 것이 일반적이라고 할 수 있다. 각 기간의 변천 내용에 관하여는, 김대인, 앞의 글, 41면 이하; 박정훈, "행정심판제도의 발전방안 — '사법절차의 준용'의 강화 —", 국민권익위원회·(사)한국행정법학회, 제1회 행정심판 국제 심포지엄(2014. 11. 28.), 112면-116면; 박정훈, "행정심판법의 구조와 기능", 『행정법연구』(2004. 10), 241면 이하; 최영규, "행정심판의 기능과 심판기관의 구성", 『행정법연구』 제42호(2015. 7), 51면 이하; 최영규, "행정심판법의 최근 개정 — 입법과정·개정내용 및 문제점 —", 『경남법학』 제23집(2008. 2), 22면-42면 등 참조.

### (3) 도입의 의의와 기간구분

우리나라 행정심판 관련 법규정의 특징은, 헌법에 그 근거규정이 없이 먼저 법률차원에서 1951년 소원법이 먼저 제정된 후 1980년 개정 헌법에 그 근거가 규정되었다는 점에서, 즉 행정심판의 헌법적 근거가 소원법 등 법률 제정 이후에 마련되었다는 점이 가장 특징적이다. 물론 이 1980년 개정 헌법에 행정심판의 근거가 규정된 것에 대한 비판적 시각[7]은 있으나, 그러나 현행 헌법상 행정심판의 직접적 근거규정은 헌법 제107조 제3항이 분명함에는 아무런 의문의 여지가 있을 수 없다.

따라서 행정심판에 관한 법적 규율을 종래 단지 법률 차원에서의 중요한 내용의 변화를 기준으로 구별한 기간구분론도 중요하지만, 그에 못지않게 오히려 더 중요하게, 행정심판에 관한 헌법상 직접적 근거규정인 헌법 제108조 제3항 (현행 제107조 제3항)이 도입된 1980년 헌법 개정 전과 후로 나누어 고찰하는 것도 의미상 중요하다.

### 3. 행정심판의 기능[8]

행정심판의 기능은 행정심판의 헌법상 근거규정과 밀접한 관련성이 있으므로 이에 대한 검토가 필요하다.

행정심판의 목적 내지는 기능에 관하여는 대체로 권리구제기능, 자기통제기능 및 부담경감기능 등이 논의되고 있다.[9] 다만 행정심판의 행정절차적 성격을 강조하는 견해는 행정의 자기통제기능과, 행정심판의 준사법적절차를 강조하는 견해는 권리구제기능과 밀접한 관계를 맺는 것이라고 할 수 있다.[10] 예컨

---

7) 김중권, 앞의 글, 490면-491면; 박정훈, "행정심판법의 구조와 기능", 『행정법연구』(2004. 10), 241면 이하; 최영규, "행정심판의 기능과 심판기관의 구성", 『행정법연구』 제42호 (2015. 7), 52면 이하 등 참조.

8) 이에 관한 상세한 고찰으로는, 최선웅, 앞의 글, 113면-136면 참조.

9) 김남진/김연태, 『행정법 I』, 법문사, 2015, 703면; 김동희, 『행정법 I』, 박영사, 2015, 651면 이하; 김철용, 『행정법』, 고시계사, 2016, 377면 이하; 박균성, 『행정법론(상)』, 박영사, 2015, 981면 이하; 정하중, 『행정법총론』, 법문사, 2015, 614면-615면; 홍준형, 『행정법』, 법문사, 2011, 738면 참조.

10) 행정심판이 행정절차라고 하는 견해에 관하여는, 앞의 주 3) 참조. 행정심판의 행정절차적 성격을 강조하여 행정심판의 사법화에 비판하는 견해로는 김현준, 앞의 글, 238면 참조; 최영규, "행정심판의 기능과 심판기관의 구성 — '행정심판'의 사법화에 대한 이의—", 『행정법연구』 제42호(2015. 7), 49면-77면 참조. 이에 대한 반론으로는, 김광수, 앞의 글,

대 최근에 행정심판이 "행정절차"[11]라고 평가하거나, "행정절차적 성격을 거의 대부분 탈색하고, 준사법적 성격을 갖는 쟁송절차"[12]라고 평가하는 각각의 견해를 그 예로 들 수 있다.[13]

행정심판의 기능은 행정의 자기통제뿐만 아니라 국민의 권익구제 양자에 있다고 할 수 있다. 국민의 권익구제는 사법절차에만 제한되어 인정되는 것이 아니라 행정절차에서도 인정된다. 행정의 자기통제도 행정절차에만 한정되어 인정되는 것이 아니라 국민의 권익구제의 측면과도 밀접한 관련성을 갖는다. 행정의 자기통제는 행정의 적법상태의 유지라고 하는 본래의 기능 이외에도 궁극적으로는 국민의 권익구제에 이바지한다. 이는 행정절차 내지 행정심판도 헌

---

118면 참조. 행정심판의 권리구제기능과 자기통제기능의 조화에 관하여는, 박정훈, "행정심판의 기능 — 권리구제기능과 자기통제기능의 조화 —", 『행정법연구』 제15호(2006. 5), 113면-136면 등 참조.

11) "(준)사법절차의 강화는 행정심판의 「수단」이지, 「목적」이라고 볼 수는 없다. 특정 수단의 강화를 통하여 행정심판이 본질적으로 가지고 있(어야 하)는 존재의의에 있어서 중점의 차이를 가져올 순 있지만, 돌아올 수 없는 다리를 건너는 정도의 목적 그 자체를 바꾸는 것은 아니라고 생각된다. 판단주체가 행정부에 소속되는 한 그 본질은 (광의의) 행정절차일 수밖에 없고, 오히려 판단주체가 법원인 사법절차와 사이에야말로 넘을 수 없는 벽이 존재한다고 보아야 할 것이다." 김현준, "행정심판의 대상 및 심판기관·당사자 — 행정소송법 개정안과의 조화를 고려한 행정심판법 입법론 —", 『행정법학』 제3호(2013. 3), 238면.

12) 행정심판이 준사법적 성격을 갖는 쟁송절차를 강조하는 표현으로는 다음과 같은 것이 있다. "우리나라의 행정심판제도는 '사법절차의 준용'이라는 헌법적 요청에 따라, 감독적 통제 내지 자기통제를 위한 행정절차적 성격을 거의 대부분 탈색하고, 준사법적 성격을 갖는 쟁송절차로 나아가는, 이미 돌아갈 수 없는 다리를 건넜다고 할 수 있다." 박정훈, "행정심판제도의 발전방향 — '사법절차의 준용'의 강화 —", 『행정법학』 제2호(2013. 3), 8면 참조; 독립행정위원회인 국민권익위원회 소속의 중앙행정심판위원회의 탄생과 재결청의 폐지 및 행정심판위원회에 의한 재결을 통하여, "우리나라 행정심판은 더 이상 되돌아갈 수 없는 다리를 건너, 본격적인 쟁송절차적 내지 준사법적 제도로 변화하였다" 고 하는 것에는, 박정훈, "행정심판의 심리", 『행정법연구』 제3호(2012. 9), 142면 참조; 행정심판에 있어서 사법절차를 강화하는 방안에 관하여는, 박정훈, "행정심판제도의 발전방향 — '사법절차의 준용'의 강화 —", 『행정법학』 제2호(2013. 3), 1면-14면 참조.

13) 그런데 "준사법적 성격을 갖는 쟁송절차"라는 용어는 헌법 제107조 제3항의 준용규정에 관하여 허용되는 스펙트럼 내의 의미인 것에 불과한 것이지, 이 용어를 사용하였다고 해서 행정심판이 곧바로 "사법절차"로 "완전히" 전향한다거나, "행정절차적 성격을 "완전히" 탈색"하는 것을 의미하는 것은 아니라는 점에서, 이 용어와 "(광의의) 행정절차"의 사이에 "돌아갈 수 없는 다리", 또는 "넘을 수 없는 벽"은 존재하지 않는다고 할 수 있다(인용부호 " "를 붙인 부분은 주 11)와 12)에 소개된 원문헌에서 인용함). 이에 관련하여 서는, 최선웅, 앞의 글, 131면-132면 참조.

법 제12조상의 적법절차의 한 내용이니만큼 당연한 것이라고 할 수 있다. 따라서 행정심판의 기능은 어느 한쪽의 기능만을 선택하는 즉 양자택일을 강요하는 문제[14]가 아니라 양 기능 간의 정도 차이의 문제이다.

근본적으로 이 문제는 단지 행정심판의 기능론 차원에서는 그 해결은 불가능한 것이고, 행정심판의 헌법상 직접적 근거인 헌법 제107조 제3항 및 이와 관련된 준사법절차의 의미에 관한 충분한 논의가 있어야 한다.

### 4. 헌법의 통일성과 합헌적 법률의 해석

헌법규정들을 비롯한 제 법률상의 개별 규정 간에 모순 없이 통일적이고 조화로운 해석이 필요하다. 헌법 각 조문 간의 "긴장·부조화현상 등을 최대한으로 완화시켜 이를 조화적인 전체가 될 수 있도록 헌법의 통일성을 실현시켜야 한다는 의미로 이해"[15]하는 것이 필요하고, 헌법의 최고규범성에서 나오는 법질서의 통일성 등에 근거하여 외형상 위헌성이 보이는 법률이라 할지라도 가능한 한 위헌이라고 판단해서는 안 된다는 합헌적 법률의 해석이 필요하다.[16]

결국 행정심판의 법적 근거나 행정심판 관련 법해석을 함에 있어서도 제 헌법규정들을 헌법의 통일성을 기하기 위하여 규범조화적 해석을 하거나 합헌적 법률의 해석을 하여야 한다.

## Ⅲ. 행정심판의 헌법상 근거규정과 새로운 평가

### 1. 의의

헌법상 행정심판의 직접적 근거규정은 헌법 제107조 제3항이다. 그런데 헌법차원에서 행정심판절차도 하나의 "절차"라는 점에서는 헌법 제12조에 규정된 적법절차의 원리와 관련하여 검토하여야 하고, "재판의 전심절차"라는 점에서

---

14) 행정심판제도를 행정소송제도와 비슷하게 만든 결과로 행정심판의 준사법화로 귀결되고 그 결과 권리구제적 기능이 행정의 자기통제기능을 절대적으로 압도하고 있다고 하는 것에는, 김중권, "행정심판을 활성화하기 위한 선결과제에 관한 소고", 『법제』(2008. 8), 58면 참조.

15) 문광삼, 앞의 책, 91면, 97면; 허영, 『한국헌법론』, 박영사, 2015, 72면.

16) 권영성, 『헌법학원론』, 법문사, 2010, 26면; 문광삼, 『헌법학』, 삼영사, 2015, 91면, 97면; 허영, 위의 책, 74면-75면.

는 헌법 제27조에 규정된 재판청구권의 실질적 보장과 관련하여 검토되어야 한다. 즉 행정심판 제도 자체의 헌법상 직접적인 근거규정의 성격을 갖고 있는 헌법 제107조 제3항 이외에도, 헌법상 행정심판의 성질을 제대로 파악하기 위하여는 헌법 제12조의 적법절차와 제27조의 재판청구권을 고찰할 필요가 있다.[17)]

이하에서는 헌법 제107조 제3항의 신설과 그에 대한 평가, 헌법 제12조의 적법절차, 헌법 제27조 재판청구권의 실질적 보장을 검토한 후에, 이 행정심판 근거에 관한 헌법상 3조문의 관계와 아울러 우리나라 행정심판절차의 성질을 새롭게 결정짓기로 한다.

## 2. 헌법 제107조 제3항의 신설과 평가

### (1) 헌법상 근거규정의 신설

행정심판에 관한 헌법상 직접적 근거규정이 도입되기 전에는 행정심판에 관한 논의는 주로 소원법과 행정심판법 등 법률차원에서 논의를 할 수밖에 없거나, 1972년에 도입된 헌법 제10조(현행 헌법 제12조)상의 적법절차나 헌법 제24조(현행 헌법 제27조)상의 재판청구권과 관련된 문제로 파악할 수밖에 없다.

그런데 1980년 헌법개정에 의하여 행정심판에 관한 헌법에 직접적인 근거규정이 도입된 이후 행정심판의 헌법상 직접적 근거는 현행 헌법 제107조 제3항이다. 따라서 행정심판 관련 법문제를 해석함에 있어서 이 헌법 조문이 가장 직접적이고 중요한 기준이 되고, 그 외에 헌법 제12조상의 적법절차, 제27조상의 재판청구권과 관련하여 포괄적인 검토를 할 수 있다.

### (2) 신설에 대한 평가 ─ 헌법절차로서의 행정심판

1980년 개정 헌법에 행정심판 근거규정이 신설된 것에 관하여는 종래 행정심판에 대한 위헌성시비를 종식시키기 위한 기도라는 점에서 비판적인 시각이 우세하다고 할 수 있다.[18)] 그러나 암울한 과거 시점에 연연하여 지금의 시점에

---

17) 행정심판의 근거규정인 헌법 제12조, 제27조, 제107조 제3항 이외에도, 행정심판과 관련된 헌법규정으로는 사법권에 관한 헌법 제101조 제1항, 청원권에 관한 헌법 제26조, 공무원의 전체국민에 대한 봉사의무를 규정한 헌법 제7조 제1항 등을 들 수 있다. 나아가 행정심판과 관련된 헌법상 근거규정 이외에도 법치국가원리, 실질적 법치주의 등 헌법원리와도 밀접한 관련성을 갖는다고 할 수 있다. 김용섭, "행정소송 전단계의 권리구제 방법 및 절차", 『저스티스』 제105호(2008. 8), 196면.

서까지도 행정심판에 대한 부정적인 평가에만 머무르는 것만이 능사가 아니다.

과거 1980년 당시의 정치상황에 대한 역사적 평가는 별론으로 하고, 당시 행정심판에 대한 위헌론을 잠재우기 위한 불순한 기도하에 헌법에 행정심판의 직접적 근거규정을 도입한 정치주도세력이 오늘날에까지도 헌정질서를 좌지우지하는 강력한 영향력을 미치고 있다고 보는 데에는 딱히 동조자를 찾기 어려운 실정인 것 역시 사실이다. 다시 말해서 한편으로는 그동안 행정심판이 임의주의로 전환하였기 때문이기도 하지만, 과거 부실하게 운영된 행정심판제도 자체가 여전히 위헌성이 심각한 제도이므로 지금의 시점에 이르러서까지도 시종일관 행정심판의 존재 자체를 부정하여 철폐해야 한다고 주장하는 견해는 찾아보기 어렵다.

오히려 현재의 시점에서 볼 때 행정심판의 직접적 근거규정을 헌법에 두었다는 것 자체는, 드디어 행정심판이 법률차원에서 헌법차원으로 그 지위가 격상되어 확고부동한 제도가 되었다고 평가할 수 있는 근거가 된다. 즉 1980년 헌법개정으로 헌법 제107조 제3항이 도입된 이후에는 행정심판제도 자체는 헌법상 직접적 근거규정을 가지게 되었다. 이 시점에서부터 행정심판에 관한 논의가 단지 법률적 차원에서 머무르지 않고 헌법적 차원으로 격상되어 활성화될 수 계기가 되는 헌법적 근거가 마련되었다는 점이 가장 큰 의미가 있다.

요컨대 행정심판제도 자체는 헌법상 명문으로 인정된 "헌법절차"이므로 행정심판의 존재의의가 있다(행정심판은 헌법절차이다!).

## 3. 헌법 제12조의 적법절차

오늘날 헌법 제12조상의 적법절차 원칙(due process of law)은 형사절차상의 영역에 한정되지 않고 입법, 사법,[19] 행정[20] 등 모든 국가작용을 지배하는 헌법적인 원리라고 하는 것이 일반적이다.[21][22]

---

18) 앞의 주 6), 7)에 제시된 문헌 참조.

19) 헌법재판소 2008. 1. 10. 선고 2007헌마1468 전원재판부 결정.

20) 헌법재판소 1990. 11. 19. 선고 90헌가48 전원재판부 결정.

21) 물론 이에 대하여는, "이번의 헌법개정으로 영미법의 적법절차조항이 신체의 자유에 관하여 헌법규범으로 보장되기에 이르렀다고 보는 것이 온당할 것이다."라는 견해(김상철, "헌법 제12조의 적법절차", 『대한변호사협회지』, 제146호(1988. 10), 69면), 절차적 적법절차원칙에 한정한다는 견해(길준규, "적정절차(Due Process of Law), 우리 행정법에서도 유효한가", 『한양법학』, 제34집(2011. 5), 26면-29면) 등이 있으나 소수의 입장이라고 할 수 있다.

특히 헌법 제12조는 "법률이 정한 절차"라고 하지 아니하고 "법률과 적법한 절차"라고 했으므로 법률의 내용의 적정성과 더불어 절차의 적정성까지 요구하는 것이라고 해석[23]하여야 하고, 모든 공권력의 작용에는 절차상의 적법성뿐만 아니라 법률의 구체적 내용도 합리성과 정당성을 갖춘 실체적인 적법성이 있어야 한다는 적법절차의 원칙을 헌법의 기본원리로 명시한 것이다.[24]

이러한 적법절차의 원칙이 행정절차에도 인정되는지 여부에 관한 논의가 있으나 적법절차의 원칙이 자유와 권리를 보장하기 위한 것이라는 점에서는 행정절차에도 적용되는 것이 타당하다.[25][26] 이러한 점에서 행정심판의 행정절차적 성격을 강조하는 견해[27]들도 결국은 행정심판의 헌법상 근거로서 헌법 제12조를 입각해 있다고 평가할 수 있다.

### 4. 헌법 제27조 재판청구권의 실질적 보장

행정심판이 재판청구권을 침해하는가의 문제에 관하여, 입법형성자가 합리적인 이유 없이 행정심판을 종심절차로 규정함으로써 정식재판의 기회를 배제하거나 행정심판을 전심절차로 규정하면서 그 절차에 사법절차가 준용되지 아니하는 것은 헌법 제27조상의 재판청구권의 침해가 된다고 하는 견해[28]가 있

22) 김학성, 『헌법학원론』, 피앤씨미디어, 2015, 456면-457면, 458면; 문광삼, 앞의 책, 451면; 전광석, 『한국헌법론』, 집현재, 2015, 325면.

23) 문광삼, 위의 책, 451면.

24) 권영성, 앞의 책, 425면; 헌법재판소 1989. 7. 14. 선고 88헌가5, 8, 89헌가44(병합) 전원재판부 결정, 1989. 9. 8. 선고 88헌가6 전원재판부 결정, 1990. 8. 27. 선고 89헌가118 전원재판부 결정, 1990. 11. 19. 선고 90헌가48 전원재판부 결정, 1992. 12. 24. 선고 92헌가8 전원재판부 결정 등을 들 수 있다.

25) 권영성, 위의 책, 427면; 행정절차의 헌법적 근거는 제12조 제1항에 찾을 수 있다고 명시적으로 밝히고 있는 것에는, 김남철, "행정심판 재결의 실효성 강화방안 — 직접처분과 간접강제를 중심으로 —", 『공법연구』 제41집 제2호(2012. 11), 108면 참조; 다만 "행정행위의 특성상 형사절차상 요구되는 적법절차가 그대로 적용되기 어려운 경우에는 적법절차를 준용하여야 할 것이다"라는 하는 것에는, 문광삼, 앞의 책, 452면 참조.

26) 이에서 한걸음 더 나아가 적법절차원칙이 행정법의 일반원칙으로 인정되는지 여부에 관한 상세한 고찰으로는, 정영철, "행정법의 일반원칙으로서의 적법절차원칙", 『공법연구』 제42집 제1호(2013. 10), 579면-613면 참조.

27) 행정심판이 행정절차라고 하는 견해에 관하여는, 앞의 주 3) 참조; 행정절차와 행정심판의 관계에 관하여는, 김남철, 앞의 글, 108면 이하 참조.

28) 헌법재판소 2002. 10. 31. 선고 2001헌바40 전원재판부 결정; 이와 관련하여서, "행정심판이 법원의 소송절차에의 접근을 불가능하게 하거나 제소가능성을 막고 있다면 이는

다. 이에 반하여, 행정심판기관의 재결의 법적성격이 준사법적 처분의 성격을 가진다고 하더라도 행정심판은 임의적 전치에 불과하고 재판의 전심절차로만 허용되며 사법절차가 준용되는 절차이므로 법관에 의한 재판청구권에 대한 침해가 아니라고 볼 수도 있다.[29] 한편 행정심판이 1998년부터 전치절차가 아닌 임의절차로 전환하여 당사자의 선택에 따라서 직접 행정소송을 제기하는 것이 가능하기 때문에 행정심판이 재판청구권을 침해한다는 위헌론을 더 이상 찾아볼 수 없다고 한다.[30]

어쨌든 헌법 제107조 제3항에 따르면 "재판의 전심절차"로서의 행정심판이라는 것은 결국 행정심판은 재판절차와 일단 연결된 절차라는 점을 천명한 것으로 볼 수 있다. 즉 행정심판은 재판절차와 연결되는 절차라는 점에서는 헌법상 재판청구권의 실질적 보장의 일환으로 볼 수 있으므로, 행정심판 자체는 국민의 권익구제를 위한 헌법상 재판청구권을 보장하기 위한 제도이지 재판청구권을 침해하는 위헌적인 제도는 아닌 것이다. 다만 행정심판은 국민의 권익구제를 위한 재판절차와 연결된다는 점에서는 사법절차의 준용이 요청된다.

## 5. 새로운 평가

### (1) 행정심판의 헌법상 3정립 근거규정

헌법 제107조 제3항이 행정심판의 직접적인 헌법상 근거규정이다. 본래 행정심판은 일종의 "절차"라는 측면에서는 헌법 제12조의 적법절차의 원리를 준수하여야 하고, "재판"의 전심절차라는 측면에서는 헌법 제27조의 재판청구권을 실질적으로 보장하여야 한다.

따라서 이 3개의 헌법조문 즉 헌법 제12조, 제27조, 제107조 제3항을 행정심판의 헌법상 3정립 근거규정이라고 평가할 수 있다(행정심판의 헌법상 3정립 근거규정!). 이 헌법상 3정립 근거규정은 행정심판에 관한 법적 해석을 함에 있어

---

재판청구권에 대한 침해가 된다"라는 것에는, 김학성, 앞의 책, 733면 참조.

29) 국가배상심의회의 결정에 관하여 헌법재판소에 따르면, 배상심의회의 배상결정은 신청인이 동의한 때에는 민사소송법의 규정에 의한 재판상의 화해가 성립된 것으로 본다는 국가배상법 제16조는 재판청구권을 과도하게 제한하는 것이며, 법관에 의한 재판청구권을 보장하는 헌법정신에 충실하지 못하다고 하였다. 헌법재판소 1995. 5. 25. 선고 91헌가7 전원재판부 결정.

30) 장영수, 『헌법학』, 홍문사, 2015, 884면.

서 지침으로서 기능을 한다.

### (2) 우리나라 행정심판절차의 2중적 성질 — 행절절차이자 준사법절차

행정심판절차가 일종의 "절차"라는 측면에서는 헌법 제12조 적법절차의 원칙의 적용을 받는 행정절차적 성격을 갖는다. 또한 행정심판절차는, 헌법 제107조 제3항에 의하여, "재판의 전심절차"로서 헌법 제27조상 국민의 재판청구권을 실질적으로 보장하여야 하는 재판절차와 밀접한 관련성을 갖고 사법절차가 준용되어야 한다는 측면에서는 준사법절차적 성격을 갖는다. 이런 점에서 우리나라 행정심판절차는, 행정절차 아니면 준사법절차 중 그 어느 한쪽의 택일이 아니라, 행정절차임과 동시에 준사법절차라고 하는 일종의 2중적 내지는 절충적인 성질을 갖는다.

요컨대 우리나라 행정심판절차는 행정절차이자 준사법절차이다!

## Ⅳ. 헌법 제107조 제3항의 구체적 해석

### 1. 의의

행정심판은 헌법 제107조 제3항에 직접 그 근거가 있다는 점에서 우선 먼저 행정심판은 "헌법절차"라는 점을 깊이 인식하여 한다.[31] 따라서 행정심판의 본질을 보다 명확히 이해하기 위해서는 먼저 행정심판의 헌법상 직접적인 근거규정인 헌법 제107조 제3항 규정을 제대로 해석하여야 한다.

이하에서는 헌법 제107조 제3항 규정과 관련하여서, "재판의 전심절차로서 행정심판", 재판의 전심절차로서 "행정심판을 할 수 있다.", 행정심판의 절차는 "법률로서 정하되"와 관련된 법률유보의 범위 내지는 입법형성의 한계, "사법절차를 준용하여야 한다"에서의 준사법절차, 행정심판과의 관계로서 행정심판의 임의주의와 전치주의 및 임의절차화의 문제 등을 차례대로 고찰하기로 한다.

---

31) 최선웅, 앞의 글, 132면.

## 2. "재판의 전심절차로서 행정심판"

### (1) "행정심판"의 개념 내지는 범위 ─ 사법절차의 준용 문제

행정심판의 개념 내지는 범위에 관하여는, 먼저 "공법관계에 분쟁이 발생한 경우에 당사자의 발의(심판제기)에 의하여 행정기관이 심리하여 판단하는 행정쟁송절차"[32]라는 입장, 행정심판법 제1조[33]를 충실히 반영하여 "행정청의 위법 또는 부당한 처분이나 부작위로 침해된 국민의 권리 또는 이익을 구제"[34]라고 하는 입장, "이의신청, 심사청구, 심판청구, 행정심판"[35]이라는 입장, "일반법으로서의 행정심판법에 의한 행정심판절차와 개별 법률에 의한 특별행정심판절차 등 모든 행정심판절차를 포함"한다는 견해[36] 등으로 나누어진다.

이에 대해 헌법재판소는 "행정청의 위법·부당한 처분 또는 부작위에 대한 불복에 대하여 행정기관이 심판하는 행정쟁송절차"[37]라고 한다.

그런데 실제 우리나라 실정법체계가 이의신청, 심사청구, 심판청구, 행정심판 등 매우 다양한 불복제도를 채택하고 있으므로 실제 이러한 제도들 전부가 헌법 제107조 제3항에서 말하는 "행정심판"에 해당하는지 여부가 문제가 될 수 있다. 그 실익은 사법절차의 준용을 받는가이다.

이에 대하여는 모든 불복제도를 헌법 제107조 제3항에서의 "행정심판"에 포함시켜 준사법절차의 적용을 요구하는 것은 무리이므로 예컨대 처분에 대한 이의신청 등에 대하여 처분청이나 단순한 재결기관이 재결하는 경우에는 제외한다는 견해[38]가 있다. 그러나 헌법 제107조 제3항에서의 행정심판은 헌법 하

---

32) 김철용, 앞의 책, 374면; "널리 행정기관이 행하는 행정법상의 분쟁에 대한 심리·판정절차"라고 하는 견해(김동희, 앞의 책, 649면)라고 하는 것도 이와 유사하다고 할 수 있다.

33) 행정심판법 제1조 이 법은 행정심판 절차를 통하여 행정청의 위법 또는 부당한 처분이나 부작위로 침해된 국민의 권리 또는 이익을 구제하고, 아울러 행정의 적정한 운영을 꾀함을 목적으로 한다.

34) 이를 형식적 또는 제도적 의미의 행정심판이라고 하는 것에는, 김남진/김연태, 앞의 책, 700면 참조.

35) 이를 실질적 의미의 행정심판이라고 하는 것에는, 김남진/김연태, 위의 책, 700면 참조.

36) 신봉기, "특별행정심판의 개념과 허용요건", 『법학논고』, 경북대학교 법학연구원, 제32집 (2010. 2), 476면; 개별법상 이의신청제도에 관해서는, 김용섭, "개별법상 이의신청제도의 현황분석과 입법적 개선과제 ─ 이의신청 등과 행정심판의 관계정립을 중심으로 ─", 『행정법연구』 제42호(2015. 7), 79면-105면 참조.

37) 헌법재판소 2002. 10. 31. 선고 2001헌바40 전원재판부 결정.

38) 유진식, "헌법 제107조 제3항이 규정하고 있는 '준사법절차'의 의미 ─ 헌법 2000. 6. 1,

위의 법률인 행정심판법의 적용을 받는 경우에 한정할 이유가 없다(이른바 헌법
의 합법률적 해석의 문제!). 따라서 현행 행정심판법상의 준사법절차가 보장되는
행정불복절차만이 헌법 제107조 제3항에서의 행정심판39)이라고 제한적으로 해
석할 필요는 없다.

　　요컨대 헌법 제107조 제3항의 "행정심판"의 개념 내지는 범위를 사법절차
의 준용과 결부시켜서 예컨대 행정심판법상의 행정심판으로 제한하여 좁게 이
해할 필요는 없다. 특히 행정심판은 일종의 절차라는 점에서 적법절차가 적용
되는 절차이면서 동시에 재판의 전심절차로서 국민의 권익구제를 위한 재판청
구권과 밀접한 관련성40)을 갖는 절차이므로 기본적으로 사법절차의 준용을 요
한다.

## (2) "재판의 전심절차"

　　재판의 전심절차로서 행정기관에 의해 분쟁을 해결하는 행정심판은 헌법
제107조 제3항에 직접적인 근거를 두고 있기 때문에 위헌의 문제는 없다. 여기
에서의 "전심절차"는 형사법에서의 사전심리절차(pretrial)와 같은 성격이 아니라
단지 소송의 전단계(prior to a judicial trial)41)라는 의미이다.

　　행정심판은 전심절차이어야 하고, 사법절차가 준용되어야 하기 때문에 예
컨대 행정심판을 전심절차가 아닌 종심절차로 규정하거나 행정심판을 필수적
절차로 규정하면서 사법절차가 준용되지 않는 경우,42) 또는 오히려 역으로 재
판을 행정심판의 전심절차로 하는 경우 등은 당연히 위헌의 문제가 제기된다.

　　그러나 헌법 제107조 제3항에서 "재판의 전심절차로서 행정심판을 할 수
있다"라는 규정 자체는 "할 수 있다"라는 형식의 가능규정의 형태로 되어 있기

---

　　98헌바8, 헌재 2001. 6. 28. 2000헌바30 결정을 소재로 하여 —",『공법학연구』, 제14권
　　제4호(2013. 11), 404면.
39) 예컨대 박균성, 앞의 책, 984면 참조.
40) 행정심판은 행정상 권익구제제도로서 행정소송제도와 밀접한 관련성을 갖는다고 하는
　　것에는, 홍준형, "행정심판의 대상 확대 및 심판기관의 구성",『(순간)법제』, 제589호
　　(2007. 1), 49면 참조.
41) 참고로 법제처 국가법령정보센터에 헌법 제107조 제3항의 영문번역은 다음과 같이 되어
　　있다. Article 107 (3) Administrative appeals may be conducted as a procedure prior to
　　a judicial trial.
42) 이준일,『헌법학강의』, 홍문사, 2015, 696면.

때문에 헌법 문언상 "'재판의 전심절차가 아닌 행정심판'으로 행정심판을 할 수 있다"는 것이 상정될 수 있으므로, 반드시 행정심판이 언제나 재판의 전심절차일 필요는 없다. 또한 행정심판이 재판의 전심절차로서 설치·운영될 수 있다는 것이지 반드시 행정심판전치주의를 필수적으로 요구하는 것은 아니다.[43]

이런 점에서 본다면, 특히 사법절차의 준용은 정도의 문제이므로, 행정심판을 법률에서 임의적 절차로 규정한다고 하더라도 사법절차가 전혀 준용되지 않도록 규정하는 것은 헌법 제107조 제3항의 위반이 된다.

요컨대 헌법 제107조 제3항에서 행정심판이 "재판의 전심절차"라는 규정이, 행정심판이 "절차"와 관련되는 한 헌법 제12조의 적법절차와, 행정심판이 "재판"과 관련되는 한 헌법 제27조의 재판청구권이나 헌법 제101조 제1항의 사법권과도 관련성이 갖게 된다는 점에서, 헌법 제107조 제3항이 다른 헌법 조문들과 일종의 연결 내지는 매개하는 기능을 한다.

## 3. 재판의 전심절차로서 "행정심판을 할 수 있다."

헌법 제107조 제3항 제1문 "재판의 전심절차로서 행정심판을 할 수 있다"라는 규정에서 "할 수 있다"라는 가능형식의 문구만을 놓고 보면, "행정심판" 자체를 아예 설치하지 아니하고 따라서 운영하지 않을 수 있는가 라고 하는 의문이 제기될 수 있다.

그러나 이러한 위 제1문의 문리적인 해석만으로 행정심판을 할 수도 있고 안할 수도 있다고 단정하여서는 안 된다. 이 경우에 특히 행정심판의 존재이유, 또는 행정심판의 기능 내지는 목적에 관한 검토는 물론이고 행정심판과 관련된 다른 헌법 규정들을 전체로서 통일성을 기하기 위하여 규범조화적으로 검토하여야 할 필요성이 있다.

헌법 제5장 "법원"의 장 제101조 제1항에서 사법권을, 제110조 제1항에서 군사법원을, 제107조 제3항에서 행정심판을 규정하고 있다. 제107조 제3항에서 "행정심판을 할 수 있다"와 제110조 제1항에서 "군사법원을 둘 수 있다"라고 규정한 점에서는 이 양 규정은 유사하다. 그러나 제107조 제3항에서는, 군사법원의 경우[44]와 달리, 행정심판을 "둘 수 있다"라고 규정하지 아니하고 행정심판을

43) 현행 행정소송법 제18조상 행정심판은 임의절차이므로 당사자가 언제든지 재판청구권을 행사할 수 있다는 점에서 위헌성이 없다고 한다. 강경근, 앞의 책, 872면.

"할 수 있다"라고 규정하고 있다는 점에서 행정심판의 존재를 이미 전제하고 있다고 볼 여지도 충분히 있다.

다시 말해서 행정심판은 이미 존재해야 할 당위성이 있고, 다만 "재판의 전심절차로서의 행정심판"을 "할 수 있다". 즉 행정심판은 재판의 전심절차가 아닌 형태로 운영도 가능할 뿐만 아니라, 재판의 전심절차로서도 운영이 가능하겠지만 이는 결국 행정심판이 존재한다는 것을 전제로 한다는 것을 의미한다.

근본적으로 국가조직은 헌법상 국민의 권리보장을 위하여 봉사할 임무가 부여된다는 점에서 보면, 행정심판은 행정절차로서 국민의 권리보장의 일환으로서의 헌법 제12조의 적법절차의 이념을 준수하고 헌법 제27조의 재판청구권을 실질적으로 보장하여야 한다.

요컨대 현행 헌법규정상 행정심판은, 관련 헌법규정들을 규범조화적으로 해석해 보면, 헌법상 필수적으로 요청되는 헌법절차이다. 이 점에서 보면 현행 행정심판제도 자체를 폐지하는 내용의 입법을 하는 것 자체는 헌법을 위반하는 것이고 법률유보의 범위와 입법형성의 한계를 벗어나는 행위에 해당한다.

나아가 행정은 적법절차 내지는 행정절차의 일환으로 행정심판을 제대로 운영할 책무가 있다고 할 수 있으므로, 만일 행정이 행정심판 제도 자체를 기피한다거나 불성실하고 부실하게 행정심판제도를 운영하는 것 자체 또한 헌법을 위반하는 행위이다.

## 4. 행정심판의 절차는 "법률로서 정하되" ― 법률유보와 입법형성

헌법 제107조 제3항에 직접적인 근거규정을 가진 행정심판은 행정절차로서 헌법 제12조의 적법절차 이념과 제27조의 재판청구권과 연결성을 가지는 것이므로 행정심판의 존치는 헌법상 요청되는 헌법절차이다.

이와 같은 행정심판의 헌법절차성을 인식한다고 하면, 헌법 제107조 제3항에서 행정심판절차를 "법률로서 정하되"라는 의미는 행정심판절차에 관한 설치와 실시, 구체적인 절차내용이나 절차를 이용하는 방법, 행정심판전치주의와 관

---

44) 군사법원의 군재판관에 의한 재판이 재판청구권을 침해한 것은 아니나, 군재판관 중 군판사는 헌법과 법률이 정한 법관이 아니며 법률이 정한 법관에 불과하다고 하는 것에는, 김학성, 앞의 책, 732면 참조.

련된 행정소송과의 관계 등등의 구체적인 내용을 법률에 유보한다는 의미이다. 따라서 적어도 행정심판절차를 설치하여 시행할 여부까지를 법률에 유보시킨 것은 아니다.

이런 점에서 기존의 행정심판 존재 자체를 전면적으로 부정하는 내용으로 국회가 법률을 개정 내지 폐지하는 것은 법률유보의 범위 내지는 입법형성의 한계를 벗어나는 것이다. 특히 재판의 전심절차인 행정심판의 절차에 관하여 국회가 법률로서 사법절차에 반하는 내용을 입법하거나 사법절차에 준용하는 내용의 입법을 전혀 하지 아니하는 것도 헌법에 위반된다.

또한 헌법 제107조 제3항에서 "법률"로서 정한다는 뜻은 행정심판의 절차를 국회입법인 법률이 아니라 그 하위 법형식인 행정부의 법규명령이나 행정규칙 등의 형식으로는 행정심판을 규정하여서는 안 된다는 것을 의미한다.

## 5. "사법절차가 준용되어야 한다"에서의 준사법절차

### (1) 기존의 논의

헌법 제107조 제3항에서 행정심판에 사법절차가 준용되어야 한다는 점에서 이른바 사법절차의 준용의 문제가 있다.

이에 관하여는 행정심판에 사법절차를 준용하여야 한다는 헌법적 요청이 상대화될 수 있는가의 관점에서 문제를 제기하면서, 행정심판의 경우에는 필수적이든 임의적이든 사법절차가 준용되어야 한다[45]고 하거나, 현행 행정소송법이 임의적 전치주의를 채택하고 있어 행정심판을 제기할 것인가 여부가 당사자의 선택에 맡겨 두는 이른바 당사자 선택주의 내지 임의절차화로 인해 사법절차가 엄격하게 적용되어야 하는 것이 아니라고 하는 견해,[46] 행정소송의 전심절차로 필요적으로 전치되는 행정심판은 행사법절차가 준용되겠지만, 행정소송법상 임의절차가 원칙이므로 이 경우 당사자가 언제든지 행정소송을 제기함으로써 재판청구권을 행사할 수 있기 때문에 임의적 전치주의가 적용되는 한 행정심판에 사법절차가 준용되지 않는다고 할지라도 그 자체만으로 위헌성이 있다고 보기는 어렵다라고 하는 견해,[47] 1998년부터 행정심판을 임의절차로 하여

---

45) 전광석, 앞의 책, 771면-772면.
46) 김용섭, "행정소송 전단계의 권리구제방법 및 절차", 『저스티스』 제105호(2008. 8), 194면.

당사자의 선택에 따라서 직접 행정소송을 제기하는 것이 가능하므로 행정심판을 위헌으로 주장하는 견해는 더 이상 찾아보기 어렵다는 견해[48] 등이 있다.

한편 이러한 행정심판에서의 사법절차의 준용의 정도와 관련하여서, 행정심판의 사법절차화를 강화하는 방안[49]을 제시하는 견해가 있고, 이에 대하여 행정심판의 판단주체가 행정부에 소속되는 한 행정심판은 행정절차이고 (준)사법절차의 강화는 행정심판의 수단이지, 목적이라고 볼 수는 없다는 비판[50]이 있다.

### (2) 새로운 해석방향 — "사법절차의 준용"의 의미

#### 1) 준용규정의 의의

행정소송법 제8조 제2항에서의 준용규정[51]은 단지 "법원조직법과 민사소송법 및 민사집행법의 규정"을 준용한다고 하여 다른 법률을 준용하는 규정이

---

47) 강경근, 앞의 책, 872면; 헌법재판소가 이의신청 및 심사청구를 거치지 아니하고서 지방세 부과처분에 대하여 행정소송을 제기할 수 없도록 한 지방세법 제78조 제2항과 관련하여 "사법절차의 준용"을 요구하는 헌법 제107조 제3항, 헌법 제27조 재판청구권을 침해한다고 판시한 바가 있다는 헌법재판소 2001. 6. 28. 선고 2000헌바30 전원재판부 결정을 이와 같은 입장으로 보는 견해로는, 황남석, 앞의 글, 17-18면 참조.

48) 다만 전심절차가 필수적인 것으로 요구되는 경우에는 별도의 검토가 필요하다고 한다. 장영수, 앞의 책, 884면.

49) 우리나라 행정심판법에서 준사법적 요소를 강화하였다고 하더라도 영미형의 심리절차에는 근접하지 못한다고 하는 것에는, 김광수, 앞의 글, 121면 참조: 행정심판의 사법절차화를 강화하는 방안으로, 법제처의 위상강화, 대상적격의 확대, 청구인적격의 확대, (협의의) 심판청구의 이익의 확대 및 심판청구취하의 제한, 판단기준시의 조정, 처분사유의 추가·변경 허용범위의 확대, 심사강도의 강화, 기각재결의 처분청에 대한 기속력, 인용재결에 대한 처분청·재결청의 불복가능성, 당사자심판 및 조정제도의 도입 등을 제시하고 있는 것에는, 박정훈, "행정심판제도의 발전방향 — '사법절차의 준용'의 강화 —", 『행정법학』 제2호(2013. 3), 1면-14면 참조.

50) 김현준, "행정심판의 대상 및 심판기관·당사자 — 행정소송법 개정안과의 조화를 고려한 행정심판법 입법론 —", 『행정법학』 제3호(2013. 3), 238면; 이와 같이 비판적인 입장으로는 다음을 들 수 있다. "최근의 행정심판법 개정 논의를 살펴보건대 사법절차화를 지나치게 강조한 나머지 행정심판절차의 행정절차적 측면이 도외시되고 있는 것은 문제"(김병기, "행정개혁법제의 쟁점과 전망 — 행정쟁송제도의 개혁을 중심으로 —", 『법제연구』 제34호(2008. 6), 172면); "행정심판을 사법통제의 아종으로 상정하여 그것을 준사법화하려는 모색은, 자칫 행정심판의 사법유사성이라는 긍정적 측면을 넘어서 그것의 고유한 존재이유를 스스로 부인할 우려가 있다." 김중권, "최근의 법률개정에 따른 행정심판제도의 문제점에 관한 소고", 『공법연구』 제36집 제4호(2008. 6), 509면.

51) 행정소송법 제8조 제2항의 준용규정에 관하여는, 최선웅, 위의 글, 365면-380면 참조.

다. 이에 비하여, 헌법 제107조 제3항에서의 준용은 단지 어떤 개별 법률을 준용하는 것이 아니라 매우 막연하고 포괄적인 의미에서의 "사법절차"를 준용한다는 점에서 행정소송법 제8조 제2항의 준용규정과 그 성질과 차원을 달리한다. 즉 헌법 제107조 제3항의 준용은 사법절차와 관련된 제 법률은 물론이고 헌법규정 예컨대 헌법 제12조상의 적법절차 규정이나 헌법 제27조상의 재판청구권 규정 등도 준용의 여지가 있다.

특히 행정심판은 일종의 절차라는 점에서 적법절차가 적용되는 절차이면서 동시에 재판의 전심절차로서 국민의 권익구제를 위한 재판청구권과 밀접한 관련성[52]을 갖는 절차이므로 기본적으로 사법절차의 준용을 요한다.

### 2) 정도의 문제

전술[53]한 바와 같이, 행정심판의 개념 내지는 범위와 관련된 논의의 실익은 사법절차의 준용인데, 이는 더 정확히 말하면 사법절차의 적용 여부의 문제가 아니라 사법절차 적용의 정도 문제이다. 다시 말해서 준용 그 자체는 "성질에 따른 적용의 정도 문제"이므로 결국 사법절차 적용의 정도 문제이다(사법절차의 준용은 사법절차 적용의 정도 문제이다!).

헌법 제107조 제3항의 법문상 사법절차가 "준용되어야 한다"에서 "준용"이라는 것 자체는 제도의 성질이나 취지에 비추어서 적절하게 적용된다는 의미이지 무조건적인 적용을 강제한다는 의미는 아니다. 헌법 제107조 제3항에서 행정심판에 사법절차가 준용되어야 한다는 의미는 사법부의 사법절차가 행정심판에도 있는 그대로 완벽하게 적용된다는 의미가 아니라 적용의 정도 문제이다. 따라서 행정심판에서 사법절차의 준용의 정도가 단지 행정심판이 사법절차의 성격을 갖는 것인가 아니면 행정절차의 성격을 갖는 것인가라고 하는 양자택일의 선택만으로는 해결할 수 없다.

### 3) 준용의 구체적 내용

헌법 제107조 제3항에서 "사법절차를 준용하여야 한다"에서 준용의 내용은 선험적으로 확정될 성질의 것이 아니므로, 준사법절차의 정형적인 내용을 사전

---

52) 행정심판은 행정상 권익구제제도로서 행정소송제도와 밀접한 관련성을 갖는다고 하는 것에는, 홍준형, "행정심판의 대상 확대 및 심판기관의 구성", 『(순간)법제』 제589호 (2007. 1), 49면 참조.
53) 전술한, Ⅳ. 2. (1) "행정심판"의 개념 내지는 범위 — 사법절차의 준용 문제 부분 참조.

에 확정할 수 없다. 결국 준용의 구체적인 내용은 구체적 개별적 사례에 따라서 달리 정할 수밖에 없다는 점에서 사법절차의 준용은 입법형성권에 일단 맡겨져 있는 것이 원칙이다.

또한 전술한 바와 같이, 현행 행정심판법상의 준사법절차가 보장되는 행정불복절차만이 헌법 제107조 제3항에서의 행정심판[54]이라고 제한적으로 해석할 필요는 없다. 그렇다고 한다면 광의의 행정심판의 종류에 따라서 준사법절차의 내용 즉 사법절차가 준용되는 내용을 달리 규정할 필요성과 가능성은 얼마든지 열려 있다.

사법절차의 준용의 구체적 내용과 관련하여, 헌법재판소, "판단기관의 독립성과 공정성, 대심적 심리구조, 당사자의 절차적 권리보장 등의 면에서 사법절차의 본질적 요소를 현저히 결여하고 있다면 "준용"의 요청에마저 위반된다." 라고 하여 사법절차의 준용을 요구하고 있고, "지방세심의위원회는 그 구성과 운영에 있어서 심의·의결의 독립성과 공정성을 객관적으로 신뢰할 수 있는 토대를 충분히 갖추고 있다고 보기 어려운 점, 이의신청 및 심사청구의 심리절차에 사법절차적 요소가 매우 미흡하고 당사자의 절차적 권리보장의 본질적 요소가 결여되어 있다는 점"[55]이라고 판시하고 있다.

위 판시내용에 따르면, 준용의 구체적 내용은 판단기관의 독립성과 공정성, 대심적 심리구조, 당사자의 절차적 권리보장 등을 들 수 있다. 나아가 이와 같은 준용의 구체적 내용에 관하여 "사법절차의 요소를 현저히 결여하고 있다" 라든가, "독립성과 공정성을 객관적으로 신뢰할 수 있는 토대를 충분히 갖추고 있다고 보기 어려운", "심리절차에 사법절차적 요소가 매우 미흡하고 당사자의 절차적 권리보장의 본질적 요소가 결여되어 있다"라는 표현등을 사용하여 판단하고 있는 것 자체는 결국 행정심판에 대한 사법절차의 준용에 있어서 "준용" 은 기본적으로 "정도의 문제"라는 것을 전제하고 판시하는 것이라고 평가할 수 있다.

### 4) 준용에 관한 판단기준

본래 준용 그 자체는 입법기술상 법규정의 간결화를 기할 수 있다는 점에서는 장점이 있다. 그러나 경우에 따라서는 어느 정도 수정 내지는 변경을 가하

---

54) 예컨대 박균성, 앞의 책, 984면 참조.
55) 헌법재판소 2001. 6. 28. 선고 2000헌바 30 전원재판부 결정(밑줄 필자).

여 적용해야 하는지 그 기준이 분명하지 아니하므로 그 해석에 있어서 견해가
대립하고 해석의 여지가 상존하게 되는 문제점은 있다.[56)]

헌법 제107조 제3항에서의 준용의 정도에 관한 구체적인 판단기준은, 행정
심판법을 비롯한 법원조직법 등 재판과 관련된 법률을 비롯하여, 행정심판의
기능, 헌법 제12조의 적법절차, 제27조의 재판청구권의 실질적 보장, 제101조
제1항의 사법권 조항 등을 규범조화적으로 해석하여 판단할 수밖에 없다.[57)]

### 5) 준용의 한계

헌법 제107조 제3항의 "사법절차를 준용하여야 한다"는 사법절차의 전면적
인 적용 여부가 아니라 사법절차의 "준용"의 문제이고 따라서 사법절차의 준용
여부까지 포함한 일체의 모든 내용을 법률에 유보한 것은 아니다. 따라서 행정
심판의 종류에 따라서 사법절차를 준용하는 것 자체를 아예 원천적으로 전면
금지한다는 내용의 법률규정은 헌법 제107조 제3항에 반한다. 즉 행정심판이
헌법 하위 법률로써 경시되거나 그 존재 자체가 부정되어서는 안 된다. 또한 현
행 행정소송법이 행정심판을 임의주의로 한다고 하여 사법절차를 준용할 필요
가 전혀 없다는 하는 것 자체도 위헌의 문제가 있다.

그뿐만 아니라 행정심판에 대하여는 헌법 제107조 제3항에서 "사법절차가
준용되어야 한다"라고 했으므로, 물론 당연히 정도의 차이는 있을 수 있으나,
행정심판에 있어서 사법절차의 준용을 원천적으로 거부하는 즉 사법절차의 완
전한 배제 자체는 위헌의 문제가 있다(행정심판에 있어서 사법절차의 완전한 배제는
위헌이다!).

## 6. 행정심판과의 관계

### (1) 행정심판 임의주의와 전치주의

헌법 제107조 제3항에서의 준사법절차의 논의는 사실 행정심판의 임의주
의와 전치주의와 밀접한 관련성을 갖는다. 1998년 개정 행정소송법 제18조에
의하여 행정심판을 임의절차로 하였으나 현재에도 일부 예외적으로 여전히 행

56) 최선웅, "행정소송에서의 준용규정에 관한 일 고찰", 『행정법연구』 제12호(2004. 10), 367면.
57) 준용의 정도와 관련하여 보면, 예컨대 행정상 즉시강제를 하여야 하는 경우 즉시강제의 특성상 적법절차를 적용할 수 없는 경우가 있다고 한다. 문광삼, 앞의 책, 452면.

정심판전치주의[58])를 채택하고 있다. 행정심판전치주의를 채택한 것은 행정청에 의한 교정의 기회, 재판의 경제성의 고려, 불복의 경우 정식재판청구권의 허용 등의 이유로 합리성이 인정되므로 평등원칙에 어긋나는 것은 아니다.[59])

그런데, 전술한 바와 같이, 헌법 제107조 제3항에서 "재판의 전심절차로서 행정심판을 할 수 있다"는 규정 자체로는 행정심판의 임의주의와 전치주의가 선택적으로 허용 가능한 것이지 어느 하나가 금지되는 것은 아니다. 따라서 행정심판의 임의주의와 전치주의 모두 다 사법절차가 준용되어야 한다고 해석하여야 한다.[60]) 다만 현행 법률상 행정심판을 행정소송을 제기함에 있어서 필수적인 전치주의로 할 것인지 아니면 임의주의로 할 것인지 여부는 행정소송법상 소송요건의 문제에 불과한 것이다(행정심판전치주의는 소송요건의 문제이다!).

이러한 점에서 본다면, 전술한 바와 같이, 현행 행정소송법이 행정심판을 임의주의로 한다고 하여 사법절차를 준용할 필요가 전혀 없다는 하는 것 자체는 헌법 제107조 제3항을 위반하게 된다. 다만 개별 사안의 성질에 따라서 임의주의와 전치주의를 채택한 개별 법률규정이 헌법 제12조의 적법절차, 제27조의 재판청구권, 제101조 사법권, 제107조 제3항의 행정심판의 취지 등에 어긋나는 경우에는 당해 개별 법률규정의 위헌문제가 제기된다.

### (2) 행정심판의 임의절차화 문제

행정심판은 헌법 제107조 제3항에 그 근거규정을 두고 있다는 점에서 국민의 권익구제의 당위성도 한층 더 인정된다. 그런데 행정심판을 전치주의에서 임의절차화로 전환시키는 원인이 행정의 불성실한 행정심판의 운영[61])에서 오

---

58) 물론 예외적으로 행정심판전치주의가 인정되는 경우가 있다. 예컨대 국세기본법 제56조 제4항에 의한 필요적 전심절차인 심사청구 또는 심판청구, 국가공무원법 제53조 제1항에 의한 공무원의 소청심사청구, 도로교통법 제101조의3에 의한 행정심판청구 등을 들 수 있다.

59) 문광삼, 앞의 책, 410면; 헌법재판소 2002. 10. 31. 선고 2001헌바40 전원재판부 결정; 합리적 공익이 존재하는 경우에는 필요적 전심절차가 재판청구권의 침해가 아니라고 하는 견해가 있다. 김학성, 앞의 책, 734면; 이에 반하여, 행정심판전치주의는 권리구제의 지연을 가져오고 엄격한 사법적 절차를 따르지 않고 비법관에 의한 심판이라고 비판하는 것에는, 김철수, 『학설·판례 헌법학(중)』, 박영사, 2009, 1035면 참조.

60) 비록 헌법에 행정심판을 재판의 전심절차로서 규율하고 있다고 할지라도 이로 인해 반드시 필요적 전치주의를 요구하는 것이 아니라고 하는 견해가 있다. 김용섭, "행정소송 전단계의 권리구제방법 및 절차", 『저스티스』, 제105호(2008. 8), 193면.

는 것이라고 한다면 일단 행정이 우선적으로 위헌의 책임을 져야 한다.

기본적으로 국가 특히 행정심판을 담당하는 행정은 행정심판을 활성화할 헌법적인 의무가 있다. 따라서 행정심판을 전치주의에서 임의주의로 불가피하게 전환하는 법개정을 할 수밖에 없는 계기가, 행정의 비협조적인 자세로 인하여 행정심판이 국민에게 소를 제기하기 전에 단지 형식적으로 경유하도록 강요하는 정도의 의미밖에 없는 그야말로 무의미하고 불필요한 제도로 전락하게 되어 오히려 국민의 권익구제에 지장을 초래하였다고 한다면, 이는 행정이 행정심판을 국민이 잘 이용하도록 하여야 할 헌법상의 책무를 스스로 저버린 것이라고 하지 않을 수 없다. 행정심판이 헌법 제12조와 관련하여서 적법절차 내지 행정절차의 일환이라는 점에서, 또한 헌법 제27조의 재판청구권의 실질적 보장과 밀접한 관련성을 갖고 연결되는 제도라는 측면에서 더욱 그러하다.

이런 점에서 보면, 법률을 개정하여 행정심판을 임의절차화한 것은 국민에게 절차이용에 관한 선택권을 부여한다는 측면에서는 일견 바람직할지는 몰라도, 그러한 임의주의 전환의 기저에는 특히 행정이 행정심판을 활성화시킬 헌법상의 책무를 위반한 저간의 사정이 있는 것이고, 이와 같이 행정의 책무해태의 행태는 결국 행정이 국민이 제대로 된 행정심판절차를 이용할 수 있는 헌법상의 절차적 권리를 침해하는 위헌적 사태를 야기했다는 비난을 면하지 못한다.

## V. 결어 — 헌법 제107조 제3항의 의의

우리나라 행정심판은 헌법 제107조 제3항에 직접 명문으로 그 법적 근거를 가지는 "헌법절차"라는 점에서 오히려 민사소송, 형사소송, 행정소송보다 더 헌법에 직접적인 근거가 있다. 이와 같이 행정심판은 헌법상의 법적 근거를 가지고 있는 절차라는 점에서 행정심판의 "존재의의"는 헌법정신의 구현이자 실천이다(행정심판의 헌법절차로서의 지위!).[62]

따라서 우리나라에서 행정심판의 성질 내지 법적 지위문제는 단지 행정심판이 준사법적 쟁송절차인가 아니면 행정절차인가의 문제를 압도하는 헌법상

---

61) 행정심판의 문제점에 관하여는 앞의 주 6), 7)에 제시된 문헌 참조.
62) 최선웅, "행정심판의 기능",『행정법연구』제38호(2014. 2), 126면.

의 헌법절차의 문제가 된다.[63] 여기에서 우리나라 행정심판과 관련된 법적 문제에 관한 논의는 단순히 법률차원이 아닌 헌법차원으로 격상시켜 검토할 필요성이 있다.[64] 바로 이 점에서 헌법절차로서의 우리나라 행정심판의 독자적 성격이 강조되지 않을 수 없다.[65]

결론적으로 행정심판의 헌법상 직접적인 근거규정은 헌법 제107조 제3항이고, 행정심판은 "절차"라는 점에서는 헌법 제12조의 적법절차 원칙의 지배를 받는 행정절차적 성격을 갖고, "재판의 전심절차"로서 국민의 재판청구권을 규정한 헌법 제27조와 밀접한 관련성을 갖고 사법절차가 준용된다는 점에서는 사법절차적 성격을 갖는다. 따라서 우리나라 행정심판절차는 헌법절차로서 행정절차이자 준사법절차이다. 또한 헌법 제12조, 제27조, 제107조 제3항은 행정심판의 근거에 관한 헌법상 3정립 근거규정이라고 할 수 있다. 이 헌법상 3정립규정이 통일적이고 규범조화적으로 해석될 필요가 있고 그 결과가 행정심판에 관련된 법적 해석의 지침으로서 기능하여야 한다. 바로 이러한 점들이 우리나라 행정심판의 헌법상 근거의 특징이다.

요컨대 행정심판이 헌법상 근거를 가진 헌법절차라는 인식하에 서게 되면, 예컨대 입법부가 행정심판제도 자체를 폐지하는 내용의 입법을 하는 것 자체는 법률유보의 범위나 입법형성의 한계를 벗어나는 위헌적이다. 또한 행정은 적법절차 내지는 행정절차의 일환으로 행정심판을 제대로 운영할 책무가 있으므로 만일 행정이 행정심판 제도 자체를 기피한다거나 불성실하고 부실하게 행정심판제도를 운영하는 것 자체 또한 헌법을 위반하는 행위라고 평가할 수 있다.

---

63) 최선웅, 위의 글, 126면.
64) 참고로 독일의 행정심판은 독일 헌법(§19 Ⅳ GG)과 직접적인 관련성이 없다고 한다는 점에서 우리나라와 결정적으로 구별된다고 할 수 있다. 이에 관하여는, Eyermann, VwGO Kommentar, 13 Aufl., 2010, §68 Rn. 7 ff.; Sodin/Ziekow, VwGO, 3 Aufl., 2007, §68 Rn. 13 ff.; Schoch/Schmidt-Aßmann/Pietzner, VwGO Kommentar, 1999, Vorb §68 Rn. 12 ff. 등 참조.
65) 구체적으로 차이를 들면, 독일의 행정심판은 우리의 행정심판법과 같은 단행 법률이 없고 헌법에 근거규정도 없이 단지 행정절차의 일부로서 파악할 수밖에 없는 것이다. 즉 독일에서는 행정심판을 행정절차라고 하는 것이 일반적이다. 예컨대 Hufen, Verwaltungsprozessrecht, 8. Aufl., 2011, §5 Rn. 11; Hasso Hofmann, Das Widerspruchsverfahren als Sachentscheidungsvoraussetzung und als Verwaltungsverfahren, in FS Menger, 1985, S. 605 ff; Sodin/Ziekow, VwGO, 3 Aufl., 2007, §68 Rn. 22; Schoch/Schmidt-Aßmann/ Pietzner, VwGO Kommentar, 1999, Vorb §68 Rn. 2 ff. 등 참조.

헌법 제107조 제3항 규정이, 과거 정치세력이 행정심판의 위헌성을 잠재우기 위하여 헌법에 직접적으로 규정한 것이라고 하더라도, 오늘날의 시점에서 보면 행정심판이 법률차원에서 헌법차원으로 그 지위가 격상하여 헌법상 확고부동한 제도로서 나름 존재감을 과시한 것으로 재해석해 볼 여지가 충분히 있다. 나아가 과거 행정심판에 대한 부정적인 평가를 해 온 관행에서 벗어나서 이제는 미래지향적이고 긍정적인 행정심판으로 승화시킬 과제를 안고 있는 우리에게는, 헌법 제107조 제3항이 행정심판을 헌법절차로 자리매김함으로써 이러한 과제를 강력하게 추진할 수 있는 원동력을 갖게 하는 헌법적 계기로서 기능할 수 있다는 점에서 오히려 매우 바람직한 입법이라고 평가할 수 있다.

# 🏛 참고문헌

1. 국내문헌

김남진/김연태, 『행정법 I』, 법문사, 2015.

김동희, 『행정법 I』, 박영사, 2015.

김철용, 『행정법』, 고시계사, 2016.

박균성, 『행정법론(상)』, 박영사, 2015.

정하중, 『행정법총론』, 법문사, 2015.

홍준형, 『행정법』, 법문사, 2011.


강경근, 『헌법』, 법문사, 2004.

권영성, 『헌법학원론』, 법문사, 2010.

김철수, 『학설·판례 헌법학(중)』, 박영사, 2009.

김학성, 『헌법학원론』, 피앤씨미디어, 2015.

문광삼, 『헌법학』, 삼영사, 2015.

이준일, 『헌법학강의』, 홍문사, 2015.

장영수, 『헌법학』, 홍문사, 2015.

전광석, 『한국헌법론』, 집현재, 2015.

허  영, 『한국헌법론』, 박영사, 2015.


길준규, "적정절차(Due Process of Law), 우리 행정법에서도 유효한가", 『한양법학』
　　　　제34집(2011. 5).

김광수, "행정심판제도의 현황과 발전방향", 『행정법연구』 제43호(2015. 11).

김남철, "행정심판 재결의 실효성 강화방안 ― 직접처분과 간접강제를 중심으로 ―",
　　　　『공법연구』 제41집 제2호(2012. 11).

김대인, "우리나라 행정심판법의 고유한 특징과 발전방안", 『행정법학』 제8호(2015. 3).

김병기, "행정개혁법제의 쟁점과 전망 ― 행정쟁송제도의 개혁을 중심으로 ―", 『법
　　　　제연구』 제34호(2008. 6).

김상철, "헌법 제12조의 적법절차", 『대한변호사협회지』 제146호(1988. 10).

김용섭, "행정소송 전단계의 권리구제방법 및 절차", 『저스티스』 제105호(2008. 8).

김용섭, "개별법상 이의신청제도의 현황분석과 입법적 개선과제 ― 이의신청 등과
　　　　행정심판의 관계정립을 중심으로 ―", 『행정법연구』 제42호(2015. 7).

김중권, "최근의 법률개정에 따른 행정심판제도의 문제점에 관한 소고", 『공법연구』 제36집 제4호(2008. 6).

김중권, "행정심판을 활성화하기 위한 선결과제에 관한 소고", 『법제』(2008. 8).

김현준, "행정심판의 대상 및 심판기관·당사자 — 행정소송법 개정안과의 조화를 고려한 행정심판법 입법론", 『행정법학』 제2호(2013. 3).

박정훈, "행정심판법의 구조와 기능", 『행정법연구』 제12호(2004. 10).

박정훈, "행정심판의 기능 — 권리구제기능과 자기통제기능의 조화-", 『행정법연구』 제15호(2006. 5).

박정훈, "행정심판제도의 발전방안 — '사법절차의 준용'의 강화 —", 국민권익위원회·(사)한국행정법학회, 제1회 행정심판 국제 심포지엄(2014. 11. 28).

박정훈, "행정심판제도의 발전방향 — '사법절차의 준용'의 강화 —", 『행정법학』 제2호(2013. 3).

신봉기, "특별행정심판의 개념과 허용요건", 『법학논고』, 경북대학교 법학연구원, 제32집(2010. 2).

유진식, "헌법개정과 독립위원회의 법적 지위", 『공법연구』 제38권 제2호(2009. 12).

유진식, "헌법 제107조 제3항이 규정하고 있는 '준사법절차'의 의미 — 헌법 2000. 6. 1, 98헌바8, 헌재 2001. 6. 28. 2000헌바30 결정을 소재로 하여 —", 『공법학연구』 제14권 제4호(2013. 11).

정영철, "행정법의 일반원칙으로서의 적법절차원칙", 『공법연구』 제42집 제1호(2013. 10).

최선웅, "행정소송에서의 준용규정에 관한 일 고찰", 『행정법연구』 제12호(2004. 10).

최선웅, "행정심판의 기능", 『행정법연구』 제38호(2014. 2).

최영규, "행정심판법의 최근 개정 — 입법과정·개정내용 및 문제점 —", 『경남법학』 제23집(2008. 2).

최영규, "행정심판의 기능과 심판기관의 구성 — '행정심판'의 사법화에 대한 이의 —", 『행정법연구』 제42호(2015. 7).

최진수, "행정심판 제도의 구조에 관한 고찰", 『공법연구』 제43집(2014. 12).

홍준형, "행정심판의 대상 확대 및 심판기관의 구성", 『(순간)법제』 제589호(2007. 1).

황남석, "지방세에 관한 필요적 행정심판전치주의의 위헌성 — 헌법재판소 2000헌바30 결정을 중심으로 —", 『변호사』, 서울지방변호사회, 제37집(2007. 1).

## 2. 외국문헌

Eyermann, VwGO Kommentar, 13 Aufl., 2010.

Hufen, Verwaltungsprozessrecht, 8. Aufl., 2011.

Hasso Hofmann, Das Widerspruchsverfahren als Sachentscheidungsvoraussetzung und als Verwaltungsverfahren, in FS Menger, 1985.

Schoch/Schmidt-Aßmann/Pietzner, VwGO Kommentar, 1999.

Sodan/Ziekow, VwGO, 3 Aufl., 2007.

제3장

# 행정소송

# 제1절 행정소송의 목적[*]

## Ⅰ. 서설

어떤 한 절차에 있어서 절차목적을 단 하나가 아니라 여러 개의 절차목적들로 다원적으로 파악하는 경우 다른 절차의 절차목적들과 중복되는 경우가 있게 된다. 그렇다고 하더라도 일반적으로 특정 절차에 있어서는 다른 절차와 구별되는 당해 절차에서만 특유하게 강조되는 절차목적이 있기 마련이다. 이를 절차목적에서 보게 되면, 각 개별 절차목적은 각 개별 절차 또는 그 근거가 되는 절차법에 따라 그 차지하는 비중이나 정도를 달리하면서 나타나게 된다.[1]

예컨대 국가가 자력구제를 금지시키고 소송절차를 통하여 권리를 구제해 주는 민사소송에 있어서 절차목적은 주관적 권리의 확정과 실현에 있다.[2] 따라서 민사소송에 있어서 절차목적은 다른 절차 예컨대 행정소송이나 형사소송과는 달리 일반적으로 개인의 사권의 보호 내지 실현이라는 측면이 우선시된다.[3] 이러한 사권보호 외에 민사소송에 있어서 절차목적으로 거론되는 것으로는 사법질서유지, 분쟁해결, 절차보장 등을 들 수 있다. 이러한 경우 민사소송에서는

---

 * 이 글은 『행정법연구』 제13호(2005. 5)에 게재된 논문 "행정소송의 목적에 관한 일 고찰"을 수정·보완한 것입니다.

 1) Würtenberger, Verwaltungsprozessrecht, München, 1998, Rn. 2.

 2) Rosenberg/Schwab/Gottwald, Zivilprozeßrecht, 16. Aufl., München, 2004, §1 Ⅲ 7.

 3) Jauernig, Zivilprozeßrecht, 28. Aufl., 2003, §1 Ⅱ 1.

사권보호 이외의 다른 모든 목적들 예컨대 사법질서유지, 법적 평화 등등은 사권을 실현하는 민사소송의 "부산물(Nebenprodukte)"에 지나지 않는다고 하기도 한다.[4] 그러나 이는 민사소송에서 있어서는 다른 소송절차와 달리 사권보호가 우선시된다는 것을 의미한다는 것뿐이지 민사소송에서는 오로지 사권실현이라고 하는 단 하나의 절차목적만이 추구되는 결과 예컨대 사법질서유지 내지는 공익목적과 같은 절차목적과는 전혀 관계없다고 할 수는 없다. 그 예로 사권을 실현을 주요한 목적으로 하는 민사소송에 있어서 민법 제818조에 의한 중혼등의 취소청구권자에 검사를 포함시킨 것을 들 수 있다.[5] 그 외에 형사소송에 있어서는 민사소송이나 행정소송과 달리 무엇보다도 형사절차상의 특유한 인권보장의 원리가 다른 절차에 비하여 특별히 강조된다고 할 수 있고,[6] 헌법소송에서는 권력분립이나 헌법의 수호 등이 그 절차의 목적으로 된다.[7]

일반적으로 행정소송[8]의 목적 내지 기능으로는 국민의 권익구제라고 하는

---

4) Grunsky, Grundlagen des Verfahrensrechts, 2. Aufl., Bielefeld, 1974, S. 6.

5) 이는 독일에서도 마찬가지이다. 즉 민사소송에 있어서 민사소송의 목적으로 개인의 사권실현이 우선된다고 하는 견해를 취하면서도 검사가 제기하는 중혼취소의 소의 경우에는 검사가 "전체 법질서의 담당자(Funktionär der Gesamtrechtsordnung)"로서 일부일처제와 같은 법률제도 즉 법질서유지에 기여하는 것이라고 한다. Jauernig, §1 Ⅱ 1, 2.

6) 우리나라 형사소송에 있어서 기본적 인권보장과 실체적 진실의 발견의 조화가 문제되고 있다. 강구진, 『형사소송법원론』, 학연사, 1982, 22면 이하 참조; 배종대/이상돈, 『형사소송법』 제4판, 홍문사, 2001, 13면 이하; 신동운, 『형사소송법』 제2판, 법문사, 1997, 7면 이하; 신양균, 『형사소송법』, 법문사, 2000, 26면 이하; 신현주, 『형사소송법』 신정2판, 2002, 31면 이하; 이재상, 『형사소송법』 제6판, 박영사, 2002, 18면 이하; 차용석, 『형사소송법』, 삼중문화사, 1997, 12면 이하.
   독일은 실체적 진실발견을 발견하여 정당한 판결을 내려서 법적 평화를 달성한다고 한다는 점에서 주로 실체적 진실발견을 중시하고 이를 형사소송의 목적으로 삼는다. Roxin, Strafverfahrensrecht, 25. Aufl., München, §1 B. Ⅱ; Krehl, Einl. Rn. 1 in: Heidelberger Kommentar zur Strafprozessordnung, Heidelberg, 2001; Meyer-Goßner, Strafprozessordnung, 47. Aufl., München, 2004, Einl. Rn. 4.

7) 독일의 헌법소송은 보통 헌법의 수호, 3권의 통제 내지 권력분립을 든다. 다만 독일은 연방국가인 관계로 권력분립을 수평적, 수직적 권력분립으로 나누어 고찰한다. Pestalozza, Verfassungsprozeßrecht, 3. Aufl., München, 1991, §1 Ⅱ; Schlaich, Das Bundesverfassungsgericht, 3. Aufl., München, 1994, 1. Teil Ⅱ.

8) 일반적으로 행정쟁송은 행정심판과 행정소송으로 구성된다(이와 같은 일반적인 설명방법과 달리, 좁은 의미의 행정상쟁송에 행정소송을 포함하여 넓은 의미의 행정상쟁송으로 기술하고 있는 것으로는, 박윤흔, 『최신 행정법강의(상)』 개정29판, 박영사, 2004, 802면 참조). 따라서 행정쟁송의 목적만을 설명하는 경우(박균성, 『행정법론(상)』 제4판, 박영사, 2005, 669면), 또는 행정쟁송의 목적과 행정소송의 목적으로 나누어 설명하는

행정구제와 행정에 대한 적법성통제라고 하는 행정통제를 들 수 있다. 이는 "행정소송이 국민의 권익구제를 위한 것임과 동시에 행정의 적법성을 확보하기 위한 것이라는 것을 부정할 수는 없을 것이다."[9]라고 하는 데에서 잘 나타난다. 그 중에서도 전자의 목적 즉 행정구제를 행정통제에 우선시하여 온 것이 그간의 주류적인 견해[10]이다.[11]

우리나라 행정소송의 목적에 관한 논의에 있어서 특별히 관심을 가져야 할 것은, 독일 행정소송법(VwGO) 그리고 일본 행정사건소송법과는 달리, 우리나라 행정소송법은 제1조에서 행정소송의 목적에 관한 명문의 근거규정을 가지고 있다는 점이다. 1951. 8. 24. 법률 제213호로 제정된 행정소송법은 제1조에서, "행정청 또는 그 소속기관의 위법에 대한 그 처분의 취소 또는 변경에 관한 소송 기타 공법상의 권리관계에 관한 소송절차는 본법에 의한다."라고 규정되어 있었다. 그 후 1984. 12. 15. 법률 제3754호로 행정소송법이 전문 개정된 뒤로부터 제1조에서 [목적]이라는 표제하에서, "이 법은 행정소송절차를 통하여 행정청의 위법한 처분 그 밖에 공권력의 행사·불행사 등으로 인한 국민의 권리 또는 이익의 침해를 구제하고, 공법상의 권리관계 또는 법적용에 관한 다툼을 적정하

---

경우도 있다(예컨대, 이상규, 『행정쟁송법[신정판]』, 법문사, 2000, 28-29, 232-233면; 홍준형, 『행정구제법』 제4판, 한울아카데미, 2001, 357, 450면 참조). 본고에서는 주로 행정소송의 목적만을 다루기로 하므로, 편의상 경우에 따라서 행정 "쟁송"의 목적을 행정 "소송"의 목적, 또한 주관 "쟁송"과 객관 "쟁송"을 주관 "소송"과 객관 "소송"으로 바꾸어 쓰기로 하나, 경우에 따라서는 혼용하는 경우도 있다.

9) 최송화, "한국의 행정소송법 개정과 향후방향", 『한·일 행정소송법제의 개정과 향후방향』, 한국법제연구원·한국행정판례연구회, 2003, 89면; 최송화, 한국의 행정소송법 개정과 향후방향, 『행정판례연구 Ⅷ』, 박영사, 2003, 442면.

10) 김남진, 『행정법 Ⅰ』 제7판(2002년도판), 법문사, 2002, 629면 이하; 김남진/김연태, 『행정법 Ⅰ』, 법문사 제9판, 2005, 583면 이하; 김도창, 『일반행정법론(상)』, 청운사, 1992, 672면; 김성수, 『일반행정법[행정법이론의 헌법적 원리]』 제2판, 법문사, 2004, 706면; 김철용, 『행정법 Ⅰ』 제8판, 박영사, 2005, 558면; 김향기, 『행정법개론』 제6판, 삼영사, 2004, 425면 이하; 류지태, 『행정법신론』 제8판, 신영사, 2004, 480면; 박균성, 699면 이하; 변재옥, 『행정법강의(Ⅰ)』, 박영사, 546면 이하; 석종현, 『일반행정법(상)』 제10판, 삼영사, 2003, 695면 이하; 유명건, 『실무행정소송법』 제3판, 박영사, 2005, 4면; 이상규, 29면; 정하중, 『행정법총론』 제2판, 법문사, 2004, 596면; 천병태, 『행정구제법(행정법 Ⅱ)』 제4판, 삼영사, 2004, 56면; 홍준형, 『행정구제법』 제4판, 한울아카데미, 2001, 355면 이하, 450면.

11) 다만 최근에는 행정소송의 두 가지 목적 중 행정에 대한 적법성통제 즉 행정통제기능을 강조하면서 이를 행정소송법 개정안에 적극적으로 반영하는 일련의 경향이 있다는 것은 주지의 사실이다. 이에 관하여는 후술한다.

게 해결함을 목적으로 한다"라고 규정하게 되었고, 이 조문은 현재까지 그대로 유지되어 오고 있다.

따라서 우리나라 행정소송의 목적을 논의함에 있어서는 행정소송법 제1조의 목적규정과 분리해서 논할 수는 없다. 게다가 행정소송의 목적과 우리나라 행정소송법 제1조 간에 체계적이고 합리적인 관계설정을 모색해 볼 현실적인 필요성이 나타나게 된다. 나아가 이러한 원리적인 행정소송의 목적이 행정소송의 실체심리에서 어떻게 반영되어 구현될 수 있는가의 문제와 직결되는 변론주의 및 직권탐지주의와 관련되는 행정소송법상의 관련 규정들과도 유기적인 관련 속에서 검토할 필요성도 있다. 이념적인 절차목적은 그 이념을 구현하는 실제 소송에서 소송자료의 수집책임의 분배에 관한 변론주의와 직권탐지주의와 같은 심리원칙과 밀접한 관계를 맺기 때문이다. 예컨대 "행정소송의 통제적 기능 때문에 행정소송법에 민사소송법과 다른 특별한 규정이 있는 경우는 물론 그러한 규정이 없더라도 민사소송의 지배원리인 당사자처분권주의가 그대로 적용될 수 없고 실체적 진실발견에 중점을 둔 직권주의적 요소가 강하게 요청된다"[12]고 하는 것도 이와 같은 취지이다.[13]

또한 우리나라 행정소송의 목적을 논함에 있어서는, 실제 행해진 심리의 결과인 판결의 효력 내지는 기속력과 관련된 규정들은 물론이고 우리나라 헌법상의 재판청구권과 관련된 규정들도 고려하여야 한다. 물론 이러한 헌법 및 실

---

12) 편집대표 김철용/최광진, 『주석 행정소송법』, 행정소송 총설 [김철용 집필부분], 박영사, 2004, 3면 주 6); 우리나라와 마찬가지로 독일에서도, 행정법원은 자신의 임무인 재판을 함에 있어서는 정확한 사실에 기초하여 재판을 할 책임이 있고, 즉 공법에서 실체적 적법성이 요구되므로 행정법원이 재판을 하는 경우에는 당사자의 행태에 의하여 좌우되어서는 안 된다고 한다. 이런 점에서 행정소송에서 사실관계를 조사함에 있어서 직권탐지주의가 관철되어야 한다고 한다. 다시 말해서 처분권주의는 권리구제기능에 봉사하는 것인 반면에, 직권탐지주의는 행정의 실체적 적법성통제에 봉사한다(Berg, Grundsätze des verwaltungsgerichtlichen Verfahrens, in: FS für C. F. Menger, München 1985, S. 542-543)고 하는 것과 일맥상통한다.

13) 이러한 문제는 역사적 관점에서 보면 일정 부분 국가관과도 밀접한 관련을 맺는다. 즉 절대주의 국가인 프로이센에서 보듯이 국가의 권위를 내세우는 시기에는 직권탐지주의가 전면에 나서게 되었고, 그 반면에 개인주의, 자유주의가 강조되는 시기에는 변론주의가 전면에 나서게 되었다고 한다. 한편 나치의 국가사회주의는 변론주의를 아예 제거하려고 하였다고 한다. 호문혁, 『민사소송법』 제3판, 법문사, 2003, 310면 이하; 호문혁, "민사소송에 있어서의 이념과 변론주의에 관한 연구," 『서울대학교 법학』 제30권 3·4호, 1989, 219-245면; Jauernig, §25 Ⅷ 3; Rosenberg/Schwab/Gottwald, §78 Ⅰ 1.

정소송법상의 규정들 간의 분석만으로 모든 것이 다 규명된 것은 아니다. 우리나라 행정소송의 운영실태, 행정소송과 다른 제 소송 즉 민사소송, 형사소송 및 헌법소송의 관계, 나아가 우리나라가 사법재판국가인가 행정재판국가인가라고 하는 헌법정책을 포함한 입법정책을 포괄적으로 고려하여야만 체계적이고 합리적인 고찰이 가능하다.[14)]

본고에서는 우리나라 행정소송의 목적에 관한 우리나라의 기존의 학설과 판례를 소개하고, 이러한 학설과 판례에서 나타나는 문제점을 구체적으로 검토한 후에, 결론적으로 우리나라 행정소송의 독자성이라는 차원에서 우리나라 행정소송의 목적과 우리나라 행정소송법 제1조를 비롯한 관련 규정 간의 체계적이고 합리적인 관계설정을 모색하여 보고자 한다.

## II. 예비적 고찰

### 1. 고찰의 범위와 목적

우리나라 행정소송의 목적에 관하여 본격적인 논의에 들어가기 전에 우리에게 일정 부분 시사점을 줄 수 있는 것으로는 기존 민사소송의 목적에 관한 논의와 독일 행정소송에 있어서 행정소송의 목적에 관한 논의를 들 수 있다.

전통적으로 우리나라는 사법재판국가에 속한다는 점에서 행정소송에 관한 논의는 통상의 민사법원과 밀접한 관계를 가지고 논의될 수밖에 없다. 민사소송은 절차의 일반법이라고 할 수 있다는 점에서도 그러하다. 따라서 행정소송의 목적을 논의함에 있어서 민사소송에서 절차의 목적을 어떻게 파악하고 있는가를 검토할 필요가 있다.

다음으로 우리나라 행정소송에 관한 논의를 함에 있어서 종래부터 이론적인 측면에서 많은 영향을 미치고 있는 독일 행정소송에 있어서 행정소송의 목적을 고찰하기로 한다. 종래부터 독일 행정소송이 전반적으로 주관소송적인 이론구성에 편향되었다고 하는 점에 대하여 비판적인 견해가 독일은 물론이고 특히 우리나라에서도 등장하고 있다는 점에서도 독일 행정소송에 있어서 행정소송의 목적에 관한 논의를 고찰할 필요가 있다.

---

14) 본고에서는 이 모든 문제를 전부 망라해서 다루는 것은 아니다. 행정소송의 목적의 규명을 주로 하고 나머지 문제들은 관련되는 곳에서 간략히 언급하기로 한다.

## 2. 민사소송의 목적[15]

### (1) 기존 학설내용 및 최근의 다원설적 경향

우리나라에서 민사소송의 목적에 관한 학설로서 주장되는 것으로는 사권보호설, 사법질서유지설, 사권보호 및 사법질서유지설, 분쟁해결설, 절차보장설 및 다원설 등이 내용이 소개되고 있다.

사권보호설은 개인의 권리를 중시하는 개인주의·자유주의의 입장에서 민사소송이 개인의 사법상 권리를 보호하기 위하여 존재한다고 한다.[16] 이러한 사권보호설 대해서는 사익의 보호라는 개인적 측면에서만 설명하려는 것은 개인권리의 과잉의식이라는 비판이 있다.[17] 사법질서유지설에 따르면, 국가는 개인의 주관적 목적과는 다른 그 자체의 목적이 따로 있다고 하는 전체주의 내지는 국가지상주의의 입장에서 민사소송이 국가의 사법질서를 유지하기 위하여 존재한다고 한다.[18] 이 설에 대해서는 권리보호를 구하는 당사자를 소송절차의 단순한 객체로 전락시킬 위험성이 있고, 그 바탕에는 전체주의적 국가관이 숨어 있다고 한다.[19] 사권보호 및 사법질서유지설에 따르면, 민사소송의 목적은 사권의 보호인 동시에 사법질서의 유지라고 한다.[20] 이 설에 대해서는, 어느 한 편의 소송목적만을 강조하는 경우에는 그와 어긋나는 다른 견해는 후퇴할 수밖에 없을 것이므로 권리보호와 사법질서유지를 동시에 민사소송의 목적으로 삼는 것은 곤란하다고 한다.[21] 분쟁해결설은 민사소송의 목적을 개인의 주관적

---

15) 우리나라 민사소송에서는 민사소송의 목적에 외에 민사소송의 이상에 관한 논의가 있다. 이와 관하여는, 호문혁, "민사소송에 있어서의 신의성실의 원칙,"『민사소송법연구 I』, 법문사, 1998. 5, 88면 이하; 호문혁, "민사소송에 있어서의 신의성실의 원칙,"『인권과 정의』, 대한변호사협회, 제166호, 1990, 24면 이하; 호문혁, "민사소송에 있어서의 신의성실의 원칙,"『판례월보』 제222호, 1989; 호문혁, "민사소송에 있어서의 신의·성실의 원칙 : 개정안 제1조의 검토,"『고시계』 34권 4호(제386호), 1989. 3, 59-64면 참조.

16) 강현중,『민사소송법』제6판, 박영사, 2004, 8면; 이영섭,『신민사소송법(상)』, 박영사, 1971, 18면. 이 설은 19세기 말 Wach와 Hellwig에 의하여 주장되어 한때 독일에서 통설의 지위를 점하였으나, 오늘날에는 이른바 신권리보호청구권설을 제창하는 Blomeyer와 Pohle에 의해 다시 지지를 얻고 있다고 한다고 하는 것에는 이시윤, 3면 참조.

17) 이시윤, 3면.

18) 현재 이 학설의 내용이 소개되고 있을 뿐(예컨대 호문혁, 8면) 이 학설만을 취하는 국내 학자는 없는 것 같다.

19) 이시윤, 3면.

20) 방순원,『민사소송법(상)』, 사법행정학회, 1987, 38면; 이시윤, 4면.

목적을 떠나 객관적 파악하여, 분쟁을 해결하기 위하여 민사소송이 존재한다고
한다.[22] 그러나 민사소송이 분쟁해결수단임은 틀림없으나 분쟁해결수단은 민사
소송에 국한되지 아니하며 화해·조정·중재 등도 분쟁해결수단이 되므로 이들
과 구별이 애매하게 된다는 비판이 있다.[23] 절차보장설은 민사소송의 목적을
판결이라고 하는 소송의 결말에서 찾을 것이 아니고 소송의 과정 그 자체를 중
시하여 소송과정에서 당사자 사이의 공격과 방어를 이루어야 할 가치를 정당하
게 평가하고 그로부터 소송목적을 찾아야 한다고 한다.[24] 이러한 절차보장설에
대해서는 당사자의 대등변론의 보장이 소송제도의 수단은 될 수 있어도 목적
자체가 될 수 없다는 비판이 따른다.[25]

본래 개인주의·자유주의가 강하게 대두되는 시기에는 사권보호설이, 개인
주의가 퇴색하는 시기에는 분쟁해결설이, 전체주의가 풍미하는 시기에는 법질
서유지설이 주로 주장되었는데, 오늘날은 사권보호설과 법질서유지설을 종합하
여 양자가 모두 민사소송의 목적이라고 하는 견해가 많이 주장된다고 한다.[26]
최근 우리나라의 민사소송에 있어서는 이러한 사권보호설, 사법질서유지설뿐만
아니라 절차보장설[27] 등을 포함하여 다양한 견지에서 포괄적으로 민사소송의
목적을 논의하고 있다. 예컨대 사권보호와 사법질서유지를 취하는 견해,[28] 사

---

21) 강현중, 9면.
22) 김홍규, 『민사소송법』 제7판, 삼영사, 2004, 3, 4면. 그런데 이 견해는 분쟁해결설을 근간
으로 하여 권리보호의 목적이나 법질서유지의 목적 또는 대등절차보장의 목적이 조화될
수 있도록 포섭하여야 할 것이라고 하는 점에서 보아 일종의 다원설적인 것으로 보인다.
23) 강현중, 9면.
24) 현재 이 학설의 내용이 소개되고 있을 뿐(예컨대 강현중, 10면), 이 학설만을 취하는 국
내 학자는 없는 것 같다.
25) 이시윤, 4면.
26) 호문혁, 8면 이하.
27) 우리나라 민사소송에서도 다원설적 견지에서 절차보장설을 포함시키는 경우도 있다(김
홍규, 3면; 전병서, 『민사소송법강의』 제4판, 법문사, 2002, 17면). 독일에서도 이에 해당
하는 논의로 법적 심문(rechtliches Gehör)에 관한 논의를 들 수 있다. Rosenberg/
Schwab/Gottwald, §85 I; Jauernig, §29 I; 우리나라에서도 당사자는 소송절차의 주체
로서 그 지위에 상응한 대우를 받을 절차적 기본권이 있다고 풀이하여야 할 것이므로,
당사자가 가지는 절차적 기본권이 침해되는 경우에는 헌법소원에 의하여 구제받을 수
있다고 한다. 정동윤, 『민사소송법』, 법문사, 2001, 160면; 적법절차는 우리 헌법 제12조
상에 그 근거가 있다고 할 수 있다. 김철수, 『헌법학개론』 제17전정신판, 박영사, 2005
년, 546면 이하 참조.
28) 이시윤, 3면.

권보호, 사법질서유지 및 분쟁해결을 취하는 견해,[29] 사권보호, 사법질서유지, 분쟁해결에다가 절차보장설도 포함하는 견해[30]가 나오고 있다. 뿐만 아니라 아예 사권보호, 사법질서유지, 분쟁해결, 절차보장, 당사자간의 공평, 절차의 적정·신속, 소송경제 등 그 내용에 있어서 다소 중복은 있더라도 조정되어야 할 민사소송의 목적(가치)으로서 인식되어야 할 것이라고 하는 견해,[31] 생동하는 민사소송의 모습과 본질을 제대로 파악하기 위해서는 다양한 목적들을 고려한다고 하는 견해[32]도 등장하고 있는 것이다.

### (2) 민사소송과 변론주의

민사소송은 사권보호설은 사적자치의 소송법상의 표현이라고 하는 변론주의를 자연스럽게 강조하게 된다고 할 수 있다. 변론주의는 소송자료를 수집함에 있어서 그 책임을 법원이 아니라 당사자에게 맡기는 심리원칙으로서 이는 우리나라는 물론이고 독일의 경우도 일반적으로 인정되는 민사소송상의 기본적인 소송원칙이다.[33] 변론주의는 민사소송을 관통하는 대원칙임에도 불구하고 민사소송법에는 변론주의를 인정하는 명문의 근거 규정은 없다.[34]

### (3) 우리나라 행정소송의 목적에 관한 논의에 있어서의 시사점

우리나라는 건국헌법 이래로 연혁적으로 행정소송을 일반법원의 관할로 인정한다는 점에서 행정재판국가라기보다는 사법재판국가에 속한다.[35][36] 따라

---

29) 호문혁, 8-9면.
30) 김홍규, 3면 이하.
31) 전병서, 17면.
32) 호문혁, 9면.
33) 송상현, 438면; 이시윤, 274면; 호문혁, 310면.
34) 예컨대 민사소송법규칙 제69조, 제134조 제1항, 제146조, 제288조, 제204조, 제292조, 제256조, 제257조, 제258조 등의 규정이 간접적으로 민사소송에 변론주의가 채택되어 있음을 말하는 근거라고 한다. 송상현, 438면; 이시윤, 274면; 호문혁, 310면; 한편 독일 민사소송법에는 우리나라 민사소송법에서와 마찬가지로 변론주의에 관한 명시적인 근거 규정은 없음에도 독일 민사소송에서는 변론주의가 지배함은 의문의 여지가 없다고 한다. Jauernig, §25 Ⅳ 참조.
35) 권영성, 『헌법학원론』 개정판[2005년판], 법문사, 2005, 823-824면; 김철수, 1342, 1380-1381, 1404-1407면; 허영, 『한국헌법론』, 전정신판, 박영사, 2005, 989면 이하; 다만, 우리나라는 사법국가주의에 속한다고 하면서도 행정법원을 제1심으로 하고, 임의적 선택주의 행정심판, 제소기간의 한정, 직권심리주의를 가미한다는 점에서 순순한 사법국가주

서 우리나라에 있어서는 소송법규정이나 소송제도 그리고 재판실무상 행정소
송은 민사소송과 상호 밀접한 관계[37]를 맺을 수밖에 없다. 이는 소송법규정상
으로도 행정소송에 있어서는 행정소송법 제8조 제2항의 규정에 의하여 민사소
송법규정을 준용하고 있을 뿐만 아니라 민사소송은 절차의 일반법이라는 점에
서도 더욱 그러하다.

위에서 고찰한 바와 같이, 민사소송에 있어서 절차목적을 다원적으로 파악
하는 경향[38]이 증가한다는 것은 민사소송의 목적을 어느 한 가지로 관철할 필
요가 없다는 점을 반증한다. 이는 민사소송과 밀접한 관계에 있는 행정소송의
목적에 관한 논의에 있어서도 어느 한 가지의 목적만을 관철시키는 것을 고집
할 논리필연적인 이유는 없다는 점을 시사한다.

한편 민사소송의 심리원칙은 사적자치의 소송법상의 표현인 변론주의인데
이는 행정소송법 제8조 제2항에 의하여 행정소송에서도 인정된다는 점에서 행
정소송과 깊은 관계가 있다. 우리나라 행정소송에서는 민사소송상의 변론주의
가 준용되어 인정될 뿐만 아니라, 공익과 관련된 경우에는 행정소송법 제26조
에 의하여 직권탐지주의도 일정부분 인정된다. 따라서 이러한 행정소송에서의
변론주의와 직권탐지주의에 관한 행정소송법 제8조 제2항, 제26조의 규정들과
행정소송의 목적에 관한 행정소송법 제1조의 규정 간의 합리적이고 체계적인
관계설정이 문제가 된다.

의는 아니라고 하는 것에는, 권영성, 824면 참조.
36) 우리나라가 사법재판국가이므로 행정법원의 설치문제가 특별히 논의되는 것이다. 김철
수, 1406면 이하; 권영성, 823면 이하; 허영, 989면 이하; 1988년 법원조직법을 개정하여
행정법원과 특허법원을 독립시켰다. 비록 일부지역에 행정법원이나 특허법원이 개설되
어 있으나 그러나 이러한 법원을 포함한 전국의 각급법원이 하나의 단일한 대법원의 하
부조직이라는 점에서 우리나라는 사법재판국가임에는 변함이 없다.
37) 대법원 1982. 3. 23. 선고 80누476 판결(공1982상, 441).
38) 독일에 있어서도 민사소송의 목적을 주관적 권리구제, 공익의 보호, 객관적 법의 유지,
법적 평화의 확보, 사적 분쟁의 해결 등 다원적으로 파악하는 것으로는, Rosenberg/
Schwab/Gottwald, §1 Ⅲ 참조; 이에 반하여 민사소송의 목적으로 개인의 사권실현이 우
선된다고 하는 견해는, Jauernig, §1 Ⅱ 1 참조.

## 3. 독일 행정소송에 있어서 행정소송의 목적

### (1) 독일 행정소송의 목적

독일 행정재판을 역사적으로 고찰해 보면,[39] 행정소송에 있어서 행정구제와 행정통제라고 하는 행정소송의 2가지 목적은 본래 독일에서 남독일의 주관적 모델과 북독일의 객관적 모델과 각각 관련성을 가지고 형성된 것이다. 이런 독일에서는 과거 프로이센 이래로 2차대전 전까지는 행정통제가 중요시되었으나, 2차대전 후에는 미국등의 영향으로 개인이 주관적 권리구제가 중시되게 되었다.[40]

오늘날 독일 행정소송에 있어서 일반적인 견해에 따르면, 행정소송의 기능은 개인의 주관적 권리구제가 행정소송의 제1차적인 목적 내지는 기능이라고 파악한다. 이는 독일 헌법(GG) 제19조 제4항의 규정 즉 "누구든지 공권력에 의하여 자기의 권리가 침해된 경우에 권리구제절차가 보장된다"라고 하는 권리구제절차보장(Rechtsschutzgarantie) 규정에 근거하는 것이다. 이와 같은 권리구제절차는 단지 추상적으로 보장되어서는 아니 되고, 충분히 명백하게 특정되어야만 한다고 한다.[41] 따라서 이러한 주관적 권리는 단지 법원에의 접근할 수 있는 것에만 그 의미가 있는 것이 아니라 법원의 심사범위에 있어서도 중요한 것이다. 즉 행정결정이 위법하고 그러한 결정에 의하여 자기의 권리가 침해된 경우에만 승소한다. 따라서 이는 객관적 법위반만으로는 충분하지 아니하고, "권리와 위

---

39) 독일 행정재판에 있어서 관한 역사적 고찰로는, Würtenberger, S. 16-32 ff.; Marcel Kaufmann, Untersuchungsgrundsatz und Verwaltungsgerichtsbarkeit, Tübingen : Mohr Siebeck, 2002 참조. 특히 주관적 권리모델과 객관적 법모델에 관해서는, Marcel Kaufmann, S. 160-169 ff. 이하 참조.

40) 남독일 지역에 있어서 행정재판의 기능은 행정의 임무와 구별되는 것으로서 우선적으로 시민의 주관적 권리보호에 있고(Badura, Grenzen und Alternativen des gerichtlichen Rechtsschutzes in Verwaltungsstreitsachen, JA 1984, S. 83 ff.), 이런 지역에서는 변론주의가 우세하게 된다. 프로이센에서는 행정소송의 목적으로 행정을 통제한다는 견해가 우세하였다. 행정법원의 활동은 행정임무의 연속으로 보게 되고 그 절차에서 사실관계의 확정은 법원 자신의 책임에 맡겨지게 되는 직권탐지주의에 의하게 된다(Renate Köhler-Rott, Der Untersuchungsgrundsatz im Verwaltungsprozeß und die Mitwirkungslast der Beteiligten, München, 1997, S. 10; Ule, Zum Verhältnis von Zivilprozeß und Verwaltungsprozeß, in: DVBl. 1954, S. 137-141)

41) Schmidt-Aßmann, in Schoch/Schmidt-Aßmann/Pietzner, Verwaltungsgerichtsordnung Kommentar, Müchen, 1999, Band 1, Einleitung, Rn. 161.

법성 간의 견련성(Rechtswidrigkeitszusammenhang)이 요구되는데, 이러한 견련성은 보호규범에 의하여 특정된다고 한다.[42] 따라서 모든 객관적 법위반은 주관적 권리침해로 되지 아니하고, 오히려 법위반과 권리침해 간의 특별한 견련성이 있어야 한다.[43] 이러한 것은 독일 헌법과 행정소송법의 명문의 규정에 의한 것이다. 즉 독일 헌법 제19조 제4항에서 "권리가 침해된 경우에 권리구제절차가 보장"되고 그에 따라 제정된 독일 행정소송법 제42조 제2항[44]에서 원고는 "자신의 권리가 침해되었음을 주장한 경우"에 소를 제기할 수 있다고 하여 권리침해의 주장을 원고적격으로 요구하고, 같은 법 제113조 제1항 제1문에서 "행정행위가 위법하고 원고가 그로 인하여 자기의 권리를 침해받은 경우에는 법원은 당해 행정행위 및 그 밖에 재결을 취소한다"라고 규정하여 "행정행위의 위법성"과 "권리침해"를 요구하고 있는 데에서 근거한 것이다. 즉 원고적격과 본안심리에서 위법성과 권리침해가 견련성을 가지고 있다.[45]

그와 더불어 행정소송의 기능을 개인의 권리구제보장에만 한정시키지 아니하고 그와 동시에, 독일 헌법 제20조 제3항[46]에 근거하여 행정재판은 행정의 합법성을 보장하여야 하므로 결국 행정소송의 기능은 행정의 적법성통제에도 봉사하는 것이라고 한다.[47][48] 다시 말해서 행정소송에 있어서 주관적 권리를

---

42) Schmidt-Aßmann, Das allgemeine Verwaltungsrecht als Ordnungsidee, Grundlagen und Aufgaben der verwaltungsrechtlichen Systembildung, Heidelberg, 1998, S. 187; Schmidt-Aßmann, in Schoch/Schmidt-Aßmann/Pietzner, Verwaltungsgerichtsordnung Kommentar, Müchen, 1999, Band Ⅲ, §113 Rn. 4, 11-19; Krebs, Subjektiver Rechtsschutz und objektive Rechtskontrolle, in: FS für C. F. Menger, München 1985, S. 204-207.

43) Schmidt-Aßmann, in Schoch/Schmidt-Aßmann/Pietzner, Verwaltungsgerichtsordnung Kommentar, Müchen, 1999, Band Ⅲ, §42 Abs. 2, Rn. 48; 권리침해는 객관적 위법성의 결과이다. 객관적 법 위반은 동시에 원고의 주관적 권리를 침해하는 것인데, 왜냐하면 취소소송을 제기하여 다투는 객관적 위법성은 마치 원고의 주관적 권리의 침해인 것으로 반영되기 때문이라고 한다고 하는 것에는, Weyreuther, Die Rechtswidrigkeit eines Verwaltungsaktes und die "dadurch" bewirkte Verletzung in … Rechte, in: FS für C. F. Menger, München 1985, S. 691 참조.

44) 독일 행정소송법 제42조 제2항은 "법률에 달리 규정하지 아니한 한, 원고는 행정행위 또는 그 거부나 부작위에 의하여 자기의 권리가 침해되었음을 주장하는 경우에 한하여 소를 제기할 수 있다"라고 규정하고 있다.

45) Schmidt-Aßmann, in Schoch/Schmidt-Aßmann/Pietzner, Verwaltungsgerichtsordnung Kommentar, Müchen, 1999, Band Ⅲ, §42 Abs. 2, Rn. 43-49, §113 11-19.

46) 독일 헌법 제20조 제3항 입법은 헌법질서에 구속되고, 집행과 사법은 법률과 법에 구속된다.

구제하는 절차가 합헌성과 합법률성의 통제에도 기여한다는 것은 자명(selbstver-ständlich)한데, 이는 주관적 권리와 객관적 법이 동행(miteinander gehen)하기 때문이라고 한다.[49] 이 점에서 주관적 권리구제와 객관적법보호는 택일적인 것이 아니라고 한다.[50] 그리하여 독일 헌법상 법치국가는, 모든 행정활동이 객관적 법에 구속된다는 것(독일 헌법 제20조 제3항)과 행정법원에 있어서 주관적 권리행사의 보장(독일 헌법 제19조 제4항) 간에 정교한 균형(kunstvolle Balance)을 그 특징으로 한다고 한다.[51]

또한 독일 헌법 제20조 제3항과 제97조 제1항[52]에 의하여 공권력의 담당자로서 행정법원은 법률과 법에 구속되어야 하고 그리고 공법을 실현하여야 하므로 정확한 사실적인 기초에 근거하여 판결을 하여야 할 책임이 있다고 한다. 따라서 행정법원이 재판을 함에 있어서는 당사자의 행동에 의하여 좌우되어서는 안 된다고 한다. 바로 여기에서 직권탐지주의(Untersuchungsmaxime)가 요청되는 계기가 된다고 한다.[53] 이러한 직권탐지주의는 객관적 법치국가적 통제목적에 봉사하는 것이고, 법원은 이러한 객관적 법치국가적 통제를 주관적 권리구제를 하는 기회에 부수해서 수행하는 것이라고 한다.[54] 행정소송에서 행정통제

---

47) Berg, S. 542; Tschira/Glaeser, Verwaltungsprozessrecht, Richard Boobergverlag, 1994, Rn. 541; Schmidt-Aßmann, Art. 19 Abs. 4, in: Maunz-Dürig, Grundgesetz, Kommentar, München, 1999, Rn. 219; Sodan/Ziekow (Hrsg.), Nomos-Kommentar zur Verwaltungsgerichtsordnung, Baden-Baden, 1998, §86 Rn. 14.

48) 독일에서도 행정소송의 절차적 목적을 행정구제와 행정통제를 포함하여 다원적으로 파악하는 경우도 있다. 예컨대 Würtenberger에 따르면, 행정소송에 있어서 절차의 목적을 개인의 권리구제, 행정통제 이외에도 법관이 상황에 따라 법률을 적용하고 보충함으로써 행정법을 지속적으로 형성하는 기능, 그리고 법관이 분쟁당사자가 수긍할 수 있는 재판을 함으로써 달성될 수 있는 법적 평화를 달성할 수 있는 기능 등을 들고 있는 경우도 있다. Würtenberger, A. I. 2.

49) Schmidt-Aßmann, Funktionen der Verwaltungsgerichtsbarkeit, in FS C. F. Menger, München 1985, S. 109.

50) Schmidt-Aßmann, Art. 19 Abs. 4, in: Maunz-Dürig, Grundgesetz, Kommentar, Rn. 9.

51) 그런데 이러한 균형은 행정사법(Verwaltungsjustiz)이 새로운 형식의 정치적인 영향을 받게 되는 경우에는 깨어지고, 그 경우에는 법률에의 엄격한 구속을 넘어서서 민주적 정통성을 포착할 수 있는 것이다. 정치적인 형성임무의 과도한 요구로 인한 행정재판권이 약화될 위험에 관하여는 V. Götz, Handlungsspielräume der Verwaltung und Kontrolldichte gerichtlichen Rechtsschutzes, S. 252 f. 참조.

52) 독일 헌법 제97조 제1항 법관은 독립이며 법률에만 따른다.

53) Berg, S. 543.

54) Sodan/Ziekow, §86 Rn. 14. 이와 같은 취지로는 Berg, S. 537, 542; Nierhaus, Beweismaß

의 기능이 전면에 나선다면 그 절차의 개시는 직권에 의하는 원칙이므로, 권리
침해된 자가 소를 제기하였다고 하는 우연성에 의존해서는 안 된다고 한다. 그
러나 행정에 대한 법적 통제는 개인의 권리구제의 틀 내에서 이루어져야 한다.
따라서 법원은 단지 행정의 통제목적만을 위하여 활동하는 것은 아니라고 한
다.[55] 다만 독일에 있어서 행정재판이 사법권의 일부로서 채택되었음에도 불구
하고 오늘날에도 연방행정법원(Bundesverwaltungsgericht)은 권리구제기관이라기
보다는 감독 내지는 통제기관으로 이해된 프로이센의 전통으로부터 완전히 탈
피하지 못하였다고 한다.[56]

### (2) 독일 행정소송과 직권탐지주의

독일 행정소송에서는 소송자료의 수집책임을 법원이 부담하는 직권탐지주
의가 지배한다는 것이 일반적인 견해[57]이다. 이는 독일 행정소송법 제86조 제1
항에서 "법원은 직권으로 사실관계를 탐지하고 이 경우에 관계인을 참여시켜야
한다. 법원은 당사자의 주장과 증거신청에 구속되지 않는다"[58]라는 규정에 근
거한다. 바로 이러한 규정에 의하여 독일에서는 사익이 우월한 민사소송에서는
원칙적으로 변론주의가, 상대적으로 공익이 우월한 행정소송에서는 직권탐지주
의가 채택되었다는 점에서 민사소송과 행정소송이 구별되는 것으로 파악하고

---

und Beweislast, Untersuchungsgrundsatz und Beteiligtenmitwirkung im Verwaltungs-
prozeß, München, 1989, S. 259, 342; Schmidt-Aßmann, Art. 19 Abs. 4, in: Maunz-Dürig,
Grundgesetz, Kommentar, München, 1999, Rn. 219 참조.

55) Renate Köhler-Rott, S. 120.

56) Kopp, Entwicklungstedenzen in der Verwaltungsgerichtsbarkeit, in : BayVBl., 1977, S.
513-514.

57) Bader/Funke-Kaiser/Kuntze/von Albedyll, Verwaltungsgerichtsordnung, Kommentar an-
hand der höchstrichterlichen Rechtsprechung, Heidelberg, 1999, §86; Eyermann/Fröher,
Verwaltungsgerichtsordnung, 10. Aufl., München, 1998, §86; Hufen, Verwaltungs-
prozeßrecht, 4. Aufl., München, 2000, §35 Rn. 21; Huhla/Hüttenbrink, Verwaltungs-
prozeßrecht, München, 1988, E. Rn. 155; Kopp/Schenke, Verwaltungsgerichtsordnung, 12.
Aufl., München, 2000, §86; Redeker/von Oertzen, Verwaltungsgerichtsordnung, 12. Aufl.,
Stuttgart, 1997, §86; Tschira/Glaeser, S. 306 ff.; Schmidt-Aßmann, in Schoch/Schmidt-
Aßmann/Pietzner, Verwaltungsgerichtsordnung Kommentar, Müchen, 1999, Band Ⅲ,
§86; Sodan/Ziekow, §86; Ule, Verwaltungsprozessrecht, Neunte, überarbeitete Aufl.,
München, 1987, §26 Ⅰ.

58) 이러한 내용의 규정은 독일 재정법원법(FGO) 제76조 제1항, 독일 사회법원법(SGG) 제
103조에도 규정되어 있다.

있다.59) 독일 행정소송에는 직권탐지주의를 채택한 결과 소송자료의 수집책임을 법원에게 부과하게 되어 법원의 부담만을 가중되어 이를 완화할 필요성이 나타나게 되었고 따라서 당사자의 참여 내지는 협력책임을 인정하고 있다.60)

### (3) 우리나라 행정소송의 목적에 관한 논의에 있어서의 시사점

위에서 본 바와 같이, 독일 행정소송에 있어서 행정소송의 목적에 관하여는 개인의 주관적 권리구제를 우선하고 그와 부수하여서 행정에 대한 통제가 이루어진다고 함을 알 수 있다. 그런데 이러한 독일에 있어서 통설적인 견해61)는 2차세계대전 후 미국 등의 영향을 받아 행정재판제도의 개혁 등의 결과이기도 하지만, 실정법적으로는 독일 헌법 제19조 제4항의 규정을 비롯한 독일 행정소송법 제42조 제2항, 제113조 제1항 제1문, 제5항 제1문62) 등 독일 실정법상의 규정들에 근거하여 주관적 권리구제를 행정통제에 대하여 우선시하게 된 것이다. 종래부터 우리나라 행정소송에 있어서는 이와 같은 독일의 영향을 받아들여서 행정소송에서 주관적 성격을 강조하여 온 것은 사실이다. 후술하는 바와 같이, 바로 이와 같은 독일의 행정소송이론의 영향을 받은 우리나라에 있어서 행정소송의 주관적 성격을 강조하는 견해와 최근에 이를 비판하고 새로이 행정소송의 객관적 성격을 강조하는 견해 간에 공방이 벌어지고 있다.

행정소송의 심리원칙과 관련하여서, 독일은 행정소송법 규정상 직권탐지주의가 원칙이므로 이로 인하여 법원의 부담을 완화하기 위하여 여러 가지 방안이 모색되고 있다. 그 반면에 우리나라에서는 행정소송법 제8조 제2항에 의

---

59) Sodan/Ziekow, §86 Rn. 2; 또는 행정의 적법성심사와 효과적인 권리구제의 원칙으로부터 나온다고 한다. Kopp/Schenke, §86 Rn. 1.

60) Bader/Funke-Kaiser/Kuntze/von Albedyll, §86 Rn.20; Eyermann/Fröhler, §86 Ⅲ. 3; Hufen, §35 Ⅳ. 2; Kopp/Schenke, §86 Rn. 11; Redeker/von Oertzen, §86 Rn. 10.

61) 물론 이설도 있다. 예컨대 행정소송에서 개인의 이익의 보장이 아니라 공중의 이익의 보장이 제1차적인 것이라고 하는 것에는, K. E. Frhr. v. Turegg, Die Prozeßmaximen im Verwaltungsprozeß, in : FS für Heinrich Lehmann zum 80. Geburtstag, Ⅱ. Band, 1956, S. 849-853 ff.; 그 외에도 독일에서도 프랑스 행정재판제도를 참조하여 주관적 법치국가원리에서 탈피하여 객관적 법치국가원리로 이행하여야 한다고 주장하는 것에는, Bleckmann, Zur Dogmatik des Allgemeinen Verwaltungsrecht Ⅰ, Nomos Verlagsgesellsachaft, Baden-Baden, 1999, S. 67-99, 175-203 참조.

62) 독일 행정소송법 제42조 제2항은 원고적격으로서 권리침해를 요구하고, 제113조 제1항 제1문, 제5항 제1문은 위법성과 더불어 권리침해를 규정한다.

하여 민사소송상의 변론주의가 준용되고 나아가 공익과 관련하여 행정소송법 제26조상의 직권탐지주의가 어느 정도 인정되는가 여부에 관하여 논의가 대립하고 있다.[63] 따라서 변론주의와 직권탐지주의에 관련된 규정인 행정소송법 제8조 제2항과, 제26조와 행정소송의 목적에 관한 규정인 행정소송법 제1조 간의 합리적이고 체계적인 관계설정이 문제가 된다.

## Ⅲ. 학설 및 판례

### 1. 개요

행정소송의 목적에 관한 논의에 있어서는 기본적으로 행정소송에 의하여 달성하고 하는 목적이 무엇인가의 문제, 그리고 이러한 행정소송의 목적을 실정소송법상 채택하는 것이 입법형성의 자유에 속하는 입법정책에 속하는가의 문제가 있다. 그러나 주로 우리나라 행정소송의 목적에 관한 논의에 있어서 그 견해의 대립이 의미가 있는 것으로는, 행정소송의 목적인 행정구제와 행정통제 중 어느 것을 우위로 하는가라고 하는 행정소송의 목적들 간의 우열문제와, 현행 행정소송법 제1조를 어떠한 행정소송의 목적을 입법화한 것인가라고 하는 현행 행정소송법 제1조의 해석론 문제로 나누어 볼 수 있다.[64]

이하에서는 먼저 위와 같은 학설의 구체적 내용을 검토하고, 이어서 행정소송의 목적과 관련된 우리나라 판례를 소개하기로 한다.

### 2. 학설의 구체적 내용

#### (1) 행정소송의 목적과 입법정책적 문제

#### 1) 행정소송의 목적

이미 서두에서 인용한, "행정소송이 국민의 권익구제를 위한 것임과 동시에 행정의 적법성을 확보하기 위한 것이라는 것을 부정할 수는 없을 것이다"라

---

63) 이에 관하여는, 최선웅, "행정소송법 제26조의 해석에 관한 일 고찰 — 우리나라 행정소송의 독자성을 모색하며 —", 『행정법연구』 제10호, 2003. 하반기 참조.

64) 서두에서 밝힌 바와 같이, 행정소송법 제1조의 해석문제는 행정소송의 문제임에 분명하나, 기타의 문제에 있어서는 행정심판과 행정소송을 포괄하는 행정쟁송의 문제로 파악하는 것이 일반이다. 따라서 행정소송법 제1조의 해석의 문제가 명백한 경우에는 "행정소송"이라고 기술하고, 필요한 경우에는 "행정쟁송"과 "행정소송"을 혼용하기로 한다.

고 하는 바와 같이, 극히 일부의 예외[65]가 없는 것은 아니지만 우리나라의 행정
소송에 있어서 행정소송의 목적에 관한 견해를 종합하면, 행정소송의 목적 내
지 기능을 국민의 권익구제와 행정에 대한 적법성통제 즉 행정구제와 행정통제
2가지로 파악하고 있다.[66] 후술하는 바와 같이, 최근 후자 즉 행정소송의 객관
적 성격을 강조하는 견해[67]가 등장하고 있다. 그러나 이 견해도, 예컨대 "객관
소송이라 함은 원고적격에 아무런 제한이 없는 만인소송이라는 의미가 아니라
— 어떠한 방식으로 원고적격이 제한되든지 간에 — 소송의 본질적 목적이 행

---

65) 행정소송의 목적을 행정구제와 행정통제라고 하는 통설적인 견해와 달리, 행정소송의
   목적 내지 기능을 Ⅰ. 관련사인의 보호(권리구제기능), Ⅱ. 행정법질서의 보호(행정통제
   기능), Ⅲ. 행정의 효율성확보(임무경감기능)로 파악하는 견해가 있다(홍정선,『행정법원
   론(상)』제13판(2005년판), 2005면 이하 참조). 이러한 견해에 대하여는 "행정의 효율성
   확보란 행정소송의 목적이라기보다는 어디까지나 행정법이 고려해야 할 또는 행정소송
   법이 아울러 고려하고 있는 법익이라고 해야 한다. 행정소송에서 법원은 이러한 법목적
   을 판결정책적 차원에서 고려할 수 있으며 또 고려하는 것이 합목적이라고 하겠지만, 행
   정소송이「행정의 효율성확보」를 '목적으로 한다'는 것은 적절치 못한 표현이다"는 비판
   이 있다(홍준형, 450면 이하). 이러한 비판에 대한 반론으로, "이러한 비판은 저자의 접
   근방법에 대한 이해 없이 이루어진 것이 아닌가 생각된다. 저자가 전통적 입장과 달리
   행정소송의 기능(목적)을 세 가지로 제시한 것은 소송에 직접 관계하는 자에 세 가지 부
   류, 즉 재판을 하는 자(법원), 재판을 제기하는 자(원고인 사인) 그리고 재판의 제기를
   당하는 자(피고인 행정청)가 있는바, 그 자마다 소송의 의미를 새기는 것도 필요하다고
   보았기 때문이다. 그리하여 원고와 관련하여서는 권리구제기능, 법원과 관련하여서는
   행정통제기능, 피고와 관련하여서는 임무경감기능을 논급하였던 것이다. 저자 역시 이
   러한 기능들이 모두 동등한 평가를 받아야 한다고 보지는 않는다"라고 하고 있다(홍정
   선, 730면 주1), 밑줄 필자).
      행정소송의 목적을 Ⅰ. 권리구제기능, Ⅱ. 행정통제기능, Ⅲ. 임무경감기능 등 3가지로
   파악하는 견해 스스로 밝힌 바에서 보듯이, 자신의 견해는 행정소송의 목적 내지 기능을
   원고, 법원, 행정의 3자간에서 본 소송의 의미를 분석하여 본 것이라고 하고, 그리고 이
   러한 3가지 "기능들이 동등하게 평가를 받는다고 보지 않는다"고 하고 있다. 또한 이 견
   해가 주장하는 "행정의 효율성확보"라는 것은 행정의 효율성확보를 고려한 결과 국민의
   권익구제기능이 일부 약화될 수 있는 영역이 있다는 정도의 그치는 것이라고 한다면 이
   역시 국민의 권익구제의 기능의 틀 내에서 고려될 수 있는 것이라고 할 수 있다. 그렇다
   고 한다면 결국 행정소송의 목적은 위 3가지 중 앞 2가지 목적 즉 권리구제기능과 행정
   통제기능으로 압축될 수 있다는 것 자체를 부정하는 것은 아니라는 점에서 통설과 그다
   지 큰 차이가 있다고 할 수 없다.
66) 김남진, 2002년도판, 629면 이하; 김남진/김연태, 583면 이하; 김도창, 672면; 김성수,
   706면; 김철용, 558면; 김향기, 425면 이하; 류지태, 480면; 박균성, 699면 이하; 변재옥,
   546면 이하; 석종현, 695면 이하; 유명건, 4면; 이상규, 232면; 정하중, 596면; 천병태, 56
   면; 홍준형, 355면 이하, 450면.
67) 이에 관하여는 후술한다.

정의 적법성 통제에 있다는 의미이고, 이와 아울러 원고의 권리 및 이익의 구제
에 이바지할 수 있음은 별론이다"[68]라고 하거나, 나아가 결정적으로 "객관소송
이라고 해도 주관소송적 요소가 전혀 없는 것이 아니고 — 주로 원고적격 단계
에서, 그러나 예외적으로 본안 단계에서도 — 어느 정도 존재할 수 있다. 그러나
본질적으로 다른 점은 독일식의 철저한 주관소송은 오로지 권리침해의 구제를
그 본래의 목적으로 하고 행정에 대한 적법성 통제는 부차적인 목적 또는 부수
적인 결과로 보는 반면, 객관소송은 행정에 대한 적법성 통제를 주된 목적, 최
소한 권리침해의 구제와 대등한 목적으로 삼는다는 점이다"[69]라고 한다. 이는
행정소송의 객관적 성격을 강조한 것에 불과한 것이고 따라서 아무리 행정소송
이 객관적 성격을 강조하더라도 결국은 주관적 성격을 완전히 배제하는 것은
아니라고 스스로 인정한 것으로 보인다.[70] 따라서 이 견해도 기본적으로는 행
정소송의 주관적 성격을 완전히 배제하고 있는 것은 아니다.

### 2) 입법정책적 문제

행정소송에서 행정구제와 행정통제를 실정소송법규정에서 실제로 어느 정
도 채택하는가는 나라마다 다르고 소송유형에 따라서 다르게 나타날 수 있는
기본적으로 입법정책적이다. 따라서 기본적으로 행정구제와 행정통제 양자가
공존하고 있는 것이고 다만 그 정도차이만 있는 것으로 보는 것이 주류적인 견
해이다.[71] 즉 예컨대 "행정쟁송제도의 두 가지의 목적이 실정법제도로서 어떻
게 나타나는지는 각국의 입법정책의 문제라 하겠으나, 이 양자 사이에 비중의
차이는 있어도 모든 행정상의 쟁송제도는 이 두 가지의 목적을 아울러 가지고
있다"[72]고 하는 견해가 그것이다. 실질적 법치주의의 원리에 입각한 현대의 헌
법 아래에서, 현대행정의 다양한 전개 및 행정의 활동에 의해 생길 수 있는 다

---

68) 박정훈, "행정소송법 개정의 주요쟁점,"『공법연구』제31집 제3호, 2003. 3, 54면 이하;
이와 유사한 표현은 박정훈, "행정입법에 대한 사법심사,"『행정법연구』2004년 상반기,
2004, 149면에도 나온다.
69) 박정훈, 취소소송의 성질과 처분 개념,『고시계』, 2001. 9, 15면.
70) 이에 관한 상세한 내용은, 최선웅, 행정소송에서의 석명의무의 인정근거 — 우리나라 행
정소송의 독자성을 모색하며 — ,『행정법연구』, 2003년 상반기, 2003, 117면-142면 참조.
71) 김성수 7007면; 박균성, 669면; 박윤흔, 803면; 서원우, "현대의 행정소송과 소의 이익 —
법률상 보호된 이익설 비판 — ,"『고시연구』, 1990. 9, 77면 이하; 이상규, 28면.
72) 이상규, 28면; 행정소송에서 행정구제와 행정통제 중 어느 것에 중점을 놓을 것인가도
역시 그 나라의 현실적 제도 여하에 따라 국가마다 차이가 있다고 하는 것과 이와 마찬
가지의 견해이다. 박윤흔, 803면.

양한 이해대립상황을 전제로 하면서 행정구제와 행정통제는 "수레의 두 바퀴"
와 같은 것이라고 하는 것이나,[73] 행정쟁송에는 권익구제와 행정통제라고 하는
두 가지 요소가 서로 융합되어 공존되고 있다고 하는 것[74]도 이와 마찬가지의
취지이다. 물론 전술한 바와 같이, 최근의 행정소송의 객관적 성격을 강조하는
견해도 행정소송의 주관적 성격을 완전히 배제하는 것은 아니라는 점에서 일단
행정소송에서 행정구제와 행정통제의 공존을 인정하는 것이라고 본다.

　　이와 같이 행정소송의 목적인 행정구제와 행정통제에 관한 입법정책을 각
국가별과 소송유형별로 검토하는 예를 들어보면 다음과 같다. 우선 먼저 국가
별 입법정책에 따라서, "우리나라 항고소송제도는 행정통제보다는 국민의 권리
구제에 중점이 두어지고 있는 데 반하여 프랑스의 월권소송제도(취소소송제도)는
행정통제에 중점이 두어지고 있다"[75]고 하는 경우를 들 수 있다. 또한 소송유형
별 입법정책에 따라서, "공법상 당사자소송은 항고소송에 비하여 행정통제보다
권리구제의 기능이 강하다. 헌법소원은 국민의 권리(기본권)구제제도이기는 하
지만 항고소송에 비하여 행정통제제도로서의 성격이 강하다고 할 수 있다. 행
정심판은 행정소송보다 행정통제기능이 강하다고 할 수 있다"[76]고 하거나, "항
고소송과 당사자소송은 국민의 권익보호를 일차적인 목적으로 하지만 아울러
법집행의 적법성 보장도 또한 그 중요한 목적이 된다. 그러나 객관소송에서는
법집행의 적법성 확보가 일차적이고 직접적인 과제가 된다"[77]고 하거나, "항고
쟁송과 당사자쟁송은 개인의 권익구제의 기능이, 기관쟁송과 민중쟁송의 경우
에는 행정통제의 기능이 전면에 나서지만 이 경우에도 나머지의 기능을 전적으
로 배제하는 것은 아니다"[78]라고 한 예를 들 수 있다.

---

73) 서원우, "현대의 행정소송과 소의 이익 — 법률상 보호된 이익설 비판 —,"『고시연구』,
　　1990. 9, 77면 이하.
74) 김성수, 707면.
75) 박균성, 669면.
76) 박균성, 669면; 행정구제의 목적은 행정심판에서 보다도 행정소송에서 더 강하게 나타나
　　며, 또 효율적으로 실현된다고 하는 것에는, 이상규, 29면.
77) 주석 행정소송법, 제1조(목적) [최송화 집필부분], 46면.
78) 김성수, 707면.

## (2) 행정구제와 행정통제 간의 우위문제

### 1) 문제방향

행정소송의 행정구제기능과 행정통제기능이라고 하는 두 가지의 기능이 공존한다는 것과 현실적으로 어느 한 기능이 다른 기능에 비하여 우위에 있는가는 차원을 달리하는 별개의 문제이다. 전술한 바와 같이, 행정소송에서 행정구제와 행정통제 중 어느 것을 우위에 놓을 것인가의 문제도 결국은 나라마다 다르고 또 같은 나라라고 하더라도 소송유형에 따라서 다를 수 있다는 점에서 기본적으로 입법정책적인 문제이다.

그런데 우리나라 행정소송에 있어서는 이와 같은 각 국가별 입법정책에 관한 논의나 아니면 같은 국가 내에서의 소송유형별로 행정구제기능과 행정통제기능의 우열 여부에 관하여 논의되고 있는 것은 아니다. 우리나라 행정소송에 있어서는 행정소송 중에서 항고소송, 그 항고소송 중에서도 특별히 취소소송이라고 하는 소송유형 하나만을 놓고서 행정구제의 기능과 행정통제의 기능 중 어느 기능이 우위에 있는가 여부 즉 행정구제우위론과 행정통제우위론 간에 견해의 대립이 집중되고 있다는 점이 그 특징이다.

### 2) 행정구제우위론

행정소송의 행정구제 및 행정통제라고 하는 양 목적 내지는 기능의 우위문제에 있어서 전자 즉 행정구제가 주된 목적이고, 후자 즉 행정통제는 종된 목적이다. 이는 위 양 기능 간에 우열을 밝히고 있는 견해들 중에서는 종래부터 다수설적인 견해이다.[79] 법치국가원리의 구성요소로서 행정에 대한 법적 통제가 행해져야 하는 근본적인 이유는 역시 국민의 권리보호에 있다고 한다.[80] 왜냐하면 법원은 행정소송을 통하여 행정권에 대하여 전면적 통제를 행할 수 있는 것이 아니라, 행정권의 행사(특히 처분)가 국민의 권익을 침해하는가 여부를 심

79) 김남진 2002년도판, 629면 이하; 김남진/김연태, 583면 이하; 김도창, 672면; 김성수, 706면; 김철용, 558면; 류지태, 480면; 박균성, 699면 이하; 변재옥, 546면 이하; 석종현, 695면 이하; 유명건, 4면; 이상규, 29면; 정하중, 596면; 천병태, 56면; 최송화, "한국의 행정소송법 개정과 향후방향",『한·일 행정소송법제의 개정과 향후방향』, 한국법제연구원·한국행정판례연구회, 2003, 89면; 최송화, 한국의 행정소송법 개정과 향후방향,『행정판례연구 Ⅷ』, 박영사, 2003, 442면; 주석 행정소송법, 제1조(목적) [최송화 집필부분], 45면 이하; 홍준형, 355면 이하, 450면.
80) 김남진, 2002년도판, 630면 이하 참조; 김남진/김연태 공저, 635면; 이상규, 28면; 홍준형, 450면.

사하는 한도 내에서만 행정통제를 할 수 있기 때문이라고 한다.[81] 또한 행정소송의 제도적 측면에서 행정소송은 궁극적으로는 법치주의 자체의 구체적 실현을 확보함으로써 국가적 이익에 봉사하는 것이나, 직접적으로는 위법한 행정작용등으로 인하여 권익을 침해당한 자의 개인적 이익을 충족시키는 것이라고 하거나,[82] 또는 당사자의 소제기에 의하여 행정소송이 개시된다는 점을 중시하여 행정통제는 행정구제의 심사과정에서 행정작용의 위법 여부를 심사하여 이루어지는 것이므로, 행정통제는 어디까지 행정구제에 부수적으로 행해지는 것이라고 하는 것도 이와 같은 취지이다.[83] 이는 전술한 독일 행정소송에 있어서의

---

81) 김남진, 2002년도판, 630면 이하; 김남진/김연태 공저, 635면; 다만 개인의 권리구제와 행정의 적법성통제 중 어디에 중점이 놓여 있는가는 그 나라의 현실적 제도 여하에 따라 국가마다 차이가 있다고 하는 것에는, 박윤흔, 803면 참조; 이러한 주류적 견해에 서 있는 이상규 변호사의 표현을 다르게 해석하는 경우가 있다. 즉 이상규 변호사의 표현 중 "하자 있는 행정작용을 시정(취소 또는 변경)하여 침해된 개인의 권익을 구제하려는 데에 첫째의 목적이 있다(이상규, 『신행정법론(상)』 제6전정판, 1990, 683면을 적시하고 있다)"를 "행정의 적법성보장(행정통제)에 의해서 침해된 개인의 구제(행정구제)한다"라 는 의미로 새길 수 있고, 앞의 문장 내용이 먼저 직접적으로 행정소송을 통해서 이루어진 후, 뒤의 내용이 실현되므로 행정소송을 적법성보장(행정통제)에 일차적인 목적이 있다고 새겨야 한다는 견해가 있다(한견우, "행정소송의 소송관과 우리나라 행정소송의 문제점", 『고시연구』, 1991. 1, 109면 주13)). 그런데 위에 소개한 이상규 변호사의 표현은 법치주의에 관한 일반적인 설명에 불과한 것이고, 또 이는 우리나라 대법원 판례에서서 등장하고 있는 문구(행정소송은 원래 위법한 행정작용을 시정함으로써 국민의 권익을 보호하기 위하여 마련된 제도이고, 대법원 1982. 3. 23. 선고 80누476 판결(공1982상, 441)(밑줄 필자)이다. 그리고 이러한 인용된 표현을 적법성보장을 일차적인 것으로 표현하였다고 새기는 것(한견우, 『고시연구』, 1991. 1, 109면 주13))은, 무엇보다도 이상규 변호사의 같은 책 다른 곳에서의 다음과 같은 표현, 즉 "행정쟁송은 개인의 권익보호와 동시에 법규의 적정한 적용을 주목적으로 하는 것이나, 일반적으로는 개인의 권익보호를 주목적으로 한다. 그렇기 때문에, 행정쟁송은 주관적 쟁송을 원칙으로 하는 것이나, ..... (같은 책, 이상규, 『신행정법론(상)』 제6전정판, 1990, 602면)(밑줄 필자)"에 반한다는 점에서 의문이다.

82) 이상규, 232면.

83) 류지태, 480면; 이와 같은 입장에서 행정소송의 기능을 설명하고 있는 예를 더 들어보면 다음과 같다. 무엇보다도 행정소송의 특색은 행정청의 위법한 처분에 의한 권리침해에 대하여 재판을 한다는 점에 있다. 재판작용인 행정소송은 국민의 권리구제에 일차적인 의의가 있고, 행정통제는 이차적인 의의를 가지는 데 불과하다고 하는 것에는, 변재옥, 601면 참조. 행정심판도 행정청의 위법 또는 부당한 처분으로 인한 권리 또는 이익의 침해에 구제수단이 되지만 그것은 재판이 되는 것이 아니라고 하는 것에는, 천병태, 2004, 34면 참조. 행정소송은 현대 법치국가의 불가결한 구성요소로서, 사후적 권리구제절차로서의 측면과 행정통제로서의 측면을 아울러 가지고 있다. 그러나 행정소송의 궁극적 목적은 어디까지나 국민의 권익보호에 있다고 하지 않으면 안 된다. 법치국가원리의 구

행정소송의 목적에 관한 통설과 그 궤를 같이한다.

### 3) 행정통제우위론 — 최근 행정소송의 객관적 성격을 강조하는 견해

이와 관련하여 최근에 주목할 것으로는, 우리나라 행정소송 특히 항고소송의 성격이 객관적 성격을 가진다고 하는 일련의 주장이 있다. 즉 독일 행정소송의 경우 독일 헌법 제19조 제4항의 규정이 포괄적인 권리침해를 구제한다는 점을 전제로 하여 행정소송의 목적이 권리침해의 구제 즉 주관소송이 된 결과 본안에서 위법성을 판단함에 있어서 권리침해의 견련성을 요구하는 문제점이 있다는 것을 지적한다. 이와 달리 우리나라 행정소송의 경우에는 헌법 제107조 제2항에 의하면 처분이 헌법이나 법률에 위반되는지 여부를 심사한다고 하는 본안에서 위법성을 판단함에 있어서 권리침해와 관계없이 위헌·위법만을 심사하므로 독일과 달리 객관소송이라는 것이다. 따라서 위 주장은 결론적으로 우리나라 행정소송의 구조는 독일 제도와는 상당히 거리가 있고 프랑스 제도와 상당히 가깝다고 한다.[84][85]

---

성요소로서 행정에 대한 법적 통제가 행해져야 하는 근본적인 이유는 역시 국민의 권리보호에 있는 것이기 때문이라고 하는 것에는, 홍준형, 450면 참조.

84) 행정소송 특히 항고소송의 객관적 성격을 강조하고 이를 행정소송법 개정에 반영하고 하는 견해에 관하여는, 한견우, "행정소송의 소송관과 우리나라 행정소송의 문제점", 『고시연구』, 1991. 1, 112면 이하; 박정훈, "행정부패와 행정법적 집단분쟁 : 병리적 행정현실에 대응한 법윤리적 행정법학 방법론의 모색", 서울대 법학 제39권 제1호(106호), 1998. 5, 86면 이하; 박정훈, 헌법과 행정법 — 행정소송과 헌법소송의 관계, 1999. 2, 81면 이하; 박정훈, 행정법원 일년의 성과와 발전방향, 행정법원의 좌표와 진로(개원1주년 기념백서), 서울행정법원, 1999, 278면 이하; 박정훈, "독일행정법과 비교하여 본 프랑스 행정법의 특수성", 『행정법연구』 제5호 1999년 하반기, 행정법이론실무연구회, 1999, 53면 이하; 박정훈, "행정소송에 있어서 소송상화해", 『인권과 정의』, 1999, 11, 8면 이하; 박정훈, "행정법의 체계적 이해를 위한 세 개의 방법론적 범주", 『고시계』 제44권 제11호(513호), 1999. 10, 5면 이하; 박정훈, "취소소송의 소송물에 관한 연구, 취소소송의 관통개념으로서 소송물 개념의 모색", 『법조』, 2000. 7, 98면 이하; 박정훈, "환경위해시설의 설치·가동 허가처분을 다투는 취소소송에서 인근주민의 원고적격 — 독일법의 비판적 검토와 행정소송법 제12조의 해석을 중심으로 —", 『판례실무연구(Ⅳ)』, 박영사, 2000, 475면 이하, 이 논문은 『행정법연구』 제6호, 2000년 하반기, 행정법이론실무연구회, 2000, 97면 이하에도 게재되어 있음; 박정훈, "취소소송의 성질과 처분 개념", 『고시계』, 2001. 9, 17면 이하; 박정훈, "취소소송 사유형론 : 취소소송의 대상적격과 원고적격의 체계적 이해와 확대를 위한 시론", 『특별법연구』 제6권, 2001. 2. 124면 이하; 박정훈, "인류의 보편적 지혜로서의 행정소송 — 다원적 법비교를 통해 본 우리나라 행정소송의 현상과 발전방향, 재판관할과 소송유형을 중심으로 —", 법학, 서울대학교, 제42권 제4호, 2001. 12, 98면 이하; 박정훈, "독일법상 취소소송의 권리보호필요성 : 우리 행정소송법 제12조 후문의 해석과 더불어", 『판례실무연구(Ⅴ)』, 박영사, 2001. 12, 417면 이하;

## (3) 행정소송의 목적과 행정소송법 제1조의 관계

행정소송의 목적과 행정소송법 제1조의 관계에 관하여 명확하게 견해를 표명하고 있는 경우는 오히려 소수에 속한다. 어쨌든 우리나라에 있어서 행정소송의 목적을 행정소송법 제1조와 관련시켜 설명하는 경우를 보면, 전술한 바와 같이, 행정소송법 제1조가 행정구제기능을 명시하고 있다고 하는 견해와, 행정소송법 제1조가 주관적 권리구제소송으로서의 측면과 행정통제의 측면을 함께 규정하고 있다는 견해로 나누어진다.

---

박정훈, "행정소송법 개정의 기본방향 ─ 행정소송의 구조·종류·대상을 중심으로 ─ 현대 공법학의 과제", 청담 최송화교수화갑기념논문집, 2002. 6, 645면 이하; 박정훈, "행정소송법 개정의 주요쟁점", 행정소송제도의 개편방향, 한국공법학회, 제105회 학술발표회, 2002, 64면 이하; 박정훈, "처분사유의 추가·변경과 행정행위의 전환 ─ 제재철회와 공익상 철회 ─", 『행정판례연구 Ⅶ』, 박영사, 2002, 196면 이하; 박정훈, "행정소송법 개정의 주요쟁점", 『공법연구』 제31집 제3호, 2003. 3, 41면 이하; 박정훈, "행정입법 부작위에 대한 행정소송", 『판례실무연구 Ⅵ』, 박영사, 2003, 167면 이하; 박정훈, ""한국의 행정소송법 개정과 향후방향"에서의 지정토론", 『행정판례연구 Ⅷ』, 박영사, 2003; 박정훈, "행정입법에 대한 사법심사 ─ 독일법제의 개관과 우리법의 해석론 및 입법론을 중심으로 ─", 『행정법연구』 제11호, 2004년 상반기, 125면 이하; 박정훈, "행정소송법 개혁의 과제", 『서울대학교 법학』, 제45권 제3호(통권 132호), 2004, 376면 이하; 박정훈, "항고소송의 대상 및 유형", 2004 『행정소송법 개정안』 공청회, 대법원, 2004, 1면 이하; 편집대표 김철용·최광진, 주석 행정소송법, 제8조(법적용례) 특수문제 2 행정소송에 있어서 재판상화해, 특수문제 3 취소소송의 소송물, 제12조(원고적격: 전문) [박정훈 집필부분], 박영사, 2004; 박균성, "프랑스법상 시설설치허가에 대한 취소소송에서의 인근주민 및 환경단체의 원고적격", 『판례실무연구 Ⅳ』, 2000. 9, 박영사, 500면 이하; 박균성, "프랑스법상 원고적격(소의 이익)과 판결필요없음", 『판례실무연구 Ⅴ』, 박영사, 2001. 12, 401면 이하; 박균성, 『행정법론(상)』 제4판, 박영사, 2005, 669, 795면 이하; 박균성, "항고소송의 원고적격 및 항고소송에 관한 기타 논점", 2004 『행정소송법 개정안』 공청회, 대법원, 2004, 85면 이하; 박균성, "행정소송법 개정안의 주요내용과 의미", 법률신문 제3333호, 2005. 1. 24일자; 이원우, "항고소송의 원고적격과 협의의 소의 이익 확대를 위한 행정소송법 개정방향", 『행정법연구』 제8호, 2002년 상반기, 행정법이론실무학회, 2002, 245면 이하; 이원우, "한국증권업협회의 협회등록취소결정의 법적 성질", 한국행정판례연구회 제172차 월례발표회 발표논문; 이광윤, "행정소송법개정안 비판론에 대한 소견", 법률신문, 2005. 2. 17.자 참조.

85) 최근의 행정소송법 개정안은 행정소송의 객관적 성격을 강조하는 입장을 반영하는 것이라고 할 수 있다. 이러한 입장에 대하여 비판적인 입장을 취하여 행정소송의 주관적 성격을 강조하는 견해로는 정하중, "행정소송의 개정방향, 행정소송을 중심으로", 고려법학, 제38호, 고려대학교 법학연구원, 2002, 211면 이하; 김중권, "행정소송법 개정소고", 법률신문, 제3142호, 2003. 1. 27.자; 2004 『행정소송법 개정안』 공청회, 대법원, 2004, 홍준형 지정토론(51면 이하), 김성수 지정토론(115면 이하) 부분 참조; 석종현, 「「행정소송법 개정시안」에 대한 의견", 법률신문, 2004. 12. 13.자; 김철용, "행정소송법의 개정작업을 촉구한다", 법률신문, 2005. 3. 28.자 참조.

먼저 전자의 견해의 예를 보면, 행정소송의 목적 내지 기능으로 행정구제와 행정통제를 언급하면서 우리나라 행정소송법 제1조가 행정구제기능을 명시적으로 규정하고 있다고 한다. 그 예를 들면 다음과 같다.

행정소송의 기능(제도적 목적)은 행정구제와 행정통제의 두 가지이다.

행정소송은 공법관계에 분쟁이 있음을 전제로 이를 해결하기 위한 제도이고 이에 의하여 사인의 권익을 보호해 주는 것이므로 행정구제기능을 갖는다. 「행정소송법」 제1조는 "이 법은 행정소송절차를 통하여 행정청의 위법한 처분 그 밖의 공권력의 행사·불행사 등으로 인한 국민의 권리 또는 이익의 침해를 구제하고, 공법상의 권리관계 또는 법적용에 관한 다툼을 적정하게 해결함을 목적으로 한다."[86]

이에 반하여 후자의 입장 즉 행정소송법 제1조가 행정구제와 행정통제를 동시에 규정하고 있다고 하면서 현행 행정소송법 제1조의 의미를 밝히는 견해를 소개하면 다음과 같다.

이 규정의 의미는 행정소송법이 가지는 독자성을 천명한 데 있습니다. 즉, 행정사건에 관한 분쟁은 이 법에 의하여 독립적인 절차에 의하여 심리, 해결됨을 밝힌 의의가 있다고 할 것입니다.

동조가 규정하는 목적은, 각각 항고소송, 당사자소송 및 객관소송을 염두에 두고 규정한 것으로 이해할 수 있습니다. 또한, 다른 측면에서 보면, 이 조항은 행정소송이 가지는 주관적 권리구제소송으로서의 측면과 객관적인 행정통제의 측면을 함께 규정한 것으로 볼 수 있습니다. 이 조항이 행정통제를 행정소송의 하나의 목적으로 하고 있다고 함은 "법적용에 관한 다툼을 적정하게 해결함을 목적으로 한다"라는 구절에 표현되어 있다고 할 수 있습니다. 행정소송제도의 목적에 행정통제의 측면을 포함시킨 것은, 1951년의 행정소송법하의 행정소송제도가 행정통제라는 목적에까지 미치지 못하고 국민의 권익구제에도 미흡하였다는 점에 비추어 보면, 명백한 법발전의 징표라고 할 수 있습니다.[87]

즉 이 견해에 따르면, 행정소송법 제1조가 권익구제의 측면과 행정통제의 측면을 함께 규정함으로써 행정소송의 목적을 명확히 하고 행정소송법이 가지

---

86) 김철용, 558면; 주석 행정소송법, 행정소송 총설 [김철용 집필부분], 2면 이하; 유명건, 4면; 이상규, 233면.

87) 최송화, 현행 행정소송법의 입법경위, 『공법연구』 제31집 제3호, 한국공법학회, 2003, 4면(밑줄 필자); 주석 행정소송법, 제1조 (목적) [최송화 집필부분], 45면.

는 독자성을 천명하였다는 점에서 명백한 법발전의 징표라고 한다.[88]

### (4) 요약

이상에서 본 바와 같이 우리나라 행정소송에 있어서는 행정구제의 기능과 행정통제의 기능은 기본적으로 입법정책적인 것이고, 현재 우리나라 행정소송에서는 이 양 기능을 모두 다 갖고 있다는 것이 다수설이다. 행정소송의 목적과 행정소송법 제1조의 관계에 관하여는 비교적 논의가 활발하게 행해지지 아니하고 있다.

최근에는 행정소송의 목적 내지 기능에 관하여 행정소송의 객관적 성격과 주관적 성격을 대비시켜 특히 후자 즉 행정에 대한 적법성통제의 기능을 강조하는 일련의 경향이 있고, 이러한 경향이 행정소송법 개정안에 영향을 미치고 있다.

### 3. 판례

우리나라 행정소송의 목적 내지 기능과 관련된 대법원 판례로는 다음과 같은 것을 들 수가 있다.

더욱이, 행정소송은 원래 위법한 행정작용을 시정함으로써 국민의 권익을 보호하기 위하여 마련된 제도이고, 개인 간의 분쟁이나 이해의 대립의 해결 조정을 목적으로 하는 민사소송과는 성질을 달리하는 특수성을 지니며, 이 점에서는 민사소송의 특별소송이라고도 할 수 있다. 따라서, 위법한 행정처분에 인하여 침해된 국민의 권익은 행정소송절차에 의하여 신속 확실하게 구제되어야 할 것이다. 행정소송상의 이행소송에 의하라함은 또 모르되 민사소송에 의한 구제방법이 있다 하여 행정소송의 소익을 좁히는 것은 행정소송제도를 마련한 취지에도 어긋나고 그만큼 국민의 권리구제를 어렵게 하는 것이 될 것이다.[89]

---

88) 나아가 행정소송법 제1조가 행정소송의 목적과 관련하여 다양한 소송유형이 가능성을 시사하고 있기 때문이기도 하지만 행정소송의 유형에 대해서도 대략적인 방향제시를 하고 있다고 한다. 그리하여 행정소송법 제1조의 문언에 대응하여 각각, 1. 행정청의 위법한 처분 그 밖에 공권력의 행사·불행사 등으로 인한 권익구제에 관한 소송(주관소송 그 중에서도 항고적 의미를 가지는 소송유형), 2. 공법상의 권리관계에 대한 소송(공법상 당사자소송), 3. 법적용이 적정성문제에 관한 소송(주로 민중소송 및 기관소송을 의미하는 객관소송)으로 유형화할 수 있다고 한다. 주석 행정소송법, 제1조(목적) [최송화 집필부분], 46면 이하

89) 대법원 1982. 3. 23. 선고 80누476 판결(공1982상, 441).

납세자의 주장이 정당한 것이라면 세무서장의 거부결정은 위 국세기본법 제51
조의 규정을 위반하여 납세자에게 환급할 돈을 환급하지 아니하므로 손해를 끼치
고 있음이 명백한 것이고 행정소송제도의 목적이 위법한 행정활동으로부터 국민의
권익을 보호하려는 면이 있음도 경시할 수 없는 것이므로 세무서장의 의사표시를
확인적 의미밖에 없다 하여 행정소송의 대상이 될 수 없다고 하는 것은 불합리하
다.90)

어떤 행정청의 행위가 행정소송의 대상이 되는 행정처분에 해당하는지는 그 행
위의 성질과 효과 그 밖에 행정소송제도의 목적 내지 사법권에 의한 국민의 권리
보호의 기능을 고려하여 합목적적으로 판단하여야 한다.91)

위 판례 인용된 대법원 판례 중 "행정소송은 원래 위법한 행정작용을 시정
함으로써 국민의 권익을 보호하기 위하여 마련된 제도"92)라고 하는 부분이 통
설에서 말하는 행정소송의 목적 내지는 기능에 가장 가까운 표현이다. 또한 "행
정소송제도의 목적 내지 사법권에 의한 국민의 권리보호의 기능"93)이라는 표현
만으로는 오히려 행정구제의 측면에 기울고 있다고도 할 수 있으나, 행정통제
에 대한 부분은 이미 그 표현에 내재해 있는 것으로 볼 수 있다.

이 밖에도 실제 우리나라 대법원 판례는 국민의 권익구제를 의식한 판례는
많다. 즉 앞에 인용한 행정소송의 대상에 관한 판례 이외에도 법률상 이익에 관
하여는 "행정소송상의 이행소송에 의하라 함은 또 모르되 민사소송에 의한 구
제방법이 있다 하여 행정소송의 소익을 좁히는 것은 행정소송제도를 마련한 취
지에도 어긋나고 그만큼 국민의 권리구제를 어렵게 하는 것이 될 것"94)이라고 하

---

90) 대법원 1989. 6. 15. 선고 88누6436 전원합의체 판결(공1989, 1096)(밑줄 필자). 단 위 인
  용부분은 다수의견이 아니라 소수의견이다.
91) 대법원 1984. 2. 14. 선고 82누370 판결(공1984상, 520)(밑줄 필자). 같은 취지의 판결로
  는 다음을 들 수 있다. 대법원 2003. 5. 13. 선고 2003두643 판결.
92) 위 인용된 대법원 1989. 6. 15. 선고 88누6436 전원합의체 판결(공1989, 1096).
93) 위 인용된 대법원 1984. 2. 14. 선고 82누370 판결(공1984상, 520).
94) 대법원 1982. 3. 23. 선고 80누476 판결(공1982상, 441)(밑줄 필자).
  그 외에도 다음과 같은 판결을 들 수 있다. "공공기관의정보공개에관한법률의 목적, 규
  정 내용 및 취지 등에 비추어 보면, 국민의 정보공개청구권은 법률상 보호되는 구체적인
  권리라 할 것이므로, 공공기관에 대하여 정보의 공개를 청구하였다가 공개거부처분을
  받은 청구인은 행정소송을 통하여 그 공개거부처분의 취소를 구할 법률상의 이익이 있
  다 할 것이다." 대법원 2003. 3. 28. 선고 2000두9212 판결(밑줄 필자). 이와 동일 취지의
  판례로는, 대법원 2003. 3. 11. 선고 2001두6425 판결(공2003상, 997), 2003. 3. 11. 선고

거나, 그 외에도 협의의 소익,95) 확인의 이익,96) 하자 있는 행정행위의 치유,97)
행정심판을 청구하는 서면의 취지,98) 심사청구기간,99) 권리구제의 신속,100) 권

_____

2002두2918 판결, 2003. 3. 14. 선고 2001두4610 판결, 2003. 3. 14. 선고 2002두6439 판결 등을 들 수 있다.

95) "행정소송법 제12조 후문이 규정하는 "처분의 취소로 인하여 회복되는 법률상 이익"의 유무는, 원래 항고소송의 목적 기능을 어떻게 이해하며 국민의 권익신장을 위하여 어느 범위에서 재판청구권의 행사를 허용할 것인가의 문제와 관련된 것으로서 이를 위 조항에 대한 일의적 문리적 형식적 해석에 의하여 판별할 수는 없고, 구체적인 사안별로 관계법령의 규정 및 그 취지를 살펴서 현실적으로 권리보호의 실익이 있느냐를 기준으로 판단되어야 할 것인바, 위에서 살펴본 바에 의하면, 제재기간이 정하여져 있는 제재적 행정처분에 있어서는 그 처분의 전력을 내용으로 한 가중요건이 규칙으로 규정되어 있는 경우에도 제재기간이 지난 후에 그 처분의 취소를 구할 실질적 이익이 있다고 보아야 할 것이다. 소의 이익의 범위를 확대하여 국민의 권리구제 기회를 확대하려는 시도는 권리보호 범위의 확대경향과 또한 그에 대한 수요가 상존하고 있는 현대사회의 상황에 맞는 적절한 태도로서 계속 유지되어야 할 것이다." 대법원 1995. 10. 17. 선고 94누14148 전원합의체 판결(공1995하, 3544)(밑줄 필자).

96) "행정처분에 대한 무효확인의 소에 있어서 확인의 이익은 그 대상인 법률관계에 관하여 당사자 사이에 분쟁이 있고, 그로 인하여 원고의 권리 또는 법률상의 지위에 불안·위험이 있어 판결로써 그 법률관계의 존부를 확정하는 것이 위 불안·위험을 제거하는데 필요하고도 적절한 경우에 인정되는 것이고, 그것이 권리구제에 간접적이거나 우회적인 수단에 지나지 않는 경우에는 허용되지 않는다고 할 것인데" 대법원 1999. 8. 20. 선고 97누14323 판결(밑줄 필자).
   이와 동일 취지의 판결, 대법원 1989. 10. 10. 선고 89누3397 판결(공1989, 1690), 1991. 9. 10. 선고 91누3840 판결(공1991, 2551), 1992. 9. 8. 선고 92누4383 판결(공1992, 2914), 1998. 9. 22. 선고 98두4375 판결(공1998하, 2593), 2000. 11. 14. 선고 99두5481 판결(공2001상, 53) 등 참조.

97) "하자 있는 행정행위의 치유는 행정행위의 성질이나 법치주의의 관점에서 볼 때 원칙적으로 허용될 수 없는 것이고 예외적으로 행정행위의 무용한 반복을 피하고 당사자의 법적 안정성을 위해 이를 허용하는 때에도 국민의 권리나 이익을 침해하지 않는 범위에서 구체적 사정에 따라 합목적적으로 인정하여야 할 것" 대법원 1992. 5. 8. 선고 91누13274 판결(공1992, 1874)(밑줄 필자).
   이와 동일 취지의 판례, 대법원 1995. 9. 26. 선고 95누665 판결(공1995하, 3550), 1996. 12. 20. 선고 96누9799 판결, 2002. 7. 9. 선고 2001두10684 판결(공2002하, 1962) 등 참조.

98) "심판청구인은 일반적으로 전문적 법률지식을 갖고 있지 못하여 제출된 서면의 취지가 불명확한 경우도 적지 않으나, 이러한 경우에도 행정청으로서는 그 서면을 가능한 한 제출자의 이익이 되도록 해석하고 처리하여야 하는 것이다." 대법원 2000. 6. 9. 선고 98두2621 판결(공2000하, 1660)(밑줄 필자).
   이와 동일 취지의 판결, 대법원 1993. 6. 29. 선고 92누19194 판결(공1993하, 2166), 1995. 6. 16. 선고 94누14100 판결(공1995하, 2598), 1995. 9. 5. 선고 94누16250 판결(공1995하, 3410), 1995. 11. 10. 선고 94누12852 판결(공1995하, 3931), 1996. 7. 30. 선고 95누11276 판결(공1996하, 2692), 1997. 2. 11. 선고 96누14067 판결(공1997상, 782), 2003.

리구제의 지연[101] 등에 관하여 판례는 주로 국민의 권익구제를 강조하는 측면에서 검토하고 있음을 알 수 있다.

## Ⅳ. 구체적 검토

### 1. 기본적인 문제점

우리나라 행정소송법 규정체계상 행정소송법 제1조에서 목적규정을 두고 있다는 점은 행정소송의 목적에 관한 규정이 없는 독일의 행정소송법이나 일본의 행정사건소송법과 명백히 구별된다. 우리나라 행정소송법 제1조 이외에도 행정심판법 제1조, 행정절차법 제1조, 민사소송법 제1조 등의 규정과 이와 관련된 독일 및 일본 등의 관련 절차법규정과 비교하면, 우리나라는 일반적으로 절차법상에 목적, 이상 내지는 원칙에 관련된 규정을 두어서 어느 정도 당해 절차의 목적, 이상 내지는 원칙 등 절차의 성격을 비교적 명확하게 한다는 점에서 체계적이다.[102] 또한 이러한 규정들이 실제 절차의 운영이나 개별 절차법규정을 해석함에 있어서 지도이념으로 기능할 뿐만 아니라 하나의 유력한 근거 내

---

4. 25. 선고 2001두1369 판결(공2003상, 1333) 등 참조.

99) "권리구제의 폭을 확대하기 위하여 산업재해보상보험법을 개정하여 심사청구 및 재심사청구의 기간을 늘린 목적에 부합하는 것이라고 하겠다." 대법원 2000. 9. 8. 선고 99두1151 판결(공2000하, 2128)(밑줄 필자).

100) "위법한 행정처분에 인하여 침해된 국민의 권익은 행정소송절차에 의하여 신속 확실하게 구제되어야 할 것이다. 행정소송상의 이행소송에 의하라함은 또 모르되 민사소송에 의한 구제방법이 있다 하여 행정소송의 소익을 좁히는 것은 행정소송제도를 마련한 취지에도 어긋나고 그만큼 국민의 권리구제를 어렵게 하는 것이 될 것이다." 대법원 1982. 3. 23. 선고 80누476 판결(공1982, 441)(밑줄 필자).

101) "조사지침상의 행정불복절차 명칭과 같은 '재조사청구'라는 명칭하에 처분청을 상대로 지가를 재조사하여 줄 것을 청구하고 있고, 그 신청 취지나 이유의 기재 등이 전치절차로서의 재조사청구와 전혀 다를 바 없어 처분청인 피고로서는 위 재조사청구에 대한 심사를 함으로써 자기 시정의 기회를 충분히 가졌을 뿐만 아니라 그 후 다시 전치절차로서의 재조사청구를 하더라도 이미 앞서의 재조사과정에서 밝힌 견해와 다른 결론을 기대할 수 없는데도 다시 재조사절차를 거치도록 하는 것은 토지소유자 등에게 불필요한 부담을 줌으로써 오히려 권리구제를 지연시키는 결과가 되어 앞에서 본 제도 설정의 취지와도 어긋나므로 원고의 위 재조사청구는 조사지침에 따른 전치절차로서의 재조사청구이거나 적어도 전치절차를 거치는 효력은 발생시킨다고 보아야 할 것이다." 대법원 1995. 9. 26. 선고 94누11514 판결(공1995하, 3536)(밑줄 필자).

102) 주석 행정소송법, 제1조(목적) [최송화 집필부분], 44면.

지 지침의 기능도 한다는 점에서 매우 바람직하다.

그럼에도 불구하고 우리나라 행정소송의 목적에 관한 기존의 논의들 중 상
당수가 행정소송의 목적을 우리나라 행정소송법 제1조를 비롯한 행정소송법상
의 제 관련 규정을 비롯한 우리나라 헌법 제27조상의 재판청구권 등의 규정 나
아가 우리나라 판례를 비롯한 소송실무 내지는 소송제도와 관련시켜 전개하지
아니하고 있다는 데에 기본적인 문제점이 있다. 이러한 문제점을 가진 견해들
은, 일본, 독일 등 외국의 행정소송에서라면 상관이 없을지 몰라도, 관련 실정
법상의 명문규정이 엄연히 존재하는 우리나라에 있어서는 해석론은 물론이고
심지어 아무리 입법론이라고 하더라도 결코 바람직스러운 태도라고 할 수 없
다. 따라서 우리나라 행정소송의 목적에 관한 논의에 있어서는 최소한 행정소
송법 제1조를 비롯한 행정소송법규정으로부터 출발하여야 하고, 나아가 행정소
송 이외에 행정심판을 포함한 행정쟁송을 논의함에 있어서는 행정심판법 제1조
103)의 규정도 당연히 포함시켜 함께 논의하여야 한다.

이와 같이 행정소송의 목적에 관한 논의를 함에 있어서 행정소송법 등 관
련 규정을 포함시켜야 함은 물론이고 보다 포괄적인 접근방법이 필요하다. 즉
행정소송의 목적이 무엇인가라고 하는 다분히 지도이념적이고 해석지침적인
원리적인 개념에만 집착하여 머물 것이 아니라, 이러한 원리적인 행정소송의
목적이 행정소송에서 어떻게 구현될 수 있고 실제로 어떻게 구현되고 있는가를
행정소송법은 물론이고 소송제도 전반에 걸쳐서 검토할 필요가 있다. 따라서
법원에서 실체에 관한 심리원칙이 변론주의인가 아니면 직권탐지주의인가 등
과 관련된 행정소송법 제8조 제2항 및 제26조의 규정, 판결의 효력 내지는 기속
력과 관련된 규정 예컨대 행정소송법 제30조, 제31조 등의 규정과도 관련시켜
검토하여야 한다. 나아가 현재 실무상 행정소송이 어떻게 운영되고 있는가라고
하는 행정소송의 현실태, 거시적으로 사법재판국가인가 행정재판국가인가라고
하는 문제 또 우리나라 헌법상의 재판청구권의 실현을 위한 제 소송 즉 민사소
송, 행정소송, 형사소송104)을 비롯한 헌법소송 등 제 소송과의 유기적인 관계를

---

103) 행정소송법 제1조의 목적조항과 행정심판법 제1조의 목적조항 간의 비교에 관해서는,
    주석 행정소송법, 제1조(목적) [최송화 집필부분], 43면 이하 참조.
104) 우리나라 형사소송에 있어서 기본적 인권보장과 실체적 진실의 발견의 조화가 문제되고
    있다. 특히 적법절차와 실체적 진실발견 간의 관계설정이 어려운 과제라고 할 수 있다.
    대한민국 헌법이 1987. 10. 29 개정되면서 적법절차조항(헌법 제12조)이 규정되게 되었

고찰하여야 전 행정소송의 이론과 실무에 걸쳐서 체계적이고 합리적인 조망이 가능하다.[105]

## 2. 용어상의 문제

### (1) "권리"구제와 "권익"구제

우리나라 행정소송의 목적 내지는 기능에 관한 논의에 있어서 용어가 통일되어 있지 못한 점도 문제이다. 행정소송의 행정구제기능과 행정통제기능 중 후자 행정통제기능에 관하여는 "행정통제"[106]라는 용어 외에도 "적법성보장"[107]이라는 용어가 사용되고 있으나, 사법이 행정작용의 적법성 여부를 심사함으로써 사법에 의한 행정에 대한 통제가 이루어지게 된다는 점에서 그 실질적인 의미상의 차이는 없다.

그런데 전자 즉 행정소송의 행정구제기능에 관하여는 "행정구제"[108] 이외에도 "권익구제",[109] "권리구제",[110] "권리·이익구제"[111] 등의 용어가 사용되고

---

는데, 이러한 헌법 개정 전에도 이미 형사소송에서 적법절차를 강조하는 견해가 있었다. 강구진, 22면 이하 참조. 이제는 우리나라 형사소송에 있어서 적법절차는 논자에 따라서 그 강조의 정도의 차이는 있어도 이미 보편화되었다고 할 수 있다. 배종대/이상돈, 13면 이하; 신동운, 7면 이하; 신양균, 26면 이하; 신현주, 31면 이하; 이재상, 18면 이하; 차용석, 12면 이하.

전술한 바와 같이, 독일은 아직도 실체적 진실발견을 형사소송의 목적으로 하고 (Roxin, §1 B. Ⅱ; Krehl, Einl. Rn. 1; Meyer-Goßner, Einl. Rn. 4), 전반적으로 보아 적법절차적인 관점이 특히 우리나라에 비하여 낙후되어 있다고 할 수 있다. 일반적으로 직권주의적 요소는 행정소송보다는 형사소송에서 보다 강하게 나타난다. 그런데 미국 형사소송의 영향을 받은 일본의 형사소송의 도입으로 우리나라 형사소송에서도 어느 정도 당사자주의적인 요소가 나타난다. 이러한 점도 우리나라 행정소송이 형사소송과의 균형관계상 대륙법계 국가들에서처럼 직권주의가 강하게 인정되기 어려운 간접적인 증거가 된다고 할 수 있다. 최선웅, "행정소송에서의 석명의무의 인정근거 — 우리나라 행정소송의 독자성을 모색하며 —", 『행정법연구』, 2003년 상반기, 2003, 85면 이하 참조.

105) 이런 점에서 우리나라 실정법규정과 실정제도와 무관하게 외국의 이론이나 제도에만 주로 의지하여 전개하고 있는 이론 그 자체는 우리나라와 관련성이 없을 뿐만 아니라 무엇보다 이는 궁극적으로 우리나라의 현실이나 역사성을 무시한다는 점에서 언제나 기본적인 문제점이 있다.

106) 예컨대 이상규, 233면.

107) 예컨대 류지태, 480면.

108) 이상규, 233면; 김철용, 558면.

109) 김성수, 706면; 최송화, "한국의 행정소송법 개정과 향후방향", 『행정판례연구 Ⅷ』, 박영사, 2003, 442면.

110) 박윤흔, 803면.

있다. 이들 표현 중 "권리구제"라고 하는 표현은 다분히 독일식 표현112)을 의식한 것이다. 즉 "권리구제(Rechtsschutz)"라고 하는 것은, 전술한 바 있는, 독일 헌법(GG) 제19조 제4항을 비롯하여 독일 행정소송법(VwGO) 제42조 제2항, 제113조 제1항 제1문, 제5항 제1문 등 실정법상 규정에 의한 일련의 주관적 권리의 구제를 실천하는 과정에서 보듯이 궁극적으로 독일 헌법상의 권리구제절차보장과도 연결되는 개념이다.113)

이와 같은 용어선택문제에 있어서, 실익이 없는 우리나라 행정소송에 있어서의 권리와 법률상 이익의 동일 여부에 관한 논의114)를 의식할 필요는 없기는 하다. 하지만 적어도 우리나라 행정소송법 제1조에서 "국민의 권리 또는 이익의 침해를 구제하고"라는 명문의 규정을 가지고 있음에도 불구하고 굳이 독일식의 "권리구제"라는 용어를 고집할 필요는 없다고 본다. 따라서 "권리구제"를 제외한 "행정구제" 또는 "권익구제(권리·이익구제, 권익은 권리·이익의 준말)"라는 용어 등을 사용하는 것이 바람직하다. 이는 또한 특히 1996. 12. 31. 법률 제5241호로 제정되고 1998. 1. 1.부터 시행된 우리나라 현행 행정절차법 제1조가 [목적]이라는 표제하에서, "이 법은 행정절차에 관한 공통적인 사항을 규정하여 국민의 행정참여를 도모함으로써 행정의 공정성·투명성 및 신뢰성을 확보하고 국민의 권익을 보호함을 목적으로 한다"(밑줄 필자)115)라고 규정한 행정절차법의 목적규정과, 1984. 12. 15 법률 제3755호 제정시부터 행정심판법은 제1조 [목적]이라고

---

111) 김남진/김연태, 584면.
112) 예컨대, "권리구제(Rechtsschutz)"라는 표현은 Ule, S. 1; Tschira/Glaeser, Rn. 1; Würtenberger, Rn. 3 등에서 볼 수 있다; "주관적 권리구제(Schutz subjektiver Rechte)"라는 표현은 Schmidt-Aßmann, Funktionen der Verwaltungsgerichtsbarkeit, in: FS für C. F. Menger, München 1985, S 109; "개인권리구제(Individualrechtsschtutz)"라는 표현은 Schmidt-Aßmann, Das allgemeine Verwaltungsrecht als Ordnungsidee, Grundlagen und Aufgaben der verwaltungsrechtlichen Systembildung, Heidelberg, 1998, S. 186. 결과적으로 독일 행정소송에서는 "권리(Rechte)"가 일반화된 용어라고 할 수 있다.
113) Schmidt-Aßmann, Funktionen der Verwaltungsgerichtsbarkeit, in: FS für C. F. Menger, München 1985, S. 109; Ule, S. 21; Würtenberger, Rn. 3.
114) 예컨대 법률상이익을 권리보다 넓은 개념으로 하는 견해로는, 김도창, 240면 참조. 이에 반하여 법률상이익을 권리와 동일시하는 견해로는, 김동희, 『행정법 I』제11판, 박영사, 2005, 88면 참조.
115) 이와 관련하여서 일반적으로 행정절차법상의 목적은 정성, 투명성 및 신뢰성, 국민의 권익보호를 들 수 있고, 나아가 행정절차법 제4조가 행정의 신뢰보호의 원칙을 명문으로 규정한 것에 관하여 논의가 있다. 예컨대 김동희, 364면 이하 참조.

하는 표제하에서, "이 법은 행정심판절차를 통하여 행정청의 위법 또는 부당한 처분 그 밖에 공권력의 행사·불행사 등으로 인한 국민의 권리 또는 이익의 침해를 구제하고, 아울러 행정의 적정한 운영을 기함을 목적으로 한다"(밑줄 필자)라고 한 행정심판법의 목적규정과 균형을 맞추기 위해서도 바람직하다. 특히 행정심판법 제1조는 문맥상 전단은 행정구제 후단은 행정통제를 보다 명백하게 규정하고 있다는 점에서, 행정심판을 포함하는 행정쟁송의 목적을 논의함에 있어서는 행정심판법 제1조가 그 법적근거로서 논의되어야 함은 물론이다. 또한 대한민국 법률연혁집에서도 "현행 행정소송법은 1951년 제정 시행된 이래 30여 년간 주요내용의 개정이 이루어지지 아니하여 발전하는 행정상황에 부응하지 못할 뿐 아니라 국민의 권리구제에도 미흡한 실정이므로 이를 전면개정하여 국민의 권익을 최대한 보호함과 아울러 행정목적의 실현에도 지장이 없도록 하려는 것임"[116])이라고 하고 있다는 점도 하나의 참고자료가 된다.

행정소송의 목적 내지 기능과 관련하여 우리나라 대법원 판례는 "권리"[117]) 또는 "권익"[118])이라는 표현을 혼용하여 쓰기도 한다. 다만 행정심판법에서는 "권익" 또는 "권리나 이익"이라고 하고 있고,[119]) 특히 새로이 제정된 행

---

116) 대한민국 법률연혁집, 제9편 민사법 제3장 민사절차 행정소송법 연혁, 한국법제연구원, 491-1면(밑줄 필자).
117) "어떤 행정청의 행위가 행정소송의 대상이 되는 행정처분에 해당하는지는 그 행위의 성질과 효과 그 밖에 행정소송제도의 목적 내지 사법권에 의한 국민의 권리보호의 기능을 고려하여 합목적적으로 판단하여야 한다." 대법원 2003. 5. 13. 선고 2003두643 판결(밑줄 필자). 그 외에 대법원 1982. 3. 23. 선고 80누476 판결(공1982상, 441), 1984. 2. 14. 선고 82누370 판결(공1984, 520) 참조.
118) "행정소송제도의 목적이 위법한 행정활동으로부터 국민의 권익을 보호하려는 면이 있음도 경시할 수 없는 것이므로 세무서장의 의사표시를 확인적 의미밖에 없다 하여 행정소송의 대상이 될 수 없다고 하는 것은 불합리하다." 대법원 1989. 6. 15. 선고 88누6436 전원합의체 판결(공1989, 1096)(밑줄 필자).
"행정소송법 제12조 후문이 규정하는 "처분의 취소로 인하여 회복되는 법률상 이익"의 유무는 원래 항고소송의 목적·기능을 어떻게 이해하며 국민의 권익신장을 위하여 어느 범위에서 재판청구권의 행사를 허용할 것인가의 문제와 관련된 것으로서" 대법원 1995. 10. 17. 선고 94누14148 전원합의체 판결(공1995하, 3544)(필줄 필자). 그 외에 대법원 1984. 2. 14. 선고 82누370 판결(공1984, 520) 참조.
119) 행정심판의 경우 "권익"이라는 용어를 쓴 예로는, "단원에 대하여는 지방공무원의 보수에 관한 규정을 준용하는 이외에는 지방공무원법 기타 관계 법령상의 지방공무원의 자격, 임용, 복무, 신분보장, 권익의 보장, 징계 기타 불이익처분에 대한 행정심판 등의 불복절차에 관한 규정이 준용되지도 아니하는 점" 대법원 2001. 12. 11. 선고 2001두7794 판결(공2002상, 306)(밑줄 필자)을 들 수 있다.

정절차법의 목적에 관해서 판례는 오히려 "권익"[120)이라는 표현을 주로 사용하고 있다.

## (2) "주관소송", "객관소송"과 "주관소송적 기능", "객관소송적 기능"

우리나라 행정소송에 있어서 주관(적) 소송과 객관(적) 소송이라는 개념은 종래부터 일반적으로 행정소송의 목적에 따라서 행정소송의 종류 내지는 유형을 분류하여 설명하는 개념으로 사용하여 왔다. 주관소송이라 함은 개인의 권익구제를 직접(주된) 목적으로 하는 소송을 말하고, 이에 비하여 객관소송이라 함은 행정통제를 직접(주된) 목적으로 하는 소송을 의미한다. 행정소송은 일반적으로 국민의 권익구제를 제1차적인 목적으로 한다는 점에서 원칙적으로 주관적 소송의 성격을 갖는다. 그 반면에 객관소송은 개인의 권익구제와는 직접적인 관계가 없는 공익실현 혹은 행정의 적법성보장을 직접목적으로 한다.[121) 이에 따라서 일반적으로 우리나라 행정소송에 있어서는 항고소송과 당사자소송은 주관소송이고, 기관소송과 민중소송은 객관소송으로 분류하여 왔다.[122) 행

---

"권리 또는 이익"이라는 용어를 쓴 예로는, "행정심판법 제19조, 제23조의 규정 취지와 행정심판제도의 목적에 비추어 보면 행정소송의 전치요건인 행정심판청구는 엄격한 형식을 요하지 아니하는 서면행위로 해석되므로, 위법 부당한 행정처분으로 인하여 권리나 이익을 침해당한 자로부터 그 처분의 취소나 변경을 구하는 서면이 제출되었을 때에는" 대법원 2000. 6. 9. 선고 98두2621 판결(공2000하, 1660)(밑줄 필자). "구 지방세법 (1998. 12. 31. 법률 제5615호로 개정되기 전의 것, 이하 같다)은 행정심판의 필요적 전치주의를 채택하여 지방세법에 의한 처분으로서 위법 또는 부당한 처분을 받았거나 필요한 처분을 받지 못함으로써 권리 또는 이익의 침해를 당한 자는 이의신청 및 심사청구를 할 수 있는데(구 지방세법 제72조 제1항)", 대법원 2003. 8. 22. 선고 2001두3525 판결(공2003하, 1963)(밑줄 필자) 등을 들 수 있다.

120) "행정청이 당사자와 사이에 도시계획사업의 시행과 관련한 협약을 체결하면서 관계 법령 및 행정절차법에 규정된 청문의 실시 등 의견청취절차를 배제하는 조항을 두었다고 하더라도, 국민의 행정참여를 도모함으로써 행정의 공정성·투명성 및 신뢰성을 확보하고 국민의 권익을 보호한다는 행정절차법의 목적 및 앞서 본 청문제도의 취지 등에 비추어 볼 때, 위와 같은 협약의 체결로 청문의 실시에 관한 규정의 적용을 배제할 수 있다고 볼 만한 법령상의 규정이 없는 한, 이러한 협약이 체결되었다고 하여 청문의 실시에 관한 규정의 적용이 배제된다거나 청문을 실시하지 않아도 되는 예외적인 경우에 해당한다고 할 수 없다." 대법원 2004. 7. 8. 선고 2002두8350 판결(공2004하, 1347)(밑줄 필자). 동일 취지의 판례 대법원 2003. 12. 11. 선고 2003두7668 판결 참조.

121) 김남진/김연태, 585면; 김성수, 707면; 박균성, 670면 이하; 박윤흔, 806면 참조; 변재옥, 549면; 정하중, 597면; 이상규, 29면 이하; 석종현, 699면; 홍정선, 731면; 홍준형, 360면.

122) "주관적 쟁송도 부수적으로 행정작용의 적법·타당성의 확보라는 공익의 보호도 목적으

정구제와 행정통제 이 양자 간의 실익으로는, 주관소송은 권익의 침해를 받은 자만이 소를 제기할 수 있다는 제기요건상의 제한이 있으나, 객관소송은 개인적 이해관계에 대한 다툼과는 직접적인 관계가 없으므로 이러한 소제기자격의 제한이 없으므로 직접적인 이해관계인 이외의 자에게도 제소권이 부여된다고 한다.[123]

   그런데 최근에는 이와 같은 소송유형을 범주적으로 분류하기 위하여 주관소송과 객관소송이라는 개념을 사용하기보다는, 항고소송 특히 취소소송의 성질을 새로이 규명하는 과정에서 "주관(소송)적 기능(성격)" 내지 "객관(소송)적 기능(성격)"이라는 용어를 사용하는 경우가 있다.[124] 이는 취소소송의 성격이 주관적인 소송의 성격이 강한가 아니면 객관적 소송의 성격이 강한가의 문제 즉 주관성과 객관성 간의 우열이나 정도의 차이 혹은 양자 간의 스펙트럼을 분석하여 설명하기 위한 개념으로서 사용하고 있다. 이러한 개념은 실제 행정소송의 실제운영이나 해석에 있어서뿐만 아니라 나아가 행정소송법 개정과 같은 입법론에 관한 논의를 함에 있어서 하나의 유용한 분석의 도구로서 사용될 수 있다는 점에서 매우 유용하다.

---

   로 한다"라고 하는 것에는, 박윤흔, 806면 참조; 이와 같이 주관적 쟁송에서도 부수적이라는 수식어를 사용하면서 행정작용의 적법·타당성의 확보를 일반 공공의 이익보호도 목적으로 한다고 설명하는 반면에, 객관적 소송은 행정작용의 적법성·타당성의 확보라는 공익의 보호'만'을 목적으로 제기하는 소송이라고 설명한다는 점에서 자의적인 요소가 있다고 하는 것에는, 한견우,『고시연구』1991. 1. 112면; 한편, 개인이 자신의 권리와 이익을 보호하기 이하여 행정쟁송을 제기함으로써 간접적으로 행정의 적법성·타당성통제가 이루어진다고 하여 "간접적"이라는 표현을 쓴 것으로는, 김향기, 426면 참조.

123) 변재옥, 549면 이하; 석종현, 699면; 홍준형, 360면.

124) 예컨대 "객관소송적 '기능'이라고 함은 행정소송의 주된 기능이 행정의 결정을 독립된 국가기관(법원)과 신중한 절차(변론)에 의해 다시 검토함으로써, 다시 말해, 글자 그대로 judicial review를 통해, 행정의 적법성을 확보하는 데에 있다는 의미이다. 이러한 관점에서 보면, 행정소송이 철저한 주관소송으로 파악·운영되는 독일에 비하여, 한국의 취소소송 등 항고소송은 현행법상으로도 이미, 물론 원고적격이 원고의 개인적 이익상황과 결부됨으로써 주관소송적 성격을 竝有하고 있지만, 객관소송적 기능이 현저하다고 할 수 있다." 박정훈, "행정소송법 개혁의 과제",『서울대학교 법학』, 제45권 제3호(통권 132호), 2004, 402면(밑줄 필자); "행정소송은 상당 부분 원고 개인에 국한된 문제가 아니라 한 국가의 법질서 전체에 영향을 미치는 객관소송적 성격이 강하기 때문에 당사자소송을 활용할 것이 아니라 —객관소송적 성격으로 파악된— 항고소송이 형식을 취하여야 할 것이다."(박정훈, "인류의 보편적 지혜로서의 행정소송 —다원적 법비교를 통해 본 우리나라 행정소송의 현상과 발전방향, 재판관할과 소송유형을 중심으로—", 법학, 서울대학교, 제42권 제4호, 2001. 12, 105면(밑줄 필자).

## 3. 행정구제와 행정통제가 투영된 주관소송과 객관소송 간의 절충 ― 입법정책 적인 문제(rechtspolitisches Problem)

본래 행정소송에 있어서 행정구제기능과 행정통제기능이라고 하는 것은, 우리나라 헌법 제27조상의 재판청구권의 실현으로 행정을 상대로 행정소송을 제기하여 권익구제를 받겠다고 하는 국민의 권익구제기능 측면과, 이러한 국민 이 권익구제를 받기 위하여 제기한 소에서 행정에 대한 사법심사를 하는 법원 의 행정통제기능 측면에서 본 것이다. 행정은 국민의 권익에 일정한 영향을 미 치는 주체이고 그와 동시에 그 자신 스스로는 사법의 심사대상이 된다. 즉 행정 구제와 행정통제는 하나의 동일한 행정소송을 놓고서 국민과 법원 양 측면에서 본 것이다. 이와 같이 불고불리원칙에 의하여 권익구제를 받기 위하여 소를 제 기하는 국민과 그 국민이 권익구제를 바라고 제기한 소에서 행정에 대하여 사 법심사를 하는 법원이 각각 행정을 매개로 불가분의 관계를 맺는 한 행정구제 와 행정통제는 상호 관련을 맺고 동시에 기능하는 것이다.[125] 이는 자명하다.

주관소송은 개인의 권익을 보호 즉 행정구제를 하여 주기 위하여 인정되는 소송이고 객관소송은 개인의 이익이 아니라 행정의 적법성의 확보라고 하는 공 익보호 즉 행정통제를 하기 위하여 인정되는 소송임이 원칙이다. 그렇다고 한 다면 결국 주관소송과 객관소송은 행정구제와 행정통제라고 하는 행정소송의 목적을 실제 소송에서 구체적으로 실현하기 위한 행정소송의 제 유형에 각각 투영할 수 있는 하나의 이념형(Idealtypus)을 상정해 본 것에 불과한 것이다. 따 라서 절대적으로 순수한 주관소송이나 객관소송의 모습이란 현실적으로 애시 당초 그 존립이 불가능한 것이고 설령 가능하다고 하더라도 바람직한 것도 아 니다. 이런 의미에서 주관소송과 객관소송의 절충형태가 이미 예견된 것이고 실제로도, 물론 당연히 정도의 차이는 있으나, 어느 정도 절충되는 것이 일반적 이다. 따라서 행정소송에 있어서 행정구제와 행정통제를 어느 정도 절충시킬

---

125) 물론 행정소송의 기능 자체도 선험적으로 고정된 것이 아니라 가변적인 성격을 갖는다. 왜냐하면 본래부터 행정소송의 기능은 주변환경이나 국가제도의 내적인 운동법칙(die internen Bewegungsgesetzen staatlicher Institutionen)에 따른 변화에 반응하여서 탄력적 으로 변화되는 것이기 때문이다. Schmidt-Aßmann, Funktionen der Verwaltungsger- ichtsbarkeit, in: FS für C. F. Menger, München 1985, S. 120 ff. 그러나 이러한 변화되는 행정소송의 기능은 역시 행정소송이라고 하는 장에서 발휘되는 것이다.

것인가 즉 다시 말해서 주관소송적 성격과 객관소송적 성격을 어느 정도 가진 소송으로 절충시킬 것인가는 기본적으로 각 나라의 입법정책(rechtspolitisches Problem)에 의존하는 문제이다. 즉 선험적이거나 논리필연적인 것은 아니다. 이런 점에서 행정소송의 목적 내지 기능이 행정구제와 행정통제라고 하는 것을 부정할 사람이 없다는 말은, 결국 행정구제와 행정통제라고 하는 행정소송의 목적과 각각 연결된 소송형태인 주관소송과 객관소송이 전부 아니면 전무(all or nothing)가 아니라 어느 정도 절충되는 것이고 그 결과 현실적인 행정소송의 형태는 주관소송적 성격과 객관소송적 성격 간의 일종의 절충형태(trade-off)를 취하게 된다는 것을 의미한다.

이러한 행정구제와 행정통제라는 목적을 행정소송의 제 유형에 각각 투영해 볼 수 있는 주관소송과 객관소송 간의 절충의 모습은 우리나라 취소소송의 현실적인 운영에서 잘 나타난다. 주지하다시피 현재 우리나라 소송실무에서는 주관소송의 전형인 의무이행소송126)이 인정되지 아니한다. 따라서 국민의 권익구제수단은 취소소송에 의존할 수밖에 없는 것이 현실이다. 이런 상황하에서 우리나라 행정소송은 가급적 국민의 권익구제를 위하여 궁여지책으로 부득이하게 독일식의 실체법적인 협소한 처분개념에서 벗어나 쟁송법적 처분개념에 의지하여 그 외연을 넓히거나 그에 발맞추어 원고적격도 확장하고 있는 등의 노력을 기울여 왔던 것이다. 따라서 행정소송법이 개정되어 의무이행소송등이

---

126) 행정소송에 있어서 의무이행소송이 인정되지 아니한다는 것은 확고한 판례의 입장이다. "행정심판법 제4조 제3호가 의무이행심판청구를 인정하고 있고 항고소송의 제1심 관할 법원이 행정청의 소재지를 관할하는 고등법원으로 되어 있다고 하더라도, 행정소송법상 행정청의 부작위에 대하여는 부작위위법확인소송만 인정되고 작위의무의 이행이나 확인을 구하는 행정소송은 허용될 수 없다." 대법원 1992. 11. 10. 선고 92누1629 판결(공1993상, 124); "행정소송법 제3조와 제4조가 행정청의 부작위가 위법하다는 것을 확인하는 소송을 규정하고 있을 뿐 행정청의 부작위에 대하여 일정한 처분을 하도록 하는 의무이행소송에 관하여는 규정하고 있지 아니하여, 행정청의 위법 또는 부당한 부작위에 대하여 일정한 처분을 하도록 청구하는 소송을 허용하지 아니한 것이, 국민의 재산권을 보장한 헌법 제23조에 위배된다고 볼 수 없다." 대법원 1992. 12. 22. 선고 92누13929 판결(공1993상, 627); "검사에게 압수물 환부를 이행하라는 청구는 행정청의 부작위에 대하여 일정한 처분을 하도록 하는 의무이행소송으로 현행 행정소송법상 허용되지 아니한다." 대법원 1995. 3. 10. 선고 94누14018 판결(공1995상, 1630).
의무이행소송의 인정 여부에 관한 문제는 헌법상의 재판청구권의 실질적 보장의 측면에서 검토하여야 한다는 것에는, 최선웅, "행정소송에서의 석명의무의 인정근거 ─ 우리나라 행정소송의 독자성을 모색하며 ─", 『행정법연구』, 2003년 상반기, 2003, 69-77면 참조.

인정된 뒤[127]라고 한다면 몰라도, 여하튼 현재로서는 국민의 권익구제를 위해
서는 부득이 취소소송의 대상인 처분등의 개념이나 원고적격을 넓히는 것이 어
쨌거나 가장 현실적인 방안임에 틀림없고 궁극적으로 헌법상의 재판청구권을
가장 합리적으로 보장하는 길이다. 이러한 국민의 권익구제의 편의를 도모한다
는 전통적인 우리나라 행정소송의 이론과 현실을 감안한다면 취소소송의 주관
적 성격을 완전히 배제하는 것은 현실적으로도 무리하다.[128]

　　이런 점에서 앞에서 인용한 행정소송에서 행정구제와 행정통제의 성격이
있다는 것을 부정할 사람이 없다고 하는 말은, 사실 우리나라의 취소소송의 본
안에서는 위법성 여부를 심사하게 된다는 점에서 취소소송의 대상이 주관성과
분리되고 또한 위법성과 권리침해의 견련성을 요구하는 독일과 비교해서 다소
취소소송의 객관적 성격이 있다는 점을 부정할 사람이 없음에도 불구하고, 우
리나라 소송현실을 감안하여 불가피하게 취소소송을 국민의 권익구제를 위하
여 운영하지 않을 수밖에 없고 따라서 주관적 성격을 인정하지 않을 수밖에 없
다는 의미로도 이해할 수 있다.

## 4. 행정구제와 행정통제의 우열문제

　　우리나라 행정소송의 목적에 관한 논의에 있어서 행정구제와 행정통제 간
의 우열 여부에 관하여 명확히 입장을 밝히지 아니하는 경우가 일반적이다.[129]
또한 나아가 행정구제와 행정통제의 유기적 기능을 강조하여 그 우열을 비교하
는 것 자체를 거부하는 견해[130]가 없는 것은 아니다. 그러나 행정소송의 행정구
제와 행정통제 간의 그 우위 여부를 비교함으로써 행정소송의 실제운영이나 해

---

127) 현재 대법원의 주도로 이루어지고 있는 행정소송법 개정시 의무이행소송이 입법화되는
　　것으로 알려져 있다. 최송화, "한국의 행정소송법 개정과 향후방향", 『한·일 행정소송법
　　제의 개정과 향후방향』, 한국법제연구원·한국행정판례연구회, 2003. 4. 18, 92면 참조.
128) 최선웅, "행정소송에서의 석명의무의 인정근거 — 우리나라 행정소송의 독자성을 모색하
　　며 —", 『행정법연구』, 2003년 상반기, 2003, 68면, 123면.
129) 대개의 경우 행정소송의 권리구제기능과 행정통제기능을 병렬적으로 열거할 뿐, 그 양
　　기능의 상호관계에 관하여 언급하지 않는 것이 보통이라고 하는 것에는 김남진, 2002년
　　도판, 630면 참조.
130) 행정쟁송에는 권익구제와 행정통제라고 하는 두 가지 요소가 서로 융합되어 공존되어
　　있다는 점에서, 권익구제와 행정통제의 어느 한쪽의 기능이 우위에 있다고 설명하는 것
　　은 행정쟁송제도가 수행하는 유기적 기능을 간과한 단견으로서 현실성을 결여하는 것이
　　라고 하는 견해도 있다고 하는 것에는, 김성수, 707면 참조.

석 나아가 입법론에 있어서 유용한 설명적 기능131)을 한다는 점에서 비교하는 것 자체를 거부할 필요는 없다.

전술한 바와 같이, 행정소송의 목적 내지 기능들 간의 우열의 문제에 있어서 행정구제가 주이고 행정통제가 종이라고 하는 것이 다수설의 입장이다. 그런데 이 행정구제가 "주"이고 행정통제가 "종"이라고 하는 표현은 마치 행정통제를 위한 법원의 심사강도나 정도가 행정구제를 위해서 무조건 약화된다는 의미만을 보여주는 문제점은 있다. 주·종이라는 것은 행정소송도 불고불리의 원칙상 행정소송이 제기되어야 즉 행정구제의 심사과정의 기회에 비로소 행정통제가 이루어진다는 점을 의미하는 것뿐이다. 행정소송에 있어서 처분권주의는 행정소송법 제8조 제2항의 준용규정에 의하여 민사소송법 제203조가 준용되어 인정된다.132) 이 점에서 행정구제를 주로 하고 행정통제를 종으로 하는 "주·종관계"133)로 설명하는 것보다는 행정구제 심사과정의 기회에서 행정통제가 이루어진다는 점에서 "부수적"134)인 기능으로 이해하는 것이 보다 타당하다. 사실 "부수적"이라는 것은 당사자 처분권주의원칙상 행정소송도 당사자의 소제기에 의하여 개시된다는 것을 설명하는 것에 지나지 아니한다. 이는 행정구제가 전제되지 아니하는 행정통제가 불가능하다는 점을 의미한다. 이런 점에서 본다면 행정통제를 강조하는 것은 결국은 일정부분 행정구제의 강화에 이바지하는 결과가 된다. 이 점에서는 사실 행정구제와 행정통제 간의 우열 논의의 결과는 일정부분 상쇄된다.

요컨대 "부수적"이라는 것은 처분권주의에 의하여 일단 개시된 행정구제의

131) 행정소송의 기능 중에서 어느 기능을 중시하는가에 따라 행정소송에 관한 구체적 해석론에 학설이 대립이 발생하게 된다(예: 원고적격, 의무이행소송의 허용성 등)고 하는 것에는, 주석 행정소송법, 행정소송 총설 [김철용 집필부분], 3면 주5) 참조.
132) 다만 처분권주의의 제한 등의 소극적인 한계는 특히 행정소송법 제1조상의 공법상의 권리관계 또는 법적용에 관한 다툼을 적정하게 해결하여야 한다는 즉 공익에 관한 적정한 재판에 비추어 설정되어야 한다. 최선웅, "행정소송에서의 석명의무의 인정근거 — 우리나라 행정소송의 독자성을 모색하며 —", 『행정법연구』, 2003년 상반기, 2003, 116면 주 122) 및 최선웅, "행정소송에서의 변론주의와 직권탐지주의 — 우리나라 행정소송법 제26조를 중심으로 —", 서울대 법학박사학위논문, 2004, 223면 이하 참조.
133) 예컨대 김남진, 2002년판, 630면 이하 참조.
134) 예컨대 박윤흔, 806면; 류지태, 480면; 개인이 자신의 권리와 이익을 보호하기 이하여 행정쟁송을 제기함으로써 간접적으로 행정의 적법성·타당성통제가 이루어진다고 하여 "간접적"이라는 표현을 쓴 것으로는, 김향기, 426면 참조; 이런 점에서는 행정심판법 제1조의 목적규정에서 사용하고 있는 "아울러"라고 하는 표현도 적당하다고 생각된다.

심사기회에 행정통제가 행해진다는 것 즉 행정구제가 전제된 행정통제를 의미한다.

그런데 전술한 바와 같이, 행정통제의 우위론에 근거하여 최근 우리나라에 있어서 행정소송의 객관적 성격을 강조하여 주장하는 이론은 주관성에 치우친 독일 행정소송의 문제점을 지적하고, 객관소송의 성격을 가진 프랑스의 제도에 비추어 바람직한 우리나라 행정소송의 모습을 상정해 볼 수는 있다는 점에서는 기존의 주관성에 치우친 논의와 상대적인 균형을 이루고 논의 자체를 풍부하게 한다는 점에서도 매우 바람직한 일이다.

그런데 이와 같이 행정소송의 객관적 성격을 강조하는 견해가 이에 그치지 아니하고 한걸음 더 나아가서 우리나라 행정소송에서 주관성을 완전히 배제하고 항고소송의 본안에 있어서 법원 심판권의 내용만을 염두에 두고 행정소송을 순수한 객관소송이라고 이론구성한다는 것이라면 이는 문제다. 우리나라 행정소송에 있어서 주관성을 완전히 배제할 수는 없다. 즉 이는 정도의 문제이지 본질적인 성질을 달리하는 문제는 아니다. 또한 우리나라 행정소송은 본래 독일 헌법 제19조 제4항에 근거한 독일식의 '포괄적인 권리구제'마저도 포괄하는 즉 '권리침해를 요건으로 하지 아니하는' '포괄적인 재판'을 보장하고 있는 국민의 헌법상 권리로서 헌법 제27조의 재판청구권에 입각해 있다. 이런 점에서 우리나라 헌법상 권리인 재판청구권을 독일 헌법 제19조 제4항과 같이 권리침해로 좁혀서 해석할 하등의 이유가 전혀 없다. 즉 독일 헌법 제19조 제4항이 권리구제절차의 보장이라고 하는 주관적 성격을 갖는다는 점을 비판하는 것 자체는 독일에서는 의미[135]가 있는지 몰라도, 적어도 독일과 다른 우리나라의 헌법구조와 행정소송법 규정 아래에서는 별다른 큰 의미가 있는 것은 아니다.[136]

---

135) 독일에서 주관적 법치국가원리를 비판하고 객관적 법치주의로 전향할 것을 주장하는 견해에 관해서는 Bleckmann, S. 67-99, 175-203 참조.

136) 최근의 객관소송설을 주장하여 이를 행정소송법 개정안에 반영시키고자 하는 견해는, 순수한 논리적인 것에 근거한다기보다는, 이론면에서는, 우리나라와 달리 적어도 소송유형에서의 권리구제절차가 완비되는 등 주관적 권리구제의 성격이 강한 독일에서도 최근 특히 유럽통합(EU)의 과정에서 주도적인 역할을 하고 있는 프랑스의 자극을 받아 프랑스 행정재판제도를 참조하여 주관적 법치국가원리에서 탈피하여 객관적 법치국가원리로 이행하여야 한다고 주장하고, 행정행위에 개념에 행정입법을 포함시키는 것을 주장하는 전술한 바 있는 Bleckmann류의 이론과, 역사·제도적으로는 사법으로부터의 행정의 독립에 성공하여 행정재판국가의 전형을 이루었고 그들 나름대로 '권위주의'가 아닌 진정한 '권위'를 인정받는 프랑스의 꽁세유·데따식의 행정재판제도를 참고한 것이다.

한편, 전술한 바와 같이, 이와 같은 프랑스식 행정소송의 객관적 성격을 강조하는 견해와 정반대의 방향에 서서 독일식의 행정소송의 주관적 성격만을 강조하는 견해는 어쨌든 결과적으로는 우리나라 행정소송에 관한 이론을 독일 헌법 제19조 제4항 등 독일의 헌법구조와 행정소송법 규정에 근거한 독일식 이론의 범위 내에서만 구성하고, 우리나라 행정소송법 규정을 독일식으로 개정137) 하려고 한다는 점에서 기본적인 문제가 있다.138)

이러한 기본적인 문제점을 가지고 있는 주관성만을 강조하는 견해와 객관성만을 강조하는 견해 이 양자는 구체적인 문제에 들어가서 우리나라 행정소송의 본안심사에 있어서 독일식의 권리침해와 위법성 간의 견련성(Rechtswidrigkeitszu-sammenhang)이 요구되는가 여부에 관해서 다투고 있다. 즉 우리나라 취소소송에서는 본안에서 권리침해를 요구하지 아니하고 위법성일반을 심사한다는 점에서 프랑스의 월권소송과 같이 객관적 성격을 갖는다고 하거나,139) 그럼에도 여전히 권리는 요건심리단계에서 선취하여 심리되고 위법성은 본안에서 심리되는 것이므로 전체적으로 보아서 여전히 독일 행정소송제도와 본질적인 차이가 없다고 한다.140)

우리나라 행정소송에서의 본안에서는 권리침해를 요구하지 아니하는 점은 독일과 다른 점이라고 할 수는 있다. 이는 독일 행정소송법 제42조 제2항, 제113조 제1항 제1문과 궁극적으로는 독일 헌법 제19조 제4항 등을 규정하고 있는 독일과 그러한 규정이 없거나 다르게 규정된 우리나라와의 차이에서 나타나

---

그러나 적어도 우리나라에 있어서는 현실적으로 객관소송설의 주장하기보다는 먼저 국민의 헌법상 재판청구권의 보장을 위하여 의무이행소송의 도입 등 권리구제절차의 완비가 시급한 당면 과제이고 선결문제일 뿐만 아니라, 또한 프랑스식의 행정재판제도의 도입은 헌법개정문제를 야기시킨다.

137) 예컨대, "해석상 논란의 여지가 있는 "법률상 이익"의 개념을 포기하고 독일 행정소송법 제42조와 같이 행정청의 작위나 부작위를 통하여 "자신의 권리가 침해가 되었음을 주장"할 것으로 대체하고 …"(정하중, 행정소송법 개정방향, 『공법연구』 제31조 제3호, 2003, 30면)를 들 수 있다.
138) 이와 같이 행정소송의 주관적 성격만을 강조하는 견해와 이와 반대로 객관적 성격만을 강조하는 견해 이 양자의 문제점에 관한 상세한 것은, 최선웅, "행정소송에서의 석명의무의 인정근거 ─ 우리나라 행정소송의 독자성을 모색하며 ─", 『행정법연구』, 2003년 상반기, 2003, 59-155면, 특히 행정소송의 기능에 관하여는 같은 글 117면-142면 참조.
139) 박정훈, "행정소송법개정의 기본방향", 현대공법학의 과제 청담최송화교수화갑기념, 박영사, 661면 이하.
140) 정하중, "행정소송법 개정방향", 『공법연구』 제31조 제3호, 2003, 28면.

는 문제이기도 하다. 그런데 우리나라 행정소송의 본안에서 위법성 여부만을
심사한다고 해서 국민의 권익침해(독일의 권리침해)와 전혀 무관하다고 하기는
어렵다. 현행 행정소송구조상 처분권주의에 의한 권익구제 즉 행정구제가 전제
되지 아니한 행정통제는 불가능하기 때문이다. 따라서 본안에서, 개별 위법사유
이든 위법성 일반이든 간에, 또는 굳이 주관적 권리와 객관적 법과의 관계를 언
급하지 않는다고 하더라도, 위법 여부에 대한 법원의 최종적인 판단은 국민이
처분권주의에 의하여 소를 제기하여 궁극적으로 달성하고자 하는 권익구제가
최종적으로 이루어지는가 여부와 적어도 효과면에서는 불가분의 관계를 이루
는 것이다. 특히 재량행위인 경우 국민의 권익은 행정의 공익과 함께 비례원칙
에 의거하여 재량권의 범위를 일탈·남용하였는지 여부를 판단함에 있어서 본
질적인 형량요소이다. 또한 독일 행정소송에서의 직권탐지주의와 달리 우리나
라 행정소송에 있어서 행정소송법 제8조 제2항의 준용규정에 의하여 민사소송
상의 변론주의가 인정되므로 원고인 국민은 본안에서 자신의 권익을 적극적으
로 주장하여 현출시킬 수 있는 방법이 있고 또 법원은 이를 심리하여야 한다는
점에서 국민의 권익은 본안에서 실질적이고도 본질적이다. 이런 점에서 위법성
견련성에 관련된 독일과 우리나라의 차이라고 하는 것은, 권익구제가 전제가
되는 행정통제를 상정하는 한 실질을 압도할 정도로 그렇게 중대한 차이는 아
니라고 본다. 이러한 점은 취소소송의 법적 성질이 주관소송이든 객관소송이든
나아가 형성소송이든 확인소송이든 관계없이 적어도 이행소송이 인정되지 아
니하는 우리나라의 행정소송현실에 있어서는 중요한 실천적인 의미가 있다. 보
다 근본적으로 본안에서 독일식의 위법성견련성을 요구하든지 아니면 프랑스
식의 위법성만을 심사하든지 여부도, 전술한 바와 같이, 주관소송과 객관소송의
절충의 문제와 마찬가지로 결국 사법재판국가인가 아니면 행정재판제도라고
하는 헌법정책을 포함한 입법정책적인 문제인 것에 불과한 것이지, 선험적이거
나 논리필연적인 것은 전혀 아니다.

　　어쨌든 우리나라의 행정소송에 있어서 독일식의 이론을 주장하고 독일식
의 법개정을 주장하는 것이나, 그렇다고 프랑스식의 이론을 주장하고 프랑스식
의 법개정을 주장하는 것 양자 모두는 기본적으로 우리나라 실정법과 법제도뿐
만 아니라 소송현실을 도외시한다는 점에서 문제가 있다. 더군다나 후술하는
바와 같이, 우리나라 행정소송은 우리나라 행정소송법 제1조, 제8조 제2항, 제

26조 등 우리나라 실정법규정은 주관과 객관 양자를 모두 아우르는 절충하는
구조로 되어 있다는 점에서, 위 주관성과 객관성 어느 한 쪽에 치우쳐 있는 나
라를 추종하는 것은 문제가 있다.

## 5. 행정소송의 목적과 행정소송법 제1조의 관계[141]

독일이나 일본과 달리, 우리나라 행정소송법은 제1조에서 행정소송의 목적
규정을 가지고 있다는 점에서 이 규정을 행정구제와 행정통제라고 하는 행정소
송의 목적과의 관계설정을 모색해 볼 필요성은 있다. 전술한 바와 같이, 행정소
송법 제1조와 행정소송의 목적과의 관계에 관하여는 행정소송법 제1조 전체가
행정구제를 근거 짓는다는 견해와, 행정소송법 제1조는 행정구제뿐만 아니라
특히 "법적용에 관한 다툼을 적정하게 해결함을 목적으로 한다"라고 하는 부분
이 행정통제를 밝힌 것이라고 하는 견해로 나누어진다.

먼저 전자의 견해 즉 행정소송법 제1조 전체가 행정구제의 법적 근거라고
하는 견해는 사실 그 문맥상 행정소송의 목적으로 행정구제와 행정통제를 뚜렷
하게 대비시켜서 행정소송법 제1조는 전자 즉 행정구제만의 법적 근거가 되고
따라서 후자 즉 행정통제의 법적 근거가 될 수 없다고 명백하게 설명하고 있지
는 아니하다. 특히 최근의 이른바 객관소송설과 관련시켜 논급하고 있지도 아
니하다. 이 견해는 단지 행정소송의 목적 내지 기능으로 행정구제와 행정통제
를 언급하면서 단지 행정소송의 행정구제기능 측면을 행정소송법 제1조가 명시
적으로 규정하고 있다고 설명하는 데에 불과한 것이고, 따라서 행정통제에 관
하여는 적극적으로 어떠한 법적 근거를 제시하고 있지는 않다.[142]

---

141) 최선웅, "행정소송에서의 석명의무의 인정근거 — 우리나라 행정소송의 독자성을 모색하
며 —",『행정법연구』제9호, 2003. 상반기; 최선웅, "행정소송법 제26조의 해석에 관한
일 고찰 — 우리나라 행정소송의 독자성을 모색하며 —",『행정법연구』제10호, 2003. 하
반기 참조.
142) 김철용, 558면; 주석 행정소송법, 행정소송 총설 [김철용 집필부분], 2면 이하; 이상규,
233면.
　한편, 행정의 적법성을 보장하기 위한 규정으로 명령·규칙의 위헌판결등 공고를 규정
한 행정소송법 제6조를 들고 있는 견해를(유명건, 5면 참조) 들 수 있다. 그런데 이 행정
소송법 제6조는 위헌 또는 위법으로 판단된 명령이나 규칙을 관계 행정청이 적용하지
않도록 하기 위한 취지라는 점에서, 행정작용의 위헌·위법을 심사한다는 행정의 적법성
통제를 적극적으로 근거짓는 규정으로 보기는 어렵고, 단지 소극적으로 행정통제에 기
여할 수 있는 규정으로는 볼 수 있을 것이다.

　　또한 만일 이 견해가 행정소송법 제1조가 행정통제를 제외하고 행정구제만을 한정하여 법적으로 근거하고 있다고 주장한다면, 이는 전술한 독일 헌법 제19조 제4항 및 독일 행정소송법 제42조, 제113조 제1항 제1문, 제5항 제1문 등의 규정이 국민의 주관적 권리구제만을 근거 짓고 그리고 행정소송법상 목적규정이 없는 독일에서의 해석방법을 그대로 답습한 것이라는 점에서 문제가 있다. 다시 말해서 국민의 주관적 권리구제의 기회에 심사대상이 되는 행정작용을 법원이 그 적법 여부를 심사한다는 점에서 적법성통제가 이루어진다고 하는 독일식의 해석방법을 답습한다는 것은, 결과적으로는 우리나라 현행 행정소송법 제1조의 규정 중 특히 후단의 규정을 도외시하게 된다는 점에서 의문이다. 더군다나 우리나라는 주관적 권리구제만을 부각시키는 독일식의 헌법규정이나 행정소송법의 규정은 가지고 있지 아니하다. 따라서 우리나라 헌법 제27조상의 재판청구권을 독일 헌법 제19조 제4항의 권리구제조항으로 한정하여 해석하거나 우리나라 행정소송법을 독일 행정소송법에 한정하여 해석하여야 할 하등의 이유가 없다. 우리나라 행정소송법 제1조의 규정상 전단은 행정구제를, 후단은 행정통제를 모두 포괄시킬 수 있는 문장구조로 되어 있다는 점에서 체계적임이 분명하다. 따라서 만일 우리나라 행정소송법 제1조의 명문의 규정에도 불구하고 위에서 본 바와 같은 독일식의 권리구제만을 규정하고 있다고 한다면 이는 결국 우리나라 행정소송법 제1조 규정을 부당한 해석에 의하여 개정하여 그 후단 부분을 삭제시킨 결과가 된다는 점에서 문제이다.

　　다음으로, 전술한 바와 같이, 행정소송법 제1조는 후단 즉 "공법상의 권리관계 또는 법적용에 관한 다툼을 적정하게 해결함을 목적으로 한다"라고 하는 표현 중에서 "법적용에 관한 다툼"만이 행정소송의 행정통제기능에 해당한다고 하는 견해가 있다. 이 견해는 행정소송법 제1조 후단의 "공법상의 법률관계와 법적용에 관한 다툼"을 "공법상의 법률관계에 관한 다툼"과 "법적용에 관한 다툼"으로 분리한다. 그리하여 전자 즉 "공법상의 법률관계에 관한 다툼"이라는 부분이 공법상 당사자소송의 근거규정이 되고, 후자 즉 "법적용에 관한 다툼"이라는 부분이 행정통제기능의 근거가 된다고 한다.[143] 그러나 행정소송법 제1조 후단의 "공법상의 법률관계와 법적용에 관한 다툼"은 위와 같이 "공법상의 법

---

143) 주석 행정소송법, 제1조(목적) [최송화 집필부분], 45, 48면.

률관계에 관한 다툼"과 "법적용에 관한 다툼"으로 분리되는 것이 아니라, "공법상의 법률관계에 관한 다툼"과 "공법상의 법적용에 관한 다툼"으로 분리되는 것이다. 즉 "공법상의"라고 하는 공통분모를 가진 "법률관계에 관한 다툼"과 "법적용에 관한 다툼"으로 분리되는 것이고, 따라서 "공법상의"는 이 양자를 공통으로 수식하는 수식어일 뿐이다. 그리고 행정소송에서 적정하게 재판하여야 할 목적의 대상이 "공법상의 권리관계 또는 법적용에 관한 다툼"이 되므로, 이는 결국 "공법상의 권리관계 또는 법적용에 관한 다툼을 적정하게 해결함"으로 합쳐지게 되는 것이고 바로 이것이 행정소송의 행정통제목적의 법적근거가 된다.[144] 따라서 현행 행정소송법 제1조 중에서 전단 즉 "이 법은 행정소송절차를 통하여 행정청의 위법한 처분 그 밖에 공권력의 행사·불행사 등으로 인한 국민의 권리 또는 이익의 침해를 구제하고"라는 부분이 국민의 권익구제인 행정구제의 법적 근거이다. 그리고 제1조 후단 즉 "공법상의 권리관계 또는 법적용에 관한 다툼을 적정하게 해결함을 목적으로 한다"라고 하는 부분이 행정에 대한 적법성통제인 행정통제의 법적 근거가 된다. 물론 그렇다고 해서 행정소송법 제1조의 문언에 따라서 항고소송, 당사자소송, 객관소송 등 기존의 행정소송을 범주적으로 분류하는 것 자체가 불가능한 것은 아니다. 어디까지나 행정소송법 제1조는 이러한 행정소송의 범주적 분류도 아우를 수 있는 행정소송의 목적규정이기 때문이다.[145]

다만 전술한, 최근 행정소송의 객관적 성격을 강조하는 견해는 우리나라 행정소송의 목적과 우리나라 행정소송법 제1조의 관계에 관해서는 아무런 언급이 없다.[146]

---

144) 최선웅, "행정소송에서의 석명의무의 인정근거 — 우리나라 행정소송의 독자성을 모색하며 —", 『행정법연구』, 2003년 상반기, 2003, 109면.

145) "동조가 규정하는 목적은, 각각 항고소송, 당사자소송 및 객관소송을 염두에 두고 규정한 것으로 이해할 수 있습니다. 또한, 다른 측면에서 보면, 이 조항은 행정소송이 가지는 주관적 권리구제소송으로서의 측면과 객관적인 행정통제의 측면을 함께 규정한 것으로 볼 수 있습니다"(최송화, "현행 행정소송법의 입법경위", 『공법연구』 제31집 제3호, 한국공법학회, 2003, 4면(밑줄 필자); 주석 행정소송법, 제1조(목적) [최송화 집필부분], 45면)라고 하는 취지도 이와 같다고 할 수 있다.

146) 다만 같은 계열에 속하면서도 전술한 바 있는 행정소송의 중 항고소송은 객관적 소송으로 보아야 한다고 하는 견해(한견우, "행정소송의 소송관과 우리나라 행정소송의 문제점", 『고시연구』, 1991. 1, 113면 이하)가 있다. 그렇다면 이는 행정소송의 주류를 이루는 항고소송이 객관적 행정통제를 목적으로 한다는 것을 의미하는 것이고, 결국 이는 바

요컨대 우리나라 행정소송법 제1조 전단은 행정구제 후단은 행정통제의 법적 근거이다.

## 6. 판례에 대한 평가

전술한 바와 같이 판례의 설시내용을 액면 그대로 받아들여 판단한다면, 우리나라 판례는 행정소송의 권익구제기능을 중시하는 경향으로 보인다. 그러나 판례가 행정구제목적을 중시하여 설시하고 있다는 것과, 판례가 국민의 권익구제를 어느 정도 중시하여 실제로 반영시키고 있는가는 별개의 문제이다.

현재 판례는, "어떤 행정청의 행위가 행정소송의 대상이 되는 행정처분에 해당하는지는 그 행위의 성질과 효과 그 밖에 행정소송제도의 목적 내지 사법권에 의한 국민의 권리보호의 기능을 고려하여 합목적적으로 판단하여야 한다"147)라고 하여 "권익구제"라고 하는 행정소송의 목적을 고려한다고 하면서도, 실제로는 "항고소송의 대상이 되는 행정처분은 국민의 권리의무에 직접관계가 있는 행위를 가리키는 것이고, 상대방 또는 기타 관계자들의 법률상 지위에 직접적인 법률적 변동을 일으키지 아니하는 행위 등은 항고소송의 대상이 되는 행정처분이 아니라고"148) 하여 행정처분의 대상을 매우 좁게 인정하고 있다.149) 이는 종래부터 판례가 그 판시에서 내세우고 있는 국민의 권익구제를 실로 무색하게 한다.

이와 같이 판례가 국민의 권익구제에 소홀히 한 결과, 이제는 이러한 종래의 대법원의 태도를 시정하는 것은 기대하기가 어렵게 되었다. 사실 이러한 판례가 종래의 태도를 하루아침에 바꾸는 것은 판례의 변경과정을 거쳐야 하는

---

로 우리나라 현행 행정소송법 제1조 전단의 규정을 역시 부당한 해석에 의하여 삭제시킨 결과가 된다는 점에서 문제이다.

147) 대법원 1984. 2. 14. 선고 82누370 판결(공1984상, 520)(밑줄 필자).

148) 대법원 1995. 3. 14. 선고 94누9962 판결(공1995상, 1636)(밑줄 필자).

149) 그 결과 토지대장, 임야대장 등 각종 대장, 권고 등과 같은 행정지도 등도 처분에서 제외되었다. 다만 최근에 지적공부 소관청의 지목변경신청 반려행위가 항고소송의 대상이 되는 행정처분에 해당한다고 하는 판례가 있을 뿐이다(대법원 2004. 4. 22. 선고 2003두9015 전원합의체 판결(공2004상, 907)).
　또한 거부처분이 행정소송의 대상이 되기 위해서는 법규상 또는 조리상의 신청권의 존재를 요구(예컨대 대법원 2003. 9. 23. 선고 2001두10936 판결(공2003하, 2090))하고, 최소판결의 기속력의 객관적 범위(예컨대 대법원 2002. 7. 23. 선고 2000두6237 판결(공2002하, 2081)), 부작위위법확인소송에 있어서의 응답의무(예컨대 대법원 2004. 2. 13. 선고 2003두10602 판결) 등이 주로 비판의 대상이다.

부담이 있으므로 이러한 판례의 부담을 덜어주기 위해서 행정소송법을 개정할
필요성도 있다.[150]

그러나 사실 특별한 사회의 변혁이 없는 상황하에서 급진적인 법개정은 많
은 부작용이 따르기 마련이고, 또한 법을 개정한다고 하더라도 해석의 문제가
여전히 남는 경우도 있게 마련이다. 따라서 현재 실무상 예컨대 의무이행소송
의 인정과 같이 명백히 오로지 법개정만이 아니면 해결되기 어려운 상황이 아
니라고 한다면, 법원은 행정소송법이 개정되기 전이라도 현행법상 허용하는 한
도 내에서 탄력적인 운영을 기하도록 노력해야 할 것이고 노력하였어야 한다.

국민의 권익구제와 관련되는 국가기관 간의 관할의 존부불명은 국가기관
간의 권한쟁의에 의한 권한상실이라는 불이익으로 이어질지언정 국민의 권익
구제의 공백상태라고 하는 국민의 불이익으로 전가되는 것은 결코 바람직하지
않다. 의무이행소송의 인정문제나 헌법재판소와 대법원 간의 관할 다툼도 기본
적으로 이와 같은 시각에서 보아야 한다. 모든 경우에 무조건 법이 개정할 때까
지 참으라고 하는 것은 헌법상 보장된 재판청구권의 침해문제가 있다.[151]

## 7. 행정소송법 개정안 제1조상의 목적규정

행정소송법 개정안에 따르면 제1조 (목적) 규정을 "이 법은 행정심판절차를
통하여 행정청의 위법 또는 부당한 처분 그 밖에 공권력의 행사·불행사 등으로

---

150) 앞에서 인용한 판례들에서 보는 바와 같이, 행정소송에서 이행소송이 인정되지 아니한
다는 것이 종래부터 우리나라 대법원의 확고한 입장이다. 따라서 이는 판례의 변경을 사
실상 기대하기 어려운 대표적인 경우라고 할 수 있고, 새로운 행정소송법 개정안에서는
의무이행소송의 도입을 인정하고 있다.
　그러나 원고적격에 관해서도 판례변경이 어렵기 때문에 행정소송법을 개정하여야 한
다고 하는 견해(예컨대 박균성, 2004『행정소송법 개정안』공청회, 대법원, 2004, 99면
이하)가 있으나, 그러나 위 의무이행소송의 경우와 비교해서 법원의 판례변경의 부담이
크다고 할 수 없다. 행정소송법 제12조의 법률상 이익의 실질적 내용의 판단 기준이 되
는 원고적격의 최대한의 외연은 행정소송법 제1조상의 "국민의 권익(권리 또는 이익)"이
고 그중에서 "국민의 이익"이 된다. 물론 궁극적으로는 원고적격을 부당히 좁힌다면 이
는 실질적으로는 재판의 거부이고 국민의 헌법상의 권리인 재판을 받을 권리를 침해하
는 것이라고 할 수 있으므로 재판청구권의 실질적 보장이라는 측면에서 문제가 있다는
점도 검토하여야 한다. 이에 관한 상세한 것은, 최선웅, "행정소송에서의 석명의무의 인
정근거 ― 우리나라 행정소송의 독자성을 모색하며 ―",『행정법연구』, 2003년 상반기,
2003, 132면 이하 참조.
151) 최선웅, "행정소송에서의 석명의무의 인정근거 ― 우리나라 행정소송의 독자성을 모색하
며 ―",『행정법연구』, 2003년 상반기, 2003, 68면, 76면, 124면 이하 참조.

인한 국민의 권리 또는 이익의 침해를 구제하고, 아울러 행정의 적정한 운영을 기함을 목적으로 한다"152)라고 규정하기로 하였다고 한다. 이는 행정의 적법성 보장에 중점을 두는 법안의 지향점을 명시한 규정이라고 한다.153)

현행 행정소송법 제1조와 비교하면 개정안 제1조는 "아울러 적법한 행정을 보장함을 목적으로 한다"라는 부분이 추가되었다.154) 그런데 만일 이 추가된 부분만을 행정소송의 객관적 성격이라고 해석한다고 하면, 개정안 제1조의 그 앞부분 즉 "이 법은 행정소송절차를 통하여 행정청의 위법한 공권력의 행사 · 불행사 등으로 인한 국민의 권리 또는 이익의 침해를 구제하고"는 물론이고, 그에 이어서 나오는 "공법상의 권리관계 또는 법적용에 관한 다툼을 적정하게 해결하며" 부분도 개인의 권익구제로 한정되게 된다는 점에서 문제이다. 즉 "공법상의 권리관계 또는 법적용에 관한 다툼을 적정하게 해결하며"는, 전술한 바와 같이, 그 앞 부분 "이 법은 행정소송절차를 통하여 행정청의 위법한 공권력의 행사 · 불행사 등으로 인한 국민의 권리 또는 이익의 침해를 구제하고"라고 하는 개인의 권익구제라고 하는 행정구제기능과 또 하나의 다른 행정소송의 행정통제기능이라고 하는 객관적 성격을 갖는 것이다. 여기에다가 행정소송법 개정안에서 추가하는 "아울러 적법한 행정을 보장함을 목적으로 한다"라고 하는 것은 객관성 성격이 가장 잘 나타나는 표현이고 이는 그 바로 앞의 "공법상의 권리관계 또는 법적용에 관한 다툼을 적정하게 해결하며"에 연결되어 내용적으로

---

152) 2004 『행정소송법 개정안』 공청회, 대법원, 2004, 신 · 구 조문 대비표, 203면.

153) 최송화, "한국의 행정소송법 개정과 향후방향", 『한 · 일 행정소송법제의 개정과 향후방향』, 한국법제연구원 · 한국행정판례연구회, 2003, 89면; 최송화, "한국의 행정소송법 개정과 향후방향", 『행정판례연구 Ⅷ』, 박영사, 2003, 442면.

154) 그 외에 행정소송법 개정안에서는 현행 행정소송법 제1조의 "위법한 처분 그 밖에 공권력의 행사 · 불행사"가 개정안에서는 "처분 그 밖에" 부분이 삭제되게 되어 있다. 이는 개정안의 실질적이고 핵심적인 개정내용인 명령 · 규칙 · 처분을 모두 항고소송의 대상으로 포괄하기 위한 상위개념으로서 소위 "광의의 행정행위"라는 용어를 사용하기 위한 것이라고 한다. 즉 항고소송의 대상을 확대하면서도 그동안의 학설과 판례가 발전시켜 온 처분개념을 유지하는 방안으로 항고소송의 대상이 되는 행정작용을 행정행위라 지칭하고, 현행법상의 처분개념을 행정행위 개념의 한 유형으로 볼 수 있다는 것이다. 최송화, "한국의 행정소송법 개정과 향후방향", 한국법제연구원 · 한국행정판례연구회 공동주체 국제학술회의 한 · 일 행정소송법제의 개정과 향후방향, 한국법제연구원 · 한국행정판례연구회, 94-95면; 최송화, "한국의 행정소송법 개정의 향후방향", 『행정판례연구 Ⅷ』, 박영사, 2003, 448면 참조. 이러한 최송화 교수의 제안에 따라서 행정소송법 개정안 제2조 제1항 제1호에서 "행정행위"로 개칭하기로 합의하기로 하였다고 한다. 박정훈, 2004 『행정소송법 개정안』 공청회, 대법원, 2004, 28면.

합체관계에 있다.

그렇다고 한다면 개정안 제1조를 "이 법은 행정소송절차를 통하여 행정청의 위법한 공권력의 행사·불행사 등으로 인한 국민의 권리 또는 이익의 침해를 구제하고, 아울러 공법상의 권리관계 또는 법적용에 관한 다툼을 적정하게 해결하여 적법한 행정을 보장함을 목적으로 한다(밑줄 필자)"라고 하던지, 아니면 행정심판법 제1조[155)]의 규정의 예에 따라서 간명하게 "이 법은 행정소송절차를 통하여 행정청의 위법한 공권력의 행사·불행사 등으로 인한 국민의 권리 또는 이익의 침해를 구제하고, 아울러 적법한 행정을 보장함을 목적으로 한다(밑줄 필자)"라고 규정하는 것이 타당하다.


# V. 결론적 고찰[156)]

주관소송과 객관소송은 행정구제와 행정통제라고 하는 행정소송의 목적을

---

155) 행정심판법 제1조 (목적) 이 법은 행정심판절차를 통하여 행정청의 위법 또는 부당한 처분 그 밖에 공권력의 행사·불행사 등으로 인한 국민의 권리 또는 이익의 침해를 구제하고, 아울러 행정의 적정한 운영을 기함을 목적으로 한다.

156) 이러한 결론의 도출과정은 필자는 평소 한국적 법치주의의 한 내용으로서 우리나라 행정소송의 독자성의 모색을 탐구하는 과정에 있어서의 일련의 산물이다. 우리나라 행정소송의 독자적 성격을 가장 극명하게 보여주는 행정소송법 제26조의 해석에 관하여는 이미 1997년부터 필자는 석사학위 논문에서, 직권탐지주의와 변론주의는 이념형에 불과하고 따라서 절충되어야 한다는 전제하에서, 우리나라 행정소송법 제26조는 독일 행정소송법 제86조 제1항과 달리 "가능규정"으로 되어 있다는 점에서 탄력적이고 개방적이고, 일본 행정사건소송법과 달리 "당사자가 주장하지 아니한 사실에 대하여도 판단할 수 있다"라는 부분을 가지므로 결론적으로 우리나라 행정소송법 제26조는 직권탐지주의에 치우친 독일과 다르고 변론주의에 치우친 일본과도 다른 "독자적이고 합리적이고 탄력적인 규정"이라고 주장한 바가 있다(최선웅, 행정소송에서의 입증책임, 서울대학교 석사학위논문, 1997, 15면 이하 참조).
  그 후로도 이러한 주제와 관련된 일련의 발표를 통하여 필자 나름대로 우리나라 행정소송의 독자성을 모색하여 왔다. 최선웅, "행정소송에서의 석명의무의 인정근거 ― 우리나라 행정소송의 독자성을 모색하며 ―", 『행정법연구』 제9호, 2003. 상반기, 행정법이론실무학회, 2003, 59면 이하 ; 최선웅, "행정소송법 제26조의 해석에 관한 일 고찰 ― 우리나라 행정소송의 독자성을 모색하며 ―", 『행정법연구』 제10호, 2003. 하반기, 행정법이론실무학회, 2003, 207면 이하; 최선웅, "행정소송에서의 준용규정에 관한 일 고찰", 『행정법연구』 제12호, 2004년 하반기, 행정법이론실무학회, 2004, 365면 이하 참조; 필자의 박사학위논문도 위와 같은 일련의 과정에서 나온 것이다. 최선웅, "행정소송에서의 변론주의와 직권탐지주의 ― 행정소송법 제26조를 중심으로 ―", 서울대학교 박사학위논문, 2004.

실제 소송에서 구체적으로 실현하기 위한 행정소송의 제 유형에 각각 투영하여 볼 수 있는 하나의 이념형(Idealtypus)을 상정해 본 것에 불과하다. 따라서 주관소송과 객관소송의 절충형태가 이미 예견된 것이고 실제로도, 물론 당연히 정도의 차이는 있으나, 어느 정도 절충되는 것이 일반적이다. 그런데 행정소송에 있어서 행정구제와 행정통제를 어느 정도 절충시킬 것인가 즉 다시 말해서 주관소송적 성격과 객관소송적 성격을 가진 소송으로 어느 정도 절충시킬 것인가는 기본적으로 각 나라의 입법정책(rechtspolitisches Problem)에 의존하는 문제이다.

요컨대 행정소송에 있어서 행정구제와 행정통제 목적 간 및 그 소송형태인 주관소송과 객관소송 간 절충의 문제는 입법정책의 문제이다.

문제는 이러한 절충에 대한 법적 근거인데, 이는 결국 행정소송법 제1조는 물론이고, 행정소송에서 사익을 중시하는 민사소송을 준용하는 규정인 행정소송법 제8조 제2항, 공익을 이유로 직권탐지를 규정한 행정소송법 제26조를 비롯한 행정소송법 전체의 체계 속에서 고찰할 필요성이 있다.

전술한 바와 같이, 우리나라 행정소송법 제1조의 규정 중 전단 즉 "이 법은 행정소송절차를 통하여 행정청의 위법한 처분 그 밖에 공권력의 행사·불행사 등으로 인한 국민의 권리 또는 이익의 침해를 구제하고"라는 부분이 개인의 권익구제인 행정구제, 후단 즉 "공법상의 권리관계 또는 법적용에 관한 다툼을 적정하게 해결함을 목적으로 한다"라는 부분이 행정에 대한 적법성통제인 행정통제를 규정한 것이다.

요컨대 행정소송법 제1조 전단은 국민의 권익구제인 행정구제를, 후단은 행정에 대한 적법성통제인 행정통제를 규정한 것이다.

그런데 행정소송법 제1조가 단지 이와 같은 행정소송의 목적 내지 기능으로서 행정구제와 행정통제를 규정하였다는 것만 가지고는, 현실적으로 실제 행정소송에서 실체심리가 어떻게 행해지고 있는지 여부, 즉 행정구제와 행정통제의 성격이 어느 정도로 구체적으로 구현되는지 여부를 알 수가 없다. 여기서 행정소송의 실체심리면을 고찰할 필요성이 나타난다. 이를 위해서는 행정소송의 목적 규정인 행정소송법 제1조는 물론이고, 행정소송에서 사익을 중시하는 민사소송의 변론주의를 준용하는 규정인 행정소송법 제8조 제2항,[157) 공익을 고

---

157) 이에 관하여는 최선웅, "행정소송에서의 준용규정에 관한 일 고찰", 『행정법연구』 제12호, 2004년 하반기, 행정법이론실무학회, 2004, 365면 이하 참조.

려하기 위하여 직권탐지를 규정한 행정소송법 제26조[158]를 비롯한 행정소송법 전체 속에서 체계적 합리적으로 고찰할 필요성이 있다.

행정소송법 제1조 후단의 "적정한 재판"이라고 하는 것은 모든 소송[159]이 추구하여야 할 목적이자 이상인 것은 분명하므로 행정소송에서 적정한 재판을 하여야 한다는 점을 다른 소송과 달리 볼 것은 아니다. 그러나 행정소송에서는 적정하게 재판하여야 할 대상이 "공법상의 권리관계 또는 법적용에 관한 다툼" 이 되고 이는 물론 사익이 아니라 공익과 관련된다. 따라서 행정소송법 제1조 의 규정 중 전단은 개인의 권익구제인 행정구제 즉 사익에 관한 규정으로, 후단 은 행정에 대한 적법성통제인 행정통제 즉 공익에 관한 규정으로 나누어진다. 이는 행정소송에 있어서는, 주로 사익과 관련된 민사소송과는 달리, 사익 이외 에 공익도 고려하여야 한다는 점을 명시적으로 밝힌 것이다. 이런 점에서 우리 나라 행정소송법 제1조는 행정소송의 본질이 실체적 공·사익 간의 적절한 조 정을 목적으로 하는 절차라는 것을 명정한다.[160]

요컨대 행정소송법 제1조는 행정소송의 목적에 관한 규정인 동시에 실체 적 공·사익 간의 조정적 절차라고 하는 행정소송의 본질에 관한 규정이기도 하 다.[161]

따라서 이와 같이 실체적 공·사익의 조정을 그 본질로 하는 절차인 행정

---

158) 이에 관하여는 최선웅, "행정소송법 제26조의 해석에 관한 일 고찰 — 우리나라 행정소 송의 독자성을 모색하며 —", 『행정법연구』 제10호, 2003년 하반기, 행정법이론실무학 회, 2003, 207면 이하 참조.

159) 적정한 재판의 이념은 민사소송뿐만 아니라 형사소송을 포함한 모든 절차의 이념이라고 할 수 있다.

160) 최선웅, "행정소송에서의 석명의무의 인정근거 — 우리나라 행정소송의 독자성을 모색 하며 —", 『행정법연구』 제9호, 2003. 상반기, 행정법이론실무학회, 2003, 59면 이하; 공 ·사익의 적절한 조정을 목적으로 하는 우리나라 행정소송에서는 처분권주의와 변론주 의가 원칙인 민사소송상의 제 제도가 인정되는가 여부가 우선 관건이 된다고 할 수 있 을 것이다. 그뿐만 아니라 인정된다고 하더라도 우리나라 행정소송에서는 민사소송상의 제 제도가 민사소송에서와 같이 원형을 그대로 유지된 채로 인정될 수 없고 어느 정도 변형될 수밖에 없게 된다. 사익뿐만 아니라 공익도 고려하여야 하는 행정소송에서는 민 사소송에서와 같은 정도로 사적자치에 근거한 처분권주의와 변론주의가 그대로 관철될 수 없는 것은 어쩌면 당연한 일이다. 최선웅, "행정소송에서의 석명의무의 인정근거 — 우리나라 행정소송의 독자성을 모색하며 —", 『행정법연구』 제9호, 2003. 상반기, 행정 법이론실무학회, 2003, 60면.

161) 최선웅, "행정소송에서의 석명의무의 인정근거 — 우리나라 행정소송의 독자성을 모색 하며 —", 『행정법연구』, 2003년 상반기, 2003, 59면 이하.

소송은 그 실체심리에 있어서는 사익에 관한 민사소송에서의 변론주의를 준용하는 행정소송법 제8조 제2항[162])뿐만 아니라 나아가 공익과 관련된 경우 직권탐지주의를 인정하는 규정인 행정소송법 제26조[163])와 불가분의 관계를 가지게 된다. 이와 같은 기본구조가 우리나라 행정소송법 전체의 체계 속에 내재해 있다고 보아야 하고 이러한 기조에서 행정소송절차의 개시, 진행, 종료 등 전 소송절차를 이해하고 해석하여야 한다.

요컨대 행정소송법 제1조는 행정소송의 목적이자 본질과 관련된 규정일 뿐만 아니라, 나아가서 행정소송의 실체심리에 있어서 사익에 관련된 변론주의 이외에 공익과 관련된 직권탐지주의의 가능성을 열어 놓은 규정이다.

근본적으로 본래 행정소송은 그 본질이 실체적 공·사익의 조정적 절차라고 하는 점에서 그러한 실체에 어떠한 절차원칙이 바람직한가 즉 실체와 절차의 조화 문제는 얼마든지 논하여질 수가 있는 문제이다. 이와 같은 행정소송에 있어서 실체와 절차의 조화 문제가 우리나라 행정소송법 규정 중에서 특히 공익을 이유로 직권심리를 인정하는 근거 규정인 행정소송법 규정의 의미범위 내에서 포섭되어 법적 근거를 확보할 수 있게 된다면 이는 더욱 바람직스럽다. 무엇보다도 본질적으로 우리나라 행정소송법 제26조는 가능규정의 형식을 취하고 있다는 점에서 강행규정으로 규정됨으로써 경직되어 있는 독일의 행정소송법 제86조 제1항[164])과 결정적으로 구별된다. 우리나라에 있어서도 극히 예외적으로 우리나라 행정소송을 독일의 행정소송과 동일시하여 우리나라 행정소송법 제26조의 규정을 독일의 행정소송법(VwGO) 제86조 제1항과 마찬가지로 직권탐지주의가 원칙이라고 하는 견해가 전혀 없는 것은 아니다.[165]) 그러나 이러한 견해는 독일 행정소송에서의 논의의 내용인 직권탐지주의를 완화하는 방향

---

162) 행정소송법 제8조 제2항 행정소송에 관하여 이 법에 특별한 규정이 없는 사항에 대하여는 법원조직법과 민사소송법 및 민사집행법의 규정을 준용한다.

163) 행정소송법 제26조(직권심리) 법원은 필요하다고 인정할 때에는 직권으로 증거조사를 할 수 있고, 당사자가 주장하지 아니한 사실에 대하여도 판단할 수 있다.

164) §86 Ⅰ VwGO [직권탐지주의]: 법원은 사실관계를 직권으로 조사하여야 한다; 이 경우 관계인을 참여시켜야 한다. 법원은 관계인의 주장과 증거신청에 구속되지 아니한다.
  §86 Ⅰ VwGO [Untersuchungsgrundsatz]: Das Gericht erforscht den Sachverhalt von Amts wegen; die Beteiligten sind dabei heranziehen. Es ist an das Vorbringen und an die Beweisanträge der Beteiligten nicht gebunden.

165) 예컨대 강영호, "행정소송법 제26조[직권심리]에 대한 검토", 『행정재판실무편람(Ⅲ)』, 서울행정법원, 2003, 125면 이하 참조.

과 우리나라 행정소송에서의 논의의 내용인 변론주의를 원칙으로 하고 직권탐지주의적 요소 내지는 직권탐지주의를 보충 내지 가미하는 데에 있어서 그 범위에 관한 견해의 대립이라고 하는 방향과 혼동하고 있다는 점에서 기본적으로 문제가 있다. 즉 별다른 근거 없이 우리나라 행정소송법과 독일의 행정소송법을 동일시하고 있다는 점에서 문제이다.166) 우리나라 행정소송법 제26조의 규정은 그 해석상 민사소송법 제292조167)상의 보충적 직권증거조사에 한정되지 아니하고 그것을 넘어서서 증거자료에 관한 원칙적인 직권증거조사뿐만 아니라 사실자료에 관한 직권탐지주의가 인정될 여지가 있다는 점에서 '개방적'인 규정이고, 그 인정 여지가 '가능규정'의 형식으로 규정되어 있다는 점에서 '탄력적'인 규정이다. 이러한 점에서 우리나라 행정소송법 제26조는 독일, 일본과 구별되는 '독창적'인 규정이다.

요컨대 우리나라 행정소송법 제26조는 실체적 공·사익을 조정하는 절차의 실체심리에 있어서 변론주의와 직권탐지주의를 절충적으로 포괄하는 개방적이고 탄력적이고 독창적인 규정이다.

이와 같이 사익이 아니라 공익이 관련된 "공법상의 권리관계 또는 법적용에 관한 다툼"을 법원이 실제로 심리함에 있어서 법원을 규율하는 규정이 바로 행정소송법 제26조의 규정이다. 따라서 법원이 일정한 중대한 공익과의 관련성이 있다고 판단되는 경우에 이를 심리하여 적정하게 해결을 하기 위해서 "직권으로 증거조사를 할 수 있고", 심지어 나아가 "당사자가 주장하지 아니한 사실에 대하여도 판단할 수 있다."168) 이런 점에서 보면, 우리나라 행정소송에서는 일정한 중대한 공익이 관련되는 행정의 적법성통제에 관하여는 직권탐지주의에 의하여 심리할 수 있다. 즉 사익이 관련된 민사소송의 경우에는 행정소송법

---

166) 이에 관하여는 최선웅, "행정소송법 제26조의 해석에 관한 일 고찰 — 우리나라 행정소송의 독자성을 모색하며 —", 『행정법연구』 제10호, 2003년 하반기, 행정법이론실무학회, 2003, 233면 이하 참조.

167) 민사소송법 제292조 (직권에 의한 증거조사) 법원은 당사자가 신청한 증거에 의하여 심증을 얻을 수 없거나, 그 밖에 필요하다고 인정한 때에는 직권으로 증거조사를 할 수 있다.

168) 행정소송법 제26조의 규정 중 "법원이 필요하다고 인정할 때에는"이라는 것은, 법원이 직권으로 증거를 조사하고 나아가 당사자가 주장하지도 아니한 사실에 관하여서도 판단하지 않으면 안 될 정도로 즉 법원이 직권으로 탐지를 해야 할 정도로, 공법상의 권리관계 또는 법적용에 관한 다툼이 일정한 중대한 공익과의 관련성을 갖는 경우라고 판단되는 때를 의미한다.

제8조 제2항에 의하여 민사소송상의 변론주의에 의하고, 공익이 관련되는 행정소송의 경우에는 변론주의가 일정 부분 제한되고 그 대신에 행정소송법 제26조에 의하여 직권탐지주의가 인정된다. 다시 말해서 공·사익 간의 다툼이 있고 그 적절한 조정이 문제되는 경우에는 그것을 심리하는 절차에서도 사익만을 위한 민사소송상의 변론주의가 어느 정도 제한되고 그 제한되는 부분에 대신하여 직권탐지주의가 인정된다.[169)]

입법정책적인 면에서 보면, 우리나라 행정소송법 제26조는 제1조 및 제8조 제2항과 함께 그 해석상 현실적으로 다양한 스펙트럼하에서 공존할 수밖에 없는 사익과 공익을 적절하게 조정하고 포용할 수 있다. 그뿐만 아니라 그 수위 조절을 현실의 발전 추이에 탄력적으로 연동시킬 수 있다는 점에서 다양하고 복잡한 현대 사회에 탄력적으로 대응하는 좋은 입법적인 규정이다. 실체적인 공·사익의 충돌은 당연히 절차상으로도 실체적인 공·사익의 적절한 조정에 합당한 절차를 통하여 형량하여 심사하는 것이 가장 현실적이자 이상적이다. 나아가 실체적 공·사익의 조정과 그 절차에 있어서 변론주의와 직권탐지주의 간의 절충이라고 하는 우리나라 행정소송은 개인의 권익구제와 행정에 대한 적법성통제를 한다고 하는 우리나라 행정소송의 목적 내지는 기능과도 제대로 조화를 이룬다는 점에서 매우 바람직한 입법태도이다. 또한 변론주의와 직권탐지주의는 개인의 권리구제와 적법성통제의 상호 상관관계 속에서 파악하는 것이 효용성이 있고 논리상 일관성을 기하게 되는 점도 있다.

요컨대 행정소송법 제1조, 제8조 제2항 및 제26조 등 3개 조문은 실체심리면에서 우리나라 행정소송의 골간을 이루고 지탱하는 3정립규정(三鼎立規定)이다.

실체적인 공·사익을 변론주의와 직권탐지주의가 적절하게 절충된 절차에서 적절하게 형량하여 심사하는 방식, 요컨대 실체에 상응하는 절차 이것이야말로 우리나라 행정소송법의 독자성이자 우수성이다.

---

169) 최선웅, "행정소송에서의 석명의무의 인정근거 — 우리나라 행정소송의 독자성을 모색하며 —", 『행정법연구』, 2003년 상반기, 2003, 109면.

# 제2절 행정소송에서의 처분권주의*

## Ⅰ. 서설

소송절차에 있어서 대립개념의 쌍을 이루는 소송원칙들 중에 변론주의 (Verhandlungsmaxime)와 직권탐지주의(Untersuchungsmaxime)가 소송자료에 관련된 소송원칙들이라고 한다면, 이에 반하여 처분권주의(Dispositionsmaxime, Verfügungs-grundsatz)와 직권주의(Offizialmaxime)는 소송물에 관련된 소송원칙들이다. 따라서 전자의 소송원칙들과 후자의 소송원칙들은 각각 소송물과 소송자료를 그 대상으로 하고 있다는 점에서 서로 엄격히 구별되어야 한다.

우리나라 행정소송에 있어서는 처분권주의가 소의 제기 단계뿐만 아니라, 특히 행정소송의 심리범위와 관련하여 불고불리원칙의 예외가 행정소송법 제26조에 의하여 인정된다고 하는 것이 현재 일반적인 설명방법이다. 불고불리원칙이든 그 예외든 이는 처분권주의를 의미한다. 따라서 위와 같은 설명방법은 소송물에 관한 처분권주의를 소송자료에 관한 직권심리를 규정한 행정소송법 제26조와 동일한 차원에서 결합시켜 설명하는 문제가 있다.

주지하는 바와 같이, 직권탐지주의 원칙을 의문의 여지 없이 명백히 규정

---

* 이 글은『행정법연구』제15호(2006. 5)에 게재된 논문 "행정소송에서의 처분권주의에 관한 일 고찰"을 수정·보완한 것입니다.

한 독일 행정소송법(VwGO) 제86조와 달리, 직권심리를 규정한 우리나라 행정소송법 제26조를 해석함에 있어서는 종래부터 변론주의설, 직권탐지주의설, 양자의 절충설 등으로 학설이 일치하지 못하고 대립되어 오고 있다. 그런데 이 행정소송법 제26조에 관해서는, 위 어느 학설을 취하든가에 관계없이, 소송자료에 관한 소송원칙인 변론주의와 직권탐지주의가 문제되고 있다는 점에서 이는 소송물에 관한 소송원칙인 처분권주의와는 직접적인 관계는 없지 않는가 하는 의문이 제기된다. 처분권주의와 변론주의는 다 같이 민사소송에서 인정되는 소송원칙인 것은 독일이나 우리나라나 마찬가지이다. 그런데 우리나라 행정소송에 있어서는, 독일과 달리, 변론주의가 완전히 배제되지 아니하고 행정소송법 제26조의 해석상의 문제로 되는 한편, 처분권주의는 단지 제8조 제2항의 준용규정에 의하게 된다. 이 점에서 변론주의와 처분권주의의 소송법적 인정근거에도 일정한 경로상의 차이가 있게 된다.

요컨대 처분권주의와 행정소송법 제26조의 직권심리는 각각 그 대상을 소송물과 소송자료로 달리하고 그 소송법적 인정근거를 달리한다. 그렇다고 한다면 우리나라 행정소송법 제26조를 처분권주의와 결합시켜 설명하는 것 자체는 이들 이질적인 차원의 소송원칙들 간의 혼동이라고 하는 문제를 야기한다. 그런데 이러한 혼동의 문제를 야기하는 설명방법은 그 대부분이 종래부터 판례[1]의 설시내용을 그대로 인용 내지는 원용하고 있다는 사실로 미루어 보아서는 사실 판례로부터 연유한다고 할 수 있다. 따라서 판례의 설시내용이 과연 그러한 혼동을 야기하는 것인지를 면밀히 검토할 필요가 있는 문제이기도 하다.

우리나라 행정소송에서는 이와 같은 이질적인 소송원칙들 간의 혼동 내지는 소송법적으로 인정되는 경로의 문제가 현재 학설로까지 뚜렷하게 대립되어 활발하게 논하여지고 있지는 아니하다. 또 일견 그다지 중대한 실익이 있어 보이지도 아니하는 단지 소송원칙들 간의 일종의 개념 내지는 체계정립의 문제에 불과하다. 본래 우리나라 행정소송에 있어서 처분권주의 자체를 비롯한 소송원칙에 커다란 비중을 두고 본격적으로 논하지 않고 있다. 이에는 몇 가지 원인을 들 수 있다. 예컨대 그 한 원인으로 본래부터 실체법상 사적자치에 근거한 처분권주의는 변론주의와 함께 주로 민사소송의 영역에서 논해지고는 있다는 점에

---

1) 예컨대 대법원 1992. 3. 10. 선고 91누6030 판결(공1992상, 1327)을 들 수 있다.

서 처분권주의가 행정소송에서는 그다지 중요한 문제로 취급되지 아니하고 있
다는 점을 들 수 있다. 또한 현행 행정소송에서 보듯이 행정소송의 대상적격 내
지 원고적격 그리고 의무이행소송 등의 개정이 더 시급한 문제이기 때문이기도
하다. 한편 우리나라에 영향을 미치고 있는 독일의 행정소송에서는 직권탐지주
의를 명문으로 의문의 여지 없이 채택한 결과 우리나라에서와 같이 변론주의와
직권탐지주의의 절충 등이 논하여질 여지가 없고 실제 논하여지지 않고 있다는
점을 들 수 있다.2) 물론 우리나라 행정소송에 있어서도 행정소송법 제26조의
해석상 공익을 이유로 독일식의 직권탐지주의를, 물론 해석상 정도의 차이는
있으나, 인정할 여지는 있다. 그러나 그렇다고 해서 우리나라 행정소송에서 행
정소송법 제26조의 해석상 변론주의를 완전히 배제할 수 없는, 즉 변론주의와
직권탐지주의의 절충적인 행정소송법의 구조 내지는 체계하에서는 위와 같은
변론주의를 배제하고 직권탐지주의를 채택한 독일 행정소송상의 문제가 처음
부터 심각하게 제기되기 어렵다는 사실도 그 한 원인이 될 수 있다.

　무릇 모든 소송법이란 다 그러하겠지만 일련의 소송원칙들 위에서 구축된
다. 이러한 소송원칙들은 당해 소송법의 입법동기나 목적과 밀접한 관련성을
맺고 채택되기 마련이고 따라서 당해 소송법규정을 이해하거나 해석함에 있어
서 지침 내지는 척도가 된다.3) 또한 각각의 소송원칙 그 자체의 차원의 문제만
으로 제한되지 아니하고 다른 차원의 소송원칙들과 일정한 관련을 맺는다. 예
컨대 행정소송에 있어서 처분권주의는 그와 다른 차원에 있는 변론주의나 직권
탐지주의 등과 일정한 관련을 맺고 당해 소송법 규정의 이해 내지는 해석에 있
어서 중요한 역할을 한다. 따라서 이들 소송원칙들의 상호관계 설정 또한 중요
한 문제라고 할 수 있다. 그뿐만 아니라 소송원칙들은 향후 소송법을 개정함에
있어서도 입법의 방향타로서의 기능을 한다는 점에서 역시 중요한 문제이다.
이러한 점에서 현재 행정소송법을 개정하는 것이 목하 현안이 되어 있는 우리

---

2) 그 대신 독일 행정소송에서는 직권탐지주의를 채택한 결과 법원의 부담가중을 완화하는
　방법이 모색되고 있고 또한 법원의 주도권을 인정하는 직권탐지주의가 당사자의 주도권
　을 인정하는 처분권주의 간의 주도권이라는 점에서 발생하는 모순을 조화시키는 것이
　과제가 된다. 독일에서는 처분권주의가 행정구제에 이바지 하고 직권탐지주의는 행정통
　제에 이바지 하는 소송원칙으로 하여 소송원칙을 행정소송의 목적론과 연결하고 있다.
　이에 관해서는 후술한다.

3) Lüke, Zivilprozessrecht, 8. Aufl., 2003, Rn. 5.

나라에서는 소송원칙 등을 비롯하여 행정소송의 전체적인 골격 내지는 체계를 세우려고 노력하는 것도 중요하고도 오히려 시급한 문제라고 아니할 수 없다.

이하에서는 우리나라 행정소송에 있어서 처분권주의에 관한 기존의 주류를 이루고 있는 서술체계 내지 방법 및 그 문제점 그리고 이러한 문제의 계기가 되고 있는 판례의 태도를 상세히 검토함으로써 우리나라 행정소송의 체계적 정립에 일조하고자 한다.

## Ⅱ. 예비적 고찰

### 1. 고찰의 범위와 그 이유

우리나라 행정소송에서 처분권주의와 관련된 기존의 주류적인 서술체계 내지는 방법의 문제점을 중심으로 고찰하기 위한 예비적 고찰로서, 먼저 소송물과 소송자료에 관한 대립개념의 쌍을 이루는 처분권주의·직권주의, 변론주의·직권탐지주의라고 하는 소송원칙들의 기본적인 내용과, 소송원칙들 간의 결합인 처분권주의와 변론주의가 결합된 소송절차와 처분권주의와 직권탐지주의가 결합된 소송절차를 고찰한다. 이는 기본적으로 민사소송과 행정소송의 구별의 문제이기도 하다.

내용적으로는 소송물과 소송자료에 관한 소송원칙들 간의 구별, 처분권주의와 변론주의가 소송법상 인정되는 경로상의 차이, 특히 직권탐지주의를 채택한 독일 행정소송에서 제기되는 처분권주의와 직권탐지주의의 모순관계를 중심으로 고찰하기로 한다. 특히 직권탐지주의 원칙인 독일 행정소송은, 우리나라 행정소송에서 공익을 이유로 직권탐지주의를 어느 정도 인정되어야 하는가에 관하여 논의되고 있다는 점에서 어느 정도 시사점을 준다.

### 2. 소송물·소송자료에 관한 소송원칙

처분권주의와 직권주의는 소송물에 관하여 양자택일적인 대립개념의 쌍을 이루는 소송원칙이다. 흔히 처분권주의[4]는 "소 없이 재판 없다"라고 하는 불고

---

4) 혹은 당사자를 강조한다는 의미에서 '당사자처분권주의'라는 용어를 쓰기도 한다. 김홍규, 『민사소송법』 제7판, 삼영사, 2004, 350면; 정동윤, 『민사소송법』, 법문사, 2001, 304면; 호문혁, 『민사소송법』 제3판, 법문사, 2003, 86면.

불리의 원칙(nemo judex sine actore)[5]으로도 표현된다. 그런데 처분권주의는 단지 소송절차의 개시만을 당사자의 의사에 맡긴다는 것만을 의미하는 소송원칙이 아니다. 처분권주의는 이미 개시된 소송절차에 있어서 법원의 심판대상과 범위가 당사자의 신청에 의하여 결정되고, 나아가 당사자의 소취하, 청구의 인락·포기, 재판상 화해 등의 행위를 통하여 소송절차의 종료까지도 당사자의 의사에 맡기는 소송원칙을 의미하는 포괄적인 것이다.[6] 요컨대 처분권주의는 소송절차의 전 과정에 있어서 법원이 아닌 당사자에게 주도권을 인정하는 소송원칙이다. 민사소송에서 처분권주의를 원칙으로 하는 것은 사적자치의 원칙이 소송절차에 조화스럽게 반영된 결과이다.[7] 일반적으로 처분권주의는 원고의 신청에 의하여 절차가 개시되는 모든 소송에서 인정되는 소송원칙이므로 행정소송에서도 당연히 인정된다.[8] 이러한 처분권주의와 반대로 소송절차의 전 과정에 있어서 당사자가 아닌 법원에게 주도권을 인정하는 소송원칙을 직권주의라고 하고, 이러한 직권주의는 소송절차가 직권에 의하여 개시되고 종료된다는 점에서 특히 사적자치를 중요시하는 민사소송에서는 타당하지 않게 된다.[9]

변론주의와 직권탐지주의는 소송자료에 관하여 대립개념의 雙을 이루는 소송원칙이다. 변론주의는 소송자료의 수집·제출책임을 당사자에게 맡기는 원칙인 반면에, 직권탐지주의는 그 책임을 법원에게 맡기는 원칙이다. 변론주의하에서 당사자는 자신의 주장을 정당화하기 위하여 필요한 사실들을 주장하고 입증하여야 하며 법원은 이러한 사실자료와 증거자료만을 고려하여 재판하여야 한다.[10]. 이와 반면에 직권탐지주의는 독일 행정소송법 제86조 제1항에서 채택

---

5) 혹은 ne procedat judex ex officio라고도 하고, 흔히 인용되는 이에 해당하는 독일어 표현으로는 Kein Richter ohne Kläger(Jauernig, Zivilprozeßrecht, 28. Aufl., 2003, §24 Ⅲ.). Wo kein Kläger, da kein Richter(Lüke, Rn. 6). 등이 있다.
6) Lüke, Rn. 8 ff.; Jauernig, §24 Ⅳ; Rosenberg/Schwab/Gottwald, Zivilprozessrecht, 16. Aufl., 2004, §76 Rn. 3.
7) 호문혁, 『민사소송법』 제3판, 법문사, 297면; 처분권주의를 "사적자치의 소송법적 측면"(prozessuale Seite der Privatautonomie)이라고 하거나(Jauernig, §24 Ⅰ), "사적자치의 대응물"(prozessuale Gegenstück zur Privatautonomie)이라고 한다(Lüke, Rn. 6).
8) Kopp/Schenke, Verwaltungsgerichtsordnung, 12. Aufl., 2000, §86, Rn. 2; Redeker/von Oertzen, Verwaltungsgerichtsordnung, 12. Aufl., 1997, §86, Rn. 4; 처분권주의는 독촉절차나 보전소송절차에서도 인정된다고 하는 것에는, 『주석 신민사소송법 Ⅲ』 제1판, 한국사법행정학회, 2004, 204면 참조.
9) Hans-Joachim Musielak, Grundkurs ZPO, 6. Aufl., 2002, Rn. 103.
10) 민사소송법 제150조 제1항 본문, 제288조 참조.

한 원칙으로 변론주의와 달리 법원은 소송자료의 수집책임을 지고 당사자의 주장과 입증에 구속되지 아니한다.

이와 같이 처분권주의와 직권주의는 소송절차의 개시, 진행 및 종료 그리고 소송물과 관련된 소송원칙이고, 이에 비하여 변론주의와 직권탐지주의는 소송자료의 수집·제출의 책임분배의 관한 소송원칙이라는 점에서 그 차원을 달리한다.[11] 요컨대 전자는 소송물에 관련되는 소송원칙이라면 후자는 소송자료에 관한 소송원칙이다. 따라서 차원이 다른 소송원칙들은 상호 양립이 가능하고 그 결합도 당연히 상정가능하고, 실제로 처분권주의와 변론주의의 또는 처분권주의와 직권탐지주의가 결합한 소송절차형태가 존재하게 된다. 전자가 민사소송절차이고 후자의 전형적인 예가 독일의 행정소송절차이다.

### 3. 처분권주의·변론주의와 처분권주의·직권탐지주의

민사소송은 처분권주의와 변론주의가 결합한 소송절차이다. 변론주의나 처분권주의는 각각 소송자료와 소송물로 그 대상을 달리하나 당사자의 주도권을 인정하고 사적 자치의 소송법적인 반영이라는 점에서는 공통적이다.[12] 처분권주의와 변론주의의 관계에 있어서 먼저 문제되는 것은 변론주의가 처분권주의를 포함하는 개념인가 하는 점이다. 역사적으로 또 내용적으로는 종종 소송물에 대한 당사자의 처분의 자유원칙을, 사실자료에 대한 당사자의 처분자유원칙 내지는 변론주의원칙과 구별하지 아니하였다고 한다.[13] 그러나 오늘날에는 일반적으로 양자를 구별하여 처분권주의는 소송물 결정에 관한 원칙이라고 하고 변론주의는 소송자료 결정에 관한 원칙이라고 한다.[14]

---

11) 김홍규, 350면 이하; 이시윤, 『신민사소송법』 제3판, 박영사, 2006, 278면; 정동윤, 304면 이하.

12) 호문혁, "민사소송에 있어서의 이념과 변론주의에 관한 연구", 『서울대학교 법학』 제30권 3·4호, 1989. 12, 222면.

13) Rosenberg/Schwab/Gottwald, §76 I. Rn. 2; 변론주의와 직권탐지주의라고 하는 용어를 처음 사용한 괴너(Gönner)도 그러하였다고 한다. Gönner, Handbuch des deutschen gemeinen Prozesses, 1. Bd., 2. Aufl., 1804, S. 175 ff.; Leipold, Zivilprozeßrecht und Ideologie — am Beispiel der Verhandlungsmaxime —, JZ 1982, 442; 우리나라에서도 양자를 구별하지 아니하고 아니하는 견해로는, 방순원, 『민사소송법(상)』, 1987, 391면 이하 참조.

14) Jauernig, §24, §25; Lüke, Rn. 13; Rosenberg/Schwab/Gottwald, §76 I. Rn. 2; 이는 우리나라에서도 마찬가지이다. 김홍규, 357면; 이시윤, 267면; 정동윤, 311면; 호문혁, 310면.

변론주의는 민사소송상의 기본적 소송원칙임에도 불구하고 민사소송법상
의 명시적인 근거 규정이 없다. 그러나 민사소송에서는 변론주의가 지배함은
의문의 여지가 없고, 입법자는 민사소송법 규정에서 변론주의를 따르지 아니하
는 예외적인 경우를 규정하는 것으로 충분하다고 여긴 것 같다고 하거나,[15] 변
론주의가 암묵적으로 전제되었다고 한다.[16] 이에 반하여 처분권주의는 우선 먼
저 민사소송법 제203조는 (처분권주의) 라는 제하에서 "법원은 당사자가 신청하
지 아니한 사항에 대하여는 판결하지 못한다"라고 규정에 근거한다.[17]

처분권주의와 직권탐지주의가 결합한 소송절차의 전형적인 예는 독일 행
정소송이다. 독일 행정소송법 제86조 제1항[18]에서 "법원은 직권으로 사실관계
를 탐지하고 이 경우에 당사자를 참여시켜야 한다. 법원은 당사자의 주장과 증
거신청에 구속되지 않는다"라고 규정에 의하여 독일 행정소송에 있어서 직권탐
지주의가 지배한다는 것이 일반적인 견해[19]이다. 이 점에서 행정소송이 변론주
의에 의하는 민사소송과 구별된다고 한다.[20] 독일 행정소송에서는 직권탐지주
의를 채택한 결과 결국 법원의 부담만을 가중시키는 직권탐지주의 자체의 문제
점으로 인하여 직권탐지주의를 관철시키기가 곤란한 문제점[21]이 제기되고 그

---

한편 처분권주의가 변론주의에 포함되는 것이므로 양자를 구별할 필요가 없다는 견해
(방순원)도 391면 주 8)에서 개념정립을 광·협으로 파악하느냐의 문제로 귀착한다고 하
고 있는 점에서 양자를 완전히 동의어로 보고 있는 것은 아니라고 본다.

15) Jauernig, §25 Ⅳ.

16) Lüke, Rn. 14; 우리나라 민사소송에서도 마찬가지이다. 김홍규, 357면; 이시윤, 285면 참
조.

17) 그 외에 처분권주의와 관련되는 규정으로는 제220조, 제220조, 제266조, 제393조, 제407
조 제1항, 제415조, 제425조, 제431조, 제459조, 제425조) 등을 들 수 있다. 우리나라와
마찬가지로 독일에서는 독일 민사소송법(ZPO) §269, §306, §307, §308 ZPO 등의 규정
을 들 수 있다. Rosenberg/Schwab/Gottwald, §76 Rn. 3; Stein-Jonas, Kommentar zur
Zivioprozeßordnung, 21. Aufl., Band 4, 1998, §308 Ⅰ, Rn. 1 참조.

18) 이 규정은 독일 재정법원법(FGO) 제76조 제1항, 독일 사회법원법(SGG) 제103조에도 규
정되어 있다.

19) Bader/Funke-Kaiser/Kuntze/von Albedyll, Verwaltungsgerichtsordnung, Kommentar an-
hand der höchstrichterlichen Rechtsprechung, 1999, §86; Eyermann/Fröher, Verwaltungs-
gerichtsordnung, 10. Aufl., 1998, §86; Hufen, Verwaltungsprozeßrecht, 4. Aufl., 2000,
§35 Rn. 21; Huhla/Hüttenbrink, E. Rn. 155; Kopp/Schenke, §86; Redeker/von Oertzen,
§86; Tschira/Glaeser, Verwaltungsprozessrecht, 1988, S. 306 ff.; Schoch/Schmidt-Aßmann/
Pietzner, Verwaltungsgerichtsordnung, 2001, §86; Sodan/Ziekow, Nomos-Kommentar
zur Verwaltungsgerichtsordunung, 1. Aufl., 1996, §86; Ule, §26 Ⅰ.

20) Sodan/Ziekow, §86 Rn. 2.

대안22)이 모색되고 있다. 한편 직권탐지주의를 채택한 독일의 행정소송에서도 처분권주의를 채택하고 있다고 함은 의문의 여지가 없다.23) 따라서 행정소송이라 하여도 어느 누구에게도 자기의 권리가 침해되었다고 해서 소제기가 강요되지 않는다고 한다.24)

그런데 직권탐지주의는 소송자료에 관한 원칙이고, 처분권주의는 소송물에 관한 원칙으로서 그 차원을 달리하는 소송원칙임에도 불구하고 주도권이라는 측면에서는 당사자와 법원이 대립되는 측면이 있게 된다. 이것이 독일 행정소송에서의 처분권주의와 직권탐지주의가 대립되는 원인이 된다. 이와 같이 처분권주의와 직권탐지주의가 대립하는 모순관계로 파악하는 것은 그 뿌리가 깊다.25) 현재에도 독일 헌법은 제19조 제4항에 의하여 처분권주의26)가 인정되고 있음에 반하여 독일 행정소송법 제86조 제1항에서 종래와 마찬가지로 사실의

---

21) 직권탐지주의에 대한 모순과 비판에 관해서는 Marcel Kaufmann, S. 367-413 참조; 독일 행정소송에서는 직권탐지주의를 완화하기 위한 당사자의 협력의무(Mitwirkungspflicht)를 인정하는 것이 일반적이다. Bader/Funke-Kaiser/Kuntze/von Albedyll, §86 Rn.20; Eyermann/Fröhler, §86 Ⅲ. 3; Hufen, §35 Ⅳ. 2; Kopp/Schenke, §86 Rn. 11; Redeker/von Oertzen, §86 Rn. 10.

22) 예컨대 Renate Köhler-Rott는 민사소송에 있어서 소송자료의 수집책임과 관련된 심리원칙인 변론주의가 독일 행정소송에서 가능한가로부터 그 이론적인 검토를 출발하고 있고 (Renate Köhler-Rott, Der Untersuchungsgrundsatz im Verwaltungsprozeß und die Mitwirkungslast der Beteiligten, München, 1997, S. 1), Marcel Kaufmann은 독일 행정소송을 민사소송과 마찬가지로 법관이 아니라 당사자에게 소송자료를 제출할 주관적 책임이 있다고 한다는 점에서 법관주도형소송(Richterprozeß)이 아니라 당사자주도형소송(Parteienprozeß)이라고 하는 관점에서 이해하고자 한다(Marcel Kaufmann, S. 414).

23) Eyermann/Fröher, §86. 2; Hufen, §35, Ⅴ; Kopp/Schenke, §81, §86 Rn. 2; Redeker/von Oertzen, §86 Ⅱ; Ule, §28 Ⅱ.

24) Berg, Grundsätze des verwaltungsgerichtlichen Verfahrens, FS Menger, 1985, S. 541 ff.; Schmidt-Aßmann, in: Maunz-Dürig, Komm. z. GG, Art. 19. Abs. 4, Rn. 264.

25) 예컨대 이미 1832년에 사적자치에 대응하는 소송대상에 관한 처분권능은 법관의 진실탐지를 인정하는 프로이센소송의 원리와 모순된다고 하거나(Gustav F. Gaertner), 또는 당사자간에 다투지 아니한 사실상의 진술에 행정법관이 구속되는 것은 공동체의 질서를 유지하여야 하는 행정소송의 목적과 일치할 수 없다고 하고, 따라서 소송대상에 관한 당사자의 처분은 직권탐지주의와 논리적으로 일치할 수 없다고 지적한 바가 있다(Philipp Zorn). Marcel Kaufmann, Untersuchungsgrundsatz und Verwaltungsgerichtsbarkeit, Tübingen : Mohr Siebeck, 2002, S. 367 ff.

26) W. Berg, S. 541. 그런데 사실 독일 헌법 제19조 제4항은 공권력으로 인하여 권리침해를 받은 자에게 '소권'을 인정함을 규정함에 불과한 것이고, 실제 개인이 그 소권을 행사하여 소제기를 하는 문제를 구분하지 아니하고 포괄적으로 처분권주의라고 한다는 문제점은 있다.

수집을 법원의 단독책임이고 하는 직권탐지를 규정하고 있다는 점에서 처분권
주의와 직권탐지주의 간의 긴장관계를 해소하기가 곤란하다고 한다.[27] 이러한
점이 독일 행정소송에 있어서 직권탐지주의가 관철될 수 없는 한 원인이 된다
고 한다.[28] 따라서 독일 행정소송에서는 이러한 모순관계를 조화롭게 해석하기
위해서 처분권주의는 권리구제기능에 봉사하는 것인 반면에, 직권탐지주의는
행정의 실체적 적법성통제에 봉사한다고 하여 양 원칙은 절대적으로 대립하는
개념이 아니라 오히려 상호 보완적인 개념이라고 한다. 독일에서는 이와 같이
개인의 권리구제와 행정에 대한 적법성통제를 행정소송의 목적으로 함이 일반
적이다.[29]

## 4. 우리에게 주는 시사점

처분권주의는 소송물에 관한 소송원칙임에 반하여 변론주의와 직권탐지주
의는 소송자료에 관한 원칙이다. 따라서 소송자료에 관한 행정소송법 제26조의
직권심리가 소송물에 관한 처분권주의와 구별되어야 하는 함을 의미한다.

처분권주의는 민사소송법 제203조에 명문으로 직접규정하고 있다는 점에
서 변론주의와 차이가 있으나 양자 다 민사소송에서 인정되는 것은 물론이다.
소송법상 직권탐지주의를 명문으로 채택한 독일 행정소송과 달리, 우리나라 행
정소송에서는 처분권주의와 변론주의가 행정소송법 제8조 제2항의 준용규정에
의하여 동등하게 인정된다. 다만 우리나라 행정소송에서 변론주의는 행정소송
법 제8조 제2항 외에도 추가적으로 소송자료의 수집·제출에 관한 행정소송법
제26조 규정의 누적적인 적용을 받게 된다는 점에서 행정소송에서 처분권주의
와 변론주의가 인정되는 소송법적인 경로상의 차이가 있게 된다.

독일 행정소송에서는 직권탐지주의 자체의 모순 내지는 관철의 문제점 등
이 제기되고 따라서 직권탐지주의의 완화 내지는 그 대안의 모색이 주된 관심

---

27) 독일의 행정소송에서는 본래 민사소송상의 석명의무가 직권탐지주의와 조화될 수 있는
제도인가에 관하여 논의가 벌어지게 되는 계기도 된다. 이에 관해서는, 졸고, "행정소송
에서의 석명의무의 인정근거", 『행정법연구』 제9호(2003 상반기) 참조.
28) Marcel Kaufmann, S. 367-413.
29) Berg, S. 542; Tschira/Glaeser, Rn. 541; Schmidt-Aßmann, 4, in: Maunz-Dürig, in: Maunz-
Dürig, Komm. z. GG, Art. 19. Abs. 4, Rn. 219; Schmidt-Aßmann, Das allgemeine
Verwaltungsrecht als ordnungsidee, Springer, 1998, S. 185 ff.; Sodan/Ziekow, §86 Rn.
14; Ule, §1 Ⅱ. 2; Würtenberger, A. Ⅰ. 2.

사이다. 이는 행정소송에 있어서 직권탐지주의가 원형 그대로 관철될 수 없다
는 점을 실증적으로 시사하고 있다. 그뿐 아니라 독일 행정소송에서는 처분권
주의와 직권탐지주의 간의 모순의 문제도 있게 된다. 이와 같은 이질적인 직권
탐지주의와 처분권주의가 결합하는 현상을 합금(Legierung)30)이라고 평가하기도
한다.

그런데 직권탐지주의를 완화 내지는 대체하려는 독일의 행정소송과 달리
우리나라 행정소송에 있어서는 변론주의를 기초로 하여 공익을 이유로 직권탐
지주의를, 물론 학설에 따라 그 정도의 차이는 있으나, 인정하는 논의가 행해지
고 있다. 이와 같이 우리나라 행정소송에서는 행정소송법 제26조의 해석상 변
론주의와 직권탐지주의 간의 조화로운 절충이 가능한 소송법구조를 가지고 있
다는 점에서, 애시당초 독일에서와 같은 경직된 직권탐지주의의 모순 내지는
관철의 문제나 처분권주의와 직권탐지주의 간의 모순문제가 심각하게 제기되
지 아니하고 완화된다.

## Ⅲ. 학설과 판례의 동향

### 1. 개요

여기서는 우리나라 행정소송에서의 처분권주의에 관한 기존의 학설과 판
례의 동향을 살펴보기로 한다. 먼저 우리나라 행정소송에서 논의되고 있는 처
분권주의의 개념 내지는 의의에 관해서 보기로 한다.

전술한 바와 같이, 우리나라 행정소송에서의 논의에 있어 특히 관심을 가
져야 하는 점은 불고불리원칙과 관련된 처분권주의와 행정소송법 제26조의 관
계에 관한 설명방법이라고 할 수 있다. 이러한 설명방법은 대체로 2가지로 나
누어 볼 수 있다. 첫째로 처분권주의와 행정소송법 제26조의 결합하여 설명하
는 방법(아래 3. ⑴ 처분권주의와 행정소송법 제26조의 결합설)이 있다. 이것이 주류적
인 설명방법이다. 이와 반대로 처분권주의와 행정소송법 제26조는 아무런 관계
가 없다고 하는 무관계설(아래 3. ⑵ 처분권주의와 행정소송법 제26조의 무관계설)로
나누어 볼 수 있다.

---

30) Marcel Kaufmann, S. 367.

그런데 주류적인 설명방법은 대부분이 판례의 설시내용을 그대로 인용 내지 원용하고 있다는 점에서 판례의 태도를 자세히 검토할 필요성이 등장한다.

## 2. 행정소송에서의 처분권주의의 의의

우리나라 행정소송에 있어서도 처분권주의는, 민사소송에서와 마찬가지로, 소송의 개시·종료 및 소송물에 관하여 당사자의 의사에 맡기는 것을 의미한다.[31] 이러한 처분권주의에 대립되는 소송원칙이 직권주의이다.[32]

"'소 없으면 재판 없다'는 원칙은 모든 소송에 공통적인 것으로서, 취소소송에도 그대로 타당하다"[33]에서 보는 바와 같이, 행정소송의 개시단계에서 "소 없으면 재판 없다" 또는 "불고불리의 원칙" 등의 법언을 사용하여 설명하고 있다[34]는 것 자체는 행정소송에서 처분권주의가 인정된다는 것을 의미한다. 개시된 행정소송절차에서 심리의 대상 내지 범위에 대해서는 법원은 불고불리의 원칙에 따라서 즉 원고가 소송에 의해서 주장하는 특정된 내용의 청구, 즉 소송물만을 그 심리의 대상으로 한다고 하는 것이 일반적이다.[35] 처분권주의와 관련된 행정소송의 종료에 관해서, 소의 취하, 청구의 포기·인락, 화해의 인정 여부에 관하여 견해가 대립하고 있다.[36]

행정소송에서의 처분권주의의 소송법적인 인정근거에 관해서는 행정소송법 제8조 제2항의 준용규정에 의하는 민사소송법 제203조이다.[37] 처분권주의는

---

31) 김남진/김연태, 『행정법 Ⅰ』 제9판, 법문사, 2005, 707면; 류지태, 『행정법신론』 제9판, 신영사, 2005, 569면; 천병태, 『행정구제법(행정법 Ⅱ)』, 삼영사, 1997, 252면.

32) 처분권주의와 변론주의를 합하여 당사자주의라고 하고 이를 직권주의와 대립시켜 설명하고 있는 것으로는, 김동희, 『행정법 Ⅰ』 제11판, 박영사, 2005, 704면; 박균성, 『행정법(상)』 제5판, 2006, 874면; 류지태, 569면.

33) 김동희, 667면.

34) 김남진/김연태, 706면; 김철용, 『행정법 Ⅰ』 제8판, 2005, 615면; 박균성, 876면; 박윤흔, 『최신 행정법강의(상)』, 박영사, 2004, 953면 참조.

35) 김철용, 656면; 류지태, 568면; 이상규, 『행정쟁송법』 신정판, 법문사, 2000, 443면; 한편 소송의 진행의 측면에서 보면 민사소송에서도 직권진행이 인정되고 이러한 직권진행은 행정소송에서도 인정된다고 하는 것에는, 천병태 253면 이하 참조.

36) 행정소송의 종료에 관해서, 소의 취하는 인정하고, 청구의 포기·인락은 부정하고, 화해는 유보적인 입장을 취한다고 하는 것에는 김남진/김연태, 707, 728면 이하 참조; 세금의 경우 행정청은 법률에 따라서 부과하여야 하기 때문에 상대방 납세자와의 타협으로 소송을 종료시킬 수 없다고 하는 것에는 천병태, 252면 참조.

37) 김동희, 704면; 박균성, 876면; 류지태, 569, 598면.

소송물에 대한 처분의 자유를 의미하는 데에 반하여, 변론주의는 소송자료의 수집책임을 당사자에게 부과하는 것을 의미하므로 양자는 별개의 개념으로 보아야 한다고 설명하고 있다는 점[38]도 민사소송에서와 마찬가지이고 타당하다.

## 3. 처분권주의와 행정소송법 제26조의 관계

### (1) 처분권주의와 행정소송법 제26조의 결합설

행정소송도 원고의 신청이 인정되는 소송절차라는 점에서 소제기 단계에서 불고불리원칙이라고 하는 처분권주의가 인정됨에는 아무런 의문의 여지가 없다. 그런데 우리나라 행정소송에 있어서 가장 주목해야 하는 설명방법은 소제기 단계뿐만 아니라 취소소송의 심리의 범위와 관련하여서도 불고불리의 원칙과 그 예외를 행정소송법 제26조와 관련시켜서 설명하고 있다는 점이다. 여기서 그 예를 들어 보면 다음과 같다.

> 행정소송에도 민사소송과 마찬가지로 불고불리의 원칙(nemo judex sine actore)이 적용되어, 법원은 소송의 제기가 없으면 재판할 수 없고, 또한 당사자의 청구의 범위를 넘어서 심리·판단할 수 없음이 원칙이다. 그러나 행정소송법 제26조는 "법원은 필요하다고 인정할 때에는 … 당사자가 주장하지 아니한 사항에 대하여도 판단할 수 있다."고 규정하여, 일단 이 원칙에 대한 예외를 인정하고 있다. 이 규정에 해석에 대하여는 견해가 갈릴 수 있으나, 판례는 동조는 원고의 청구범위를 유지하면서 그 범위 안에서 필요에 따라 주장 외의 사실에 대하여도 판단할 수 있음을 규정한 것으로 보고 있다(대판 1992. 3. 10, 91누6030).[39]

위 인용문에서 보듯이, 불고불리원칙을 "법원은 소송의 제기가 없으면 재판할 수 없고, 또한 당사자의 청구의 범위를 넘어서 심리·판단할 수 없음이 원칙이다"라고 설명한다. 그런데 이어서 "행정소송법 제26조는 … 일단 이 원칙에 대한 예외를 인정하고 있다"고 하는 것은 불고불리원칙의 예외를 행정소송법 제26조가 인정한다는 것을 의미한다. 이는 결국 불고불리원칙 및 그 예외라고 하는 처분권주의를 소송자료의 수집·제출책임에 관한 직권심리에 관한 행정소

---

38) 김남진/김연태, 707면; 박균성, 874면.

39) 김동희, 705면(밑줄 필자); 이와 같은 취지로는 김철용, 656면 이하; 김남진/김연태, 706면 이하; 박윤흔, 987면; 이상규, 443면 이하.

송법 제26조의 규정을 결합하여 설명하고 있음을 알 수 있다. 이는, 전술한 바와 같이, 소송물에 관한 처분권주의와 소송자료에 관한 행정소송법 제26조의 직권심리를 동일한 차원에 놓고 병렬적으로 설명하는 것이 된다.

또한 이러한 설명방법은 대부분이, 위 인용문에서 보듯이, "판례는 동조는 원고의 청구범위를 유지하면서 그 범위 안에서 필요에 따라 주장 외의 사실에 대하여도 판단할 수 있음을 규정한 것으로 보고 있다"라고 하여 대법원의 판례의 설시내용을 그대로 인용 내지는 반용하고 있다[40]는 점에서는 기본적으로는 일견 판례의 설시에서 비롯하는 것이다.

## (2) 처분권주의와 행정소송법 제26조의 무관계설

우리나라 행정소송에서의 기존의 주류적인 처분권주의와 행정소송법 제26조를 결합시켜 논의하는 것에 반하여 처분권주의와 행정소송법 제26조를 결부시키지 아니하고 설명하는 경우가 있다.

예컨대 행정소송에 있어서 소송의 개시와 종료를 처분권주의와 관련하여 설명하고, 소송자료의 수집을 변론주의와 직권탐지주의로 분리시켜 설명하고 행정소송법 제26조를 후자 즉 소송자료의 수집의 항목에서만 설명하거나,[41] 또는 행정소송에 있어서 심리의 범위를 설명함에 있어서 처분권주의와 관련된 불고불리의 원칙만을 언급하고 행정소송법 제26조를 설명함에 있어서 이를 언급하지 아니하는 경우가 이에 해당한다고 할 수 있다. 그 예를 들면 다음과 같다.

> 행정소송에도 민사소송에서와 같이 불고불리의 원칙이 적용된다(법 제8조). 불고불리의 원칙이라 함은 법원은 소송의 제기가 없으면 재판할 수 없고, 소송의 제기가 있는 경우에도 당사자가 신청한 사항에 대하여 신청의 범위 내에서 심리·판단하여야 한다는 원칙을 말한다.[42]

---

40) 대법원 1992. 3. 10. 선고 91누6030 판결(공1992상, 1327). 대부분이 판례의 내용과 같은 기술을 하거나 인용하고 있는 것이 일반적이다. 예컨대 김동희, 705면; 김남진·김연태, 706면; 김철용, 656면; 이상규 444면 참조.

41) 천병태, 252면 이하 참조.

42) 박균성, 876면. 이 견해에서는, 위에서 본 바와 같은, 처분권주의와 행정소송법 제26조의 결합설에서와 달리 "행정소송에 있어서도 원고의 청구취지, 즉 청구범위·액수 등은 모두 원고가 청구하는 한도를 초월하여 판결할 수 없다"고 판시한 판례들(대법원 1956. 3. 30. 4298행상18 판결, 1987. 11. 10. 86누491 판결)을 인용하고 있다.

한편 위와 같이 처분권주의와 행정소송법 제26조를 결부시켜서 고찰하지
아니하는 방법에서 한걸음 더 나아가서, 적극적으로 처분권주의와 행정소송법
제26조는 상호 무관하다고 명시적으로 주장하는 견해가 있다. 그 예를 들어 보
면 다음과 같다.

> "행정소송에서 변론주의가 원칙이냐 아니면 직권탐지주의가 원칙이냐는 법 26
> 조의 해석론에서 찾지만 이와 달리, 행정소송에서 처분권주의가 적용되느냐 아니
> 면 직권조사주의가 적용되느냐의 문제는 법 26조의 해석론과 무관한 것이다. 처분
> 권주의에 관하여 행정소송법이 규정하고 있는 바가 없으므로 처분권주의를 규정한
> 민사소송법 203조는 행정소송의 본질에 반하지 않는 범위 내에서 행정소송에 준용
> 된다고 보아야 할 것이다."[43]

위 인용문을 보면, 우리나라 행정소송에 있어서 처분권주의는, 변론주의가
원칙이냐 아니면 직권탐지주의가 원칙이냐는 해석론이 전개되는 행정소송법
제26조와는 아무런 관계가 없다는 것이다. 행정소송에서의 처분권주의는 처분
권주의를 규정한 민사소송법 제203조가 행정소송의 본질에 반하지 않는 범위
내에서 즉 행정소송법 제8조 제2항에 의하여 준용되는 문제라고 한다.[44]

## 4. 판례의 태도

우리나라 행정소송에 있어서 처분권주의의 인정근거에 관한 초기 판례의
예로는 다음을 들 수 있다.

> 행정소송법 제14조[45]는 본법에 특별한 규정이 없는 사항은 법원 조직법 및 민사

---

43) 주석 행정소송법, 편집대표 김철용/최광진, 『행정소송법』 제8조 [김동건 집필부분], 박영
  사, 2004, 159면(밑줄 필자).
44) 다만 여기서 '직권조사주의'가 직권심리를 규정한 행정소송법 제26조의 규정에 비추어
  무엇을 의미하는지 분명하지는 않은 점은 있기는 하다. 그러나 처분권주의와 병렬로 썼
  고 특히 행정소송법 제26조와 관계가 없다고 하는 점에서는 처분권주의와 대립하는 의
  미로서의 '직권주의'를 의미하는 것으로 보인다.
   이에 반하여 예컨대 '직권조사주의'를 변론주의 반대의 원칙인 직권탐지주의의 의미
  로 사용하는 경우도 있다. 류지태, 597면 참조.
45) 1951. 8. 24. 법률 제213호로 제정되고 1984. 12. 15 법률 제3754호로 전문 개정되기 전
  의 행정소송법 제14조는 "本法에 特別한 規定이 없는 事項은 法院組織法과 民事訴訟法
  의 定하는 바에 依한다"라고 규정하고 있었다. 현행 행정소송법 제8조 제2항에 대응하

소송법의 정하는 바에 의한다 하고 있어 민사소송법 제188조[46]는 법원은 당사자가 주장하지 아니한 사항에 대하여는 판결을 하지 못한다 규정하였고 그 사항에 관하여 행정소송법은 동법 제9조[47]로 증거조사에 관하여 규정한 이외에는 별단의 규정이 없으므로 민사소송법 제188조는 행정소송법 제1조[48]가 규정한 소송에도 적용되는바[49]

위 판례는 행정소송에서의 처분권주의는, 구 민사소송법 제188조(현행 제203조 참조)에 규정된 처분권주의가 준용규정인 구 행정소송법 제14조(현행 제8조 제2항 참조)에 의하여 구 행정소송법 제1조의 절차인 행정소송에서 인정되고 있음을 명백히 밝히고 있다. 위 초기의 판례는 위와 같은 행정소송에서의 처분권주의의 소송법적인 인정근거를 설시하고 이어서 다음과 같이 설시하고 있다.

원고가 원심에서 청구를 원판결 판시와 같은 확인판결로 변경하였다면 모르되 그와 같은 청구의 변경이 없음에도 불구하고 원고 소송대리인이 청구하지 아니한 사항에 관하여 원판결이 이상과 같은 판결을 하였으므로 파기를 면치 못한다.[50]

---

는 조문이다.

46) 1960. 4. 4. 법률 제547호로 제정된 민사소송법 제188조는 處分權主義라는 표제하에서 "法院은 當事者가 主張하지 아니한 事項에 對하여는 判決하지 못한다"라고 규정하고 있었다.
   이 규정은 그 후 1963. 12. 13. 법률 제1499호로 개정되면서, "法院은 當事者가 申請하지 아니한 事項에 對하여는 判決하지 못한다"라고 규정하게 되었다.
   이 1963년 개정된 민사소송법 제188조의 규정은 민사소송법이 2002. 1. 26. 법률 제6626호로 전문 개정시 같은 내용을 유지하면서 제203조로 옮겨지게 되었다.

47) 1951. 8. 24. 법률 제213호로 제정되고 1984. 12. 15 법률 제3754호로 전문 개정되기 전의 행정소송법 제9조는 "法院은 必要한 境遇에 職權으로써 證據調査를 할 수 있고 또 當事者가 主張하지 않는 事實에 關하여도 判斷할 수 있다"라고 규정하고 있었다. 현행 행정소송법 제26조에 대응하는 조문이다.

48) 1951. 8. 24. 법률 제213호로 제정된 행정소송법 제1조는, "行政廳 또는 그 所屬機關의 違法에 對한 그 處分의 取消 또는 變更에 關한 訴訟 其他 公法上의 權利關係에 關한 訴訟節次는 本法에 依한다"라고 규정하고 있었다.
   그 후 이 규정은 1984. 12. 15. 법률 제3754호로 행정소송법이 전문 개정되면서 제8조 (法適用例) 제1항에서, "行政訴訟에 대하여는 다른 法律에 특별한 規定이 있는 경우를 제외하고는 이 法이 정하는 바에 의한다"라고 규정하게 되었고, 전문 개정된 행정소송법 제1조에는 새로이 목적조항이 신설되게 되었다.

49) 대법원 1961. 11. 9. 4294행상4(집9행, 48)(밑줄 필자).

50) 대법원 1961. 11. 9. 4294행상4(집9행, 48).

즉 위 인용에서 보듯이 원심판결이 원고의 신청사항에 관한 소변경이 없음에도 불구하고 그에 대하여 판결을 하였다는 점을 비난하고 파기를 설시하고 있다. 소변경은 소송계속중 그 소송절차를 이용하여 제기하는 소송중의 소라는 점에서 전형적으로 처분권주의와 관련된다고 할 수 있다. 위와 같은 처분권주의에 관한 초기 판례의 경향은 다음과 같은 최근의 판례에 이르기까지 변함 없이 유지되어 왔다.

> 그럼에도 원심이 이를 간과하고 <u>원고들이 청구하는 범위</u>를 넘어서서 이 사건 가산금징수처분 전부를 취소하고만 것은 <u>민사소송법 제203조 소정의 처분권주의</u>에 위배한 위법이 있다고 할 것이므로 나머지 상고이유에 대하여는 판단할 필요도 없이 이 부분은 파기를 면할 수 없다고 할 것이다.[51]

이와 같이 행정소송에서 인정되는 처분권주의는 법원의 심판의 범위를 정하는 원칙으로서 이 심판범위에는 양적 범위와 질직인 범위를 모두 포함하는데 판례상 예컨대 수량적 가분급부와 관련된 조세소송에서 뚜렷하게 나타난다. 예컨대 판례에 따르면, 원고들이 청구하는 범위를 넘어서서 당해 사건 가산금징수처분 전부를 취소하고만 것은 민사소송법 제203조 소정의 처분권주의에 위배한 위법이 있다고 하고,[52] 종합소득세부과처분의 취소를 구하는 사건에서 양도소득세액을 산출하여 그 범위 내의 세액은 위법하다고 한 법원조치의 처분권주의 위반이라고 하고 있다.[53] 그 외에도, 판결의 주문과 청구취지를 종합하면 법원이 인용한 부분이 산업재해보상보험료 부과처분과 그와 일체로 부과된 가산금 부과처분 중 원고가 청구한 보험료 부과처분에 대한 것임을 알 수 있는 경우, 당사자처분권주의의 위배 또는 판단유탈의 위법이 없다고 하고,[54] 원고가 청구하지 아니한 개별토지가격결정처분에 대하여 판결한 것은 민사소송법 제188조 소정의 처분권주의에 반하여 위법하고,[55] 재판대상으로 신청하지 아니한

---

51) 대법원 2006. 2. 9. 선고 2005두1688 판결(공2006상, 439)(밑줄 필자).
52) 대법원 2006. 2. 9. 선고 2005두1688 판결(공2006상, 439).
53) 대법원 1987. 11. 10. 선고 86누491 판결(공1988, 102); 그 외에 조세와 관련된 것으로는, 대법원 1999. 12. 21. 선고 99두7760 판결, 2000. 11. 28 선고 99두721 판결 등을 들 수 있다.
54) 대법원 1998. 11. 10. 선고 98두11915 판결(공1998하, 2877).
55) 대법원 1993. 6. 8. 선고 93누4526 판결(공1993하, 2030).

사설묘지설치허가신청 반려처분에 대하여 판단하지 아니하였다 하여 위법하다고 할 수 없다[56]고 한 판례 등을 들 수 있다.

이와 같이 원고의 청구의 범위와 관련된 전형적인 처분권주의에 관한 판례 이외에 특히 문제가 되는 것은 우리나라 행정소송에 있어서는 행정소송의 심리의 범위를 설명하면서 처분권주의와 행정소송법 제26조를 결부시켜서 이 제26조가 처분권주의의 예외를 규정하고 있다고 설명하는 방법이다.[57] 전술한 바와 같이 이는 우리나라 행정소송에서 주류적인 설명방법이라고 할 수 있다. 그런데 이러한 설명방법은 대부분 그 근거로서 판례의 설시를 다음과 같은 판례를 직접인용 내지는 원용하고 있다는 점에서 근본적으로는 판례의 설시에서 비롯하는 것이다.

　　행정소송법 제26조는 법원이 필요하다고 인정할 때에는 직권으로 증거조사를 할 수 있고 당사자가 주장하지 아니한 사실에 대하여 판단할 수 있다고 규정하고 있으나, 이는 행정소송에 있어서 원고의 청구범위를 초월하여 그 이상의 청구를 인용할 수 있다는 뜻이 아니라 원고의 청구범위를 유지하면서 그 범위 내에서 필요에 따라 주장 외의 사실에 관하여 판단할 수 있다는 뜻이라고 할 것이고(당원 1987. 11. 10. 선고 86누491 판결 참조),[58]

위 판례에서 보듯이, 행정소송법 제26조의 규정을 "원고의 청구범위를 초월하여 그 이상의 청구를 인용할 수 있다는 뜻이 아니라 원고의 청구범위를 유지하면서 그 범위 내에서"라고 하는 처분권주의의 문제와 결부시켜 설시하고 있다는 점이 판례의 특징이다.

---

56) 대법원 1995. 4. 28. 선고 95누627 판결(공1995, 1991).

57) 대부분이 판례의 내용과 같은 기술을 하거나 인용하고 있는 것이 일반적이다. 예컨대 김동희, 705면; 김남진/김연태, 706면; 김철용, 656면; 이상규 444면.

58) 대법원 1992. 3. 10. 선고 91누6030 판결(공1992상, 1327)(밑줄 필자); 동지의 판례. 대법원 1987. 2. 10. 선고 85누42 판결(공1987, 448), 1992. 3. 10. 선고 91누6030 판결(공1992, 1327), 1994. 10. 11. 선고 94누4820 판결(공1994하, 3014), 1995. 2. 14. 선고 94누5069 판결(공1995상, 1345), 1995. 2. 24. 선고 94누9146 판결(공1995상, 1477), 1996. 8. 20. 선고 96누2781 판결, 1997. 10. 28. 선고 96누14425 판결(공1997하, 3698), 1998. 10. 23. 선고 97누171 판결, 1999. 5. 25. 선고 99두1052 판결(공1999하, 1301), 2001. 4. 24. 선고 2000두10014 판결.

## Ⅳ. 구체적 고찰

### 1. 처분권주의와 행정소송법 제26조의 관계

기존의 주류적인 처분권주의와 행정소송법 제26조를 결합시켜 논의하는 이른바 처분권주의와 행정소송법 제26조의 결합설은, 내용적으로는 불고불리원칙 및 그 예외는 소송물과 관련된 처분권주의와 소송자료의 수집·제출의 책임 분배와 관련하여 우리나라 행정소송법 제26조가 채택하고 있는 직권심리를 혼동한 문제점이 있다.

우선 먼저 법문상 행정소송법 제26조의 규정에서 '당사자가 주장하지 아니한 사실'은 원고의 신청한 사항 즉 소송물과 관련되는 것이 아니고, 신청사항에 대한 재판의 기초로 되는 사실자료를 의미한다. 이는 처분권주의에 관한 규정인 민사소송법 제203조가 '당사자가 주장하지 아니한 사실'과 구별하여 '당사자가 신청하지 아니한 사항'이라고 규정하고 있다는 점에 비추어 보아도 그러하다. 본래 당사자가 신청한 사항 즉 신청사항이란 판결을 신청한 사항 즉 본안의 신청사항을 의미한다. 법원은 청구취지 및 원인에 의하여 제시된 본안판결 신청사항에 의하여 질적·양적으로 한정된 범위 안에서만 판결할 수 있다. 물론 신청사항의 범위는 소송상의 청구에 관한 신·구소송물론 등 소송물론 등에 따라서 달라지게 된다. 따라서 당사자가 신청하지 아니한 사항에 대하여 법원이 판결하면 이는 처분권주의에 반하는 것이다. '주장'이란 이러한 신청을 이유 있게 하기 위한 당사자의 '진술'을 의미한다. 따라서 민사소송법 제203조상의 "신청사항"과 행정소송법 제26조의 "주장사실"은 구별되어야 한다. 민사소송법이 '주장'과 '신청', '사실'과 '사항'을 의식하고 입법화된 것이라는 점에서도 구별되어야 한다.59)

---

59) 이러한 점에서 보면, 민사소송법 제203조는 원래 2002. 1. 26. 법률 제6626호로 전문 개정 전에는 제188조인데 이 규정은 1960. 4. 4. 법률 제547호로 제정당시에는 "法院은 當事者가 主張하지 아니한 事項에 對하여는 判決하지 못한다"라고 규정하여 "주장"이라는 용어를 사용하였으나, 그 후 1963. 12. 13. 법률 제1499호로 개정되면서, "法院은 當事者가 申請하지 아니한 事項에 對하여는 判決하지 못한다"라고 규정하여 "신청"으로 개정한 것은 타당하다. 또한 민사소송법 제203조에서는 당사자가 신청하지 아니한 사항에 대하여는 "판결"하지 못한다고 하였고, 행정소송법 제26조에서는 당사자가 주장하지 아니한 사실을 "판단"이라고 하여, "판결"과 "판단"의 차이도 의미 있는 것으로 고려되어

우리나라 행정소송법 제26조의 규정의 성격에 관하여 보면, 이 제26조의 규정은 우리나라 행정소송에서는 민사소송에서와 마찬가지의 변론주의를 규정한 것인가 아니면 독일 행정소송과 같이 직권탐지주의를 규정한 것인가 아니면 양자 즉 변론주의와 직권탐지주의를 절충한 것인가 등에 관한 이론상의 대립이 종래부터 있어 왔다.[60] 그 다투어지는 핵심내용은 결국 행정소송에 있어서 소송자료의 수집·제출의 책임을 당사자와 법원 간에 어떻게 분배할 것인가에 관한 것이다. 이 점에서 행정소송법 제26조의 해석에 관하여 그 어떠한 학설을 취하든가에 관계없이 모든 학설은 당사자와 법원 간에 소송자료의 수집·제출책임의 분배에 초점을 맞추는 것이다. 따라서 소송물에 관련된 처분권주의와는 아무런 관계가 없다.

과거 변론주의에 처분권주의를 포함하는 경우가 있었다고 하나 오늘날에는 일반적으로 양자를 구별하여 처분권주의는 소송물 결정에 관한 원칙이고 변론주의는 그 바탕이 되는 소송자료 결정에 관한 원칙이므로 양자는 엄격히 구별하여 쓰는 것이 일반적이다. 특별히 변론주의에 처분권주의를 포함시켜 설명할 필요가 없는 한, 행정소송에 있어서 불고불리의 원칙 및 그 예외와 관련된 처분권주의 문제는 행정소송법 제8조 제2항의 준용규정에 의한 민사소송법 제203조의 행정소송에 인정되는 문제이다. 따라서 행정소송에서의 처분권주의를 소송자료의 수집·제출책임에 관한 규정인 행정소송법 제26조와 관련시켜서 논의할 문제가 아니다.

그런데 종래부터 이른바 불고불리원칙의 예외를 행정소송법 제26조와 결합시켜 설명하는 이른바 처분권주의와 행정소송법 제26조의 결합하여 설명하는 방법은 판례의 설시의 내용을 그대로 인용 내지는 원용하던 관행과 어느 정도 관계가 있다. 여기서 판례의 설시내용을 검토하는 것도 중요하다.

## 2. 판례의 검토

전술한 바와 같이, 우리나라 행정소송에 있어서 행정소송의 심리의 범위

---

야 한다.

60) 이에 관해서는 졸고, "행정소송법 제26조의 해석에 관한 일 고찰", 『행정법연구』제10호 (2003년 하반기); 졸고, "행정소송에서의 변론주의와 직권탐지주의", 서울대 법학박사학위논문, 2004 등 참조.

부분에서 불고불리원칙의 예외와 함께 행정소송법 제26를 결부시켜 설명하면서 흔히 인용되고 있는 판례의 내용 중에 문제가 되는 부분은 다음과 같다.

> "행정소송법 제26조는 … 행정소송에 있어서 원고의 청구범위를 초월하여 그 이상의 청구를 인용할 수 있다는 뜻이 아니라 원고의 청구범위를 유지하면서 그 범위 내에서 필요에 따라 주장 외의 사실에 관하여 판단할 수 있다는 뜻이라고 할 것 … "61)

특히 위에서 인용된 판례에서 보듯이, "원고의 청구범위를 유지하면서 그 범위 내에서"라고 하는 처분권주의에 관련된 부분이 행정소송법 제26조에 관한 설시의 기회에 함께 기술되어 있음을 알 수 있다. 이 점 때문에 종래부터 행정소송의 심리의 범위를 설명하면서 이와 같은 판례를 그대로 인용 내지는 원용하여 오던 관행이 체계상 오해의 빌미를 준 것이 아닌가 추측된다.

위 인용문에서 판례가, "행정소송에 있어서 원고의 청구범위를 초월하여 그 이상의 청구를 인용할 수 있다는 뜻이 아니라 원고의 청구범위를 유지하면서 그 범위 내에서"라고 하는 부분은, 소송자료와 관계없이 행정소송에서 원칙적으로 처분권주의가 당연히 인정된다고 하는 것을 설시하고 있다. 판례는 행정소송법 제26조의 직권심리에 관한 법리를 설명하면 그 기회에 처분권주의라고 하는 당연한 전제를 설시한 것에 불과하다.62) 판례가 행정소송법 제26조를 처분권주의와 직접적인 관련을 맺고 즉 소송물이라고 하는 동일한 차원에서 설시한 것이 아니고 단지 행정소송에서 처분권주의가 인정된다고 하는 전제하에서 행정소송법 제26조의 성격을 밝힌 것에 지나지 않는다.

또한 기존의 주류적 견해에 따르면, 예컨대, 전술한 바와 같이, "행정소송법 제26조는 "법원은 필요하다고 인정할 때에는 … 당사자가 주장하지 아니한 사

---

61) 예컨대 대법원 1992. 3. 10. 선고 91누6030 판결(공1992, 1327) 참조. 이들 판례에 관하여는 전술한 Ⅲ. 학설과 판례의 동향 4. 판례의 태도 부분 참조.

62) "직권탐지주의는 26조 후단이 규정하고 있는 바와 같은 당사자가 주장하지 아니한 '사실'을 기초로 할 수 있다는 것으로서, 소송물 개념과 직결되는 것이 아니라 오히려 이를 전제로 하는 것이다. 다시 말해, 소송물의 범위 내에서 직권탐지주의가 적용된다"(주석 행정소송법, 특수문제 3 취소소송의 소송물 [박정훈 집필부분], 206면)고 하는 것도, 과연 우리나라 행정소송법 제26조의 해석상 독일식의 직권탐지주의인가에 관하여는 별론으로 하고, 소송물 개념과 직결된다는 것이 아니고 이를 전제로 하는 것이라는 것은 결국은 소송자료에 관한 것이라는 의미라고 할 것이므로 결국은 같은 취지이다.

항에 대하여도 판단할 수 있다"고 규정하여, 일단 이 원칙에 대한 예외를 인정하고 있다"라고 하여, "판례가 행정소송법 제26조가 "이 원칙에 대한 예외" 즉 "불고불리 원칙의 예외"를 인정한다고 한다고 한다. 그러나 사실 판례는 처분권주의의 전제하에서 행정소송법 제26조를 설시하는 데에 그치고 있을 뿐이다. 즉 판례가 적극적으로 나아가서 행정소송법 제26조가 불고불리원칙의 예외를 인정한다고 하는 직접적인 표현을 찾아볼 수가 없다.[63] 이런 점에서도 판례가 소송자료에 관한 행정소송법 제26조의 직권심리를 소송물에 관한 처분권주의와 동일 차원에서 직접적으로 연결하였다고 볼 수 없다.[64]

　　이러한 점은 판례가 설령 행정소송법 제26조를 설시하면서 위 인용부분 즉 "행정소송에 있어서 원고의 청구범위를 초월하여 그 이상의 청구를 인용할 수 있다는 뜻이 아니라 원고의 청구범위를 유지하면서 그 범위 내에서"라고 하는 부분이 설시되어 있지 않다고 하더라도 행정소송에 있어서 처분권주의가 인정되는 것에 아무런 문제가 없다는 것에도 확인된다. 참고로 대법원 판례 중에는, 위 인용한 판결과 같은 유사한 판례에서 위와 같이 "원고의 청구범위 내"라고 하는 처분권주의를 의미하는 전형적인 문구가 들어 있는 판례도 있고,[65] 이와는 반대로 이 "원고의 청구범위 내"라고 하는 문구가 나오지 않는 판결도 있

---

63) 즉 위 인용한 판례 대법원 1992. 3. 10. 선고 91누6030 판결(공1992, 1327)의 관련된 원문은 다음과 같다.
　　"행정소송법 제26조는 법원이 필요하다고 인정할 때에는 직권으로 증거조사를 할 수 있고 당사자가 주장하지 아니한 사실에 대하여 판단할 수 있다고 규정하고 있으나, 이는 행정소송에 있어서 원고의 청구범위를 초월하여 그 이상의 청구를 인용할 수 있다는 뜻이 아니라 원고의 청구범위를 유지하면서 그 범위 내에서 필요에 따라 주장 외의 사실에 관하여 판단할 수 있다는 뜻이고"에서 보듯이 행정소송법 제26조가 불고불리원칙의 예외를 인정한다는 직접적인 문구는 나타나 있지 않다.

64) 물론 판례들 중에 전혀 오해의 소지가 전혀 없는 것은 아니다. 오래된 판례 중 그 예를 들면, 예컨대 "원심판단은 당사자간에 상쟁 없는 사실에 대하야 월권적 판단을 시도한 것이니 처분권주의에 입각한 소송원리에 배치됨은 물론 판시 이유가 전후 모순되어 결국 원심판결은 이유불비의 위법을 범하였다고 사료되는 것이다"(대법원 1956. 3. 23. 선고 4288행상68 판결)(밑줄 필자)라고 하는 판례를 보면, 당사자간에 상쟁 없는 사실에 대한 판단을 처분권주의에 입각한 소송원리에 배치된다고 하여 사실과 처분권주의를 직접적으로 연결시킨 문제점이 있다.

65) 대법원 1987. 2. 10. 선고 85누42 판결(공1987, 448), 1992. 3. 10. 선고 91누6030 판결(공1992, 1327), 1994. 10. 11. 선고 94누4820 판결(공1994하, 3014), 1995. 2. 24. 선고 94누9146 판결(공1995상, 1477), 1998. 10. 23. 선고 97누171 판결, 1999. 5. 25. 선고 99두1052 판결(공1999하, 1301).

다.66) 그렇다고 해서 즉 이들 판례의 종류에 따라서 행정소송에서 처분권주의가 인정된다고 하는 전제 여부가 달라지는 것이 전혀 아니라는 점에서 위와 같은 두 종류의 판결은 그 내용이 다른 것은 아니다.

요컨대 판례는 소송물과 소송자료에 관한 내용을 동일 판결문이라고 하는 일회적 기회에 포괄적으로 설시한 것에 불과한 것뿐이고 따라서 처분권주의에 근거한 표현 즉 "원고의 청구범위 내"라고 하는 것은 행정소송에서도 처분권주의가 인정된다는 당연한 사실을 다시 한번 확인적 의미의 설시에 불과한 것이지 행정소송에서 처분권주의를 새로이 인정한다라고 하는 창설적 의미의 설시라고 할 수 없다. 더군다나 판례가 처분권주의와 행정소송법 제26조의 직권심리에 관한 내용을 함께 설명하지 못할 바가 아님은 판례가 일일이 설시내용을 이론적으로 구별하여 설명할 필요가 없다는 판례의 특성을 고려하면 전혀 탓할 바가 아니다. 그러나 이와 같은 판례의 내용을 이론적으로 행정소송의 심리의 범위를 설명하면서 직접적으로 인용하거나 원용하는 경우에는 불필요한 체계적인 오해의 소지를 없애는 보다 세심한 주의가 필요하다.

## 3. 처분권주의 인정 및 그 제한에 관한 소송법적 근거

우리나라 민사소송법 제203조는 처분권주의를 규정하고 있다. 이에 반하여 민사소송법상에는 변론주의를 직접적으로 규정하지 아니하고 있으나 민사소송에서 변론주의가 인정되는 것은 자명하다. 즉 처분권주의와 변론주의에 관한 민사소송법 규정형식만으로 민사소송에 있어서 양 소송원칙이 인정됨에 아무런 문제가 없다.

행정소송에 있어서는 민사소송상의 소송원칙인 처분권주의와 변론주의는 행정소송법 제8조 제2항의 준용규정에 의하여 인정되게 된다. 민사소송법상 변론주의를 직접규정하는 규정이 없다고 하더라도 민사소송법상 변론주의에 관련된 제 규정들이 처분권주의와 마찬가지로 행정소송법 제8조 제2항에 의하여 준용된다는 점에서는 처분권주의와는 큰 차이가 없다. 다만 민사소송상의 변론주의는 행정소송법 제8조 제2항의 준용규정만 아니라 특히 행정소송법 제26조

---

66) 대법원 1995. 2. 14. 선고 94누5069 판결(공1995상, 1345), 1996. 8. 20. 선고 96누2781 판결, 1997. 10. 28. 선고 96누14425 판결(공1997하, 3698), 2001. 4. 24. 선고 2000두10014 판결.

의 직권심리에 관한 규정의 해석에 의하여 좌우된다. 즉 행정소송법 제26조의
규정은 소송자료에 관한 심리를 규정하였다는 것은 행정소송법 제8조 제2항에
의하여 민사소송의 변론주의가 '준용'되는 것만으로 충분하지 않다는 것을 의
미한다. 본래 준용은 어디까지나 성질에 반하지 아니하는 한 인정한다고 하는
입법기술상 소극적인 성격을 갖는 것에 불과하고 새로운 내용을 이를테면 직권
탐지주의와 같은 내용을 적극적으로 창설하는 것에 친하지 아니하다. 이런 점
에서 보면, 행정소송법 제26조의 직권심리 규정은 소송자료에 관하여 민사소송
의 변론주의가 아니라 행정소송에 적합한 심리원칙을 새로이 "창설"한 규정이
라고 할 수 있다. 따라서 민사소송상의 변론주의는 행정소송법 제8조 제2항에
추가하여 누적적으로 행정소송법 제26조의 명문의 규정의 해석의 문제로 된다.
이 점에서 민사소송상의 변론주의와 처분권주의가 행정소송에서 인정되는 소
송법상 경로상의 차이가 있게 된다.[67] 어쨌든 행정소송법 제26조의 해석과 밀
접한 관련을 맺고 있는 변론주의와 달리, 행정소송에 있어서 처분권주의는 민
사소송법 제203조가 행정소송법 제8조 제2항에 의하여 준용되는 인정된다는 점
에서 행정소송법 제26조와는 직접적인 관계가 없다.

　　행정소송에서의 처분권주의는 변론주의의 제한[68]과 마찬가지로 행정소송
의 공익성과 관련하여 제한되어야 할 필요가 있다. 이러한 처분권주의의 한계
는 준용규정인 행정소송법 제8조 제2항을 비롯하여 행정소송의 공익목적을 규
정한 행정소송법 제1조와 공익과 관련된 직권심리에 관한 규정인 행정소송법
제26조를 비롯한 행정소송법 전 규정의 취지에 비추어서 적절하게 설정되어야
한다. 요컨대 우리나라 행정소송상 처분권주의는 행정소송법 제26조와는 이론
적인 체계상 관계가 없는 것이 원칙이다. 그러나 행정소송법 제26조의 규정은
행정소송에서 민사소송상의 변론주의가 제한됨을 의미한다는 점에서 같은 민
사소송상의 소송원칙인 처분권주의의 행정소송에서의 제한문제를 논함에 있어
서 고려될 수 있다. 그렇다고 해서 처분권주의와 행정소송법 제26조 규정상의

---

67) 물론 처분권주의와 변론주의를 구별하지 아니하는 입장에서는 민사소송법 제203조가 처
　 분권주의뿐만 아니라 변론주의의 원칙을 선언한 규정으로 이해하게 된다고 한다. 김홍
　 규, 351면.
68) 변론주의가 지배하는 독일 민사소송의 경우에 변론주의의 한계를 보충하는 제도로서 독
　 일 민사소송법 제139조 제1항에서 석명의무(Aufklärungspflicht)와 제138조 제1항에서 진
　 실의무(Wahrheitspflicht)가 인정되고 있다.

심리원칙이 체계상으로 혼동되어서는 안 되고 혼동될 필요성도 없다. 다만 행정소송에서 처분권주의의 제한문제를 논함에 있어서 변론주의를 제한하는 행정소송법 제26조가 행정소송법 전체의 법취지상 현실적인 고려 내지는 시사점을 주는 것에 불과한 것이다. 여기에 처분권주의와 관련된 행정소송법 제26조의 의의가 있다.

한편, 처분권주의 관련하여 우리나라 행정소송에 있어서 민사소송상의 화해, 청구의 포기·인락 등이 인정되는가 문제에 있어서 행정소송법상의 명문으로 이를 인정하는 규정이 없다고 하더라도 원칙적으로 행정소송법 제8조 제2항의 준용규정에 의하여 해결될 수 있다.[69] 특히 행정소송상 청구의 포기와 인락, 화해 등의 인부에 관하여 "직권탐지주의가 작용" 혹은 "직권탐지주의가 개입" 때문에 인정할 수 없다는 주장[70]이 있으나, 이는 변론주의나 직권탐지주의와는 관계없는 처분권주의의 제한 문제이다.[71]

## 4. 처분권주의와 행정소송의 목적

행정소송의 목적 내지 기능에 관하여는 행정구제와 행정통제의 절충이라고 하는 것이 주류적인 견해이다. 본안에서, 개별 위법사유이든 위법성 일반이든 간에, 또는 굳이 주관적 권리와 객관적 법과의 관계를 언급하지 않는다고 하더라도, 위법 여부에 대한 법원의 최종적인 판단은 국민이 처분권주의에 의하여 소를 제기하여 궁극적으로 달성하고자 하는 권익구제가 최종적으로 이루어

---

69) 물론 이들 민사소송상의 제 제도가 행정소송에서 새로이 규정하지 못할 바가 아니다. 오히려 행정소송에서 이들 제도의 성격을 명확하게 한다는 점에서 단순히 행정소송법 제8조 제2항에 의한 준용규정에 의하는 것보다 바람직하다고 할 수 있다.

70) 이상규, 510, 511면; 이시윤, 293면에서 직권탐지주의를 설명하면서 처분권주의의 제한으로서 변론주의에 의한 소송절차와 달리 청구의 포기·인락이나 화해가 허용되지 않는다고 하는 것은, 직권탐지주의의 내용에 청구의 포기와 인락, 화해 등을 허용하지 않는 처분권주의의 제한 문제를 포함시키는 것은 의문이다.

71) 졸고, "행정소송에서의 입증책임", 서울대 석사학위, 1997, 19면; 류지태, "행정소송에서의 화해, 청구포기 및 청구인락", 『고시계』, 2002. 5, 72면 이하; 독일 행정소송에서도 과거 독일 행정소송법의 시행 전과 달리 인낙과 포기가 오늘날은 상당한 정도로 허용된다(독일 민사소송법(ZPO) 제306조, 제307조 및 독일 행정소송법 제173조). 사실 인락과 포기는 사실탐지와 관계없으므로 직권탐지주의와 관계가 없고 오히려 처분권주의의 문제이라고 한다. 자백은 법원을 사실의 주장에 구속하는 것인 반면에, 인락과 포기는 법적 심사 그 자체를 탈락하게 한다고 한다. Marcel Kaufmann, S. 371; Renate Köhler-Rott, S. 211.

지는가 여부와 적어도 효과면에서는 불가분의 관계를 이룬다. 행정구제의 기회에 행정통제가 이루어진다고 하는 것은 처분권주의에 의하여 일단 개시된 행정구제의 심사기회에 행정통제가 행해진다는 것 즉 행정구제가 전제된 행정통제를 의미한다.[72]

# V. 결어

우리나라 행정소송법 제1조에서 보듯이 행정구제와 행정통제가 행정소송의 목적이다. 처분권주의는 개인의 권익구제와 관련된다는 점에서 행정소송에 있어서 중요한 소송원칙의 하나이다. 우리나라 행정소송을 객관소송만으로 파악할 수 없는 이유는, 행정소송법 제26조상의 직권심리 규정이 변론주의와 완전히 단절할 수 없는 문제가 있기도 하지만 그와 더불어 행정소송에서 처분권주의가 인정된다는 데에도 그 원인이 있기 때문이다.

우리나라 행정소송에서는 민사소송상의 처분권주의가 인정되고 또한 행정소송법 제26조의 해석상, 학설이 대립하고 있으나, 일반적으로 적어도 변론주의가 완전히 배제되지 아니한다고 하는 것이 일반적이다. 이 점에서 변론주의를 배제하고 직권탐지주의를 원칙으로 채택한 독일 행정소송에서와 같이 직권탐지주의 자체를 관철시키기 불가능한 문제나, 당사자와 법원 간의 주도권의 다툼이라는 관점에서 처분권주의와 직권탐지주의 간의 충돌문제가 처음부터 심각하게 제기되지 아니한다. 처분권주의는 변론주의와 더불어 사익간의 분쟁을 잘 해결하는 원칙으로 볼 수 있고, 이에 반하여 직권탐지주의는 공익을 대변하는 원칙으로 볼 수 있다. 즉 처분권주의는 변론주의와 더불어서 행정소송에서 개인의 권익구제를 대변하고 있고, 행정소송법 제26조의 해석상 인정되는 공익과 관련된 직권탐지주의가 행정통제에 적합하다. 특히 처분권주의와 변론주의가 기본적으로 채택되어 있고 그리고 공익을 이유로 하는 직권탐지주의가 절충될 수 있는 우리나라 행정소송법 구조가 행정구제와 행정통제라고 하는 행정소송의 목적에도 적합하다. 이런 점에서 독일 행정소송에서 처분권주의와 직권탐지주의 간의 결합을 인위적인 의미의 "합금"이라고 평가한다면, 우리나라

---

72) 이에 관한 상세한 것은 졸고, "행정소송의 목적에 관한 일 고찰",『행정법연구』제13호 (2005년 상반기), 19-52면 참조.

행정소송은 "조화"라고 평가할 수 있다. 이와 같이 우리나라 행정소송법 해석상 소송원칙 간의 조화로운 절충이 가능하다는 점이 공익과 사익의 조정절차라고 하는 행정소송의 본질과도 잘 어울린다. 이 점에서 우리나라 행정소송법이 바람직한 입법이다.

우리나라 행정소송에 있어서 처분권주의와 행정소송법 제26조의 직권심리 간의 혼동의 문제는 그다지 별다른 큰 실익이 없는 단지 개념과 체계정립의 문제에 지나지 않는다. 그러나 우리나라 행정소송에 있어서 처분권주의와 행정소송법 제26조의 직권심리 규정은, 민사소송과 구별되는 우리나라 행정소송의 성격을 결정하는 근본적인 규정이다. 따라서 이와 같은 기본적인 소송법상의 구조가, 특별한 현실적인 중대한 상황변화가 없는 한, 현재 우리가 당면한 행정소송법의 개정작업뿐만 아니라 차후의 개정에 있어서도 여전히 그 기본적인 골격이 유지되어야 함은 물론이다.[73]

최근 우리나라 행정소송법을 개정함에 있어서 일부에서 독일 행정소송이 채택하고 있는 직권탐지주의 내지는 프랑스식 행정"쟁송"을 역사성이나 소송제도나 현실 등의 측면에서 별다른 합리적 이유 없이 논리적 선험적인 것으로 아예 미리 상정하여 놓고 그러한 기본적이고도 전체적인 커다란 틀 내지 기도하에서 우리나라 행정소송법 개정에 일정한 영향력을 미치려고 함으로써 궁극적으로는 이를 우리나라 행정소송제도에 이식하려고 하는 일단의 움직임이 있다. 그러나 과연 그러한 것이 현재 우리나라 실정 행정소송법상의 소송원칙 등을 비롯한 기본구조 내지는 현재 운영되고 있는 행정재판제도의 실제 그리고 무엇

---

73) 최근 실무가를 중심으로 극히 일부에서 우리나라 행정소송법 제26조를 독일식의 직권탐지주의로 해석하고 이를 독일 행정소송법 제86조로 개정하자는 견해가 없는 것은 아니지만, 행정소송에서의 변론주의와 직권탐지주의에 관한 문제는, 종래부터 학설이 대립되어 오기는 했으나, 최근 행정소송법 개정시에도 별다른 큰 주목을 받고 있지는 못하는 것 같다. 아마도 행정소송의 대상이나 원고적격 특히 의무이행소송의 도입 등의 문제가 시급한 주요 현안이 산적해서인 것 같다. 그런데 이러한 문제들은 소송요건이나 소의 종류에 해당되는 것이고 따라서 조만간 일단락 짓게 되면 결국, 민사소송과 구별되는, 행정소송의 특질을 가장 잘 드러내는 본안에서의 실체심리가 중요한 문제가 현안이 될 수밖에 없을 것이다. 따라서 우리나라 행정소송에 있어서 변론주의와 직권탐지주의와 관련된 행정소송법의 구조 내지는 체계가 중요한 의미가 있다고 할 수 있다.
   이와 관련하여, 행정소송법 제26조의 해석과 관련된 변론주의와 직권탐지주의에 관해서는, 졸고, "행정소송법 제26조의 해석에 관한 일 고찰", 『행정법연구』 제10호(2003년 하반기); 행정소송에서의 변론주의와 직권탐지주의, 서울대 박사학위, 2004 참조.

보다 우리나라 현실에 합당한지 여부를, 그리고 무엇보다 지금 이 시점에서 우리가 굳이 이들 나라를 모범으로 하여 본받을 만한 때인가 등을 우리 모두가 좀 더 신중하고도 철저하게 검토하고 여기에 우리 모두의 중지를 모아야 할 때라고 생각한다.

# 제3절 행정소송에서의 준용규정*

## I. 서설

현재 우리나라 행정소송에서는 민사소송상의 제 제도가 어느 정도 인정될 수 있는가가 논의되고 있다. 이는 특히 우리나라 행정소송법은 민사소송상의 제 제도에 관하여 전부 망라하여 명시적으로 규정하지 아니하고 행정소송법 제8조 제2항1)에서 행정소송에 관하여 행정소송법에서 특별히 규정이 없는 사항에 관하여는 민사소송법의 규정을 준용2)하는 방식을 위하기 때문에 더욱 그러

---

\* 이 글은 『행정법연구』 제12호(2004. 10)에 게재된 논문 "행정소송에서의 준용규정에 관한 일 고찰"을 수정·보완한 것입니다.

1) 1951. 8. 24. 법률 제213호로 제정된 행정소송법 제14조에서 "本法에 特別한 規定이 없는 事項은 法院組織法과 民事訴訟法의 定하는 바에 依한다"라고 규정하여 지속되어 오다가, 1984. 12. 15. 법률 3754호로 개정된 행정소송법 第8條 (法適用例)에서, "제1항 行政訴訟에 대하여는 다른 法律에 특별한 規定이 있는 경우를 제외하고는 이 法이 정하는 바에 의한다. 제2항 行政訴訟에 관하여 이 法에 특별한 規定이 없는 사항에 대하여는 法院組織法과 民事訴訟法의 規定을 準用한다"라고 규정하였다. 이 제2항의 규정은 2002. 1. 26. 법률 제6627호로 개정되어 "행정소송에 관하여 이 법에 특별한 규정이 없는 사항에 대하여는 법원조직법과 민사소송법 및 민사집행법의 규정을 준용한다"라고 규정하여 민사집행법의 규정이 추가되게 되었다.

2) "준용"이라 함은 어떠한 사항에 관한 규정을 그와 유사하나 본질이 다른 사항에 대하여, 약간의 필요한 변경을 가하여 적용시키는 것으로서, 중복에 의한 번잡을 피하고 간결화를 도모하기 위하여 입법기술상 사용된다(예: 민법 제210조, 제290조, 제302조 등). 준용의 법규의 간결을 기할 수 있다는 장점도 있으나, 반면 법규의 검색을 곤란하게 하고 왕

하다.

이러한 규정은 행정소송법이 민사소송법을 기본 전제로 한다는 것을 알 수가 있다. 민사소송은 모든 절차의 일반법이다.[3] 특히 독일에서 행정분쟁절차가 종래의 통상적인 행정사건의 처리절차부터 분리·독립되어 가는 과정에서도 여전히 절차의 일반법이라고 할 수 있는 민사소송이 절차의 모범(Verfahrensvorbild)으로서 기여하였다고 한다. 그리하여 오늘날까지도 여전히 독일의 각 란트의 행정소송에 있어서도 절차의 일반법인 민사소송법이 보충적으로 또는 준용되어서(subsidiär oder entsprende anwendbar) 적용되어 온 것이다. 그러면서도 동시에 민사소송은 행정의 특성을 유지하려고 하는 절차상의 문제에 대해서 반대되는 구상(Gegenentwurf)을 제공하였다.[4]

그런데 이러한 절차의 일반법으로서의 민사소송법을 행정소송법에 어느 정도 준용할 수 있는가는 각국에 사정에 따라 다른 것이다. 이는 기본적으로 행정소송에 대한 각국의 입법정책상의 차이 특히 행정소송에 있어서의 소송자료에 관한 심리절차의 차이에서 온다.

## Ⅱ. 독일 행정소송법상의 규정

### 1. 개설

#### (1) 의의

독일 행정소송법 자체의 많은 규정에서 법원조직법(GVG)(예컨대 §§4, 55 VwGO)과 민사소송법(ZPO)(예컨대 §§54, 57, 62, 64, 98, 105, 123, 153, 159, 166, 167, 183 VwGO)을 준용하고 있다. 그런데 독일 행정소송법(§173 VwGO)은 그러한 개

---

왕 수정의 여부에 있어서 의문을 일으키며 해석의 분규를 일으키는 단점도 있다(이시윤 대표집필, 『법률용어사전』, 청림출판, 1997). "유추"는 법해석의 한 방법이지만, 준용은 입법기술상의 한 방법으로서, 비슷한 사항에 관하여 법규를 제정할 때에, 법률을 간결하게 할 목적으로, 다른 유사한 법규를 유추 적용할 것을 규정하는 것이 준용이라고 한다 (곽윤직, 민법총칙, 박영사, 1997, [19] Ⅰ).

3) Marcel Kaufman에 의하면 독일에서는 , Marcel Kaufmann S. 20; 민사소송법에는 모든 종류의 분쟁해결절차에 공통되는 기본원리가 규정되어 있으므로, 행정소송법과 가사소송법에는 민사소송과 달리 규율할 특별한 규정들만을 두고 이 법들에 규정이 없는 사항은 민사소송법에 의한다고 한다. 호문혁, 8면 이하.

4) Marcel Kaufmann, S. 20.

별적인 준용규정 이외에도 행정소송법이 명시적으로 규정하지 않거나 또는 명시적으로 준용하지 아니하는 한, 일반적으로 법원조직법과 민사소송법을 준용하도록 규정하고 있다.

행정소송에서는 이와 같은 민사소송법이나 법원조직법상의 규정이 준용뿐만 아니라, 그 밖에 일반적인 소송법에 속하는 규정으로서, 예컨대 §291 BGB의 소송이자(Prozeßzinsen)에 관한 규정이나 일반적인 소송법원칙도 준용된다.[5]

### (2) 독일 행정소송법(VwGO) 규정의 의미

독일 행정소송법 제173조(§173 VwGO)[6]에서 양 절차의 성질의 원칙적 차이에 의하여 배제되지 아니하는 한 법원조직법(GVG) 및 민사소송법(ZPO)의 규정을 준용한다고 규정하고 있다.

### 2. 준용 여부

### (1) 판단기준

행정소송법이 명시적으로 확정적으로 규정하지 아니하여 규율에 흠결이 드러나서 보충을 필요로 하는 경우, 그리고 행정소송과 민사소송간의 원칙적으로 차이 특히 행정소송법상의 직권탐지주의와 모순되지 아니하고 그리고 행정법원의 절차에서 존재하는 공익이 그 적용을 배제하지 아니하는 경우에 준용된다.[7] 그 밖에 행정소송법이 변호사강제를 단지 연방행정법원(Bverw)에서만 인정한다는 점도 고려되어야 한다.[8]

준용의 정도는 단지 보충적으로(subsidär)만 준용되는 것이므로, 따라서 행정소송법(VwGO)에 달리 정함이 없는 한 행정법원의 절차에서는 민사소송법

---

5) Kopp/Schenke, §173 Rdnr. 1.

6) 독일 행정소송법 제173조 [민사소송법 및 법원조직법의 준용] 이 법률에 절차에 관한 규정이 없는 경우는, 양 절차의 성질의 원칙적 차이에 의하여 배제되지 아니하는 한, 법원조직법 및 민사소송법의 규정을 준용한다.

   §173 VwGO [Entsprechende Anwendung der ZPO und des GVG] Soweit dieses Gesetz keine Bestimmungen über das Verfahren enthält, sind das Gerichtsverfassungsgesetz und die Zivilprozeßordnung entsprend anzuwenden, wenn die grundsätzlichen Unterschiede der beiden Verfahrensarten dies nicht ausschließen.

7) Kopp/Schenke, §173 Rdnr. 2; Eyermann, §173 Rdnr. 3, 4; Redeker/von Oertzen, §173 Rdnr. 2.

8) Eyermann, §173 Rdnr. 3.

(ZPO)이 적용된다는 의미는 결코 아니라고 한다.[9]

그러나 어느 정도 민사소송법과 법원조직법이 준용되는지 여부는 논란의 여지가 있다고 한다.[10]

### (2) 준용되는 규정

독일의 행정소송에 있어서 민사소송이 준용되는 규정으로는 다음을 들 수 있다. 즉 변호사선임(§78b ZPO), 대리권(§§88 ff ZPO), 구술변론(§§128 ff ZPO), 기일의 지정(§216 ZPO), 소송의 중단(§239 ZPO) … 등을 들 수 있다.[11]

### (3) 준용되지 않는 규정

행정소송에서 준용되지 아니하는 규정으로는 주로 독일 행정소송법 제86조 제1항에 규정된 직권탐지주의에 배치되거나 공익에 반하는 경우라고 할 수 있다. 예컨대 주장책임과 입증책임(§282 ZPO), 자유심증(§286 ZPO), 재판상 자백(§288 ZPO), 원고에 대한 궐석재판(§§330 ff ZPO), 독촉절차(§§688 ff ZPO), 소송비용부담에 관한 규정(§91 Abs 2 S 1 ZPO) 등을 들 수 있다.[12]

## 3. 준용규정에 이한 전체적인 유추관계(Gesamtanalogie)설

최근 독일 행정소송은 행정소송법 제173조(§173 VwGO)의 준용규정에 의하여 민사소송과 전체적인 유추관계(Gesamtanalogie)에 있다고 하는 주장이 나왔다. 행정소송은 법관이 소송을 주도하는 법관소송(Richterprozeß)이 아니라 민사소송과 같이 당사자가 소송을 주도하는 당사자소송(Parteienprozeß)[13]이라고 이론구성하여 그러한 전제하에서 민사소송상의 주장책임 내지는 증명책임을 행정소송에서도 인정하려고 하는 주장이다.

Kaufmann에 따르면 독일의 행정소송을 제대로 파악하기 위해서는 행정재판의 역사와 이론에 관한 법역사적인 관점을 포함시켜야 하고, 직권탐지주의는

---

9) Redeker/von Oertzen, §173 Rdnr. 1.
10) Redeker/von Oertzen, §173 Rdnr. 2.
11) Kopp/Schenke, §173 Rdnr. 4.
12) Kopp/Schenke, §173 Rdnr. 5; Eyermann, §173 Rdnr. 4.
13) 소송절차를 법원이 주도하는 의미에서의 법관소송(Richterprozeß)이 아니라 당사자가 주도한다는 의미에서의 당사자소송(Parteienprozeß)을 의미한다.

오늘날 독일 헌법 제19조 제4항의 규정과 관련하여 헌법적인 관점에서 검토할 필요가 있다는 점에서 헌법적 관점, 그리고 새로운 소송법상 리스크분배의 새로운 조정을 제안할 수 있다는 점에서 법률적 관점에서의 고찰이 필요하다고 하였다.

Kaufmann은 우선 먼저 독일 행정소송에서 직권탐지주의의 모순점을 지적하였다. 특히 독일의 종래의 전통적인 직권탐지주의의 모델은 협력의무(Mitwirkungspflicht)를 이행하지 아니한 당사자에게 반드시 그 불이익을 부과하지 아니한다는 점에서 문제가 있다고 한다. 그 대안으로서 행정소송에서의 리스크배분(Risikoverteilung im Verwaltungsprozeß)이라는 모델을 제시한다. 주장책임과 입증책임(Behauptung- und Beweisführungslast)은 민사소송상의 변론주의로부터 나오는 소송상의 리스크배분으로부터 나오는 것이다. 따라서 행정소송에서 리스크배분의 모델을 주장하기 위한 전제로서, 독일 행정소송은 행정소송법 제173조(§173 VwGO)의 준용규정에 의하여 민사소송과 전체적인 유추관계(Gesamtanalogie)에 있다고 한다. 독일 행정소송법 제86조 제1항 때문에 행정소송과 민사소송 간의 원칙적인 차이가 생겨나는 것이 아니므로 민사소송의 책임체계를 유추 적용하는 데에 문제가 없다고 한다. 따라서 독일 행정소송에서는 민사소송에서와 마찬가지로 당사자에게는 진정한 주장책임 내지는 입증책임을 부담하게 된다고 한다.

## Ⅲ. 일본 행정사건소송법상의 규정[14]

### 1. 규정의 의의

일본 행정사건소송법은 제7조(이 법률에 정함이 없는 사항)에서 "행정사건소송에 관하여 이 법률에 규정이 없는 사항에 관하여는 민사소송의 예에 의한다"[15]라고 규정하고 있다.

---

14) 일본 행정사건소송법 규정상으로는 준용이라는 용어를 사용하지는 아니한다. 다만 이를 후술하는 바와 같이 준용이라고 해석하고 있다.

15) 이 조항의 원문은 다음과 같다.
　　日本國　行政事件訴訟法　第7條（この法律に定めがない事項）行政事件訴訟に關し´この法律に定めがない事項については´民事訴訟の例による.

## 2. 해석에 관한 논의

이 규정에 관하여 杉本良吉은

"'이 법률에 정함이 없는 사항'은 너무나도 많고, 그중에는, 화해, 청구의 인낙, 입증책임 등과 같은 행정사건소송의 본질을 둘러싸고 의견이 나누어지고 또는 그 것들이 절차법상의 사항인지 여부에 관하여 의심이 있기 때문에 규정을 두는 것이 곤란하므로, 결국, 여전히 판례의 발전을 기다리는 것이 적당한 것도 있고, 또한, 민사소송과 같이 처리하는 것도 행정사건소송의 특질에 전혀 영향을 주지 않는다 고 생각할 수 있는 사항도 적지 않다. 이와 같은 사항을 본법에서 중복하여 규정하 는 것은, 그 심리기관이 민사소송과 같이 사법재판소라는 사정을 감안하면, 절차법 으로서 무용한 복잡함을 증가시키는 것이므로 입법의 기술로서도 현명하지 못함에 틀림없다."[16]

라고 하고, 南 博方은

"의견이 나뉘는 등 하여서 규정을 둘 수 없어서 해석에 맡겨진 사항 및 민사소 송과 같은 절차인 사항에 관하여, 입법기술로서 민사소송의 예에 의한다"라고 하는 것이 있다. 여전히 행정소송법은, 본조에 의하여, 행정사건소송절차의 상당한 부분 에 관한 규정을 두지 아니하고 민사소송절차에 의존하게 되므로, 통일적 기본법으 로서는 불충분한 모습으로 되고, 그 때문에 "행정소송법"이 아니고 "행정사건소송 법"이라고 하는 것이다.[17]

라고 하면서 이 일본 행정사건소송법 제7조의 의미에 관하여 계속해서,

"행정사건소송"이라 함은 제2조[18]에 정의규정을 두고 있다. "이 법률에 규정이 없는 사항에 관하여는"이라고 하는 것은, 행정사건소송에 관하여는 "행정사건소송 법의 규정에 반하지 아니하는 한"과 같은 의미이고, 다시 말하자면, 행정사건소송 에 관하여는 "그 성질에 반하지 아니하는 한"이라고 할 수 있다. "민사소송의 예에 의한다"라고 하는 것은, 민사소송에 관한 규정이 포괄적으로 적합하게 사용된다는

---

16) 杉本良吉, 行政事件訴訟法の解說, 法曹會, 28면.
17) 南 博方, 條解 行政事件訴訟法, 225면.
18) 제2조 이 법률에서 행정사건소송이라 함은 항고소송, 당사자소송, 민중소송 및 기관소송 을 말한다.

것, 즉 포괄적으로 준용되는 것을 의미한다. "예에 의한다"는, 거기에 표시된 사항에 관한 법령이 부속법령 등도 포함하여 포괄적으로 적합하게 사용되는 경우의 용어법이지만, "준용한다"라고 하는 경우와 실제상의 그다지 차이는 없다. 일반적으로, "준용한다"는, 거기에 표시된 법령의 규정만이 준용의 대상으로 되는 경우의 용어법으로 사용되므로, "예에 의한다"보다 적합한 범위가 좁게 보이지만, "준용한다"라고 쓰는 경우에도, 거기에 표시된 법령의 규정과 함께, 당해 법령의 부속법령의 관련 규정 등도 해석상 준용의 대상으로 되는 것이 통례이므로, 실제상 그다지 차이가 없다. 본조에 의하여 준용된 민사소송에 관한 규정으로서는, 민사소송법의 규정이 중심이지만, 민사소송비용등에 관한 법률·민사소송규칙 등, 민사소송에 관한 전 법령의 규정이 행정사건소송의 성질에 반하지 아니하는 한 포함된다.

라고 한다.[19]

이와 같은 기술로 미루어 보면 일본의 행정소송에서는 그들 스스로 행정"사건"소송법이라고 일종의 격하(?)하는 명칭을 쓰기는 하는데 그렇다고 해서 이러한 표현을 모두가 적극적으로 반대하는 데에 일본사람 특유의 본심인 속내가 있는 것 같아 보이지는 않는다.

그런데 이를 행정소송의 중요성을 인정하지 않는다고 한다는 의미에서의 격하라고 하기에는 곤란한 문제점이 있다. 일본은 영미식의 법의 지배하에 있는 것이고, 사법재판국가로서 행정재판이 부인된다. 따라서 일본이 과거 명치헌법하에서 관헌국가적 행정쟁송제도를 가졌다고 하더라도 그러한 전통은 전후 새로운 헌법하에서는 단절된 것이다.

그렇기 때문에 일본학자 스스로도 행정"사건"소송이라고 하는 것은 전후 새로운 헌법하에서는 일본은 단일한 사법재판제도 국가이고, 따라서 최고법원하에서 민사, 형사, 행정이 모두 일원적으로 귀속되어 있다는 것을 의미한다. 즉 일본에서는 더 이상 과거의 행정쟁송이 존재하지 아니한다는 뜻이 포함되어 있다.

즉 일본은 제2차 세계대전 후에 미국의 일방적인 영향을 받은 신 헌법하에서 제9조 전쟁의 포기, 전력 및 교전권의 부인, 제31조 적법절차의 보장 등의 규정도 있지만, 특히 제76조에서 "모든 사법권은 최고법원과 법률이 정하는 바에 의하여 설치되는 하급법원에 속한다. 특별법원은 이를 설치할 수 없다. 행정

19) 南 博方, 226면.

기관은 종심으로서 재판을 할 수 없다"라는 규정을 가짐으로써 평화헌법을 가지게 되었고 법계로서도 미국식의 법의 지배와 사법국가체제로 편입되었고 따라서 행정재판제도는 부인된다고 하는 것이 일반적이다. 물론 이는 일본이 또 다시 제국주의 정책을 시행하는 것을 헌법적인 단계에서부터 금지시키고자 한다.

따라서 행정사건 수 자체도 우리보다 훨씬 적은 문제도 있기는 하겠지만 현재 적극적으로 행정법원의 설치도 고려하고 있는 것 같지는 않다.[20]

이런 점에서 일본은 전후 보수우익의 반대에도 불구하고 뜻있는 지식인들은 비록 미국의 일방적인 영향이라고 하는 타의에 의한 것이기는 하지만 헌법상의 내용을 그대로 고수하려고 한다. 따라서 이러한 경향이 일본에서 저간에 행정재판의 확장에 적극적인 태도를 취하지 못하고 소극적으로 머물게 되는 한 원인이 되었다.

요컨대 일본의 학설은 행정사건소송에 관하여는 그 성질에 반하지 아니하는 한 민사소송에 관한 규정이 포괄적으로 적합하게 준용되는 것을 의미한다. 이 점은 앞서 본 바와 같이 우리의 판례가 구 행정소송법 제14조의 "민사소송의 정하는 바에 의한다"와 신 행정소송법 제8조 제2항의 "준용한다"를 구별하지 아니하고 준용의 의미로 이해하는 것과 같다.

## IV. 우리나라 행정소송에서의 준용규정

### 1. 개설

#### (1) 준용규정의 형식

현재 우리나라 행정소송에서는 민사소송상의 제 제도가 인정될 수 있는가가 논의되고 있다. 이는 특히 우리나라 행정소송법은 민사소송상의 제 제도에 관하여 전부 망라하여 명시적으로 규정하지 아니하고 단지 행정소송법 제8조 제2항[21]에 의하여 민사소송법에 의한다고 하는 준용규정만을 가지고 있기 때문에 그러하다.

---

20) 塩野宏, "日本における行政訴訟法の改正と今後の方向", 『한·일 행정소송법제의 개정과 향후방향』, 한국법제연구원·한국행정판례연구회, 2003. 4. 18, 11면 이하, 40면.

21) 2002. 1. 26. 법률 제6627호로 개정된 행정소송법 제8조(법적용례) 제2항: 행정소송에 관하여 이 법에 특별한 규정이 없는 사항에 대하여는 법원조직법과 민사소송법 및 민사집행법의 규정을 준용한다.

이와 달리 독일의 경우에는 민사소송은 변론주의로부터 출발하고 행정소송은 직권탐지주의로부터 출발하여 일단 그 출발부터 심리원칙상 서로 구별되어 민사소송과 행정소송이 상대적으로 상호 독자적인 지위를 가진다는 전제하에서 소송상의 제 제도가 논의되고 있다. 이러한 점에서 변론주의를 원칙으로 하고 어느 정도 직권탐지주의가 인정되는가라고 하는 우리나라 행정소송과는 근본적으로 그 출발부터가 분명히 다르다.

독일은 행정소송법(Verwaltungsgerichtsordnung) 제86조 제1항[22])에서 보는 바와 같이 독일 행정소송의 심리원칙은 직권탐지주의가 원칙이므로 사실자료의 수집·제출의 책임이 원칙적으로 법원에게 있게 된다. 그런데 소송실무상 행정소송에서 직권탐지주의를 철저히 관철시킨다는 것 즉 사실자료의 수집·제출의 책임을 전적으로 법원에게 두고 이를 관철시킨다고 하는 것은 현실적으로 도저히 불가능한 일로서 이는 결국은 법원의 부담만을 가중시키게 되는 것을 의미하는 것이 된다. 따라서 독일의 행정소송에서는 이러한 법원의 부담을 경감시키기 위한 해결책을 모색하는 것이 독일의 행정소송의 현안이 되고 있다.

이는 결국 독일의 행정소송에서 직권탐지주의라고 하는 심리원칙의 관점에서 보면 직권탐지주의를 어느 정도 완화시키는 방책을 모색하는 것이 된다. 실제로 독일에서는 이를 위해서 독일 특유의 공동체사상에 입각하여 독일의 행정소송에서는 당사자의 참여 내지는 협력(Mitwirkungslast, Kooperationsmaxime)[23]) 이라는 명목 아래 법원의 부담을 경감시키기 위한 여러 가지 방안을 강구하고 있다. 그러나 사실 그 실질적인 내용은 직권탐지주의를 완화하고 그 대신에 변

---

22) §86 I VwGO [직권탐지주의]: 법원은 사실관계를 직권으로 조사하여야 한다; 이 경우 관계인을 참여시켜야 한다. 법원은 관계인의 주장과 증거신청에 구속되지 아니한다.
   §86 I VwGO [Untersuchungsgrundsatz]: Das Gericht erforscht den Sachverhalt von Amts wegen; die Beteiligten sind dabei heranziehen. Es ist an das Vorbringen und an die Beweisanträge der Beteiligten nicht gebunden.
23) 예컨대 독일 행정소송에서는 법원이 직권탐지를 하는 경우에 관계인을 참여시켜야 한다고 하는 독일 행정소송법상의 규정(독일 행정소송법 제86조 제1항 제1문 후단 법원이 직권으로 사실을 조사하는 경우 관계인을 참여시켜야 한다 die Beteiligten sind dabei heranzuziehen)에서 오는 것이므로 당연한 일이기는 하지만, 거의 모든 문헌은 관계인의 참여 내지는 협력책임을 다루고 있다. 예컨대 Kopp/Schenke, Verwaltungsgerichtsordnung, 12. Aufl., 2000, §86 Rdnr. 11; Redeker/von Oertzen, Verwaltungsgerichtsordnung, 12. Aufl., 1997, §86 Rdnr. 10; Eyermann/Fröhler, Verwaltungsgerichtsordnung, 10. Aufl., 1998, §86 Ⅲ. 3. 참조.

론주의를 원칙으로 하는 민사소송상의 내용을 행정소송에 도입하여 일부나마 민사소송의 효과를 누려보자고 하는 것이다.

### (2) 준용규정의 의미

본래 준용 그 자체는 입법기술상 법규정의 간결화를 기할 수 있다는 점에서는 장점이 있으나 어느 정도 수정 내지는 변경을 가하여 적용해야 하는지 그 기준이 분명하지 아니하므로 해석의 여지가 상존하게 되는 문제점이 있다. 이는 준용규정은 각 개별 법률의 근간을 이루는 기본결단적인 내용과는 관계없이 주로 부수적, 기술적인 사항과 관련되기 때문이다. 따라서 준용규정은 그 성질상 주로 소극적·제한적인 적용을 의미하는 것이지 적극적·확장적 적용과는 친하지 않다는 문제점은 있다.

특히 준용규정만으로는 행정소송에서 민사소송상의 제도가 인정된다고 하더라고 공익이 관련되는 경우 그 한계를 적극적으로 설정하기가 곤란하다. 행정소송에서 직권탐지주의가 일정 부분 인정되기는 하지만 여전히 변론주의가 원칙이라고 하는 한 변론주의를 원칙으로 하는 민사소송상의 제 제도를 인정하는 것은 한 오히려 손쉽게 인정할 수는 있다.

그러나 행정소송에서는 그러한 민사소송상의 제 제도가 도입되었다고 하는 것만으로 문제가 다 해결되는 것이 아니다. 일반적으로 공·사익의 적절한 절차적 조정을 목적으로 하고 공익을 이유로 직권탐지주의원칙이 어느 정도 가미되어 있는 우리나라 행정소송에서는, 민사소송상의 제 제도의 인정보다는 오히려 공익을 이유로 민사소송상의 제 제도를 어느 정도 제한할 수 있는가가 더욱 중요하다.

### 2. 종래의 논의의 문제점

종래 일반적으로 민사소송상의 제 제도를 우리나라 행정소송에서 논의함에 있어서는 단순한 입법기술상 행정소송법상의 준용규정인 행정소송법 제8조 제2항에 의하여 준용될 수 있는가 여부에만 의존하여 검토하여 왔다.

본래 준용규정의 특성상 우선적으로 처분권주의와 변론주의를 원칙으로 하는 민사소송상의 제 제도가 행정소송에서 인정될 수 있는가 없는가 여부가 그 일차적인 관심사가 된다. 그 결과 우리나라 행정소송에서 민사소송상의 제

제도를 인정하는 것 자체부터가 행정소송에서는 공익을 고려하여야 한다는 이
유로 제한적 내지는 부정적으로 논의되어 왔음이 일반적이다.

그리하여 우리나라 민사소송상의 제 제도가 행정소송에서 그 인정 여부가
문제될 경우에 행정소송에 미치는 영향 전반에 걸쳐서 충분한 논의가 이루어지
지 아니한 채 그때그때마다 사안에 따라 주로 소극적, 제한적으로 검토하는 방
법에만 의존하여 왔다. 따라서 우리나라 행정소송의 독자성을 체계적으로 정리
함에 소홀히 하게 되고 그 결과 우리나라 행정소송의 제모습을 제대로 구축할
수 없게 되었다.

그뿐만 아니라 이러한 다소 경직된 고찰방법은 우리나라 행정소송이 새로
운 공·사익의 적절한 조정이라고 하는 현실적으로 변화된 상황에 대처하기 어
렵게 만드는 원인이 된다. 예컨대 이제는 과거와 달리 상황이 변하여 예컨대 행
정실체법에서 현대행정의 특성상 당사자간의 합의에 의한 행정이라고 하는 계
약적인 요소가 등장함에 발맞추어서 우리나라 행정소송에서도 민사소송상의 제
도 예컨대 당사자간의 원만한 해결을 도모하는 화해의 도입이 현실적으로 필요
하게 되었다. 그럼에도 불구하고 이전에 그 도입에 있어서 견지하여 온 기존의
부정적인 태도를 하루아침에 갑자기 바꾸기가 어려울 뿐만 아니라 바꾼다고 하
더라도 상당한 시일을 요하게 되어서는 새로운 행정수요를 충족시켜야 하는 시
대적·현실적인 요구에 유연하고 탄력적으로 대응하기가 매우 곤란하게 되었다.

이는 가장 현실적이어야 이상적인 소송제도마저 시대적 요구를 외면하게
되는 결과가 되는 것이라는 점에서 문제이다. 또한 이는 궁극적으로 공·사익의
적절한 조정절차인 행정소송법이 현실적인 공·사익의 실체 변화를 적절한 조
정적 절차로서 제대로 뒷받침하지 못하게 되어 결국 행정실체법의 발전의 장애
로 되돌아 오게 되는 악순환만 되풀이하게 될 뿐이라는 점에서도 문제이다.

물론 우리나라 행정소송에서는 직권탐지주의가 어느 정도 인정되는가에
관해서는 다투어질 수 있으나 우리나라 행정소송에서도 적어도 변론주의는 인
정된다고 할 수는 있다. 따라서 일반적으로 민사소송상의 제 제도는 그 준용규
정인 행정소송법 제8조 제2항에 의하여 쉽게 인정될 수도 있다.

그러나 문제는 우리나라 행정소송에서는 공익이 관련된 직권탐지주의가
일정 부분 가미되어 있다고 하게 되면 변론주의에 의하는 민사소송과 달리 우
리나라 행정소송에서는 민사소송상의 제도가 인정된다고 하더라고 그 제도적

한계를 설정할 필요성이 당연히 나타나게 된다. 그런데 우리나라 행정소송에서 그와 같은 제도의 한계를 설정한다는 것 자체가 바로 공·사익의 적절한 조정을 그 핵심적인 내용으로 하는 것을 의미한다.

따라서 이는 곧 공·사익의 적절한 조정의 적절한 절차화라고 하는 행정소송의 본질과도 연결되는 문제로 된다. 그렇다고 한다면 즉 우리나라 행정소송에서는 민사소송상의 어떤 한 제도의 인정 그 자체보다도 그러한 제도의 한계를 설정하는 것 자체가 바로 공·사익의 적절한 조정절차를 의미하는 것이 된다고 할 것이므로, 어쩌면 오히려 그 제도적인 한계의 설정이 어렵고도 중요한 문제로 된다.

경우에 따라서는 일반적으로 우리나라 행정소송에서 공익이 관련되어 그 인정이 소극적·부정적으로 논의되는 민사소송상의 제 제도와 달리, 예컨대 민사소송상의 석명권 내지는 석명의무와 같은 것은 우리나라 행정소송에서는 민사소송의 경우와 달리 일단 중대한 공익이 관련되는 사항에 관하여 법원의 석명이 행해질 것이 예견될 수도 있다. 따라서 우리나라 행정소송에서는 변론주의에 의하는 민사소송의 경우보다는 석명을 오히려 적극적으로 확대하여 인정할 필요성이 충분히 있을 수도 있다.

그런데 이와 같이 우리나라 행정소송에서 민사소송상의 제도를 인정함에 있어서 공익을 이유로 그 제도의 한계를 설정하거나 또는 확장적으로 인정해야 한다는 것과 같은 즉 공·사익의 적절한 조정과 관계되는 문제를, 우리나라 행정소송의 소송원칙과 관련된 입법결단적인 기본골격과 관계없는 주로 부수적인 사항을 규율하기 위하여 규정된 입법기술상의 준용규정인 행정소송법 제8조 제2항에 의해서만으로는 합리적, 체계적으로 제대로 근거지어 설명하기가 매우 곤란하다는 데에 그 근본적인 문제점이 있다.

요컨대 우리나라 행정소송에서는 공·사익의 적절한 절차적 조정을 그 핵심적인 내용으로 하고 있다. 사익이 관련되는 민사소송과 달리 사익 이외에도 공익이 관련되는 우리나라 행정소송에서는 민사소송상의 제 제도가 그대로 인정되는 것은 반드시 바람직하지 않다. 따라서 우리나라 행정소송에서 공익과 관련하여 민사소송상 제 제도의 인정 및 한계설정 또는 그 확장적 인정 등과 같은 논의를 하는 것은 곧 실체적 공·사익의 적절한 절차적 조정이라고 하는 행정소송의 본질과 관련되는 문제로 된다. 이러한 우리나라 행정소송의 본질적

이고도 핵심적인 내용의 결정에 있어서는 단순한 입법기술상의 준용규정인 행
정소송법 제8조 제2항만에 의하여 그 준용 여부만을 결정해서는 그 근거부여가
충분하지 못하다.

### 3. 판례의 문제점

우리나라 행정소송법은 제8조 제2항의 준용규정과 관련하여 대법원은,

> 심안하니 귀속재산소청심의회의 판정을 대상으로 하는 행정소송은 소송의 이익
> 이 없다 함이 본원의 판례로 하는 바임으로 원고의 본소청구는 소송의 이익이 없
> 다 하여 기각함이 정당하다 인정되는 바이나 행정소송법 제6조에 의하면 피고의
> 지정이 그릇된 경우에는 이를 경정하게 할 수 있는 것이므로 원심은 마땅히 석명
> 권의 행사에 의하여 피고를 경정케 한 후 재판을 함이 상당하다 인정하고 원판결
> 을 파기하여 원심에 환송키로 하는 바이다.[24]

라고 판시하여 일찍부터 행정소송의 경우에도 석명의무를 준용하여 인정하여
왔다. 물론 다음과 같이 명시적으로 행정소송법 제8조 제2항에 의하여 준용되
어 인정한다고 판시한 바가 있다.

> 행정소송법 제8조 제2항은 행정소송에 관하여 이 법에 특별한 규정이 없는 경우
> 에는 민사소송법을 준용한다고 하고 있는바, 조세소송에서도 법원의 석명의무 및
> 법률사항 지적의무를 규정한 민사소송법 제126조의 규정이 준용된다.[25]

이와 달리 일반 행정소송의 경우에는 준용 여부를 언급하지 아니하고 바로
석명권의 내용 및 한계를 직접 판단하는 경우가 있으나 이는 석명권이 인정된
다는 것을 당연히 전제로 하고 있다는 점에서는 마찬가지이다.[26]

사실 우리나라 행정소송법이 행정소송법 제8조 제2항상의 준용규정을 처
음부터 가지고 있었던 것은 아니다. 즉 1951. 8. 24. 법률 제213호로 제정된 구

---

24) 대법원 1955. 4. 15. 선고 53누32 판결(집2-3, 행1).
25) 대법원 1997. 8. 22. 선고 96누5285 판결(공1997하, 2939). 이와 같은 동일 취지의 판례는
   다음과 같다. 대법원 1995. 2. 28. 선고 94누4325 판결(공1995상, 1500), 1996. 7. 30. 선
   고 95누16165 판결(공1996하, 2729), 1996. 10. 15. 선고 96누7878 판결(공1996하, 3468).
26) 예컨대 대법원 2000. 3. 23. 선고 98두2768 판결(공2000상, 1067).

행정소송법 제14조는 "본법에 특별한 규정이 없는 사항은 법원조직법과 민사소송법의 정하는 바에 의한다"라고 규정하여 "준용한다"가 아니라 "민사소송법의 정하는 바에 의한다"라고 규정하였다. "준용한다"라는 규정은 1984. 12. 15. 법률 제3754호로 개정된 구 행정소송법 제8조 제2항 즉 "행정소송에 관하여 이 법에 특별한 규정이 없는 사항에 대하여는 법원조직법과 민사소송법의 규정을 준용한다"[27]에서부터 나타난다.

그럼에도 판례는 1984. 12. 15. 개정되어 명시적인 준용규정이 시행되기 이전인 1960년대부터도 위 구 행정소송법 제14조를 준용의 의미로 이해하여 왔다.

이러한 판례의 해석방법은 일본의 행정사건소송법의 규정과 그 해석을 그대로 답습한 것이다. 즉 일본의 학설은 행정사건소송에 관하여는 그 성질에 반하지 아니하는 한 민사소송에 관한 규정이 포괄적으로 적합하게 준용되는 것을 의미한다. 이 점은 앞서 본 바와 같이 우리의 판례가 구 행정소송법 제14조의 "민사소송의 정하는 바에 의한다"와 신 행정소송법 제8조 제2항의 "준용한다"를 구별하지 아니하고 준용의 의미로 이해하는 것과 같다.

그러나 위와 같은 태도는 특히 우리나라 행정소송법의 독자성을 간과한 것이다.

즉 우리나라 행정소송법은 특히 일본과 달리 "그 성질에 반하지 아니하는 한" 민사소송을 포괄적으로 준용하는 것에서 그치지 아니한다. 우리나라 행정소송법에서 사실자료의 수집·제출에 관한 심리원칙에 관한 규정인 행정소송법 제26조가 행정소송의 목적규정인 행정소송법 제1조와 함께 입법기술상의 준용규정인 행정소송법 제8조 제2항에 우선하여 행정소송을 민사소송과 구별되는 행정소송의 특수성·독자성의 근거규정이 되고 행정소송의 기본구조를 결정하는 행정소송법상의 소송원칙에 관한 근본결단규범으로서 행정소송에 관한 해석기준(Auslegungsmaßstab)으로서 기능도 하고 있다.

이러한 점에서는 단순히 입법기술상의 포괄적인 준용차원에 머무르고 있는 일본과는 분명히 다르다.

---

27) 2002. 1. 26. 법률 제6627호로 개정된 행정소송법 제8조(법적용례) 제2항: 행정소송에 관하여 이 법에 특별한 규정이 없는 사항에 대하여는 법원조직법과 민사소송법 및 민사집행법의 규정을 준용한다.

## V. 결어

우리의 행정소송에 있어서는 기본적으로 민사소송상의 제 제도를 행정소송에 도입, 인정문제 내지는 해석문제는 원칙적으로 행정소송법 제8조 제2항에 의하여 준용되어 인정되나, 그러면서도 행정소송법 제1조와 결합한 제26조의 견지에서 그 수위가 조절되어야 한다. 이 점이 특히 직권탐지주의를 완화하려는 데서 출발하는 독일의 경우와 다르다. 예컨대 민사소송상의 자백, 화해 등의 행정소송에의 도입은 원칙적으로 행정소송법 제8조 제2항에 의하여 인정될 수 있으나, 그러나 행정소송법 제1조의 공익규정 내지는 제26조에 의하여 가미되어 있는 직권탐지주의를 이유로 어느 정도 제한되어야 한다고 해야 한다. 즉 우리 행정소송은 공식상의 이유로 직권탐지주의가 어느 정도 가미되어 있으므로 즉 행정소송의 특수성을 감안하여 처분권주의와 변론주의가 지배하는 민사소송의 제 제도를 그대로 도입하는 것은 곤란하고 이를 적절히 조절하여야 한다는 것이 기본적으로 올바른 태도이다.

그렇다고 해서 우리 행정소송에 있어서 언제나 민사소송의 제 제도를 소극적·제한적으로만 도입 내지는 해석하여야 하는 것은 아니다. 예컨대 민사소송에서 상대적으로 소극적으로 인정되고 있는 석명의무는 행정소송의 준용규정에 의하여 행정소송에서도 인정되는데, 행정소송에서의 석명의무는 변론주의가 지배하는 민사소송에서 인정되고 있는 정도에 그쳐서는 아니 된다. 즉 행정소송의 심리원칙은 행정소송법 제1조, 제26조에 의하여 공익목적을 위한 직권탐지주의가 가미되어 있으므로 민사소송에서 인정되는 석명의무에 비하여 넓게 인정하여야 한다. 즉 석명의무에 관한 규정인 민사소송법 제126조가 행정소송법 제8조 제2항에 의하여 행정소송에 준용된다고 하더라도 그 상한선은 민사소송상에서 인정되는 석명의무가 아니라 행정소송법 제1조와 제26조의 규정의 취지에 따라서 민사소송상의 석명의무보다 확대되어서 인정 내지는 해석되어야 한다.

이미 앞서 고찰한 바와 같이, 우리 행정소송법 제26조는 행정소송법 제1조와 결합하여 행정소송의 심리원칙에 관한 지도이념적인 규정이고 그리고 민사소송과 구분짓는 근본결단적인 규정이다.[28] 이 점에서 이 행정소송법 제26조와

제1조는 단순한 준용규정인 행정소송법 제8조 제2항에 우선하는 규정이다. 그리하여 예컨대 민사소송상의 제 제도의 행정소송에의 도입, 인정문제나 해석문제는 단순히 준용 여부만을 검토해서는 아니 되고, 이는 적극적으로 행정소송법 제1조와 제26조의 상관관계하에서 고려하여야만 한다.

따라서 예컨대 행정소송에서 화해를 인정할 것인가에 관하여 보면, 독일 이론은 일단 독일의 경우에는 법률적인 근거규정을 가지고 있다는 점에서 출발한다. 물론 근거규정이 있는지 여부는 우리나라 행정소송에서 어느 정도 민사소송상의 제 제도가 정착하게 되어 행정소송의 독자적인 지위가 확립되게 되면 상대적으로 법률에 직접적인 명문의 근거규정이 있는지는 크게 중요한 문제가 아닐 수도 있다.

그러나 종래 우리는 행정소송법에 준용규정을 가지고 있으므로 일차적으로 그 규정에 의하여 인정할 것인가 여부를 판단할 수밖에 없었다. 그 결과 현재 우리 법원이 이에 대하여 부정적인 것으로 판단한다는 것은 사실이다. 또한 물론 여건만 성숙하면 특히 우리나라 행정소송은 변론주의를 원칙으로 하므로 언제든지 일반 민사소송상의 소송행위에 의거하여 인정하지 못할 바도 아니다.

그러나 본래 소극적인 해결에 머무르는 준용규정을 종래와 달리 확장해석하여 행정소송에서 예컨대 화해를 인정할 수는 있어도 그것만으로는 행정소송에 적합하게 제대로 해결된 것은 아니다. 보다 중요한 문제는 만약 법원이 이를 인정한다고 하더라도 동시에 행정소송에서는 공익이 관련된 직권탐지주의가 어느 정도 인정되므로 변론주의에 의하는 민사소송에서와 같은 정도로 인정될 수는 없으므로 그 제한장치도 당연히 강구되어야 한다는 점이다.

여기에서 우리나라 행정소송의 소송원칙 내지는 행정소송의 기능, 헌법상의 재판청구권의 실질적 보장 등에 비추어 보거나 아니면 입법정책으로 해결할 필요성이 나타난다.

---

28) 행정소송에서의 처분권주의는 행정소송법 제8조 제2항에 의하여 준용되는 민사소송법 제188조의 처분권주의와 관련되는 문제인 것이고 다만 그 인정 범위 내지는 제한 여부는 적정한 재판이라는 공익(행정소송법 제1조)과 관련하여 검토하여야 한다.

# 제4절   행정소송법 제26조의 해석[*]

## Ⅰ. 문제상황

우리나라 행정소송에서의 직권심리에 관한 규정인 행정소송법 제26조[1]의 해석과 관련하여서는 먼저 우리나라 행정소송에서의 소송자료의 수집·제출에 관한 심리원칙으로 변론주의가 채택되었는가 아니면 직권탐지주의가 채택되었는가의 문제가 있다. 이에 관하여 예컨대 극히 이례적으로 우리나라 행정소송을 독일의 행정소송과 동일시하여 우리나라 행정소송법 제26조의 규정을 독일의 행정소송법(VwGO) 제86조 제1항[2]과 마찬가지로 직권탐지주의가 원칙이라

---

[*] 이 글은 『행정법연구』 제10호(2003. 10)에 게재된 논문 "행정소송법 제26조의 해석에 관한 일 고찰 — 우리나라 행정소송의 독자성을 모색하며 — "를 수정·보완한 것입니다.

[1] 1951. 8. 24. 법률 제213호로 제정된 구 행정소송법 제9조에서 "법원은 필요한 경우에 직권으로써 증거조사를 할 수 있고 또 당사자가 주장하지 않는 사실에 관하여도 판단할 수 있다"라고 규정하고 있었고, 이러한 규정은 1984. 12. 15. 법률 제3754호로 전문 개정된 이래로 행정소송법 제26조에서 다음과 같이 규정되고 있다. 행정소송법 제26조 (직권심리) 법원은 필요하다고 인정할 때에는 직권으로 증거조사를 할 수 있고, 당사자가 주장하지 아니한 사실에 대하여도 판단할 수 있다.

[2] §86 Ⅰ VwGO [직권탐지주의]: 법원은 사실관계를 직권으로 조사하여야 한다; 이 경우 관계인을 참여시켜야 한다. 법원은 관계인의 주장과 증거신청에 구속되지 아니한다.

고 하는 견해[3]가 전혀 없는 것은 아니다. 그러나 일반적으로는 우리나라 행정소송에서는 변론주의와 직권탐지주의의 절충적인 관점하에서 민사소송과 마찬가지로 기본적으로는 변론주의가 인정된다고 하는 기본전제하에서 출발하여 파악하는 것이 보통이다. 그리하여 행정소송에서는 변론주의에다가 "변론주의를 보충하는 요소로서 따라서 물론 원칙적인 직권탐지주의는 아니라는 의미"에서 "직권탐지주의적 요소"로서 파악될 수 있고 또한 "당사자가 주장한 사실에 한정한다는 의미"에서 "보충적"이라고 할 수 있는 민사소송법 제292상의 "보충적 직권증거조사"를 인정하거나, 아니면 이것을 포함하고 나아가 "당사자가 주장하지 아니한 사실에 대한 판단도 포함한다는 의미"에서 "직권탐지주의"가 보충 내지는 가미되었다고 하는 것이 보통이다.[4]

그런데 이러한 해석의 문제가 발생하는 단초는 우리나라의 현행 민사소송법과 행정소송법에서 관련된 조문의 체계에서 비롯되는 것이기도 하다. 우리나라 현행 행정소송법 규정을 보게 되면 행정소송법 제8조 제2항[5]에 의하여 민사소송법 제292조[6]에서 규정된 보충적 직권증거조사의 규정이 준용될 수도 있다. 그럼에도 불구하고 이와 별도로 행정소송법에 직권심리에 관한 제26조의 규정을 가지고 있다. 그리하여 이 행정소송법 제26조의 규정 내용이 같은 법 제8조 제2항에 의하여 준용되는 민사소송법 제292조에서 규정한 보충적 직권증거조사의 내용과 같은 정도인가 아니면 그것을 초과하는 것인가 여부 즉 직권증거

---

§86 I VwGO [Untersuchungsgrundsatz]: Das Gericht erforscht den Sachverhalt von Amts wegen; die Beteiligten sind dabei heranziehen. Es ist an das Vorbringen und an die Beweisanträge der Beteiligten nicht gebunden.

3) 예컨대 강영호, "행정소송법 제26조[직권심리]에 대한 검토", 『행정재판실무편람(Ⅲ)』, 서울행정법원, 2003, 125면 이하 참조.

4) 김남진, 『행정법 I』, 법문사, 2001, 798; 박윤흔, 『최신 행정법강의(상)』, 박영사, 2002, 994면.

5) 행정소송법 제8조 제2항 행정소송에 관하여 이 법에 특별한 규정이 없는 사항에 대하여는 법원조직법과 민사소송법 및 민사집행법의 규정을 준용한다.

6) 민사소송법상 직권증거조사에 관한 규정은 1960. 4. 4. 법률 제547호로 제정된 구 민사소송법 제265조(직권증거조사)에서 "법원은 당사자의 신청한 증거에 의하여 심증을 얻을 수 없거나 기타 필요하다고 인정한 때에는 직권으로 증거조사를 할 수 있다"라고 규정하여 오다가, 2002. 1. 26. 법률 제6626호로 전문 개정된 현행 민사소송법 제292조에서 자구의 수정이 있을 뿐 거의 그대로 규정되고 있다. 현행 민사소송법 제292조(직권에 의한 증거조사) 법원은 당사자가 신청한 증거에 의하여 심증을 얻을 수 없거나, 그 밖에 필요하다고 인정한 때에는 직권으로 증거조사를 할 수 있다.

조사의 "보충성" 초과 여부에 논의가 집중되고 있다.

　　이는 우리나라와 일본 및 독일의 법체계상 및 법조문상으로 비교해 보게
되면, 어느 정도 일본과는 유사하고 독일과는 구별되는 점이다. 일본 민사소송
법에서는 현행 우리나라의 민사소송법 제292조상의 보충적 직권증거조사와 유
사한 규정을 두었던 경험이 있었을 뿐만 아니라,[7] 현행 일본 행정사건소송법에
서도 우리나라 행정소송법상의 심리원칙인 제26조와 포괄적으로 민사소송법을
준용할 수 있는 준용규정인 제8조 제2항과 유사한 규정들[8]을 가지고 있다. 그
리고 ― 물론 정도의 차이는 있지만 ― 무엇보다도 기본적으로 일본의 행정소송
에서도 우리나라와 마찬가지로 변론주의가 인정되고 있다는 점 등이 우리나라
의 경우와 매우 유사한 점이다. 바로 이와 같이 소송법체계상 우리나라와 유사
한 토양을 갖춘 일본에서의 논의되는 내용이 사실상 우리나라에 영향을 미쳐왔
음은 부정할 수 없다.

　　그 반면에, 독일 민사소송법(ZPO)에는 우리나라 민사소송법 제292조와 비
교할 만한 직권증거조사에 관한 일반적인 규정[9]은 없다. 독일 행정소송법은 제
86조 제1항에서는 명문으로 직권탐지주의를 원칙으로 채택하고 있다는 점에서,
직권증거조사가 "보충적"인 것이 아니라 "원칙적"인 것이다. 또한 독일은, 일본
이나 우리나라와 같이 포괄적으로 민사소송을 준용하는 형식을 취하지 아니하
고, 개별사항에 한해서만 민사소송법을 준용[10]하고 있다는 점 등에서 기본적으
로 그 출발점이 우리나라와는 다르다.

　　우리나라 행정소송에서의 직권심리에 관한 규정인 행정소송법 제26조의
해석에 있어서의 문제상황은, 독일 행정소송에서와 같이 현실적으로 직권탐지
주의를 관철하기 곤란하기 때문에 법원의 부담을 경감시키기 위하여 직권탐지

---

7) 1926년 일본 개정 민사소송법 제261조에서 "법원은 당사자가 신청한 증거에 의하여 심
　증을 얻을 수 없거나 기타 필요하다고 인정하는 때에는 직권으로 증거조사를 할 수 있
　다"라고 규정하였으나, 이 규정은 1948면에 삭제되어 오늘에 이르고 있다.
8) 일본 행정사건소송법 제7조 [이 법률에 규정이 없는 사항] 행정사건소송에 관하여 이 법
　률에 규정이 없는 사항에 대하여는 민사소송의 예에 의한다.
　　제24조 [직권증거조사] 법원은 필요하다고 인정하는 때에는 직권으로 증거조사를 할 수
　있다. 다만 증거조사의 결과에 대하여 당사자의 의견을 들어야 한다.
9) 일반적인 규정은 없지만 개별적인 규정은 있다. 예컨대 혼인사건(Ehesachen)에 관해서
　는 §616 ZPO, 친자관계사건(Kindschaftssachen)에 관해서는 §640 ZPO 등 참조.
10) 예컨대 기간(Fristen)에 관해서는 §57 Ⅱ VwGO, 소송능력(Prozeßfähigkeit)에 관해서는
　§62 Ⅳ VwGO 등 참조.

주의를 완화하려는 상황이 아니다. 오히려 그 역으로 우리나라 행정소송에서는 이를테면 변론주의를 완화하여 "직권탐지주의적인 요소" 내지는 "직권탐지주의"를 보충 내지는 가미하여 법원의 직권탐지의무를 인정하려고 한다는 점에서 법원의 부담을 가중시키는 것이 가능하고 바람직한 것인가가 모색되고 있는 것이다.

이러한 논의에 있어서 간과할 수 없는 것은 우리나라 행정소송에서의 직권심리에 관한 규정인 행정소송법 제26조에 관한 저마다의 해석의 기저에 깔려있는 일종의 행정소송에 대한 선이해 간에 기본적인 시각의 차이가 있다는 점이다. 예컨대 법원의 직권에 의한 개입문제를 우리나라 민사소송을 포함한 행정소송실무의 관점에서 실제적으로 이해하여 민사소송법 제292조의 직권증거조사가 ─물론 법률규정 자체가 보충적이기도 하지만─ 현재 실무상 사실상보충적으로 운영되는 현실을 중시하려는 경향이 있다. 이와 반대로 현재 소송실무상 직권증거조사가 보충적으로 운영되는 현실을 부인하는 것은 아니나, 그럼에도 행정소송의 특수성 내지 독자성을 감안하여 민사소송과 구별되는 바람직한 행정소송상을 상정하려고 하는 관점하에서, 현재의 실무인 보충적 직권증거조사를 초과하려는 한다. 즉 이러한 의미에서 이론상 법원이 "당사자가 주장하지 아니한 사실"에 대해서도 직권으로 탐지하여 증거로 삼을 수 있다는 의미에서의 "직권탐지주의"가 변론주의에 일부 보충 내지는 가미될 수 있는 최소한 가능성만은 인정하려는 경향도 있다.

문제는 어느 것이 행정소송에서의 직권심리에 관한 행정소송법 제26조의 해석에 있어서 실정 소송법체계 및 실정소송법 규정의 의미범위 나아가 우리나라 행정소송의 독자성과 어떻게 보다 조화롭게 설명될 수 있는가가 관건이라고 할 수 있다. 즉 행정소송법 제26조가, 같은 법 제8조 제2항에 의하여 준용되는 민사소송법 제292조에서 인정되는 보충적 직권증거조사를 넘어선다는 점에서 민사소송과는 구별되는, 행정소송에 있어서 고유한 사실의 수집·제출에 관한 독자적인 심리원칙을 규정한 것으로서 민사소송법 제292조와 구별되는 독자적인 의미를 가지는가라는 문제로 된다. 다시 말해서 행정소송의 본안에서의 실체심리에 있어서 관건이 되는 소송자료의 수집·제출에 관한 심리원칙의 근간을 결정함에 있어서 중요한 역할을 하는 규정이, 민사소송법을 준용하는 단순한 입법기술상 준용규정인 행정소송법 제8조 제2항인가, 아니면 행정소송에서

의 직권심리에 관한 규정인 제26조인가라고 하는 문제이다. 따라서 궁극적으로
는 이는 우리나라 행정소송의 독자성의 인정문제와도 연결되는 문제이다.

　　보다 근본적으로 행정소송에서의 직권심리에 관한 규정인 행정소송법 제
26조의 해석에 관한 기존 논의의 문제점이라고 지적될 수 있는 점은, 민사소송
에서 변론주의를 채택하였다고 하여 실체적 진실을 완전히 포기할 수 없고 특
히 사적 당사자간의 실질적 평등을 기하기 위한 즉 재판의 적정 내지는 공평의
원칙상 채택된 민사소송법 제292조상의 보충적 직권증거조사가 행정소송법 제
26조의 해석의 판단기준이 된다는 것이, 공·사익의 조정적 절차를 본질로 하는
행정소송절차의 특수성을 제대로 반영하지 못할 수도 있다는 점이다. 또한 이
는 특히 공익과 관련된 행정소송법 제26조의 해석에 있어서, 사익과 관련된 민
사소송에서의 실무상 소극적으로 운영되고 있는 민사소송상의 이론의 영향을
받을 수밖에 없다는 점에서도 문제이다. 그 결과 행정소송의 성질에 반하지 아
니하는 한 민사소송법을 소극적·제한적으로만 준용하는 단순한 입법기술상의
준용규정인 행정소송법 제8조 제2항에 의한 민사소송법 제292조의 보충적 직권
증거조사와, 공·사익의 조정절차가 본질인 행정소송에서 공익을 민사소송에서
와 같이 사적자치의 소송법적 표현인 변론주의에 전적으로 맡길 수 없다고 하
는 입법적 결단일 수도 있는 행정소송에서의 직권심리에 관한 규정인 행정소송
법 제26조 간의 체계상의 관계설정이 분명하지 않게 된다.[11] 이는 주로 사익과
사적 당사자간의 실질적 평등과 관련된 민사소송과 달리, 행정소송은 본래 어
느 절차에나 고려하여야 할 실체적 진실이나 특히 실질적 평등 이외에도 무엇
보다 실체적 공·사익의 조정적 절차라고 하는 행정소송의 본질에 관한 인식의
부족에서 오는 것이다.

　　어느 절차이든지간에 당사자간에 실질적 평등은 지켜져야 하는 것으로서
이는 실질적 평등을 표방하는 현대의 모든 국가에서의 절차의 보편적인 속성이
다. 그렇다고 해서 모든 절차가 실체적 공·사익의 조정이 본질적인 것은 아니
다. 따라서 실체적 공·사익의 조정과 당사자간의 실질적 평등은 차원을 달리하

---

11) 우리 판례는 행정소송법 제26조를 해설함에 있어서 행정소송의 특수성만을 언급하고 있
　　을 뿐 실질적 평등과 관련하여 행정소송법 제8조 제2항의 준용에 의한 민사소송법 제
　　292조는 아예 전혀 언급조차 하지도 아니한다. 예컨대 대법원 1992. 3. 10. 선고 91누
　　6030 판결(공1992상, 1327) 참조.

는 문제이다. 이는 소송법적 효과라는 점에서 보면, 실질적 평등을 기하기 위하여 법원이 어떠한 조치를 할 경우에는 변론주의가 원칙인 민사소송에서는 법원의 재량으로 하는 것이 자연스러울 수도 있고 그리하여 당사자는 법원에게 그저 선처를 호소하고 법원 스스로의 직권발동에 기한 처분만 기다릴 수밖에 달리 도리가 없는 경우도 있을 수 있다. 그러나 공·사익의 조정을 본질로 하는 행정소송에서는 경우에 따라서는 중대한 공익을 법원이 고려하지 아니하고 해태한 경우에는 법원에게 그 심리의무 위반의 책임을 물어서 판결을 취소시킬 수 있는 경우도 있으므로 그 구별실익은 있다.

요컨대 우리나라 행정소송에서의 직권심리에 관한 규정인 행정소송법 제26조의 해석에 있어서는 당사자간의 실질적 평등과 실체적 공·사익의 조정이 혼동되어 논의되고 있다는 점이 가장 큰 문제점이다.

또한 어떠한 소송절차도 그러하겠지만 행정소송의 심리절차가 변론주의나 직권탐지주의에 의하여야만 할 무슨 논리필연적인 이유는 없다. 따라서 행정소송에서 그 절차원칙을 민사소송이나 다른 나라의 소송절차와 달리 채택하는 것, 예컨대 변론주의와 직권탐지주의 등 즉 소송절차 간의 절충도 입법정책상 선택가능한 것임에는 틀림없다. 나아가 행정소송은 그 본질이 실체적 공·사익의 조정적 절차라고 하는 점에서 그러한 실체에 어떠한 절차원칙이 바람직한가 즉 실체와 절차의 조화의 문제는 얼마든지 논해질 수 있다. 더군다나 그것이 예컨대 행정소송의 목적에 관한 규정인 행정소송법 제1조 그리고 특히 우리나라 행정소송에서의 직권심리에 관한 규정인 행정소송법 특히 제26조 규정 등의 의미범위 내에서 포섭이 가능하다고 한다면 더욱 그러하다.

이하에서는 먼저 논의의 전제로서 비교법적인 차원에서 독일과 일본의 민사소송법 및 행정소송법의 경우를 고찰한다. 이어서 우리나라 행정소송에서의 직권심리에 관한 규정인 행정소송법 제26조를 해석함에 있어서 기본전제가 되는 변론주의와 직권탐지주의를 특히 그 절충가능성이라는 점에서 고찰하고, 제26조를 해석함에 있어서 그 핵심적인 내용과 관련되는 민사소송법 제292조상의 보충적 직권증거조사를 고찰한다.

이와 같은 고찰을 통하여 우리나라 행정소송에서의 직권심리에 관한 규정인 행정소송법 제26조에 관한 제 학설 및 판례를 소개 및 검토하면서 실체와 절차 간의 조화라고 하는 측면에서 우리나라 행정소송의 독자성을 모색하면서 행정소송법 제26조의 의의를 밝혀보고자 한다.

## II. 비교법적 고찰

### 1. 독일과의 비교

독일에서는 사익이 우월한 민사소송에서는 원칙적으로 변론주의가, 상대적으로 공익이 우월한 행정소송에서는 직권탐지주의가 채택되었다는 점에서 민사소송과 행정소송이 구별된다고 한다.[12]

독일의 민사소송법에는 변론주의에 관한 명시적인 규정은 없으나 변론주의가 지배함은 의문의 여지가 없다고 한다.[13] 독일 민사소송법에는 우리나라 민사소송법 제292조상의 보충적 직권증거조사와 비교할 만한 직권증거조사에 관한 일반적인 규정은 없고 다만 개별적으로 직권으로 증거조사를 하는 경우를 예외적으로 규정[14][15]하고 있을 뿐이다. 독일 행정소송법 규정체계는 우리나라 행정소송법 제8조 제2항이나 일본 행정사건소송법 제7조와 같이 포괄적으로 변론주의에 의하는 민사소송을 준용[16]하는 방식을 취하고 있지 아니한다는 점에서 비교적 자체완결적이다.

독일 행정소송에 있어서는 독일 행정소송법(VwGO) 제86조 제1항에서 "법

---

12) Sodan/Ziekow, Nomos-Kommentar zur Verwaltungsgerichtsordunung, Baden-Baden, 1. Aufl., 1996, §86 Rn. 2; 또는 행정의 적법성심사와 효과적인 권리구제의 원칙으로부터 나온다고 한다. Kopp/Schenke, VwGO, München, 2000, §86 Rn. 1.

13) 독일에서는, 판례에 의하면, 민사소송법은 원칙적으로 변론주의의 채택을 결단하였다고 하고(BVerfGE 67, 42), 입법자는 변론주의를 따르지 않는 경우를 규정하는 것으로 충분하다고 여긴 것 같다고 하는 것에는, Jauernig, §25 Ⅳ 참조.

14) 예컨대 혼인사건(Ehesachen)에 관해서는 §616 Ⅰ ZPO, 친자관계사건(Kindschaftssachen)에 관해서는 §640 Ⅰ ZPO 등 참조.

15) 물론 독일의 경우에도 변론주의와 직권탐지주의 사이에 중도적 위치를 차지하는 직권증거조사사항에 대한 직권조사의 원칙(Prüfung von Amts wegen, Grundsatz der Amtsprüfung)이 인정되고 있다. 예컨대 §56, §341, §519b, §554a, §574, §589 ZPO 등에서 직권으로 고려하여야 하거나 조사하여야 한다고 규정하고 있다. Jauernig, Zivilprozeßrecht, München, 27., Aufl., 2001, §25 Ⅹ.

16) 전술한 바와 같이, 독일 행정소송법이 우리나라나 일본과 같이 포괄적으로 민사소송법을 준용하는 방식의 규정이 없다는 의미이지 전혀 민사소송을 준용하지 않는다는 것은 아니다. 즉 독일 행정소송법은 개별적인 사항에 관하여 민사소송법을 준용하는 방식을 취하고 있다. 예컨대 기간(Fristen)에 관해서는 §57 Ⅱ VwGO, 소송능력(Prozeßfähigkeit)에 관해서는 §62 Ⅳ VwGO 등 참조.

원은 직권으로 사실관계를 조사한다. … 법원은 당사자의 주장과 증거신청에 구속되지 아니한다"라고 하는 규정17)이 원칙적인 직권탐지주의를 인정하는 근거 규정이 되고 있다고 한다.18) 즉 독일의 행정소송의 경우에는 행정소송법상 직권탐지주의가 명문으로 규정되어 있는 관계로 인하여 법원의 직권탐지에 의한 증거조사가 우리나라 민사소송에서 같이 보충적이거나 예외적인 것이 아니라 원칙적인 것이라고 할 수 있다.

위와 같은 독일 행정소송법규정 체계로 인하여, 독일의 행정소송에서는 직권탐지주의와 변론주의의 절충이라는 것을 드러내 놓고 논의하기가 곤란하게 되는 소송법상의 명문의 제약이 있게 된다. 현실적으로 독일의 행정소송에서는 직권탐지주의를 현실적으로 관철시키는 것이 곤란하게 되자, 직권탐지주의를 제한적인 의미로 이해하거나,19) 아예 처음부터 행정소송에서 민사소송에서의 원칙인 변론주의가 가능한가라는 검토를 하거나,20) 행정소송을 당사자가 자료를 제출할 주관적 책임이 있다고 하는 당사자소송의 관점에서 이해하고자 하는 것21) 등을 들 수 있다. 이러한 시도들은 모두 독일의 행정소송에서 직권탐지주의는 원형 그대로 관철될 수 없는 이상형에 불과하다는 점을 실증하고 있다.

한편 독일 행정소송법 제86조 제1항 제1문 후단에서 "당사자를 참여시켜야 한다"라는 규정은 직권탐지주의하의 소송에서 당사자가 소송심리의 객체가 되는 문제점을 시정하기 위하여 변론주의적인 요소의 도입 등을 고려한 결과 구체적으로는 협력의무(Mitwirkungspflicht)를 인정한 규정으로 보고 있는 것이 일반적이다.22) 그러나 이러한 것은 무엇보다도 직권탐지주의하에 있는 독일행정소

---

17) 독일 행정소송에 있어서는 독일 행정소송법 제86조 제1항 "법원은 직권으로 사실관계를 조사하고 이 경우에 당사자를 참여시켜야 한다. 법원은 당사자의 주장과 증거신청에 구속되지 않는다." 이 규정의 원문은 다음과 같다. Das Gericht erforscht den Sachverhalt von Amts wegen; die Beteiligten sind dabei heranzuziehen. Es ist an das Vorbringen und an die Beweisanträge der Beteiligten nicht gebunden(§86 I VwGO). 이러한 내용의 규정은 §76 I FGO, §103 SGG에도 규정되어 있다.
18) Tschira/Glaeser, Verwaltungsprozessrecht, Richard Booberjverlag, 1994, S. 306.
19) 이에 관해서는 선정원, 행정소송상 사실해명과 그 한계 ― 직권심리주의에 관한 일 고찰 ―, 서울대학교 박사학위논문, 1995 참조.
20) Köhler-Rott, Renate, Der Untersuchungsgrundsatz im Verwaltungsprozeß und die Mitwirkungslast der Beteiligten, München, 1997.
21) Kaufmann, Marcel, Untersuchungsgrundsatz und Verwaltungsgerichtsbarkeit, Tübingen: Mohr Siebeck, 2002(Jus publicum; Bd. 91).
22) 예컨대 독일 행정소송에서는 법원이 직권탐지를 하는 경우에 관계인을 참여시켜야 한다

송에서 불가피하게 발생할 수밖에 없는 법원의 부담경감이라는 현실적인 문제를 타개하기 위한 즉 직권탐지주의를 일정 완화할 필요성에서라고 평가할 수 있다.

이상에서 독일에서의 논의들이 우리나라 행정소송법을 해석함에 있어서 중요한 참고자료가 될 수는 있으나, 그렇다고 해서 독일의 논의가 무분별하게 도입할 필요성은 없다. 따라서 우리나라 행정소송법 제26조의 규정을 독일 행정소송법 제86조 제1항에서 규정한 직권탐지주의와 동일시 하지 아니하는 한 ―후술하는 바와 같이 물론 극히 예외[23]가 없는 것은 아니지만―, 위와 같은 독일에서의 논의는, 특히 행정소송에서의 직권심리를 민사소송상의 보충적 직권탐지주의와 관련하여 논의하고 있는, 우리나라 행정소송에 있어서는 별다른 시사점을 주지는 못한다고 할 수 있다. 독일의 행정소송에서는 독일 행정소송법 규정상 직권탐지주의가 원칙이므로 직권증거조사가 원칙이다. 따라서 독일 행정소송에서는, 우리나라의 행정소송법 제26조의 해석론에서 보는 바와 같이, 직접적으로 민사소송상의 "보충적" 직권증거조사와 관련된 논의는 없다고 할 수 있다.

요컨대 우리나라의 행정소송에서는, 독일 행정소송에서와 같이 법원의 부담을 경감시키기 위하여 직권탐지주의를 완화하는 것이 아니라, 그 반대로 이를테면 변론주의를 완화하여 그 결과 법원의 부담을 가중시키는 것이 가능한가 라는 것이 논의되고 있다.

## 2. 일본과의 비교

1) 일본의 민사소송법에서는, 우리나라 민사소송법 제292조와 마찬가지로, 변론주의의 폐해를 시정한다는 목적으로 1926년 개정된 구 민사소송법 제261

---

고 하는 독일 행정소송법상의 규정(독일 행정소송법 제86조 제1항 제1문 후단 법원이 직권으로 사실을 조사하는 경우 관계인을 참여시켜야 한다 die Beteiligten sind dabei heranzuziehen)에서 오는 것이므로 당연한 일이기는 하지만, 거의 모든 문헌은 관계인의 참여 내지는 협력책임을 다루고 있다. 예컨대 Kopp/Schenke, §86 Rdnr. 11; Redeker/ von Oertzen, Verwaltungsgerichtsordnung, 12. Aufl., 1997, §86 Rdnr. 10; Eyermann/ Fröhler, Verwaltungsgerichtsordnung, 10. Aufl., 1998, §86 Ⅲ. 3; Bader/Funke-Kaiser/ Kuntze /von Albedyll, Kommentar, Verwaltungsgerichtordnung, §86 Rndr.20; Hufen, Verwaltungsprozeßrecht, 4. Aufl. 2000, §35 Ⅳ. 2.

23) 강영호, 125면 이하.

조[24])에서 당사자가 신청한 증거에 의하여 법원이 심증을 얻을 수 없는 경우에 직권증거조사를 할 수 있다고 하는 이른바 보충적인 직권증거조사에 관한 규정을 신설하였으나, 전후 1948년 민사소송법을 개정하여 위 규정을 삭제하였다.

일본이 1926년 구 민사소송법 제261조를 새로이 규정하게 된 이유는, 개정 전에는 개별적으로 감정과 검증에 관해서만 직권증거조사가 인정되고 있었는데, 그에 한정하지 아니하고 다른 증거방법에 관해서도 보충적으로 직권증거조사가 가능하도록 하는 것이 진실발견에 적당하다는 것이었다. 물론 민사소송법은 당사자주의를 원칙으로 채용한 것이므로, 새로이 규정된 위 구 민사소송법 제261조에 의한 직권증거조사는 보충적인 것이고 법원의 재량에 맡겨져 있는 것으로 해석하였다.

그런데 이 일본의 구 민사소송법 제261조의 규정은 1948년 당사자주의를 철저하게 한다는 취지에서 삭제되었다. 그 이유는 법원은 당사자가 신청한 증거에 관해서 증거조사를 하고, 그 결과 심증을 얻을 수 없는 경우에는 입증책임의 분배에 의하여 판단하면 된다는 것이었다. 즉 법원이 직권증거조사를 한다는 것이 당사자에 대하여는 지나친 간섭이 되어서 당사자의 소송에 대한 관심을 줄게 하고, 게다가 우연적인 직권증거조사는 당사자에 대하여 불공평하다는 것이다. 본래 민사소송은 사적 권리에 관한 분쟁에 있어서, 그 분쟁해결을 위하여 어느 정도의 입증을 행하는가는 당사자에 맡겨져야 할 것이어서, 실체적 진실발견을 위해서 당사자에게 입증을 촉구할 뿐만 아니라, 법원에 직권증거조사를 인정한 위 구 민사소송법 제261조는 입법으로서도 반드시 타당하지는 않다고 하였다.[25])

2) 한편 일본의 행정소송에서는 위 구 민사소송법 제261조를 준용하여 보충적인 직권증거조사를 인정하여 오다가, 1948년 민사소송법 개정시 이 규정이 삭제되었고, 같은 해에 제정된 일본 행정사건특례법 제9조에서, "법원은 공공의 복리를 유지하기 위하여 필요하다고 인정하는 때에는 직권으로 증거조사를 할 수 있다"라고 규정하였다. 그 후 1962년에 개정된 현행 일본 행정사건소송법 제24조에서는, "공공의 복리를 유지하기 위하여 필요하다고 인정하는 때"라고 하

---

24) 1926년 일본 개정 민사소송법 제261조 법원은 당사자가 신청한 증거에 의하여 심증을 얻을 수 없거나 기타 필요하다고 인정하는 때에는 직권으로 증거조사를 할 수 있다.

25) 谷口安平, 福永有利 編集, 注釋民事訴訟法, 有斐閣, 1995, §261.

는 부분을 삭제하고 "법원은 필요하다고 인정하는 때에는 직권으로 증거조사를 할 수 있다. 다만 그 증거조사의 결과에 대하여 당사자의 의견을 들어야 한다" 라고 규정하여 현재까지 그대로 유지되고 있다.[26)]

기본적으로 일본 행정소송의 심리원칙에 관하여는 일본의 현행 행정사건 소송법 제7조[27)]에 의하여 민사소송과 같다고 하므로, 일본 행정소송의 심리는 변론주의를 원칙으로 하는 것이 통설[28)]이고, 이론상 직권탐지주의가 인정될 수 있는 여지가 있어도 통상 민사소송과 같이 심리하므로 현행제도로 직권주의를 도입하는 데는 실제상 한계가 있고 법적으로도 근거가 없다고 보고 있다.[29)] 즉 행정사건소송법상 직권심리주의적 성격을 농후하게 하는 규정은 없고 따라서 문리상 직권탐지주의까지 인정하기는 곤란하고, 절차법의 성격상 자료의 수집 에 관한 규정이 없으면 행정사건소송법 제7조에 의하여 민사소송법에 의하여야 하고, 현행법상 행정소송을 담당하는 일반법원의 법관이 행정에 관하여 전문적 인 지식이 없으므로 적정한 재판을 기한다고 하더라도 "사실"에 관하여까지 기 대하는 것은 무리라고 한다.[30)]

3) 다만 일본 행정사건소송법 제24조의 규정에 관해서는 행정상의 법률관 계는 직접 공공의 이익과 관계된다는 이유로 행정사건소송법 제24조[31)]의 규정 상 직권증거조사가 인정되는 것이라고 한다. 다만 우리나라 행정소송에서의 직 권심리에 관한 규정인 행정소송법 제26조의 해석에 있어서와 마찬가지로, 일본 행정사건소송법 제24조가 당사자가 제출한 증거에 대한 직권조사만을 의미하 는가, 아니만 당사자가 제출하지 아니한 사실도 직권으로 조사하여 증거로 삼

---

26) 일본 행정사건소송법은 2004년 대대적으로 개정된 바 있으나, 위 제24조의 규정은 그대 로 유지되고 있다.

27) 일본 행정사건소송법 제7조 [이 법률에 규정이 없는 사항] 행정사건소송에 관하여 이 법 률에 규정이 없는 사항에 대하여는 민사소송의 예에 의한다.

28) 南博方 編, 條解 行政事件訴訟法, 弘文堂, 1992, 593면 이하; 塩野宏, 行政法 II 有斐閣, 1994, 112면 이하; 藤田宙靖, 行政法 I, 靑林書院, 1993, 414면 이하; 淡川典子, 行政訴訟 の審理, 行政救濟法1, 杉村敏正 編, 有斐閣, 197면 이하; 原田尙彦, 行政法要論, 學陽書 房, 1994, 347면; 宮田三郎行, 行政訴訟法, 信仙社, 1998, 56면.

29) 塩野宏, 115면 이하.

30) 南博方, 註釋行政事件訴訟法, 有斐閣, 1972, 213면 이하.

31) 일본 행정사건소송법 제24조 [직권증거조사] 법원은 필요하다고 인정하는 때에는 직권 으로 증거조사를 할 수 있다. 다만 증거조사의 결과에 대하여 당사자의 의견을 들어야 한다.

을 수 있는가 즉 직권탐지주의를 의미하는가에 관해서 논해지고는 있다.

일본에서는 일본 행정사건소송법 제24조 [직권증거조사]를 "직권탐지주의적 요소"라고 하고, "당사자가 주장하지 아니한 사실"을 탐지하여 판단의 자료에 제공하는 경우를 직권탐지, 직권탐지주의, 또는 직권심리주의라고 하여 구별하고는 있다. 그러나 일본의 행정소송에서는 대부분이, 이 경우 직권탐지주의가 아니라 당사자가 제출한 증거로 심증을 형성하기 어려운 경우에 보충적으로 행사하는 것이라고 하고 이는 법원에 재량이라고 한다. 즉 일본행정사건소송법 제24조 [직권증거조사]는 변론주의를 보충하는 것으로서 "직권심리주의적 제도의 가미" 혹은 "직권탐지주의적인 요소를 가미"하는 것이라고 하는 것이 일반적이라고 할 수 있다.[32]

이와 같은 일본의 이론이 후술하는 우리나라 행정소송의 직권심리에 관한 규정인 행정소송법 제26조의 해석에 있어서 민사소송법상 보충적 직권증거조사주의설(변론주의보충설, 변론보충설)[33]의 내용에 영향을 그대로 미치고 있다.

그런데 일본의 행정소송에 있어서는 실무상 직권증거조사를 시행하는 경우가 극히 적다고 하는데, 그 이유는 이 직권증거조사는 원칙적으로 법원의 재량사항이므로 법원의 권한이나 의무는 아니기 때문이다. 그러나 당사자의 입증이 불충분하다고 생각되어도 그것을 보충하기 위하여 어떠한 증거를 조사하는 것이 적절할 것인가 하는 점이 법원에 명백하지 않은 경우가 많고, 법원이 구체적으로 증인 등을 특정하는 것은 실제상 곤란하고, 대부분은 법원의 적절한 석명권의 행사에 의하여 적정하게 대응하고 있으므로, 공익을 고려할 필요성에 근거한 직권증권조사를 할 경우가 거의 없다고 한다.[34]

요컨대 일본의 행정소송에서의 사실의 수집·제출에 관해서는 민사소송과 크게 다르지 않다고 한다. 이러한 경향은 일본이, 2차세계대전 후 비록 타의에 의하여 사법제도의 개혁이 시작된 것이기는 하지만, 전후 반성의 일환으로 헌법과 사법제도에 있어서 영미식의 당사자주의적인 소송제도의 영향을 받아들

---

32) 南博方 編, 條解 行政事件訴訟法, 弘文堂, 1992, 593면 이하; 塩野 宏, 114면 이하; 藤田宙靖, 414면 이하; 淡川典子, 197면 이하; 原田尙彦, 347면; 宮田三郎行, 206면; 櫻井昭平 編著, 現代行政法, 八千代出版, 1997, 326면 이하.

33) 후술하는 Ⅴ. 학설 및 그 검토 참조.

34) 園部逸夫 編, 注解 行政事件訴訟法, 有斐閣, 1989, 337면; 南博方 編, 條解 行政事件訴訟法, 弘文堂, 1992, 594면; 塩野 宏, 115면.

임으로써 특히 과거 명치헌법하의 관헌국가적 행정쟁송제도와의 단절하려고
하는 경향과 무관하다고 할 수 없다.[35]

## Ⅲ. 변론주의와 직권탐지주의의 절충

### 1. 변론주의와 직권탐지주의

1) 법발견(Rechtfindung)은 법원의 전속적인 권한이다(irur novit curia).[36] 따라
서 이는 오로지 법원에게만 맡겨져 있고 당사자는 이것에 아무런 영향력을 미칠
수 없는 것이 원칙이다. 그런데 판결의 기초가 되는 소송자료[37][38]의 수집·제출
에 관한 책임의 분배에 관한 절차원칙으로, 이를 당사자에게 맡기는 변론주의
(Verhandlungsmaxime)와 법원에게 맡기는 직권탐지주의(Untersuchungsmaxime)[39]가

---

35) 이에 관한 최근의 일본 측 자료로는 塩野宏, "日本における行政訴訟法の改正と今後の方
   向", 『한·일 행정소송법제의 개정과 향후방향』, 한국법제연구원·한국행정판례연구회,
   2003. 4. 18 참조.

36) 따라서 법원은 당사자의 법률적 견해에 구속되지 아니하고, 법원이 당사자와 법적대화
   (Rechtsgespräch)를 할 것이 요구되지 아니하고, 헌법적 의무도 아니다. 그렇다고 하더라
   도 당사자 간의 법적대화는 유용하므로 당사자는 법원이 재판의 근거로 하는 법적 관점
   에 대하여 의견을 표명할 수 있다. 이는 독일 헌법상의 법적청문권(rechtliches Gehör)에
   그 근거를 두고 있는 것이라고 할 수 있다. Schmidt-Aßmann in Maunz-Dürig, Komm. z.
   GG. Art. 103 Abs. I Rn 78; Jauernig, §25 I; Hufen, S. 579; §139 I ZPO에 의한 법원
   의 석명의무에 따라서 법원은 사실관계와 분쟁관계에 관한 법률적 측면에 대하여서도
   당사자와 토론하여야 한다. 그러나 판결을 내리기 전에 법원의 법적견해를 당사자와 토
   론해야 하는 것은 아니다. Art. 103 Abs. 1 GG도 이와 같은 요구를 하지 아니한다. 그러
   나 법원은 자신의 법적견해를 당사자에게 적시에 알림으로써 그에 대하여 당사자가 자
   신의 견해를 표명할 수 있도록 하는 것은 바람직하다고 하는 것에는 Jauernig, §29 Ⅳ.
   참조.

37) 이러한 의미에서 사실은 적용할 법규의 구성요건에 속하고 법관의 삼단논법의 소전제가
   되는 것이다. Rosenberg/Schwab/Gottwald, Zivilprozeßrecht, München, 15. Aufl., 1993,
   S. 645.

38) 소송자료는 넓은 의미에서 사실자료 외에 증거자료를 포함하나(=공격방어방법), 좁은 의
   미에서는 사실자료만을 가리킨다고 하는 경우도 있고(이시윤, 『신민사소송법』, 박영사,
   2002, 274면 주1) 참조), 사실에 관한 주장 및 증거라고 하는 의미에서 재판자료라고 하
   는 용어를 쓰는 경우도 있고(강현중, 『민사소송법』 제5판, 박영사, 2002, 405면; 정동윤,
   『민사소송법』, 법문사, 2001, 311면), 심판자료라고 하는 경우도 있고(송상현, 『민사소송
   법』 신정3판, 박영사, 2002, 438면), 또 흔히 대부분 변론주의의 내용으로 소송자료와 증
   거자료의 준별이라는 용어를 사용(예컨대 이시윤, 277면; 송상현, 440면)하여 소송자료
   와 사실자료가 동일한 의미로 쓰는 경우가 있으나, 소송자료란 사실자료와 증거자료가
   포함하는 개념이다. 호문혁, 『민사소송법』, 제2판, 법문사, 2002, 300면.

있다. 이 양 절차원칙은 절차 내에서 판결기초사실의 제출이라는 측면에서의 문제라는 점에서 절차의 개시, 소송중의 처분권능이라는 측면에서의 처분권주의 및 이에 대립되는 직권주의와 구별된다. 모든 소송은 일련의 절차원칙을 기반으로 하는데 이러한 절차원칙은 절차법적인 이해를 용이하게 할 뿐만 아니라 절차법의 해석규준으로서의 기능함에도 그 의의가 있다.[40]

소송에서 판단기초사실에 대한 책임이 어떻게 분배되는가를 당해 소송이 추구하는 소송의 목적과도 관련시켜서 본다면, 변론주의원칙은 계약자유와 사유재산 원칙을 기초로 하는 사법질서와 연관성을 가지므로 당사자에게, 반면에 직권탐지주의원칙은 공익의 관철이 중요한 절차를 지배한다고 할 수 있으므로 법원에게 그 책임이 있다고 한다.[41]

2) 변론주의(Verhandlungsmaxime)[42][43]라 함은 소송에 있어서 소송자료의 관하여 당사자의 지배와 책임을 뜻한다.[44] 즉 당사자는 자신의 주장을 정당화하기 위하여 필요한 사실들을 주장하고 입증하여야 하며 법원은 당사자가 제출한 사실자료[45]와 증거자료만을 고려에 넣어 심판해야 한다는 원칙이다.[46] 나아가

---

39) 변론주의(Verhandlungsmaxime)와 직권탐지주의(Untersuchungsmaxime)라는 용어는 Gönner, Handbuch des deutschen gemeinen Prozesses, 1., Aufl., 1801에서 유래한다고 일반적으로 알려져 있다. Jauernig, §25 Ⅲ, Rosenberg/Schwab/Gottwald, S. 424.

40) Arens, Zivilprozeßrecht, 6., Aufl., München, 1994, S. 5.

41) Arens, S. 5.; 한편 Ule에 의하면 변론주의와 직권탐지주의 양 원칙의 차이는 실체적 진실의 발견이 어느 정도 소송의 목적이 될 수 있는가에 있다고 한다(Ule, Verwaltungsprozeßrecht, 9., Aufl., Müchen, 1987, §26 1). 이는 법원이 당사자보다도 더 잘 진실을 파악한다고 하는 것인데, 그러나 당사자가 법원보다도 사실관계를 더 잘 해명할 수 있다는 의미에서 변론주의도 실체적 진실발견을 목적으로 하고 있다고 하는 것에는, Jauernig, §25 Ⅷ 1.

42) 오늘날에는 당사자의 "제출"을 강조한다는 의미에서 제출주의(Beibringungsgrundsatz)라는 말을 쓰기도 한다. Rosenberg/Schwab/Gottwald, S. 426.

43) 변론주의의 개념을 광·협으로 구분하여 광의의 변론주의는 처분권주의를 포함하는 것으로 보는 견해가 있으나(예컨대 송상현, 438면; 정동윤, 311면), 변론주의는 초기에는 처분권주의를 포함하는 개념으로 사용하였으나 오늘날에는 일반적으로 처분권주의와 구분하여 쓴다고 하는 것에는, 호문혁, 298면 참조.

44) 변론주의라 할 때에는 널리 처분권주의를 포함하지만 고유한 의미에서는 소송자료의 수집에 한하는 문제이다.

45) 사실자료에는 주요사실, 간접사실, 보조사실이 있고, 주요사실은 증명의 목표가 되는 사실로서 법률효과가 발생하기 위한 요건사실 즉 법률요건사실을 말하고 이 주요사실의 수집·제출에 변론주의가 적용된다.

46) Rosenberg/Schwab/Gottwald, S. 426; Jauernig, §25 Ⅳ; Arens, S. 10 ff.

당사자의 태도는 입증의 필요도 좌우하게 되어 자백한 사실 등 다툼 없는 사실
은 법원이 그대로 사실로 확정해야 한다는 의미도 포함한다.[47)

변론주의는 민사소송의 원칙임에도 불구하고 민사소송법에는 이를 직접
인정하는 근거규정은 없다. 다만 특수소송에서 이와 대립하는 규정(예컨대 가사
소송법 제12조, 제17조, 소액사건심판법 제10조, 행정소송법 제26조)을 둠으로써 간접적
으로 변론주의를 채택했음을 알 수 있는 것이고, 민사소송법규칙 제22조에서
사실관계와 증거에 관한 사전조사정리의무를 부과한 것은 변론주의를 전제한
것이라고 할 수 있다.[48)49)50)

변론주의에 의하면, 법원은 일방 당사자가 제출한 사실만을 자신의 재판의
기초로 삼을 수 있으므로 법원이 사실을 해명할 수 없고 법원은 당사자의 사실
의 진술에 구속되어야 하고 법관이 사적으로 알고 있는 사실(das privaten Wissen
des Richters)은 고려하여서는 아니 된다. 따라서 당사자는 자기에게 유리한 사실
을 주장하지 아니하면 그 사실은 없는 것으로 취급되어 불이익한 판단을 받게
된다(주장책임). 그러나 어느 당사자이든 변론에서 주장하였으면 족하고 반드시
주장책임을 지는 당사자가 진술하여야 하는 것은 아니다(주장공통의 원칙). 또한
법원이 일방 당사자가 제출한 사실에 대한 증거조사를 할 것인가 여부는 당사

---

47) 호문혁, 민사소송에 있어서의 이념과 변론주의에 관한 연구, 서울대 법학 제30권 3·4호,
    1989. 12, 221면 이하 "호문혁, 전게논문"으로 인용.
48) 변론주의가 채택되었음을 간접적으로 인정하게 하는 조문으로는 민사소송법 제134조 제
    1항, 제146조, 제288조, 제204조, 제292조, 제256조, 제257조, 제258조 등을 들 수 있다.
    이시윤, 274면; 호문혁, 298면; 송상현, 438면; 정동윤, 311면.
49) 이는 독일의 민사소송의 경우도 우리와 마찬가지이다. 독일에서는, 판례에 의하면, 민사
    소송법은 원칙적으로 변론주의의 채택을 결단하였다고 하고(BVerfGE 67, 42), 입법자는
    변론주의를 따르지 않는 경우를 규정하는 것으로 충분하다고 여긴 것 같다고 한다.
    Jauernig, §25 Ⅳ.
50) 이는 일본의 민사소송의 경우도 우리와 마찬가지이다. 다만 일본에서는 변론주의의 이
    론적인 근거에 관하여 본질설, 수단설, 법주체탐색설, 다원설, 신본질설 등이 논의되고
    있는 것이다. 竹下守夫, 伊藤 眞 編集, 注釋民事訴訟法(3), 有斐閣, 1995, 52면 이하 참조;
    이러한 일본의 이론들을 소개하면서 사적자치의 반영, 진실발견이 수단, 절차보장에 의
    한 공평한 재판에 대한 신뢰확보 등 다원설을 주장하고 있는 것에는 이시윤, 274면 이
    하; 이와 달리 민사소송이 변론주의를 근본원칙으로 삼는 것은 개인주의, 자유주의적 소
    송관이 반영된 것이라고 관점에 서서 변론주의의 근거로 사적자치의 원칙과 진실발견을
    들고 있는 것으로는 호문혁, 298면 이하 참조; 당사자의 사적자치가 허용되는 재산분쟁
    이므로 그에 관한 재판의 기초가 되는 사실과 증거를 제출하는 것은 당사자의 결정에
    맡겨야 한다고 하는 본질설을 취하는 것에는 정동윤, 313면 참조.

자의 태도에 따르게 되므로 일방 당사자가 주장한 사실에 대하여 상대방이 다투는 사실에만 증거가 필요하게 되고, 따라서 당사자가 다투지 아니한 사실 및 자백한 사실에 대하여는 증명이 필요하지 않게 되며 법원에 의하여 진실한 것을 취급된다. 증거는 당사자가 세워야 하기 때문에 당사자가 신청한 증거에 대해서만 증거조사를 하며 원칙적으로 법원은 직권으로 증거조사를 해서는 안 된다.51)

3) 직권탐지주의(Untersuchungsmaxime)라 함은 독일 행정소송법 제86조 제1항에서 채택한 바와 같은 원칙으로서 법원이 사실을 직권으로 조사하는 원칙을 말한다.52)

직권탐지주의가 채택되는 이유에 관해서 보면, 계약자유의 원칙과 사유재산 원칙이 기초가 되는 사법영역에 대응하는 것이 변론주의라고 하고 공익의 실현(Durchsetzung öffentlicher Interesen)을 다루는 모든 절차에는 직권탐지주의가 지배한다고 하거나,53) 민사소송과 달리 행정소송에서는 판결이 객관적으로 정확하다는 것에 대한 공익(öffentliches Interesen an der sachlichen Richtigkeit der Entscheidung)이 있고, 독일 헌법 제19조 제4항(GG 19Ⅳ)상의 효과적인 권리구제는 당사자와 관계없이 정확하게 사실관계를 결정하는 것에 근거한다54)라는 것에서 보듯이, 직권탐지주의의 채택은 한마디로 공익과의 관련성이 그 이유라고 할 수 있다.55)

우리나라도 이와 마찬가지로, 예컨대 민사소송법학자들은 공익의 견지에서 법원에 의하여 실체적 진실발견이 요구되고 판결의 효력이 제3자에게 미치므로 그 소송자료의 수집을 당사자에게만 맡겨두면 소송에 관여하지 아니한 제

---

51) 이시윤, 276면 이하; Rosenberg/Schwab/Gottwald, S. 426ff; Jauernig, §25 Ⅳ.
52) Sodan/Ziekow, §86 Rn. 2; Kopp/Schenke, §86 Rn. 1; Tschira/Glaeser, S. 306 ff.
53) Ule, §26 Ⅰ; Arens, S. 5.
54) Bader/Funke-Kaiser/Kuntze/von Albedyll, Kommentar, Verwaltungsgerichtordnung, §86 Rndr. 3; M. Nierhaus, Beweismaß und Beweislast, Untersuchungsgrundsatz und Beteiligtenmitwirkung im Verwaltungsprozeß, München, 1989, S. 259; Tschira/Glaeser, S. 307.
55) 이에 대하여 직권탐지주의는 법적 청문의 원칙(Grundsatz des rechtliches Gehör)이나 절차평등(Verfahrensgleichheit)과 밀접한 관계에 있으므로 객관적인 사실의 정확성(objektiv richtige Sachverhalt)보다는 사실을 온전하고, 공개적이고 그리고 중립적으로 해명하는 것(Vollständigkeit, Offenheit und Neutralität der Sachaufklärung)이 중요하다고 하는 것에는 Hufen, §35 Ⅳ 1 참조.

3자의 이익을 현저하게 해할 것이기 때문이라고 한다.[56] 한편 후술하는 바와 같이 우리나라 행정법학자들은 행정소송의 직권심리에 관한 규정인 행정소송법 제26조에 관한 학설의 대립[57]에 있어서 모두가 공익을 이유로 직권탐지주의적 요소로서의 민사소송법상 보충적 직권증거조사 내지는 그것을 넘어서서 직권탐지주의를 보충 내지는 가미한다고 하므로 직권탐지주의의 채택이유는 공익인 것만은 틀림없다.

직권탐지주의하에서 법원은 관계인의 주장과 증거제출에 구속되지 아니한다(§86 I VwGO). 따라서 직권탐지주의는, 사실관계의 규명이 법원의 책임이므로 법원은 당사자의 행동에 구애되지 않고 직권으로 모든 가능한 주요사실들을 수집하고 증거방법들을 탐색하여야 한다는 원칙을 말한다.[58][59] 당사자의 변론은 법원의 직권탐지를 보완하는 데에 그치며 당사자가 주장하지 않은 사실도 법원이 직권으로 수집하여 판결의 기초로 삼아야 한다. 특히 직권탐지주의하에서는 변론주의에서 인정되는 주관적 입증책임은 배제되는 것이므로 당사자의 증거신청 여부에 불구하고 법원은 원칙적인 직권증거조사할 책임이 있다는 점에서 보충적 직권증거조사에 의하는 변론주의(민사소송법 제292조)와 다르다. 자백의 구속력이 배제되므로 당사자의 자백은 법원을 구속할 수 없고, 공격방어방법의 제출시기에 제한이 없으므로 소송자료의 제출이 시기에 늦었다 하여도 배척하여서는 안 된다.[60]

## 2. 변론주의와 직권탐지주의의 절충

1) 일견 전술한 바와 같이 변론주의와 직권탐지주의는 소송자료의 수집·제출에 있어서의 책임이 당사자에게 있는가 아니면 법원에 있는가에 따라서 구별되어 대립되는 개념이기 때문에 이 양 주의의 절충이 불가능하지 않는가 하는 의문이 있게 된다.

---

56) 김홍규, 341면; 이와 동일한 취지는 강현중, 425면; 정동윤, 338면; 공익성만을 들고 있는 것에는 송상현, 454면 참조.
57) 후술하는 Ⅴ. 학설 및 그 검토 참조.
58) 호문혁, 전개논문, 221면.
59) 따라서 직권탐지주의의 내용에 청구의 포기와 인락, 화해 등을 허용하지 않는 처분권주의의 제한 문제를 포함하는 설명하는 것은(예컨대 이시윤, 282면; 송상현, 『민사소송법』 신정3판, 박영사, 2002, 455면) 의문이다.
60) 이시윤, 282면.

그러나 직권탐지주의와 변론주의라는 원래의 개념은 이념형(Idealtypus)으로 상정한 것에 불과한 것이므로, 따라서 전부 아니면 전무라는 원칙(alles oder nichts)에 따라 소송자료의 수집·제출 책임을 당사자와 법원 간에 분배한다고 하면 이는 극단적인 해결방안(extreme Lösungsmöglichkeiten)[61]만을 의미할 뿐이므로, 어떤 한 소송에서 어느 한 주의를 철저히 관철시키는 것은 현실적으로 불가능하고 바람직하지도 아니하다고 할 수 있다.

연혁적으로도 Gönner는 변론주의를 법관이 아무것도 하지 아니하는 것이고 직권탐지주의하에는 법관이 모든 것을 직권으로 하는 원칙으로 이해한 것이라고 한다. 그러나 그 후 이러한 두 개념은 실용주의적 관점에서 개별적으로 비판되었으며 따라서 어떠한 소송법을 고정된 위와 같은 양 개념 중 어느 한 개념에 의하여 지배되고 있다고 보는 것은 정당하지 않게 되었고, 그 당시에 이미 소송법은 어느 한 개념에만 따르고 있지는 않았다고 한다.[62] 그리하여 어떠한 소송에서든지 어느 정도의 변론주의와 직권탐지주의 양 원칙 간의 절충적인 형태를 취하는 것이 일반적이라고 한다. 즉 어느 법제에서든 순수한 변론주이나 순수한 직권탐지주의를 취하는 일은 없고 다소간의 혼합형태를 취한다고 한다.[63] 그리고 이러한 절충의 모습은 서로 다른 소송절차 간은 물론이고 같은 소송절차 내에서도 시대와 나라에 따라서 그 절충의 모습이 다르게 나타나게 된다는 것이다.[64]

실무상으로도 변론주의와 직권탐지주의의 대립은 완화되어 있다는 것을 확인할 수 있는데, 즉 변론주의하에서도 법원은 석명권행사에 의하여 소송자료의 수집에 깊숙이 간여하며, 직권탐지주의가 지배한다고 하는 가사소송이나 행

---

61) Jauernig, §25 Ⅲ 2; 이러한 것을 일도양단적인 극단화(holzshcnittartige Polarisierung)라고 하는 것에는 Marcel Kaufmann, S. 344 참조.

62) 오용호, 변론주의에 관한 고찰, 방순원선생 고희기념, 373면.

63) 그러면서 우리나라의 민사소송법은 역시 직권탐지주의적 요소보다는 변론주의적 요소가 압도적으로 강하다고 하는 것에는 호문혁, 298면 참조.

64) 예컨대 독일민사소송법의 경우, 절대주의시대에는 직권탐지주의, 19세기 자유주의 시대에는 고전적인 변론주의를 채택하였으나, 그러나 자유주의의 쇠퇴한 시대에는 다시 변론주의를 제한하는 경향이 나타났고, 국가사회주의(National-sozialismus) 시대에는 직권탐지주의의 경향이 고조되었으나 변론주의를 배제하지는 못하였다고 한다. Rosenberg/Schwab/Gottwald, S. 424, Jauernig, §25 Ⅷ 3; 또한 다른 모든 소송에서 구술주의 및 법적청문권이 그 특징을 이루었으나, 민사소송에서는 처분권주의와 변론주의가 그 특징이 되었다고 하는 것에는 Arens, S. 5 참조.

정소송에서도 당사자가 제1차적으로 소송자료의 수집책임을 담당하고 법원의
직권탐지도 석명권의 행사에 의하여 당사자를 통한 간접적인 방법에 의하고 있
다고 한다.[65]

　　요컨대 어느 소송에서 판단기초사실에 대한 책임이 어떻게 분배되는가는,
당해 소송이 추구하는 소송의 목적[66]과도 관련되는 것이긴 하지만, 논리의 문
제라기보다는 입법자의 가치판단이 개입하는 입법정책적인 문제라고 할 수 있
다.[67] 문제는 어느 주의로부터 출발하여 어떠한 기준에 의하여 어느 정도로 절
충할 것인가이고 또한 그 절충한 결과를 실정소송법 규정과 실무를 어떻게 체
계적·합리적으로 조화롭게 설명할 수 있는가에 있다.

　　예컨대 독일이나 일본 그리고 우리나라에서와 같이 일반적으로 변론주의
가 지배하는 민사소송의 경우에서는 변론주의의 폐해를 시정한다는 관점에서
변론주의가 공익을 이유로 제한을 받게 되는 범위 내에서는 직권탐지주의적인
요소가 인정된다고 할 수 있다. 이러한 직권탐지주의적인 요소로서 석명권 내
지 석명의무,[68] 직권조사 그리고 특히 우리나라의 경우 민사소송법 제292조에
서 변론주의의 보충으로서의 직권증거조사[69]를 들 수 있다. 이것 외에도 오늘
날에는 진실의무(Wahrheitspflicht), 작업공동체(Arbeitsgemeinschaft), 또는 협동주의
(Kooperationsmaxime) 등이 독일은 물론 우리나라에서도 논의되고 있다.[70]

　　2) 순수한 형태의 직권탐지주의는 행정소송뿐만 아니라 어떠한 소송에서도

---

65) 강현중, 406면.
66) Ule에 의하면 변론주의와 직권탐지주의 양 원칙은 실체적 진실의 발견이 어느 정도 소
　　송의 목적이 될 수 있는가에 따른다고 하는 것에는, Ule, §26 Ⅰ; 이는 법원이 당사자보
　　다도 더 잘 진실을 파악할 수도 있다고 하는 것인데, 그러나 당사자가 법원보다도 사실
　　관계를 더 잘 해명할 수 있다는 의미에서 변론주의도 실체적 진실발견을 목적으로 하고
　　있다고 하는 것에는, Jauernig, §25 Ⅷ.
67) Jauernig, §25 Ⅲ; Arens, S. 5.
68) 이에 관해서는 졸고, "행정소송에서의 석명의무의 인정근거 — 우리나라 행정소송의 독
　　자성을 모색하며 —",『행정법연구』제9호, 2003년 상반기 참조.
69) 후술하는 Ⅳ. 민사소송법상의 보충적 직권증거조사 참조.
70) 예컨대 진실의무를 민사소송법 제1조의 신의칙과 관련하여 인정하는 견해로는, 이시윤,
　　280면 이하 참조; 그런데 위와 같은 직권탐지절차적 요소를 어느 정도 인정할 것인가는
　　근본적으로 국가관에 달려 있는 것이기는 하지만, 특히 작업공동체라는 표현은 이른바
　　"개인적 이익과 사회적 요구의 일치"라고 하는 사회주의적(sozialistisch) 민사소송의 특
　　징이 된다. 그러나 법질서는 이해대립이 현실적으로 존재하고 이를 해소하는 것이라는 점
　　에서 반대하는 견해가 있다. Jauernig, §25 Ⅷ 3; Rosenberg/Schwab/Gottwald, S. 424 ff.

재정적인 능력등으로 인하여 실현하기가 곤란하다. 그리하여 독일의 행정소송
법에서는 직권탐지주의를 원칙으로 하고 있음에도 사실인정에 있어 당사자의
배제나 자의적인 증거신청의 거부는 허용되지 않는다고 한다.[71] 그리고 직권탐
지주의하에서는 법원의 과중한 부담을 경감시키기 위한 목적에서이겠지만, 직
권탐지주의하에서 당사자가 소송심리의 객체가 되므로 변론주의의 요소의 도
입이 문제되고 구체적으로는 행정소송에서 협력의무(Mitwirkungspflicht)가 논의되
고 있다고 할 수 있다.[72] 결국은 독일의 민사소송에서는 개정을 통하여 법관이
사실자료를 확정하거나 그 해명할 수단이 강화되었고 직권탐지주의의 행정소
송에서는 직권탐지주의가 당사자를 위하여 절차법적인 제한을 받게 되었다고
한다. 따라서 독일의 경우 민사소송은 변론주의가 원칙이고 행정소송은 직권탐
지주의가 원칙임에도 불구하고 서로 접근하고 있다고 한다.[73]

　　우리나라 행정소송에 관해서도 전심절차[74]가 마련되어 있어 여건이 민사
소송보다 나은 행정소송에 있어서 대법원의 판결[75]의 태도는 이미 전심절차에
서 이미 사실관계가 조사되었음에도 불구하고 법원이 처음부터 스스로 소송자
료를 수집하는 것은 불가능하다는 것을 보여 주는 것으로 결과적으로 행정소송
에서 직권탐지주의를 철저히 관철시키지 못하고 유명무실하게 만들었고, 또한
가사소송의 경우도 판례[76]가 원칙적으로 변론주의에 의한다고 하므로 직권탐
지주의는 그 자체만으로는 기능하기가 대단히 어렵다고 하는 견해도 주장되고
있다.[77]

　　요컨대 변론주의에 의하는 민사소송에서는 변론주의를 보충하는(즉 직권탐
지주의적 요소를 보충 내지는 가미하는) 방향으로, 직권탐지주의에 의하는 독일의
행정소송의 경우에는 직권탐지주의를 완화하는(즉 변론주의적 요소를 보충 내지는
가미하는) 방향으로 나아가고 있다고 할 수 있다.

　　3) 특히 행정소송의 경우에는 민사소송과 형사소송에 비하여 상대적으로

---

71) Tschira/Glaeser, S. 307.
72) 전술한 Ⅱ. 비교법적 고찰 1. 독일과의 비교 참조.
73) Redeker/von Oertxen, Verwaltungsgerichtsordnung, 12. Aufl. Stuttgart, 1997, §86 Rndr. 1.
74) 개정된 행정소송법 제18조에 의하면 전심절차를 거치지 않는 경우도 가능하다.
75) 이 견해는 대법원 1988. 4. 27. 선고 87누1182 판결을 인용하고 있다.
76) 이 견해는 대법원 1987. 12. 22 선고 86므90 판결을 인용하고 있다.
77) 호문혁, 전게논문, 238면 이하.

사익과 공익의 충돌을 그 본질로 하고 있기 때문에, 본래부터 상대적으로 행정
소송의 경우에는 변론주의와 직권탐지주의의 양자의 요소의 절충의 필요성이
다른 소송의 경우보다 더욱 크다고 할 수 있다. 다만 행정소송에서의 변론주의
와 직권탐지주의의 문제는 단지 소송자료의 수집의 문제로만 한정할 수는 없는
문제이다. 즉 행정소송은 그 기능이 당사자의 권리구제와 적법성통제 간의 그
중점을 어디에 두는가라고 하는 점과, 그리고 실제 민사소송과 어느 정도로 다
른가 하는 점도 고려하여야 한다. 나아가 모든 소송에서 일반적인 문제이기도
한, 법원의 부담경감, 당사자의 절차참여권, 소송의 신속화, 소송경제, 무기평등
의 원칙 등과도 관련되는 등 한 나라의 전반적인 법문화, 실제와 관련되는 문제
이기도 하다. 즉 소송심리에 있어서 법원과 당사자는 각기 일정한 일을 분담하
게 되는데, 그런데 구체적인 절차에서 이들 사이의 역할분담은 각 시대의 사조
와, 각 절차의 종류에 따라 입법자의 결단에 의하여 달라질 수 있다.[78]

우리나라 행정소송에 있어서의 직권심리에 관한 규정인 행정소송법 제26
조의 해석도 사실 변론주의에 직권탐지주의적인 요소로서의 보충적 직권증거
조사에 그치는가 아니면 직권탐지주의로서의 직권증거조사가 일부 인정되는
것인가라고 하는 즉 직권증거조사의 인정범위에 관한 견해의 차이라고 할 수
있다. 이는 결국 양 원칙의 절충의 정도에 관한 견해에 대립에 불과하다. 예컨
대 행정소송에 있어서는 변론주의를 원칙으로 하는 민사소송과는 달리 어느 정
도의 직권주의를 채택하는 것이 통례[79]라고 하는 것도 이와 같은 의미라고 할
수 있고, 구체적으로 행정소송에서의 직권심리에 관한 규정인 행정소송법 제26
조의 해석에 있어서 변론주의를 원칙으로 하고 직권탐지주의적 요소로 보충하
든지 혹은 직권탐지주의를 보충 내지 가미한다고 하는 견해[80]도 그 스펙트럼상
의 차이는 있다고 하더라도 기본적으로는 변론주의와 직권탐지주의의 절충이
라는 점에서는 동일한 입장에 서 있는 것으로 파악할 수 있다.

---

78) 독일 민사소송법은 제정 당시에는 철저한 자유주의, 개인주의에 입각하였으나 점차 직
   권주의적, 사회적 요소를 가미하여 오늘날은 절충형태를 취하고 있다. 또한 민사소송법
   에 있어서도 가장 철저히 자유주의, 개인주의에 입각한 1806년의 프랑스 민사소송법이
   있는가 하면 전체주의에 터 잡은 가장 철저한 직권주의에 입각한 구동독이나 북한의 민
   사소송법이 있고 그 중간 형태로 사회적 요소를 많이 가미한 오스트리아 민사소송법도
   있다고 한다. 호문혁, 265면 참조.
79) 윤일영, "행정소송과 직권주의", 대한변호사협회보, 1975. 1, 37면.
80) 후술하는 행정소송법 제26조의 해석에 관한 학설 참조.

## Ⅳ. 민사소송법상의 보충적 직권증거조사

### 1. 민사소송법상의 보충적 직권증거조사

1) 본래 변론주의는 당사자가 법원보다도 사실관계를 더 잘 해명할 수 있다는 취지[81]에서 채택된 제도라고 하는 데에서 알 수 있는 바와 같이 변론주의는 당사자간의 능력이 평등하다는 것을 전제로 한다. 그런데 민사소송에서 사적자치의 소송법적인 표현인 변론주의원칙을 철저하게 관철한다고 하여 실체적 진실발견을 완전히 무시하거나 소송능력이 뛰어난 당사자의 농간으로 승소하여야 할 당사자가 패소하게 되는 등 실질적 평등에도 어긋나는 사태를 도외시할 수만은 없다. 이러한 사태는 재판의 적정 내지는 공평이라고 하는 민사소송의 이념에 비추어도 바람직스럽지 아니한 것이므로 이를 시정될 필요가 있다. 그리하여 우리나라 민사소송에서 실체적 진실과 당사자간의 실질적 평등이라는 관점하에서 변론주의의 폐해를 시정하기 위하여 인정되고 있는 대표적인 제도가 민사소송법 제136조상의 석명권 내지 석명의무[82]와 제292조상의 보충적 직권증거조사라고 할 수 있다.[83][84] 이는 아무리 사적자치에 의하는 민사소송이라고 하더라도 실체적 진실발견을 완전히 포기할 수 없을 뿐만 아니라 당사자간의 실질적 평등을 어느 정도 도모하여야 한다는 것을 의미한다.[85]

---

81) Jauernig, §25 Ⅷ. 1.
82) 이에 관해서는 졸고, "행정소송에서의 석명의무의 인정근거 — 우리나라 행정소송의 독자성을 모색하며 —", 『행정법연구』 제9호, 2003년 상반기 참조.
83) 당사자간의 실질적 평등을 위한 제도로서는 이들 제도 외에도 변론능력 없는 사람에 대한 조치로서 민사소송법 제144조상의 대리인의 선임명령제도를 들 수 있다. 이시윤, 280면; 정동윤, 321면.
84) 물론 석명권과 직권증거조사는 반드시 변론주의가 원칙인 절차에서만 인정되는 것은 아니다. 당사자의 실질적 평등이라는 관점하에서는 어느 소송에서도 인정가능한 것이다. 예컨대 우리나라 형사소송에서는 형사소송규칙 제141조 석명권과 형사소송법 제295조 직권증거조사가 당사자주의적 관점에서 논의되고 있다. 형사소송에서도 법원의 직권탐지의 한계를 고려하여 이해관계가 대립하고 있는 당사자간에 증거수집을 맡기는 것이 효율적이라고 할 수 있으나 실체적 진실발견의 문제가 있고 민사소송에서와 같이 변론주의의 폐해라고 할 수 있는 소송의 스포츠화가 우려된다. 따라서 이를 시정하기 위하여 실체적 진실발견과 실질적으로 검사와 피고인 간의 실질적 평등을 위하여 피고인의 이익을 위한 직권증거조사도 인정하는 것이다. 이에 관해서는, 졸고, 93면 주 80) 참조.
85) 이시윤, 280면; 호문혁, 440; 강현중, 543면; 송상현, 643면; 민사분쟁의 적절한 해결이 국

이러한 점에서 보면, 우리나라 민사소송법학자들은 민사소송법 제136조상
의 석명권과 제292조상의 직권증거조사를 민사소송의 이념 가운데 재판의 적정
으로 거의 모두가 예외가 없이 분류하고 설명하고 있다.[86] 그러나 이는 의문이
다. 즉 이들 제도는 실체적 진실발견과 실질적 평등을 제도적 이념으로 하고 있
으므로 재판의 적정 이외에도 재판의 공평 이상에도 부합한다. 나아가 이들 제
도는 당사자간의 사실관계 등에 법원이 개입하여 명확하게 밝히거나 증거를 조
사한다는 점에서, 이를 당사자에게만 전적으로 맡겨 두었을 경우에 비교하면,
어느 정도 소송의 신속 및 소송경제의 이념에도 부합한다고 할 수 있다.

특히 아래에서 보는 바와 같이, 우리나라 판례에서는 일찍부터,

> 민사소송에 있어 변론주의를 채택함은 민사소송의 성질상 자료의 수집을 당사
> 자의 책임으로 함이 일반적으로 진실을 얻는 첩경이며 국가의 노력경감과 당사자
> 에 대한 공평을 꾀할 수 있다는 고려하에서 취하여진 것으로서 <u>변론주의가 시행된
> 다고 하여 실체적 진실발견주의를 버리고 형식적 진실로서 만족하는 것은 아니며
> 변론주의가 당사자의 책임을 인정하는 것은 당사자의 소송진행의 능력이 완전히
> 대등한 것을 전제로 하는 것이나 사실에 있어서는 당사자는 지식경험이나 경제력
> 에 있어서 대등하지 않으며 특히 법률지식이 없는 본인 소송에 있어서는 충분한
> 법률상의 변론을 기대할 수 없으므로 민사소송법은 석명권의 행사 또는 직권증거
> 조사의 규정을 두어 그 조절을 하게 한 것</u>이다 [대법원 1959. 7. 2. 선고 58다336
> 판결(집7민, 137), 밑줄은 필자]

라고 하여 민사소송법 제139조상의 석명권과 제292조상의 보충적 직권증거조
사를 사적자치의 소송법적 표현인 변론주의를 보충하는 제도로서 동등한 지위
를 부여할 뿐만 아니라 그 제도적 취지를 실체적 진실발견과 실질적 평등이라
는 관점에서 이해하여 온 것이라고 할 수 있다. 따라서 우리나라 민사소송법은
제정시부터 특히 보충적 직권증거조사에 관한 규정을 가지고 있다는 점에서 본
다면, 보충적 직권증거조사에 관한 일반적 규정이 없는 독일이나, 이를 규정하
였다가 삭제한 일본에 비하여 실체적 진실뿐만 아니라 특히 당사자간의 실질적
평등에 있어서 비교적 적극적인 입법적 결단을 한 것으로 볼 수 있다.[87] 이러한

---

가의 임무라는 점이 반성, 강조되어 감에 따라 증거조사의 면에서도 법원의 수동성이 반
성되어 직권증거조사의 여지가 증대되었다고 한 것에는 김홍규, 465면.
86) 이시윤, 23면; 호문혁, 38면; 김홍규, 8면; 송상현, 16면; 정동윤, 28면.

점은 우리나라 민사소송법 규정을 해석함에 있어서 반드시 유의하여야 할 점이
다.[88]

그런데 국내의 문헌 중에는 우리나라 민사소송법이 일본에는 없는 보충적
직권증거조사에 관한 민사소송법 제292조의 규정을 가지고 있다고 해서 우리나
라를 일본과 같은 순수한 변론주의가 아니라고 하는 경우도 있다.[89] 그러나 전
술한 바와 같이 일본에서도 우리나라와 유사한 보충적 직권증거조사에 관한 규
정을 두었다가 삭제한 결과 보충적 직권증거조사를 규정한 일반적인 규정만이
없을 뿐이고, 실제로는 각 개별법상의 직권증거조사에 관한 규정[90]이 있고, 또
한 공익성이 강한 소송요건 등 직권조사사항에 관해서는, 우선 당사자의 주장
의 유무를 묻지 아니하고 그 존부의 조사가 행해진다고 하는 의미에서 직권조
사가 행해지고 있고, 진실의무[91]가 논의되고 있다는 점에서 우리나라에 비하여
그 정도의 차이는 논해질 수 있어도 일본의 민사소송을 순수한 변론주의라고
단정할 수는 없다. 또한 이러한 점들은 정도의 차이는 있어도 독일의 민사소송
의 경우에도 마찬가지라고 할 수 있다.[92] 이는 오늘날 순수한 형태의 절차원칙
은 존재할 수 없다고 하는 점에서도 더욱 그러하다.[93]

2) 우리나라 민사소송법 제292조에서 인정되는 보충적 직권증거조사라 함
은 법원이 당사자가 신청한 증거를 조사하여도 심증을 얻을 수 없거나 기타 필
요하다고 인정할 때에는 보충적으로 직권으로 증거조사를 할 수 있는 것을 말
한다.

민사소송의 경우에는 변론주의가 지배하고 원래 변론주의는 당사자의 소
송수행능력이 완전히 대등한 것을 전제로 한다. 따라서 증거조사도 당사자의

87) 앞 Ⅱ. 비교법적 고찰 참조.
88) 졸고, 91면 이하 참조.
89) 이혁우, "행정소송에서의 직권심리범위 —행정소송법 제26조의 해석과 관련하여—", 『특별법연구』 제5권, 법문사, 1997, 42면. 이 논문은 법조 제45권 제11호, 1996, 104면 이하에도 실려 있다.
90) 일본 민사소송법 제262조, 제310조, 제323조 제2항, 제334조, 제336조 등을 들 수 있다.
91) 예컨대 진실의무, 완전진술의무 등이 논의된다. 竹下守夫, 伊藤 眞 編集, 注釋民事訴訟法 (3), 有斐閣, 1995, 56면 이하 참조.
92) 앞 Ⅱ. 비교법적 고찰 참조.
93) 앞 Ⅲ. 변론주의와 직권탐지주의의 절충 참조.

신청이 있어야 하는 것이 원칙이므로 법원의 직권에 의한 증거조사는 허용되지
아니하는 것이 원칙이다. 그러나 실제로는 당사자간에는 지식·경험·경제력에
있어서 대등하지 않으며 특히 법률지식이 없는 본인소송에 있어서 입증책임부
담자가 스스로 충분한 증거자료를 제출하는 것이 기대될 수 없는 경우가 있다.
이 경우 현실적으로 당사자의 능력부족으로 인하여 입증을 충분히 하지 못하게
되고 그 결과 단순한 입증책임의 분배의 원칙에 따라 재판하는 것은 실체적 진
실, 사회정의나 형평, 공정한 재판에 어긋나게 된다. 이러한 변론주의의 폐해를
조절하기 위하여 우리나라 민사소송법 제292조에서 법원의 직권에 의한 보충적
직권증거조사제도를 마련한 것이다.[94]

　　보충적 직권증거조사는 증거자료의 수집만을 직권으로 한다는 것을 의미
하고 증명주제인 사실에 대하여는 어디까지나 변론주의의 원칙에 따라 당사자
의 주장을 전제로 한다는 점에서 직권탐지주의나 직권조사사항과 다르다. 즉
직권탐지주의의 경우는 당사자의 주장이나 나아가 당사자의 증거신청에 구속
되지 아니하는 것이고, 직권조사의 경우 당사자의 주장은 직권조사를 촉구하는
의미만을 갖는다.

　　민사소송법 제292조상의 직권증거조사는 어디까지나 보충적이기 때문에
처음부터 조사하여야 하는 것이 아니고 심리의 최종단계에 이르러 당사자신청
의 증거로 심증형성이 안 될 때에만 문제가 된다. 따라서 만일 처음부터 직권증
거조사에 의한다면 변론주의 원칙에 반하게 된다.[95] 그런데 이러한 직권증거조
사가 인정된다고 하더라도 무제한적인 것은 아니고 어디까지나 당사자가 신청
한 증거에 의하여 심증을 얻을 수 없거나, 그 밖에 필요하다고 인정한 때에 한
정하여 예외적으로 인정된다고 하는 이른바 보충적 직권증거조사가 인정된
다.[96]

　　그리하여 예컨대 당사자신청의 증거로 어느 정도 입증을 하였으나 충분하
지 못하여 청구를 인용하기에는 부족하고 그렇다고 청구를 기각하는 것도 주저

94) 이시윤, 405면.
95) 이시윤, 405면 이하; 호문혁, 441면 이하; 정동윤, 529면; 다만 증거조사는 당사자의 증거
　　신청에 의하여 행하여지는 것이 원칙이지만, 민사분쟁의 적절한 해결이 국가의 의무라
　　는 점이 반성, 강조되어 감에 따라 증거조사의 면에서도 법원의 수동성이 반성되어 직권
　　증거조사의 여지가 증대되었다고 하는 것에는, 김홍규, 465면 참조.
96) 이시윤, 280면, 282면, 405면; 김홍규, ; 송상현, 644면; 호문혁, 441면; 정동윤, 529면.

스러운 경우가 직권증거조사를 하여야 할 경우에 해당한다. 이 경우 법원은 당
사자의 입증을 촉구할 필요가 있다.[97] 구체적으로 어느 경우에 어느 정도 직권
으로 증거조사를 할 것인가는 개개의 사건에 따라 법원이 얻은 심증의 정도에
비추어 정할 수밖에 없을 것이다. 이 경우 판례는 석명권을 행사하여 입증을 촉
구하거나 직권증거조사를 하여야 한다고 하여 마치 입증촉구와 직권증거조사
를 같은 순위에 놓인 것처럼 표현하고 있지만, 입증촉구로 인한 당사자의 입증
도 역시 직권조사보다 선순위에 있다고 한다.[98] 또한 민사소송법 제292조상의
직권증거조사에 관한 규정 이외에도 개별적인 직권증거조사에 관한 규정[99]이
많으나 과도한 직권발동은 당사자의 소송수행의욕을 감소시킬 수 있으므로 처
음부터 적극적으로 증거를 탐지하여서는 안 되고, 직권증거조사가 광범위한 인
정되게 되면 자칫 변론주의를 무색하게 만들 우려가 있으므로 엄격하게 적용하
여야 한다고 한다.[100][101]

그리고 이러한 증거조사를 직권으로 해야 하는지 여부는 법원이 재량사항
이라고 하는 입장에 서게 되면, 법원에 의한 직권증거조사의 의무를 과한 것이
아니므로 심증형성이 어렵다고 하여도 직권조사를 할 것인가 여부를 결정하는
것이 법원의 재량이라고 하게 된다.[102] 실무의 실제에서는 법원은 당사자가 착
상하지 못한 증거방법을 조사하려고 하는 경우 대개는 입증책임이 있는 당사자

---

97) 주석 민사소송법(Ⅳ), 한국사법행정학회, 2000, 260면.

98) 호문혁, 441면.

99) 이에는 관할에 관한 사항(제32조), 감정이 촉탁(제341조), 공무서진부의 조회(제356조 제
2항), 당사자신문(제367조), 검증시의 감정(제365조), 소송계속중 증거보전으로서의 증거
조사(제379)를 들 수 있다.

100) 송상현, 644면; 호문혁, 304면.

101) 실제로 판례상 직권증거조사기 인정된 예로는, 금전청구권은 인정되는 경우 그 수액(대
법원 1963. 9. 5. 선고 63다378 판결), 손해배상의무의 존재는 인정되는 경우 그 손해액
(대법원 1967. 9. 26. 선고 67다1024 판결(집15-3민, 135)), 가옥수리사실이 인정되는 경
우 그 소요비용액(대법원 1959. 10. 22. 선고 58민상98) 등을 들 수 있다. 그런데 이러한
경우에는 법원의 석명권을 행사하여 입증을 촉구하거나 직권증거조사를 하여야 하므로
입증이 없다는 이유만으로 청구를 기각함을 부당하다고 하나, 그러나 직권증거조사는
법원의 의무는 아니고 재량이므로, 당사자가 전혀 입증하려고 하지 않는데 법원이 직권
으로 증거조사를 하여서라도 예컨대 손해액을 기어이 밝혀내는 것이므로 변론주의를 골
격으로 하고 있는 현행 민사소송에 있어서 문제라고 할 수 있다고 하는 것에는, 주석 민
사소송법(Ⅳ), 260면 이하 참조.

102) 이시윤, 405면; 호문혁, 441면; 송상현, 644면; 판례도 이와 같다. 대법원 1989. 4. 11. 선
고 87누647 판결(공1989, 758), 1991. 12. 24. 선고 91누6542 판결(공1992, 800).

에게 입증을 촉구하는 형식을 밟아 당사자의 신청에 의한 증거조사를 하고 있다고 한다.103)

요컨대 민사소송에서는 민사소송법 제292조상의 보충적 직권증거조사를 변론주의의 폐해를 시정한다는 점에서 인정하는 것이므로 민사소송에서는 어디까지나 변론주의가 원칙이고 예외적으로 보충적 직권증거조사가 인정된다.104) 그러므로 이러한 의미에서의 보충적 직권증거조사는 변론주의를 보충하는 변론주의의의 한 내용으로 — 물론 "직권탐지주의가 원칙이 아니라는 의미"에서 "직권탐지주의적인 요소"로서 — 포섭될 수 있다. 따라서 만일 이러한 직권증거조사가 보충적 예외적이지 아니하고 원칙적인 것이라고 한다면 이는 예컨대 독일의 행정소송법 제86조 제1항에서 규정한 바와 같이 원칙적인 "직권탐지주의"가 된다. 그렇기 때문에 우리나라 민사소송에서는 보충적 직권증거조사를 변론주의의 보완·수정의 한 내용으로 석명권 내지 석명의무와 동일한 관점에서 파악하고 있으며, 반면에 원칙적 직권증거조사는 직권탐지주의의 내용으로 파악하고 있다.105)

그런데 문제는 실체적 진실발견이나 사적 당사자간의 실질적 평등에 근거한 민사소송법 제292조상의 보충적 직권증거조사가 행정소송에서 단순한 입법기술상의 행정소송법 제8조 제2항의 준용규정에 의하여 행정소송법 제26조의 해석의 판단기준이 된다는 점이다. 즉 사적자치의 소송법적 표현인 변론주의의 폐해를 시정하기 위하여 실체적 진실발견 특히 당사자간의 실질적 평등을 고려한다고 하는 민사소송과는 달리, 공·사익의 조정을 본질로 하는 행정소송절차의 특수성을 적극적으로 반영하지 못하게 된다는 점이다. 그리하여 행정소송법 제8조 제2항에 의하여 준용되는 민사소송법 제292조와 행정소송법 제26조 간의 체계상의 관계설정이 분명하게 되지 않게 된다.

---

103) 『주석 민사소송법(Ⅳ)』, 260면.
104) 다만 가사소송법, 소액사건심판법에서는 이러한 보충성을 지양하고 필요하다고 인정할 때에는 직권으로 증거조사를 할 수 있다. 가사소송법 제17조 (직권조사) 가정법원이 가류 또는 나류 가사소송사건을 심리함에 있어서는 직권으로 사실조사 및 필요한 증거조사를 하여야 하며, 언제든지 당사자 또는 법정대리인을 신문할 수 있다 소액사건심판법 제10조 (증거조사에 관한 특칙) 제1항; 판사는 필요하다고 인정한 때에는 직권으로 증거조사를 할 수 있다. 그러나 그 증거조사의 결과에 관하여는 당사자의 의견을 들어야 한다.
105) 예컨대 이시윤, 280면, 282면.

## 2. 구별개념으로서 직권조사

민사소송에서 변론주의의 폐해를 시정하기 위하여 실체적 진실발견과 실질적 평등이라는 관점하에서 인정되는 민사소송법 제292조상의 보충적 직권증거조사와 구별하여야 하는 개념으로서 직권조사라고 하는 것이 있다. 직권조사(Prüfung von Amts wegen, Grundsatz der Amtsprüfung)라고 함은 당사자의 신청 또는 이의에 의하여 지적되지 아니하더라도 법원이 반드시 직권으로 조사하여 적당한 조치를 취하는 것을 말하고 그 대상인 사항을 직권조사사항이라고 한다. 이러한 직권조사는 청구나 소송물에 관한 것보다는 주로 공익과 관련된 소송요건에 관한 사항106)이므로 행정소송107)은 물론이고 변론주의를 채택한 민사소송에서도 널리 인정되고 있다.

그런데 직권조사는 당사자가 제출한 사실, 증거에 한해서만 조사한다는 점에서 변론주의와 공통하지만, 당사자간에 자백이 성립하더라도 법원은 당사자의 의사와 관계없이 반드시 조사해야 한다는 점에서 직권탐지주의와 공통한다.108) 그러나 직권조사는 직권으로 문제삼아 판단한다는 것을 의미하고 그 판단의 기초가 되는 사실과 증거를 직권으로 수집하는 것이 아니라는 점에서는 직권탐지주의를 의미하는 것은 아니다.109)

---

106) 직권조사사항에는 일반적 소송요건의 존부(항변사항은 제외), 소변경이나 반소요건의 존부, 강행규정의 준수, 사건에 적용되어야 할 실체법규의 탐색, 제척원인의 유무, 변론공개의 유무, 판례상의 과실상계, 위자료의 액수, 신의칙 또는 권리남용 등이 있으며, 다만 소송요건 중 공익적 요구가 강한 것, 예컨대 재판권의 유무, 소송능력, 전속관할, 소송계속의 유무, 경험법칙, 외국법, 관습법의 존재 등은 직권조사사항인 동시에 필요한 증거를 직권으로 탐지할 수 있는 직권탐지사항이기도 하다. 김홍규, 『민사소송법』 제5판, 삼영사, 2002, 510면, 정동윤, 340면, 이시윤, 283면 이하; 이에 대하여 피고가 주장하지 않는 한 법원이 고려하지 않는 사항이 항변사항이며, 이를 방소항변(Prozeßhindernisse)이라고도 하며 이에는 임의관할의 흠결, 중재계약의 존재, 소송비용의 담보제공의 흠결 등이 있다. 정동윤, 352면.

107) 행정소송에 있어서의 특유한 것으로는, 행정행위의 존부(대법원 1993. 7. 27. 선고 92누15499 판결), 행정행위의 적법 여부(대법원 1967. 4. 4. 선고, 66누171 판결), 행정행위의 목적물 특정(대법원 1961. 12. 7. 선고 4293행상27 판결), 쟁송의 대상이 되는 행정처분의 존부(대법원 1990. 10. 10. 선고 89누4673 판결) 등이 있다. 허상수, 항고소송의 법리, 행정소송에 관한 제문제(상), 법원행정처, 재판자료 제67집, 1995, 356 이하 참조.

108) 이시윤, 284면; 정동윤, 339면; 김홍규, 510면; 송상현, 453면.

109) Rosenberg/Schwab/Gottwald, S. 433.

따라서 당사자의 신청이 있어야만 그 사항을 심리할 수 있다는 원칙(이를테면 신청주의·처분권주의)의 대립개념으로서 직권조사는 변론주의 및 직권탐지주의(판단의 전제인 사실과 증거를 당사자가 제출하느냐 법원이 직권으로 탐지하느냐)와는 그 기능하는 차원이 서로 다르다.110) 그러므로 직권조사는 변론주의와 직권탐지주의가 아닌 제3의 방법 또는 변론주의와 직권탐지주의의 중간위치(Mittelstellung)를 차지한다고 할 수 있다.111)112)

행정소송법학자들의 대부분은 소송요건을 직권조사사항으로 파악하고 있고 그에 대한 판단방법으로서 직권조사를 인정하고 있다. 즉 행정소송에서의 소송요건의 대부분은 직권조사사항으로서 이는 피고의 항변의 유무에 관계없이 법원의 직권으로 조사하여 참작할 사항이다. 실무상 피고가 소송요건의 흠결을 들고 나올 때에는 이를 본안전항변이라고 하지만 이러한 피고의 주장은 단지 법원의 직권조사를 촉구하는 데 그치며 피고의 주장을 기다려서 비로소 조사하게 되는 항변사항도 있는바 임의관할, 불제소특약 등은 그 예이다.113)114)

---

110) 정동윤, 339면.
111) Jauernig, §25 Ⅹ; 이시윤, 283면.
112) 이에 반하여 소송요건에는 임의관할, 확인의 이익 등과 같이 공익적 요소가 아주 희박한 것에서부터 재판권과 같이 고도의 공익요소가 있는 것까지 다양한데 이를 직권조사라는 한 가지 심리방식에 의한다는 것은 문제이므로 공익성의 정도에 따라 직권탐지형, 변론주의형 및 직권조사형으로 구분하는 것이 타당하다는 설이 있다. 강현중, 300면.
113) 김동희, 『행정법Ⅰ』, 박영사, 2003, 670, 670면; 이상규, 『신행정쟁송법』, 법문사, 1994, 445면; 변재옥, 『행정법강의(Ⅰ)』, 박영사, 1989, 658면; 홍준형, 『행정구제법』, 한울 아카데미, 2001, 634면; 홍정선, 『행정법원론(상)』, 박영사, 2002, 851면; 김학세, 『행정소송의 체계』, 일조각, 1995, 154면; 박규하, "행정소송의 심리", 『고시계』, 1989. 5, 135면.
114) 판례상 직권조사사항으로 인정한 예로는, 전심절차를 거쳤는지 여부(대법원 1996. 9. 6. 선고 96누7045 판결(공1996하, 3059), 1995. 12. 26. 선고 95누14220 판결(공1996상, 613)), 행정처분의 존부(대법원 1995. 2. 3. 선고 94누910 판결(공1995, 1178)), 확정판결의 존재(대법원 1989. 10. 10. 선고 89누1308 판결(공1989, 1684)), 제소기간의 준수여부(대법원 1987. 1. 20. 선고 86누490 판결(공1987, 318)), 당사자 능력(대법원 1982. 10. 12. 선고 80누495 판결(공1982, 1102)), 소송대리권의 흠결(대법원 1962. 4. 26. 선고 61누147 판결(집10-2, 행34)), 귀속재산 매수결격에 관한 사유(대법원 1957. 6. 7. 선고 57누79 판결(집5-2, 행11)) 등이 있고, 직권조사사항이 아니라고 한 예는, 처분청의 처분권한 유무(대법원 1997. 6. 19. 선고 95누8669 전원합의체 판결(공1997하, 1913)), 1996. 6. 25. 선고 96누570 판결(공1996하, 2383)) 등이 있다.

## V. 학설 및 그 검토

### 1. 행정소송에서의 직권심리주의에 관한 학설[115][116]

### (1) 민사소송법상 보충적 직권증거조사주의설(직권증거조사주의설, 변론주의보충설, 변론보충설)

행정소송에서는 변론주의를 원칙으로 하고 공익을 이유로 민사소송법상의 보충적 직권증거조사를 인정한 것이라는 설이다. 이 설은 직권증거조사주의설,[117] 변론보충설[118]이라고도 불리나, 그 실질적인 내용은 전술[119]한 바와 같은 민사소송법 제292조상의 보충적 직권증거조사와 동일한 내용이다. 그 이론적인 논거로는 민사소송법상의 보충적 직권증거조사에서의 논의와 특히 일본

---

115) 특히 행정소송에서의 직권심리에 관한 규정인 학설의 명칭이 각각 다르고 같은 학설의 명칭을 쓰면서도 그 의미하는 바도 반드시 일치하지 아니하고 혼선을 빚고 있는 것 같다. 행정소송법 제26조에 관한 학설의 기준으로는 흔히 "직권증거조사주의"(예컨대 이상규, 465면; 박윤흔, 994면)라는 명칭이 쓰이나 이것은 기본적으로 당사자간의 실질적 평등에 근거한 변론주의의 보충으로서의 민사소송상의 "보충적" 직권증거조사를 의식하고 그 논의의 실내용이 민사소송법 제292조상의 보충적 직권증거조사에 그치는 것인가 여부에 한정된다는 점에서 문제이다. 더군다나 경우에 따라서 민사소송상의 보충적 직권증거조사의 범위를 초과한다고 한다면 더더욱 어울리지 않는가 한다. 또한 이는 앞에서 고찰한 일본행정사건법 제24조의 조문제목인 [직권증거조사]를 의미이고 일본에서 대부분 일치하는 학설의 내용이라는 점에서 우리나라가 이에 그대로 따른다는 것은 의문이다(전술한 Ⅱ. 비교법적 고찰 2. 일본과의 비교 참조). 일본 행정소송에서의 직권증거조사는 변론주의의 보충으로서의 "보충적" 직권증거조사를 의미하는 데에 대부분 견해가 일치하는 반면에, 우리나라의 행정소송에서는 이러한 "보충적" 직권증거조사를 넘어서서 "당사자가 주장하지 아니한 사실"에 대하여 판단할 수 있다고 하는 학설도 대등하게 주장되고 있으므로 따라서 일본식의 "직권증거조사주의"라는 표현을 피하는 것이 옳다고 생각한다. 따라서 우리나라 행정소송법 제26조의 조문의 제목인 [직권심리]를 그대로 살려서 "행정소송법 제26상의 직권심리", "행정소송에서의 직권심리(주의)" 또는 "직권심리주의(박균성, 『행정법론(상)』, 박영사, 2003, 841면; 김철용, 『행정법 I』, 박영사, 2002, 576면)"라고 하는 것이 특히 그 내용이 실질적 당사자간의 평등이 아니라 행정소송에서 공익을 고려하여 직권심리의 범위를 독자적으로 판단한다는 점에서도 무난하다고 생각된다.

116) 우리나라에 있어서의 학설의 자세한 전개과정은, 선정원, 247면 이하 참조.

117) 예컨대 이상규, 465면.

118) 예컨대 변론보충설과 직권탐지설의 분류는 김도창, 『일반 행정법론(상)』 청운사, 1992, 803면.

119) 앞 Ⅳ. 민사소송법상의 보충적 직권증거조사 참조.

행정소송에서의 논의와 유사하다.120)

이에 대한 대표적인 견해로서는 다음을 들 수 있다.


행정소송은 사적 이해조정을 목적으로 하는 민사소송과 달리, 공공적 성격이 강하여 사적자치의 원칙이 타당하지 아니한 것이다. 따라서 행정청의 처분이나 재결의 효력관계 내지 공법상의 권리관계에 관한 소송인 행정소송의 구체적 타당성 있는 처리를 도모하기 위하여 당사자가 제출한 증거만으로는 사실인정상 부족하다고 인정할 때에는 법원이 직권에 의한 증거조사를 할 수 있도록 한 것이다.

문제는 행정소송법 제26조에 의한 심리절차상의 특례가 엄격한 뜻에서의 직권증거조사에 한정되는 것인지, 판단이 자료로 할 사실에 대해서도 당사자의 직권증거조사에 한정되는 것인지, 판단의 자료로 할 사실에 대해서도 당사자의 주장에 구애되지 않는 직권탐지를 뜻하는 것인지에 관하여 해석상 의문이 있을 수 있으나, 이는 당사자가 주장하는 사실에 대한 당사자의 입증활동이 불충분하여 심증을 얻기 어려운 경우에 당사자의 증거신청에 의하지 아니하고 직권으로 증거조사를 할 수 있는 것으로 보아야 할 것이다.121)


이와 같은 주장은 결정적으로 "당사자가 주장하는 사실에 대한 당사자의 입증활동이 불충분하여 심증을 얻기 어려운 경우에 당사자의 증거신청에 의하지 아니하고 직권으로 증거조사를 할 수 있는 것으로 보아야 할 것이다"라고 한다는 점에서, 행정소송에서는 민사소송에서와 마찬가지로 원칙적으로 변론주의가 인정된다는 전제하에서 변론주의의 폐해를 시정한다는 의미에서의 보충적 직권증거조사가 인정된다고 한다. 즉 당사자가 주장한 사실에 관하여 당사자의 지식·경험의 부족 등으로 인한 당사자간의 불대등을 시정하려고 하는 즉 변론주의의 폐해를 조절·보충하여 실체진실을 밝힘으로써 적정한 재판을 실현하기 위한 제도로서 민사소송상의 변론주의하에서 인정되는 보충적 의미에서의 직권증거조사를 의미하는 것이라고 할 수 있다.

따라서 이 설의 입장에서는 행정소송법 제26조의 의의에 관해서는, 행정소송법 제26조의 후단의 "당사자가 주장하지 아니한 사실"이라는 규정에도 불구하고, "당사자가 주장한 사실"에 한하여 당사자의 입증활동이 불충분하여 심증

---

120) 본고 Ⅱ. 비교법적 고찰 2. 일본과의 비교 참조. 특히 일본 행정소송에서 논의되는 논거를 원용하고 있는 것으로는 김학세, 164면 이하 참조.

121) 이상규, 465면 밑줄은 필자; 동일한 취지로는 김학세, 164면 이하; 이혁우, 43면.

을 얻기 어려운 경우에 당사자의 증거신청에 의하지 아니하고 직권으로 증거조사를 할 수 있음을 뜻하는 것이라고 한다.122) 직권에 의한 증거조사의 방법, 절차에 관해서는 행정소송법에 다른 규정을 두고 있지 아니하므로 행정소송법 제8조 제2항에 따라서 민사소송법에 의할 것이라고 한다.123) 또한 행정소송법 제26조의 규정은 법원이 보충적으로 직권에 의한 증거조사를 할 수 있음을 주의적으로 규정한 것일 뿐 행정소송에서 원칙적으로 직권탐지주의를 채택한 규정은 아니므로, 행정소송에서는 변론주의가 원칙적으로 적용되므로 주장책임, 입증책임의 문제도 민사소송상의 일반원칙에 의하게 된다는 것이다.

### (2) 절충설(변론주의에 직권탐지주의를 보충 내지는 가미한다는 설)124)125)

행정소송에서는 변론주의가 인정된다는 전제하에서 행정소송법 제26조의 전단에 의하여 직권탐지주의적 요소로 파악될 수 있는 민사소송상 "당사자가 주장한 사실"에 한정된다는 의미에서의 보충적 직권증거조사를 포함할 뿐만 아니라, 같은 조 후단에 의하여 전단의 보충적 직권증거조사를 넘어선다는 의미에서 즉 "당사자가 주장하지 아니한 사실에 대하여도 판단할 수 있다는 의미"에서의 "직권탐지주의"가 보충 내지는 가미된다고 하는 설이다. 그 주장의 일 내용을 보면, 다음과 같다.

---

122) 이상규, 465면, 김학세, 166면.
123) 김학세, 166면.
124) 흔히 학설명칭으로는 "직권탐지설(김도창, 803면)", "직권탐지주의설(박윤흔, 994면)", "변론주의를 원칙이며 직권탐지주의는 보충적인 것(박균성, 842면)", "변론주의와 직권탐지주의의 가미(홍준형, 637면)"이라고도 불리는 학설이다. 그 실질적인 내용은 변론주의를 원칙으로 하고 주로 민사소송상 "당사자가 주장한 사실에 한정한다"는 의미에서의 보충적 직권증거조사를 넘어설 수 있다는 의미에서 즉 민사소송상의 보충적 직권증거조사를 포함할 뿐만 아니라 "당사자가 주장하지 아니한 사실에 대하여도 판단한다"는 의미에서 직권탐지주의를 보충 내지는 가미한다는 것이므로 변론주의와 직권탐지주의가 절충한다는 의미가 강하게 나타난다. 그리고 특히 뒤에 소개할 주로 민사소송법학자들이 민사소송의 변론주의와 대비시켜서 직권탐지주의의 원칙적인 내용을 설명하고 있는 "직권탐지주의원칙설"과 구별하기 위하여 "절충설"이라고 하기로 한다; 다만 경우에 따라서는 "변론주의원칙과 직권심리주의의 가미"라고 하면서도 그 내용은 민사소송법상의 보충적 직권증거조사주의설을 설명하는 경우도 있다. 김성수, 『행정법 Ⅰ』, 법문사, 2000, 833면 참조.
125) 판례의 표현으로는 "직권주의를 가미한다"라고 한다. 예컨대 대법원 1981. 6. 23. 선고 80누510 판결(공1981, 14104) 참조.

행정소송제도에 있어서는 변론주의를 원칙으로 하는 민사소송과는 달리 어느
정도의 직권주의를 채택하는 것이 통례이다. 이는 행정법 및 행정소송의 사법이나
민사소송과 구별되는 특질을 가진다고 하는 데에서 유래한다.

행정법에서는 일반적으로 사적자치의 원칙이 타당하지 아니하고 그 규정은 거
의가 강행법규인 성질을 갖고 그 내용 또한 사적 당사자간의 이른바 내부적 이
해의 충돌을 조정한다기보다 행정권과 국민과의 외부적 일반적 관계를 규율하며
행정권에 대한 국민의 권리보호와 행정목적의 달성을 목적으로 하는 것이므로 그
실현을 위한 행정소송의 목적도 단순한 분쟁의 해결뿐만 아니라 분쟁의 해결을 통
한 국민의 권리보호와 행정작용의 적법성을 보장하는 데 있고 따라서 소송이 결과
도 바로 국가 또는 공공단체와 일반국민의 이해에 관계되어 공공의 복리에 영향을
미치는 바 적지 않게 된다. 그리하여 법원은 민사소송에서처럼 당사자에게만 소송
의 운명을 맡길 것이 아니라, 적극적으로 소송에 개입하여 재판이 적정타당을 기하
여야 한다는 강한 요청이 생긴다.

우리 행정소송법 제9조[126]의 문언을 보면 전단은 민사소송법 제265조[127]이 직
권증거조사규정과 유사하나 후단의 규정과 아울러 직권탐지주의의 내용을 규정한
것이라 할 것이다.[128]

이러한 견해는 행정소송의 기능 내지는 목적[129]이라는 관점에서 보면, 국
민의 권리보호와 동시에 민사소송과 달리 행정의 적법성을 보장하기 위하여 적
정한 재판에 관한 공익을 확보해야 할 필요성이 있으므로, 행정소송법 제26조
는 행정소송에 있어서 제한적인 범위에서 변론주의에 대한 예외로서 직권탐지
주의를 인정한다는 설이다. 이는 변론주의에 대한 예외에 불과한 것이므로 법원
은 원고의 청구의 범위를 유지하면서 공익상 필요하다고 인정할 때에는 예외적
으로 그 범위 안에서 당사자가 주장하지 아니한 사실에 대하여도 판단할 수 있
다는 의미로 해석한다는 것이다. 그 표현으로 "변론주의와 직권탐지주의의 가

---

126) 1951. 8. 24. 법률 제213호로 제정된 구 행정소송법 제9조에서는 "법원은 필요한 경우에
    직권으로써 증거조사를 할 수 있고 또 당사자가 주장하지 않는 사실에 관하여도 판단할
    수 있다"라고 규정하였고, 이는 1984. 12. 15. 법률 제3754호로 전문 개정된 행정소송법
    제26조(직권심리)에서 "법원은 필요하다고 인정할 때에는 직권으로 증거조사를 할 수
    있고, 당사자가 주장하지 아니한 사실에 대하여도 판단할 수 있다"라고 하여 현재까지
    그대로 유지되고 있다.
127) 2002. 1. 26. 법률 제6626호로 전문 개정된 현행 민사소송법 제292조임.
128) 윤일영, 37면.
129) 졸고, 117면 이하 참조.

미"130) 또는 "변론주의를 원칙이며 직권탐지주의는 보충적인 것"131)이라고 한다.

이 설은 민사소송에서의 보충적 직권증거조사제도는 변론주의의 폐단을 시정하기 위한 것으로 어디까지나 보충적인 것이라는 점을 강조한다. 즉 민사소송에서는 당사자가 주장한 사실에 관한 증거가 불충분하여 심증을 얻을 수 없는 경우에 법원이 직권으로 증거를 조사할 수 있는 것인 반면에, 행정소송에서는 당사자가 주장한 사실에 대하여 보충적으로 증거를 조사할 수 있을 뿐만 아니라, 더 나아가서 "당사자가 주장하지 않는 사실"에 대하여도 법원이 직권으로 증거를 조사하여 그 사실을 인정하여 판단의 자료로 삼을 수 있다고 한다.132) 그런 의미에서 "행정소송법은 변론주의를 원칙으로 하여 직권증거조사를 포함한 직권탐지주의를 가미한 것"133)이라고 하는 것이 보다 정확한 표현이다. 그리고 행정소송의 특수성의 견지에서 법원이 이러한 직권증거조사를 하여야 할 의무를 부담하는 것으로 보는 경우도 있다.134)

### (3) 직권탐지주의원칙설135)

1) 주로 우리나라 민사소송법학자들은 행정소송법을 변론주의가 적용되지 않는 절차 즉 직권탐지주의가 적용되는 절차로 보고 그 결과 행정소송에서의 주장책임과 주관적 입증책임을 부인하는 것에 일치한다.136)

이 설에 의하면, 행정소송법 제26조 규정 자체를 놓고 보면 행정소송에 있어서는 변론주의가 배제되는 것이라고 아니할 수 없다고 하여 ,행정소송에 있어서는 민사소송에 있어서와는 달리 주장책임의 개념은 인정되지 않고 입증책

---

130) 김남진, 810면; 홍준형, 637면; 박윤흔, 994면.

131) 박균성, 842면.

132) 박윤흔, 994면; 김성수, 『행정법 Ⅰ』, 법문사, 2000, 833.

133) 박윤흔, 995면; 홍준형, 638면; 그러나 보다 정확히는 "행정소송법은 변론주의를 원칙으로 하여 <u>민사소송법 제292조상의 보충적</u> 직권증거조사를 포함한 직권탐지주의를 가미한 것"이라고 하여야 한다.

134) 박윤흔, 995면; 직권탐지는 원칙상 법원의 재량에 속하지만 적정한 재판을 위하여 직권탐지가 크게 요청되는 경우에는 직권탐지의무가 있다고 하는 것에는 박균성, 843면; 이에 반하여 법원의 권능일 뿐 의무는 아니라고 하는 견해는 이석선, 판례 행정소송법(하), 한국사법행정학회, 1991, 194면.

135) 이 설은 행정소송에서는 직권탐지주의가 원칙이라고 한다는 점에서 특히 변론주의가 원칙이고 직권탐지주의가 가미된다고 하는 앞 절충설과 구별된다고 할 수 있다. 따라서 "직권탐지주의원칙설"이라고 부르기로 한다.

136) 이시윤, 283면; 정동윤, 337면; 김홍규, 509면; 송상현, 456면; 강현중, 425면.

임의 관념만을 인정할 뿐이라고 한다.[137] 즉 주장책임은 변론주의의 존재를 전
제로 하기 때문에 변론주의의 적용이 없고 직권탐지주의가 적용되는 사항이나
소송절차에서는 입증책임과 독립하여 주장책임의 관념을 인정할 여지가 없고,
따라서 직권탐지주의에서는 법원이 소송자료의 수집에 관하여 주도권을 갖고
있기 때문에 법원이 당사자의 주장을 기다려 법률효과의 판단을 하여야 한다는
제약이 없다고 한다. 법원은 당사자의 주장이 있거나 없거나 간에 당사자의 주
장과는 관계없이 증거자료에 의하여 인정되는 사실을 당연히 재판의 기초로 할
수 있는 것이므로 그 한도에서 주장책임의 문제는 생겨나지 않는다고 한다.[138]

2) 그런데 최근 우리나라 행정소송법 제26조를 독일 행정소송법 제86조 제
1항의 규정과 유사한 규정으로서 우리나라 행정소송에서 원칙적인 직권탐지주
의를 정면으로 선언하여 인정한 규정이라고 하는 주장이 있다. 즉 행정소송법
제26조의 후단은 명백히 변론주의와 배치되는 것이 분명하고, "당사자가 주장
하지 아니하는 사실을 판결의 기초로 할 수 없다"고 하는 변론주의의 핵심원칙
을 부정한 것으로서 이 행정소송법 제26조의 규정을 변론주의를 보충하는 것으
로 해석하는 것은 극히 자의적인 해석이라고 한다. 따라서 위 규정은 항고소송
에 있어서 직권탐지주의를 실현하기 위하여 둔 규정이고, 그와 같이 해석하는
것이 행정소송의 특질과 시대의 조류에 부합하는 것으로 보인다고 한다.[139]

## 2. 학설의 검토

1) 먼저 주로 민사소송법학자들이 주장하는 직권탐지주의원칙설에 관해서
보면, 민사소송과 달리 행정소송에서는 직권탐지주의가 인정된다고 하는 행정
소송의 심리원칙에 관한 이들의 견해는 행정소송법학자들의 학설과 대비하여
논급하는 즉 상호관련속에서 설명하는 것이 아니다. 이 점에서 하나의 학설이
라고 하기보다는 단지 민사소송에서의 변론주의와 대비되는 개념으로서 행정

---

137) 따라서 이 견해에 의하면, 행정소송에서 변론주의를 배제한다고 하므로 여기서의 입증
책임은 "객관적 입증책임"만을 의미한다고 할 것이고, 따라서 행정소송이나 세무소송의
설명 부분에 가서는 "주관적 입증책임"을 인정할 수 없게 되어 주관적 입증책임과 구별
되는 개념으로 "입증의 필요"라는 개념을 사용하기도 한다. 오석락, 입증책임론, 박영사,
1996, 10면, 215면 이하, 297면 이하.
138) 오석락, 14면.
139) 강영호, 125면.

소송에서의 직권탐지주의의 전형적이고 원칙적인 모습을 상정하고 이를 간략하게 설명한 것에 불과하다. 따라서 행정소송에서 의미가 있는 행정소송법 제26조에 관한 학설로서 구체적인 내용을 가진다고 인정하기 어려우므로 행정소송법 제26조의 해석에 있어서 특별히 참조할 사항은 없는 것으로 보인다.

그런데 위와 같은 직권탐지주의원칙설 중에서도 극히 이례적으로 우리나라 행정소송법 제26조의 규정을 독일의 행정소송법 제86조 제1항과 마찬가지로 직권탐지주의가 원칙이라고 하는 견해[140]를 보면, 이 견해도 행정소송법 제26조가 독일 행정소송법 제86조 제1항과 마찬가지로 행정소송에서 직권탐지주의가 인정되었다는 취지의 주장을 한 후, 이어서 "다만 무한정의 직권탐지주의를 취할 경우 법원이 실체적 진실발견을 위하여 담당하여야 하는 부담감이 너무 크고 현실적으로 당사자의 도움 없이는 이를 수행하기 어려우므로 독일의 다수설이나 판례와 같이 제한적 직권탐지주의의 입장에서 소송을 운영하고 해석한다면 큰 무리가 없을 것으로 보인다"[141]라고 한다.

그러나 이러한 견해는 독일 행정소송에서의 논의의 내용인 직권탐지주의를 완화하는 방향과 우리나라 행정소송에서의 논의의 내용인 변론주의를 원칙으로 하고 직권탐지주의적 요소 내지는 직권탐지주의를 보충 내지 가미하는 데에 있어서 그 범위에 관한 견해의 대립이라고 하는 방향과 혼동하고 있다는 점에서 기본적으로 문제가 있다. 즉 우리나라 행정소송과 독일의 행정소송을 동일시하고 있다는 점에서 문제이다. 물론, 전술[142]한 바와 같이, 변론주의와 직권탐지주의는 본래 이념형을 상정한 것에 불과하고 현실에서는 이 양자를 절충하는 것이 바람직하므로 우리나라나 독일의 행정소송에 있어서 그 실제의 실질적 내용은 결국은 변론주의와 직권탐지주의를 절충하는 중간점에 수렴한다. 그렇지만 문제에 접근하는 방향이 전혀 다르다. 즉 우리나라의 행정소송은, 독일의 행정소송에서와 같이 법원의 부담을 완화하기 위하여 직권탐지주의를 완화하는 것이 아니라 그 역으로 이를테면 변론주의를 완화하여 법원의 의무를 인정하여 법원의 부담을 가중시키는 것이 가능한가가 논의되고 있는 것이다.

요컨대 적어도 우리나라 행정소송법 제26조의 규정은 직권탐지주의를 완

---

140) 강영호, 125면 이하 참조.
141) 강영호, 126면.
142) 앞 Ⅲ. 변론주의와 직권탐지주의의 절충 참조.

화하는 근거규정은 아니다.

2) 다음으로 민사소송법상 보충적 직권증거조사주의설(변론주의보충설, 변론보충설)을 보면, 우선 이 설은 민사소송 및 행정소송에 관한 우리나라의 현재 소송실무의 실제라는 관점과 법제도가 비슷한 일본에서의 주류적인 이론을 참고하여 해석하는 주로 실무가들의 견해이다.

이 설에 따르면, "당사자가 주장한 사실"에 대한 당사자의 입증활동이 불충분하여 심증을 얻기 어려운 경우에 당사자의 증거신청에 의하지 아니하고 직권으로 증거조사를 할 수 있다고 한다. 따라서 행정소송법 제26조의 해석에 있어서는 결론적으로는 민사소송상의 보충적 직권증거조사에 관한 내용과 같다. 본래 민사소송상의 보충적 직권증거조사는 사적자치의 소송법적 표현인 변론주의가 실체적 진실발견이나 당사자의 소송수행능력의 대등을 전제로 함으로 일어나는 폐해를 시정하고자 인정되는 예외적인 제도이고, 법원에게 직권증거조사의무도 인정하지 않는다. 따라서 행정소송에서 이러한 보충적 직권증거조사만이 인정된다는 것은, 민사사송에서 변론주의를 강화하기 위하여 직권증거조사에 관한 규정을 삭제하고 이에 관한 규정을 일본 행정사건소송법에 규정한 일본의 행정소송의 경우143)에는 타당할 수도 있다.

그러나 전술한 바와 같이, 행정소송은 공익적 성격이 강하여 사적자치의 원칙이 타당하지 않다고 하면서도 결과적으로는 매우 제한적으로 그것도 당사자가 주장한 사실에 한하여 민사소송에서와 같은 보충적인 직권증거조사만을 인정하는 정도에 머문다. 이 점에서 적어도 민사소송과 구별되는 행정소송의 특수성을 고려한 결과로서의 실질적 내용이 전혀 없다. 특히 우리나라 행정소송이 변론주의를 인정하는 한 변론주의의 폐해를 실체적 진실발견이나 특히 실질적 평등의 관점에서 시정할 필요성이 있다. 이는 행정소송법 제26조의 규정이 없다고 하더라도 행정소송법 제8조 제2항에 의하여 민사소송법 제292조가 기본적으로 준용될 수 있다. 그런데 결과적으로 행정소송법 제26조가 민사소송법 제292조 이상으로 의미하는 바가 전혀 없게 된다고 한다면, 이는 실정법상의 명문규정인 행정소송법 제26조를 해석에 의하여 부당하게 그 규

---

143) 앞 Ⅱ. 비교법적 고찰 2. 일본과의 비교 참조.

정의 일부를 삭제시켜 개정한 것이다. 그리고 현재의 실무상 민사소송상 보충적 직권증거조사의 정도에 머무르고 있다는 사실과 행정소송법 제26조 후단상의 "당사자가 주장하지 아니한 사실에 대하여 판단할 수 있다"라는 것은 대는 소를 포함한다는 원칙에 따라서 양립불가능한 것도 아니다. 그럼에도 불구하고 행정소송법 제26조에 민사소송법 제292조 이상으로 아무런 의미를 부여할 수 없다는 것은 장차 법원이 공익을 이유로 적극적인 태도를 표명할 가능성마저 원천적으로 봉쇄하는 것이 된다. 따라서 이는 행정소송법 제26조 존재 자체의 의의를 부정하는 결과가 된다.

물론 행정소송에서도 특히 변론주의가 인정된다고 하는 한 민사소송에서 변론주의의 폐해를 시정하기 위한 제도로서, 민사소송법 제136조상의 석명권 내지 석명의무뿐만 아니라 같은 법 제292조상의 보충적 직권증거조사도 당연히 인정될 수 있다. 당사자간의 실질적 평등이라고 하는 관점은, 행정소송에서 원고인 국민과 피고인 행정청의 관계에서도 엄연히 존재한다. 그뿐만 아니라 오히려 경우에 따라서는 예컨대 정보면에서 행정소송에서는 원고측인 국민을 민사소송보다 더 보호할 필요성도 있으므로[144] 민사소송상의 보충적 직권증거조사가 인정되는 것은 이해된다. 어쨌든 이 설은 행정소송에서 당사자의 실질적 평등 이외에 공익을 적극적으로 고려할 수 없게 되는 문제점이 있게 된다.

그런데 보다 큰 문제는 이러한 사적 당사자간의 불대등을 실체적 진실이나 실질적 평등의 관점에서 시정한다고 하는 민사소송법 제292조상의 보충적 직권증거조사제도가, 행정소송에 있어서의 직권심리에 관한 규정인 행정소송법 제26조의 해석과 관련하여 그 판단기준으로서 직접적으로 관련되어 논의되고 있다는 점이다. 즉 민사소송상의 보충적 직권증거조사가 행정소송에서 단지 공익을 이유로 행정소송법 제8조 제2항에 의하여 준용되어 전용되는 과정이 불분명하다는 점이다. 이는 특히 우리나라 판례가 행정소송법 제26조를 판단함에 있어서 행정소송의 특수성만을 언급하고 있을 뿐이지 실질적 평등과 관련하여 행정소송법 제8조 제2항의 준용에 의한 민사소송법 제292조는 아예 전혀 언급조차 하지도 아니하는 것[145]과도 다른 점이다. 어쨌든 행정소송법 제8조 제2항에 의하여 준용되는 민사소송법 제292조와 행정소송법 제26조 간의 체계상의 관계

---

144) Hufen, §36 Rndr. 13.
145) 예컨대 대법원 1992. 3. 10. 선고 91누6030 판결(공1992상, 1327) 참조.

설정이 분명하지 않게 된다.[146]

　따라서 사적 당사자간의 실질적 평등에 근거한 민사소송법 제292조상의 보충적 직권증거조사가 행정소송에서 단순한 입법기술상의 행정소송법 제8조 제2항의 준용규정에 의하여 행정소송법 제26조의 해석의 판단기준이 된다는 것은, 사적자치의 소송법적 표현인 변론주의의 폐해를 시정하기 위하여 실체적 진실발견 특히 당사자간의 실질적 평등을 고려한다고 하는 민사소송과는 달리, 공·사익의 조정을 본질로 하는 행정소송절차의 특수성을 적극적으로 반영하지 못하게 된다. 본래 준용규정은 성질에 반하지 아니하는 한도 내에서 소극적·제한적인 적용이 그 본질이므로 따라서 행정소송에서 일정한 공익이 관련되는 경우에 변론주의가 제한되고 직권탐지주의적 요소 내지는 직권탐지주의가 보충 내지는 가미된다고 하는 즉 공익과 관련하여 적극적으로 직권탐지주의를 인정한다는 것에 대하여는 제대로 근거부여를 할 수 없다.[147] 그뿐만 아니라 행정소송법 제26조의 해석에 있어서는 주로 민사소송법 제292조에 관한 민사소송에서의 실무상 소극적 운영실태에 의존하고 민사소송상의 이론의 영향을 받을 수밖에 없기 때문에 그 결과 행정소송의 특수성이 행정소송법 규정 자체의 해석에 의하여 제대로 부각될 수 없다. 이는 주로 사익과 사적 당사자간의 실질적 평등과 관련된 민사소송과 달리 행정소송에서는 어느 절차에나 고려하여야 할 실체적 진실발견이나 실질적 평등 이외에도 실체적 공·사익의 조정적 절차라고 하는 행정소송의 본래의 본질에 관한 인식의 부족이라고 할 수 있다.

　전술한 바와 같이, 당사자간에 실질적 평등은 현대 실질적 법치국가에서의 절차의 보편적인 속성이다. 실체적 공·사익의 조정적 절차라고 하는 행정소송도 역시 실질적 평등을 도외시할 수는 없다. 그러나 모든 절차가 공·사익의 조정을 본질로 하는 것은 아니다. 즉 당사자간의 실질적 평등과 실체적 공·사익의 조정은 차원을 달리하는 문제이다. 특히 전자는 법원의 재량적 권한에 속하는 반면에, 후자는 법원의 의무에 속하고 따라서 판결의 취소사유가 될 수 있으므로 그 구별의 실익도 있다. 그렇다면 행정소송에서의 직권증거조사를 민사소

---

146) 후술하는 바와 같이 우리 판례는 매우 타당하게도 행정소송법 제26조를 해설함에 있어서 행정소송의 특수성만을 언급하고 있을 뿐 실질적 평등과 관련하여 행정소송법 제8조 제2항의 준용에 의한 민사소송법 제292조는 아예 전혀 언급조차 하지도 아니한다. Ⅵ. 판례 및 그 검토 참조.

147) 졸고, 116면.

송과 같은 차원에서 파악하기 곤란한 문제가 발생한다.[148]

　　3) 절충설(직권탐지주의를 보충 내지는 가미한다는 설)을 주장하는 내용은, 민사소송법상 보충적 직권증거조사주의설과 같이 현재의 민사소송이나 행정소송에서의 소송실무에 대한 인식의 정도에 그치는 것이 아니라, 나아가 행정소송에서 공익을 감안하여 직권탐지주의의 도입이 필요하다는 바람직한 행정소송의 모습을 상정한다고 하는 입장에서의 주장이라고 할 수 있다.

　　예컨대 행정소송을 권리구제뿐만 아니라 오히려 행정통제를 목적으로 하는 소송으로 보는 경우에는 직권탐지주의를 보다 강화하는 것이 타당하다고 하거나,[149] 법관의 업무량이 과다한 우리 법원의 실정상 직권탐지주의의 기능에 의문을 제기하는 견해가 없는 것은 아니나, 항고소송이 결과는 공공복리와 밀접한 관계가 있으므로 법원의 적극적인 개입으로 재판의 적정을 확보할 필요성이 강하다는 점을 염두에 두어 적극적으로 직권증거조사를 행하는 것이 바람직하다[150]고 하는 경우가 그 예이다.

　　절충설은 행정소송에서 변론주의를 완전히 배제하여 소송자료의 수집을 전적으로 법원에 일임하는 순수한 직권탐지주의를 인정한 것은 아니다. 따라서 행정소송에서 변론주의를 기본원칙으로 본다는 점에서는 민사소송법상 보충적 직권증거조사주의설과 같다고 할 수 있다. 다만 행정소송은 민사소송과 달리 공익이 관련되므로 행정소송의 심리에 있어서 단지 민사소송에 있어서 변론주의를 보충하는 정도로 직권증거조사가 "당사자가 주장한 사실"에 한정한다는 의미에서의 "보충적"으로 인정되어서는 안 된다. 한걸음 더 나아가 "당사자가 주장하지 아니한 사실"이라고 하더라도 법원이 판단할 수 있다고 하는 직권탐지주의의 본래의 원칙도 일부 인정가능하다는 것이다. 이 점에서 민사소송법상 보충적 직권증거조사주의설보다는 적극적인 견해이고, 행정소송법 제8조 제2항에 의하여 준용되는 민사소송법 제292조상의 보충적 직권증거조사 이외에도 행정소송법 제26조 후단의 문언 즉 "당사자가 주장하지 아니한 사실에 대하여도

---

148) 또한 그 외에도 행정소송법 제26조의 후단을 주장책임의 예외규정(이상규, 468면)이라고 하게 되면 변론주의의 원칙을 충실하게 관철하는 입장에서는 변론주의하에서 인정되는 소송자료와 증거자료의 준별과 어긋나게 되는 문제점도 있을 수 있게 된다.
149) 박균성, 843면.
150) 허상수, 356면.

판단할 수 있다"고 하는 명문의 문언과 제대로 잘 부합한다. 다만 이 행정소송법 제26조 후단의 경우를 예외적으로 인정하게 되면, 결과적으로 민사소송법상 보충적 직권증거조사주의설과 실질적인 큰 차이는 없다고 하는 견해도 있다.[151] 이러한 견해는 행정소송법 제26조의 명문의 규정을 의식하고 민사소송법 제292조상의 보충적 직권증거조사를 초과한다는 의미를 가진다고 하여 행정소송법 제26조의 독자적인 의의를 부여하기는 하였으나 현재의 소송실무를 의식해서 사실상 민사소송상의 보충적 직권증거조사와 큰 차이가 없다고 하는 것으로 이해된다.

그런데 이 설도 역시 위 민사소송법상 보충적 직권증거조사주의설에서와 같이 행정소송법 제8조 제2항에 의하여 준용되는 민사소송법 제292조의 보충적 직권증거조사를 기준으로 하여 논의하고 있다는 한도 내에서는 행정소송에서의 실질적 평등과 공·사익의 조정 간의 혼동이 있다고 할 수 있다. 즉 이 절충설도 행정소송에서 변론주의를 인정하는 한도 내에서는 위 민사소송법상 보충적 직권증거조사주의설에 대한 비판이 그대로 적용된다. 그리하여 위 민사소송법상 보충적 직권증거조사주의설에서와 같이 행정소송법 제8조 제2항에 의하여 준용되는 민사소송법 제292조와 행정소송법 제26조의 관계가 불분명하게 된다. 그리고 주장하는 내용이 민사소송상의 보충적 직권증거조사를 경유하여서 행정소송에서 민사소송법 제292조상의 보충적 직권증거조사의 범위를 초과할 가능성이 있다고 하는 것에 그치고 있다는 점에서 적극적으로 민사소송과 구별되는 행정소송의 목적이나 공익을 행정소송의 독자성이라는 차원에서 제대로 파악하지는 못하고 있다.

4) 민사소송법상 보충적 직권증거조사주의설(변론주의보충설, 변론보충설)과 절충설(변론주의에 직권탐지주의를 가미한다는 설)과의 관계를 보게 되면, 서로 다수설이라고도 하는 혼선을 빚기도 하지만,[152] 양 학설은 행정소송에서는 공익

---

151) 김남진, 812면; 홍준형, 486면; 유지태, "행정심판에서의 직권심리주의", 『법제』, 1999. 7, 6면.

152) 예컨대 민사소송법상 보충적 직권증거조사주의설이 다수설이라고 하는 것, 김철용, 576면; 박윤흔, 994면. 이에 반하여 단순한 직권증거조사에 그치지 않고, 법원은 당사자가 주장하지 아니한 사실에 대해서도 직권으로 이를 탐지할 수 있다는 의미에서 직권탐지주의를 인정한 것으로 보는 것이 다수설이라고 하는 것에는, 박균성, 842면; 김향기, 행

을 감안하여야 하므로 민사소송상의 변론주의가 그대로 관철될 수 없으므로 최소한 변론주의를 보충하여야 한다는 점, 그리고 현재의 소송실무는 사실상 민사소송법상의 보충적 직권증거조사와 같이 운영되고 있다는 현실인식에는 일치하는 것으로 보인다. 다만 그 보충정도가 민사소송법 제292조상의 보충적 직권증거조사를 일부 초과할 수 있는가에 대한 이론상의 견해의 차이에 불과한 것이다.

따라서 예컨대 보충적 직권증거조사주의설에서는 절충설을 변론주의를 배제하고 직권탐지주의를 원칙으로 하는 직권탐지주의원칙설이라고 공격하기가 쉬우나[153] 사실 절충설은 직권탐지주의를 행정소송의 원칙으로 하자는 것은 아니다.[154] 즉 이론상 보충하는 정도가 민사소송상의 보충적 직권증거조사에 그치는 경우가 민사소송법상 보충적 직권증거조사주의설이고, 여기서 한걸음 더 나아가 그 정도가 "당사자가 주장하지 아니한 사실"에 대하여도 법원이 판단가능하다고 하는 것이 절충설 즉 직권탐지주의를 보충 내지는 가미한다고 하는 입장이라고 할 수 있다. 따라서 직권탐지주의가 일부 인정한다고 하더라도 변론주의가 배제되고 소송자료의 수집책임을 전적으로 법원이 지게 된다고 보아서는 안된다. 왜냐하면 현행 행정소송법 역시 변론주의를 그 기본으로 하기 때문이다. 따라서 양 입장의 차이는 실질적으로는 학설명칭만큼이나 그리 크지 않을 뿐만 아니라,[155] 특히 양 학설은 현실의 소송실무상황을 모두 다 공통으로 인정하고 있다는 점에서, 실제로는 양 학설의 명칭만큼이나 그리 큰 차이가 없다고 할 수 있다.[156] 물론 어느 학설에 의하더라도 구체적인 한계를 제시하지

---

정법개론, 삼영사, 1993, 432면 참조; "직권탐지주의 가미설"이 학계의 일각에서 주장되기는 하였으나, 대세는 "변론주의보충설" 일색인 것으로 보인다고 하는 것에는 김남진, 『행정법 I』, 법문사, 2002, 696면.

153) 예컨대 이혁우, 42면.

154) 즉 앞 주 138)에서 공격의 대상이 되는 직권탐지설을 소개하면서 그 주장자로 윤일영, "행정소송과 직권주의", 대한변호사협회지 제10호, 1975. 1, 37-40면을 지목하고 있으나, 그러나 윤일영, 같은 논문 37면에서 "행정소송제도에 있어서는 변론주의를 원칙으로 하는 민사소송과는 달리 어느 정도의 직권주의를 채택하는 것이 통례이다"라고 한다는 부분을 보면 적어도 행정소송에서 변론주의를 완전히 배제하고 있지는 않다는 것을 알 수 있다.

155) 김남진, 800면 이하; 홍준형, 638면; 홍정선, 917면; 허상수, 355면.

156) 민사소송상 보충적 직권증거조사주의설에 서면서도 절충설과 큰 차이가 없다고 하는 것으로는, 예컨대 "법원이 필요하다고 인정할 때에는 직권탐지주의가 작용하는 것이므로", "행정소송의 심리에는 제한된 범위 안에서나마 직권탐지주의가 개입될 수 있고"라는 표

못하고 있는 점이 아쉬운 점으로서 지적될 수 있다고 하는 경우도 있다.[157]

결국 양 학설은 우리나라 행정소송에서의 직권심리에 관한 규정인 행정소송법 제26조의 해석에 있어서 법원의 직권에 의한 개입문제를 기본적으로 우리나라 민사소송을 포함한 행정소송실무의 관점과 행정소송의 특수성 내지 독자성을 감안하여 민사소송과 구별되는 바람직한 행정소송이라고 하는 관점 간의 대립이다. 즉 행정소송법 제26조의 규정이 법원의 직권탐지가 보다 활발히 행해지길 기대하여 적극적으로 평가하려는 입장과, 그와 반대로 소극적으로 평가하려는 입장으로 나누어진다고 볼 수도 있다.[158]

문제는 이러한 견해가 실정 소송법규정 및 행정소송의 독자성과 어떻게 조화롭게 설명될 수 있는가라고 하는 점이다. 보다 근본적으로는 실질적 평등이라는 관점에서 인정되는 보충적 직권증거조사가 행정소송에 인정되는 근거로 들고 있는 행정소송법 제8조 제2항의 준용에 의한 민사소송법 제292조와 그것과 별도로 규정되어 있는 행정소송법 제26조의 관계설정이라고 할 수 있다.

## VI. 판례 및 그 검토

### 1. 판례의 태도

행정소송법 제26조의 해석에 전제가 되는 변론주의와 직권탐지주의와의 관계에 관해서는 우리나라 법원이 취하는 기본적인 태도에 관해서는 다음과 같은 판례를 들 수 있다. 즉 대법원에 따르면,

행정소송에 있어서 특단의 사정이 있는 경우를 제외하면 당해 행정처분의 적법

---

현을 쓰고 있으므로 행정소송에서 직권탐지주의를 전적으로 배제하고 있지는 아니하다는 점에서 절충설과 큰 차이가 없다고 할 수 있다(이상규, 512, 514면). 그 밖에도 민사소송상 보충적 직권증거조사주의설에 서면서 법원은 당사자가 주장하지 아니한 사실에 대해서까지 직권으로 판단할 수 있는 점에서는 차이가 있다고 할 수 있으나 그 규정내용이나 판례의 취지를 보면 민사소송에서도 변론주의의 완화가 시도되고 있는 점에 비추어 정도의 차이에 불과하다고 한다고 하는 것에는 이혁우, 43면 이하 참조.
직권탐지주의를 보충 내지는 가미한다고 하는 절충설에 서면서도 민사소송상 보충적 직권증거조사주의설과 그다지 차이가 없다는 것은 예컨대 김남진, 812면; 홍준형, 486면; 유지태, 6면 등 참조.
157) 유지태 6면.
158) 김남진, 800면 이하 참조.

성에 관하여는 당해 처분청이 이를 주장 입증하여야 할 것이나 행정처분의 위법을 들어 그 취소를 청구함에 있어서는 그 위법된 구체적인 사실을 먼저 주장하여야 할 것이요 행정소송에 있어서 직권주의가 가미되었다고 하여서 당사자주의 변론주의를 그 기본구조로 하는 이상 주장·입증책임이 전도된 것이라고 할 수 없는바…
[대법원 1981. 6. 23. 선고 80누510 판결(공1981, 14104)][159]

라고 판시하여 행정소송절차에서 변론주의가 기본원칙이라고 하므로 직권탐지주의가 가미되어 있다고 하더라도 변론주의하에서만 원칙적으로 인정되는 주장·입증책임이 인정된다고 한다.

이러한 기본적인 입장에 서서 행정소송법 제26조에 관하여 대법원은,

행정소송법 제26조는 법원이 필요하다고 인정할 때에는 직권으로 증거조사를 할 수 있고 당사자가 주장하지 아니한 사실에 대하여 판단할 수 있다고 규정하고 있으나, 이는 행정소송에 있어서 원고의 청구범위를 초월하여 그 이상의 청구를 인용할 수 있다는 뜻이 아니라 원고의 청구범위를 유지하면서 그 범위 내에서 필요에 따라 주장 외의 사실에 관하여 판단할 수 있다는 뜻이라고 할 것이고(당원 1987. 11. 10. 선고 86누491 판결 참조) [대법원 1992. 3. 10. 선고 91누6030 판결(공1992상, 1327)]

행정소송법 제26조가 법원은 필요하다고 인정할 때에는 직권으로 증거조사를 할 수 있고, 당사자가 주장하지 아니한 사실에 대하여도 판단할 수 있다고 규정하고 있지만, 이는 행정소송의 특수성에 연유하는 당사자주의, 변론주의에 대한 일부 예외규정일 뿐 법원이 아무런 제한 없이 당사자가 주장하지 아니한 사실을 판단할 수 있는 것은 아니고, 일건 기록에 현출되어 있는 사항에 관하여서만 직권으로 증거조사를 하고 이를 기초로 하여 판단할 수 있을 따름이고, 그것도 법원이 필요하다고 인정할 때에 한하여 청구의 범위 내에서 증거조사를 하고 판단할 수 있을 뿐이다 [대법원 1994. 10. 11. 선고 94누4820 판결(공1994하, 3014)][160]

---

159) 동일취지의 판례로는 대법원 1977. 7. 12. 선고 76누51 판결을 들 수 있다.
160) 이와 같은 취지의 판결은 다음과 같다. 대법원 1986. 6. 24. 선고 85누321 판결(공1986, 948), 1987. 11. 10. 선고 86누491 판결(공1988, 102), 1988. 4. 27. 선고 87누1182 판결, 1991. 11. 8. 선고 91누2854 판결(공1992, 130), 1992. 3. 10. 선고 91누6030 판결(공1992, 1327), 1992. 7. 10. 선고 92누3199 판결(공1992, 2434), 1994. 10. 11. 선고 94누4820 판결(공1994하, 3014), 1995. 2. 14. 선고 94누5069 판결(공1995상, 1345), 1997. 10. 28. 선고 96누14425 판결(공1997하, 3698), 1999. 5. 25. 선고 99두1052 판결(공1999하, 1301).

라고 판시하여 행정소송법 제26조의 규정은 행정소송의 특수성에 연유하는 당
사자주의, 변론주의에 대한 일부 예외규정으로 "당사자가 주장하지 아니한 사
실"도 판단할 수 있다고 규정하고 있지만, 그렇다고 해서 아무런 제한 없이 당
사자가 주장하지 아니한 사실을 판단할 수 있는 것은 아니라고 한다. 즉 원고의
청구범위를 초월하여 그 이상의 청구를 인용할 수 있다는 뜻이 아니라 원고의
청구범위를 유지하면서 그 범위 내에서 그리고 "일건 기록에 현출된 사항"에
관해서만 그것도 법원이 필요하다고 인정할 때에만 법원이 판단할 수 있다고
한다.

## 2. 판례에 대한 평가 및 그 검토

1) 판례가 취하는 태도가 어느 학설에 가까운 것인가에 관해서도, 특히 위
민사소송상 보충적 직권증거조사주의설과 절충설 즉 직권탐지주의를 가미한다
고 하는 설은 각각 판례가 자신의 학설을 따르고 있다고 평가하기도 한다.[161]
예컨대 민사소송법상 보충적 직권증거조사주의설의 입장에서는 다음의 판
례를 인용하면서,[162]

> 행정소송법 제26조에 '법원은 필요하다고 인정할 때에는 직권으로 증거조사를
> 할 수 있고 당사자가 주장하지 아니한 사실에 대하여도 판단할 수 있다'고 규정되
> 어 있다 하여 법원은 아무런 제한 없이 당사자가 주장하지도 않은 사실을 판단할
> 수 있는 것은 아니고 일건기록상 현출되어 있는 사항에 관하여서만 이를 직권으로
> 심리조사하고 이를 기초로 하여 판단할 수 있을 따름이라할 것인바 [대법원 1988.
> 4. 27. 선고 87누1182 판결(공1988상, 926)]

행정소송법 제26조의 규정에도 불구하고 즉 "당사자가 주장하지 아니한 사실"
에 대한 규정이 있다고 하더라도 당사자가 주장한 사실에 대한 당사자의 입증
활동이 불충분하여 심증을 얻기 어려운 경우에 당사자의 증거신청에 의하지 아

---

161) 민사소송상 보충적 직권증거조사주의설의 입장에서 판례를 해석하는 것에는, 이상규
466면; 김학세 166; 김철용, 577면 참조.
　직권탐지주의를 가미한다고 하는 입장에서 판례를 해석하는 것에는 김남진 812면; 박
윤흔, 995면 참조.
162) 그러나 그 판례는 무제한의 직권탐지를 부정한 판례에 불과한 것이라고 할 수 있는 것
이다.

니하고 직권으로 증거조사를 할 수 있음을 뜻하는 것으로 본다.163) 이에 반하여 직권탐지주의를 가미한다고 하는 절충설의 입장164)은 위와 동일한 취지의 판결을 예로 들면서도 행정소송법 제26조상의 "당사자가 주장하지 아니한 사실에 대하여도 판단할 수 있다"는 규정에 주목하여 민사소송상의 보충적 직권증거조사의 범위를 초과하는 것으로 보는 것이다. 다만 양 설은 우리나라의 판례의 특유한 표현인 "일건 기록에 나타난 사실"에 한한다는 점에서는 일치한다.165)

결국 동일한 판례를 놓고 서로 자설을 대변하고 있다고 하는 것은, 전자는 행정소송법 제26조의 규정보다는 행정소송의 실무에서 인정되고 있는 직권증거조사의 현실을 중시하여 민사소송상 보충적 직권증거조사주의설을 주장하고 있는 것이고, 그 반면에 후자는 행정소송법 제26조의 문언을 중시하여 행정소송에서는 민사소송상의 보충적 직권증거조사의 범위를 초과하는 것이 가능하다는 점에서 직권탐지주의를 가미라고 하는 절충설을 주장하고 있는 것이다. 즉 전자의 태도는 실무상 직권증거조사가 제대로 행해지지 아니한다는 점을 고려한 것이고, 후자의 태도는 행정소송의 독자성을 강조하여 바람직한 행정소송상의 정립 내지는 모색이라는 관점에서 주장하는 것으로 보인다. 이런 점에서 전자 즉 민사소송법상 보충적 직권증거조사주의설은 법원의 의무에 대하여 부정적166)인 반면에, 절충설 즉 직권탐지주의가 가미된다고 하는 절충설은 적극적으로 법원의 의무를 인정하기도 한다.167)

그런데 위에서 인용된 판례를 보면, 우리나라 행정소송에서 극히 제한적으로 행정소송의 특수성 및 행정소송법 제26조를 의식한 나머지 변론주의의 예외가 인정된다고 하고는 있다. 그러나 이는 원칙론적인 설시에 지나지 아니하고 실상은 민사소송상의 보충적인 직권증거조사와 같이 운영되고 있는 것을 인정하고 있는 것이다. 흔히 위에서 언급한 바와 같이 인용되고 있는 행정소송에 관한 판례상의 용어인 "일건 기록에 나타난 사실"이라는 것은, 민사소송에서의 직

---

163) 이상규, 465면 이하; 김학세, 166면 참조.
164) 예컨대 김남진, 801면; 박윤흔, 995면 참조.
165) 예컨대 김남진, 801면에서는 대법원 1986. 6. 24. 선고 85누321 판결(공1986하, 948) 판결을 들고 있고, 이상규, 466면에서는 대법원 1988. 4. 27. 선고 87누1182 판결(공1988상, 926)을 들고 있다.
166) 예컨대 김학세, 166면.
167) 예컨대 박윤흔, 995면.

권증거조사의 경우의 "법원에 현출된 모든 소송자료"168)와 문언상 그 의미가 크게 다르지 않다는 점에서도 그러하다.

2) 그러나 행정소송의 경우의 판례는, 비록 많은 제한을 가하고는 있으나, "당사자가 주장하지 아니한 사실"에 관하여서도 직권으로 증거조사를 할 수 있는 "가능성"은 인정한다. 이 점에서 최소한 단순히 민사소송상의 보충적 직권증거조사 이상의 의미는 있다고 할 수 있다. 또한 판례가, 다음의 예에서 보듯이, "당사자가 주장하지 아니한 사실"을 인정한 예가 전혀 없는 것은 아니다. 예컨대 대법원은,

> 원심판결 이유에 의하면, 원심은, 이 사건 주택건설사업계획이 안산자연공원에 대한 환경파괴로 이어져 공익을 현저히 해칠 염려가 있다는 이유로 입지심의 및 사전결정을 여러 차례에 걸쳐 반려해 오다가, 대통령비서실 경제행정규제완화점검단의 지시로 인하여 부득이 임지심의 및 사전결정을 해주지 않을 수 없었던 것이라고 인정한 다음, 입지심의 및 사전결정을 함에 있어서 이 사건 주택건설사업계획이 위 안산의 자연생태계를 파괴하여 지역주민 전체의 쾌적한 자연환경에 관한 권리를 현저히 침해할 염려가 있다는 점에 대한 고려가 충분히 이루어지지 않았을 개연성이 있다고 추단하였는바, 기록에 의하면, 원심의 이러한 사실인정과 판단은 원고가 피고를 상대로 이 사건 주택건설사업계획승인거부처분의 취소를 구하는 행정소송을 제기한 사건에 관하여 서울고등법원이 선고한 판결(갑 제54호증)을 근거로 한 것이므로, <u>비록 피고가 위와 같은 주장을 하지 아니하였다고 하더라도</u>, 원심의 이러한 조치는 정당하고, 거기에 소론과 같은 위법이 있다고 할 수 없다. [대법원 1999. 5. 25. 선고 99두1052 판결(공1999하, 1301) 밑줄은 필자]

라고 하여 환경과 관련하여 "당사자가 주장하지 아니한 사실"을 판단한 예라고 할 수 있다.

판례를 종합하여 보면, 당사자가 주장하지 아니한 사실을 판단하기 위한 요건으로는, 행정소송의 특수성이 인정되는 예외적인 경우에, 일건 기록에 현출되어 있는 사실로서 당사자가 주장하지 아니한 사실을, 원고의 청구의 범위 내에서, 법원이 필요하다고 인정하는 경우이다. 이 경우 적정한 재판에 관한 공익

---

168) 예컨대 대법원 1996. 5. 14. 선고 95다50875 판결(공1996하, 1850).

을 고려할 때 법원이 필요하다고 인정하는 경우를 완전히 법원에게 재량을 인정한 것으로 이해하기는 어렵다.

그런데 판례는 특히 "일건 기록에 현출되어 있는 사실"에 한정함으로써 행정소송의 소송자료에 관한 심리원칙에 관하여 보다 적극적인 태도를 표명하지 아니한 채 단지 소극적으로 책임의 회피하고 있는 것이 아닌가 한다. 또한 과거와 상황이 변하여 특히 행정소송이 3심제로 전환되었으므로, 사실심인 항소심 차원에서도 제1심이 중대한 공익이 관련됨에도 불구하고 법원이 직권으로 탐지하지 않고 제대로 재판하지 아니하였다는 점을 탓할 수가 있다는 점에서, 중대한 공익이 관련되는 경우 보다 활발한 직권탐지가, 기존의 대법원 판례에 관계없이, 가능하게 되었다.169)

또 하나 유의할 점은 우리나라 행정소송법 제26조의 해석에서 판례170)는, 민사판례에서와 같이 변론주의의 폐해를 시정하기 위하여 실질적 평등을 기하기 위하여 석명권 내지 직권증거조사를 인정한다고 하는 석명권과 직권증거조사를 동위적 관계로 보는 태도171)를 취하지 아니한다. 즉 행정소송에서의 판례는 행정소송법 제26조의 명문을 제시하고 이를 직접 해석하는 방법을 취하고 또한 행정소송법 제8조 제2항의 준용에 의한 민사소송법 제292조를 언급조차 하지도 아니한다. 이 점은 행정소송법 제26조의 해석에 있어서 행정소송의 독자성이라는 관점에서 시사하는 바가 크다.

## Ⅶ. 결론적 고찰 — 행정소송법 제26조의 의의—

### 1. 행정소송법 제26조와 민사소송법 제292조의 관계 — 실질적 평등과 공·사익의 조정

1) 우리나라 행정소송에서의 직권심리에 관한 규정인 행정소송법 제26조의 해석에 관한 기존의 해석의 한계를 보면, 민사소송에서 실체적 진실발견이나 사적 당사자간의 실질적 평등의 관점에서 변론주의의 폐해를 시정하기 위하여 인정된 민사소송법 제292조상의 보충적 직권증거조사가 행정소송법 제8조

---

169) 졸고, 110면 이하 참조.
170) 예컨대 대법원 1992. 3. 10. 선고 91누6030 판결(공1992상, 1327) 참조.
171) 예컨대 대법원 1959. 7. 2. 선고 58다336 판결(집7민, 137) 참조.

제2항의 준용규정에 의하여 행정소송에서 전용되어 인정되는 계기에 대해서는 별다른 설명이 없고 단지 공익만을 내세우고 있다는 점이다. 그리고 그 연장선상에서 행정소송법 제8조 제2항에 의하여 준용되는 민사소송법 제292조가 정한 보충적 직권증거조사의 범위를 초과하는지 여부에만 다투어지고 있다. 그리하여 행정소송법 제8조 제2항에 의하여 준용되는 민사소송법 제292조와 행정소송법 제26조 간의 체계상의 관계설정이 분명하게 되지 않는 문제점이 있다. 이미 언급한 바와 같이, 매우 타당하게도 행정판례는 민사판례와 달리 행정소송법 제26조를 직접 제시하고 이를 행정소송의 특수성이라는 관점에서 직접 해석하는 방법을 취하므로, 행정소송법 제8조 제2항의 준용에 의한 실질적 평등과 관련된 민사소송법 제292조를 아예 언급하지도 않는다.172)

어쨌든 행정소송법 제26조에 관한 기존의 해석방법은 행정소송에서 법원이 직권으로 개입할 경우를 공익을 고려하여 독자적으로 판단하지 못하고 민사소송상 변론주의의 폐해를 시정한다고 하는 실질적 평등의 관점하에서의 석명권 내지 석명의무와 동일한 지위를 가지는 "보충적" 직권증거조사를 판단기준으로 삼게 된다. 그 결과 현실적으로 민사소송법 제292조에 관한 민사소송의 실무에서의 소극적인 운영실태를 의식하지 않을 수밖에 없다. 그리하여 행정소송법 제26조의 해석에 있어서는 민사소송법 제292조상의 직권증거조사가 — 물론 법규정상으로도 그렇기도 하지만 — 현실적으로 "보충적"으로 운영되고 있는 것에 착안하여 민사소송법 제292조의 보충적 직권증거조사를 기준으로 하여 그 범위를 초과하는지 여부에만 관심의 초점이 집중될 수밖에 없다. 그에 대한 구체적 판단기준은 민사소송법 제292조상의 규정내용에서의 "당사자가 주장한 사실" 여부가 된다. 따라서 이론상 행정소송법 제26조가 "당사자가 주장한 사실"을 넘을 수 있는가 여부에만 견해의 대립이 집중하게 된다. 바로 이 점이, 사적 당사자간의 실질적 평등의 고려라는 민사소송과는 구별되는, 공·사익이 대립·충돌하는 행정소송의 특수성을 고려하는 계기에 대해서 소홀히 하게 되는 문제점이다. 이러한 문제는, 주로 사익과 사적 당사자간의 실질적 평등과 관련된 민사소송과 달리, 행정소송에서는, 어느 절차에나 고려하여야 할 실질적 평등 이외에도, 실체적 공·사익의 조정적 절차라고 하는 행정소송의 본래의 본

---

172) 대법원 1992. 3. 10. 선고 91누6030 판결(공1992상, 1327) 참조. 앞 Ⅵ. 판례 및 그 검토 참조.

질에 관한 인식의 부족에서 오는 것이다.

행정소송에서도 당사자간의 실질적 평등을 기하기 위하여 민사소송법 제292조상의 보충적 직권증거조사가 준용되어 인정될 필요는 특별히 공익을 내세우지 않아도 즉 행정소송법 제26조와 관련성을 논하기 이전에도 당연히 있다. 현대의 실질적 법치국가의 원리상 어떠한 소송에서도 실질적 평등은 실현되어야 한다. 즉 대등 당사자를 전제로 한 변론주의의 문제점이라고 지적할 수 있는 당사자간의 불평등 문제는 행정소송에서도 당연히 존재한다. 즉 원고 국민과 피고 행정청 간에는 예컨대 정보면에서 불대등한 경우가 있을 수 있다. 우리 행정소송법을 이를 대비하기 위해서 행정소송법 제25조에 행정심판기록의 제출명령도 규정하고 있다. 따라서 행정소송에서도 민사소송에서와 같이 당사자간의 실질적 평등을 위한 민사소송상의 제도가 인정될 필요가 있고, 그것이 바로 행정소송법 제8조 제2항에 의하여 준용될 수 있는 민사소송법 제136조상의 석명권 내지 석명의무와 제292조상의 보충적 직권증거조사라고 할 수 있다. 우리의 판례도 "변론주의가 당사자의 책임을 인정하는 것은 당사자의 소송진행의 능력이 완전히 대등한 것을 전제로 하는 것이나 사실에 있어서는 당사자는 지식경험이나 경제력에 있어서 대등하지 않으며 특히 법률지식이 없는 본인 소송에 있어서는 충분한 법률상의 변론을 기대할 수 없으므로 민사소송법은 석명권의 행사 또는 직권증거조사의 규정을 두어 그 조절을 하게 한 것이다대법원 1959. 7. 2. 선고 58다336 판결(집7민, 137)]"라고 하여 이를 확인하고 있다. 즉 행정소송에서는 변론주의가 인정되는 한 행정소송법 제26조와 관계없이 민사소송법 제292조가 행정소송법 제8조 제2항의 준용규정에 의하여 행정소송에서 당연히 준용되어 인정된다. 따라서 행정소송에서 민사소송상의 보충적 직권증거조사는 특별히 공익을 내세우지 아니하여도 민사소송상의 실체적 진실발견이나 당사자간의 실질적 평등에 근거하여 변론주의의 폐해를 시정한다는 차원에서 석명권 내지 석명의무와 함께 얼마든지 인정될 수 있다.

그렇다고 한다면 행정소송에서의 특유한 공익과 관련된 것은, 행정소송법 제8조 제2항의 준용에 의한 민사소송법 제292조가 아니라 행정소송법 제26조 자체의 해석에 의하여 독자적으로 판단되어야 하는 것이 타당하다.

2) 그런데 우리나라 행정소송법 제26조의 해석에 있어서 특히 대립하고 있

는 양 학설인 민사소송법상 보충적 직권증거조사주의설(변론주의보충설, 변론보충
설)과 절충설(변론주의에 직권탐지주의를 보충 내지는 가미한다는 설)은, 행정소송절
차에서는 변론주의를 기본원칙으로 한다는 점에서 일치하고 다만 직권증거조
사의 범위에 관해서 민사소송상의 보충적 직권증거조사의 범위를 넘어서서 직
권탐지주의가 인정될 수 있는가에 관해서만 이론상의 대립이 있을 뿐이며 따라
서 소송실무의 관점에서 보면 사실상 양 학설의 차이는 그리 크지 않다.

특히 민사소송법상의 보충적 직권증거조사주의설에 따르게 되면, 행정소
송법 제26조에 관한 논의를 민사소송에서 논의되는 즉 변론주의를 보충하는 제
도로서 역시 행정소송법 제8조 제2항에 의하여 준용되는 민사소송법 제136조상
의 석명권 내지 석명의무와 동일선상[173]에서 놓고 논의한다는 점에서 기본적인
문제점이 있다. 이는 우리나라 행정소송의 공익성의 고려를 변론주의를 시정하
기 위하여 실체적 진실발견이나 실질적 평등의 차원에서의 민사소송에서의 논
의에 한정시키려고 하는 의도가 엿보인다는 점에서 행정소송의 독자적 성격을
전혀 부정하는 것이다.

그리고 이것이 바로 민사소송에서의 석명권 내지 석명의무나 보충적 직권
증거조사에 있어서 법원의 의무성을 인정하는 데에 소극적인 경향이 그대로 행
정소송에서도 유지되는 원인이 된다. 즉 행정소송에서도 변론주의가 인정되는
것에 ─ 극히 예외적인 경우를 제외하고 ─ 거의 모두가 동의한다고 한다면, 민
사소송에서 논의되는 직권증거조사가 "보충적"으로 운영되고 있다는 점을 의식
하지 않을 수 없고 민사소송상의 실체적 진실발견이나 실질적 평등을 기하기
위하여 인정된 석명권 내지 석명의무와 보충적 직권증거조사가 의무성을 인정
하기 곤란하다는 입장이 그대로 행정소송에도 영향을 미치고 있다는 점에서 문
제라고 하지 않을 수 없다. 그리고 법원의 직권에 의한 개입하여야 하는 상황에
대한 해석에 있어서도 문제점을 발생시킨다. 즉 민사소송에서 석명권 내지 석
명의무와 보충적 직권증거조사는 법원의 재량적 권한으로 파악하는 것이 일반
적이기 때문에 당사자는 법원의 이러한 권능을 직권으로 발동할 것을 촉구할

---

173) 민사소송에서는 변론주의를 보충하는 제도로서 대표적인 것으로는 민사소송법 제136조
    상의 석명권 내지 석명의무와 제292조상의 보충적 직권증거조사제도를 들 수 있다. 판
    례에서도 일찍부터 이 양 제도를 변론주의의 보충하는 제도로 동등한 지위를 부여하고
    있는 것이다. 예컨대 1959. 7. 2. 선고 58다336 판결(집7민, 137) 참조.

수밖에 없는 상황으로 보게 된다. 이는 행정소송에서 중대한 공익을 직권으로 탐지할 의무를 해태하였다는 이유로 판결이 취소될 수 있는 사태와는 분명히 질적으로 구분되어야 한다.

행정소송에서는 공익을 이유로 법원의 석명의 범위가 민사소송보다도 보다 넓어질 가능성이 있다.[174] 이러한 민사소송상의 석명권 내지 석명의무에 비하여 직권증거조사의 경우에는 민사소송법 제292조에서 명문으로 "당사자가 신청한 증거에 의하여 심증을 얻을 수 없"는 경우에 한한다고 하는 이른바 보충적 직권증거조사로 한정하여 규정하였다. 이 점에서 개념논리상 행정소송법 제8조 제2항에 의하여 준용되는 민사소송법 제292조가 공익과 관련된 행정소송에서 준용됨에 있어서 이미 보충적이라고 하는 한계를 넘을 수가 없다. 즉 민사소송에서는 원래 보충적인데 행정소송에서는 보충적이 아니라고 하는 것은 처음부터 가능하기가 곤란한 논리구조이다. 이는 준용규정인 행정소송법 제8조 제2항의 속성상 행정소송의 성질에 반하지 아니하는 한도 내에서 민사소송법 규정을 소극적·제한적으로 적용한다는 것이 본래의 취지라고 하는 점에서도 그러하다. 따라서 행정소송에서 일정한 공익이 관련되는 경우에 변론주의가 제한되고 직권탐지주의적 요소 내지는 직권탐지주의가 보충 내지는 가미된다고 하는 즉 공익상 필요와 관련되는 경우에는 적극적으로 직권탐지주의를 인정할 필요성에 대하여는 그 근거를 부여할 수 없게 된다.

바로 이러한 점들이 행정소송에서 보다 적극적으로 중대한 공익을 고려하고 그 의무성을 인정하는 데에 장애로 작용하는 원인이 된다. 따라서 이러한 장애를 뛰어넘는 해결책은 찾기 위해서는, 직권증거조사의 보충성을 규정한 민사소송법 제292조나 행정소송법 제8조 제2항을 지렛대로 사용해서는 한계가 있다. 따라서 그 해결책은 민사소송법이 아닌 행정소송법 규정 자체에서 찾아야만 하고, 여기에서 바로 민사소송과 차별되는 행정소송의 독자적인 성격이 모색되어야만 한다.

행정소송은 공·사익의 조정적 절차이므로 주로 사적자치의 소송법적 표현인 변론주의에 의하는 민사소송에만 의존하여 처리하는 것은 불가능한 것은 아니나 반드시 바람직하다고 할 수는 없다. 즉 실체가 공·사익 조정이라고 한다

---

174) 졸고, 105면 이하 참조.

면 그것을 다루는 절차도 그에 상응하는 것이 바람직하다. 즉 행정소송에서는 사익 이외에도 공익이 관련된다고 한다면, 일단은 민사소송에서 실무상 운영되고 있는 변론주의에만 의존하는 것은 바람직하지 않다. 더구나 공·사익의 실체적 조정에 상응하는 절차원칙을 우리나라 행정소송법 규정 자체에서 재발견할 수 있다고 한다면 이는 매우 바람직스러운 것이다. 그러므로 행정소송에서 공익을 고려하는 정도를 예컨대 특히 독일이나 일본에는 없거나 그 내용이 다른 행정소송법의 목적조항인 제1조와 직권심리에 관한 규정인 제26조 등 행정소송법 규정 자체에 비추어서 독자적으로 모색해 볼 필요성이 있다.

## 2. 행정소송법 제26조의 의의[175]

행정소송의 본질이 공·사익의 조정적 절차라는 점은 일본이나 독일은 물론이고 우리나라도 같이 한다. 문제는 그러한 공·사익의 조정을 실제 심리에서 어떠한 절차로 처리하고 있는가이다. 즉 예컨대 우리나라 행정소송에서처럼 변론주의와 직권탐지주의가 절충될 수 있는가 그리고 그 절충이 현행 행정소송법 규정상 가능한 것으로 해석할 수 있는가이다. 게다가 물론 논리필연적인 것은 아니겠지만, 그 절차가 공·사익의 실체적 조정에 적합하고 조화를 이룬다고 하면 더욱 바람직스러운 것이다.

우리나라 행정소송에서의 직권심리에 관한 행정소송법 제26조의 해석을 보면, 우리나라 행정소송은, 변론주의를 보충하는 직권탐지주의적 요소로서 민사소송법상의 보충적 직권증거조사를 인정하는 일본과 달리, 특히 "당사자가 주장하지 아니한 사실"에 관해서도 판단할 수 있다는 의미에서의 직권탐지주의가 가미되어 인정된다는 점에서 일본과 명백히 구별된다. 행정소송 실무상 일본이나 우리나라나 사실상 보충적 직권증거조사로 운영된다고 하는 것은 이와 별개의 문제로서 양립불가능한 것은 아니다.

다음으로 우리나라 행정소송은 변론주의에 직권탐지주의가 가미되어 인정된다는 점에서 — 현재로서는 특히 실무를 감안하면 변론주의가 주이고 직권탐

---

175) 이에 관하여는 졸고, "행정소송의 입증책임", 서울대학교 석사학위논문, 1997, 15면 이하; "행정소송에서의 변론주의와 직권탐지주의 — 행정소송법 제26조의 해석과 관련하여 —", 행정법이론실무연구회 1999. 2 발표문; "행정소송에서의 석명의무의 인정근거 — 우리나라 행정소송의 독자성을 모색하며 —", 『행정법연구』 제9호, 2003년 상반기 참조.

지주의가 종이라고 평가할 수 있겠지만 — 적어도 소송법규정상 직권탐지주의가 원칙이 아니라는 점만은 분명하다는 점에서 독일의 행정소송과 명백히 구별된다. 물론 독일에서 직권탐지주의가 완화되고 있다는 것과 우리나라에서 직권탐지주의가 가미되고 있다는 것은 그 실내용이 같을 수는 있어도 그 지향하는 방향성이나 근본취지는 명백히 다르다. 즉 독일의 행정소송에서의 논의는 직권탐지주의를 관철하는 것이 법원의 부담을 가중시키는 것이므로 이를 경감시킨다는 차원에서이다. 그런데 우리나라의 행정소송에서의 논의는 변론주의를 관철하는 것이 공익을 제대로 반영하기 곤란하므로 변론주의를 완화하고 그만큼 직권탐지주의를 강화하여 그 결과 법원에게 직권으로 탐지할 의무를 인정하여 제대로 공익을 판단할 의무를 부과한다고 하는 즉 공익과 관련하여 법원의 부담을 가중시키는 차원이라는 점에서 그 출발점이 다르다고 할 수 있다.

요컨대 굳이 3국을 비교해서 말하자면, 일본의 행정소송은 소송법규정상이나 실무상으로도 민사소송과 다름없는 변론주의 원칙에 기울고 있고, 독일의 행정소송은 특히 소송법규정상 직권탐지주의가 원칙이라고 한다면, 적어도 소송법규정상 우리나라는 일본과 독일 양 국가의 중간적인 입장에 있다고 할 수 있다.

어떠한 소송절차도 그러하겠지만 행정소송의 심리절차가 변론주의나 직권탐지주의에 의하여야만 할 무슨 논리필연적인 이유는 없다. 따라서 행정소송에서 그 절차원칙을 민사소송이나 다른 나라와 달리 채택하는 것, 예컨대 변론주의와 직권탐지주의 등 즉 소송절차 간의 절충도 입법정책상 선택가능한 것임에는 틀림없다. 나아가 행정소송은 그 본질이 실체적 공·사익의 조정적 절차라고 하는 점에서 그러한 실체에 어떠한 절차원칙이 바람직한가 즉 실체와 절차의 조화의 문제는 얼마든지 논해질 수 있다. 더군다나 그것이 특히 우리나라 행정소송에서의 직권심리에 관한 규정인 행정소송법 특히 제26조 규정의 의미범위 내에서 포섭이 가능하다고 한다면 더욱 그러하다. 이러한 절충의 모습이 현재의 우리나라 소송법규정에서 재발견할 수 있는가를 먼저 확인해 보아야 한다.

먼저 기본적으로 먼저 우리나라 소송법규정을 자세히 비교하여 검토하여 보면, 우리나라 행정소송법 제26조는 직권탐지주의가 원칙인 독일 행정소송법 제86조 제1항의 경우와 달리 "… 할 수 있고, … 할 수 있다"라는 "가능규정"의 형식으로 규정되어 있다는 점에서 직권탐지주의가 완화되어 적용될 수 있는 근거가 된다. 한편 변론주의가 원칙이고 보충적 직권증거조사를 인정하는 일본 행정사건소송법 제24조의 경우와 달리 "… 당사자가 주장하지 아니한 사실에 대하여도 판단할 수 있다"라는 부분을 가지고 있다.

또한 행정소송법 제26조에서 직권증거조사를 규정하고 있는 "법원은 필요하다고 인정할 때에는"이라고 하는 부분과, 일본 민사소송법에서는 변론주의를 강화하기 위하여 삭제되었으나 우리의 경우에는 제정시부터 규정된, 보충적 직권증거조사를 규정한 현행 민사소송법 제292조상의 "법원은 당사자의 신청한 증거에 의하여 심증을 얻을 수 없거나, 그 밖에 필요하다고 인정한 때에는"이라고 하는 규정과 비교하여 보면, 행정소송에서는 법문상으로는 "원칙적"인 직권증거조사도 "가능하다"고 규정하고 있다고 볼 수 있다. 이는 행정소송법 제26조가 없어도 행정소송법 제8조 제2항에 의한 민사소송법 제292조상의 보충적 직권증거조사가 가능하다는 점에서 더욱 그러하다. 즉 우리나라 행정소송법 제26조의 규정은 "원칙적"인 직권증거조사도 "가능"하고, 이는 동조 후단의 "당사자가 주장하지 아니한 사실"에 대하여도 법원의 판단이 "가능"하다라고 하는 부분이 더욱 강화하고 있다. 따라서 우리나라 행정소송법 제26조의 규정은 민사소송법 제292조상의 보충적 직권증거조사를 넘어서서 직권탐지주의가 인정될 여지가 있다는 점에서 "개방적"인 규정이고, 그 인정 여지가 "가능규정"의 형식으로 규정되어 있다는 점에서 "탄력적"인 규정이고, 이러한 점에서 독일, 일본과 다른 "독창적"인 규정이라고 할 수 있다. 즉 우리나라 행정소송법 제26조는 변론주의와 직권탐지주의를 절충적으로 포괄하는 개방적이고 탄력적인 규정이다.

그리고 행정소송법 제26조는 직권탐지주의의 인정범위를 미리 특정하여 상정한 것이 아니라는 점이다. 즉 공·사익의 조정적 절차에 있어서 변론주의와 직권탐지주의의 절충을 허용하고 그러한 절충에 대한 정당성을 담보하는 근거규정일 뿐이다. 따라서 직권탐지의 범위가 미리 선험적으로 정해질 수 없다. 다만 행정소송법 제26조에 의하여 어느 정도로 직권탐지주의를 인정할 것인가에 관한 기준은 추상적이기는 하지만 적정한 재판에 관한 공익에 의하여 정해진다. 즉 행정소송법은 "공법상의 권리관계 또는 법적용에 관한 다툼을 적정하게 해결함을 목적(행정소송법 제1조)"으로 하므로 행정청의 공권력의 행사로 인한 국민의 권리구제는 "적정한 재판에 관한 공익" 내지는 "행정소송의 특수성"을 고려하여야 한다. 따라서 행정소송에서의 처분권주의,176) 변론주의, 직권탐지주의 등을 비롯한 절차상의 제 원칙도 "적정한 재판에 관한 공익"에 의하여 상대화될 수 있으므로, 행정소송법 제26조에 관한 해석도 행정소송법 제1조의 "적정한 재판에 관한 공익"에 따라야 한다. 따라서 공익을 이유로 인정한다는 것은 행정소송의 특수성을 의미하고 이는 단순히 입법기술적인 행정소송법 제8조 제2항에 의한 것이 아니라 행정소송의 목적을 규정한 행정소송법 제1조와 행정소송의 심리원칙을 규정한 제26조가 우선적으로 고려되어야 한다.

이런 점에서 우리 행정소송법 제26조는 행정소송법 제1조와 결합하여 행정소송의 심리원칙에 관한 지도이념적인 규정이고 그리고 민사소송과 구분 짓는 근본결단적인 규정이다. 이 점에서 이 행정소송법 제26조와 제1조는 단순한 준용규정인 행정소송법 제8조 제2항에 우선하는 규정이다. 그리하여 예컨대 민사소송상의 제 제도의 행정소송에의 도입·인정문제나 해석문제는 단순히 준용 여부만을 검토해서는 아니 되고, 이는 적극적으로 행정소송법 제1조와 제26조의 상관관계하에서 고려하여야만 한다.

행정소송에서는 사익을 다루는 민사소송과 달리 공익과 사익 간의 조정이 본래 절차의 모습이다. 따라서 민사소송에서 사적 당사자간의 능력에 있어서 불대등을 시정하기 위하여 실질적 평등의 관점에서 인정한 보충적 직권증거조사를 공익과 관련된 행정소송에서 인정되는 과정은 단순한 준용규정인 행정소송법 제8조 제2항보다는 행정소송법 제1조의 목적규정, 제26조의 직권심리 규정과의 유기적인 관계에서만 제대로 설명이 가능하다.

우리나라 행정소송법 특히 그중에서 특히 행정소송에서의 직권심리에 관한 규정인 행정소송법 제26조는 입법정책상 현실의 추이에 따라 다양한 공·사익의 관계를 포괄할 수 있고 또한 그 공·사익의 적절한 조정을 해결하는 적절한 절차에 있어서도 심리원칙인 변론주의와 직권탐지주의를 적절하게 조정할 수 있는 즉 심리원칙 간의 적절한 조정과도 일치한다는 점에서 매우 바람직한 입법태도이다. 나아가 실체적 공·사익의 적절한 조정과 이러한 조정을 위하여 변론주의와 직권탐지주의 간의 적절한 절충을 이루는 심리원칙에 의한 적절한

---

176) 행정소송에서의 처분권주의는 행정소송법 제8조 제2항에 의하여 준용되는 민사소송법 제188조의 처분권주의와 관련되는 문제인 것이고 다만 그 인정 범위 내지는 제한 여부는 적정한 재판이라는 공익(행정소송법 제1조)과 관련하여 검토하여야 한다.

절차적 조정이라고 하는 우리나라 행정소송절차는 개인의 권리구제를 주로 하고 그 한도 내에서 적법성통제를 기한다고 하는 우리나라 행정소송의 목적 내지는 기능과도 제대로 조화를 이룬다.

실체적인 공·사익의 적절한 조정 및 그 절차에 있어서 심리원칙인 변론주의·직권탐지주의 간의 적절한 조정적 소송절차화, 요컨대 실체에 값가는 절차 이것이야말로 우리나라 행정소송법의 독자성이자 우수성이다.

# 제5절 행정소송법상 직권심리의 범위*

[판례평석] 대상판결: 대법원 1985. 2. 13. 선고 84누467 판결

## Ⅰ. 판례개요

### 1. 사실관계

원고 A운수주식회사(이하 '원고회사'라 한다) 소유 택시의 운전사 A1은 1983. 8. 17. 11:50경 위 택시 앞좌석에는 B(여, 22세)와 그의 딸 B1(2세), B2(3세) 등 3명을 태우고, 뒷좌석에는 어린이용 자전거를 가진 그의 남편 C를 태워 제주 애월읍 소재 시내버스 정류장 앞을 운행중, 앞서 가던 시내버스의 운행상태 및 정류장표시를 잘 살피지 아니하고, 그 시내버스와의 안전거리를 확보하지 아니한 채, 과속으로 그 시내버스 왼편으로 추월하려고 하다가, 그 시내버스가 위 정류장에 정거하자, 이를 발견하지 못하고 택시 앞 범퍼로 그 시내버스 뒷 범퍼를 그대로 들이받아 위 B와 그의 딸 B1, B2 등 3명을 두개골 골절로 인한 뇌출혈 또는 뇌좌상으로 현장에서 사망하게 하고, 위 C에게 전치 2주일이 걸리는 상해를 입게 하는 교통사고(이하 '위 교통사고'라 한다)를 일으켰다.

---

\* 이 글은 『행정판례평선』(한국행정판례연구회, 박영사, 2011)에 게재된 판례평석인 "행정소송법상 직권심리의 범위 — 대법원 1985. 2. 13. 선고 84누467 판결 —"을 수정·보완한 것입니다.

행정청인 제주도지사 X는 1983. 10. 13. 위 교통사고를 구 자동차운수사업법(1986.12.31. 법률 제3913호로 개정되기 전의 것, 현행 여객자동차 운수사업법 제85조 참조) 제31조[1] 제3호에서 정한 "공공복리에 반하는 행위를 한 때" 또는 그 제5호의 "중대한 교통사고 또는 빈번한 교통사고로 인하여 많은 사상자를 발생하게 한 때"에 해당한다고 하여 원고회사의 운수사업면허를 취소하였다.

## 2. 소송경과

### (1) 원심법원

원고회사는 위 A1이 위 교통사고 당시, 택시에 승객 4명을 태우고 제한속도로 운행중, 앞서 가는 시내버스가 정류장 아닌 곳에서 갑자기 정거함으로써 급제동 조취를 취하였으나 미치지 아니하여 그 시내버스 뒷 범퍼를 들이받아 택시 앞좌석에 타고 있던 위 3명을 사망하게 한 것인데, 위 교통사고는 그 시내버스 운전수의 과실이 경합되어 발생된 사고이고, 위 B가 어린애를 안고 타지 아니하였더라면 인명피해는 보다 적었을 것이며, 또한 원고회사에서는 평소에 교통사고 방지를 위한 일일점검 등 정비관리와 운전수에 대한 안전교육을 철저히 하여 지금까지 한 건의 교통사고를 일으킨 적이 없을 뿐만 아니라, 원고회사가 보유한 10대의 택시 중 이 사건 택시에 대한 면허가 취소된다면 원고회사의 존립에 영향을 미치게 될 사정이 있는바, 위와 같은 여러 가지 사정을 고려하여 보면, 행정청인 제주도지사 X의 운수사업면허취소처분은 재량권의 한계를 벗어난 위법한 처분이라고 주장하면서, 광주고등법원에 운수사업면허취소처분의 취소를 구하는 소를 제기하였다.

원심법원인 광주고법은 광주고법 1984. 5. 29. 선고 83구106 판결에서 원고회사의 청구를 기각하였다.

---

1) 구 자동차운수사업법(1986.12.31. 법률 제3913호로 개정되기 전의 것) 제31조(현행 여객자동차 운수사업법 제85조 참조) (사업면허의 취소등) "자동차운송사업자가 다음 각 호의 1에 해당할 때에는 교통부장관은 6월 이내의 기간을 정하여 사업의 정지를 명하거나 면허의 일부 또는 전부를 취소할 수 있다. 1. 이 법 또는 이 법에 의거한 명령이나 처분 또는 면허, 허가나 인가에 부한 조건에 위반한 때, 2. 허가 또는 인가를 얻은 사항을 정당한 사유 없이 실시하지 아니한 때, 3. 공공복리에 반하는 행위를 한 때, 4. 사업경영의 불확실 또는 자산상태의 현저한 불량 기타 사유로써 사업을 계속함에 적합하지 아니할 때, 5. 중대한 교통사고 또는 빈번한 교통사고로 인하여 많은 사상자를 발생하게 한 때

## (2) 대법원

이에 원고회사는 위 광주고법 1984. 5. 29. 선고 83구106 판결에 대하여, 행정청인 제주도지사 X의 원고회사에 대한 운수사업면허취소처분은 재량권의 한계를 벗어난 위법한 처분이라는 점, 원심법원인 광주고등법원이 행정소송법에서 정한 직권심리의 범위를 넘어서 판단하였다는 점 등을 이유로 상고하였으나, 대법원은 대법원 1985. 2. 13. 선고 84누467 판결에서 원고회사의 상고를 기각한다는 판결을 하였다.

## 3. 판결요지

### (1) 원심법원

원심법원인 광주고법은 위 교통사고는 원고회사 소유 택시의 운전사 A1이 택시를 운행함에 있어서, 승객의 승차방법을 잘못 선택하였고, 전방주시를 태만히 하고, 속도를 위반하고 특히 앞차와의 안전거리를 확보하지 아니하는 등의 중대한 과실에 기인한 사고라 할 것이고, 이로 인하여 사람 3명이 사망하는 중대한 결과가 일어났고, 피해자측과 화해가 이루어지지 아니하였고, 위 A1이 실형의 확정판결을 받았으며 원고회사 보유차량이 자주 교통사고를 냈던 점 등 여러 가지 사정을 종합 고찰하여 보면 원고회사에서 평소에 교통사고방지를 위한 일상점검등 정비관리와 운전수에 대한 안전교육을 철저히 하여 왔고, 원고회사가 보유한 10대의 택시 중 1대에 대한 면허취소로 인한 수입 감소로 원고회사가 손해를 입게 된다는 점 등의 사정을 감안한다 하더라도, 위 교통사고는 통상 발생할 수 있는 교통사고라고 볼 수 없고 구 자동차운수사업법 제31조 제5호에서 정한 중대한 교통사고로 또는 빈번한 교통사고로 인하여 많은 사상자를 발생하게 한 때 또는 같은 조 제3호에서 정한 공공복리에 반하는 행위를 한 때에 해당한다고 보아지므로 행정청인 제주도지사 X가 같은 조항에서 정하는 처분 중 이 사건 택시에 대한 면허취소의 행정처분을 선택한 것은 공공복리의 증진을 위한 자동차운수행정의 목적수행상 필요하고도 적절하였다고 보아지고, 그 재량권의 한계를 벗어난 위법을 저질렀다고 인정되지 아니한다는 이유로 원고회사의 청구를 기각하였다.

## (2) 대법원

### 1) 재량행위인 운수사업면허취소처분의 사법심사

행정청에 부여된 재량권이 기속재량이던 자유재량이던 간에 그 행사가 부당함을 넘어 위법하다고 할 수밖에 없어 사법심사의 대상이 되는 재량권의 범위를 일탈하였다고 할 것이나 위 교통사고가 흔히 있을 수 있는 사고이며 사고의 경위에 있어서도 원고회사 소유 택시의 운전사 A1의 과실이 경미하고 원고회사 보유차량의 연간 교통사고 횟수가 빈번한 교통사고로 인하여 많은 사상자를 발생한 경우에 해당하지 아니하며 사고 후 피해자와의 배상문제에 화해가 이루어지지 않은 것은 원고회사에 책임을 물을 수 없는 사정에 인한 것이라는 점 등 및 원고회사의 보유차량 10대 중 이 사건 차량 1대에 대한 사업면허가 취소되면 원고회사의 사활에 직결되는 문제가 발생할 것이라는 사정 등만으로서는 행정청인 제주도지사 X의 원고회사에 대한 운수사업면허취소처분이 재량권의 범위를 일탈하여 위법이라고는 할 수 없다.

### 2) 행정소송법상 법원의 직권심리 범위

구 행정소송법(1984. 12. 15. 법률 제3754호로 전문 개정되기 전의 것) 제9조(현행 행정소송법 제26조 참조)2)는 "법원은 필요한 경우에 직권으로써 증거조사를 할 수 있고 또 당사자가 주장하지 않는 사실에 관하여도 판단할 수 있다"고 규정하고 있어 이는 행정소송의 특수성에서 연유하는 당사자주의 변론주의의 일부 예외 규정이라고 볼 것이나 그렇다고 하여 법원은 아무런 제한 없이 당사자가 주장하지 않는 사실을 판단할 수 있는 것은 아니고 일건 기록에 나타난 사실에 관하여서만 이를 직권으로 심리조사하고 이를 기초로 하여 판단할 수 있을 따름이라 할 것이므로, 행정청인 제주도지사 X의 원고회사에 대한 운수사업면허취소처분은 인명사고를 사유로 구 자동차운수사업법 제31조에 의한 것임이 분명하여 원고주장의 사유와 동일할 뿐만 아니라 피고 행정청인 제주도지사 X는 1983. 11. 29.자 원심 제1차 변론기일에서 진술한 1983. 11. 25.자 답변서와 변론

---

2) 1951. 8. 24. 법률 제213호로 제정된 행정소송법 제9조는 "법원은 필요한 경우에 직권으로써 증거조사를 할 수 있고 또 당사자가 주장하지 않는 사실에 관하여도 판단할 수 있다"라고 규정하고 있었으나, 1984. 12. 15. 법률 제3754호로 전문 개정된 행정소송법 제26조에서 (직권심리)라고 하는 제하에서 "법원은 필요하다고 인정할 때에는 직권으로 증거조사를 할 수 있고, 당사자가 주장하지 아니한 사실에 대하여도 판단할 수 있다"라고 규정하여 별다른 수정 없이 현행 행정소송법에 규정되고 있다.

및 입증자료 등에 의하여 원고회사 소유 택시의 운전사 A1이 위 교통사고로 유죄판결이 확정되어 복역중에 있고 원고회사는 그 보유차량이 1982. 11. 14.부터 위 교통사고 발생일인 1983. 8. 17.에 이르는 기간 중 10건의 교통사고를 일으켰으며 위 교통사고 후 피해자측과 손해배상문제에 관하여 아무런 합의도 하지 아니한 사실 등을 주장 입증하고 있는 바이니 원심이 이와 같은 점에 관하여 심리판단을 하였다고 하여 아무런 위법도 있다고 할 수 없다.

## Ⅱ. 평석

### 1. 쟁점정리

먼저 원고회사 소속의 택시가 일으킨 위 교통사고가 통상 발생할 수 있는 교통사고라고 볼 수 없어서 자동차운수사업법 제31조 제5호 소정의 중대한 교통사고로 또는 빈번한 교통사고로 인하여 많은 사상자를 발생하게 한 때 또는 같은 조 제3호 소정의 공공복리에 반하는 행위를 한 때에 해당한다고 보아 행정청인 제주도지사 X가 원고회사의 면허를 취소한 행정처분이 재량권의 한계를 벗어난 위법한 처분인지 여부가 문제된다.

다음으로 법원이 행정청인 제주도지사 X의 원고회사에 대한 운수사업면허 취소처분을 심사함에 있어서, 피고 행정청인 제주도지사 X가 1983. 11. 29.자 원심 제1차 변론기일에서 진술한 1983. 11. 25.자 답변서와 변론 및 입증자료 등에 의하여 현출된 원고회사 소유 택시의 운전사 A1이 위 교통사고로 유죄판결이 확정되어 복역중에 있고 원고회사는 그 보유차량이 1982. 11. 14.부터 위 교통사고발생일인 1983. 8. 17.에 이르는 기간 중 10건의 교통사고를 일으켰으며 위 교통사고 후 피해자측과 손해배상문제에 관하여 아무런 합의도 하지 아니한 사실 등을 법원이 심리판단을 할 수 있는지 여부 즉 행정소송법상 법원의 직권심리 범위가 문제된다.

행정청에 부여된 재량권이 비록 자유재량이라고 하더라도 무제한의 재량권의 행사는 있을 수 없으므로 당연히 사법심사의 대상이 된다는 것은 학설·판례상 별다른 이견 없이 일반적으로 받아들여지고 있다. 따라서 행정청인 제주도지사 X의 운수사업면허취소처분은 재량권의 한계를 벗어난 위법한 처분인지 여부는 당연히 사법심사의 대상이 된다. 문제는 이와 같은 법원이 행정청인 제주도지사 X의 운수사업면허취소처분을 심사하는 행정소송에 있어서, 법원이 필요하다고 인정할 때에는 직권으로 증거조사를 할 수 있고, 당사자가 주장하지 아니한 사실에 대하여도 판단할 수 있다고 하는 행정소송법 규정에 따라서, 어느 정도 직권으로 심리할 수 있는가라고 하는 것인데 이것이 행정소송법상 법원의 직권심리 범위의 문제이다.

## 2. 관련판례

대상판결과 관련된 판결들을 시대별로 분류하면, 대법원 1954. 6. 8. 선고 4286민상177 판결, 대법원 1955. 9. 9. 선고 55누34 판결(집2(5)행, 14), 대법원 1961. 11. 2. 선고 4294행상23 판결(집9, 행42), 대법원 1975. 5. 27. 선고 74누233 판결(공1975, 8467), 대법원 1986. 6. 24. 선고 85누321 판결(공1986, 948), 대법원 1988. 4. 27. 선고 87누1182 판결(공1988, 926), 대법원 1991. 11. 8. 선고 91누2854 판결(공1992, 130), 대법원 1992. 3. 10. 선고 91누6030 판결(공1992, 1327), 대법원 1994. 10. 11. 선고 94누4820 판결(공1994하, 3014), 대법원 1995. 2. 14. 선고 94누5069 판결(공1995상, 1345), 대법원 1997. 10. 28. 선고 96누14425 판결(공1997하, 3698), 대법원 1999. 5. 25. 선고 99두1052 판결(공1999하, 1301), 대법원 2000. 5. 30. 선고 98두20162 판결(공2000하, 1561), 대법원 2001. 10. 23. 선고 99두3423 판결(공2001하, 2581) 등을 들 수 있다.

## 3. 판례의 검토

### (1) 행정소송법상 법원의 직권심리 범위

행정소송법상 법원의 직권심리 범위는 현행 행정소송법 제26조(구 행정소송법 제9조)에 관한 해석의 문제로서, 이는 행정소송에 있어서 소송자료의 수집책임의 분배에 관한 심리원칙으로 변론주의 또는 직권탐지주의의 채택 여부에 관한 견해의 대립이다. 이러한 해석의 문제가 발생하게 되는 계기는 행정소송법 제8조 제2항3)에 의하여 준용되는 민사소송법 제292조4)와 행정소송법 제26조가

---

3) 행정소송법 제8조 제2항 행정소송에 관하여 이 법에 특별한 규정이 없는 사항에 대하여는 법원조직법과 민사소송법 및 민사집행법의 규정을 준용한다.
4) 민사소송법상 직권증거조사에 관한 규정은 1960.4.4. 법률 제547호로 제정된 민사소송법 제265조(직권증거조사)에서 "법원은 당사자의 신청한 증거에 의하여 심증을 얻을 수 없거나 기타 필요하다고 인정한 때에는 직권으로 증거조사를 할 수 있다"라고 규정하여

의미하는 바가 동일한지 여부가 분명하지 않다는 점이다. 다시 말해서 행정소송법 제26조의 의미가 최소한으로는 행정소송법 제8조 제2항에 의하여 준용되는 민사소송법 제292조에 규정된 보충적 직권증거조사와 실질적으로 동일한 의미로 한정하여 해석될 수 있다. 그뿐만 아니라, 그 의미가 최대한으로는 독일 행정소송법 제86조 제1항[5])에 규정된 바와 같이 원칙적인 직권탐지주의의 채택 근거로도 해석될 여지가 있다는 점이다.

### (2) 학설의 내용

직권증거조사주의설 또는 변론보충설은 행정소송에 있어서 소송자료의 수집책임분배에 관한 심리원칙으로는 민사소송과 마찬가지로 변론주의를 원칙으로 하고 공익을 이유로 민사소송법 제292조상의 보충적 직권증거조사가 인정된다고 하는 설로서 행정소송법 제26조가 의미하는 내용이 실질적으로는 민사소송법 제292조상 보충적 직권증거조사의 내용과 사실상 동일하다.

절충설은 행정소송에 있어서 변론주의가 인정된다는 전제하에서 변론주의를 보충하는 보충적 직권증거조사가 인정된다고 하는 점은 보충적 직권증거조사주의설과 같이 하면서도 여기에서 그치는 것이 아니라 행정소송법 제26조 후단에 규정된 '당사자가 주장하지 아니한 사실에 대하여도 판단할 수 있다는 의미'에서의 '직권탐지주의'가 보충 내지는 가미된다고 하는 설이다.

최근 특히 실무가 일부에서 우리나라 행정소송법 제26조가 독일 행정소송법 제86조 제1항의 규정과 유사한 규정으로서 우리나라 행정소송에 있어서 원칙적인 직권탐지주의를 정면으로 선언하여 인정한 규정이라고 하고, 이와 같이 해석하는 것이 행정소송의 특질과 시대의 조류에 부합하는 것이고, 우리나라 행정소송법을 개정할 경우 독일 행정소송법 제86조 제1항과 같은 규정으로 개

---

오다가, 2002. 1. 26. 법률 제6626호로 전문 개정된 현행 민사소송법 제292조에서 자구의 수정이 있을 뿐 거의 그대로 규정되고 있다. 현행 민사소송법 제292조 (직권에 의한 증거조사) 법원은 당사자가 신청한 증거에 의하여 심증을 얻을 수 없거나, 그 밖에 필요하다고 인정한 때에는 직권으로 증거조사를 할 수 있다.

5) §86 I VwGO [직권탐지주의]: 법원은 사실관계를 직권으로 조사하여야 한다; 이 경우 관계인을 참여시켜야 한다. 법원은 관계인의 주장과 증거신청에 구속되지 아니한다. 이 규정의 원문은 다음과 같다. §86 I VwGO [Untersuchungsgrundsatz]: Das Gericht erforscht den Sachverhalt von Amts wegen; die Beteiligten sind dabei heranziehen. Es ist an das Vorbringen und an die Beweisanträge der Beteiligten nicht gebunden.

정할 것도 제안하기도 한다.

대체적으로 학설의 주류적인 경향은 변론주의와 직권탐지주의 간의 절충적인 입장을 취하고 있는 것이 일반적이다.

### (3) 판례의 경향

대법원의 주류적인 판단에 의하면, 행정소송법 제26조가 법원은 필요하다고 인정할 때에는 직권으로 증거조사를 할 수 있고, 당사자가 주장하지 아니한 사실에 대하여도 판단할 수 있다고 규정하고 있지만, 이는 행정소송의 특수성에 연유하는 당사자주의, 변론주의에 대한 일부 예외규정일 뿐 법원이 아무런 제한 없이 당사자가 주장하지 아니한 사실을 판단할 수 있는 것은 아니고, 일건 기록에 현출되어 있는 사항에 관하여서만 직권으로 증거조사를 하고 이를 기초로 하여 판단할 수 있을 따름이고, 그것도 법원이 필요하다고 인정할 때에 한하여 청구의 범위 내에서 증거조사를 하고 판단할 수 있을 뿐이라고 한다.[6]

### (4) 구체적 판단 기준 — 일건 기록에 현출된 사항

전술한 판례에서 보는 바와 같이, 우리나라 대법원은 '행정소송법 제26조는 행정소송의 특수성에 연유하는 당사자주의, 변론주의에 대한 일부 예외규정일 뿐'이라 전제하여 위 규정은 법원이 '당사자가 주장하지 아니한 사실'도 판단할 수 있다고 규정하고 있지만 그렇다고 하여 법원이 '아무런 제한 없이 당사자가 주장하지 아니한 사실을 판단할 수 있는 것은 아니'라고 한다. 이 경우 대법원은, "일건 기록에 현출되어 있는 사항에 관하여서만 직권으로 증거조사를 하고 이를 기초로 하여 판단할 수 있을 따름이고, 그것도 법원이 필요하다고 인정할 때에 한하여 청구의 범위 내에서 증거조사를 하고 판단할 수 있을 뿐이다"라고 판시하여, '법원이 필요하다고 인정할 때', '청구범위 내에서'라고 하는 기

---

6) 대법원 1994. 10. 11. 선고 94누4820 판결(공1994하, 3014); 이와 같은 취지의 판결은 다음과 같다. 대법원 1986. 6. 24. 선고 85누321 판결(공1986, 948), 1987. 11. 10. 선고 86누491 판결(공1988, 102), 1988. 4. 27. 선고 87누1182 판결(공1988, 926), 1991. 11. 8. 선고 91누 2854 판결(공1992, 130), 1992. 3. 10. 선고 91누6030 판결(공1992, 1327), 1992. 7. 10. 선고 92누3199 판결(공1992, 2434), 1995. 2. 14. 선고 94누5069 판결(공1995상, 1345), 1997. 10. 28. 선고 96누14425 판결(공1997하, 3698), 1999. 5. 25. 선고 99두1052 판결(공1999하, 1301).

준과 함께 특히 '일건 기록에 현출된 사항'이라고 하는 구체적 판단 기준을 일관되게 제시하여 왔다.

### (5) 검토

대상판결인 대법원 1985. 2. 13. 선고 84누467 판결에서 대법원은 구 행정소송법 제9조(현행 행정소송법 제26조)상 직권심리에 관한 법리로서 변론주의와 직권탐지주의 간의 절충적인 입장을 설시하고 있다. 이어서 대법원은 이러한 직권심리의 법리하에서 직권심리의 범위에 관하여 '일건 기록에 현출된 사항'이라고 하는 구체적인 기준을 제시하고 있다. 이러한 대상판결의 태도는 종래 학설·판례의 입장과 동일한 것이다.

대상판결을 구체적으로 검토하여 보면, 원고회사 소유 택시의 운전사 A1이 위 교통사고로 유죄판결이 확정되어 복역중에 있고 원고회사가 그 보유차량이 1982. 11. 14.부터 위 교통사고 발생일인 1983. 8. 17.에 이르는 기간 중 10건의 교통사고를 일으켰으며 위 교통사고 후 피해자측과 손해배상문제에 관하여 아무런 합의도 하지 아니한 사실 등이 피고 행정청인 제주도지사 X가 1983. 11. 29.자 원심 제1차 변론기일에서 진술한 1983. 11. 25.자 답변서와 변론 및 입증자료 등에 의하여 주장·입증하고 있으므로 원심이 이와 같은 점에 관하여 심리 판단을 하였다고 하여 아무런 위법도 있다고 할 수 없다고 판시하고 있다. 즉 대상판결에 따르면, 피고 행정청인 제주도지사 X의 답변서와 변론 및 입증자료에 의하여 현출된 위의 여러 사실들이, 종래부터 판례가 행정소송법상 직권심리의 범위 획정에 관한 구체적 기준으로서 제시된, '일건 기록에 현출된 사항'에 해당하므로, 법원은 이러한 사실들을 직권으로 심리하는 것은 위법이 아니라고 판시하고 있다.

### 4. 판례의 의미와 전망

대상판결인 대법원 1985. 2. 13. 선고 84누467 판결은 행정소송법상 직권심리에 관하여 변론주의와 직권탐지주의 간의 절충적인 법리와 그 구체적 판단 기준으로서 '일건 기록에 현출된 사항'이라고 하는 기준을 명시적으로 언급한 판례이다.

이러한 판례의 기본적인 태도는, 전술한 관련판례에서 보는 바와 같이, 우리나라 행정소송법이 1951. 8. 24. 법률 제213호로 제정되고 1984. 12. 15. 법률 제3754호로 전문 개정된 이후 현재까지 일관되게 유지되어 왔음은 물론이고 앞으로도 별다른 큰 변화가 없이 유지될 것으로 전망된다.

다만 앞으로 특히 판례에서 종래부터 직권심리의 범위를 획정하는 구체적 판단 기준으로서 제시하여 오고 있는 '일건 기록에 현출된 사항'이라고 하는 기준 자체의 당부 여부는 물론이고 그 구체적인 내용을 보다 명확히 하기 위해서 많은 판례의 축적이 기대된다.

# 🔲 참고문헌

강영호, "행정소송법 제26조[직권심리]에 대한 검토", 『행정재판실무편람(Ⅲ)』, 서울
　　행정법원, 2003.

권오봉, "행정소송에 있어서의 주장·입증책임", 『행정소송에 관한 제문제(상)』(재판
　　자료 제67집), 법원행정처, 1995.

류지태, "행정심판에서의 직권심리주의", 『법제』 제499호, 1999.

이혁우, "행정소송에서의 직권심리범위 — 행정소송법 제26조의 해석과 관련하여 — ",
　　『특별법연구』 제5권, 법문사, 1997.

최선웅, "행정소송에서의 석명의무의 인정근거 — 우리나라 행정소송의 독자성을 모
　　색하며 — ", 『행정법연구』 제9호, 2004.

최선웅, "행정소송법 제26조의 해석에 관한 일 고찰 — 우리나라 행정소송의 독자성
　　을 모색하며 — ", 『행정법연구』 제10호, 2003.

최선웅, 『행정소송의 원리[행정법연구 1]』, 진원사, 2007.

허상수, "항고소송의 법리", 『행정소송에 관한 제문제(상)』(재판자료 제67집), 법원
　　행정처, 1995.

# 제6절  행정소송에서의 원고적격 학설<sup>*</sup>

## Ⅰ. 서설

행정소송 특히 취소소송에 있어서 원고적격[1]이란 구체적인 사건에 있어서 원고가 될 수 있는 자격을 말한다. 우리나라 행정소송법 제12조는 [원고적격]이라고 하는 제하에서 전문에, "취소소송은 처분등의 취소를 구할 법률상 이익이 있는 자가 제기할 수 있다"라고 규정하고 있다. 그런데 이 행정소송법 제12조상의 "법률상 이익"이라는 용어 자체는 그 내용이 일의적으로 정하여질 수 없는 일종의 전형적인 불확정개념이라고 할 수 있다.[2]

따라서 행정소송의 원고적격에 관한 학설은 바로 이 행정소송법 제12조에 규정된 불확정개념인 "법률상 이익"의 해석의 문제라고 할 수 있다. 이러한 "법률상 이익"의 해석에 관한 학설로는, 주지하는 바와 같이, 종래부터 권리구제설, 법률상 보호이익구제설, 보호가치이익구제설 및 적법성보장설 등 4가지의 학설들이 잘 알려져 왔다. 이와 같은 제 학설들의 주된 내용의 차이는 원고적격의 인정 범위의 광·협이라고 할 수 있다.

---

* 이 글은 『행정법연구』 제22호(2008. 12)에 게재된 논문 "행정소송에서의 원고적격 ― 기존 4개 학설의 의의를 중심으로 ―"를 수정·보완한 것입니다.
1) 당사자적격, 소송수행권, 정당한 당사자 등의 개념에 관하여는, 홍준형, 『행정구제법』 제4판, 한울 아카데미, 2001, 562면 참조.
2) 김동희, 『행정법Ⅰ』 제14판, 박영사, 2008, 687면; 김철용, 『행정법Ⅰ』 제11판, 박영사, 2008, 643면; 박윤흔, 『최신 행정법강의(상)』 개정29판, 박영사, 2004, 922면.

행정소송도 헌법상 국민의 권리인 재판청구권을 실현하기 위한 하나의 소송제도라는 점에는 이론의 여지가 있을 수 없고 따라서 행정소송에서의 원고적격론도 헌법상의 재판청구권의 실질적인 보장과 관련성을 갖는다고 할 수 있다. 특히 공·사법의 구별이 전제되는 우리나라에 있어서는 행정소송에서의 원고적격은 국민의 헌법권인 재판청구권의 실현이라는 측면에서 고려되어야 함은 당연한 것이다. 따라서 행정소송에서의 원고적격이 인정된다는 것은 실제로 개인이 자신의 권익을 위하여 공익을 담당하는 행정을 상대로 소를 제기하여 자신의 권익을 구제받을 수 있는 자격이 있다는 것을 의미하는 것이 된다. 즉 원고적격은 행정소송을 이용할 수 있는 결정적인 관문이 된다. 이런 점에서 우리나라 행정소송에 있어서의 원고적격에 관한 제 학설들이 원고적격의 인정 범위의 광·협에 집중되어 있는 것은 극히 당연하고도 실제적인 것이라고 할 수 있다.

또한 행정소송의 원고적격은 대상적격과 더불어 행정소송에서의 중요한 소송요건의 하나로서 행정소송절차 내의 문제라는 성격을 갖는다. 이 점에서 우선적으로 행정소송의 원고적격은 기본적으로 공·사익의 조정절차라고 하는 행정소송의 본질에 비추어 검토되어야 한다. 그뿐만 아니라 행정소송에서의 원고적격에 관한 논의는 개인의 권익구제 내지는 행정에 대한 적법성통제라고 하는 행정소송의 목적 내지 기능뿐만 아니라, 변론주의인가 직권탐지주의인가 아니면 양자의 절충인가 라고 하는 행정소송의 심리원칙 등 행정소송제도 자체 차원과도 당연히 밀접한 관련성을 갖는다고 할 수 있다.

요컨대 행정소송에서의 원고적격에 관한 제 학설은 각 학설의 당부만을 논할 것이 아니라 헌법상의 재판청구권의 실현, 행정소송의 본질, 목적 내지는 기능 및 행정소송의 심리원칙과 밀접한 관련성하에서 포괄적이고도 체계적으로 검토되어야 한다.

이하에서는 우리나라 행정소송의 원고적격에 관한 학설을 포괄적으로 이해하기 위한 작업의 일환으로 우선적으로 행정소송에서 원고적격에 관한 기존 학설의 내용 및 이에 대한 비판 내지는 평가를 검토한다. 이와 더불어 바람직한 행정소송에서의 원고적격론을 검토하기 위한 기본방향을 제시한다. 결론적 고찰로서 기존 학설들의 의의를 재조명하고 바람직한 원고적격론을 모색하여 보고자 한다.

## Ⅱ. 기존 학설의 내용 및 평가

### 1. 종래의 원고적격에 관한 4가지 학설

#### (1) 개설

종래의 행정소송의 원고적격론은 행정소송 중 취소소송의 원고적격에 관한 행정소송법 제12조의 규정에서의 "법률상 이익"의 해석의 문제이다. 이 "법률상 이익"의 의미에 관하여는 주지하는 바와 같이, 흔히 종래부터 4가지의 학설 즉 권리구제설, 법률상 보호구제이익설, 보호가치이익구제설 및 적법성보장설 등으로 잘 알려져 왔다. 그런데 실제로는 현재 이 4가지의 학설이 전부 주장되어 대립하는 것은 아니고 주로 법률상 보호이익구제설과 보호가치이익구제설만이 주장되어 다투어지고 있다고 할 수 있다.

이하에서는 이들 4가지 각 학설의 내용, 비판 및 평가 등을 검토해 보기로 한다.[3]

#### (2) 권리구제설(권리회복설)

#### 1) 주장 내용

행정소송 특히 취소소송의 목적 내지는 기능이 위법한 처분에 의하여 침해된 실체법상의 권리보호 내지는 개인의 권리회복[4]에 있다고 보아, 권리[5]가 침해된 자만이 취소소송을 제기할 수 있다고 하는 설이다.

이 설은 취소소송의 본질도 민사소송과 같이 실체법상 권리보호에 있다고 보아 위법한 처분 등으로 인하여 권리를 침해당한 자만이 원고적격을 갖는다고

---

3) 이하의 학설의 내용 중 특히 예컨대 권리구제설을 실제로 주장하는 견해는 찾아보기 어렵고 다만 그 주장 내용만이 교과서 등에 기술되고 있다. 이와 같은 경우뿐 아니라 각 학설의 내용을 풍부하게 소개하기 위하여 실제 각 학자의 주장학설과 관계없이 학설내용을 소개하기로 한다.

4) 학설명칭은 대체로 "권리구제설"과 "권리회복설"이 일반적이다. 다만 여기서 "권리보호"라는 용어를 사용하여 "권리구제설"(김남진/김연태, 『행정법Ⅰ』 제12판, 법문사, 2008, 665면)이라는 학설명칭을 사용하고 있고, "권리회복"이라는 용어를 사용하여 "권리회복설"(예컨대 김동희, 687면)이라는 학설명칭을 사용하고 있는 것 같다. 이 외에도 "권리향수회복설"(김철용, 643면)을 쓰는 경우도 있다.

5) 김동희, 687면에서는 이 권리를 자유권·수익권 등의 공권과 재산권 등의 사권이라고 기술하고 있다.

하는 것으로서 이는 과거의 민사소송이론이 권리보호청구권설에 입각하여 재판의 본질을 실체법상의 권리보호에 있다고 본 데에서 유래한다고 한다.6)

## 2) 비판 및 평가

이 설에 대하여는 일반적으로 법률상 이익의 범위를 좁게 고정시켜 원고적격을 인정하는 범위가 좁게 되어 권리구제의 폭을 좁힐 가능성이 있게 된다는 비판이 행해진다.7) 즉 엄격한 의미의 권리가 침해된 자만 항고소송을 제기할 수 있고, 법적으로 보호된 이익을 침해받은 자는 항고소송을 제기할 원고적격이 없다는 것은 재판을 받을 권리가 일반적으로 인정된 오늘날에는 타당하지 않다고 한다.8) 또한 종래 전통적인 의미의 반사적 이익과 준별을 전제로 한 주관적 공권의 개념이 오늘날의 변화된 행정환경에서는 더 이상 타당할 수 없다고 한다.9)

한편 권리구제설에서의 권리에 전통적인 좁은 의미의 권리 외에도 근거법규의 사익보호성을 확장 해석함으로써 넓은 의미의 권리를 포함하게 되면 권리와 법률상 보호된 이익을 동의어로 이해하게 되고, 결국 권리구제설은 법률상 보호된 이익구제설과 동일하게 된다. 이는 독일의 공권이론 및 보호규범이론을 우리나라에 적용한 것에 지나지 않는다고 할 수는 있다.10)11)

---

6) 박윤흔, 923면; 이는 19세기 후반 독일 행정법원의 설치 이래로 일관되게 유지되어온 독일의 입법례에 그 근거를 두고 있다고 하는 것에는, 정하중, 행정법개론 제2판, 법문사, 2008, 729면 참조; 권리회복설은 주로 행정상 법률관계의 당사자가 행정청과 상대방의 이원적 관계가 중시되었던 초기의 공권이론을 소송법적으로 표현한 것이라고 하는 것에는, 김성수, 『일반행정법』 제4판, 법문사, 2008, 881면 참조.
7) 김철용, 644면; 원고적격의 판정을 전적으로 실정법의 해석에 맡김으로써 실체법의 규정에 지나치게 집착한다고 하는 것에는, 한견우, 『현대행정법강의』 제3판, 신영사, 2008, 961면 참조.
8) 박균성, 『행정법론(상)』, 박영사, 2008, 967면; 예컨대 권리를 직접 침해하지 않지만 국민에게 불이익을 주는 경우에는 원고적격이 부정되고 제3자에 대한 처분에서 제3자에 대한 특별한 권리를 가진 자를 제외하고서 원고적격이 인정되지 않는다고 하는 것에는, 김향기, 『행정법개론』 제7판, 삼영사, 2005, 483면 참조.
9) 특히 주관적 공권과 법적으로 보호되는 이익의 관계에 관하여는, 홍준형, 564-567면 참조; 권리와 법적이익을 구별하던 과거에는 이 학설의 존재이유가 있었다고 하는 것에는, 박균성, 967면.
10) 김남진/김연태, 665면; 김철용/최광진 편집대표, 『주석 행정소송법』, 박영사, 2004, 제12조(원고적격: 전문, 박정훈 집필부분, 이하 박정훈으로 인용함), 351, 353면; 김철용, 643-644면; 류지태, 『행정법신론』 제12판, 신영사, 2008, 538면; 박균성, 『행정법론(상)』, 박영사, 2008, 967면; 정하중, 729면; 홍준형, 564면.
    이에 대하여 법적보호이익설에서의 "법률상 이익"을 실체법적 성격을 갖는 권리와 구

### (3) 법률상 보호이익구제설(법적 이익구제설)[12]

#### 1) 주장 내용

현행 항고소송의 주된 기능을 권익구제제도로 보고 주관소송으로 규정하고 있고 현행 행정소송법상의 "법률상 이익"은 실체법에 의해 보호되는 이익으로 보는 것이 타당하다고 한다.[13] 즉 취소소송의 목적·기능을 법이 직접 사인에게 보장한 법적 권리는 물론 행정법규가 사인의 개인적 법인을 보호함을 목적으로 하여 행정권의 행사에 제약을 과함으로써 보장되고 있는 이익도 구제한다고 한다. 요컨대 행정청의 위법한 처분에 의하여 침해되고 있는 이익이 법에 의하여 보호되고 있는 경우 당해 처분의 취소를 구할 원고적격이 인정된다고 한다.[14]

여기서 법적으로 보호된다고 하는 것은 법의 목적·취지가 일반적 공익만이 아니라 개인의 개별적 이익도 보호하고자 하는 경우, 그러한 이익은 법적으로 보호되는 이익으로서 그것이 침해된 자에게도 원고적격이 인정된다고 한다.[15] 문제는 여기서 보호규범 내지는 피보호이익을 어떻게 파악할 것인가이다. 먼저 보호규범을 좁게 파악하여 당해 처분의 근거법규에 한정하는 경우, 처분의 근거법규뿐만 아니라 관계법규,[16] 이에 헌법규정(자유권 등 구체적 기본권[17])이나 기타 일반법질서(민법 포함)를 추가하거나 절차규정[18]까지도 추가하

---

별함으로써 소송법적 관점에서 보다 탄력적으로 "법률상 이익"을 해석할 수 있고 그리하여 "법적으로 보호할 가치 있는 이익" 나아가 객관소송적 요소로까지 접근할 수 있는 계기가 마련된다는 점에서 양 학설 간에 중대한 차이가 있다고 하는 것에는, 박정훈, 352면 참조.

11) 박정훈, 263면.

12) 이 학설명칭으로 조금씩 편차를 보이고는 있으나 큰 차이는 없고 다만 대체적으로 보아서 "법률"을 강조하는 계열로서, 예컨대 "법률상 보호되는 이익설"(김동희, 687면; 홍준형, 563면) "법률상 (보호)이익설"(홍정선, 『행정법원론(상)』 제16판, 박영사, 2008, 859면), "법률상보호이익설"(류지태, 541면)을 들 수 있고, 이에 대하여 "법"을 강조하는 계열로서 "법적보호이익구제설(이상규, 358면; 류명건, 『실무행정소송법』 제3판, 박영사, 2005, 136면)", 예컨대 양자를 병기하는 경우로서 예컨대 "법이 보호하는 이익구제설(법률상 이익구제설)"(김남진/김연태, 665면; 류지태, 541면; 정하중, 729면; 한견우, 961면)로 나누어 볼 수는 있다.

13) 다만 환경영향평가에 관한 법과 같이 실체법상 이익의 보호도 목적으로 하는 절차규정은 보호규범으로 보아야 한다고 한다. 박균성, 969-970면.

14) 김동희, 687면; 김철용, 644면.

15) 김동희, 687-688면; 박균성, 967면.

16) 홍준형, 563면.

는 경우가 있다고 한다.[19] 피보호이익[20]은 통상 개인(자연인, 법인, 법인격 없는 단체)의 이익 외에도 환경단체 등 공익단체의 환경이익[21] 등 공익을 위하여 공익단체의 존립목적이 되는 이익을 포함시키는 경우도 있다고 한다.[22] 이와 같은 법률상 보호이익구제설은 공권의 확대화 경향을 통하여 특히 제3자의 법률상 이익을 강화하는 경향을 갖고 있다.[23]

### 2) 비판 및 평가

법률상 보호이익구제설은 행정소송법 제12조의 문언에 가장 합치된다고 한다. 또한 실체법의 해석을 통하여 보호규범의 소재를 명확히 하는 것은 법관의 임무에 당연히 포함되는 것이므로 법적 보호이익설에 서면서 관계법의 탄력적 또는 목적론적 해석에 의하여 원고적격의 범위를 점진적으로 확대하여 가는 것이 바람직하다고 한다.[24]

그런데 이 설은 권리구제설과 마찬가지로 처분의 근거 법규의 해석에 의하여 공익 외에도 사인의 사익보호 여부를 판단하여 법률상 이익의 범위를 정한

---

17) 여기서의 헌법상의 기본권은 구체적 기본권이어야 하지 법률에 의하여 구체화되어야 하는 추상적 기본권이 침해된 것만으로는 원고적격을 인정할 수 없다고 하는 것에는, 박균성, 970면.

18) 행정절차법과 같은 순수한 절차규정은 보호규범으로 보지 않는 것이 타당하나, 환경영향평가에 관한 법과 같이 실체법상 이익의 보호도 목적으로 하는 절차규정은 보호규범으로 보아야 한다고 하는 것에는, 박균성, 970면.

19) 박균성, 967-968면; 한편, 이 보호규범을 단계적으로 파악하여 1단계 근거법규 및 관계법규의 탄력적 또는 목적론적 해석에 의한 점진적 확대, 2단계 보호가치 있는 이익, 3단계 관련법규와 헌법 등 법질서 전체, 4단계 객관소송적인 요소로 설명하는 것에는, 박정훈, 352면 참조. 또한 실체법규, 절차법규, 근거법률의 전체 취지, 다른 법률, 헌법의 규정, 관습법 및 조리 등 법체계 전체 등으로 구별하고 있는 것에는, 김남진/김연태, 667면.

20) 보호규범에 의하여 직접 보호되는 이익에 그치지 아니하고, 보호규범의 보호범위(고려범위)에 들어가면 피보호이익으로 보는 것이 타당하다고 하는 것에는, 박균성, 970면 참조.

21) 오늘날 환경권과 소비자권리, 문화적 생활을 누릴 권리 등의 중요성이 있다고 하는 것에는, 김향기, 486면 참조.

22) 박균성, 967-968면; 인근주민, 지방자치단체의 주민, 이외의 환경단체 등 사단의 원고적격에 관하여는, 박균성, "프랑스법상 시설설치허가에 대한 취소소송에서의 인근주민 및 환경단체의 원고적격", 『판례실무연구 (Ⅳ)』, 비교법실무연구회, 2001. 참조.

23) 김성수, 991면.

24) 개인적 이익의 보호를 목적으로 하지 아니하고 일반적 이익의 보호를 목적으로 하는 법규범은 그것이 높은 가치가 있는 경우에도 그 위반을 소송으로 주장할 수 없게 되는 경우가 있다고 한다. 김동희, 689면.

다는 점에서 권리구제의 폭을 좁힐 가능성 있다고 한다.[25] 또한 원고적격의 성부를 단순히 실정행정법규의 존부와 관련시킴으로써 실정법만능주의 내지는 실질적으로 열기주의를 초래하게 되며, 현대 행정을 둘러싼 다양한 분쟁상황을 해결하기에 적합하지 않다고 한다.[26]

전통적으로 권리회복설에 있어서의 권리와 달리 법적으로 보호되는 이익구제설에서는 관계법이 전적으로 개인의 이익을 보호하는 경우뿐만 아니라, 공익과 동시에 (부수적이나마) 개인의 이익을 보호하고자 하는 경우에도 원고적격을 인정한다는 점에서 권리구제설에 비하여 원고적격의 범위가 확대되는 면이 있다고 한다.[27]

### (4) 보호가치이익구제설(소송상 보호가치 있는 이익구제설)

#### 1) 주장 내용

보호가치이익구제설은 최소소송의 목적·기능을 개개의 실정법규가 어떠한 이익을 보호하고 있는가라기보다는 행정청의 행위에 의하여 침해되는 이익이 법질서 전체의 관점에서 사법적으로 보호할 가치가 있는 이익인가의 여부를 판단한다. 따라서 원고적격의 문제는 실체법상의 문제가 아니라 소송법상의 문제이고,[28] 그 판단 기준은 법률이 아니라 원고 개인이라고 한다.[29] 따라서 행정소송상의 '법률상의 이익'은 법률에 의하여 보호되는 실체법상의 이익이 아니라, 사법적으로 보호할 가치가 있는 이익,[30] 재판상 보호할 가치가 있는 이익[31] 또는 소송법상의 이익[32]으로 해석한다는 것이다.

---

25) 김철용, 644-645면.
26) 김향기, 484면.
27) 전통적으로 권리회복설에 있어서의 권리는 헌법상의 자유권, 봉급청구권 또는 민법상의 권리와 같은 특정적인 것(소유권·임차권·광업권 등)을 상정한다고 한다. 김동희, 688면.
28) 이와 관련하여, 이 학설의 명칭을 "소송상 보호할 가치 있는 이익구제설"이라고 부르는 것이 보다 타당하다고 한다. 박균성, 968면 참조.
29) 박윤흔, 924면.
30) 김철용, 644면.
31) 김남진/김연태 666면.
32) 김동희, 688면; 우리 행정소송법상 취소소송에서는 "자신의 권리가 침해당하였음을 주장하는 자"에게 원고적격을 부여하는 독일과 달리 객관소송으로서의 성격을 가지고 있으므로 실질적으로 보호할 가치가 있는 이익이면 취소소송을 제기할 수 있다고 하는 것에는, 장태주, 행정법개론 제6판, 현암사, 2008, 735면 참조.

그리하여 당해 이익이 관계법에 의하여 보호되는 것이 아닌 경우에도 그 실질적 내용이 재판에 의하여 보호할 만한 가치가 있는 것인 때에는 그러한 이익이 침해된 자에게도 원고적격이 인정되어야 한다고 한다.[33) 또한 원고적격의 판단 기준인 피침해이익의 성질을 관계법규정에 의존시키지 않고 재판에 의한 보호의 필요성이라는 견지에서 그 실질적 내용에 따라 판단하므로, 사실상의 이익이라도 그 실질적 내용에 따라서는 보호가치 있는 이익으로 판단될 수 있다. 이 점에서 이 설은 법률상 보호이익구제설에 비하여 원고적격의 범위가 보다 넓게 인정된다고 한다.[34)

## 2) 비판 및 평가

보호가치이익구제설은 침해된 이익의 실질적 성질에 비추어 원고적격을 인정하려는 것이라는 점에서 국민의 권리구제의 면에서는 바람직하다고 한다.[35) 문제는 보호가치이익의 관념이 지극히 추상적이기 때문에 그 판단에 관한 객관적 기준이 명백하지 못하고 법원의 자의적인 해석의 우려가 있다고 한다.[36) 기본적으로 우리나라가 실체법과 쟁송법을 구별하는 법체계를 가지고 있는 이상 실체법이 보호하지 않는 이익을 쟁송법으로 보호할 수 없다는 비판이 있다.[37) 다시 말해서 법관은 법이 보호하는 이익을 재판을 통해 보호할 수 있는 것이지 법이 보호하고 있는 않은데 법관이 자의적인 판단에 의하여 보호할 가치가 있는지 여부를 판단하여 보호할 수 있는 것은 아니고,[38) 어떤 이익이 보호할 가치가 있는가 여부는 입법자의 판단사항이라고 한다.[39) 한편 보호가치이익구제설은 항고소송을 처분에 의해 침해된 권익의 구제제도로 보면서도 원고적

---

33) 김동희, 688면.

34) 김동희, 688면; 위법한 행정처분에 의하여 원고가 현실적으로 입고 또 입을 위험이 있는 실생활상의 불이익이 재판상 보호할 가치가 있는 정도의 실질을 갖추고 있는 것으로 평가될 수 있는가에 따라 판단되어야 한다고 하는 것에는, 천병태/김명길, 행정구제법(행정법Ⅱ) 제6판, 삼영사, 2008, 102면 참조; 보호가치 있는 이익은 규범적 관점보다는 구제에 대한 사회적 필요성이라는 사실관계의 판단이 전면에 나선다고 하는 것에는, 김성수, 882면.

35) 홍준형, 564면.

36) 김동희, 789면; 김철용, 645면; 김향기, 484면.

37) 김남진/김연태, 666면.

38) 김남진/김연태, 666면; 정하중, 730-731면; 법관이 이익의 보호가치성 여부를 결정하는 것은 법관에게 법창조적 기능을 인정하게 된다고 비판하는 것에는, 류지태, 542면 참조; 법원은 구체적인 사안에 따라 결정하는 문제가 있다고 하는 것에는, 박균성, 968면 참조.

39) 김남진/김연태, 666면.

격의 범위를 소송법적으로 결정하는 점에서 논리적이지 못하다는 비판도 있다.[40]

### (5) 적법성보장설
#### 1) 주장 내용

적법성보장설은 행정소송 특히 취소소송의 목적을 행정의 적법성 보장이라고 하는 객관적 소송으로 파악한다.[41] 이와 같은 객관적 소송의 논리적 귀결로서 누구든지 항고소송을 제기할 수 있도록 하여야 하지만 이렇게 되면 민중소송이 되고 소송이 폭주하여 법원의 재판부담이 과도하게 되므로 당해 처분에 대한 소송추행에 있어 가장 적합한 이해관계를 가지는 자에게 원고적격을 인정하여야 한다고 한다.[42]

#### 2) 비판 및 평가

적법성보장설에 대하여는, 우리나라 취소소송이 주관적 소송이라는 점에서 따라서 취소소송의 주된 기능이 적법성 보장에 있다고 하는 것은 타당하지 아니하다는 비판이 따른다.[43] 또한 적법성보장설은 원고의 이익의 성질과는 일응 무관하게 원고적격이 인정된다는 점에서 볼 때, 취소소송이 민중소송화할 우려가 있고,[44] 권리구제의 폭이 지나치게 넓어지게 되어 법원의 업무가 과중하게 된다는 비판이 따른다고 한다.[45] 그런데 적법성보장설을 주장하는 경우에는, 위 주장 내용에서 보듯이, 원고적격을 제한하는 것이 일반적이다.

### 2. 종합적 평가

이상에서 고찰한 바와 같은 4가지 학설이 현재 실제로 모두 주장되지 않고 있다. 이는 현행 행정소송법 규정상 권리가 포함되는 것은 당연하므로 적어도 권리구제설은 원고적격의 인정에 있어서 최소한을 의미한다는 점에서 특별한

---

40) 박균성, 968면.
41) 김남진/김연태, 666면; 김동희, 689면; 원고적격을 "당해 처분 자체의 법적 심사의 적합성"에서 찾는다고 하는 것에는, 이상규, 359면 참조.
42) 김동희, 689면; 김철용, 644면; 프랑스의 월권소송은 적법성보장설에 근거하고 있다고 하는 것에는, 박균성, 968면.
43) 김철용, 645면; 박균성, 968면; 홍준형, 564면.
44) 김남진/김연태, 666면; 김동희, 689면; 홍준형, 564면.
45) 김철용, 645면; 박균성, 968면.

의미가 없고, 또한 현행 행정소송 중 취소소송이 주관적 쟁송의 성격을 갖는다는 점에서 법률상 이익을 적법성보장설과 같이 해석할 수 없기 때문46)에 적법성보장설만을 주장하는 견해는 없다.

그리하여 현재 현행 행정소송법상 "법률상 이익"이 개념과 관련하여서는 법률상 보호이익구제설과 보호가치이익구제설만이 대립하고 있다고 할 수 있다. 양 설의 근거는 기본적으로 행정소송의 기능과 밀접한 관련성을 갖는다고 할 수 있고, 양 설의 차이는 "법률상" 한정이 수식되는 이익인가 여부의 문제라고 할 수 있다.

오늘날 국민생활의 행정의존성이 증대되고 있는 상황에서 취소소송의 보호범위를 확대하는 것이 법치행정의 원리상으로는 바람직하므로 "법률상"의 의미는 실체법적 의미가 아니라 보호할 가치 있는 쟁송법적 의미로 해석하는 것이 타당하다고 하여 드물게 정면으로 보호가치이익구제설을 취하는 경우도 있다.47) 그럼에도 오늘날 국민생활의 행정의존성이 현저히 증대되고 있는 상황하에서 취소소송의 보호범위를 확대해야 한다는 것은 불가피한 당위라 할지라도, 역시 우리나라 행정소송법의 문언상 "법률상" 이익이 요구되고 있고 취소소송의 주된 기능을 권익구제로 보고 주관소송으로 규정하고 있다고 한다.48) 이런 점에서 입법론으로는 적법성보장설이 타당할지라도 현행 행정소송법의 해석론으로는 법률상 보호이익구제설이 타당하다고 한다.49)

한편 오늘날의 국민의 권리구제의 요청에 부응하기 위하여 법률상 익익의 개념을 완화·확대하여 실생활상의 이익을 포함시키도록 노력함으로써 점차 보호가치이익구제설의 입장을 받아들이는 방향으로 나아가야 한다는 경우도 있다.50)

어쨌거나 현재 행정소송에서의 원고적격에 관하여는 법률상 보호이익구제설이 압도적인 다수설51)이라고 할 수 있다.

---

46) 김남진, 755-756면; 김동희, 689면; 류지태, 542면; 이상규, 925면.
47) 이원우, "항고소송의 원고적격과 협의의 소의 이익 확대를 위한 행정소송법 개정방안", 『행정법연구』 제8호, 2002, 251면; 한견우, 963면.
48) 홍준형, 565면.
49) 박균성, 969면.
50) 이상규, 925면.
51) 김남진, 755-756면; 김동희, 689면; 류지태, 542면; 박균성, 966면; 박윤흔, 925면; 이상규, 925면; 홍준형, 565면. 이에 대하여 보호가치이익구제설을 주장하는 경우로는, 예컨대

## Ⅲ. 원고적격론의 검토 방향

### 1. 방향 제시

전술한 바와 같이, 현행 행정소송 특히 취소소송의 원고적격에 관한 학설들은 우리나라 행정소송 특히 취소소송의 목적 내지는 기능과 밀접한 관련성을 맺고 있는 이론이라고 할 수 있다. 즉 권리구제설 내지는 법률상 보호이익구제설은 취소소송의 권익구제기능을 적법성보장설은 취소소송의 행정통제기능을 의식한 것이고, 법률상 보호이익구제설과 보호가치이익구제설 양 자에 있어서는 후자 즉 보호가치이익구제설이 적법성보장설의 입장을 반영한 것이라고 하고 있다. 여기에서 행정소송의 원고적격은 행정소송의 목적 내지는 기능을 먼저 체계적으로 검토할 필요성이 있게 된다.

보다 근본적으로 행정소송의 원고적격론은, 행정소송이 헌법상 권리 즉 헌법권인 재판청구권의 일환으로 인정된 소송제도라는 측면에서 본다면, 당연히 헌법상의 재판청구권의 실현이라는 측면에서 고찰되어야 함은 물론이다. 또한 행정소송의 원고적격은 행정소송절차 내의 문제라는 점에서는 당연히 행정소송의 본질이나 행정소송의 심리원칙이 어떠한가와도 밀접한 관련성을 갖는다고 할 수 있다.

요컨대 행정소송에서의 원고적격은 재판청구권, 행정소송의 본질, 행정소송의 목적 및 행정소송의 심리원칙 등과 밀접한 관련성을 가지고 검토하여야 한다. 이에 관한 상세한 고찰은 후일을 기약하기로 하고 여기서는 바람직한 원고적격론의 일정 방향만을 제시하기로 한다.

이하 재판청구권, 행정소송의 본질, 행정소송의 목적 내지는 기능 및 이와 관련된 객관소송설의 문제, 그리고 행정소송의 심리원칙 등을 차례대로 고찰하기로 한다.

---

이원우, 251면; 한견우, 963면 참조.

## 2. 재판청구권

### (1) 재판청구권의 실질적 보장

행정소송에서는 국민이 원고가 되어 행정청을 상대로 소를 제기한다는 점 즉 국민이 행정소송을 이용한다는 점에서 이는 궁극적으로 헌법 제27조에 규정된 국민의 헌법상의 권리 즉 헌법권인 재판청구권의 행사의 일환으로서의 성격을 갖는다.[52] 재판청구권이 헌법상 명문으로 보장되고 있다고 하더라도 국민이 국가의 공권력을 상대로 실질적으로 다툴 수 있는 수단이 봉쇄된다고 한다면 이는 헌법권인 재판청구권을 유명무실화하는 것이 된다.

이런 점에서 행정소송에서의 원고적격을 부당하게 좁히는 것은 국민의 헌법권인 재판청구권을 침해한다는 점에서 위헌문제를 발생한다. 행정소송의 원고적격도 당연히 헌법권인 재판청구권의 실질적 보장이라는 측면에서 고려되어야 하므로 행정소송에서의 원고적격의 확대는 국민의 헌법상의 권리인 재판청구권의 실현이다. 물론 원고적격이 재판청구권의 실현이라고 해서 예컨대 행정소송에서 원고적격을 무제한적으로 확대하는 것은, 다른 헌법상의 권리의 무제한적인 확대 인정과 동일한 문제점을 야기할 뿐이다.[53]

요컨대 이와 같이 행정소송에서의 원고적격의 문제는 헌법상의 재판청구권의 침해의 차원에서 검토하여야 한다.

### (2) 공권 2요소설의 문제점

누구든지 자신의 권리가 침해된 경우에는 제소할 수 있다고 하는 이른바 포괄적 권리구제가 독일 헌법(GG)[54] 제19조 제4항에 규정되고 이에 따라 행정소송법(VwGO)[55]에서 소송유형등이 완비되어 규정되었다고 할 수 있는 독일은

---

52) 이는 특히 원·피고의 대등당사자주의라고 하는 민사소송과 달리, 국민과 행정청 간, 즉 국민이 행정청 궁극적으로는 국가를 상대로 하여 소를 제기하게 된다는 점에서 국민과 행정청 간의 실질적인 불평등을 시정하여야 할 헌법상의 당위가 생겨나게 된다.

53) 최선웅, 행정소송에서의 석명의무의 인정근거, 69면 이하; 최선웅, 『행정소송의 원리』, 43면 이하 참조.

54) "독일 기본법" 대신 "독일 헌법", "기본권" 대신 "헌법권"이라는 용어에 관하여는, 최선웅, "행정소송에서의 석명의무의 인정근거 ─ 우리나라 행정소송의 독자성을 모색하며 ─", 『행정법연구』, 제9호, 2003, 70면 이하; 최선웅, 『행정소송의 원리』, 41면 이하 참조.

55) 독일 "행정소송법"이라는 용어에 관해서는, 최선웅, 석명의무의 인정 근거, 62면 이하;

몰라도, 우리나라의 경우에는 일반적으로 행정에게 일정한 공익활동을 해야 할 의무가 부과되고 그것에 국민의 사적인 이익이 관련되는 경우에만 국민이 행정에 대하여 일정한 공법상의 청구권인 공권이 성립한다고 보아서는 부족하다.

왜냐하면 국민의 사적이익과 관련된 행정의 공적의무를 공권의 성립요소라고 파악한다고 하더라도 이러한 공권을 궁극적으로 관철시킬 현실적인 수단이 불충분하다면 이는 공권을 실질적으로 무의미한 것으로 만들기 때문이다. 따라서 공권의 성립에 있어서 이러한 국민의 사적인 이익의 실현을 위한 행정의 공적의무를 관철시킬 수 있는 현실적인 수단 즉 재판청구권을 실질적으로 보장하기 위해서는 예컨대 행정소송에 있어서 의무이행소송 등 소의 종류의 완비도 당연히 재판청구권의 실질적 보장의 핵심적인 한 내용으로 보아야 한다.

이러한 점에서 우리나라에서 공권 2요소설이 독일과 마찬가지로 통설화되어 있는 것은 의문이다. 독일에서는 출소의 길이 헌법뿐만 아니라 행정소송법이라고 하는 법률차원에서 거의 완벽하게 해결되었고 그래서 공권의 제3요소가 더 이상 논의되지 않는다고 해서 그에 따라서 우리의 문제가 자동적으로 해결되는 것은 아니다.[56]

### (3) 우리나라 헌법 제27조상의 재판청구권과 독일 헌법 제19조 제4항의 포괄적 권리구제

전술한 바와 같이, 독일 헌법 제19조 제4항이 포괄적 "권리"구제를 규정하고 있다고 해서 우리나라 헌법 제27조에 규정된 헌법권인 재판청구권은 독일 헌법 제19조 제4항의 포괄적 권리구제에 한정하여야 하는가의 문제가 있다.

우리나라 행정소송은 본래 독일식의 "포괄적인 권리구제"마저도 포괄하는 즉 "'권리'침해를 요건으로 하지 아니하는"포괄적인 재판"을 보장하고 있는 국민의 헌법상의 권리인 헌법권으로서의 헌법 제27조의 재판청구권에 입각해 있다. 따라서 우리나라 헌법상의 권리인 재판청구권 규정인 헌법 제27조를 독일 헌법 제19조 제4항과 같이 권리침해로 좁혀서 해석하지 않으면 안 될 무슨 논리필연적 내지는 선험적인 이유가 전혀 없다.[57]

---

최선웅, 『행정소송의 원리』, 20면 이하 참조.
56) 최선웅, "행정소송에서의 석명의무의 인정근거", 69면 이하; 최선웅, 『행정소송의 원리』, 45면 이하.
57) 최선웅, "행정소송에서의 석명의무의 인정근거", 120면 이하; 최선웅, 『행정소송의 원리

따라서 우리나라의 행정소송이 아무런 이유 없이 무슨 독일식의 주관소송 국가의 전형이라고 하는 공격을 받을 하등의 이유가 전혀 없다. 우리나라 행정 소송에 있어서의 객관소송과 주관소송을 다 포함할 수 있는 절충형적인 입법을 하고 있다고 할 수 있다. 특히 이는 우리나라 행정소송법 제1조상의 목적[58]에서 뚜렷하게 규정되어 있다.

## 3. 행정소송의 본질

행정소송은 공·사익의 조정절차이다. 이러한 행정소송에서 개인은 자신의 사적인 이익 내지는 권리의 구제를 받기 위하여 소를 제기하여 행정을 공격하는 것이고 행정은 이러한 전체 국민의 공적 이익 즉 공익이라는 측면에서 방어하게 된다. 이 점에서 행정소송에서 개인에게 원고적격을 어느 정도 인정하여야 하는 것은 행정소송의 원고적격은 공·사익이 조정절차를 그 본질로 하는 행정소송의 본질과도 연결되는 문제이다.[59]

이와 같이 공·사익의 조정절차라고 하는 행정소송의 성격상 행정소송에서의 원고적격의 인정 범위는 사익 간의 분쟁을 조정하는 민사소송과 달리 정해지는 것은 당연하다. 즉 원고적격의 인정 내지는 그 방법이 민사소송과 다르다는 것은 오히려 행정소송의 본질에 적합한 것이다. 따라서 예컨대 새만금 사건[60]에 보듯이, 환경영향평가 대상지역 외의 주민에게 자신의 환경상 이익에 대한 침해 또는 침해우려가 있다는 것에 대한 입증책임을 부담시키는 것은 공·사익의 조정이라는 우리나라 행정소송의 본질에 합당한 것이다.

## 4. 행정소송의 목적 내지는 기능[61] — 이른바 객관소송설의 문제

취소소송에서의 원고적격의 인정 범위의 문제는 특히 취소소송의 목적 내지는 기능과 관련되어 있다. 일단 행정과 국민 간에 행정소송이 벌어지게 되면

---

』, 69면 이하.

58) 행정소송의 목적에 관하여는, 최선웅, "행정소송의 목적에 관한 일 고찰", 『행정법연구』 제13호(2005. 5), 19-52면 참조.

59) 최선웅, 『행정소송의 원리』, 진원사, 2007, 5면 이하.

60) 대법원 2006. 3. 16. 선고 2006두330 전원합의체 판결 【정부조치계획취소등】 (공2006상, 634).

61) 이에 관한 상세한 것은, 최선웅, "행정소송의 목적에 관한 일 고찰", 『행정법연구』, 제13호(2005. 5), 19-52면 참조.

그 상대방인 행정의 행위에 대하여 법원은 그 적법 여부를 법원이 심사하게 됨으로써, 그 결과 개인은 자신의 권익이 구제되고 그와 동시에 행정에 대하여는 적법성통제가 이루어지게 된다. 이와 같은 점에서 보면 행정소송의 원고적격은 행정구제와 행정통제라고 하는 행정소송의 목적 내지는 기능과 연결되는 문제이다.62) 이 경우 취소소송의 권리구제적 기능을 중시하게 되면 재판상 보호대상이 되는 권리·이익의 존재가 중시되어 법률상 이익이 있는 자의 범위가 비교적 좁아지게 되고, 반면에 취소소송의 행정통제적 기능을 중시하게 되면 반드시 권리·이익의 존재가 중시되어 법률상 이익이 있는 자의 범위가 비교적 넓어지게 된다.63)

최근 주지하는 바와 같이, 특히 대법원이 주도하는 행정소송법 개정과 발맞추어서, 우리나라 행정소송 특히 항고소송의 성격이 객관적 성격을 갖는다고 하는 일련의 주장이 등장하고 있어 왔다. 그러나 우리나라의 행정소송의 성격은 주관적 성격과 객관적 성격을 절충하고 있다는 것이 다수설적인 견해이다.64)

우리나라의 행정소송의 목적 내지는 기능을 국민의 권익구제라는 측면보다는 행정에 대한 적법성보장이라고 하는 측면에 입각한 객관소송설65)은 바로

---

62) 행정소송의 목적 내지 기능에 관하여는, 최선웅, "행정소송의 목적에 관한 일 고찰",『행정법연구』, 제13호(2005. 5. 31), 19-52면 참조.

63) 김철용, 645면; 박균성, 970면; 김도창, 705면; 박윤흔, 922면.

64) 이와 관련하여 우리나라 행정소송의 성질을 객관소송으로 성격 지우려고 하는 견해의 문제점과, 그리고 이러한 객관소송설을 철저하게 독일식 이론에 근거하여 비판하는 견해의 문제점에 관한 상세한 내용은, 최선웅, "행정소송에서의 석명의무의 인정근거", 117면 이하; 최선웅,『행정소송의 원리』, 67면 이하 참조.

65) 특히 우리나라의 취소소송이 프랑스·영국·미국에서와 같이 본안요건에서 권리, 법률상 이익 등 원고의 주관적 관련성은 제외하고 오직 객관적인 위법성만을 문제 삼는다는 의미에서 객관소송적 구조를 갖는다는 전제하에서, 이러한 취소소송의 구조가 취소소송의 기능 즉 원고의 권리·이익의 구제기능을 하는 주관소송적 기능과 결합하는 것이 다수의 견해이고 행정의 적법성을 통제하는 객관소송적 기능과 결합하는 것은 현행법의 해석상 무리이고 소수설에 불과하다고 하는 것에는, 입법론적으로는 적법성보장설이 타당하다고 하는 것에는, 박균성, 970면; 박정훈, 353-355면; 박정훈, 행정소송의 구조와 기능, 241면 참조.

그러나 설령 우리나라 행정소송의 본안에서 위법성 여부만을 심사한다고 해서 그것이 국민의 권익침해와 무관하다고 할 수 없다. 현행 우리나라 행정소송은 권익구제와 행정통제가 절충적인 형태로 되어 있을 뿐만 아니라, 행정소송 구조상 처분권주의에 의한 권익구제 즉 행정구제가 전제되지 아니한 행정통제는 불가능하다는 점에서 그러하다. 이

국민의 재판청구권의 실현이라고 하는 차원과는 직접적인 관련성을 갖지 못한다는 점에서 문제이다. 법원은 국민의 헌법권인 재판청구권의 보장을 목적으로 하는 경우에만 그 존재가치가 있을 뿐만 아니라, 재판청구권의 주체는 어디까지나 국민이지 재판하는 법원이 아니다.[66)]

요컨대 행정소송의 성격이 객관소송 혹은 주관소송 그 어느 하나 특히 객관소송이라고 단정할 필요는 전혀 없을 뿐만 아니라 바람직하지도 아니하다.

## 5. 행정소송의 심리원칙[67)]

행정소송에서의 원고적격은 행정소송에서의 심리원칙과도 밀접한 관련을 맺는다고 할 수 있다. 즉 우리나라 행정소송의 심리원칙이 변론주의인가 직권탐지주의인가 아니면 양자의 절충인가가 행정소송의 원고적격에도 영향을 미친다.

예컨대 새만금사건[68)]에서 보듯이, 환경영향평가 대상지역 밖의 주민이라 할지라도 공유수면매립면허처분 등으로 인하여 그 처분 전과 비교하여 수인한 도를 넘는 환경피해를 받거나 받을 우려가 있는 경우에는, 공유수면매립면허처분 등으로 인하여 환경상 이익에 대한 침해 또는 침해우려가 있다는 것을 입증함으로써 그 처분 등의 무효확인을 구할 원고적격을 인정받을 수 있다고 판시하고 있는바, 이는 환경영향평가 대상지역 외의 주민에게 자신의 환경상 이익에 대한 침해 또는 침해우려가 있다는 것에 대한 입증책임을 부담시킨다는 것인데, 이는 적어도 변론주의에서나 가능한 것이지 이른바 직권탐지주의에서는 불가능하기 때문이다. 이러한 것은 물론 변론주의와 직권탐지주의가 절충형으로 되어 있는 우리나라 행정소송에서는 당연히 가능한 것이다.

---

에 관한 상세한 것은, 최선웅, "행정소송의 목적에 관한 일 고찰", 43면 이하; 최선웅, 『행정소송의 원리』, 188면 이하 참조.

66) 최선웅, "행정소송에서의 석명의무의 인정근거", 120면; 최선웅, 『행정소송의 원리』, 69면.

67) 행정소송의 심리원칙에 관한 상세한 것은, 최선웅, "행정소송에서의 처분권주의에 관한 일 고찰", 『행정법연구』, 제15호, 2006; 최선웅, "행정소송에서의 준용규정에 관한 일 고찰", 『행정법연구』, 제12호, 2004; 최선웅, "행정소송법 제26조의 해석에 관한 일 고찰 — 우리나라 행정소송의 독자성을 모색하며", 『행정법연구』, 제10호, 2003; 최선웅, 『행정소송의 원리』, 205면 이하 참조.

68) 대법원 2006. 3. 16. 선고 2006두330 전원합의체 판결【정부조치계획취소등】(공2006상, 634).

## Ⅳ. 결론적 고찰 ─ 기존 학설의 의의

### 1. 용어상의 문제

#### (1) "법률"과 "법"

전술한 바와 같이, 학설명칭에 있어서 특히 "법률"상 보호이익구제설 또는 "법"적 이익구제설에서 보는 바와 같이 "법률"이라는 용어를 사용하는 경우와 "법"이라는 용어를 사용하는 경우와 같이 조금씩 편차를 보이고는 있다.69) 이와 같이 학설명칭을 상이하게 사용하고 있을 뿐이고 "법률"과 "법"의 차이를 의식하고 학설내용을 기술하고 있는 것으로 보이지는 않는다.

다만 우리나라 행정소송법 제12조에서의 문언상 "법률상 이익"에서의 "법률"이라고 되어 있다는 점에서 학설명칭에 "법률"이라는 용어를 당연히 사용할 수는 있다. 여기서의 "법률"의 의미는, 전술한 바와 같이, 경우에 따라서 헌법, 민법뿐만 아니라 나아가서 법질서 전체까지고 포함하는 의미도 가질 수 있다는 점에서 "법"의 의미를 당연히 내포한다.70)

#### (2) "권리"구제와 "권익"구제71) ─ 입법적 해결설

행정소송에서의 원고적격뿐만 아니라 특히 우리나라 행정소송의 목적 내지는 기능에 관한 논의에 있어서 용어가 통일되어 있지 못한 점도 문제이다. 예컨대 "권익구제", "권리구제", "권리·이익구제" 등의 용어의 예72)가 있으나, 이

---

69) 예컨대 학설명칭에 "법률"이라는 용어를 사용하는 경우와 "법"을 사용하는 경우에 관한 예에 관해서는, 앞의 주 12)에 소개된 문헌 참조.

70) 다만 우리의 언어관용이 "법률"과 "법"을 엄격하게 구별하지 않는다고 하여 "법률상 이익"을 "법적인 이익"으로 새긴다면 "처분의 취소를 구할 법률상 이익"을 "전체 법질서에 비추어 처분의 취소를 구할 수 있는 것으로 판단되는 이익"으로 해석할 수 있다고 하는 것에는, 박정훈, "환경위해시설의 설치·가동 허가처분을 다투는 취소소송에서 인근주민의 원고적격 ─ 독일법의 비판적 검토와 행정소송법 제12조의 해석을 중심으로", 『행정법연구』 제6호, 2000, 115면; 박정훈, "취소소송의 원고적격(1) ─ 독일법의 비판적 검토 ─", 『행정소송의 구조와 기능[행정법연구 2]』, 박영사, 2007, 211면 참조.

71) 이에 관한 상세한 주석 및 내용은, 최선웅, 행정소송의 목적에 관한 일 고찰, 『행정법연구』, 제12호, 2004, 37면 이하; 최선웅, 『행정소송의 원리[행정법연구 1]』, 진원사, 2007, 177면 이하 참조.

72) 용어 사용례에 관한 상세한 주석은, 최선웅, "행정소송의 목적에 관한 일 고찰", 37면, 주 108-111); 최선웅, 『행정소송의 원리』, 177면, 주 108-111) 참조.

들 표현 중 "권리구제"라고 하는 표현은 다분히 독일식 표현을 의식한 것이라고 할 수 있다.

독일에서의 "권리구제(Rechtsschutz)"라고 하는 것은, 독일 헌법(GG) 제19조 제4항을 비롯하여 독일 행정소송법(VwGO) 제42조 제2항, 제113조 제1항 제1문, 제5항 제1문 등 실정법상 규정에 의한 일련의 주관적 권리의 구제를 실천하는 과정에서 보듯이, 궁극적으로 독일 헌법상의 권리구제절차보장과도 연결되는 개념이다. 이와 같이 독일 행정소송에서는 "권리(Rechte)"가 일반화된 용어이다.[73]

그러나 우리나라 행정소송법 제1조에서 "국민의 <u>권리 또는 이익</u>의 침해를 구제하고"라는 명문의 규정을 가지고 있을 뿐만 아니라, 행정소송법 제12조상에서도 "권리"가 아닌 "법률상 이익"으로 규정되어 있으므로 굳이 독일식의 "권리구제"라는 용어를 고집할 필요는 없다고 본다. 따라서 "권리구제"를 제외한 "행정구제" 또는 "권익구제(권리·이익구제, 권익은 권리·이익의 준말)"라는 용어 등을 사용하는 것이 바람직하다.[74]

### (3) "권익"의 효용성

특히 "권리 또는 이익"의 준말이 되는 "권익"이라는 용어는, 권리와 법률상 이익의 이동에 관한 논의라든가 법률상 보호이익구제설과 보호가치이익구제설의 대립을 상당부분 완화 내지는 상쇄시킬 수 있다는 점에 그 효용성이 있다고 할 수 있다. 이러한 점은 우리나라 행정소송에서의 원고적격에 관한 학설의 의의를 고찰함에 있어서도 일정한 의미를 가지고 있다고 할 수 있다.

전술한 바와 같이, 원고적격에 관한 독일의 행정소송법과 우리나라의 행정

---

73) 이에 관한 상세한 내용 및 독일 문헌은, 최선웅, "행정소송의 목적에 관한 일 고찰", 37면 주 112); 최선웅, 『행정소송의 원리』, 177면 주 112) 참조.

74) 이는 또한 1996. 12. 31. 법률 제5241호로 제정되고 1998. 1. 1.부터 시행된 우리나라 현행 행정절차법 제1조가 [목적]이라는 표제하에서, "이 법은 행정절차에 관한 공통적인 사항을 규정하여 국민의 행정참여를 도모함으로써 행정의 공정성·투명성 및 신뢰성을 확보하고 국민의 권익을 보호함을 목적으로 한다."(밑줄 필자)라고 규정한 행정절차법의 목적규정과, 1984. 12. 15 법률 제3755호 제정시부터 행정심판법은 제1조 [목적]이라고 하는 표제하에서, "이 법은 행정심판절차를 통하여 행정청의 위법 또는 부당한 처분 그 밖에 공권력의 행사·불행사 등으로 인한 국민의 권리 또는 이익의 침해를 구제하고, 아울러 행정의 적정한 운영을 기함을 목적으로 한다"(밑줄 필자)라고 한 행정심판법의 목적규정과 균형을 맞추기 위해서도 바람직하다.

소송법 규정상 뚜렷한 차이는 독일은 "권리"이고 우리나라는 "권리 또는 이익" 즉 "권익"이라는 점이다. 물론, 전술한 바와 같이, 독일도 권리개념을 확장되고 있다는 점에서는 그 실질적인 측면에서 우리나라의 권익 개념과 큰 차이는 없다. 이 점에서 권리와 법률상 이익의 이동의 문제는 적어도 우리나라 행정소송에서는 그 실익이 없다.

그러나 최근의 현대 사회에 있어서 종래 고려되지 아니하였던 이익 예컨대 환경상의 이익 등이 새롭게 등장하고 이를 고려하여야 한다는 것이 논의되고 있는 점을 중시하지 않을 수는 없을 것이다. 이런 점에서 본다면 이와 같은 새로운 이익을 포함할 수 있는 의미인 우리나라 행정소송법상의 "권익"구제는 행정소송은 물론이고 앞으로의 우리나라 행정법 및 행정법학이 나아가야 할 지향점으로서 상징적인 의미를 가지고 있다.

요컨대 우리나라 행정소송법 규정상 종래의 권리 개념 외에 새로이 그 추가가 고려될 여지가 있는 새로운 이익적인 요소를 포함하여 실정소송법상의 용어인 "권리 또는 이익"을 축약한 개념으로 "권익"이라고 개념을 사용할 수 있다는 점에서 이 점에서 우리나라 행정소송법의 입법태도가 매우 바람직하다.

## 2. 기존 학설들 간의 관계

### (1) 권리구제설, 법률상 보호이익구제설, 보호가치이익구제설의 관계

전술한 바와 같이, 우리나라 행정소송법 제12조의 원고적격에 관한 논의에 있어서, 4가지의 각 학설, 즉 권리구제설, 법률상 보호이익구제설, 보호가치이익구제설 및 적법성보장설이 있다. 그런데 "권리" 또는 "법률상 이익"은 우리나라의 행정소송법 제1조상의 "권리 또는 이익"이나 그 준말인 "권익"이라는 개념에 포함될 수 있다. 이러한 점만으로도, 전술한 바와 같이, "권리" 개념과 "법률상 이익" 개념의 이동과 관계없이, 이미 권리구제설과 법률상 보호이익구제설은 하나의 범주에 속할 수 있고 이 점에서 양설은 본질적으로 큰 차이를 보이지 못한다.

다만 여기에 보호가치이익구제설이 포함될 수 있는가가 문제된다. 전술한 바와 같이, 법률상 보호이익구제설과 보호가치이익구제설의 결정적인 차이는 "법률상"의 수식어가 붙는 이익인가 아닌가에 있다. 그런데 법원조직법 제2조 제1항에서 법원의 권한을 법률상 쟁송에 한정하였다는 것은 직접적으로는 주로 대상적격에 해당하는 것이기는 하지만 간접적으로 법원이 원고적격을 인정함에 있어서도 일정 영향을 미친다. 또한 전술한 행정소송의 심리원칙에서 보는 바와 같이, 예컨대 환경영향평가 대상지역 외의 주민에게 자신의 환경상 이익에 대한 침해 또는 침해우려가 있다는 것을 입증하여 원고적격을 인정받을 여지도 있다. 이와 같은 것은 예외적인 것만으로 볼 것이 아니라 국민의 헌법권인 재판청구권, 행정소송의 본질, 목적 및 심리원칙에 적합하다.

이와 같은 점등에서 보면, 반드시 양 설이 절대로 그 영역을 침범할 수 없을 정도로 그렇게 결정적으로 구별되는 것은 아니다. 다시 한번 강조하지만, 이와 같은 새로운 이익을 입증책임을 부담하여 원고적격을 인정하는 것은 우리나라 행정소송 있어서는 가능하고 타당하고 바람직하다.

요컨대 개인의 권익구제의 차원에서 본다면 권리구제설, 법률상 보호이익구제설, 보호가치이익구제설은 실제 사례에 있어서는 구별의 실익이 전혀 없는 동일하고 상호 중첩되어 있다는 점에서 그 편차가 유의할 만할 정도로 그리 크다고 할 수 없다.

### (2) 적법성보장설의 의의

적법성보장설은 행정의 적법성을 심사한다는 것이라는 점에서 이는 행정구제가 아니라 행정통제의 측면이라고 할 수 있다. 적어도 우리나라 행정소송에 있어서는, 적법성보장설을 제외한 나머지 3개 학설 즉 권리구제설, 법률상 보호이익구제설 및 보호가치이익구제설에 의하여—물론 학설에 따라 그 광협의 차이는 있겠지만—원고적격이 인정되어 행정구제인 권익구제가 이루어지는 모든 경우에 비로소 법원에 의한 행정의 적법성심사가 이루어진다. 요컨대 법원이 행정에 대한 적법성 여부를 심사한다고 적법성보장의 기회를 가지게 되는 것은 단지 원고의 소제기 후의 문제이다. 이 점에서 적법성보장설은 적법성보장설을 제외한 나머지 3개 학설과 그 차원을 달리한다. 따라서 행정구제인 권익구제와 행정통제인 적법성보장은 차원을 달리하는 원리이므로 결합할 수 있고 결합하는 것이 바람직하다. 특히 우리나라와 같이 절충형적인 행정소송의 경우에는 적법성보장설을 제외한 나머지 3개 학설은 당연히 적법성보장설과 결합하게 된다.

이와 같이 적법성보장이라고 하는 행정통제와 행정구제는 차원을 달리하

므로 서로 결합할 수 있는 것이므로, 전술한 바와 같이, 실제 적법성보장설의
입장에서 법률상 보호이익구제설과 보호가치이익구제설을 비교하여 전자가 아
니라 후자 즉 보호가치이익구제설이 타당하다고 주장하는 것도 성립 가능하다.
또한 전술한 바와 같이, 적법성보장설을 주장하는 경우에도 그 논리적 귀결로
서 모든 사람에게 원고적격을 인정함에도 불구하고 민중소송의 위험이나 법원
의 재판부담으로 인하여 당해 처분에 대한 소송추행에 있어 가장 적합한 이해관
계를 가지는 자에게 원고적격을 인정하여야 한다는 주장에서도 이와 같은 권익
구제와 적법성통제의 결합이라고 하는 절충의 모습을 볼 수도 있다. 특히 우리나
라에서와 같이 객관소송과 주관소송의 절충형을 취하는 경우에는 이와 같은 개
인의 권익구제와 행정의 적법성통제의 결합은 오히려 당연하고 바람직하다.

## 3. 기존 학설의 의의

종래부터 한국 행정소송에 있어서 행정소송법 제12조에 규정된 원고적격
의 의미에 관하여는 기존의 4가지 학설들이 잘 알려져 왔다. 현재 이 4가지 학
설 모두가 실제로 주장되거나 첨예하게 대립하고 있지는 아니하고 있다. 그럼
에도 불구하고 이 4가지 학설이 여전히 교과서등 문헌에 소개되어 왔다는 것은
비록 이 4가지 학설이 오늘날 그 독립적인 의미가 퇴색하기는 하지만 종래부터
우리나라 행정소송의 원고적격에 있어서 권리, 이익, 행정구제 내지는 행정통제
등의 개념을 최소한 정서 내지는 설명하는 기능을 담당해 오고 있다고는 할 수
있다.

이와 더불어 최근에는 국민의 행정에 대한 의존도가 증가함과 동시에 국민
에 대한 행정의 규제가 증가하고 있는 상황하에서, 특히 환경문제와 관련된 제3
자의 원고적격 등 원고적격의 인정 범위를 국민의 권익구제 내지는 행정에 대
한 적법성통제의 측면에서 즉 양 측면에서 공히 점차 확대하여 가는 것이 바람
직하다는 점에 모든 학자와 판례가 동의하고 있다.

이와 같은 점등에서 본다면, 이제 기존의 이 4가지 학설들 모두는 행정소
송에 있어서 원고적격의 인정 범위를 확정하기 위하여 필요한 제 요소들로서
예컨대 권리, 이익 또는 이를 포괄하는 개념으로서 권익, 그리고 권익구제와 행
정통제라고 하는 행정소송의 기능 등을 정도의 차이를 주어 각각 강조하는 것
에 지나지 아니하는 것이지 그 어느 한 요소만을 특정하여 이를 완전히 부정하

는 것은 전혀 아니라고 할 수 있다. 즉 당부의 문제가 아니라 정도의 문제이다. 이러한 정도의 문제는, 전술한 바와 같이, 우리나라 국민의 헌법권인 재판청구권, 우리나라 행정소송의 본질, 목적 내지는 기능 및 구조, 심리원칙에 비추어 얼마든지 허용될 뿐만 아니라 바람직하다. 여기에 기존 학설들의 의의가 있다.

## 4. 바람직한 원고적격론

그렇다면 이제는 원고적격에 관한 학설들이 특정 학설명칭 자체를 고집하는 것은 오히려 시대착오적일 뿐만 아니라 각 학설 자체의 당부를 따지는 것 또한 별다른 큰 의미가 있다고 할 수 없다. 이제는 실제 사례에 있어서 개별·구체적으로 어느 정도 어떻게 원고적격을 근거 지워 인정할 수 있는가에 초점을 맞추는 것이 바람직하다.

이런 점에서 원고적격은 물론이고 그 원고적격을 인정하는 판단 기준도 불변하는 고정관념일 필요가 전혀 없고 당연히 시대와 상황에 따라서 탄력적으로 변화하는 유동적인 성격을 갖게 된다. 이는 우리나라 행정소송이 탄력적인 점에 합당하다. 다만 구체적 사례에 있어서 원고적격의 인정 여부를 판단하는 경우에는 헌법권인 재판청구권의 실현, 행정소송의 본질과 목적 내지는 구조와 기능, 그리고 행정소송에서의 심리원칙 등을 고려하여 포괄적이고 체계적으로 검토할 필요가 있다.

적어도 우리나라 행정소송에 있어서는 전적으로 반드시 논리필연적이고 선험적으로 선재 내지는 상정되지 않으면 안 되거나 모두가 예외 없이 반드시 귀일하지 않으면 안 되고 그 대가로 그 어떠한 희생을 치러야만 하는 유일무이한 관념, 개념 내지는 관점이라고 할 수 있는 것은 절대로 있을 수 없다. 물론 우리나라 행정소송에서의 원고적격도 당연히 그러하다.

이 점에서, 기회가 있을 때면 거듭해서 주장하는 바이지만, 공·사익의 조정절차를 본질로 하는 행정소송과 그러한 개인의 권익구제와 행정에 대한 적법성통제라고 하는 행정소송의 목적 내지는 기능 그리고 이러한 공·사익의 실체법적 조정을 절차적인 측면에서도 변론주의와 직권탐지주의가 절충하는 형태로 심사하는, 즉 실체와 절차가 상응하는 탄력적이고 절충적인 우리나라 행정소송법의 기본골격은 입법사상 그 유래가 없을 정도로 다시없는 훌륭한 입법임을 다시 한 번 강조하는 바이다.

## 🔲 참고문헌

[단행본]

김남진, 『행정법 I』 제6판, 법문사, 2000.

김남진/김연태, 『행정법 I』 제12판, 법문사, 2008.

김동희, 『행정법 I』 제14판, 박영사, 2008.

김성수, 『일반행정법』 제4판, 법문사, 2008.

김철용, 『행정법 I』 제11판, 박영사, 2008.

김철용/최광진 편집대표, 『주석 행정소송법』, 박영사, 2004.

김향기, 『행정법개론』 제7판, 삼영사, 2005.

류명건, 『실무행정소송법』 제3판, 박영사, 2005.

류지태, 『행정법신론』 제12판, 신영사, 2008.

박균성, 『행정법론(상)』 제7판, 박영사, 2008.

박윤흔, 『최신 행정법강의(상)』 개정29판, 박영사, 2004.

박정훈, 『행정소송의 구조와 기능(행정법연구2)』, 박영사, 2007.

장태주, 『행정법개론』 제6판, 현암사, 2008.

정하중, 『행정법개론』 제2판, 법문사, 2008.

천병태/김명길, 『행정구제법(행정법 II)』 제6판, 삼영사, 2008.

최선웅, 『행정소송의 원리(행정법연구1)』, 진원사, 2007.

한견우, 『현대행정법강의』 제3판, 신영사, 2008.

홍정선, 『행정법원론(상)』 제16판, 박영사, 2008.

홍준형, 『행정구제법』 제4판, 한울 아카데미, 2001.


[논문]

박균성, "프랑스법상 시설설치허가에 대한 취소소송에서의 인근주민 및 환경단체의 원고적격," 『판례실무연구(IV)』, 비교법실무연구회, 2001.

박정훈, "환경위해시설의 설치·가동 허가처분을 다투는 취소소송에서 인근주민의 원고적격 —독일법의 비판적 검토와 행정소송법 제12조의 해석을 중심으로," 『행정법연구』 제6호, 2000.

박정훈, "환경위해시설의 설치·가동 허가처분을 다투는 취소소송에서 인근주민의 원고적격 —독일법의 비판적 검토와 행정소송법 제12조의 해석을 중심으로—," 『판례실무연구(IV)』, 비교법실무연구회, 2000.

박정훈, "행정소송법 제12조 전문,"『주석 행정소송법』(김철용·최광진 편집대표), 박영사, 2004.

박정훈, "취소소송의 4유형론 ─ 취소소송의 대상적격과 원고적격의 체계적 이해와 확대를 위한 시론,"『특별법연구』제6집, 2001.

이원우, "항고소송의 원고적격과 협의의 소의 이익 확대를 위한 행정소송법 개정방안,"『행정법연구』제8호, 2002.

최선웅, "행정소송에서의 처분권주의에 관한 일 고찰,"『행정법연구』제15호, 2006.

최선웅, "행정소송의 목적에 관한 일 고찰,"『행정법연구』제13호, 2005.

최선웅, "행정소송에서의 준용규정에 관한 일 고찰,"『행정법연구』제12호, 2004.

최선웅, "행정소송법 제26조의 해석에 관한 일 고찰 ─ 우리나라 행정소송의 독자성을 모색하며,"『행정법연구』제10호, 2003.

최선웅, "행정소송에서의 석명의무의 인정근거 ─ 우리나라 행정소송의 독자성을 모색하며 ─ ,"『행정법연구』제9호, 2003.

# 제7절  행정소송에서의 원고적격 조사방법[*]

## Ⅰ. 서설

소송요건은 일반적으로 민사소송에서는 이미 성립된 소를 적법하게 하여 본안판결을 받을 수 있는 본안판결요건으로서 당사자의 주장이나 항변 등과 관계없이 법원이 직권으로 조사하여 참작할 직권조사사항이라고 한다.[1] 이러한 직권조사사항인 소송요건에 관한 법원의 조사방법에 관하여는 공익성이 강한 소송요건에는 법원의 직권탐지가 요구되나 그 밖의 소송요건에 관하여는 법원에 현출된 자료만으로 판단하면 된다는 것이 일반적인 견해이고, 이 경우 어떠한 소송요건들이 공익성이 강한 소송요건인지 여부 즉 그 범위에 관하여는 다투어지고 있다.[2]

---

\* 이 글은『행정법연구』제22호(2009. 12)에 게재된 논문 "행정소송에서의 원고적격 — 법원의 조사방법을 중심으로 —"를 수정·보완한 것입니다.

1) 강현중,『민사소송법』제6판, 박영사, 2004, 303면; 김홍규/강태원,『민사소송법』, 삼영사, 2008, 226면; 송상현/박익환,『민사소송법』신정5판, 박영사, 2008, 197면; 이시윤,『민사소송법』제5판, 박영사, 2009, 183면; 전병서, 기본강의 민사소송법 제2판, 홍문사, 187면; 정동윤/유병현,『민사소송법』, 법문사, 2009, 348면; 호문혁,『민사소송법』제7판, 법문사, 2009, 277면.

2) 이에 관하여는, 후술하는 Ⅲ. 민사소송에서의 소송요건에 대한 법원의 조사방법 부분 참조.

행정소송에서의 원고적격은, 대상적격과 함께, 본안판결을 받을 수 있는 자격을 가늠하는 중요한 소송요건 중 하나이다. 특히 현재 우리나라 행정소송에서의 원고적격의 인정 여부는 우리나라 행정소송에 있어서 단지 소송요건이라고 하는 문지방을 넘어서서 소송의 성패를 좌우하는 관건이 되고 있는 것이 현실임을 부인할 수 없다. 그런데 이러한 행정소송에서의 원고적격은 실제로는 법원의 조사에 의하여 판가름되어 결정되는 것이므로 결국 원고적격에 관한 논의에 있어서는 법원의 조사방법이 중요하다고 아니할 수 없다. 그럼에도 이에 대하여는 민사소송과 행정소송과의 사이에 차이를 둘 이유가 없다고 하는 단정하는 견해3)만이 있을 뿐 우리나라 행정소송의 원고적격에 관한 법원의 조사방법에 관해서 뚜렷하게 언급하는 경우를 찾아보기 어렵다.

그런데 최근 2006년 행정소송사건인 세칭 새만금사건4)에서, 환경영향평가 대상지역 안의 주민들의 환경상의 이익은 주민 개개인에 대하여 개별적으로 보호되는 직접적·구체적 이익으로서 그들에 대하여는 특단의 사정이 없는 한 환경상의 이익에 대한 침해 또는 침해우려가 있는 것으로 사실상 추정되어 원고적격이 인정되고, 그 반면에 환경영향평가 대상지역 외의 주민은 환경상 이익에 대한 침해 또는 침해우려가 있다는 것을 증명함으로써 원고적격을 인정받을 수 있다고 판시하고 있다. 그런데 이 판결에서 보듯이, 행정소송에 있어서 일정한 경우 소송요건인 원고적격에 관하여 원고에게 증명을 하도록 하여 법원이 원고적격을 인정할 수 있다고 하는 것은 기본적으로 사실자료와 증거자료 중 소송자료를 당사자의 수집·제출 활동에 의존하는 변론주의 소송절차에서나 가능한 것이지 이러한 소송자료를 법원의 탐지에만 의존하는 직권탐지주의 소송절차에서는 불가능한 것이다. 따라서 위 판결에서와 같이 행정소송에서의 원고적격에 관한 법원의 조사방법이 과연 소송자료에 관한 우리나라 행정소송의 심리원칙에 상응하는 것인지 여부를 검토할 필요가 있다.

주지하는 바와 같이, 종래부터 우리나라 행정소송에서의 소송자료의 수집·제출 책임에 관한 심리원칙에 관하여는 변론주의를 원칙으로 한다거나,

---

3) 이재성, "행정소송의 소송요건사실과 직권조사의 한계", 『판례월보』 제191호", 1986. 8, 48면.
4) 대법원 2006. 3. 16. 선고 2006두330 전원합의체 판결 【정부조치계획취소등】 (공2006상, 634).

직권탐지주의를 원칙으로 한다거나 또는 이 양자의 절충으로 파악하는 견해가
대립되어 오고 있다.5) 따라서 이들 행정소송의 심리원칙에 관한 견해 중 어느
견해를 취하느냐에 따라서 원고적격을 인정하는 법원의 조사방법에 일정한 영
향을 미치게 된다. 이를 행정소송과 민사소송의 비교라는 측면에서 보면, 행정
소송에서의 소송요건에 관한 법원의 조사방법이 변론주의에 의하는 민사소송
에서의 법원의 조사방법과 같은 것인지 여부의 문제로 되고, 이는 곧 민사소송
과 행정소송의 구별문제의 성격을 갖는다. 이와 같이 소송요건에 관한 법원의
조사방법이 민사소송에서와 행정소송에서가 다를 수 있다는 것은 결국 근본적
으로는 민사소송절차와 행정소송절차가 다르다는 것인데, 이러한 것은 곧 양
소송절차의 본질 내지는 추구하는 목적, 사실과 증거에 관한 심리원칙 등의 측
면에서 검토하여 볼 필요가 있다.

　　이하 우리나라 행정소송에서의 원고적격에 관한 법원의 조사방법을 고찰
하기 위하여, 먼저 Ⅱ.에서는 민사소송과 행정소송에서의 소송요건과 행정소송
에서의 소송요건으로서의 원고적격을 검토하고, Ⅲ.에서는 민사소송에서의 소
송요건에 대한 법원의 조사방법으로서 직권조사사항과 항변사항, 소송요건에
관한 소송자료의 수집·제출 책임과 변론주의와 직권탐지주의, 당사자적격에 대
한 조사를 검토하고, Ⅳ.에서는 행정소송에서의 원고적격에 관한 법원의 조사방
법에 영향을 미치는 제 요소들로서 국민의 헌법상 권리 즉 헌법권인 재판청구
권, 행정소송의 본질 내지는 목적, 준용규정, 소송자료의 수집·제출 책임에 관
한 심리원칙 등을 검토하고, Ⅴ.에서는 행정소송에서의 소송요건으로서의 원고
적격과 법원의 조사방법, 행정소송에서의 원고적격에 관한 법원의 조사방법을
민사소송의 경우와 비교하면서 학설 및 판례의 내용을 소개 및 검토를 하고,
Ⅵ.에서는 앞으로의 과제 등을 언급하면서 결론을 맺고자 한다.

　　이와 같은 우리나라 행정소송에서의 소송요건으로서의 원고적격에 관한
법원의 조사방법에 대한 고찰은 민사소송과의 구별뿐만 아니라 외국의 행정소
송과 구별되는 우리나라 행정소송의 독자적 성격을 자리매김하는 일련의 과정
의 하나이다.6)

---

5) 이에 관한 상세한 고찰은, 최선웅, "행정소송법 제26조의 해석에 관한 일 고찰 — 우리나
　라 행정소송의 독자성을 모색하며", 『행정법연구』, 제10호, 2003. 참조.
6) 우리나라 행정소송의 독자적 성격에 관해서는, 최선웅, "행정소송에서의 석명의무의 인정

## II. 행정소송에서의 소송요건으로서의 원고적격

### 1. 개설

행정소송에서의 소송요건인 원고적격에 관한 법원의 조사방법을 고찰하기 위하기 먼저 민사소송과 행정소송에서의 소송요건에 관한 일반적인 고찰을 할 필요성이 있다. 이는 특히 행정소송법에 특별한 규정이 없는 한 민사소송법을 준용하도록 되어 있기 때문이기도 하다(행정소송법 제8조 제2항). 이하 민사소송과 행정소송에서의 소송요건에 관한 일반적인 내용과 행정소송에서의 소송요건으로서의 원고적격의 의의를 고찰하기로 한다.

### 2. 민사소송과 행정소송에서의 소송요건

### (1) 민사소송에서의 소송요건

민사소송에 있어서 소송요건이란 소송이 적법하게 취급을 받기 위한 적법요건으로서 본안판결요건인 동시에 본안심리요건이다. 이러한 소송요건은 소송성립요건이 아니라 이미 성립된 소송의 적법요건이므로 반드시 본안심리 전에 조사하여야 하는 것은 아니고, 따라서 본안심리중에 그 흠결이 드러나면 법원은 소를 부적법각하하여야 한다.[7]

민사소송에서의 소송요건으로는 보통 법원에 관한 것으로서 피고에 대한 재판권이 있고 국제재판관할권이 있을 것, 민사소송사항일 것, 법원에 관할권이 있을 것 등이 있고, 당사자에 관한 것으로서는 당사자능력, 당사자적격, 소송능력이 있거나 법정대리인이 대리할 것 등이 있고, 소송물에 관한 것으로는 소송물의 특정, 권리보호의 자격, 권리보호의 이익(필요)가 있을 것 등이고 기타 특수소송에 관한 것으로 나뉘어 파악하는 것이 일반적이다.[8]

---

근거 — 우리나라 행정소송의 독자성을 모색하며 —", 『행정법연구』, 제9호, 2003; 최선웅, 『행정소송의 원리(행정법연구1)』, 진원사, 2007 등 참고문헌에 게재된 논문들 참조.

7) 강현중, 303면 이하; 김홍규/강태원, 226면 이하; 송상현/박익환, 197면 이하; 이시윤, 183면 이하; 전병서, 187면; 정동윤/유병현, 348면 이하; 이에 대하여 법원은 본안심리와 소송요건 조사를 병행할 수 있다는 점에서 소송요건의 정확한 의미는 '본안판결요건' 및 '본안심리요건'이 아니라 '본안재판요건'이라고 하는 것에는, 호문혁, 277면 참조.

8) 강현중, 304면 이하; 김홍규/강태원, 229면 이하; 송상현/박익환, 198면 이하; 이시윤, 184면 이하; 전병서, 188면; 정동윤/유병현, 349면 이하; 호문혁, 280면.

## (2) 행정소송에서의 소송요건

행정소송에서의 소송요건은 행정소송법 제8조 제2항의 준용규정에 의하여 일단 민사소송에서의 소송요건에 준한다. 행정소송에서의 소송요건의 종류로는 민사소송과 마찬가지로 예컨대 재판권, 관할권(행정소송법 제9조), 소제기 방식, 소장송달, 소송비용 등을 들 수 있다.

그 외에 민사소송과 달리 행정소송에서 중요시되는 소송요건으로는 대상적격(행정소송법 제2조, 제19조), 원고적격(행정소송법 제12조), 권리보호필요(협의의 소익)(행정소송법 제12조), 피고적격(행정소송법 제13조), 제소기간(행정소송법 제20조) 등을 들 수 있고, 이에 관하여는 행정소송법이 별도로 규정하고 있는 것이 보통이다. 과거 행정심판전치주의하에서는 현행 행정소송법과 달리 행정심판의 경유 여부가 중요한 소송요건이었으나, 1994년 행정소송법 개정으로 행정심판 임의주의로 전환하였다(현행 행정소송법 제18조 제1항).[9]

## 3. 행정소송에서의 소송요건으로서의 원고적격 학설 — 입법적 해결설

종래부터 한국 행정소송에 있어서 행정소송법 제12조에 규정된 원고적격의 의미에 관하여는 기존의 학설 즉 권리구제설, 법률상 보호이익구제설, 보호가치이익구제설 및 적법성보장설 등 4가지 학설이 잘 알려져 왔다. 그런데 이 4가지 학설들 모두는, 행정소송에 있어서 원고적격의 인정 범위를 확정하기 위하여 필요한 제 요소들로서 예컨대 권리, 이익 또는 이를 포괄하는 개념으로서 권익, 그리고 권익구제와 행정통제라고 하는 행정소송의 기능 등을 정도의 차이를 주어 각각 강조하는 것에 지나지 아니하는 것이지 그 어느 한 요소를 특정하여 완전히 부정하는 것은 전혀 아니라고 할 수 있다. 즉 당부의 문제가 아니라 정도의 문제이다.

이와 같은 정도의 문제는 우리나라 행정소송의 본질, 목적 내지는 기능 및 구조, 심리원칙을 비롯하여 우리나라 헌법상의 재판청구권 규정 및 행정소송법상의 규정 등의 특성상 얼마든지 허용되는 것이다. 그렇다고 한다면 이제는 원

---

9) 다만 아직도 예컨대 공무원(국가공무원법 제16조)이나 교원(교육공무원법 제53조)에 대한 소청의 경우와 같이 행정소송 이전에 전심절차를 거치도록 하고 있다. 행정심판과 행정소송의 관계에 관해서는, 김철용/최광진 편집대표, 『주석 행정소송법』, 박영사, 2004, 제18조(송영천 집필부분), 469면 이하 참조.

고적격에 관한 학설들이 특정 학설명칭 자체를 고집하는 것은 오히려 시대착오적일 뿐만 아니라 각 학설 자체의 당부를 따지는 것 또한 별다른 큰 의미가 가진다고 할 수 없다. 이제는 실제 사례에 있어서 개별·구체적으로 어느 정도 범위에서 어떻게 원고적격을 근거지워 인정하는 것이 우리나라 국민의 헌법상의 권리 즉 헌법권인 재판청구권을 실질적으로 보장할 수 있는가에 초점을 맞추는 것이 바람직하다.[10]

어쨌거나 우리나라 행정소송에서의 원고적격이 있는 사람을, 제1조에서 "국민의 권리 또는 이익의 침해를 구제하고", 제12조에서 "이익"이라고 규정하여 궁극적으로는 "권익"이 있는 사람을 의미한다는 점에서 일응 입법적인 해결을 하였다고 평가할 수 있다.[11] 이와 같이 일응 입법적 해결설의 입장에 선다고하더라도 실체 구체적인 문제에 있어서는 판례의 축적이 필요하다.

## Ⅲ. 민사소송에서의 소송요건에 대한 법원의 조사방법

### 1. 개설

행정소송에서의 소송요건으로서의 원고적격에 대한 법원의 조사방법을 고찰하기 위한 예비적인 고찰로서 먼저 민사소송에서의 소송요건에 관한 법원의 조사방법을 검토한다. 즉 민사소소송에서 직권조사사항과 항변사항, 그리고 소송요건과 본안요건의 심리의 조사순서, 이러한 직권조사사항인 소송요건에 관한 소송자료의 수집·제출 책임과 관련하여서는 소송자료에 관한 소송원칙인 변론주의와 직권탐지주의, 그리고 민사소송에서의 당사자적격에 대한 조사방법을 검토하기로 한다.

---

10) 이에 관한 상세한 내용으로는, 최선웅, "행정소송에서의 원고적격 — 기존 4개 학설의 의의를 중심으로 —",『행정법연구』, 제22호, 2008. 12, 31-50면 참조.

11) 독일에서의 "권리구제(Rechtsschutz)"라고 하는 것은, 독일 헌법(GG) 제19조 제4항을 비롯하여 독일 행정소송법(VwGO) 제42조 제2항, 제113조 제1항 제1문, 제5항 제1문 등 실정법상 일련의 "권리(Rechte)"에 근거하고 있다. 우리가 굳이 독일식의 실정법규정에 근거한 용어를 사용할 이유는 없다. 최선웅, "행정소송에서의 원고적격 — 기존 4개 학설의 의의를 중심으로 —",『행정법연구』, 제22호, 2008. 12, 45면 이하 참조.

## 2. 소송요건의 조사방법

### (1) 직권조사사항과 항변사항

소송요건은 법원의 조사방법에 따라서 직권조사사항과 항변사항으로 나누어진다. 직권조사사항인 소송요건은 주로 공익성이 성질로 인하여 당사자의 주장이나 항변 등과 관계없이 법원이 직권으로 조사하여 참작하여야 할 사항을 말한다. 이 경우 상대방당사자가 소송요건의 흠결을 주장하는 경우를 본안전항변이라고 하고, 이러한 항변은 법원의 직권발동을 촉구하는 데 불과한 진술에 불과하므로 법원이 이에 응답하지 아니하였다고 하여 판단유탈이 되지 아니하고 상고이유가 되지도 아니한다고 한다.[12]

이에 반하여 공익성이 약한 항변사항이란 상대방 당사자가 소송요건의 불비를 주장하여야 비로소 법원이 조사하는 사항으로서 일반적으로 방소항변 또는 소송장애사유라고 한다.[13] 이러한 항변사항은 절차에 관한 이의권의 상실이나 포기의 대상이 된다.[14] 이러한 항변사항의 예로서는 부제소의 특약, 소취하의 계약, 임의관할(민사소송법 제30조),[15] 중재관할(중재법 제3조), 소송비용의 담보제공신청(민사소송법 제119조) 등을 들 수 있다.

민사소송상의 대부분의 소송요건은 당사자의 처분에 맡길 수 없는 주로 공익적 성격을 가지는 사항으로서 법원의 직권조사사항이라고 할 수 있다.

### (2) 조사의 순서

소송요건에 대한 심리는 본안의 심리와 실제로는 병행하여 진행한다. 따라서 소송요건의 조사가 완료되지 아니한 채 본안의 심리가 먼저 완료되었다고 하여 청구기각판결을 할 수 있는가가 문제되는데 당사자의 권리를 침해할 가능

---

12) 송상현/박익환, 198면; 이시윤, 185면.
13) 강현중, 305면; 김홍규/강태원, 231면; 송상현/박익환, 198면; 이시윤, 186면; 전병서, 187면; 정동윤/유병현, 351면; 다만 우리나라에서는 소송장애를 소극적 소송요건이라는 의미로 쓰는데 소극적 소송요건과 항변사항은 같은 것이 아니라고 하는 것에는, 호문혁, 304면 주 1) 참조.
14) 앞의 주 참조.
15) 예컨대 김홍규/강태원, 231면, 송상현/박익환, 198면 등에서는 임의관할을 직권조사사항으로 보고 있으나, 이에 대하여 민사소송법 제30조상의 변론관할 규정을 참고하여 임의관할이 항변사항이라고 하는 것에는, 호문혁, 304면 주 2) 참조.

성을 고려하여 부정하는 것이 일반적이다(소송요건 심리의 선순위성!).[16]

소송요건에 대한 조사의 순서에 관하여서는 원칙이 없으나, 소송요건을 심리할 관할권을 가장 먼저 심리한 후, 일반적·추상적인 요건에서 구체적인 요건으로 나아가 실체적 요건인 권리보호요건을 가장 나중에 심리하는 것이 바람직하다. 당사자의 요건은 그 성질상 당사자능력, 당사자적격, 소송능력의 순서로 심리하는 것이 논리적이다.[17] 그러나 이 순서를 위반하여 소송판결을 하더라도 위법은 아니라는 점에서 별다른 실익은 없다.[18]

### 3. 소송요건에 관한 소송자료 — 변론주의와 직권탐지주의

민사소송에서는 소송요건 중 공익성이 약한 항변사항은 당연히 당사자가 수집·제출하는 소송자료만으로 소송요건을 판단하는 변론주의에 의한다. 이러한 항변사항을 제외하고 공익성이 강한 직권조사사항인 소송요건에 관한 법원의 조사방법은 직권조사이다. 그런데 이 직권조사사항인 소송요건에 관한 소송자료를 당사자가 수집·제출하여야 하는가 아니면 이에 대하여 법원의 직권탐지까지도 인정되는가에 관하여 다투어지고 있다.

이에 관하여는 당사자에 의하여 현출되지 아니한 자료에 관하여 법원의 직권탐지가 인정된다고 하는 것이 다수설이다.[19] 다만 이러한 법원의 직권탐지가 인정되는 직권조사사항인 소송요건의 범위에 관하여 다투어지고 있다. 이에 관하여는 예컨대 공익성이 극히 강한 재판권 유무만이 직권탐지에 의한다고 하는 견해,[20] 재판권의 유무, 전속관할, 기판력의 존부, 당사자의 실재, 당사자능력, 소송능력, 대리권존부 등이 직권탐지에 의한다고 하는 견해,[21] 재판권, 전속관할, 당사자의 실재 등이 직권탐지주의에 의한다고 하는 견해[22] 등이 있다.

이에 반하여 소수설로서 민사소송에서 공익을 고려할 경우에는 보충적 직

---

16) 이시윤, 187면 이하; 송상현/박익환, 200면 이하; 이에 대한 반대설에 관하여는, 정동윤/유병현, 354면 이하 참조; 이 문제를 소송요건의 종류에 따라서 달리 보는 견해로는, 강현중, 309면 참조.
17) 송상현/박익환, 200면 이하; 이시윤, 187면; 호문혁, 307면 이하.
18) 김홍규/강태원, 234면; 정동윤/유병현, 356면.
19) 송상현/박익환, 200면; 이시윤, 186면; 전병서, 190면; 정동윤/유병현, 352면.
20) 이시윤, 186면.
21) 송상현/박익환, 200면.
22) 전병서, 190면; 정동윤/유병현, 352면.

권증거조사를 인정하므로 공익성이 강한 소송요건을 조사하는 경우에도 법원은 조사 자체를 직권으로 실시하면 충분하고 구체적인 자료까지 직권탐지를 허용하면 민사소송의 상당 부분이 직권탐지주의 절차로 변모할 것이라는 이유로 부정하는 견해[23]와, 공익성이 약한 예컨대 임의관할은 변론주의형이고, 공익성이 강한 예컨대 재판권, 소송대리권 등은 직권탐지주의형이며 그 외 소의 이익이나 당사자적격은 직권조사형에 속한다고 하는 공익성의 정도에 따라 구별하는 견해[24]가 있다.

판례에 따르면 직권조사사항인 소송요건을 조사하기 위하여 법원은 판단의 기초자료인 사실과 증거를 직권탐지까지 할 필요가 없고, 법원에 현출된 모든 소송자료를 기초로 직권으로 조사할 의무가 있다고 한다.[25]

## 4. 당사자적격에 대한 조사방법

민사소송에 있어서 소송요건에 관한 증명책임은 당해 소송요건이 직권조사사항인가 항변사항인가에 따라서 전자는 본안판결을 받는 것이 유리하기 때문에 이 본안판결을 요구하는 원고가 증명책임을 지고, 후자는 상대방 당사자인 피고가 증명책임을 진다고 하는 것이 일반적이다.[26]

민사소송에서 당사자적격은 직권조사사항이기는 하나 그 존재 여부의 판단을 위한 자료수집은 변론주의에 의한다고 하는 것이 일반적이므로 법원은 당사자가 제출한 자료만으로 당사자적격의 존부 여부를 판단하면 된다고 한다.[27]

---

23) 호문혁, 307면.
24) 강현중, 307면.
25) 대법원 1981. 6. 23. 선고 81다124 판결, 1991. 10. 11. 선고 91다21039 판결(공1991, 2708), 1993. 3. 12. 선고 92다48789, 48796 판결, 1995. 5. 23. 선고 95다5288 판결(공 1995하, 2237), 2008. 5. 15. 선고 2007다71318 판결, 2009. 4. 23. 선고 2009다3234 판결 (공2009상, 758).
26) 김홍규/강태원, 233면; 송상현/박익환, 200면; 이시윤, 187면; 정동윤/유병현, 353면.
27) 앞의 주 참조; 다만 이에 반하여 당사자적격은 직권조사사항으로서 법원이 입증을 촉구하였음에도 불구하고 당사자가 필요한 사실 및 증거를 제출하지 아니하여 소송요건의 전제사실이 인정되지 아니할 때에는 증명책임의 문제로 돌아간다고 하여 결국 소송요건의 존재를 주장하는 자, 즉 본안판결을 구하는 원고에게 증명책임이 있다고 하는 것에는, 강현중, 307면 참조.

## Ⅳ. 행정소송에서 법원의 조사방법에 고려할 제 요소

### 1. 개요

행정소송에서의 소송요건인 원고적격에 관한 법원의 조사방법은 일단 행정소송법 제8조 제2항에 의한 준용규정에 의하여 민사소송을 준용하게 된다. 이 경우 과연 소송요건의 조사방법에 관하여는, 민사소송과 행정소송과의 사이에 차이를 둘 이유가 없다고 하는 견해[28]에서 보는 바와 같이, 행정소송에서의 소송요건에 관한 법원의 조사방법이 민사소송과 같은 것인가가 문제가 된다. 이 문제를 해결하기 위해서는 먼저 민사소송과 구별되는 행정소송의 특성을 고찰하지 않을 수 없다. 여기서 행정소송의 소송요건에 관한 법원의 조사방법에 영향을 미치는 제 요소들을 검토할 필요성이 있다. 이에는 헌법상의 재판청구권, 행정소송의 본질, 목적, 준용규정, 소송자료와 관련된 심리원칙 등을 들 수 있다. 이하 이것들을 법원의 조사방법과 관련하여 차례대로 검토하기로 한다.

### 2. 국민의 헌법상 권리인 재판청구권의 실질적 실현

행정소송에서는 국민이 원고가 되어 행정청을 상대방 당사자인 피고로 하여 소를 제기한다. 이렇게 하여 국민이 행정소송을 이용한다는 것은 궁극적으로 헌법 제27조에 규정된 국민의 헌법상의 권리 즉 헌법권인 재판청구권을 실질적으로 실현시킨다는 것을 의미한다. 행정소송에서는, 원·피고의 대등당사자주의라고 하는 민사소송과 달리, 국민이 행정청 즉 궁극적으로는 그 배후에 있는 국가를 실질적인 상대방 당사자인 피고로 하여 소를 제기한다는 점에서 국민과 행정청 간의 실질적인 불평등을 시정하여야 할 헌법상의 당위가 생겨나게 된다. 국민의 재판청구권이 헌법상 명문으로 규정되어 헌법권으로 보장되고 있다고 하더라도 법률이나 실무에서 국민이 국가의 공권력을 상대로 실질적으로 다툴 수 있는 수단이 제한 내지는 봉쇄된다고 한다면 이는 헌법권인 재판청구권을 실질적으로 보장하지 아니하고 유명무실화하는 것이 된다.

이런 점에서 행정소송에서의 원고적격에 관한 법원의 조사방법이 결과적

---

28) 이재성, "행정소송의 소송요건사실과 직권조사의 한계", 『판례월보』 제191호, 1986. 8, 48면.

으로 원고적격을 부당하게 좁히게 되어 행정소송의 이용을 제한 내지는 봉쇄하는 것은 국민의 헌법권인 재판청구권을 침해한다는 점에서 위헌문제를 발생하게 된다. 따라서 모든 행정소송의 원고적격에 관한 논의도 당연히 헌법권인 재판청구권의 실질적 보장이라는 측면에서 고려되어야 한다. 요컨대 행정소송에서의 원고적격의 확대 및 이를 위한 법원의 조사방법은 국민의 헌법권인 재판청구권의 실질적 보장이다.

### 3. 행정소송의 본질 내지는 목적

행정소송은 공·사익의 조정절차이다. 이러한 행정소송에서 개인은 자신의 사적인 이익 내지는 권리 즉 권익[29]의 구제를 받기 위하여 소를 제기하여 행정을 공격하는 것이고 행정은 공익이라는 측면에서 이를 방어하게 된다. 행정소송에서의 국민이 원고적격을 인정받게 된다는 것은 공·사익의 조정을 본질로 하는 절차인 행정소송절차에 참여할 수 있는 자격을 얻게 되는 것이다.

뿐만 아니라 일단 행정과 국민 간에 행정소송절차가 개시되면 국민의 상대방인 행정의 작용에 대하여 그 적법 여부를 법원이 심사하게 되고, 그 결과 국민 개인은 자신의 권익이 구제되고 그와 동시에 행정에 대하여는 적법성통제가 이루어지는 계기가 된다. 이와 같은 점에서 보면 행정소송의 원고적격은 행정구제와 행정통제라고 하는 행정소송의 목적 내지는 기능[30]과 연결되는 문제이기도 하다.

행정소송의 원고적격은 공·사익의 조정절차인 행정소송절차를 이용하여 자신의 권익구제를 도모하고 이와 동시에 행정에 대한 법원의 적법성통제가 이루어진다는 점에서 그 인정 범위가 중요하다. 이는 법원에 의하여 결정된다는 점에서 결국은 법원의 조사방법이 중요하게 된다.

### 4. 행정소송에서의 준용규정

행정소송에서의 원고적격에 관한 조사방법은 기본적으로 행정소송법 제8

---

29) '권익'의 용어에 관해서는, 최선웅, "행정소송에서의 원고적격 — 기존 4개 학설의 의의를 중심으로 —", 『행정법연구』 제22호, 2008, 45면 이하 참조.

30) 행정소송의 목적 내지 기능에 관하여는, 최선웅, "행정소송의 목적에 관한 일 고찰," 『행정법연구』 제13호(2005. 5. 31), 19-52면 참조.

조 제2항의 준용규정에 의하여 민사소송상의 조사방법이 일단 준용되어 인정된
다. 그렇다고 하더라도 민사소송상의 제 제도가 행정소송에서 어느 정도 인정
되는지 여부는 단순히 준용규정에 의한 준용 여부만을 검토해서는 아니 되고,
이는 적극적으로 행정소송법 제1조와 제26조의 상관관계하에서 고려하여야만
한다. 다시 말해서 행정소송에서는 공익을 이유로 직권탐지주의가 어느 정도
인정되므로 변론주의에 의하는 제 제도가 민사소송에서와 같은 정도로 행정소
송에서 인정될 수는 없을 것이다.[31]

요컨대 민사소송이 준용규정에 의하여 행정소송에 준용되는 것은 민사소
송에서 원칙적으로 채택된 변론주의가 행정소송에서 허용되는 한도 내에서이
다. 따라서 행정소송에서 공익을 이유로 직권탐지주의가 인정되는 경우에는 민
사소송에서 변론주의에 근거한 법원의 조사방법과 다른 조사방법도 허용가능
하다.

## 5. 행정소송에서의 소송자료에 관한 심리원칙

우리나라 행정소송에서의 소송자료에 관한 수집·제출 책임을 당사자에게
부과하는 변론주의인가 아니면 이를 법원의 책임으로 하는 직권탐지주의인가
아니면 양자의 절충인가가 행정소송의 원고적격에 관한 법원의 조사방법에도
영향을 미친다.[32] 예컨대 새만금사건[33]에서 보듯이, 환경영향평가 대상지역 외
의 주민에게 자신의 환경상 이익에 대한 침해 또는 침해우려가 있다는 것에 대
한 증명책임을 부담시키는 것과 같이 원고에게 증명책임을 부과하여 원고적격
을 인정하는 방식은 적어도 증명책임을 인정하는 변론주의가 인정되는 소송절
차 내에서만 가능한 것이지, 이를 부정하고 순전히 법원의 직권탐지에 의하는
소송절차에서는 불가능한 것이기 때문이다.

우리나라 행정소송에서의 소송자료의 수집책임의 문제는 행정소송법 제26

---

31) 행정소송에서의 준용규정에 관해서는, 최선웅, "행정소송에서의 준용규정에 관한 일 고
   찰", 『행정법연구』 제12호, 2004. 참조.
32) 행정소송의 심리원칙에 관한 상세한 것은, 최선웅, "행정소송에서의 처분권주의에 관한
   일 고찰", 『행정법연구』 제15호, 2006; 최선웅, "행정소송법 제26조의 해석에 관한 일
   고찰 ─ 우리나라 행정소송의 독자성을 모색하며," 『행정법연구』 제10호, 2003; 최선웅,
   『행정소송의 원리』, 205-495면 이하 참조.
33) 대법원 2006. 3. 16. 선고 2006두330 전원합의체 판결 【정부조치계획취소등】 (공2006상,
   634).

조34)에 관한 해석의 문제로서, 이는 행정소송에 있어서 소송자료의 수집책임의 분배에 관한 심리원칙으로 변론주의 또는 직권탐지주의의 채택 여부에 관한 견해의 대립이라고 할 수 있다. 이에 관하여 직권증거조사주의설 또는 변론보충설은, 행정소송에 있어서 소송자료의 수집책임분배에 관한 심리원칙으로는 민사소송과 마찬가지로 변론주의를 원칙으로 하고 공익을 이유로 민사소송법 제292조35)상의 보충적 직권증거조사가 인정된다고 하는 설로서, 행정소송법 제26조가 의미하는 내용이 실질적으로는 민사소송법 제292조상 보충적 직권증거조사의 내용과 사실상 동일하다는 것이다. 절충설은 행정소송에 있어서 변론주의가 인정된다는 전제하에서 변론주의를 보충하는 보충적 직권증거조사가 인정된다고 하는 점은 보충적 직권증거조사주의설과 같이 하면서도 여기에서 그치는 것이 아니라 행정소송법 제26조 후단에 규정된 '당사자가 주장하지 아니한 사실에 대하여도 판단할 수 있다는 의미'에서의 '직권탐지주의'가 보충 내지는 가미된다고 하는 설이다. 최근 특히 실무가 중 일부에서 우리나라 행정소송법 제26조가 독일 행정소송법 제86조 제1항의 규정과 유사한 규정으로서 우리나라 행정소송에 있어서 원칙적인 직권탐지주의를 정면으로 선언하여 인정한 규정이라고 하고, 이와 같이 해석하는 것이 행정소송의 특질과 시대의 조류에 부합하는 것이라고 하면서, 우리나라 행정소송법을 개정할 경우에는 우리나라 행정소송법 제26조를 직권탐지주의를 원칙으로 규정한 독일 행정소송법 제86조 제1항과 같은 규정 내용으로 개정할 것도 제안하기도 한다.36) 대체적으로 학설의 주류적인 경향은 변론주의와 직권탐지주의 간의 절충적인 입장을 취하고 있는 것이 일반적이다.37)

　　위 학설 중 직권탐지주의설을 제외한 직권증거조사주의설 또는 변론보충

34) 행정소송법 제26조 (직권심리) 법원은 필요하다고 인정할 때에는 직권으로 증거조사를 할 수 있고, 당사자가 주장하지 아니한 사실에 대하여도 판단할 수 있다.
35) 민사소송법 제292조 (직권에 의한 증거조사) 법원은 당사자가 신청한 증거에 의하여 심증을 얻을 수 없거나, 그 밖에 필요하다고 인정한 때에는 직권으로 증거조사를 할 수 있다.
36) 강영호, "행정소송법 제26조 [직권심리]에 대한 검토", 『행정재판실무편람 Ⅲ』, 서울행정법원, 2003, 125면.
37) 행정소송의 심리원칙에 관한 상세한 것은, 최선웅, "행정소송에서의 처분권주의에 관한 일 고찰", 『행정법연구』 제15호, 2006; 최선웅, "행정소송법 제26조의 해석에 관한 일 고찰 — 우리나라 행정소송의 독자성을 모색하며", 『행정법연구』 제10호, 2003; 최선웅, 『행정소송의 원리』, 205-495면 이하 참조.

설을 비롯하여 절충설에 따르면, 행정소송에서 변론주의가 인정되는 한도 내에서는, 위에서 인용한 판례에서 보는 바와 같이, 원고에게 증명책임을 부과하여 증명에 성공하면 원고적격을 인정하는 법원의 조사방법은 변론주의 원칙상 당연히 허용된다고 할 수 있다.

## V. 행정소송에서의 원고적격에 대한 법원의 조사방법

### 1. 행정소송에서의 소송요건으로서 원고적격과 법원의 조사방법

#### (1) 행정소송에서의 소송요건으로서의 원고적격

민사소송에서의 소송요건으로서의 당사자적격과 행정소송에서의 소송요건으로서 원고적격은 당사자라는 점에서는 공통점이 있으나 그렇다고 하여 전혀 같은 성질의 것은 아니다. 행정소송에서 국민인 원고의 상대방당사자인 피고는 행정청이라는 점에서 이미 행정소송에서의 원고적격은 민사소송에서의 사적 대등당사자들 간에 인정되는 당사자적격과는 그 지위가 다르다. 행정소송에서 원고와 피고는 민사소송에서의 대등한 사적 당사자가 아니므로 이를 시정하기 위하여 예컨대 행정소송법에는 국민인 원고의 증거수집의 곤란 등을 해소하기 위하여 행정심판기록의 제출명령(행정소송법 제25조)을 인정하고 있다.[38]

행정소송에서는 국민인 원고의 제소에 의하여 공·사익의 조정절차인 행정소송절차가 개시될 뿐만 아니라, 국민인 원고의 개인적인 권익의 구제가 가능할 뿐만 아니라 특히 그 기회에 행정에 대한 적법통제가 가능하다는 점에서 행정소송에서의 원고적격은, 민사소송에서 원고·피고 공히 주로 사익을 추구하는 당사자적격과 달리, 간접적으로 공익성에 관련성을 갖는다.

#### (2) 행정소송에서의 원고적격과 법원의 조사방법

현재 행정소송에서의 원고적격의 인정 여부는 우리나라 행정소송에 있어서 단지 소송요건이라고 하는 문지방을 넘어서서 본안판단의 선취라는 비난을 감수하면서도 소송의 성패를 좌우하는 관건이 된다. 이러한 원고적격도 결국 법원의 조사에 의하여 인정되는 것이라는 점에서 법원의 조사방법이 중요하다.

---

38) 김철용/최광진 편집대표, 『주석 행정소송법』, 박영사, 2004, 제25조(이동흡 집필부분), 696면.

또한 최근 물론 정도의 차이는 있으나 모두가 동의하는 행정소송에 있어서 소송
요건의 원고적격의 확대문제도 결국 법원의 조사방법에 의해서 달성될 수 있다.

요컨대, 전술한 바와 같이,[39] 행정소송법 제12조상의 '법률상 이익'의 의미
에 관한 논의는 이제는 실익이 없는 논쟁에 불과할 뿐이고,[40] 실질적으로는 원
고적격을 인정하는 법원의 조사방법이 중요하다.

특히 원고적격에 관한 법원의 조사방법으로 인하여 결과적으로 원고적격
을 좁힌다고 하면 이는 국민의 헌법상 권리 즉 헌법권인 재판청구권을 실질적
으로 보장하지 아니하고 과도하게 제한하게 되는 것을 의미한다. 법원은 국민
의 재판청구권을 실질적으로 보장하기 위해서는 원고적격을 확대하여야 한
다.[41] 이는 특히 기본적으로 재판청구권의 주체는 어디까지나 국민이지 재판하
는 법원이 아니기 때문에 더욱 그러하다.

## 2. 법원의 조사방법 — 변론주의와 직권탐지주의

전술한 바와 같이,[42] 민사소송에서 직권조사사항인 소송요건에 관한 소송
자료는 당사자가 수집·제출하여야 하는가 아니면 이에 대한 법원의 직권탐지
까지도 인정되는가에 관하여 다투어지고 있다.

그런데 민사소송은 사적 자치의 실현을 실질적 평등이라고 하는 의미에서
즉 변론주의를 보충하는 의미에서 직권증거조사를 인정하고 있는 것에 불과하
다. 따라서 민사소송에서 소송요건에 대한 판단자료에 대한 법원의 조사가 설
령 직권탐지주의의 성격을 갖는다고 하더라도 이는 어디까지나 실질적 평등이
라는 관점에서 당사자의 사적 자치를 시정하고자 하는 것이지 행정소송에서와
같이 공익실현을 위한 직권탐지주의의 실시와 그 성격을 달리한다고 평가할 수
있다.

그런데 전술한 바와 같이,[43] 우리나라 행정소송에서의 소송자료에 관한 심
리원칙에 관한 다수설인 절충설에 따라서 직권탐지주의가 일정 정도 인정된다

---

39) 앞 II. 3. 행정소송에서의 소송요건으로서의 원고적격 부분 참조.

40) 최선웅, "행정소송에서의 원고적격 — 기존 4개 학설의 의의를 중심으로 —",『행정법연
구』제22호, 2008. 12, 31-50면 참조.

41) 그렇다고 무제한적인 확대는 아니고 다른 기본권과 균형을 요할 것임은 물론이다.

42) 앞 III. 3. 소송요건에 관한 소송자료 — 변론주의와 직권탐지주의 부분 참조.

43) 앞 IV. 5. 행정소송에서의 소송자료에 관한 심리원칙 부분 참조.

는 입장에 서게 되면 민사소송보다 용이하게 직권탐지를 인정할 가능성이 높다고 할 수 있다. 즉 대는 소를 포함한다는 원칙에 따라 행정소송에서는 직권탐지와 직권조사의 구별이 심각하지 아니하고, 경우에 따라서 필요할 때에는 법원의 직권탐지 즉 당사자의 변론에 현출되지 아니한 자료까지도 법원이 탐지할 수 있다. 이러한 절충설적 입장에 서게 되어 직권탐지주의가 인정되는 행정소송에서는, "민사소송의 상당부분이 직권탐지주의의 절차로 변모한다"[44]는 비난을 받을 이유는 없을 것이다.

이와 같이 행정소송에서 법원에 의한 직권탐지가 부분적으로 허용될 수 있는 것은, 전술한 바와 같이, 법원의 조사방법에 영향을 미칠 제 요소인 공·사익의 조정절차인 행정소송의 본질, 권익구제와 적법통제를 동시에 목적으로 하는 행정소송의 목적에 비추어서도 물론이고, 특히 사실자료 및 증거자료에 관한 행정소송의 심리원칙에 비추어 보아서도 당연하다. 다만 어떠한 소송요건이 공익성이 강한 소송요건에 해당하고 따라서 당사자에 의하여 제출되는 자료 이외에도 법원이 직권으로 탐지할 수 있는 것인지 여부에 관하여는 판례의 축적을 기대하여야 한다.

### 3. 판례의 태도와 검토

#### (1) 판례의 태도

행정소송에서의 원고적격에 관한 판례를 보면, 먼저 판결문에 법원이 직권으로 판단한다는 것을 판결이유 도입부에 전제하여 놓고 원고적격을 인정하는 판결[45]들이 있다. 이러한 판결을 보면 행정소송에서의 원고적격은 소송요건으로서 법원이 직권으로 판단하는 직권조사사항이 된다. 그리고 행정소송에서 원고적격을 흠결하게 되면 소를 부적법하게 하는 적법요건이고 이러한 소송요건은 사실심 변론종결시는 물론 상고심에서도 존속하여야 한다는 판결[46]이 있다. 이러한 판례들의 태도는, 위에서 고찰한 바와 같이, 민사소송에서의 소송요건에 관한 내용과 유사하다.

---

44) 호문혁, 307면.
45) 대법원 1999. 12. 7. 선고 97누12556 판결(공2000, 195), 2006. 2. 24. 선고 2005두5673 판결(공2006상, 527) 등이 있다.
46) 대법원 2000. 11. 10. 선고 2000두7155 판결, 2006. 7. 28. 선고 2004두6716 판결(공2006하, 1540), 2007. 4. 12. 선고 2004두7924 판결(공2007상, 706) 등 참조.

그런데 최근 2006년 세칭 새만금사건[47]에서 보듯이, 원고적격에 관한 법원의 조사방법에 관하여 법원은 다음과 같이 주목할 만한 판결을 하였다.

> 각 관련 규정의 취지는, 공유수면매립과 농지개량사업시행으로 인하여 직접적이고 중대한 환경피해를 입으리라고 예상되는 환경영향평가 대상지역 안의 주민들이 전과 비교하여 수인한도를 넘는 환경침해를 받지 아니하고 쾌적한 환경에서 생활할 수 있는 개별적 이익까지도 이를 보호하려는 데에 있다고 할 것이므로, 위 주민들이 공유수면매립면허처분 등과 관련하여 갖고 있는 위와 같은 환경상의 이익은 주민 개개인에 대하여 개별적으로 보호되는 직접적·구체적 이익으로서 그들에 대하여는 특단의 사정이 없는 한 환경상의 이익에 대한 침해 또는 침해우려가 있는 것으로 사실상 추정되어 공유수면매립면허처분 등의 무효확인을 구할 원고적격이 인정된다고 할 것이다(대법원 2001. 7. 27. 선고 99두2970 판결 등 참조). 한편, 환경영향평가 대상지역 밖의 주민이라 할지라도 공유수면매립면허처분 등으로 인하여 그 처분 전과 비교하여 수인한도를 넘는 환경피해를 받거나 받을 우려가 있는 경우에는, 공유수면매립면허처분 등으로 인하여 환경상 이익에 대한 침해 또는 침해우려가 있다는 것을 입증함으로써 그 처분 등의 무효확인을 구할 원고적격을 인정받을 수 있다고 할 것이다.

위 판시내용에 따르면, 환경영향평가 대상지역 안의 주민에 대하여는 특단의 사정이 없는 한 환경상의 이익에 대한 침해 또는 침해우려가 있는 것으로 사실상 추정되어 공유수면매립면허처분 등의 무효확인을 구할 원고적격이 인정된다는 것이고, 환경영향평가 대상지역 밖의 주민은 환경상 이익에 대한 침해 또는 침해우려가 있다는 것을 입증함으로써 원고적격을 인정받을 수 있다는 것이다. 요컨대 환경영향평가 대상지역 안의 주민에게는 사실상의 추정에 의하여 원고적격이 인정되나 환경영향평가 대상지역 밖의 주민에게는 증명책임을 부과하여 원고적격을 인정한다.

---

47) 대법원 2006. 3. 16. 선고 2006두330 전원합의체 판결【정부조치계획취소등】(공2006상, 634); 이와 같은 판례에 뒤이어 다음과 같은 동일 취지의 판례가 있다. 대법원 2006. 12. 22. 선고 2006두14001 판결(공2007상, 238), 2008. 9. 11. 선고 2006두7577 판결【광업권설정허가처분취소등】(공2008하, 1375), 2009. 9. 24. 선고 2009두2825 판결【개발사업시행승인처분취소】(공2009하, 1770).

### (2) 판례의 검토

#### 1) 사실상의 추정과 증명책임

전술한 판례에서 보듯이, 환경영향평가 대상지역 안의 주민에게는 사실상의 추정에 의하여 원고적격이 인정되나 환경영향평가 대상지역 밖의 주민에게는 증명책임을 부과하여 원고적격을 인정한다고 한다.

여기서 사실상 추정이라는 것은, 증명책임의 분배의 원칙을 완화하기 위한 입법상의 수정인 법률상의 추정과 달리, 당사자 일반이 증명책임을 지는 주요사실을 입증하지 아니하고 그 사실의 전제가 되는 간접사실을 증명하였을 법원이 그 간접사실에 경험칙을 적용하여 주요사실을 추측하여 인정하는 것으로 결국은 주요사실을 직접 증명하지 않아도 된다는 점에서 증명의 정도를 완화하는 결과를 가져온다. 그러나 사실상의 추정이라는 것은 간접사실에 경험칙을 적용하여 사실을 추인하는 것이므로 이는 통상의 법관의 자유로운 심증의 범위 내의 문제에 불과하다.[48] 그리고 이러한 법관의 자유로운 심증의 문제는 증명책임의 분배와는 직접적인 관련은 없다.[49]

요컨대 판례는 환경영향평가 대상지역 안의 주민에게는, 사실상의 추정에 의하든 법관의 자유로운 심증이든 간에, 원고적격이 인정되고, 환경영향평가 대상지역 밖의 주민에게는 증명책임의 분배의 원칙에 따라서 본안판결을 요구하는 원고에게 증명책임이 부과된다고 한다.

#### 2) 소송자료에 관한 소송원칙 — 변론주의와 직권탐지주의

판례의 핵심적인 내용은, 환경영향평가 대상지역 안에 사는 주민에게는, 사실상 추정이든 법원의 자유로운 심증에 의하든 간에, 원고적격이 인정되고 환경영향평가 대상지역 밖에 사는 주민에게는 증명책임을 부과하여 원고적격을 인정한다는 것이다. 이와 같이 행정소송에서 원고적격과 같은 소송요건에 관한 증명책임을 당사자인 원고에게 부과하는 것은 적어도 변론주의가 채택되고 있는 소송절차에서나 가능한 것이다. 따라서 위 판례는 우리나라 행정소송에서는 변론주의가 채택된 증거라고 할 수 있다. 왜냐하면 소송요건에 관한 증명책임을 당사자에게 부과하는 방식은 당해 소송유형상의 심리원칙이 변론주의를 원칙으로 하거나 적어도 변론주의가 가미된 소송유형에서나 가능한 것이

---

48) 정동윤/유병현, 513면; 송상현/박익환, 524면; 호문혁, 485면.
49) 송상현/박익환, 523면.

지, 이른바 직권탐지주의를 원칙으로 하는 소송유형에서는 불가능한 것이기 때문이다. 그런데 앞서 고찰한 바와 같이, 우리나라 행정소송에서의 심리원칙은 변론주의와 직권탐주의의 절충적인 형태로 되어 있다고 할 수 있으므로 법원이 원고에게 증명책임을 부과하는 것은 우리나라 행정소송에서의 소송자료에 관한 심리원칙에도 상응한다.

## Ⅵ. 결어

행정소송에서의 원고적격은 실익이 없는 "법률상이익"의 개념상의 논쟁보다는 실제 법원에 의하여 어느 정도 원고적격이 인정되는가가 중요하다. 이는 특히 행정소송에서 원고적격이 가지는 위상이 단지 하나의 소송요건으로서의 지위만이 아니라 이를 넘어서 실질적으로 소송의 성패를 좌우한다는 점에서 더욱 그러하다. 그런데 원고적격의 인정 여부는 결국 법원의 조사방법에 의하여 결정된다. 향후 법원이 어느 정도까지 행정소송에서 원고적격을 확대하여 인정할 것인지 여부에 관하여는 판례의 축적이 필요하다.

전술한 판례에서 보듯이, 환경영향 평가대상 지역이라고 하는 범위를 넘어가는 경우에도 원고적격을 부정하지 아니하고 증명책임을 부과하여 원고적격을 인정할 수 있다는 여지를 남기는 것은 원고적격의 확대라고 하는 최근의 추세에도 상응하는 긍정적인 면도 있다. 그러나 실제로 환경영향평가 대상지역 밖에 사는 주민에게 어느 정도 증명을 허용하여 원고적격을 인정할 것인지 여부는 여전히 의문시된다. 또한 환경영향평가 대상지역 안과 밖을 구별하여 특히 전자 즉 환경영향평가 대상지역 안에 사는 주민에 한하여 사실상 추정이 인정되고 후자 즉 환경영향평가 대상지역 밖에 사는 주민에는 증명책임을 부과하는 이유에 관한 뚜렷한 설명이 없다는 문제점도 있다.

따라서 판례에서 행정소송에서 원고적격을 위와 같이 환경영향평가 대상지역 안, 밖으로 구별하여 차별취급하는 것이 현재의 헌법상의 국민의 권리인 재판청구권의 실질적 보장에 합당한 것인지 여부와, 또한 공·사익을 조정하는 절차인 행정소송의 본질 내지는 국민의 권익구제와 행정에 대한 적법통제라고 하는 행정소송의 목적에 합당한지 여부도 검토할 필요는 있다. 예컨대 환경영향가 대상지역 밖의 주민에게 증명이 사실상 제한되거나 봉쇄되어 불가능하다면 이는 정당한 공·사익의 조정절차의 개시가 불가능하고, 국민의 권익구제는 물론 행정에 대한 적법성통제도 이루어지지 않게 되는 문제가 있을 뿐만 아니라, 궁극적으로는 국민의 헌법권인 재판청구권을 침해하는 문제가 발생하기 때문이다.

그리고 무엇보다도 행정소송에서의 원고적격의 확대는 단지 민사소송상의 변론주의에 근거한 당사자인 원고의 증명책임에만 의존해서는 한계가 있다. 따라서 경우에 따라서는 행정소송에서의 원고적격의 확대는, 공익을 고려하여 필요하면 원고적격에 관한 소송자료의 수집에 법원의 직권탐지까지도 동원하여야 가능하다. 바로 이러한 것은 공·사익의 조정절차인 행정소송의 본질, 그리고 개인의 권익구제와 행정에 대한 적법통제라고 하는 행정소송의 목적에 상응하는 것일뿐만 아니라, 특히 무엇보다도 우리나라 행정소송에서의 소송자료에 관한 심리원칙이 변론주의와 직권탐지주의의 절충적인 구조 내지는 체계로 되어 있다는 점에서 보다 용이하게 달성될 수 있다.

이 점에서, 기회가 있을 때면 거듭해서 주장하는 바이지만, 공·사익의 조정절차를 본질로 하는 행정소송과 그러한 개인의 권익구제와 행정에 대한 적법성통제라고 하는 행정소송의 목적 내지는 기능 그리고 이러한 공·사익의 실체법적 조정을 절차적인 측면에서도 변론주의와 직권탐지주의가 절충하는 형태로 심사하는, 즉 실체와 절차가 상응하는 우리나라 행정소송법의 기본골격은 입법사상 그 유래가 없을 정도로 다시없는 훌륭한 입법임을 다시 한 번 강조하는 바이다.

# 제8절  환경상 이익과 원고적격[*]

---

I. 서설

II. 환경상 이익과 원고적격론

III. 환경상 이익이 관련된 지역들의 유형화

IV. 관련 문제의 구체적 검토

V. 결어

---

## I. 서설

　기본적으로 환경상 이익이 관련된 환경행정소송에 있어서 원고적격의 인정문제는, 헌법상 환경권의 법적 성격, 헌법상 재판청구권의 실질적 보장, 행정소송의 목적 내지는 기능, 특히 법원의 원고적격에 대한 조사방법과 밀접한 관련성이 있는 행정소송에서의 소송원칙 등을 종합적이고 체계적으로 검토할 문제이다. 판례에서 환경상 이익이 관련된 지역에 있어서 원고적격을 인정하기 위한 판단기준으로 사용하고 있는 다양한 지역들에 관한 문제도 바로 이와 같은 환경행정소송에서의 기본적인 문제의식하에서 논의되어야 함은 물론이다.

　종래부터 법원은 환경행정소송에 있어서 원고적격을 심사하기 위하여 환경상 이익이 관련된 지역적인 판단기준으로, 도시계획법상의 주거지역,[1] 수도법상의 상수원보호구역,[2] "폐기물처리시설 설치촉진 및 주변지역지원 등에 관한 법률(이하 '폐촉법'이라 한다)"상의 폐기물 처리지역,[3] 환경영향평가법상의 환

---

* 이 글은 『행정법연구』 제33호(2012. 8)에 게재된 논문 "환경상 이익이 관련된 지역과 원고적격"을 수정·보완한 것입니다.
1) 대법원 1975. 5. 13. 선고 73누96,97 판결.
2) 대법원 1995. 9. 26. 선고 94누14544 판결.
3) 대법원 2005. 3. 11. 선고 2003두13489 판결.

경영향평가 대상지역,[4] 환경정책기본법상의 사전환경성 검토지역[5] 등을 사용하여 왔다. 법원은 위 지역들 중 어느 한 지역 내에 있어서 원고적격의 인정문제를 구체적·개별적 타당성에 기하여 해결하는 데에 그 중점을 두는 것이 일반적이다. 이러한 법원의 판례를 평가함에 있어서도, 당해 사안에 있어서 법원의 구체적·개별적이고 적절한 해결을 하였는지 여부를 중심으로 한 평석[6]이 주류를 이루고 있다.

그런데 이러한 환경상 이익과 관련된 지역들을 당해 사건과 관련하여 단 1회적으로 구체적·개별적으로 분리하여 검토하는 것만으로는 이 다양한 지역들 간에 있어서 발생할 수 있는 여러 가지 문제점들을 제대로 파악할 수 없게 된다.[7] 먼저 각종 환경상 이익이 관련된 지역들을 동일하게 취급할 것인가 아니면 다르게 취급할 것인가가 문제된다. 또한 헌법상의 환경권이 환경상 이익이 관련된 지역의 유형에 따라서 법률상 환경상 이익의 근거로 인정될 수 있는가도 문제가 된다. 그뿐만 아니라, 각 지역에 따라서 법원의 원고적격 조사방법이 적절한 것인가도 문제된다. 특히 최근 환경행정소송에서 확립된 판례[8]와 같이, 환경영향평가 대상지역을 안, 밖을 구별하여 주민들의 원고적격을 인정함에 있

---

4) 대법원 1998. 4. 24. 선고 97누3286 판결.

5) 대법원 2006. 12. 22. 선고 2006두14001 판결.

6) 이와 같은 개별 판례의 분석을 중심으로 한 문헌으로는 다음과 같다. 김수일, "1일 처리능력 100톤 이상인 폐기물소각시설을 설치하기 위한 폐기물처리시설설치계획 입지결정·고시처분의 효력을 다투는 소송에 있어서 인근주민들의 원고적격", 『특별법연구』 제7권, 박영사, 2005, 221-236면; 김치중, "상수원보호구역변경 및 도시계획시설(화장장)결정처분의 취소를 구하는 소송에 있어서의 부근주민의 원고적격", 『대법원판례해설』 제24호, 법원도서관, 1995. 9, 341-357면; 김향기, "제3자의 원고적격과 사전환경성검토 대상지역 주민", 『고시계』 제55권 제2호(2010), 121-133면; 박태현, "사전환경성검토와 원고적격", 『과학기술법연구』 제13집 제2호(2008. 2), 한남대학교 과학기술연구원, 241-270면; 이영진, "지역주민들이 공설화장장설치결정처분의 취소를 구할 수 있는 원고적격을 가지는지 여부", 『판례월보』 제307호(1995. 9), 22-36면; 임영호, "폐기물처리시설의 주변영향지역 밖에 거주하는 주민들이 소각장입지지역결정·고시처분의 무효확인을 구할 원고적격이 있는지 여부", 『대법원판례해설』, 제55호(2005), 191-203면; 조용현, "환경상 이익 침해 소송의 원고적격(2009. 9. 24. 선고 2009두2825 판결 : 공2009하, 1770)", 『대법원판례해설』 제81호(2010), 727-738면.

7) 구체적인 사건에서 최종적인 판단을 하여야 하는 법원으로서는 개개사건의 구체적 분쟁의 상황, 피침해이익의 심각성 정도 등을 종합적으로 고려하여 케이스 바이 케이스로 사법적 보호를 하여 줄 것인가를 결정하는 것이 중요하다는 것에는, 이영진, 앞의 글, 12면 참조.

8) 예컨대 대법원 2006. 3. 16. 선고 2006두330 전원합의체 판결.

어서 사실상 추정과 증명책임의 부과로 구별하는 법원의 원고적격 조사방법이 과연 타당한 것인지에 관하여 검토할 문제도 있다.

요컨대 종래와 같은 판례의 개별적·구체적인 분석 방법만으로는 환경상 이익이 관련된 지역들을 전체적·체계적으로 조망하기가 어렵게 된다. 따라서 이 다양한 지역들을 가능한 한 전부 망라하여 유형화하여 종합적이고 체계적으로 비교·분석할 필요성이 있게 된다. 그런데 판례상 환경상 이익이 관련된 지역에서의 원고적격을 인정함에 있어서 사용되는 다양한 판단기준들은 기본적으로 모두 다 지역적인 근거를 갖고 있으며 그 지역에 거주하는 주민의 환경상의 이익이 관여된다는 점에서 공통점을 가지고 있어서 이 지역들 간의 상호 비교가 가능하다.

이 글은 환경행정소송에 있어서 법원이 원고적격을 인정하기 위한 판단기준으로 사용하고 있는 다양한 환경상 이익이 관련된 지역들을 유형화하고 그 각 유형에 대한 적절한 법원의 원고적격 조사방법을 체계적으로 비교·분석하는 것을 목적으로 한다. 다만 이러한 고찰은 환경상 이익과 관련된 지역에서의 원고적격을 인정하기 위하여 법원이 사용하는 판단기준을 제대로 정립하기 위한 시론적인 성격을 갖는다.

이하에서는 먼저 예비적 고찰로서, 행정소송을 비롯하여 환경행정소송에서의 원고적격에 관한 일반적인 동향을 간략히 검토하고, 이와 함께 환경권과 환경상 이익, 법원의 원고적격 조사방법을 고찰한다. 본론에서는 판례에서 원고적격을 인정함에 있어서 지역적 판단기준으로 사용하고 있는 각종 환경상 이익이 관련된 지역들을 유형화한다. 즉 이 지역들을 환경상 이익이 관련된 지역에 관한 개별 법률의 명문의 근거규정의 형식을 중심으로 유형화하여 구체적으로 분류한다. 그 결과 기존의 판례상, 당해 법률의 해석상 환경상 이익이 관련된 지역이라는 해석에 의하여 인정되는 지역, 법률에 의하여 행정청의 결정·고시 행위에 의하여 직접적으로 특정되는 지역, 환경 관련 법률의 직접적인 적용을 받는 지역 등으로 유형화하여 분류하여 그 각 유형의 특성을 검토한다. 다음으로 위 각 유형에 따라 발생하는 개별적인 문제들에 대하여 구체적으로 검토하기로 한다.

## Ⅱ. 환경상 이익과 원고적격론

### 1. 원고적격론

#### (1) 행정소송 일반

기존 행정소송에서의 원고적격에 관한 학설은, 일종의 전형적인 불확정법 개념인 행정소송법 제12조상의 "법률상 이익"이라는 용어의 해석문제에 집중하고 있다. 주지하는 바와 같이, 이러한 "법률상 이익"의 해석에 관하여는 종래부터 권리구제설, 법률상 보호이익구제설, 보호가치이익구제설 및 적법성보장설 등 4가지 학설들이 대립하여 왔다. 그런데 현재 이러한 4가지 학설들 모두가 실제로 주장되거나 첨예하게 대립하고 있지 않다. 행정소송법상 "법률상 이익"의 개념과 관련하여서는 보통 법률상 보호이익구제설과 보호가치이익구제설만이 대립하고 있다. 현재의 다수설[9]은 법률상 보호이익구제설이다.

그런데 이 법률상 보호이익구제설의 "법률"의 범위에 관해서도 다투어진다. 최근에는 이를 좁게 파악하여 당해 처분의 근거법규에 한정하는 경우는 거의 없다. 일반적으로는 처분의 근거법규와 관계법규를 법률의 범위로 한다. 다만 이에 한걸음 더 나아가 헌법규정(자유권 등 구체적 기본권)의 포함 여부가 다투어지고, 나아가 일반법질서(민법 포함)나 절차규정까지도 확대하여 추가하는 견해도 있다.[10] 최근 법무부의 행정소송법개정안에서 종래의 "법률상 이익"을 "법적 이익"으로 개정하기로 한 것도 이와 같은 원고적격의 확대의 추세의 반영이다.[11]

요컨대 우리나라 행정소송에서의 원고적격이 있는 사람을, 제1조에서 "국민의 권리 또는 이익의 침해를 구제하고", 제12조에서의 "법률상 이익"은 권리

---

9) 김남진, 『행정법Ⅰ』 제6판, 법문사, 2000, 755-756면; 김남진/김연태, 『행정법Ⅰ』 제12판, 법문사, 2008, 667면; 김동희, 『행정법Ⅰ』 제14판, 박영사, 2008, 687-689면; 김성수, 『일반행정법』 제4판, 법문사, 2008, 991면; 김철용, 『행정법Ⅰ』 제11판, 박영사, 2008, 643면; 류지태, 『행정법신론』 제12판, 신영사, 2008, 542면; 박균성, 『행정법론(상)』 제7판, 박영사, 2008, 967-970면; 박윤흔, 『최신 행정법강의(상)』 개정29판, 박영사, 2004, 922면; 이상규, 『행정쟁송법』 법문사, 2000, 925면; 홍준형, 『행정구제법』 제4판, 한울아카데미, 2001. 563면; 홍준형, 『행정법』, 법문사, 2011, 863-866면.

10) 앞의 주 9) 참조.

11) 정하중, "행정소송법 개정 논의경과", 『행정소송법 개정 공청회』, 법무부, 2012, 7면 참조.

와 이익을 포함한다는 점에서 궁극적으로는, "법률상의 권익(권리 또는 이익)"이
있는 사람을 의미한다는 점에서 일응 입법적인 해결을 하였다고 평가할 수 있
다(입법적 해결설!).[12]

## (2) 제3자의 원고적격

최근 행정소송에 있어서 원고적격이 처분의 직접상대방이 아닌 제3자에게
확대된다는 것에는 학설 및 판례가 모두 다 공통적으로 긍정하고 있다. 본래 이
런 제3자의 원고적격과 관련된 소송은 이른바 경업자소송, 경원자소송 및 인인
소송 등으로 분류된다. 경업자소송이나 경원자소송은 당해 처분의 직접상대방
과 주로 경제적인 경쟁관계에 있는 제3자에게 발생하는 영업상 이익의 침해를
구제하고자 하는 소송이다.

그런데 인인소송에서의 제3자는 처분대상 지역과 지리적인 근접성을 가지
고 거주하는 주민으로서 주로 침해되는 환경상 이익을 구제받고자 하는 것이
특징이다. 요컨대 인인소송은 주로 환경상 이익과 관련된 지역성을 갖는다는
점에서 주로 경제상 이익을 갖는 경원자소송 및 경업자소송과 구별된다.[13] 이
점에서 환경행정소송에 있어서 판례가 환경상 이익과 관련된 지역을 어떻게 취
급하고 있는가를 고찰할 필요성이 있다.

## (3) 환경행정소송에서의 원고적격

제3자의 원고적격의 확대는 최근 환경과 관련된 행정소송에서 주목할 만
한 경향이 나타난다고 할 수 있다.[14] 먼저 처분의 직접상대방이 아닌 제3자의

---

12) 이와 같이 "법률"과 "법", "권리"구제와 "권익"구제, "권익"의 효용성에 근거한 원고적격
　에 관한 입법적 해결설에 관하여는, 최선웅, "행정소송에서의 원고적격 — 기존 4개 학설
　의 의의를 중심으로 — ", 『행정법연구』 제22호(2008. 12), 45-47면; 최선웅, "환경행정소
　송에서의 원고적격", 『행정법연구』 제30호(2011. 8), 74, 87-88면 참조.
13) 인인소송이라고 하더라도 반드시 환경상 이익만이 관심사가 아니다. 예컨대 혐오시설의
　설치와 관련된 사건에서 지역주민들은 표면적으로는 주로 환경상 이익의 침해를 주장하
　고 있으나, 실제로는 이른바 혐오시설의 등장으로 인한 아파트가격 하락등 경제적인 이
　익도 중요한 관심사라고 할 수 있다. 이러한 점에서 인인소송과 경원자소송 및 경업자소
　송은 그 이익상황이 절대적으로 구별되는 것은 아니고 중첩가능성도 충분히 있다.
14) 환경행정소송에서의 제3자의 원고적격에 관한 문헌으로는 다음과 같은 것이 있다. 김동
　건, "환경행정소송과 지역주민의 원고적격", 『행정판례연구』 제Ⅴ권, 서울대출판부,
　2000, 183-216면; 김동건, "환경소송에서의 주민의 원고적격", 『환경법연구』 제28권 제3

환경상 침해를 구제하고, 이 제3자의 법률상 이익의 근거법률이 환경영향평가와 관련된 환경영향평가법15)이나 사전환경성 검토와 관련된 환경정책기본법16)에까지 확장되고 있다. 또한 환경행정소송에서의 원고적격은 환경상 이익이 관련된다는 점에서 헌법상의 환경권에 직접 근거하여 원고적격이 인정가능한가 등이 검토된다는 점에서 헌법상 환경권의 법적 성질 내지는 실효성이 문제가 된다.

실무상 환경행정소송에서의 원고적격은 환경상 이익이 관련된 지역 예컨대 환경영향평가 대상지역의 안, 밖의 주민인가 여부에 따라서 원고적격에 대한 법원의 조사방법을 다르게 심사하는 방식을 취하고 있다는 점이 특징이다.17)

## 2. 환경권 및 환경상 이익과 법률상의 이익

"환경상 이익"이 환경영향평가법에 그 근거를 두고 있는 한 행정소송법 제12조상의 법률상 "이익"에 당연히 포함된다. 그런데 헌법상의 환경권을 직접 근거로 하여 법률상의 이익을 주장할 수 있는가의 문제에 대하여는, 관련 기본권의 성격, 내용, 그에 대한 헌법의 규정방식 등에 따라 결정되는 것이 원칙이다.18) 환경권의 직접 원용 가능성에 관해서는, 헌법상 기본권을 직접 원용하거나 헌법 등을 포함한 법질서 전체로 이해하는 적극적인 견해19)도 있으나, 현재

---

호(2006), 99-130면; 김연태, "환경행정소송상 소송요건의 문제점과 한계 — 원고적격과 대상적격을 중심으로 —", 환경법의 법리와 법정책 — 환경피해에 대한 권리구제를 중심으로 , 서울대학교 환경에너지법정책센터 주최 제3차 학술포럼, 2010. 11. 27, 154-198면; 김향기, "행정소송의 원고적격에 관한 연구 — 환경행정소송에서 제3자의 원고적격을 중심으로 —", 『환경법연구』제31권 제2호(2009), 211-262면; 박균성, "프랑스법상 시설설치허가에 대한 취소소송에서의 인근주민 및 환경단체의 원고적격", 『판례실무연구』제Ⅳ권, 박영사, 2000, 500-510면; 박재완, "환경행정소송에서의 원고적격", 『환경법의 제문제(상)』재판자료 제94집(2002), 115-228면; 박정훈, "환경위해시설의 설치·가동 허가처분을 다투는 취소소송에서 인근주민의 원고적격 — 독일법의 비판적 검토와 행정소송법 제12조의 해석을 중심으로 —", 『판례실무연구』제Ⅳ권, 박영사, 2000, 475-499면; 함태성, "행정소송상 원고적격과 최근의 경향", 『가톨릭법학』창간호, 가톨릭대학교, 2002, 165-184면.

15) 대법원 1998. 4. 24. 선고 97누3286 판결.
16) 대법원 2006. 12. 22. 선고 2006두14001 판결.
17) 대법원 2006. 3. 16. 선고 2006두330 전원합의체 판결.
18) 김동희, 앞의 책, 707면.

로서는 법률에 의하여 구체화되어야 하는 추상적 기본권이 침해된 것만으로는
원고적격을 인정할 수 없다는 견해[20]에서와 같이, 소극적으로 해석할 가능성이
크다.

환경권의 법적 성질에 관하여 가장 문제가 되는 점은, 환경권의 법적 권리
성이 뚜렷하지 못하여 개별 법률에 의하여 그 구체적 내용이 비로소 형성되어
야 하고, 헌법상 환경권 규정은 단지 국가의 목표조항의 성격으로 이해되고 있
다는 점이다.[21] 실제 판례에서도, 헌법상의 환경권의 권리성에 대하여는, 명문
의 법률규정이 있거나 관계법령의 규정 취지나 조리에 비추어 권리의 주체, 대
상, 내용, 행사방법 등이 구체적으로 정립될 수 있어야 한다는 이유로 부정적이
다.[22]

그러나 헌법 제35조 제1항, 환경정책기본법 제6조에서 환경권의 권리성을
문언상 명백히 규정하고 있으므로 이들 규정을 아무런 실효성이 없는 무의미한
규정이라고 할 수 없다. 따라서 헌법 제35조 제2항에 의하여 제정된 환경정책
기본법이나 환경영향평가법이 결과적으로 환경권에 근거한 권리실현에 지장을
주게 된다면 이는 위헌적인 입법이다.

행정소송법 제12조의 법률에는 실질적 법치주의하에서는 당연히 헌법이
포함되어야 하고, 환경권도 일정한 법적 권리성이 있다고 한다면, 행정처분에
의하여 헌법상의 권리가 침해받은 국민에게는 이를 다툴 수 있는 최소한의 요
건인 원고적격이 인정되어야 한다. 그렇다고 해서 모든 환경적인 침해[23]를 무
조건 구제하여야 한다는 것은 아니다. 모든 환경적인 침해를 구제하는 것이 현

---

19) 김철용, 앞의 책, 634면.

20) 박균성, 앞의 책, 1110면.

21) 환경권의 국가목표조항의 성격에 관하여는, 김종세, "환경권과 국가목표로서 환경보호에
관한 고찰", 『환경법연구』 제28권 제1호(2006), 593-632면; 명재진, "환경권의 의의와 개
정의 필요성", 환경법의 법리와 법정책 ― 환경피해에 대한 권리구제를 중심으로, 서울대
학교 환경에너지법정책센터 주최 제3차 학술포럼, 2010. 11. 27, 10-60면; 최윤철, "우리
헌법에서 환경권조항의 의미 ― 기본권 보장 또는 환경보호?", 『환경법연구』 제27권 제2
호(2005. 9), 373-400면 참조.

22) 대법원 1995. 5. 23.자 94마2218 결정; 헌법상의 환경권 또는 환경정책기본법에 근거하여
원고적격을 인정할 수 없다고 하는 것에는, 대법원 2006. 3. 16. 선고 2006두330 전원합
의체 판결 참조.

23) 환경침해에 대한 권리구제에 관하여는, 설계경, "환경침해의 권리구제에 관한 고찰", 『환
경법연구』 제28권 제1호(2006), 491면 참조.

실적으로 불가능하다는 것을 단지 실질적으로 소권을 부정하는 원고적격의 제한으로 해결하는 것은 국민의 헌법상의 재판청구권의 실질적 보장에 역행하는 것이다.

따라서 원칙적으로 가능한 한 환경상 이익 내지는 헌법상 환경권과 관련된 원고적격을 인정하고 본안에서 구제 여부를 판단하여야 한다.[24] 이런 점에서 환경권 보호를 위한 입법이 없거나 현저히 불충분하여 국민의 환경권을 과도하게 침해하고 있다면 헌법재판소에 그 구제를 구할 수 있다는 헌법재판소의 판단[25]은 타당하다.

## 3. 법원의 원고적격 조사방법

행정소송법 제12조상의 "법률상 이익"의 의미에 관한 학설상의 논의는 — 입법적 해결설하에서는 — 이제는 별다른 실익이 없는 논쟁에 불과할 수도 있다고 평가받을 수 있다.[26] 그보다는 실제 판례[27]에서, 예컨대 환경영향평가 대상지역의 안과 밖을 구별하여 사실상 추정과 증명책임의 부과에 의하여 원고적격을 인정하는 바와 같이, 원고적격에 대한 법원의 조사방법이 중요하다.

원고적격과 같은 소송요건은 일반적으로 이미 성립된 소를 적법하게 하여 본안판결을 받을 수 있는 본안판결요건으로서 당사자의 주장이나 항변 등과 관계없이 법원이 직권으로 조사하여 참작할 직권조사사항이다. 따라서 이러한 법원의 원고적격에 대한 조사방법은 사실자료와관련된다는 점에서 행정소송에 있어서의 소송자료에 관한 심리원칙과 밀접한 관련성을 갖는다는 것은 당연하다.[28]

---

24) 최선웅, "행정소송에서의 원고적격 — 기존 4개 학설의 의의를 중심으로 —", 『행정법연구』 제22호(2008. 12), 47-49면.

25) "환경권의 내용과 행사는 법률에 의해 구체적으로 정해지는 것이기는 하나(헌법 제35조 제2항), 이 헌법 조항의 취지는 특별히 명문으로 헌법에서 정한 환경권을 입법자가 그 취지에 부합하도록 법률로써 내용을 구체화하도록 한 것이지 환경권이 완전히 무의미하게 되는데도 그에 대한 입법을 전혀 하지 아니하거나, 어떠한 내용이든 법률로써 정하기만 하면 된다는 것은 아니다. 그러므로 일정한 요건이 충족될 때 환경권 보호를 위한 입법이 없거나 현저히 불충분하여 국민의 환경권을 과도하게 침해하고 있다면 헌법재판소에 그 구제를 구할 수 있다고 해야 할 것이다." 헌법재판소 2008. 7. 31. 선고 2006헌마711 전원재판부 결정.

26) 앞의 주 12) 참조.

27) 예컨대 대법원 2006. 3. 16. 선고 2006두330 전원합의체 판결.

28) 최선웅, "행정소송에서의 원고적격 — 법원의 조사방법을 중심으로 —", 『행정법연구』 제25호(2009. 12), 195-213면.

정도의 차이는 있으나 모두가 동의하는 행정소송에 있어서 소송요건인 원고적격의 확대문제도 결국은 법원의 원고적격에 관한 조사방법에 의해서 달성된다. 원고적격의 확대문제는 헌법상 재판청구권의 실질적 보장이라는 차원에서 검토하여야 할 것이고, 결국 이 문제에 관한 한 법원의 의지가 관건이다.

## Ⅲ. 환경상 이익이 관련된 지역들의 유형화

### 1. 유형화의 의의

#### (1) 유형화 필요성

전술한 바와 같이, 판례상 환경상 이익이 관련된 지역적인 판단기준으로는, 도시계획법상의 주거지역, 수도법상의 상수원보호구역, 폐촉법상의 폐기물처리지역, 환경영향평가법상의 환경영향평가 대상지역, 환경정책기본법상의 사전환경성 검토지역 등을 사용하여 원고적격을 인정하였다.

그런데 판례는 그 성질상 기본적으로 이들 지역들에 관하여 체계적이고 종합적인 검토를 하기보다는 주로 계쟁 사안을 구체적 개별적 타당성을 기하여 처리하는 데에 그 중점을 두는 것이 일반적이다. 예컨대 판례는, 당해 지역에 대하여 법률상 근거만 찾으면 더 이상의 법적 검토를 할 필요가 없으므로 법적 근거로서 헌법상의 환경권을 검토하지 않게 된다. 당연한 일이지만 판례는 당해 지역과 관련된 법률에 위헌의 문제가 없는 한 당해 법률을 헌법에 비추어 검토하지 않는다. 그러나 지역 유형에 따라서는 원고적격과 헌법상 환경권의 관련성을 검토할 필요성이 있는 경우도 있을 수 있다.

또한 판례는 동일 지역의 주민에 대하여 당해 사건을 해결만 하면 족하므로, 동일 지역 주민의 대한 원고적격의 중복문제라든가, 당해 지역의 안에 거주하는 주민과 그 지역 밖에 거주하는 주민 간의 불균형 문제, 당해 지역과 다른 지역에 거주하는 주민 간의 관계 등의 문제에 관하여는 별다른 관심을 가지지 않는다. 특히 판례는 하나의 지역 예컨대 환경영향평가 대상지역을 안, 밖을 구별하여 법원의 조사방법을 달리하는 근거나 이유에 대하여는 별다른 설명조차 하지 않고 있는 실정이다.

요컨대 판례에서 나타나는 환경상 이익이 관련된 지역들 전체를 종합적으로 비교·분석하는 등의 체계적인 검토가 이루어지지 않았다고 할 수 있다. 따라서 법원이 환경상 이익이 관련된 행정소송에 있어서 원고적격을 인정하기 위한 판단기준으로 사용하고 있는 다양한 지역들을 유형화하고 그 각 유형에 대한 적절한 법원의 조사방법을 체계적으로 분석하여 검토할 필요성이 있게 된다.

### (2) 유형화의 실익

환경상 이익이 관련된 지역들을 유형화를 통하여 분석함으로써 다음과 같은 일정한 실익을 얻을 수 있다.

먼저 원고인 각 지역유형에 따라서 당해 지역 안에 거주하는 지역주민은 자신의 원고적격 인정 여부에 관하여 예측이 가능하다. 예컨대 판례[29]에 의하면 환경영향평가 대상지역 안의 주민은 사실상 추정에 의하여 원고적격을 인정받을 수 있고, 그 대상지역 밖의 주민은 환경상 이익의 침해를 증명하여야 원고적격을 인정받을 수 있다는 것이 예견된다. 법률해석에 의하여 일정지역이 환경상 이익이 인정되는 경우에는 당해 법률에 대한 판례의 태도가 결정적인 지표로 작용한다. 만일 법률해석상 환경상 이익을 인정하는 판례가 축적되는 경우에는 추후 이를 법률 내용에 포섭하여 법률에 의한 특정지역이 설정되는 입법이 기대된다. 법률에 의한 특정지역과 환경 관련 법률 즉 예컨대 환경영향평가법과 중복되어 적용되는 경우에는 이를 통합하는 법률을 제정하여 양자 간의 충돌을 예방할 필요성도 있다.

실무적으로 이와 같은 환경상 이익이 관련된 지역들의 유형화는 실제 법원이 원고적격을 심사할 때 일정한 기준 내지는 지침을 줄 수 있다는 점에서 유용하다. 헌법상의 환경권이 직접적인 법적 근거로 주장하는 등의 활용 여부도 지역유형화에 따라서 달리 고찰할 여지가 충분히 있다.

### (3) 3가지 유형

제1유형은 법률에 의한 특정지역으로서, 법률상 명문의 근거 규정에 의하여 환경상의 영향이 미치는 지역이 행정청의 결정·고시 등의 행위에 의하여 공시되어 특정된 지역을 말한다. 예컨대 수도법상의 상수원보호구역은, 수도법령

---

29) 대법원 1998. 4. 24. 선고 97누3286 판결.

에 의하여 환경부장관에 의하여 지정, 고시되어 그 일정 지역이 특정된다.

제2유형은, 위 제1유형과 같이 법률 규정상 행정청에 의하여 특정된 지역과 같이 행정청에 의한 일정 지역이 결정·고시등의 행위로 특정되는 유형이 아니고, 단지 근거 또는 관계 법률의 해석상 환경상 이익이 인정되는 지역을 말한다.

제3유형은 환경 관련 법률의 적용지역으로서, 법률 그 자체가 환경과 관련된 법률이며 그러한 법률에 의하여 일정한 환경과 관련된 심사를 받는 지역으로서 환경영향평가법상의 환경영향평가 대상지역과 환경정책기본법상의 사전 환경성 검토지역 등을 들 수 있다.

## 2. 제1유형 ― 법률에 의한 특정지역

### (1) 판례

이에 해당하는 구체적인 판례로는 다음을 들 수 있다. 연탄공장사건(대법원 1975. 5. 13. 선고 73누96,97 판결)은 당해 행정처분의 직접상대방이 아닌 제3자에게 원고적격을 인정한 초기의 판례로의 의의를 가지면서, 도시계획법상의 주거지역30)이라는 법률에 의한 특정지역을 판단기준으로 사용하여 원고적격을 인정하였다. 공설화장장설치사건(대법원 1995. 9. 26. 선고 94누14544 판결)에서는, 수도법상의 상수원보호구역31)이라는 법률에 의한 특정지역을 판단기준으로 사용하면서도 지역주민의 원고적격을 부정하였으나, 도시계획법, 매장 및 묘지등에 관한 법률 및 시행령 등에 의한 주거지역이라는 판단기준을 사용하여 원고적격을

---

30) 이 사건에서의 도시계획법상의 주거지역은, 1975년 판결 당시에 시행되고 있는 구 도시계획법(1977. 5. 18. 법률 제3165호로 개정되기 전의 것)에 제17조 제1항 제1호에서 "주거지역: 거주의 안녕과 건전한 생활환경의 보호를 위하여 필요한 때"라고 규정하고 있고, 이 주거지역은 같은 법 시행령(1976. 4. 2. 건설교통부령 제169호로 개정되기 전의 것) 제8조 제1호에서 건설부장관이 관보에 고시하도록 하여 그 일정 지역이 특정된다. 이와 같이 법률에 의하여 직접 특정되는 방식은, 현행 국토의 계획 및 이용에 관한 법률 제36조 제1항 제1호 (가)목 주거지역은 같은 법 시행령 제30조에 의하여 지정되는 경우에서도 찾아볼 수 있다.

31) 이 사건에서의 수도법상의 상수원보호구역은, 1995년 판결 당시 시행된 구 수도법(1996. 6. 30. 법률 제5111호로 개정되기 전의 것) 제5조 제1항 및 같은 법 시행령(1998. 1. 1. 대통령령 제15598호로 개정되기 전의 것) 제7조에 의하면 환경부장관에 의하여 지정, 고시되어 그 일정 지역이 특정되는 것이고, 매장 및 묘지등에 관한 법률 및 시행령에 의하여 20호 이상 인가가 밀접한 지역, 학교, 또는 공중이 수시 집합하는 시설 또는 장소로부터 1,000m의 이격거리 등으로 특정된다.

인정하였다. 쓰레기소각장설치사건(대법원 2005. 3. 11. 선고 2003두13489 판결)에서는, 폐촉법상 폐기물 처리시설의 주변영향지역[32]이라는 법률에 의한 특정지역을 판단기준으로 사용하여 원고적격을 인정하였다.[33]

### (2) 특징

이 유형은 개별 법률의 명문의 근거규정에 의하여 행정청이 일정 지역을 결정·고시하는 행위에 대하여는 별다른 다툼의 여지는 없을 것이다. 다만 개별 법률에 특정되어야 할 지역에 행정청이 포함시키지 말아야 할 지역을 포함시키거나 그 반대로 포함시켜야 할 지역을 포함시키지 아니하는 행정청의 결정·고시행위의 하자는 다툼의 여지가 있다.[34]

다만 우리나라 판례는 이와 같은 개별 법률에 의한 특정지역이 인정된다고 하더라도 바로 원고적격을 인정하는 것이 아니라 당해 이익이 법률상의 환경상 이익인지 여부를 추가적으로 검토하여 원고적격을 인정한다. 예컨대 상수원보호구역이 법률상 특정이 가능하고 주민이 그지역 안에 거주한다고 하더라도 당해 법률의 목적 내지 취지에 비추어 해석상 당해 주민에게는 법률상의 환경상 이익이 부정되고 단순한 반사적 이익으로 되어 원고적격이 부정될 수 있다는 판례[35]에서 보듯이, 이 제1유형은 후술하는 제3유형인 환경 관련 법률의 경우에 비하여 상대적으로, 지역주민의 지위가 불안정하다.[36]

---

32) 이 사건에서의 폐촉법상 폐기물 처리시설의 주변영향지역은, "구 폐기물처리시설 설치 촉진 및 주변지역 지원 등에 관한 법률"(2006.4.1. 법률 제7428호로 개정되기 전의 것) 제17조 제1항, 제3항 제2호, 같은법 시행령 제20조에 의하여 폐기물처리시설의 설치·운영으로 인하여 환경상 영향을 받게 되는 주변지역(이하 '주변영향지역'이라 한다)을 결정·고시하도록 되어 있어 특정된다.

33) 대법원 2005. 3. 11. 선고 2003두13489 판결; 이후의 대법원 2005. 5. 12. 선고 2004두14229 판결은 폐촉법 이외에도 환경영향평가법이 적용을 중첩적으로 받는다.

34) 여기서의 개별 법률은 환경 관련 법률 즉 환경영향평가법이나 환경정책기본법이 제외되고 개별 행정목적을 추구하는 행정법률을 의미하나, 물론 사업의 규모나 종류에 따라서는 환경영향평가법이나 환경정책기본법의 중복 적용을 받을 수도 있다.

35) 이에 해당하는 대표적인 판례가 공설화장장설치사건(대법원 1995.9.26. 선고 94누14544 판결)이다.

36) 이 문제와 관련하여서는 후술하는, Ⅳ. 4. 동일 지역 주민에 대한 원고적격의 중복인정 부분 참조.

## 3. 제2유형 — 법률해석상 인정지역

### (1) 판례

이에 해당하는 구체적인 판례로는 다음을 들 수 있다. 먼저 이른바 LPG자동차충전소설치허가사건으로 알려진 대법원 1983. 7. 12. 선고 83누59 판결에서는, 고압가스안전관리법령에서 공공의 안전을 고려한 위험 지역 등 특정한 지역을 지정하여 공시하도록 되어 있지 아니하므로, 따라서 근거 법률의 해석에 의하여 설치장소에 인접하여 거주하는 주민에게 원고적격을 인정하고 있을 뿐이다. 산림훼손허가등으로 인한 풍수해등이 우려되는 인근지역 농경지사건(대법원 1991. 12. 13. 선고 90누10360 판결)에서도, 중소기업창업지원법이나 산림법에서는 입목벌채등의 허가와 신고의 규정에 의하여 환경 관련 특정지역이 공시되고 있지는 아니하고, 단지 근거 법률의 해석에 의하여 산림훼손허가 등의 부락민에게 원고적격의 인정 여부를 검토하고 있다.

### (2) 특징

제2유형인 법률해석상 인정지역은, 법률의 근거에 의한 행정청의 결정·고시라는 지정행위가 없이 단지 법률의 목적 내지는 취지에 비추어 법률해석상 환경상 이익이 인정되는 지역을 말한다. 이러한 해석에 의한 환경상의 이익은 당연히 행정소송법 제12조상의 "법률상 이익"에 해당하는지 여부에 관한 해석이다. 이 제2유형의 경우는 원칙적으로 법률 해석에 의존한다는 점에서, 제1유형인 법률에 의한 특정지역의 경우에 비하여 상대적이기는 하지만, 헌법상의 환경권이라든가 재판청구권의 실질적 보장 등을 고려할 가능성이 크다.

법률에 의한 특정지역 안의 주민은 그 특정지역 안에 거주한다는 사실만 증명되면 원고적격을 사실상의 추정에 의하여 용이하게 인정받을 수 있으나, 법률해석에 의하여 원고적격을 인정받는 경우에는 당해 사안이 환경상의 이익이라는 점과 환경영향 지역 내에 거주한다는 사실을 모두 증명하여야 한다는 점에서 상대적이나마 다소 원고적격의 인정에 어려움이 있다.

## 4. 제3유형 — 환경 관련 법률의 적용지역

### (1) 판례

이러한 유형에 속하는 판례는 환경영향평가법령상의 환경영향평가 대상지역과 환경정책기본법령상의 사전환경성 검토지역으로 나누어 볼 수 있다.

먼저, 환경영향평가법령상의 환경영향평가 대상지역에 관하여는, 속리산국립공원 용화온천개발사업 사건(대법원 1998. 4. 24. 선고 97누3286 판결),[37] 원자력발전소 설치사건(대법원 1998. 9. 4. 선고 97누19588 판결),[38] 양수발전소 설치사건(대법원 1998. 9. 22. 선고 97누19571 판결),[39] 납골당설치허가 사건(대법원 2004. 12. 9. 선고 2003두12073 판결),[40] 폐기물처리시설 설치사건(대법원 2005. 5. 12. 선고 2004두14229 판결)[41] 등에서, 환경영향평가와 관련되는 환경영향평가법령도 근거 법률

---

37) 이 사건에서의 환경영향평가 대상지역은, 구 자연공원법(1995. 12. 30. 법률 제5122호로 개정되기 전의 것) 제21조의2 제1항, 자연공원법 제15조 제2항, 제22조 제1항, 환경영향평가법 제9조 제1항, 제19조 제1항, 구 자연공원법 시행령(1996. 7. 1. 대통령령 제15106호로 개정되기 전의 것) 제8조의2, 환경영향평가법 시행령 제2조 제2항 [별표 1] 카의 (4), 구 자연공원법 시행규칙(1996. 7. 3. 내무부령 제687호로 개정되기 전의 것) 제7조 제2항, 제8조 제2항, 자연공원법 시행규칙 제9조에 의하여 특정된다.

38) 이 사건에서의 환경영향평가 대상지역은 구 환경영향평가법(1997. 3. 7. 법률 제5302호로 개정되기 전의 것) 제4조, 제7조, 제8조, 제9조 제1항, 제16조 제1항, 제19조 제1항, 구 환경영향평가법 시행령(1993. 12. 11. 대통령령 제14018호로 제정되어 1997. 9. 8. 대통령령 제15475호로 개정되기 전의 것) 제2조 제2항 [별표 1]의 다의 (4)에 의하여 특정된다.

39) 이 사건에서의 환경영향평가 대상지역은, 구 전원개발에 관한 특례법 시행령(1997. 5. 1. 대통령령 제15363호로 개정되기 전의 것) 제15조 제2항, 구 환경정책기본법 시행령(1993. 12. 11. 대통령령 제14018호로 개정되기 전의 것) 제7조 제2항 [별표 2]의 다의 (3), 구 환경영향평가법 시행령(1997. 9. 8. 대통령령 제15475호로 개정되기 전의 것) 제2조 제2항 [별표 1]의 다의 (3), 구 환경보전법 시행령(1991. 2. 2. 폐지되기 전의 것) 제4조의2 제2항 [별표 1]에 의하여 특정된다.

40) 이 사건에서의 환경영향평가 대상지역은, 구 매장 및 묘지 등에 관한 법률(2000. 1. 12. 법률 제6158호 장사 등에 관한 법률로 전문 개정되기 전의 것) 제8조 제2항(현행 장사 등에 관한 법률 제14조 참조) 구 환경영향평가법(1999. 12. 31. 법률 제6095호 환경·교통·재해 등에 관한 영향평가법 부칙 제2조로 폐지) 제4조(현행 환경영향평가법 제22조 참조), 제7조(현행 환경영향평가법 제6조 참조)에 의하여 특정된다.

41) 이 사건에서의 환경영향평가 대상지역은, 구 폐기물처리시설 설치촉진 및 주변지역지원 등에 관한 법률(2004. 2. 9. 법률 제7169호로 개정되기 전의 것) 제9조, 제10조, 제17조, 폐기물처리시설 설치촉진 및 주변지역지원 등에 관한 법률 시행령 제17조, 제20조, 구 환경·교통·재해 등에 관한 영향평가법 제4조(현행 환경영향평가법 제22조 참조), 구 환경·교통·재해 등에 관한 영향평가법 시행령 제2조(현행 환경영향평가법 시행령 제31조

로 인정하고 이러한 환경영향평가 대상지역 안의 주민에게 원고적격을 인정하
였다. 환경정책기본법상의 사전환경성 검토지역은 연접개발사건(대법원 2006. 12.
22. 선고 2006두14001 판결),[42] 풍력발전소 설치사건(대법원 2009. 9. 24. 선고 2009두
2825 판결)[43] 등에서 인정한 바가 있다.

### (2) 특징

기본적으로 환경 관련 법률은 헌법상의 요청이고 헌법상의 환경권의 법률
차원의 실현이다. 따라서 이 제3유형인 환경 관련 법률이 적용되는 지역은 고
도의 헌법적인 보장을 받는다.[44] 환경 관련 법률이라는 점에서 법의 목적 내지
는 취지에 환경상 이익이 당연히 내재되어 있다.[45] 따라서 원칙적으로 환경영
향평가법 등 환경 관련 법률이 직접 적용되는 사안인 경우에 법원은, 위 제1유
형인 법률에 의한 특정지역에서와 달리 환경상 이익이 내제된 환경영향평가법
의 목적 내지는 취지의 뒷받침을 받으므로, 당해 이익이 법률상 환경상 이익인
지 여부를 추가적으로 검토할 필요는 없다.

이 제3유형은 환경 관련 법률의 직접 적용지역이라는 점에서는, 위 제2유
형인 법률의 해석상 인정되는 지역이 아니고, 위 제1유형인 법률 규정상 행정
청의 결정·고시등에 의하여 특정된 지역과 유사하다. 다만 제1유형인 법률에
의한 특정지역은 행정청의 결정·고시등의 행위에 의하고, 제3유형인 환경 관련
법률의 적용지역은 환경영향에 대한 평가 내지는 계획법상의 입지 등을 검토한
다는 점에서 행정작용의 성질을 달리한다. 전자에 비하여 후자가 계획적 요소

---

참조)에 의하여 특정된다.

42) 이 사건에서의 사전환경성 검토지역은, 구 환경정책기본법(2005. 5. 31. 법률 제7561호로
개정되기 전의 것) 제25조, 구 환경정책기본법 시행령(2005. 1. 31. 대통령령 제18693호
로 개정되기 전의 것) 제7조 제1항 [별표 2]에 의하여 특정된다.

43) 이 사건에서의 사전환경성 검토지역은, 구 환경정책기본법(2005. 5. 31. 법률 제7561호로
개정되기 전의 것) 제25조 제4항, 구 환경정책기본법 시행령(2006. 5. 30. 대통령령 제
19497호로 개정되기 전의 것) 제7조 [별표 2]에 의하여 특정된다.

44) 이 점에서 환경영향평가법령에서 정한 환경영향평가절차를 거쳤으나 그 환경영향평가의
내용이 부실한 경우, 그 부실로 인하여 환경영향평가 대상사업에 대한 승인 등 처분이
위법판단에 소극적인 것(예컨대 대법원 2006. 3. 16. 선고 2006두330 전원합의체 판결)
은 문제라고 할 수 있다.

45) 재량처분의 한계로서의 비례원칙에 의한 이익형량에는 환경의 이익이 고려되고 헌법상
의 환경권 등을 고려하여 환경의 보호도 환경영향평가의 대상이 되는 사업이나 시설을
허가하는 처분의 요건이 된다고 하는 것에는, 박균성, 앞의 글, 509면 참조.

가 관련된다는 점에서 보다 더 행정의 형성의 자유 내지는 판단여지를 인정받을 수 있고, 이 점에서 상대적으로나마 사법통제로부터 자유롭다.[46]

지역주민은 단지 환경영향평가 대상지역 안에 거주요건만을 충족시키면 법원은 사실상 추정에 의하여 당해 지역주민에게 원고적격을 인정한다는 점에서 지역주민의 지위가 제1유형인 법률에 의한 특정지역보다 상대적으로 확고하다. 환경영향평가 대상지역은 일정한 사업규모를 대상으로 한다는 점에서 제1유형 법률에 의한 특정지역과 구별된다. 그러나 환경영향평가법의 적용지역이 다른 법률에 의한 특정지역으로서 중복 적용을 받는 것도 가능하다.[47]

환경영향평가 대상지역을 잘못 지정한 경우에는 법적인 다툼의 소지[48]가 있다.

## Ⅳ. 관련 문제의 구체적 검토

### 1. 지역 유형화와 환경권 및 환경상 이익

환경상 이익이 관련된 지역 유형에 따라서 원고적격을 인정받기 위하여 헌법상 환경권을 원용하는 문제는 좀 더 구체적으로 세분화하여 검토할 필요가 있다.

법률에는 아무런 환경상 이익을 인정할 만한 규정이 전혀 없어서 헌법상 환경권에 근거하여서 원고적격을 주장하는 경우, 판례[49]가 헌법상 환경권의 권리성에 관하여는 소극적인 입장을 취하므로 환경권에 직접 근거한 원고적격은 부정된다.[50] 그러나 환경상 이익도 헌법 제35조 제1항이 환경권의 법적 근거가 될 수 있다는 점에서 보다 적극적으로 해석하여야 한다.[51] 행정소송법 제12조

---

46) 행정청의 전문적 판단을 법원이 인정하는 경향이 있다고 하는 것에는, 조홍식, "분산이익소송에서의 당사자적격 — 삼권분립과 당사자적격, 그리고 사실상의 손해의 함수관계 —",『판례실무연구』제Ⅳ호, 비교법실무연구회, 2000, 461면 참조.

47) 예컨대 대법원 2005. 5. 12. 선고 2004두14229 판결과 같이, 폐기물소각시설이 1일 처리능력이 100t 이상이면 폐촉법뿐만 아니라 환경영향평가법상의 환경영형평가 대상사업이 된다.

48) 이와 관련하여서는, 환경영향평가 대상지역의 판단주체의 문제로서 사업자주체설과 법원주체설의 대립이 있다. 이에 관하여는, 최선웅, "환경행정소송에서의 원고적격",『행정법연구』제30호(2011. 8), 92-94면 참조.

49) 대법원 1995. 5. 23.자 94마2218 결정.

50) 대법원 2006. 3. 16. 선고 2006두330 전원합의체 판결.

상 "법률상 이익"에서의 "법률"을 단지 성문의 국회제정입법으로만 좁히는 것은 문제가 있다.[52]

　제1유형인 법률의 해석에 의하여 환경상 이익이 관련된 지역이 정해지는 경우에는 당해 법률의 목적 내지는 취지만 검토할 것이 아니라 당연히 헌법상의 환경권도 고려하면서 해석하여야 한다. 왜냐하면 법률상의 원고적격은 헌법상 재판청구권의 실현을 위한 것이기 때문이다. 제2유형인 법률규정에 의한 특정지역인 경우에도, 비록 당해 법률이 환경 관련 법률이 아니라고 하더라도, 당해 법률의 목적 내지 취지를 해석하여 법률상의 환경상 이익을 인정하여 원고적격을 인정함에 있어서는 헌법상 환경권을 원용할 수 있다.

　제3유형인 환경 관련 법률규정 예컨대 환경영향평가법이 직접 적용되는 지역의 경우에는 당해 법률은 헌법상 환경권을 직접적으로 실현하기 위한 것으로서 환경상 이익이 당연히 내재되어 있으므로 환경상 이익으로 인한 원고적격을 인정받기 위하여 추가적으로 헌법상 환경권을 주장할 필요는 없다. 다만 판례[53]에 따르면, 환경영향평가 대상지역 밖에 거주하는 주민에게 헌법상의 환경권 또는 환경정책기본법에 근거한 원고적격은 부정된다고 하나 이는, 전술[54]한 바와 같이, 헌법상 환경권의 법적 성질에 비추어 의문이다.

## 2. 법률에 의한 특정지역이 지정·고시되지 아니한 경우

전술한 폐촉법상 폐기물처리시설 주변영향지역사건(대법원 2005. 3. 11. 선고

51) 미국이나 독일 헌법에도 없는 환경권 조항이 우리 헌법에 신설되고 그에 기초한 환경정책기본법이 제정, 시행되고 있으며, 세계 각국에서의 맹렬한 환경보전운동의 추세와 그에 관한 판례 등에 비추어 환경 행정소송의 원고적격에 관하여는 헌법규범까지 고려하는 자세가 필요하다고 하는 것에는, 이영진, 앞의 글, 10면 참조; 처분자체의 요건에 명시되지 않았다 하더라도 피해실태에 비추어 헌법적 가치가 침해되지 않도록 제3자의 권리이익의 보호를 당연히 도모하여야 하므로 환경권 등을 보호하기 위하여 원고적격을 긍정할 필요가 있다고 하는 것에는, 김향기, "제3자의 원고적격과 사전환경성검토 대상지역 주민", 『고시계』 제55권 제2호(2010), 126면 참조; 이에 반하여 헌법상의 기본권의 원용은 구체적이어야 할 행정법을 더욱 추상적인 것으로 복귀시키는 역행적 모순을 초래하게 될 것이라고 하는 것에는, 김동건, "환경소송에서의 주민의 원고적격", 『환경법연구』 제28권 제3호(2006), 115면 참조.
52) 이 점에서 행정소송법 제12조상의 "법률상 이익"을 "법적 이익"으로 개정하는 것은 타당하다고 할 수 있다.
53) 대법원 2006. 3. 16. 선고 2006두330 전원합의체 판결.
54) 이 글 Ⅱ. 2. 환경권 및 환경상 이익과 법률상의 이익 부분 참조.

2003두13489 판결)에서 설치기관이 주변영향지역을 지정·고시하지 않는 경우에는, 폐촉법 제17조 제3항 제2호 단서 규정에 따라 당해 폐기물처리시설의 설치· 운영으로 인하여 환경상 이익에 대한 침해 또는 침해우려가 있다는 것을 입증함으로써 그 처분의 무효확인을 구할 원고적격을 인정받을 수 있다고 판시하고 있다.

이 사건의 경우처럼 설치기관이 주변영향지역을 지정·고시하지 않는 경우 환경상 이익에 대한 침해 또는 침해우려가 있다는 것을 입증하도록 요구하는 것은, 주변영향지역이 지정·고시되었더라면 사실상 추정에 의하여 원고적격이 인정되었을 것임에도 설치기관의 과실등에 의하여 지정·고시가 안 된 결과, 원고의 사실상 추정이라는 이익을 상실시키는 문제가 있다.[55]

분명히 설치기관이 주변영향지역을 지정·고시하지 아니하였다는 이유로 설치기관에게 불이익을 가할지언정, 이로 인하여 사실상 추정에 의하여 원고적격을 인정받을 이익을 누릴 수 있는 원고에게 불이익을 가해서는 아니 될 것이다. 이 경우 원고는 지정·고시되었더라면 그 지역 안에 주민이 될 수 있었다는 것을 증명하면 되나 사실상 이를 증명하는 데 어려움이 예견된다. 이 경우 법원은 오히려 설치기관에게 주변영향지역이 지정·고시되었더라도 그 지역 안의 주민이 아니었을 것이라는 점을 증명하게 하여 공평을 도모하여야 한다.

## 3. 환경영향평가서가 작성되지 아니한 경우

환경영향평가서가 작성되지 아니하여 환경영향평가 대상지역으로 선정되지 아니하였으나, 작성되었더라면 환경영향평가 대상지역 안의 주민이 되어 사실상 추정에 의하여 원고적격을 인정받았을 경우에 이 주민에게 주장·증명책임을 부과하여 원고적격을 인정할 것인가가 문제된다.

이에 대하여는, 환경영향평가 자체가 실시되지 않은 경우에 주민에게 사실상의 추정이 아니라 증명책임을 부과하는 것은 불합리하다는 견해[56]와, 이는 결과적으로 사업자에 의한 입증편익의 박탈을 용인하는 의미이고, 이 경우 환경영향평가서가 적법하게 작성되었더라면 대상지역 주민에 해당할지 여부를

55) 이러한 문제는 후술하는, 3. 환경영향평가서가 작성되지 아니한 경우와 유사하다고 할 수 있다. 이에 관하여는 박태현, 앞의 글, 256-257면 참조.
56) 김홍균, 『환경법』, 홍문사, 2007, 87면.

법원이 심리하여 정하면 된다는 견해57)도 있다. 그러나 이 경우에도 사업자가 환경영향평가서를 적법하게 작성하였더라도 환경영향평가 대상지역의 주민에 해당하지 아니하였거나 당해 주민이 아무런 환경상의 침해를 입지 않았다는 점을 사업자측이 증명하게 하면 된다.

## 4. 동일 지역 주민에 대한 원고적격의 중복인정

전술한 공설화장장설치사건(대법원 1995. 9. 26. 선고 94누14544 판결)에서는 수도법상 상수도보호구역의 지역주민들이 가지는 이익은 상수원의 확보와 수질보호라는 공공의 이익이 달성됨에 따라 반사적으로 얻게 되는 이익에 불과하다는 이유로 수도법상의 상수원보호구역의 지역주민의 원고적격을 부정하였다.

이 판례에 대해서는, 수도법 전체를 보더라도 상수원보호구역 인근주민의 상수원 확보 및 수질유지에 관한 이익을 보호하기 위한 규정은 찾아볼 수 없으며 법이 상수원을 확보하고 수질을 보전하려는 공익을 위한 것이므로 인근주민의 수질보전의 이익은 반사적 이익이라는 이유로 찬성하는 견해58)와, 공설화장장이라는 혐오시설의 설치를 막으려는 지역이기주의의 문제도 있지만 고양된 환경의식이나 헌법상의 환경권규정에 비추어 법적 보호가치를 인정할 수 있다는 비판을 제시하는 견해59)도 있다.

그러나 수도법 제5조60)의 상수원보호구역에 거주하는 주민에 대한 주민지원사업 등의 규정등에 비추어 보면 수도법 전체가 공익만을 위한 규정이라고는 단정하기 어려우며, 상수원보호구역의 주민은 지역주민임과 동시에 국민인 이상 같은 법 제2조61)에 따라 질 좋은 물을 공급받을 이익이 있음을 부정하기는

57) 박태현, 앞의 글, 256-257면.
58) 김치중, 앞의 글, 8면.
59) 이러한 판례에 대하여는 공설화장장이라는 혐오시설의 설치를 막으려는 지역이기주의의 문제도 있지만 고양된 환경의식이나 헌법상의 환경권규정에 비추어 법적 보호가치를 인정할 수 있다는 것에는, 홍준형, "상수원보호구역변경처분 및 공설화장장설치 도시계획결정과 원고적격", 『판례행정법』, 두성사, 1999, 391면.
60) 구 수도법(1996. 6. 30. 법률 제5111호로 개정되기 전의 것) 제5조 (상수원보호구역 지정 등) ① 환경부장관은 상수원의 확보와 수질 보전을 위하여 필요하다고 인정되는 지역을 상수원 보호를 위한 구역(이하 "상수원보호구역"이라 한다)으로 지정하거나 변경할 수 있다.
61) 구 수도법(1996. 6. 30. 법률 제5111호로 개정되기 전의 것) 제2조 (책무) ① 국가는 모든 국민이 질 좋은 물을 공급받을 수 있도록 수도에 관한 종합적인 계획을 수립하고 합리적인

어렵다. 따라서 같은 법 제1조[62])의 목적규정과 제2조의 책무규정, 제5조의 상수원보호구역 등의 규정을 종합하면, 상수원보호구역 안에 거주하는 주민에게 법률상의 환경상 이익을 부정하는 판례의 태도는 시정되어야 한다.

그런데 이 사건은 수도법상의 상수원보호구역의 지역주민의 원고적격을 부정하였으나 결과적으로는 도시계획법령에 의하여 적용되는 매장 및 묘지 등에 관한 법령에 의하여 원고적격을 인정하였다. 이 점에서는 판례는 결국 적용법조문을 달리했을 뿐 법률규정상 특정된 지역주민의 원고적격을 인정한 사례이다. 적용법조가 여러 가지인 경우 법원은 가장 적합한 조문을 적용하여야 하는 것은 당연하다. 그러나 이 사안의 경우에는 수도법상 최소한 상수원보호구역 안에 거주하는 지역주민의 수질과 관련된 이익은 당연히 법률상의 환경상 이익이 분명하다는 점에서 수도법상의 원고적격도 중복적으로 인정하였어야 한다.

## 5. 특정지역 안과 밖에 거주하는 주민의 원고적격

### (1) 특정지역 안과 밖에 거주하는 주민의 구별

판례[63])에 따르면, 환경영향평가 대상지역 안의 주민에 관하여는 사실상 추정에 의하여 원고적격을 인정하고, 환경영향평가 대상지역 밖의 주민은 환경상 이익에 대한 침해 또는 침해우려가 있다는 것을 입증함으로써 원고적격을 인정받을 수 있다고 한다. 이때의 사실상의 추정의 의미는, 환경영향평가 대상지역 안에 거주하는 주민은 특별한 사정이 없는 한 대상사업으로 인하여 환경상의 이익침해를 받거나 받을 우려가 있는 것으로 사실상 추정하는 것이라고 한다.[64])

이 문제에 관하여는 환경영향평가 대상지역 안의 주민 중에서도 현실적으로 전혀 피해를 입거나 입을 가능성이 없는 사람이 있을 수 있으며, 지역 밖의 주민의 경우에도 현실적으로 피해가 예상되므로 사법심사를 받을 필요가 있다고 판단되는 사람이 존재한다고 지적하는 견해[65])가 있다. 이러한 견해가 환경

---

시책을 강구하며 수도사업자에 대한 기술 지원 및 재정 지원을 위하여 노력하여야 한다.

62) 구 수도법(1996. 6. 30. 법률 제5111호로 개정되기 전의 것) 제1조 (목적) 이 법은 수도에 관한 종합적인 계획을 수립하고 수도를 적정하고 합리적으로 설치·관리함으로써 공중위생의 향상과 생활환경의 개선에 이바지함을 목적으로 한다.

63) 예컨대 대법원 2006. 3. 16. 선고 2006두330 전원합의체 판결.

64) 김수일, 앞의 글, 234면; 김동건, "환경행정소송과 지역주민의 원고적격", 『행정판례연구』 제Ⅴ호(2000), 212면 주 44).

65) 조홍식, 앞의 글, 458면; 이에 관하여, 환경영향평가 대상지역 안의 주민 모두에게 자동

영향평가법령 자체를 부정66)하는 것이라면 입법론적인 주장이 될 것이다. 또한
이 견해는, 환경영향평가 대상지역 안의 주민의 경우 사실상 추정의 복멸67)이
원천적으로 불가능한 것이 아니라는 점, 환경영향평가 대상지역 밖의 주민의
경우에도, 판례상 증명책임을 부과한다는 점에서는 가혹하고 사실상 원고적격
을 부정하는 문제는 있으나 무조건 원고적격을 완전히 부정하고 있지는 아니하
다는 점 등을 고려하지 못하는 문제점이 있다.

　　전술한 폐촉법상 폐기물처리시설 주변영향지역사건(대법원 2005. 3. 11. 선고
2003두13489 판결)에서, 폐기물소각시설의 부지경계선 300m 밖인 간접영향권을
넘게 되어 주변영향지역 밖에 거주하는 주민에게 원고적격이 인정되는가에 대
하여, 폐촉법 제17조 제3항 제2호 단서에서 특히 필요하다고 인정되는 때에는
대통령령이 정하는 범위 밖의 지역도 포함시킬 수 있다는 점과 폐기물처리시설
설치기관이 필요성을 인정하지 않으면 법원이 이 필요성을 심사하여 원고적격
을 인정하면 된다고 하는 견해68)가 있다. 그러나 현실적으로는 같은 법 시행령
제20조에서 "대통령령이 정하는 범위"를 폐기물매립시설의 부지경계선으로부
터 2킬로미터 이내 또는 폐기물소각시설의 부지경계선으로부터 300미터 이내
라고 하므로 이 정도를 크게 벗어나는 것은 문제일 것이고, 법원에 의한 필요성
심사는 불가피하나 현실적으로 사안이 명백한 경우69)가 아니면 적절한 심사는
어려울 것으로 보인다. 이 경우 만일 심사 결과 원고적격이 인정되지 않는 경우
에도 본안판단을 할 정도로 성숙하게 되는 경우에는 소송판결이 아니라 청구기
각판결을 하는 것이 소송의 실제에 맞는다고 하는 견해70)가 있으나, 이는 소송

───────

적으로 원고적격이 인정되는 것으로 보는 것은 타당하지 않다고 하는 것에는, 박균성,
"환경피해의 공법적 구제", 『환경법연구』 제23권 제1호(2000), 146면 참조.
66) 환경영향평가제도 자체의 문제점으로서, 환경영향평가 대상지역이 자의적으로 결정되
고, 행정부의 전문적 판단을 법원이 인정해 주는 경향이 있고, 본안판결의 선취의 문제
등을 지적하기도 한다. 조홍식, 앞의 글, 461면.
67) 사실상 추정의 복멸에 관하여는, 오석락, "사실상의 추정", 『법정』 제6권 제5호(통권 제
63호), 한국사법행정, 1976, 68-70면 참조.
68) 이 견해는 이 문제에 관하여는, 환경상 이익을 증명하거나 수인한도를 넘는 경우 원고적
격을 인정하자는 긍정설과, 명확한 기준의 적용과 남소가능성을 이유로 하는 원고적격
을 부정하는 설로 나뉘어질 가능성이 있다고 한다. 임영호, 앞의 글, 5-7면 참조.
69) 당해 사건은 폐기물소각시설의 부지경계선으로부터 300미터를 훨씬 지나 최소 900m 이
상에 거주하는 자들로서 소각장 부지와 원고들이 거주하는 마을 사이에는 임야가 가로
막고 있어서 실제로 원고적격을 인정할 필요성이 거의 없다고 한다. 임영호, 위의 글,
6-7면.

경제를 지나치게 중시하는 견해이어서 결과적으로 원고의 권익보호에는 반하는 문제가 있다.

### (2) 특정지역 밖에 거주하는 주민

전술한, 폐촉법상 폐기물처리시설 주변영향지역등 법률에 의한 특정지역 밖을 포함하여 환경영향평가 대상지역이나 사전환경성 검토지역[71] 밖의 주민의 원고적격을 법원이 어떻게 인정할 것인가가 문제된다.

특정지역 밖에 거주하는 주민의 원고적격이 문제가 되는 경우에는, 당해 처분의 근거 내지 관계법률을 해석하여 환경상 이익이 있는지 여부를 심사하여야 하는 것이 원칙이다. 그러나 이 경우 일단 환경상 이익이 관련된 특정지역이 설정되어 있다는 점에서 그 지역 밖에서의 환경상의 이익을 인정받기 위하여 법률을 해석하는 경우는, 위 제2유형의 경우와 같이 처음부터 법률을 해석하는 경우에 비하여, 원고적격의 인정에 있어서 어려움이 예상된다.

나아가 경우에 따라서는 환경상 이익의 근거 내지 관계법률이 전혀 없는 경우도 상정될 수 있다. 이러한 경우에는 헌법상의 환경권을 직접 근거로 원고적격을 주장할 여지도 있을 수 있다. 따라서 전술한 판례에서와 같이, 특정지역 밖의 주민에게 환경상 이익에 대한 침해 또는 침해우려가 있다는 것을 입증함으로써 원고적격을 인정받으려고 하는 것은 환경에 관한 증명의 곤란성으로 인하여 특정지역 밖의 주민에게는 사실상 원고적격이 봉쇄되는 문제가 있다.

원고적격은 소송요건으로서 법원의 직권조사사항이고 이 경우 원고의 주장은 법원의 직권발동을 촉구하는 의미를 갖는 것이 원칙이다. 그러나 경우에 따라서는 공익을 이유로 법원이 직권으로 탐지하여 환경상 이익을 밝혀내야 할 경우도 있다. 이 경우 법원이 직권심리를 해태하여 판결하는 경우, 판결이 취소되는 제재를 적절히 가할 필요가 충분히 있다. 결국 법원의 의지의 문제이기는 하나, 적어도 법원의 자의나 방치가 허용되어서는 안 될 것이다. 이 문제에 관한 판례의 집적을 기다릴 수밖에 없다.

---

70) 이영진, 앞의 글, 34-35면.
71) 사전환경성 검토지역에서의 비거주자의 환경상 이익의 주체에 관하여는, 조용현, 앞의 글, 733-738면 참조.

### (3) 행정소송 심리원칙상의 의의

전술한 바와 같이, 특정지역의 안, 밖의 주민의 원고적격의 인정 문제는 판례가 사실상 추정과 증명책임에 의한다는 점에서 기본적으로 행정소송법상의 소송자료에 관한 심리원칙과 관련 하여 고찰할 필요가 있다.

판례에서 적어도 환경영향평가 대상지역 밖의 원고에게 증명책임을 부과한다는 점에서 우리나라 행정소송에서의 심리원칙으로 변론주의를 완전히 배제할 수는 없게 된다.[72] 다른 한편 판례에서는 우리나라 행정소송법 제26조[73] 상 법원의 직권심리의 해태를 지적하는 경우가 있다. 예컨대 전술한 속리산국립공원 용화온천사건(대법원 1998. 4. 24. 선고 97누3286 판결)에서, 용화집단시설지구개발사업으로 인하여 직접적이고 중대한 환경피해를 입으리라고 예상되는 환경영향평가대상지역 안의 주민들인지 여부와 환경상의 이익이 침해되거나 침해될 우려가 있는지 여부 등을 더 심리하여 원고적격이 있는지 여부를 판단하였어야 한다고 지적하고 있다.[74] 나아가 납골당설치허가사건(2004. 12. 9. 선고 2003두12073 판결)에서 환경영향평가 내용의 부실 여부 및 그 정도 등을 충분히 심리하지 아니하였다는 것이 중대한 공익을 위반하였다고 판시하고 있다.

이러한 판례의 취지는, 결국 대규모 개발사업으로 인하여 인근 지역주민의 환경상의 이익이 침해되는지 여부에 대한 실질적인 심사를 법원이 직권으로 하라는 것으로 이는 전형적인 직권탐지주의적인 요소라고 할 수 있다. 이로써 우리나라 행정소송에서의 심리원칙은 사익에 근거한 변론주의와 공익에 근거한 직권탐지주의가 절충 내지는 조화되어 있음을 알 수 있다.[75]

---

72) 이에 관한 상세한 고찰은, 최선웅, "환경행정소송에서의 원고적격", 『행정법연구』 제30호(2011. 8), 195-213면 참조.

73) 이에 관한 상세한 고찰은, 최선웅, "행정소송법 제26조의 해석에 관한 일 고찰 ― 우리나라 행정소송의 독자성을 모색하며 ―", 『행정법연구』 제10호(2003. 12), 207-250면 참조.

74) 이와 유사한 판결로는 다음을 들 수 있다. 대법원 1998. 9. 4. 선고 97누19588 판결, 1998. 10. 20. 선고 97누5503 판결.

75) 변론주의와 직권탐지주의에 관한 상세한 고찰은, 최선웅, "행정소송법 제26조의 해석에 관한 일 고찰 ― 우리나라 행정소송의 독자성을 모색하며 ―", 『행정법연구』 제10호(2003. 12), 207-250면; 최선웅, 『행정소송의 원리(행정법연구 1)』, 진원사, 2007, 205-495면 참조.

# V. 결어

이상에서 고찰한 바와 같이, 환경행정소송에 있어서 환경상 이익이 관련된 지역들의 종류와 유형화 및 그에 따른 법원의 원고적격 조사방법에 관한 문제들을 판례를 중심으로 고찰하였다. 특히 환경상 이익이 관련된 지역을 법률에 의한 특정지역, 법률해석상 인정지역, 환경영향평가법등이 적용되는 지역 등으로 유형화하여 체계적으로 검토하는 것이 이론이나 실무에 일정 부분 기여할 여지가 있을 것으로 예견된다. 다만 이러한 환경상 이익이 관련된 지역의 유형화는 자체 완결적인 것이 아닌 시론적인 것이므로 앞으로 이에 대한 추가적인 검토가 필요하다.

원칙적으로 국민의 헌법상 재판청구권을 실질적으로 보장하기 위해서는 원고적격을 확대하여야 한다. 이는 기본적으로 재판청구권의 주체는 어디까지나 국민이지 재판하는 법원이 아니라는 점에서 더욱 그러하다. 현재 이론과 실제 판례에서는 공히 행정소송에 있어서의 원고적격은 지속적으로 확장하여 인정하여야 한다는 것에 합의되어 있다. 그중에서도 특히 환경과 관련된 행정소송에 있어서의 제3자의 원고적격의 인정 범위를 확대하여야 한다는 점에는 이론이 없다.

이러한 원고적격의 확대는 헌법상 환경권의 실효성의 제고와 행정소송에서의 소송자료에 대한 심리원칙인 변론주의와 직권탐지주의의 절충 내지는 조화 속에서 달성되어야 한다. 그러나 아무리 환경이 관련된다고 하더라도 무제한 원고적격의 확대 또한 바람직하지 아니하므로, 환경과 관련된 행정소송에 있어서 어디까지 원고적격을 확장하여 인정할 것인가라고 하는 것은 결국 국민적인 합의가 필요한 영역이다.

이러한 국민적인 합의하에서 환경상 이익이 관련된 지역에서의 원고적격을 인정하는 문제에 있어서, 법원은 합리적이고 체계적인 환경상 이익이 관련된 지역적 판단기준을 확립하고 그에 적절한 원고적격 조사방법을 실시하는 것이 바람직하다.

# 🔲 참고문헌

## 1. 단행본

김남진, 『행정법 I』 제6판, 법문사, 2000.

김남진/김연태, 『행정법 I』 제12판, 법문사, 2008.

김동희, 『행정법 I』 제14판, 박영사, 2008.

김성수, 『일반행정법』 제4판, 법문사, 2008.

김철용, 『행정법 I』 제11판, 박영사, 2008.

김홍균, 『환경법』, 홍문사, 2007.

류지태, 『행정법신론』 제12판, 신영사, 2008.

박균성, 『행정법론(상)』 제7판, 박영사, 2008.

박윤흔, 『최신 행정법강의(상)』 개정29판, 박영사, 2004.

이상규, 『행정쟁송법』 법문사, 2000.

최선웅, 『행정소송의 원리(행정법연구1)』, 진원사, 2007.

홍준형, 『판례행정법』, 두성사, 1999.

홍준형, 『행정구제법』 제4판, 한울아카데미, 2001.

홍준형, 『행정법』, 법문사, 2011.

## 2. 논문

김동건, "환경행정소송과 지역주민의 원고적격", 『행정판례연구』 제Ⅴ권, 서울대출
　　　　판부, 2000.

김동건, "환경소송에서의 주민의 원고적격", 『환경법연구』 제28권 제3호(2006).

김수일, "1일 처리능력 100톤 이상인 폐기물소각시설을 설치하기 위한 폐기물처리
　　　　시설설치계획 입지결정·고시처분의 효력을 다투는 소송에 있어서 인근주
　　　　민들의 원고적격", 『특별법연구』 제7권, 박영사, 2005.

김연태, "환경행정소송상 소송요건의 문제점과 한계 — 원고적격과 대상적격을 중심
　　　　으로 —", 환경법의 법리와 법정책 — 환경피해에 대한 권리구제를 중심으
　　　　로, 서울대학교 환경에너지법정책센터 주최 제3차 학술포럼, 2010. 11. 27.

김종세, "환경권과 국가목표로서 환경보호에 관한 고찰", 『환경법연구』 제28권 제1
　　　　호(2006).

김치중, "상수원보호구역변경 및 도시계획시설(화장장)결정처분의 취소를 구하는
　　　　소송에 있어서의 부근주민의 원고적격", 『대법원판례해설』 제24호, 법원도

서관, 1995. 9.

김향기, "제3자의 원고적격과 사전환경성검토 대상지역 주민", 『고시계』 제55권 제2 호(2010).

김향기, "행정소송의 원고적격에 관한 연구 ― 환경행정소송에서 제3자의 원고적격 을 중심으로 ― ", 『환경법연구』 제31권 제2호(2009).

김홍균, "사전환경성검토제도와 환경영향평가제도의 통합", 『저스티스』 제105호, 한 국법학원.

명재진, "환경권의 의의와 개정의 필요성," 환경법의 법리와 법정책 ― 환경피해에 대한 권리구제를 중심으로, 서울대학교 환경에너지법정책센터 주최 제3차 학술포럼, 2010. 11. 27.

박균성, "프랑스법상 시설설치허가에 대한 취소소송에서의 인근주민 및 환경단체의 원고적격", 『판례실무연구』 제Ⅳ권, 박영사, 2000.

박태현, "사전환경성검토와 원고적격", 『과학기술법연구』 제13집 제2호, 한남대학교 과학기술연구원, 2008. 2.

박재완, "환경행정소송에서의 원고적격", 『환경법의 제문제(상)』, 재판자료 제94집 (2002).

박정훈, "환경위해시설의 설치·가동 허가처분을 다투는 취소소송에서 인근주민의 원고적격 ― 독일법의 비판적 검토와 행정소송법 제12조의 해석을 중심으 로 ― ", 『판례실무연구』 제Ⅳ권, 박영사, 2000.

설계경, "환경침해의 권리구제에 관한 고찰", 『환경법연구』 제28권 제1호(2006).

오석락, "사실상의 추정", 『법정』 제6권 제5호(통권 제63호), 한국사법행정, 1976.

이영진, "지역주민들이 공설화장장설치결정처분의 취소를 구할 수 있는 원고적격을 가지는지 여부", 『판례월보』 제307호(1995. 9).

임영호, "폐기물처리시설의 주변영향지역 밖에 거주하는 주민들이 소각장입지지역 결정·고시처분의 무효확인을 구할 원고적격이 있는지 여부", 『대법원판례 해설』 제55호(2005).

정하중, "행정소송법 개정 논의경과", 행정소송법 개정 공청회 , 법무부, 2012, 조용현, "환경상 이익 침해 소송의 원고적격(2009. 9. 24. 선고 2009두2825 판결 : 공 2009하, 1770)", 『대법원판례해설』 제81호(2010).

조홍식, "분산이익소송에서의 당사자적격 ― 삼권분립과 당사자적격, 그리고 사실상 의 손해의 함수관계 ― ", 『판례실무연구』 제Ⅳ호, 비교법실무연구회, 2000.

최윤철, "우리 헌법에서 환경권조항의 의미 ― 기본권 보장 또는 환경보호?", 『환경 법연구』 제27권 제2호(2005. 9).

최선웅, "행정소송법 제26조의 해석에 관한 일 고찰 ― 우리나라 행정소송의 독자성을 모색하며 — ",『행정법연구』제10호(2003. 12).

최선웅, "행정소송에서의 원고적격 — 기존 4개 학설의 의의를 중심으로 — ",『행정법연구』제22호(2008. 12).

최선웅, "행정소송에서의 원고적격 — 법원의 조사방법을 중심으로 — ",『행정법연구』제25호(2009. 12).

최선웅, "환경행정소송에서의 원고적격",『행정법연구』제30호(2011. 8).

함태성, "행정소송상 원고적격과 최근의 경향",『가톨릭법학』창간호, 가톨릭대학교, 2002. 12.

홍준형, "상수원보호구역변경처분 및 공설화장장설치 도시계획결정과 원고적격",『판례행정법』, 두성사, 1999, 391면.

# 제9절 환경행정소송에서의 원고적격[*]

## Ⅰ. 서설

이 논문은 우리나라 환경행정소송에서 원고적격에 관련된 기존의 논의들을 검토하여, 현재 환경행정소송에서 원고적격의 인정 범위를 확대하려는 학설과 판례가 우리나라 법제도와 법체계상 가능하고 바람직한지 여부를 검토하는 것을 목적으로 한다.

환경행정소송에서의 원고적격은 여러 가지 측면에서 검토하여 바람직한 해결을 모색하여야 할 포괄적인 문제의 성격을 갖는다. 즉 환경행정소송에서의 원고적격은, 먼저 기존 행정소송에서의 원고적격에 관하여 관한 학설 및 판례의 동향은 물론이고, 행정소송의 목적 내지는 기능, 소송자료의 수집·제출에 관한 행정소송에서의 소송원칙, 최근 판례상 형성되고 있는 환경행정소송에서의 환경영향평가 대상지역의 안과 밖의 인근주민을 구별하여 원고적격을 인정하기 위한 법원의 조사방법, 그리고 헌법상 환경권의 법적 성질, 헌법상 재판청

---

[*] 이 글은 『행정법연구』 제30호(2011. 8)에 게재된 논문 "환경행정소송에서의 원고적격"을 수정·보완한 것입니다.

구권의 실질적 보장 등에 관한 검토를 요하는 복잡하고도 종합적인 문제이다.

환경행정소송에서의 원고적격과 관련된 실제 행정소송에서의 실무상의 문제는, 환경침해를 일으키는 시설 주변에 거주하는 인근주민 등과 같이 행정처분의 직접상대방이 아닌 제3자에게 행정소송법 제12조상의 원고적격을 인정할 수 있는가의 문제이다. 그런데 환경행정소송 자체는 행정소송법 제3조에 규정된 이른바 법정 행정소송의 한 종류는 아니나, 환경 관련성을 갖는 행정소송사건에서 환경침해를 구제받기 위한 행정처분에 대한 다툼이라는 점에서는 행정소송에서의 원고적격의 문제로부터 출발하게 된다.

행정소송에서의 원고적격은, 대상적격과 함께, 제기된 소가 합법성을 가지고 본안에서 심사를 받기 위한 소송요건으로서, 행정소송법 제12조에 규정된 이른바 불확정법개념인 "법률상 이익"의 해석에 관한 문제이다. 종래부터 행정소송법 제12조의 해석에 관하여는 학설이 대립되어 왔으며, 그 핵심적인 내용은 원고적격의 인정 범위의 광·협에 관한 다툼이다. 이는 결국 행정소송에서의 주관적 측면과 객관적 측면을 고려하여야 하는 점에서는 행정소송의 목적 내지는 기능의 문제로 환원되기도 된다. 최근의 학설과 판례에 따르면 행정소송에서의 원고적격의 인정 범위의 점진적인 확장이 일반적인 경향이라고 할 수 있고, 이러한 경향은 환경행정소송의 경우에도 마찬가지로 적용된다.

한편 환경행정소송에서는 인근주민이 헌법상의 권리 즉 헌법권인 환경권의 주체라는 이유로 환경권에 근거하여 이들 인근주민에게 원고적격이 확장되어 인정될 수 있는가의 문제가 나타나게 된다. 이 문제는 국민 일반에게 환경과 관련된 행정소송이 허용될 수 있는가라는 점에서는 재판청구권의 실질적 보장이 문제되고, 다른 한편 이는 법원이 행정에 대한 사법심사를 한다는 점에서 행정과 사법 간의 권력분립이 문제가 되기도 한다.

최근 환경행정소송의 영역에서는, 환경영향평가 대상지역,[1] 폐기물처리시설의 주변영향지역,[2] 사전환경성검토협의 대상지역[3](이하 "환경영향평가 대상지역 등"이라 한다)의 안과 밖에 거주하는 주민을 구별하여 일정 대상지역 안의 주민

---

[1] 대법원 2005. 5. 12. 선고 2004두14229 판결, 2006. 3. 16. 선고 2006두330 전원합의체 판결.
[2] 대법원 2005. 3. 11. 선고 2003두13489 판결.
[3] 대법원 2006. 12. 22. 선고 2006두14001 판결.

에게는 원고적격이 사실상 추정되어 인정된다고 하는 데에 반하여, 일정 대상
지역 밖의 주민에게 그 원고적격이 인정되기 위하여는 행정처분 등으로 인하여
그 처분 전과 비교하여 수인한도를 넘는 환경피해를 받거나 받을 우려가 있는
경우에는, 당해 행정처분으로 인하여 환경상 이익에 대한 침해 또는 침해우려
가 있다는 것을 증명함으로써 원고적격을 인정받을 수 있다는 판례가 형성되고
있다.

이와 같이, 환경영향평가 대상지역 등 일정지역의 안과 밖을 구별하여 원
고적격을 인정함에 있어서 사실상 추정과 증명책임의 부과로 차별 취급하는 것
이, 현재의 헌법상의 국민의 권리인 재판청구권의 실질적 보장에 합당한 것인
지 여부, 공·사익을 조정하는 절차인 행정소송의 본질 내지는 국민의 권익구제
와 행정에 대한 적법통제라고 하는 행정소송의 목적에 합당한지 여부도 검토할
필요도 있다. 또한 이러한 판례에 의하여 실질적으로 환경영향평가 대상지역
밖의 주민에게 사실상 원고적격의 인정이 불가능하다고 한다면 이는 결국 국민
의 헌법권인 재판청구권을 침해하는 문제가 발생한다. 한편 이러한 환경행정소
송에 있어서 원고적격에 관한 법원의 조사방법이 행정소송법상 행정소송에서
의 소송자료의 수집·제출에 대한 소송원칙인 변론주의 또는 직권탐지주의와
조화를 이룰 수 있는가가 문제가 되고 이에 따라서 증명책임의 문제가 영향을
받게 된다.

이상 환경행정소송과 관련된 제 측면들을 제시함에서 보듯이, 헌법과 행정
법의 교차 내지는 중첩적인 영역인 환경행정소송의 경우에는 위에서 제시한 문
제점들 중 어느 한 측면에서의 문제점만의 해결을 강조해서는 이에 대한 전체
적인 조망을 어렵게 한다. 특히 환경행정소송에서는 헌법상의 국민의 권리 즉
헌법권인 환경권의 법적 성질, 재판청구권의 실질적 보장 및 이를 구현하기 위
한 행정소송의 목적 내지는 기능 및 행정소송의 소송원칙 등의 영역에 있어서,
이른바 초지일관 "헌법의 합법률적 해석"의 자세만을 견지하는 것은 문제라고
하지 않을 수 없다.

이하에서는 먼저 기존 행정소송에서의 원고적격론 일반에 관한 고찰을 하
면서 환경행정소송과의 관련성을 고찰한다. 이러한 기초적인 고찰을 하고 난
후에 헌법상 환경권에 근거한 원고적격의 인정 여부 문제, 재판청구권의 실질
적 보장, 행정소송의 목적 내지는 기능, 특히 최근 판례상 형성되고 있는 환경

영향평가 대상지역 등의 안과 밖을 구별하여 인근주민의 원고적격을 인정하기 위한 법원의 조사방법인 사실상 추정 또는 증명책임의 부과의 방법과 행정소송에서의 소송자료의 수집·제출책임에 관한 소송원칙과의 상관성 및 이와 관련 문제로서 환경영향평가 대상지역의 판단주체 문제 및 법원의 조사방법에 관한 최근 판례이론에 대한 비판 및 그 검토 등을 검토하기로 한다.

## Ⅱ. 기존 행정소송에서의 원고적격론과 환경행정소송

### 1. 기존 행정소송에서의 원고적격론과 그 의의[4]

#### (1) 기존 학설의 내용과 평가
#### 1) 기존 학설의 내용

행정소송의 원고적격에 관한 학설은 바로 이 행정소송법 제12조에 규정된 불확정개념인 "법률상 이익"의 해석의 문제라고 할 수 있다. 이러한 "법률상 이익"의 해석에 관한 학설로는, 주지하는 바와 같이, 종래부터 권리구제설, 법률상 보호이익구제설, 보호가치이익구제설 및 적법성보장설 등 4가지의 학설들이 잘 알려져 왔다. 이와 같은 제 학설들의 주된 내용의 차이는 원고적격의 인정 범위의 광·협이다.

권리구제설은 행정소송 특히 취소소송의 목적 내지는 기능이 위법한 처분에 의하여 침해된 실체법상의 권리보호 내지는 개인의 권리회복에 있다고 보아, 권리[5]가 침해된 자만이 취소소송을 제기할 수 있다고 하는 설이다. 법률상 보호이익구제설은 현행 항고소송의 주된 기능을 권익구제제도로 보고 항고소송을 주관소송으로 규정하고 있고 현행 행정소송법상의 "법률상 이익"은 실체법에 의해 보호되는 이익으로 보는 것이 타당하다고 한다.[6] 요컨대 행정청의 위법한 처분에 의하여 침해되고 있는 이익이 법에 의하여 보호되고 있는 경우 당해 처분의 취소를 구할 원고적격이 인정된다고 한다.[7] 보호가치이익구제설은

---

4) 이에 관한 상세한 것은, 최선웅, "행정소송에서의 원고적격 — 기존 4개의 학설의 의의를 중심으로 — ,『행정법연구』, 제22호(2008. 12) 참조.
5) 김동희,『행정법 I』, 박영사, 2011, 702면에서는 이 권리를 자유권·수익권 등의 공권과 재산권 등의 사권이라고 기술하고 있다.
6) 박균성,『행정법론(상)』, 박영사, 2011, 1109면-1110면.
7) 김동희, 앞의 책, 702면; 김철용,『행정법』, 박영사, 2011, 632면.

취소소송의 목적·기능을 개개의 실정법규가 어떠한 이익을 보호하고 있는가라기보다는 행정청의 행위에 의하여 침해되는 이익이 법질서 전체의 관점에서 사법적으로 보호할 가치가 있는 이익인가의 여부를 판단한다. 따라서 원고적격의 문제는 실체법상의 문제가 아니라 소송법상의 문제이고, 그 판단 기준은 법률이 아니라 원고 개인이라고 한다.[8] 따라서 행정소송상의 "법률상의 이익"은 법률에 의하여 보호되는 실체법상의 이익이 아니라, 사법적으로 보호할 가치가 있는 이익,[9] 재판상 보호할 가치가 있는 이익[10] 또는 소송법상의 이익[11]으로 해석한다는 것이다. 적법성보장설은 행정소송 특히 취소소송의 목적을 행정의 적법성 보장이라고 하는 객관적 소송으로 으로 파악한다.[12] 이와 같은 객관적 소송의 논리적 귀결로서 누구든지 항고소송을 제기할 수 있도록 하여야 하지만 이렇게 되면 민중소송이 되고 소송이 폭주하여 법원의 재판부담이 과도하게 되므로 당해 처분에 대한 소송추행에 있어 가장 적합한 이해관계를 가지는 자에게 원고적격을 인정하여야 한다고 한다.[13]

### 2) 평가

이상에서 고찰한 바와 같은 4가지 학설이 현재 실제로 모두 주장되지 않고 있다. 이는 현행 행정소송법 규정상 권리가 포함되는 것은 당연하므로 적어도 권리구제설은 원고적격의 인정에 있어서 최소한을 의미한다는 점에서 특별한 의미가 없고, 또한 현행 행정소송 중 취소소송이 주관적 쟁송의 성격을 갖는다는 점에서 법률상 이익을 적법성보장설과 같이 해석할 수 없기 때문에 적법성보장설만을 주장하는 견해는 없다.[14] 그리하여 현재 현행 행정소송법상 "법률상 이익"의 개념과 관련하여서는 법률상 보호이익구제설과 보호가치이익구제

---

8) 박윤흔, 『최신 행정법강의(상)』, 박영사, 2004, 924면.

9) 김철용, 앞의 책, 632면-633면.

10) 김남진/김연태, 『행정법 I』, 법문사, 2011, 731면.

11) 김동희, 같은 책, 703면; 우리 행정소송법상 취소소송에서는 "자신의 권리가 침해당하였음을 주장하는 자"에게 원고적격을 부여하는 독일과 달리 객관소송으로서의 성격을 가지고 있으므로 실질적으로 보호할 가치가 있는 이익이면 취소소송을 제기할 수 있다고 하는 것에는, 장태주, 행정법개론, 현암사, 2011, 771면 참조.

12) 김남진/김연태, 앞의 책, 732면; 김동희, 앞의 책, 689면.

13) 김동희, 앞의 책, 703면-704면; 김철용, 앞의 책 633면; 프랑스의 월권소송은 적법성보장설에 근거하고 있다고 하는 것에는, 박균성, 앞의 책, 1110면.

14) 김남진, 『행정법 I』, 법문사, 2000, 755면-756면; 김동희, 앞의 책, 704면; 류지태/박종수, 『행정법신론』, 신영사, 2011, 664면-665면; 이상규, 『행정쟁송법』, 법문사, 2000, 925면.

설만이 대립하고 있다. 양 설의 근거는 기본적으로 행정소송의 기능과 밀접한 관련성을 갖는다고 할 수 있고, 양 설의 차이는 "법률상"이라는 한정이 수식되는 이익인가 여부의 문제라고 할 수 있다. 어쨌거나 현재 행정소송에서의 원고적격에 관하여는 법률상 보호이익구제설이 압도적인 다수설이다.[15]

### (2) 기존 학설의 의의

행정소송에 있어서 행정소송법 제12조에 규정된 원고적격의 의미에 관하여는 기존의 학설들 모두는, 행정소송에 있어서 원고적격의 인정 범위를 확정하기 위하여 필요한 제 요소들로서 예컨대 권리, 이익 또는 이를 포괄하는 개념으로서 권익, 그리고 권익구제와 행정통제라고 하는 행정소송의 기능 등을 정도의 차이를 주어 각각 강조하는 것에 지나지 아니하는 것이지 그 어느 한 요소를 특정하여 완전히 부정하는 것은 전혀 아니라고 할 수 있다. 즉 당부의 문제가 아니라 정도의 문제이다. 이와 같은 정도의 문제는 기본적으로 우리나라 행정소송의 본질, 목적 내지는 기능 및 구조, 심리원칙을 비롯하여 우리나라 헌법상의 재판청구권 규정 및 행정소송법상의 규정 등의 특성상 얼마든지 허용되는 것이다.

### (3) 환경행정소송에서의 의의

현재 우리나라 행정소송에서의 원고적격론은 법률상 보호이익구제설과 보호가치이익구제설만이 대립하고 있다고 할 수 있다. 그런데 이러한 양 설은 환경행정소송의 경우에는 구체적으로 예컨대 환경상의 이익이 "법률상" 이익인가 아닌가의 여부의 문제로 나타나게 된다. 특히 후술하는 바와 같이 환경행정소송에서는 처분의 근거 또는 관계 법률의 범위가 예컨대 환경영향평가에 관련된 법률에까지 확정된다거나 헌법상의 환경권에 직접 근거하여 원고적격이 인정 가능한가 등이 검토된다는 점에서, 또한 최근 소비자의 이익은 물론이고 환경

---

15) 김남진, 앞의 책, 755면-756면; 김동희, 앞의 책, 704면; 류지태/박종수, 앞의 책, 665면; 박균성, 앞의 책, 1109면; 박윤흔, 앞의 책, 925면; 이상규, 앞의 책, 925면; 홍준형, 『행정법』, 법문사, 2011, 865면 및 홍준형, 『행정구제법』제4판, 한울아카데미, 2001, 565면 이하 참조. 이에 대하여 보호가치이익구제설을 주장하는 경우로는, 예컨대 이원우, "항고소송의 원고적격과 협의의 소의 이익 확대를 위한 행정소송법 개정방안", 『행정법연구』제8호(2002), 251면; 한견우, 『현대행정법강의』제3판, 신영사, 2008, 963면 참조.

상의 이익과 관련하여서는 우리나라 행정소송법 규정상 권리와 이익의 관념이 실제상 결정적으로 구별되기 어렵다는 점에서, 위 양 설의 구별의 실익이 뚜렷하다고 할 수 없다.

결국 환경행정소송에서의 원고적격의 인정은 기존 원고적격에 관한 학설에 의하여 좌우된다기보다는 현실적으로 실제 소송에 있어서 원고적격을 인정하기 위한 법원의 조사방법이라고 하는 법원의 의지가 관건이다.

## 2. 환경행정소송에서의 원고적격에 관한 법원의 조사방법[16]과 소송원칙

행정소송에서의 원고적격은 위에서 검토한 학설의 내용과는 관계없이 실제로는 법원의 조사에 의하여 판가름되어 결정되는 것이므로 결국 원고적격에 관한 논의에 있어서는 법원의 조사방법이 결정적인 것이라고 아니할 수 없다.[17] 그런데 원고적격과 같은 소송요건은 일반적으로 이미 성립된 소를 적법하게 하여 본안판결을 받을 수 있는 본안판결요건으로서 당사자의 주장이나 항변 등과 관계없이 법원이 직권으로 조사하여 참작할 직권조사사항이다.[18]

그런데 최근 환경행정소송에서의 원고적격과 관련하여서 환경영향평가 대상지역 밖의 주민은 환경상 이익에 대한 침해 또는 침해우려가 있다는 것을 증명함으로써 원고적격을 인정받을 수 있다고 판시하고 있다. 이러한 판례와 같이 소송요건인 원고적격에 관하여 원고에게 증명을 하도록 하여 법원이 원고적격을 인정할 수 있다고 하는 것은 기본적으로 사실자료와 증거자료 등 소송자료를 당사자의 수집·제출 활동에 의존하는 변론주의 소송절차에서나 가능한 것이지 이러한 소송자료를 법원의 사실탐지에만 의존하는 직권탐지주의 소송절차에서는 불가능한 문제점이 있게 된다. 따라서 이는 우리나라 행정소송에서

---

16) 이에 관한 상세한 내용으로는, 최선웅, "행정소송에서의 원고적격 — 법원의 조사방법을 중심으로 —", 『행정법연구』 제25호(2009. 12), 195면-213면 참조.

17) 그럼에도 민사소송과 행정소송과의 사이에 차이를 둘 이유가 없다고 하는 단정하는 견해[이재성, "행정소송의 소송요건사실과 직권조사의 한계", 『판례월보』 제191호(1986. 8), 48면]만이 있을 뿐 우리나라 행정소송의 원고적격에 관한 법원의 조사방법에 관해서 뚜렷하게 언급하는 경우를 찾아보기 어렵다.

18) 강현중, 『민사소송법』, 박영사, 2004, 303면; 김홍규/강태원, 『민사소송법』, 삼영사, 2008, 226면; 송상현/박익환, 『민사소송법』, 박영사, 2011, 198면; 이시윤, 『민사소송법』, 박영사, 2009, 183면; 전병서, 『기본강의 민사소송법』, 홍문사, 187면; 정동윤/유병현, 『민사소송법』, 법문사, 2009, 348면; 호문혁, 『민사소송법』, 법문사, 2011, 281면.

의 소송자료의 수집·제출에 관한 소송원칙과 관련되는 문제이다.

## 3. 원고적격에 관한 입법적 해결과 환경행정소송에서의 의의

### (1) 행정소송법 제12조의 의의

우리나라 행정소송에서의 원고적격이 있는 사람을, 제1조에서 "국민의 권리 또는 이익의 침해를 구제하고", 제12조에서 "이익"이라고 규정하여 궁극적으로는 "권익"이 있는 사람을 의미한다는 점에서 일응 입법적인 해결을 하였다고 평가할 수 있다.[19] "권리 또는 이익"의 준말이 되는 "권익"이라는 용어는, 권리와 법률상 이익의 이동에 관한 논의라든가 법률상 보호이익구제설과 보호가치이익구제설의 대립을 상당부분 완화 내지는 상쇄시킬 수 있다는 점에 그 효용성이 있다. 원고적격에 관한 독일의 행정소송법과 우리나라의 행정소송법 규정상 뚜렷한 차이는 독일은 "권리"이고 우리나라는 "권리 또는 이익" 즉 "권익"이라는 점이다. 물론, 전술한 바와 같이, 독일도 권리개념이 확장되고 있다는 점에서는 그 실질적인 측면에서 우리나라의 권익 개념과 큰 차이는 없다.[20] 이 점에서 권리와 법률상 이익의 이동의 문제는 적어도 우리나라 행정소송에서는 그 실익이 없다.

### (2) 환경행정소송에서의 의의

최근의 현대 사회에 있어서 종래 고려되지 아니하였던 이익 예컨대 환경상의 이익 등이 새롭게 등장하고 이를 고려하여야 한다는 것이 논의되고 있는 점

---

19) 독일에서의 "권리구제(Rechtsschutz)"라고 하는 것은, 독일 헌법(GG) 제19조 제4항을 비롯하여 독일 행정소송법(VwGO) 제42조 제2항, 제113조 제1항 제1문, 제5항 제1문 등 실정법상 일련의 "권리(Rechte)"에 근거하고 있다. 우리가 굳이 독일식의 실정법규정에 근거한 용어를 사용할 이유는 없다. 최선웅, "행정소송에서의 원고적격 ― 기존 4개 학설의 의의를 중심으로 ―", 『행정법연구』 제22호(2008. 12), 45면 이하 참조.

20) 김남진/김연태, 앞의 책, 732면; 김철용/최광진 편집대표, 『주석 행정소송법』, 박영사, 2004, 제12조(원고적격: 전문, 박정훈 집필부분), 351면-353면; 김철용, 앞의 책, 632면; 류지태/박종수, 앞의 책, 665면; 정하중, 『행정법개론』, 법문사, 2008, 729면.
　　이에 대하여 법적보호이익설에서의 "법률상 이익"을 실체법적 성격을 갖는 권리와 구별함으로써 소송법적 관점에서 보다 탄력적으로 "법률상 이익"을 해석할 수 있고 그리하여 "법적으로 보호할 가치 있는 이익" 나아가 객관소송적 요소로까지 접근할 수 있는 계기가 마련된다는 점에서 양 학설 간에 중대한 차이가 있다고 하는 것에는, 김철용/최광진 편집대표, 『주석 행정소송법』, 박영사, 2004, 제12조(원고적격: 전문, 박정훈 집필부분), 352면 참조.

을 중시하지 않을 수는 없다. 이런 점에서 본다면 이와 같은 새로운 이익을 포
함할 수 있는 의미인 우리나라 행정소송법상의 "권익"구제는 행정소송은 물론
이고 앞으로의 우리나라 행정법 및 행정법학이 나아가야 할 지향점으로서 상징
적인 의미를 가지고 있다.

요컨대 우리나라 행정소송법 규정상 종래의 권리 개념 외에, 예컨대 환경
상의 이익과 같이, 그 추가가 고려될 여지가 있는 새로운 이익적인 요소를 포
함하여 실정소송법상의 용어인 "권리 또는 이익"을 축약한 개념으로 "권익"이
라는 개념을 사용할 수 있다는 점에서 이 점에서 우리나라 행정소송법의 입법
태도가 매우 바람직하다. 물론 이와 같이 일응 입법적인 해결설적인 입장에 선
다고 하더라도 실제 사례에서의 구체적인 문제에 있어서는 판례의 축적이 필
요하다.

## 4. 바람직한 원고적격론과 환경행정소송

### (1) 원고적격과 행정소송의 목적 내지는 기능[21]

취소소송에서의 원고적격의 인정 범위의 문제는 특히 취소소송의 목적 내
지는 기능과 관련되어 있다. 일단 행정과 국민 간에 행정소송이 벌어지게 되면
그 상대방인 행정의 행위에 대하여 법원은 그 적법 여부를 법원이 심사하게 됨
으로써, 그 결과 개인은 자신의 권익이 구제되고 그와 동시에 행정에 대하여는
적법성통제가 이루어지게 된다. 이와 같은 점에서 보면 행정소송의 원고적격은
행정구제와 행정통제라고 하는 행정소송의 목적 내지는 기능과 연결되는 문제
이다.[22]

최근 주지하는 바와 같이, 특히 대법원이 주도하는 행정소송법 개정과 발
맞추어서, 우리나라 행정소송 특히 항고소송의 성격이 객관적 성격을 갖는다고
하는 일련의 주장이 등장하고 있어 왔다. 그러나 우리나라의 행정소송의 성격
은 주관적 성격과 객관적 성격을 절충하고 있다는 것이 다수설적인 견해이
다.[23] 우리나라 행정소송법에 있어서의 객관소송과 주관소송을 다 포함할 수

---

21) 이에 관한 상세한 것은, 최선웅, "행정소송의 목적에 관한 일 고찰", 『행정법연구』 제13
호(2005. 5), 19면-52면 참조.
22) 김철용, 앞의 책, 633면; 박균성, 앞의 책, 1111면; 박윤흔, 앞의 책, 922면.
23) 이와 관련하여 우리나라 행정소송의 성질을 객관소송으로 성격 지우려고 하는 견해의
문제점과, 그리고 이러한 객관소송설을 철저하게 독일식 이론에 근거하여 비판하는 견

있는 절충형적인 입법을 하고 있고 이는 우리나라 행정소송법 제1조상의 목적
에서 뚜렷하게 규정되어 있다. 따라서 우리나라의 행정소송이 아무런 이유 없
이 무슨 독일식의 주관소송국가의 전형이라고 하는 공격을 받을 하등의 이유가
전혀 없다.

　　우리나라의 행정소송의 목적 내지는 기능을 국민의 권익구제라는 측면보
다는 행정에 대한 적법성보장이라고 하는 측면에 입각한 객관소송설[24)]은 바로
국민의 재판청구권의 실현이라고 하는 차원과는 직접적인 관련성을 갖지 못한
다는 점에서 문제이다. 법원은 국민의 헌법권인 재판청구권의 보장을 목적으로
하는 경우에만 그 존재가치가 있을 뿐만 아니라, 재판청구권의 주체는 어디까
지나 국민이지 재판하는 법원이 아니다.[25)]

　　요컨대 우리나라 행정소송의 성격이 객관소송 혹은 주관소송 그 어느 하나
특히 객관소송이라고 단정할 필요는 전혀 없을 뿐만 아니라 바람직하지도 아니
하다.

---

　　해의 문제점에 관한 상세한 내용은, 최선웅, "행정소송에서의 석명의무의 인정근거",
『행정법연구』 제9호(2003), 117면 이하; 최선웅, 『행정소송의 원리』, 진원사, 2007, 67면
이하 참조.

24) 특히 우리나라의 취소소송이 프랑스·영국·미국에서와 같이 본안요건에서 권리, 법률상
이익 등 원고의 주관적 관련성은 제외하고 오직 객관적인 위법성만을 문제 삼는다는 의
미에서 객관소송적 구조를 갖는다는 전제하에서, 이러한 취소소송의 구조가 취소소송의
기능 즉 원고의 권리·이익의 구제기능을 하는 주관소송적 기능과 결합하는 것이 다수의
견해이고 행정의 적법성을 통제하는 객관소송적 기능과 결합하는 것은 현행법의 해석상
무리이고 소수설에 불과하다고 하는 것에는, 입법론적으로는 적법성보장설이 타당하다
고 하는 것에는, 박균성, 앞의 책, 1111면; 김철용/최광진 편집대표, 『주석 행정소송법』,
박영사, 2004, 제12조(원고적격: 전문, 박정훈 집필부분), 353-355면; 박정훈, 『행정소송
의 구조와 기능』, 박영사, 2007, 241면 참조.
　　그러나 설령 우리나라 행정소송의 본안에서 위법성 여부만을 심사한다고 해서 그것
이 국민의 권익침해와 무관하다고 할 수 없다. 현행 우리나라 행정소송은 권익구제와 행
정통제가 절충적인 형태로 되어 있을 뿐만 아니라, 행정소송 구조상 처분권주의에 의한
권익구제 즉 행정구제가 전제되지 아니한 행정통제는 불가능하다는 점에서 그러하다.
이에 관한 상세한 것은, 최선웅, "행정소송의 목적에 관한 일 고찰", 『행정법연구』 제13
호(2005. 5), 43면 이하; 최선웅, 『행정소송의 원리』, 진원사, 2007, 188면 이하 참조.

25) 최선웅, "행정소송에서의 석명의무의 인정근거", 『행정법연구』 제9호(2003), 120면; 최선
웅, 『행정소송의 원리』, 진원사, 2007, 69면.

## (2) 원고적격과 재판청구권의 실질적 보장

누구든지 자신의 권리가 침해된 경우에는 제소할 수 있다고 하는 이른바 포괄적 권리구제가 독일 헌법(GG) 제19조 제4항[26]에 규정되고 이에 따라 독일 행정소송법(VwGO)에서 소송유형 등이 완비되어 규정되었다고 할 수 있는 독일은 몰라도, 우리나라의 경우에는 일반적으로 행정에게 일정한 공익활동을 해야 할 의무가 부과되고 그것에 국민의 사적인 이익이 관련되는 경우에만 국민이 행정에 대하여 일정한 공법상의 청구권인 공권이 성립한다고 보아서는 부족하다.[27]

행정소송에서는 국민이 원고가 되어 행정청을 상대로 소를 제기한다는 점 즉 국민이 행정소송을 이용한다는 점에서 이는 궁극적으로 헌법 제27조에 규정된 국민의 헌법상의 권리 즉 헌법권인 재판청구권의 행사의 일환으로서의 성격을 갖는다.[28] 따라서 재판청구권이 헌법상 명문으로 보장되고 있다고 하더라도 국민이 국가의 공권력을 상대로 실질적으로 다툴 수 있는 수단이 봉쇄된다고 한다면 이는 헌법권인 재판청구권을 유명무실화한다.[29]

---

26) 우리나라 행정소송은 본래 독일식의 "포괄적인 권리구제"마저도 포괄하는 즉 "'권리'침해를 요건으로 하지 아니하는" "포괄적인 재판"을 보장하고 있는 국민의 헌법상의 권리인 헌법권으로서의 헌법 제27조의 재판청구권에 입각해 있다. 따라서 우리나라 헌법상의 권리인 재판청구권 규정인 헌법 제27조를 독일 헌법 제19조 제4항과 같이 권리침해로 좁혀서 해석하지 않으면 안 될 무슨 논리필연적 내지는 선험적인 이유가 전혀 없다. 최선웅, "행정소송에서의 석명의무의 인정근거", 『행정법연구』 제9호(2003), 120면 이하; 최선웅, 『행정소송의 원리』, 진원사, 2007, 69면 이하.

27) 이러한 점에서 우리나라에서 공권 2요소설이 독일과 마찬가지로 통설화되어 있는 것은 의문이다. 독일에서는 출소의 길이 헌법뿐만 아니라 행정소송법이라고 하는 법률차원에서 거의 완벽하게 해결되었고 그래서 공권의 제3요소가 더 이상 논의되지 않는다고 해서 그에 따라서 우리의 문제가 자동적으로 해결되는 것은 아니다. 최선웅, "행정소송에서의 석명의무의 인정근거", 『행정법연구』 제9호(2003), 69면 이하; 최선웅, 『행정소송의 원리』, 진원사, 2007, 45면 이하.

28) 이는 특히 원·피고의 대등당사자주의라고 하는 민사소송과 달리, 국민과 행정청 간, 즉 국민이 행정청 궁극적으로는 국가를 상대로 하여 소를 제기하게 된다는 점에서 국민과 행정청 간의 실질적인 불평등을 시정하여야 할 헌법상의 당위가 생겨나게 된다.

29) 행정소송의 원고적격도 당연히 헌법권인 재판청구권의 실질적 보장이라는 측면에서 고려되어야 하므로 행정소송에서의 원고적격의 확대는 국민의 헌법상의 권리인 재판청구권의 실현이라고 할 수 있다. 물론 원고적격이 재판청구권의 실현이라고 해서 예컨대 행정소송에서 원고적격을 무제한적으로 확대하는 것은 다른 헌법상의 권리의 무제한적인 확대 인정과 마찬가지의 문제에 이르게 되는 것은 지극히 당연한 것이다. 최선웅, "행정소송에서의 석명의무의 인정근거", 『행정법연구』 제9호(2003), 69면 이하; 최선웅, 『행정

요컨대 이와 같이 행정소송에서의 원고적격의 문제는 헌법상의 재판청구권의 침해의 차원에서 검토하여야 한다.

따라서 전술한 바와 같이, 행정소송에서의 원고적격에 관한 기존 학설들이 특정 학설명칭 자체를 고집하는 것은 오히려 시대착오적일 뿐만 아니라 각 학설 자체의 당부를 따지는 것 또한 별다른 큰 의미를 가진다고 할 수 없다. 이제는 실제 사례에 있어서 개별·구체적으로 어느 정도 범위에서 어떻게 원고적격을 근거지워 인정하는 것이 우리나라 국민의 헌법상의 권리 즉 헌법권인 재판청구권을 실질적으로 보장할 수 있는가에 초점을 맞추는 것이 바람직하다.[30]

### (3) 환경행정소송에서의 의의

환경행정소송에서의 원고적격은 헌법상 국민의 권리 즉 헌법권인 환경권의 실효성의 제고 및 재판청구권의 실질적 보장의 문제이다. 따라서 환경행정소송에서의 원고적격을 인정함에 있어서 그 인정범위야말로 바로 환경권과 재판청구권이 실현되는 정도와 직결될 수 있는 문제이다. 따라서 환경행정소송에서의 원고적격에 관하여는 단지 법률차원에서 벗어나 헌법권의 실현이라는 측면에서 검토하여야 할 필요성이 있다. 따라서 환경행정소송에서의 원고적격의 인정범위가 민사소송에 비해서 넓어질 가능성이 있고 이는 행정소송의 목적 및 헌법상의 국민의 권리에 비추어 바람직하다.

### 5. 환경행정소송에서의 원고적격에 관한 분석방법론의 검토

환경행정소송을 포함한 행정소송에서의 원고적격을 인정하는 문제에 관하여는, 이를 행정소송의 구조와 기능의 측면에서 접근하는 방법과,[31] 이에 반하여 행정과 사법 간의 권력분립 차원에서 접근하는 방법이 소개되어 있다.[32]

---

소송의 원리』, 진원사, 2007, 43면 이하 참조.
30) 이에 관한 상세한 내용으로는, 최선웅, "행정소송에서의 원고적격 — 기존 4개 학설의 의의를 중심으로 —", 『행정법연구』 제22호(2008. 12), 31면-50면 참조.
31) 박정훈, "환경위해시설의 설치·가동 허가처분을 다투는 취소소송에서 인근주민의 원고적격 — 독일법의 비판적 검토와 행정소송법 제12조의 해석을 중심으로 —", 『판례실무연구 [Ⅳ]』, 박영사, 2000; 박정훈, 『행정소송의 구조와 기능』, 박영사, 2006.
32) 조홍식, "분산이익소송에서의 당사자적격 — 3권분립과 당사자적격, 그리고 사실상의 손해의 함수관계 —", 『판례실무연구 [Ⅳ]』, 박영사, 2000; 박재완, "환경행정소송에서의 원고적격", 『환경법의 제문제(상)』, 재판자료 제94집(2002).

그런데 구조와 기능적인 분석방법은 이미 발전되었다고 하는 국가의 소송제도를 미리 상정하고 그에 안주하려는 점에서 기본적인 문제가 있고, 특히 우리나라에서와 같이, 바람직한 소송제도의 구축 등 보다 발전하여야 하는 국가에 있어서는 기존의 소송제도의 구조와 기능만을 분석하는 것만으로는 새로운 해결책을 모색하기가 어렵다고 하지 않을 수 없다. 또한 환경행정소송에서 특히 미국에서의 권력분립에 의하여 원고적격을 분석하는 방법은, 특히 미국에서 환경행정소송의 원고적격을 제약하는 사법소극주의의 근거로 권력분립을 논하고 있다는 점에서 현재 실무상 협소한 원고적격을 확장하여야 할 현실적인 필요성이 충만한 우리나라에서는 그다지 시의적절하지 아니한 문제가 있다.

요컨대 현재 우리나라 상황하에서는, 기본적으로 행정소송의 구조, 기능의 분석만으로는 현상의 변화 예컨대 보다 바람직한 사회발전에는 관심을 가지기 어려우며, 헌법상의 원리인 권력분립만을 고집하는 경우 오히려 사법소극주의로 흘러 원고적격을 확대하여 인정하기 어렵게 될 가능성이 있다.

따라서 우리나라에서의 환경행정소송을 포함한 행정소송에서의 원고적격에 관한 논의에 있어서는 우리나라 헌법상의 환경권의 법적 성격, 재판청구권의 실질적 보장을 비롯하여 우리나라 행정소송의 목적 내지는 기능, 행정소송에서의 소송원칙, 현재 판례상 형성되고 있는 법리, 사회발전의 정도, 나아가 궁극적으로는 합리적이고 민주적인 국민적인 합의 등을 종합적으로 고려하여야 한다.

## Ⅲ. 환경행정소송에서의 원고적격과 환경권

### 1. 개설

종래 행정소송에서의 원고적격은 처분을 중심으로 한 처분청과 직접상대방인 국민 간의 관계를 중심으로 인정하였다. 그런데 최근 환경과 관련된 행정소송에서는 당해 처분과 직접적인 관련이 없는 예컨대 환경침해로 피해를 입는 인근주민과 같은 제3자의 원고적격이 문제가 된다. 이하 환경행정소송에서의 제3자의 원고적격에 관한 내용으로 제3자의 원고적격의 의의, 유형, 환경행정소송에서의 현황, 법원에 의한 원고적격의 인정 방법 등과, 헌법상의 환경권과 원고적격, 환경행정소송에서의 제3자의 원고적격을 분석하는 방법 등에 관하여 고찰하기로 한다.

## 2. 제3자의 원고적격의 의의

### (1) 제3자의 원고적격의 의미

　　판례상 제3자의 원고적격의 의미에 관하여는, 행정처분의 직접 상대방이 아닌 제3자라 하더라도 당해 행정처분으로 인하여 법률상 보호되는 이익을 침해당한 경우에는 그 처분의 취소나 무효확인을 구하는 행정소송을 제기하여 그 당부의 판단을 받을 자격이 있다 할 것이며, 여기에서 말하는 법률상 보호되는 이익이라 함은 당해 처분의 근거 법규 및 관련 법규에 의하여 보호되는 개별적·직접적·구체적 이익이 있는 경우를 말한다고 한다.[33]

　　이와 같이 종래 행정소송에서는 당해 처분을 내린 처분청인 행정청이 피고가 되고 그 직접상대방인 국민이 원고가 되어 다투는 것이 전형적인 것이었으나, 최근 현대국가의 발전에 따라서 이해관계가 복잡해지는 상황이 현출되어 제3자의 이해관계를 판례에서도 고려하지 않으면 안 되게 되었다.

### (2) 제3자 원고적격의 유형

　　행정소송에서의 제3자의 원고적격은 보통 인인소송, 경업자소송 및 경원자소송의 유형으로 나누어진다.

　　경업자소송은 신규업자에 대한 인허가처분으로 인하여 기존업자의 경제적인 이익이 침해되는 경우 기존업자가 행정소송을 제기하는 경우로서 예컨대 새로운 담배소매인지정처분으로 기존 담배소매인의 경제적인 이익이 침해되는 사례[34]가 있다. 경원자소송은 수인의 신청자 중 일부에 대한 인허가처분으로 인하여 인허가를 받지 못한 신청자가 당해 인허가처분을 다투는 경우로서 예컨대 LPG 충전사업 허가신청을 하였는데 다른 신청인에게 허가가 내려진 경우

---

33) 대법원 2008. 4. 10. 선고 2008두402 판결. 이와 같은 동일 취지의 판결로는, 대법원 1995. 6. 30. 선고 94누14230 판결, 1999. 10. 12. 선고 99두6026 판결, 2000. 2. 8. 선고 97누13337 판결, 2002. 10. 25. 선고 2001두4450 판결, 2004. 8. 16. 선고 2003두2175 판결, 2006. 3. 16. 선고 2006두330 전원합의체 판결, 2006. 7. 28. 선고 2004두6716 판결 등을 들 수 있다.

34) 대법원 2006. 7. 28. 선고 2004두6716 판결, 2008. 3. 27. 선고 2007두23811 판결, 2010. 6. 10. 선고 2009두10512 판결.

당해 허가처분을 다투는 사례[35]가 있다. 경업자소송과 경원자소송은 당해 처분에 주로 경제적인 이익에 관심이 있는 반면에, 인인소송은 주로 환경적인 이익을 그 대상으로 한다는 점에서 차이가 있다.

인인소송은 환경행정소송에서와 같이 환경침해에 대하여 구제받으려고 하는 예컨대 인근 지역주민 등과 같은 제3자가 당해 행정처분의 취소를 구하는 소송이다. 인인소송으로서 환경행정소송에서의 제3자의 원고적격의 문제는 현대 국가의 공통적인 관심사가 되었고 각 국가마다 행정소송에서의 제3자의 원고적격을 인정하기 위한 이론 및 판례가 형성되고 있는 과정에 있다.[36] 인인소송의 대표적인 예로서는 환경영향평가 대상지역의 주민이 당해 처분을 다투는 경우로서 세칭 새만금사건[37]을 들 수 있다.

### (3) 환경행정소송에서의 상황

우리나라 환경행정소송에서 제3자가 원고적격을 가지게 되는 문제와 관련하여서는 다음과 같이 판례에서의 일련의 전개 과정을 거쳐서 현재와 같은 상황에 이르게 되었다.

환경행정소송의 영역에서의 제3자의 원고적격을 인정한 초기의 사례는 이른바 연탄공장 건축허가 취소사건[38]이다. 이 사건에서 대법원은,

"도시계획구역 안에서의 주거지역이라는 것은 도시계획법 제17조에 의하여 "거

---

35) 대법원 1992. 5. 8. 선고 91누13274 판결, 2009. 12. 10. 선고 2009두8359 판결.
36) 이와 같은 행정소송의 원고적격에 관한 외국의 이론에 관하여는, 김연태, "환경행정소송상 소송요건의 문제점과 한계 — 원고적격과 대상적격을 중심으로 —", 『환경법의 법리와 법정책 — 환경피해에 대한 권리구제를 중심으로』, 서울대학교 환경에너지법정책센터 주최 제3차 학술포럼, 2010. 11. 27; 김향기, "행정소송의 원고적격에 관한 연구 — 환경행정소송에서 제3자의 원고적격을 중심으로 —", 『환경법연구』 제31권 제2호(2009); 조홍식, "분산이익소송에서의 당사자적격 — 3권분립과 당사자적격, 그리고 사실상의 손해의 함수관계 —", 『판례실무연구 [IV]』, 박영사, 2000; 박균성, "프랑스법상 시설설치허가에 대한 취소소송에서의 인근주민 및 환경단체의 원고적격", 『판례실무연구 [IV]』, 박영사, 2000; 박재완, "환경행정소송에서의 원고적격", 『환경법의 제문제(상)』, 재판자료 제94집(2002); 박정훈, "환경위해시설의 설치·가동 허가처분을 다투는 취소소송에서 인근주민의 원고적격 — 독일법의 비판적 검토와 행정소송법 제12조의 해석을 중심으로 —", 『판례실무연구 [IV]』, 박영사, 2000 등 참조.
37) 대법원 2006. 3. 16. 선고 2006두330 전원합의체 판결.
38) 대법원 1975. 5. 13. 선고 73누96,97 판결.

주의 안녕과 건전한 생활환경의 보호를 위하여 필요하다"고 인정되어 지정된 지역
이고, 이러한 주거지역 안에서는 도시계획법 제19조 제1항과 개정 전 건축법 제32
조 제1항에 의하여 공익상 부득이 하다고 인정될 경우를 제외하고는 위와 같은 거
주의 안녕과 건전한 생활환경의 보호를 해치는 모든 건축이 금지되고 있으며 …
위와 같은 도시계획법과 건축법의 규정 취지에 비추어 볼 때 이 법률들이 주거지
역 내에서의 일정한 건축을 금지하고 또는 제한하고 있는 것은 <u>도시계획법과 건축</u>
<u>법이 추구하는 공공복리의 증진을 도모하고자 하는 데 그 목적이 있는 동시에 한</u>
<u>편으로는 주거지역 내에 거주하는 사람의 "주거의 안녕과 생활환경을 보호"하고자</u>
<u>하는 데도 그 목적이 있는 것으로 해석</u>이 된다. 그러므로 주거지역 내에 거주하는
사람이 받는 위와 같은 보호이익은 단순한 반사적 이익이나 사실상의 이익이 아니
라 바로 법률에 의하여 보호되는 이익이라고 할 것이다. 그리고 행정소송에 있어서
는 비록 당해행정처분의 상대자가 아니라 하더라도 그 행정처분으로 말미암아 위
와 같은 법률에 의하여 보호되는 이익을 침해받는 사람이면 당해행정처분의 취소
를 소구하여 그 당부의 판단을 받을 법률상의 자격이 있는 것이라고 할 것이므
로"[39]

라고 하여, "도시계획법과 건축법이 추구하는 공공복리의 증진을 도모하고자
하는 데 그 목적이 있는 동시에 한편으로는 주거지역 내에 거주하는 사람의
"주거의 안녕과 생활환경을 보호"하고자 하는 데도 그 목적이 있는 것으로 해
석"한다고 하여 처분의 근거법률을 재해석하여 제3자의 원고적격을 인정한 것
을 계기로 환경행정소송에서 제3자의 원고적격이 확대되게 되었다.

이후 이러한 대법원의 입장은, LPG자동차충전소 설치허가처분에 대한 인
근주민의 원고적격을 인정한 사례[40]를 비롯하여 상당수의 판례[41]들이 나타나
게 되었고, 그중 주목할 만한 판례에 따르면, 예컨대 당해 처분의 근거법률인
구 도시계획법뿐만 아니라 구 매장 및 묘지등에 관한 법률 및 같은 법 시행령
이 근거법률이 된다고 하고,[42] 처분의 근거법률인 자연공원법뿐만 아니라 환경
영향평가법령도 당해 처분의 근거법률이 된다고 하였다.[43] 다만 환경영향평가

---

39) 대법원 1975. 5. 13. 선고 73누96, 97 판결(밑줄 필자).
40) 대법원 1983. 7. 12. 선고 83누59 판결.
41) 예컨대 대법원 1995. 5. 23. 선고 94마2218 판결; 1995. 9. 26. 선고 94누14544 판결;
    1998. 4. 24. 선고 97누3286 판결; 1998. 9. 4. 선고 97누19588 판결; 1998. 9. 22. 선고 97
    누19571 판결; 2006. 3. 16. 선고 2006두330 전원합의체 판결; 2006. 12. 22. 선고 2006두
    14001 판결 등을 들 수 있다.
42) 대법원 1995. 9. 26. 선고 94누14544 판결.

법령이 근거법률이 된다고 하더라도 환경영향평가 대상지역 밖의 주민이나 일반국민·산악인·사진가·학자·환경보호단체 등의 환경상 이익이나 전원개발사업구역 밖의 주민 등의 재산상 이익에 대하여 원고적격을 인정할 수 없다고 하고,[44] 이들에게는 헌법상의 환경권만으로는 원고적격이 확대되어 인정되지 않는다고 하였다.[45] 한편 환경정책기본법령상 사전환경성검토협의 대상지역 내에 포함될 개연성이 충분하다고 보이는 주민들에게 그 협의대상에 해당하는 창업사업계획승인처분과 공장설립승인처분의 취소를 구할 원고적격이 인정된다고 하였다.[46]

전술한 바와 같이, 최근의 환경행정소송의 영역에서는, 환경영향평가 대상지역, 폐기물처리시설의 주변영향지역, 사전환경성검토협의 대상지역 등 이른바 환경영향평가 대상지역 등의 안과 밖에 거주하는 주민을 구별하여 일정 대상지역 안의 주민에게는 원고적격이 사실상 추정되어 인정된다고 하는 데에 반하여, 일정 대상지역 밖의 주민에게 그 원고적격이 인정되기 위하여는 행정처분 등으로 인하여 그 처분 전과 비교하여 수인한도를 넘는 환경피해를 받거나 받을 우려가 있는 경우에는, 당해 행정처분으로 인하여 환경상 이익에 대한 침해 또는 침해우려가 있다는 것을 증명함으로써 원고적격을 인정받을 수 있다는 판례가 형성되고 있다.

## 3. 헌법상 환경권과 원고적격

### (1) 환경권과 법률상 보호이익구제설

행정소송에서의 원고적격에 관한 다수설 및 판례상 인정되는 법률상 보호이익구제설에 따르면, 법적으로 보호된다고 하는 것은 법의 목적·취지가 일반적 공익만이 아니라 개인의 개별적 이익도 보호하고자 하는 경우, 그러한 이익은 법적으로 보호되는 이익으로서 그것이 침해된 자에게도 원고적격이 인정된다고 한다.[47]

문제는 여기서 보호규범 내지는 피보호이익을 어떻게 파악할 것인가이다.

---

43) 대법원 1998. 4. 24. 선고 97누3286 판결, 1998. 9. 4. 선고 97누19588 판결.
44) 대법원 1998. 9. 22. 선고 97누19571 판결.
45) 대법원 1995. 5. 23. 선고 94마2218 판결, 2006. 3. 16. 선고 2006두330 전원합의체 판결.
46) 대법원 2006. 12. 22. 선고 2006두14001 판결.
47) 김동희, 앞의 책, 702면-703면; 박균성, 앞의 책, 1109면.

먼저 보호규범을 좁게 파악하여 당해 처분의 근거법규에 한정하는 경우가 있으나 최근에는 이를 확장하는 것이 학설, 판례의 입장이다. 따라서 처분의 근거법규뿐만 아니라 관계법규, 이에 헌법규정(자유권 등 구체적 기본권[48])이나 기타 일반법질서(민법 포함)를 추가하거나 절차규정까지도 추가하는 경우가 있다고 한다.[49] 어쨌거나 최근에는 적어도 학설, 판례상 환경영향평가에 관한 법과 같이 실체법상 이익의 보호도 목적으로 하는 절차규정은 보호규범으로 보는 것에는 별다른 이견이 없다.[50] 한편 피보호이익[51])에는 통상 개인(자연인, 법인, 법인격 없는 단체)의 이익 외에도 환경단체 등 공익단체의 환경이익[52] 등 공익을 위하여 공익단체의 존립목적이 되는 이익을 포함시키는 경우도 있다고 한다.[53] 이와 같은 법률상 보호이익구제설은 공권의 확대화 경향을 통하여 특히 제3자의 법률상 이익을 강화하는 경향을 갖고 있다.[54]

그런데 문제는 헌법상의 환경권도 법률상 보호이익구제설의 범위에 포함되는가인데 이에 대하여는, 관련 기본권의 성격, 내용, 그에 대한 헙법의 규정방식 등에 따라 결정될 것이고,[55] 기본권을 직접 원용하거나 헌법 등을 포함한

---

48) 여기서의 헌법상의 기본권은 구체적 기본권이어야 하지 법률에 의하여 구체화되어야 하는 추상적 기본권이 침해된 것만으로는 원고적격을 인정할 수 없다고 하는 것에는, 박균성, 앞의 책, 1110면.

49) 박균성, 앞의 책, 1109면; 한편, 이 보호규범을 단계적으로 파악하여 1단계 근거법규 및 관계법규의 탄력적 또는 목적론적 해석에 의한 점진적 확대, 2단계 보호가치 있는 이익, 3단계 관련법규와 헌법 등 법질서 전체, 4단계 객관소송적인 요소로 설명하는 것에는, 김철용/최광진 편집대표, 『주석 행정소송법』, 박영사, 2004, 제12조(원고적격: 전문, 박정훈 집필부분), 352면 참조. 또한 실체법규, 절차법규, 근거법률의 전체 취지, 다른 법률, 헌법의 규정, 관습법 및 조리 등 법체계 전체 등으로 구별하고 있는 것에는, 김남진/김연태, 앞의 책, 732면.

50) 행정절차법과 같은 순수한 절차규정은 보호규범으로 보지 않는 것이 타당하나, 환경영향평가에 관한 법과 같이 실체법상 이익의 보호도 목적으로 하는 절차규정은 보호규범으로 보아야 한다고 하는 것에는, 박균성, 앞의 책, 1109면-1110면.

51) 보호규범에 의하여 직접 보호되는 이익에 그치지 아니하고, 보호규범의 보호범위(고려범위)에 들어가면 피보호이익으로 보는 것이 타당하다고 하는 것에는, 박균성, 앞의 책, 1111면 참조.

52) 오늘날 환경권과 소비자권리, 문화적 생활을 누릴 권리 등의 중요성이 있다고 하는 것에는, 김향기, 앞의 글, 486면 참조.

53) 박균성, 앞의 책, 1109면-1110면; 인근주민, 지방자치단체의 주민, 이외의 환경단체 등 사단의 원고적격에 관하여는, 박균성, "프랑스법상 시설설치허가에 대한 취소소송에서의 인근주민 및 환경단체의 원고적격", 『판례실무연구 [Ⅳ]』, 박영사, 2000, 참조.

54) 김성수, 『일반행정법』, 법문사, 2008, 991면.

법질서 전체로 이해하는 견해가 늘어가고 있다고 한다.56) 그러나 현재로서는 헌법상의 기본권은 구체적 기본권이어야 한다는 점에서 법률에 의하여 구체화되어야 하는 추상적 기본권이 침해된 것만으로는 원고적격을 인정할 수 없다57)고 하는 바와 같이 다른 기본권과 달리 환경권에 관해서는 소극적으로 해석할 가능성이 크다.

### (2) 환경권의 법적 성질

종래부터 환경권의 법적 성격에 관하여는 자유권설, 사회권설, 생존권설 등의 대립이 있으나 종합적인 권리58)라고 하는 것이 일반적이다. 환경권의 효력에 관하여도 종래부터 환경권은 선언적 의미만 있을 뿐이고 단지 입법정책에 불과하다는 입법방침규정설, 입법에 의하여 구체화되어야 한다는 추상적 권리설, 특히 환경권의 생존권성을 강조하여 환경권을 법적 권리로 보는 구체적 권리설이 대립되어 왔다.59)

그런데 우리나라 환경권의 법적 성질에 관한 문제점은 환경권의 법적 권리성이 뚜렷하지 못하고 또한 헌법 규정에서 환경권이 국가의 목표조항60)의 성격

---

55) 김동희, 앞의 책, 707면.

56) 김철용, 앞의 책, 634면.

57) 박균성, 앞의 책, 1110면.

58) "모든 국민은 건강하고 쾌적한 환경에서 생활할 권리, 즉 환경권을 가지고 있고, 국가와 국민은 환경보전을 위하여 노력하여야 한다(헌법 제35조 제1항). 환경권은 건강하고 쾌적한 생활을 유지하는 조건으로서 양호한 환경을 향유할 권리이고, 생명·신체의 자유를 보호하는 토대를 이루며, 궁극적으로 '삶의 질' 확보를 목표로 하는 권리이다. 환경권을 행사함에 있어 국민은 국가로부터 건강하고 쾌적한 환경을 향유할 수 있는 자유를 침해당하지 않을 권리를 행사할 수 있고, 일정한 경우 국가에 대하여 건강하고 쾌적한 환경에서 생활할 수 있도록 요구할 수 있는 권리가 인정되기도 하는바, 환경권은 그 자체 종합적 기본권으로서의 성격을 지닌다"라고 하는 헌법재판소 2008. 7. 31. 선고 2006헌마711 전원재판부 결정도 환경권을 종합적 기본권성을 인정하고 있다.

59) 권영성, 『헌법학원론』, 법문사, 2010, 703면 이하; 김철수, 『헌법학신론』, 박영사, 2010, 875면 이하; 허영, 『한국헌법론』, 박영사, 2010, 459면 이하; 성낙인, 『헌법학』, 법문사, 2011, 764면 이하.

60) 환경권의 국가목표조항의 성격에 관하여는, 명재진, "환경권의 의의와 개정의 필요성", 『환경법의 법리와 법정책 — 환경피해에 대한 권리구제를 중심으로』, 서울대학교 환경에너지법정책센터 주최 제3차 학술포럼, 2010. 11. 27, 23면 이하; 최윤철, "우리 헌법에서 환경권조항의 의미 — 기본권 보장 또는 환경보호?", 『환경법연구』 제27권 제2호(2005. 9), 373면 이하; 김종세, "환경권과 국가목표로서 환경보호에 관한 고찰", 『환경법연구』 제28권 제1호(2006), 593면 이하 참조.

으로 이해될 수 있다는 점이고, 무엇보다도 환경권은 법률에 의하여 비로소 구
체적 내용이 형성되는 성격을 가지고 있다는 점이다.

요컨대 우리나라에서는 환경권을 독일과 경우와 같이 국가목표조항과 유
사한 것으로 보거나 헌법위임규정으로 이해하는 경우[61]와 같이 환경권의 실효
성을 인정하는 데 소극적일 가능성이 있다.

한편, 헌법상의 환경권 규정에 의하여 사법상 권리로서 환경권이 인정될
수 있는지 여부에 관하여 대법원은,

> "헌법 제35조 제1항은 "모든 국민은 건강하고 쾌적한 환경에서 생활할 권리를
> 가지며, 국가와 국민은 환경 보전을 위하여 노력하여야 한다"고 규정하여 환경권을
> 국민의 기본권의 하나로 승인하고 있으므로, 사법(私法)의 해석과 적용에 있어서도
> 이러한 기본권이 충분히 보장되도록 배려하여야 할 것임은 당연하다고 할 것이나,
> 헌법상의 기본권으로서의 환경권에 관한 위 규정만으로서는 그 보호대상인 환경의
> 내용과 범위, 권리의 주체가 되는 권리자의 범위 등이 명확하지 못하여 이 규정이
> 개개의 국민에게 직접으로 구체적인 사법상의 권리를 부여한 것이라고 보기는 어렵
> 고, 또 사법적 권리인 환경권을 인정하면 그 상대방의 활동의 자유와 권리를 불가피
> 하게 제약할 수밖에 없는 것이므로, 사법상의 권리로서의 환경권이 인정되려면 그
> 에 관한 명문의 법률규정이 있거나 관계법령의 규정 취지나 조리에 비추어 권리의
> 주체, 대상, 내용, 행사방법 등이 구체적으로 정립될 수 있어야 할 것이다."[62]

라고 하여, 헌법상의 기본권으로서의 환경권에 관한 헌법 제35조 제1항의 규정
만으로는 그 보호대상인 환경의 내용과 범위, 권리의 주체가 되는 권리자의 범
위 등이 명확하지 못하여 이 규정이 개개의 국민에게 직접으로 구체적인 사법
상의 권리를 부여한 것이라고 보기는 어렵다고 판시하였다.

### (3) 환경권과 민사소송에서의 당사자적격

세칭 천성산 도롱뇽사건[63]이라고 하는 가처분신청을 한 도롱뇽이 당사자

---

61) 국가목표설, 헌법위임규정설, 원칙규정설, 추상적 권리설 등에 대한 비판으로는, 김철수,
   앞의 책, 879면 이하 참조.
62) 대법원 1995. 5. 23.자 94마2218 결정(밑줄 필자); 헌법상의 환경권 또는 환경정책기본법
   에 근거하여 원고적격을 인정할 수 없다고 하는 것에는, 대법원 2006. 3. 16. 선고 2006
   두330 전원합의체 판결 참조.
63) 대법원 2006. 6. 2.자 2004마1148,1149 결정.

능력이 있는지 여부, 도롱뇽과 함께 도롱뇽의 대변인을 자처하여 공동신청한 자연의 친구들에게 법정대리권의 인정 여부나 원고적격에 해당하는 신청인적 격이 인정되는지 여부의 문제가 다투어졌다.

이에 관하여는, 당사자 능력이 반드시 자연인이나 법인처럼 민법상 권리능 력을 가져야 인정되는 것이 아닌 이상, 자연(물)도 비법인 사단이나 재단처럼 당사자능력을 가질 수 있는 여지도 없지 않다고 하면서도, 현행법질서 및 소송 제도의 인간중심적 특성 때문에 이를 해석론적 차원에서 인정하기에는 한계가 있고, 자연의 친구들의 신청인적격은 전형적인 원고적격의 문제로서 민사소송 법의 이론과 판례에 따라 해결될 문제라고 하는 견해,[64] 당사자능력의 인정 여 부는 그 필요성과 효과에 의한 기술적인 문제에 불과하고, 비인간적인 존재에 권리능력을 인정하는 것 또한 정책적 합리성의 검토문제이기 때문에, 현행법의 테두리 안에서도 자연 내지 자연물에 대하여도 권리주체성을 인정하여 당사자 능력을 인정하는 것도 전혀 불가능한 것도 아니라고 하는 견해,[65] 헌법 제35조 의 환경권 규정이 사인에게도 적용되는 구체적 사권을 보장한 규정으로 볼 수 있고, 환경의 시대에 맞는 법관의 전향적 자세가 필요하다고 하는 견해[66]가 있 다. 이에 대하여는 성문법주의하의 현행법 해석으로서는 도롱뇽을 비롯한 자연 또는 자연물 자체에 권리주체성이나 당사자능력을 인정하자는 주장은 아직 시 기상조이고 미국처럼 객관소송에 가까운 시민소송제도를 도입하여 환경보호라 는 목적 하에 일정한 침해행위에 대하여 일정한 범위 내에서 원고적격을 인정 하자는 견해[67] 등 다양하게 전개되고 있다.[68]

---

64) 홍준형, "'도롱뇽소송'의 적법여부에 대한 고찰", 『한국공법이론의 새로운 전개』, 삼지원, 2005, 655면.
65) 이와 함께 '자연 내지 자연물의 권리 또는 가치'에 대한 침해를 이유로 하여, 자연 내지 자연물 그 자체와 병행하여 '자연 내지 자연물의 권리 또는 가치'의 대변자의 지위에 있 는 인간(환경단체)에게도 원고적격이 법률상 당연히 인정되어져야 한다고 한다. 이동준, "도롱뇽, 자연물의 권리소송", 『부산법조』 제21호(2004), 72면-74면; 한편 이에 대하여 자연의 권리성을 부정하는 견해로는, 홍성방, "자연의 권리 주체성", 『한림법학FORUM』 제4권(1995. 9) 참조.
66) 강재규, "자연의 권리소송", 『공법연구』 제27권 제1호(2000. 11), 33면.
67) 허상수, "도롱뇽의 당사자능력과 환경소송", 『판례연구』, 부산판례연구회, 제18집(2007. 2), 554면.
68) 그 외에도, 현행법상 사법상의 권리로 인정되지 아니한 환경권등에 터잡은 청구를 피보 전권리가 없다고 기각한 점 등을 비판하고, 신청인 도롱뇽의 표시가 신청인을 특정할 수 있는 정도인지 여부를 심사하였어야 한다고 하는 것에는, 오정후, "환경권 침해에 터잡

민사소송에서의 당사자능력이나 당사자적격에 있어서는 원칙적으로 민사소송은 사적인 권리다툼을 대등한 당사자간에 다툰다는 점이 중요하다. 따라서 민사소송에서는 기본적으로 민법이나 사권의 범위를 초월한다는 것 자체에 어려움이 있다는 점에서, 위 천성산 도롱뇽사건에서와 같이, 도롱뇽과 같은 자연물에게 당사자능력이나 자연의 친구들에게 원고적격을 인정하기가 어렵다고 할 수 있다. 민사소송에서는 법해석보다는 입법론적 해결책만이 오히려 설득력이 있다.

### (4) 환경권과 행정소송에서의 원고적격

#### 1) 행정소송과 원고적격

행정소송은 공·사익의 조정절차이고 자연도 하나의 환경적인 이익으로서 공익인바 이러한 공익에 대한 공·사익의 조정의 필요성이 인정된다는 사회적 합의가 도출된다면 환경에 관한 원고적격이 넓게 인정될 여지가 충분히 있다. 이러한 필요성은, 현재 우리나라의 학설, 판례에 따르면, 특히 환경과 관련하여 원고적격의 인정 범위를 확대하고 있는 분위기와 무관하다고 할 수 없다. 특히 환경권을 비롯한 소비자의 권리 등의 새로운 권리 또는 이익 즉 권익의 보호의 필요성이 있으므로 이에 대한 원고적격을 인정을 검토하여야 한다.[69]

요컨대 행정소송에 있어서는 엄격한 권리가 아니라 이익을 구제하여야 할 뿐만 아니라 환경과 같은 공익도 고려하여야 한다는 점에서 당사자적격의 인정 범위가 민사소송에 비하여 확대될 가능성이 크다.

#### 2) 환경권의 권리성과 재판청구권

환경권이 아무런 실효성이 없는 무의미한 규정이라고 할 수 없다. 환경권에 관한 규정만으로는 그 권리의 주체·대상·내용·행사방법 등이 구체적으로 정립되어 있다고 볼 수 없다고 하는 것은 현행 실정법 규정상 무리한 해석이다. 헌법 제35조 제1항은 물론이고, 이 헌법 규정을 구현하기 위한 법률인 환경정책기본법 제6조에서 모든 국민은 건강하고 쾌적한 환경에서 생활할 권리를 가진다고 하여 환경권의 권리성을 명백히 규정하고 있다. 또한 헌법 제35조 제2

---

은 가처분 사건의 소송요건", 『환경법연구』 제29권 제2호(2007), 23면 참조
69) 김철용, 앞의 책, 634면; 단체소송에 관하여는, 홍정선, 『행정법』, 박영사, 2011, 922면-923면 참조.

항에서는 환경권의 내용과 행사에 관하여는 법률로 정하도록 하였다. 따라서 헌법 제35조 제2항에 의하여 제정된 환경정책기본법이나 환경영향평가법이 결과적으로 환경권에 근거한 권리실현에 지장을 주게 된다면 이는 위헌적인 입법이다. 따라서 최소한 환경권의 침해에 대해서는 이에 대한 권리구제를 위해서 환경권에 근거한 원고적격을 인정하여 재판청구권을 실질적으로 보장하여야 한다.[70]

한편 판례는 환경권에 관하여,

"환경권의 내용과 행사는 법률에 의해 구체적으로 정해지는 것이기는 하나(헌법 제35조 제2항), 이 헌법조항의 취지는 특별히 명문으로 헌법에서 정한 환경권을 입법자가 그 취지에 부합하도록 법률로써 내용을 구체화하도록 한 것이지 환경권이 완전히 무의미하게 되는데도 그에 대한 입법을 전혀 하지 아니하거나, 어떠한 내용이든 법률로써 정하기만 하면 된다는 것은 아니다. 그러므로 일정한 요건이 충족될 때 환경권 보호를 위한 입법이 없거나 현저히 불충분하여 국민의 환경권을 과도하게 침해하고 있다면 헌법재판소에 그 구제를 구할 수 있다고 해야 할 것이다."[71]

라고 판시한다는 점을 고려하면 환경권이 아무런 법적 효력이 없다고 할 수는 없다.

### 3) 환경권과 법률상 이익

환경권이 행정소송법 제12조상의 법률상 이익에 해당하는가에 관하여는 현재 학설, 판례가 소극적인 것으로 보인다. 그러나 "법률"의 의미는 단지 국회입법만을 의미하는 것이 아니라고 할 수 있고, 헌법상의 재판청구권의 구현을 위하여 제정된 행정소송법이 단지 원고적격이 인정되지 아니한다고 하여 실질적으로 소권을 부정하는 것은 재판청구권을 침해하는 위헌적인 것이다.[72]

행정소송법 제12조의 법률에는 실질적 법치주의하에서는 당연히 헌법이 포함되어야 할 것이고, 위에서 고찰한 바와 같이, 환경권도 일정 법적 권리성이

---

70) 환경침해에 대한 권리구제에 관하여는, 설계경, "환경침해의 권리구제에 관한 고찰", 『환경법연구』, 제28권 제1호(2006), 491면 참조.
71) 헌법재판소 2008. 7. 31. 선고 2006헌마711 전원재판부 결정.
72) 환경권을 사법적 절차를 통하여 구제받으려고 할 경우 원고적격은 오염된 환경과 관련이 있는 모든 자로 확대하는 것이 바람직하다고 하는 것(권영성, 앞의 책, 704면)도 환경권과 재판청구권의 관련성을 강조한 것으로 이해된다.

있다고 한다면 행정처분에 의하여 헌법상의 권리가 침해받은 국민에게는 이를
다툴 수 있는 최소한의 요건인 원고적격을 인정하여야 한다. 그렇다고 해서 모
든 환경적인 침해를 무조건 구제하여야 한다는 것은 아니다. 모든 환경적인 침
해를 구제하는 것이 현실적으로 불가능하다는 것을 단지 실질적으로 소권을 부
정하는 원고적격의 제한으로 해결하는 것은 국민의 헌법상의 재판청구권의 실
질적 보장에 역행하는 것이다. 가능한 한 원고적격을 인정하고 본안에서 구제
여부를 판단하여야 한다.

    요컨대 원칙적으로 사인간의 사적인 권리다툼을 주관심사로 하는 민사소
송에서의 권리개념이나 당사자능력이나 당사자적격이론을 환경과 관련된 행정
사건에도 그대로 관철하고자 하는 것은 문제이다.

## Ⅳ. 환경행정소송에서의 원고적격에 관한 법원의 조사방법 — 사실상 추정과 증명책임 —

### 1. 개설

    최근의 환경행정소송에서의 원고적격과 관련된 판례에서 환경영향평가 대
상지역 등의 안, 밖을 기준으로 주민들을 구별하여 원고적격을 인정함에 있어
서 사실상 추정과 증명책임을 구별하는 것이 우리나라 행정소송에서의 소송자
료의 수집·제출에 관한 소송원칙과 합치되는지 여부에 관하여 검토할 필요가
있다.

    이하 원고적격은 일반적으로 소송요건으로서 직권조사사항이라는 점에서
이에 관한 검토를 하고 난 후에, 환경행정소송에서의 원고적격을 인정하기 위
한 법원의 조사방법에 관하여 검토하기로 한다.

### 2. 행정소송에서의 소송요건으로서 원고적격

    행정소송에서는 국민인 원고의 제소에 의하여 공·사익의 조정절차인 행정
소송절차가 개시되어, 국민인 원고의 개인적인 권익의 구제가 가능할 뿐만 아
니라 특히 그 기회에 행정에 대한 적법통제가 가능하다는 점에서 행정소송에서
의 원고적격은, 민사소송에서 원고와 피고가 공히 주로 사익을 추구하는 당사
자적격과 달리, 공익 관련성을 갖는다고 할 수 있다.[73] 일반적으로 소송요건은

법원의 조사방법에 따라서 직권조사사항과 항변사항[74]으로 나누어진다. 직권조사사항인 소송요건은 주로 공익성이 성질로 인하여 당사자의 주장이나 항변 등과 관계없이 법원이 직권으로 조사하여 참작하여야 할 사항을 말한다.[75]

현재 행정소송에서의 원고적격의 인정 여부는 우리나라 행정소송에 있어서 소송의 성패를 좌우하는 관건이 되는 문제이다. 행정소송법 제12조상의 "법률상 이익"의 의미에 관한 논의는 이제는 실익이 없는 논쟁에 불과할 뿐이고 실질적으로는 원고적격을 인정하는 법원의 조사방법이 중요하다. 최근 물론 정도의 차이는 있으나 모두가 동의하는 행정소송에 있어서 소송요건인 원고적격의 확대문제도 결국 법원의 조사방법에 의해서 달성될 수 있다.

원고적격에 관한 법원의 조사방법으로 인하여 결과적으로 원고적격을 좁힌다고 하면 이는 국민의 헌법상 권리 즉 헌법권인 재판청구권을 실질적으로 보장하지 못하는 것이 되므로, 법원은 국민의 재판청구권을 실질적으로 보장하기 위해서는 원고적격을 확대하여야 한다.[76] 이는 특히 기본적으로 재판청구권의 주체는 어디까지나 국민이지 재판하는 법원이 아니기 때문에 더욱 그러하다.

---

73) 행정소송에서 원고와 피고는 민사소송에서의 대등한 사적 당사자가 아니므로 이를 시정하기 위하여 예컨대 행정소송법에는 국민인 원고의 증거수집의 곤란 등을 해소하기 위하여 행정심판기록의 제출명령(행정소송법 제25조)을 인정하고 있는 것이다. 김철용/최광진, 『주석 행정소송법』, 박영사, 2004, 제25조(이동흡 집필부분), 696면 참조.

74) 이에 반하여 공익성이 약한 항변사항이란 상대방 당사자가 소송요건의 불비를 주장하여야 비로소 법원이 조사하는 사항으로서 일반적으로 방소항변 또는 소송장애사유라고 한다. 강현중, 앞의 책, 305면; 김홍규/강태원, 앞의 책, 231면; 송상현/박익환, 앞의 책, 198면; 이시윤, 앞의 책, 186면; 전병서, 앞의 책, 187면; 정동윤/유병현, 앞의 책, 351면; 다만 우리나라에서는 소송장애를 소극적 소송요건이라는 의미로 쓰는데 소극적 소송요건과 항변사항은 같은 것이 아니라고 하는 것에는, 호문혁, 앞의 책, 309면 주 1) 참조. 이러한 항변사항은 절차에 관한 이의권의 상실이나 포기의 대상이 된다. 이러한 항변사항으로서는 부제소의 특약, 소취하의 계약, 임의관할(민사소송법 제30조), 중재관할(중재법 제3조), 소송비용의 담보제공신청(민사소송법 제119조) 등을 들 수 있다.

75) 이 경우 상대방당사자가 소송요건의 흠결을 주장하는 경우를 본안전항변이라고 하고, 이러한 항변은 법원의 직권발동을 촉구하는 데 불과한 진술에 불과하므로 법원이 이에 응답하지 아니하였다고 하여 판단유탈이 되지 아니하고 상고이유가 되지도 아니한다고 한다. 송상현/박익환, 198면; 이시윤, 앞의 책, 185면.

76) 그렇다고 무제한적인 확대는 아니고 다른 헌법상의 권리와 균형을 요할 것임은 물론이다.

## 3. 판례의 태도

### (1) 판례의 소개

최근 2006년 세칭 새만금사건[77] 등에서 보듯이 원고적격에 관한 법원의 조사방법에 관하여 법원은 다음과 같이 주목할 만한 판결을 하였다.

"각 관련 규정의 취지는, 공유수면매립과 농지개량사업시행으로 인하여 직접적이고 중대한 환경피해를 입으리라고 예상되는 환경영향평가 대상지역 안의 주민들이 전과 비교하여 수인한도를 넘는 환경침해를 받지 아니하고 쾌적한 환경에서 생활할 수 있는 개별적 이익까지도 이를 보호하려는 데에 있다고 할 것이므로, 위 주민들이 공유수면매립면허처분 등과 관련하여 갖고 있는 위와 같은 환경상의 이익은 주민 개개인에 대하여 개별적으로 보호되는 직접적·구체적 이익으로서 그들에 대하여는 특단의 사정이 없는 한 환경상의 이익에 대한 침해 또는 침해우려가 있는 것으로 사실상 추정되어 공유수면매립면허처분 등의 무효확인을 구할 원고적격이 인정된다고 할 것이다(대법원 2001. 7. 27. 선고 99두2970 판결 등 참조). 한편, 환경영향평가 대상지역 밖의 주민이라 할지라도 공유수면매립면허처분 등으로 인하여 그 처분 전과 비교하여 수인한도를 넘는 환경피해를 받거나 받을 우려가 있는 경우에는, 공유수면매립면허처분 등으로 인하여 환경상 이익에 대한 침해 또는 침해우려가 있다는 것을 입증함으로써 그 처분 등의 무효확인을 구할 원고적격을 인정받을 수 있다고 할 것이다."[78]

위 판시내용에 따르면, 환경영향평가 대상지역 안의 주민에 대하여는 특단의 사정이 없는 한 환경상의 이익에 대한 침해 또는 침해우려가 있는 것으로 사실상 추정되어 공유수면매립면허처분 등을 구할 원고적격이 인정된다는 것이고, 환경영향평가 대상지역 밖의 주민은 환경상 이익에 대한 침해 또는 침해우려가 있다는 것을 입증함으로써 원고적격을 인정받을 수 있다는 것이다. 이와 같이 일정 대상지역의 안, 밖을 기준으로 하는 것으로는 폐기물처리시설의 주변영향지역,[79] 사전환경성검토협의 대상지역[80]의 경우를 들 수 있다.

---

77) 대법원 2006. 3. 16. 선고 2006두330 전원합의체 판결; 이와 동일 취지의 판례로는 다음과 같은 판례들을 들 수 있다. 대법원 2006. 12. 22. 선고 2006두14001 판결, 2008. 9. 11. 선고 2006두7577 판결, 2009. 9. 24. 선고 2009두2825 판결.
78) 대법원 2006. 3. 16. 선고 2006두330 전원합의체 판결(밑줄 필자).
79) 대법원 2005. 3. 11. 선고 2003두13489 판결.

요컨대 일정 대상지역 안의 주민에게는 사실상의 추정에 의하여 원고적격이 인정되나 환경영향평가 대상지역 밖의 주민에게는 증명책임을 부과하여 원고적격을 인정한다.

### (2) 사실상 추정과 증명책임

사실상 추정이라는 것은, 증명책임의 분배의 원칙을 완화하기 위한 입법상의 수정인 법률상의 추정과 달리, 당사자 일반이 증명책임을 지는 주요사실을 입증하지 아니하고 그 사실의 전제가 되는 간접사실을 증명하였을 때 법원이 그 간접사실에 경험칙을 적용하여 주요사실을 추측하여 인정하는 것으로 결국은 주요사실을 직접 증명하지 않아도 된다는 점에서 증명의 정도를 완화하는 결과를 가져온다.

그러나 사실상의 추정이라는 것은 간접사실에 경험칙을 적용하여 사실을 추인하는 것이므로 이는 통상의 법관의 자유로운 심증의 범위 내의 문제에 불과하다.[81] 그리고 이러한 법관의 자유로운 심증의 문제는 증명책임의 분배와는 직접적인 관련은 없다.[82] 요컨대 판례는 환경영향평가 대상지역 안의 주민에게는, 사실상의 추정에 의하든 법관의 자유로운 심증이든 간에, 원고적격이 인정되고, 환경영향평가 대상지역 밖의 주민에게는 증명책임의 분배의 원칙에 따라서 본안판결을 요구하는 원고에게 증명책임을 부담시킨다.

이와 같이 증명책임의 분배의 원칙에 따라 원고에게 증명책임을 부과하는 것은 본래 직권탐지주의에서는 불가능하고 변론주의에서나 가능하다.

### 4. 행정소송에서의 소송자료에 관한 소송원칙 — 변론주의와 직권탐지주의

### (1) 행정소송에서의 심리원칙

우리나라 행정소송에서의 심리원칙은 변론주의와 직권탐주의의 절충적인 형태로 되어 있다. 우리나라 행정소송에서의 소송자료의 수집책임의 문제는 행정소송법 제26조[83]에 관한 해석의 문제로서, 이는 행정소송에 있어서 소송자료

---

80) 대법원 2006. 12. 22. 선고 2006두14001 판결.
81) 정동윤/유병현, 앞의 책, 513면; 송상현/박익환, 앞의 책, 524면; 호문혁, 앞의 책, 497면.
82) 송상현/박익환, 앞의 책 523면.
83) 행정소송법 제26조 (직권심리) 법원은 필요하다고 인정할 때에는 직권으로 증거조사를 할 수 있고, 당사자가 주장하지 아니한 사실에 대하여도 판단할 수 있다.

의 수집책임의 분배에 관한 심리원칙으로 변론주의 또는 직권탐지주의의 채택 여부에 관한 견해의 대립이다.

이에 관하여 직권증거조사주의설 또는 변론보충설은 행정소송에 있어서 소송자료의 수집책임분배에 관한 심리원칙으로는 민사소송과 마찬가지로 변론 주의를 원칙으로 하고 공익을 이유로 민사소송법 제292조[84]상의 보충적 직권 증거조사가 인정된다고 하는 설로서 행정소송법 제26조가 의미하는 내용이 실 질적으로는 민사소송법 제292조상 보충적 직권증거조사의 내용과 사실상 동일 하다. 절충설은 행정소송에 있어서 변론주의가 인정된다는 전제하에서 변론주 의를 보충하는 보충적 직권증거조사가 인정된다고 하는 점은 보충적 직권증거 조사주의설과 같이 하면서도 여기에서 그치는 것이 아니라 행정소송법 제26조 후단에 규정된 "당사자가 주장하지 아니한 사실에 대하여도 판단할 수 있다는 의미"에서의 "직권탐지주의"가 보충 내지는 가미된다고 하는 설이다.

최근 특히 실무가 중 일부[85]에서 우리나라 행정소송법 제26조가 독일 행 정소송법 제86조 제1항의 규정과 유사한 규정으로서 우리나라 행정소송에 있어 서 원칙적인 직권탐지주의를 정면으로 선언하여 인정한 규정이라고 하고, 이와 같이 해석하는 것이 행정소송의 특질과 시대의 조류에 부합하는 것이고, 우리 나라 행정소송법을 개정할 경우 독일 행정소송법 제86조 제1항과 같은 규정으 로 개정할 것도 제안하기도 한다. 그럼에도 대체적으로 학설의 주류적인 경향 은 변론주의와 직권탐지주의 간의 절충적인 입장을 취하고 있는 것이 일반적이 다.[86]

---

84) 민사소송법 제292조 (직권에 의한 증거조사) 법원은 당사자가 신청한 증거에 의하여 심 증을 얻을 수 없거나, 그 밖에 필요하다고 인정한 때에는 직권으로 증거조사를 할 수 있다.
85) 강영호, "행정소송법 제26조[직권심리]에 대한 검토", 『행정재판실무편람(Ⅲ)』, 서울행정 법원, 2003; 권오봉, "행정소송에 있어서의 주장·입증책임", 『행정소송에 관한 제문제 (상)』, 재판자료 제67집, 법원행정처, 1995; 이혁우, "행정소송에서의 직권심리범위 — 행 정소송법 제26조의 해석과 관련하여 —", 『특별법연구』 제5권, 법문사, 1997; 허상수, "항고소송의 법리", 『행정소송에 관한 제문제(상)』, 재판자료 제67집, 법원행정처, 1995.
86) 행정소송의 심리원칙에 관한 상세한 것은, 최선웅, "행정소송법 제26조의 해석에 관한 일 고찰 — 우리나라 행정소송의 독자성을 모색하며", 『행정법연구』 제10호(2003); 최선 웅, 『행정소송의 원리』, 진원사, 2007, 205면-495면 이하 참조.

### (2) 법원의 조사방법과 행정소송에서의 심리원칙

판례의 핵심적인 내용은, 환경영향평가 대상지역 등의 안에 사는 주민에게는, 사실상 추정이든 법원의 자유로운 심증에 의하든 간에, 원고적격이 인정되고 환경영향평가 대상지역 밖에 사는 주민에게는 증명책임을 부담하여 원고적격을 인정한다.

이와 같이 행정소송에서 원고적격과 같은 소송요건에 관한 증명책임을 당사자인 원고에게 부과하는 것은 적어도 변론주의가 채택되고 있는 소송절차에서나 가능한 것이다. 따라서 위 판례는 우리나라 행정소송에서는 변론주의가 채택된 증거이다. 왜냐하면 소송요건에 관한 증명책임을 당사자에게 부과하는 방식은 당해 소송유형상의 심리원칙이 변론주의를 원칙으로 하거나 적어도 변론주의가 가미된 소송유형에서나 가능한 것이지 이른바 직권탐지주의를 원칙으로 하는 소송유형에서는 불가능한 것이기 때문이다.

위 학설 중 직권탐지주의설을 제외한 직권증거조사주의설 또는 변론보충설을 비롯하여 절충설에 따르면, 행정소송에서 변론주의가 인정되는 한도 내에서는, 위에서 인용한 판례에서 보는 바와 같이, 원고에게 증명책임을 부과하여 증명에 성공하면 원고적격을 인정하는 법원의 조사방법은 변론주의 원칙상 당연히 허용된다.

## V. 환경영향평가 대상지역의 판단주체 문제와 최근 판례이론에 대한 비판 및 그 검토

### 1. 환경영향평가 대상지역의 판단주체 문제

### (1) 문제의 소재

전술한 바와 같이, 우리나라 판례상 환경영향평가 대상지역 안의 주민과 밖의 주민을 구별하여, 전자에게는 환경상 이익의 침해 또는 침해 우려가 있다는 것이 사실상 추정되고 후자에게는 그에 관하여 증명책임을 부과한다. 현실적으로 환경영향평가 대상지역의 설정 주체에 따라서 원고적격의 인정 범위가 좌우될 가능성이 있다는 점에서 중요하다.

이에 관한 관련 규정을 보면, 환경영향평가 대상지역은 환경영향평가 대상사업의 시행으로 영향을 받게 되는 지역(환경영향평가법 제9조)을 말하고, 환경영향평가 대상사업은 같은 법 제4조 및 같은 법 시행령에 의하여 정하여지게 되어 있다. 사업자는 환경영향평가 대상사업을 시행하는 경우에는 환경영향평가에 관한 서류를 작성하여야 한다(같은 법 제13조).

### (2) 사업자주체설과 법원주체설

이에는 사업자주체설과 법원주체설이 대립하고 있다. 사업자주체설은 사업자 또는 환경영향평가대행자가 환경영향평가서를 작성한다는 점에서 주장되고, 법원주체설은 법원이 환경영향평가서의 내용에 구속됨이 없이 소송자료와 증거자료 등을 종합하여 원고가 환경영향평가 대상사업의 시행으로 인하여 영향을 받게 되는 지역 안의 주민인지 여부를 판단하는 설로서 세칭 새만금사건의 원심판결[87]의 입장이다.

대체적으로 법원주체설이 현재의 다수설로서 그 근거로는 환경영향평가 대상지역은 사업자 등이 환경영향평가서나 그 초안을 작성함에 있어서 대상지역으로 설정한 지역을 의미하는 것이 아니라, 대상사업의 시행으로 환경영향을 받게 되는 지역을 의미한다는 점,[88] 사업자는 현실적으로 환경영향평가 대상지역을 좁게 설정할 가능성이 있다는 점[89] 등을 들고 있다.[90]

### (3) 결어

환경영향평가 대상지역 안의 주민인 경우 사업자 등이 정한 환경영향평가 대상지역을 다툴 이유가 없다. 왜냐하면 환경영향평가 대상지역 안의 주민인 경우에는 환경상의 이익에 대한 침해 또는 침해우려가 있는 것으로 사실상 추정되어 당해 주민에게 원고적격이 인정되므로 특별히 문제가 없다. 문제는 일

---

87) 서울고법 2005. 12. 21. 선고 2005누4412 판결.
88) 임영호, "폐기물처리시설의 주변영향지역 밖에 거주하는 주민들이 소각장입지지역결정·고시처분의 무효확인을 구할 원고적격이 있는지 여부", 『대법원 판례해설』 제55호 (2005), 196면-197면; 김수일, "1일 처리능력 100톤 이상인 폐기물소각시설을 설치하기 위한 폐기물처리시설설치계획 입지결정·고시처분의 효력을 다투는 소송에 있어서 인근 주민들의 원고적격", 『특별법연구』 제7권, 박영사, 2005, 235면; 김향기, "행정소송의 원고적격에 관한 연구 — 환경행정소송에서 제3자의 원고적격을 중심으로 —", 『환경법연구』 제31권 2호(2009), 252면-253면.
89) 김연태, 앞의 글, 49면.
90) 환경영향평가 대상지역의 결정에 관한 자세한 내용은, 홍준형, "환경영향평가에 대한 행정소송의 법적 쟁점", 『행정법연구』 제28호(2010. 12), 218면 이하 참조.

단 사업자 등이 정한 환경영향평가 대상지역 밖의 주민이 환경영향평가 대상지
역 안에 거주한다고 주장하거나 또는 환경영향평가 대상지역 자체가 잘못 정해
진 경우이다.

그런데 행정소송에서의 원고적격은 소송요건이고 직권조사사항이다.[91] 민
사소송에서 당사자적격은 직권조사사항이기는 하나 그 존재 여부의 판단을 위
한 자료의 수집 및 제출은 변론주의에 의한다고 하는 것이 일반적이므로 법원
은 당사자가 제출한 자료만으로 당사자적격의 존부 여부를 판단하면 된다고 한
다.[92] 그러나 환경행정소송을 포함하는 행정소송의 경우에는 원고적격의 경우
공익성이 강하므로 반드시 변론주의만에 의할 수는 없다.

사업자의 등이 작성한 환경영향평가서는 실제 법원이 직권조사사항인 원
고적격을 인정하기 위한 단지 하나의 소송자료에 불과할 뿐이다.[93] 다시 말해
서 사업자 등이 작성한 서류를 법원이 인정할 것인가는 결국 소송요건인 직권
조사사항에 대한 법원의 조사방법의 문제가 된다. 따라서 환경영향평가 대상지
역의 판단 주체가 사업자이냐 법원이냐는 결국 사업자가 작성한 환경영향평가
서라는 판단의 기초가 되는 소송자료를 법원이 직권조사하여 원고적격을 인정
하는 소송요건에 대한 직권조사의 문제 이상의 의미는 없다고 할 수 있다. 법원
은 사업자가 작성한 환경영향평가서를 대상으로 원고적격을 인정하기 위하여
이를 직권조사할 뿐이다.

그런데 환경영향평가 대상지역인지 여부는 결국 환경영향평가 대상지역
등의 안, 밖을 구별하여 원고적격을 인정하는 판례의 조사방법의 문제로 환원
되므로 아래에서 고찰하기로 한다.

---

91) 원래 소송요건 중 공익성이 약한 항변사항은 당연히 당사자가 수집·제출하는 소송자료
만으로 소송요건을 판단하는 변론주의에 의한다. 이러한 항변사항을 제외하고 공익성이
강한 직권조사사항인 소송요건에 관한 법원의 조사방법은 직권조사이다.

92) 앞의 주 참조; 다만 이에 반하여 당사자적격은 직권조사사항으로서 법원이 입증을 촉구
하였음에도 불구하고 당사자가 필요한 사실 및 증거를 제출하지 아니하여 소송요건의
전제사실이 인정되지 아니할 때에는 증명책임의 문제로 돌아간다고 하여 결국 소송요건
의 존재를 주장하는 자, 즉 본안판결을 구하는 원고에게 증명책임이 있다고 하는 것에
는, 강현중, 307면 참조.

93) 실제에 있어서 사업자 등이 작성한 환경영향평가서가 유력할 자료가 될 것이라고 하는
것(김수일, 앞의 논문, 235면)은, 환경영향평가서 자체에 어떠한 법적효력이 있다기보다
는 실무상 유력한 자료로서의 통용된다는 의미일 것이다.

## 2. 환경영향평가 대상지역 등의 안, 밖을 구별하는 최근 판례이론에 대한 비판 및 그 검토

### (1) 최근 판례에 대한 비판 내용

최근의 환경영향평가 대상지역 등과 같이 일정 지역의 안, 밖을 구별하여 원고적격을 인정하는 판례에 대해서는, 대상지역 밖의 주민에 대하여는 원고적격에 대해서는 증명을 요한다는 점에서 원고에게 과중한 부담을 준다고 하거나,[94] 개별법령 규정에서 도출할 수 없는 법률적 이익을 증명책임의 전환으로 해결하려는 것은 환경법 분야의 증명책임의 곤란 등으로 원고적격의 부인에 이를 수 있을 뿐만 아니라 남소의 문제를 야기할 수 있다고 하거나,[95] 근거 법률이 존재하지 않는 경우에는 독일의 판례에서와 같이 자유권을 보충적으로 적용하여 원고적격 여부를 판단하여야 한다고 하거나,[96] 소송자료는 대부분 기술적·전문적인 자료이고 환경전문가가 아닌 원고가 이러한 자료를 수집할 수 있을지는 의문이고, 환경오염물질의 위험성에 관한 대부분의 자료는 행정청이나 배출시설의 사업자에게 편중되어 있으므로 개인인 원고가 이와 같은 자료를 얻기란 사실상 불가능하다고 하여 원고의 증명의 정도를 엄격한 증명보다 낮은 단계인 소명의 정도로 족한 것으로 보아야 한다고 비판하기도 한다.[97]

### (2) 비판에 대한 검토
#### 1) 민사소송에서의 직권조사

민사소송상의 대부분의 소송요건은 당사자의 처분에 맡길 수 없는 주로 공익적 성격을 가지는 사항으로서 법원의 직권조사사항이다. 민사판례에 따르면 직권조사사항인 소송요건을 조사하기 위하여 법원은 판단의 기초자료인 사실과 증거를 직권탐지까지 할 필요가 없고, 법원에 현출된 모든 소송자료를 기초로 직권으로 조사할 의무가 있다고 한다.[98]

---

94) 김연태, 앞의 글, 51면-52면.
95) 정남철, "환경보호와 인인보호 — 소위 새만금사건과 관련하여",『환경법연구』제28권 제1호(2006), 249면-250면.
96) 정하중, 앞의 책, 706면.
97) 임영호, 앞의 글, 200면.
98) 대법원 1981. 6. 23. 선고 81다124 판결, 1991. 10. 11. 선고 91다21039 판결(공1991,

민사소송에서 직권조사사항인 소송요건에 관한 소송자료는 당사자가 수집·제출하여야 하는가 아니면 이에 대한 법원의 직권탐지까지도 인정되는가에 관하여 다투어지고 있다. 그런데 민사소송은 사적 자치의 실현을 실질적 평등이라는 의미에서 즉 변론주의를 보충하는 의미에서 직권증거조사를 인정하고 있는 것에 불과하다. 따라서 민사소송에서 소송요건에 대한 판단자료에 대한 법원의 조사가 설령 직권탐지주의의 성격을 갖는다고 하더라도 이는 어디까지나 실질적 평등이라는 관점에서 당사자의 사적 자치를 시정하고자 하는 것이지 행정소송에서와 같이 공익실현을 위한 직권탐지주의의 실시와는 그 성격을 달리한다고 평가할 수 있다.

### 2) 행정소송에서의 직권조사

우리나라 행정소송에서의 소송자료에 관한 심리원칙에 관한 다수설인 절충설에 따라서 직권탐지주의가 일정 정도 인정된다는 입장에 서게 되면 민사소송보다 용이하게 직권탐지를 인정할 가능성이 높다. 즉 대는 소를 포함한다는 원칙에 따라 행정소송에서는 직권탐지와 직권조사의 구별이 심각하지 아니하고, 경우에 따라서 필요할 때에는 법원의 직권탐지 즉 당사자의 변론에 현출되지 아니한 자료까지도 법원이 탐지할 수 있다. 이러한 절충설적 입장에 서게 되어 직권탐지주의가 인정되는 행정소송에서는, "민사소송의 상당부분이 직권탐지주의의 절차로 변모한다"[99]는 비난을 받을 이유는 없다.

이와 같이 행정소송에서 법원에 의한 직권탐지가 부분적으로 허용될 수 있는 것은 법원의 조사방법에 영향을 미칠 제 요소인 공·사익의 조정절차인 행정소송의 본질, 권익구제와 적법통제를 동시에 목적으로 하는 행정소송의 목적에 비추어서도 물론이고, 특히 사실자료 및 증거자료에 관한 행정소송의 심리원칙에 비추어 보아서도 당연하다. 다만 어떠한 소송요건이 공익성이 강한 소송요건에 해당하고 따라서 당사자에 의하여 제출되는 자료 이외에도 법원이 직권으로 탐지할 수 있는 것인지 여부에 관하여는 판례의 축적을 기대한다.

위의 판례의 원고적격 조상방법에 대한 비판적인 견해들은, 원고적격은 대

---

2708), 1993. 3. 12. 선고 92다48789,48796 판결, 1995. 5. 23. 선고 95다5288 판결(공1995하, 2237), 2008. 5. 15. 선고 2007다71318 판결, 2009. 4. 23. 선고 2009다3234 판결(공2009상, 758).

99) 호문혁, 앞의 책, 312면.

표적인 소송요건이고 이는 법원의 직권조사사항이므로, 원고적격의 인정을 위한 법원의 조사는 본안에서의 사실확정을 위한 증명과는 다르다는 점을 경시하고 있다.

### (3) 판례에 대한 우려와 공과

환경영향평가 대상지역 등의 안과 밖을 구별하여 특히 전자 즉 환경영향평가 대상지역 안에 사는 주민에 한하여 사실상 추정이 인정되고 후자 즉 환경영향평가 대상지역 밖에 사는 주민에는 증명책임을 부과하는 이유에 관한 뚜렷한 설명이 없다는 문제점도 있다.[100] 그리고 일정 지역을 기준으로 하는 위 판례에 대해서는 일정 지역 밖에 사는 주민에게 실제로 어느 정도 증명책임을 다하여야만 원고적격을 인정할 것인가가 가장 문제시된다. 이는 인과관계나 오염원인을 구체적으로 밝혀내기가 어렵다고 하는 환경이라는 특성을 고려하면 사실상 증명의 어려움으로 인하여 일정 지역 밖에 사는 주민에게는 원고적격의 인정이 사실상 봉쇄되는 것이 아닌가에 대한 우려라고 할 수 있다.

그러나 환경영향평가 대상지역, 폐기물처리시설의 주변영향지역, 사전환경성검토협의 대상지역과 같은 환경영향평가 대상지역 등이라고 하는 일정 대상지역의 범위를 넘어가는 경우에도 원고적격을 부정하지 아니하고 증명책임을 부과하여 원고적격을 인정할 수 있다는 여지를 남기는 것은 원고적격의 확대라고 하는 최근의 추세에도 상응하는 긍정적인 면도 있다. 특히 우리나라 행정소송에서는 변론주의와 직권탐지주의의 절충적인 형태로 되어 있으므로 법원이 환경과 같은 공익상의 필요하다는 판단을 하여 직권탐지를 하는 것도 가능한 것이다. 결국 환경공익에 대한 법원의 실천적 의지가 가장 중요하다.

## VI. 결어

이상에서 고찰한 바와 같이, 헌법상 환경권, 재판청구권을 비롯하여 기존 행정소송에서의 원고적격에 관하여 관한 학설 및 판례의 동향 및 환경행정소송

---

100) 그 외에도 사업의 규모가 작아서 환경영향평가 대상사업이 되지 못하여 사업에 대한 원고적격의 인정에 불리한 문제에 관하여는, 김동건, "환경행정소송과 지역주민의 원고적격", 『행정판례연구Ⅴ』, 서울대출판부, 2000, 214면-215면 참조.

에서의 의의, 환경권과 재판청구권, 행정소송의 목적 내지는 기능, 소송원칙을 비롯하여, 최근 판례상 형성되고 있는 환경영향평가 대상지역 등의 안과 밖에 거주하는 지역주민의 원고적격을 인정하기 위한 법원의 조사방법과 이와 관련 된 문제 등을 검토하였다.

특히 최근 형성된 판례에서와 같이, 환경영향평가 대상지역 등의 안, 밖을 구별하여 전자에 대하여는 사실상의 추정이 적용되고, 후자에 대하여는 증명책 임을 부과하는 법원의 소송요건에 대한 조사방법은, 우리나라 행정소송에 있어 서 소송자료의 수집·제출책임에 관한 소송원칙인 변론주의와 직권탐지주의의 절충적인 입장에도 제대로 상응한다고 할 수 있다. 따라서 법원이 환경이라는 공익을 위하여 필요한 경우에는 사실과 증거에 보다 진일보한 적극적인 자세를 취할 수 있는 것 역시, 우리나라 행정소송법 제26조의 해석상 변론주의 이외에 도 직권탐지주의가 절충적으로 인정된다는 점에서 소송자료의 수집·제출을 공 익을 고려하여 탄력적이고 신축적으로 운영가능한, 우리나라 행정소송에서의 소송원칙상 가능한 것은 물론이고 바람직한 것이다. 따라서 법원의 적극적인 실천의지가 관건이다.

이러한 법원의 적극적인 실천의지는, 최근 "대상지역"이라는 용어 대신에 "영향권"이라는 용어를 사용함으로써 단순 지리적 내지는 지역적인 의미의 지 역과 관계없이 일정 환경적인 이익의 침해라는 영향을 받는 주민에게 원고적격 을 인정한 판례101)에서 보는 바와 같이, 일정 대상지역 밖의 주민에게 원고적격 의 인정이 사실상 봉쇄되는 것만은 아니라고 해석할 여지가 있는 판례에서 재 차 확인할 수 있다. 이와 같이 법원이 과거와 달리 보다 적극적인 자세를 견지 하는 결과로 환경행정소송에서의 제3자의 원고적격의 인정 범위가 확장된다는 것은, 결국 헌법상의 국민의 권리 즉 헌법권인 환경권의 실효성을 제고할 뿐만 아니라 재판청구권의 실질적 보장에도 부합하는 것으로서, 특히 환경이 중요시 되는 현대 사회에 비추어서도 바람직한 것이다. 향후 이와 같이 국민의 헌법상 의 권리 즉 헌법권인 환경권의 실효성을 제고시키고, 국민의 재판청구권을 실 질적으로 보장하는 판례들의 축적을 기대한다.

요컨대 환경행정소송에서의 원고적격의 문제는 단지 행정소송법과 같은

101) 예컨대 대법원 2010. 4. 15. 선고 2007두16127 판결. 이러한 판례의 취지에 관한 고찰은 다음 기회로 미루기로 한다.

법률차원에서의 문제만이 아니라 헌법 차원에서도 문제가 된다는 점에서, 환경행정소송에서의 원고적격은 헌법과 특히 행정소송법과 같은 법률들의 조화로운 해석이 요청되는 영역이다. 이와 같이, 환경행정소송의 경우에는 환경권과 재판청구권 등이 고려된다는 점에서 실질적 법치주의하에서의 헌법정신의 명실상부한 구현이 필수적으로 요청되는 영역이므로 바로 이 점에서 환경행정소송의 영역이야말로 문자 그대로 "헌법의 구체화법으로서의 행정법"의 성격이 가일층 부각되는 영역이다.

결론적으로, 일반행정소송과 마찬가지로 환경행정소송의 영역에서의 제3자의 원고적격의 인정 범위의 확대를 긍정하는 학설 및 판례의 경향, 헌법상 환경권의 법적 성격, 헌법상 재판청구권의 실질적 보장, 행정소송의 목적 내지는 기능, 특히 행정소송에서의 소송원칙 등을 종합적으로 검토한 결과, 우리나라 환경행정소송에서 원고적격의 인정 범위를 확대하는 것은 우리나라 법제도와 법체계상 가능하고 바람직하다. 따라서 현재 법원은 헌법상의 환경권과 재판청구권의 실질적 보장을 위해서 환경행정소송에서의 원고적격을 인정함에 있어서는 과거의 소극적인 자세에서 탈피하여 보다 적극적인 자세를 취할 의지를 적어도 남소를 걱정하여 원고적격을 제한할 필요성이 나타날 때까지 지속적으로 표명할 시점이다.

다만 과연 우리나라 환경행정소송에서 실제 어디까지 원고적격을 확장하여 인정하는 것이 바람직한 것인가라고 하는 구체적인 인정 범위를 확정하기 위해서는 궁극적으로는 합리적인 국민적 합의의 도출과정이 필요하다.

# ⌗ 참고문헌

1. 단행본

강현중, 『민사소송법』, 박영사, 2004.
권영성, 『헌법학원론』, 법문사, 2010.
김남진, 『행정법 I』, 법문사, 2000.
김남진/김연태, 『행정법 I』, 법문사, 2011.
김동희, 『행정법 I』, 박영사, 2011.
김성수, 『일반행정법』, 법문사, 2008.
김철수, 『헌법학신론』, 박영사, 2010.
김철용, 『행정법』, 박영사, 2011.
김철용/최광진 편집대표, 『주석 행정소송법』, 박영사, 2004.
김홍규/강태원, 『민사소송법』, 삼영사, 2008.
류지태/박종수, 『행정법신론』, 신영사, 2011.
박균성, 『행정법론(상)』, 박영사, 2011.
박윤흔, 『최신 행정법강의(상)』, 박영사, 2004.
박정훈, 『행정소송의 구조와 기능』(행정법연구2), 박영사, 2007.
성낙인, 『헌법학』, 법문사, 2011.
송상현/박익환, 『민사소송법』, 박영사, 2008.
이상규, 『행정쟁송법』, 법문사, 2000.
이시윤, 『민사소송법』, 박영사, 2009.
장태주, 『행정법개론』, 현암사, 2011.
전병서, 『기본강의 민사소송법』, 홍문사, 2009.
정동윤/유병현, 『민사소송법』, 법문사, 2009.
정하중, 『행정법개론』, 법문사, 2008.
최선웅, 『행정소송의 원리』(행정법연구1), 진원사, 2007.
한견우, 『현대행정법강의』, 신영사, 2008.
허 영, 『한국헌법론』, 박영사, 2010.
호문혁, 『민사소송법』, 법문사, 2011.
홍정선, 『행정법』, 박영사, 2011.
홍준형, 『행정법』, 법문사, 2011.
홍준형, 『행정구제법』, 한울아카데미, 2001.

## 2. 논문

강영호, "행정소송법 제26조[직권심리]에 대한 검토", 『행정재판실무편람(Ⅲ)』, 서울
　　　행정법원, 2003.

강재규, "자연의 권리소송", 『공법연구』 제27권 제1호(2000. 11).

권오봉, "행정소송에 있어서의 주장·입증책임", 『행정소송에 관한 제문제(상)』, 재
　　　판자료 제67집, 법원행정처, 1995.

김동건, "환경행정소송과 지역주민의 원고적격", 『행정판례연구 Ⅴ』, 서울대출판부,
　　　2000.

김수일, "1일 처리능력 100톤 이상인 폐기물소각시설을 설치하기 위한 폐기물처리
　　　시설설치계획 입지결정·고시처분의 효력을 다투는 소송에 있어서 인근주
　　　민들의 원고적격", 『특별법연구』 제7권(2005).

김연태, "환경행정소송상 소송요건의 문제점과 한계 — 원고적격과 대상적격을 중심
　　　으로 —", 『환경법의 법리와 법정책 — 환경피해에 대한 권리구제를 중심으
　　　로』, 서울대학교 환경에너지법정책센터 주최 제3차 학술포럼, 2010. 11. 27.

김종세, "환경권과 국가목표로서 환경보호에 관한 고찰", 『환경법연구』 제28권 제1
　　　호(2006).

김향기, "행정소송의 원고적격에 관한 연구 — 환경행정소송에서 제3자의 원고적격
　　　을 중심으로 —", 『환경법연구』 제31권 제2호(2009).

명재진, "환경권의 의의와 개정의 필요성", 『환경법의 법리와 법정책 — 환경피해에
　　　대한 권리구제를 중심으로』, 서울대학교 환경에너지법정책센터 주최 제3차
　　　학술포럼, 2010. 11. 27.

박균성, "프랑스법상 시설설치허가에 대한 취소소송에서의 인근주민 및 환경단체의
　　　원고적격", 『판례실무연구 [Ⅳ]』, 박영사, 2000.

박재완, "환경행정소송에서의 원고적격", 『환경법의 제문제(상)』, 재판자료 제94집
　　　(2002).

박정훈, "환경위해시설의 설치·가동 허가처분을 다투는 취소소송에서 인근주민의
　　　원고적격 — 독일법의 비판적 검토와 행정소송법 제12조의 해석을 중심으
　　　로 —", 『판례실무연구 [Ⅳ]』, 박영사, 2000.

설계경, "환경침해의 권리구제에 관한 고찰", 『환경법연구』 제28권 제1호(2006).

오정후, "환경권 침해에 터잡은 가처분 사건의 소송요건", 『환경법연구』 제29권 제2
　　　호(2007).

이동준, "도롱뇽, 자연물의 권리소송", 『부산법조』 제21호(2004).

이원우, "항고소송의 원고적격과 협의의 소의 이익 확대를 위한 행정소송법 개정방
　　　안", 『행정법연구』 제8호(2002).

이재성, "행정소송의 소송요건사실과 직권조사의 한계", 『판례월보』 제191호 (1986. 8).

이혁우, "행정소송에서의 직권심리범위 — 행정소송법 제26조의 해석과 관련하여 — ", 『특별법연구』 제5권(1997).

임영호, "폐기물처리시설의 주변영향지역 밖에 거주하는 주민들이 소각장입지지역 결정·고시처분의 무효확인을 구할 원고적격이 있는지 여부", 『대법원 판례해설』 제55호(2005).

조홍식, "분산이익소송에서의 당사자적격 — 3권분립과 당사자적격, 그리고 사실상의 손해의 함수관계 — ", 『판례실무연구 [IV]』, 박영사, 2000.

최선웅, "행정소송에서의 원고적격 — 기존 4개 학설의 의의를 중심으로 — ", 『행정법연구』 제22호(2008. 12).

최선웅, "행정소송에서의 원고적격 — 법원의 조사방법을 중심으로 — ", 『행정법연구』 제25호(2009. 12).

최선웅, "행정소송의 목적에 관한 일 고찰", 『행정법연구』 제13호(2005. 5).

최선웅, "행정소송법 제26조의 해석에 관한 일 고찰 — 우리나라 행정소송의 독자성을 모색하며 — ", 『행정법연구』 제10호(2003 하반기).

최선웅, "행정소송에서의 석명의무의 인정근거 — 우리나라 행정소송의 독자성을 모색하며 — ", 『행정법연구』 제9호(2003 상반기).

최윤철, "우리 헌법에서 환경권조항의 의미 — 기본권 보장 또는 환경보호?", 『환경법연구』 제27권 제2호(2005. 9).

허상수, "항고소송의 법리", 『행정소송에 관한 제문제(상)』, 재판자료 제67집, 법원행정처, 1995.

허상수, "도롱뇽의 당사자능력과 환경소송 — 대법원 2006.6.2.자 2004마1148, 1149 결정 — ", 『판례연구』, 부산판례연구회 제18집(2007. 2).

홍성방, "자연의 권리 주체성", 『한림법학FORUM』 제4권(1995. 9).

홍준형, "환경영향평가에 대한 행정소송의 법적 쟁점", 『행정법연구』 제28호(2010. 12).

홍준형, "'도롱뇽소송'의 적법여부에 대한 고찰", 『한국공법이론의 새로운 전개』, 삼지원, 2005.

# 제10절  행정소송에서의 협의의 소의 이익*

## Ⅰ. 서설

이 글은 우리나라 행정소송법 제12조 제2문의 해석에 관한 기존 학설의 문제점을 검토하고 행정소송법 제12조 제2문에 관한 새로운 해석방향을 제시하는 것을 목적으로 한다.

일반적으로 행정소송에서는 소의 이익이라는 개념을 광의와 협의로 나누어서, 광의로는 대상적격, 원고적격, 권리보호필요성을 합친 개념으로 사용하고, 협의로는 권리보호필요성만을 의미하고 있다. 이러한 협의의 소의 이익 내지는 권리보호필요성은 흔히 "이익 없으면 소가 없다"라는 법언으로도 표현되는 소송상 대원칙으로서 행정소송에서도 당연히 인정됨은 물론이다. 일반적으로 권리보호필요성이란 법원의 재판이 현실적으로 필요하고 재판청구가 남용되어서는 안 된다는 것을 의미하는 것으로서 이 권리보호필요성은 모든 소송의 허용성 내지는 적법성을 판단하는 소송요건이다.[1]

---

* 이 글은『행정법연구』제41호(2015. 2)에 게재된 논문 "행정소송법 제12조 제2문의 해석"을 수정·보완한 것입니다.
1) 김남진/김연태,『행정법Ⅰ』, 법문사, 2013, 760면 이하; 김동희,『행정법 Ⅰ』, 박영사, 2013, 735면; 김철용,『행정법』, 고시계사, 2014, 583면; 류지태/박종수,『행정법신론』, 박영사, 2010, 651면; 박윤흔/정형근,『최신 행정법강의(상)』, 박영사, 2009, 795면 이하; 박정훈, "취소소송의 소의 이익과 권리보호필요성 — 독일법상의 권리보호필요성과 우리

주지하다시피, 우리나라 행정소송에서는 종래부터 행정소송법 제12조 제1
문 "처분등의 취소를 구할 법률상 이익이 있는 자가 제기할 수 있다"라는 규정
을 주로 취소소송의 원고적격2)과 관련하여 검토하여 왔고, 같은 조 제2문 "처
분등의 효과가 기간의 경과, 처분등의 집행 그 밖의 사유로 인하여 소멸된 뒤에
도 그 처분등의 취소로 인하여 회복되는 법률상 이익이 있는 자의 경우에는 또
한 같다"를 이른바 협의의 소익 내지는 권리보호필요성과 관련하여 검토하여
온 것이 주류적인 입장3)이라고 할 수 있다. 이와 같은 기존의 입장에 반하여 예
외적인 입장으로, 특히 행정소송법 제12조 제2문이 권리보호필요성을 규정한
것이 아니라 같은 조 제1문과 같이 원고적격을 규정한 것이라고 하고, 따라서
권리보호필요성은 행정소송법에 그 근거규정이 없게 되는 것이므로 이를 판례
와 학설에 맡기는 것이라는 주장4)이 있어 왔다. 즉 행정소송법 제12조 제1문이
취소소송의 원고적격을 규정한 것에 대하여는 아무런 이견이 없는 반면에, 제
12조 제2문에 관하여는 취소소송의 권리보호필요성을 규정한 것이라는 주류적
견해에 대하여, 비록 예외적이기는 하지만, 원고적격을 규정한 것이라고 하는
견해가 대립하고 있다.

그런데 위와 같은 행정소송법 제12조 제2문에 관한 기존 학설의 대립은,
결국 행정소송법 제12조 제2문이 원고적격 아니면 권리보호필요성 중 어느 하
나를 규정하였다고 한다는 점에서 양자택일적 선택 내지는 범주적 구별을 강요
한다. 원래 행정소송법 제12조 제2문과 관련된 "소의 이익" 또는 "법률상 이익"
이라고 하는 개념은 "불확정법개념"5)이라고 할 수 있으므로 기본적으로 그 의
미의 범위에 관하여는 해석의 여지가 있다. 원고적격과 권리보호필요성은 그
개념상 당연히 구별되는 것임에는 틀림없으나, 본래 넓은 의미의 소익의 개념

행정소송법 제12조 후문의 "법률상 이익" — ", 『행정소송의 구조와 기능』, 박영사, 2007,
289면: 정하중, 『행정법총론』, 법문사, 2005, 706면 이하; 홍정선, 『행정법원론(상)』, 박
영사, 2013, 1010면; 홍준형, 『행정법』, 법문사, 2011, 879면.
2) 이에 관한 상세한 것은, 최선웅, "행정소송에서의 원고적격 — 기존 4개 학설의 의의를
중심으로 — ", 『행정법연구』 제22호(2008. 12), 31면-54면; 최선웅, "행정소송에서의 원
고적격 — 법원의 조사방법을 중심으로 — ", 『행정법연구』 제25호(2009. 12), 195면-214
면 등 참조.
3) 예컨대 앞의 주 1)의 문헌 참조.
4) 홍정선, 앞의 책, 1014면-1015면.
5) 김동희, 앞의 책, 730면.

에는 원고적격과 권리보호필요성뿐만 아니라 나아가 대상적격까지도 포함되므로, 실제상 양자의 구별이 반드시 용이하다고는 할 수 없다.[6] 어쨌든 원고적격과 권리보호필요성은 개념적으로 명확하게 구별된다고 하더라도, 적어도 이 양자를 한 개의 조문에 함께 규정하는 것이 금지된다거나 한 개의 조문이 이 양자를 포괄하는 의미로 해석하는 것이 전혀 불가능한 것은 아니다. 따라서 행정소송법 제12조 제2문에 관한 기존 학설의 해석방법은 다소 탄력적이지 못하고 부자연스런 경직된 해석을 강요하게 된다는 점에서 기본적인 문제가 있다.

권리보호필요성은 개념상으로는 소송유형과 관계없이 모든 소송에서 공통적으로 인정되는 일반적 권리보호필요성과, 개별 소송유형 예컨대 이행소송, 확인소송, 형성소송에 따라서 형성된 특수적 권리보호필요성으로 나누어지고, 이러한 일반적 권리보호필요성과 특수적 권리보호필요성은 그 법적 근거를 서로 달리하는 것이 일반적이다.[7] 따라서 권리보호필요성의 법적 근거를 우리나

---

6) 광의의 소익에 속하는 요소들은 서로 밀접한 관련이 있고 중복되는 등 그 한계가 명확하지 않다고 하는 것에는, 이시윤,『신민사소송법』, 박영사, 2010, 193면; 호문혁,『민사소송법』, 법문사, 2010, 281면 참조.

7) 이 개별 소송유형에 따른 권리보호필요성을 "특수적" 권리보호필요성(박정훈, 앞의 논문, 294면)이라고 한다. 우리나라에서는 일반적 권리보호필요성과 특수적 권리보호필요성을 뚜렷이 구별하지 아니하고 주로 일반적 권리보호필요성에 해당하는 내용을 설명하는 것이 일반적이다. 예컨대 앞의 주 1)에 소개된 문헌 참조; 다만 양자를 뚜렷이 구별하고 있는 것으로는, 박정훈, 앞의 논문, 294면 참조; 참고로 독일 행정소송에서는 일반적 권리보호필요성과 특수적 권리보호필요성을 구별하여 기술하고 있는 것이 일반적이라고 할 수 있다. 이에 관하여는, Bader/Funke-Kaiser/Kuntze/von Albedyll, VwGO Kommentar, 4. Aufl., 2007, §42 Rn. 128; Eyermann, VwGO Kommentar, 10. Aufl., 1998, vor §40 Rn. 11ff.; Gärdiz, VwGO Kommentar, 2013, §42 Rn. 109 ff.; Hufen, Verwaltungsprozessrecht, 7. Aufl., 2009, §23 Rn. 10 ff.; Kopp/Schenke, VwGO Kommentar, 15. Aufl., 2007, Vorb §40, 30 ff.; Kuhla/Hüttenbrink, Der Verwaltungsprozess, 2002, D 19 ff.; Posser/Wolff, VwGO Kommentar, 2008, §123 Rn. 37 ff.; Redeker/von Oertzen, VwGO Kommentar, 12. Aufl., 1997, §42 Rn. 28 ff.; Rolf Schmidt, Verwaltungsprozessrecht, 12. Aufl., 2008, Rn. 323 f.; Schoch/Schmidt-Aßmann/Pietzner, VwGO Kommentar, 1999, Vorb §40 Rn. 74 ff.; Sodan/Ziekow, VwGO, 2 Aufl., 2006, §42 Rn. 335; Thomas Würtenberger, Verwaltungsprozessrecht, 2. Aufl., 2006, §20 253 ff.; Ule, Verwaltungsprozessrecht, 9. Aufl., 1987, §34; Schmitt Glaeser, Verwaltungsprozessrecht, 13. Aufl., 1994, Rn. 117 ff. 등 참조; 민사소송에서도 양자를 일응 구별하고 있다. 예컨대 공통적인 소의 이익과 각종 소에 특수한 소의 이익을 구별하는 것으로는, 이시윤, 앞의 책, 193면 이하; 호문혁, 앞의 책, 281면 이하 참조; 독일 민사소송에 관하여는, Jauernig, Zivilprozessrecht, 27. Aufl., 2002, Rn. §35 Rn. 35 ff.; Rosenberg/Schwab/Gottwald, Zivilprozessrecht, 16. Aufl., 2004, §89 Rn. 29 ff.

라 행정소송법 제12조 제2문과 관련시켜 논의하는 경우에 있어서는 당연히 일반적 권리보호필요성과 특수적 권리보호필요성을 나누어 고찰할 필요가 있게 된다.

일반적으로 우리나라에서는 종래 권리보호필요성의 인정 범위를 확대할 목적에서, 행정소송법 제12조 제2문을 독일 계속확인소송의 법적 근거인 독일 행정소송법(VwGO) 제113조 제1항 제4문에 규정된 "확인의 정당한 이익(ein berechtigtes Interesse an dieser Feststellung)"을 참고하여 이해하여 왔다고 할 수 있다.[8] 독일 행정소송법(VwGO) 제113조 제1항 제4문에 근거한 독일의 계속확인소송(Fortsetzungsfeststellungsklage)은 원칙적으로 취소소송 제기 후 "행정행위가 판결 전에 직권취소 등으로 종료된 경우(Hat sich der Verwaltungsakt vorher durch Zurücknahme oder anders erledigt)"에 인정되는 소송유형이다.

처분등이 소멸하는 때로부터 국민의 권익구제가 무조건적으로 종료하는 것은 아니기 때문에, 물론 일정 제한이 따르는 일정한 경우에 한정되겠지만, 소멸된 처분을 행정소송의 대상으로 하는 것은 바람직하다. 그런데 독일 계속확인소송에서와 같이 "취소소송제기 후 판결 전"이라고 하는 제한규정이 없는 우리나라 행정소송법 제12조 제2문에 따르게 되면, 취소소송 제기 후뿐만 아니라 취소소송 제기 "전"에 소멸된 처분등에 대하여 취소소송의 대상으로 삼아서 취소소송을 제기하는 경우가 가능하고 예정되어 있다. 이런 점에서 우리나라 행정소송법 제12조 제2문의 해석문제가 단지 원고적격과 권리보호필요성 차원에서의 해석문제에서만 머무는 것이 아니라, 궁극적으로는 행정소송법 제2조 제1항 제1호의 "처분등"의 개념에 일정한 경우 "소멸된" 처분등이 포함될 여지가 있다는 점에서 처분개념의 확장이라고 하는 대상적격 차원에서의 해석문제로 불가피하게 전화하게 된다.

보다 근본적으로 유의하여야 할 점은, 독일 행정소송에 인정되는 계속확인소송은, 우리나라 행정소송법상 명시적으로 인정되는 하나의 소송의 유형으로 규정되어 있지 아니할 뿐만 아니라 우리나라 학설은 물론이고 판례에 의하여서도 인정되는 소송유형이 아니라는 점이다. 이러한 점에서 독일 행정소송법상의

8) 예컨대 김남진/김연태, 앞의 책, 771면; 정하중, 앞의 책, 709면; 홍준형, 앞의 책, 880면 참조. 이와 같은 견해에 반대하는 입장(예컨대 김동희, 앞의 책, 740면; 김철용, 앞의 책, 584면-585면)도 있다.

계속확인소송에 관한 이론을, 우리나라 행정소송에 그대로 적용하는 것은 적어도 양국의 행정소송법 규정을 동일시하는 전제하에서 검토한다는 점에서 기본적인 문제가 있다.9)

　　요컨대 우리나라 행정소송법 제12조 제2문을 해석함에 있어서는, 이상에서 제시한 제반 사정들을 고려하여야 할 뿐만 아니라, 무엇보다도 일차적으로는 우리나라 실정 소송법규정을 중심으로 하여야 하고, 궁극적으로는 그 해석 결과가 우리나라 헌법상 재판청구권과 그 실질적 보장을 구현하기 위한 일환인 행정소송의 목적10)에 합당하여야만 우리나라 행정소송법을 제대로 해석하고 독자적인 성격을 규명할 수 있다.

　　이하 "Ⅱ. 기존 해석의 내용"에서는 우리나라에서 행정소송법 제12조 제2문의 해석에 관한 기존 학설의 내용을 소개한다. 이어서 "Ⅲ. 새로운 해석을 위한 예비적 고찰"에서는, 행정소송법 제12조 제2문에 관한 새로운 해석방향을 제시하기 위하여 필요한 예비적 고찰로서, 특히 우리나라 판례가 원고적격, 권리보호필요성은 물론이고 나아가 대상적격까지 포함하여 소익이라고 하는 개념상 혼용뿐만 아니라 행정소송법 제12조 제2문과 관련하여서는 처분등의 소멸시기가 취소소송의 제기 "전, 후"를 모두 포함하고 있는 경향에 대한 합리적 해석의 필요성의 문제, 일반적 권리보호필요성과 특수적 권리보호필요성의 종류에 따른 법적 근거와 행정소송법 제12조 제2문의 관계, 독일의 계속확인소송과 행정소송법 제12조 제2문의 관계, 행정소송법 제12조 제2문상 소송의 성질의 성질이 취소소송인가 확인소송인가의 문제 등에 관하여 관련되는 논점을 중심으로 개략적인 검토를 한다. 이를 기초로 하여 "Ⅳ. 행정소송법 제12조 제2문의 새로운 해석"에서는 행정소송법 제12조 제2문에 관한 기존의 해석과는 다른 새로운 해석방향을 제시해 보고자 한다.

---

9) 정남철, "행정소송법 제12조 후문의 해석과 보호범위", 『행정판례연구』, XIV(2009), 311면.
10) 행정소송의 목적에 관하여는, 최선웅, "행정소송의 목적에 관한 일 고찰", 『행정법연구』 제13호(2005. 5), 365면-380면 참조.

## Ⅱ. 기존 해석의 내용

### 1. 개요

행정소송법 제12조 제2문의 해석에 관한 기존의 학설들을 내용적으로 분류하면 다음과 같다. 즉 먼저 행정소송법 제12조 제2문의 입법취지를 들 수 있고, 다음으로 제12조 제2문이 권리보호필요성을 규정한 것인지 아니면 같은 조 제1문과 같은 원고적격을 규정한 것인지 여부, 만일 같은 조 제2문이 권리보호 필요성을 규정한 것이라면 이것이 같은 조 제1문의 원고적격과 동일한 조문에 규정하였다는 점에서는 입법과오라고 할 수 있는 것인지 여부, 제12조 제2문의 소송의 성질이 취소소송인지 아니면 확인소송인지 여부, 제12조 제2문과 독일의 계속확인소송이 관련성이 있는지 여부, 제12조 제2문의 "법률상 이익"의 범위의 광협 등과 관련하여 논해지고 있다.

### 2. 행정소송법 제12조 제2문의 입법취지

1985년에 개정[11])으로 새로이 도입된 행정소송법 제12조 제2문의 입법취지에 관하여는, 종래 우리나라 판례가 소멸된 후의 처분에 대한 권리보호필요성 또는 협의의 소익을 판단함에 있어서는 비교적 엄격하게 판단하는 소극적 입장을 입법을 통하여 변경한 것으로 평가한다. 즉 "행정행위가 이루어진 이후에 발생한 사정 또는 시일의 경과에 의하여 그 행정행위가 실질적으로 존재할 의의 내지 효력을 상실한 경우"[12])에는 소를 각하하였던 종래의 판례의 경향에 대하여 행정소송법을 의도적으로 개정하여 제12조 제2문을 도입하여 권리보호필요성 내지는 협의의 소익을 확대하여 권리구제를 확대하려는 취지라고 한다.[13])

---

11) 이 행정소송법은 1984. 12. 15. 법률 제3745호로 전부 개정되고 1985. 10. 1.부터 시행되었다.

12) 대법원 1982. 3. 9. 선고 81누326 판결.

13) 김남진/김연태, 앞의 책, 770면 이하; 홍준형, 앞의 책, 879면 이하; 이 규정은 일본의 행정사건소송법 제9조의 괄호규정을 거의 그대로 반영한 것이라고 한다. 김창조, "취소소송의 소의 이익 — 일본법제를 중심으로 —", 『공법연구』 제22집 제3호(1994), 418면-422면.

### 3. 권리보호필요성 규정설과 원고적격 규정설

#### (1) 권리보호필요성 규정설

행정소송법 제12조 제1문 즉 "취소소송은 처분등의 취소를 구할 법률상 이익이 있는 자가 제기할 수 있다"라는 규정은 원고적격을 규정한 것이고, 같은 조 제2문 즉 "처분등의 효과가 기간의 경과, 처분 등의 집행 그 밖의 사유로 인하여 소멸된 뒤에도 그 처분등의 취소로 인하여 회복되는 법률상 이익이 있는 자의 경우에는 또한 같다"라는 규정은 이른바 협의의 소익 또는 권리보호 이익 내지는 필요를 규정한 것이라고 하는 견해로서 다수설이다.[14]

다시 말해서 행정소송법 제12조 제2문은, 처분 등이 있은 다음 사정변경에 의하여 처분 등의 본래적 효과가 소멸하거나 그 실질적 의의를 상실한 경우에도 그 취소를 구할 수 있는지 여부에 관한 협의의 소의 이익(권리보호필요성)을 규정한 것이고,[15] 특히 제12조 제1문의 "법률상 이익"은 소송상 권리보호에 대한 이익 또는 이를 받을 현실적 필요(협의의 소익)가 아니라, 취소소송의 보호대상으로서의 이익을 말하는 것이라고 한다.[16]

이 권리보호필요성 규정설에 따르면, 제1문은 원고적격에 관한 규정이고, 제2문은 권리보호필요성에 관한 규정이므로 이 규정을 한 조문에 함께 [원고적격]이라는 제하에서 "법률상 이익"[17]이라는 동일한 용어를 사용하여 규정하고 있고, 또 소멸된 처분에 대하여 "취소로 인하여 회복되는"식으로 규정한 것은 적절한 표현이 아니라고 하는 이른바 입법과오설을 주장한다.[18]

#### (2) 원고적격 규정설

위 다수설에 반대하는 소수설은 행정소송법 제12조 제2문의 규정을 같은 조 제1문과 마찬가지로 원고적격을 규정한 것이라고 한다. 즉 이 설은 취소소

---

14) 김남진/김연태, 앞의 책, 770면; 김유환, "취소소송에 있어서의 권리보호의 필요", 『고시연구』(1995. 11), 61면; 김철용, 앞의 책, 584면-585면; 박균성, 『행정법론(상)』, 박영사, 2013, 1107면; 정하중, 앞의 책, 706면 이하; 홍준형, 앞의 책, 873면, 880면.
15) 김철용, 위의 책, 583면.
16) 홍준형, 앞의 책, 864면, 872면-873면, 880면.
17) 이들 두 가지 경우에 "법률상 이익"의 개념이 서로 다른 것임에도 불구하고 동일한 맥락에서 혼동되고 있음을 알 수 있다고 한다. 홍준형, 위의 책, 873면.
18) 김남진/김연태, 앞의 책, 770면-771면; 홍준형, 위의 책, 873면.

송은 처분등의 존재를 전제로 하므로, 논리적으로 보면 처분이 기간경과 등으로 소멸하면 취소소송을 제기할 수 없으므로 처분등이 소멸된 뒤에도 침해된 권리를 다툴 필요성은 존재하는 경우19)가 있을 뿐만 아니라 취소소송의 제기 후에 처분이 소멸되는 경우20)에도 마찬가지로 다툴 필요성이 존재하는 경우를 들 수 있다고 한다.21) 그리하여 같은 조 제2문을 처분이 소멸된 경우에도 권리(법률상 이익)가 침해된 자는 취소소송의 원고적격을 가진다는 조항으로 보아야 하고, 권리보호필요성은 취소소송의 경우와 마찬가지로 행정소송법에는 그 근거 규정이 없고, 판례와 학설에 의하여 인정되는 것으로 보는 것이 합리적이라고 한다.22) 우리나라 행정소송법 제12조 제2문은 취소소송의 방식23)을 취하고 있으며 이러한 소송은 "처분의 존재"의 요건을 제외하고는 취소소송의 제기에 요구되는 모든 요건을 구비하여야 한다고 한다.24) 이 설에 대하여는, 행정소송법 제12조 제2문이 법문상 권리보호의 필요 전반에 관하여 규정하고 있는 것은 아니며, 처분의 효과가 소멸된 후에도 권리보호의 필요가 인정되는 경우를 규정하고 있을 뿐이라는 비판이 있다.25)

이 원고적격 규정설에 따르면, 행정소송법 제12조 제2문은 권리보호필요성을 규정한 조항이 아니라 처분이 소멸된 경우에도 권리(법률상 이익)가 침해된 자가 취소소송의 원고적격을 가진다는 조항이라고 하므로 결과적으로 같은 조 제2문은 입법과오가 아니라고 한다.26)

---

19) 이 설은 건축사업무정지처분의 기간이 경과한 후에도 추후에 발생할 수 있는 불이익의 방지를 위하여 소급적으로 다툴 필요가 있는 경우를 들고 있다. 홍정선, 앞의 책, 961면 이하.

20) 이 설은 소송계속중에 업무정지기간이 경과한 경우를 들고 있다. 홍정선, 위의 책, 962면.

21) 홍정선, 위의 책, 961면-962면.

22) 이 경우 제2문을 원고적격이 아니라 권리보호의 필요의 조항으로 본다면, 취소소송은 처분의 존재를 전제로 하는 것이므로, 처분등이 소멸된 뒤에 취소소송을 제기할 수 있는 원고적격에 관한 조항은 행정소송법에 없는 것이 된다고 한다. 홍정선, 위의 책, 1014면-1015면.

23) 처분의 소멸에 대하여는 확인소송의 방식과 취소소송의 방식이 있다고 하는데 후자는 성질상 전자의 확인소송의 의미를 가진다고 한다. 홍정선, 위의 책, 962면 이하.

24) 이러한 소송은 처분의 위법성을 다툰다는 점에서 처분등의 존부 그 자체를 다투는 소송(처분존재확인소송·처분부존재확인소송)과 구별된다고 한다. 홍정선, 위의 책, 962면 이하.

25) 김철용, 앞의 책, 584면.

26) 홍정선, 앞의 책, 1014면.

## 4. 행정소송법 제12조 제2문의 소송의 성질

### (1) 확인소송설

행정소송법 제12조 제2문의 소송은 비록 그 소송유형은 취소소송의 형식이지만 실질적으로 장래에 발생할 수 있는 불이익을 방지하기 위한 목적으로 제기하는 예방적 목적의 확인소송이라고 하고, 이 경우 확인의 대상은 무효가 아니라 단순위법의 확인을 구하는 것이라고 한다.[27] 원래 처분등이 소멸된 뒤에도 침해된 권리를 다툴 필요성이 존재하는 경우 이를 확인소송의 방식과 취소소송의 방식으로 해결하는 방식이 있을 수 있는데, 행정소송법이 채택한 후자의 경우에도 이미 소멸된 처분은 취소시킬 수가 없고, 취소라는 표현을 사용하여도 그것은 소멸된 종전의 행위가 위법함을 확인하는 데 불과하다고 하거나,[28] 또는 취소소송을 제기하여 인용판결을 받는다고 하여도 실질적으로는 확인판단을 받는 것 이상의 효과를 기대할 수 없다는 이유로 독일의 계속확인소송과 유사한 소송의 성격을 가진다고 한다.[29]

이 확인소송설은 기본적으로 우리나라 행정소송법 제12조 제2문을 독일 행정소송법 제113조 제1항 제4문의 소송유형인 계속확인소송(Fortsetzungsfeststellungsklage)과 관련시켜서 검토하고 있는 것이 일반적이다.[30]

### (2) 취소소송설

취소소송의 목적 내지는 기능이 처분등의 효과배제만이 아니라 행정의 적법성 보장에도 있는 것이므로, 행정소송법 제12조 제2문을 해석함에 있어서 처분등이 실효된 후에도 그 처분 등의 취소를 구하지 아니하면 회복할 수 없는 법률상 이익이 남아 있는 한 적법성 보장의 필요에서 소의 이익의 존속을 인정할 수 있다[31]고 하거나, 이 경우에 무조건 소각하를 할 것이 아니라 다른 법적

---

27) 류지태/박종수, 앞의 책, 654면. 한편 취소소송의 법적 성질을 객관소송과 확인소송으로 파악하면 행정소송법 제12조 제2문도 자연스럽게 확인소송의 입장에서 해석할 수 있다고 하는 것에는, 박정훈, 앞의 논문, 319면 이하 참조.
28) 홍정선, 앞의 책, 962면-963면.
29) 김남진/김연태, 앞의 책, 709면 이하.
30) 김남진/김연태, 위의 책, 709면; 김유환, 앞의 논문, 63면 이하; 홍정선, 앞의 책, 962면 이하; 홍준형, "독일 행정소송법상 계속확인소송", 『이명구박사화갑기념논문집』, 1996, 403면 이하.

필요가 있으면 소의 이익을 인정하여 소송절차를 진행하는 것이 소송경제상 타당하다[32]고 하는 것은 결국 최소한 제12조 제2문의 소송형식을 취소소송으로 보는 것을 전제로 하는 것이다. 즉 행정소송법 제12조 제2문의 소송의 실질은 확인소송이나 적어도 그 형식은 취소소송이라는 것이다.[33]

한편 우리나라 행정소송법 제12조 제2문의 소송을 독일의 계속확인소송과 비교하여서, 독일 계속확인소송은 단순히 그 위법성의 확인을 구하는 소송인 반면에 우리나라 행정소송법 제12조 제2문에서 정하고 있는 소송은 처분의 취소소송[34]이라고 하는 경우도 있다.

## 5. 행정소송법 제12조 제2문상의 "법률상 이익"의 범위

행정소송법 제12조 제2문상의 "법률상 이익"의 범위에 관하여는, 독일의 계속확인소송에서의 "확인의 정당한 이익(ein berechtigtes Interesse an dieser Feststellung)"을 의식하여 "제2문상의 법률상 이익"은 "제1문상의 법률상 이익"보다는 확대해석하여야 한다는 것이 일반적인 견해이다.[35]

그리하여 행정소송법 제12조 제2문의 법문상 "회복되는 법률상 이익"을 취소소송의 보호대상이 아니라, 처분의 위법성에 대한 확인의 이익 또는 권리보호의 이익(협의의 소익)으로 이해하는 한, 이를 주관적 공권·법률상 이익과 사실상 이익의 구분에 관한 문제로 다룰 이유는 없고, 따라서 이를 엄격히 법률상 이익으로 한정하는 것은 같은 법 제12조 제2문의 취지를 비추어 타당하지 아니하다고 하거나,[36] 처분의 취소에 의하여 법률상 이익이 있는 경우에는 그것이 부수적인 것이라도 소익이 인정되고 있다고 하거나,[37] 특히 소멸된 처분이 위

---

31) 김철용, 앞의 책, 585면.
32) 김유환, 앞의 논문, 64면 참조.
33) 물론 행정소송법 제12조 제2문의 소송이 형식은 취소소송인데 실질은 확인소송이라는 점에서 취소소송의 소송요건을 갖추어야 하는 문제는 있다고 하는 것에는, 김유환, 위의 논문, 71면 이하 참조.
34) 다만 판례는 독일의 계속적 확인소송과 같은 소송을 포함하기도 한다고 한다. 김동희, 앞의 책, 740면 참조; 소송유형은 취소소송의 형식을 가진다고 하는 것에는, 류지태/박종수, 앞의 책, 654면 참조.
35) 김남진/김연태, 앞의 책, 771면; 박균성, 앞의 책, 1110면; 정하중, 앞의 책, 709면; 홍정선, 앞의 책, 1011면.
36) 홍준형, 앞의 책, 880면.
37) 김동희, 앞의 책, 736면.

법이었음을 확인할 정당한 이익이 있는 경우에 행정소송법 제12조 "제2문상의 법률상 이익"은 "제1문상의 법률상 이익"보다는 넓다고 한다.[38]

구체적으로는 과거에는 명예·신용 등을 포함하지 않는다는 견해[39]가 있었으나, 현재 대부분은 명예·신용 등의 인격적 이익, 보수청구와 같은 재산적 이익 및 불이익제거와 같은 사회적 이익, 나아가 정신적 이익도 인정될 수 있다고 보는 견해[40]가 일반적이다.

이와 같이 같은 법 제12조 제2문의 "법률상 이익"을 독일식의 처분이 위법이었음을 확인하는 것에 "정당한 이익"으로 확대해석하여야 한다는 견해에 대하여는, 그 전제가 되는 독일의 계속확인소송은 단순히 그 위법성의 확인을 구하는 확인소송[41]이라고 하거나, 우리나라 행정소송법 제12조 제2문의 소송형식은 취소소송[42]이라고 하거나, 또는 동일한 법문 속의 동일한 용어는 원칙적으로 동일한 개념으로 해석하여야 한다는 것이 타당하다[43]는 반론이 제기되고 있다.

## Ⅲ. 새로운 해석을 위한 예비적 고찰

### 1. 개념상의 혼용과 취소소송의 제기 "전과 후"에 대한 합리적 해석의 필요

### (1) 개념상의 혼용

전술한 바와 같이, 광의의 소익의 개념은 대상적격, 원고적격 및 권리보호필요성을 포함하고, 협의의 소익은 권리보호필요성만을 지칭하고 있다. 그런데 문제는 사실 이 개념들 간에 구별 자체가 명확하지 않다는 데에 있다.[44]

특히 주지하다시피, 우리나라 판례에서는 "법률상 이익" 내지는 "원고적격", "권리보호의 필요성", "소익" 등의 개념을 뚜렷하게 구별하지 아니하고 혼

---

38) 김남진/김연태, 앞의 책, 771면.

39) 김도창, 『일반행정법론(상)』, 청운사, 1992, 785면.

40) 김남진/김연태, 앞의 책, 771면; 박균성, 앞의 책, 1110면, 정하중, 앞의 책, 709면; 홍정선, 앞의 책, 1011면.

41) 김동희, 앞의 책, 740면.

42) 류지태/박종수, 앞의 책, 654면.

43) 김철용, 앞의 책, 584면-585면.

44) 행정소송법 제12조 제2문의 법률상 이익을 취소소송의 보호대상으로서의 법률상 이익이 아니라 권리보호필요성 내지는 협의의 소익이라고 하여 구별하는 것에는, 홍준형, 앞의 책, 779면, 872면 이하 참조.

용하고 있다.45) 한편 판례는, "행정처분이 취소되면 그 처분은 효력을 상실하여 더 이상 존재하지 않는 것이고, 존재하지 않는 행정처분을 대상으로 한 취소소송은 소의 이익이 없어 부적법하다"46)라고까지 한다. 즉 판례가 존재하지 않는 행정처분을 대상으로 한 취소소송은 "소의 이익이 없어 부적법하다"라고 하는 것은 경우에 따라서는 심지어 대상적격까지도 소의 이익의 한 내용으로 파악하고 있다.

### (2) 취소소송 제기 "전과 후"

우리나라 판례는 행정소송법 제12조 제2문에 의한 소송의 경우에 처분등의 "소멸시기"가 취소소송의 제기 "전과 후"를 모두 포함하고 있다. 과거에는 판례가 "취소소송 제기 전"에 제재적 행정처분의 제재기간이 경과로 그 효과가 소멸한 후에 처분의 효력을 다툴 수 있는지 여부에 관하여 부정적이었다.47) 그러나 "그 처분의 취소소송을 통하여 그러한 불이익을 제거할 권리보호의 필요성이 충분히 인정된다"고 한 대법원 2006. 6. 22. 선고 2003두1684 전원합의체 판결 이후로 긍정하기 시작하였다. 그 후 판례는 "취소소송 제소 후" 취소 대상인 행정처분이 기간의 경과 등으로 그 효과가 소멸한 경우에도 "행정의 적법성 확보와 그에 대한 사법통제, 국민의 권리구제의 확대" 등의 측면에서 여전히 그 처분의 취소를 구할 법률상 이익이 인정된다고 하고 있다.48)

---

45) 예컨대 "법률상 이익", "권리보호의 필요성"이라는 용어를 사용한 예로, 대법원 2006. 6. 22. 선고 2003두1684 전원합의체 판결, 2007. 1. 11. 선고 2006두13312 판결, 2008. 2. 29. 선고 2007두16141 판결을 들 수 있고, "소의 이익"이라는 용어를 사용한 예로는, 대법원 2006. 3. 9. 선고 2003다52647 판결, "원고적격"이라는 용어를 사용한 예로는, 대법원 2014. 2. 21. 선고 2011두29052 판결을 들 수 있다.

46) 대법원 2010. 4. 29. 선고 2009두16879 판결. 이와 동일 취지의 판례로는, 대법원 1997. 9. 26. 선고 96누1931 판결, 2006. 9. 28. 선고 2004두5317 판결 등을 들 수 있다.

47) "행정처분에 효력기간이 정하여져 있는 경우, 그 처분의 효력 또는 집행이 정지된 바 없다면 위 기간의 경과로 그 행정처분의 효력은 상실되므로 그 기간 경과 후에는 그 처분이 외형상 잔존함으로 인하여 어떠한 법률상 이익이 침해되고 있다고 볼 만한 별다른 사정이 없는 한 그 처분의 취소를 구할 법률상의 이익이 없고" 대법원 1995. 10. 17. 선고 94누14148 전원합의체 판결에서의 다수의견.

48) 대법원 2007. 7. 19. 선고 2006두19297 전원합의체 판결. 이 판결에 대한 평석으로는, 정하중, "행정소송법 12조 후단의 의미와 독일 행정소송법상의 계속확인소송 ― 대법원 2007. 7. 19. 선고 2006두19297 전원합의체 판결에 대한 평석 ―", 『저스티스』 제107호 (2008. 10) 참조.

바로 이러한 점에서, 후술하는 독일 행정소송법 제114조 제1항 제4문에 근거하여 취소소송 제기 후 판결 전을 원칙으로 하는 독일의 계속확인소송과 다르다고 할 수 있다.[49]

### (3) 행정소송법 제12조의 해석과의 관련성

요컨대 특히 우리나라 판례는 대상적격, 원고적격, 소익, 법률상 이익, 권리보호필요성 등을 엄격히 구별하여 사용하지 아니하고 있고, 행정소송법 제12조 제2문에 의한 소송의 경우에는 처분등의 소멸시기가 취소소송의 제기 전, 후인 경우 모두 포함한다.

따라서 행정소송법 제12조 제2문을 해석함에 있어서는, 이와 같은 우리나라 판례의 경향을 가능한 한 모순 없이 합리적으로 설명할 현실적인 필요성도 있다.

## 2. 권리보호필요성의 종류에 따른 법적 근거와 행정소송법 제12조 제2문의 해석

### (1) 일반적 권리보호필요성과 특수적 권리보호필요성

일반적 권리보호필요성이라 함은 법원의 재판이 현실적으로 필요하고 재판청구가 남용되어서는 안 된다는 것을 의미하는 것으로서 모든 소송의 허용성 내지는 적법성을 판단하는 소송요건이다. 이러한 일반적인 권리보호필요성으로는 보다 용이한 목적달성, 무의미한 소제기, 권리남용, 실권 등을 들고 있다.[50]

특수적 권리보호필요성이라 함은 흔히 개별 소송유형에 따라서 형성된 권

---

49) 물론, 후술하는 바와 같이, 독일의 계속확인소송이 취소소송 제기 "전"에 행정행위가 종료된 경우로 확장되는 것이 학설, 판례의 경향이기는 하다.

50) 일반적 권리보호필요성과 특수적 권리보호필요성에 관한 문헌은 앞의 주 7)에 소개된 문헌 참조; 다만 우리나라에서 일반적 권리보호필요성에 관하여는, 청구목적을 보다 용이한 방법으로 달성할 수 있는 경우, 청구취지가 이론적인 의미는 가지고 있으나 실제적인 효용 내지 실익이 없는 때, 청구를 통하여 특별히 비난받을 목적을 추구하는 경우 등을 들고 있는 것으로는, 김남진/김연태, 앞의 책, 771면; 권리구제의 비효율성, 소송의 무익성, 부당한 목적의 추구, 때이른 소송, 소송상 실권, 소송의 포기 등을 들고 있는 것으로는, 박정훈, 앞의 논문, 295면 이하; 처분의 효력이 소멸된 경우, 보다 용이한 방법으로 권리보호의 목적을 달성할 수 있는 경우, 소송이 원고에게 아무런 실익이 없다고 인정되는 경우, 소권의 남용 또는 실효를 들고 있는 경우로는, 홍준형, 앞의 논문, 879면 이하 참조.

리보호필요성을 의미한다.51) 특수적 권리보호필요성의 대표적인 예로는 독일의 행정소송법(VwGO) 제43조에 근거한 확인소송에서의 "즉시 확인의 정당한 이익(ein berechtigtes Interesse an der baldigen Feststellung)"과 제113조 제1항 제4문에 근거한 계속확인소송에서의 "확인에 대한 정당한 이익(ein berechtigtes Interesse an dieser Feststellung)"을 들 수 있다.

### (2) 일반적 권리보호필요성과 특수적 권리보호필요성의 법적 근거

일반적 권리보호필요성의 법적 근거에 관하여는, 모든 소송법에는 공통적으로 원고가 자신의 권리의 실현이 법원의 조력을 현실적으로 필요로 할 것과 권리보호청구가 남용되어서는 안 된다는 것이며, 이러한 것은 특별히 법률상의 근거가 없더라도52) 독일 헌법(GG) 제19조 제4항의 권리구제보장에 근거한다53)고 하거나, 독일 민법(BGB) 제242조에 규정된 신의성실의 원칙에서 연원하는 소송상 권리의 제도적 남용금지(Verbot institutionellen Mißbrauch prozessualer Rechte)에서 근거한다54)고 한다.

특수적 권리보호필요성이라 함은 흔히 개별 소송유형에 특유한 권리보호필요성을 의미하는데, 보통 소송법에 개별적인 근거 규정을 가지고 있다. 그 대표적인 예로는 독일의 행정소송에서는 확인의 소와 제113조 제1항 제4문55)에 근거한 계속확인소송을 들 수 있다.

### (3) 행정소송법 제12조 제2문의 해석과의 관련성

이상에서 고찰한 바와 같이, 일반적 권리보호필요성과 특수적 권리보호필요성은 그 내용이 다르고 특히 법적 근거에도 차이가 있으므로 이를 구별할 필요가 있다. 양자 간의 법적 근거의 차이는 특히 우리나라 행정소송법 제12조 제2문에 관하여 권리보호필요성 규정설이 다수설이기는 하나 일반적 권리보호필

---

51) 특수적 권리보호필요성에 관한 문헌은 앞의 주 7)에 소개된 문헌 참조.
52) 모든 소송의 불문법적인 특성이라고도 한다. Gärditz, aaO, §42 Rn. 109.
53) Hufen, aaO, §23 Rn. 10.
54) Schmitt Glaeser, aaO, Rn. 118. 독일 민법(BGB) 제242조의 신의칙과 독일 헌법 제19조 제4항상의 권리구제 모두를 언급하고 있는 것으로는, Sodan/Ziekow, aaO, §42 Rn. 335; Kopp/Schenke, aaO, Vorb §40 Rn. 30 참조.
55) 독일 행정소송법(VwGO) 제113조 제1항 제4문이 규정이 계속확인소송의 특수적 권리보호필요성이라고 한다. Sodan/Ziekow, aaO, §42 Rn. 335.

요성인지 특수적 권리보호필요성인지를 구별하지 않는 것이 일반적이라는 점에서 보다 자세한 검토가 필요하다.

일반적 권리보호필요성에 관한 법적 근거로는, 우리나라 헌법 제12조에 규정된 적법절차에 내재한 원리, 재판청구권의 실질적 보장을 규정한 제27조 등을 비롯하여, 민법의 신의칙, 민사소송법 제1조상의 신의칙 등 개별 법규정에서 그 근거를 찾아볼 수는 있다. 그러나 일반적 권리보호필요성은 그와 관계없이, 이른바 소송법상의 일반원칙으로서 소송의 종류와 관계없이 모든 소송56)에서 요구되는 필수적인 소송요건이다.57) 다만 소송법의 일반법으로서의 기능을 하는 민사소송에서의 일반원리가 행정소송법 제8조 제2항의 준용규정58)에 의하여 행정소송에서도 인정될 여지가 있다.

개별 소송유형에 따른 특수적 권리보호필요성의 법적 근거에 관하여 보면, 예컨대 공법상 당사자소송으로서의 확인소송의 경우 민사소송에서 일반적으로 인정하고 있는 확인소송의 보충성59)을 행정소송법 제8조 제2항의 준용규정에 의하여 인정할 여지가 있다. 무효확인소송에 관한 행정소송법 제35조의 규정이 원고적격에 관한 규정인가 아니면 특수적 권리보호필요성인가에 관한 규정인가에 관하여 논란의 여지가 있다.60)

---

56) 사실 권리보호필요성은 소송뿐만 아니라 예컨대 행정심판(예컨대 Hufen, aaO, §6 Rn. 38 f.)에서도 인정되는 개념이라는 점에서 보면, 권리보호필요성은 소송을 포함하는 일종의 절차의 기본원리라고 할 수 있다.

57) 권리보호의 이익 또는 필요는 비단 취소소송뿐만 아니라 행정소송 일반에 대하여 요구되는 일반적 소송요건의 하나라고 한다. 홍준형, 앞의 책, 879면; 취소소송의 경우처럼 무효등확인소송도 권리보호의 필요가 있어야 함은 물론이고 이것은 일반소송법상의 요청으로서 당연한 것이라고 한다. 홍준형, 앞의 책, 969면.

58) 행정소송법 제8조 제2항에는 "민사소송법의 규정을 준용한다"라고 규정되어 있으나, 민사소송상의 일반원리도 행정소송에, 물론 그 정도의 차이는 있으나, 준용된다. 준용규정에 관하여는, 최선웅, "행정소송에서의 준용규정에 관한 일 고찰", 『행정법연구』제12호(2004. 10), 365면-380면 참조.

59) 독일 민사소송법(ZPO) 제256조 확인의 소에서의 "즉시확정의 이익"의 규정이 있다. 우리나라 민사소송법에는 위 독일과 같은 규정이 규정되어 있지는 않으나 이는 당연한 것이므로 규정할 필요가 없어서 규정하지 않은 것이라고 한다(호문혁, 앞의 책, 296면). 행정소송으로서의 확인소송의 보충성에 관하여는, 정하중, "행정소송에 있어서 확인소송, ─독일 행정소송법상의 확인소송을 중심으로─", 『서강법학연구』제12권 제1호(2010. 6), 200면 이하 참조.

60) 무효확인소송에 관하여는 종래 민사소송에서 인정되고 있는 확인소송의 보충성이 요구되었으나, 대법원 2008. 3. 20. 선고 2007두6342 전원합의체 판결에 의하여 부정된 바 있

이와 같이 일반적 권리보호필요성과 특수적 권리보호필요성의 개별 실정
법적 근거를 각각 제시해 볼 수는 있다. 다만 소송법에 있어서 일반법의 기능을
하는 민사소송에서의 일반적 권리보호필요성 내지는 특수적 권리보호필요성으
로서의 확인소송의 보충성이 행정소송법 제8조 제2항의 준용규정에 의하여 행
정소송에서도 인정된다.

요컨대 특수적 권리보호필요성은 각 개별 소송을 규정한 개별 법률에 의하는
것이 원칙이다. 이런 의미에서 행정소송법 제12조 제2문은 "소멸된 처분등"에 대
한 취소소송에 특유한 특수적 권리보호필요성의 소송법적 근거의 성격을 가진다.

### 3. 독일의 계속확인소송과 행정소송법 제12조 제2문의 해석

### (1) 독일의 계속확인소송과 그 특징

독일의 계속확인소송은 독일 행정소송법(VwGO) 제113조 제1항 제4문에
"행정행위가 판결 전(vorher)에 직권취소 등에 의하여 종료(erledigt)된 경우에 원
고에게 확인에 대한 정당한 이익이 있는 경우(ein berechtigtes Interesse an dieser
Festellung)에는 신청에 의하여 판결로써 당해 행정행위가 위법하였다는 것을 선
고한다"는 것에 근거하여 인정되는 소송이다. 예컨대 경찰법이나 질서법 영역
에서의 행정행위가 단기간의 경과로 판결 전에 종료[61]되는 경우 즉 당해 행정
행위가 더 이상 집행될 수 없고 대상의 흠결로 취소가 무의미한 경우[62]에 계속
확인소송이 유일한 대책이 된다고 한다.[63] 또한 행정행위가 종료된 결과 원고
가[64] 선행 취소소송에서의 "그때까지의 소송수행의 과실"[65]을 누리지 못하는

---

다. 이에 관하여는, 경건, "무효확인소송의 소익 — 행정소송법 제35조 '무효확인을 구할
법률상 이익'의 의미 —",『행정법연구』제21호(2008. 8), 117면-138면; 정하중, "행정소
송에 있어서 확인소송, —독일 행정소송법상의 확인소송을 중심으로—",『서강법학연
구』제12권 제1호(2010. 6), 207면 이하 참조.

61) 독일에서는 취소소송중 행정행위가 직권취소나 기간의 경과 등으로 행정행위가 종료
(erledigt)된 경우에는 취소소송이 대상흠결로 부적법하게 되어 소송종료선언을 한다.
Hufen, aaO, §14 Rn. 12.

62) 행정행위의 종료의 원인이 되는 사유는 직권취소, 철회와 같은 법적사유 또는 기간의 경
과, 당사자의 사망과 같은 사실적 사유가 있다. Hufen, aaO, §18 Rn. 40.

63) Hufen, aaO, §18 Rn. 36.

64) 행정행위가 종료된 경우 원고는 본안종료를 선언할 수 있거나 또는 계쟁행정행위의 위
법을 확인해 달라는 신청할 수 있다. Redeker/von Oertzen, aaO, §113 Rn. 30.

65) "Früchte der bisherigen prozessführung"이는 독일 판례상의 표현이다. BVerwGE 89,
354 (355).

것은 바람직하지 아니하다고 한다.[66] 이 계속확인소송은 행정행위가 종료된다고 하더라도 독일 헌법(GG) 제19조 제4항의 권리구제보장은 종료되지 않는다는 점에 근거한다고 한다.[67]

이 소송의 성격에 관하여는, "사후적인 확인소송(nachträgliche Feststellungsklage)",[68] "절단된 취소소송(amputierte Anfechtungsklage)",[69] "확인소송의 아종(eine Unterart der Feststellungsklage)",[70] "확인소송 동시에 단축된 취소소송(Feststellungsklage und verkürzte Anfechtungsklage)"[71]이라고 하기도 하고 아예 "어떠한 종류의 소에 속하지 않는다"고 하는 경우도 있다고 한다.[72] 어쨌든 독일 계속확인소송은 독일 행정소송법 제43조상의 확인소송에 규정되지는 아니하고 따라서 독립된 종류의 소송이라기보다는,[73] 단지 원래의 선행소송을 계속한다[74]고 하는 즉 "속행보너스(Fortsetzungsbonus)"[75]를 의미한다고 한다. 그리하여 계속확인소송의 요건으로는, 첫째, 선행소송이 행정행위의 종료(erledigt) 전에 적법하여야 하고, 둘째, 소송의 대상인 행정행위가 종료되고, 셋째, 확인의 이익이 있어야 한다고 한다.[76]

독일 행정소송법 제114조 제1항 제4문의 "이전(vorher)"이란 "판결의 기준이되는 시점(vor dem für das Urteil maß geblichen Zeitpunkt)",[77] "취소소송 제기 후 판결 이전(nach Erhebung, aber vor Entscheidung einer Anfechtungsklage)",[78] 즉 취소소

---

66) Bader/Funke-Kaiser/Kuntze/von Albedyll, aaO, §113 Rn. 66; Posser/Wolff, aaO, §113 Rn. 78, 81,1; Schoch/Schmidt-Aßmann/Pietzner, aaO, §113 Rn. 76.

67) Gärditz, aaO, §113 Rn. 35; Sodan/Ziekow, aaO, §113 Rn. 239; Schoch/Schmidt-Aßmann/Pietzner, aaO, §113 Rn. 78.

68) "nachträgliche Feststellungsklage", Schmitt Glaeser, aaO, Rn. 352.

69) "amputierte Anfechtungsklage", Posser/Wolff, aaO, §113 Rn. 81,1. 우리나라에서는 "취소소송의 형식을 빈 확인소송"이라고 하는 경우(김유환, 앞의 논문, 63면)도 있다.

70) "eine Unterart der Feststellungsklage", Sodan/Ziekow, aaO, §113 Rn. 240.

71) "Feststellungsklage und verkürzte Anfechtungsklage", Sodan/Ziekow, aaO, §113 Rn. 239.

72) Kopp/Schenke, aaO, §113 Rn. 97.

73) Hufen, aaO, §18 Rn. 36.

74) Hufen, aaO, §18 Rn. 54; Sodan/Ziekow, aaO, §113 Rn. 244.

75) "Fortsetzungsbonus", Schoch/Schmidt-Aßmann/Pietzner, aaO, §113 Rn. 78.

76) Gärditz, aaO, §113 Rn. 53; Hufen, aaO, §18 Rn. 38.

77) "vor dem für das Urteil maßgeblichen Zeitpunkt", Hufen, aaO, §18 Rn. 40.

78) "nach Erhebung, aber vor Entscheidung einer Anfechtungsklage", Schmitt Glaeser, aaO, Rn. 352; Gärditz, aaO, §113 Rn. 34.

송 제기 후 사실심변론종결시 이전을 의미한다. 그러나 실무상 판례와 학설에
의하여 소제기 전에 종료된 경우에도 계속확인소송이 유추적용된다고 하는 것
이 일반적이다.[79]

계속확인소송에 따르는 특수적 권리보호필요성인 "확인에 대한 정당한 이
익"은 반복위험, 명예회복, 손해전보, 헌법상 지위의 침해 등의 영역에서 논의
되고 있다.[80] 계속확인소송은 선행소송의 계속이므로 선행소송인 취소소송의
원고적격을 충족하여야 하며, 원래의 행정청의 조치에 의한 권리침해의 가능성
의 주장이라고 한다.[81] 독일의 계속확인소송은 독일 행정소송법(VwGO) 제113
조 제1항 제4문에 의거하여 판결주문에서 종료된 행정행위의 위법을 선언한다.

### (2) 행정소송법 제12조 제2문과의 비교

독일식의 계속확인소송과 이에 상응하는 우리나라의 "처분등의 소멸"에 관
한 소송에 관한 양국의 행정소송법 중 중요한 규정을 비교해 보면 다음과 같다.

독일의 계속확인소송은 독일 행정소송법(VwGO) 제114조 제1항 제4문에 규
정상 원칙적으로 취소소송 제기 후 판결 전이라는 제한이 있으나, 우리나라 행
정소송법 제12조 제2문에는 그러한 제한규정이 아예 없다. 독일 계속확인소송
은 취소소송의 근거규정인 행정소송법(VwGO) 제42조에 계속확인소송을 규정하
지 아니하고 판결주문에 관한 규정인 제114조 제1항 제4문에 하고 있다. 우리
나라에서는 소멸된 처분등에 대한 소송이 취소소송의 원고적격에 관한 규정인
행정소송법 제12조에 규정되어 있다. 또한 독일 계속확인소송은 소송의 결과인
판결주문에 종료된 행정행위에 대한 과거의 위법했음을 선언하는 근거 규정을
가지고 있음에 반하여, 우리나라 행정소송법에는 그와 같은 규정이 없다. 따라
서 우리나라 행정소송법 제12조 제2문의 규정만을 가지고서는, 독일 계속확인
소송에서와 같은 과거의 위법확인은 애당초 불가능하고, 단지 처분의 취소만을
선언할 수 있을 뿐이다.

---

79) 독일의 이 계속확인소송은 소제기 이전에 행정행위가 종료된 경우뿐만 아니라, 행정행
위가 아닌 경우, 수익적 행정행위, 의무이행소송 등으로의 확장에 관한 논의가 일반적으
로 행해지고 있다. Hufen, aaO, §18 Rn. 42 ff.; Gärditz, aaO, §113 Rn. 34, 39 ff;
Sodan/Ziekow, aaO, §113 Rn. 262; Wolf-Rüdiger Schenke, Die Fortsetzungsfeststellungs-
klagen, in FS Menger, 1985, S. 474 ff.
80) Hufen, aaO, §18 Rn. 47 ff; Sodan/Ziekow, aaO, §113 Rn. 265 ff.
81) Gärditz, aaO, §113 Rn. 53; Hufen, aaO, §18 Rn. 54.

### (3) 행정소송법 제12조 제2문의 해석과의 관련성

독일의 계속확인소송의 근거 규정인 독일 행정소송법 제113조 제1항 제4문은 취소소송이 이미 제기된 것을 전제로 한다는 점이 중요하다. 전술한 바와 같이, 물론 독일에서는 계속확인소송이 취소소송 제기 전에 행정행위가 소멸한 경우에도 확장되어 인정된다고 하나, 어쨌든 우리나라 행정소송법 제12조 제2문은 명문으로 처분등이 취소소송이 제기되기 전에 소멸한 경우와 소 제기 후에 소멸한 경우를 모두 포괄이 가능한 규정이라고 할 수 있다. 이 점이 양국 소송법의 중대한 차이점이다. 그러니까 우리나라 행정소송법 제12조 제2문에서 인정되는 소송의 내용을 독일의 계속확인소송의 틀 내에서 논의하여야만 하는 필연성은 없다. 따라서 우리나라 행정소송법 제12조 제2문을 독일 계속확인소송으로 본다는 것은 스스로 우리나라 행정소송법 규정을 취소소송 제기 후로 제한하는 것이 된다는 점에서 문제이다.[82] 굳이 말하자면 우리나라에서 취소소송 제기 후에 처분등이 소멸된 경우가 독일의 계속확인소송과 근접한 상황이라고 할 수는 있다.

요컨대 우리나라 행정소송법 제12조 제2문을 내용상 취소소송 제기 전과 후로 구별하여 검토할 필요성이 있다.

그런데 전자의 경우는 즉 취소소송 제소 전 이미 소멸된 처분에 대한 소제기의 경우에는 권리보호필요성이나 나아가 원고적격의 문제를 논하기 이전에 이미 대상적격의 문제가 있다. 왜냐하면 소제기 전에 처분이 소멸한다면 원칙적으로 처분이 존재하지 않기 때문에 대상적격의 흠결이 문제가 될 수 있기 때문이다. 이 점에서 우리나라 행정소송법 제12조 제2문의 해석이 단지 원고적격이냐 권리보호필요성이냐를 넘어서서 대상적격의 근거규정인 행정소송법 제2조 제1항 제1호의 "처분등"에까지도 연결되어야 한다는 점이 중요하다.

전술한 바와 같이, 독일에서는 소송계속 이전에 행정행위가 종료된 경우와 심지어 행정행위가 종료되지 않은 경우에도 계속확인소송이 유추적용으로 확대되어 인정되고 있다는 점을 고려한다면, 우리나라 행정소송법 제12조 제2문은 이러한 경우까지를 실정 소송법규정으로 입법적으로 해결했다고 하는 이를테면 입법적 해결설이라는 측면에서 매우 바람직한 규정방식이다.

---

82) 전술한 바와 같이, 물론 독일 계속확인소송은 학설·판례에 의하여 취소소송 제기 전으로 확장되고 있다는 이유만으로 양국의 소송이 같아지는 것은 아니다.

## 4. 행정소송법 제12조 제2문상 소송의 성질

전술한 바와 같이, 행정소송법 제12조 제2문에 관한 권리보호필요성 규정설과 원고적격 규정설 양자 거의 모두가 행정소송법 제12조 제2문의 소송의 성질에 관하여는, 확인소송의 성질을 가진다는 보는 것이 일반적이다.[83]

그러나 행정소송법 제12조 제2문의 소송은 어디까지나 형식적으로 취소소송이라는 점에서, 비록 그 소송의 성질이 확인소송이라고 해서 확인소송의 소송요건을 갖추어야 하는 것은 아니다. 오히려 소송법규정은 다소 엄격히 해석하여야만 절차의 안정성을 확보할 수 있기 때문에 행정소송법 제12조 제2문의 소송은 원칙적으로 취소소송으로 보아야 한다. 또한 행정소송법 제12조 제2문의 소송의 성질이 비록 확인소송의 성질을 가진다고 하더라도, 독일 계속확인소송은 판결주문에 당해 행정행위에 대한 과거의 위법했음을 확인하는 것이겠지만, 우리나라에서는 이와 같은 것이 행정소송법 제12조 제2문만으로는 과거의 위법확인 선언판결이라는 것은 애당초 불가능하다는 점에서 독일의 계속확인소송과 동일시 할 수 없음이 분명하다.

주지하다시피, 우리나라 행정소송법 규정상 확인소송은 제35조에서의 무효등확인소송, 제36조에서의 부작위위법확인소송 및 당사자소송으로서의 확인소송이 가능한 것으로 되어 있기 때문이다. 이것이 우리나라에서 취소소송을 확인소송으로 성질결정함에 있어서의 실정 소송법상의 제한이라고 할 수 있다. 다만 행정소송법 제12조 제2문의 소송이 일정 부분 확인소송의 성질을 가진다는 점을 고려하여 어느 정도 소송요건의 수정에 관한 논의는 필요하다.

## Ⅳ. 행정소송법 제12조 제2문의 새로운 해석

### 1. 새로운 해석의 기본방향

전술한 바와 같이, 권리보호필요성은 소송유형을 가리지 아니하는 일반적 권리보호필요성과 개별 소송유형에 따른 특수적 권리보호필요성으로 나누어지

---

83) 물론 예외적인 입장이기는 하지만, 취소소송을 아예 처음부터 확인소송이라는 전제하에서는 행정소송법 제12조 제2문의 제1문과 제2문이 모순 없이 자연스럽게 확인소송으로 해석될 수 있을 것이다. 박정훈, 앞의 논문, 319면 이하 참조.

고 그 각각의 의의, 내용을 비롯하여 특히 그 법적 근거가 서로 상이하므로, 우리나라의 실정 소송법에 있어서 권리보호필요성의 법적 근거를 논함에 있어서는 당연히 일반적 권리보호필요성과 특수적 권리보호필요성을 구별하여 검토할 필요가 있다.

우리나라 행정소송법 제12조 제2문 자체는 "법률상 이익"이라는 불확정 법개념을 포함한 매우 포괄적이고 다의적인 의미를 내포하고 있는 규정이다. 따라서 원고적격과 권리보호필요성 중에서 그 어느 하나를 양자택일하여야만 하는 기존의 지배적인 학설들의 해석방법에서 벗어날 필요가 있다. 사실 원고적격과 권리보호필요성은 개념상 구별이 일단 가능한 것이기는 하나, 그렇다고 해서 적어도 입법론적으로 볼 때 양자를 한 조문에 함께 규정하는 것이 불가능하다거나 더군다나 최소한 금지되는 것은 아니다. 그렇다고 한다면 행정소송법 제12조 제2문이 원고적격과 권리보호필요성 중 어느 하나를 배타적으로 규정한 것만으로 해석할 것이 아니라 이 양자를 모두 포함하고 있는 규정으로 해석할 여지도 충분히 있다.

또한 우리나라 행정소송법 제12조 제2문에서는 "소멸된" 처분등을 규정하고 있다는 점에서 보면, 같은 조 제2문의 해석문제가 단지 원고적격과 권리보호필요성 차원에서의 해석문제에서만 머무는 것이 아니라, 궁극적으로는 행정소송법 제2조 제1항 제1호에 규정된 "처분등"의 개념이 일정한 경우 "소멸된" 처분등을 포함한다는 점에서 처분개념의 확장이라고 하는 대상적격 차원에서의 해석문제로 불가피하게 전화하게 된다.

## 2. "소멸된" 처분등에 대한 취소소송의 일반적 및 특수적 권리보호필요성의 법적 근거

우리나라 실정 소송법상 "소멸된" 처분등에 대한 취소소송의 권리보호필요성의 법적 근거를 일반적 권리보호필요성과 특수적 권리보호필요성으로 나누어 제시하면 다음과 같다.

먼저, 소멸된 처분에 대한 일반적 권리보호필요성의 법적 근거로는, 우리나라 헌법 제12조에 규정된 적법절차에 내재한 원리, 재판청구권의 실질적 보장을 규정한 헌법 제27조 등을 비롯하여, 민법의 신의칙, 민사소송법 제1조상의 신의칙 등 개별 법규정에서 그 근거를 찾아볼 수는 있다. 그러나 일반적 권리보호필요성은 소송법상의 일반원칙이라는 점에서는 소송법에 있어서 일반법의 기능을 하는 민사소송에서의 일반원리가 행정소송법 제8조 제2항의 준용규정에 의하여 행정소송에서도 인정될 여지가 있다.

다음으로 특수적 권리보호필요성의 법적 근거에 관하여 보면, 행정소송법 제12조 제2문은, "소멸된" 처분등에 대하여 취소소송을 제기하는 경우에, "그 취소로 인하여 회복되는 법률상 이익"이라고 하는 "특수적" 권리보호필요성을 규정한 것이라고 할 수 있다. 이러한 점에서 보면, 우리나라의 행정소송법 제12조 제2문의 해석에 관한 다수설인 권리보호필요성 규정설은 일반적 권리보호필요성과 특수적 권리보호필요성을 명확하게 구별하여 그 법적 근거를 밝히지 아니하는 문제점이 있고, 이에 반하여 소수설인 원고적격 규정설은 제12조 제2문을 특수적 권리보호필요성과 관계 없는 규정이라고 하는 점에서 문제가 있다.

## 3. "소멸된 처분등"에 대한 원고적격 및 "특수적" 권리보호필요성

행정소송법 제12조 제1문은 "처분등의 취소를 구할 법률상 이익" 즉 취소소송의 원고적격을 규정한 것임에는 이론이 전혀 없다. 다음으로 같은 조 제2문에서의 "소멸된 뒤에도"라는 부분은 "소멸되지 않은" 처분등과 마찬가지로 "소멸된" 처분등도 포함하는 것을 의미하고, "또한 같다"라는 부분은 제1문에서의 "취소소송은 … 제기할 수 있다"를 의미한다. 그러니까 같은 조 제2문은, "소멸되지 않은" 처분등과 마찬가지로, "소멸된 처분등에 대하여도 취소소송을 제기할 수 있다"는 것을 의미한다. 또한 같은 조 제2문에서의 "그 처분등의 취소로 회복되는 법률상 이익이 있는 자"를 제1문에서의 "처분등의 취소를 구할 법률상 이익이 있는 자"와 비교하여 공통부분을 추출하여 보면 "법률상 이익"이 되고, 따라서 제1문에서는 "(소멸되지 않은) 처분등"에 대하여 제2문에서는 "소멸된 처분등"에 대하여 공통적으로 "취소를 구할 법률상 이익" 즉 취소소송의 원고적격을 인정한 것이라고 해석된다. 그러니까 행정소송법 제12조 제2문은 "소멸된" 처분등에까지 그 원고적격을 확장한 것이라고 할 수 있다.

요컨대 행정소송법 제12조는 제1문과 제2문이 결합하여 처분등에 대하여는 그 소멸 "전, 후"를 가리지 않고 "취소를 구할 법률상 이익"이 인정되는 경우 적어도 취소소송의 원고적격은 인정된다는 것을 선언한 것으로 해석할 수 있다. 그렇다고 한다면, 행정소송법 제12조 제2문은 "소멸된 처분등"에 대한 원

고적격을 규정함과 동시에, 전술한 바와 같이, "소멸된 처분등에 대한 취소소
송"에 특유한 "특수적" 권리보호필요성을 동시에 규정한 것이라고 해석하여야
한다.

　이와 같이 행정소송법 제12조 제2문이 취소소송에 있어서의 원고적격과
특수적 권리보호필요성 양자를 동시에 규정한 것이라고 보게 되면, 전술한 바
와 같이, 우리나라 행정소송법 제12조 제2문의 해석에 관한 기존의 학설인 권
리보호필요성 규정설과 원고적격설은 상호배타적이고 양자택일적인 이론에 불
과하다는 점에서 근본적인 문제가 있다. 즉 우리나라의 행정소송법 제12조 제2
문에 관한 다수설인 권리보호필요성 규정설은 제12조 제2문이 원고적격과 아무
런 관계가 없는 조문이라고 하는 점에서 문제점이 있고, 이에 반하여 소수설인
원고적격 규정설은 권리보호필요성이 행정소송법 제12조 제2문과 아무런 관계
가 없다고 하고 이를 단지 학설, 판례에 맡긴다고 하는 점에서 문제가 있다. 또
한 전술한 바와 같이, 행정소송법 제12조 제2문이 입법과오의 산물의 규정인지
여부에 관하여 벌어지는 다툼도, 그 기저에는 제12조 제2문의 해석과 관련하여
서 권리보호필요성 아니면 원고적격이라고 하는 상호배타적이고 양자택일적인
이론을 전제로 하여 전개되고 있다는 점에서 근본적인 문제가 있다.

### 4. "소멸된 처분등"에 대한 대상적격의 확대

#### (1) 대상적격 확대의 필요성과 당위성

　행정소송법 제12조 제2문의 해석의 대상이 "소멸된" 처분등이므로 이 소멸
된 처분등이 행정소송법 제2조 제1항 제1호의 "처분등"에 포함되는지 여부 즉
대상적격의 확대 필요성 내지는 당위성의 문제도 있으므로 이에 대한 검토가
필요하다.

　처분등이 소멸된다고 하더라도 그 소멸시점부터 국민의 권익구제가 전면
적으로 종료한다고 할 수는 없다. 처분등이 행정청이 관련된 사정이나 예컨대
단기소멸사유 등에 의하여 소멸된 경우 그에 대한 구제가 전면적으로 불가능하
다는 것은, 우선 국민의 권익구제의 확대라고 하는 시대적 요청에 반한다는 점
에서 국민에 대한 설득력이 부족하고 사법불신의 풍조만이 양산될 뿐만 아니
라, 무엇보다도 헌법상 재판청구권과 이 헌법상 재판청구권의 실질적 보장을
구현하기 위한 제도로서의 행정소송의 목적에도 반한다. 따라서 "소멸된" 처분

등이라고 하더라도, 물론 일정 제한이 따르겠지만, 일정한 경우에 취소소송의 대상이 되는 처분등에 포함된다고 하여야 한다.

사실 행정소송법 제12조 제2문이 "소멸된 처분등"에 대한 원고적격을 인정한 규정이라고 해석하려면 그 전제로서 "소멸된 처분등"에 대한 대상적격이라고 하는 선결문제가 해결되어야 할 필요성이 있다. 실정 소송법적 측면에서 보면, 우리나라 행정소송법 제2조 제1항 제1호의 "처분등"의 개념규정에는 반드시 제소 당시는 물론이고 특히 판결시에 효력이 있어야만 하는 처분등이어야 한다는 제한은 없다. 실무적인 측면에서 보면, 전술한 바와 같이, 우리나라 판례가 행정소송법 제12조 제2문에 의하여 허용되는 소송의 경우에 처분등의 "소멸시기"가 취소소송의 제기 "전, 후"를 모두 포함하고 있는 것을 합리적으로 해석할 필요성도 있다. 한편 독일 계속확인소송은 소송법규정상 행정행위의 소멸이 "소제기 후 판결 전"이 원칙[84]이나, 이와 달리 우리나라 행정소송법 제12조 제2문은 그러한 제한이 없다는 점에서 일정한 경우 "소제기 전에 처분등이 소멸된 경우"까지를 포함하는 것이 가능하고 예정한 것이므로 결국 소멸된 처분등으로까지 대상적격의 확대가 불가피하다. 또한 우리나라에서는 취소소송의 위법판단기준시가 이른바 판결시설이 아닌 처분시설을 취하고 있기 때문에 취소소송 제기 전에 소멸된 처분에 대해서 당해 소멸된 처분이 처분시에 위법했었다는 판단이 전혀 불가능한 것이 아니라 일정한 경우 오히려 자연스러운 측면도 있다.

### (2) 대상적격 확대와 행정소송법 제12조

행정소송법 제12조 제1문의 "처분등의 취소"와 제2문의 "소멸된 뒤에도 그 처분등의 취소"라는 문구를 유기적으로 결합하여 보면, 취소소송의 대상이 되는 행정소송법 제1항 제1호의 "처분등"의 개념은 "소멸된" 처분에까지 확장된다고 해석할 수 있다.

그런데 행정소송법 제12조는 기본적으로 "취소를 구할 법률상 이익"이라고

---

84) 물론, 전술한 바와 같이, 독일에서는 계속확인소송이 행정행위가 소제기 전에 종료된 경우 등등에 확장되고 있음을 알 수 있다. 그러나 이러한 확장은 독일 행정소송법(VwGO) 규정에 의하여 가능한 것이 아니라 학설·판례에 의한 것임에 유의하여야 한다. 그러나 우리나라는 이러한 확장이 행정소송법 규정상 자연스럽게 가능하다는 점에서 입법론적으로 매우 효율적이라고 할 수 있다.

점에서는 어디까지나 취소소송의 원고적격에 관한 규정이므로, 같은 조 제2문을 "소멸된" 처분등까지를 취소소송의 대상으로 한다는 의미로서의 창설적 규정이라고 하기에는 적절하지 아니하다. 다만 같은 조 제2문에서 "소멸된" 처분등에 대하여 원고적격을 인정한다는 것은 그에 앞서서 대상적격을 인정함을 전제하고 있다는 점을 간접적으로 인정한다는 규정으로 해석할 수는 있다. 이런 점에서 행정소송법 제12조 제2문은 취소소송의 대상적격이 되는 "처분등"의 개념이 일정한 경우 "소멸된" 처분등에까지 확장될 수 있음을 확인하는 규정의 성격을 가진다.

통상 일반적으로 처분등의 소멸은 원고적격 이전에 대상적격의 상실로 인한 권익구제의 불가를 의미한다. 그러나 행정소송법 제12조 제2문을 제1문과 결합하여 위와 같이 소멸된 처분등에 대하여 일정한 경우 원고적격을 인정할 뿐만 아니라 나아가 간접적으로 대상적격을 인정하는 것을 전제로 하는 규정이라고 해석함으로써, 취소소송의 대상이 되는 행정소송법 제2조 제1항 제1호에 규정된 "처분등"의 범위에 일정한 경우 "소멸된" 처분등을 포함시키는 것이 가능하고 이는 곧 처분등의 개념 확장으로 인한 국민의 권익구제의 확대를 의미한다는 점에서 시사하는 바가 매우 크다.

요컨대 행정소송법 제12조 제2문의 규정은 통상 "소멸된" 처분등은 취소소송의 대상이 아닌 것임에도 불구하고 일정한 경우 그에 대한 취소소송의 대상적격까지를 인정한다는 것을 전제로 한 규정이라고 할 수 있다. 이와 같은 견지에 서게 되면, 행정소송법 제12조 제2문의 해석에 관한 기존의 학설 즉 권리보호필요성 규정설과 원고적격 규정설 모두가 "소멸된 처분등"에 관한 대상적격의 문제를 논하지 아니한다는 점에서 문제가 있다.[85]

## 5. 행정소송법 제12조 제2항의 소송유형과 그에 따른 소송요건

전술한 독일의 계속확인소송과 우리나라 행정소송법 제12조 제2문을 비교한 부분에서 본 바와 같이, 우리나라 행정소송법 제12조 제2문상의 "소멸된 처

---

85) 따라서 전술한 바와 같이, 행정소송법 제12조 제2문이 원고적격을 규정하였다고 하는 소수설은, 같은 조 제2문이 소멸된 뒤에 취소소송을 제기할 수 있는 원고적격을 규정한 것이라고만 하고, 처분등이 소멸된 뒤에도 취소소송을 제기할 수 있는 대상적격이 인정된다는 점을 명확하게 밝히지 않은 점이 있다고 할 수 있다. 홍정선, 앞의 책, 961면-962면 참조.

분등"에 대한 취소소송은 그 실질적인 의미가 확인소송이라고 하더라도 그 형식이 취소소송이라는 점은 어디까지나 불변이다. 또한 나아가 절차의 안정성이라는 측면에서 보면 소송의 형식은 가능한 한 존중할 필요성도 있다. 따라서 "소멸된 처분등"을 대상으로 취소소송을 제기하는 경우에는 일단 기본적으로는 "(소멸되지 않은) 처분등"에 준하는 취소소송의 소송요건을 갖추어야 하는 것으로 판단된다. 물론 경우에 따라서는 구체적인 소송요건은 학설, 판례에 의하여 검토·해결되어야 한다.

## V. 결어

이상에서 우리나라 행정소송법 제12조 제2문의 해석에 관한 기존 학설의 논의내용과 그 문제점을 고찰하고, 이를 기초로 행정소송법 제12조 제2문에 관한 새로운 해석방향을 제시하였다.

결론적으로 우리나라 행정소송법 제12조 제2문은 원고적격과 권리보호필요성 양자 모두를 하나의 규정에 포함할 수 있는 매우 포괄적인 규정의 성격을 가진다고 할 수 있다. 원고의 권익구제의 확대라는 측면에서 보면, 이 규정은, 취소소송을 제기하기 전에 소멸된 처분에 대해서까지도 취소소송을 제기할 수 있는 원고적격을 인정할 수 있다는 점, 소멸된 처분에 대하여 취소소송을 제기하는 경우 회복할 법률상 이익이라는 특수적 권리보호필요성이 인정된다는 점, 특히 취소소송의 대상이 되는 처분의 개념을 취소소송을 제기하기 이전에 이미 소멸된 처분등에까지 확장할 수 있다는 점 등을 규정하고 있다는 점 등에서, 입법론적으로도 매우 바람직하고 우수한 규정이다.[86]

이와 같이 해석하는 것이 국민의 권익구제의 확대와 행정의 적법성확보와 그에 대한 사법통제라는 행정소송의 목적[87]과 궁극적으로는 행정소송이 이바지하여야 하는 재판청구권의 실질적 보장이라고 하는 헌법정신에 부합한다.

---

86) 특히 독일 행정소송법(VwGO) 제113조 제2항 제4문에 근거한 계속확인소송은 원칙적으로 소송중에 종료된 행정행위에 대한 규정임에 반하여, 우리나라 행정소송법 제12조 제2문은 소송중에 종료된 경우를 포함하여 취소소송 제기 전에 소멸된 처분등에까지 확장을 규정하고 있다고 해석된다는 점에서 특히 국민의 권익구제에 매우 바람직한 입법이라고 판단된다.

87) 대법원 2006. 6. 22. 선고 2003두1684 전원합의체 판결.

# 田  참고문헌

## 1. 국내문헌

김남진/김연태, 『행정법 I』, 법문사, 2013.

김도창, 『일반행정법론(상)』, 청운사, 1992.

김동희, 『행정법 I』, 박영사, 2013.

김철용, 『행정법』, 고시계사, 2014.

류지태/박종수, 『행정법신론』, 박영사, 2010.

박균성, 『행정법론(상)』, 박영사, 2013.

박윤흔/정형근, 『최신 행정법강의(상)』, 박영사, 2009.

이시윤, 『신민사소송법』, 박영사, 2010.

정하중, 『행정법총론』, 법문사, 2005.

호문혁, 『민사소송법』, 법문사, 2010.

홍정선, 『행정법원론(상)』, 박영사, 2013.

홍준형, 『행정법』, 법문사, 2011.


경  건, "무효확인소송의 소익 ― 행정소송법 제35조 '무효확인을 구할 법률상 이익'
의 의미 ― ", 『행정법연구』 제21호(2008. 8).

김유환, "취소소송에 있어서의 권리보호의 필요 ― 행정소송법 제12조 제2문의 규정
과 관련하여 ― ", 『고시연구』, 1995. 11.

김창조, "취소소송의 소의 이익 ― 일본법제를 중심으로 ― ", 『공법연구』 제22집 제3
호(1994).

박정훈, "취소소송의 소의 이익과 권리보호필요성 ― 독일법상의 권리보호필요성과
우리 행정소송법 제12조 후문의 "법률상 이익" ― ", 『행정소송의 구조와
기능』, 박영사, 2007.

정남철, "행정소송법 제12조 후문의 해석과 보호범위", 『행정판례연구』, XIV(2009).

정하중, "행정소송법 12조 후단의 의미와 독일 행정소송법상의 계속확인소송 ― 대
법원 2007. 7. 19. 선고 2006두19297 전원합의체판결에 대한 평석 ― ", 『저
스티스』 제107호(2008. 10).

정하중, "행정소송에 있어서 확인소송, ― 독일 행정소송법상의 확인소송을 중심으
로 ― ", 『서강법학연구』 제12권 제1호(2010. 6).

최선웅, "행정소송에서의 준용규정", 『행정법연구』 제12호(2004. 10).

최선웅, "행정소송의 목적에 관한 일 고찰", 『행정법연구』제13호(2005. 5).

최선웅, "행정소송에서의 원고적격 ― 기존 4개 학설의 의의를 중심으로 ―", 『행정
　　　법연구』제22호(2008. 12).

최선웅, "행정소송에서의 원고적격 ― 법원의 조사방법을 중심으로 ―", 『행정법연
　　　구』제25호(2009. 12).

홍준형, "독일행정소송법상 계속확인소송", 『이명구박사화갑기념논문집』, 1996.

## 2. 외국문헌

Bader/Funke-Kaiser/Kuntze/von Albedyll, VwGO Kommentar, 4. Aufl., 2007.

Eyermann, VwGO Kommentar, 10 Aufl., 1998.

Gärdiz, VwGO Kommentar, 2013.

Hufen, Verwaltungsprozessrecht, 7. Aufl., 2009.

Jauernig, Zivilprozessrecht, 27. Aufl., 2002.

Kopp/Schenke, VwGO Kommentar, 15. Aufl., 2007.

Kuhla/Hüttenbrink, Der Verwaltungsprozess, 2002.

Posser/Wolff, VwGO Kommentar, 2008.

Redeker/von Oertzen, VwGO Kommentar, 12. Aufl., 1997.

Rolf Schmidt, Verwaltungsprozessrecht, 12. Aufl., 2008.

Rosengerg/Schwab/Gottwald, 16. Aufl., 2004.

Schmitt Glaeser, Verwaltungsprozessrecht, 13. Aufl., 1994.

Schoch/Schmidt-Aßmann/Pietzner, VwGO Kommentar, 1999.

Sodan/Ziekow, VwGO, 2 Aufl., 2006.

Thomas Würtenberger, Verwaltungsprozessrecht, 2. Aufl., 2006.

Ule, Verwaltungsprozessrecht, 9. Aufl., 1987.

Wolf-Rüdiger Schenke, Die Fortsetzungsfeststellungsklagen, in FS Menger, 1985.

# 제11절 행정소송에서의 석명의무<sup>*</sup>

I. 서설
II. 예비적 고찰
III. 석명의무의 의의
IV. 석명의무의 인정근거
V. 석명의무의 내용
VI. 결어

## I. 서설

민사소송에서 변론주의를 보완 내지는 수정하는 제도로서 법원의 소송지휘권과 관련하여 대표적으로 인정되고 있는 것이 법원의 석명권이다. 석명권이라 함은 소송관계를 분명하게 하기 위하여 당사자에게 사실상 또는 법률상 사항에 대하여 질문, 시사할 수 있고, 증명을 하도록 촉구할 수 있는 것을 말한다(민사소송법 제136조 제1항[1]). 이러한 석명권은 법관의 권능 내지는 권한이라는 관점에서 본 것이고 이것을 법관이 행사하여야 하는 의무라는 관점에서 파악하게 되면 석명의무[2][3][4]가 된다.

---

* 이 글은 『행정법연구』 제9호(2003. 5)에 게재된 논문 "행정소송에서의 석명의무의 인정근거 ― 우리나라 행정소송의 독자성을 모색하며"의 일부를 수정·보완하고 재편집한 것입니다.

1) 2002년 1월 26일 법률 제6626호로 개정된 민사소송법 제136조 제1항: 재판장은 소송관계를 분명하게 하기 위하여 당사자에게 사실상 또는 법률상 사항에 대하여 질문할 수 있고, 증명을 하도록 촉구할 수 있다.

2) 석명"의무"라는 표현은 우리나라 문헌상으로도 일찍이 나타난다. 예컨대, 방순원, 『민사소송법(상)』, 일한도서출판사, 1960, 258면.

3) 독일에서도 "석명권 내지는 석명의무"(예컨대 Grezen der Aufklärungsbefugnisse und—pflichten der Gerichts)라고 하는 경우가 있다. Zöller, Zivilprozeßordnung, 22. Aufl.,

우리나라의 행정소송에서의 석명의무의 인정근거와 관련하여서는, 행정소송법 제8조 제2항의 준용규정에 의하여 인정되는 민사소송법상의 석명의무와 행정소송법 제26조에 의하여 인정되는 석명의무의 상호관계가 문제가 된다. 또한 직권탐지주의가 원칙인 독일의 행정소송과 달리, 변론주의가 인정되는 일본과 우리나라의 행정소송의 경우에는 변론주의의 폐해를 시정하여 당사자의 실질적 평등을 기하는 제도로서의 민사소송상 석명의무가 행정소송에서는 어떠한 모습으로 인정되어야 하는가라는 문제도 있다. 이는 석명의무와 변론주의와 직권탐지주의의 관계설정의 문제이기는 하지만, 보다 근본적으로는 행정소송을 민사소송으로부터 어느 정도 독립성을 인정할 것인가의 문제라는 점에서 행정소송과 민사소송의 관계설정의 문제가 된다. 요컨대 이는 행정소송의 독자성 인정의 문제이다.

이하에서는 먼저 예비적 고찰로서, 독일, 일본, 한국 등 3국에서의 민사소송과 행정소송에서의 석명의무에 관한 비교법적 고찰, 석명의무와 변론주의 및 직권탐자주의, 이와 관련성을 갖는 석명의무와 실질적 평등을 고찰한다. 이러한 고찰을 바탕으로 우리나라에서의 석명의무의 의의, 인정근거 및 내용에 관하여 검토하기로 한다.

---

2001, §139 Rndr. 3. 참조.

4) 민사소송에서 석명이 법원의 의무임은 이미 1953년의 대법원 1953. 3. 5. 선고 4285민상 146 판결에서부터였다고 하나(호문혁, 『민사소송법』, 법문사, 2002, 310면 주 38) 참조), 그러나 위 판례에서 처음으로 "석명의무"라는 용어를 쓴 것뿐이고, 그 이전인 대법원 1952. 9. 6. 선고 52다43 판결(집1-2, 민28)에서도 이미 석명권불행사를 탓하여 내용상 석명의무를 인정한 판례가 있다.
"원심은 모름지기 석명권을 행사하여 그 주장이 과연 어느 것인가를 특정한 연후에 비로소 증거에 의거하여 그 사실을 확정할 것임에도 불구하고 그렇지 않고 청구원인이 불명료한 그대로 곧 원심판시와 같은 조치를 취하였음은 석명권불행사에 기인한 심리부진이 아니면 이유불비의 위법을 범하였다 할 것이요 따라서 심리부진을 주장하는 논지는 결론에 있어서 이유 있고 원판결은 도저히 파훼를 면치 못할 것이다." 대법원 1952. 9. 6. 선고 52다43 판결(집1-2, 민28).

## Ⅱ. 예비적 고찰

### 1. 비교법적 고찰

#### (1) 독일

#### 1) 독일 민사소송에서의 석명의무

연혁적으로 보면 석명의무는 독일의 민사소송법에서 비롯된 제도로서, 구 독일 민사소송법(CPO[5]) 제정 당시에 석명이 법원의 권리임과 동시에 의무로 규정할 것인가의 여부에 관하여 논란이 있었다. 그러나 자유주의, 개인주의 사조를 배경으로 하는 변론주의가 민사소송의 기본원칙이므로 석명을 법원의 의무로 하는 것은 변론주의를 제한하는 것이 되므로 민사소송법초안에는 재량적인 것으로 규정되었음에도 불구하고 의무적인 것으로 수정되어 규정되었다 (§130 CPO[6]).[7]

이 구 독일 민사소송법(CPO)에서는 법관의 석명의무가 변호사소송에서 있어서 보다 좁게(§130 CPO), 당사자본인소송인 간이법원(Amtsgericht)에서는 보다 넓게 인정되었다(§464 CPO[8]).[9] 그 후 1898년 5월 17일 §130 CPO가 §139로,

---

5) Civilprozeß-Ordnung(von 1877).

6) §130 CPO: 재판장은 질문을 하여 불분명한 신청을 분명하게 하고 주장사실의 불충분한 진술을 보충하게 하고 증거방법을 제출하게 하고 기타 사실관계의 확정에 중요한 모든 것이 해명되도록 촉구하여야 한다.

   §130 CPO: Der Vorsitzende hat durch Fragen darauf hinzuwirken, daß unklare Anträge erläutert, ungenügende Angaben der geltend Tatsachen ergänzt und die Beweismittel bezeichnet, überhaupt alle für die Feststellung des Sachverhältnisses erheblichen Erklärungen abgegeben werden.

7) 당초의 초안은 "Der Vorsitzende kann durch Fragen darauf hinwirken, daß …"라고 하여 재량적으로 규정하고 그 불행사는 "die Unterlassung gibt keinen Grund zur Beschwerde"라고 되어 있었는데, 이 "kann"이라는 표현이 "hat … hinzuwirken"으로 정정되었다고 한다. 김홍규, "석명권의 성질·범위와 석명불응 및 석명권남용의 소송법상의 효력", 『고시연구』, 1983. 8, 주 1), 2) 참조; 독일에서의 석명의무의 연혁은 Senffert/Walsmann, Kommentar zur Zivilprozeßordnung, 12. Aufl., §139 1; Münchener Kommentar, Zivilprozeßordnung, 2. Aufl., 2001, §139 Rndr. 6. 참조.

8) §464 CPO: 구술변론에서 법원은 당사자가 모든 사실을 완전하게 해명하고 적절한 신청을 하도록 촉구하여야 한다.

   §464 CPO: Bei der mündlichen Verhandlung hat das Gericht dahin zu wirken, daß die Parteien über alle Tatsachen sich vollständig erklären und die sachdienlichen Anträge stellen.

§464 CPO가 §503로 각각 개정되었고, 1909년 6월 1일 다시 개정되어 간이법원 (Amtsgericht)의 절차에 관하여 법원은 사실관계와 분쟁관계를 당사자들과 함께 논의하여야 한다는 규정을 두게 되었다(§502[10]).

1924년 현행 독일 민사소송법 §139 ZPO[11])는 이러한 내용을 도입하여, "재판장은 당사자들이 중요한 모든 사실에 관하여 완전히 해명하고 적절한 신청을 하도록 하고, 특히 주장된 사실에 관한 불충분한 진술을 보충하고 증거방법을 제출하도록 촉구하여야 한다. 재판장은 이를 위하여 필요하면 사실관계와 분쟁관계를 당사자들과 함께 사실적, 법적 측면에서 토의하고 질문하여야 한다"라고 규정하였다. 이러한 규정이 모든 소송절차에 적용하는 일반규정으로 되어서 오늘날까지도 유지되어 왔다.[12]

### 2) 독일 행정소송에서의 석명의무

독일에서는 민사소송법상의 석명의무(§139 ZPO)와 별도로 행정소송법에도 석명의무가 규정되어 있다. 즉 1960년 1월 21일 독일 행정소송법은 직권탐지주의가 지배함에도 불구하고 변론주의가 지배하는 민사소송법의 영향을 받아 독일 행정소송법 제86조 제3항(§86 Ⅲ VwGO)[13])에서 독일 민사소송법 제139조 제1

---

9) Münchener Kommentar, Zivilprozeßordnung, §139 Rdnr. 1.

10) §502: 구술변론에 있어서 법원은 사실 및 계쟁관계에 관하여 당사자와 토의하고 당사자로 하여금 모든 중요한 사실을 완전히 해명하고 적절한 신청을 하도록 하여야 한다.

   §502: In der mündlichen Verhandlung hat das Gericht das Sach- und Streitverhältnis mit den Parteien zu erörtern und dahin zu wirken, daß die Parteien über alle erheblichen Tatsachen sich vollständig erklären und die sachdienlichen Anträge stellen.

11) 이 조문의 원문은 다음과 같다.

   §139 (1) Der Vorsitzende hat dahin zu wirken, daß die Parteien über alle erheblichen Tatsachen sich vollständig erklären und die sachdienlichen Anträge stellen, insbesondere auch ungenügende Angaben der geltend gemachten Tatsachen ergänzen und die Beweismittel bezeichnen. Er hat zu diesem Zwecke, soweit erforderlich, das Sach- und Streitverhältnis mit den Parteien nach der tatsächlichen und der rechtlichen Seite zu erörtern und Fragen zu stellen.

   (2) Der Vorsitzende hat auf die Bedenken aufmerksam zu machen, die in Ansehung der von Amts wegen zu berücksichtigenden Punkte obwalten.

   (3) Er hat jedem Mitglied des Gerichts auf Verlangen zu gestatten, Fragen zu stellen.

12) Stein/Jonas/Leipold, Zivilprozeßordnung, 21. Aufl., 1994, §139, Rdnr. 2.

13) 이 조문의 원문은 다음과 같다.

   §86 Ⅲ VwGO: Der Vorsitzende hat darauf hinuwirken, daß Formfehler beseitigt, unklare Anträge erläutert, sachdienliche Anträge gestellt, ungenügende tatsächliche Angaben ergänzt, ferner alle für die Feststellung und Beurteilung des Sachverhalts we-

항(§139 Ⅰ ZPO)의 제1문의 내용과 유사하게 "재판장은 형식상의 하자를 제거하고 불분명한 신청을 분명하게 하고 적절한 신청을 하도록 하고 불충분한 사실에 관한 진술을 보충하고, 나아가 사실의 확정과 판단을 위하여 중요한 모든 진술이 행하여지도록 촉구하여야 한다"라고 규정하였다. 독일 행정소송법 제104조 제1항(§ 104 Ⅰ VwGO)14)에서는 "재판장은 관계인과 함께 계쟁사건을 사실상 및 법률상 관점에서 토의하여야 한다"라고 하여 독일 민사소송법(§ 139 Ⅰ ZPO)의 제2문과 유사하게 규정하였다. 따라서 행정소송에서의 석명의무의 내용을 민사소송의 그것과 거의 일치한다고 파악함이 보통이다.15)

### (2) 일본

독일 민사소송법을 계수한 1890년(명치 23년)의 일본 구 민사소송법은 석명에 대하여서도 독일 민사소송법과 마찬가지로 법관의 석명을 의무적으로 규정하였으나(일본 구 민사소송법 제112조16)), 1926년(대정 15년 법 제61호)에는 재량적인 규정으로 개정하였다(제127조17)). 즉 석명권을 의무적인 것으로 하면 변론주의를 제한하는 문제가 있기 때문에 재량적인 것으로 개정하였다.

그러나 한편 법원이 직권증거조사를 할 수 있는 일반규정(일본 구 민사소송법 제261조,18) 그 뒤 이 조문은 소화 23년 개정시 삭제됨)을 신설하였으므로, 일본의 개정법하에서도 석명은 권능임과 동시에 책무라고 하여 석명권의 의무성을 긍정하여 왔다.19) 위 제127조는 1998년 1월 1일부터 시행된 개정 일본 민사소송

---

sentlichen Erklärungen abgegeben werden.
14) 이 조문의 원문은 다음과 같다.
   §104 Ⅰ VwGO: Der Vorsitzende hat die Streitsache mit den Beteiligten tatsächlich und rechtlich zu erörtern.
15) Kopp/Schenke, Verwaltungsgerichtsordnung, 12. Aufl., 2000, §86 Rdnr. 22; Redeker/von Oertzen, Verwaltungsgerichtsordnung, 12. Aufl., 1997, §86 Rdnr. 17.
16) 일본 구 민사소송법 제112조: 제1항 재판장은 직권상 조사하여야 할 점에 관하여 상대방으로부터 제기되지 아니한 의문이 존재할 때에는 그 의문에 관하여 주의를 할 수 있다. 제2항 재판장은 발문해서 불명료한 신청을 석명하여 주장사실의 불충분한 표시를 보완하고, 증거방법을 제출하게 하고, 기타 사건의 관계를 정함에 있어 필요한 진술을 하여야 한다.
17) 제127조 제1항: 재판장은 소송관계를 명료하게 하기 위하여 사실상 및 법률상 사항에 관하여 당사자에게 발문하고 또는 입증을 촉구할 수 있다.
18) 일본 구 민사소송법 제261조: 법원은 당사자가 신청한 증거에 의하여 심증을 얻을 수 없거나 기타 필요하다고 인정한 때에는 직권으로 증거조사를 할 수 있다.

법에서는 제149조[20])에 규정되었다.

일본의 행정소송에서는 별도로 석명의무를 규정은 없음에도 불구하고 일본 행정사건소송법 제7조에서 민사소송법의 규정이 포괄적으로 준용하도록 되어 있다는 점에서 이 민사소송상의 석명의무가 행정소송에서도 준용되어 인정된다는 것에는 의문의 여지가 없다.

### (3) 우리나라
### 1) 규정

우리나라에서는 1960.4.4. 법률 제547호로 제정된 구 민사소송법 제126조 제1항[21])은 석명에 관하여 일본의 구 민사소송법 제127조를 받아들여 일본과 마찬가지로 석명을 재량적인 것으로 규정하였다. 이 규정에 대하여 석명의 연혁적 의의 및 기능의 성질, 직권증거조사에 관한 2002. 1. 26. 법률 제6626호로 전문 개정되기 전의 구 민사소송법 제265조[22])(2002. 1. 26. 법률 제6626호로 전문 개정된 현행 신 민사소송법 제292조[23]))의 규정 등을 고려하여 초기부터 그 의무성을 긍정하여 왔다.[24]

한편 1990. 1. 13. 민사소송법 개정으로 제4항[25])을 신설하여 법률상의 사항

---

19) 註釋民事訴訟法, (3) 口頭辯論, 有斐閣, 1993, §127 Ⅰ (3); 民事訴訟法, 新堂幸司, 有斐閣, 1998, 393면; 民事訴訟法, 伊藤 眞, 有斐閣, 2000, 264면.

20) 제149조(석명권 등): 제1항 재판장은 구술변론기일 또는 기일 외에서 소송관계를 밝히기 위하여 당사자에게 사실상 또는 법률상 사항에 대하여 질문을 하거나 입증을 촉구할 수 있다.
   第149條 (釋明權等): ① 裁判長は′ 口頭辯論の期日又は期日外において′ 訴訟關係を明瞭にするため′ 事實上及び法律上の事項に關し′ 當事者に對して問いを發し′ 又は立證を促すことができる。

21) 제126조 제1항: 재판장은 소송관계를 명료하게 하기 위하여 당사자에게 사실상과 법률상의 사항에 관하여 발문하고 또는 입증을 촉구할 수 있다.

22) 2002. 1. 26. 법률 제6626호로 전문 개정되기 전의 구 민사소송법 제265조 [직권증거조사] 법원은 당사자의 신청한 증거에 의하여 심증을 얻을 수 없거나 기타 필요하다고 인정한 때에는 직권으로 증거조사를 할 수 있다.

23) 2002. 1. 26. 법률 제6626호로 전문 개정된 신 민사소송법 제292조 (직권에 의한 증거조사) 법원은 당사자가 신청한 증거에 의하여 심증을 얻을 수 없거나, 그 밖에 필요하다고 인정한 때에는 직권으로 증거조사를 할 수 있다.

24) 방순원, 『민사소송법(상)』, 일한도서출판사, 1960, 258면; 이영섭, 『신민사소송법』, 박영사, 1964, 142면 이 곳에서는 "직책"이라고 한다; 이시윤, 『신민사소송법』, 박영사, 2002, 285면.

25) 제126조 제4항: 법원은 당사자가 명백히 간과한 것으로 인정되는 법률상의 사항에 관하

에 관한 진술기회를 부여하도록 의무적으로 규정함으로써 석명의 의무성이 명시적으로 표현된 것인지 나아가 변론주의의 완화 내지는 법원의 역할의 변화 등에 관하여 논의되는 계기가 되었다. 그 후 이 규정은 2002. 1. 26 법률 제6626호로 전문 개정되어 새로이 민사소송법 제136조[26])에 규정되었다.

이러한 민사소송상의 석명의무는 행정소송법 제8조 제2항의 준용규정에 의하여 행정소송에서도 인정되는 것에는 이설이 없다.

### 2) 판례

행정소송사건에서 석명권이 나타난 초기의 판례로는 아래에서 보는 바와 같이 우리 법원은,

> 심안하니 귀속재산소청심의회의 판정을 대상으로 하는 행정소송은 소송의 이익이 없다 함이 본원의 판례로 하는 바임으로 원고의 본소청구는 소송의 이익이 없다 하여 기각함이 정당하다 인정되는 바이나 행정소송법 제6조에 의하면 피고의 지정이 그릇된 경우에는 이를 경정하게 할 수 있는 것이므로 원심은 마땅히 석명권의 행사에 의하여 피고를 경정케 한 후 재판을 함이 상당하다 인정하고 원판결을 파기하여 원심에 환송키로 하는 바이다.[27])

라고 하여 우리나라 행정소송에서도 석명의무가 판례상 민사소송과 거의 같은 시기에 또 거의 같은 내용을 가지고 일찍부터 인정되어 왔다.

### (4) 3국의 비교·검토

위 석명의무의 연혁에서 본 바와 같이, 독일, 일본, 우리나라의 경우를 비

---

여 당사자에게 의견진술의 기회를 주어야 한다.

26) 구법 제126조와 비교하여 보면 용어상 명료 → 분명, 발문 → 질문, 입증 → 증명으로 바꾸었다.
제136조(석명권(釋明權)·구문권(求問權) 등)
① 재판장은 소송관계를 분명하게 하기 위하여 당사자에게 사실상 또는 법률상 사항에 대하여 질문할 수 있고, 증명을 하도록 촉구할 수 있다.
② 합의부원은 재판장에게 알리고 제1항의 행위를 할 수 있다.
③ 당사자는 필요한 경우 재판장에게 상대방에 대하여 설명을 요구하여 줄 것을 요청할 수 있다.
④ 법원은 당사자가 간과하였음이 분명하다고 인정되는 법률상 사항에 관하여 당사자에게 의견을 진술할 기회를 주어야 한다.
27) 대법원 1955. 4. 15. 선고 53누32 판결(집2-3, 행1).

교하여 보면, 민사소송과 행정소송에서 각각 석명의무를 명문으로 각각 규정하고 있는 독일과 달리, 일본과 우리나라는 민사소송법에 석명의무의 근거규정을 두고 행정소송에서 이를 준용하는 형식을 취하고 있으며, 석명의무의 의무성을 인정하고 있는 점은 공통적이다.

## 2. 석명의무와 변론주의 및 직권탐지주의

### (1) 석명의무와 변론주의

#### 1) 변론주의

법발견(Rechtfindung)은 법원의 전속적인 권한이다(irur novit curia).[28] 그런데 판결의 기초가 되는 사실[29]의 수집·제출에 관한 책임의 분배에 관한 절차원칙으로는 이를 당사자에게 맡기는 변론주의(Verhandlungsmaxime)와 법원에게 맡기는 직권탐지주의(Untersuchungsmaxime)[30]가 있다.[31] 변론주의(Verhandlungsmaxime)[32]라 함은 소송에 있어서 소송자료의 관하여 당사자의 지배와 책임을 뜻한다.[33]

---

28) 그렇다고 하더라도 소송관계인 간의 법적견해(Rechtsgespräch)의 진술은 유용하므로 당사자는 법원이 재판의 근거로 하는 법적관점에 대하여 의견을 표명할 수 있다. Jauernig, Zivilprozeßrecht, C. H. Beck, 27. Aufl., 2002, §25 Ⅰ; 다만 법원이 당사자와 Art. 103 Abs. 1 GG에 의하여 법적토론을 할 의무가 법적토론을 할 의무가 없다는 것에는 Schmidt-Aßmann in Maunz-Dürig, Komm. z. GG. Art. 103 Abs. Ⅰ Rdnr. 78; §139 Ⅰ ZPO의 법원의 석명의무에 의하여 법원은 사실관계와 분쟁관계에 관한 법률적 측면에 대하여서도 당사자와 토론하여야 한다. 그러나 판결을 내리기 전에 법원의 법적견해를 당사자와 토론해야 하는 것은 아니다. Art. 103 Abs. 1 GG도 이와 같은 요구를 하지 아니한다. 그러나 법원은 자신의 법적견해를 당사자에게 적시에 알림으로써 그에 대하여 당사자가 자신의 견해를 표명할 수 있도록 하는 것은 바람직하다고 하는 것에는 Jauernig, §29 Ⅳ 참조.
29) 판단 기초 사실은 사실자료 및 증거자료를 포함하는 소송자료를 말하는 것이나, 좁은 의미에서는 사실자료를 의미한다.
30) 변론주의(Verhandlungsmaxime)와 직권탐지주의(Untersuchungsmaxime)라는 용어는 Gönner, Handbuch des deutschen gemeinen Prozesses, 1., Aufl., 1801에서 유래한다고 일반적으로 알려져 있다. 예컨대 Rosenberg/Schwab/Gottwald, Zivilprozessrecht, 15. Aufl. 1993, §78 Anm. 1).
31) 이 양 절차원칙은 절차 내에서 판결기초사실의 제출이라는 측면에서의 문제라는 점에서 절차의 개시, 소송중의 처분권능이라는 측면에서의 처분권주의 및 이에 대립되는 직권주의와 구별된다.
32) 오늘날에는 당사자의 "제출"을 강조한다는 의미에서 제출주의(Beibringungsgrundsatz)라는 말을 쓰기도 한다. Rosenberg/Schwab/Gottwald, §78 Ⅱ.
33) 변론주의라 할 때에는 널리 처분권주의를 포함하지만 고유한 의미에서는 소송자료의 수집에 한하는 문제이다.

즉 당사자는 자신의 주장을 정당화하기 위하여 필요한 사실들을 주장하고 입증하여야 하며 법원은 당사자가 제출한 소송자료 즉 사실자료[34]와 증거자료만을 고려하여 이를 기초로 판결을 내려야 한다는 원칙이다.[35] 나아가 당사자의 태도는 입증의 필요도 좌우하게 되어 자백한 사실 등 다툼 없는 사실은 법원이 그대로 사실로 확정해야 한다는 의미도 포함한다.[36] 따라서 변론주의에 의하는 경우 사실의 수집·제출책임을 당사자가 전적으로 부담하고 있기 때문에 만일 선의의 당사자가 어떠한 사정으로 인하여 제대로 소송수행을 하지 못하게 되어 패소하게 된다면 아무리 사적자치의 소송법적 표현인 변론주의에 의하는 민사소송이라고 하더라도 적정한 재판이라는 측면에서는 문제가 된다.

### 2) 석명의무와 변론주의

이러한 경우에 법관은 당사자들이 제대로 소송을 수행할 수 있도록 하기 위하여 당사자에게 사실상 또는 법률상 사항에 대하여 질문, 시사를 하거나, 증명을 하도록 촉구하여야 하는 것이 법원의 석명의무이다. 즉 석명의무는 변론주의원칙상 스스로 사실의 수집·제출책임을 지는 당사자가 제대로 소송자료를 제출하도록 한다는 의미에서 변론주의의 완화 내지는 보충하는 것이다. 이러한 의미에서 민사소송에서는 석명의무의 기능을 소송상의 기회균등, 실질적 당사자평등이라는 측면에서 파악하는 것이 일반적이라고 할 수 있고 그 외에도 소송촉진 등을 들기도 한다.[37] 이러한 현상에 대하여 독일에서도 오늘날 변론주의가 지배하는 민사소송에서는 법관의 석명의무로 인하여 변론주의가 많이 후퇴하였다고 평가하기도 한다.[38]

이와 같은 석명의무가 변론주의의 완화 내지는 보충이라고 보는 태도는 위에서 본 독일의 민사소송에서뿐만 아니라 우리나라의 민사소송의 경우에도 마찬가지라고 할 수 있다.[39]

---

34) 사실자료에는 주요사실, 간접사실, 보조사실이 있고, 주요사실은 증명의 목표가 되는 사실로서 법률효과가 발생하기 위한 요건사실 즉 법률요건사실을 말하고 이 주요사실의 수집·제출에 변론주의가 적용된다.
35) Rosenberg/Schwab/Gottwald, §78 Ⅱ; Jauernig, §25 Ⅲ; Arens, §2 Rndr. 14.
36) 호문혁, "민사소송에 있어서의 이념과 변론주의에 관한 연구", 서울대 법학 제30권 3·4호, 1989. 12, 221면.
37) Jauernig, §25 Ⅶ; Rosenberg/Schwab/Gottwald, §78 Ⅲ; Arens, §2 Rndr. 5; Stein/Jonas/Leipold, §139 Ⅲ; Münchener Kommentar, §139 Rdnr. 2; Zöller, §139 Rdnr. 2.
38) Jauernig, §25 Ⅶ.

## (2) 석명의무와 직권탐지주의

### 1) 직권탐지주의

앞서 본 변론주의(Verhandlungsmaxime) 개념과 함께 대립의 쌍을 이루는 것으로서 직권탐지주의(Untersuchungsmaxime)라는 것이 있다. 직권탐지주의원칙이라 함은 예컨대 독일 행정소송법 제86조 제1항의 명문에서 보는 바와 같이 사실관계의 해명이 법원의 책임이므로 법원은 당사자의 활동에 구속되지 아니하고 직권으로 가능한 모든 주요사실들을 수집하고 증거방법들을 탐지하여야 한다는 원칙을 말한다. 즉 판결의 기초가 되는 사실의 수집·제출에 관한 책임의 분배에 관한 절차원칙으로는 이를 당사자에게 맡기는 것이 변론주의라고 한다면, 이를 당사자에게 맡기지 아니하고 법원에 맡기는 것이 직권탐지주의라고 할 수 있다. 즉 변론주의라 함은 소송자료를 당사자에게 맡기는 것이나 직권탐지주의는 이를 법원에 맡기는 것이다. 이러한 직권탐지주의하에서 당사자가 변론을 하더라도 이는 법원의 직권탐지를 보완하는 데 그치게 된다. 또한 직권탐지주의하에서는 변론주의의 원칙하에서 인정되는 주장책임이나 주관적 입증책임이 원칙적으로 인정되지 아니하므로 당사자가 주장하지 아니한 사실도 직권으로 수집하여야 할 뿐만 아니라 당사자의 증거신청 여부와도 관계없이 법원이 직권으로 증거조사하는 것이 원칙이다.

사적자치에 기초하는 사권을 실현하는 민사소송에서는 당사자의 자유로운 활동에 의하는 변론주의가 법률이 명시적인 근거규정이 없이도 자명한 것으로 받아들여지고 있다. 다만 개별 부수적으로 관련되는 규정을 미루어 보아서 민사소송에서 변론주의가 추정되는 것으로 보는 것이 일반적이다.

그러나 특히 공익이 관련되는 경우에는 이를 변론주의에 의하여 당사자에게 맡길 수 없고 법원에게 맡긴다고 하는 직권탐지주의를 인정하는 특별한 규정을 두고 것이 일반적이다. 이러한 명문의 규정이 있다는 점은 공익이 전면에 나서는 형사소송이나 행정소송인 경우에만 그러한 것이 아니라 민사소송의 경우에서도 일정한 경우 예컨대 주로 변론주의의 폐해를 시정하고자 하는 경우에 직권증거조사나 석명의무라든가 하는 직권탐지주의적 요소를 인정하는 경우에는 반드시 특별한 명문의 규정을 두고 있다. 이 점이 기본적으로 변론주의와 직

---

39) 방순원, 257면 이하; 이영섭, 142면 이하; 이시윤, 280면 이하; 호문혁, 310면 이하.

권탐지주의의 기본 출발점이 적어도 법률적인 차원에서는 다른 점이다.

## 2) 용어상의 문제

독일 행정소송에서는 직권탐지주의가 원칙이다. 직권탐지주의라 함은 사실 자료의 수집·제출의 책임을 법원에게 지운다는 것이다. 즉 직권탐지주의는 사실의 해명이 법원의 책임이라는 의미이다. 따라서 독일에서는 "사실의 해명 (Aufklärung des Sachverhalts)"의 "해명"과 "석명의무(Aufklärungspflicht)"의 "석명"을 "Aufklärung"이라는 독일어를 같이 쓰게 되는 관계로 인하여 상호 혼동될 우려가 있게 된다. 그리하여 "석명"의 경우를 "Aufklärung" 대신에 "Hinweisung"으로 구별하여 특히 행정소송을 해설하는 경우에는 "Hinweispflicht"로 쓰려고 하는 경향이 있기는 하다.[40] 이러한 문제는 기본적으로 독일의 민사소송과 달리 독일의 행정소송에서는 직권탐지주의가 원칙인데 이러한 직권탐지주의하에서 석명의무가 인정된 결과로 나타나는 지극히 독일적인 상황에 불과한 것에 지나지 않는 것이다.[41]

## 3) 석명의무와 직권탐지주의의 관계

### ① 의의

본래 석명의무는 변론주의의 폐해를 시정하거나 변론주의를 보충하는 민사소송상의 제도로 보는 것이 일반적이다. 그에 비하여, 특히 독일의 행정소송법은 우리나라와 달리 직권탐지주의를 원칙으로 채택하였음에도 불구하고 다시 §86 Ⅲ VwGO에서 석명의무를 규정하고 있으므로 이 직권탐지주의와 석명의무의 관계가 문제된다.

### ② 모순관계설

독일의 행정소송에서는 직권탐지주의가 지배하므로 직권탐지주의의 귀결로서 법원이 사실자료의 수집·제출에 단독적인 책임을 지게 되는 것이 되고 따라서 당사자에게는 사실자료의 수집·제출의 책임이 전혀 없게 된다. 그리하여

---

40) Kopp/Schenke, §86, Rndr. 22; Eyermann/Fröhler §86 Ⅳ; 물론 예컨대 Redker/von Oertzen, §86 Ⅳ에서는 Aufklärungspflicht라고 하기도 한다. 이에 관하여는 또한 선정원, "행정소송상 사실해명과 그 한계 — 직권심리주의에 관한 일 고찰—", 서울대학교 박사 학위, 1995, 106면 참조.

41) 그런데 이 hinweisen은 "지적"이라는 표현의 한 원인이 되고 특히 어감도 안 좋으므로 가급적 피하는 것이 좋다.

이러한 당사자의 사실자료의 수집·제출활동에 기여한다고 하는 법원의 석명활동은 특별한 의미가 없게 된다. 즉 독일의 행정소송에서는 직권탐지주의와 석명의무가 서로 모순관계에 있다고 파악하는 경우가 있다.[42]

### ③ 직권탐지주의의 구성요소설

Eyermann에 따르면, 재판의 기초가 되는 사실의 조사와 관련되는 직권탐지주의원칙은 §86 Ⅲ VwGO의 석명의무와 호응한다고 한다. 즉 법률문외한(ein Rechtsunkundiger)이어서 벌어진 소송의 추이에 따라 적절히 요구되는 진술을 제대로 구사할 능력이 부족하다는 이유로 자신의 청구권을 상실해서는 안 되기 때문이라는 것이다.[43] Bader/Funke-Kaiser/Kuntze/von Albedyll에 의하면, §86 Ⅲ VwGO의 석명의무가 공정한 절차를 관철함에 있어서는 필수적으로 요구되는 §86 Ⅰ VwGO상의 직권탐지주의원칙을 보충하는 것이라고 하고,[44] Hufen에 따르면 석명의무는 직권주의(Offizialmaxime)의 표현이고 나아가 법적청문권 내지는 절차정의의 징표라고 한다.[45] 나아가 Schmitt Glaeser에 따르면, 법원의 석명의무는 직권탐지주의원칙의 구성요소(Bestandteil des Untersuchungsgrundsatz)라고 한다. 이는 본래 직권탐지주의하에서는 법원이 관계인의 사실에 관한 진술과 관계없이 사실관계를 탐지하도록 의무 지워졌기 때문에 당사자로 하여금 어떠한 사실을 주장하도록 하는 법원의 의무는 없는 것이므로, 법원의 석명의무가 사실관계의 확정을 그 대상으로 하는 한 법원의 석명의무는 단지 직권탐지주의원칙을 표현하고 있는 것에 지나지 아니하다는 것이다.[46] 오히려 본래 법원의 석명의무는 처분권주의의 상관개념(Korrelat des Verfügungsgrundsatz)이라고 한다. 즉 소송관계인이 소송물과 소송절차를 진행할지 여부에 관하여 당사자가 처분의 자유와 형성의 자유를 적절히 행사하는 데 법원이 기여할 수 있는 경우에 한하여 석명의무는 처분권주의와의 상관개념으로서 그 중요성이 인정된다는 것이다. 즉 석명의무는 당사자가 처분권을 제대로 행사하도록 도와주기 위하여

---

42) Baur, Fritz, Richterliche Hinweispflicht und Untersuchungsgrundsatz, in: Weber, Werner u.a.(Hg.), Rechtsschutz im Sozialrecht, Köln u.a. 1965, S.35-46; Grunsky, Grundlagen des Verfahrens, 2. Aufl., 1974, S. 180.

43) Eyermann, Verwaltungsgerichtsordnung, 10. Aufl., 1998, §86 Ⅳ 1.

44) Bader/Funke-Kaiser/Kuntze/von Albedyll, Verwaltungsgerichtsordnung, 1999, §86 Ⅲ.

45) Hufen, §36 Rdnr. 13.

46) Schmitt Glaeser, §15 Ⅲ Rdnr. 545.

즉 처분권주의와 관련하여서만 그 독자적인 의의를 인정할 수 있다는 것이
다.47)

④ 결어

위와 같이 특히 석명의무가 직권탐지주의의 구성요소라고 하는 견해에 대
해서는 민사소송에서 변론주의원칙이 적용됨에도 불구하고 석명의무가 규정되
어 있는 이유를 설명할 수 없는 문제점이 있을 수 있다. 그와 반대로 물론 직권
탐지주의의 지배하에서도 법원의 석명의무가 인정될 수 있으나 그렇다고 해서
석명의무가 자동적으로 직권탐지주의원칙의 표현으로 될 수는 없는 문제점도
있다. 왜냐하면 직권탐지주의는 원칙적으로 사실자료의 수집·제출만을 대상으
로 하는 것인 반면에, 석명의무는 경우에 따라서는 판결의 기초가 되는 법률상
의 사항에 관한 석명의무도 포함하기 때문이다.48) 나아가 이러한 법적관점에
대한 법적대화는 민사소송에서보다도 행정소송에서 훨씬 더욱 중요한데 왜냐
하면 통상행정법원에는 변호사가 강제되지 않기 때문이고, 이는 법적 청문권의
보장의 원칙에 비추어 보아도 그러하기 때문이라고 한다.49) 요컨대 독일의 행
정소송의 이론에서는 석명의무가 직권탐지주의의 표현으로 보거나 또는 변론
주의나 직권탐지주의와 관계없이 모든 소송에서 인정되는 것으로 나누어진다
고 할 수 있다.

그러나 적어도 독일 행정소송의 경우 민사소송법과 별도로 행정소송법상
명문의 규정이 있으므로 석명의무를 독일 행정소송의 기본원칙인 직권탐지주
의와 정면으로 배치되는 것으로 이론구성할 수 없다는 점에 기본적으로 그 한
계가 있으므로 논의의 실익이 없다고 보인다. 이런 의미에서 예컨대
Redeker/von Oertzen에 의하면, 행정소송의 석명의무는 민사소송의 석명의무
와 내용적으로 대동소이한 것(inhaltlich weitgehend mit §139 ZPO identisch)50)으로서
행정소송의 특수한 것이 아니고(keine Besonderheit des Verwaltungsprozesses), 직권
탐지주의원칙으로부터 흘러나온 결과물(Ausfluß der Untersuchungsmaxime)로 보지
아니하는 것은 타당하다.

---

47) Ibid.

48) Ule, §26 Ⅱ; Kopp/Schenke, §86 Rdnr. 23; Köhler-Rott, Der Untersuchungsgrundsatz im
Verwaltungsprozeß und die Mitwirkungslast der Beteiligten, München 1997, S. 26.

49) Schmitt Glaeser, §15 Ⅲ Rdnr. 545.

50) 이 점은 Kopp/Schenke도 같이 한다. Kopp/Schenke, §86 Rdnr. 22.

따라서 오늘날 독일에서 법원의 석명의무는 변론주의가 지배하는 민사소송이든 직권탐지주의가 지배하는 행정소송이든 관계없이 모든 소송에서 법률상 확고하게 자리 잡은 법원의 법적의무로 인정된 것이다.[51] 독일에서는 석명의무가 독일 헌법 제103조 제1항(Art. 103 Abs. 1 GG)에 따른 관계인의 법적 청문권의 실현에 기여한다고 한다고 하는 입장에서 석명의무의 위반은 법적 청문권을 침해를 의미하게 되는 것이고 이는 중대한 절차상의 하자로서 상고이유가 된다고 한다.[52]

## 3. 석명의무와 실질적 평등

### (1) 독일

독일에서의 석명의무와 당사자의 실질적 평등과 관련하여 보면, 석명의무는 사회적 법치국가의 특성이 각인된 제도(Ausprägung des sozialen Rechtsstaats)로서 분쟁자료를 완전하게 하기 위한 가장 중요한 소송지휘의 수단이기 때문에, 따라서 법관이 석명을 행사한다고 해서 법관의 중립성을 침해하는 것이 아니라고 한다.[53] 즉 석명의무는 당사자의 사회적 지위와는 아무런 관계없이 소송관계를 분명하게 하여 적정한 재판을 함으로써 정당한 당사자를 승소시키자는 것이 그 취지이지 어느 한 당사자를 편파적으로 돕자는 것이 아니라고 한다. 이런 점에서 본다면 석명의무는 사실관계의 완전성을 추구하여서 궁극적으로는 진실이 승리하도록 하는 것이므로 법관은 양 당사자의 공정한 원조자(unparteiischer Helfer beider Parteien)[54]가 된다는 것이다. 따라서 석명권을 행사하더라도 법관의 중립성은 손상되는 것이 아님은 물론이고 법관도 이 권한을 편파적으로 행사하여서는 아니 된다고 한다.[55]

그러나 한편 특히 간교한 자가 아니라 권리 있는 당사자가 승소하여야 한다는 점에서 본다면 법관은 단순히 축구경기의 심판에 머물러서는 곤란한 점이 있다. 특히 법률문외한인 본인소송인 경우에는 법관의 조력이 필요한 것이 현실이고 이때 법관의 석명의무가 적절한 것이다. 이 경우 변호사를 선임하지 아

---

51) Redeker/von Oertzen §86 Rdnr. 17; 이 점은 Hufen도 같이 한다. Hufen, §36 Rdnr. 13.
52) Kopp/Schenke, §86 Rdnr. 22, 29; Hufen, §36 Rdnr. 13.
53) Rosenberg/Schwab/Gottwald, §78 Ⅲ 1.
54) Jauernig, §25 Ⅶ.
55) 호문혁, 310면.

니한 당사자에게는 석명의무가 일종의 법적조언의 역할을 하는 것은 사실이라고 한다.56)

이와 관련하여 독일의 민사소송에서는 석명의무가 법률문외한인 본인소송뿐만 아니라 변호사가 대리하는 소송인 경우에도 적용되는지 여부57)가 다투어진다. §139 ZPO 문언58) 자체가 본인소송과 변호사소송을 구별하고 있지는 아니하나 그럼에도 불구하고 변호사에 의하여 대리되는 당사자가 법률문외한인 보통사람(Mann von der Straße)보다 더 적은 원조를 필요로 하는 것은 자명한 이치라고 하는 것이 일반적이다.59)

## (2) 일본

일본에서는 전후 1948년(소화 24년) 개정시 직권증거조사가 변론주의를 제한한다는 이유로 삭제되었다. 즉 소화 23년의 개정시 당사자주의를 철저하게 한다는 관점에서 보면, 법원은 당사자가 신청한 증거에 대하여 증거조사를 하고 그 결과 심증을 얻지 못하는 경우에는 입증책임의 분배에 의하여 판단하면 된다. 따라서 법원이 직권증거조사하는 것은 당사자에 대한 간섭이 되고, 당사자의 소송에 대한 관심을 삭감하고, 게다가 우연한 직권증거조사는 당사자가 불공평한 관념을 갖도록 만들게 된다는 이유로 삭제한 것이라고 한다. 즉 민사소송은 본래 사적권리에 관한 분쟁이므로 그 분쟁해결을 위하여 어느 정도의 입증을 할 것인가는 당사자에게 맡겨두어야 하는 것이므로, 실체적 진실발견을 위해서는 당사자에게 입증을 촉구할 뿐만 아니라 법원에게 직권증거조사를 인정한 일본 구 민사소송법 제261조는 입법으로서도 반드시 타당하지는 않다고 한다.

민사소송법 제261조가 폐지된 후에도 여전히 제262조(조사촉탁), 제310조(감정의 위탁) 규정은 남아 있고, 특히 일본 행정사건소송법 제24조에서는 명문으로

---

56) Jauernig, §25 Ⅶ.

57) 예컨대 본인소송의 경우와 변호사소송의 경우를 구별하는 견해, Baumbach/Lauterbach/Albers/Hartmann, Zivilprozeßordnung, 60. Aufl., 2002, §139 2; 양자를 구별하지 않는 견해, Stein/Jonas/Leipold, §139 Ⅱ 2, Rosenberg/Schwab/Gottwald, §78 Ⅲ 1.

58) 구 독일 민사소송법(CPO)에서는 법관의 석명의무가 변호사소송에서 있어서 보다 좁게(§130 CPO), 당사자본인소송인 간이법원소송(Amtsgericht)에서는 보다 넓게 파악하였다고 한다(§464 CPO) 주 17) 참조.

59) Jauernig, §25 Ⅶ; Rosenberg/Schwab/Gottwald, §78 Ⅲ 1; Zöller, §139 Rdnr. 13.

직권증거조사를 규정하고는 있다. 그러나 실무에서는 본인소송에 있어서 예외적인 경우를 제외하고는 직권증거조사를 행하는 일은 거의 없고 법원은 당사자에게 입증을 촉구하여 당사자의 신청에 의하여 증거조사를 행하고 있다고 한다.[60]

### (3) 우리나라
#### 1) 판례
우리나라 판례에서는,

> 변론주의가 당사자의 책임을 인정하는 것은 당사자의 소송진행의 능력이 완전히 대등한 것을 전제로 하는 것이나 사실에 있어서는 <u>당사자는 지식경험이나 경제력에 있어서 대등하지 않으며 특히 법률지식이 없는 본인 소송에 있어서는 충분한 법률상의 변론을 기대할 수 없으므로 민사소송법은 석명권의 행사 또는 직권증거조사의 규정</u>을 두어 그 조절을 하게 한 것이다.[61]

라고 하여 변론주의 폐해를 시정하기 위하여 즉 당사자 간의 실질적인 평등을 이루기 위한 제도로서 석명의무를 인정하고 있다. 다만 석명의무와 직권증거조사를 변론주의의 폐해를 시정하는 제도로 파악하고 있다.

#### 2) 직권증거조사
##### ① 연혁
우리나라 민사소송에서는 당사자간의 실질적 평등을 위한 제도로서 석명의무 이외에도 2002.1.26. 법률 제6626호로 전문 개정된 신 민사소송법 제292조[62][63](구 민사소송법 제265조)에서 직권증거조사를 인정하고 있다.[64] 이러한 직권

---

60) 註釋民事訴訟法 (6) §261.
61) 대법원 1959. 7. 2. 선고 58다336 판결(집7, 민137), 밑줄은 필자.
62) 제292조(직권에 의한 증거조사) 법원은 당사자가 신청한 증거에 의하여 심증을 얻을 수 없거나, 그 밖에 필요하다고 인정한 때에는 직권으로 증거조사를 할 수 있다.
63) 그 외에 민사소송법상의 개별적인 직권증거조사에 관한 규정으로는 다음을 들 수 있다. 제294조(조사의 촉탁), 제341조(감정의 촉탁), 제356조(공문서의 진정의 추정) 제2항, 제367조 당사자신문, 제379조 직권에 의한 증거보전. 민사소송법 이외로는 가사소송법 제12조, 제17조, 행정소송법 제26조 등을 들 수 있다.
64) 최근 직수입관계상 다시 직권주의적 경향이 있다고 하기는 하나, 우리나라 형사소송에는 직권주의가 강한 독일과 달리 일본의 당사자주의의 영향을 받아 당사자주의에 관한

증거조사에 관한 규정은 독일 민사소송법에는 없는 규정이다. 일본에서는 1926
년(대정 15) 일본의 민사소송법 개정시 제261조[65]에 신설되었다. 일본이 이러한
규정을 새로이 두게 된 것은 다음과 같은 이유에서이다. 즉 1926년 개정 전에는
감정과 검증에 대해서만 직권증거조사가 인정되었으나, 이 두 가지에 한하지
아니하고 기타의 증거방법에 대해서도 보충적인 직권증거조사를 할 수 있도록
하여 두는 편이 진실발견에 적당하다는 것이었다. 그렇지만 대정 15년 개정된
민사소송법도 당사자주의를 채택하고 제261조에 의한 직권증거조사도 보충적
인 것으로 생각하여, 직권증거조사를 할 것인가 여부는 법원의 자유재량에 맡
긴 것으로 해석하였다고 한다.[66]

---

논의가 오래전부터 도입되었다. 그 결과 우리나라 형사소송에서는 대륙법계의 직권주의
와 영미법계의 당사자주의가 함께 논의되어 왔다고 할 수 있다.

특히 우리나라 형사소송에서 당사자주의와 관련하여 논의되는 것이 형사소송규칙 제
141조의 석명권과, 형사소송법 제295조의 직권증거조사의 규정이다. 형사소송법 제295
조에서는 "법원은 제294조 및 제294조의2의 증거신청에 대하여 결정으로 하여야 하며
직권으로 증거조사를 할 수 있다"라고 규정하고 있다. 형사소송에서도 법원의 직권탐지
의 한계를 고려하여 이해관계가 대립하고 있는 당사자간에 증거수집을 맡기는 것이 효
율적이라고 할 수 있으나 실체적 진실발견의 문제가 있고 민사소송에서와 같이 변론주
의의 폐해라고 할 수 있는 소송의 스포츠화가 우려된다. 따라서 이를 시정하기 위하여
실체적 진실발견과 실질적으로 검사와 피고인 간의 실질적 평등을 위하여 피고인의 이
익을 위한 직권증거조사도 인정하는 것이다.

한편 형사소송에서 법원이 검사의 편에 서는 직권증거조사는 허용되지 않아도 석명의
형식으로 검사에게 입증을 촉구할 수도 있다. 그러나 검사에 대한 법원의 석명권의 행사
는 실질적 평등이나 무죄추정의 원칙상 소극적으로 될 수밖에 없을 것이고, 그 반대로
피고인에 대한 석명에 보다 적극적이어야 한다. 어쨌든 우리나라 형사소송에서는 독일
과 같은 직권주의적 색채만 일관시킬 수 없다.

참고로 독일은 독일 형사소송법 제244조 제2항에서 "법원은 진실탐지를 위하여 판결에
있어 중요한 모든 사실과 증거방법에 관하여 직권으로 증거조사를 수행하여야 한다(Das
Gericht hat zur Erforschung der Wahrheit die Beweisaufnahme von Amts wegen auf
alle Tatsachen und Beweismittel zu erstrecken, die für die Entscheidung von
Bedeutung sind.)"라고 하여 독일의 형사소송법은 법문상 실체적 진실의 발견을 목적으
로 하는 명시적인 규정을 두고 원칙적으로 사실 및 증거에 대한 직권탐지를 원칙으로
하는 것이라는 점에서 조문상으로도 행정소송법 제86조 제1항의 규정과 마찬가지로 직
권주의적 경향이 강하다.

65) 일본 구 민사소송법 제261조에서 "법원은 당사자가 신청한 증거에 의하여 심증을 얻을
수 없거나 기타 필요하다고 인정한 때에는 직권으로 증거조사를 할 수 있다"라고 하여
현행 우리나라의 민사소송법 제292조와 동일한 내용이다.

66) 註釋民事訴訟法 (6) 有斐閣, 1995, §261.

② 석명의무와 직권증거조사

위에서 인용된 판례[67]에서 보는 바와 같이, 변론주의 폐해를 시정하기 위하여 즉 당사자 간의 실질적인 평등을 이루기 위한 제도로서 석명의무와 직권증거조사를 대등한 것으로 파악하고 있다는 사실이다. 즉 원래 변론주의는 양당사자를 완전히 대등하다고 전제했으나 실제로는 대등하지 아니한 것이므로 이는 특히 본인소송에서의 충분한 증거자료를 제출하지 못한다는 것은 결과적으로 소송에서 패소하게 된다는 것을 의미한다. 그런데 이것 역시 적정한 재판이라는 관점에서 보면 기본적으로 문제가 있다. 따라서 직권증거조사는 이러한 변론주의의 폐해를 시정하는 제도라는 점에서는 석명의무와 그 취지가 동일하다. 물론 이러한 직권증거조사는 독일 행정소송법에서와 같이 직권탐지주의하에서는 원칙적인 것이라고 할 수 있으나, 변론주의에 의하는 민사소송하에서의 직권증거조사는 어디까지나 보충적이고 예외적인 것으로 된다.

③ 변론주의와 직권증거조사

사실 사적자치의 소송법적 표현인 변론주의에 의하는 민사소송에서는 사실자료뿐만 아니라 증거자료도 원칙적으로 당사자의 책임이다. 이러한 변론주의의 원칙은 우리나라를 비롯하여 일본, 독일의 민사소송에서도 마찬가지이다. 그럼에도 불구하고 유독 우리나라 민사소송에서는 독일, 일본과 달리 직권증거조사를 인정하고 있다는 점에서 원래부터 그러한 규정이 없는 독일과, 규정을 두었다가 삭제한 일본에 비하여 매우 당사자의 실질적 평등을 처음부터 의식하였다고 보아야 한다. 이 점은 우리나라 민사소송에서의 변론주의를 해석함에 있어서 어느 정도 변론주의의 폐해를 시정하는 유력한 근거로서도 작용한다고 보아야 한다. 따라서 우리나라 민사소송에서는 독일과 일본과 강도를 달리하여 변론주의의 폐해를 시정하기 위하여 법원이 적극적으로 활동할 것이 요구된다.

직권증거조사는 증거자료의 수집만을 일정한 경우에 직권으로 한다는 것이므로 사실자료에 관해서는 변론주의의 원칙상 당사자가 주장하여야 한다. 따라서 변론주의의 폐해를 시정하고 당사자 간의 불평등을 보충하여 적정한 재판을 실현한다는 점에서는 보충적[68]이다. 보충적이라는 점에서 법원이 당사자의

67) 대법원 1959. 7. 2. 선고 58다336 판결(집7, 민137).
68) 다만 소액사건심판법 제10조 제1항에서 "판사는 필요하다고 인정한 때에는 직권으로 증거조사를 할 수 있다"라고 규정하고 있으므로 민사소송에서처럼 보충적인 것이라고 할

주장에 앞서서 처음부터 직권으로 조사할 것이 아니고 당사자가 신청한 증거로 심증형성이 안 되는 경우에 결국은 입증책임분배의 원칙에 의하여 재판할 수밖에 없게 되는데 이것이 정의와 형평의 이념에 반하는 경우 비로소 직권증거조사를 할 수 있다. 우리나라 실무상 법원이 직권증거조사를 직접 하기보다는 당사자가 신청하지 아니한 증거방법을 조사하려고 하는 경우에도 대개는 입증책임이 있는 당사자에게 입증을 촉구하는 형식을 밟아서 즉 석명권을 행사하여서 당사자의 신청에 의한 증거조사를 하고 있다고 한다.[69] 이러한 우리나라 민사소송의 실무의 태도는 일본의 이론을 그대로 충실히 따르는 것이라고 할 수 있다. 그러나 이는 무엇보다도 양국의 민사소송법과 행정소송법 규정상의 명백한 차이를 간과한 것이라는 점에서 문제이다.

### 3) 변호사강제주의

이와 관련하여 우리나라에서, "처분권주의와 변론주의가 자유롭게 협동하고 그 결과에 대하여 스스로 책임을 지는 평등한 시민이 살아가는 시민사회에서 어떠한 기능을 하는지를 간과한 견해로서 타당하지 아니하고, 법을 모르는 당사자의 보호는 변호사강제주의의 도입과 소송구조의 대폭적인 확충으로 민사소송에서도 누구나 변호사의 도움을 받을 길을 보장해 줌으로써 실현해야지, 법관이 변호사가 할 일까지 떠맡음으로써 실현하려고 하여서는 안 될 것이다"[70]라고 주장하는 경우가 있다.

그러나 이러한 견해는 이상적인 평등한 시민을 상정하고 처분권주의와 변론주의의 본래의 모습 위에 서 있는 특히 상대적으로 우리나라보다 최소한 변호사사정이 특히 좋은 독일의 민사소송에서는 타당할지도 모른다. 그러나 우리나라의 열악한 변호사 사정 등 소송현실을 감안하고, 특히 법관이 법이 허용하는 석명권의 행사조차도 주저하여 상급심에서 석명권 불행사를 이유로 파기당하는 사례[71]도 있는 것이 현실이니 만큼 언제나 법관이 처분권주의와 변론주의에 안주하여 소극적 자세로 일관하는 것 자체는 문제가 아닐 수 없다.

변호사가 대리하는가 여부에 따른 석명의무의 인정에 관하여 위에서 인용

---

필요는 없다.
69) 『주석 민사소송법 (Ⅳ)』, 한국사법행정학회, 2000, 260면.
70) 호문혁, "민사소송에 있어서의 이념과 변론주의에 관한 연구", 51면 이하; 호문혁 328면.
71) 예컨대 민사판례로는 대법원 2002. 3. 15. 선고 2001다80150 판결(공2002상, 898), 행정판례로는 대법원 1998. 4. 24. 선고 97누17131 판결(공1998상, 1517)을 들 수 있다.

한 바 있는 우리의 판례에서도 일찍부터,

> 변론주의가 당사자의 책임을 인정하는 것은 당사자의 소송진행의 능력이 완전
> 히 대등한 것을 전제로 하는 것이나 사실에 있어서는 <u>당사자는 지식경험이나 경제</u>
> <u>력에 있어서 대등하지 않으며 특히 법률지식이 없는 본인 소송에 있어서는</u> 충분한
> 법률상의 변론을 기대할 수 없으므로 민사소송법은 석명권의 행사 또는 직권증거
> 조사의 규정을 두어 그 조절을 하게 한 것이다.[72]

라고 하여 석명이 특히 변호사의 조력을 받지 아니한 당사자의 본인소송인 경
우에 변호사가 대리하는 소송인 경우보다 더 필요하다고 판시하고 있는 것이
다. 이러한 판례의 입장은 실제 소송에서 당사자간의 실질적 평등을 기본원리
로 천명하고 있다는 점에서 우리나라의 현실을 제대로 직시하고 있는 것이고
그에 따라서 적절한 소송제도의 운용에 대한 처방을 제시하고 있다는 점에서
매우 바람직하고 타당하다.

### (4) 시사점

어쨌든지 우리나라 민사소송에 있어서는 석명의무 이외에도 원래 그 규정
이 없는 독일이나 있었다가 삭제해 버린 일본과 달리 직권증거조사가 인정되고
판례는 이 두 가지 제도를 실질적 평등의 관점에서 변론주의의 폐해를 시정하
기 위하여 인정된 제도로 파악하고 있다는 점에서 매우 특기할 만한 것이다. 우
리의 초기의 판례는, 앞서 본 바와 같이 초기부터 물론 당시의 사회적 경제적
상황도 일조했겠지만, 오히려 현재의 우리 법원의 판례보다도 매우 적극적으로
당사자간의 지식경험이나 경제력에 있어서 대등하지 않으며 특히 법률지식이
없는 본인소송에 있어서는 충분한 법률상의 변론을 기대할 수 없으므로 석명의
무나 직권증거조사에 의하여 이를 조정할 것을 요구하고 있는 것이라고 판단하
고 있다. 따라서 이러한 법제도에 관한 명문의 법규정이 있을 뿐만 아니라 이러
한 법제도의 기본적인 취지가 당사자간의 실질적 평등이라고 실제로 명백히 언
급한 판례가 있다는 사실만으로도, 우리나라의 민사소송의 여러 가지 쟁점에
관한 해석에 있어서도 최소한 독일이나 일본과 달리 보다 강도 높은 실질적 평

---

72) 대법원 1959. 7. 2. 선고 58다336 판결(집7, 민137), 밑줄 필자.

등이라는 중요한 기본 방향성을 제시하고 있다. 그러므로 현재 판례와 학설도 우리나라의 이러한 실질적 평등을 중시하는 역사적 전통을 계속해서 유지·발전시켜 나가야 한다.

이는 현실적으로 예컨대 최소한 변호인의 조력을 받지 못하는 당사자를 법원이 우대할 법적인 근거도 있다. 나아가 이는 아무리 실체법상 사적자치의 소송법적 표현인 변론주의와 처분권주의에 의하는 것이 이상이고 원칙인 민사소송이라 하더라도, 실제의 소송제도나 소송현실에서 당사자간에 불평등이 존재한다고 한다면 궁극적으로는 헌법상의 권리인 재판청구권의 실질적 보장뿐만 아니라 헌법상의 실질적 평등의 관점과 연결하여 고려하여야 하는 우리나라의 법률상의 중요한 준거점이 된다. 따라서 이러한 우리나라의 역사적 전통을 무시한 채 만연히 다른 나라 특히 독일이나 일본의 법해석 — 그것이 아무리 그 나라의 통설이라 하더라도 — 에만 의존할 일이 아니다. 우리나라의 법규정을 재발견하고 재해석하는 작업만이 우리나라 법문화의 독자성을 확립하기 위하여 반드시 필요한 작업이다.

## Ⅲ. 석명의무의 의의

### 1. 용어상의 문제 — 시사의무와 지적의무

1990년 개정된 구 민사소송법은 제126조에 제4항(2002. 1. 26 법률 제6626호로 전문 개정된 신 민사소송법 제136조 제4항)을 추가하여 "법원은 당사자가 명백히 간과한 것으로 인정되는 법률상의 사항에 관하여 당사자에게 의견진술의 기회를 주어야 한다"는 내용을 규정하였다. 이 규정의 입법 이유는 "당사자가 명백히 간과한 법률상의 사항에 대한 법원의 석명의무를 명시하여 민사소송의 적정을 도모"하는 것이라고 한다.73) 이 구 민사소송법 제136조 제4항의 명칭에 관해서는 "법률적 관점에 관한 지적의무"74)라고도 하고, "법률적 사항에 관한 시사의무"75)라고도 한다.76) 이 규정이 신설되자 이제 법적관점에 관한 적극적 석명이

---

73) 법무부, "민사소송제도 —민사소송법개정자료—", 법무자료 제103집, 220면.
74) 이시윤, 290면.
75) 호문혁, 320면.
76) 법률적 관점에 관한 시사의무에 관한 판례는 다음과 같다. 대법원 1995. 2. 28. 선고 94누4325 판결(공1995상, 1500), 1995. 12. 26. 선고 95누14220 판결(공1996상, 613), 1996.

인정되게 되었고, 당사자들도 법적관점에 관한 석명을 받으면 새로운 사실을 진술하게 될 것이므로 변론주의는 더 이상 적용되지 않게 되었다고 하거나, 우리나라의 민사소송도 앞으로는 처분권주의, 변론주의의 완화, 법원의 역할 강화, 지적의무를 통한 당사자의 보호라는 방향으로 나아가야 한다는 견해까지 나오게 되었다.77)

그런데 본래 석명의무가 유래된 독일에서도 일반적으로 석명의무(Aufklärungspflicht)의 내용을 질문 및 석명의무(Frage- und Hinweispflicht)라고 하여 포괄적으로 설명하거나,78) Aufklärungspflicht라는 용어 대신에 Hinweispflicht라는 용어를 사용하거나,79) Frage- und Aufklärungspflicht 또는 Hinweispflicht라고도 하는 바와 같이,80) Hinweispflicht도 일반적 석명의무의 한 내용이지 별도로 독립시켜서 "법적관점 내지는 법률적 사항"에 관하여 석명을 한다거나 특히 우리의 판례상의 용어인 "지적"한다는 의미로 쓰고 있지는 않는 것은 사실이다.81) 또한 법적관점에 관한 시사의무를 인정하는 근본취지는 뜻밖의(über-raschend) 재판을 허용하지 않는다고 하는 법적 청문권을 보장하기 위한 것이다. 이는 독일에서도 1976년의 이른바 간소화개정법82)에 의하여 §278 Ⅲ ZPO83)가 신설되기 이전에도 석명의무에 관한 §139 Ⅰ ZPO에 의하여서도 뜻밖의 재판은

---

7. 30. 선고 95누16165 판결(공1996하, 2729), 1996. 10. 15. 선고 96누7878 판결(공1996하, 3468), 1997. 8. 22. 선고 96누5285 판결(공1997하, 2939).

77) 이시윤, 290면 이하; 강봉수, "법원의 법률사항 지적의무 ─ 민사소송법 제126조 제4항 ─", 민사재판의 제 문제 제7호, 한국사법행정학회, 1993, 295면 이하 참조.

78) Stein/Jonas/Leipold, §139, Ⅲ.

79) Münchener Kommentar, §139; Zöller, §139 Rdnr. 2.

80) Jauernig, §25 Ⅶ.

81) 호문혁, "민사소송에 있어서의 법률적 사항에 관한 법관의 석명의무", 『민법학논총』, 후암곽윤직선생고희기념, 716면.

82) die sog. Vereinfachungsnovelle vom 3. Dezember 1976.

83) 우리나라의 규정은 독일의 1976년의 이른바 간소화개정법에 의하여 신설된 §278 Ⅲ ZPO을 본 뜬 것이라고 할 수 있다.
　§278 Ⅲ ZPO: 당사자가 명백히 간과하였거나 중요하지 않다고 여긴 법적 관점에 관하여는, 부수적 청구에 관한 것이 아닌 한, 그에 관한 의견진술의 기회를 준 경우에만 법원은 그 관점에 입각하여 재판을 할 수 있다.
　§278 Ⅲ ZPO: Auf einen rechtlichen Gesichtspunkt, den eine Partei erkennbar ubersehen oder fur unerheblich gehalten hat, darf das Gericht, soweit nicht nur eine Nebenforderung betroffen ist, seine Entscheidung nur stützen, wenn es Gelegenheit zur Ausserung dazu gegeben hat.

허용되지 않아 왔다.[84]

　　한편 특별히 법률적 사항에 관한 석명의무를 별도로 "지적의무"라고 파악하는 것은 그 논의의 실익은 없는 것이라고 하는 경우도 있다.[85][86] 또한 이 규정이 법적관점에 관한 적극적 석명으로 확장되었다고 하기도 하고,[87] 본래 법적관점은 법원이 직권으로 판단할 사항이기 때문에 적극적이라는 말은 별로 의미가 없고 민사소송법에서 새로이 이러한 규정을 두었다는 것을 강조한 것에 지나지 않는다고 함이 타당하다고 하기도 한다.[88]

　　그러나 이러한 견해들은 표면적으로는 명칭의 당부이지만 그 기저에는 결국은 석명의무 범위의 확장 여부에 관한 기본적인 입장의 차이가 있다. 그렇다면 예컨대 법률문외한에게 실질적 평등의 원칙상 석명의무를 확장하여 인정하여야 하는가라는 것에 귀결하는 것이고 이는 기본적으로 우리나라의 현실적 상황을 어떻게 보느냐는 사실인식과 그에 따라서 소송제도를 어떻게 운용할 것이 바람직한 것인가에 대한 가치판단에 의존하게 된다. 이 경우 가치판단이야 주관적인 것이므로 사람에 따라서 저마다 다양할 수는 있는 문제이기는 하나, 최소한 적어도 현실상황의 인식은 어디까지나 철저하게, 독일이 아닌, 우리나라의 현실에 기초를 두어야 한다. 따라서 현실 상황의 인식이 적어도 독일과 같은 정도 예컨대 우리나라의 일반인이 변호사의 도움을 받아서 소송서비스를 받고 있는가 그리하여 궁극적으로 헌법상의 재판청구권이 실질적으로 보장되었다고 할 수 있는가에 기초하여야 한다.

## 2. 석명의무의 기능

　　우리나라와 일본의 행정소송에서는 변론주의가 인정되는 한도 내에서는 석명의무의 기능은 일반적으로 민사소송의 경우와 유사하다고 할 수 있다.

---

84) Stein/Jonas/Leipold, Kommentar zur Ziviprozessordnung, 20. Aufl., §139 Rdnr. 5; Zöller, §139; Rosenberg/Schwab/Gottwald, §78; Jauernig, §25 Ⅶ 6.
85) 호문혁, 전게논문, 716면.
86) 이 의무를 지적의무나 법적관점 지적의무라고 부르는 것은 타당하지 않다고 하면서 "법적관점 표명의무"(Pflicht zur Ausserung des rechtlichen Gesichtspunkts)라고 하는 것이 타당하다고 하는 것에는, 장석조, 법원의 법적관점 표명의무, 경허김홍규박사화갑기념 Ⅰ 민사소송법의 제 문제, 1992, 삼영사, 99면 이하 참조.
87) 이시윤, 290면 이하 참조.
88) 호문혁, 전게논문 745면.

행정소송에서 석명의무의 기능에 관하여는 독일 행정소송의 경우에 비교적 명확하게 나타난다. 즉 석명의무는 적절한 소송의 진행을 용이하게 하거나 신속한 절차를 진행(집중주의, Konzentrationsgrundsatz)하는 데 기여하고, 당사자의 경험부족, 서투름, 법지식의 결여 등으로 재판을 제대로 수행하지 못하거나, 예기치 못한 처분이나 기습적인 판결을 예방한다고 한다.[89] 이러한 석명의무는 일차적으로 법원의 사실해명을 위한 것이라기보다는 당사자를 위한 보호 내지는 조력하는 데에 있다고 한다. 또한 석명의무는 법원의 정당한 판결을 내리는 데에 기여하여 독일 헌법 제103조 제1항 Art. 103 Abs. 1 GG에 따른 관계인의 법적청문권의 실현에 기여한다고 한다.[90] 다만 실질적 평등이라는 관점에서, 석명의무가 일반적으로 국민에 비하여 우위에 있는 행정청의 정보우위(Informationsvorsprung)를 조정하는 데에 기여한다고 하는 경우도 있다.[91]

이와 같은 독일 행정소송에서의 석명의무의 기능은 기본적으로 우리나라 행정소송에서도 타당하다.

## 3. 석명의무의 제도적 취지

우리 판례는 석명의무의 제도적 취지에 관하여,

민사소송에 있어 변론주의를 채택함은 민사소송의 성질상 자료의 수집을 당사자의 책임으로 함이 일반적으로 진실을 얻는 첩경이며 국가의 노력경감과 당사자에 대한 공평을 꾀할 수 있다는 고려하에서 취하여진 것으로서 변론주의가 시행된다고 하여 <u>실체적 진실발견주의를 버리고 형식적 진실로서 만족하는</u> 것은 아니며 변론주의가 당사자의 책임을 인정하는 것은 당사자의 소송진행의 능력이 완전히 대등한 것을 전제로 하는 것이나 사실에 있어서는 <u>당사자는 지식경험이나 경제력에 있어서 대등하지 않으며 특히 법률지식이 없는 본인 소송에 있어서는 충분한 법률상의 변론을 기대할 수 없으므로</u> 민사소송법은 석명권의 행사 또는 직권증거조사의 규정을 두어 그 조절을 하게 한 것이다.[92]

---

89) Kopp/Schenke, §86 Rdnr. 22; Ule, Verwaltungsprozessrecht, 9. Aufl., 1987, §26 Ⅱ; Hufen, §36 Rdnr. 13; Schmitt Glaeser, Verwaltungsprozessrecht, 14. Aufl., 2000, §15 Ⅲ Rdnr. 545; Würtenberger, Verwaltungsprozessrecht, 2. Aufl., 1998, Rdnr. 90.

90) Kopp/Schenke, §86 Rdnr. 22; Schmitt Glaeser, §15 Ⅲ Rdnr. 545.

91) Hufen, Verwaltungsprozeßrecht, 4. Aufl., 2000, §36 Rdnr. 13.

92) 대법원 1959. 7. 2. 선고 58다336 판결(집7, 민137), 밑줄은 필자.

라고 하였다. 즉 우리나라 민사소송에서의 판례는, 현실적으로 일찍부터 변론주의와 실제적 진실발견[93]과의 조화점을 모색한다는 것을 기본 출발점을 명정하고 그러한 정신하에서 오래 전부터 석명의무를 변론주의의 완화 내지 보충으로 파악하여 온 것이다.

그런데 위 판례는 형식적 진실과 실체적 진실발견과, 변론주의와 직권탐지주의적인 요소인 직권증거조사를 모두 언급하고 있다는 점을 주목할 필요가 있다. 즉 우리나라 판례에서는, 흔히 형식적 진실에 빠지기 쉬운 변론주의와 실체적 진실에 치중한다고 하는 직권탐지주의라고 하는 2분법적으로 구분하는 편협한 시각에서 벗어나고 있음을 알 수 있다. 또한 사적자치의 절차적 표현인 처분권주의와 변론주의가 지배하는 민사소송이 형식적 평등에 빠지기 아니하기 위하여 일찍부터 헌법상의 권리인 재판청구권에 있어서의 실직적인 평등을 기한다는 측면에서 즉 실제 소송에서 사회적 약자를 고려한다는 측면에서 석명의무를 파악하고 있다는 점에서 현대적인 헌법에 적합하고 따라서 이는 매우 바람직하고 타당하다.

다만 우리나라의 민사소송에서는 법관이 석명권을 행사하지 아니하거나 부적정한 행사를 한 경우, 이에 대한 명문의 규정이 없기 때문에, 이 경우가 법률문제로서 상고이유가 되는가라는 것이 문제는 되고 있다.[94]

---

93) 한편 Schoch/Schmidt-Aßmann/Pietzner에 의하면, 직권탐지주의는 실체적 진실을 변론주의는 형식적인 진실에 도달하려고 노력하는 것이라고 하는 것에는 Schoch/Schmidt-Aßmann/Pietzner, Verwaltungsgerichtsordnung, 2001, §86 Rdnr. 17 참조.

94) 이에 관하여 석명권은 법원의 권한이므로 그 불행사는 상고의 대상이 되지 않는다는 소극설(노영무, 석명권과 변론주의, 사법행정, 1968. 5, 20면); 석명권의 불행사가 판결 결과에 영향을 미칠 수 있으면 모두 심리미진으로 상고이유가 된다는 적극설(방순원, 258, 이영섭, 142); 석명권의 중대한 해태로 심리가 현저히 조잡하게 되었다고 인정되는 경우에 한하여 상고이유가 된다는 절충설(이시윤, 292면) 등이 있다.; 다만 적극설에서의 "판결의 결과에 영향을 미치는"것과 절충설에서 말하는 "심리가 현저히 조잡하게 되었다"는 것의 구별의 실익이 없다는 견해도 있다(호문혁, 『민사소송법』, 법문사, 2002, 319면 이하).

## IV. 석명의무의 인정근거

### 1. 독일과 일본

#### (1) 독일

이미 앞서 고찰한 바와 같이, 독일의 경우 민사소송법(§139 ZPO)과 마찬가지로 행정소송법(§86 Ⅲ VwGO)에 석명의무의 명문의 근거규정이 있으므로 독일 행정소송에서 석명의무가 인정된다는 것은 의문의 여지가 있을 수 없다. 다만 민사소송에서는 석명의무가 변론주의를 보충하는 것으로 이해함에 비하여, 독일의 행정소송의 경우에는 직권탐지주의가 원칙이므로 이 직권탐지주의와 석명의무와의 관계가 문제가 될 수 있으나 적어도 양자는 상호 배치되지 아니하는 것으로 이론구성할 수밖에 없음을 알 수 있다.

#### (2) 일본

일본 행정사건소송법은 제7조(이 법률에 정함이 없는 사항)에서 "행정사건소송에 관하여 이 법률에 규정이 없는 사항에 관하여는 민사소송의 예에 의한다"[95]라고 규정하고 있다.

이 규정의 입법 취지에 관하여 杉本良吉은,

"'이 법률에 정함이 없는 사항'은 너무나도 많고, 그중에는, 화해, 청구의 인낙, 입증책임 등과 같은 행정사건소송의 본질을 둘러싸고 의견이 나누어지고 또는 그것들이 절차법상의 사항인지 여부에 관하여 의심이 있기 때문에 규정을 두는 것이 곤란하므로, 결국, 여전히 판례의 발전을 기다리는 것이 적당한 것도 있고, 또한, 민사소송과 같이 처리하는 것도 행정사건소송의 특질에 전혀 영향을 주지 않는다고 생각할 수 있는 사항도 적지 않다. 이와 같은 사항을 본법에서 중복하여 규정하는 것은, 그 심리기관이 민사소송과 같이 사법재판소라는 사정을 감안하면, 절차법으로서 무용한 복잡함을 증가시키는 것이므로 입법의 기술로서도 현명하지 못함에 틀림없다."[96]

---

95) 이 조항의 원문은 다음과 같다.
　日本國 行政事件訴訟法 第7條 (この法律に定めがない事項) 行政事件訴訟に關し´ この法律に定めがない事項については´ 民事訴訟の例による.
96) 杉本良吉, 行政事件訴訟法の解說, 法曹會, 28면.

라고 하고, 南 博方은,

　　"의견이 나뉘는 등 하여서 규정을 둘 수 없어서 해석에 맡겨진 사항 및 민사소
송과 같은 절차인 사항에 관하여, 입법기술로서 민사소송의 예에 의한다"라고 하는
것이 있다. 여전히 행정소송법은, 본조에 의하여, 행정사건소송절차의 상당한 부분
에 관한 규정을 두지 아니하고 민사소송절차에 의존하게 되므로, 통일적 기본법으
로서는 불충분한 모습으로 되고, 그 때문에 "행정소송법"이 아니고 "행정사건소송
법"이라고 하는 것이다.[97]

라고 하면서 이 일본 행정사건소송법 제7조의 의미에 관하여 계속해서,

　　"행정사건소송"이라 함은 제2조[98]에 정의규정을 두고 있다. "이 법률에 규정이
없는 사항에 관하여는"이라고 하는 것은, 행정사건소송에 관하여는 "행정사건소송
법의 규정에 반하지 아니하는 한"과 같은 의미이고, 다시 말하자면, 행정사건소송
에 관하여는 "그 성질에 반하지 아니하는 한"이라고 할 수 있다. "민사소송의 예에
의한다"라고 하는 것은, 민사소송에 관한 규정이 포괄적으로 적합하게 사용된다는
것, 즉 포괄적으로 준용되는 것을 의미한다. "예에 의한다"는, 거기에 표시된 사항
에 관한 법령이 부속법령 등도 포함하여 포괄적으로 적합하게 사용되는 경우의 용
어법이지만, "준용한다"라고 하는 경우와 실제상의 그다지 차이는 없다. 일반적으
로, "준용한다"는, 거기에 표시된 법령의 규정만이 준용의 대상으로 되는 경우의
용어법으로 사용되므로, "예에 의한다"보다 적합한 범위가 좁게 보이지만, "준용한
다"라고 쓰는 경우에도, 거기에 표시된 법령의 규정과 함께, 당해 법령의 부속법령
의 관련 규정 등도 해석상 준용의 대상으로 되는 것이 통례이므로, 실제상 그다지
차이가 없다. 본조에 의하여 준용된 민사소송에 관한 규정으로서는, 민사소송법의
규정이 중심이지만, 민사소송비용등에 관한 법률·민사소송규칙 등, 민사소송에 관
한 전 법령의 규정이 행정사건소송의 성질에 반하지 아니하는 한 포함된다.

라고 한다.[99]

　　이와 같은 기술로 미루어 보면 일본의 행정소송에서는 그들 스스로 행정
"사건"소송법이라고 일종의 격하(?)하는 명칭을 쓰기는 하는데 그렇다고 해서

---

97) 南 博方, 條解 行政事件訴訟法, 225면.
98) 제2조 이 법률에서 행정사건소송이라 함은 항고소송, 당사자소송, 민중소송 및 기관소송
　　을 말한다.
99) 南 博方, 226면.

이러한 표현을 모두가 적극적으로 반대하는 데에 일본사람 특유의 본심인 속내가 있는 것 같아 보이지는 않는다. 그런데 이를 행정소송의 중요성을 인정하지 않는다고 한다는 의미에서의 격하라고 하기에는 곤란한 문제점이 있다. 일본은 영미식의 법의 지배하에 있는 것이고, 사법재판국가로서 행정재판이 부인된다. 따라서 일본이 과거 명치헌법하에서 관헌국가적 행정쟁송제도를 가졌다고 하더라도 그러한 전통은 전후 새로운 헌법하에서는 단절된다. 그렇기 때문에 일본학자 스스로도 행정"사건"소송이라고 하는 것은 전후 새로운 헌법하에서는 일본은 단일한 사법재판제도 국가이고, 따라서 최고법원하에서 민사, 형사, 행정이 모두 일원적으로 귀속되어 있다는 것을 의미한다. 즉 일본에서는 더 이상 과거의 행정쟁송이 존재하지 아니한다는 뜻이 포함되어 있다.

즉 일본은 제2차 세계대전 후에 미국의 일방적인 영향을 받은 신 헌법하에서 제9조 전쟁의 포기, 전력 및 교전권의 부인, 제31조 적법절차의 보장 등의 규정도 있지만, 특히 제76조에서 "모든 사법권은 최고법원과 법률이 정하는 바에 의하여 설치되는 하급법원에 속한다. 특별법원은 이를 설치할 수 없다. 행정기관은 종심으로서 재판을 할 수 없다"라는 규정을 가짐으로써 평화헌법을 가지게 되었고 법계로서도 미국식의 법의 지배와 사법국가체제로 편입되었고 따라서 행정재판제도는 부인된다고 하는 것이 일반적이다. 물론 이는 일본이 또 다시 제국주의 정책을 시행하는 것을 헌법적인 단계에서부터 금지시키고자 하는 것이다. 따라서 행정사건 수 자체도 우리보다 훨씬 적은 문제도 있기는 하겠지만 현재 적극적으로 행정법원의 설치도 고려하고 있는 것 같지는 않다.[100]

이런 점에서 일본은 전후 보수우익의 반대에도 불구하고 뜻있는 지식인들은 비록 미국의 일방적인 영향이라고 하는 타의에 의한 것이기는 하지만 헌법상의 내용을 그대로 고수하려고 하고 있다. 이러한 경향이 일본에서 저간에 행정재판의 확장에 적극적인 태도를 취하지 못하고 소극적으로 머물게 되는 한 원인이 되었다고 보인다.

요컨대 일본의 학설은 행정사건소송에 관하여는 그 성질에 반하지 아니하는 한 민사소송에 관한 규정이 포괄적으로 적합하게 준용되는 것을 의미한다. 이 점은 앞서 본 바와 같이 우리의 판례가 구 행정소송법 제14조의 "민사소송

---

100) 塩野宏, "日本における行政訴訟法の改正と今後の方向", 『한·일 행정소송법제의 개정과 향후방향』, 한국법제연구원·한국행정판례연구회, 2003. 4. 18, 11면 이하, 40면.

의 정하는 바에 의한다"와 신 행정소송법 제8조 제2항의 "준용한다"를 구별하지 아니하고 준용의 의미로 이해하는 것과 같다고 할 수 있다.

## 2. 우리나라

### (1) 판례

우리나라 행정소송에 있어서 민사소송에서 인정되고 있는 석명의무가 인정되는가에 관해서는, 독일과 달리, 행정소송법에 직접적인 명문의 근거규정은 없다. 다만 우리나라 행정소송법은 제8조 제2항의 준용규정을 가지고 있을 뿐이다.

이와 관련하여 대법원은,

심안하니 귀속재산소청심의회의 판정을 대상으로 하는 행정소송은 소송의 이익이 없다 함이 본원의 판례로 하는 바임으로 원고의 본소청구는 소송의 이익이 없다 하여 기각함이 정당하다 인정되는 바이나 행정소송법 제6조에 의하면 피고의 지정이 그릇된 경우에는 이를 경정하게 할 수 있는 것이므로 원심은 마땅히 석명권의 행사에 의하여 피고를 경정케 한 후 재판을 함이 상당하다 인정하고 원판결을 파기하여 원심에 환송키로 하는 바이다.[101]

라고 판시하여 일찍부터 행정소송의 경우에도 석명의무를 인정하여 왔다. 그런데 우리의 판례는 다음의 예에서 보듯이 조세소송에서는 명시적으로 행정소송법 제8조 제2항에 의하여 준용되어 인정한다고 판시한 바가 있다.

행정소송법 제8조 제2항은 행정소송에 관하여 이 법에 특별한 규정이 없는 경우에는 민사소송법을 준용한다고 하고 있는바, 조세소송에서도 법원의 석명의무 및 법률사항 지적의무를 규정한 민사소송법 제126조의 규정이 준용된다.[102]

이와 달리 일반 행정소송의 경우에는 준용 여부를 언급하지 아니하고 바로 석명권의 내용 및 한계를 직접 판단하는 경우가 있으나 이는 석명권이 인정된

---

101) 대법원 1955. 4. 15. 선고 53누32 판결(집2-3, 행1).
102) 대법원 1997. 8. 22. 선고 96누5285 판결(공1997하, 2939). 이와 같은 동일 취지의 판례는 다음과 같다. 대법원 1995. 2. 28. 선고 94누4325 판결(공1995상, 1500), 1996. 7. 30. 선고 95누16165 판결(공1996하, 2729), 1996. 10. 15. 선고 96누7878 판결(공1996하, 3468).

다는 것을 당연히 전제로 하고 있다는 점에서는 마찬가지이다.[103]

## (2) 준용규정

행정소송법 제8조 제2항의 준용규정이 민사소송법상의 석명의무가 행정소송에서도 인정되는 직접적인 법상의 근거가 된다. 그런데 우리나라 행정소송에서는 종래 일반적으로 민사소송상의 제 제도가 입법기술상 행정소송법상의 준용규정인 행정소송법 제8조 제2항에 의하여 행정소송의 성질에 반하지 아니하는 한도 내에서 검토하여 왔다. 따라서 이것이 일반적으로 특히 변론주의를 원칙으로 하는 민사소송에서 인정되는 제 제도가 행정소송에서는 공익이 관련되어 직권탐지주의가 어느 정도 인정된다는 이유로 주로 제한적으로만 논의되게 되는 원인이 되었다.

그러나 민사소송상의 제 제도가 행정소송법 제8조 제2항의 준용규정에 의하여 행정소송에서 논의되는 경우, 그 제도의 도입 내지 인정의 범위를 언제나 소극적·제한적 더 나아가 부정적으로만 검토하여서는 행정소송의 본래의 모습을 제대로 파악할 수 없다.

우리나라 행정소송법은 특히 일본과 달리 "그 성질에 반하지 아니하는 한" 민사소송을 포괄적으로 준용하는 것에서 그치지 아니한다. 우리나라 행정소송법에서 사실자료의 수집·제출에 관한 심리원칙에 관한 규정인 행정소송법 제26조가 행정소송의 목적규정인 행정소송법 제1조와 함께 입법기술상의 준용규정인 행정소송법 제8조 제2항에 우선하여 행정소송을 민사소송과 구별되는 행정소송의 특수성·독자성의 근거규정이 되고 행정소송의 기본구조를 결정하는 행정소송법상의 소송원칙에 관한 근본결단규범으로서 행정소송에 관한 해석기준으로서 기능도 하고 있다. 이러한 점에서는 단순히 입법기술상의 포괄적인 준용차원에 머무르고 있는 일본과는 분명히 다르다.

어쨌든, 앞에서 고찰한 바와 같이, 우리의 판례는

행정처분의 취소로 말미암아 공공의 복리에 두드러지게 적합하지 않게 되는 점에 대한 당사자의 입증이 있기를 안이하게 기다리고 있을 것이 아니라 석명권 내지 직권에 의하여 증거를 조사하는 등 적극적인 움직임을 보였어야 될 터인데 기

---

103) 예컨대 대법원 2000. 3. 23. 선고 98두2768 판결(공2000상, 1067).

록에 의하면 이러한 점에 관하여 법원이 석명권을 행사하였거나 또는 직권에 의하여 증거를 조사한 흔적이 전혀 보이지 않는다. 그러면서 원심이 위에서 본 바와 같이 공공의 복리를 저해한다는 점에 대한 입증이 없다고 판시한 것은 그 판시이유에 모순이 있거나 또는 심리를 다하지 못한 처사라 할 것이다.[104]

라고 하여, 우리 법원은 행정소송에서도 민사소송과 마찬가지로 이미 매우 일찍부터 석명권의 행사를 직권증거조사와 함께 실질적 당사자 간의 평등을 고려하는 제도로 파악함으로써 사실자료와 증거자료를 포함하는 소송자료의 수집·제출에 관한 소송의 심리절차에 관한 원칙을 보다 적극적으로 포괄적으로 접근하는 방법을 취하고 있음을 알 수 있다. 다만, 전술한 바와 같이, 우리나라 행정소송에 있어서 민사소송에서와 같이 보충적 직권증거조사에 머무르는 것이 아니다. 즉 법원이 직권증거조사를 하지 아니하고 석명을 활용하여 당사자의 신청을 기다려 증거조사를 하는 그러한 보충적인 직권증거조사에 한정되는 것이 아니다.

우리나라 행정소송에서는 일정한 공익이 관련되는 경우에는 변론주의에 의한 당사자의 자료의 수집·제출에만 안이하게 의존할 것만이 아니라 민사소송에서와 같은 석명권 내지는 직권증거조사에 의할 것이 요구되고 있다. 사실상 실무는 이에서 그치고 있다. 그러나 그뿐만 아니라 한 걸음 더 나아가 우리나라 행정소송에서는 일정한 공익이 관련되는 경우에는 매우 적극적으로 "당사자가 주장하지 아니한 사실"까지도 조사하여 판단할 것을 요구하고 있는 즉 일정한 공익이 관련되는 경우 변론주의가 제한되고 그 대신에 직권탐지주의가 인정된다. 이러한 점을 감안한다면 우리나라 행정소송에서는 민사소송에서보다 활발한 실질적 심리가 가능하다.

일본과 우리나라의 경우에는 변론주의의 폐해를 시정하는 제도로서의 민사소송상 석명의무가 행정소송에서는 어떠한 모습으로 인정되어야 하는가라는 것이 문제가 된다. 이는 특히 우리나라 행정소송에서는 공익이 관련된 직권탐지주의가 어느 정도 인정될 여지가 있음으로 인하여 공익이 관련된 적정한 재판의 목적상 공익이 관련된 사항에 관한 석명의무가 인정된다고 할 것이므로

---

104) 대법원 1962. 4. 4. 선고 61누158 판결(집10-2, 행1).

변론주의가 지배하는 민사소송에서의 석명의무와는 다르다.

그런데 문제는 이러한 것을 단순한 입법기술상의 준용규정인 행정소송법 제8조 제2항만으로는 제대로 설명할 수 없다는 데에 있다. 즉 단순히 민사소송법의 규정을 준용한다고 하는 준용규정만으로는 변론주의를 원칙으로 하는 민사소송과 다르게 공익이 관련되어 어느 정도 직권탐지주의적 요소를 가지는 행정소송의 독자성을 제대로 체계적으로 부각시키지 못하게 되는 문제점이 있다. 이에는 여러 가지 원인이 있을 수 있는데 특히 우리나라의 법제도와 법규정이 주로 일본을 참조하여 유사하게 규정하였을 뿐만 아니라 일본 학설의 영향을 직접적으로 받았다는 점을 들 수 있다. 즉 일본의 경우 물론 행정소송의 특수성 내지는 독자성을 강조하는 견해가 전혀 없는 것은 아니나, 일본 행정사건소송법 제7조에서 민사소송법의 규정이 포괄적으로 준용하도록 되어 있을 뿐만 아니라 사실상 행정소송은 민사소송과 별 차이가 없다고 하는 것이 오늘날 학계와 실무 간의 일반적인 견해라고 할 수 있다.

우리나라와 일본과 달리 독일은 변론주의에 의하여 지배되는 민사소송과 직권탐지주의가 지배하는 행정소송을 법문상 완전히 분리시켜서 규정하는 방식을 취하였다. 즉 우리나라와 달리 독일에서는 예컨대 석명의무가 본래 민사소송상 변론주의를 보충하는 제도로 인식하는 것과는 별도로 직권탐지주의를 취하는 행정소송에서 석명의무가 행정소송법상 명문의 규정을 가지고 인정되고 있다. 따라서 독일에서는 예컨대 석명의무가 민사소송법상의 명문의 규정(§139 ZPO)과는 별도로 행정소송법상에서도 명문의 규정(§86 Ⅲ VwGO)을 두게 됨으로 인하여 적어도 석명의무에 관한 한 우리나라와 같이 행정소송에서의 민사소송상 규정의 준용문제가 처음부터 아예 없게 된다. 그러나 다만 민사소송에서 변론주의의의 보충으로 인정되는 석명의무가 직권탐지주의가 지배하는 독일의 행정소송에서 명문의 규정으로 인정되는 상황으로 인한 파생적인 문제 즉 직권탐지주의와 석명의무의 관계를 해명할 필요가 있다.

여기서 석명의무를 변론주의의 보충으로 인식하고 있는 민사소송뿐만 아니라 특히 직권탐지주의가 지배하는 독일 행정소송과 관련시켜서 고찰할 필요가 있다. 왜냐하면 독일의 행정소송에서는 직권탐지주의가 원칙적으로 지배하기 때문에 일견 직권탐지주의와 석명의무가 상호 모순관계에 있는 것이 아닌가에 관한 의문이 생기게 되기 때문이다. 실제 이 점에 관하여 후술하는 바와 같이, 적어도 변론주의가 인정되는 우리나라 행정소송에서는 그럴 필요가 없겠지만, 독일의 행정소송에서는 특히 실익이 없는 의견이 대립하기 때문이다.

이는 독일의 행정소송에서는 직권탐지주의가 원칙이라는 점에서 나타나는 현상일 뿐인 것이고 따라서 그 점에서는 독일 행정소송에서의 논의가 우리나라 행정소송에서의 논의에 그대로 적용될 수 없는 매우 제한적인 의미만을 갖게 되는 원인이 되는 것이다. 물론 우리나라 행정소송의 소송원칙상 직권탐지주의가─물론 그 정도의 문제는 있으나─일정한 정도로 인정되는 한도 내에서는 독일에서의 논의가 우리나라의 경우에도 일정 부분 참고는 될 수 있다.

## V. 석명의무의 내용

### 1. 석명의무의 내용

행정소송에서도 민사소송과 마찬가지로 법원은 판결이 기초가 되는 소송관계인이 상정할 수 있는 모든 법적관점에 관하여 시사할 의무는 없다.[105] 따라서 석명의무가 법원의 일반적인 법적조언(Rechtsberatung)을 하는 의무로 오해되어서는 안 되는데 그 한계는 불분명한 것이나 사실 변호사를 선임하지 아니한 당사자에게 있어서는 석명의무가 일종의 사실상의 법적조언의 역할을 하는 것은 부인할 수 없다.[106] 일반적으로 보아서 독일의 행정소송에서의 석명의무는 민사소송의 경우보다 훨씬 더욱 중요한 것으로 인정된다. 앞에서 본 바와 같이 법적관점에 관한 석명의무의 경우가 특히 중요하다고 할 것인데, 이는 민사소송과 달리 보통행정법원에서는 변호사가 강제되지 아니하다는 점도 고려하여야 하기 때문이다.

특히 행정소송의 경우에는 행정청이 국민보다 정보 면에서 우위[107]를 점하고 있기 때문에 변호사를 고용하지 못하는 국민에게 더욱 불리하다. 물론 우리나라 행정소송의 경우 변호사가 아닌 공무원이 소송수행자가 되어 소송을 수행하기도 한다. 그러나 이들은 적어도 당해 소송사건과 관련된 업무에 숙달된 전

105) Kopp/Schenke, §86 Rdnr. 24; Hufen, §36 Rdnr. 13.
106) Kopp/Schenke, §86 Rdnr. 24; Hufen, §36 Rdnr. 13; Bader/Funke-Kaiser/Kuntze/von Albedyll, §86 Ⅲ.
107) Hufen, §36 Rndr. 13.

문가이므로 원고인 민간인에 비할 바가 아니다. 또한 간교한 민간인을 정의관념에 비추어 응징할 필요성도 있을 수 있으나 이는 원칙적으로 사적자치와 변론주의에 의하는 민사소송의 변론주의의 폐해를 시정하는 문제의식이다.

## 2. 의의

우리나라 행정소송에 있어서 이와 같은 문제는, 원칙적으로 직권탐지주의에 의하는 독일에 행정소송과는 달리 현재 우리나라 행정소송의 경우에는 변론주의가 원칙이고 예외적으로 공익이 관련되어 직권탐지주의가 가미된다는 입장에서 본다고 한다면, 공익을 고려하여 어느 정도로 직권탐지주의가 인정되어야 하는가에 따라서 석명의무 내지는 직권증거조사의 인정범위가 그어지는 문제로 해소된다. 어쨌든 우리나라 행정소송의 경우에도 기본적으로 적어도 변론주의는 인정되는 것이므로 변론주의의 폐해를 시정한다는 의미에서의 석명의무는 인정된다. 따라서 일단 직권탐지주의를 기본으로 하는 독일에서와 같이 직권탐지주의와의 모순관계를 설명할 실익 없는 논의를 할 부담은 없다.

## 3. 석명의무의 범위

다만 석명의 범위에 있어서는 변론주의에 의하는 사익과 관련된 민사소송과 달리 우리나라 행정소송에서는 일정 부분 공익이 관련된 직권탐지주의가 인정되는 것이므로 적어도 일정한 공익과 관련하여 석명의무가 적극적으로 인정될 여지는 있을 수 있다. 이러한 내용을 사익의 의한 민사소송을 공익에 의한 행정소송에서 적절히 제한하여 준용한다고 하는 행정소송법 제8조 제2항에 의해서는 근거지울 수는 없다. 즉 행정소송법 제8조 제2항은 변론주의에 의하는 민사소송법을 공익이 관련되는 행정소송에서 적절히 제한하여 인정한다는 규정에 불과한 것에 지나지 않는 것이지, 적극적으로 공익이 관련된 직권탐지주의를 인정할 것을 정한 규정은 아니다.

따라서 석명의무의 범위와 같은 것은 보다 한 차원 높은 행정소송의 목적, 소송원칙 등에 비추어 보면 공익이 관련되어 직권탐지주의가 인정된다고 하는 점, 소송현실과 소송제도의 운용, 궁극적으로는 헌법상의 재판청구권의 실질적 보장에 그 근거를 두어야 한다.

## 4. 변호사제도

그런데 아무리 독일의 보통행정법원에서는 민사소송과 달리 변호사강제가 원칙이 아니라고 하더라도 우리나라에 비하여 변호사를 고용하기가 훨씬 용이하다. 따라서 독일에 비하여 우리나라에서는 민사소송은 물론이고 행정소송에서도 변호사강제가 인정되지 아니할 뿐만 아니라, 특히 우리나라에서는 어느 정도 개선되었다고는 하나 아직도 변호사 수의 부족으로 인한 고비용이라고 하는 경제적인 이유로 현실적으로 변호사의 조력을 받기 어려운 것은 사실일 것이다. 본인소송이 많은 것이 우리나라의 실정이다.

우리나라 행정소송의 경우에도 민사소송의 경우와 마찬가지로 우선 변호사의 저변이 확대되어야 하는 소송제도적인 현실문제가 상존하고 있다. 그러나 변호사의 확충 이전이라도 법원은 최소한 법에서 허용하는 석명의무라도 적절하게 행사함에 인색해서는 안 될 것이다. 특히 민사소송과 달리 행정소송에서 본인소송인 경우에 법원이 단지 소송상 기법이 떨어지는 국민을 외면하고 방관하는 것은 결과적으로 일방적으로 민간인보다 우위에 있는 행정청의 편에 서게 되는 것이기 때문일 것이다.

이와 관련하여 우리나라 행정소송의 경우 판례는,

원심으로서는 이 사건 소를 각하하기에 앞서 원고에게 불복하는 취지와 그 대상이 무엇인지를 석명하여 소송관계를 명료하게 하였어야 할 터인데도 이에 이르지 아니한 채 <u>변호사의 조력을 받지 않는 당사자가 작성한 청구취지의 형식적 문언에 집착하여 직권으로</u> 행정청에 대하여 직접 구체적인 의무를 이행할 것을 구하는 소송은 인정되지 아니한다는 이유로 이 사건 소가 부적법하다고 판단하여 이를 각하하고 말았으니 원심판결에는 행정소송에 있어서의 석명의무를 다하지 아니하고 … 판결 결과에 영향을 미친 위법이 있다.[108]

라고 판시하여 특히 변호인의 조력을 받지 아니한 당사자를 고려한 바가 있다.

요컨대 행정소송은 시민과 행정 간의 어느 정도 불대등한 관계 예컨대 행

---

108) 대법원 1997. 4. 25. 선고 96누17868 판결(공1997상, 1669), 밑줄은 필자.

정이 시민에 대하여 적어도 정보우위에 있는 만큼 이를 적절하게 조정할 필요성은 충분히 있을 수 있다. 한편 이와 반대로 행정청이 제대로 중대한 공익을 대변하지 못하는 경우도 있을 수 있다. 따라서 민사소송에서의 석명은 변론주의를 보충하는 것인데 이에 비하여 행정소송에서는 공익이 관련된 직권탐지주의적인 요소가 인정됨으로 인하여 민사소송에 비하여 석명이 오히려 적극적으로 인정하여야 할 필요성도 충분히 있다.

그런데 문제의 핵심은 변론주의와 직권탐지주의가 절충되는 형태를 가진 우리나라 행정소송에서 직권탐지주의가 어느 정도로 인정되는가라고 하는 행정소송의 심리원칙이 어떠한가라는 것이다. 왜냐하면 이러한 행정소송의 심리원칙이 어떠한가라는 것이 행정소송의 기본적인 골격을 좌우하는 원리가 될 뿐만 아니라 나아가 행정소송의 목적 내지 기능과도 관련되는 절차원리라고 하는 문제라는 점에서도 본질적이고도 중요한 문제일 수 있다. 따라서 궁극적으로는 여기에 우리나라 행정소송의 독자성의 인정문제가 달려 있다.

## VI. 결어

### 1. 우리나라 행정소송에서의 석명의무의 의의

일본과 우리나라의 경우에는 변론주의의 폐해를 시정하는 제도로서의 민사소송상 석명의무가 행정소송에서는 어떠한 모습으로 인정되어야 하는가라는 것이 문제가 된다. 이는 특히 우리나라 행정소송에서는 공익이 관련된 직권탐지주의가 어느 정도 인정될 여지가 있음으로 인하여 공익이 관련된 적정한 재판의 목적상 공익이 관련된 사항에 관한 석명의무가 인정된다고 할 것이므로 변론주의가 지배하는 민사소송에서의 석명의무와는 다르다.

그런데 문제는 이러한 것을 단순한 입법기술상의 준용규정인 행정소송법 제8조 제2항만으로는 제대로 설명할 수 없다는 데에 있다. 즉 단순히 민사소송법의 규정을 준용한다고 하는 준용규정만으로는 변론주의를 원칙으로 하는 민사소송과 다르게 공익이 관련되어 어느 정도 직권탐지주의적 요소를 가지는 행정소송의 독자성을 제대로 체계적으로 부각시키지 못하게 되는 문제점이 있다. 이에는 여러 가지 원인이 있을 수 있는데 특히 우리나라의 법제도와 법규정이 주로 일본을 참조하여 유사하게 규정하였을 뿐만 아니라 일본 학설의 영향을 직접적으로 받았다는 점을 들 수 있다. 즉 일본의 경우 물론 행정소송의 특수성 내지는 독자성을 강조하는 견해가 전혀 없는 것은 아니나, 일본 행정사건소송 법 제7조에서 민사소송법의 규정이 포괄적으로 준용하도록 되어 있을 뿐만 아니라 사실상 행정소송은 민사소송과 별 차이가 없다고 하는 것이 오늘날 학계와 실무 간의 일반적인 견해라고 할 수 있다.

우리나라와 일본과 달리 독일은 변론주의에 의하여 지배되는 민사소송과 직권탐지주의가 지배하는 행정소송을 법문상 완전히 분리시켜서 규정하는 방식을 취하였다. 즉 우리나라와 달리 독일에서는 예컨대 석명의무가 본래 민사소송상 변론주의를 보충하는 제도로 인식하는 것과는 별도로 직권탐지주의를 취하는 행정소송에서 석명의무가 행정소송법상 명문의 규정을 가지고 인정되고 있다. 따라서 독일에서는 예컨대 석명의무가 민사소송법상의 명문의 규정(§139 ZPO)과는 별도로 행정소송법상에서도 명문의 규정(§86 Ⅲ VwGO)을 두게 됨으로 인하여 적어도 석명의무에 관한 한 우리나라와 같이 행정소송에서의 민사소송상 규정의 준용문제가 처음부터 아예 없게 된다. 그러나 다만 민사소송에서 변론주의의의 보충으로 인정되는 석명의무가 직권탐지주의가 지배하는 독일의 행정소송에서 명문의 규정으로 인정되는 상황으로 인한 파생적인 문제 즉 직권탐지주의와 석명의무의 관계를 해명할 필요가 있다.

여기서 석명의무를 변론주의의 보충으로 인식하고 있는 민사소송뿐만 아니라 특히 직권탐지주의가 지배하는 독일 행정소송과 관련시켜서 고찰할 필요가 있다. 왜냐하면 독일의 행정소송에서는 직권탐지주의가 원칙적으로 지배하기 때문에 일견 직권탐지주의와 석명의무가 상호 모순관계에 있는 것이 아닌가에 관한 의문이 생기게 되기 때문이다. 실제 이 점에 관하여 후술하는 바와 같이, 적어도 변론주의가 인정되는 우리나라 행정소송에서는 그럴 필요가 없겠지만, 독일의 행정소송에서는 특히 실익이 없는 의견이 대립하기 때문이다.

이는 독일의 행정소송에서는 직권탐지주의가 원칙이라는 점에서 나타나는 현상일 뿐인 것이고 따라서 그 점에서는 독일 행정소송에서의 논의가 우리나라 행정소송에서의 논의에 그대로 적용될 수 없는 매우 제한적인 의미만을 갖게 되는 원인이 되는 것이다. 물론 우리나라 행정소송의 소송원칙상 직권탐지주의가—물론 그 정도의 문제는 있으나—일정한 정도로 인정되는 한도 내에서는 독일에서의 논의가 우리나라의 경우에도 일정 부분 참고는 될 수 있다.

## 2. 우리나라 행정소송의 독자적 성격

우리나라 행정소송에서 민사소송상의 예컨대 석명의무를 비롯한 제 제도의 인정 여부 및 인정되는 경우라고 하더라도 공익목적상 그 한계를 설정하거나 민사소송의 경우보다 오히려 적극적으로 확장하여 인정하여야 하는 문제 등은 단순히 소극적으로 그 제한적인 적용을 주로 하는 입법기술상의 제한규정인 행정소송법 제8조 제2항에만 의존할 것이 아니다. 준용규정인 행정소송법 제8조 제2항은 변론주의를 소극적으로 제한하는 것에 친한 것이지 적극적으로 행정소송에서 공법상의 권리관계 또는 법적용에 관한 다툼 즉 일정한 공익을 위한 적정한 재판을 위하여 직권탐지주의를 도입하는 것을 근거지울 수는 없다. 따라서 그보다는 우리나라 행정소송의 기본구조를 결정하고 행정소송은 지도하는 우리나라 행정소송법 제1조의 목적규정과, 실제 행정소송에 있어서의 심리절차의 근간을 결정하는 행정소송법 제26조의 심리원칙에 관한 규정과, 또 그와 같은 연장선상에 있는 행정소송에서의 목적 내지는 기능, 그리고 우리나라 헌법상의 국민의 권리인 헌법권인 재판청구권의 실질적 보장 및 우리나라 헌법상의 사법제도조항과 관련하여 검토하여야 한다. 나아가 법적인 고찰에만 그칠 것이 아니라 바람직한 일정 수준에 도달할 때까지는 가능한 한 우리나라의 소송제도적이고 입법정책적인 측면도 포함하여 현실적인 측면에서 포괄적으로 접근하여야 한다. 그렇게 하여서만이 궁극적으로 우리나라 행정소송이 민사소송으로부터는 물론이고 또한 다른 나라의 행정재판제도와 구별되는 독자성을 확립하는 길이 된다.

우리나라 행정소송법 제1조는 헌법상의 국민의 권리인 재판청구권의 정신을 이어받아 국민의 권익을 구제하고 공익에 관한 적정한 재판을 아우르는 즉 공·사익의 조정을 그 내용으로 규정하고 있다. 그리고 행정소송법 제1조는 행정소송법의 개별 규정의 해석에 있어서 해석의 지침이 되는 지도이념적인 기능을 할 뿐만 아니라 행정소송법의 개별 규정의 불합리한 해석을 뛰어넘을 수 있는 최대한의 포괄적인 외연을 규정하고 있고, 또 그러한 해석에 대한 법적근거를 제공하고 있다는 점에서 매우 합리적이고 바람직하고, 바로 이러한 점에서 헌법상의 재판청구권의 실질적 보장을 하고 있는 규정의 성격을 가지고 있다.

또한 우리나라 행정소송법 제26조는 위와 같은 행정소송법 제1조와 제대로 상응하여 심리원칙에 관하여서 그 절충을 인정하는 가능규정의 형식을 취하고 있다는 점에서 탄력적이고 개방적이고 바로 이 점에서 독창적 규정이다. 이런 점에서 본다면, 우리나라 행정소송법 제1조의 목적규정 및 제26조의 심리원칙에 관한 규정은 우리나라 행정소송의 근간을 이루는 근본결단규정이다.

우리나라 헌법상 재판청구권의 실질적 보장과 그에 근거를 둔 우리나라 행정소송법 제1조의 목적규정 및 제26조의 심리원칙의 해석상 우리나라 행정소송의 심리원칙은 현재는 변론주의를 주로 하고 공법상의 권리관계 또는 법적용에 관한 다툼이라고 하는 공익이 관련되는 경우에 일부 직권탐지주의를 보충하고 있다. 물론 앞으로 상황에 따라서는 그 주·종이 바뀔 여지가 전혀 없다는 것은 아닐 뿐만 아니라 그도 역시 우리나라 행정소송법 규정형식상 포섭이 가능하다는 점이 무엇보다도 중요하다. 어쨌든 이러한 우리나라 행정소송법은 입법정책상 현실의 추이에 따라 다양한 공, 사익의 관계를 포괄할 수 있고 또한 그 공·사익의 적절한 조정을 해결하는 적절한 절차에 있어서도 심리원칙인 변론주의와 직권탐지주의를 적절하게 조정할 수 있는 즉 심리원칙 간의 적절한 조정과도 일치한다는 점에서 매우 바람직한 입법태도이다. 나아가 실체적 공·사익의 적절한 조정과 이러한 조정을 위하여 변론주의와 직권탐지주의 간의 적절한 절충을 이루는 심리원칙에 의한 적절한 절차적 조정이라고 하는 우리나라 행정소송절차는 개인의 권리구제를 주로 하고 그 한도 내에서 적법성통제를 기한다고 하는 우리나라 행정소송의 목적 내지는 기능과도 제대로 조화를 이룬다.

실체적인 공·사익의 적절한 조정 및 그 절차에 있어서 심리원칙인 변론주의·직권탐지주의 간의 적절한 조정적 소송절차화, 요컨대 실체에 값가는 절차 이것이야말로 우리나라 행정소송법의 독자성이자 우수성이다.

# 제12절  행정소송에서의 기본적 사실관계 동일성[*]

## Ⅰ. 서설

종래 공익과 사익을 형량해야 하는 행정소송에 있어서의 논의는 주로 사익에 관심을 갖는 민사소송과의 비교에 집중되어 왔다. 이는 민사소송법을 준용하는 행정소송법 제8조 제2항의 준용규정[1])에 의해서도 뒷받침된다. 그런데 우리나라는 행정재판국가가 아니고 민사소송, 행정소송은 물론이고 형사소송 모두 다 대법원을 정점으로 하는 동일한 법원의 재판권에 귀속되는 사법재판국가이다. 따라서 행정소송과 민사소송의 비교 외에도 행정소송과 형사소송 간의 상호 비교도 중요하다고 하지 않을 수 없다.[2])

국가형벌권을 행사하는 절차로서 형사소송은 법원에 의하여 진행되는 공소제기 이후의 공판절차로서 피고인의 형사책임의 유무와 그 정도를 판단하는 일련의 쟁송활동을 말한다.[3]) 행정소송은 행정법상의 법률관계에 관한 분쟁[4])에

---

* 이 글은 『행정법연구』 제46호(2016. 8)에 게재된 논문 "행정소송에서의 기본적 사실관계 동일성의 의의 — 형사소송과의 비교를 중심으로 —"를 수정·보완한 것입니다.
1) 행정소송법 제8조 제2항의 준용규정에 관해서는, 최선웅, "행정소송에서의 준용규정에 관한 일 고찰", 『행정법연구』 제12호(2004. 10), 365면-380면 참조.
2) 드물게 형사법과 행정법을 비교영역으로 논하고 있는 예로는, 최계영, "행정처분과 형벌", 『행정법연구』 제16호(2006. 10)를 들 수 있다.
3) 배종대/이상돈/정승환/이주원, 『형사소송법』, 홍문사, 2015, 3면.

대하여 국민인 원고가 행정청을 상대로 자신의 권리 또는 이익의 구제를 위하여 제기하는 절차이다. 행정소송은 국가 공권력 자체를 대상으로 하는 절차이고, 형사소송은 국가의 형벌권의 행사라고 하는 공권력의 발동의 일환으로서의 절차이다. 따라서 양자 공히 공권력을 기초로 한다는 공통점이 있어서 상호 비교가 가능하다.

주지하다시피, 행정소송에서의 "기본적 사실관계의 동일성"은 행정소송 특히 취소소송[5]에서의 처분사유의 추가·변경과 관련하여 일응 판례[6]가 적용하여 온 판단 기준이다. 바로 이것이 또한 형사소송에서의 공소장변경과 관련된 판례[7]상의 판단 기준이기도 한다.

소송주체면에서 보면, 형사소송은 검찰권을 행사하는 국가기관인 검사가 국민인 형사 피고인을 상대로 하여 검찰권을 행사하는 절차이고, 행정소송은 국민인 원고가 국가에 소속된 행정청을 상대로 하여 원고 자신의 권리 또는 이익의 구제를 받기 위한 절차이다. 양 소송절차를 비교하여 볼 때, 국민인 원고(검사)와 피고 행정청(형사 피고인)이 서로 반대의 입장에 서 있다는 점이 가장 큰 특징이다.[8] 이와 같이 형사소송과 행정소송에서의 주체 간의 이해관계가 기본적으로 상반되는 구조임에도, 형사소송에서의 공소장변경과 행정소송에서의 처분사유의 추가·변경의 한계에 관한 판단 기준으로 학설·판례가 "기본적 사실관계 동일성"이라는 동일한 기준을 사용하고 있음을 알 수 있다.

그런데 이와 같이 양 소송이 동일한 판단 기준을 사용하는 것이, 양 소송의 구조가 기본적으로 동일하다는 전제가 성립되지 않는 한, 과연 합리적인 것인가라는 의심이 든다. 설령 동일한 판단 기준을 사용한다고 하더라도 그 의미하는 바는 형사소송과 행정소송에 따라서 당연히 일정 차이가 있어야 하는 것이 아닌가 하고, 이에 대한 규명이 필요하다.

---

4) 김동희, 『행정법 I』, 박영사, 2016, 706면.
5) 이 글에서는 일단 "형사소송"과 대비시키기 위한 개념으로 "행정소송"이라는 용어를 사용하지만, 처분사유의 추가·변경과 관련하여서는 "행정소송"은 "취소소송"을 의미하는 용어로 사용한다.
6) 행정소송에서의 최근 판례로는, 대법원 2014. 10. 27. 선고 2012두11959 판결, 2016. 1. 28. 선고 2011두24675 판결 등을 들 수 있다.
7) 형사소송에서의 최근의 판례로는, 대법원 2016. 1. 14. 선고 2013도8118 판결을 들 수 있다.
8) 최선웅, 『행정소송의 원리(행정법연구1)』, 진원사, 2007, 96면-97면.

이런 취지에서 이하에서는 예비적 고찰로서 처분사유의 추가·변경, 공소
장변경 및 이 양자의 판단 기준으로서의 기본적 사실관계 동일성의 현황과 논
의의 전개방향(Ⅱ.)을 검토하고, 이어서 행정소송과 형사소송의 목적, 소송자료
에 관한 심리원칙, 소송주체 등 기초적인 비교(Ⅲ.), 양 소송에서의 기본적 사실
관계 동일성의 현황(Ⅳ.) 등을 구체적으로 검토한 후, 이를 기초로 결론적 고찰
(Ⅴ.)로서 행정소송에서의 기본적 사실관계 동일성의 의의 내지는 그와 관련된
처분사유의 추가·변경과 관련된 쟁점들을 고찰하고자 한다.

## Ⅱ. 예비적 고찰

### 1. 처분사유의 추가·변경9)

#### (1) 의의

처분사유의 추가·변경이라 함은, 처분 당시에는 있었으나 처분이유로 제
시되지 아니하였던 처분사유를 소송중에 처분의 적법성을 유지하기 위하여 당

---

9) 이와 관련된 문헌은 다음과 같다. 김광수, "처분사유의 추가·변경", 『고시연구』 제29권
제3호(2001. 3); 김남진, "이유보완을 통한 하자의 치유", 법률신문 제3200호(2003. 9), 법
률신문사; 김문수, "행정소송에 있어서 처분이유의 추가 및 변경", 『특별법연구』 제3권
(1989), 특별소송실무연구회편; 김문수, "행정소송에 있어서 처분이유의 추가와 변경
(Ⅰ)", 『사법행정』 제329호(1988. 5); 김문수, "행정소송에 있어서 처분이유의 추가와 변
경(Ⅱ)", 『사법행정』 제330호(1988. 6); 김옥곤, "처분사유의 추가·변경과 판결의 기속
력", 『판례연구』 제25집(2014. 2), 부산판례연구회; 김철용, "처분이유제시의 정도", 『인
권과 정의』 제396호(2009. 8); 김철용, "처분의 근거·이유제시의 정도", 『행정판례평선』,
박영사, 2011; 김태우, "취소소송에 있어서 처분사유의 추가·변경", 『인권과 정의』 제
226호(1995. 6); 류지태, "행정절차로서의 이유부기의무", 『고시계』, 제485호(1997. 7); 류
지태, "행정소송에서의 행정행위 근거변경에 관한 대법원 판례분석", 『사법행정』 제2집
(1993. 6); 박정훈, "처분사유의 추가·변경과 행정행위의 전환―제재철회와 공익상 철
회―", 『행정판례연구』 제7집, 박영사; 박정훈, "취소판결의 기판력과 기속력―취소소
송의 관통개념으로서의 소송물―", 『행정판례연구』, 제9집(2004. 6); 정남철, "정보공개
거부결정과 처분사유의 추가·변경", 『행정판례연구』 제18-1권(2013. 6), 행정판례연구
회; 정하중, "이유제시하자의 치유와 처분사유의 추가·변경: 독일법과의 비교연구", 『인
권과 정의』 제364호(2006. 12), 대한변호사협회; 조해현, "행정처분의 근거 및 이유제시
의 정도", 『행정판례연구』 제8집(2003. 12), 박영사; 하명호, "이유제시의무와 이유제시
의 정도: 대법원 판례를 중심으로", 『안암법학』 제25호 상(2007. 11); 하명호, "처분의 이
유제시제도와 이유제시의 정도", 『행정소송 Ⅱ』, 한국사법행정학회; 홍준형, "행정절차
와 행정소송의 연계와 분리―처분이유 제시와 처분사유의 추가·변경―", 『공법연구』
제44권 제2호(2015. 11).

초의 처분사유에 추가·변경할 수 있는가의 문제이다.[10] 만일 이를 허용하지 아니하면 패소한 피고 행정청이 동일한 처분을 반복할 수 있으므로 이는 소송경제에 반하는 결과가 된다. 따라서 처분사유의 추가·변경을 허용할 필요성은 있으나 그 반면에 원고의 방어권 및 신뢰가 침해되는 문제가 있게 된다.

처분사유의 추가·변경은, 행정절차법 제23조상의 처분이유제시제도와의 관계에 있어서 절차법과 소송법의 관계설정의 문제, 행정절차법상의 처분이유가 "처분의 동일성"의 제약요인인가의 문제,[11] 그리고 종래부터 학설과 판례상 인정되어 온 취소소송의 소송물인 위법성일반과의 조화[12] 등의 문제가 있다.

### (2) 인정 여부

처분사유 추가·변경 여부에 관한 긍정설은, 처분사유의 추가·변경을 부정한다고 하더라도 행정청은 다른 사유로 새로운 처분을 할 수 있으므로 이를 부정할 실익이 없다고 하거나,[13] 취소소송의 소송물은 행정처분의 위법성일반으로 보는 입장에서 소송의 양 당사자는 처분의 적법성 또는 위법성의 이유(근거)로 될 수 있는 모든 법률상·사실상의 주장을 할 수 있다는 이유로 원칙적으로 제한되지 아니한다는 설이다.[14] 이 긍정설에 대하여는 실질적 법치주의 및 처분의 상대방의 신뢰보호의 관점에서 그 문제점이 있고, 행정청의 신중한 고려와 국민의 방어권을 보장하려는 데에 그 기본적 취지가 있는 행정절차법 제23조상의 이유제시제도의 실질적 의의를 상실시키게 된다는 비판이 있다.[15]

---

10) 김동희, 앞의 책, 784면; 박균성, 『행정법론(상)』 제15판, 박영사, 2016, 1305면.
11) 처분이유가 처분의 동일성의 요소가 아니라는 견해(김문수, "행정소송에 있어서 처분이유의 추가와 변경 (Ⅰ)", 『사법행정』 제329호(1988. 5), 51면; 김태우, "취소소송에 있어서 처분사유의 추가·변경", 『인권과 정의』 제226호(1995. 6), 50면), 동일성의 제약요인이 될 수 있다는 견해(김철용, 『행정법』 제5판, 고시계사, 2016, 496면)가 있다.
12) 김철용, 위의 책, 494면; 박정훈, "취소소송의 소송물 — 처분사유의 추가·변경, 소변경 및 취소소송의 효력과 관련하여 —", 『행정소송의 구조와 기능』, 박영사, 2007, 406면-408면, 411면-425면; 홍준형, 앞의 논문, 219면-220면 참조.
13) 긍정설의 논거에 관하여는, 홍정선, 『행정법원론(상)』 제24판, 박영사, 2016, 1087면-1088면 참조.
14) 이와 같은 논거에 관하여는, 김동희, 앞의 책, 784면 참조.
15) 김동희, 위의 책, 784면.

이에 대하여 부정설은, 취소소송의 소송물을 그 처분이유에서 특정된 처분의 위법성으로 보는 입장에서 당초의 이유를 다른 이유로 대체하는 것은 별개의 새로운 행정처분에 의하여 행하여져야 하므로, 처분사유의 추가 또는 변경은 허용되지 아니한다는 설[16]로서 주로 원고의 방어권을 중시하는 입장이다. 이 부정설에 대해서는 특히 불성실한 행정처분의 상대방을 유리하게 하고, 처분내용이 동일한 것임에도 수회에 걸쳐 재판이 반복될 수 있다는 점에서 소송경제의 관점에서도 문제가 있는 것으로 지적되고 있다.[17] 긍정설, 부정설 이외에도 기속행위, 재량행위, 제재처분, 거부행위 등 행위의 유형 및 취소소송, 의무이행소송 등 소송의 유형에 따라 처분사유의 추가·변경의 허용범위를 달리 정하여야 한다는 개별적 결정설이 있다.[18]

현재 긍정설과 부정설을 절충하여 분쟁의 일회적 해결, 소송경제와 원고의 방어권, 이유제시의무제도 등의 목적을 종합하여, 일정한 제한적인 범위 내에서 처분사유의 추가·변경이 인정되어야 한다는 절충설이 다수설이다.[19]

행정소송법에는 소송계속중 처분사유의 추가·변경을 인정하는 근거 규정은 없으나 종래부터 판례가 인정하여 왔다.[20]

### (3) 처분이유와 처분사유

#### 1) 종래의 논의

처분사유의 추가·변경과 행정절차법 제23조상의 처분이유의 제시 및 특히 이유제시의 추완과 관련하여 "처분이유"와 "처분사유"의 이동의 문제가 있다. "처분사유"는 특히 우리나라에서 행정절차법이 1996년 제정 이전부터 강학상 또는 판례[21]에서 사용되어 온 용어로서, 행정처분의 사실적 기초와 법적 근거

---

16) 부정설에 관한 논거로는, 김동희, 위의 책, 784면 참조.
17) 김동희, 위의 책, 784면.
18) 류지태, "행정소송에서의 행정행위 근거변경에 관한 대법원 판례분석", 『사법행정』 제2집(1993. 6), 67면 이하; 박균성, 앞의 책, 1308면; 박정훈, 앞의 논문, 411면-425면.
19) 김남진, 『행정법 I』 제20판, 법문사, 2016, 867면; 김동희, 앞의 책, 778면-780면; 소송경제 및 분쟁의 일회적 해결, 공익보장 및 실체적 진실의 발견을 드는 경우(박균성, 위의 책, 1305면), 소송경제, 직권탐지주의, 처분의 동일성, 처분의 성격 등을 드는 경우(정하중, 『행정법개론』 제10판, 법문사, 2016, 805면)도 있다; 처분이유에 의해 특정되는 처분의 위법성 일반이 소송물임을 고려할 때 소송물의 동일성을 해하지 아니하는 범위 내에서 인정할 수 있다는 견해(홍정선, 앞의 책, 1087면-1088면)도 있다.
20) 예컨대 대법원 2013. 10. 11. 선고 2012두24825 판결.

를 말한다.22) 이에 반하여 "처분이유"는 행정절차법 제23조의 처분의 이유 제
시에 관한 규정에 근거한 용어이다.23) 따라서 이 행정절차법에 근거를 둔 처분
이유가 종래부터 사용하여 온 처분사유와 같은 것인지 여부가 다투어진다.

이에 관하여는 양자 즉 처분이유와 처분사유를 구별하지 아니하는 견해24)
와, 구별하는 견해25)로 나누어진다. 종래부터 판례에서 인정되어 온 처분사유
와 달리 처분이유는 새로이 행정절차법에 규정되었다는 점에서는 일응 서로 구
별되기는 한다.26) 그런데 이 구별론은 처분이유의 사후제시(이유제시의 추완)과
처분사유의 추가·변경(처분사유의 사후변경)27)과 연결시켜 이해하여, 양자가 "시
간적 한계와 관련된 문제"28) 또는 "목적과 의미가 상이한 문제"29)라고 하면서,
처분이유와 처분사유를 궁극적으로는 행정절차와 행정소송의 문제로 구별하여
이해하는 것으로 보인다.

### 2) 처분이유와 처분사유의 중첩적·누적적 개념

이와 같은 "처분이유"와 "처분사유"의 구별론은 자칫 행정절차와 행정소송
의 대립·갈등이라고 하는 일종의 제로섬 게임(zerosum game)의 문제로만 몰고
갈 위험성이 있다는 점에서 기본적인 문제가 있다.30) 즉 이러한 이해방법론은

21) 예컨대 대법원 2016. 3. 24. 선고 2015두48235 판결.
22) 김동희, 앞의 책, 784면.
23) 그런데 행정절차법 제23조의 표제가 "처분의 이유 제시"로 되어 있음에도 불구하고, 제1
    항에서는 "처분의 근거와 이유를 제시"로 되어 있어 "처분근거"와 "처분이유"의 관계도
    불분명한 것도 사실이다.
24) 김동희, 앞의 책, 784면; 홍정선, 앞의 책, 1086면.
25) 김광수, "처분사유의 추가·변경", 『고시연구』 제29권 제3호(2001. 3), 83면-84면; 류지태,
    "행정절차로서의 이유부기의무", 『고시계』, 제485호(1997. 7), 50면-51면; 박정훈, "처분
    사유의 추가·변경과 행정행위의 전환", 『행정소송의 구조와 기능』[행정법연구 2], 박영
    사, 2007, 481면; 정하중, 앞의 책, 804면; 홍준형, 앞의 논문, 220면-222면.
26) 홍준형, 위의 논문, 222면.
27) 행정결정의 발령시에 놓여 있는 사실상 또는 법상의 상황이 결정의 근거로 사용되지 않
    았으나 사후에 행정소송절차에서 그 사유를 행정청이 새로이 제출하거나 법원이 직권으
    로 회부하여 고려하는 문제를 "처분이유의 사후변경(Nachschieben von Gründen)"이라
    고 하는 경우(홍정선, 앞의 책, 1086면)도 있다.
28) 박정훈, 앞의 논문, 486면-487면.
29) 홍준형, 앞의 논문, 221면.
30) 예컨대 "행정소송에서 처분사유의 추가·변경을 넓게 인정하면 할수록 처분이유 및 행정
    절차의 존재의의와 약화되고, 반대로 처분사유의 추가·변경을 엄격히 제한하면 할수록
    처분이유 및 행정절차의 존재의의는 강화된다"고 하면서 "처분이유와 처분사유라는 용
    어는 행정절차와 행정소송의 비중의 차이, 그리고 처분사유의 추가·변경의 허용 범위를

절차와 소송에 있어서 가장 직접적이고 밀접한 이해관계를 갖는 당사자인 국민을 제외하고, 행정청과 법원만을 절차와 소송에 투영시켜서 이해한다는 점에서 기본적인 문제가 있다.[31) 국민의 입장에서 보면, 종래 강학상·판례상 "처분사유"는 새로이 행정절차법이 제정된 이후에는 행정절차법 제23조 "처분이유제시" 규정의 적용을 중첩적·누적적으로 받는 것은 의문의 여지 없이 극히 당연한 일이다(처분이유와 처분사유의 중첩적·누적적 개념설!).

### 3) 절차와 소송의 중첩적·누적적 적법절차보장

위와 같은 처분이유와 처분사유의 중첩적·누적적 개념설에 따르게 되면, 하자의 치유는 처분의 하자론이라는 행정작용법상의 문제이고 처분사유의 추가·변경은 소송의 심리에 관한 소송법상의 문제라고 분리하여 보는 견해[32)는 의문이다. 이유제시의무를 규정한 우리나라 행정절차법 제23조 제1항에서의 "제시하여야 한다"[33)의 의미에는 일정 실질적인 구속력을 인정하여야 한다는

---

나타내는 바로미터라고 할 것이다"라고 하는 견해(박정훈, 앞의 논문, 482면)가 있다. 그런데 최근 이와 같은 입장에서 탈피하여 한걸음 진일보하여, 행정절차법상 처분이유 제시와 행정소송에 있어 처분사유의 추가·변경의 양 문제를 "연계"와 "분리"로 파악하고 있는 견해(홍준형, 위의 논문, 218면)도 있다.

31) 동지: 김철용, "처분이유제시의 정도", 『인권과정의』 제396호(2009. 8), 111면-112면; 최선웅, 『행정소송의 원리(행정법연구 I)』, 진원사, 2007, 56면-57면, 113면.

32) 예컨대 박균성, 앞의 책, 1306면.

33) 우리나라 일부에서는 독일 행정절차법 제39조 제1항(§39 I VwVfG)에서의 동사적 의미를 갖는 "Begründung"와 그렇지 않은 "Gründe"의 문법적인 구별만을 너무 의식한 나머지 이 단어들을 처분이유와 처분사유로 번역하여 행정절차와 행정소송으로 각각 배정한 결과 절차와 소송을 기능적으로만 분리하여 분석해 보려는 원인이 되는 계기가 되었다고 할 수 있다. 또한 독일 행정절차법 제39조 제1항(§39 I VwVfG)상의 표현인, 우리나라 행정절차법이 제정되기 전에 사용빈도가 높았던 "이유부기(理由附記)"라는 용어를 사용했었던[예컨대, 류지태, "행정절차로서의 이유부기의무", 『고시계』, 제485호(1997. 7), 46면; 지금도 여전히 "이유제시를 이유부기"라고 하고 있는 예(박균성, 앞의 책, 619면)] 원인이 되었을 것이라고 추정되는, "ist mit einer Begründung zu versehen"은 물론이고, 그리고 역시 의무성이 인정된다고 하더라도 본래 그 의미가 단순한 "전달" 또는 "통지"에 불과한 "sind … Gründe mitzuteilen" 등 독일법상의 용어들은, 우리나라 행정절차법 제23조 제1항 "근거와 이유를 제시하여야 한다"에서의 "제시하여야 한다"의 사전적인 의미를 도저히 따라 잡지를 못한다. 우리나라 행정절차법 제23조 제1항의 "제시하여야 한다"는, 독일법상의 법정용어인 "통지", "부기" 이외에도 나아가 "의무"나 "책임"의 의미마저도 당연히 포함하는 보다 강력한, 물론 그 정도에는 논란의 여지는 있으나, 법적 구속력을 갖는다. 요컨대 우리나라 실정법 규정이나 판례부터 천착하여야 한다. 동지: "행정법의 도그마(법이론)는 행정실정법의 바탕 위에서 형성된다."[김철용, "처분이유제시의 정도", 『인권과 정의』, 제396호(2009. 8), 108면].

점에서 이유제시를 단순한 형식적인 의미로만 이해할 수는 없다.[34] 따라서 절차상의 이유제시의 추완 등은 엄격하게 해석하여야 하고 그 하자가 소송(쟁송) 단계로 넘어가서도 여전히 중첩적·누적적으로 추궁되어야 한다. 이 점에서 적어도 이유제시의 하자만은 그 치유시기를 이른바 쟁송제기전설을 취하는 우리나라 판례[35]의 입장은 절차와 소송 내지는 쟁송의 중첩적·누적적 절차보장(절차와 소송(쟁송)의 중첩적·누적적 헌법상 적법절차보장!)[36]이라는 점에서 극히 타당하다.

요컨대 행정절차와 행정소송은 양자 공히 헌법 제12조의 적법절차를 구현하기 위한 일환이므로, 국민은 행정절차와 행정소송 양 절차로부터의 권익구제를 받을 수 있는 헌법적인 지위에 있다(적법절차의 보장을 받을 국민의 헌법상 권리와 지위!). 따라서 처분이유와 처분사유, 그와 관련되는 행정절차와 행정소송은 기능적으로 상호 대립·갈등의 개념이 아니라, 국민의 권익을 위해서 상호 보완 내지는 상생과 통합의 개념으로 보아야 진정한 "국민의 권익구제(우리나라 행정절차법 제1조와 행정소송법 제1조의 목적 규정!)"[37]에 이바지하게 된다.

---

34) 다만 행정절차법 제23조 위반시 그 법적 효력에 관한 명시적인 근거 규정은 없어서 문제이나, 그러나 행정절차법이 헌법 제12조상 적법절차의 이념을 구현하기 위한 법률이라는 점을 고려하여 그 위반에 대한 법적 효과의 구체적인 정도에 관하여는 학설·판례에 의하여 정해져야 함은 물론이다.

35) 대법원 1984. 4. 10. 선고 83누393 판결, 대법원 1993. 7. 13. 선고 92누13981 판결.

36) 행정심판도 헌법상 절차이므로 당연히 이 절차보장에 포함된다. 그렇다고 한다면, 국민에게는 구체적으로는 행정절차, 행정심판, 행정소송의 3중의 적법절차보장을 받을 권리가 있다. 행정심판의 "헌법절차"로서의 지위에 관하여는, 최선웅, "행정심판의 헌법상 근거 — 헌법 제107조 제3항의 해석을 중심으로 —", 『행정법연구』 제44호(2016. 2), 43면-69면 참조.

37) 우리나라는 행정절차법 제1조에 "국민의 권익을 보호"를, 행정심판법 제1조에 "국민의 권리 또는 이익을 구제"를, 행정소송법 제1조에 "국민의 권리 또는 이익의 침해를 구제"를 규정함으로써, 행정절차법, 행정심판법, 행정소송법 3법 모두 그 존재이유 및 목적이 "국민의 권익"을 보호 내지는 구제를 3중 절차적으로 보장한다는 점에서 이 3개 조문을 "국민의 권익"의 "(광의의) 절차의 3정립 근거규정"이라고 할 수 있다.

## 2. 공소장변경[38]

형사소송법 제248조 제2항에 따라 공소제기의 효력이 공소장에 기재된 공소사실과 동일성이 있는 사실의 전부에 미치게 되는 불합리한 결과[39]를 시정하기 위하여 공소사실과 동일성이 인정되는 범위에서 변경된 사실을 심판의 대상으로 할 필요가 있다. 이는 피고인의 방어권에 현저한 불이익을 주게 되므로, 형사소송법은 공소장변경제도를 인정하여 공소장에 기재된 공소사실과 동일성이 인정되는 사실이라 할지라도 공소장을 변경하지 않으면 법원에서 심판을 받을 수 없도록 하여 피고인이 방어권을 철저히 보호하고 있다.[40]

형사소송법 제298조 제1항의 공소장변경은 검사가 공소사실의 동일성을 침해하지 않는 범위 안에서 법원의 허가를 얻어 공소장에 기재된 공소사실 또는 적용법조(죄명포함)를 추가·철회 또는 변경하는 것이다. 공소장변경의 허부는 형사소송에서 공소장 변경이 무제한적으로 허용되는 것이 아니라 형사소송법 제298조 제1항에 의하여 공소사실의 동일성을 해하지 않는 범위 안에서만 허용된다는 점에서 국가형벌권의 엄정한 행사와 이중처벌금지의 조화의 문제이다.[41]

공소장변경을 하는 것이 원칙인 경우에도 특히 피고인의 방어권과 관계없는 경우까지 모두 공소장변경을 요구하는 것은 실익도 없고 소송경제[42]에 반하므로, 일정한 경우에 법원이 검사의 신청에 의한 공소장변경 없이 직권으로 공

---

38) 공소장변경에 관한 문헌은 다음과 같다. 권오걸, "공소장변경과 관할", 『비교형사법연구』 제6권 제1호(2004. 7); 김태계, "법원의 공소장변경 요구에 관한 고찰", 『경상대학교 법학연구』 제16집 제1호(2008. 8), 경상대학교 법학연구소; 이존걸, "공소장변경제도의 비교법적 고찰 — 일본 기소장변경제도와의 비교를 중심으로 —", 『법학논총』 제27권 제1호; 이존걸, "공소장변경의 필요성판단에 관한 기준" 『법학연구』 제54집(2014); 이존걸, "공소장변경의 신청과 요구", 『법학연구』 제57집(2015); 이종갑, "공소장변경의 한계와 필요성", 『경상대학교 법학연구』 제10집(2001), 경상대학교 법학연구소; 천진호, "항소심에서의 공소장변경과 고소취소의 효력", 『형사판례연구』 제8권(2000. 6), 박영사.

39) 예컨대 경범죄처벌법위반으로 즉결심판이 확정된 때에도 그것과 동일성이 인정되는 강간사건에 대해서까지 면소판결을 하지 않을 수 없는 것을 들 수 있다. 이재상/조균석, 『형사소송법』, 박영사, 2016, 436면.

40) 이재상/조균석, 위의 책, 440면.

41) 김정한, 『실무형사소송법』, 커뮤니케이션즈, 2016, 423면.

42) 방어권과 소송경제 이외에도 불고불리원칙과 정의의 실현이라는 측면에서 검토하고 있는 견해(배종대/이상돈/정승환/이주원, 앞의 책, 419면)도 있다.

소장에 기재된 공소사실과 다른 범죄사실을 심판할 수 있는가의 문제가 공소장
변경의 요부 또는 필요성의 문제이다.43) 공소장변경의 한계는 공소사실의 동일
성이 인정되는 범위에 관한 문제라는 점에서 그러하지 않은 공소장변경의 요부
또는 필요성과 구별된다.44) 공소장변경의 요부를 결정하는 기준에 관하여는 동
일벌조설, 법률구성설, 사실기재설이 대립하나, 피고인의 방어권행사에 실질적
불이익을 초래하지 아니한다는 기준을 사용하는 사실기재설(실질적 불이익설)이
다수설,45) 판례46)의 입장이다.

　형사소송법 제298조 제2항에 따라서 법원이 검사에 대하여 공소사실 또는
적용법조의 추가 또는 변경을 요구하는 것을 공소장변경요구라고 한다. 이 공
소장변경요구는 법원의 소송지휘에 해당하는데 이 법원의 공소장변경요구에
의무성과 형성력이 인정되는지 여부에 관하여 다투어진다.47)

### 3. "기본적 사실관계 동일성"의 현황과 논의의 전개 방향

　전술한 바와 같이, 처분사유의 추가·변경 또는 공소장변경의 허용 범위와
관련된 판단 기준으로서 행정판례와 형사판례 모두 다 "기본적 사실관계의 동
일성"이라는 용어48)를 사용하고 있다. 게다가 이 판례상의 판단 기준을 행정소
송이나 형사소송에서의 학설49) 모두 다 인정하고 있다. 이 "기본적 사실관계 동

---

43) 김정한, 앞의 책, 413면; 이재상/조균석, 앞의 책, 448면; 법원이 공소장과 다른 내용의
　범죄사실을 인정하는 경우에 "굳이 공소장변경의 절차를 거쳐야 하는가"라는 문제라고
　표현하기도 한다. 신동운, 『신형사소송법』, 법문사, 2015, 209면.
44) 이창현, 『형사소송법』, 입추출판사, 2015, 615면.
45) 김정한, 앞의 책, 414면; 배종대/이상돈/정승환/이주원, 앞의 책, 420면-421면; 신동운, 앞
　의 책, 218면; 이재상/조균석, 앞의 책, 449면-450면.
46) 예컨대 대법원 2011. 2. 10. 선고 2010도14391 판결을 들 수 있다.
47) 공소장변경의 의무성 인정 여부에 관하여는 의무설, 재량설, 예외적 의무설이 대립하고
　있고, 법원의 공소장변경요구가 있는 경우에 공소장이 형성력에 의하여 자동적으로 변
　경되는지 여부에 긍정설, 부정설이 대립하고, 검사에게 어떠한 효력이 미치는가에 관하
　여는 권고효설과 명령효설이 대립하고 있다. 배종대/이상돈/정승환/이주원, 앞의 책,
　431면-433면; 신동운, 앞의 책, 214면-216면; 이재상/조균석, 앞의 책, 455면-457면.
48) 행정소송에서의 "기본적 사실관계 동일성"이라는 용어 대신에, 형사소송에서는 "공소사
　실의 동일성"이라는 학설명칭을 의식해서 "기본적 사실동일설" 내지는 "기본적 사실관
　계동일설"이라는 용어를 사용하는 것이 일반적이다. 예컨대 "기본적 사실동일설"의 예
　(배종대/이상돈/정승환/이주원, 위의 책; 신동운, 위의 책, 206면), "기본적 사실관계동일
　설"의 예(이은모, 『형사소송법』, 박영사, 2015, 460면; 이재상/조균석, 위의 책, 442면)가
　있다.

일성"의 구체적 의미에 관하여 행정판례 및 형사판례[50] 모두가, "기본적 사실관계의 동일성 유무는 처분사유를 법률적으로 평가하기 이전의 구체적인 사실에 착안하여 그 기초인 사회적 사실관계가 기본적인 점에서 동일한지에 따라 결정된다"고 하고 있다.

그런데 형사소송에서는 판례상의 표현인 "법률적으로 평가하기 이전의 사실"이라는 것의 의미에 관하여는, "경험칙에 따라 자연적으로 볼 때 다른 사실과 구별되고 역사적으로 하나의 사건이라고 할 수 있는 역사적·구체적 사실"[51]이라고 한다. 최근 형사소송에서는 사회적 사실관계를 기본으로 하되 그 규범적 요소를 고려하는 대법원 1994. 3. 22. 선고 93도2080 전원합의체 판결[52]에 대하여 찬·반 논의[53]가 진행중에 있다.

이와 같은 형사소송에서의 "기본적 사실관계 동일성"과 관련된 논의를 행정소송에서 수용할 수 있는지 여부 및 형사소송으로부터 시사점 등을 비롯하여, 행정절차와 행정소송에서의 "기본적 사실관계 동일성"의 현황을 고찰하고, 이를 기초로 행정소송에서의 기본적 사실관계 동일성의 의미 내지는 그와 관련된 처분사유의 추가·변경과 관련된 쟁점 등에 관한 논의를 전개하고자 한다.

이하 먼저 형사소송과 행정소송의 기초적인 비교를 검토하기로 한다.

---

49) 형사소송에서의 예로는, 김인회, 『형사소송법』, 피앤씨미디어, 2015, 266면-267면; 배종대/이상돈/정승환/이주원, 위의 책, 428면; 이은모, 위의 책, 464면; 이재상/조규석, 위의 책, 447면; 최영승, 『형사소송법』, 피앤씨미디어, 2015, 327면-328면 등을 들 수 있고, 행정소송에서의 예로는, 박균성, 앞의 책, 1312면; 김남진/김연태, 앞의 책, 867면 등을 들 수 있다.

50) 예컨대 행정소송의 판결의 예로는, 대법원 2014. 5. 16. 선고 2014두16118 판결, 대법원 2016. 3. 24. 선고 2015두48235 판결 등을 들 수 있고, 형사소송의 판결의 예로는, 대법원 1986. 7. 8. 선고 85도554 판결을 들 수 있다.

51) 이재상/조균석, 앞의 책, 442면.

52) 이와 같이 규범적 요소를 고려한다는 취지를 따르는 최근의 형사판례로는 대법원 2012. 4. 13. 선고 2010도16659 판결, 2015. 9. 10. 선고 2015도7081 판결 등을 들 수 있다.

53) 반대하는 견해(예컨대 배종대/이상돈/정승환/이주원, 앞의 책 428면; 이재상/조균석, 앞의 책, 447면-448면), 찬성하는 견해(노명선/이완규, 『형사소송법』, 성균관대학교출판부, 2013, 541면; 권오걸, 『형사소송법』, 형설출판사, 2010, 486면)가 있다. 이에 관하여는 후술한다.

## Ⅲ. 형사소송과 행정소송의 기초적 비교

### 1. 개설

형사소송에서의 공소장변경과 행정소송에서의 처분사유의 추가·변경의 기준이 되는 "기본적 사실관계의 동일성"을 비교하기 위해서는, 먼저 개괄적이나마 형사소송과 행정소송 양 소송의 목적 내지는 기능, 소송자료에 관한 심리원칙 내지는 소송구조론, 소송주체에 관한 기본적인 검토를 하기로 한다.

### 2. 소송의 기능 내지 목적

형사소송의 목적 내지는 이념에 관하여는 실체적 진실발견, 적법절차, 무죄추정 등을 들 수 있다. 그 중에서 실체적 진실발견과 적법절차를 목적·수단관계의 관계로 보는 경우는 찾아보기 어렵고, 대체적으로 적법절차가 단순히 실체적 진실발견의 수단에 그치지 않고 실체적 진실주의와 함께 형사소송의 목적이 된다고 보는 이원적 목적설이 일반적이다.[54] 형사소송의 목적인 실체적 진실발견과 적법절차는 직권주의와 당사자주의의 절차적 대립과 소송자료에 관한 심리원칙과 관계된다.[55]

행정소송의 목적 내지는 기능[56]에 관하여는, 일반적으로 원고 국민의 권리 또는 이익을 행정의 적법성을 보장 즉 권익구제와 행정통제를 들 수 있는데 현재 이 양자를 동시에 목적으로 하는 것이 일반적이다.[57] 행정소송의 목적은 소송자료의 문제에 있어서는 공익과 사익의 조정문제와 관련된 변론주의와 직권탐지주의의 절충의 문제로 나타난다.

---

54) 김정한, 앞의 책, 17면-23면; 배종대/이상돈/정승환/이주원, 앞의 책, 23면; 신동운, 앞의 책, 22면-23면; 적법절차와 신속한 재판의 원리는 형사소송에 있어서 인간의 존엄과 가치를 존중하고 기본적 인권을 보장하여 법치주의를 실현할 수 있게 하는 기본이념이라고 하는 것에는, 이재상/조균석, 앞의 책, 23면 참조.

55) 예컨대 이재상/조균석, 위의 책, 50면 참조.

56) 이에 관한 상세한 내용으로는, 최선웅, "행정소송의 목적에 관한 일 고찰", 『행정법연구』, 제13호(2005. 5) 참조.

57) 김철용, 앞의 책, 424면; 박균성, 앞의 책, 1002면-1003면; 이 두 가지 목적 중 권리구제 기능이 주된 기능이고 행정통제가 종된 기능이라고 하는 경우(김남진/김연태, 앞의 책, 759면-760면; 정하중, 앞의 책, 684면)도 있다; 권리구제와 행정통제 기능 이외에 행정의 임무경감기능을 드는 것으로는, 홍정선, 앞의 책, 953면-954면 참조.

## 3. 소송자료에 관한 심리원칙

### (1) 형사소송

형사소송에서의 심리원칙과 관련되는 논의는 주로 당사자주의와 직권주의[58]의 관계를 비교·검토하는 것이다.[59][60] 당사자주의는 소송의 주도적 지위를 검사와 피고인에게 인정하고, 직권주의란 이를 법원에게 인정하는 소송구조를 말한다.[61] 이 형사소송의 소송구조에 관하여는, 당사자주의설[62], 직권주의를 기본으로 하면서 당사자주의를 가미하고 있다는 설[63] 등이 있으나, 당사자주의를 기본으로 하면서 직권주의를 가미하고 있다는 설이 다수설[64]이고 판례[65]이다.[66]

한편 형사소송의 이념인 실체적 진실발견은 법원이 당사자의 주장이나 입증에는 관계없이 직권으로 사실심리와 증거조사를 하는 직권주의를 전제로 한

---

58) 형사소송 문헌에서는 소송구조를 거시적으로 파악하기 위하여 당사자주의와 직권주의의 대립이 주로 부각되고 있고, 특히 당사자주의에 대비되는 개념으로 주로 직권주의라는 용어를 사용하고 있다(예컨대 이재상/조균석, 앞의 책, 47면). 이 직권주의에는 소송자료에 관한 원칙인 직권탐지주의를 포함되는 것은 물론이다. 이에 반하여 행정소송에서는 변론주의와 직권탐지주의의 대립이 부각되는데 이는 소송자료의 수집·제출에 중점을 두는 사용하는 표현이다.

59) 연혁적으로 법원이 스스로 절차를 개시하고 심리·재판하는 절차방식의 규문주의와 재판기관과 소추기관을 분리하는 절차방식의 탄핵주의도 고찰의 대상이라고 한다. 이은모, 앞의 책, 24면-25면; 이재상/조균석, 위의 책, 40면-41면 참조.

60) 형사소송에서의 소송구조론은 소송주체의 활동을 전제로 하여 전개되고, 소송의 주체가 누구이고 소송주체 사이의 관계를 어떻게 구성할 것인가에 대한 이론이라고 하는 것에는, 이재상/조균석, 위의 책, 40면 참조; 한편 소송구조론의 논의 자체를 부정적으로 보는 시각에 관하여는, 신양균, 『형사소송법』, 화산미디어, 2009, 61면 참조.

61) 이은모, 앞의 책, 25면-26면; 이재상/조균석, 위의 책, 42면-44면.

62) 차용석/최용성, 『형사소송법』, 21세기사, 2013, 62면.

63) 이은모, 앞의 책, 28면; 이재상/조균석, 앞의 책, 50면; 직권탐지주의와 직권심리주의는 본질상 당사자주의 소송구조에 편입될 수 없다는 이유로 이 설을 취하는 견해로는 배종대/이상돈/정승환/이주원, 앞의 책, 30면-31면 참조.

64) 배종대/이상돈/정승환/이주원, 앞의 책, 31면; 당사자주의와 직권주의를 조화·배합한 절충적·혼혈적 구조를 취하고 있다고 하는 것에는, 이재상/조균석, 위의 책, 44면 참조; 이은모, 위의 책, 28면-29면; 이창현, 앞의 책, 33면.

65) 헌법재판소 1995. 11. 30. 선고 92헌마44 전원재판부 결정; 대법원 1984. 6. 12. 선고 84도796 판결.

66) 따라서 현행 우리나라 형사소송법의 소송구조는 직권주의적 요소와 당사자주의적 요소가 혼재되어 있다. 이은모, 위의 책, 27면; 이재상/조균석, 위의 책, 45면-46면.

다고 한다.[67] 그러나 우리나라 형사소송법은 영미의 당사자주의 소송구조를 대폭 도입하여 당사자주의의 색채를 강하게 띠고 있으므로,[68] 직권주의를 전제로 하는 실체적 진실발견이 당사자주의와 조화로 보는 것이 일반적이다.[69]

### (2) 행정소송

행정소송에서의 소송자료에 관한 심리원칙에 관하여는, 행정소송은 공익과 밀접한 관련성을 갖는다는 점에서 변론주의의 예외를 인정한 것이라는 견해,[70] 보다 충분한 소송자료의 수집을 위하여 행정소송법 제26조 후단을 보다 더 적극적으로 해석할 필요가 있다는 견해,[71] 행정소송은 공익과 사익의 대립이고, 권리구제뿐만 아니라 행정통제도 목적으로 하는 것이 타당하므로 직권탐지주의를 보다 강화하는 것이 바람직하다는 견해,[72] 소송자료의 수집에 대한 책임을 일차적으로 당사자에게 인정하면서 동시에 공익을 고려하여 직권으로 탐지할 수 있는 일본과 독일의 절충형이라는 견해,[73] 행정소송의 공익소송으로서의 성격을 감안하여 행정소송법 제26조를 도입하였다고 하는 견해[74] 등이 있다.

요컨대 행정소송의 심리원칙은 행정소송법 제26조의 해석의 문제로서 위의 견해들을 행정소송은 공익과 사익의 조정이라는 측면에서 보면, 물론 절충의 정도는 차이가 있으나, 변론주의와 직권탐지주의의 절충이라고 하는 것이 일반적이다.[75]

---

67) 이재상/조균석, 위의 책, 24면.
68) 이은모, 앞의 책, 29면.
69) 배종대/이상돈/정승환/이주원, 앞의 책, 30면-32면; 이창현, 앞의 책, 18면; 영미식의 당사자주의는 실체진실의 발견을 무의미하게 할 위험이 있고, 피고인과 검사 사이에 무기평등의 원칙을 전제로 한다는 점에서, 순수한 당사자주의는 실체진실주의와 일치할 수 없으며, 당사자주의와 직권주의의 결합이 불가피하다고 한다. 이재상/조균석, 앞의 책, 25면; 이에 반하여 실체적 진실발견이 적법절차 원리에 의하여 제한된다고 하는 것에는, 이은모, 위의 책, 21면 참조.
70) 김동희, 앞의 책, 800면-801면.
71) 김철용, 앞의 책, 510면.
72) 박균성, 앞의 책, 1284면.
73) 홍정선, 앞의 책, 1079면.
74) 김남진/김연태, 앞의 책, 860면.
75) 행정소송의 심리원칙에 관한 상세한 것은, 최선웅, "행정소송법 제26조의 해석에 관한 일 고찰 —우리나라 행정소송의 독자성을 모색하며 —", 『행정법연구』, 제10호(2003.

## 4. 소송의 주체

형사소송에서의 소송의 주체는 재판권의 주체인 법원과 공소권의 주체인 검사 및 방어권의 주체인 피고인이 있다.[76] 공소권의 주체로서 검사는 검찰권을 행사하는 국가기관으로서 행정부인 법무부에 소속되어 있으나, 단독제 관청이고 그 직무는 오히려 사법권적 성격에 가깝다는 점에서 준사법기관이라고 한다.[77] 현행법상 검사는 범죄의 수사로부터 재판의 집행에 이르기까지 형사절차의 전 과정에 걸쳐 광범위한 권한을 행사하는 국가기관이다.[78] 피고인이란 검사에 의하여 공소가 제기된 자로서 방어권의 주체이다.[79] 법원은 사법권을 행사하는 국가기관으로서 법원조직법상의 법원이라는 사법행정상의 의미와 구체적 사건에 대해 재판권을 행사하는 주체로서의 법원이라는 소송법상의 의미를 모두 갖는다.[80]

행정소송에서의 주체는 원고 국민과 피고 행정청이다. 특히 원고 국민이 피고 행정청을 상대로 소송을 제기하여 본안판단을 받을 수 있는 자격을 원고적격이라고 한다. 이 원고적격의 인정 범위는 행정소송법 제12조의 해석의 문제로서 학설의 대립이 있으나 일반적으로는 법률상 보호이익구제설이 지배적인 학설이다.[81] 피고 행정청은 공익의 대변자라고 할 수 있고, 법원은 변론주의를 원칙으로 하면서 행정소송법 제26조의 직권심리가 인정되는 범위 내에서 직권탐지가 가능하다.

---

10) 참조.

76) 변호인은 소송의 주체가 아니라 피고인 또는 피의자의 보조자이다. 이은모, 앞의 책, 33면.

77) 김정한, 앞의 책, 66면.

78) 이은모, 앞의 책, 63면.

79) 피고인의 방어권으로서는, 방어준비를 위한 권리, 진술권과 진술거부권, 증거조사에 있어서 방어권, 방어권의 보충 등을 들 수 있다. 이은모, 위의 책, 84면-85면.

80) 김정한, 앞의 책, 36면-38면; 다만, 국가형벌권의 실현과정에 법원이 관여하는 것은 당연할 뿐만 아니라, 검사가 당사자의 지위를 가진다고 하여도 검사와 피고인의 대립은 전체와 부분의 대립에 불과하다는 의미에서 형사소송의 철저한 당사자주의화는 형사소송의 민사소송화를 초래하며, 형사소송에서의 직권의 개입은 형사소송의 본질에 속하는 문제라는 것에는, 이재상/조균석, 앞의 책, 49면-50면 참조.

81) 이에 관한 상세한 내용은, 최선웅, "행정소송에서의 원고적격 — 기존 4개 학설의 의의를 중심으로 —", 『행정법연구』 제22호(2008. 12); 최선웅, "행정소송에서의 원고적격 — 법원의 조사방법을 중심으로 —", 『행정법연구』 제25호(2009. 12) 참조.

## 5. 종합적인 비교

소송의 목적 내지 이념은 실제로는 소송자료에 관한 심리원칙에 투영된다. 행정소송법과 형사소송법을 비교하여 보면, 법원의 직권증거조사(형사소송법 제295조, 행정소송법 제26조)제도가 있다는 점이 공통적이다. 따라서 일단 양 소송은 소송법 규정상 직권주의적 요소와 당사자주의적 요소의 혼합으로 되어 있다.[82] 현재 형사소송에서는 종래의 직권주의를 완화하기 위하여 당사자주의의 도입을 논의하고, 그 반면에 행정소송에서는 공익을 고려하기 위하여 종래의 변론주의에서 직권탐지주의로 나아가고자 하는 것이 일반적이다. 어쨌든 단순하게 비교하기는 어렵기는 하나, 현재시점에서 국가형벌권이라는 공익 측면에서 보면 형사소송에서의 직권(탐지)주의적 요소의 정도는 행정소송에 비하여 우월하다.

형사소송에서 검사가 국민인 피고인을 상대로 하여 검찰권을 행사한다.[83] 이와 반대로 행정소송에서는 국민인 원고가 자신이 권익구제를 위하여 행정청을 상대로 하여 원고 자신의 권리 또는 이익의 구제를 받으려 소를 제기한다. 즉 양 소송에서는 원고(검사)와 피고(피고인)[84]의 입장이 서로 반대라는 점이 가장 특징적으로 비교되는 점이다.

## Ⅳ. 양 소송에서의 기본적 사실관계 동일성

### 1. 형사소송

### (1) 공소장변경의 한계 ― 공소사실의 동일성과 기본적 사실관계 동일성

형사소송에서의 공소장변경은 형사소송법 제298조 제1항에 따라서 공소사실의 동일성을 해하지 않는 범위 내에서만 허용된다. 이 공소사실의 동일성은

---

82) 다만 형사소송은 소송수행에 있어서 주체 간의 주도권에 초점을 맞추어서 직권주의와 당사자주의라는 용어를 사용하는 경향이 강하고, 행정소송에서는 공익과 사익의 대립의 측면에서 변론주의와 직권탐지주의라는 용어를 사용하고 있는 것으로 보인다.

83) 물론 검사는 공익의 대표자로서 피고인의 정당한 이익까지도 보호해야 한다는 점에서는 일방적으로 피고인에게 대립·갈등하는 반대당사자가 아니다. 신동운, 앞의 책, 259면.

84) 물론 행정소송의 원고와 형사소송에서의 검사는 그 기능이 다르고, 또는 피고 행정청과 형사피고인의 지위가 다르다. 다만 여기서는 단순히 공격·방어의 주체라고 하는 기본적인 구도에서 검토해 보고자 한다.

공소제기의 효력, 심판범위, 기판력이 미치는 범위를 결정하는 기준이 된다. 형사소송에 있어서 공소사실의 동일성의 범위를 넓게 잡으면 공소장변경을 통한 유죄자필벌에는 유리하지만 기판력에 의한 면소의 범위가 넓어지고, 좁게 잡으면 그 반대의 효과가 나타나므로,[85] 결국 공소사실 동일성의 기준은 국가형벌권의 엄정한 행사와 이중처벌금지의 조화점에서 설정되어야 한다고 한다.[86]

공소사실의 동일성의 판단 기준에 관하여는, 종래부터 죄질동일성, 구성요건공통설, 소인공통설, 기본적 사실동일성설 등이 대립되어 왔으나, 공소사실을 자연적·전(前)법률적 관점에서 파악하여 공소사실의 기초가 되는 사실적 사실에 착안하여 그러한 사실관계가 기본적인 점에서 동일하면 공소사실의 동일성을 인정하여야 한다는 기본적 사실관계 동일성설이 다수설[87]의 입장이다. 판례[88]도 이와 같이 기본적 사실동일성을 견지하여 왔다고 평가하는 것이 일반적이다.[89]

기본적 사실관계 동일성설은 공소사실의 동일성을 판단하는 데 있어서 일체의 법률적 관점을 배제하고 순수하게 자연적·전(前)법률적 관점에서 이를 판단하려는 점에 그 특색이 있으며, 범행의 일시와 장소·수단과 방법 그리고 범행객체 내지 피해자 등을 고려할 때 양자가 밀접한 관계에 있거나(밀접관계) 그것이 양립할 수 없는 관계에 있을 때에는(비양립관계 내지 택일관계) 기본적 사실관계가 동일하다고 보고 있다.[90] 이 설은 소송경제와 신속한 재판의 이념에도

---

85) 공소사실의 동일성의 범위가 넓으면 피고인의 방어권에 지장을 가져오지만 기판력에 의한 피고인 보호의 범위도 동시에 넓어진다는 점에서 동일성의 범위의 확장으로 인한 공소방변경의 허용범위가 넓어지는 것이 일률적으로 피고인에 대한 유·불리의 판단이 불확실한 것은 사실이다. 김정한, 앞의 책, 420면; 이은모, 앞의 책, 461면.
86) 김정한, 위의 책, 423면.
87) 예컨대 김정한, 위의 책, 420면-422면; 배종대/이상돈/정승환/이주원, 앞의 책, 429면; 이재상/조균석, 앞의 책, 447면.
88) 예컨대 대법원 1987. 1. 20. 선고 86도2396 판결, 대법원 1993. 3. 26. 선고 92도2033 판결.
89) 다만 최근의 판례의 경향이, "피고인의 행위와 그 사회적인 사실관계를 기본으로 하되 그 규범적 요소도 고려에 넣어 판단하여야 한다"(대법원 1994. 3. 22. 선고 93도2080 전원합의체 판결, 동일 취지의 판결: 대법원 2011. 6. 30. 선고 2011도1651 판결)고 판시한다는 점에서 죄질동일성적인 입장으로 이해하는 것에는, 김정한, 앞의 책, 422면 참조.
90) 이은모, 앞의 책, 460면-461면; 양립불가능성 내지는 비양립관계라고 하는 것은 사회일반인의 관점에서 한 범죄가 성립하는 때에는 다른 범죄는 성립할 수 없다고 볼 정도로 양자가 밀접한 관계, 즉 양립불가능한 경우에는 공소사실의 동일성을 인정한다는 것이

합치된다고 한다.[91] 이 설에 대한 비판으로는, 공소사실을 자연적·전(前)법률적 관점에서 판단한다는 특색이 있으나, 공소사실의 규범적인 요소를 무시한다는 문제가 있고,[92] 동일성을 인정하는 범위가 너무 넓고 피고인의 방어권보장에 충실하기 어렵고 "기본적 사실관계"라는 개념 자체가 불명확하다는 비판이 제기된다.[93]

## (2) 판례의 변경 ─ 규범적 요소의 고려 문제

대법원은 종래 위와 같이 기본적 사실관계 동일성의 입장에서 범행의 일시와 장소, 수단과 방법 그리고 범행객체 내지 피해자 등을 고려할 때 양자가 밀접한 관계에 있거나, 그것이 양립할 수 없는 관계에 있는 경우에는 기본적 사실관계가 동일하다고 보고 있었다.[94] 그런데 1994년의 전원합의체 판결[95] 이래 대법원은 기본적 사실관계동일설을 취하면서도 그 판단에 있어서는 규범적 요소 예컨대 각 위반행위의 태양 및 책임의 근거, 직접적인 보호법익, 죄질 등[96]도 함께 고려하여야 한다는 입장을 취해 왔다. 즉 공소사실의 동일성 판단은 그 공소사실의 기초가 되는 사회적 사실관계를 기본으로 하되 규범적 요소도 고려하여 판단해야 한다는 것이다.[97]

---

구체적으로는 동일한 시간과 동일한 주체가 동일한 객체에 대하여 동일한 방식의 범죄를 저지를 수 있는가하는 점이 기준이라고 한다. 김인회, 앞의 책, 266면.

91) 이재상/조균석, 앞의 책, 447면.
92) 임동규, 『형사소송법』, 법문사, 2015, 351면.
93) 강구진, 『형사소송법원론』, 학연사, 1982, 318면.
94) 대법원 1986. 7. 8. 선고 85도554 판결, 1993. 3. 26. 선고 92도2033 판결, 1998. 7. 28. 선고 98도1226 판결.
95) "공소사실이나 범죄사실의 동일성은 형사소송법상의 개념이므로 이것이 형사소송절차에서 가지는 의의나 소송법적 기능을 고려하여야 할 것이고, 따라서 두 죄의 기본적 사실관계가 동일한가의 여부는 그 규범적 요소를 전적으로 배제한 채 순수하게 사회적, 전법률적인 관점에서만 파악할 수는 없고, 그 자연적·사회적 사실관계나 피고인의 행위가 동일한 것인가 외에 그 규범적 요소도 기본적 사실관계 동일성의 실질적 내용의 일부를 이루는 것이라고 보는 것이 상당하다"(대법원 1994. 3. 22. 93도2080 전원합의체 판결). 이 판결 이후 동일 취지의 판결로는, 대법원 2006. 3. 23. 선고 2005도9678 판결, 2011. 4. 28. 선고 2009도12249 판결 등을 들 수 있다.
96) 김인회, 앞의 책, 267면.
97) 형사소송에서의 이와 같은 규범적 요소를 고려하는 판례의 경향에 따르게 되면, 장물취득죄로 받은 판결이 확정되었다고 하여도 강도상해죄로 처벌하는 것이 일사부재리의 원칙에 반하지 않게 된다는 점에서는 피고인에게 불리하다고 할 수는 있다.

이에 대하여는, 규범적 요소를 고려하면 평가의 기준으로 사실을 확정하는 논리적 모순이 있고, 규범적 요소의 기준이 모호하고, 규범적 요소에 대한 법관의 자의가 개입할 위험이 있고, 규범적 요소를 고려하여 동일성을 좁게 인정하게 되면 검사가 공소사실을 잘못 특정한 경우 객관적으로 양립불가능한 범죄사실에 대하여 다시 재판을 받을 위험을 받게 되므로 무죄추정의 권리와 이중처벌금지의 권리를 갖는 피고인에게는 심각한 위험이라는 이유로 반대하는 견해98)가 있다.

그러나 이에 대하여 공소사실의 동일성은 형사소송법상의 개념이므로 그에 대한 판단에서도 규범적 요소를 배제할 수 없고, 판단 기준이 보다 분명해지고 그 범위도 적절하게 조정되어 국가형벌권 실현과 피고인의 방어권보장에도 기여하고,99) 기본적 사실관계라는 말이 갖는 추상성과 확대해석가능성을 정형화된 규범적 요소로 제한하는 것이 심판의 잠재적 범위를 획정하고 피고인의 방어권보장에 기여할 수 있고,100) 법원의 심판은 범죄사실에 대한 법률적 평가라는 이유101)로 찬성하는 견해가 있다.

## 2. 행정소송

### (1) 처분사유의 추가·변경과 소송물론

형사소송에서의 공소장변경의 경우와 유사하게, 행정소송 특히 취소소송에서의 처분사유의 추가·변경과 관련하여 소위 소송물론이 논의되고 있다. 즉 판례는 처분사유 추가·변경의 한계와 관련하여 "기본적 사실관계 동일성"이 인정되는 한도 내에서만 "처분(처분사유)의 동일성"102)이 유지된다는 것인데, 여기

98) 김인회, 앞의 책, 267면-268면; 배종대/이상돈/정승환/이주원, 앞의 책, 428면; 이은모, 앞의 책, 464면.
99) 이창현, 앞의 책, 617면.
100) 노명선/이완규, 앞의 책, 541면.
101) 권오걸, 앞의 책, 486면; 공소사실의 동일성에 대한 판단은 자연적인 관찰에 의한 행위를 기초로 하면서 결과의 반가치를 고려한 법률적 관점에서 고찰되어야 한다는 견해(임동규, 앞의 책, 354면)도 있다.
102) 이와 관련하여 약간의 표현의 차이는 있다. "처분의 동일성"(김남진/김연태, 앞의 책, 867면), "처분이유의 기초가 되는 사실의 동일성"(김동희, 앞의 책, 785면), "처분이유에 의해 특정되는 소송물의 동일성"(홍정선, 앞의 책, 1090면) 참조. 판례의 경우에도 표현상의 차이가 존재한다. 예컨대 "당초의 처분사유와 동일성"(대법원 2011. 11. 24. 선고 2009두19021 판결), "종전 처분과 동일성"(대법원 2011. 5. 26. 선고 2010두28106 판결)

서의 "처분(처분사유)의 동일성"과 관련하여 소송물론이 논의되고 있다.

취소소송의 소송물을 "위법성 일반"이므로 처분청의 처분사유의 추가·변경을 무제한 허용해야 하는 데에도 불구하고, 다수설, 판례가 처분사유의 추가·변경을 제한적으로 인정하고 있으므로, 결국 "처분사유 추가·변경의 허용 여부나 허용 범위 문제와 취소소송의 소송물은 서로 논리필연적인 관계에 놓여 있는 것으로는 보이지 않는다"는 견해,103) "처분"의 동일성은 그 처분에 의한 "규율"의 동일성을 의미하므로 처분의 유형 즉 제재처분, 거부처분, 과세처분 등에 따라서 처분의 위법성 일반을 해석해야 한다는 견해104)가 있다.

어쨌든 국민인 원고의 권익구제와 방어권의 보장이라고 하는 적법절차상의 권리를 보장하기 위하여서는 단지 소송물론과의 논리일관성을 위하여 행정청의 처분사유의 추가·변경을 무제한적으로 인정하기는 어렵다. 여기서 일단 처분사유의 추가·변경의 한계에 관한 실제 판례를 고찰할 필요가 있다.

### (2) 판례
처분사유의 추가·변경의 한계에 관하여 판례에서는,

"행정처분의 취소를 구하는 항고소송에 있어서는 <u>실질적 법치주의와 행정처분의 상대방인 국민에 대한 신뢰보호</u>라는 견지에서 처분청은 <u>당초 처분의 근거로 삼은 사유와 기본적 사실관계가 동일성이 있다고 인정되는 한도 내에서만 다른 사유를 추가하거나 변경할 수 있을 뿐</u>, 기본적 사실관계와 동일성이 인정되지 않는 별개의 사실을 들어 처분사유로 주장함은 허용되지 아니한다는 것이 당원의 일관된 견해이고(대법원 1996. 9. 6. 선고 96누7427 판결, 1995. 12. 12. 선고 95누9051 판결 등 참조), 여기서 <u>기본적 사실관계의 동일성 유무는 처분사유를 법률적으로 평가하기 이전의 구체적인 사실에 착안하여</u> 그 기초가 되는 사회적 사실관계가 기본적인 점에서 동일한지 여부에 따라 결정된다."105)

---

참조.
103) 홍준형, 앞의 논문, 239면.
104) 박정훈, "취소소송의 소송물 — 처분사유의 추가·변경, 소변경 및 취소판결의 효력과 관련하여 —", 『행정소송의 구조와 기능』, 박영사, 2006, 411면-425면.
105) 대법원 1999. 3. 9. 선고 98두18565 판결(밑줄은 필자); 이와 동일 취지의 판례로는, 대법원 2011. 11. 24. 선고 2009두19021 판결, 2012. 4. 12. 선고 2010두24913 판결 등을 들 수 있다.

라고 판시하고 있다.

요컨대 판례는 처분사유의 추가·변경의 이념적 근거로서는, "실질적 법치주의와 행정처분의 상대방인 국민에 대한 신뢰보호라는 견지"를 내세우고, 그 인정 범위에 관하여는 "당초 처분의 근거로 삼은 사유와 기본적 사실관계가 동일성이 있다고 인정되는 한도 내"에서만 인정한다는 것이다.[106]

### (3) 판례에 대한 평가 — 중첩적·누적적 적법절차보장
#### 1) 보호가치 있는 신뢰보호와 실질적 법치주의

위에 제시한 판례는 처분사유의 추가·변경의 한계로서 "신뢰보호"를 내세운다. 일반적으로 행정법의 일반원칙으로서의 신뢰보호원칙은 보호가치 있는 신뢰가 보호된다는 점에서 원고가 위법성에 대한 인식이 있거나 과실로 인식하지 못한 경우에는 그 보호가치성이 부정된다.[107] 그럼에도 불구하고 판례는, "추가 또는 변경된 사유가 당초의 처분시 그 사유를 명기하지 않았을 뿐 처분시에 이미 존재하고 있었고 당사자도 그 사실을 알고 있었다 하여 당초의 처분사유와 동일성이 있는 것이라 할 수 없다"[108]라고 하여, 처분사유 추가·변경의 경우에는 원고의 귀책사유를 원인으로 하여서는 행정청의 처분사유의 추가·변경을 인정하지 아니한다.

자신의 권리 또는 이익을 구하고자 행정을 상대로 소를 제기한 원고가, 단지 일정 사정을 알고 있었다는 이유만으로, 특별한 사정 예컨대 원고의 권리남용이 아닌 한, 곧바로 원고의 귀책사유를 인정하여 신뢰보호를 부정하는 것은 타당하지 않다. 바로 이것이 행정절차법 제4조에 규정된 신의성실 및 신뢰보호의 진정한 내용으로서 절차는 물론이고 소송의 단계에 들어와서도 관철되어야 하는 것이 절차원칙이다.[109] 이런 의미의 신뢰보호가, 판례에서 말하는 "실질적

---

106) 이에 따라 기본적 사실관계의 동일성을 인정한 예는, 대법원 2001. 9. 28. 선고 2000두8584 판결, 2003. 12. 11. 선고 2003두8395 판결 등을 들 수 있고, 부정한 예로는, 대법원 1995. 11. 21. 선고 95누10952 판결, 2003. 12. 11. 선고 2001두8827 판결 등을 들 수 있다.

107) 김남진/김연태, 앞의 책, 49면; 김동희, 앞의 책, 61면; 홍정선, 앞의 책, 89면; 판례도 이와 동일한 취지이다. 대법원 2008. 11. 13. 선고 2008두8628 판결, 2013. 2. 15. 선고 2011두1870 판결.

108) 대법원 2003. 12. 11. 선고 2001두8827 판결; 같은 취지의 판결로는, 대법원 2003. 12. 11. 선고 2003두8395 판결을 들 수 있다.

법치주의"의 한 내용이라고 할 수 있는, 헌법상 적법절차원리에 의하여 더욱 강화된다.

### 2) 중첩적·누적적 적법절차보장

위와 같이 신뢰보호와 실질적 법치주의와 관련된 재해석이 바로, 전술한 처분이유와 처분사유의 중첩적·누적적 개념설에서 밝힌 바와 같이, 적법절차 원리가 행정절차는 물론이고 행정소송에도 중첩적·누적적으로 적용되는 예이다.

적어도 당사자인 국민이 적법절차를 정당하게 누릴 헌법적 지위를 고려한다면 절차법과 소송법의 관계를 행정과 법원 간의 대립갈등이나 제로섬게임으로만 볼 하등의 이유가 없다. 본래 소송도 (광의의) 절차이고 따라서 절차와 소송은 대립물이 아니고 모두 다 헌법상 적법절차 원리의 적용을 받는 절차임에는 틀림없다. 따라서 행정과 법원보다는 그에 앞서 우선 먼저 국민의 입장에서 절차와 소송을 보아야 한다. 일반적으로 헌법상 국민에게는 절차와 소송의 중첩적·누적적 적법절차 보장의 기대가능성이 있으므로, 실제 절차의 진행 단계에 따라서 예컨대 행정절차를 거친 소송절차에서 국민은 절차와 소송의 중첩적·누적적 적법절차 보장을 받을 수 있다.[110]

요컨대 국민에게는 절차와 소송의 중첩적·누적적 적법절차 보장을 받을 헌법상의 권리가 있고, 이를 당연히 행정과 법원이 보장할 의무가 있다. 따라서 처분청의 적법성유지를 위한 무제한적인 절차의 반복이나 또는 단지 무의미한 소송의 반복 모두 다 절차와 소송 모두로부터 헌법상 적법절차의 보장을 받고자 하는 국민의 헌법상 권리를 침해한다는 점에서 문제이다.

이런 점에서 신뢰보호와 적법절차원칙을 그 내용으로 하는 실질적 법치주의를 처분사유의 추가·변경의 한계사유로 삼는 우리나라 판례는 행정절차와 행정소송의 중첩적·누적적 적법절차 보장이라는 측면에서 지극히 타당하고 매

---

109) 본래 행정소송에서는 원고 국민과 피고 행정청 간의 정보등에 있어서의 무기불평등이 언급된다는 점에서 행정에게 유리하고 원고에게 불리한 신의칙의 해석과 적용은 신중해야 한다. 참고로 민사소송에서 신의칙의 적용의 문제점을 지적하고 있는 것으로는, 호문혁, "민사소송에 있어서의 신의성실의 원칙", 『인권과정의』, 제166호(1990), 대한변호사협회, 27면 이하 참조.

110) 물론 당연히 누적이나 중첩의 정도는 학설·판례가 정하여야 하겠지만 행정이나 법원보다는 어디까지 우선 먼저 국민의 입장에서 검토해야 한다.

우 우수한 법리를 전개하고 있는 것으로 평가된다.

## V. 결론적 고찰 — 행정소송에서의 의의

### 1. 형사절차와의 차이

행정소송에서 원고의 방어권은 소제기 전의 행정절차법 제23조상의 처분이유제시제도[111]와 소제기 후 처분사유 추가·변경의 제한에 의하여 보장되나, 그 구체적인 보장의 정도는 결국 학설과 판례에 따른다.

이에 비하여 형사절차는 죄형법정주의를 비롯한 무죄추정 등의 인권보장원리와 특히 헌법 제12조에 규정된 적법절차의 직접적인 적용을 받는다. 그뿐만 아니라, 영장주의 등 공소권남용 등에 대하여 직접적인 엄격한 통제를 받는 검사의 소추행위는 행정소송의 대상이 되는 행정행위 내지는 행정처분등과 비교하기 어려울 정도로 엄격한 헌법 및 법률상의 직접적인 통제를 받는다. 형사소송에서의 공소장변경제도 역시 헌법상 피고인의 방어권 보장의 일환으로서 형사소송법 제298조에 그 근거 규정을 두고 있다.

요컨대 형사소송에서의 피고인의 방어권은 헌법상의 인권보장원리와 적법절차원리에 의하여 직접적인 보장을 받는다는 점에서 행정소송에서보다 확실한 보장을 받는다.

### 2. "기본적 사실관계의 동일성"과 형사소송

### (1) 공통요소로서의 법원의 직권

공소장변경제도는 검사의 신청에 기한 공소장변경의 절차를 거치지 않는 한 법원으로 하여금 범죄사실의 심리를 변경할 수 없도록 한 것이다.[112] 과거 의용형사소송법[113]하에서 법원이 아무런 절차적 과정을 거치지 아니하고 마음

---

111) 처분이유제시제도를 규정한 행정절차법 제23조의 헌법적 근거로 헌법 제12조를 제시할 수 있다.
112) 피고인은 공소장에 나타난 공소사실에 초점을 맞추어 방어활동을 전개하기 때문에 공소장에 기재된 공소사실 이외의 범죄사실로 법원이 심판하는 것을 "기습재판"이라고도 한다. 이를 시정하기 위해서는 민사소송법 제136조 제4항에서 인정되는 법원의 석명의무와 유사하게 법원에게 표명의무를 들고 있는 견해(배종대/이상돈/정승환/이주원, 앞의 책, 418면)도 있다.
113) 1945년 해방 후 형사소송법을 제정하기 전에 의용했던 일본의 구 형사소송법을 말한다.

대로 피고사건에 대한 심판범위를 확장할 수 있었고 이 확장된 부분을 심리한
다는 구실로 구속피고인에 대한 미결구금을 무제한 연장하는 폐단이 있었
다.114) 공소장변경제도는 바로 이러한 법원의 자의적인 직권으로 인한 폐단을
제거하고 피고인의 방어권을 보호하기 위한 제도이다. 공소장변경의 허부는 물
론이고 공소장변경의 필요성도 사실상 법원의 직권과 관련되는 문제이다. 특히
공소장변경의 요부는 공소장변경이 필요 없는 경미한 변경의 경우 법원은 검사
의 공소장변경신청을 기다리지 않고 직권으로 자유롭게 공소장에 기재된 공소
사실과 다른 범죄사실을 심판할 수 있는 문제115)라는 점에서 이는 전형적적으
로 법원의 직권과 직결되는 문제이다.

　　행정소송에서의 처분사유의 추가·변경의 경우에는 행정청이 당초에 존재
했었지만 처분이유로 내세우지 않은 다른 처분사유를 소송도중에 처분사유로
추가·변경을 하는 것을 법원이 허용해야 하는지 여부가 문제 된다. 경우에 따
라서는 이러한 절차 즉 처분사유의 추가·변경을 거치지 아니하고 법원이 바로
직권으로 심리할 수 있는지 여부도 문제가 된다. 결국 이런 문제들은, 형사소송
에서의 공소장변경의 경우와 마찬가지로, 행정소송에서도 법원의 직권과 관련
되는 문제이다.

　　형사소송에서의 공소장변경은 형사소송법 제298조상의 제도이기는 하나,
그 한계에 관한 판단 기준인 "기본적 사실관계 동일성"은 결국 판례에 의하여
정립된다. 행정소송에서의 처분사유의 추가·변경은 법제도상의 제도가 아니라
판례법상 정립된 제도이므로 그 판단 기준은 당연히 판례에 의하게 된다. 다만
전술한 바와 같이, 형사소송과 행정소송은 그 목적, 심리원칙, 공격자와 방어권
자의 위치역전 등으로 인하여, 행정소송에서의 "기본적 사실관계 동일성"의 개
념은 형사소송과 달리 정립하여야 할 당위는 있다.

### (2) 형사소송으로부터의 시사점

　　형사소송법 제298조의 공소장변경과 달리, 행정소송법에는 처분사유의 추
가·변경의 근거에 관한 직접적인 조문은 없다. "형법의 적용이라는 공익과 개
인의 자유라는 이익이 가장 예리하게 충돌하고 있는 법률체계가 형사소송법"이

---

114) 신동운, 앞의 책, 203면.
115) 신동운, 위의 책, 209면-210면.

라 할 수 있으며, "형사소송법은 이러한 충돌하는 이익을 적절히 조정"[116]하는
기능을 한다는 점에서 형사소송을 행정소송에서도 일정 부분 참고할 만하다.
즉 공소장변경과 관련된 형사소송법 제298조[117]의 조문구조를 살펴보면 일정
시사점을 얻을 수 있다.

이에 따라 행정소송법에 처분사유의 추가·변경에 관한 조문을 신설함에
있어서는, 처분청은 처분사유의 동일성을 해하지 아니하는 범위 내에서 처분사
유의 추가·변경을 하여야 한다. 처분청 이외에도 법원이 처분사유의 추가·변
경을 요구하는 것이 가능해야 한다. 이 경우 법원은 신속히 원고에게 고지할 것
과 원고의 방어권 준비를 위하여 본안을 정지할 수 있는 규정을 도입할 여지가
있다.

### (3) "기본적 사실관계의 동일성"을 형사소송에 의존할 것인가?

행정소송 특히 취소소송에서의 "기본적 사실관계 동일성"의 의미를 구체화
함에 있어서 형사소송의 공소장변경의 한계와 관련된 판단기준인 "기본적 사실
관계 동일성"을 고려하여야 한다는 시각이 있다.[118]

그런데 헌법상의 적법절차의 원리가 직접적으로 구현되는 형사소송에 있
어서, 검사와 피고인의 이해관계가 첨예하게 대립하는 공소장변경의 한계에 관
한 논의는 대법원 1994. 3. 22. 선고 93도2080 전원합의체 판결이 내린 후에도
여전히 다투어지고 있는 치열한 문제이기는 하다. 그러나 일단 "기본적 사실관
계 동일성"이라는 용어 자체가 동일한 데다가, 우리나라는 법관이 민사, 형사,
행정재판을 순환보직으로 모두 담당할 뿐만 아니라, 행정소송에서의 행정청도

---

116) 이재상/조균석, 앞의 책, 4면.
117) 공소장변경과 관련된 형사소송법 제298조 규정 내용을 요약해 보면, 검사는 공소사실의
　　 동일성을 해하지 아니하는 범위 내에서 공소사실 등의 추가, 철회 또는 변경을 할 수 있
　　 으며(제1항), 법원이 심리의 경과에 비추어 상당하다고 인정할 때에는 공소사실 등의 추
　　 가 또는 변경을 요구하여야 하며(제2항), 법원은 이를 신속히 피고인(변호인)에게 고지
　　 하여야 하며(제3항), 피고인의 불이익 및 방어의 준비를 위하여 공판절차를 정지할 수
　　 있다(제4항)고 규정하고 있다.
118) 이와 같은 시각은 예컨대, "이러한 '기본적 사실관계의 동일성'은 우리 판례가 형사소송
　　 에서도 공소장 변경의 허용 여부를 판단하는 척도로 삼고 있고 이에 관한 판례가 축적
　　 되어 있으므로, 이를 참고하여 그 의미를 상당한 정도로 구체화할 수 있을 것이다"(박정
　　 훈, "처분사유의 추가·변경과 행정행위의 전환 — 제재철회와 공익상 철회 —", 『행정판
　　 례연구 VII』, 한국행정판례연구회, 2002, 241면)라고 하는 것에서 잘 알 수가 있다.

형사소송에서의 검사와 마찬가지로 국가를 대표하여 소송에 관여한다는 점에서, 형사소송에서의 공소장변경에 관한 논의상황을 행정소송에서도 참고하지 못할 바가 아니다.

　　그러나 이러한 시각은 본질적으로 행정소송과 형사소송을 동일시하는 전제가 성립해야 가능한 것이다. 비록 행정소송에서의 "기본적 사실관계의 동일성"이라는 용어 자체가 형사소송의 공소장변경에서 유래한 것이라고 추정해 볼 수는 있다. 그러나 그것은 사법재판국가에서 민사소송, 행정소송은 물론이고 형사소송까지 모두 단일한 대법원을 정점으로 하는 각급법원의 관할에 속하고, 동일한 인적 구성원인 법관이 순환보직으로 각급법원의 재판부를 구성하여 재판하는 상황하에서 불가피한 것에 불과하다. 전술한 바와 같이, 행정소송과 형사소송은 소송의 목적, 절차가 다를 뿐만 아니라, 결정적으로 형사소송은 검사가 피고인을 공격하고 피고인은 방어하는 구조이고, 이와 달리 행정소송은 원고가 행정청을 공격하고 행정청이 방어하는 구조라는 점에서 즉 공격과 방어의 위치가 역전되어 있다.

　　그럼에도 불구하고, 우리나라 판례와 학설에서, 형사소송과 행정소송에서 가장 중요한 주체인 원고(검사)와 피고(피고인)가 기본적으로 이해관계가 상반되는 구조 등의 차이에도 관계없이, 형사소송에서의 공소장변경의 한계와 행정소송에서는 처분사유의 추가·변경의 허용기준과 관련하여 단지 "기본적 사실관계 동일성"이라고 하는 동일한 판단기준을 활용하고 있는 것이, 과연 정당하고 바람직한 일인가라고 하는 합리적인 의심이 들지 않을 수 없다.

　　요컨대 어디까지나 행정소송은 행정소송의 논리로, 형사소송은 형사소송의 논리로 해결하는 것이 바람직하다. 따라서 설령 현재까지도 실무가 관례상 불가피하게 형사소송과 행정소송의 구별없이 "기본적 사실관계 동일성"이라고 하는 동일한 용어로 된 판단기준을 사용하여 왔다고 하더라도, 최소한 해석상으로나마 행정소송의 특수성을 고려하여 형사소송과 일정한 차이를 인정하는 것은 당연할 뿐만 아니라 바람직하다.

### 3. "기본적 사실관계 동일성"의 의의

#### (1) 행정소송법 제26조의 직권심리

　　전술한 바와 같이, 형사소송에서의 공소장변경은 형사소송법 제298조상의 법제도이며 법원의 직권과 관련성을 갖는다. 행정소송에서의 처분사유의 추가·변경은 판례법상 형성된 제도이다. 그러나 이 판례에 의한 형성이라는 것은, 처분사유의 추가·변경의 인정 범위와 관련되는 "기본적 사실관계의 동일성"이라는 판단 기준이다. 이는 결국 법원의 직권[119]과 관련된다는 점에서는 행정소송법 제26조의 표제인 "직권심리"의 문제[120]와 연결된다. 즉 기본적 사실관계의 동일성은 행정소송법 제26조의 해석의 문제로 귀결된다.[121]

요컨대 처분사유 추가·변경은 행정소송법 제26조상의 법원의 직권심리와 관련되는 문제이기도 하다.[122]

### (2) 규범적 요소의 고려 문제

전술한 바와 같이, 형사소송에 있어서는 대법원 1994. 3. 22. 선고 93도2080 전원합의체 판결 이래로 기본적 사실관계 동일성의 개념에 "규범적 요소"를 고려하게 되었고 이에 대한 찬·반의 논의가 행해지고 있다.

그런데 행정소송 관련 문헌에서는 "법률적으로 평가하기 이전의 사실"이라는 것의 의미를 직접적으로 밝히는 경우는 찾아보기가 어려울 뿐만 아니라, 위 형사소송에서의 전원합의체 판결에서와 같이 규범적 요소를 고려해야 하는지도 불분명하다. 다만 행정절차법 제23조 이유제시 규정에서의 "근거와 이유"는 물론이고 판례상 인정되는 처분사유의 추가·변경에서의 처분사유의 내용으로 대부분 사실적인 것과 법률적인 것[123]을 인정하고 있다.

---

119) 전술한 바와 같이, 형사소송에서는 법원이 공소장변경 없이 공소장에 기재된 공소사실과 다른 사실을 인정할 수 있다.

120) 우리나라 행정소송법 제26조의 해석에 관한 상세한 내용은, 최선웅, "행정소송법 제26조의 해석에 관한 일 고찰 — 우리나라 행정소송의 독자성을 모색하며 —", 『행정법연구』제10호(2003. 10) 참조.

121) 그 외에도 행정절차의 비중, 소송경제 내지 분쟁의 일회적 해결, 소송물과 처분의 동일성, 재량고려사유문제를 비롯하여 나아가 취소소송의 기능과 성질 등의 문제를 들고 있는 경우도 있다(박정훈, "처분사유의 추가·변경과 행정행위의 전환", 『행정소송의 구조와 기능』[행정법연구 2], 박영사, 2007, 515면-532면).

122) 처분사유를 추가·변경하는 주체가 피고 행정청이지만 우리나라 행정소송법 제26조의 해석상 판례(변론주의보충설)에 따라서 법원이 기록상 현출된 것에 관해서는 처분사유로 추가·변경할 수 있다고 한다. 박정훈, 위의 논문, 480면-481면.

123) 이 "사실적인 것과 법률적인 것"을 지칭하는 표현상의 차이는 있다. "근거사실과 법률적 근거" 또는 "사실상·법률상 근거"(김동희, 앞의 책, 784면); "사실상, 법상의 상황"(홍정선, 앞의 책, 1086면); "사실상·법률상 근거"(김남진/김연태, 앞의 책, 866면).

본래 행정처분 자체가 행정의 법집행행위이고 행정행위는 법적 규율을 그 내용으로 하므로 처분사유를 규범적인 것과의 분리를 생각하기 어렵다. 이런 점들을 고려하면, 처분사유는 원래 사실적인 것과 법률적인 것이 합쳐져 있다는 점에서 일종의 "집합개념"이다. 따라서 행정소송에서의 "기본적 사실관계 동일성"에는 사실적 요소는 물론이고 규범적 요소도 당연히 포함된다(행정소송에서의 기본적 사실관계 동일성은 사실적·규범적 요소의 집합개념이다!).

## 4. 공격권(권익구제)과 방어권의 공존

### (1) 항고소송에서의 원고의 이중적 지위

행정소송 특히 항고소송에서는 국민이 원고가 되어 행정청을 피고로 하여 소를 제기하고, 형사소송에서는 행정기관인 검사가 국민인 피고인을 상대로 공소를 제기한다. 양 소송에 있어서의 가장 핵심적인 차이는 공격권자와 방어권자의 지위가 서로 뒤바뀌어 있다는 점이다. 행정소송에서의 원고인 국민은, 형사소송에서의 피고인과 같이 검사가 제기한 공소로부터 방어해야 하는, 수동적인 지위에만 서 있는 것이 아니다. 행정소송에서의 원고인 국민은, 행정소송법 제1조 및 제12조에 따라서 적극적으로 자신의 권리 또는 이익을 실현하고자, 피고 행정청을 상대로 소를 제기하는 적극적 당사자이기도 하다.

물론 행정소송 특히 항고소송에서 원고가 피고 행정청의 공격에 대항하여 방어한다는 측면에서 원고의 방어권자의 지위를 언급할 수는 있다. 그러나 검사의 공소제기로부터 시작되는 형사소송과 달리, 애시당초 행정소송절차의 개시 자체는 원고가 자신의 권익을 구제받기 위하여 행정청을 공격 상대방인 피고로 삼아 정식의 소를 제기함으로써 시작된다. 이 점에서 행정소송에서의 원고는, 행정의 공격에 대한 방어권자의 지위 이외에도, 자신의 권익구제를 위한 공격권자의 지위도 갖는다. 엄밀히 말해서 행정소송에서는 원고 국민이 행정을 상대로 소를 제기하여 적극적으로 자신의 권익을 구제받고자 행정을 공격하는 것이 소송수행의 주목적인 것이지 단지 피고 행정청으로부터의 공격에 대한 소극적인 방어가 소송수행의 주목적이 아닌 것이다.

요컨대 행정소송 특히 취소소송 등 항고소송에 있어서 원고는, 자신의 권리 또는 이익을 구하기 위하여 행정에 대한 공격권자의 지위(권익구제자의 지위= 공격권자의 지위)를 가지는 것과 동시에서, 행정의 공격에 대항한다는 의미에서

의 방어권의 주체로서의 지위(방어권자의 지위)를 겸한다(항고소송에서의 원고의 이
중적 지위!).124)

## (2) 분쟁의 1회적 해결과 방어권의 위상

전술한 바와 같이, 처분사유의 추가·변경의 허용 여부 내지는 허용 범위와
관련된 논의에 있어서 다수설125)의 입장은 분쟁의 일회적 해결, 공익보장, 실체
적 진실발견,126) 직권탐지주의,127) 소송경제와 원고의 방어권, 이유제시의무제
도 등의 조화를 언급하고는 있으나, 이러한 형량요소들은 결국 분쟁의 일회적
해결과 방어권의 형량의 문제로 귀착128)된다.

그런데 분쟁의 1회적 해결 내지는 소송경제는 어느 소송에서나 바람직한
가치나 원리로 인정된다는 점에서 반드시 처분사유의 추가·변경과 관련된 방
어권과 형량하여 달성될 성질의 것은 아니다. 분쟁의 1회적 해결의 기초가 되
는 직권탐지주의는 독일 행정소송법 제86조 제1항(§86 I VwGO)상의 기본원칙
이기는 하지만, 주지하다시피 우리나라 행정소송법 제26조하에서 직권탐지주의
는 단지 변론주의와 형량되어야 하는 한 요소에 불과하다.129)

또한 원고의 방어권만을 보장하기 위해서 처분청의 처분사유의 추가·변경
을 불허한다고 하여도 처분청은 또다시 동일처분을 반복할 수 있다는 점에서
이것이 원고에게는 반드시 유리한 것인지도 불확실하다.130) 전술한 개별적 결
정설131)에서와 주장하는 바와 같이 제재처분과 거부처분과 같은 행정처분의 유

---

124) 다만 물론 피고 행정청의 정보독점과 우월한 행정전문적인 경험과 능력으로 원고를 압
도하는 것은 당사자평등주의 원칙상 시정되어야 하나, 이러한 것은 모든 소송에 적용되
는 일반적인 원칙에 속하는 문제이다.
125) 앞의 주 19)에 제시된 문헌 참조.
126) 공익보장, 실체적 진실발견 등을 드는 경우(박균성, 앞의 책, 1305면)도 있다.
127) 처분사유의 추가·변경의 허용과 관련하여 직권탐지주의를 들고 있는 경우도 있다. 박정
훈, 앞의 논문, 397면, 499면; 정하중, 앞의 책, 805면.
128) 분쟁의 일회적 해결, 공익보장, 실체적 진실발견, 직권탐지주의, 소송경제 등은 같은 성
질이라고 할 수 있고, 원고의 방어권과 이유제시의무제도 역시 같은 성질을 갖는다.
129) 이에 관하여는, 최선웅, "행정소송법 제26조의 해석에 관한 일 고찰 — 우리나라 행정소
송의 독자성을 모색하며 — ",『행정법연구』제10호(2003. 10) 참조.
130) 이와 같은 것은 형사소송에서의 공소장변경의 경우에도 마찬가지이다. 공소장변경을 불
허하면 피고인의 방어권에는 유리하나 검사는 새로운 공소를 제기할 것이 예상되고, 공
소장변경을 허용하면 피고인의 방어권에는 불리하나 기판력에 의한 피고인의 보호범위
가 넓어지게 된다.

형 및 소송유형 나아가 판결의 효력까지를 고려하면 처분사유의 추가·변경에
있어서 원고의 권익구제에 있어서 유·불리라고 하는 이익상황은 더욱 복잡한
양상을 띠게 된다.

　　요컨대 원고의 방어권과 권익구제가 반드시 일치한다고 할 수 없다. 무엇
보다도 원고는 1차적으로 행정의 반격에 대한 방어권에 관심이 있겠지만 그러
나 원고의 궁극적인 관심은 방어권이 아니라 최종적으로는 원고 자신의 권익구
제의 실현이다. 이 점에서 원고의 방어권도 역시 처분사유 추가·변경의 허용
여부에 있어서 결정적인 요인은 아니다.

## 5. 항고소송이 "항고"소송인가 항고"소송"인가?

　　물론 행정소송 중 특히 항고소송과 형사소송을 놓고 보면, 항고소송의
원고이든 형사소송의 피고인이든 방어권이 문제가 되는 것이고, 그 소송절차
가 항고적이냐 시심적이냐라는 차이만 있을 뿐이라는 반론이 충분히 있을 수
있다.

　　그러나 현재 우리나라의 행정소송 특히 취소소송 등 항고소송을 제기하는
원고는, 절차 도중에 단순히 행정의 명령에 대하여 불복한다는 의미에서의 "항
고"의 의미를 넘어서 오히려 자신의 권익을 구제 받으려고 법원에 행정을 피고
로 하여 "정식소송"을 제기한다는 목적의식을 가지고 소를 제기하였음이 명백
하다.

　　과거 행정소송 특히 취소소송 제기 전에 행정심판을 선택의 여지없이 필수
로 경유하여야만 했었던 행정심판전치주의는 사실상 행정심판이 행정소송의
제1심을 대체하는 기능을 국민에게 강요하였다는 점에서 이는 명백히 국민의
헌법상 재판청구권의 침해라는 비난을 면할 수 없었다. 이러한 국민의 헌법상
재판청구권의 유린의 혐의로부터 자유롭지 못했던 암울한 질곡의 행정소송의
시대를 오랜 우여곡절 끝에 1994. 7. 27. 법률 제4770호 행정소송법 개정으로
깨끗이 청산하였다(행정소송의 독립!).[132] 이러한 역사적인 발전과정을 거쳐 현재

---

131) 이 점에서, 전술한 바와 같이, 처분사유의 추가·변경의 허용 여부 내지는 허용 범위에
　　관하여 행위의 유형 및 소송의 유형에 따라 다르게 본다는 소위 "개별적 결정설"은 결국
　　행정처분의 종류에 따른 원고의 이익상황을 고려한다는 점에서 이는 결국 항고소송의
　　목적으로 권익구제를 스스로 인정함을 자인한 것이다.
132) 이와 같은 "행정소송의 독립"은 의무이행소송을 행정소송법에 신설하든지 또는 판례상

행정심판임의주의로 전환하여 행정소송의 제1심을 대체했던 행정심판의 기능을 제거함과 동시에 행정소송의 심급이 3심제 시대로 들어선 지금 현재 우리나라 항고소송을 비롯한 행정소송이라는 절차 자체는, 대법원을 정점으로 하는 3심제의 적용을 받는 정식의 재판절차로 환원되었다는 점에서, 일반 민사소송에 비견되는, 또 하나의 정식의 통상소송절차[133]임이 의문의 여지 없이 명백하다 (행정소송은 정식의 통상소송절차이다!).

따라서 이러한 시대적인 요구에 근거한 취소소송 등 "항고소송"은 이제는 단순 행정청의 명령에 불복한다는 "항고"소송의 의미보다는, 행정소송법 제1조에 따라서 국민이 자신의 권리 또는 이익을 구하기 위해서 행정소송법 제12조상의 법률상 이익이 있는 사람이 제기한다는 점에서 항고"소송"의 의미를 갖는다고 보아야 한다. 물론 여전히 피고가 행정청이라는 점에서 항고소송이 행정의 명령에 대한 불복의 의미가 전혀 없다고는 할 수 없다. 그러나 피고 행정청은 실질적인 소송의 당사자인 권리의무의 주체인 국가의 대변자로서 소송수행을 하는 것이다. 이 점에서는, "항고소송"을 명령에 대한 단순한 "항고"라기보다는 오히려 원고와 국가 간의 공법상 법률관계에서의 다툼인 "소송"으로 볼 여지가 충분하다.

## 6. 처분사유 추가 · 변경과 관련된 판단 기준

처분사유의 추가 · 변경의 허용, 범위 및 그 한계 등 처분사유 추가 · 변경과 관련된 판단에 있어서, 일부 기능론적인 관점에 치중한 나머지 행정과 법원 또는 절차와 소송을 분리 내지 단절하는 시각에 따르면, 처분이유와 처분사유를 분리시키고 처분사유의 추가 · 변경에 있어서도 그 인정 범위를 좁게 인정하게

---

인정함으로써 진정으로 완성된다고 할 수 있다.

133) 행정소송절차는, 행정부와는 독립적 지위에 있는 법원이 대심구조, 구술변론, 법정절차에 의한 증거조사, 재판행위(판결)에 특별한 효력(실질적 확정력 등) 등을 이유로, "정식쟁송"(김동희, 앞의 책, 708면-709면) 또는 "정식절차"(김남진/김연태, 앞의 책, 759면), "정식의 소송절차"(박균성, 앞의 책, 1075면), "정식쟁송절차"(홍정선, 앞의 책, 952면), "정식절차에 의한 재판"(정하중, 앞의 책, 683면)이라고 한다는 점에서, 이제 행정소송이 정식재판절차라는 점에 대해서는 현재 이 설이 없다. 행정소송의 정식재판절차로서의 성격은, 과거 행정심판이 1심을 대체하고 행정심판전치주의가 시행되던 시기에서 벗어나, 행정심판전치주의가 임의주의로 전환되고 3심제로 된 현재의 소송구조하에서는 더욱 강화되고 따라서 행정소송의 항고로서의 성질은 그만큼 탈색 내지 중화된다고 할 수 있다.

된다. 이 경우 원고의 방어권에는 도움이 되나 패소한 행정이 동일한 처분을 반복하게 되어 분쟁의 1회적 해결에 지장을 가져오고, 그 반대인 경우에는 분쟁의 1회적 해결에는 도움이 되나 원고의 방어권에 지장이 있게 된다고 분석함에 만족할 수 있다.

그러나 처분사유의 추가·변경의 허용, 범위 및 그 한계에 관한 판단에 있어서는, 원고의 수동적인 방어권자의 지위와 원고의 능동적인 권익구제자의 지위의 형량이 필요하다는 점에서 결국 원고의 권익구제의 측면을 완전히 도외시할 수 없다. 그뿐만 아니라, 처분청이 처분사유의 추가·변경을 통해서 달성하고자 하는 행정의 적법성 유지는 공익보장 즉 행정통제라는 항고소송의 목적과도 연결된다. 행정소송의 목적은 행정구제와 행정통제이다![134]

또한 개별적 결정설에서 주장하는 행정처분의 유형과 소송유형론을 비롯하여, 판례가 취하는 국민의 신뢰보호와 실질적 법치주의 관점도 당연히 참고할 가치가 있다. 다만 위와 같은 제 고려 요소들은 기본적으로는 국민에게 행정절차와 행정소송 즉 절차와 소송 모두로부터 중첩적·누적적 적법절차의 보장을 받을 헌법상의 지위와 권리가 인정된다는 대전제하에 포섭되어져야 한다.

요컨대 처분사유의 추가·변경 허용 여부, 그 범위 및 한계에 관하여는, 당해 행정처분의 성질과 유형, 소송유형은 물론이고, 원고의 방어권과 분쟁의 1회적 해결을 비롯하여 국민의 신뢰보호와 실질적 법치주의, 행정목적인 권익구제와 행정통제 간의 형량, 최종적으로는 절차와 소송은 분리 내지 단절이 아니라 국민은 행정절차 및 행정소송의 중첩적·누적적 적법절차의 보장을 받을 헌법상의 권리(적법절차의 보장을 받을 국민의 헌법상 지위와 권리!) 등을 종합적으로 고려하여 판단하여야 한다.

## 7. 향후의 전망

국가기관인 검사가 국민인 피고인을 공격하는 형사소송에서 공소장변경제도는 피고인의 방어권을 보호하기 위한 일종의 항의적 이데올로기에 근거한 제도라는 점에서 그 판단 기준인 기본적 사실관계의 동일성을 엄격히 해석할 필요성은 언제나 상존한다. 이러한 형사소송과는 달리, 행정소송에서의 처분사유

---

134) 행정소송의 목적에 관하여는, 최선웅, "행정소송의 목적에 관한 일 고찰", 『행정법연구』
     제13호(2005. 5) 참조.

추가·변경에 있어서는, 전술한 바와 같은, 다양한 차원에서의 형량할 제 요소들이 있으므로 향후 이에 대한 종합적인 검토를 요한다.

현재 행정소송에서의 처분사유의 추가·변경의 인정 범위에 관하여는 우리 판례가 매우 제한적이라는 비판을 받고 있는 실정임은 분명하다.[135] 최근 행정소송법 제26조의 해석과 관련하여 소송자료의 수집·제출에 관하여 주류를 이루는 절충적인 입장에 따라서, 기존의 변론주의에다가 공익을 고려하기 위하여 직권탐지주의를 일정 부분 도입[136]해야 한다는 분위기를 고려하면, 행정소송에서의 처분사유의 추가·변경을 현재보다는 좀 더 넓게 인정할 필요성이 충분히 있고 또 장차 확대되어 인정될 것으로 예상된다. 다만 이 경우에도 언제나 최우선적으로 "적법절차보장을 받을 국민의 헌법상 지위와 권리"를 염두에 두어야 한다.

## 8. 결어

형사소송과 행정소송은 소송의 목적이나 이념 그리고 심리원칙이 동일하지 아니하다. 결정적으로 공격과 방어의 주체가 형사소송과 행정소송에서 서로 뒤바뀌어 있다. 따라서 형사소송과 행정소송에 있어서 소송상 국민의 지위는 그 차원을 달리한다. 행정소송 특히 취소소송의 원고는 행정소송법 제1조, 제12조에 의하여 자신의 권리 또는 이익을 구제받기 위하여 행정청을 상대로 정당하게 소를 제기하는 적극적인 당사자이다. 이 점에서 최소한 행정소송의 원고인 국민이 형사소송에서의 피고인으로 전락하여 피고인의 방어권이라는 측면에서만 조명받는 것은 문제이다.

우선 먼저 국민의 입장에서 즉 국민의 권익구제와 방어권의 공존과 조화라는 관점에서 검토해야 한다. 따라서 행정소송에서의 처분사유의 추가·변경의 문제에 있어서는 행정의 공격에 대한 방어권이라고 하는 수동적인 측면만이 아니라, 국민이 자신의 권리 또는 이익의 구제라고 하는 적극적이고 능동적인 측면도 고려하여야 한다. 다시 말해서 원고 국민에게 권익구제의 측면이 방어권

---

135) 정하중, 앞의 논문, 150면; 1998년 행정절차법이 발효된 이후에는 추가·변경의 폭이 더욱 좁아지고 있는 것이 아닌가 하는 것에는, 김광수, 앞의 논문, 89면 참조.

136) 이와 반대로 일반적으로 형사소송에서는 직권주의가 당사자주의에 의하여 완화되어 가고 있는 추세에 있다고 할 수 있다.

의 측면 못지않게 중요한 판단 기준이 되어야 한다.

처분사유의 추가·변경은 절차법과 소송법의 양 측면이 접하고 있는 문제이기는 하다. 그런데 절차와 소송은 대립물이 아니고 모두 다 헌법상 적법절차의 적용을 받는 절차이므로 행정과 법원보다는 먼저 국민인 원고의 입장에서 보아야 한다. 즉 국민에게는 절차법과 소송법의 중첩적·누적적 적법절차 보장을 받을 헌법상의 권리와 지위(절차와 소송 내지는 쟁송의 중첩적·누적적 적법절차보장을 받을 국민의 헌법상 지위와 권리!)가 인정된다. 당연히 국가기관인 행정과 법원을 이를 보장할 의무가 있다. 따라서 처분이유와 처분사유, 그와 관련되는 행정과 법원 나아가 행정절차와 행정소송 등의 개념들을, 상호 대립·갈등의 개념으로 전제하는 기능적인 분석에만 의존할 것이 아니다. 이들 개념들을 상호 보완 내지는 상생과 통합의 개념(처분이유와 처분사유의 누적적·중첩적 개념설의 제창!)으로 이해하고 헌법상 적법절차원리를 구현하여야만, 진정한 "국민의 권익구제(우리나라 행정절차법 제1조, 행정심판법 제1조, 행정소송법 제1조 등 헌법상 적법절차 구현의 3정립 목적규정!)"에 이바지하게 된다.

종래부터 우리나라 실무가 형사소송과 행정소송의 판례에서 "기본적 사실관계 동일성"이라는 도구개념을 함께 사용하는 것은 문제이다. 비록 현재 형사판례와 마찬가지로 행정판례상 처분사유의 추가·변경과 관련하여 "기본적 사실관계 동일성"이라는 개념을 사용하고 있으나, 가능한 한 형사소송의 논리에서 벗어나, 행정소송의 논리로 이를 판단하고 해석하여 적용하여야 한다(행정소송의 독립!). 물론 장기적으로는 행정소송에서의 기존 처분사유의 추가·변경과 관련된 "기본적 사실관계 동일성"이라는 판단 기준이 새로운 판단 기준으로 대체되는 것이 바람직하다.

# 참고문헌

1. 단행본

김남진/김연태, 『행정법 I』 제20판, 법문사, 2016.

김동희, 『행정법 I』 제22판, 박영사, 2016.

김철용, 『행정법』 제5판, 고시계사, 2016.

박균성, 『행정법론(상)』 제15판, 박영사, 2016.

박정훈, 『행정소송의 구조와 기능』 [행정법연구 2], 박영사, 2007.

정하중, 『행정법개론』 제10판, 법문사, 2016.

최선웅, 『행정소송의 원리(행정법연구1)』, 진원사, 2007.

홍정선, 『행정법원론(상)』 제24판, 박영사, 2016.


권오걸, 『형사소송법』, 형설출판사, 2010.

강구진, 『형사소송법원론』, 학연사, 1982.

김인회, 『형사소송법』, 피앤씨미디어, 2015.

김정한, 『실무형사소송법』, 커뮤니케이션즈, 2016.

노명선/이완규, 『형사소송법』, 성균관대학교출판부, 2013.

배종대/이상돈/정승환/이주원, 『형사소송법』, 홍문사, 2015.

이은모, 『형사소송법』, 박영사, 2015.

신동운, 『신형사소송법』, 법문사, 2015.

신양균, 『형사소송법』, 화산미디어, 2009.

이재상/조균성, 『형사소송법』, 박영사, 2016.

이창현, 『형사소송법』, 입추출판사, 2015.

임동규, 『형사소송법』, 법문사, 2015.

차용석/최용성, 『형사소송법』, 21세기사, 2013.

최영승, 『형사소송법』, 피앤씨미디어, 2015.


2. 논문

김광수, "처분사유의 추가·변경", 『고시연구』 제29권 제3호(2001. 3).

김남진, "이유보완을 통한 하자의 치유", 『법률신문』 제3200호(2003. 9), 법률신문사.

김문수, "행정소송에 있어서 처분사유의 추가 및 변경", 『특별법연구』 제3권(1989).

김문수, "행정소송에 있어서 처분이유의 추가와 변경(Ⅰ)", 『사법행정』 제329호 (1988. 5).

김문수, "행정소송에 있어서 처분이유의 추가와 변경(Ⅱ)", 『사법행정』 제330호 (1988. 6).

김옥곤, "처분사유의 추가·변경과 판결의 기속력", 『판례연구』 제25집(2014. 2), 부산판례연구회.

김철용, "처분이유제시의 정도", 『인권과 정의』 제396호(2009. 8), 대한변호사협회.

김철용, "처분의 근거·이유제시의 정도", 『행정판례백선』, 박영사, 2011.

김태우, "취소소송에 있어서 처분사유의 추가·변경", 『인권과 정의』 제226호(1995. 6).

류지태, "행정소송에서의 행정행위 근거변경에 관한 대법원 판례분석", 『사법행정』 제2집(1993. 6).

류지태, "행정절차로서의 이유부기의무", 『고시계』 제485호(1997. 7).

박정훈, 『행정소송의 구조와 기능』, 박영사, 2006.

박정훈, "취소판결의 기판력과 기속력 — 취소소송의 관통개념으로서의 소송물 —", 『행정판례연구』 제9집(2004. 6).

박정훈, "처분사유의 추가·변경과 행정행위의 전환 — 제재철회와 공익상 철회 —", 『행정판례연구 Ⅶ』, 한국행정판례연구회, 2002.

정남철, "정보공개 거부결정과 처분사유의 추가·변경", 『행정판례연구』 제18-1권 (2013. 6), 행정판례연구회.

정하중, "이유제시하자의 치유와 처분사유의 추가·변경 : 독일법과의 비교연구", 『인권과 정의』 제364호(2006. 12), 대한변호사협회.

조해현, "행정처분의 근거 및 이유제시의 정도", 『행정판례연구』 제8집(2003. 12), 박영사.

최선웅, "행정소송법 제26조의 해석에 관한 일 고찰 — 우리나라 행정소송의 독자성을 모색하며 -", 『행정법연구』 제10호(2003. 10).

최선웅, "행정소송에서의 준용규정에 관한 일 고찰", 『행정법연구』 제12호(2004. 10).

최선웅, "행정소송의 목적에 관한 일 고찰", 『행정법연구』 제13호(2005. 5).

최선웅, "행정소송에서의 원고적격 — 기존 4개 학설의 의의를 중심으로 —", 『행정법연구』, 제22호(2008. 12).

최선웅, "행정소송에서의 원고적격 — 법원의 조사방법을 중심으로 —", 『행정법연구』 제25호(2009. 12).

최선웅, "행정심판의 헌법상 근거 — 헌법 제107조 제3항의 해석을 중심으로 —",

『행정법연구』 제44호(2016. 2).

하명호, "이유제시의무와 이유제시의 정도: 대법원 판례를 중심으로", 『안암법학』 제25호 상(2007. 11).

하명호, "처분의 이유제시제도와 이유제시의 정도", 『행정소송 Ⅱ』, 한국사법행정학회, 2008.

홍준형, "행정절차와 행정소송의 연계와 분리 ― 처분이유 제시와 처분사유의 추가·변경 ―", 『공법연구』 제44집 제2호(2015. 12).


권오걸, "공소장변경과 관할", 『비교형사법연구』 제6권 제1호(2004. 7).

김태계, "법원의 공소장변경 요구에 관한 고찰", 『경상대학교 법학연구』 제16집 제1호(2008. 8), 경상대학교 법학연구소.

이존걸, "공소장변경제도의 비교법적 고찰 ― 일본 기소장변경제도와의 비교를 중심으로 ―", 『법학논총』 제27권 제1호.

이존걸, "공소장변경의 필요성판단에 관한 기준" 『법학연구』 제54집(2014).

이존걸, "공소장변경의 신청과 요구", 『법학연구』 제57집(2015).

이종갑, "공소장변경의 한계와 필요성", 『경상대학교 법학연구』 제10집(2001), 경상대학교 법학연구소.

천진호, "항소심에서의 공소장변경과 고소취소의 효력", 『형사판례연구』 제8권(2000. 6), 박영사.


호문혁, "민사소송에 있어서의 신의성실의 원칙", 『인권과정의』 제166호(1990), 대한변호사협회.

# 판례색인

# 찾아보기

저 자

최선웅

충북대학교 법학전문대학원 교수 (행정법)

재량과 행정쟁송

| | |
|---|---|
| 초판발행 | 2021년 2월 25일 |
| 중판발행 | 2022년 9월 10일 |
| 지은이 | 최선웅 |
| 펴낸이 | 안종만·안상준 |
| 편 집 | 심성보 |
| 기획/마케팅 | 김한유 |
| 표지디자인 | 벤스토리 |
| 제 작 | 우인도·고철민·조영환 |
| 펴낸곳 | (주) **박영사** |
| | 서울특별시 금천구 가산디지털2로 53, 210호(가산동, 한라시그마밸리) |
| | 등록 1959. 3. 11. 제300-1959-1호(倫) |
| 전 화 | 02)733-6771 |
| f a x | 02)736-4818 |
| e-mail | pys@pybook.co.kr |
| homepage | www.pybook.co.kr |
| ISBN | 979-11-303-3824-8  93360 |

정 가    34,000원